国家社科基金
GUOJIA SHEKE JIJIN HOUQI ZIZHU XIANGMU
后期资助项目

机构变迁与政策调适：20世纪40年代粮食问题研究

上 册

Institutional Changes and Policy Adjustment:
the Grain Policy of China in the 1940s

王荣华 著

社会科学文献出版社
SOCIAL SCIENCES ACADEMIC PRESS (CHINA)

图书在版编目（CIP）数据

机构变迁与政策调适：20世纪40年代粮食问题研究：
全2册／王荣华著.--北京：社会科学文献出版社，
2024.1
国家社科基金后期资助项目
ISBN 978-7-5228-2940-1

Ⅰ.①机… Ⅱ.①王… Ⅲ.①粮食问题-研究-中国
-现代 Ⅳ.①F326.11

中国国家版本馆 CIP 数据核字（2023）第 220773 号

·国家社科基金后期资助项目·

机构变迁与政策调适：20世纪40年代粮食问题研究（全2册）

著 者／王荣华

出 版 人／冀祥德
责任编辑／李丽丽
文稿编辑／徐 花
责任印制／王京美

出 版／社会科学文献出版社·历史学分社（010）59367256
 地址：北京市北三环中路甲29号院华龙大厦 邮编：100029
 网址：www.ssap.com.cn
发 行／社会科学文献出版社（010）59367028
印 装／三河市龙林印务有限公司

规 格／开本：787mm×1092mm 1/16
 印 张：55.5 字 数：900千字
版 次／2024年1月第1版 2024年1月第1次印刷
书 号／ISBN 978-7-5228-2940-1
定 价／198.00元（全2册）

读者服务电话：4008918866

国家社科基金后期资助项目
出版说明

后期资助项目是国家社科基金设立的一类重要项目，旨在鼓励广大社科研究者潜心治学，支持基础研究多出优秀成果。它是经过严格评审，从接近完成的科研成果中遴选立项的。为扩大后期资助项目的影响，更好地推动学术发展，促进成果转化，全国哲学社会科学工作办公室按照"统一设计、统一标识、统一版式、形成系列"的总体要求，组织出版国家社科基金后期资助项目成果。

全国哲学社会科学工作办公室

序

张宪文

  抗战时期的历史是中国近现代历史不可分割、无法跨越的一个重要组成部分，任何一位从事此一领域研究的学者，都应秉承实事求是的态度对之进行研究。就两岸学界对抗战史的研究状况来看，经历了从无到有、从冷到热的转变。这一转变可以分为三个阶段。

  第一阶段大约从 1949 年至 1985 年，即中华人民共和国成立之后至抗日战争胜利 40 周年。这一阶段的特点是：大陆学界的研究成果偏少，对抗战历史的认识较为单一；台湾学者编辑出版了一些论著，但主要是论述正面战场。其中，两岸在对国共两党曾经团结抗日的认识上，尚未进行交流。加上档案资料多未开放，抗战研究仍处于起步阶段。

  第二阶段从 1985 年至 2005 年，这一阶段是对抗日战争认识的转折点，不仅研究者渐多，而且在思想观念上产生很大进步。在此期间，尤其是 1986 年，在国家实施"七五"计划时，"抗日战争研究"课题作为人文社会科学历史学重点研究项目第一次提出来，但当时却无人申请。为了推动抗战研究，规划组负责人、中国社会科学院近代史研究所副所长李宗一研究员动员我认领了这个题目。1991 年，我组织的学术团队完成了 100 多万字的《中国抗日战争史（1931~1945）》（南京大学出版社，2001），出版后获得了江苏省人民政府颁发的第八届哲学社会科学优秀成果一等奖和江苏省"五个一工程"奖。此外，还有何理《抗日战争史》（上海人民出版社，1985）、军事科学院军事历史研究部《中国抗日战争史》（上下卷，解放军出版社，1991）以及刘大年主编的《中国复兴枢纽——抗日战争的八年》（北京出版社，1995）等。抗战正面战场、抗战大后方、抗日根据地以及汪伪和伪满史研究等均成果斐然，认识更加客观全面。

第三阶段是从2005年至今，抗战史研究走向繁荣阶段。近年来，中国国家图书馆、中国第二历史档案馆及台湾地区的相关机构与学者等，整理、编辑、出版了大批档案资料及其他各类资料集。这些史料的出版，嘉惠学林甚多，也极大地推动了抗战史研究。抗战军事史、经济史，以及国共两党关系史、中外关系史等研究已较深入广泛，但仍具有继续深化的必要。王荣华教授的这部著作可以说是深化粮食史，以及抗战史、民国史研究的一项重要成果。

首先，在选题方面，作者独辟蹊径，以国民政府建立的重要粮食管理机构粮食部为研究对象，深化了战时粮食机构与粮食问题研究。粮食问题是关系战争成败的重要问题，古人早有"兵马未动，粮草先行"的战争经验总结。对于持续时间较久、地域范围广泛、粮食需求众多的抗日战争来说，情况更是如此。因此，学界对战时粮食问题的研究关注较早，也取得了不俗的成绩。不过，以往研究成果主要集中于粮食"三征"及地方粮政等方面，专门从机构尤其是国民政府所建立的中央级粮食管理机构着手进行系统研究的成果尚不多见。纵观国民政府从建立到覆亡的22年，关于粮食管理的中央机构只有两个，一个是全国粮食管理局，一个是粮食部。前者仅存在了约一年时间即被裁撤，而后者却贯穿战时与战后两个重要时段，对国民政府粮食政策的影响最为深远，其实施的多项粮政甚至影响到了战时政局变化与战后政权更替。本书认为，粮食部成立后，借鉴全国粮管局的经验教训，分析全国粮情，借助国民党党、政、军等各方力量，通过制度创新与绩效管理，在保障军粮供应、调剂民食、控制粮价与物价、安定民生以服务抗战大局、保证抗战胜利等方面发挥了作用。粮食部实施的各项粮政制度是战时经济制度的有力探索，其创设的各种粮政制度及实行的一系列举措基本呼应了战时救亡图存的时代主题，战时粮食部在抗战大旗的强有力号召下，全国民众在正义之战的感召下，做到了"有钱出钱、有人出人、有粮出粮"，这是战时粮政无论在粮食动员还是实际征收中，均能取得较好成效的根本原因。作者同时指出，抗战胜利后，粮食问题因利好消息曾有昙花一现般的好转，但随即再次步入危机轨道，且愈演愈烈。战后国际形势诡谲多变，国民政府面对的党、政、军、粮等局面更为复杂。国共两党军事较量的展开及国民党渐处下风，战后粮食部部长三易其人，导致战后粮食政策缺乏连续性，粮政乏善可陈。战时发行的粮食库券无法及时兑换；战后继续大事征购及经济高压政策给民众带来沉重负担；战后经济接收变成"劫搜""劫收"，以致民众怨声载道。更为重要的是，战后粮食部实际上转变成了支持内战、戕害同胞的工具，国民政府粮政失当、承诺失信、用人失察，导致国民党军事失势、政治失衡、政权失位，这些论述是比较符合历史事实的。

其次，在全书架构与内容安排上，分为"机构篇"与"粮政篇"，机构与粮政两大部分既各自独立，又相互配合；既勾勒出粮食部整体纵向演变脉络及其下属机构变迁情况，又对粮食部重要人员变化有所交代。总体论述与个案研究相得益彰，前者主要体现在"机构篇"，如粮食行政机构、主要业务机构；后者主要体现在"粮政篇"，如战时重庆面粉行业的统制与动员、战时献粮运动、福建省禁酿问题、云南省征借政策的出台及战后都市民食配售。总体论述把握其整体性，个案研究则注意对具体问题的深化。

最后，在资料运用方面，作者在尊重前人研究的基础上，查阅了大量未刊档案资料，既有大陆地区中国第二历史档案馆、重庆市档案馆、福建省档案馆、四川省档案馆、陕西省档案馆、浙江省档案馆、南京市档案馆等所藏档案，也有台北"国史馆"所藏全面抗战时期及战后行政院、粮食部、财政部等专题档案，可以说做到了"交相为用"，达到了"互为补充"。可以看出，作者在新冠疫情影响下，仍然尽可能占有多方面未刊档案资料，继承了南京大学史学研究特别重视档案资料的优良传统，做到了"论从史出"，有一分史料说一分话，这一点是值得肯定的。

当然，有关国民政府时期粮食问题还有一些值得继续深入挖掘、拓展的空间，如粮食部成立前的粮政机构运行情况如何、粮食部的经费问题、粮食部的人员升迁、战后世界范围内的粮食状况及其与中国的粮食供需之间的关系问题，以及战时各战区军粮问题、战后军粮问题等。资料运用方面，也可以进一步拓宽史料来源，尽可能做到史料的"国际化"。希望荣华继续深化民国时期乃至近代的粮食问题研究。

目 录

粮政篇

图表目录

绪　论

　　"粮食"一词，由"粮"与"食"演变而来。《周礼·地官·廪人》载："凡邦有会同师役之事，则治其粮与其食。"郑玄注曰："行道曰粮，谓糒也；止居曰食，谓米也。"① 《汉语大词典（普及本）》称"供食用的谷类、豆类和薯类等原粮和成品粮"为粮食。② 《现代汉语词典》对粮食的定义为："供食用的谷物、豆类和薯类的统称。"③ 谷物包括稻、麦、谷子、高粱、玉米等，豆类指各种豆子，薯类主要有甘薯、马铃薯，其中稻谷、小麦以外的粮食又被称为杂粮。不同地域、不同机构、不同群体对粮食、杂粮所指各有不同，其用途亦稍有差别。孙中山在论述三民主义时，对粮食的定义就颇为有趣："我们每天所靠来养生活的粮食，分类说起来，最重要的有四种。第一种是吃空气……第二种是吃水。第三种是吃动物，就是吃肉……第四种是吃植物，就是吃五谷果蔬。这个风、水、动、植四种东西，就是人类的四种重要粮食。"④ 国民政府⑤颁布的各种文献所指粮食为谷麦及杂粮，一般不区分原粮或成品粮。汪伪政府所称粮食

---

① 郑玄注，贾公彦疏《周礼注疏》，上海古籍出版社，1990，第251页。
② 本书编辑委员会编纂《汉语大词典（普及本）》，汉语大词典出版社，2000，第2207页。
③ 中国社会科学院语言研究所词典编辑室编《现代汉语词典》第5版，商务印书馆，2005，第852页。
④ 孟庆鹏编《孙中山文集》（上），团结出版社，2016，第200页。
⑤ 根据王世杰、钱端升的说法，国民政府有广义与狭义之分，广义指的是中央政府的全部，狭义指的是国民政府主席与国民政府委员会。参见王世杰、钱端升《比较宪法》，中国政法大学出版社，2004，第439页。本书所称"国民政府"，指的是广义的国民政府。同时，为便于行文，本书将南京国民政府（1927年4月至1948年5月）及改组后的总统府（1948年5月至1949年9月）均以国民政府称之。

范围较广，"按本部所管辖之粮食范围，其属于广义者，农产中除主要食粮之稻麦面粉外，其他副食品如杂粮、鱼肉、菜蔬、蛋类及饮料之茶、酒、汽水、调味料之油、酱、糖、醋等等凡可供食料有关营养者均属之"。① 国民政府粮食部常务次长陈良在论述战后粮政时，沿用了孙中山对于粮食的看法："何谓粮食？我们可照民生主义里的说法……主要的是谷物、马铃薯、食糖、脂肪、肉类等。"② 另有"食粮"一词，其含义有二：一为"人吃的粮食"；一为比喻义，如"精神食粮"。③ 可见，"粮食""食粮"二者有细微差异，前者较后者内涵稍广。不过，无论民国时期私人论著还是各种官方文件，混用现象较为普遍。因此，本书所称"粮食""食粮"，如无特别说明，均以《现代汉语词典》定义为准，且取其本义。

粮食问题是任何社会与国家必须面对的首要问题，粮食安全也是任何国家必须构筑的重要安全屏障。中国作为一个人口大国，如何建立富有中国特色、管理高效的粮食制度，保障粮食安全，为发展社会经济、增进人民福祉提供基础保证，仍是当前必须着重考虑的一个重大问题。尤其是在发生大灾荒或爆发大规模战争时，粮食问题会更为突出，各级政府必须对粮食进行有效管理。虽然每个时代管理粮食的方式、政策因时因地有所不同，但汲取历史经验仍有其必要性。

南京国民政府成立后，对粮食管理基本采取自由放任政策。抗战全面爆发后，民族危机空前严重，尽管 1937～1939 年年景较好，粮产相对较丰，但随着战区扩大，粮食主产区相继部分或全部沦陷，1939 年下半年粮食供需渐失平衡。1940 年 6 月枣宜会战后，粮食供应从相对过剩渐趋不足，后方④粮食危机凸显。为了应对粮食危机，树立"抗战建国"的根基，国民政府开始关注粮食问题，并采取有力措施加强粮食管理，将此前

① 《粮食部长发表施政方针》，《中央经济月刊》第 3 卷第 3 号，1943 年 3 月 10 日，第 83 页。
② 陈良：《现阶段粮政重点》（1948 年 2 月 3 日在粮食部月会报告词），《粮政季刊》第 8 期，1948 年 3 月，第 3 页。
③ 《现代汉语词典》第 5 版，第 1239 页。
④ 抗战"后方"或"大后方"如何界定，至今仍是学界讨论的话题。潘洵认为，"抗战大后方是抗日战争时期国民政府和后方民众支持和支援前线对日作战的后方战略基地"。参见氏著《抗战大后方研究的新进展及新趋向》，《光明日报》2020 年 8 月 13 日，第 16 版。陈谦平认为，"对于 1944 年底前日军没能侵入的西部 11 个省区（包括云南、贵州和广西），我们才能称之为'抗战大后方'……因此，从严格意义上讲，'抗战大后方'的

兼管粮食业务的农本局的职能弱化，专门成立全国粮食管理局（简称"全国粮管局"）进行粮食管理，这是国民政府粮政机构转变之始，即从兼管转向专管。

1941 年 7 月初，国民政府将全国粮管局裁撤，赓续成立粮食部。关于"粮食部"此一名称，民国时期曾有多个同名或类似机构。1931 年 11 月中华苏维埃共和国临时中央政府成立后，设立中央粮食人民委员部，简称"中央粮食部"。中央粮食部为解决苏区粮食问题做出了重要贡献。① 福建省贸易公司 1939 年设立粮食部，统筹福建省粮食采购供应事宜。② 1940 年 3 月汪伪政府成立后，7 月成立所谓"粮食管理委员会"，掌理调节民食、平定粮价事宜；1943 年 1 月，"粮食管理委员会"改组为所谓"粮食部"，2 月 1 日正式成立，1944 年 4 月撤销。③ 日本占据台湾时，曾在台湾总督府农商局下设立所谓"食粮部"，掌管台湾粮食行政，台湾光复后该"食粮部"撤销。④ 本书所称"粮食部"，如无特别说明，系指国民政府所设立的粮食部。

粮食部是隶属于行政院的重要部门，设立粮食部是应对日益严重的粮食危机的重大举措与制度建设，其亦成为全面抗战时期及战后持续时间最

区域实为四川、云南、西康、贵州、陕西、甘肃、宁夏、青海、新疆和广西"。参见氏著《抗战大后方刍议》，《西南大学学报》（社会科学版）2021 年第 6 期。还可参考王荣华《危机下的融合与发展：抗战时期后方机制面粉工业研究》，商务印书馆，2019，第 9 页。本书的定义是现在的西南与西北地区。

① 若愚：《给中央粮食部的挑战以极响亮的回应》，《红色中华》第 182 期，1934 年 4 月 30 日，第 3 版；《中央粮食部两个借粮号召》，《红色中华》第 278 期，1936 年 5 月 23 日，第 1 版。

② 《福建省贸易公司邵武办事处关于本公司粮食部与邵武公沽局业务联系的来往函》（1940 年），福建省档案馆藏，《福建省政府建设厅档案》，档案号：0036-011-001895；《省贸易公司扩展业务增设粮食部》，《省行通讯》第 3 卷第 8 期，1939 年 10 月 30 日，第 24~25 页；福建省粮食管理局研究室编印《福建省粮食管理行政之机构》，1941，第 6 页；陈莲芬编著《陈仪军政生涯》，浙江人民出版社，2005，第 48 页。

③ 《粮食部长发表施政方针》，《中央经济月刊》第 3 卷第 3 号，1943 年 3 月 10 日，第 82 页。另外，1943 年，汪伪政府粮食部设立"粮食增产设计委员会"，该委员会的职责包括粮食增产方案设计、粮食生产技术研讨、水产畜牧设计与改进、农村经济调查与研究、农村社会调查与改进及其他粮食增产问题设计。参见《粮食部设立增产设计会》，《中央经济月刊》第 3 卷第 9 号，1943 年 9 月 10 日，第 59 页。

④ 台湾省行政长官公署粮食局编《台湾一年来之粮政》，台湾省行政长官公署宣传委员会，1946，第 2~3 页。

久的中央层级的粮食专门管理机构。从1941年7月正式成立至1949年4月裁撤，[①] 粮食部前后历时近8年，共有4任部长，分别为徐堪（1941年7月至1946年10月在任）、谷正伦（1946年10月至1947年7月在任）、俞飞鹏（1947年7月至1948年5月在任）和关吉玉（1948年5月至1949年4月在任），其中徐堪为首任部长，在任时间最久。

与行政院下属的多数部局会署相比，粮食部虽成立较晚，但其重要性却不容低估。国民政府在多个场合屡次告诫，在抗战期间，最重要的工作主要有两项：一是粮政，二是兵役。[②] 粮食部是专管粮政的中央机构，从其设立至裁撤的8年时间里，可以分为战时与战后两个国内外政治背景完全不同的重要时段。粮食部在不同时段面对的政治局势与所要达成的政治目标并不相同，战时粮食部在田赋征实、粮食征购及征借、军粮与民食供应等方面成效显著，为有力支持抗战胜利打下了坚实的物质基础，功不可没。战后粮食部演变成了支持国民党发动内战的工具，其管理人员变动频繁，粮政处置失当，亦是国民党政权很快覆亡的一大原因。因此，不同政治背景与政策目标导向下的机构变迁、政策取向、粮政效果等前后有异，有深入研究的价值与必要。深入研究粮食部既可以进一步拓展国民政府研究的深度与广度，对于制度史、粮政史、国民政府史、抗战史及区域经济史等层面的专题研究亦均有较高的学术价值。

然而，作为国民政府最重要的部门之一，粮食部的研究并未引起学界足够重视，综合性系统研究相对薄弱，此一状况显然与其重要性不成正比，与国民政府其他部门的研究现状不相适应，相关专题研究也有待进一步深化。

近年来，学界关于国民政府时期相关资料的整理卓有成就，其中与粮食、粮政有关的主要有秦孝仪主编《抗战建国史料——粮政方面》，[③]

---

① 关于粮食部设立的时间，有的论著认为，"粮食部作为我国中央政府的一个部门出现于1941年5月"，由"粮食局升格为粮食部"，参见张学继《坦荡君子——章乃器传》（浙江人民出版社，2007，第268页），此一时间及"升格"的表述均不确。

② 叶纪元：《贵州省之农业建设》，《中农月刊》第4卷第1期，1943年1月30日，第56页。

③ 秦孝仪主编《抗战建国史料——粮政方面》，台北，中央文物供应社，1987。

侯坤宏、朱汇森等主编《中华民国农业史料·粮政史料》，① 中国国民党中央委员会党史委员会编《国防最高委员会常务会议记录》，② 四川联合大学经济研究所、中国第二历史档案馆编《中国抗日战争时期物价史料汇编》，③ 中国第二历史档案馆编《行政院经济会议、国家总动员会议会议录》，④ 四川省档案馆编《川魂——四川抗战档案史料选编》、⑤《抗日战争时期四川省各类情况统计》，⑥ 国家图书馆出版社影印出版《行政院工作报告：一九三四～一九四七》，⑦ 中国第二历史档案馆编《抗战军粮档案选编》⑧ 及中国第二历史档案馆选编刊布的一些粮食相关档案⑨等，这些资料的整理出版极大地推动了国民政府时期粮食问题的研究。

有关国民政府众多重要组织机构的研究，近年也较为活跃，高水平专题成果不断涌现，主要有《国民政府资源委员会研究》、⑩《重振与衰变——南京国民政府教育部研究》、⑪《国民政府考试院研究》、⑫《国民政府铁道部研究》、⑬《中国国民党中政会研究（1924～1937）》、⑭《国家与

① 侯坤宏、朱汇森等主编《中华民国农业史料·粮政史料》，台北，"国史馆"，1988～1990、1992。
② 中国国民党中央委员会党史委员会编《国防最高委员会常务会议记录》，台北，近代中国出版社，1995、1996。
③ 四川联合大学经济研究所、中国第二历史档案馆编《中国抗日战争时期物价史料汇编》，四川大学出版社，1998。
④ 中国第二历史档案馆编《行政院经济会议、国家总动员会议会议录》，广西师范大学出版社，2004。
⑤ 四川省档案馆编《川魂——四川抗战档案史料选编》，西南交通大学出版社，2005。
⑥ 四川省档案馆编《抗日战争时期四川省各类情况统计》，西南交通大学出版社，2005。
⑦ 行政院秘书处撰，李强、黄萍选编《行政院工作报告：一九三四～一九四七》，国家图书馆出版社，2013。
⑧ 中国第二历史档案馆编《抗战军粮档案选编》，金城出版社，2020。
⑨ 此类零星刊布的档案资料如《1946年国共停战期间双方互换粮食档案史料》，《民国档案》1993年第4期；《行政院经济会议第三十三次会议记录》，《民国档案》2004年第4期；《台湾省国民大会代表与粮食部有关台省粮食案的来往函电》，《民国档案》2007年第2期；《中国远征军第一次入缅作战粮食补给史料选》，《民国档案》2017年第2期；《国民参政会历届大会之粮食部工作报告选编（上、下）》，《民国档案》2021年第3、4期。
⑩ 薛毅：《国民政府资源委员会研究》，社会科学文献出版社，2005。
⑪ 广少奎：《重振与衰变——南京国民政府教育部研究》，山东教育出版社，2008。
⑫ 肖如平：《国民政府考试院研究》，社会科学文献出版社，2008。
⑬ 黄华平：《国民政府铁道部研究》，合肥工业大学出版社，2011。
⑭ 卢艳香：《中国国民党中政会研究（1924～1937）》，社会科学文献出版社，2016。

建设：南京国民政府建设委员会研究（1928~1938）》、①《战时国民政府行政机构改革（1937~1945）》② 等，这些成果选题新颖，史料扎实，为纵向了解国民政府各个机构发展演变脉络、横向观察不同时期各个机构职能作用等提供了新的视角，可以为粮食部研究提供思路与借鉴。陈红民等所著《南京国民政府五院制度研究》一书，运用大量历史档案资料与官方公报，尤其对中国第二历史档案馆所藏国民政府及立法、行政、司法、考试、监察五院等相关部门的档案进行了全面梳理，对五院制度从静态与动态、纵向与横向、宏观与个案多个维度进行深入研究，对于从上级主管部门及其他机构角度观察粮食部很有助益。③ 鲁卫东在《民国中央官僚的群体结构与社会关系（1912~1949）》一书中，分析了北京政府时期与国民政府时期中央官僚群体的社会结构与社会网络、社会变迁与政府人事，并考察了官僚人事量变与质变之间的关系，既有定性分析，也有定量分析。④ 但限于资料有限等客观原因，该书对粮食部及其官僚群体极少涉及。

对战时粮政的总体研究及"三征"问题研究。为了化解战时粮食危机，国民政府自1940年起实行日益严密的粮食管制政策，包括粮食增产、管制、调查、仓储、运输、加工、分配，粮价调控，积谷政策，田赋征实、征购、征借、捐献，军公民粮供应等，逐渐摸索出一套较为系统的战时粮食政策。陈学祥《抗战时期国民政府粮食管理体制探析》对战时国民政府的粮食管理体制进行了探索。⑤ 任新平《民国时期粮食安全问题研究》则着眼于粮食安全问题。⑥ 郝银侠《社会变动中的制度变迁：抗战时期国民政府粮政研究》运用政治制度史、经济学、博弈论等方法，以战时粮政中各个子政策、子制度的演变为主线，从粮政机构与组织、粮食生

---

① 谭备战：《国家与建设：南京国民政府建设委员会研究（1928~1938）》，社会科学文献出版社，2019。
② 刘大禹：《战时国民政府行政机构改革（1937~1945）》，社会科学文献出版社，2020。
③ 陈红民等：《南京国民政府五院制度研究》，浙江人民出版社，2016。
④ 鲁卫东：《民国中央官僚的群体结构与社会关系（1912~1949）》，中国社会科学出版社，2017。
⑤ 陈学祥：《抗战时期国民政府粮食管理体制探析》，湘潭大学历史文化学院，硕士学位论文，2009。
⑥ 任新平：《民国时期粮食安全问题研究》，中国物资出版社，2011。

产、粮食征集、粮价管理、粮食供应等方面探讨了国民政府的粮食政策，是近年来研究战时国民政府粮政的力作。① 叶宁等《抗战全面爆发前国民政府的粮食储备研究》对国民政府战前的粮食储备进行了较为系统的梳理。② 侯坤宏《抗日战争时期粮食供求问题研究》主要考察战时大后方粮食生产、流通、分配与消费，对粮食的具体供求情况及国民政府解决粮食问题的努力、贡献与局限论述颇详，并对战时粮食问题的产生、粮食增产的实施与成效、田赋征实效果、粮食节约、粮食供应与人民生活等问题进行了研究。③

　　战时田赋征实、征购、征借问题是战时粮政研究的中心问题与热点问题，学界研究成果较丰富，对其评价也渐趋客观。朱玉湘《抗日战争时期国民党政府的田赋征实与粮食征购》一文，曾指出田赋征实征购本质上是"四大家族通过政权向农民收取地租的一部分"。④ 改革开放后，对此问题的研究渐趋深入，学术争鸣兴起，朱玉湘后来对该观点有所修正。⑤《抗日战争时期国民政府财政经济战略措施研究》第二章"田赋收归中央并改征实物"，对田赋改征实物政策体现的税政税制改革、支持抗战、保障军粮民食供应的成效及弊端进行了论述。⑥ 崔国华主编《抗日战争时期国民政府财政金融政策》对田赋征实背景、实施经过、影响及弊端等也有论及。⑦ 方勇《蒋介石与战时经济研究（1931~1945）》第四章第三节以蒋介石为视角，论述了蒋对战时粮食问题的认识、蒋与粮食统制政策的确立及"三征"政策的推行。⑧ 傅樵从人本主义的视角，对

① 郝银侠：《社会变动中的制度变迁：抗战时期国民政府粮政研究》，中国社会科学出版社，2013。该书作者的其他论文也对战时粮政关注颇多。
② 叶宁等：《抗战全面爆发前国民政府的粮食储备研究》，四川大学出版社，2014。
③ 侯坤宏：《抗日战争时期粮食供求问题研究》，团结出版社，2015。
④ 朱玉湘：《抗日战争时期国民党政府的田赋征实与粮食征购》，《山东大学学报》1963年第1期。
⑤ 刘仲麟：《也谈1942年田赋征实的税率与税负问题——兼与朱玉湘同志商榷》，《近代史研究》1987年第4期；朱玉湘：《再谈抗战时期国统区的田赋征实问题——答刘仲麟同志》，《近代史研究》1988年第6期。
⑥ 抗日战争时期国民政府财政经济战略措施研究课题组编写《抗日战争时期国民政府财政经济战略措施研究》，西南财经大学出版社，1988。
⑦ 崔国华主编《抗日战争时期国民政府财政金融政策》，西南财经大学出版社，1995。
⑧ 方勇：《蒋介石与战时经济研究（1931~1945）》，浙江大学出版社，2013。

国民政府的赋税制度进行了宏观论述，认为战时田赋"三征"仅强调
"得粮第一"，忽视了"公平原则"，加上征收人员营利夺利、中饱私囊，
田赋"三征"的非人本弊端十分突出，如各地各县负担不公平，贫富负
担不公平，扰民现象严重，附加摊派有增无减，征收机关经办人员渔利也
给农民带来了苦难。① 张瑞德等《抗日战争与战时体制》第九章以"征
粮"为题，宏观考察了战时田赋征实的背景、政策实施及效果。② 除了上
述成果，其他多散见于论文，而且随着档案的开放，越来越多的研究大量
利用未刊档案资料，对具体粮食政策的执行与效果及存在的问题展开深入
探讨。③

粮价研究。粮价研究成果较少，主要有王洪峻编著《抗战时期国统
区的粮食价格》，该书是较早系统研究战时粮价的著作，主要梳理了战时
国统区粮价变化及管制措施，对粮食市场、通货膨胀与粮价的关系、国民
政府粮价政策论述较为深入。④ 谭文熙《中国物价史》、⑤ 王玉茹《近代
中国价格结构研究》，⑥ 及其他学者的零星论文对国民政府时期粮价稍有
论及。

地方粮政研究。地方粮政研究成果较有特色，涉及各地粮政、粮价
管理等。魏正岳《战后台湾粮政之研究：以李连春主持粮政时期为中
心》一文从人物个案研究出发，探讨了战后台湾地区粮政的一个面

---

① 傅樵：《赋税制度的人本主义审视与建构》，重庆出版社，2015，第 164 页。

② 张瑞德等：《抗日战争与战时体制》，张宪文、张玉法主编《中华民国专题史》第 11
卷，南京大学出版社，2015。需要指出的是，该书在第五章"政府机构的调整"中，有
"五届八中全会后，1941 年 5 月，粮食部正式成立"（第 175 页）的表述，即将粮食部
正式成立的时间定为 5 月。

③ 近年来的主要成果包括：谢庐明、李红梅《保甲与抗战时期浙江的粮食生产与征收——
以龙泉县为例》，《民国档案》2018 年第 1 期；郝银侠、贾晨《抗战时期国民政府粮食
运输制度之研究》，《宝鸡文理学院学报》（社会科学版）2019 年第 2 期；郝银侠、贾晨
《抗战时期国民政府公粮供应研究》，《民国档案》2020 年第 1 期；孔得伟、龚莉《民国
时期浙江粮食作物的空间分布及米谷市场初探》，《农业考古》2020 年第 6 期；王荣华
《战时国民政府对重庆面粉业的管控——以粮食部陪都粮政密查队为中心》，《史学月
刊》2021 年第 1 期。

④ 王洪峻编著《抗战时期国统区的粮食价格》，四川省社会科学院出版社，1985。

⑤ 谭文熙：《中国物价史》，湖北人民出版社，1994。

⑥ 王玉茹：《近代中国价格结构研究》，陕西人民出版社，1997。

相。① 李仕根主编的《四川抗战档案研究》一书，是抗日战争胜利60周年学术研讨会论文合集，其中两篇论文分别论及战时粮食调查统计工作、四川省第三行政督察区的兵力与粮食问题。② 马军《国民党政权在沪粮政的演变及后果（1945年8月至1949年5月）》从经济、社会、政治等层面对战后国民政府在上海的粮政进行了梳理，对粮食供应的不稳定性和粮价暴涨及由此形成的抢米风潮论述较为深入，认为战后上海社会震荡、民情不安、工潮起伏、学界骚动的主要内在因素之一是粮食管理未能奏效。③ 陈风波、丁士军《农户行为变迁与农村经济发展：对民国以来江汉平原的研究》一书，利用档案资料对民国时期至2000年江汉平原的农村、农户进行了研究，其中涉及1937年至1938年、1943年至1945年湖北一些县份的粮食调查问题。④ 李力庸《日本帝国殖民地的战时粮食统制体制：台湾与朝鲜的比较研究（1937~1945）》一文，则对全面抗战时期日本为了维护粮食供应，在中国台湾与朝鲜实行的特殊粮食体制问题进行了论述，同时比较了两地补给任务、粮食生产、配给系统及其运作结果。⑤ 刘熙明对战时国民党军队在山西战场展开的粮食争夺战进行了研究。⑥ 黄仁姿对全面抗战时期日本对中国台湾地区粮食"管理"体制的建构进行了研究。⑦ 除了以上成果，近年来关于地方粮政的研究大量利用未刊档案资料，对重要城市的某项具体粮政及其效果、存在的问题

① 魏正岳：《战后台湾粮政之研究：以李连春主持粮政时期为中心》，台湾中兴大学历史学系，硕士学位论文，2000。

② 李仕根主编《四川抗战档案研究》，西南交通大学出版社，2005。两篇专题文章分别是杨玉林《兵力与粮食：四川省第三行政督察区人民在抗战中的主要贡献》、胡震亚《抗战时期粮食调查统计工作论述》。另有个别论文对粮食问题有所提及。

③ 马军：《国民党政权在沪粮政的演变及后果（1945年8月至1949年5月）》，上海古籍出版社，2006。

④ 陈风波、丁士军：《农户行为变迁与农村经济发展：对民国以来江汉平原的研究》，中国农业出版社，2007。

⑤ 李力庸：《日本帝国殖民地的战时粮食统制体制：台湾与朝鲜的比较研究（1937~1945）》，《台湾史研究》2009年第2期；《战争与粮食：太平洋战争前后台湾的米谷统制（1939~1945）》，《两岸发展史研究》第2期，2006；《日治时期米谷自治管理政策之制订背景与实施（1936~1939）》，《史汇》2008年第12期。

⑥ 刘熙明：《抗战时期国军在山西战场的抢粮战》，《新史学》第25卷第4期，2014年。

⑦ 黄仁姿：《战争与粮食：二战期间台湾粮食管理体制的建构（1939~1945）》，《国史馆馆刊》（台北）第52期，2017年。

展开了深入探讨，对于深化、推进粮政总体研究很有助益。①

其他研究。《中国近代粮食经济史》是中国学界第一部近代中国粮食经济通史，既有纵向论述，即从近代前期鸦片战争讲起，中经北洋政府、国民政府一直到解放战争为止；亦有横向研究，既涉及粮食生产与分配、流通与经营、储备与加工、粮政机构与粮食政策、粮食经济思想及主要观点等，也有国统区、日伪统治区、革命根据地粮食专题研究。②《中国农民负担史》第 2 卷从数量最多、负担最重的中国农民的角度，审视近代赋役制度与农民负担的关系，对国民政府时期粮食政策及农民所承受的沉重负担论述颇详，探析了战时粮食政策及其利弊得失，既分析了这些政策措施的合理性及其效用，也指出了其缺陷与不足。③ 陈坤煌《战后粮政体制建立过程中的国家与农民组织：1945~1954》一文则着重从国家与农民组织角度考察战后粮政。④ 黄仁姿《战争、粮食与土地改革：战时战后的台湾农政（1930s~1950s）》一书对 20 世纪 30~50 年代台湾地区的农业问题进行了全面研究。⑤ 另外，

---

① 近年来比较有代表性的成果包括：刘伟彦《战后绍兴粮食配售的演变机制（1946~1948）》，《民国档案》2018 年第 4 期；郝银侠、贾晨《抗战时期国民政府粮食运输制度之研究》，《宝鸡文理学院学报》（社会科学版）2019 年第 2 期；陈默《米荒、米潮二重奏：1940 年成都的粮食危机》，《抗日战争研究》2019 年第 2 期；陈默《阴谋、误判、解读：1940 年成都抢米风潮中的反共摩擦》，《四川大学学报》（哲学社会科学版）2021 年第 1 期；陈默《控制与失控：1940 年四川省政府对川省米荒的因应》，《民国档案》2021 年第 3 期；郝银侠、贾晨《抗战时期国民政府公粮供应研究》，《民国档案》2020 年第 1 期；王荣华《战时国民政府对重庆面粉业的管控——以粮食部陪都粮政密查队为中心》，《史学月刊》2021 年第 1 期；王荣华《米、酒、税的三重变奏：20 世纪 40 年代福建禁酿问题研究》，《近代史研究》2021 年第 2 期；王荣华、邵将《从内外交困到难以为继：战后南京民食配售问题研究》，《民国档案》2022 年第 1 期；郑康奇《谁来纳粮：全面抗战时期川陕地区的大粮户》，《抗日战争研究》2021 年第 2 期；高蓉芳、刘志英《粮民索债问题研究：四川省 1944 年到期粮食库券本息偿还的考察》，《中国经济史研究》2021 年第 3 期；马斗成、刘文玉《南京国民政府时期青岛粮价波动与政府应对（1929~1937）》，《中国农史》2021 年第 4 期；孙婉婉《1948~1949 年天津民食调配研究》，河北大学历史学院，硕士学位论文，2021；等等。
② 许宗仁主编《中国近代粮食经济史》，中国商业出版社，1996。
③ 中华人民共和国财政部《中国农民负担史》编辑委员会编著《中国农民负担史》第 2 卷，中国财政经济出版社，1994。
④ 陈坤煌：《战后粮政体制建立过程中的国家与农民组织：1945~1954》，台湾大学社会学研究所，硕士学位论文，2001。
⑤ 黄仁姿：《战争、粮食与土地改革：战时战后的台湾农政（1930s~1950s）》，新北，稻乡出版社，2020。

有学者从纵向、横向层面梳理、回顾了民国粮食史的研究状况。[①]

综观国民政府时期的粮食问题研究，可谓视角多样、成果丰硕、新见迭出，为进一步系统研究奠定了基础。同时需要指出的是，现有研究成果多以战时各项具体粮政措施及其成效、利弊得失为着力点，而对于粮政制度史视角下的制度建构、机构变迁及其与时代主题的契合度等方面的研究较为欠缺，对全国粮管局及其与粮食部的关系，战时国民党"团、宪、队"与粮食管理，粮食督导制度，粮食部中国粮食工业公司（简称"中粮公司"），禁止粮食酿酒，献粮运动，战后民食配售，战后三任粮食部部长及其粮政等问题留有很大研究空间。本书立足上述前人成果，拟在两个方面有所突破。一是粮食机构变迁与粮政制度演变。对粮食部从机构变迁、粮政实施两大方面进行研究，同时结合专题分析，处理好整体与局部的关系，既有总体观照，也有个案探究；既侧重各级机构变迁，也考察各项粮政实施及其效果；既厘清政策发展脉络、突出关键节点，也兼顾地域行业特点。二是新资料尤其是未刊档案资料、粮食部历年报告等资料的发掘与运用。本书基本资料来源分为三类。第一类为原始未刊档案资料，这些档案主要庋藏于重庆、南京、台北等各地档案馆及国家图书馆，数量庞大，史料价值特别高，而利用率有待提高，这些是本书最为重要的资料来源。不过，需要说明的是，中国第二历史档案馆所藏粮食部专题档案，限于数字化尚未完成等原因，目前并未全部开放，或仅有零星案卷可供阅览，笔者只能尽己所能予以查阅利用；台北"国史馆"所藏粮食部档案卷宗，大多开始数字化，有的标有"档案号"，有的有"入藏登录号"而无"档案号"，笔者在利用时，一一注明，以备检索。第二类为国家图书馆所藏粮食部历年工作报告及粮食部历任部长、处长等相关人员遗留资料，粮食部历年工作报告当年被标为秘密或机密，即徐堪所称"其中若干措施，事前必须保守机密"，[②] 史料价值较高，因其非公开发行，至今仍鲜少重视与利用。第三类为近代图书报刊资料，近年来各种数据库的建设卓有成效，其因获取较易而被广泛利用，亦是不可

---

① 周建树：《民国粮食史研究述评》，《山西农业大学学报》（社会科学版）2013 年第 9 期。

② 《筹补四川省短缺粮额及控制粮价简要方案》（1943 年~1944 年），台北，"国史馆"藏（以下不再一一注明藏所），《行政院档案》，档案号：014-040501-0012，第 22 页。

或缺的重要资料来源。

本书以战时（1941年7月至1945年8月）及战后（1945年9月至1949年4月）粮食管理机构变化、粮政变迁为统领，分为"机构篇"与"粮政篇"两大部分，各以时间为序，按照粮食问题与粮食管理的发展脉络，综合考察粮食管理机构的成立、组织架构、人员变化、政策变迁、绩效考核等。以全国粮食管理机构的设立，尤其是粮食部的设立、抗战胜利为时间节点，把握粮食问题与抗战局势变化的脉络，考察粮食部推行粮政及服务抗战的总体目标等；以粮政制度变迁及实施为主要线索，考察粮食部各项制度在中国粮政史中的地位与作用，分析新制度的制定、调适、效果及其与救亡图存这一时代主题的适应程度；以粮食部为中心，参酌学界对国民政府其他部门机构的研究成果，从国民政府机构设置的视角，考察其政治体制的架构组合、新旧更替的特点，分析国民党不同派系围绕粮食部、粮食管理展开的权力争斗与利益争夺，以及国民政府通过推行粮食政策实现其服务抗战大局、进行社会控制的目的；以中央与地方政府关系为切入点，考察大后方各省市战时对国民政府粮食政策的态度与实施路径，分析地方政府与国民政府的粮政博弈与利益分配；以战时四川军粮供应为切入点，考察粮食部政策的重点；以民食调剂与民食配售为切入点，考察国民政府及粮食部实现民生主义的理想与追求；以蒋介石、孔祥熙等中枢要员及粮食部不同层级人员如粮食部部长、省级粮政主管人员、粮政督导人员、基层粮政人员乃至基层社会中的粮户为观察角度，分层剖析粮政实施过程中的积极因素与各项弊端；以战后粮食形势及政局、战局变化为线索，分析战后三任粮食部部长及其粮食政策的特点与成效，侧重战后粮食部机构调整、人员变动与粮政演变和对政局走向的影响，以及政局变化、战局变化与粮食政策的互动，并对粮食部及其政策进行评价，力图建构一部新颖、客观、平实的关于20世纪40年代国民政府与粮食问题的研究成果。

机构篇

第一章

全国粮食管理局

关于设置机构对粮食进行管理，孙中山早年曾有过设想，"执行机关之下，当设多少专局，随地方所宜定之……而其首要则在粮食管理局"，即主张设置"粮食管理局"，实行粮食公卖，[1] 这一思想为国民党设立专门粮食管理机构提供了理论依据，也被战时粮食公卖论者奉为圭臬。但对于如何设立机构、怎样进行管理，孙中山并未详论。民国肇造，百废待兴，南京临时政府设立9个部，财政部、内政部分别掌管赋税、田土，实业部掌理农政。北京政府时期，各部名称略有变动，职掌事项基本未有更动。[2]

南京国民政府成立后，中央主要经济机构包括工商部、农矿部、交通部、财政部等，并无专门的粮食管理机构，而以实业部、农本局等机构兼管为主。当时有人提出"粮食问题的准备和改进"建议："对内欲求国民经济生活的改善，以及整个国家趋于平治的途径；对外欲求民族的自由平等，以及其永远得以绵亘生存，则努力粮食问题的准备和改进，实为我今后政府和人民重要建设工作之一。"[3] 但并未引起中央政府足够的重视。抗战全面爆发后，粮食"无论管理全部之通盘计划，亦无统筹全局之专管机关，惟由各战区司令长官部，设置粮食管理处，专司军粮之购买及运

---

① 中国国民党中央执行委员会宣传部编印《国父关于粮食问题的遗教》，1941，"编辑弁言"第1页；甘乃光编辑《孙文主义讨论集》，孙文主义研究会，1925，第122页。

② 钱端升等：《民国政制史》上册，上海人民出版社，2008，第14～15、30～33、175～176页。

③ 乔启明、蒋杰：《中国人口与食粮问题》，上海中华书局，1937，第4页。

输等事宜"。① 1937 年至 1938 年，全国粮食丰收，甚至出现粮价下跌现象，但从 1939 年下半年开始，粮价渐有上涨趋势。1940 年春夏，川省稍旱，秋收歉薄，战区扩大，国际交通路线及国内交通节节受阻，物价上涨，囤积居奇现象严重。宜昌失守后，江运阻断，供求失调，民情恐慌，川省粮价骤涨，各地粮价波动严重，甚至演成粮食危机，威胁后方社会安定。因此，成立中央层级的专门机构对粮食进行系统管理势在必行。

第一节　全国粮管局的成立

一　粮食危机日益严重

抗战全面爆发后，虽然战区渐有扩大趋势，但 1937 年、1938 年却是中国年景较好的两个年份，粮产未见减少，有些省份甚至相对过剩，粮价下跌较为明显。1937 年，湖北各地粮食丰收，通城县每石新谷价格低至 1.7 元，鄂东数县则低至 1.5 元，仍无人购买。② 1938 年，四川粮食达至"最高收成"，米谷总量达 1.559 亿市石。③ 7 月 15 日至 8 月 15 日，重庆每市石白米的趸售价格由 10.4 元跌至 9 元，小麦由 5.8 元降至 5 元，次月又分别下降 1.1% 及 4.0%。④ 此外，成都、南充、贵阳等重要粮食市场价格指数也较前半年有所下降。⑤ 为免谷贱伤农，中央政府下令"拨巨款，令农本局在川收购粮食，来维持一定的谷价"，同时充裕农村经济。⑥

---

① 闻汝贤、闻亦博编著《中国现行粮政概论》，正中书局，1944，第 17 页。
② 《鄂粮食管理局今开始办公》，《新闻报》1937 年 8 月 2 日，第 8 版；《鄂本年各地丰收，粮食管理局今日成立》，《时报》1937 年 8 月 2 日，第 3 版。
③ 《赋税（二）》（1941 年），台北，"国史馆"藏（以下不再一一注明藏所），《蒋中正总统文物档案》，档案号：002-080109-00012-003，第 24 页。
④ 杨蔚：《粮价与粮食问题》，《经济汇报》第 4 卷第 7 期，1941 年 10 月 1 日，第 2 页。另据资料记载，1938 年重庆粮价较 1937 年下降 3%，1939 年开始回涨，涨幅为 9%。参见《行政院经济会议第三十三次会议记录》，《民国档案》2004 年第 4 期。
⑤ 王洪峻编著《抗战时期国统区的粮食价格》，第 4 页。
⑥ 《蒋委员长发表："为实施粮食管理告川省同胞书"》（1940 年 9 月 11 日），秦孝仪主编《中华民国重要史料初编——对日抗战时期》第 4 编《战时建设》（3），台北，中国国民党中央委员会党史委员会，1988，第 50 页。

　　然而，从 1939 年 3 月开始，"成都大小各报不断发表文章，要求政府'平抑米价'，'封仓平粜'"，[①] 甚至小县城也出现抢米现象。12~14 日，郫县、新津也有"抢口袋"、抢米事件发生，甚至酿成抢米风潮。[②] 夏秋以后，各地的粮价渐涨，"川省粮价于二十八年年底，已露上涨端倪，二十九年正月间各地粮价更呈剧增之现象"。[③] 从粮价下跌到粮价上涨，后方粮食相对短缺问题逐渐凸显。自 1940 年春开始，后方各省无论省会还是中小城市，均突现粮食短缺、粮价高涨。据金陵农学院农业经济系调查，成都每市石食米零售均价由 1937 年的 10.38 元猛涨至 1940 年的 52.35 元，每市石食米平均价格指数从 100 骤升至 400 多。[④] 经济部部长翁文灏、重庆市市长吴国桢指出，从 1940 年 5 月开始，重庆粮物价格变动"最为显著"。[⑤] 在粮食市场紧张、粮价持续上涨的情况下，多地出现抢米风波，成都市郊一些地方连续发生贫民群集抢米和"吃大户"的事情。[⑥]

　　除了四川省，其他一些省份粮价也陆续上涨，影响人民生活及社会稳定。湖南滨湖各县粮价节节上涨，1939 年 9 月每市石为 2.45 元，11 月为 3 元，1940 年 3 月为 4 元，9 月为 5.5 元，11 月为 6.8 元，1941 年 1 月为 7 元，一年多时间增长 1 倍余。粮产不丰及粮食消费县份，则粮价增速更快。[⑦] 还有资料表明，如果以 1930~1936 年平均粮价为 100，后方 20 个城市的粮价指数，1938 年 12 月为 130，1939 年 12 月达 220，1940 年 6 月涨至 424，增速惊人。同一时期，物价上涨幅度为 159%，整体而言，粮

①　中共成都市委党史研究室编《抢米事件》，成都出版社，1991，第 4、82 页。
②　黄肇珩、胡有瑞、徐圆圆等记录《孔祥熙先生百年诞辰口述历史座谈会纪实》，陈鹏仁主编《百年忆述——先进先贤百年诞辰口述历史合辑》（1），台北，近代中国出版社，1996，第 293~294 页。
③　陈彩章：《战时四川粮食管理概况》，朱汇森主编《中华民国农业史料·粮政史料》第 4 册，台北，"国史馆"，1989，第 120 页。
④　潘鸿声编著《成都市附近七县米谷生产与运销之调查》，四川省政府建设厅，时间不详，第 27 页。
⑤　《行政院经济会议秘书处函军事委员会侍从室为行政院经济会议核复重庆市长吴国桢订定物价及筹办公卖办理情形》（1941 年 9 月 22 日），台北，"国史馆"藏（以下不再一一注明藏所），《国民政府档案》，档案号：001-110010-00013-007，第 91 页。
⑥　《抢米事件》，第 4、82 页。
⑦　全国粮食管理局编印《全国粮食会议报告》，1941，第 60 页。

价增速已然超过物价增速，足见粮食问题的严重性。[①]《中央日报》社论对1940年1~2月的物价尤其是米价"超越常规的飞涨"现象，用了"这不能不算是令人惊疑的奇事"的表述。[②] 1940年3月，福建发生抢米风潮，云南昆明米价飞涨。[③] 为了解决云南食米供应问题，农本局总经理何廉、云南省政府主席龙云及云南富滇新银行行长缪云台商议，从河内进口大米，以缓解昆明米荒。[④]

除了民食供应短缺，军粮采购也出现困难。据闻湖南省军粮1939年可供应800万~1000万担，规定每担的价格是4元，但购买时只给2.5元，"老百姓就不肯卖"，对于各省来湘采买的，又管制不准卖。[⑤] 1940年3月，第三战区司令长官顾祝同致电行政院，谓自1939年10月以来，米价腾涨不已，甚至有价无市，军粮采购极感困难。[⑥] 四川省政府委员兼粮食管理委员会主任委员嵇祖佑在是年7月11日的粮食会议上介绍此前四川军粮的购买情况时，谓1940年省政府责令各县县长办理军粮，并规定军粮按照市价购买，但多数县长并未切实办理，原因之一即为领款手续麻烦，1939年9月的购粮款直到12月才领得支付通知书，其时又适逢实行公库法，手续更为烦琐，各县直至1940年2月才拿到钱，[⑦] 这也影响到军粮供应。

粮食短缺演变成粮食危机的原因是多方面的。除了战局变化、日军对

---

① 王洪峻编著《抗战时期国统区的粮食价格》，第140页。关于1940年粮食是否歉收，时人亦有不同记载。沈雷春等援引中央农业实验所报告，认为该年川、滇、黔、湘、鄂、宁、青、甘、陕、赣、桂、粤、闽、浙等14个省夏季收获可达最好年成收获的七成，并指出该数字"尚是估计数字，实际收获当比此数字大"，"足以证明中国二十九年粮食的大丰收"。参见沈雷春、陈禾章编著《中国战时经济建设》，世界书局，1940，"农业"第39~40页。

② 《平定物价的根本观念》，《中央日报》（重庆）1940年8月10日，第2版。

③ 公安部档案馆编注《在蒋介石身边八年——侍从室高级幕僚唐纵日记》，群众出版社，1991，第123页。

④ 《何廉谈滇省民食问题》，《益世报》（重庆）1940年4月24日，第2版。

⑤ 《粮食管理机构组织办法案》（1940年~1941年），《行政院档案》，档案号：014-040504-0025，第28页。

⑥ 《省属粮政单位组织规程（一）》（1937年~1941年），《行政院档案》，档案号：014-040503-0005，第21页。

⑦ 《粮食管理机构组织办法案》（1940年~1941年），《行政院档案》，档案号：014-040504-0025，第24~25页。

后方城市大规模持续轰炸外，① 据金陵大学农业经济系师生调查研究，成都米价上涨原因有九个方面：一是各地歉收；二是收获时期各方争购；三是囤积者增多；四是宜昌沦陷；五是粮食黑市的影响；六是生产力减少；七是运输费用昂贵；八是居间商人过多；九是工资高涨。② 行政院经济会议在平价初期这样总结道："物价上涨原因众多，诸如产量不足、运输困难、发行增多、币值跌落等，均为促成物价高涨之必然因素，亦为战时不可避免之事象。然而，造成今日物价严重之态势者，尚有其他人为的、心理的因素在，如投机操纵、囤积居奇、心理浮动"，"其为害更十百倍于前者"。③ 粮价上涨可以说是综合因素导致的。以藏粮惜售、囤积居奇为例，全面抗战爆发后，战区持续扩大，国民政府及各机关、工厂先后迁往重庆，后方人口剧增，城市粮食需求增加。而受物价、货币等方面因素刺激，农民存在市场观望心理，匿粮不售。④ 重庆市社会局局长包华国在 1940 年 7 月中旬指出，"现在做米粮生意的，有许多不是商人"。包将这种商人称为"非正式商人"，也就是国防最高委员会（以下简称"国防会"）秘书长兼国民精神总动员委员会秘书长张群所说的"半官半商"，这些人"即常常借政治上的力量来操纵市场"。⑤ 据永川宪兵队 1940 年 12 月初调查，一般粮户不愿将谷米出售，其原因有二：一是待价而沽，二是对法币缺乏信心。⑥ "积粮的地主认定

---

① 李学通、刘萍、翁心钧整理《翁文灏日记》（下），中华书局，2014，第 480~482 页；《王世杰日记》（手稿本）第 2 册，台北，中研院近代史研究所，1990，第 286~299 页。

② 潘鸿声编著《成都市附近七县米谷生产与运销之调查》，第 27~30 页。

③ 《经济会议第三十五次会议》（1941 年 10 月 2 日），《行政院经济会议、国家总动员会议会议录》第 2 分册，第 162 页。

④ 《四川省粮食问题——蒋委员长为彻底实施粮食管理告川民众书》，《财政评论》第 4 卷第 4 期，1940 年 10 月，第 135 页。何为囤积居奇？1941 年 2 月国民政府公布施行的《非常时期取缔日用重要物品囤积居奇办法》中，所指重要物品包括粮食类、服用、燃料、日用品及其他指定物品，其中粮食类包括米、谷、麦、面粉、高粱、粟、玉米及豆类。所称囤积包括三类情形：一是非经营商业的人，或非经营本业的商人，大量购存所指定物品者；二是经营本业商人，购存所指定的物品而有居奇行为者；三是代理介绍买卖但并无真实买卖货主，而化名购存所指定物品者。所称居奇是指储存物品不应市销售，而抬价超过合法利润者。参见《非常时期取缔日用重要物品囤积居奇办法》（1941 年 2 月 3 日公布），《国民政府公报》渝字第 333 号，1941 年 2 月 5 日，第 1 页。

⑤ 《粮食管理机构组织办法案》（1940 年~1941 年），《行政院档案》，档案号：014-040504-0025，第 38~40 页。

⑥ 《粮政（三）》（1940 年 9 月 6 日~1946 年 8 月 5 日），《国民政府档案》，档案号：001-087000-00003-000，第 65 页。

秋收要减少，粮价可以看涨，于是抬高出售价，或减少出售量"，而一些"由外面逃到后方来的游资，遇到滇缅路的封闭，少了弋取高利的机会，乃相率跑入农村，收买粮食，囤积居奇"。① 总之，在各种原因激荡下，粮食危机越来越严重。

面对粮价飞涨的局面，地方政府及国民政府在分析原因的基础上，尝试采取因地制宜的各项措施，以遏制粮价过快上涨。江西省政府自1939年1月起实施粮食输出管理，1940年2月29日召开赣东各县粮食会议，会议议决：登记粮商，并稽核其营业；粮食在县境内可以自由买卖，但出县应向县粮食管理处申请核发许可证；县粮管处与贸易部合作，各县余粮由县粮管处采办，交由贸易部向外销售，出省贸易仍由贸易部予以统制。② 1939年6月，浙江省政府委员会第1073次会议审议通过《浙江省战时粮食管理委员会粮食管理办法大纲》，该大纲共计22条，其也是为了适应战时需要，调剂粮食供求，并防止资敌，所管理的粮食为"所有公私粮食"，以米谷为主，麦类、面粉及其他杂粮次之。③ 浙江省粮食管理局成立于1940年3月，其前身是浙江省粮食管理处，浙江省政府主席黄绍竑兼任粮食管理处处长，统筹全省粮食管理事宜。黄对于粮食管控颇为重视，先后多次发表关于粮食管理、运输、调剂等方面的言论，并亲赴缺粮地区调查。绍兴粮食供不应求时，3月10日黄绍竑至绍兴视察当地粮食状况，召集有关机构与米商代表讨论急救办法。经协商，米商答应从3月12日起将市价每市石30余元每隔3天减跌1元，逐步降至28元，军警米亦降至25元。省粮管处在金华、衢州、温州、台州等有余粮地区采购食米四五万市石，运至缺粮县份，由当地粮管处负责分配，交各米店或交易公会平价出售，宁波、绍兴等地粮价逐渐稳定。④ 江苏省1940年上半年制定《非常时期江苏省各县查禁粮食出口出境暂行办法》，该办法施

---

① 陈正谟：《米谷生产成本调查及川粮管理问题》，中山文化教育馆，1940，第24、26页。
② 江西省粮食管理局编印《江西省粮食管理概况》，1941，第2页。
③ 浙江省政府：《浙江省战时粮食管理委员会粮食管理办法大纲》（1939年6月~1940年7月），浙江省档案馆藏（以下不再一一注明藏所），《浙江省政府档案》，档案号：L029-002-0130。
④ 浙江省粮食管理处编印《浙江之粮食管理》，1940，第4~9页；《省市粮食管理办法（一）》（1940年~1948年），《行政院档案》，档案号：014-040504-0017，第11页。

行以来"颇收统制之效"。苏省政府为适应战局变化及本省粮食情况，在 5 月 7 日省政府委员会议第 137 次谈话会上，对该办法酌予修正并通过。并且为了统一管理步骤、防止私人操纵粮食供应及粮价，针对各县管理境内粮食办法极不一致的情形，制定《江苏省各县管制境内粮食暂行办法》，亦一并通过，于 5 月 20 日呈报行政院。《江苏省各县管制境内粮食暂行办法》规定，各县接近敌区 10 里以内地带，为绝对封锁禁运地区。凡行商厂户存粮在米 30 市石或稻谷 100 市石、麦 30 市石、杂粮 30 市石或面粉 50 袋以上者，均由县政府依照《非常时期农矿工商管理条例》第 16 条责令储存，不同地区由不同人员进行登记，如乡区由区长会同本区公正士绅调查登记，城区由县食粮管理委员会、县商会及区公所共同派员分组调查登记。未责令登记的粮食可在本县境内流通，而已登记的粮食则不许自由流通，若将此类粮食运出县境，以私运论处。①

　　1940 年 3 月 16 日，国民政府军事委员会委员长、行政院院长蒋介石致电行政院副院长孔祥熙，同时分别向川黔两省政府、经济部、农本局、四联总处、重庆市政府等颁发手令，"严饬切实取缔"囤积居奇，行政院也应以采取"紧急有效之处置为要"，督饬：自即日起，各省县应将存粮调查清楚，有计划地销售，将米价降至 40 元；自即日起至秋收前，禁止各银行、合作社购押米谷；如发现囤积者，则米谷充公，相关人员以操纵市价、扰乱治安罪行严惩不贷；除接近战区各省，后方各地停止抢购粮食，并将余粮随时出售应市。蒋介石得知重庆燃料价格及其他日用品价格亦飞涨后，非常不满，甚至怀疑经济部、重庆市政府迭次所报有误，有意粉饰，"政府当局有无实行取缔？及现在有无有效处置办法？……平价购销处规定资金，曾否拨付？该处现由何人主管，如何办理？"蒋要求所颁发手令，均限即刻送达。蒋认为，"此中显有大户奸商囤积居奇，借端抬价"，并责令 3 月 20 日前予以回复。对此，以上各省部局处长官均不敢怠慢，纷纷研讨处置对策。18 日下午，相关机构在经济部召开会议，商讨平定粮价、物价事宜。商讨结果有二：一是由经济部主稿，汇合各机关意

---

① 《粮食流通管制办法（一）》（1940 年~1948 年），《行政院档案》，档案号：014-040504-0021，第 15~49 页。

见后复蒋；二是由四联总处拟订具体平价办法，上呈获准后迅即实行。20日，四联总处秘书长徐堪将所拟12项办法呈蒋备览。①

四川粮价上涨剧烈，囤积居奇成风，为了平息众怒、安抚民众及打击囤积居奇行为，蒋介石将成都市市长、大川银行董事长杨全宇以在任官员囤积粮食罪名处死，上演了一场曹操借粮官王垕人头以平军心的"好戏"。② 这一事件被何廉称为"不会解决问题的"暴力事件。③ 黄季陆在此事件后也认为，"今后我们为防患未然计，应当有一个深长的计划来解决米价等各项现实有关的问题"。④ 该事件背后反映出的处理危机的思维是蒋介石作为武人独裁者，习惯于通过杀人以立威。正如何廉所言："委员长认为粮食市场可用强制力量来稳定。他认为砍掉几个人的头就能够威慑大多数人，使他们按照政府的要求做。"⑤ 蒋事后对此辩解道："我们赏罚一个人，并不是仅仅赏罚他个人的本身，而是要使其影响能及于全国全省。换句话说，就是罚一人要使全国或全省的人都知所警惕。"⑥ 杨全宇被杀立威，一方面显示出蒋惯用的手法及管理粮食的决心，另一方面也反映出粮荒的严重性。蒋杀一儆百虽可收一时之效，但终难持久而防微杜渐，须通过缜密的制度设计、广泛的机构设置、严格的管理措施等来取得长效。

在粮价上涨的各种原因中，除了日军轰炸、宜昌沦陷及各地歉收外，其他各项因素都可以通过行政管理而收效，因此，设立专门的粮食管理机构是符合时势的。

---

① 《粮价平抑办法（二）》（1940年~1948年），《行政院档案》，档案号：014-040504-0058，第9~13页。蒋介石一生颁布的手令数量极多，据长期任职军委会委员长侍从室的人士估计，自1936年1月至1948年4月，侍从室收藏的手令有120余箱。但一箱究竟有多少，并未说明。参见张瑞德《无声的要角：蒋介石的侍从室与战时中国》，台湾商务印书馆，2017，第354页。

② 高少儒：《蒋介石枪毙成都市长》，成都市群众艺术馆编《成都掌故》，四川大学出版社，1998，第73~80页。

③ 《何廉回忆录》，朱佑慈等译，中国文史出版社，2012，第164页。

④ 黄肇珩、胡有瑞、徐圆圆等记录《孔祥熙先生百年诞辰口述历史座谈会纪实》，陈鹏仁主编《百年忆述——先进先贤百年诞辰口述历史合辑》（1），第295页。

⑤ 《何廉回忆录》，第160页。

⑥ 《蒋委员长出席全国粮食会议讲："管理粮食应注意之事项"》（1941年2月24日），秦孝仪主编《中华民国重要史料初编——对日抗战时期》第4编《战时建设》（3），第63页。

全国粮管局的设立，除与粮食危机直接相关外，还与统制经济理念兴起并被国民政府上层人士接受有关。

二　统制经济理念兴起

统制经济到底是何时传入中国的，尚不得而知。全面抗战前有人认为它"是目前一个最时髦的名词"。① "近年来，'统制经济'和'计划经济'，于世界经济论坛上，成了一个很时髦的名词。"② 何为统制经济？时人讨论颇多。郑独步认为，统制经济"就是国家以协调国民生活，发展国家经济为目的，对于国民经济行为的总体，加以合理的统制，而扫除全国经济行为的矛盾与冲突"。③ 周宪文认为统制经济为计划经济或某种程度上的战争经济，是"人类在一指导意志之下，为获得并使用生活资料所有的计划行为"，或者说是在国家指导下的计划经济。同时，周宪文对资本主义各国与统制经济的关系、统制经济的起源与发展、日本的统制经济进行了详细介绍，周本人也赞同中国实行统制经济。④ 李超英对此也持赞成态度，认为统制经济是一种国家协调政策，其以"和平的手段，来改造经济，用国家的力量，统制一国经济全部的行为，使劳资协调，物资充足，分配平均，内足以救济民生，外足以增强抗战力量"。李超英同时亦指出，统制经济与计划经济"这两个名词，没有多大的分别，一而二，二而一，计划经济和统制经济，同是与自由经济对立的东西，用国家的力量，以协调国民的生活，来发展国家的经济为目的，作成有计划的经济来统制，对于国家经济的行为种类及范围，加以合理的限制，使各经济单位的利益，归于全体的利益，而扫除自由经济的矛盾与冲突"，其区别在于计划经济"是就计划的本质而言"，是"静的状态"，统制经济"是就计

---

① 周宪文：《资本主义与统制经济》，中华书局，1933，第1页。

② 李超英编著《抗战建国纲领研究·经济篇》，独立出版社，1939，第6页。

③ 参见叶乐群《全国经济统制之情况及其效果》，新中国建设学会出版科，1936，"郑序"第1页。

④ 周宪文：《资本主义与统制经济》，第1、66~67页。关于计划经济，李超英编著的《抗战建国纲领研究·经济篇》也用相当篇幅进行论述。另外有人指出，四川省农村经济调查的目的，就是将其所得资料"作为实施计划经济之重要参考"。参见潘鸿声编《中国农民银行四川省农村经济调查委员会四川农村经济调查报告》第1号《总报告》，中农印刷所，1941，第3页。

划在执行时的形态而言"，是"动的状态"。①

　　对于这个时髦的洋名词，时人对与之相关的外国经验亦有介绍，除了前文提到的周宪文，殷锡祺、② 尹以瑄、③ 孙兆乾④等对法国、英国、美国、德国、苏俄在第一次世界大战期间的粮食生产统制、价格统制、输入统制、输出奖励、粮食节约、生产政策等各方面的举措进行了介绍。有人在 1933 年即已指出粮食管理与统制涉及的内容，"则所管理统制者，乃关于粮食之分配与调剂，粮食市场之指导及监督，粮食价格之统计及评定，粮食之运输及积储，粮食之增产与奖励，粮食来源之扩张及饥荒之救济，粮食生产、消费、运销之管理、登记与统计，以及积谷合作仓、社仓、义仓之筹设、奖励与监督等"，并指出其要点有六个方面：从速设立粮食管理机构；粮食管理应以国防计划为中心；平准粮价；举办积谷；救济农村经济；维持生产者与消费者利害的均衡。⑤ 可见，当时学者对统制经济抑或计划经济虽抱持不同观点，但将其付诸实践的倾向性较为一致。

　　那么，当时的中国是否适合实行统制经济或曰计划经济呢？赵正平认为，实施统制经济必须具备五项条件：一是"必须借极大之政治统制力以行之"，二是"必须借简捷之政制机构以行之"，三是"必须集国家大部分之财力，对于生产的建设，能举积极的经营或奖进援助之功"，四是"必须有极忠实之负责人员，与极精密之调查统计，极便利之交通机关以为辅佐"，五是"必须有自由之赋税制度，与国内外资本之自由运用"。⑥随着 20 世纪 30 年代民族危机加深，在社会各界对"统制经济"探讨的浪潮中，人们的视角已不单单停留在释义和号召层面，更多地转向对具体统制内容和统制方式的研究。孙兆乾认为抗战全面爆发后，中国粮食至少面临四大问题：一是"海口被人封锁，外粮接济的绝望"，二是"战区范

---

① 李超英编著《抗战建国纲领研究·经济篇》，第 8~10 页。
② 殷锡祺：《战时粮食动员问题》，中山文化教育馆，1937，第 15~30 页。
③ 尹以瑄：《国防与粮食问题》，正中书局，1937。
④ 孙兆乾编著《战时粮食生产统制》，独立出版社，1939，第 16~20 页。
⑤ 颖：《粮食管理政策之商榷》，《江西省政府经济委员会汇刊》第 1 集《江西经济问题》，1934，第 501~505 页。
⑥ 叶乐群：《全国经济统制之情况及其效果》，"曾序"。

围的扩大，耕地面积的缩小"，三是"内地移民的激增，粮食不敷数量的
巨大"，四是"战时兵役的补充，农业劳动的不足"。因此，"在长期抗战
中，生产的缺乏，粮食的恐慌，确是一个极度严重的问题"，进行粮食统
制势在必行。①

就国民政府与地方政府来说，粮食统制的做法在 20 世纪 30 年代也是
有的，只不过当时普遍称为"封锁"，其范围也较为有限。江西曾在国民
政府主导下于 1931 年 8 月因"剿匪"需要而"封锁匪区"，统制粮食消
费。抗战甫一爆发，安徽省随即颁布《非常时期必需品统制办法》，有些
省市设立委员会平抑物价或统制必需品，粮价或粮食消费亦在其中。② 统
制经济理念及粮食统制问题，不光在知识界讨论得非常热烈，国民政府上
层人士亦有相当关注。鉴于"统制经济"思想与当时国民政府的发展企
图相合，许多政府高层对此极为重视和提倡，甚至开始将"统制经济"
与实际政策法规相融合。

三　国民政府上层人士的态度

1933 年 5 月，财政部部长宋子文奉命代表国民政府参加世界经济会
议。在会议之余，宋历访各国当局，回国后发表了对"统制经济"的主
张，"认为立国之道，惟在以国民经济为中心，而以国家全力维护与发展
之，同时冀望全国上下，化除成见，集合全国之资力物力与人才，以友邦
建设之精神，为救国唯一之途径"。③ 10 月，全国经济委员会成立，经委
会是统筹全国经济事业的总机关。在宋子文发表"统制经济"的主张后，
蒋介石、汪精卫、孙科等人决定扩大经委会，④ 作为施行"统制经济"的
中心机关。经委会计划下设棉业、煤业、粮食等统制委员会，由各统制委

---

① 孙兆乾编著《战时粮食生产统制》，第 16~20 页。
② 殷锡祺：《战时粮食动员问题》，第 46~49 页。对于何为"非常时期"，马寅初认为，
"非常时期亦即所谓紧急时期（Emergency），第一为准备时期，第二为战争时期，第三
为整理时期，非常时期包括此三个时期，总称之为非常时期"。参见马寅初《非常时期
的管理经济》，中国问题研究会编《中国战时经济问题》，上海杂志无限公司，1936，
第 136 页。
③ 《财长宋子文氏抵沪盛况》，《中央周报》第 274 期，1933 年 9 月 4 日，第 12 页。
④ 徐元长：《统制经济与中国》，《求实》第 1 卷第 1 期，1933 年 10 月 15 日，第 1 页。

员会来推进统制事业的发展。① 10 月 16 日，棉业统制委员会在上海成立，这应是最早以"统制"命名的政府机构。②

蒋介石很早就有统制工商业进而垄断全国经济的意图，他在为复兴社所拟的宗旨中便提出了"统制工商"的主张。1935 年 4 月，他在贵阳发表谈话，提倡"国民经济建设运动"，以谋国民经济健全发展。③ 12 月，国民党五届一中全会通过《确定国民经济建设计划大纲》，确定"建设国民经济，必须为全盘之统制"，这与蒋的谈话是一脉相承的。④ 1937 年 2 月，国民党五届三中全会通过《中国经济建设方案》，该方案规定："中国经济建设之政策，应为计划经济，即政府根据国情与需要，将整个国家经济如生产、分配、交易、消耗诸方面，制成彼此相互联系之精密计划，以为一切经济建设进行之方针。"⑤ 从蒋的言论及国民党相关会议的决议案可以看出，以蒋为代表的国民党的真实动机是在日军侵华步伐不断加快，民族危机日益严重的背景下，希望不改变原有的经济格局，利用统制的方式来建立起国家垄断资本主义的经济体制，增强其控制政治局势的经济实力，用"建设统一"来保障其"政治统一"。⑥

从 1937 年 7 月开始，国民政府及相关部门相继制定并颁布了一系列政策与法令，以因应业已全面爆发的战争，其中亦有与粮食相关者。⑦

---

① SW：《论中国的统制经济》，《社会主义月刊》第 1 卷第 9 期，1933 年 11 月 1 日，第 3~5 页；《经济委员会组织棉业统制会》，《纺织时报》第 1025 号，1933 年 9 月 28 日，第 2660 页。

② 王树槐：《棉业统制委员会的工作成效》，中研院近代史研究所编印《抗战前十年国家建设史研讨会论文集》，台北，1984，第 713~762 页。

③ 郑会欣：《战前"统制经济"学说的讨论及其实践》，《南京大学学报》（哲学·人文科学·社会科学）2006 年第 1 期。

④ 徐建生：《民国时期经济政策的沿袭与变异（1912~1937）》，福建人民出版社，2006，第 55 页。

⑤ 浙江省中共党史学会编印《中国国民党历次会议宣言决议案汇编》第 2 分册，出版时间不详，第 295 页。

⑥ 何虎生：《蒋介石传》，中国工人出版社，2015，第 204 页。

⑦ 为有效实施统制经济，国民政府加强立法，先后颁布《非常时期安定金融办法》（1937 年 8 月）、《战时粮食管理条例》（1937 年 8 月）、《战时农矿工商管理条例》（1937 年 12 月）、《非常时期工矿业奖励暂行条例》（1938 年 12 月）、《非常时期禁止进口物品办法》（1939 年 7 月）、《巩固金融办法纲要》（1939 年 8 月）等，为统制经济的实施提供了依据。参见陈雷、戴建兵《统制经济与抗日战争》，《抗日战争研究》2007 年第 2 期。

7月12日，国民政府制定《军事征用法》，该法第1章第5条规定："军事征用视征用标的之性质，人民之便利，地方之供给力，适宜划分区域行之。"第2章"征用标的"中规定，除第1类"弹药枪炮、电信器具材料，其他作战之工具"外，第2类即为"粮食，饮用水料"。但《军事征用法》制定后并未立即施行。① 8月，《战时粮食管理条例》颁布，其中第3条规定，应在行政院下设战时粮食管理局，负责管理粮食生产、消费、储存、价格、运输、贸易、统制及分配等事项，必要时在各省市重要地点设分局，直隶于管理局。② 8月31日，国民政府制定并施行《食粮资敌治罪暂行条例》，其中第2条规定，凡谷、麦、米、面、杂粮及其他可充食粮的各种物品，均不得资敌；第3条规定，凡以食粮供给敌军者，处死刑；第4条规定，非常时期私运禁止出口食粮在10万斤以上者，以资敌罪论处。③ 9月3日，行政院颁布《食粮资敌案件没收食粮及罚金处理规则》，该规则共计4条，主要规定没收食粮应就近移交附近兵站，并呈报中央最高军事机关备案；对于罚金，除提成给奖外，其余均充作军费。④ 12月，为管制后方物资，国民政府出台了《战时农矿工商管理条例》，主要对金银、钢铁、铜锡等金属，棉、丝、麻、羊毛及其制品，食粮、食油、茶、糖及其他指定物品进行管制。1938年4月，国民政府颁布《各战区粮食管理办法大纲》，6月行政院颁布《非常时期粮食调节办

---

① 《密勒氏评论报》编印《中国的抗战——日本侵华大事记》第1集，1938年8月13日，第223~233页。

② 《战时粮食管理办法》（1937年~1940年），《行政院档案》，档案号：014-040504-0015，第9~15页；中央训练团编印《中华民国法规辑要》第2册，1941，第26页；《国府公布战时粮食管理条例，将设立专局通盘统制》，《金融周报》第4卷第7~8期合刊，1937年8月25日，第27页。

③ 国民政府军事委员会政治部编印《战时法律概要》，1938，第41~43页；《中国的抗战——日本侵华大事记》第1集，第261~262页。关于战时防止粮食资敌条例、法规、办法，主要有《战时管理进口出口物品条例》（1942年5月11日，国民政府公布；1943年9月9日，国民政府修正公布；1944年10月14日，国民政府修正公布）、《修正惩治汉奸条例》（1938年8月15日，国民政府公布）、《封锁敌区交通办法》（1939年9月，军委会、行政院颁行；1943年10月，国防会第122次常务会议修正）、《调整战区缉私及经济封锁办法》（1943年8月，行政院颁布）及《战时管理封锁区内由后方购销民生日用必需品办法》（1943年5月8日，行政院公布）等。

④ 《战时法律概要》，第43页。《食粮资敌治罪暂行条例》旋于1938年8月15日废止，《食粮资敌案件没收食粮及罚金处理规则》亦随之失效。参见《粮食资敌防止办法（一）》（1940年~1946年），《行政院档案》，档案号：014-040504-0019，第13页。

法》，但因粮食问题尚未显现而未严格执行。① 其时战区范围尚小，产粮丰富区域及广大农村粮食不虞匮乏，粮价较低，粮食问题甚至表现为相对过剩、"因丰成灾"。10月，武汉和广州相继失守，水陆重要交通路线被日军切断，战事阵地转移，军队动员数目增加，农村劳力减少，战区人口大量向后方迁移，新式工业及各级各类学校多向内地迁建，都市消费人口增多，此为后来粮食危机爆发的主要原因。10月27日，经济部、国民政府分别公布《查禁敌货条例》《禁运资敌物品条例》，主要禁止敌对国日本及沦陷区内货物输入国内，但对于粮食如何禁运并未做出规定。从上述条例、办法的颁布及其内容等来看，国民政府在全面抗战爆发后对粮食管理曾有过考量，但各项条例、办法均未实际执行，其主要原因是粮食丰收，粮价稳定。

粮食危机的加剧导致社会各界对中国能否实行统制经济的疑虑逐渐消除，转而普遍支持统制经济，以适应战时需要。翁文灏认为，统制经济是极权国家的产物，其特点是"充分允许私有企业的存在，却尽量发挥政府的统制机能。经营主不管在生产上和贸易上，只有在政府许可的范围内，有他们自由处置的权利，而政府的指令就等于法律一样，具有最高的权威"。② 亦有人指出，"统制食粮之目的，在以政治的力量，组织的方法，使食粮从囤户米商之手脱离，而由政府掌握，以合理分配及运销。此种统制之程度，可以随需要而加紧，尤以行之于接近战区之地，及荒歉之年，更能发挥极大之力量"。③ 徐堪后来亦承认，"我们和敌人打了两年多时间的仗，还没有注意到管理粮食上面去，不能不说是很大的失着"。④

抗战全面爆发初期，国民政府并未立即实行统制经济、设立统制机构，就农业管理机构而言，1937年、1938年之交有实业部、全国经济委员会、军事委员会第四部、军事委员会第四部农产调整委员会，可以说

---

① 中国国民党中央执行委员会训练委员会编印《中国国民党政纲政策与实施概况》，1945，第149页。

② 翁文灏：《翁部长在本局总理纪念周训话》，《农本月刊》第56期，1942年1月，第1~2页。

③ 朱博能：《战时闽省粮食问题之症结及其对策》，《生力半月刊》第3卷第31~32期合刊，1941年6月30日，第14页。

④ 徐可亭先生文存编印委员会编印《徐可亭先生文存》，1970，第110页。

"名目繁杂，关系重叠，步调凌乱"。① 1939 年 1 月，国民党五届五中全会宣言中提到，经济建设作为"抗战建国"的关键所在，需要根据战争形势及人民生活的需要，分清轻重缓急，"实行统制经济，调节物质之生产消费"。② 至此，统制经济政策基本得以确立。

随着战争的持续，粮食短缺问题开始日益凸显，为控制日益高涨的粮价，国民政府开始调整与粮食相关的机构。1940 年 7 月，鉴于发展农林事业对于社会时局的重要性，国民政府将经济部农林司扩充改组为农林部，直接隶属行政院，负责管理全国农林行政事宜，目的在于协助其他粮政机构策进粮食生产。③

在粮食管理方面，虽然农本局业已成立，但其仍为兼管机构而非专门管理机构，更多侧重于兼管方面，在组织建设、经费管理、业务实施等方面都存在明显不足，"一无资金，二无人手，三无政治权力"，④ 无法完成政府要求的粮食控制，平价效果并不理想，而农整会并入农本局后，业务范围的模糊更是影响了农本局的正常工作。

虽然国民政府积极推进粮食管理机构的组建，但从整体来看，这些机构在业务上多有重叠，责任界限模糊不清，管理范围相对有限，对粮食管理的执行力度不足，因此面对日益严重的粮食问题，无法进行更为有效的控制，也无法达到平抑粮价、解决军粮民食供应困难、稳定后方秩序、保障抗战经济基础的目的。因此，国民政府必须健全粮食管制机构，通过设立专门的粮食行政机关为粮食"量"与"价"的统制和管理搭建平台。

1940 年 7 月初，国民党召开五届七中全会，国民党中央执行委员会委员、监察委员共 146 人出席。⑤ 会议历时 8 天，全面讨论了党务、政

① 齐植璐：《十年来之经济建设》，谭熙鸿主编《十年来之中国经济》，中华书局，1948，第 1189~1190 页。

② 荣孟源主编《中国国民党历次代表大会及中央全会资料》下册，光明日报出版社，1985，第 548 页。

③ 中国第二历史档案馆《中国抗日战争大辞典》编写组：《中国抗日战争大辞典》，湖北教育出版社，1995，第 293 页。

④ 《何廉回忆录》，第 157 页。

⑤ 《中国国民党第五届中央执行委员会第七次全体会议纪要》，《中央党务公报》第 2 卷第 28 期，1940 年 7 月 20 日。另有说法到场 142 人。参见《时事评述——七中全会》，《华侨先锋》第 2 卷第 2 期，1940 年 7 月 16 日，第 1 页。

治、军事、外交、财政、经济、教育、内政、交通的各项报告，"尤以关于战时经济问题研究至为详尽"。① 在这次会议上，粮食问题成为讨论的主要问题，平抑物价提案较多，如蒋介石、卫立煌、谷正纲、孔祥熙等人均有提案。② 6 日上午，蒋莅临会议，发表《半年来工作之检讨与中枢机构之调整》的训话，其中第五项要点为"粮食管理机构之设立，以求民生问题之解决"。中央监察委员黄绍竑等 11 人，联名提出《请确定全国粮食管理政策并建立各级管理机构案》。黄等人认为，七七事变以来，国民政府颁布了许多粮食管理的条例及办法，但由于各战区及国统区各地的处境不同，实施办法未能一致。此外，在交通运输日益困难的情况下，国民政府对各省"掌控度"不够，各地只关注自身利益，缺乏大局意识，致使各地粮价相差很大，而中间商人及囤户乘机操纵市价，直接影响了军粮民食的调节，甚至容易造成治安问题，使敌伪乘机作乱，妨碍抗战大局。因此，为更好地推行粮食政策，黄绍竑等人提出"统一机构，加强管制，不分界限，调剂有无"，即确立全国粮食管理政策并建立各级粮食管理机构，使各地各级能对粮食进行统筹管理。黄等人希望国民政府能有所重视，并加快此项政策的落实。③《请确定全国粮食管理政策并建立各级管理机构案》当日下午获得通过，设立中央粮食管理机构的构想正式亮相。

同时，应蒋介石的要求，国防会秘书厅召集三次粮食会议，初步确定了建立全国粮管局的组织纲要，推动粮食管理走向集中化和专门化。国防会秘书厅特别召集的三次粮食会议，详细商讨了"机构与办法"，并议决如下事项。第一，制定全国粮管局组织规程，设置全国粮管局，统筹全国粮食的产销、储运，调节供求关系等，各省设立省粮食管理局，管理全省及调剂各县粮食，各县成立县粮食管理委员会，主任委员由县长兼任，副主任委员由省派，在乡镇设立粮食干事。第二，军粮应该统筹，至少要为

---

① 《时事评述——七中全会》，《华侨先锋》第 2 卷第 2 期，1940 年 7 月 16 日，第 1 页。

② 秦孝仪主编《中华民国重要史料初编——对日抗战时期》第 4 编《战时建设》（3），第 193～243 页。

③ 《请确定全国粮食管理政策并建立各级管理机构案》（1940 年 7 月 6 日），浙江省中共党史学会编印《中国国民党历次会议宣言决议案汇编》第 3 分册，出版时间不详，第 65～66 页。

前方作战部队全部统筹，并且决定每年在收获时期将全年所需军粮一次办妥。第三，管理粮食要从市场做起，然后逐步扩展至生产地区，最后到农村，将全部粮食动态掌握在粮食管理人员手中。① 此三项决议主要针对"过去对于全国粮食之管理，分由数机关负责，故在行政上似欠统一"的状况，② 意在克服并改善此前粮食管理政出多门及由此带来的各种问题，尤其是从易于着手的组织机构出发。因此，设立专门粮食管理机构较以往而言是一种进步。从长远来看，建立健全各级粮食组织的目的在于解决现有粮食困难问题，"预作未来的根本准备，以便配合持久抗战，确立未来国家对于粮食管理的根本基础"。③ 7月底，蒋介石训令公布《全国粮食管理局组织规程》。8月1日，全国粮管局正式成立。按照何廉的说法，撤销农本局兼管粮食的任务，成立全国粮管局，是粮食管理正规化、制度化的体现。④ 全国粮管局"为中国设专管粮食机关之始"，是何廉1938年以来主张成立一个单独的粮食管理局目标的实现，⑤ 也是孙中山早年设想的实践，标志着国民政府在粮食管理方面迈出了至关重要的一步。

第二节　全国粮管局机构与人员

一　中央机构与人员

《全国粮食管理局组织规程》规定，全国粮管局隶属于行政院，是全国粮食行政最高机关，统筹全国粮食产销、储运、调节及供求事宜。该局设局长1人，综理局务；副局长3人，协助局长处理局务；内部机构有秘书室、研究室及行政管制处、业务管制处、财务处等。各室处职掌事项如下：秘书室掌理文书审核、拟撰、收发、缮校，印信典守，档案保管，人

---

① 《全国粮食会议报告》，第19~20页。
② 吴承洛：《全国粮食管理局成立》，《时事月报》第23卷第3期，1940年9月15日，第85页。
③ 卢作孚：《全国粮食会议开幕词》，凌耀伦、熊甫编《卢作孚文集》，北京大学出版社，1999，第525页。
④ 《何廉回忆录》，第173页。
⑤ 《中国粮政概况》，著者、出版者不详，1943，第14页。

事甄别、调查及审核，法规编审及庶务处理等事项；研究室掌理各地粮食产销盈虚统计，各类粮食品质研究，各地粮食市场改进，粮价稳定研究以及有关材料征集等事项；行政管制处掌理各级粮食管理机构指导、监督与协助，粮食产销、储运、调查及登记，粮食市场管理，粮价平准等事项；业务管制处掌理全国军民粮食购销数量，购销地域分配及业务支配，各地粮食运储协助及保藏方法指导，各地粮食加工、调剂规划与管理，各地粮食检验等事项；财务处下设 2 科，掌理业务资金筹划、领拨与保管，业务会计设计，业务预算编造与审定及其他财务审核事项。此外，该局设技正、技士、专员、视察、稽核若干人。①

全国粮管局局长为卢作孚，简派，综理局务；副局长为何廉、熊坤韬、何北衡，均简派，负责协助局务。② 卢郁文为主任秘书，秉承局长、副局长旨意处理局务，③ 张樑任为行政管制处处长，李嘉隆为业务管制处处长，翁之镛为财务处处长；④ 同时，该规程也对局内人员编制有明确规定，具体情况见表 1-1。

---

① 《全国粮食管理局组织规程》（1940 年 7 月 30 日），重庆市档案馆藏（以下不再——注明藏所），《重庆市政府档案》，档案号：0053-0002-00358-0000-042-000，第 42～43 页；《法规辑要：全国粮食管理局组织规程》，《经济汇报》第 2 卷第 10 期，1940 年 10 月 16 日，第 1048～1049 页。

② 全国粮食管理局、重庆市政府：《关于派卢作孚为全国粮食管理局局长及何廉等为副局长的代电、训令》（1940 年 8 月 23 日），《重庆市政府档案》，档案号：0053-0001-00030-0000-008-000，第 8～9 页；四川省第三区行政督察专员公署、四川省政府：《关于派卢作孚任全国粮食管理局局长、何廉等任副局长的令》（1940 年 9 月 10 日），重庆市档案馆藏（以下不再——注明藏所），《四川省第三区行政督察专员公署档案》，档案号：0055000100128000006000，第 6～7 页；《全国粮食管理局组织规程及有关文书》（1940 年 7 月～1940 年 9 月），中国第二历史档案馆藏（以下不再——注明藏所），《经济部档案》，档案号：四-9384，第 13 页。

③ 卢郁文为河北卢龙县人，早年留学英国伦敦政治经济学院，获经济学硕士学位，回国后在大学任教。抗战全面爆发后，弃商从政，投身行政院，曾任军委会工矿调整处主任秘书。1940 年 7 月 29 日，卢作孚、何廉拜访翁文灏，希望能短期借调经济部参事卢郁文到全国粮管局担任主任秘书。8 月 5 日，全国粮管局向经济部正式派送公函，考虑到全国粮管局的急需性及卢郁文的个人能力，8 月 7 日经济部批准了借调函。参见李学通、刘萍、翁心钧整理《翁文灏日记》（下），第 497 页；《全国粮食管理局借用经济部参事卢郁文为主任秘书案》（1940 年 8 月～1941 年 7 月），《经济部档案》，档案号：四-14329，第 22～27 页。

④ 刘寿林等编《民国职官年表》，中华书局，1995，第 579 页。

表 1-1 全国粮管局人员编制（1940 年）

		员额			员额
局长		1 人		处长	1 人
副局长		3 人	业务管制处 （设 3~5 科）	科长	3~5 人（每科 1 人）
秘书室 （设 4 科）	主任秘书	1 人		科员	若干
	科长	4 人（每科 1 人）		办事员	若干
	秘书	2~4 人		雇员	若干
	科员	若干	财务处 （设 2~3 科）	处长	1 人
	办事员	若干		科长	2~3 人（每科 1 人）
	雇员	若干		科员	若干
研究室 （设 3~5 科）	处长	1 人		办事员	若干
	科长	3~5 人（每科 1 人）		雇员	若干
	科员	若干	主任技正		1 人
	办事员	若干	技正		6~10 人
	雇员	若干	技士		16~24 人
行政管制处 （设 2~4 科）	处长	1 人	专员		10~16 人
	科长	2~4 人（每科 1 人）	视察		30~50 人
	科员	若干	稽核		20~30 人
	办事员	若干	顾问		若干
	雇员	若干			

资料来源：《全国粮食管理局组织规程》（1940 年 7 月 30 日），《重庆市政府档案》，档案号：0053-0002-00358-0000-042-000，第 42~43 页。

从表 1-1 可以看出，全国粮管局除了多数机构均会设置的秘书室、财务处、研究室外，主要业务机构为行政管制处与业务管制处，这是该局的核心业务部门。另外，从各处室员额设置来看，全国粮管局规模亦不小。

全国粮管局负责统筹全国粮食管理事宜，除了中央机构，相应的地方机构更为重要，"若无坚强有力，系统一贯之机构，恐仍不足以推行中央之政策"。① 规程规定在各省设置省粮食管理局，隶属于省政府；

---

① 《全国粮食管理纲要审查意见》（1940 年 9 月 12 日），四联总处秘书处编《四联总处重要文献汇编》，高雄，学海出版社，1970，第 410 页。

县设置粮食管理委员会，隶属于县政府，"分负各该级地方政府粮食行政的责任"，县以下则间设乡镇粮食干事,[①] 地方粮食管理机构趋于统一。

二　地方机构与人员

为使全国粮管局尽快进入粮食管理的正轨，能上下有效联动起来，以应付日渐严重的粮食危机，卢作孚等人加快落实各省、市县粮食管理机构的组建工作。用卢作孚之子卢国纪的说法，"从就职之日起，我的父亲即着手建立自己的组织机构，仅仅过了两三个星期，就形成了从上到下的粮食管理体系"。[②]

省粮食管理局。1940 年 7~8 月，《全国粮食管理局组织规程》《各省粮食管理局组织规程》《重庆市粮食管理委员会组织规程》次第审查、公布，中央粮食管理机构先后完成设立程序，接下来则是省县级粮政机构。全国粮管局在 8 月 24 日呈拟的《全国粮食管理局粮食管理纲要草案》中，要求各省均须设立粮食管理局，或就原有机构改组，加强其权力，充实其组织；各县设立粮食管理委员会，分别主办全省和全县的粮食管理事宜。[③] 9 月 4 日，行政院会议通过《省粮食管理局组织规程》《县粮食管理委员会组织通则》，明令各省、市县依照纲要组设相应机构。不过，在抗战背景下，各省推进情况很不一样，截至 1941 年 4 月，先后成立粮食管理局的有四川、广东、广西等 14 个省，情况特殊的山东省准予设立粮食管理处，湖北省设立粮食调节处，此为中央政府明令设立的省级粮食管理机构，也标志着省级粮食管理机构第一次普遍设立（见表 1-2）。

---

①　徐堪：《中国战时的粮政》，《经济汇报》第 6 卷第 1~2 期合刊，1942 年 7 月 16 日，第 17 页；粮食部编印《粮食部报告》（1941 年），1942，第 7 页。

②　卢国纪：《我的父亲卢作孚》，四川人民出版社，2003，第 283 页。

③　《全国粮食管理局呈拟全国粮食管理局粮食管理纲要草案》（1940 年 8 月 24 日），朱汇森主编《中华民国农业史料·粮政史料》第 1 册，台北，"国史馆"，1988，第 282~294 页。

表 1-2　各省粮食管理局设立情况（1940~1941 年）

省份	设立时间	局长任免	
		1940 年	1941 年
贵州	1940 年 9 月 10 日	何玉书（11 月 20 日任）	何玉书
四川	1940 年 9 月 11 日	嵇祖佑（9 月 5 日任）	嵇祖佑（3 月 10 日免）、何遒仁（3 月 10 日任）、彭勋武（副局长，3 月 10 日任）
广西	1940 年 9 月	黄维（12 月 2 日任）	黄维
陕西	1940 年 10 月 16 日	李志刚（12 月 21 日任）	李志刚
广东	1940 年 11 月 6 日	谭葆寿（10 月 15 日任，11 月 5 日免）、胡铭藻（11 月 5 日任）	胡铭藻
浙江	1940 年 12 月 1 日	徐桴（11 月 20 日任）	徐桴、朱惠清（副局长，4 月 23 日免）、魏思诚（副局长，4 月 23 日任）
河南	1940 年 12 月	汪培实（11 月 28 日任）	汪培实
安徽	1940 年 12 月	—	覃寿乔（2 月 2 日任）
西康	1940 年 12 月	黄述（12 月 20 日任）	黄述
山西	不详	—	耿誓（2 月 3 日任）
福建	1941 年 1 月 1 日	—	周一鹗（2 月 5 日任）
江西	1941 年 1 月	—	胡嘉诏（3 月 30 日任）
甘肃	1941 年 3 月 6 日	—	田昆山（4 月 23 日任）、林彬（副局长，4 月 23 日任）
云南	1941 年 4 月 18 日	—	李培天（3 月 7 日任）

资料来源：刘寿林等编《民国职官年表》，第 685~928 页；贵州省地方志编纂委员会编《贵州省志·粮食志》，贵州人民出版社，1992，第 56、304 页；《四川省政府粮食管理局施政报告》（1940 年 10 月至 1941 年 5 月），秦孝仪主编《抗战建国史料——粮政方面》（2），第 113 页；广西壮族自治区地方志编纂委员会编《广西通志·粮食志》，广西人民出版社，1994，第 297 页；陕西省地方志编纂委员会编《陕西省志·粮食志》，陕西旅游出版社，1995，第 32 页；赵志尧《湖北省田赋改征实物之经过》，秦孝仪主编《抗战建国史料——粮政方面》（3），第 272、156 页；浙江省粮食管理处编印《浙江之粮食管理》，1940，第 242 页；《粤粮管局定六日正式成立》，《中央日报》（重庆）1940 年 11 月 4 日，第 2 版；商水县粮食志编辑室编印《商水县粮食志》，1991，第 43 页；福建省田赋粮食管理处编著《福建之田粮》，福建省政府秘书处，1944，第 42~45 页；江西省粮食志编纂委员会编《江西省粮食志》，中共中央党校出版社，1993，第 172~173 页；甘肃省地方史志编纂委员会、甘肃省粮食局编纂《甘肃省志·粮食志》，甘肃文化出版社，1995，第 40~41 页。

　　从表 1-2 可知，大多数省份积极奉行中央政令，迅速调整、成立省粮管局，扩大和完善组织机构，配合全国粮政机构建设工作，其中四川省行动最为迅速。由于四川是国民政府军事、政治重心及大后方重要的粮源基地，缓解四川粮食危机成为全国粮管局设立的一大原因。因此，四川省作为中央直接辐射地区，推行力度不言而喻。

　　根据《省粮食管理局组织规程》，各省粮管局隶属于省政府，在全国粮管局的指挥监督下，管理该省粮食事务。省粮管局设局长 1 人，综理局务，副局长 1 人或 2 人，协助局长处理局务，由省政府会同全国粮管局呈请行政院简派；设主任秘书 1 人，秉承局长、副局长命令处理局务，同时下设总务科、管制科、视察科、会计室 4 个科室。总务科和会计室与全国粮管局的秘书室和财务处职掌事项类似，管制科与视察科为省粮管局的主要业务机构。管制科负责指导、监督、协助县粮食管理机构开展产销储运等方面的粮食管制工作，[①] 视察科侧重于对各县粮食管理情况的视察。此外，局长派充视察人员 10~20 人，科员 9~15 人，办事员若干人。省粮管局主要任务包括：统筹全省粮食产销储运，调剂县与县间或县与市间粮食供需，指挥监督各县粮食管理事宜，管理省有粮食事宜。[②]

　　县粮食管理委员会。根据《县粮食管理委员会组织通则》，各县设置粮食管理委员会，隶属于县政府，受省粮管局指挥监督，主办全县粮食管理事宜，主要任务有：统筹全县粮食产销、储运，调剂各乡镇间粮食供给与需要，管理全县粮食仓库、粮食加工事业，管理全县粮食商人及其同业组织，管理全县积谷，办理平粜。[③] 其行政经费列入县预算，事业经费编制预算，呈由省政府核定，并酌予补助。

　　县粮食管理委员会设委员 9 人，除主任委员、副主任委员、县财务主

[①] 四川省第三区行政督察专员公署、四川省政府：《关于抄发省粮食管理局组织规程、县粮食管理委员会组织通则的训令（附规程、通则）》（1940 年 10 月 2 日），《四川省第三区行政督察专员公署档案》，档案号：0055000500257000022000，第 24~25 页；《省粮食管理局组织规程》（1940 年 9 月 4 日行政院公布施行），《行政院公报》第 3 卷第 19~20 期合刊，1940 年 10 月 15 日，第 34~35 页。

[②] 重庆市档案馆编《抗日战争时期国民政府经济法规》（下），档案出版社，1992，第 324~329 页。

[③] 《全国粮食管理局呈拟全国粮食管理局粮食管理纲要草案》（1940 年 8 月 24 日），朱汇森主编《中华民国农业史料·粮政史料》第 1 册，第 282~294 页。

管人员、县粮食主管人员、县商会主席及粮食同业公会主席为当然委员外，其余由主任委员在该县公正士绅（包括金融界领袖 1 人）中遴选。县粮食管理委员会内设秘书 1 人，承主任委员及副主任委员命令办理会务，其中主任委员由县长兼任，副主任委员及秘书由省粮管局委派，或由主任委员遴选适当人员报由省粮管局核派。同时，县粮食管理委员会内设置三股，分别职掌调查登记、调节平价、公有仓库及积谷事项，各股设股长 1 人，股长以下设办事员数人，其名额按事务繁简呈请省粮管局核定后，由主任委员派充。① 在全国省县中，设立较早的有四川省 122 个县及重庆、成都、自贡 3 个市，云南省 49 个县、河南省 66 个县先后分别设立，并召集各县乡镇粮食干事培训，在粮食市场设置管理人员。②

第三节　全国粮管局的管理措施与面临的困境

一　管理措施的出台与推行

8 月 24 日，全国粮管局向行政院呈送《全国粮食管理局粮食管理纲要草案》，这份呈文可以看作该局的施政纲要："（一）以言管理原则，在数量方面务求其供需适应，在价格方面务求生产者与消费者皆得其平；（二）以言管理机构，除由本局统筹全国粮食管理事宜外，省县市亦皆宜有粮食管理机构，始克贯彻管理命令，而各级机构权责，尤须划分明晰，俾收上下相承、分工互助之效；（三）以言管理事项，举如粮食及粮食商人之调查登记、公仓设置、粮食储备、粮食动员、市场管理等项，亦均权

---

① 四川省第三区行政督察专员公署、四川省政府：《关于抄发省粮食管理局组织规程、县粮食管理委员会组织通则的训令（附规程、通则）》（1940 年 10 月 2 日），《四川省第三区行政督察专员公署档案》，档案号：0055000500257000002 2000，第 26 页；《县粮食管理委员会组织通则》（1940 年 9 月 4 日），《行政院公报》第 3 卷第 19～20 期合刊，1940 年 10 月 15 日，第 36 页。

② 《粮食部 1942 年度岁出岁入总概算工作计划特别建设计划审核案》（1942 年 2 月），中国第二历史档案馆藏（以下不再一一注明藏所），《中央设计局档案》，档案号：一七——1466，第 101～102 页；《行政院关于粮食之推行报告——对第二届国民参政会第一次大会报告》（1940 年 4 月至 12 月），秦孝仪主编《抗战建国史料——粮政方面》（1），第 389 页；粮食部编印《粮食部三十一年度工作计划》，1941，第 34 页。

衡缓急，厘订步骤，循序施行。"① 管理纲要草案从管理原则、管理机构及管理事项三个方面勾画了该局成立后的工作蓝图，宏观与微观结合，原则与事务并重，主要在四川及其周边省市，从调查、征集、储运、分配入手，管理粮食市场与粮食商人，实施粮食配给，禁止粮食酿酒，发动献粮运动，管理陪都粮食供应等。

9 月 12 日，四联总处对全国粮管局呈送的管理纲要草案进行审查，在《全国粮食管理纲要之审查意见》中，开头说了几句"擘划周详，条理明晰，倘能推行尽利，则全国粮食问题，当可迎刃而解"的客套话后，则是颇为深刻的审查意见。第一，该纲要过于理想化，涉及面太广，"此项管理办法，有待于长期之努力。决不能于一二年内，求其实现。然目前情形，前方后方军队所需，及各地都市供应民食之米粮，均迫在眉睫，急如星火，尽先抢购赶运犹恐不及，岂能坐待从容布置，完成管理机构，而后言军需民食之调节供应也"。第二，该纲要过于笼统，几乎均为原则性意见，而无具体的举措。四联总处在审查意见中指出，"吾人似应切实谋求各种实施办法，期妥善。如管理粮食机构如何充实调整，一般人事如何选任整刷，工作如何考成，弊病如何防止，资金如何运用，会计如何厘定等等"，但管理纲要"多未有明白确切之拟定也"。第三，该纲要里的调查登记原则上亦属必要，但需要训练有素的人员实施，而此类人员又缺乏，若选录训练则需时较久，"缓不济急"。因此，建议在产粮特丰地区酌量实行而不必普遍办理。关于公仓的设立，该纲要计划在后方各省由每保自设公仓以储存粮食，如各保经济力量不足，则由乡镇协助，乡镇由县协助，县由省协助，省由中央协助。对此，四联总处指出，这一计划"看似层次分明，实际殊难办到"，因为各级机构如有财力设立公仓，则无须上级机构协助，意为依靠上级机构设立公仓的计划是完全做不到的。此外，公仓设立过程中的建舍计划、工程估价等，须层层申请上级机构协助，手续烦琐，非旦夕可成，"深恐经年累月，难有结果"。② 从上述意见可以看出，四联总处审查意见的批评色彩相当浓重，这或许是出自秘书长

---

① 《战时粮食管理办法》（1937 年~1940 年），《行政院档案》，档案号：014-040504-0015，第 84 页。

② 四联总处秘书处编印《四联总处文献选辑》，1948，第 261~262 页。

徐堪之意，不过客观地说，其分析不无道理，言辞中透露出务实之风，从中也可以看出其对粮食问题已有深入考虑。审查意见虽饱含批评意味，但这也为全国粮管局开展粮情调查、粮食储运、管理粮食市场等提供了思路，有利于各项工作的展开。

粮情调查。在战前及全国粮管局成立以前，各省均有规模不等的粮食调查活动，有些机构或个人也参与其中。全国粮管局成立后，对四川粮食调查尤为重视。全国粮管局与重庆市政府、重庆卫戍区总司令部等制定《重庆卫戍区、四川省第三行政区粮食调查委员会组织简章》《重庆卫戍区、四川省第三行政区粮食调查办法大纲》，借调国民党中央执行委员会调查统计局（简称"中统"）、三民主义青年团（简称"青年团"①）及中央警官学校学员，派赴各县进行粮食调查。② 调查内容包括：人口、粮食消费量、粮食输入输出的地点及数量、现存陈粮数量、当年粮食收获数量、当年粮食余额及不足数量。③ 9月中下旬，卢作孚、何北衡先后赴四川第二、第七、第六行政区进行调查，一个多月的时间调查了12个专区中的30多个县。④ 全国粮管局派员协助筹备粮食调查事宜，要求驻县粮食调查先遣人员协同区长，甄别调查协助人员的能力，并在调查队到达前做好相应准备。⑤ 根据区域

---

① 关于此一简称，国防会秘书厅1943年12月9日专门致函中央设计局，称："近有少数机关及社会人士往往简称本团为'三青团'，甚或刊诸报章书刊，视为固然，然非惟词意费解，实亦有碍观听。嗣后简称本团请一律用'青年团'三字。"参见《中央平价食粮抽查委员会、财政部贸易委员会、荣誉军人生产事业管理局等机关函告成立日期、长官就职日期或办公地点有关文书》（1942年9月~1945年2月），《中央设计局档案》，档案号：一七一-325，第107~108页。因此，本书将三民主义青年团简称为"青年团"。

② 《粮政（二）》（1940年8月16日~1941年11月18日），《国民政府档案》，档案号：001-087000-00002-000，第108~110页；《粮政（三）》（1940年9月6日~1946年8月5日），《国民政府档案》，档案号：001-087000-00003-000，第1~10页。

③ 全国粮食管理局：《四川省粮食调查暂行办法大纲》（1940年9月7日），重庆市档案馆藏（以下不再一一注明藏所），《三民主义青年团重庆支团档案》，档案号：0052-0001-00004-0000-093-044，第45~48页；《省市粮食管理办法（一）》（1940年~1948年），《行政院档案》，档案号：014-040504-0017，第71~80页。

④ 《卢作孚等调查四川粮产》，《新华日报》1940年9月17日，第2版；卢国纪：《我的父亲卢作孚》，第284页。

⑤ 全国粮食管理局、重庆市政府：《关于派员协助筹备粮食调查事宜并出席军粮征购会议的函、训令（附工作纲要）》（1940年9月19日），《重庆市政府档案》，档案号：0053-0025-00056-0100-154-000，第169~170页。

短期调查经验，从 1941 年 1 月开始，四川全省长期粮食调查工作逐步开展，调查内容较以往更为广泛，形式也有所改进，其中电报粮情成为此次调查工作的亮点。① 全国粮管局在全川指定 150 个主要粮食市场，举办电报粮情，择其中 30 个最主要市场，编制米价统计，并依地理区域，绘制米价变动图，编印《一周来四川各地米价概况》（1941 年 4 月起改为《粮情简报》），并按期寄送农林部等机构作为参考。② 粮食调查为全国粮管局掌握全国各地尤其是四川、重庆粮情发挥了基础性作用，一方面，电报粮情可以快速及时收集各地粮价变动情况，主管机关可以将其作为政策制定的重要依据，也有利于随时调整相关措施；另一方面，电报粮情的做法后来也被粮食部沿用，直至战后，如 1946 年 8 月，粮食部在甘肃省指定办理电报粮情的地点、承办单位及人员。可以说电报粮情被全国粮管局首先采用之后，一直发挥着积极的作用。③

在国民政府上层人士中，蒋介石对粮食调查特别是四川省的粮食调查非常看重，尤其对大地主与富豪的粮食状况特别关注。1940 年 8 月 15 日，蒋下发手令，要求各省政府加强粮食管理，并由各省政府责令本省各县县长召集各乡镇及地方士绅、中小学校长、各地米商，组织谷米存户调查会，同时设立登记处，以各种方法调查田主所收租谷数量，"使其不能隐漏"。④ 9 月初，蒋下发手令给重庆市市长、重庆防空司令及卫戍副总司令贺国光，再次责令相关部门查报川渝余粮状况，并亲自修改即将发布的《为实施粮食管理告川省民众书》，命令产米各区专员及各县县长在 9 月 15 日前，各自在本县"查报其最大田主与藏谷数量最多之富豪五家至十家，其地名、人名与大概之数量"，并详细指示调查存粮方法。⑤ 9 月 7

---

① 《四川省粮食调查办法》，粮食部编印《粮食管理法规》，1941，第 56~59 页。
② 《安徽省一九四一年度粮情专报及全国粮管局一九四一年度粮情简报》（1941 年 5 月~10 月），中国第二历史档案馆藏（以下不再一一注明藏所），《农林部档案》，档案号：二三-1622，第 20、5 页。
③ 《各省市粮食调查人员》（1946 年），台北，"国史馆"藏（以下不再一一注明藏所），《粮食部档案》，档案号：119-050102-0028，第 77 页。
④ 《省市粮食管理办法（一）》（1940 年~1948 年），《行政院档案》，档案号：014-040504-0017，第 37 页。
⑤ 《粮政（二）》（1940 年 8 月 16 日~1941 年 11 月 18 日），《国民政府档案》，档案号：001-087000-00002-000，第 8 页；薛月顺编辑《蒋中正总统档案：事略稿本》（44），台北，"国史馆"，2010，第 244 页。

日，四川省政府公布《四川省政府管理全省粮食暂行办法》《四川省粮食调查暂行办法大纲》，对采用统计调查方法管理全省粮食进行详细阐发。在组织层级方面，构建省、县、乡三级调查组织。省级由川省粮管局组织四川省粮食调查委员会，借调成都青年团、劳动服务营及有关人员赴各县分期开展调查工作；省县粮食管理机构分别下设管制科、调查股、督导员、调查技术员等，负责各自层级的调查事项。调查目的则是确定消费区域的"需要限度"、生产区域的"供给数量"，并在生产区域酌定收购数量。①

粮食购储运济。后方地域广阔，各地人口多寡不同，粮食丰歉、粮食产量与消费状况不一，购储运济以调剂盈虚等工作至关重要。运输的粮食主要分为军粮、公粮、民粮三类，在战争状态及后方运输力量薄弱的背景下，每一种类均极为复杂。军粮主要由粮政及军粮机关负责，公粮由各级政府协同粮政机关自运，民粮则在政府监管下以粮商办理为主。四川粮食问题不断恶化，为维持各区供需平衡，全国粮管局督促四川省粮管局在以往基础上加强仓储运输管理。1940年8月，全国粮管局颁布《全国粮食管理局粮食管理纲要》，要求各省根据情况在省、县、镇、保筹建公仓，完成各级仓库网；民间粮食采取自由寄储与限定寄储，公有粮食必须存入公仓，"乡镇有积谷，储备在各保公仓及乡镇之公仓内"，"县有积谷，储藏在县公仓或乡镇公仓内"，"省有粮食，储藏在省公仓或县公仓内"，"国有粮食，储藏在国有公仓或省有公仓内"。② 这一规定不仅为青黄不接及歉收情况预做准备，而且方便上级机关开展粮食征购及区域间的粮食调剂，稳定粮价。之后，全国粮管局提出在四川组设粮食购运处，作为购运粮食的主营机关，指定有关各县县政府为承办机关。③ 9月1日，四川粮食购运处（简称"川购处"）成立，下设秘书室、总务科、军粮科、民

① 全国粮食管理局：《四川省粮食调查暂行办法大纲》（1940年9月7日），《三民主义青年团重庆支团档案》，档案号：0052-0001-00004-0000-093-044，第45~48页；《省市粮食管理办法（一）》（1940年~1948年），《行政院档案》，档案号：014-040504-0017，第71~80页。

② 重庆市档案馆、重庆市人民银行金融研究所合编《四联总处史料》（下），档案出版社，1993，第268~269页；《抗日战争时期国民政府经济法规》（下），第327页。

③ 《省市粮食管理办法（一）》（1940年~1948年），《行政院档案》，档案号：014-040504-0017，第51页。

粮科、运储科、财务科、会计室，任命嵇祖佑为处长，在全川每个行政区设置督察长，分县设置督察员，协同四川省各级粮食管理机构办理军粮民食购运业务，协助催收各县征粮事务。① 1941 年 2 月的全国粮食会议亦有决议，军粮囤储方面，对 1941 年前后方囤粮数量，囤粮地区的分配，改善采购仓储办法，资金价拨，各部队主食代金不足实需差额的抵补等，"皆经协议确定，为今后之军粮问题，得一统筹方案"。② 在全国粮管局擘画下，粮食购储运济起步。

管理粮食市场。随着粮食危机的爆发，全国粮管局开始改变以往粮食自由流通的局面，特别加强了对四川粮食市场的统制，通过设置市场管理机构、严格粮商管理、加强粮价管制等手段，来规范粮食流通秩序。四川省粮管局颁布《四川省政府管理全省粮食暂行办法》《四川省各供销区粮食市场管理处组织通则》《四川省各供销区粮食市场管理处设置地点及管辖区域》，依照粮食的自然流向，将全川划分为 10 个供销区，在各区粮食集散中心市场设置粮食市场管理处，该处直隶于省粮管局，负责联络周边市场，管制供需数量，汇转市况情报，并监督、指挥该供销区内县粮食管理委员会的相关工作。各管理处设处长及秘书各 1人，由省粮管局提请省政府派充。③ 经过慎重考量，四川省粮管局最终确定成都、重庆、新津、绵阳等 10 个供销区粮食市场管理处的设置地点。④ 各粮食市场管理处根据各该辖区产销及市场需要，分别设置办事处或管理员。县市以下各乡镇公所经济文化股增设干事 1 人，专门负责粮食

---

① 《四川粮食购运处组织规程》，《粮食管理法规》，第 8~9 页；《粮食部所属单位组织规程（二）》（1941 年~1947 年），《行政院档案》，档案号：014-040503-0003，第 76页；《粮食部 1942 年度岁出岁入总概算工作计划特别建设计划审核案》（1942 年 2 月），《中央设计局档案》，档案号：一七一-1466，第 111 页；《四川省粮食购运处督察人员服务规程》，《新新闻每旬增刊》第 3 卷第 7 期，1940 年 9 月 1 日，第 41 页。

② 《全国粮食会议报告》，第 3 页。

③ 《四川省各供销区粮食市场管理处组织通则》，《四川省政府公报》第 9 期，1941 年 2月，第 12 页；四川省地方志编纂委员会编纂《四川省志·粮食志》，四川科学技术出版社，1995，第 148~149 页。

④ 四川省粮政局：《各区粮管处工作提要市场管理处设置地点及辖区重庆自贡统购统销规则办法各县市总户田地表及其他粮情储存表》（1940 年~1941 年），四川省档案馆藏（以下不再一一注明藏所），《四川省政府粮政局档案》，档案号：民 092-01-1462，第16~17 页；《四川省各供销区粮食市场管理处设置地点及管辖区域》，《四川省政府公报》第 9 期，1941 年 2 月，第 12~13 页。

管理事务，与县或重要市场有供需关系的地方，由县特设管理员，扩大其管制职权。[①]

管理粮商。粮商种类繁多，散处各地，管理难度不小，粮商登记是其中重要一环。粮商登记关乎粮食业务开展，非常受重视，国民政府曾订有《粮商组织法》及施行细则。1940年8月7日，蒋下发手令，要求全国粮管局对各地米商"速定整个办法与规章"及具体实施办法，以杜绝米谷商人擅自购办，破坏粮政。全国粮管局遵从蒋的指示，制定《粮食管理纲要》，从量与价两个方面着手，加强粮食管理。量的方面，主张供需相适应，"使有余时为不足时之准备，平时为战时之准备"，"使有余的地方为不足的地方准备，丰收的地方为歉收的地方准备，农村为都市之准备，后方为前方之准备"；价的方面，主张粮价"应限于某种伸缩范围以内，其低应以生产成本为准，其高应在合理利润之下"，以调剂盈虚、平稳价格。[②]《纲要》亦规定，各地方政府应制定粮商管理办法，将其纳入登记、组织及营业状况管理范畴。9月23日，四川省颁布专门管理粮商的《四川省粮食管理局管理粮食业商人暂行办法大纲》。该暂行办法大纲要求每个市场所有经营粮食业务的仓栈、商号、经纪人、行栈、加工企业都要进行登记，登记后发给经营执照，无证经营者依法取缔；已登记者，禁止在规定粮市以外自行买卖。[③] 其他各省亦多于粮食管理办法内规定粮商管理事项，或订有单行法规，如《陕西省管理粮商及粮食市场办法》。1941年3月初，贵州省政府拟定《贵州省粮食业登记规则》，该规则规定贵阳粮食业除进行商业登记外，还要向省粮食管理局免费申请登记。对于这一做法，全国粮管局、经济部均表示赞赏，经济部甚至称贵州省的粮食业登记

---

① 全国粮食管理局：《四川省政府管理全省粮食暂行办法》（1940年9月6日），《三民主义青年团重庆支团档案》，档案号：0052-0001-00004-0000-093-037，第37页。

② 西康省地方行政干部训练团编印《粮食管理概论》，1942，第21~22页；全国粮食管理局：《全国粮食管理局粮食管理纲要》，《国际劳工通讯》第8卷第10~11期合刊，1941年11月，第77~81页。

③ 四川省粮食管理局：《关于抄发四川省粮食管理局管理粮食业商人暂行办法大纲给四川省第三区行政督察专员公署的训令（附大纲）》（1940年10月9日），《四川省第三区行政督察专员公署档案》，档案号：0055000500034000164000，第165~166页；《四川省粮食管理局管理粮食业商人暂行办法大纲》，《四川省政府公报》第202期，1940年9月，第23~25页。

规则早于全国粮管局与经济部正在拟订的粮食业相关管理规则。①

　　配给公粮民食。全国粮管局成立前，主要由农本局及其下属机构福生庄兼管粮食业务。平价大案发生后，农本局、福生庄均受波及，与粮食相关业务由全国粮管局接洽办理。② 1940 年 11 月 17 日，鉴于重庆物价飞涨，各机关公务员役、学校教职员工生活堪虞，行政院遂制定《重庆市区中央各机关公务员役暨各学校教职员役与其眷属供给平价食粮办法纲要》，供给对象包括重庆市国民党中央党政军机关公务员役及其眷属、学校教职员役及其眷属、大中学校住校学生、抗战军人家属及贫苦市民。12 月，行政院对原有办法纲要予以完善，通过十项"补充办法"，同时训令全国粮管局、重庆市粮管会负责办理。然而，这一善政持续未久，全国粮管局 1941 年 5 月底即因米源不畅，将 5 月贫民食米按半数发放，各机关学校 5 月份食米亦均未足额发放，6 月份则"更形支绌"，加上个别粉厂停工，一时民心恐慌，渝市府更添不满。③ 全国粮管局虽计划每月供给重庆各机关、学校一定数量的平价米，但公教团体人数颇多，贫民数量庞大，在办理过程中常出现不敷供应现象。就拨发平价米业务而言，平价米大部分供给中央机关公务人员，而贫苦市民不仅所得较少，还要被迫承受各级粮政官吏的贪污、偷盗损失，在粮食总量本就不充裕的情况下，底层民众难获实惠。相反，一些未购领平价米而手握实权的机关、团体，却借机绕过政府管理机关，由合法粮商代为购办，④ 这无形中对粮食市场秩序造成影响。随着米价高涨，渝市府财政负担大为增加。未能购领平价米的公教人员虽可获得代金或现金补助，但实际上政府难以按照市价拨发，代金或现金补助反因米价上涨缩水，两者差距愈来愈大。此外，其他市县各

---

① 《贵州省粮食业登记规则》（1941 年），《行政院档案》，档案号：014-040504-0137，第 3~10 页。

② 经济部平价购销处、经济部：《关于由全国粮食管理局继续办理重庆食粮筹集事宜的函、训令、公告》（1940 年 9 月 23 日），重庆市档案馆藏，《经济部日用必需品管理处档案》，档案号：00220010000790000077002，第 80 页。

③ 《重庆市府电陈目前本市粮食供应情形三项》（1941 年 6 月 18 日），《行政院档案》，档案号：014-040504-0172，第 4~5 页。

④ 重庆市政府：《关于未能购领平价米机关、团体自行购运食粮应先由粮食管理局为之介绍有组织之商人代办给会计处的训令》（1940 年 12 月 5 日），《重庆市政府档案》，档案号：0053-0019-02347-0000-026-000，第 26 页。

级公教人员除薪俸外，尽管还可以获得生活补助费或食米津贴，[①] 但也难以抵挡粮价持续上涨。因此，为稳定公教人员生活、提高行政效率，川省政府颁布《四川省公教人员食米发给办法》，对原有补助标准重新进行调整。《四川省公教人员食米发给办法》规定，川省政府直属机关各厅、处、会、局所属员工及省立各级学校专任教职员，原定每月生活费补助在25 元以上者，一律扣回到 25 元，若不及 25 元者，则取消补助费，扣回或取消者，每人每月改发食米 2 市斗 5 市升。各县府、区署职员、县立中等学校专任教职员及社教机关工作人员，原规定的生活补助费、食米津贴等一律取消，也照此标准办理。[②] 这一调整体现了国民政府进一步将公教人员的吃饭问题从粮食市场剥离出来，加强了政府对粮食的掌控，也有利于改善公教人员的生活。不过，因粮源有限，改发食米的范围十分狭小，一般只在大城市解决政府部分人员的食米问题，重庆地区的绝大多数市民仍需购买高价米，其他省市也不容乐观。[③] 从另一个角度来看，全国粮管局的配粮政策在艰难时期迈出了第一步，虽然成效有待提升，但其探索精神仍值得肯定，一些做法为粮食部战时及战后民食配售积累了经验。

发动献粮运动。1940 年 9 月，蒋介石在《为实施粮食管理告川省同胞书》中提出，要在四川首先提倡捐助军粮运动，并许诺根据捐助数量多寡，向捐献者颁予不同等级的奖章、奖状，以资鼓励。[④] 四川作为"抗战建国"的重要根据地及产粮大省，为配合军粮征购工作，响应蒋的号

① 遂宁市志编纂委员会编纂《遂宁市志》（上），方志出版社，2006，第 483 页。

② 四川省政府：《关于抄发四川省公教人员食米发给办法给四川省第三区行政督察专员公署的训令（附办法）》，《四川省第三区行政督察专员公署档案》，档案号：0055000 2004960000044000，第 45 页。

③ 王洪峻编著《抗战时期国统区的粮食价格》，第 164 页。战时重庆民食供应实难周全，而且民食供应机关动辄被人控诉。据载，经济部重庆商品检验局前人事管理员杨笃周及其家人从汉口逃难至重庆后，在黄桷垭警察局领有身份证及购米粉条。1945 年 3 月，杨"俯首求屈"向该镇山米平价店李处长领购食米时，李处长"配米不按秩序"，"不但不予所请，而且凭私通购，既不按保甲户口，复不知先后缓急，任意通融，不服当地长官指导，不啻垄断社会环境，把持地方生活公平"，杨气愤不过，将此事呈诉至粮食部。陪都民食供应处经查明属实，"饬该店切实注意改善"。参见《渝市居民杨笃周呈控黄桷垭镇山米店违法卷》（1945 年），《粮食部档案》，档案号：119-050205-0049，第 5~9 页。

④ 薛月顺编辑《蒋中正总统档案：事略稿本》（44），第 247 页；《赋税（一）》（1940 年），《蒋中正总统文物档案》，档案号：002-080109-00011-003，第 29 页。

召，从是年秋开始，不断推进军粮捐献运动。9 月，重庆各界提出"捐助军粮打胜仗"的口号，发动全市城乡献粮。13 日，綦江士绅江锡应、霍雅晴各捐献粮食 500 市石。27 日，綦江县民众捐集粮食 3000 市石。① 12月 19 日，《中央日报》刊发了一则消息，称涪陵县"商民黄兆泉，节衣缩食，近献军粮五百市石，呈请县府转献前方"。对于这一举动，涪陵县政府转请上级予以从优嘉奖。另外，涪陵县自发动"十万粮民献粮万石"运动以来，月余时间共献粮 18200 余市石，全国粮管局特予嘉奖。② 此次捐献军粮运动直到 1942 年夏才暂告结束。全国粮管局通过组织献粮运动，"存粮得到利用，而捐助者的本身也获得国家所给予的荣誉，受社会的尊敬"。③

限制或禁止粮食酿酒。全国粮管局成立后，为了节约粮食，遂对粮食用途加以限制，禁止使用米谷等食粮煮酒熬糖，以节省一切无益消耗。④在 1941 年 2 月召开的全国粮食会议上，节约消费、禁止酿酒亦被重点提出："禁用粮食酿酒：粮食除正当食用外，最大之消耗，当推酿酒，估计我国每年消耗于酿酒之粮食达四千余万石，亟应禁止粮食酿酒，以资移用于民食。"提案审查组"照案通过"，大会议决"照审查意见通过"。⑤ 四川省 1938 年 4 月规定禁止用米麦酿酒，1940 年 4 月复规定禁止用玉米酿酒，12 月将范围扩大到杂粮。1941 年 1 月，全国粮管局与川省政府商议在四川推行禁酿活动，除酒精厂可制造酒精外，通令各市县"确切查禁，并已布告周知"。⑥ 贵州省 1939 年制定《贵州省禁止酿酒熬糖办法》，禁止用粮食酿酒熬糖。1941 年 6 月，贵州省政府再次重申，"明令通告全省各县一律禁止酿酒"，自 7 月 1 日起所有已酿之酒及酿酒器具一律封存。⑦

---

① 段渝主编《抗战时期的四川》，巴蜀书社，2005，第 69~70 页。

② 《涪陵献粮已逾一万八千石，粮管局特予嘉许》，《中央日报》（重庆）1940 年 12 月 19日，第 2 版。

③ 薛月顺编辑《蒋中正总统档案：事略稿本》（44），第 247 页。

④ 《全国粮管局禁止以粮食煮酒熬糖》，《湖南省银行半月刊》第 1 卷第 13 期，1940 年 12月 10 日，第 91 页。

⑤ 《全国粮食会议报告》，第 75~115 页。

⑥ 《川省严禁粮食酿酒》，《大公报》（重庆）1941 年 1 月 31 日，第 3 版；《川省严禁粮食酿酒》，《中央日报》（重庆）1941 年 1 月 31 日，第 3 版。

⑦ 《黔珍惜粮食，对酿酒熬糖原料特拟定禁止办法》，《大公报》（香港）1939 年 11 月 27日，第 3 版；《黔省厉行节约粮食，禁止酿酒》，《新闻报》1941 年 6 月 24 日，第 6 版。

全国粮食会议结束后，更多省县制定节约粮食及禁酿办法。鄂北、鄂中各县 1941 年 4 月起禁止用米麦酿酒，随后将禁酿的粮食范围扩大至杂粮。[1]江西省粮管局创作《粮食节约歌》："前方将士要吃饭，我们大家来救国，酿酒未免费粮食，熬糖也要用小麦。制粉都是不应该，吃米何须要精白？糙米营养成分多，掺食杂粮也使得。稻田种糯有限制，百分之一不为窄。省得一餐是一餐，积得一分也要积。同胞大家来实行，那怕日本小鬼贼?!"[2]宁夏、西康亦分别在 1941 年 5 月、8 月出台类似规定。[3]河南省政府 1941 年 5 月 31 日制定的《河南省管理粮食实施办法纲要》，亦"限制以米麦熬糖酿酒"。[4]限制或禁止粮食酿酒政策基本贯穿了国民政府 20世纪 40 年代的粮食政策，但禁酿既与粮食部直接相关，也与财税部门、地方政府、广大酿户等不无关系，各方围绕节粮、酿酒、征税、生存等问题展开的博弈亦颇值得深入探讨。

此外，全国粮管局还计划 1941 年在四川省每县粮食集中地点，设置总储量为 400 万市石的仓库；调查耕地面积与地权；函请中央农业试验所、四川省农业改进所研究不同年龄人群的消费标准，以为余粮估计的依据；等等。[5]

作为国民政府首个管理粮食的专门机构，全国粮管局在成立初期采取了一些有针对性的措施，也初显成效，尤其是在其着重用力的四川省，解决了局部问题，但这也导致"所有政令，几于未出川境"，[6]未能将其他地区的粮食问题纳入整个管理系统，"头痛医头，脚痛医脚"的现象非常明显。同时，全国粮管局又是一个职权较小的部门，面对复杂的粮食问题，显得力不从心。如 1941 年 6 月，吴国桢代电向行政院反映的卢作孚

① 《粮食节约消费办法（五）》（1938 年~1942 年），《行政院档案》，档案号：014-040505-0027，第 64~65 页；《鄂节省粮食　禁止酿酒》，《大公报》（桂林）1941 年 4 月 2 日，第 2 版。

② 省粮管局作词，省音教会制谱《粮食节约歌》，《江西地方教育》第 2 卷第 219~220 期合刊，1941 年 6 月 16 日，第 5 页。

③ 粮食部调查处第四科编印《粮食部三十年度工作检讨报告》，1942，第 59~60 页。

④ 《省市粮食管理办法（二）》（1941 年~1946 年），《行政院档案》，档案号：014-040504-0018，第 32 页。

⑤ 《非常时期粮食管理法》（1940 年），《行政院档案》，014-040504-0094，第 9 页。

⑥ 《粮食部三十年度工作检讨报告》，第 86 页。

减少重庆市平价米发放的问题，其实质是粮源短缺，卢也明知其中缘由，却无法有效解决。手握重权的行政院在 18 日收到吴的函电后，立即约集吴国桢、卢作孚、刘航琛会商，刘当面表示"可陆续运到三四万市石"食米，① 以解燃眉之急，但对于职权过小的全国粮管局及卢本人来说，无法快速摆脱粮食短缺困境。

二　"立竿未显影"的困境

从自由放任到走向统制，从兼管到专管，尽管全国粮管局各级机构雏形已具，人员陆续到位，措施也逐步实施且初见成效，但并不能收立竿见影的宏效。作为经验欠缺、职权较小的新设机构，全国粮管局仍面临诸多困难。

一是军粮无法及时足额供应。国民政府对军粮筹集工作十分重视，在卢作孚的指挥下，全国粮管局在川省的军粮筹购方面初期确有成效，但不能满足实际军需，粮价的上涨更是增加了筹粮难度，粮饷划分、主食供给现品制度难以彻底实施。纵观全国粮管局的各项管理措施，不可谓没有针对性，其对粮食的产销储运确实费了一番心思，已形成一套较为周详的计划。但是，需要孔急的军粮供应及粮价问题始终未得解决，粮价反而越发攀升。军政部 1940 年 10 月 7 日接函称："近征购军米弊端百出，办军米之人领有政府之款后，并不以钱购谷，肆行封仓，肆行碾米，取去后，不与分文，且不给收条，……以至各乡骚然，米价陡涨，并有数日不能得米者，此实为抗战以来所无之恶劣现象。"② 1941年 2 月，军政部部长何应钦在讲话中指出："目前抗战军事实已不成问题。所感觉成为问题者，只有二点：一为运输问题，一为粮食问题。而粮食方面，尤以公务员与军队最感困难。我国军队的数目，依去年12 月 17 日的统计，共有五百多万人。没有经核准的还不在内。"③ 军

---

① 《重庆市府电陈目前本市粮食供应情形三项》（1941 年 6 月 18 日），《行政院档案》，档案号：014-040504-0172，第 8 页。

② 全国粮食管理局：《关于查禁川省各县驻军自行采购军米由全国粮食管理局统筹办理致四川省第三区行政督察专员公署的代电》（1940 年 10 月 21 日），《四川省第三区行政督察专员公署档案》，档案号：0055000500259000078000，第 78 页。

③ 《全国粮食会议报告》，第 22 页。

政部接连两次反映军粮供应问题，且称"弊端百出"，说明此乃普遍现象而非个例。供应问题频出固与部队规模日渐庞大不无关系，但"不以钱购谷"显然是管理失位。军粮供应不济情况在各战区也多有发生。1941 年 4 月，全国粮管局奉令筹办第六战区屯粮，但办理效果并不理想，两三个月时间仍未拨交，一位军官对此不无埋怨，甚至在一篇文章中提出了自己解决军粮供应问题的"彻底办法"。①这位军官虽未透露姓名，文章也未明说所提"彻底办法"为何，但可以肯定的是，国民党部队对粮食供应问题普遍不满，而且随着时间的推移，这种情况并未好转。四川应拨本省驻军及第六战区军粮，"在七月以前历未能如期拨足"。②另据徐堪在 1941 年 7 月 1 日透露，湘米运渝者数量极少，只有几百市石，6 月下旬好不容易有 6000 市石湘米运至彭水，但当地江防部队缺乏军粮，"一再请求拨作该部队军粮之用，结果只有允许"。③徐堪透露的信息既反映了江运阻断、粮运不畅，也反映出军粮缺乏的状况。

不仅如此，高昂粮价引发的利益诱惑使许多人铤而走险，特别是在基层干部中，军粮贪污案件层出不穷。如璧山县大路镇副镇长刘子厚在办理军粮采购时，正值代摄镇长一职，刘子厚私自加征军粮 100 余石，据为己有；④湖北省政府主席陈诚 1941 年 8 月在一次会议上说："过去一年间，因为事前没有整个的计划，所以购粮的情形非常凌乱，尤其是部队方面，因上面有就地采购的命令，每有少数不良份子，借此扰民。"⑤江津县第二区三合乡鲁家场保长吴一鸣借采购军粮机会，强逼民家出售军谷，并贱

---

①　《粮食部报告》（1941 年），第 3 页；《粮食部三十年度工作检讨报告》，第 7 页。

②　《行政院关于粮食之推行报告——对第二届国民参政会第一次大会报告》（1940 年 4 月至 12 月），秦孝仪主编《抗战建国史料——粮政方面》（1），第 409 页。

③　《经济会议第二十四次会议》（1941 年 7 月 1 日），《行政院经济会议、国家总动员会议会议录》第 1 分册，第 332 页。

④　《关于查办向绩丹、何安民等控告璧山县大路镇副镇长刘子厚办理军粮征购舞弊案上四川省第三行政督察专员公署的呈》（1940 年 10 月），《四川省第三区行政督察专员公署档案》，档案号：0055000500359000000400，第 5~6 页。

⑤　湖北省政府财政厅编印《湖北省财政粮食会议纪要》，1941，第 9 页。

价勒买、率兵封仓，① 这些行为既影响军粮及时供应，也对粮户造成了经济上和情感上的极大伤害。

二是粮价仍大幅上涨。粮食问题突出的表现之一是粮源短缺，进而导致粮价上涨，因此，粮价既是最为敏感的问题，也是粮食是否发生问题的风向标。四川省作为全国粮管工作的核心地区，担负着快速做好粮价调控工作、高效稳定粮价的重任。然而，据中央社 1940 年 11 月调查，重庆市物价与抗战前平均物价比较，上涨幅度已超过 10 倍。11 月23 日，国民党中央宣传部部长、中央设计局秘书长王世杰在日记中记载，面对猛涨的物价，人心浮动，有些人甚至认为法币"寿命或不能超过明年春季"。② 从 1940 年 9 月到 1941 年 6 月，川省粮价普遍上涨 20～30 倍。与此同时，其他省的粮价上涨幅度也很大。1939 年后，江西粮价逐渐上涨，1941 年上半年，江西粮价"涨风突飞猛进"。③ 1940 年，云南因人口增加尤其是食米人数增多，秋收稍歉，运输不便，米商抬价，粮户囤积而米价高涨，一斤大米差不多合法币 2 元。④ 总体上看，1941 年国统区的粮价平均指数上升至 2134%，比 1940 上涨了 1601 个百分点。⑤ 对此，卢作孚亦有深刻体认："全国粮食管理局成立后，工作便侧重于四川，统购了廿九年全年的军粮。当时人民心理本来不免恐慌，政府复大量购买军粮，愈发感受刺激，纷纷存积，各县各乡镇又先后封仓阻关，消费区域的民食，遂发生恐慌，增加了粮食问题的严重性。"⑥ 卢的言论是客观平实的，同时也反映出军民争食及如何平衡二者关系的问题。表 1-3 反映了全国粮管局成立后一年内四川省 18 个县市粮价的变动情况。

---

① 王利川、王焕章、四川省第三区行政督察专员公署：《关于核办吴一鸣、王德超等借采购军粮贪污诈欺案的呈、批示》（1941 年 1 月 23 日），《四川省第三区行政督察专员公署档案》，档案号：00550005003510000056000，第 56～60 页。
② 《王世杰日记》（手稿本）第 2 册，第 382～384 页。
③ 粮食部编印《各省市粮政工作报告摘要》，1941，第"赣 7 页"。
④ 《全国粮食会议报告》，第 23 页。
⑤ 王洪峻编著《抗战时期国统区的粮食价格》，第 6 页。
⑥ 卢作孚：《全国粮食会议开幕词》，凌耀伦、熊甫编《卢作孚文集》，第 526 页。

表1-3 四川省18个重要市场中等熟米趸售价格（1940年7月至1941年7月）

单位：元/市石

	1940年						1941年						
	7月	8月	9月	10月	11月	12月	1月	2月	3月	4月	5月	6月	7月
成都	44	44	56	94	110	109	126	131	130	137	288	261	324
乐山	51	51	77	103	124	112	164	—	177	206	245	332	367
内江	58	58	85	79	115	—	165	172	176	219	257	228	352
自贡	45	45	55	66	56	131	155	200	196	246	271	351	339
绵阳	47	47	59	75	96	109	131	165	159	183	248	334	369
三台	45	45	64	99	121	120	132	166	169	193	239	331	399
遂宁	50	67	83	105	155	160	158	168	177	219	288	349	372
南充	44	49	63	88	102	140	136	129	132	183	323	350	422
合川	45	—	55	81	—	—	—	—	155	164	246	321	342
达县	30	32	43	53	83	99	101	107	105	125	211	278	294
广安	47	36	70	68	138	146	138	127	139	174	232	295	312
宜宾	70	58	77	83	113	141	144	162	158	215	230	291	301
泸县	49	26	66	77	124	120	129	173	165	187	240	311	827
合江	41	36	57	71	125	138	124	150	242	162	214	250	309
江津	49	—	—	—	—	—	126	150	242	157	196	286	346
重庆	49	37	37	38	118	149	143	150	153	152	157	225	232
涪陵	45	50	65	74	117	134	137	134	138	154	227	275	300
万县	38	34	46	54	76	111	212	127	137	137	207	248	273

资料来源：《三十三年度田赋征实征借概况》，秦孝仪主编《抗战建国史料——粮政方面》（2），第390~391页。

从表1-3可以看出，1940年第三季度，四川各大市场的粮价虽有上涨，但涨幅较小，尚称稳定；从第四季度起，粮价陆续破百。1941年上半年持续走高，尤其是5月份的粮价更显激增趋势，在所统计的18个重要市场中，除了重庆和江津外，其他16个市场的每市石趸售米价已经超过200元，江津也逼近200元，南充县甚至涨至每市石323元，比上月每市石增加140元，与1940年7月相比更是暴涨6.3倍。虽然四川各重要市场粮食价格不一，但无法否认的是，这些市场粮价均涨幅巨大，短时间内难以控制。全年向不缺粮的省会成都，中等熟米实际趸售价格自 5 月 17 日开始大涨，据该地上报，当日实际价格即达 270 元，18 日为 275 元，19 日为 290 元，20 日为 305 元，连日攀升，只不过该市对 5 月份米价并未据实上报而已。① 面对连续上涨的米价，蒋在 24 日不禁感慨：成都米价现竟涨至每市石 200 元以上，政府不论用何方法取缔，皆不生效。② 蒋的感慨既出于无奈，也是对全国粮管局管理成效的不满与否定。6 月底，成都"米价奇涨"，每市石大米涨至 900 余元，人心至为恐慌，达于极点。③ 翁文灏在 7 月 15 日的日记中记道："闻成都市价曾达每担九百余元，真大事也。"④ 成都甚至发生多起抢米事件。即使是全国粮管局重点关注的重庆地区，粮价虽较他县稍低，却仍逃不过上涨的趋势，1941 年 7 月重庆粮价同比增长率也高达 373%。由此可以看出全国粮管局对后方各省粮价的管理基本上是失败的。关吉玉对此有如下评论："全国粮食管理局之政策，着重以调查登记，控制民有粮食；以储备粮食，作调剂运销之准备；以市场管理，即配销与平价方法，促粮价之回跌。实施之时，初尚不无效果；然而效力不易持久，终不能完全遏止粮价上涨之趋势。"⑤ 揆诸史实，关吉玉的评论不无道理。

三是社会危机进一步加剧。粮价高涨的难题一时无法解决，民众的生活水平持续下降，无论是公教人员还是普通民众，生活条件都趋于恶化。以粮政实施力度最大的重庆地区为例，一般生活费指数中食品类指数 1940 年是 5.78，而 1941 年则增至 22，其中粮食指数也逐月上涨，

---

① 《粮食部三十年度工作检讨报告》，第 6 页；《粮食部报告》（1941 年），第 1 页；《行政院关于粮政之推行报告——对第二届国民参政会第一次大会报告》（1940 年 4 月至 12 月），秦孝仪主编《抗战建国史料——粮政方面》（1），第 407 页。

② 叶惠芬编辑《蒋中正总统档案：事略稿本》（46），台北，"国史馆"，2010，第 285 页。

③ 《粮食部三十年度工作检讨报告》，第 6 页；《粮食部报告》（1941 年），第 1 页；《行政院关于粮政之推行报告——对第二届国民参政会第一次大会报告》（1940 年 4 月至 12 月），秦孝仪主编《抗战建国史料——粮政方面》（1），第 407 页。

④ 李学通、刘萍、翁心钧整理《翁文灏日记》（下），第 698 页。

⑤ 关吉玉：《粮食库券与购粮问题》，《经济汇报》第 6 卷第 1~2 期合刊，1942 年 7 月 16 日，第 33 页。

1940 年 7 月为 5.18，年底增至 14.8，1941 年 7 月达 36.7。① 加上房租、衣着、燃料及其他杂项物品价格也不断升高，民众生活压力极大。农本局总经理何廉后来回忆道："1940 年夏，食品危机达到顶点，米价涨上了天。"② 何廉言辞虽较夸张，但与 1940 年夏秋前的粮价比较，粮价涨幅确属不小，不过可以肯定的是，还远未"达到顶点"。9 月 7 日，重庆卫戍司令部致函重庆市社会局，称"本市米荒严重现象，仍未减除"，请求全国粮管局与农本局设法增加供给量。③ 即使是国民政府尽量给予优待的公教人员，其生活水准也只是在低水平徘徊，普通民众生活更是举步维艰，抢粮事件时有发生。战时国民党行政中心所在地尚且如此，其他地区情况可想而知。1941 年 6 月 9 日，吴国桢即向军事委员会报告，渝市"粮食来源缺乏"，已交粮食部切实规划。④ 吴的报告透露了两点信息：一是全国粮管局成立近一年，仍无法有效解决粮食问题，此实含有不满情绪与委婉批评意味；二是国民政府已在筹划新的粮食机构——粮食部，而且筹设粮食部的活动正在紧锣密鼓地进行。

小　结

国民政府一直试图通过建立强有力的国家政权来推动经济建设。在国外经验及国内危机的刺激下，"统制经济"学说逐渐在中国兴起，不少知识分子与国民党要人积极提倡，并尝试将这一理论付诸实践，以加强国家对经济的控制，这为实施统制经济奠定了理论基础。作为关系全局的粮食问题，粮食危机的爆发及加剧，蒋介石及其他上层人员的认识及态度，成

---

① 《表三：重庆生活费指数》（1937 年至 1944 年），《南开统计周报》第 1 卷第 1 期，1944 年 5 月 10 日，第 17 页；《表四：重庆市一般生活费指数（食物类）》（1937 年至 1944 年），《南开统计周报》第 1 卷第 1 期，1944 年 5 月 10 日，第 19~20 页。

② 《何廉回忆录》，第 156 页。

③ 《重庆市社会局关于设法增加粮食供给量致全国粮食管理委员会、经济部农本局、重庆卫戍总司令部办公室的公函》（1940 年 9 月 13 日），重庆市档案馆藏（以下不再一一注明藏所），《重庆市社会局档案》，档案号：00600002009700000019，第 60~61 页。

④ 国民政府军事委员会：《关于粮食来源缺乏已由粮食部规划筹办致重庆市政府的代电》（1941 年 6 月 13 日），《重庆市政府档案》，档案号：0053-0025-00050-0000-093-000。

为影响粮食统制的重要因素。

粮食危机给民众带来巨大的心理恐慌，对国民政府而言也是必须面对的棘手问题。粮价上涨幅度不断加大，整体指数甚至开始反超物价，农业、工业均受到重大影响，人民生活日渐艰难，粮食问题成为威胁民众生存与抗战大局的大事。反过来讲，粮食危机恰恰证明以往粮食管理体制不合时宜，国民政府为维护政权稳定，必须加强粮食统制，构建符合战时需求的粮政运行系统，设立专门粮食管理机构便成为共识。全国粮管局的成立，既是粮食危机日益严重、统制经济理念兴起的必然结果，也是国民政府上层人士重新认识粮食问题、考虑粮食政策的体现；既是粮食管理理念的转变，也是机构设置上的实际行动；既是国民政府粮食管理机构从兼管转入专管之始，也是粮食领域体制从平时体制转入战时体制的重要组成部分；既是为了实现民生主义的目标与理想，也是出于维护社会稳定的现实与无奈。

《全国粮食管理局组织规程》第一条规定：为统筹全国粮食产销储运，调节其供求关系，设置全国粮食管理局。① 虽然国民政府为升级粮食管理机构，通过筹备会议确定了全国粮管局的制度框架，但为使其更快地步入正轨，还需要加快建立组织机构与管理队伍。全国粮管局成立初期，所要处理的紧急事务纷繁复杂，其中建立健全各层级组织机构、铨选合适人员居于首要地位。在局长卢作孚的组织下，国民政府颁布了各类组织细则，各级粮食管理组织先后搭建起来，全国性的专门粮食管理体系逐渐形成，管理人员相继到位。

依据组织规程，全国粮管局"负统筹全国粮食之产销运储、调节其

---

① 《全国粮食管理局组织规程及有关文书》（1940 年 7 月～1940 年 9 月），《经济部档案》，档案号：四 -9384；《粮管局所属单位组织规程》（1940 年 7 月 30 日～1941 年 6 月 13 日），《行政院档案》，档案号：014-040503-0004，第 82～84 页。1940 年 7 月 14 日，国防会秘书厅秘书长张群召集第三次粮食会议，对拟订草案进行决议时，将原草案"属于中央者"中的"中央设粮食管理局直隶于行政院"修正为"中央设粮食管理局直隶国防最高委员会"，但在公布时，此条仍照原案公布。参见《粮食管理机构组织办法案》（1940 年～1941 年），《行政院档案》，档案号：014-040504-0025，第 42～44 页；《全国粮食管理局组织规程》（1940 年 7 月 30 日），《重庆市政府档案》，档案号：0053-0002-00358-0000-042-000，第 42～43 页；《全国粮食管理局组织规程》，《行政院公报》渝字第 3 卷第 16～17 号合刊，1940 年 9 月 1 日，第 8～10 页。

供求关系之使命",① 其主要工作在于"认识全国粮产现况",积极进行
粮食调剂,"一方面注重军食民食有计划之调剂,一方面注重地域上之合
理分配"。② 可以看出,从征收、仓储到加工、分配等粮食行业、产业的
各个环节,均在其管辖范围内,可谓事务繁复、责任重大。国民政府对于
全国粮管局的期待很高,不仅希望它能在短期内高效解决四川粮食危机,
还期望它通过机构改革来实现对全国粮政的规划,担负起全局调度的重
任。正如 1940 年 8 月 28 日行政院第 488 次会议参会人员的普遍心理:
"全国粮食管理局已成立,并已开始工作,所以今后的管理已不成问题,
无疑的,一定能收到管理上的宏效。"③

　　然而,全国粮管局在实际粮食管理过程中的效果却是"立竿未显
影"。一方面,全国粮管局行政上缺乏层层贯彻的组织基础,粮食调节与
管理缺乏统一性,各省囿于各自权益,对整体利益缺乏考量,而中央则将
重点放在基础性机构搭建和法令制定上,并未做好"深层"监督与落实。
徐堪后来说:"前全国粮食管理局时代,各省设有省粮食管理局,各县设
有粮食管理委员会。此等机构,近乎独立性质,与省县政府关系并不密
切,故对一切法令之执行,不易收效。"④ 全国粮管局"与省县行政组织
俨成两个系统,力量未免削弱"。⑤ 另一方面,各级粮食管理机构对人事
关系、职权分配等都存在重叠问题,导致行政效率不高。关于这一点,徐
堪在 1941 年 7 月 1 日下午的经济会议上指出,重庆民食由统购统销处、
仓库督导处、平价米供应处 3 个机关负责办理,而且四川省粮食管理局
"亦曾顾问其事",徐觉得"在组织上有欠妥当的地方"。⑥ 此外,粮食管

---

① 《战时粮食管理办法》(1937 年~1940 年),《行政院档案》,档案号:014-040504-0015,
　　第 84 页。
② 《调整全国食粮卢郁文谈粮管局之工作,各省县将分设管理机关》,《农业院讯》第 1 卷
　　第 22 期,1940 年 10 月 1 日,第 7 页;吴承洛:《全国粮食管理局成立》,《时事月报》
　　第 23 卷第 3 期,1940 年 9 月 15 日,第 85 页。
③ 沈雷春、陈禾章编著《中国战时经济建设》,"农业"第 41 页。
④ 徐堪:《粮食问题》(1942 年 2 月在中央训练团讲),《徐可亭先生文存》,第 115 页。
⑤ 《粮食部报告》(1941 年),第 7 页。
⑥ 《经济会议第二十四次会议》(1941 年 7 月 1 日),《行政院经济会议、国家总动员会
　　议录》第 1 分册,第 322 页。

理"极不易，而蒋所望又极高"，① 实际管理效果与蒋的期望之间落差过大，这也是促使蒋重新考虑设立粮食机构的一个重要因素。以徐堪的观点，全国粮管局的"组织和权力还太小"，随着粮食问题日趋复杂和严重，"必须加强粮政机关的组织，扩大粮政机关的权力，增高粮政机关的地位"，才能完成此项艰巨的任务。② 因此，粮食部的设立势在必行，呼之欲出。

---

① 李学通、刘萍、翁心钧整理《翁文灏日记》（下），第517页。
② 徐堪：《中国战时的粮政》，《经济汇报》第6卷第1~2期合刊，1942年7月16日，第17页。

第二章

粮食部的成立及战时主要
机构及其人员

纵观国民政府时期与粮食业务有关的中央机构，主要有财政部粮食运销局、农本局、全国粮管局、农林部、粮食部、经济会议、国家总动员会议（以下简称"国总会"）等。粮食运销局酝酿于1933年10月，"以救济农村，调节粮价，便利运销为宗旨"，主要从事"设置堆栈，运销粮食"业务，但仅于次年12月通过《粮食运销局暂行组织章程》，迟迟未能成立。① 正如时人所言："惜章程早经公布，而成立依然无期，只有中央银行悬一筹备招牌而已。"② 农本局及其下属机构福生璧庄从事粮食购销业务，"一方改良人民经济生活，一方发展工商事业，充实军国要需，利于抗战建国"，③ 其使命"端在农产调整"，农产收购侧重于购储国内物资以免资敌，销售政策致力于调剂农产供需以免失平，经营农产、物资主要包括粮食、花、纱、布4项，④ 其后业务并入全国粮管局。农林部成立于1940年5月，掌管全国农林行政事宜，下设农事、农村经济、林业、

① 《筹组中国粮食运销局案》，《军政旬刊》第8期，1933年12月30日，第865页；《粮食运销局筹备处开始办公》，《夜报》1933年12月8日，第1版。
② 黄霖生：《抗战三年之粮食行政》，朱汇森主编《中华民国农业史料·粮政史料》第1册，第470页。
③ 《四川省璧山县织户胡守信等呈控农本局福生璧庄经理丁沛涛违法失职恃势凌我请予彻惩案》（1942年3月~1942年4月），《经济部档案》，档案号：四-12961，第17页。
④ 《农本局一九三七至一九三九年度决算报告书》，《经济部档案》，档案号：四-15909，第96页。

渔牧及垦务总局等，专司粮食增产、荒地垦殖、畜牧事业等。[①] 经济会议秘书处下设粮食组及经济检查队[②]，也负有检查粮食违法案件、平定粮价的职责。经济会议撤销后，国总会承袭了其部分职能，对粮食管理工作亦有指导。在以上机构中，全国粮管局与粮食部均为中央层级的专门管理机构，尤以粮食部存在时间最长，影响亦最大、最为深远。

全国粮管局使尽浑身解数推行粮政，而粮食管理效果并未彰显，且渐显疲态，国民政府欲在短期内取得立竿见影效果、解决粮食危机的期望逐渐落空。面对粮价高涨不已的态势，国民政府上层人士不得不考虑"升级"粮政机构，以加强粮政推行，应对严重的粮食危机。

第一节　粮食部的成立

一　粮食部成立经过

1941 年 3 月底至 4 月初，国民党召开五届八中全会，孔祥熙等 18 人提出《为平衡粮价调节民食拟利用并改善健全民间粮盐交易基层机构及其经营方法以奠立粮盐专卖制度基础案》，在该提案中，孔等人除了申述粮政、盐政的重要性以外，还提议设置粮食部。全会议决在行政院内设置贸易部与粮食部，以扩大其职权而增进业务效能，原来设立的财政部贸易委员会及全国粮管局予以撤销。[③]

5 月，国民政府上层重新考虑粮食政策，拟采纳孔祥熙建议，在行政院下设粮食部，"以提高其地位，加增其力量"。[④] 5 月 17 日，全国粮管

---

① 其实早在 1941 年 2 月 6 日，农林部就提出设立粮食增产委员会，并制订《农林部暂设粮食增产委员会组织章程》呈请备案，11 日，行政院指令农林部"准予备案"。农林部粮食增产委员会第一项职责即为"统筹规划全国粮食增产事宜"［《粮食增产委员会组织章程》（1941 年~1942 年），《行政院档案》，档案号：014-040503-0015，第 3~6 页］。因此，粮食增产事宜归农林部而非粮食部主管。

② 考察当时资料，既有称作"经济检查队"者，也有写作"经济检察队"者，不同机构称呼不一，但二者并无本质差异。兹为统一及论述便利起见，除了引用原文，其他地方一律写为"经济检查队"，简称"经检队"。"经检队"涉及不同上级部门时，则冠以其上级机构名称，即"某某经检队"，以防混淆。

③ 朱子爽编著《中国国民党粮食政策》，国民图书出版社，1944，第 72~75 页。

④ 《抗战时期粮政概述》，秦孝仪主编《抗战建国史料——粮政方面》（1），第 2 页。

局主任秘书卢郁文即语翁文灏，政府拟于 10 日后即 27 日对外宣布成立粮食部。① 在此期间，已有多名官员如李奎安、温少鹤、邓子文等提出成立粮食部，为其造势。② 19 日，行政院院长蒋介石在国防会第 58 次常务会议上提议特任四联总处秘书长、财政部政务次长徐堪为粮食部部长，会议决议"通过"。③ 20 日，国民政府颁发任命状，"特任徐堪为粮食部部长"。④ 其实，国民政府对徐堪的任命早在 5 月 2 日即已做出决定，但迟至 20 日行政院才下发训令："准国民政府文官处三十年五月二十一日渝文字第二二四号公函开：五月二〇日奉国民政府令开，特任徐堪为粮食部部长，此令。"⑤ 21 日，行政院召开第 515 次会议，通过《粮食部组织法》。粮食部筹备工作陆续展开。与此同时，徐堪赴成都，与川省主席张群商议，请成都绅耆组织平粜会，在德阳等县购储谷米，又请西康财政厅厅长李万华在西康各县购米，以备供应，并要求于 6 月 10 日办毕。同时，

---

① 李学通、刘萍、翁心钧整理《翁文灏日记》（下），第 680 页。

② 重庆市粮食管理委员会：《关于请提出成立粮食部之书面意见送会致邓子文、李奎安、温少鹤等的函》（1941 年 5 月 31 日），重庆市档案馆藏（以下不再一一注明藏所），《重庆市粮政局档案》，档案号：00700001000610000078，第 169~170 页。另据记载，李奎安、温少鹤等人有"重庆五老"之称，"早年在重庆市（旧巴县城）军、政、商、学界中各有建树，影响较大，在社会上深受众望"。参见冯尧安《"重庆五老"与重庆大学》，重庆市沙坪坝区政协文史资料委员会编印《沙坪坝文史资料》第 15 辑，1999，第 218 页。

③ 《国防最高委员会第五十八次常务会议纪录》（1941 年 5 月 19 日），中国国民党中央委员会党史委员会编《国防最高委员会常务会议记录》第 3 册，台北，近代中国出版社，1995，第 406 页。

④ 《粮食部成立与裁并》（1941 年 6 月 9 日~1947 年 7 月 7 日），《行政院档案》，档案号：014-040503-0001，第 7 页。根据《国民政府组织法》第 21 条，国民政府各部部长属于政务官，由行政院院长提请中央政治委员会，由中政会议决任命，再由国民政府明令任命。参见陈之迈《中国政府》，第 223 页。另据记载，在 1941 年 7 月 1 日行政院经济会议第 24 次会议上，徐堪有"五月底发表粮食部职务"的言论，这也可以作为佐证。参见《经济会议第二十四次会议》（1941 年 7 月 1 日），《行政院经济会议、国家总动员会议会议录》第 1 分册，第 320 页。此外，在 1941 年 5 月 26 日召开的经济会议第 21 次会议上，经济会议秘书处在报告所拟关于粮食管理的签呈时，有"拟具财政、粮食两部分别妥拟具体办法，逐期推进"之语，其时卢作孚尚在座矣。参见《经济会议第二十一次会议》（1941 年 5 月 26 日），《行政院经济会议、国家总动员会议会议录》第 1 分册，第 236 页。

⑤ 重庆市政府、行政院：《关于徐堪任粮食部部长的训令》（1941 年 5 月 27 日），《重庆市政府档案》，档案号：0053-0001-00024-0000-123-000；国民政府参军处典礼局：《关于举行外交部部长郭泰祺、粮食部部长徐堪、粮食部常务次长庞松舟等就职典礼致重庆市政府的函》（1941 年 6 月 29 日），《重庆市政府档案》，档案号：0053-0001-00024-0000-126-000。

徐堪向川东南区督粮特派员办公处订购食米 11 万余市石，向重庆民食协济社①订购食米 8 万市石，均要求七八月陆续运到，徐堪的一系列举动显然是在为粮食部成立预做准备。

6 月 1 日，筹备中的粮食部租下重庆市康宁路 3 号，作为筹备办公处，"先行派定人员筹备组织"。② 3 日，在行政院第 517 次会议上，孔祥熙致电徐堪参加，徐遂以粮食部部长身份出席。③ 7 日，徐呈文行政院，简要报告了粮食部筹备的大致情况。国民政府最初希望徐能在 9 日就职，尽快将粮食部组建起来，以接替全国粮管局处理日渐严重的粮食问题。但随后贺国光致电，谓徐因诸事尚未筹备就绪，无法就职。④ 国民政府催促徐早日就职，既反映了粮食问题的严重，也可见国民政府成立粮食部的急切心情。徐虽未按国民政府预计日期宣布就职视事，但其各项工作已次第开展。如任命刘航琛为川东南督粮特派员，而且刘在短期内即筹备了 280 万市石食米，并转运至渝。用刘的话来说，粮食部是有了米才成立的。粮食部成立后，国民政府任命刘为粮食部政务次长兼四川省粮食储运局（以下简称"川储局"）局长。⑤

---

① 关于民食协济社，1941 年 7 月，有人冒用经济部民食协济社名义，在合江等地大事采购食米，对此，粮食部接到举报后，函询经济部。经济部声称，"本部并无民食协济社（或协进会）之组织，所属机关亦未有在各地采购粮食情事"。另据重庆民食协济社泸县采购主任戴坤九报告，有惠民、华泰等公司假借民食协济社名义大事采购粮食。参见《粮食部民食协济社举报惠民等公司以该社名义在泸县等处采购粮食的文书》（1941 年 7 月~8 月），《经济部档案》，档案号：四-25852，第 9~22 页。另据记载，江津县马鬃乡乡长夏慕寒认为民食协济社购办食米是"生意行为"，而且该乡 1941 年 7 月也发生了哥老会雷善之、李廷珍、温启明等自称受民食协济社委托，大量购买食米情事。参见《民食协济社购运济渝民粮卷》（1941 年），《粮食部档案》，档案号：119-050204-0078，第 36~37 页。这也说明在粮食问题日益严峻的形势下，各方对粮食的争夺愈发激烈。

② 《粮食部成立与裁并》（1941 年 6 月 9 日~1947 年 7 月 7 日），《行政院档案》，档案号：014-040503-0001，第 7 页。另据记载，"粮食部原定六月一日宣告成立，兹以筹备不及，决改于六月九日左右正式成立，部长徐堪，定于六月九日在国民政府宣誓就职"。参见《粮食部六月九日可成立》，《甘行月刊》第 1 卷第 4~5 期合刊，1941 年 7 月，第 49 页。

③ 李学通、刘萍、翁心钧整理《翁文灏日记》（下），第 683 页。

④ 《赋税（一）》（1940 年），《蒋中正总统文物档案》，档案号：002-080109-00011-003，第 15 页。按，此份档案所标年份为 1940 年，疑有误，应为 1941 年（下同）。

⑤ 沈云龙、张朋园、刘凤翰访问，张朋园、刘凤翰纪录《刘航琛先生访问纪录》，九州出版社，2012，第 87~90 页。

17 日，粮食部启用部印，开始办公。① 25 日，蒋介石训令："兹定七月一日为粮食部正式成立日期，全国粮食管理局应即于同日结束，所有该局主管事务，并应于是日分别移交粮食部接管。"28 日，全国粮管局局长卢作孚呈文行政院，就交接事宜做出安排，只酌留部分员工，处理后续工作。② 30 日，粮食部部长徐堪、常务次长庞松舟在孙中山总理纪念周仪式结束后，宣誓就职。③ 徐、庞二人分别按照文官就职程序进行宣誓，徐堪誓词如下：

> 余敬宣誓，余恪遵总理遗嘱，服从党义，奉行法令，忠心及努力于本职。余决不妄费一钱，妄用一人，并决不营私舞弊及授受贿赂。如违背誓言，愿受最严厉之处罚。
>
> 此誓。

宣誓者：徐堪

中华民国三十年六月三十日④

在就职典礼上，国民党元老吴稚晖以中央监督员身份致辞时，对徐堪赞誉有加，并寄予厚望："粮食部徐部长，历年襄助，办理财政，成绩卓著。此次调长粮食部，足征中央倚畀之重……愿徐部长就职后，仍本革命

---

① 《粮食部成立与裁并》（1941 年 6 月 9 日～1947 年 7 月 7 日），《行政院档案》，档案号：014-040503-0001，第 12 页；《粮政大事记要表》，《粮政月刊》创刊号，1943 年 4 月 16 日，第 64 页。关于粮食部启印日期，翁文灏在 6 月 21 日的日记中记载："徐堪与张季鸾谈，粮食部在六月十七日启用部印。"参见李学通、刘萍、翁心钧整理《翁文灏日记》（下），第 689 页。另据行政院经济会议第 24 次会议的会议记录，"粮食部徐部长亦已六月二十七日启印视事"。参见《经济会议第二十四次会议》（1941 年 7 月 1 日），《行政院经济会议、国家总动员会议会议录》第 1 分册，第 297 页。

② 《粮食部成立与裁并》（1941 年 6 月 9 日～1947 年 7 月 7 日），《行政院档案》，档案号：014-040503-0001，第 10～11 页。

③ 国民政府参军处典礼局：《关于举行外交部部长郭泰祺、粮食部部长徐堪、粮食部常务次长庞松舟等就职典礼致重庆市政府的函》（1941 年 6 月 29 日），《重庆市政府档案》，档案号：0053-0001-00024-0000-126-000；《粮食部成立与裁并》（1941 年 6 月 9 日～1947 年 7 月 7 日），《行政院档案》，档案号：014-040503-0001，第 7～8 页。

④ 《粮食部成立与裁并》（1941 年 6 月 9 日～1947 年 7 月 7 日），《行政院档案》，档案号：014-040503-0001，第 14 页。

精神，妥谋解决当前粮食问题。"①

7 月 1 日，粮食部正式宣告成立。② 同日，粮食部与全国粮管局进行工作交接。

二　粮食部成立初期的施政大纲

作为万众瞩目的新设中央部级机构，按照惯例，应在成立时发表新机构的施政大纲，这也是即将履新的主管官员徐堪义不容辞的责任。根据记载，在全国粮管局成立初期，四联总处已对该局的施政纲要发表过尖锐的批评意见，而且意见的提出者极有可能是时任四联总处秘书长徐堪本人。全国粮管局成立后，身兼数职、参与机要的徐堪仍通过多种途径密切关注粮食问题，在卢作孚参加的多次经济会议上，徐堪也是出席人员，定会与闻其事，甚至发表意见。及至 5 月份任命状发表后，按照徐的说法，他即"与卢局长及全国粮管局负责人员，整天详细研究今后粮食政策"，③ 可见徐对粮食问题包括制度、机构层面的考虑从未间断，并且日益深入，因此能够在任命后的短时间内提出施政计划。

6 月 23 日，徐堪向蒋介石提交《粮食部施政计划大纲》。徐堪指出，粮食部的基本政策是遵照蒋的指示，实施粮食政策，掌握余粮，实行粮食公卖。大纲主要阐述了四个问题：第一，1941 年先从征购着手，"以充分解决军粮，相当解决民食"；第二，从 1942 年起控制余粮，稳定价格，确立粮食政策的基础；第三，改进省县粮食行政机构；第四，请求蒋介石在筹粮拨款及政策执行方面予以有力支持。从徐所提出的四个问题来看，粮食部成立后的任务是非常明确的，即首重军粮，次及民

---

① 吴稚晖：《郭泰祺徐堪等就职致词》（1941 年 6 月 30 日），《吴稚晖全集》卷 8，九州出版社，2013，第 548 页。

② 粮食部管理局、重庆市政府：《关于洽办粮食部管理局交接事宜的代电、训令》（1941 年 6 月 17 日），《重庆市政府档案》，档案号：0053-0001-00024-0000-129-000。据熊式辉在其回忆录中记载，5 月 19 日，"徐堪来谈粮食问题，坚托余为代辞粮食部长，余以为此时宜力任劳任怨劝勉之，伊乃更言二事，托余与卢作孚商之：（1）四川粮食交四川省府自办；（2）伊必俟视察湘桂后于七月一日始可接事"。参见洪朝辉编校《海桑集——熊式辉回忆录（1907~1949）》，香港，明镜出版社，2008，第 278 页。

③ 《经济会议第二十四次会议》（1941 年 7 月 1 日），《行政院经济会议、国家总动员会议会议录》第 1 分册，第 320 页。

食，再及粮价，后为机构。徐堪认为，"军食获得充分解决，民食获得相当解决"，是当前巩固抗战、安定民生最重大的事务，为了有效解决，"有时应出以猛烈强制"的手段，"不宜空谈温和而迁缓误事"。徐堪此番寥寥数语既是粮食部施政手段的最好注解与阐释，也是在吸取全国粮管局管理教训的同时对其做出的委婉批评与指责，或许更是徐本人性格的体现。施政计划大纲除了应急办法外，还对1942年后的基本粮食政策予以规划。规划围绕控制余粮、稳定粮价、增进生产、节约消费四个方面，意图实现国民政府对土地、粮食、人口、价格等方面的"全般把握"。① 作为新机构粮食管理的纲领与蓝图，徐堪手订大纲的重要性毋庸置疑。

　　25日，徐堪又向蒋致密呈，对1941年度田赋征实的数量、时间进行了分析。数量方面，徐认为各省所承担的赋额畸轻畸重，而且此现象非常突出，以产粮较丰各省份而言，四川最重，由原来的700余万元骤增至9880余万元，"照原额加增十四倍"，而湖南赋额为1270余万元，折征仅为250余万市石，江西赋额为1600万元，折征仅为320万市石，安徽折征仅为106万市石，豫、陕、甘等产麦省份亦存在类似情况。根据计算，"征收实物，除四川、陕西两省外，折征数额均不足以应军粮民食之需要"。时间方面，一是南北方农作物收获时间存在差异，难以统一；二是即使"令各省于决定后即行赶办，而实施办法之核定、各县开征之筹备以及赋额较重省份商请酌减，在在均需时日，诚恐本年应征实物未必于年内即能征收足额"。因此，徐主张1941年度除田赋征实外，"兼采定价征购办法"，两者相辅而行，"以期能于最短期内掌握大量米麦以供应军糈民食并稳定市场价格"。② 可见，徐的密呈主要着眼于控制粮食实物，也就是徐在《粮食部施政计划大纲》中提出的第一个问题解决方法。

　　对于徐堪所拟《粮食部施政计划大纲》，国民政府军事委员会委员长

---

① 《粮政（一）》（1941年6月25日~1946年8月17日），《国民政府档案》，档案号：001-087000-00001-001，第1~21页。

② 《粮政（一）》（1941年6月25日~1946年8月17日），《国民政府档案》，档案号：001-087000-00001-001，第44~45页。

侍从室 7 月 12 日审核后认为，该施政计划大纲"就时势上之需要性及行政上之实施可能性，及财政上运用之利益性各方观察，大体均不失为比较的切实"，既肯定了其所拟订应急政策的价值与可行性，也对粮食部基本政策赞赏有加。同时，侍从室主任陈布雷提出两点意见。第一，施政计划大纲所预定的 4180 万市石谷麦（包括谷 1800 万市石，米 740 万市石折谷 1480 万市石，麦 700 万包折 900 万市石）仍嫌过少，应增至 5000 万市石。陈布雷之所以提出增加征额：一来防止有的省份不能足额而出现短缺；二来果真征足 5000 万市石，则不但利于民食供应，亦利于减少国库支出，"同时国家收入亦增五万万元，于财政及发行，均大有裨助"。陈布雷同时指出，湘、赣、桂、黔、陕、豫等省"似均可酌增"。第二，管制力度应加大，以遏乱萌。一是预防因广泛征购引发粮价上涨，二是大纲仅筹划了来年秋收后的管制方法，未能就秋收前四川及其他各省民间粮食供需调节制定严格办法，也存在地主转向乡间操纵捣乱的可能性。17 日，蒋阅览后，称应急办法"大体均尚妥洽"，"务望加紧统筹赶办"，同意侍从室所提征额增至 5000 万市石的意见，但究竟何省可增及增额为多少，由徐"妥拟分别恰办可也"；同时，侍从室将该意见知照粮食部上级主管机关行政院。8 月 4 日，行政院亦认为施政计划大纲及 25 日所呈意见"各项均属妥适可行"，同时提醒粮食部注意巨额运费的妥善存储、公仓粮食的存储方法、杜绝积谷保管流弊等。行政院特别指示，定价征购"仍准照原定计划办理"，其他各项则"加紧赶办"。① 其后，粮食部综合各方意见，对施政大纲稍微做出调整，而且其他粮食政策也在实际执行中不断调适。

粮食部是继全国粮管局之后第二个专门管理全国粮食的中央机构，较之全国粮管局，其行政级别属于部级，行政地位更高。同时，粮食部成立的时间是抗战全面爆发的第五年、国民政府全面统制粮食的第二年，"环境至艰，责任弥重"，② 粮食问题较前一时期更为严重，"内审

---

① 《粮政（一）》（1941 年 6 月 25 日~1946 年 8 月 17 日），《国民政府档案》，档案号：001-087000-00001-001，第 25~43 页。
② 徐堪：《勉督导同人》，《督导通讯》创刊号，1942 年 1 月 1 日，第 1 页。

军糈民食需要之迫切，外怀社会心理之惶恐"。① 对于设立粮食部的消息，当时有报刊即以《民食军糈无虞，粮食部成立》为标题，对该部成立颇为推崇。②

不过，实际情况却比徐堪设想的要复杂困难得多，尤其是粮食部成立后的第一个月，甚至可以称为"焦虑的七月"，因为在 7 月 22 日，上任未久的徐堪竟然提出了辞职。

三　焦虑的七月

徐堪之所以会在粮食部成立不及一个月即提出辞职，显然与徐所受到的各方压力直接相关，尤其是当时重庆的粮食供应问题及"蓉市为米闹事"。③

重庆地处四川东南部，为半岛形山城，有"好个重庆城，山高路不平"之谚，④ 三面环水，位于长江与嘉陵江交汇处，"会川蜀之众水，控瞿塘之上游，临驭蛮僰，地形险要"。⑤ 重庆因其地理位置重要，不但在四川为中心城市，在西南地区也居于中心地位，历史上商业发达，人口繁盛。

抗日战争全面爆发后，中国人口开始了史无前例的历史大迁徙，"造成世界移民史上划时代之纪录"。⑥ 据学者研究，战时各省市难民及流离人口总数为 9500 多万人。⑦ 据估计，1940 年由战区迁移至后方的人口约 5000 万人，后方人口达到 2.3 亿人，增长 25%。⑧ 抗战全面爆发后迁移至西南地区的人口数量不少，如表 2-1 所示。

---

① 《粮食部三十年度工作检讨报告》，第 1 页。
② 徐世勋：《民食军糈无虞，粮食部成立》，《时论月刊》第 1 卷第 4 期，1941 年 8 月 15 日，第 2 页。
③ 李学通、刘萍、翁心钧整理《翁文灏日记》（下），第 692 页。
④ 陈友琴：《川游漫记》，正中书局，1936，第 31 页。
⑤ 顾祖禹：《读史方舆纪要》卷 69《重庆府》，中华书局，2005，第 3271 页。
⑥ 国民出版社编印《飞跃中的西南建设》，1939，第 11 页。
⑦ 张根福：《抗战时期的人口迁移——兼论对西部开发的影响》，光明日报出版社，2006，第 39 页。
⑧ 《抗日战争时期国民政府财政经济战略措施研究》，第 29 页。

表 2-1　1936 年与 1943 年西南地区（非战区）户口数统计

省别	1936 年			1943 年			
	县数	户数	口数	县数	非战区县数	户数	口数
四川	142	9889498	52963269	142	142	7775722	45924712
西康	—	249782	968187	50	50	330755	1748458
广东	101	6293271	32289805	101	59	3074164	15607579
广西	100	2638087	13385215	100	100	2763070	14927438
云南	131	2389940	11994549	131	123	1734794	9224455
贵州	79	1802159	9043207	79	79	1928758	10755461
重庆	—	—	—	1	1	185505	1037630
合计	553	23262737	120644232	604	554	17792768	99225733

资料来源：侯杨方《中国人口史》第 6 卷，复旦大学出版社，2005，第 189~270 页。

有学者指出，战时重庆人口剧增是人口向内地迁移的结果，也是重庆历史上最大的一次移民活动的结果。[①] 战时内迁人员中有国民党党政军机关、团体及各级各类公教人员等，重庆江北一带、成渝公路沿线新村勃兴，沙坪坝、小龙坎、新桥、歌乐山、九龙铺皆一变而为市镇。1939 年 5 月 5 日大轰炸后，重庆被划为行政院特别市，市区面积相应扩大，相当于原来的 3.5 倍，达 328 平方千米，此为"大重庆"的由来。1940 年 9 月 6 日，重庆被定为陪都、战时首都，"战时蔚成军事政治经济之枢纽，战后为西南建设之中心"。[②] 随着工厂内迁，工人数量也大幅增加。1936 年 2 月工人 3113 人，1941 年 12 月增至 81775 人；公共机关人员则从 12675 人骤增至 71101 人。[③]

从表 2-2 可以看出，1937~1945 年，除 1939 年、1940 年两年因空袭疏散，重庆人口略有减少外，其余年份皆有增加。[④] 就 1940~1941 年重庆人口变动情况来说，1940 年处于全面抗战时期的低位，只有约 39 万人，而 1941 年陡增至 70 万余人，净增 30 万余人，增幅为 78.2%。更为重要的是，重庆市为纯粮食消费城市，谷米来源分为长江上游（大河米）、嘉

---

① 隗瀛涛主编《近代重庆城市史》，四川大学出版社，1991，第 398 页。

② 傅润华、汤约生主编《陪都工商年鉴》，文信书局，1945，第 1 编第 1 章第 1 页。

③ 陈尔寿：《重庆都市地理》，《地理学报》第 10 卷，1943 年 6 月 15 日，第 130 页。

④ 《重庆市概况》，《统计月报》第 111~112 期合刊"重庆市专号"，1945 年 12 月，第 1 页。

陵江上游（小河米）及四乡邻县（山米）3 种，所占比例大致分别为
50%、30%、20%，① 尽管各种米类输入的波动性较大，但有赖周边十余
县供给则是不争的事实，并且随着重庆市人口不断增加，粮食需求量也在
持续上升。据吴国桢 1941 年 7 月初向徐堪提供的数据，该时期重庆"复
查户口的结果，现在重庆市居民每月所需食米达十一万二千多石"，比此
前的每月 9 万市石增长两成有余，② 而且还在继续增长。

表 2-2　全面抗战时期重庆户口变动情况

时间	户		人口					
			合计		男		女	
	户数	指数	人数	指数	人数	指数	人数	指数
1937 年	107682	100	475968	100	277808	100	198160	100
1938 年	114116	105.9	488662	102.6	283259	101.9	205403	103.6
1939 年	99203	92.1	415208	87.2	247203	88.9	168005	84.7
1940 年	89300	82.9	394092	82.7	245122	88.2	148970	75.1
1941 年	134188	124.6	702387	147.5	436636	157.1	265751	134.1
1942 年	165203	153.5	830918	174.5	531096	190.8	300822	151.8
1943 年	158231	146.9	923403	194.0	571533	205.7	351870	177.5
1944 年	185505	172.2	1037630	218.0	626701	225.5	410929	207.3
1945 年 1 月	186098	172.8	1049450	220.4	637218	229.3	412232	208.0

资料来源：重庆市政府编印《重庆要览》，1945，第 19 页。

与粮食需求量不断增加相呼应的，是粮价节节攀升。1938 年春，重
庆物价开始上涨，但至当年底，"犹未及上年六月间价格之一倍"。③ 1939
年底，涨至基期的 3 倍有余，其主要原因是"外汇低落，输入品之价格
随之而涨，土产品亦逐步上升"，不过食物类价格仅上涨 1 倍有余，"民
生无困窘之忧"。1940 年，"情形迥异"，全年物价均上涨迅速，至 12 月
底，食品类价格已涨至基期的 9 倍，其他物价涨幅更甚，高者达 11 倍，

<hr>

① 沈国瑾：《承办平价粮食品办事处购销业务简报》，《农本》第 43 期，1940 年 10 月 31
　日，第 1~3 页。
② 《经济会议第二十四次会议》（1941 年 7 月 1 日），《行政院经济会议、国家总动员会议
　会议录》第 1 分册，第 332 页。
③ "上年六月间"指的是 1937 年上半年，一般将之作为基期。

公务员生计堪忧。1941 年上半年，"经济情况突起一重大变化，即一般物价虽不免有增高者，大部分尚称稳定，最近且间有低落之象"，但粮食价格却"高涨不已"，6 月时涨至基期的 28 倍。从重庆市中等熟米价格来看，基期价格为每市石不及 14 元，1940 年 6 月涨至 36 元，1941 年 1 月达 143 元，5 月升至 368 元，6 月更涨至 400 元，6 月的米价是全面抗战前的将近 29 倍。① 从 1940 年到 1941 年上半年，重庆市人口、粮食需求量、粮物价格等可谓齐头并进、同时上涨。

然而，在粮食部筹备期间及成立初期，全国尤其是重庆粮食供应的形势极不乐观。首先，粮食部与全国粮管局正在交接班，而所"交接"的内容，除了文书档案等材料，"并未移交有存储的粮食"等实质性的东西。在徐堪看来，全国粮管局留下的甚至是一个亟待收拾的烂摊子："在此青黄不接之时，卢局长对于军粮及平价米均有短欠，并未移交有存储的粮食，天天都今天想明天的办法，令人焦急。"② 徐堪的焦虑在正式履职当天就显露无遗。

7 月 1 日 16 时 30 分，即粮食部成立当天下午，"天气甚热"，③ 恰逢经济会议召开第 24 次会议。此次会议蒋、孔均未出席，由翁文灏担任会议主席，徐堪则名正言顺地以粮食部部长身份参加会议。除了重庆轮渡票价及电力加价问题，会议讨论最多的仍是粮食问题。在会议"报告事项"阶段，经济会议秘书处报告的主要议题中有四项与粮食问题相关：一是如何平定重庆米价，二是全国粮管局擅自减少平价米供应的经过与由来，三是修正通过《四川督粮特派员及督粮委员服务规程》，四是内政部报告各省积谷仓数量概况。

关于粮食部成立当日召开的这次不同寻常的经济会议，翁文灏在日记中有如下记载："经济会议第 23 次会议，孔未到，余主席。（一）徐堪：粮食部尽力供粮，但不能同时抑价；（二）渝市（蒋痛吴市长不实行凭证

---

① 《经济会议第二十六次会议》（1941 年 7 月 15 日），《行政院经济会议、国家总动员会议会议录》第 1 分册，第 378~379 页。

② 《经济会议第二十四次会议》（1941 年 7 月 1 日），《行政院经济会议、国家总动员会议会议录》第 1 分册，第 333 页。

③ 李学通、刘萍、翁心钧整理《翁文灏日记》（下），第 692 页。

购粮办法）凭证购粮办法待考虑；（三）蓉市为米闹事（蒋已准贺耀组、
贺国光往查），徐言实已托李光普购四万石，耆绅购二万石，但何北衡不
能运蓉，故致有米无粮……（四）重庆电力加价。"① 翁的记录虽较简
略，但其实各项问题的报告、讨论气氛犹如当日的天气，尤其是新任部长
徐堪的临时报告。

　　在"临时报告事项"阶段，徐堪详细报告了"筹划目前粮食情形"。
徐在报告伊始，就明确表明自己的态度："今天起正式负责，今天以前
的粮政事务，仍由卢局长负责。"徐之所以有此态度，显然一方面是为
了划清粮食部与全国粮管局、自己与卢作孚的责任界限，尽管粮食部7
月1日已在与全国粮管局办理交接手续，但新的粮食机构确立、人员遴
选与到位、制度订立、政策推行等均需时日，非仅仅完成档案文件交接
手续如此简单，大量繁复的工作更不能一蹴而就；另一方面则是对全国
粮管局的做法与成效极为不满。徐的不满由来已久，此次则是火力集中
爆发。徐的不满主要集中在三个方面。首先，重庆民食供应明显不足。
在徐看来，"重庆食米，无论如何不可使之缺少一天，甚至缺少一顿"，
但在全国粮管局设立多家机构管理重庆粮食的情况下，在卢局长"亲自
指挥"下，"从前划定供给重庆市粮食各县自五月二十日起到秋收为止
这一时期内，能供给重庆的米，可靠的究有若干"，仍未调查清楚，"计

---

① 李学通、刘萍、翁心钧整理《翁文灏日记》（下），第692页。查《行政院经济会议、
国家总动员会议会录》，此次会议为经济会议第24次会议，而非第23次，翁记载有
误。出席当日会议的有翁文灏（经济部部长）、俞鸿钧（财政部次长兼中央信托局局
长）、徐堪（粮食部部长）、刘峙（重庆卫戍总司令）、何浩若（行政院经济会议副秘书
长）、张嘉璈（交通部部长，彭学沛代会，彭时任交通部政务次长）、何应钦（军政部
部长，陈良代会，陈时任军政部军需署署长）、俞飞鹏（滇缅运输总局局长，端木杰代
会，端木时为后方勤务部副部长）、蒋廷黻（行政院政务处处长）、甘乃光（国防会副
秘书长），列席人员有吴国桢（重庆市市长）、吴闻天（经济部平价购销处主任）、戴铭
煌（四联总处汇兑处处长）、庞松舟（粮食部常务次长）、刘攻芸（四联总处秘书长）、
徐柏园（四联总处副秘书长）、刘恺钟（行政院经济会议政务组主任）、于望德（行
政院经济会议政务组副主任）。另外，翁7月8日的日记所记有关粮食问题的内容也
不确："经济会议廿五次会。贺耀组报告，成都粮食事业处经理及各县督粮人员选
派情形。徐堪发言颇久，对贺意不甚赞成。孔反对平价米。老词也。"参见李学通、
刘萍、翁心钧整理《翁文灏日记》（下），第694页。查经济会议记录，贺报告成都
粮食问题是在经济会议第26次会议上，时间是7月15日。参见《经济会议第二十六
次会议》（1941年7月15日），《行政院经济会议、国家总动员会议会录》第1分
册，第361~362页。

算有多少数目，实际能拿到手的究有若干，谁都没有把握"，很显然，徐的矛头是指向卢作孚的，因为卢除了全国粮管局局长一职外，"实际上还担任了四川粮管局一部分的事情"，言下之意是卢并未尽心尽力管理重庆粮食，以至于重庆连最基本的米源问题都未能切实掌握，遑论解决粮价问题。①

对全国粮管局及卢作孚不满的，非徐堪一人，亦非此一端，而是还有吴国桢及与吴相关的重庆平价米供应突然减少、面粉厂停机待料，以及成都米潮等一系列事情。在全国粮管局时期，重庆市每月需米量为 9 万市石，这对粮源支绌的全国粮管局来说，压力不小。为了解决食米需求大于供给的突出矛盾，全国粮管局从 1940 年 12 月起，每月为重庆市区机关、学校及贫民供应 3 万市石平价米，每市石作价 60 元，其余 6 万市石为统购统销米，1941 年 7 月的统销价为每市石 232 元，而采购价为 270 元至三百四五十元不等，差价由中央政府垫拨，长此以往，则中央政府赔累自不在少，食米来源亦欠畅旺。尽管卢以全力设法疏导购运，但 1941 年 4~5 月米源仍不断减少。据吴国桢 6 月 18 日"巧电"所述，全国粮管局为"统筹全局"，在未与重庆市政府商洽，亦未得经济会议秘书处准许的情况下，已将原定 5 月份发给贫苦市民的 12000 市石平价米按半数发放，即仅实发 6000 市石，各机关、学校所应发放的 18000 市石平价米亦未发足，仅在 5 月底致函重庆市政府，通报了相关情况。全国粮管局的行为不但引发"各机关纷纷质问"重庆市政府，而且广大贫民也心生怨望。更令各方担心的是，全国粮管局在信函中声称 6 月"亦将如此办理"。全国粮管局的一连串动作使渝市府感到自身威信受损，"无法应付"。②

---

① 《经济会议第二十四次会议》（1941 年 7 月 1 日），《行政院经济会议、国家总动员会议会议录》第 1 分册，第 320~321 页。

② 《经济会议第二十四次会议》（1941 年 7 月 1 日），《行政院经济会议、国家总动员会议会议录》第 1 分册，第 297~300 页。据翁文灏记载，孔祥熙"反对平价米"。参见李学通、刘萍、翁心钧整理《翁文灏日记》（下），第 694 页。孔反对的理由，应是政府每月津贴重庆 1100 万元平价米，"为数未免过巨"。参见《经济会议第二十四次会议》（1941 年 7 月 1 日），《行政院经济会议、国家总动员会议会议录》第 1 分册，第 295 页。全国粮管局初向陪都赤贫民众每月发售平价米 12000 市石，每市石售价

其次，与食米供应紧密相关的面粉供应也出现了问题。据农林部6月10日向经济会议反映，渝市附近铜梁等县及川北三台、射洪、南充等地四五月份雨量稍嫌不足，部分高田未能插秧或插秧后田地干涸，"颇有酿成部分荒歉之虞"，尽管农林部拟定多项防旱增产紧急措施予以补救，但人心惶惶，导致各小麦市场麦价一涨再涨。[①] 根据在渝各大粉厂统计，各

52元，交由各区警团转售，但此项食米转售过程中颇多冒滥。参见《粮食部三十年度工作检讨报告》，第4页。粮食部成立后，于1941年9月饬由重庆市各区警团切实清查，非赤贫者一律免购，贫民购领的平价米也一再减少。9月，粮食部承袭全国粮管局的这一做法，按每月6000市石配额划拨，其中供应平价粥厂2000市石，各镇4000市石；1943年1月，缩减为3200市石，并规定每人每月2市斗，12岁以下小孩减半，由陪都民食供应处配拨。不过令人欣慰的是，每市石售价仍为60元。贫民配米减少原因：一为米源减少，二为冒领者不在少数。重庆市政府曾于1942年6月用一个多月时间，会同重庆市警察局对贫民身份进行甄别，"不合赤贫标准之户，全数剔除"，"余留者多为鳏寡孤独、老弱残废之流"，虽每月仍有呈请增加者，但包括各镇配米及重庆市社会局所办的15家粥厂平价米在内，不超过4000市石，每月均能保证供应。据陪都民供处1943年上半年统计，该年1月至4月实拨数量分别为3934.1市石、3861.3市石、4024.6市石和3916.8市石，但与全国粮管局初期相比，减少了约三分之二。参见《供应渝市贫民平价米卷》（1941年~1943年），《粮食部档案》，档案号：119-040103-0158，第46~50页；粮食部编印《粮食部三十一年度工作考察》，1943，第14页。1943年10月，徐堪致函贺耀组，提出"此项食米向由镇公所承领，保甲转发，是否实惠在民，领米住户是否真正赤贫，以及平价粥厂是否每年冬季将需开办，似均不无考虑余地"，计划停配贫民平价米。贺以贫民中不乏抗属、陪都为中外观瞻所系、影响社会安定与人心向背等理由，提出"似应仍准照案继续供应"。1944年3月，贫民平价米再减为每月2800市石。参见《供应渝市贫民平价米卷》（1943~1944年），《粮食部档案》，档案号：119-040103-0159，第42~53页。申请领购平价米者月有增加，兹举一例。1943年2月28日，湖北旅渝同乡会呈文徐堪，谓武汉会战后，该会收容在渝鄂籍难民数千人，现尚存200余人，所有经费均由该会筹募支给。但以物价日高，维持不易，该会不得不"给资遣散"。难民中"稍有能力者，已往他处谋生"，但仍不乏"能力薄弱、孤苦无依、走投无路者"，共计74户191人，在重庆南岸区新街附近"自搭草棚或租赁小房居住"。昔日在收容时，全部难民均领有平价购米证，每月共计可领平价米31市石，此次遣散后"对于食米即发生严重问题"，因此造具名册，请求粮食部"将从前整购之平价食米，化整为零，饬重庆市粮食供应处（此处有误，应为陪都民食供应处——引者注），照册列户名人数，按户填给平价购米证，共计七十四纸，发给该贫苦难民，自行购食，以维生计而示国恩"。从该会提供的《湖北难民遣散后分居户册》来看，男性80人，女性111人；在标注年龄的184人中，年龄最大的71岁，未成年人91人，年龄最小的仅1岁（9人）。3月11日，粮食部将之转交陪都民食供应处核办。25日，陪都民供处处长王士燮拟具处理意见："似可准如所请……通知该会派员来处洽办。"4月1日，粮食部指令陪都民供处"准予备查"。参见《鄂籍流渝难民民食卷》（1943年），《粮食部档案》，档案号：119-040103-0380，第4~22页。

① 《经济会议第二十三次会议》（1941年6月10日），《行政院经济会议、国家总动员会议会议录》第1分册，第279~282页。

厂所购新麦平均成本价从三四月份每市石125.48元涨至5月份的160元左右，重庆的岁丰、复兴2家机制粉厂也因麦价"似已到达最高峰"，"且均有市无麦"，被迫在6月中旬停产待料，中粮公司合川面粉厂、天城面粉厂等的原料亦皆所存无几，面临停工危险。① 据载，重庆各大粉厂此时每日最多总共出粉1000包，市场面粉供应几出现中断，不得不实行限购措施，初限定凭户口保结单可购2小袋，继调整为无须户口保结单可买1小袋，市面发生粉荒，而"请购者日以千计"，甚至发生挤购，当局不得不派宪警维持秩序，重庆市民食供应处不得不请求重庆市粮管会派员前来协助处理几于失控的局面。② 复兴、岁丰均为重庆机制粉厂中的大厂，却因小麦来源不济而无法开工生产，可谓雪上加霜，重庆"粮食供应情形极为可虞"。③ 面对如此局面，渝市府对全国粮管局及卢作孚亦心生怨怼。毫无疑问，即将接手粮食管理的徐堪更是充满失望。

最后，徐堪的不满及焦虑还与"蓉市为米闹事"有关，徐将之称为"成都事变"。成都位于广袤的川西平原，成都平原面积达6000平方千米，岷江、沱江贯穿其间，水道如网，阡陌纵横，是天府之国中的沃土。6月28日，即粮食部正式成立的前3天，四川省会成都事隔1年零3个月后，竟然又发生抢米风潮。据徐堪声称，其在5月间到成都时，已经看出"有米无粮"的畸形现象，并会同川省政府主席、国民党四川省党部主任委员、川康绥靖公署主任、川省粮管局局长以及四川省参议会正副议长，

---

① 重庆市政府：《关于转令拨麦接济复兴、岁丰等厂给复兴、福新、福民、岁丰四厂联合办事处的批》（1941年6月18日），《重庆市粮政局档案》，档案号：00700001000310000040，第143页；四厂联合办事处：《关于请照市价核议面粉价格上重庆市粮食管理委员会的呈》（1941年4月22日），《重庆市粮政局档案》，档案号：00700001000710000051，第202~204页；全国粮食管理局：《关于改订1941年6月中旬重庆市面粉价格致重庆市政府的函（附计算书）》（1941年6月12日），《重庆市粮政局档案》，档案号：00700001000710000064，第235~236页；全国粮食管理局、重庆市粮管会：《关于核定每袋面粉价格的训令、呈》（1941年6月12日），《重庆市粮政局档案》，档案号：00700001000710000065，第237~239页。

② 刘震武、重庆市政府：《关于简述赴陕西街四厂联合办事处配售麦粉经过情形的呈、公函、训令》（1941年11月15日），《重庆市政府档案》，档案号：0053-9925-00068-0000-011-000，第11~20页。

③ 《经济会议第二十四次会议》（1941年7月1日），《行政院经济会议、国家总动员会议会议录》第1分册，第297~300页；《重庆市府电陈目前本市粮食供应情形三项》（1941年6月18日），《行政院档案》，档案号：014-040504-0172，第4~5页。

会商解决办法。川省政府主席张群一面主张把成都饥民分送到附近 12 个县，"让他们到那里去吃饭"，一面埋怨粮管局，说"如靠粮管局办法，成都早就饿死人了，今天再不要打粮管局的主意"。对于第一个办法，徐堪认为"易说难做"，而应会同党、政、军等各方力量妥商解决办法。经各方会商，议决三项治标办法：一是以省政府及粮管局名义，命令成都附近 12 个县县长、保甲长摊派 14 万市石食粮，限期缴足；二是秘密请邓锡侯、潘文华勒令余粮大户将存米卖给粮管局，卖价较官价为高、较私价略低；三是请川省绅耆发起献粮救济贫民运动。徐认为这三项办法"定能收到相当效果"，遂离蓉返渝。① 但是，这三项办法在实施过程中却偏偏发生了问题。

第一项办法因川省粮管局局长何北衡在华阳县的表态及县长的几句话而引起地方绅士群起反对，何表态的大意是，"摊派的粮，限多少天缴出，逾期不缴，便没收田产"，县长的话则是"没有粮的，须买粮缴出，否则田产充公"，徐堪认为"第一个办法便等于零"。第二、第三项办法"后来变成了一个由地方人士所组织的平粜委员会"，地方绅耆、绥靖主任、议长等都是委员，每人担任一县的购粮工作。徐得知后，将之报告于蒋，蒋遂拨款充作该会资金，以示鼓励。不过，该会只购得 2 万市石粮食，与 10 万市石的需求量相差甚远。川省政府又托一位厅长李光甫到崇庆、大邑购粮 4 万市石，但这批粮食却未能运至成都，蓉市贫民食粮停发了 10 天，遂酿成这次变故。事情发生后，蒋"非常震怒"，派贺耀组往查。② 7 月 15 日，贺将调查结果在由蒋主持的经济会议第 26 次会议上予以通报，认为此次米潮是"过去未能切实推行粮管政令，致使粮价飞涨，平民不堪负荷所致"。作为对此事件的反省与整改措施，川省政府将国民政府所颁发及四川省政府所制定的各项粮管法令，综合整理成《四川省三十年度秋收前粮食管理紧急实施要项》，经川省政府会议通过后，由贺"携渝呈核"，并抄送粮食部查

---

① 《经济会议第二十四次会议》（1941 年 7 月 1 日），《行政院经济会议、国家总动员会议会议录》第 1 分册，第 334~337 页。

② 《经济会议第二十四次会议》（1941 年 7 月 1 日），《行政院经济会议、国家总动员会议会议录》第 1 分册，第 335~337 页。

核办理。① 《四川省三十年度秋收前粮食管理紧急实施要项》分"产储之部""供销之部"两大部分，对包括重庆市在内的四川各县市粮食管理，如调查粮食、登记存粮、组织粮商、管理市场、厘定粮价、电报粮情及确定供销区、分配供销量等逐一做了规定，计划的条目达 32 款。蒋在会议上未做表态，应是比较认可这一处理方式。其实，《四川省三十年度秋收前粮食管理紧急实施要项》能否取得实效，关键还是取决于执行力度，尤其是粮食部是否逐一落实。

尽管徐堪对卢作孚批评甚力，但徐堪对供应重庆的食米来源及"实际能得到多少，始终没有把握"，这恰恰也是徐焦虑不安的地方，"我想到这一点，非常焦虑，夜间往往不能成寐……因此每天在想办法"。徐堪所能想到的办法有四。第一，"借军粮补充"，但军粮供应亦有定额，这种迫不得已之举的后果是"军粮已欠了十多万包"，显然，拆东墙补西墙的办法绝非长远之计。第二，"刘航琛在泸州、江津还有相当办法"，徐请刘购米运渝。刘的方式是，到了泸州以后，先请两种人来开会：一种是每年收入在 800 市石以上的本地人，请他们把米卖给政府；一种是泸州米商，请他们认购。据刘在回忆录中所言："一天之内，我运走了六万石，七天之内，连轮船运的，到了九万石……一个月之内，四十几万石也都到了。"② 据徐透露，刘在泸、江二县采购 6 万市石，并已购得 1 万多老石。第三，由石孝先组织民食协济社购粮济渝。③ 石为四川巴县人，早年毕业于黄埔军校潮州分校第一期步科，曾参与北伐，历任国民革命军连长、副官、少校参谋等职。民食协济社成立后，石任总经理。更为重要的是，石的另一重身份是仁字袍哥大爷，自己开堂口"三合公"，当舵把子，就连刘航琛也让其三分。④ 袍哥在四川的势力相当大。据学者研究，在 1940

① 《经济会议第二十六次会议》（1941 年 7 月 15 日），《行政院经济会议、国家总动员会议会议录》第 1 分册，第 362 页。

② 沈云龙、张朋园、刘凤翰访问，张朋园、刘凤翰纪录《刘航琛先生访问纪录》，第88 页。

③ 《经济会议第二十四次会议》（1941 年 7 月 1 日），《行政院经济会议、国家总动员会议会议录》第 1 分册，第 321~326 页。

④ 王云凡：《公子袍哥石孝先》，四川省政协文史资料委员会编《四川文史资料集粹》第 6卷，四川人民出版社，1996，第 473~488 页；《渝市食粮无虞：民食协济社亦在各县购运，第一批三千老石即将抵渝》，《大公报》（重庆）1941 年 6 月 27 日，第 3 版。

年的四川男性成年人中，七成以上是袍哥，其成员上至省参议员，下至普
通民众，"是一个有力的民众集团"。① 在徐的资金支持下，石利用其袍哥
大爷的身份，"不出三天，大量的粮食，就由水陆不断地运到重庆……很
快，各银行仓库、码头、堆栈，也都堆上了大米，说是石大爷办来解决民
食的"。② 据《大公报》载，民食协济社第一批 3000 老石食米可在 6 月底
运抵重庆。③ 民食协济社在徐堪的要求下，每日供给重庆 2000 市石食米，
加上刘航琛采购的数量，基本上暂时满足了重庆每月大米的需求量，但如
何建立长效机制仍不可掉以轻心，亟须新任粮食部部长徐堪谋划。第四，
管理重庆粮商，尤其是专商。徐堪在要求民食协济社保证运渝米量的同
时，提出两个条件：一是限价，以免抬高米价而不利于粮食部后续粮食管
理；二是不在市场竞购，避免与专商发生冲突。徐利用刘航琛、石孝先采购
食米的做法取得了切实成效，心里踏实了很多，就像徐所言："刘、石二人的
办法，我有把握。"但同时徐的做法对专商的既得利益造成了损害，引发了专
商的不满，他们群起造谣中伤。针对专商的恶劣行径，徐堪并未退让，而是
找来专商谈话，要求专商具结保证，"不使重庆市每天所需二千九百市石的米
缺少一点"，如果专商可以做到，则政府不但可以"维持专商的地位，并能在
调拨资金方面尽量予以协助"。同时，刘航琛出面劝说专商，若专商无保证米
源的把握，可以转做认商。专商虽不愿意，但徐堪作风强硬，软硬兼施，一
方面，再三催促专商具结保证，保证重庆至少存储一星期的粮食，各地层层
加价的情形必须纠正；另一方面，作为交换条件，徐答应民食协济社可以停
办。④ 另外，粮食部加给专商 4% 的利润，并低利贷给每位专商每月认购

① 王笛：《袍哥：1940 年代川西乡村的暴力与秩序》，北京大学出版社，2018，第 35~38
　　页。王笛在该书中，还提到了一个名为贺松的金堂县袍哥，"抗战后期到国民党垮台前，
　　地方上的田赋税征收实物，贺以'地方名流'和乡长身份插手田赋管理，将每年收的
　　稻谷加工成大米后上交军粮。收粮时，'在升斗上盘剥农民，加工中又有意降低米的标
　　准，一律打成糙米，还杂以泥沙'。这样每年多出谷'何止数百石'，统归贺所得。这
　　个袍哥首领甚至有能力从地方政府那里截留税收，可见其能量之大"。参见王笛《袍
　　哥：1940 年代川西乡村的暴力与秩序》，第 50 页。
② 王云凡：《公子袍哥石孝先》，《四川文史资料集粹》第 6 卷，第 473~488 页。
③ 《渝市食粮无虞：民食协济社亦在各县购运，第一批三千老石即将抵渝》，《大公报》
　　（重庆）1941 年 6 月 27 日，第 3 版。
④ 《经济会议第二十四次会议》（1941 年 7 月 1 日），《行政院经济会议、国家总动员会议
　　会议录》第 1 分册，第 326~328 页。

粮额一半的周转资金，"办理以来，收效尚大"。① 徐堪的四项办法在实施中虽遇到了层层阻碍，但与全国粮管局时期相比，成效还是显著的。

7月1日的会议还讨论了重庆米价及凭证购粮问题，这也使徐堪焦虑不已。经济会议秘书处在会议一开始的"报告事项"阶段即已指出："重庆周围产销区米价，呈相反现象，因粮食管理局始终不能控制产区米价，而任其高涨。"② 秘书处所说的"相反现象"，指的是在重庆市米价一度稳定甚至趋降时，出现了采购渝市食米转运至大河上游各县的异常情况，③ 这更加导致公教人员生计日艰。平价机关此前拟具《重庆市党政军各机关员工平价食米供应办法草案》呈送行政院，以备采择，并有在6月份实行凭居住证购粮的计划。然而，在人口日繁、需粮益巨的情势下，徐堪、吴国桢均认为"实行凭证购粮反是增加负担"，"还应详加研究"，也就是说，徐、吴二人认为实行凭证购粮的条件还不成熟。④但是，蒋介石对凭证购粮"督责甚严"，这意味着尽管徐、吴等人与蒋的粮食管理理念并不完全一致，相关政策与措施实行起来也有不小难度，但凭证购粮、计口授粮为一种无奈之下尚可接受的选择，并为战后都市民食配售提供了借鉴。以上种种焦虑、不满叠次累加，使上任不久的徐堪提出了辞职。

徐的负气辞职发生在7月22日。根据翁文灏日记所载，是日先由翁在行政院第524次会议上报告了救济"不景气时代工矿业办法"，继开行政院经济会议，秘书处"报告德阳抢米及秘书处请禁增米价事。徐堪大不满，请辞职"。⑤ 为什么徐堪会"大不满"以至于在此次会议上提出辞职？根据翁的日记及经济会议的会议记录，原因至少有两点：一是粮食部成立20多天后，四川粮食问题非但没有好转，反而趋于严重，与会人员

① 王锡文：《陪都民食供应之机构、计划、设施》，《川康建设》第1卷第1期，1943年1月1日，第17页。
② 《经济会议第二十四次会议》（1941年7月1日），《行政院经济会议、国家总动员会议会议录》第1分册，第294页。
③ 沈国瑾：《承办平价粮食品办事处购销业务简报》，《农本》第43期，1940年10月31日，第1~3页。
④ 《经济会议第二十四次会议》（1941年7月1日），《行政院经济会议、国家总动员会议会议录》第1分册，第343、332页。
⑤ 李学通、刘萍、翁心钧整理《翁文灏日记》（下），第699页。

对粮食部及徐本人提出了批评；二是徐堪在会议上提出提高米价的动议，但被秘书处否定了，这引起了徐的"大不满"，徐遂出于激愤而提出辞职。

据秘书处报告，德阳抢米事件的大致经过是：7月5日、6日两日，德阳县城发生四五百名饥民沿街抢夺食物事件，县府派队将饥民驱散；距县城20余里以外的黄浒镇在6日也发生了1000余人在集市上抢夺食米及商店食品事件，陶姓区长派队弹压时，饥民中有人开枪抵抗，并乘势将区署及仓库打毁，仓库内贮存的2000余市石军粮被全部抢去。据黄浒镇乡长说，该镇发生抢夺事件前，常发现"反动标语"，区署被毁后，"亦有反对认购平价米标语"。①

与德阳抢米事件几乎同一时间，崇庆县又发生了买卖青苗及空头仓飞交易案。何为"买卖青苗"？"买卖青苗"是指在稻谷收割前，贫困农户因家中断炊，不得不将未成熟的稻谷以极其低廉的价钱卖与粮商富户，稻谷成熟后则归粮商富户所有。此一现象普遍存在于全国，各地虽略有不同，但其实是一种超高利贷剥削手段。② 何为"仓飞"？据1921年出现过仓飞交易的新都县资料，"仓飞"又称"米飞""河飞""红飞"，可以作为实物交易，米商把储户存放在仓库里的食米，每10市石、50市石、100市石等换成一张"仓飞"，储户可以凭此提货，也可以在市场上当作实物交易或抵押贷款。③ 据秘书处签呈，崇庆县粮食管理委员会委员郑寿山在7月6日向廖场保保长刘子均预买白米50市石，每市石作价620元，双方约定秋收后交米。④ 郑、刘二人在新谷尚未登场即预行以高价出卖新米的交易行为，是典型的买卖青苗及空头仓飞交易。此种非现货交易虽便于大宗货物交易买卖，但市场投机者也易于利用此买进卖出，通过牟取差

---

① 《行政院经济会议第二十七次经济会议》（1941年7月22日），《行政院经济会议、国家总动员会议会议录》第2分册，第4~5页。

② 李德复、陈金安主编《湖北民俗志》，湖北人民出版社，2002，第29页；顺昌县志编纂委员会编《顺昌县志》，中国统计出版社，1994，第446页。

③ 工商志：《民国时期新都市场交易一瞥》，政协四川省新都县委员会文史资料委员会编印《新都文史》第8辑，1992，第139页。

④ 《行政院经济会议第二十七次经济会议》（1941年7月22日），《行政院经济会议、国家总动员会议会议录》第2分册，第3页。

价以赢利，而且容易抬高物价，是政府着力打击的非法行为。根据1941年2月国民政府公布的《非常时期取缔日用重要物品囤积居奇办法》第18条第3款规定，"对于应行依限出售之囤积物品有黑市买卖、赌期预货及空头仓飞交易等行为者"，除没收其囤积货物外，还可以向法院检举，并依据《非常时期农矿工商管理条例》第31条予以处罚。①

如何处置抢夺粮食的饥民及对买卖青苗、空头仓飞者做出处罚，对粮食部与徐堪来说并不重要，重要的是6月底成都发生抢粮事件后不久，粮食部才刚刚成立不足一周时间，在徐堪信誓旦旦地表示"今天起正式负责"时，德阳、崇庆接连发生违反粮食管理法令的严重事件，说明职权更为集中的粮食部的政令并未在德阳、崇庆发挥充足效力，而且"买卖青苗"的郑寿山还系粮食管理委员会委员，显系罔顾法度、知法犯法。更为讽刺的是，在7月1日的经济会议上，当着卢作孚的面，徐堪刚对全国粮管局及卢本人进行了大肆批评，甚至在徐当日的言语中，暗含卢"亲自指挥，确是辛苦到万分"的讥讽言辞。②令徐意想不到的是，就在其肆无忌惮地攻击全国粮管局与卢之后不久，更为严重的事态竟然发生在自己履新不久，这可能是徐恼怒并负气提出辞职的原因之一。

原因之二是"禁增米价事"。川、渝米价在全国粮管局时期激增不已，前文业已述及，为了管控米价不致上涨过快，全国粮管局实施平价米政策。不过，平价米政策的实施，导致重庆米价与周边各县米价悬殊，即前者低于后者，容易出现"各县之米不易集中，渝市来源日蹙，困难日深"，③甚至粮商将重庆食米运至市外的倒流现象。为此，全国粮管局不

---

① 《非常时期取缔日用重要物品囤积居奇办法》（1941年2月3日公布），《国民政府公报》渝字第333号，1941年2月5日，第3页。《非常时期农矿工商管理条例》第31条规定，"违反第十二条之规定而有投机垄断或其他操纵行为者，处五年以下有期徒刑，并科所得利益一倍至三倍之罚金"，其所称第12条的规定是"指定之企业及物品，其生产者或经营者，不得有投机垄断或其他操纵行为"。参见《非常时期农矿工商管理条例》（1938年10月6日修正公布），《立法院公报》第98期，1938年11月，第64~69页。

② 《经济会议第二十四次会议》（1941年7月1日），《行政院经济会议、国家总动员会议会议录》第1分册，第320~321页。

③ 《经济会议第二十次会议》（1941年5月20日），《行政院经济会议、国家总动员会议会议录》第1分册，第228页。

得不多次调高重庆米价。如在 5 月 6 日召开的经济会议第 18 次会议上，卢作孚提出将重庆市场的食米从每市石 203 元提高至 230 余元，以吸纳周边县份粮源，经济会议决议通过。① 时间不久，5 月 18 日，米价再次提高，每市石上调 25 元。② 另据记载，从 5 月中旬至 6 月上旬，短短 20 天时间，"零售官价米"有过 3 次加价，米价一再上调的结果是"米价指数超过物价指数五倍，粮食领导其他物价作剧烈之变动"。③ 与此同时，面粉价格也有所上涨，26 日，吴国桢在经济会议第 21 次会议上报告，面粉价格已从每袋 57 元提高至 67 元。④ 也就是说，在不足一个月的时间内，米、面价格均被主管机关提高，而且米价一增再增。

粮食部成立后的 20 天内，重庆米、面价格亦屡有上涨，显然与经济会议的"平价"主导思想及"毅然勒止其涨风"的做法是不相符的。因此，秘书处提出四点办法：一是"政府应立即严令各地粮价不得续涨，并严格取缔暗盘交易"；二是先征购储足各重要消费市场所需之粮，直至征募有成效时为止；三是严格执行《非常时期违反粮食管理治罪条例》，查报各地囤粮户及粮商囤粮，并广为宣传相关法令；四是将各种管理办法及业务机构完成充实。⑤ 秘书处的办法表面看似针对的是粮价、粮源、粮户、粮商，但其直指粮食部的批评倾向却是相当明显的，所谓"暗盘交易"，指的就是包括买卖青苗及空头仓飞在内的各种违法行为；所谓"征购储足各重要消费市场所需之粮"，指的就是重庆、成都等纯粮食消费

---

① 《经济会议第十八次会议》（1941 年 5 月 6 日），《行政院经济会议、国家总动员会议会议录》第 1 分册，第 188~191 页。

② 《经济会议第二十次会议》（1941 年 5 月 20 日），《行政院经济会议、国家总动员会议会议录》第 1 分册，第 228 页。

③ 《经济会议第三十二次会议》（1941 年 9 月 16 日），《行政院经济会议、国家总动员会议会议录》第 2 分册，第 128 页。根据经济会议掌握的数据，重庆 4 月份"粮价较上月陡增百分之三一·七，居首位；次为劳役工人工资指数，上升只及百分之十三；最低者为趸零售物价指数，仅较上月增高百分之二及三"。5 月份粮价较上个月上涨 36.5%，生活费指数"跟踪追上，增涨率骤升为百分之二六·九，零售物价指数之增涨率第三为一九·一；工厂工人工资指数变动最缓"。《经济会议第三十二次会议》（1941 年 9 月 16 日），《行政院经济会议、国家总动员会议会议录》第 2 分册，第 132 页。

④ 《经济会议第二十一次会议》（1941 年 5 月 26 日），《行政院经济会议、国家总动员会议会议录》第 1 分册，第 243 页。

⑤ 《行政院经济会议第二十七次经济会议》（1941 年 7 月 22 日），《行政院经济会议、国家总动员会议会议录》第 2 分册，第 8 页。

市场粮源不充足，粮食部既然已经成立，就必须想方设法解决，包括已经决定实施的田赋征实政策；所谓"严格执行《非常时期违反粮食管理治罪条例》"，显然指的是粮食部未能将该条例落实下去，以致囤积居奇现象屡屡发生；所谓"将各种管理办法及业务机构完成充实"，则指责的意味更为浓厚。经济会议的主导思想与秘书处的上述意见，虽与一个月前对待全国粮管局屡次增价的意见完全不一样，但可以理解的是，米价一再增长，政府赔累也相应加重，已经触动国民政府及财政部敏感的神经，"勒止涨风"应该来说是比较符合实际且中肯的，但对徐堪来讲却是逆耳忠言，全国粮管局可以增价而粮食部却"禁增米价"，自然引起徐的"大不满"。

秘书处最后提出，"此项办法原则如蒙会议通过，即请交付粮食、经济、交通等各部长及有关经济机关研究详细办法，并指定召集机关"。不过，这些办法并未被经济会议通过，经济会议只是做出如下决议："稳定粮价办法交粮食、经济、交通等部长及有关经济机关详加研究，由粮食部召集。"各项办法未获通过的原因，限于资料无法确知，一个合理推测是，徐堪在会议上表达了自己的不满，并陈述了粮食部即将实施的两项办法，因为根据翁日记所载，在前一日即 21 日的国府纪念周活动上，"徐可亭讲粮食办法：（一）征收实物，（二）定价收购。省粮局及县粮委会皆改为地方组织，粮政局及粮食科分属省主席及县长"。① 换言之，秘书处提出的四项办法中，徐堪已对其中的第二项及第四项有所考虑，而秘书处可能无人参加纪念周活动，对徐的两项办法并不知情，因此才提出了上述四项办法，这也反映出各部门之间的信息沟通有待加强。

在骄阳似火的 7 月，徐堪的焦虑也不断累积，甚至负气提出辞职。负气请辞是粮食部成立初期的一个小插曲，但反映出来的问题却不少。一是粮食部与全国粮管局、徐堪与卢作孚之间的矛盾不小，两者的矛盾其实是国民党派系纷争在粮食领域的体现，双方均想通过粮食问题来打压对方，这在徐堪身上表现得最为明显。二是国民政府上层人士管理粮食的理念并不尽一致，有的还存在较大差异，如凭证购粮、粮食公卖、平

---

① 李学通、刘萍、翁心钧整理《翁文灏日记》（下），第 699 页。

价米政策推行等，如何弥合分歧、保证各方利益最大化仍是派系斗争的焦点问题，可以肯定的是，争取抗战胜利是各方共同的目标。三是尽管粮食部已经成立，但粮食管理却仍未走上正轨，抢粮事件及各种违法案件为粮食部敲响了警钟，无论是机构设置还是政策制定仍需进一步推进。不过，7 月份的一系列事件及焦虑心态，也使国民政府、粮食部及徐堪采取更为严厉的粮食政策，尽快构建起战时粮政体制，以彰显粮食部及徐的作用与价值。

第二节　战时体制构建及主要行政机构与人员

一　战时体制的构建

南京国民政府成立后，根据 1928 年 10 月通过的《中华民国国民政府组织法》，国民政府设立行政、立法、司法、考试、监察五院，即所谓"五院制"。1929 年 6 月，国民党三届二中全会通过《治权行使之规律案》，该案虽规定五院的地位平等独立，但行政权往往凌驾于其他治权之上，行政院实际居于各院之首，行政院院长职权亦常因人而异。① 1928 年 10 月，国民政府公布《行政院组织法》，"行政院经国务会议及立法院之议决，得增置、裁并各部、各委员会及其他机关"。② 截至全面抗战爆发前，行政院内设九部四会③。

抗战全面爆发后，国民政府西迁，行政院部会调整频繁，并呈现四个特点：一是原来直隶于国民政府的机构渐次改隶行政院；二是部分不在行政院的机关如国民党中央社会部、司法行政部亦陆续改隶行政院；三是行政部门日增，工作更为繁重；四是原本由国民党中央党部负担的行政事务，改隶行政院后，事实上仍由国民党党部监督指导，如社会部及图书杂

---

① 张瑞德等：《抗日战争与战时体制》，张宪文、张玉法主编《中华民国专题史》第 11 卷，第 12~13 页。

② 《国民政府公布行政院等五院组织法令》（1928 年 10 月 20 日），中国第二历史档案馆编《国民党政府政治制度档案史料选编》（上），安徽教育出版社，1994，第 160~161 页。

③ 九部指内政部、外交部、军政部、海军部、财政部、交通部、铁道部、实业部、教育部，四会指侨务委员会、蒙藏委员会、振务委员会、建设委员会。

志审查委员会与电影检查所，分别由国民党党部与国民党中央宣传部通过
政府主持其事。①

战时机构屡次调整，意在构建战时体制。战时体制包括军事、政
治、经济等诸方面。军事方面的更易自1937年上半年已开始，原来隶
属于国民政府的军事参议院、参谋本部、训练总监部均改隶军事委员
会；添设航空委员会，主持空军事宜；国防设计委员会改为资源委员
会，专司国防资源调查；全面抗战开始后，军事机构围绕军事委员会不
断调整。8月，国民党中央常务委员会第50次会议决议设立国防最高
会议，国防最高会议对中央政治委员会负责，是最高决策机构；9月，
决议"由军事委员会委员长行使陆海空最高统帅权"，在军委会下分设
第一至第六部，分掌作战、政略、国防工业、国防经济、国际宣传、民
众训练。此外，军委会之下尚有军令部、军训部、政治部、军法执行总
监部、航空委员会、铨叙厅、军事参议院、后方勤务部、海军总司令
部、调查统计局、国家总动员设计委员会等。② 可以看出，全面抗战初
期军事、政治、经济体制，相对仍处于各自为政局面，未形成有机系
统。因此，构建系统高效、适应战争的体制不但必要，而且非常迫切。
时人指出："在抗战期间，党政军有加强合作之必要：在党方面，须积
极动员全体民众；在政府方面，须严肃政令，健全组织；在军队方面，
须增强实力，整饬军纪；而此三者之措施，均须互相配合，方能完满履
行。"③ 战时体制最为明显的一个体现是国防会的设立。

1939年1月28日，国民党五届五中全会决定将国防最高会议改组为
国防最高委员会，"统一党、政、军之指挥，并代行中央政治委员会之职
权。中央执行委员会所属之各部会及国民政府五院、军事委员会及所属之
各部会兼受国防最高委员会之指挥"。④ 国防会设委员长1人，由中国国
民党总裁担任，委员长有紧急处分权，"对于党政军一切事务，得不依平

① 陈之迈：《中国政府》，第220~221页。
② 钱端升等：《民国政制史》上册，第292页；陈之迈：《中国政府》，第195页。
③ 谢瀛洲：《中国政府大纲》，韶关大光报营业部，1942，第61页。
④ 《国防会议条例》，中国第二历史档案馆编《中华民国史档案资料汇编》第5辑第1编
　《政治》（2），江苏古籍出版社，1994，第586~588页。

时程序，以命令为便宜之措施"。2 月 7 日，国防会正式成立。[1] 3 月 18 日，国民政府发布训令，由国防会取代国防最高会议，"所有现行法令中关于国防最高会议之职权，自应由国防最高委员会执行"，[2] 即国防会统一党、政、军指挥权，而且"国防最高委员会的职权比之以前的国防最高会议要较为隆重"，[3] "隆重"的表现之一就是挤压立法院的最高立法权，"各项政策之决定、各项行政法令的制定、国家岁入岁出总预算及各行政机关之年度概算、中央执行委员会之党务经费、国民政府军政首长之任免、国民参政会参政员及各省临时参议会参议员的选定等，均需经过国防最高委员会的审议、讨论、决定后，再予以执行"。[4] 国防会下属机构还有中央设计局、党政工作考核委员会、总动员委员会、精神总动员会、国家总动员会议、第二期战时行政工作考核团、对敌经济封锁委员会、物价审查委员会等，中央设计局、党政工作考核委员会二者系蒋介石"行政三联制"思想的体现。因此，国防会职权极大。

1940 年 7 月，蒋介石对中枢机构的调整再次表态，认为"六中全会以后党政军各方面之重要任务多半未能遵照指示，确切作（做）到……上届全会所定之党政要务，应继续完成，期举实效"。[5] 随后，相关机构相继设立。1943 年 6 月，国民政府颁发《现行法规整理原则八点》，并训令各机关遵照执行，其中第四条内容对此情况进行了分析，并做出规定："近年时有应经立法程序制订之法规，或因事机急要，或因时间迫切，遂不循常轨，而以送请国防最高委员会备案为了事者。实则备案手续不能替代立法程序，凡此应急之法规，须经立法程序者，除依照国防最高委员会组织大纲第八条所颁布之委员长命令外，虽已备案暂准施行，仍须补充立

① 中国国民党中央委员会党史委员会：《影印〈国防最高委员会常务会议记录〉叙言》，中国国民党中央委员会党史委员会编《国防最高委员会常务会议记录》第 1 册，台北，裕台公司中华印刷厂，1995，第 3 页。

② 《国民政府为告五届中执会第 116 次常务委员会议决议〈国防最高会议组织条例〉废止暨其职权由国防最高委员会执行训令》（1939 年 3 月 18 日），《国民党政府政治制度档案史料选编》（上），第 52~53 页。

③ 陈之迈：《中国政府》，第 124 页。

④ 中国国民党中央委员会党史委员会：《影印〈国防最高委员会常务会议记录〉叙言》，《国防最高委员会常务会议记录》第 1 册，第 4 页。

⑤ 薛月顺编辑《蒋中正总统档案：事略稿本》（44），第 20 页。

法程序。"① 这也就是为什么在 1943 年 6 月以后的国防会常务会议上，时常可以看到国防会的决议中有"交立法院审议""完成立法程序"等字样，② 而此前几乎看不到，这也可以看作立法院努力维护自身权力的结果。

政治、经济体系方面尤以行政院下辖各机构更易频繁，此种变更自 1938 年初开始。是年元旦，国民政府将铁道部并入交通部；将海军部裁撤，其业务并入军事委员会海军总司令部；实业部改为经济部，经济委员会、建设委员会裁撤，经济委员会与建设委员会的水利业务及军委会第三、第四两部业务并入经济部，经济委员会公路业务并入交通部；卫生署改隶内政部。因此，1938 年 1 月 14 日公布的《行政院组织法》中，原有部会仅余内政、外交、军事、财政、经济、教育、交通七部及蒙藏、侨务两个委员会，其后陆续有所更张。1939 年 11 月，国民党五届六中全会决议增设农林部；1940 年 4 月，卫生署改隶行政院；7 月，国民党五届七中全会召开，蒋介石提出，政府需要设置统一决策和集中管理的机构，以达到调节管制的目的。而在实际运作中，虽然各经济部门有自己的主管机关，"但在平时行政体系之下，为应付战时需要，往往随事设置，临时补苴，初无整个之计划。以致机构歧出名目繁多，责任不清，事权不一，重叠矛盾，牵制摩擦之弊，因之而生"。因此，为适应抗战时局，国民党中央认为需要确立战时经济行政体系，将"现有"机构进行调整，增强国民政府决策制定与执行督导的统一性。有鉴于此，五届七中全会议决三项议案：一是《设置中央设计局统一设计工作并设置党政工作考核委员会以立行政三联制基础案》；二是《设立经济作战部并设置战时经济会议加强经济行政效率适应长期抗战需要案》；三是《请确定全国粮食管理政策并建立各级管理机构案》，进一步协调各部门的工作，提高其分工合作的

---

① 钱端升等：《民国政制史》上册，第 243～244 页。
② 此类情况较多，如 1945 年 3 月 26 日第 157 次常务会议上，行政院函送《粮政督察队组织条例草案》，请核交立法院审议，以及国防会法制、经济两个专门委员会在报告浙江省的田底权与田面权两种所有权时，常务会议决议"交立法院审议"。参见《国防最高委员会第一百五十七次常务会议》（1945 年 3 月 26 日），中国国民党中央委员会党史委员会编《国防最高委员会常务会议记录》第 7 册，台北，近代中国出版社，1996，第 204～205 页。

效率。① 1941 年 3 月，五届八中全会决议增设粮食部与贸易部；12 月，五届九中全会决议设立地政署。1942 年 11 月，五届十中全会决议司法行政部改隶行政院。而在 1941 年 11 月，贺耀组在呈送蒋介石的《调整行政院机构并充实机能建议书》中，对抗战全面爆发后国民政府的政治改革提出批评，谓抗战 4 年来，"政治推动仍觉无力量无效率"，政治体制仍沿袭战前五院制的旧体制，"未触及问题核心，只能为局部之补救"，徒增设大量行政机关，以致机构重叠"而事愈不举"。贺所谓核心问题或"战时政治之物质"，意在加强政治、经济、军事三者的密切配合，建立健全"强有力之政府机构"，最终促使战时体制在短期内建立并完善。② 另据记载，行政院拟在院内下设物资总监部、粮物工平价执行总局，但因机构重叠及国民党内争权夺利，物资总监部与平价执行总局终未设立。③ 至 1945 年抗战胜利前，行政院下辖机构增至十一部三会一署。④

表 2-3 主要反映了截至 1942 年隶属于行政院的主要部、署组织架构，可以看出，行政院所辖各部、署规模明显扩大，加上侨务委员会、蒙藏委员会、全国水利委员会，截至抗战胜利前，行政院已从七部二会扩至十一部三会一署。与全面抗战前相比，各部、署变化亦较为明显，裁撤或合并的有海军部、铁道部、实业部，新增的有经济部、农林部、社会部、司法行政部及粮食部。

作为党政军高度集中的战时体制，其在经济领域的表现至为明显，尤其是 1938 年以后的机构调整幅度较大，归并原有机构，创设新的机构，并赋予新机构以新职能。1938 年 1 月，国民政府设立经济部，作为经济行政的最高机构。实业部裁撤后，原有农业、工业、商业、合作、渔牧、

---

① 薛月顺编辑《蒋中正总统档案：事略稿本》（44），第 21 页。
② 贺耀组：《调整行政院机构并充实机能建议书》（1941 年 11 月 28 日），《蒋中正总统文物档案》，档案号：002-080101-00022-009，第 248~253 页。
③ 李学通、刘萍、翁心钧整理《翁文灏日记》（下），第 593 页；《经济会议第五次会议》（1941 年 1 月 14 日），《行政院经济会议、国家总动员会议会议录》第 1 分册，第 16 页。
④ 十一部包括内政部、外交部、军政部、财政部、粮食部、交通部、经济部、教育部、农林部、社会部、司法行政部，三会包括侨务委员会、蒙藏委员会、全国水利委员会，一署指善后救济总署。

表2-3　截至1942年行政院各部、署组织员额统计

单位：人

职务		内政部	外交部	军政部	财政部	经济部	教育部	交通部	农林部	社会部	粮食部	司法行政部	卫生署	地政署
部长		1	1	1	1	1	1	1	1	1	1	1	1（署长）	1（署长）
次长	政务	1	1	1	1	1	1	1	1	1	1	1	1	1
	常务	1	1	1	1	1	1	1	1	1	1	1	（副署长）	（副署长）
秘书		6~8	6~9	4~11	12~16	6~10	6~8	8~10	2~5	3~5	8~12	4~6	2~4	2~4
参事		4~6	2~4	6（另有主任参事1）	6~8	4~6	3~5	4~6	2~4	2~4	4~8	2~4		1~3
司长		6	8	军政部编制特大，计设一厅五司，署之编制有两种：一为分司，一为分处。依相关组织法，共有厅长1名，署长4名，司长14名，署长4名，处长12名，主任1名，部附20~40名，科长以下另有编制，兹从略	财政部设六司，署设五署，各设一"长"人，署之编制另定	7	6	6	5	4（内局长1）	7（内处长1）	5	4（处长）	4（处长）
科长		22~6	20~35		30~35	27~33	20~28	24~30	12~6	15~21	33~36	20~6	8~12	10~14
科员		100~130	100~160		330~370	130~200	120~180	200~260	80~120	78~118	200~240	80~120	32~48	36~48
技监						2		2	1					
技正		8			7~9	20		28	10	1	4	1	6~10	6~10
技士		12			2~13	28	2~4	41	14	3~5	8	3~5	12~24	12~24

续表

	内政部	外交部	军政部	财政部	经济部	教育部	交通部	农林部	社会部	粮食部	司法行政部	卫生署	地政署
编审	8			6~10（编译）							8~12		
视察	10~16			10~16					6~10（督视）	16~20		3	3~5
督学				20~30		30~40							
督导专员			组织法列有会计处，但其组织另定之							10~14			
稽核				54~56						46（督察）			
总计长（或主任）	1（主任）	1（主任）		1（长）	1（长）	1（长）	1（长）	1（主任）	1（主任）	1（长）	1（主任）	1（主任）	1（主任）
会计长（或主任）	1（主任）	1（主任）		1（长）	1（长）	1（主任）	1（长）	1（主任）	1（主任）	1（长）	1（主任）	1（主任）	1（主任）
人事处处长	1	1		1		1	1			1（司长已列入人数长内）	1（司长已列人数长内）		

注：（1）本表中数据与1946年版本数据略有差异，已据后者修正。（2）本表中22~6、12~6、20~6为史料原貌。

资料来源：钱端升等《民国政制史》上册，第225~227页。

劳工、矿业及林垦等署改为农林、矿业、工业、商业四司，建设委员会中的电气行政部分划归工业司主管，事业部分归资源委员会主管，电气试验部分归中央工业试验所主管。2月，军委会下属农产、工矿两个调整委员会与资源委员会改隶经济部，农产调整委员会归并于农本局，原属财政部的粮食运销局亦并入农本局，水陆联合运输办事处划归交通部。"这一次政府对于经济行政机构大刀阔斧的改革曾博得全国人士一致的赞许……经过这一次的大调整后，系统自较分明，尤其是经济部成为一个中央最高的经济行政机关，凌驾一切，指挥遂形统一。"① 1939年10月，成立战时经济委员会，隶属四联总处，后来又设立全国合作事业管理局、采金局、水泥管理委员会、平价购销处，至1940年初，经济部下辖单位达30个，直辖的附属机关29个。② 之后，经济行政机构又有分化调整，农林部、全国粮管局的调整则是经济部内相关业务调整的结果，附属机关专门性质更强，如分别为推进国营事业、资助民营事业、管理物资以及调查与办理特殊经济行政而设的五类机关。行政院下属财政部自抗战全面爆发，沿海地区相继沦陷后，盐税、统税收入锐减，军事支出骤增，财政制度发生根本变化。据1943年3月修正后的《财政部组织法》，财政部下设国库、直接税、关务、税务、缉私五署，钱币、公债、盐政、专卖事业、地方财政、总务六司和人事处，附属机关有贸易委员会、田赋管理委员会、花纱布管制局、外汇管理委员会等。

就粮食管理机构来说，战时体制最重要的体现是先后成立全国粮管局与粮食部，其中以粮食部战时体制色彩最为鲜明。与其他各部相比，粮食部成立较晚，组织架构比较完善，组成人员亦较庞杂。

---

① 陈之迈：《中国政府》，第206页。

② 陈之迈指出，"设立附属机关的趋势近年来颇为盛行，是我国行政组织中特别应当注意的一件事情。在初起的时候，因为某一部的职权范围内的一桩事情特别重要，或其性质特别，往往便设立一个附属机关来办理这件事情。但是这个附属机关并不被认为构成部本身的一部分，故与'司'不同，所以于设立附属机关之外，部内还设一个司来管理这件事情"。附属机关的名称有"局、署、委员会、处"等，有的附属机关具有研究性质、咨询性质、事业性质，事业性质的"往往非常重要，较之一个部也不相差"。参见陈之迈《中国政府》，第225～226页。

二　粮食行政机构与人员

1. 中央行政机构与人员

中央行政机构。根据国民政府 7 月 4 日公布的《粮食部组织法》，粮食部掌理全国粮食行政事宜，对各地方最高行政长官执行粮食部主管事务负有指导监督职责。同时，粮食部对各地方最高行政长官的命令或处分，认为有违背法令或逾越权限者，提经行政院会议议决后，有权停止或撤销。① 粮食部置部长 1 人，部长综理本部事务，政务次长、常务次长各 1 人，监督所属职员及机关。粮食部初置总务司、人事司、军粮司、民食司、储运司、财务司六司及调查处一处，设司长 6 人、处长 1 人，分掌各司、处事务。总务司职掌包括文件收发、撰拟、保管，部令公布，印信典守，经费出纳，出版物编辑刊行，财产物品登记及管理，各项庶务及其他不属于各司处事项；人事司主要职掌职员任免、迁调、考核、奖惩，职员训练，职员福利，人事调查及其他有关人事事项；军粮司职掌军粮供应的筹划，军粮采办数量及采办区域核定，采办军粮业务配置及督导，军粮调拨分配及其他有关军粮事项；民食司主要职掌民食供应筹划，民食采办数量及采办区域核定，各地粮食调节及平价，粮业商行登记与粮食市场调整及其他有关民食事项；储运司职掌包括粮食仓储运输规划，粮仓建设计划指导，仓储虫害防除及保藏方法指导，粮食运输工具及路线配备，粮食运输调度督促，粮食加工调制规划及其他有关粮食储运事项；财务司职掌包括粮食采运基金筹划运用、出纳保管、出纳计算书与财务报告编制，所属各机关款项监察及其他有关财务事项；调查处职掌包括粮食产品、耕地面积、粮食储藏和转运、各地粮价调查，视察报告审查、整理、编纂，其他有关粮情资料征集编制事项。② 1942 年 9 月粮食部组织系统如图 2-1 所示。

---

① 《粮食部组织法》（1941 年 7 月 4 日），《重庆市政府档案》，档案号：0053-0002-00360-0000-080-000，第 80~84 页；《粮食部组织法》（1941 年 7 月 4 日公布），《行政院公报》渝字第 4 卷第 14 号，1941 年 7 月 15 日，第 27~30 页。

② 《粮食部组织法》（1941 年 7 月 4 日），《重庆市政府档案》，档案号：0053-000200360-0000-080-000，第 80~84 页；《粮食部组织法》（1941 年 7 月 4 日公布），《行政院公报》渝字第 4 卷第 14 号，1941 年 7 月 15 日，第 27~30 页。

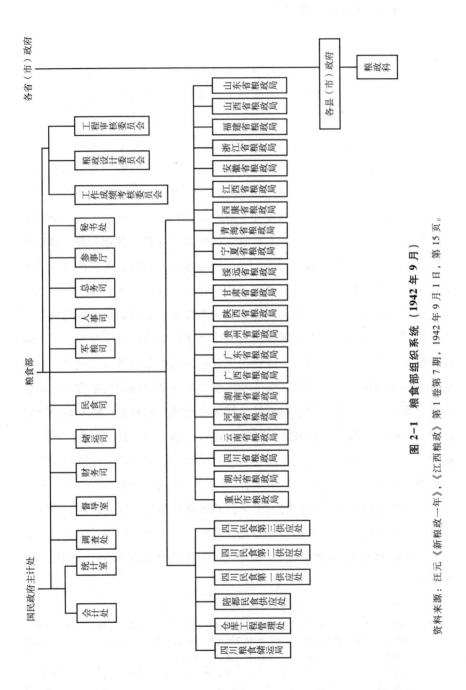

图 2-1 粮食部组织系统（1942 年 9 月）

资料来源：汪元《新粮政一年》，《江西粮政》第 1 卷第 7 期，1942 年 9 月 1 日，第 15 页。

　　粮食部设参事 4～8 人，撰拟、审核关于本部法案、命令及计划方案；设秘书 8～10 人，分掌部务会议及长官交办事务；设科长 32～36 人，科员 200～240 人，承长官命令办理各科事务；设督察 4～6 人、视察 16～20 人，承长官命令，督导考察本部所属各机关办理粮食采运等事务；设稽核 10～14 人，承长官命令，稽核各项收支、报告、书表、簿籍、凭证事务。粮食部部长特任，次长、参事、司长、处长、督察及秘书各 4 人简任，其余秘书、科长、稽核及视察荐任，科员委任；设技正 4 人，其中 2 人简任，余荐任；技士 8 人，委任，承长官命令办理技术事务。设会计长 1 人，统计主任 1 人，办理岁计、会计、统计事项，受部长指挥监督，并依国民政府主计处组织法规定，直接对主计处负责。会计处统计室需用佐理人员名额，由粮食部及主计处就所定荐任、委任人员及雇员名额中，会同决定。因事务需要，可以聘用顾问及专门人员、雇员。①

　　根据《粮食部组织法》规定，粮食部核定的员额总数不少，1941 年设置官等及员额包括：简任官员 27 名，其中秘书 4 人，参事 8 人，司长 6 人，处长 1 人，督察 6 人，技正 2 人；荐任人员 76 名，其中秘书 8 人，科长 32 人，稽核 14 人，视察 20 人，技正 2 人；委任人员 248 名，即科员 240 人，技士 8 人。1942 年略有变化，实有简任秘书 3 人，参事 7 人，司长 6 人，处长 1 人，督察 5 人，技正 1 人；荐任秘书 8 人，科长 25 人，视察 10 人，稽核 9 人，科员 136 人，技士 4 人，连同雇员 211 人，及聘任的顾问 14 人、专门委员 20 人、专员 49 人、督导室 28 人。共计 537 人。②

　　从表 2-4 可以看出，1944 年前粮食部科长以上职员共计 60 人，如果

① 《粮食部组织法》（1941 年 7 月 4 日），《重庆市政府档案》，档案号：0053-000200360-0000-080-000，第 80～84 页；《粮食部组织法》（1941 年 7 月 4 日公布），《行政院公报》渝字第 4 卷第 14 号，1941 年 7 月 15 日，第 30 页。陈之迈指出，参事、秘书、技监、技正、视察等"都是比较高级的官吏，大约都是'简任'级"。参见陈之迈《中国政府》，第 226 页。

② 《粮食部三十一年度工作考察》，第 8 页。另据《中华民国史档案资料汇编》记载，粮食部核定额本部为 497 人，加上督导室 32 人，共 529 人。见中国第二历史档案馆编《中华民国史档案资料汇编》第 5 辑第 2 编《财政经济》（9），江苏古籍出版社，1997，第 356 页。

总员额为 530 人，则科长以上职员占总员额的 11.32%。从籍贯而言，60
人分别来自 11 个省，其中以江苏、四川（此处应包括重庆在内）、浙江
三省为多，分别为 16 人、13 人、7 人，这与学界对近代以来中央官僚地
理分布的分析基本一致，① 只不过战时粮食部地处四川，且部长徐堪、政
务次长刘航琛均籍隶四川，因此，川籍人员略多，也在情理当中。

表 2-4　1944 年粮食部科长以上职员名录

部门	职别	姓名	别号	性别	年龄	籍贯
部级	部长	徐堪	可亭	男	58	四川三台
	政务次长	刘航琛		男	47	四川泸县
	常务次长	庞松舟		男	57	江苏上海
秘书处	主任秘书	刘泳阎	公潜	男	58	四川成都
	简任秘书	张清源	涤群	男	39	江西铜鼓
		但伟	艺畴	男	52	湖北蒲圻
		席新斋		男	52	四川泸县
	秘书	林素	由能	男	52	江苏昆山
		李述礼	绍园	男	53	浙江绍兴
		赵琴	味秋	男	48	河北大兴
		郭德锺		男	32	辽宁辉南
		雷雨琴			46	四川华阳
		程维嘉	寿慈	男	58	湖南长沙
		范融	石村	男	51	湖北鄂城
总务司	司长	杨锡志			36	四川巴县
	督察兼帮办	孙中岳			34	安徽太平
	第一科科长	李嘉岳	河生		41	江苏武进
	第二科科长	殷灏若		男	40	浙江嘉兴
	第三科科长	陈大哉		男	46	浙江慈溪
管制司	司长	尹静夫			43	四川仁寿
	专门委员兼帮办	顾寿恩	敬民	男	34	江苏盐城
	第一科科长	戴明德		男	43	四川蓬溪
	第二科科长	何孝纯		男	40	福建闽侯
	第三科科长	张宽	性存	男	37	湖北蕲春

---

① 王奇生：《中国近代人物的地理分布》，《近代史研究》1996 年第 2 期；鲁卫东：《民国
中央官僚的群体结构与社会关系（1912~1949）》，第 85 页。

续表

部门	职别	姓名	别号	性别	年龄	籍贯
储备司	司长	汪元	子年		33	江苏武进
	专门委员兼帮办	吴风清	朗斋		44	安徽太和
	第一科科长	杜丽声			34	四川阆中
	第二科科长	黄斌	尉方		41	湖南郴县
	第三科科长	胡昌龄	锡之	男	38	江苏吴县
	第四科科长	郦禄道			38	浙江诸暨
分配司	司长	杨锐灵	先钧		40	湖南长沙
	督察兼帮办	吕宗祐	槐三		42	河北武邑
	专门委员兼帮办	陈润夫			47	浙江吴兴
	第一科科长	程楚栋	季柔		39	湖北黄冈
	第二科科长	胡荣寿	静山		33	江西南昌
	第三科科长	王应嵩			33	四川綦江
	第四科科长	徐鄂云	鸿肃		42	江苏无锡
财务司	司长	李嘉隆	润生		53	江苏武进
	专门委员兼帮办	汪骔	君良		39	浙江杭县
	第一科科长	洪其琛	献廷		35	江苏东台
	第二科科长	王兆新			36	浙江永嘉
	第三科科长	汪骔	君良		39	浙江杭县
调查处	处长	濮孟九			46	江苏松江
	专门委员兼帮办	周凤镜			39	江苏宜兴
	第一科科长	孙心斋			45	河北冀县
	第二科科长	姚祖舜	显吾		43	安徽桐城
	第三科科长	姚同樾			34	江苏松江
人事处	处长	罗厚安			38	湖南长沙
	第一科科长	王纯	际青		35	黑龙江繁东
	第二科科长	叶国璋	养浩		44	安徽全椒
会计处	会计长	王燿	炳生		49	湖北黄冈
	专门委员兼帮办	李师珏	斯觉		33	安徽婺源
	第一科科长	陆兆熊	梦非		33	江苏江都
	第二科科长	葛以馨			36	江苏睢宁
	第三科科长	索祖贻	穀亭		43	湖北江陵
	第四科科长	范望湖			47	江苏无锡
统计室	主任	潘应昌			32	江苏太仓

部门	职别	姓名	别号	性别	年龄	籍贯
督导室	主任	李永懋	愚生		37	四川合川
	第一组组长	徐才炽			42	湖南桃源
	第二组组长	文圣若			32	四川邻水
	第三组组长	何叔钧			39	四川巴县

注：本表统计时间为 1944 年，表中年龄应为虚岁。

资料来源：粮食部编印《粮食部职员录》，1944 年 2 月；《国民政府各院部会科员以上职员录：粮食部（续）》，《国民政府公报》渝字第 1010 号，1946 年 3 月 16 日，无页码。

作为主管全国粮食行政的最高机构，粮食部既需要大量行政机构以推进政令执行，又必须着重粮食业务本身，而且还要与财政部、军政部、交通部等部门配合，因此，粮食部机构主要包括从中央、省至市县的各级行政机构，也包括大量业务机构，而且业务机构人员更为庞杂，数量更多。以征实、征购为例，此项工作开始后，涉及地域极为广泛，遍及全国各乡镇，加上每年征获数量达七八千万市石，故而所需人员亦逐年增加。1941年开始办理时人员尚属有限，1943 年粮政工作人员规模最大时，各类各层级人员共计 175100 余人，1944 年实施紧缩后，裁减至 66800 余人。①

1941 年 12 月 6 日，粮食部依据组织法颁布《粮食部处务规程》《粮食部各厅司处分科（组）规则》，前者对部内所设各司处办事要则、组织纪律，后者对部内各厅、司、处架构及职掌事项进行了明确规定。②

1942 年 9 月 22 日，国民政府对《粮食部组织法》进行修正，相应机构职权亦予以调整与规定。主要变化有：裁撤军粮司、民食司，分别由分配司、管制司替代，军粮司职掌事项由分配司掌理，分配司还掌理公粮划拨和民食供应及筹划调剂，粮食运输路线的规划、调度，粮食运输工具的配备，粮食出纳、转移的指挥与考核；民食司原职责除继续保留外，还增加粮价调整与平定、粮商登记与管理。原储运司改称为储备司，除粮食运

---

① 《国民政府粮食部关于检送有关粮政工作报告的公函》（1945 年 4 月 12 日），《中华民国史档案资料汇编》第 5 辑第 2 编《财政经济》（9），第 378 页；《徐可亭先生文存》，第 201 页。

② 《粮食部处务规程》，《财政评论》第 7 卷第 1 期，1942 年 1 月，第 205~206 页。

输划归分配司外，其他业务仍归储备司掌理。[1] 军粮司、民食司分别转变为分配司、管制司，意味着粮食部在掌握了大量粮食实物后，军粮、民食问题渐次获得相当解决，分配与管制环节中的问题日渐凸显，必须加强粮食的分配与管制。

1943 年 2 月，粮食部对各机关及其业务再次做出调整，分配司将调节民食工作划归管制司办理。4 月，粮食部将各地中央机关查询代金标准、请求增加代金标准及请解释代金标准存疑事项改由调查处主办。同时，粮食部提出设立人事管理机构。4 月 6 日，铨叙部根据《人事管理条例》《人事管理机构设置通则》等，将其定名为粮食部人事处，并由粮食部拟订《粮食部人事处组织规程》。根据该规程，该处设处长 1 人，简任，由铨叙部呈请任命，受铨叙部部长指挥监督，承粮食部部长命令，综理该处事务。该处下设二科：第一科掌理文件收发及缮校保管、印章典守、考勤奖惩、考绩考成、退休抚恤、福利发放、外勤派遣、证照核发、工作报告拟具及会议记录等，第二科职责为任免迁调、级俸签拟、人员铨叙、训练进修、人员考试、人事调查与登记、规章拟订等。每科设科长 1人，荐任。每科分为若干股，每股指定 1 人为主任科员，科员 10~14 人，4 人荐任，其余委任；助理员 4~6 人，均委任；酌聘雇员若干。如有需要，该处还可以暂请调用粮食部其他人员。[2] 5 月，粮食部将各地中央机关请领各该年度代金事项划归财务司主办。11 月，将私立学校、公私团体、工厂、公司购粮事宜划归管制司承办。

除了上述机构，粮食部为因应时局变化，依据《粮食部组织法》第26 条 "粮食部经行政院会议及立法院之议决，得增置、裁并各司处及其他机关" 的规定，[3] 另设会计处及统计室，掌理岁计、会计、统计事务。设督导室，掌理粮政督导与宣传事务，并纠察粮政弊端。设秘书处，分掌

---

[1]　重庆市政府：《关于修正粮食部组织法给社会局的训令》（1942 年 10 月 9 日），《重庆市社会局档案》，档案号：00600001000570100013。

[2]　《粮食部人事处组织规程》（1943 年），《行政院档案》，档案号：014-090102-0031，第 1~10 页。

[3]　《粮食部组织法》（1941 年 7 月 4 日），《重庆市政府档案》，档案号：0053-000200360-0000-080-000，第 80~84 页；《粮食部组织法》（1941 年 7 月 4 日公布），《行政院公报》渝字第 4 卷第 14 号，1941 年 7 月 15 日，第 30 页。

该部收文分配、提呈，部稿复核、呈判，文稿翻译、撰拟、保管、缮校，部务会议记录、议案编制及整理，各种会议报告汇编等事项。设参事厅，该厅分为计划、法令、诉愿三组：计划组掌理该部施政方针拟议，工作计划汇编，所属机关设置、裁并、调整，工作计划审核，粮食问题条陈计划研究、核议；法令组掌理行政院发交该部核议的法律案件的签核，该部法规章则审核、撰拟及公布，所属各机关组织规程及章则审核、会签，各省市粮食法规审核，法规汇编编纂等；诉愿组掌理诉愿及再诉愿审核、决定、答辩及其他呈诉审核与会签等事项。①

　　粮食部根据业务发展需要，战时及战后设立多个委员会，主要有粮政计划委员会（1941 年 7 月）、工程审核委员会（1941 年 9 月）、粮食计划改进委员会（1941 年 10 月）、工作成绩考核委员会（1942 年 10 月成立，后改名为设计考核委员会）、诉愿审议委员会（1946 年 10 月）、粮食购储委员会（1946 年）、粮食紧急购储委员会（1948 年 8 月）等。以粮政计划委员会为例，该会由粮食部依据《粮食部组织法》第 26 条，于 1941 年 7 月 8 日提请行政院设立，粮食部同时拟具《粮食部粮政计划委员会组织规程草案》，意在"谋设施之完善与推行之尽利，以增进效率"，负责对粮食部成立后的粮政计划做缜密研究。14 日，行政院第 523 次会议对草案稍做修改后即予通过。根据组织规程，粮政计划委员会组成人员分为四类：一是粮食部部长、次长及部长指定的其他高级人员，二是与粮食有关的各机关主管长官，三是"素负声望、热心粮政之各界人士"，四是对粮食问题有特别研究的专家学者。粮政计划委员会设主任 1 人、副主任委员 2 人，分别由部长徐堪及次长庞松舟、刘航琛兼任，综理会务；秘书 1 人，处理日常事务。粮政计划委员会内部分设生产、储运、消费、管制及宣传五组，注重各项工作研究与设计。②

---

① 《粮食部各厅司处分科（组）规则》（1941 年 12 月 6 日粮食部公布），《财政评论》第 7 卷第 1 期，1942 年 1 月，第 206 页。
② 《粮食部所属单位组织规程（二）》（1941 年~1947 年），《行政院档案》，档案号：014-040503-0003，第 24~33 页。

此外，粮食部设有多个附属机构，包括修建四川仓库工程管理处，[①]
粮食储运处，九江、武汉两区粮食储运处，上海、南京、芜湖、长沙等 4 个
粮食总仓库及无锡、扬州、怀宁、和县、宜昌、三河 6 个粮食仓库，川购
处[②]，重庆市平价米供应处，重庆市统购统销督导处，仓库督导室，粮食部
粮食工厂管理处，修建四川仓库工程稽核委员会，中国粮食工业公司，陪都
民食供应处，四川第一、第二、第三民食供应处，粮食部川东南督粮特派员
办公处，粮食部西南区军粮调配管理处（1945 年 4 月），[③] 粮食部上海粮政
特派员办公处，粮食部重庆碾米厂等。

作为国民政府 1941 年着重考虑并新设的机构，粮食部主管长官及各
部门人选关系粮政推行与管理实效，至关重要。

首任部长。自 1941 年 7 月设立至 1949 年 3 月撤销，粮食部先后有四
任部长，徐堪为首任部长，任职时间最久，从 1941 年 7 月 1 日至 1946 年
10 月 17 日，跨越战时与战后两个时段。

徐堪，原名徐代堪，字可亭，1888 年 1 月 1 日生于四川省三台县。自幼

---

① 该处 1941 年 5 月设立，其时尚处在全国粮管局时期，卢作孚拟具《全国粮食管理局修建
仓库工程管理处暂行组织规程》，并拟派本局业务管制处处长何遒仁兼任该处主任，本局
专员林熙春兼任副主任。5 月 3 日，蒋介石以行政院院长身份指令备案，组织规程名称改
为《全国粮食管理局修建四川仓库工程管理处暂行组织规程》，相应的，管理处名称改为
四川仓库工程管理处，这也反映了全国粮管局成立后的工作重心在四川省。1941 年 6 月
30 日，全国粮管局将之移交粮食部。1942 年 3 月 3 日，粮食部申请将之改组为粮食部仓
库工程管理处，负责办理全国粮食屯储事务，并拟具《粮食部仓库工程管理处组织规程》
呈送行政院。4 月初，行政院第 558 次会议决议通过，13 日训令成立。参见《粮食部所属
单位组织规程（一）》（1941 年~1942 年），《行政院档案》，档案号：014-040503-0002，
第 9 页；《奉令抄发关于粮食部拟将修建四川仓库工程管理处改组为粮食部仓库工程管理
处组织规程令仰知照由》，《财政部公报》渝字第 3 卷第 16 号，1942 年 8 月 15 日，第 56
页；《粮食部所属单位组织规程（一）》（1941 年~1942 年），《行政院档案》，档案号：
014-040503-0002，第 92~93、135~158 页。关于修建四川仓库工程管理处的设立，四川
省粮政局局长康宝志在《四川省政府粮政局施政报告》（1941 年 9 月至 1942 年 5 月）中，
亦错误地认为，"三十年度征实，需仓数量，至为庞大，粮食部特设修建四川省仓库工程
管理处，统筹其事"。参见《四川省政府粮政局施政报告》（1941 年 9 月至 1942 年 5 月），
秦孝仪主编《抗战建国史料——粮政方面》（2），第 135 页。
② 该处前身为 1938 年秋成立的四川粮食管理委员会，后改为四川购粮委员会，1941 年 9
月 30 日裁撤，其后粮食部成立川储局。参见《粮食部所属单位组织规程（二）》
（1941 年~1947 年），《行政院档案》，档案号：014-040503-0003，第 50 页。
③ 《粮食部所属单位组织规程（二）》（1941 年~1947 年），《行政院档案》，档案号：014-
040503-0003，第 35~41 页。

从父徐奋卿读书，"十岁前，已毕四子书"。1904年中秀才，时年17虚岁。1907年，以优异成绩考入成都通省师范学堂。入学后，受革命思想和维新思想影响，《新民丛报》《明治维新录》《神话国光集》等"得悉取而读之"，《民报》《浙江潮》《革命军》"诸书阅之"，深受启发，"思想为之大变"，倾向于革命，经同学卢师缔等介绍加入同盟会。同年9月，成都同盟会支部欲在成都起事，徐堪参与密谋，事泄后避走凤翔、西安、武昌等地。1908年冬长途跋涉返回成都，1910年考入四川高等警官学堂。1911年夏，四川保路运动兴起，徐堪等借助保路名义进行革命，赴川北一带策动民军，蜀军政府成立后，任第四标统带兵官。1912年3月，调任夔州关监督，着手整顿夔关制度，当年征解银40万两，超过定征解银24万两，"点滴归公"。1913年8月，响应"二次革命"，被四川督军胡景伊下令通缉，遂逃往上海，改名为徐堪，继续参加护国战争及护法运动。1918年，任川、滇、黔靖国军援鄂第一路总司令部军需处处长兼江北县县长。1919年补选为四川国会议员。1921年4月，参加广州的非常国会，再至北京就任北京政府农工部商品陈列所所长。①

　　1927年南京国民政府成立后，徐堪投效宋子文、孔祥熙，初任上海交易所监理官，后改任金融管理局副局长，负责管理上海金融。1928年初，宋子文任财政部部长，3月改金融管理局为钱币局，徐堪任副司长，12月升任司长。1933年11月，孔祥熙任财政部部长后（1944年11月26日辞职），徐堪又兼任公债司司长。1935年5月，升任财政部政务次长，仍兼任钱币司司长。在此期间，徐堪针对币制混乱的情况，起草全国统一币制方案，如改组中国、交通两行为国有，拟具法币政策，筹划币制改革，建议发行统一公债等，大有建树，显露出极高财政能力的同时，也"为国民党政府财政金融方面立了大功"。②孙科在战时也指出，"我们法币政策行了几年，在经济政策讲，在抗战政策讲，都有很大的效能"。③

①　严如平、宗志文主编《民国人物传》第9卷，中华书局，1997，第113~114页；《徐可亭先生文存》，第1~8页；刘绍唐主编《民国人物小传》第2册，上海三联书店，2015，第125页；陈开国：《徐堪其人其事》，《文史资料选辑》合订本第41辑（总第121辑），中国文史出版社，2002，第78~91页。

②　严如平、宗志文主编《民国人物传》第9卷，第116页。

③　孙哲生：《粮食问题与抗战建国——二十九年十一月三十日在立法院演讲》，《孙哲生先生抗建七讲》，中山文化教育馆，1941，第42页。

但徐堪并不自我吹嘘与标榜，用徐本人的话说，就是"钧座英断于上，孔兼部长毅力主持于下，用能克服困难，于奋斗一年余之后，乃将各行应缴准备及民间藏银，逐渐集中，奠定基础"。[①] 因此，1935 年冬，徐堪被选为国民党第五届中央委员，兼任中央政治会议财政专门委员会主任委员。1937 年 7 月，担任中央政治委员会建设事业专款审核委员会副主任秘书。[②]

　　1939 年，徐堪兼任四联总处秘书长。[③] 四联总处全称中央银行、中国银行、交通银行、中国农民银行四银行联合办事处，成立于抗战全面爆发初期，以"集合国家银行力量，齐一步骤，推行国策，协助抗战为主要任务，并于各地举办联合贴放，以活泼内地金融，扶助生产事业"。[④] 1940 年 11 月 2 日，徐被简任为财政部政务次长，6 日"就职任事"。[⑤] "徐堪在财政部十余年中……出谋献策，事必亲躬，因此深得宋、孔信赖。"[⑥] 1941 年 6 月 3 日，徐堪被免去财政部政务次长职务，"另有任用"，该职由俞鸿钧接替。[⑦] "另有任用"即是由徐担任粮食部部长。徐堪就任部长后，仍担任四联总处理事会理事，以加强战时粮食与金融间的联系。[⑧] 另外，国防会 1939 年 2 月成立后，徐堪始终担任该会财政专门委员会主任委员，列席国防会常务会议，而且从国防会先后召开的 230 次常务会议、临时会议出席人员名单来看，徐堪极少缺席。

　　尽管后来一篇署名为"胡道"的文章在 1947 年追述徐堪被任命为粮食部部长的情形时，说"在国府的命令发表后，很多人都不知道徐堪是

---

① 《粮政（一）》（1941 年 6 月 25 日~1946 年 8 月 17 日），《国民政府档案》，档案号：001-087000-00001-001，第 24 页。

② 《中央政治委员会建设事业专款审核委员会工作报告》，台北，"国史馆"藏（以下不再一一注明藏所），《资源委员会档案》，档案号：003-010306-0034，第 142 页。

③ 粮食部：《粮食部科长以上职员简历册》，重庆市档案馆藏（以下不再一一注明藏所），《四川粮食储运局档案》，档案号：03520001000010000001，第 2 页。

④ 《四联总处文献选辑》，"序"。

⑤ 财政部：《据本部政务次长徐堪呈报就职任事日期请转报等情呈报鉴核备案》（1940 年 11 月 30 日），《国民政府档案》，档案号：001-032150-00003-034，第 65~66 页。

⑥ 严如平、宗志文主编《民国人物传》第 9 卷，第 115 页。

⑦ 《任命俞鸿钧为财政部政务次长派颋翙群代理常务次长职务原任政务次长徐堪另用免职》（1940 年 11 月 30 日），《国民政府档案》，档案号：001-032150-00003-034，第 65~66 页。

⑧ 《秘书处关于粮食部部长加入理事会的报告》（1941 年 7 月 17 日），《四联总处史料》（上），第 84 页。

什么人，都很奇怪"，① 也有人谓徐堪"此人不堪"，② 但至为明显的是，这只是"胡说八道"或吃过徐堪苦头者的个人偏见而已，与事实相去甚远。从前文可以看出，徐堪无论在国民党内还是在国民政府内，资历都颇深，尤其是徐多年在地方政府及中央的财政部门任职，交游广泛，政绩斐然，职务层层上升，并非"很多人都不知道"。

国民政府之所以会在粮食危机严重、全国粮管局不能有效化解危局之际选择徐堪出任粮食部首任部长一职，除了徐堪在国民党及国民政府内均具一定资历外，其他原因也不容忽视。第一，徐堪历任工作颇有建树。徐堪"很聪明，记忆力特别强，文笔极为流畅"，会理财，"孔祥熙叹为奇才"，在财政部工作多年，工作成绩都是苦干出来的，处理公文迅速而有条理，深得蒋介石的青眼与孔氏的赏识，是孔圈子里的人，孔早就有提拔徐的想法。③ 第二，徐堪"是科班出身，饱经风雨，既会做人，更会做官"，④ 而且社会关系广泛，是一个有"多角关系的人"。这种多角关系表现在徐堪与四川政、军、财各界均有密切往来。首先，"他是四川人，他断定四川一般老百姓不会反对他"，当时普遍认为，四川在刘湘、刘文辉叔侄治下，已经养成了排外心理，而四川的大地主很多都是下野军阀，他们手里握有很多粮食，不肯轻易拿出来，如果是外省人掌握粮食部，"恐怕不易收到预期的效果。尤其是乡镇和僻远的县份，盗匪如毛，旧势力根深蒂固，青红帮到处横行"，⑤ 工作不好开展。其次，徐堪与刘湘为旧识，"进过刘湘的圈子里一个时期"，和刘湘的属下都有往来，四川地方遗老都是徐堪的师友，这些人在地方上举足轻重。只要这些人不反对，就不会有问题。川东北区特派员潘文化为四川仁寿人，曾任二十一军军长；川西北区特派员邓锡侯为四川营山人，原任二十八军军长，川康绥靖公署主任，都与徐

① 胡道：《粮食部沧桑录：徐堪为什么要离开粮食部》，《自由天地》第 2 卷第 7~8 期合刊，1947 年 10 月 30 日，第 12~13 页。
② 文思主编《我所知道的孔祥熙》，中国文史出版社，2003，第 157 页。
③ 《徐堪塌台之景轰：原来二字作祟》，《捷报》创刊号，1946 年 11 月 8 日，第 3 页。
④ 陈开国：《抗战时期西南粮政见闻》，政协云南省昆明市委员会文史资料研究委员会编印《昆明文史资料选辑》第 6 辑，1985，第 24 页。
⑤ 胡道：《粮食部沧桑录：徐堪为什么要离开粮食部》，《自由天地》第 2 卷第 7~8 期合刊，1947 年 10 月 30 日，第 12~13 页。

堪有交情。最后，徐堪与四川财政界关系密切，如美丰银行的康心如、聚兴诚银行的杨锡志，还有川盐银行、川康银行等金融界的人士，有的他是股东，有的是他的亲友。第三，徐堪非常注意结交川渝地方势力和国民党内其他派系人员，如四川省粮政局局长康宝志，系四川美丰银行后台老板，其兄康心之为重庆市参议会议长，其弟康心远在重庆金融界亦有一定势力。在孔祥熙保举下，徐堪任粮食部部长，"人地两宜"，易与财政部协力合作。① 徐堪上任后，任命杨锡志为粮食部总务司司长，中央银行系统的李嘉隆为财务司司长，四川省财政厅主任秘书席新斋为四川粮食储运处处长。"他的粮食部里，差不多网罗尽了四川的一切或以阻止推行粮政的恶势力。"② "恶势力"或不无夸大之嫌，但徐堪的人脉及能力毋庸置疑。

从个人品性来说，徐堪贪污骄横。据翁文灏在日记中所载，在1941年1月21日经济会议上，"徐堪批评何北衡之水利徒托空言，不做实事。交通部造木桥，领款而不实。卢作孚略为何氏说明，张公权则当场表示愤怒。徐堪贪污骄横极矣！"10月14日，在行政院第536次会议上，因为川储局案，徐堪当场痛骂行政院政务处处长蒋廷黻。③ 关于徐的骄横跋扈，时任国防会委员、驻美军事代表团团长熊式辉晚年亦曾忆及。据熊在回忆录中所记述，1943年6月，熊在与农林部部长沈鸿烈交谈时，沈有如下言论："因孔、徐之根本反对管制，所以会议仅类骂街，当总裁面不说，背面见人即骂，殊属难堪……管理'物'不能说一句粮食话，管理'价'不能说一句货币话，说即招致臭骂……徐对粮食根本放任，除重庆一部份公粮外，对各省绝对不同，

---

① 郭荣生编著《孔祥熙先生年谱》，山西文献出版社，1981，第162页。

② 胡道：《粮食部沧桑录：徐堪为什么要离开粮食部》，《自由天地》第2卷第7~8期合刊，1947年10月30日，第12~13页。

③ 李学通、刘萍、翁心钧整理《翁文灏日记》（下），第615、734页。政务处是行政院内非常重要的两个机构之一（另一为秘书处），掌理"关于行政会议：审核所属各机关行政计划及工作报告，调查及设计与编译等事项"，可以列席行政院会议。参见钱端升等《民国政制史》上册，第222~223页。蒋廷黻在回忆录中也提到他担任政务处处长不久，时任行政院院长蒋介石让他提"改革中央政府的意见"，蒋廷黻草拟建议时，"吴鼎昌不希望把农业工作从他的实业部中划出去。张嘉璈请我不要让他背上招商局的包袱。经济委员会秘书长秦汾告诉我：经济委员会做了很多事，不该裁撤。建设委员会的人告诉我：该会是张静江先生的灵魂。张与国父有莫逆之交，也是委员长的好友，所以建设委员会不能裁撤"。"我们附加的意见条，受到相当的重视……就某种意义说，实际上是我们的签条左右了中国的政治。"参见《蒋廷黻回忆录》，岳麓书社，2003，第188、198页。

我主张限价，徐不但反对，且予大骂。"① 从翁、熊等人的上述记载可以看出，徐堪脾气暴躁，动辄骂人，性格强势。

其他主要人员（次长、司长）。根据 7 月 4 日公布的《粮食部组织法》，粮食部设次长 2 人，一为政务次长，一为常务次长，辅助部长处理部务。曾任国民政府行政院参事等职的陈之迈指出，政务次长与常务次长的职务是不完全相同的，一般而言，政务次长是"对外"的，常务次长是"对内"的，如行政院会议召开会议，各部部长因故不能出席时，便可由政务次长列席；常务次长则在部内"当家"，管理部中一切事务；常务次长理论上不随部长进退，政务次长则随部长进退。但这些并非定制，而是"因部""因人"有所不同。② 粮食部常务次长与政务次长分别为庞松舟、刘航琛。

庞松舟，1887 年出生，上海人，早年就读于南京高等师范学校，1929年 8 月任财政委员会秘书，1931 年任全国经济委员会筹备处筹备员、财政部会计司第五科科长，1933 年 11 月，兼代财政部会计司司长，12 月兼任财政部会计委员会委员长，③ 1934 年 12 月，任财政部会计司司长，兼国民党中央政治委员会财政专门委员会委员。④ 1937 年 5 月，转任财政部会计长，7 月担任中央政治委员会建设事业专款审核委员会秘书处秘书，直至 1940年 10 月。⑤ "八一三"事变前，行政院成立上海工厂迁移监督委员会，庞任委员，极力主张厂矿内迁。1938 年 8 月，担任军委会抚恤委员会委员。1940 年 6 月，财政部贸易委员会正式改组，庞任副主任委员。1941 年 6 月30 日，与徐堪共同宣誓，担任粮食部常务次长一职。中央监誓员吴稚晖在其就职典礼上，曾对当日就职人员发表致辞，称他们"或曾供职中枢及地方，或对财政金融学有专长"，⑥ 其中显然就包括庞的经历。经济会议设立

① 《海桑集——熊式辉回忆录（1907~1949）》，第 409~410 页。
② 陈之迈：《中国政府》，第 224 页。
③ 《令本部会计司第五科科长庞松舟暂行兼代本部会计司司长》，《财政日刊》第 1714 号，1933 年 11 月 30 日，第 2 页；《令暂行兼代会计司长庞松舟兼代本部会计委员会委员》，《财政日刊》第 1720 号，1933 年 12 月 7 日，第 1 页。
④ 粮食部：《粮食部科长以上职员简历册》，《四川粮食储运局档案》，档案号：035200010 00010000001，第 2 页。
⑤ 《中央政治委员会建设事业专款审核委员会工作报告》，《资源委员会档案》，档案号：003-010306-0034，第 141 页。
⑥ 吴稚晖：《郭泰祺徐堪等就职致词》（1941 年 6 月 30 日），《吴稚晖全集》卷 8，第 548 页。

后，为加强经济会议职权，经济会议设立秘书处，秘书处下设总务、粮食、物资、工资等十一组，每组各设主任一名，庞松舟以常务次长身份兼任粮食组主任。[1] 1942 年 2 月，中国茶叶公司改隶财政部贸易委员会，庞担任该公司副董事长，负责茶叶外贸。1945 年 10 月至 1947 年任东北行营经济委员会委员；1947 年 2 月，粮食部政务次长端木杰去职后，遗缺由庞松舟继任；[2] 1948 年 10 月，担任轮船招商局董事；1948 年 11 月至 1949 年 6 月任台湾主计处主计长。1939 年庞松舟著有《地方财政》一书。庞亦受邀做报告，如在国民党中央训练团讲授"物资管理课目纲要"相关问题。

刘航琛，四川泸县人，北京大学经济系毕业，因刘湘部将王陵基举荐入幕刘湘，任二十一军经理处处长，一度为刘湘整顿税务并取得不俗的成绩，后任四川省财政厅厅长，整理四川财政，为刘湘统一川政出谋划策。刘航琛以川盐银行为后盾，在四川财、军各界如鱼得水，在川东南地区势力不容小觑。刘航琛人脉广泛，"可以和四川军人打成一片"，[3] 有"西南怪杰""四川财神"之称。[4] 刘湘去世后，刘航琛曾任川东南区督粮特派员、川储局局长（1942 年 1 月）、[5] 四川省粮政局局长兼四川第一民食供应处处长等职。[6] 1942 年 12 月 9 日，刘航琛辞去川储局局长一职，由

---

① 《行政院经济会议印信及各员任免》（1941 年～1942 年），《行政院档案》，档案号：014-090201-0156，第 51 页。

② 《国防最高委员会第二百十七次常务会议纪录》（1947 年 2 月 5 日），中国国民党中央委员会党史委员会编《国防最高委员会常务会议记录》第 9 册，台北，近代中国出版社，1996，第 53 页。

③ 粮食部：《粮食部科长以上职员简历册》，《四川粮食储运局档案》，档案号：03520001000010000001，第 2 页；《关于派刘航琛担任川东南区督粮特派员并按时就职致四川省第三区行政督察专员公署的代电》，《四川省第三区行政督察专员公署档案》，档案号：00550005003700000019000，第 19 页；四川省政府粮政局、四川省第三区行政督察专员公署、四川省政府：《关于任命刘航琛为四川省粮政局局长，彭勋武、甘绩丕为副局长并先行到职的代电、训令》（1941 年 9 月 13 日），《四川省第三区行政督察专员公署档案》，档案号：00550001001280000104000，第 104～106 页；胡道：《粮食部沧桑录：徐堪为什么要离开粮食部》，《自由天地》第 2 卷第 7～8 期合刊，1947 年 10 月 30 日，第 12～13 页。

④ 禾鱼丁：《西南怪杰刘航琛》，《群言》第 23 期，1948 年 12 月 25 日，第 11 页。

⑤ 粮食部四川粮食储运局、重庆市警察局：《关于告知刘航琛就职日期的训令、公函》（1942 年 2 月 3 日），重庆市档案馆藏（以下不再一一注明藏所），《重庆市警察局档案》，档案号：00610003002840101036000，第 36～38 页。

⑥ 重庆民食供应处：《关于委任刘航琛为重庆民食供应处处长、董光为副处长给重庆市警察局的代电》，《重庆市警察局档案》，档案号：00610015012750000042000，第 42 页。

粮食部顾问席新斋代理，席于 16 日就职视事。① 1946 年 7 月，刘辞去粮食部政务次长职务，由端木杰继任。②

粮食部所设六司虽同为司级，但因其职掌事项不同而地位也稍有差异。据陈之迈的观点，"总务司在部中的地位相当重要"，理论上总务司司长无须随部长进退，但事实上司长一定是部长的亲信，大多随长官进退。③ 粮食部下属各司主要人员，大都从财政部旧班底中挑选出来。如主任秘书陈端、刘泳闿，陈端为江苏如皋人，早年留学美国，获经济学硕士学位，曾任财政部钱币司司长、总稽核等职。储备司司长翁之镛、杨道樾，翁系江苏常熟人，曾任常熟县教育局局长、代理财政部赋税司第二科科长、财政部所得税处江苏办事处处长、农本局秘书、屯粮委员会执行秘书、全国粮管局业务管制处处长等职，以所著《我国田赋改革新论》闻名；④ 杨为四川成都人，兼陪都民食供应处处长。财务司司长李嘉隆，兼任仓库工程管理处处长。军粮司司长杨麟为黄埔系；人事司司长兼参事厅参事陈锡襄系福建闽侯人，为中统局特种经济调查处专员，军粮司改为分配司后，陈一度代理司长；调查处处长濮孟九为中统局设计委员；等等。⑤

2. 省（市）级粮食行政机构与人员

省（市）级行政机构。各省粮食行政机构在全面抗战前已有多家，如 1936 年冬成立的广东省民食调节委员会，抗战全面爆发后改组为广东省粮食委员会，后来又成立"广东省战时粮食自给运动委员会""粮食运输管理处""粮食运销委员会"等。⑥ 除了广东，上海、广西、云南、湖南、四川等省（市）均有类似机构，详情见表 2-5。

---

① 粮食部四川粮食储运局：《关于四川粮食储运局局长刘航琛辞职其职位由四川粮食储运局顾问席新斋代理致四川省第三区行政督察专员公署的函》（1942 年 12 月 17 日），《四川省第三区行政督察专员公署档案》，档案号：0055002005990000081000，第 81 页。

② 《国防最高委员会第一百九十八次常务会议纪录》（1946 年 7 月 17 日），中国国民党中央委员会党史委员会编《国防最高委员会常务会议记录》第 8 册，台北，近代中国出版社，1996，第 377 页。

③ 陈之迈：《中国政府》，第 225 页。

④ 李峰主编《苏州通史·人物卷》（下）（中华民国至中华人民共和国时期），苏州大学出版社，2019，第 278 页。

⑤ 陈开国：《抗战时期西南粮政见闻》，《昆明文史资料选辑》第 6 辑，第 24 页。

⑥ 黄霖生：《抗战三年之粮食行政》，朱汇森主编《中华民国农业史料·粮政史料》第 1 册，第 473~474 页。

表 2-5　各省（市）部分粮食行政机构（1936~1940 年）

机构名称	成立时间	附注
广东省民食调节委员会	1936 年	
上海民食调节委员会	1937 年 8 月 16 日	官民合办
广西战时粮食设计委员会	1937 年	
广西粮食管理局	1937 年	
国民经济建设委员会福建省分会	1937 年 12 月	划归该会附设的福建物产贸易公司办理
广东省粮食委员会	1937 年 12 月	
广东战区粮食管理处	1938 年 10 月	未几停办，至 1940 年 5 月 22 日重新办理
云南粮食管理委员会	1939 年 11 月 16 日	
上海民食调节协会	1939 年	
广东战时粮食自给运动委员会	1938 年	
上海临时协助贫民委员会		由上海新药业、制药业各团体组成，以救济贫民粮食为主
广东省存粮委员会	1939 年 4 月	同年 5 月冠以"战区"二字
广东省购粮委员会		
云南经济委员会公米储销处	1940 年 4 月 22 日	
广东粮食运输管理处	1940 年 4 月	
湖南粮食管理处		
四川粮食管理委员会		
四川省购粮委员会		省政府与农本局合组
广西战区粮食管理处	1940 年 6 月 1 日	

注：原表中有"浙江战时食盐运销处"，此处根据行文需要删去。

资料来源：黄霖生《抗战三年之粮食行政》，朱汇森主编《中华民国农业史料·粮政史料》第 1 册，第 474~475 页。

从表 2-5 可以看出，抗战全面爆发前及初期，有一些省（市）建立了服务于本地粮食管理的机构，这些省（市）可分为两类：一是传统缺粮省（市），如广东、福建、上海；另一类为粮食相对"过剩"省份，如四川、湖南。第二类省份因 1937 年、1938 年粮食丰收，粮价下降，须成立管理机构，以为调剂。不过，有的机构受战局变化等影响变动频繁，对于提升粮食管理效能有所影响，加上各省（市）机构名称、职责、内部组织结构等极不一致，实有统一的必要。

在中央粮食行政机构成立后，省（市）级机构的设立随即提上日程。1941 年 7 月 21 日，徐堪在国民政府中枢联合总理纪念周报告施政方针时指出："省粮食管理局，不在省政府范围之内，县粮食管理委员会也不与县政府内各科并列。所以省政府和县长的权力，有时不能充分利用，致政令推行发生障碍，而且一般人看来认为这样的机构是临时的，它的效能也就减低了。"并且徐将其称为"弊症"。① 针对此种情况，29 日，徐堪向行政院提出，将各省原设粮食管理局、粮食调节处、粮食管理处等机构统一改组为粮政局。此前未成立省级粮政机构的，一律迅速组设，充实其组织，添设调查、统计人员办理调查统计事务，并首先在四川省予以实施。粮食部成立粮政局的目的在于加强及确立粮政机构的政治地位，以与省政府下辖的各厅地位等同，享有同等职权，借以加重省主席的职责，利用省政府职权执行粮政法令，提高粮政效力，也就是说省政府能直接指挥监督、切实负起粮政责任。同时，粮食部拟具《省粮政局组织大纲草案》，提请行政院讨论通过。同日，行政院第 525 次会议通过该草案。8 月 4 日，行政院训令各部会署、各省政府及四川省政府遵照执行。② 同时，原颁《省粮食管理局组织规程》予以废止。③ 8日，《省粮政局组织大纲》正式公布。大纲公布的同时，粮食部即电令各省（市）政府，要求各省（市）政府应根据组织大纲，妥拟组织细则，各省（市）应于 10 月 1 日前成立粮政局，以尽快建立各该省（市）粮政机构。截至 11 月，各省（市）粮政局设立情况如表 2-6 所示。

表 2-6　各省（市）粮政局情况一览（截至 1941 年 11 月）

省（市）	等级	局长姓名	副局长姓名	成立日期	驻地	备注
湖北	乙	朱怀冰	魏燮南	1941 年 8 月 31 日	恩施	系湖北省粮食调节处改组为粮政局
四川	甲	刘航琛	彭勋武、甘绩丕	1941 年 9 月 1 日	成都	粮管局改组
云南	乙	李培天	杨体仁、杨天理	1941 年 9 月 1 日	昆明	粮管局改组
河南	乙	汪培实	杨鸿斌、吴君惠	1941 年 9 月 4 日	洛阳	粮管局改组
湖南	甲	谢铮	——	1941 年 9 月 15 日	长沙	粮管局改组

---

① 徐堪：《粮食部成立后之施政方针》（1941 年 7 月 21 日），秦孝仪主编《抗战建国史料——粮政方面》（1），第 213 页。

② 《省属粮政单位组织规程（二）》（1941 年~1945 年），《行政院档案》，档案号：014-040503-0006，第 18~22 页。

③ 《省粮政局组织大纲及有关文书》（1941 年 8 月~1942 年 5 月），中国第二历史档案馆藏（以下不再一一注明藏所），《内政部档案》，档案号：一二（6）-17475，第 2~3 页。

续表

省(市)	等级	局长姓名	副局长姓名	成立日期	驻地	备注
广西	乙	黄铁真	欧仰义	1941年9月16日	桂林	粮管局改组
绥远	丙	俞杰	陈国桢	1941年9月16日	陕坝	粮管局改组
贵州	乙	何玉书	姚国栋	1941年10月1日	贵阳	粮管局改组
甘肃	丙	赵清正	吴长涛、党家驹	1941年10月1日	兰州	粮管局改组
陕西	乙	张志俊	程孝恭、童宾秋	1941年10月1日	西安	粮管局改组
广东	乙	胡铭藻	谭葆寿、巫琦	1941年10月1日	曲江	粮管局改组
江西	甲	胡嘉诏	艾怀瑜	1941年10月1日	泰和	粮管局改组
安徽	丙	苏民	严士复	1941年10月2日	立煌	粮管局改组
西康	丙	黄述	陈启图、康昭猷	1941年10月2日	康定	粮管局改组
浙江	乙	徐桴	斯烈、魏思诚	1941年10月16日	永康	粮管局改组
山西	丙	耿誓	武泽普	1941年10月16日	兴集	粮管局改组
福建	乙	林学渊	金启裕、陈绍箕	1941年10月16日	南平	粮管局改组
宁夏	丙	赵文府	金钟秀	1941年11月1日	宁夏	新设
青海					西宁	
山东	丙				山东省政府驻渝办事处转	据报现正筹备改组中
重庆	丙	涂重光		1941年9月16日		

原表注：青海、山东等省粮政局成立日期尚未据报，其正、副局长已由部电请各该省（市）政府遴选报部。

资料来源：《各省（市）粮政局一览表》（1941年11月），《内政部档案》，档案号：一二-746，第135~138页。

从表2-6可以看出，截至1941年11月，共有18个省1个市设立了粮政局，效率是比较高的。在新设粮政局中，绝大多数为粮管局改组，这也说明全国粮管局时期省级粮政机构的建立颇有成效，这也为粮食部省级粮政机构的转型打下了较好的基础。

作为缺粮省份，广东、福建两省粮食管理的要求较为迫切，机构筹建较早。广东省粮食机构始于1936年冬设置的广东省民食调节委员会，因当年粮食歉收，粮价飞涨，故而设立专门机构以调节粮食事宜。1937年"抗战军兴"，粮食问题更为重要，粤府遂将民食调节委员会与农村合作委员会合并改组为广东省粮食委员会，下设调运、仓储、贷款、合作、生产、垦殖六组，此为广东省粮政机关组成之嚆矢。广州失守后，广东省政府移驻韶关，设立战区战时粮食管理处，推行战时粮食管理。1939年2月，设立第四战区广东省存粮委员会，隶属于省政府，年底撤销。1940年4月，复设置广东省粮食调节委员会，主持省内粮政事宜。全国粮管局成立后，广东省政府亦奉令于1940年11月6日成立广东省粮食管理局，1941年10月1日复改组为广东省粮政局，任命胡铭藻为局长，谭葆寿、巫琦为副局长。① 广东省粮政局下设六处一科，即驻湘购粮办事处、驻桂购粮办事处、驻赣购粮办事处、业务处、西江省邑运销处、南路运销处及各县粮政科，粮政科下设各乡镇粮库保管委员会、各乡镇粮库、各供应粮库。② 广东省粮政局下设粮政处，主管各区粮政事宜。

表 2-7　1942 年广东省粮政局、各区粮政处预算编列情况

	员额（人）	等级	单位每月预算（元）	每月合计预算（元）	备考
主任	1				各区行政督察专员兼任，不支兼薪
副主任	1~2				同上
秘书	1	荐任10级至9级	240	240	综理处务
组长	2	荐任11级至10级	220	440	
主办会计员	1	委任3级至2级	180	180	
组员	1	委任4级	140	140	
	1	委任6级	120	120	
	1	委任8级	100	100	
组员	1	委任9级	90	90	
	1	委任13级	70	70	
	1	委任15级	60	60	

① 《省属粮政单位组织规程（一）》（1937年~1941年），《行政院档案》，档案号：014-040503-0005，第8~16页；广东省政府秘书处编译室编印《广东粮政》，1942，第5页。谭葆寿曾任广东省政府秘书、第六区行政督察专员、军政部部附，广东省粮食管理局成立时任局长，并兼任第七战区高级参谋及购粮委员会主任委员，但未几即请辞去局长一职，称"粤省米荒严重，局务关系重大，非得著有声望之大员负责主持，难期推行尽利，恳切函呈代为商请辞去局长职，并声明愿居副席，以资襄助"。谭辞职后，广东省政府推荐省政府委员胡铭藻接充。粮食管理局时期，副局长除谭葆寿外，还有沈毅。1941年4月，沈毅因案停职，遗缺由巫琦担任。巫毕业于保定军官学校，曾任团长、旅长、四会县县长、汕头市市长、广东省粮食管理局科长。参见《广东省粮食管理局正副局长任免》（1940年~1941年），《行政院档案》，档案号：014-090202-0598，第1~45页。

② 《各省市粮政工作报告摘要》，第"粤1页"；《广东省政府粮政局一九四二年度特别建设计划及普通政务计划》（1942年），《内政部档案》，档案号：一二（6）-11850，第76~102页。

续表

	员额 （人）	等级	单位每月 预算（元）	每月合计 预算（元）	备考
佐理会计员	1	委任 5 级	130	130	
	1	委任 9 级	90	90	
雇员	4	不叙级	50	200	
公役	5		18	90	
生活补助费				1570	荐任月各支 60 元，委任及雇员月各支 80 元，工役月各支 30 元
办公费				400	
购置费				120	
合计				4040	

　　资料来源：《广东省政府粮政局一九四二年度特别建设计划及普通政务计划》（1942 年），《内政部档案》，档案号：一二（6）-11850，第 19~21 页。

　　1939 年 2 月，福建省政府成立福建省建设厅粮政管理局，因财政紧缩，粮政管理局仅存在 6 个月即被裁撤。1940 年 6 月 1 日，成立福建省粮食管理委员会，由省主席兼任主任委员，各县市亦相继成立同类机构，负责本区域粮政。① 同时，省政府在贸易公司内增设"粮食部"，负责经营粮食业务。1941 年 10 月，粮食管理委员会改组为粮政局，局长为林学渊。② 粮政局在福州、永安、建阳、龙溪、南平等地设立粮政局业务办事处，兼办储运业务。③ 1942 年福建省粮政局组织机构如图 2-2所示。

---

　① 《福建省政府、福建省粮食管理委员会关于设立粮食管理委员会的训令、指令、呈、函、电》（1940 年），福建省档案馆藏（以下不一一注明藏所），《福建省政府暨省政府秘书处档案》，档案号：0001-003-000020；《福建省粮食管理委员会关于本会成立开始办公的代电》（1940 年），福建省档案馆藏，《福建省银行档案》，档案号：0024-002-000658。
　② 《福建省政府关于免去省政局副局长金启裕、粮食局长周一鹗职务任命林霭民、林学渊接充的函电》（1941~1946 年），《福建省政府暨省政府秘书处档案》，档案号：0001-007-000196。
　③ 《福建省粮政局关于奉令撤销的函电》（1944 年 1 月 13 日），《福建省政府暨省政府秘书处档案》，档案号：0001-005-000093；《福建省粮政局财产移接清册》（1944 年 10月 16 日），《福建省政府暨省政府秘书处档案》，档案号：001-005-000426。

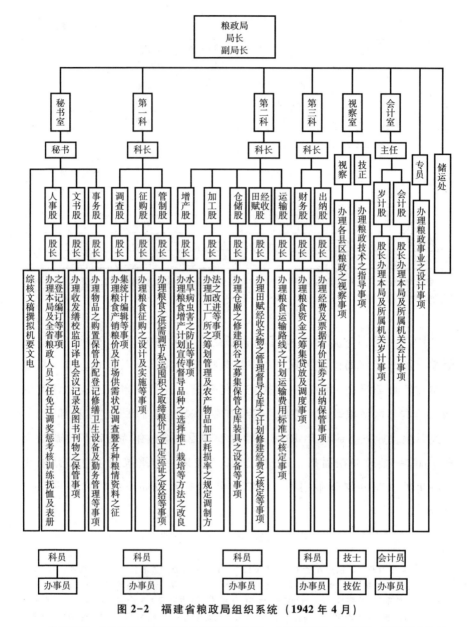

图 2-2　福建省粮政局组织系统（1942 年 4 月）

资料来源：《本省省政府及所属机关组织系统表》，《统计副镌》第 43 期，1942 年 4 月 30 日，第 15 页。

1942 年 11 月，粮食部对运行一年的各省市粮政局做出调整，主要是在修正方案中对省及院辖市粮政局的等级、编制进行细化，对全国各省市粮政局实施分级管理。各省市包括院辖市在内的粮政局分等编制概况见表2-8。

表 2-8　省市（院辖市）粮政局分等编制（1942 年）

职别	甲等局		乙等局		丙等局		市局	
	官等	员额	官等	员额	官等	员额	官等	员额
局长	简任	1 人	简任	1 人	简任	1 人	简任	1 人
副局长	简任	1 人或 2 人	简任	1 人或 2 人	简任	1 人或 2 人		
主任秘书		1 人		1 人		1 人		
秘书	荐任	2 人	荐任	1~2 人	荐任	1 人	荐任	1 人
科长	荐任	4 人	荐任	4 人	荐任	4 人	荐任	3 人
会计主任	荐任	1 人	荐任	1 人	荐任	1 人	荐任	1 人
技正	荐任	2 人	荐任	1 人或 2 人	荐任	1 人	荐任	1 人
视察	荐任	4~6 人	荐任	2~4 人	荐任	2 人	委任	10~12 人
	委任	6 人	委任	4~6 人	委任	2~4 人		
稽核	荐任	2 人	荐任	1 人	荐任	1 人		
	委任	2~4 人	委任	2~3 人	委任	2 人		
技士	委任	6~8 人	委任	4~6 人	委任	2~4 人		
科员	委任	30~60 人	委任	30~50 人	委任	30~40 人	委任	15~17 人
办事员	委任	15~30 人	委任	10~20 人	委任	8~16 人	委任	10~12 人
会计佐理员							委任	1~2 人

　　原表注：（1）甲等局员额编制系依照省粮政局组织规程规定员额编列，乙等及丙等均照甲等局员额迭次斟酌减少；（2）各局如不承办业务，稽核人员免予设置；（3）各局会计佐理人员，除市粮政局另有规定外，均应于各等局编制员额内妥为分配，依法任用；（4）市粮政局编制员额系依照行政院核定之重庆市粮政局组织规程编列；（5）各局雇员名额依例在组织规程内不加明定，应于审核经费预算时酌予核列。

　　资料来源：《省属粮政单位组织规程（二）》（1941 年~1945 年），《行政院档案》，档案号：014-040503-0006，第 76 页。

　　1940 年 7 月 1 日，江西省成立省粮食管理处，为省级粮食主管机关，直隶省政府。嗣后，江西省政府奉行政院命令，制定省粮食管理局组织规程，于 1941 年 1 月 1 日将其改组为江西省粮食管理局，10 月再改为粮政局，下设总务、管制、视察三科及会计室，并附设购运处，承办军粮、屯粮业务，省内各重要粮食集散地分设购运分处。粮政局下属业务机构有购运处，重要地点有办事处及购运分处，并设有仓库及加工厂。

　　濒临战区各省及游击区，则根据实际情况设立相应机构。湖南省粮政局成立以前，原为第九战区粮食管理处，设有第九战区购粮委员会，第九战区购粮委员会系依照军委会指示而成立，由第九战区粮食管理处、农本局长沙专员办事处、湖南省政府、江西省政府、湖南省银行、江西省银行及湖南粮业代表共同组建，1941 年 5 月 1 日合并改组为湖南省粮食管理局，9 月 15 日再改为粮政局。① 湖南省粮政局下设五科三室，即总务科、储运科、仓储科、加工科、积谷科与岁计会计室、研究设计室、监察室。此外，附设机构有船舶总队部，办理粮食运输事宜；购运督导专员办事处，负责在湖滨各县征购军粮及办理粮食收购，下属机构有收运所若干，以收纳粮户缴送粮食。山东未设立粮政局，由原粮食管理局、田赋管理处（简称"田赋处"）办理相关事宜。1941 年 12 月，山东省田赋处向财政部呈送《山东省田赋征收实物章则》（后修改为《山东省战时田赋征收实物实施办法》）。该章则规定，业户缴纳实物如确有特殊困难，则可以专案请示，核复同意后折征法币。② 浙江省规定，在游击战区各县，"如事实确有困难时"，呈准同意后，"按应征稻谷数折征国币"，折算标准以上月中旬稻谷均价为参考。③ 青海、江苏未设立粮政机关，由田赋处兼办。④

省（市）级行政人员。各省情况不一，不同省份粮政局组成人员亦体现出不同特点。各省粮政局行政人员大致有两种来源：一是在全国粮管局时期，各省大多已设立粮食管理局，多数省份粮政局即由原来的粮管局改组而来，人员也以粮管局原班人马为主；二是粮政局主要人员如局长为重新任命，其他人员多由粮管局沿袭而来。河南省粮政局局长汪培实，籍贯安徽，广东陆军军官学校第一期肄业，内政部县市行政讲习所毕业，曾任县长、副官处长等职，1940 年 11 月任该省粮管局局长，次年 9 月 5 日，河南省粮食管

---

① 《军事委员会第九战区购粮委员会业务纪要》，秦孝仪主编《抗战建国史料——粮政方面》（3），第 84 页；《湖南省政府将积谷事宜移归省粮管局办理案》（1941 年 1 月～1941 年 6 月），《内政部档案》，档案号：一二（6）-17134，第 26～27 页。
② 《山东省田赋征收实物"章则"实施办法》（1941 年），《行政院档案》，档案号：014-040201-0120，第 1～12 页。
③ 《浙江省田赋征收实物实施办法》（1941 年～1942 年），《行政院档案》，档案号：014-040201-0122，第 1～23 页。
④ 《粮食部三十年度工作检讨报告》，第 12 页。

理局改组为粮政局，汪任局长，1942 年 2 月去职，由卢郁文接替。① 粮政局副局长杨鸿斌、吴君惠，原分别为河南省粮管局副局长，前者毕业于北平朝阳大学政经系，曾任县长、军事委员会第六部外勤专员、长江阻塞设计督察委员会运料处同少将副处长等职；后者毕业于北平大学法学系，曾任县长及军法处处长等职，"该员等自办第六战区粮食购运以来，计划周详，成绩卓著，对各方一切情形，至为熟悉"。② 卢郁文 1943 年 10 月离任后，局长一职由杨鸿斌接任，直到 1944 年 6 月。③ 浙江省粮政局局长为徐桴。徐出生于 1882 年，浙江镇海人，北伐时任国民革命军总司令部军需署署长及驻沪办事处主任。1928～1936 年历任福建省财政厅厅长、上海财政局局长，创立上海市银行，首任浙江、福建等省银行董事长或兼任总经理。1940 年 11 月底简派为浙江省粮管局局长，"熟悉情形，老成练达"；斯烈（曾任福建省政府财政厅厅长、浙江省民政厅厅长，时任浙江省临时参议会参议员）、朱惠清（时任浙江省粮食管理处副处长，1941 年4 月浙江省保安处上校科长兼公路管理局局长魏思诚接任）副之。1941年徐桴任浙江省政府委员。④ 黄铁真为广西省粮政局局长。黄原为广西省粮食管理局局长，亦由广西省政府呈请简任。⑤ 西康省粮政局 1941 年 10月 2 日改组成立，黄述为该局局长。黄为同盟会成员，毕业于四川高等学堂，1919 年起历任四川督军署秘书、四川省署秘书、成都女子实业讲习所所长（校长）、成都地区中学教员等职。1928 年任国民革命军第二十四

① 《准粮食部咨以奉令省粮政局组织大纲及县政府增设粮政科已呈准国民政府备案一案仰遵（知）照由》（洛秘一字第一九一六号训令），《河南省政府公报》第 2392 期，1941年 12 月 10 日，第 60～61 页；《准粮食部咨以奉院令河南省粮政局局长汪培实免职任命卢郁文继任案仰遵（知）照由》，《河南省政府公报》第 2400 期，1942 年 2 月 28 日，第 48～49 页。

② 《河南省粮食管理局正副局长任免》（1940 年），《行政院档案》，档案号：014-090202-0063，第 1～12 页。

③ 河南省粮食志编纂委员会编《河南省粮食志·大事记》，中国商业出版社，1997，第367 页。

④ 《浙江省粮食管理局正副局长任免》（1940 年～1941 年），《行政院档案》，档案号：014-090202-0239，第 1～29 页。

⑤ 《西康、云南、陕西、广西、河南等省粮政管理局正副局长任免》（1941 年），《行政院档案》，档案号：014-090202-0475，第 1～31 页；《西康省粮政管理局正副局长任免》（1941 年～1942 年），《行政院档案》，档案号：014-090202-0473，第 1～23 页。

军秘书，1929 年任四川省政府秘书，后随刘文辉至西康参加筹建西康省政府各项工作。西康省政府成立后，刘文辉担任主席，黄是西康省智囊团的主要成员，担任西康省政府委员、粮食管理局局长，对佛典颇有研究。① 1942 年 4 月，黄述"因病屡请辞职"。黄辞职后，该职务遂由西康省田赋处副处长徐健接任。徐健为四川眉山人，毕业于四川公立法政专门学校，时年 42 岁，先后担任四川内江糖税局局长、成都关东门税局局长、新津县征收局局长、雅安县征收局局长、雅安县县长、西康雅属财务监察处处长等职，西康省政府主席刘文辉对徐的评价是"精勤练达，忠奋从公，堪以胜任"。4 月 26 日，行政院第 561 次会议通过了此项任命，副处长遗缺由西康省政府秘书处第二科科长张明达递补。据史料记载，张明达"艰苦任事，廉洁自持"。②

有些省市粮政局局长则非来自粮政系统，但其出身亦不容小觑。各省市粮政局成立后，省市政府为了便于开展工作，常将此重要职务选派财政系统人员担任。1941 年 9 月 16 日，涂重光担任重庆市粮政局局长。涂为国民党党员，四川华阳县人，东京上智大学哲学系毕业，历任四川省财政厅主任秘书、四川省营业税局副局长、重庆市营业税处副处长、重庆市民食供应处副处长、粮食部陪都民食供应处处长等职，③ 亦曾担任重庆市仓库保管委员会委员、川盐银行主任秘书等职，④ 1941 年被任命时，年届52 岁，老成持重。次年 8 月，涂重光提出辞职，自称"能力微薄，责任重大，对本市粮政无丝毫建树，加以近来屡躯多病，精神颓靡，每每夜不

---

① 四川省江安县志编纂委员会编《江安县志》，方志出版社，1998，第 838~839 页。
② 《西康省粮政管理局正副局长任免》（1941 年~1942 年），《行政院档案》，档案号：014-090202-0473，第 1~23 页。
③ 《重庆市参议会参议员吴人初、吴干、吴小康、郝南垓、胡子昂、胡森霖、胡永龄、柯尧放、郭咸中、涂重光的履历表》，重庆市档案馆藏（以下不再一一注明藏所），《重庆市参议会档案》，档案号：0054-0001-00269-0100-339-000，第 348 页；《重庆市政府关于派王志忠、涂重光为重庆市营业税处副处长的令》（1940 年 5 月 31 日），《重庆市政府档案》，档案号：0053-0002-00228-0000-007-000，第 7 页；《关于派涂重光为重庆市粮政局局长的呈、公函、训令（附履历）》（1941 年 9 月 3 日），《重庆市政府档案》，档案号：0053-0001-00334-0000-002-000，第 2~10 页。
④ 《重庆市政府关于聘涂重光为市仓保管委员会委员给该员的聘书》（1941 年 11 月 5 日），《重庆市社会局档案》，档案号：00600001001390000052，第 130 页。

成眠"。① 涂辞职后，遗缺由王士燮继任。② 贵州省粮政局局长由财政厅厅长周贻春担任，周颇得省主席吴鼎昌青睐，热心教育，声望较高。1941年9月1日，云南省粮食管理局奉令改组为粮政局，③ 行政院任命李培天为该局局长，李曾任蒙藏委员会常务委员、云南省民政厅厅长，对云南省情亦相当熟悉。④ 李辞职后由财政厅厅长陆崇仁继任，陆是龙云亲信，在滇省财政界自成系统。陕西省粮政局1941年10月1日成立，设局长1人，副局长2人，下设5个科室，掌管全省粮食产销，负责军公粮征购供应，管理粮食储运、加工。陕西省粮政局局长一职由张志俊担任，张原为陕西省参议会秘书长，虽非粮管系统出身，但"学验俱优，洞悉民隐"，任职两年多，直至1943年11月。⑤ 宁夏省粮政局主管官员及职员以本省财政系统人员为主，但籍贯却以外省为多（见表2-9）。

表2-9　宁夏省粮政局主管官员及职员情况（1942年9月27日）

职别	姓名	年龄	籍贯	出身	备注
局长	赵文府	49	河北北平	中央训练团毕业	曾充宁夏省政府委员兼财政厅厅长、财政部宁夏省田赋管理处处长
副局长	金钟秀	42	河北河间	陆军军需学校毕业	曾充第七军经理处上校处长、宁夏省政府会计处会计长
秘书	赵福田	34	陕西郃阳	陕西郃阳县立中学毕业	曾充宁夏省财政厅田赋股股长、财政部宁夏省田赋管理处科长

---

① 《重庆市粮政局、粮食部、重庆市政府关于涂重光辞职的咨、呈、函、训令》（1942年8月13日），《重庆市政府档案》，档案号：0053-0021-00095-0000-001-000，第1~2页。

② 《重庆市粮政局、粮食部、重庆市政府关于涂重光辞职的咨、呈、函、训令》（1942年8月13日），《重庆市政府档案》，档案号：0053-0021-00095-0000-001-000，第5页；《重庆市粮政局、重庆市政府关于报送涂重光及王士燮职务交代情形的呈、指令（附清册）》（1942年11月18日），《重庆市政府档案》，档案号：0053-0021-00095-0000-017-000，第17~20页。

③ 《令为据呈奉粮食部训令改组为省粮政局案遵于九月改组成立请鉴核备案一案准予备案仰即知照》（云南省政府指令秘字第一一八三号），《云南省政府公报》第13卷第65期，1941年8月23日，第22页。

④ 《准粮食部咨奉行政院令为粮食行政中央业已设部主管各省粮政机构并将省粮管局即行改为粮政局一案令仰知照》（云南省政府训令秘字第一一五七号），《云南省政府公报》第13卷第64期，1941年8月20日，第8~9页。

⑤ 《西康、云南、陕西、广西、河南等省粮政管理局正副局长任免》（1941年），《行政院档案》，档案号：014-090202-0475，第1~31页；陕西省地方志编纂委员会编《陕西省志·粮食志》，陕西旅游出版社，1995，第33页。

续表

职别	姓名	年龄	籍贯	出身	备注
第一科科长	黄仁甫	32	山东济宁	山东济宁密化美中学肄业	曾充宁夏省财政厅视察主任兼财政部宁夏省田赋管理处主任科员
第二科科长	马美孚	32	河南荥阳	郑州市立中学肄业	曾充第十一军军需处中校科长
会计主任	王自荣	36	山西万泉	山西省立第二中学肄业	曾充第十一军军需处中校科长
视察	祁尚仁	36	甘肃兰州	甘肃省立第一中学肄业	曾充第十五路军军法官、军法处主任、军务处处长、金积县县长、平罗县县长
一等科员	陈双诚	27	河南洛阳	洛阳明德中学毕业	曾充宁夏地政局登记员，财政厅办事员、科员
	安文荫	32	陕西华阴	陕西省立第二中学毕业	曾充宁夏省财政厅办事员、三等科员、二等科员、财政部宁夏省田赋管理处主任科员
	田之骞	34	河北沧县	沧县中学毕业	曾充宁夏省财政厅科员、财政部宁夏省田赋管理处科员
	王子彭	37	山东宁阳	山东私立正谊中学毕业	曾任磴口县府一等科员、宁朔县府一等科员、财政厅一等科员
	丁友仁	29	绥远归绥	私立北平孔教大学附属中学高中师范科毕业	曾充宁夏中阿师范训育主任、宁夏省教育厅国民教育视导员、宁夏省图书馆馆长、国立宁夏初级职业学校教育兼庶务组长
	傅治安	40	甘肃甘谷	县立师范毕业	曾任磴口县政府秘书、平罗县田赋科科员、财政科科长
二等科员	金宗尧	34	河北武清	高小学校毕业	曾充宁夏磴口县善后局分卡长、宁夏羊捐税局稽征主任、禁烟委员会收销主任
	陈建侯	31	河北通县	通县潞河中学毕业	曾充宁夏省财政厅船捐经征所磴口县卡长，财政厅田赋股办事员、三等科员
	梅远波	42	四川荥阳	荥阳县立第二中学毕业	曾充陕西百厘局会计主任、宁夏省榷运局科员、宁夏省财政厅三等科员
	温忠元	25	宁夏	宁夏第一师范肄业	曾充宁夏省财政厅书记办事员、三等科员，财政部宁夏省田赋管理处三等科员
三等科员	袁增寿	32	宁夏中卫	甘肃省立第五中学肄业	曾充宁夏省会公安局办事员、中宁县政府科员、宁夏省建设厅矿务局股员

续表

职别	姓名	年龄	籍贯	出身	备注
三等科员	马斗璇	32	河北河间	河间县立师范毕业	曾充河间县政府科员、宁夏省立师范学校事务员、国立宁夏初级职业学校事务员
	韩光远	28	河南滑县	河南省立第十二中学肄业	曾充中宁县政府田赋科员,宁夏省财政厅办事员、三等科员
	柏立崑	32	山东章丘	山东省立育英中学肄业	曾充宁夏省财政厅书记办事员、科员,财政部宁夏省田赋管理处三等科员
	苟善庆	31	四川南部	宁夏附属小学校毕业	曾充宁夏省财政厅办事员、三等科员
	王兆麟	29	陕西宝鸡	私塾读书	曾充宁夏省财政厅办事员、三等科员,财政部宁夏省田赋管理处三等科员
办事员	胡杰	32	山东泰安	县立高小毕业	曾充第十一军特务团上尉书记
	康文学	26	甘肃陇西	县立中学初中毕业	曾充宁夏省社教委员会教导员、三民主义青年团办事员
	罗世仁	20	甘肃榆中	甘肃省立兰州中学毕业	曾充宁夏省财政厅办事员、财政部宁夏省田赋管理处办事员
	王铎	36	宁夏永宁	甘肃省立第八师范肄业	曾充宁夏省财政厅书记、财政部宁夏省田赋管理处办事员
	岳南峰	34	甘肃宁县	宁县第一高等小学校毕业	曾充宁夏金积县、灵武县政府科员、收发主任,卫、宁两县地方税局稽征局稽征主任、会计卡长
	冯梦熊	28	河北宛平	燕冀中学毕业	曾充宁夏省财政厅书记、办事员,财政部宁夏省田赋管理处三等科员
	唐琛	24	宁夏灵武	宁夏中学肄业	曾充本县新绥、美西两乡小学校长,县党部教员,宁夏省财政厅书记、办事员
	高鹤天	21	宁夏永宁	宁夏师范学校毕业	曾充宁夏省教育经费保管委员会书记、办事员、科员等职
	郅守业	32	河南巩县	本县高小学校毕业	曾充本县教育局书记,宁夏省财政厅书记、办事员、三等科员
	王廷佐	38	宁夏贺兰	宁夏蒙回师范学校毕业	曾充宁夏高地两院书记,省财政厅书记、办事员等职
雇员	樊映祥	24	甘肃静宁	甘肃省平凉师范师资训练班毕业	曾充甘肃静宁县岷屯乡国民学校校长兼教员

续表

职别	姓名	年龄	籍贯	出身	备注
雇员	岳嘉彬	34	山东章丘	宁夏省地方干训团毕业	曾充金积县第三区助理员、县府科员，陶东设治局科员
	张英才	20	陕西临潼	宁夏省高级学校毕业	曾充宁夏省财政厅书记
	张世勋	21	河南偃师	河南偃师县立高小毕业	曾充军粮局宁夏分局签发员
	蒋向熊	17	宁夏中卫	中卫中心学校毕业	曾充宁夏省财政厅书记

资料来源：《省属粮政单位组织规程（二）》（1941 年~1945 年），《行政院档案》，档案号：014-040503-0006，第 165~167 页。

从表 2-9 可以看出，在宁夏省粮政局中，除去雇员，总人数为 33 人，其中宁夏本籍人员计有 6 人，约占总人数的 18%；河北籍 7 人，约占 1/5，这显然与粮政局局长赵文府来自河北有关；甘肃籍 5 人，则与宁夏省主席马鸿逵籍隶甘肃不无关系。另外，1942 年 9 月担任粮政局副局长的马鹤年，籍贯为山西晋城，是国立山西大学采矿冶金科工学学士，也属"外来人员"。① 从上述人员的学历情况来看，以中小学毕业为多，像马鹤年这样毕业于山西大学的确属凤毛麟角。

福建省粮政局的一份材料，为我们提供了另一个观察省级粮政人员构成状况的视角，现简列如表 2-10 所示。

表 2-10　福建省粮政局职员情况（截至 1942 年 5 月底）

单位：人

	简任			荐任			委任			编制外			兼职			总计		
	男	女	小计	男	女	小计	男	女	小计	男	女	小计	男	女	小计	男	女	小计
正副局长	3	—	3	—	—	—	—	—	—	—	—	—	—	—	—	3	—	3
秘书室	—	—	—	3	—	3	24	2	26	21	4	25	—	—	—	48	6	54
第一科	—	—	—	1	—	1	13	1	14	2	1	3	—	—	—	16	2	18

———————

① 《宁夏省粮政局职员铨叙案》（1942 年 12 月 21 日），《粮食部档案》，档案号：119-010200-0328，第 9 页。

续表

	简任			荐任			委任			编制外			兼职			总计		
	男	女	小计	男	女	小计	男	女	小计	男	女	小计	男	女	小计	男	女	小计
第二科	—	—	—	(1)	—	(1)	11	1	12	2	2	4	(1)	—	(1)	13	3	16
第三科	—	—	—	1	—	1	11	1	12	1	1	2	—	—	—	13	2	15
会计室	—	—	—	1	—	1	14	—	14	4	—	4	—	—	—	19	—	19
统计室	—	—	—	(1)	—	(1)	4	—	4	1	1	2	(1)	—	(1)	5	1	6
视察	—	—	—	4	—	4	12	—	12	—	—	—	—	—	—	16	—	16
稽核	—	—	—	1	—	1	4	—	4	—	—	—	—	—	—	5	—	5
技术人员	—	—	—	1	—	1	6	—	6	—	—	—	—	—	—	7	—	7
储运处	—	—	—	3	—	3	78	3	81	42	—	42	—	—	—	123	3	126
总计	3	—	3	15	—	15	177	8	185	73	9	82	(2)	—	(2)	268	17	285

原表注：（1）本局职员实计285人，兼职者只算1人（括号内数字即兼职者，不予计算，以免重复）；（2）技术人员包括技正、技士、技术员。

资料来源：《福建省粮政局职员性别比较表》（截至1942年5月底），《福建粮政》第1卷第2~3期合刊，1942年12月25日，第13页。

从表2-10可以看出，福建省粮政局共有各类职员285人，其中简任3人，荐任15人，委任185人，编制外人员82人，亦有少量兼职人员。而且与宁夏省粮政局相比，福建省粮政局组织机构较多，稽核、储运处均包含在内，显示出闽省特点。

另外，如果从性别角度来看，则可将表2-10数据改列于表2-11。

表2-11 福建省粮政局职员性别比较（截至1942年5月底）

单位：人，%

	男		女	
	人数	占比	人数	占比
正副局长	3	100.00	—	—
秘书室	48	88.89	6	11.11
第一科	16	88.89	2	11.11
第二科	13	81.25	3	18.75
第三科	13	86.67	2	13.33
会计室	19	100.00	—	—
统计室	5	83.33	1	16.67
视察	16	100.00	—	—

续表

	男		女	
	人数	占比	人数	占比
稽核	5	100.00	—	—
技术人员	7	100.00	—	—
储运处	123	97.62	3	2.38
总计	268	94.03	17	5.97

　　资料来源：《福建省粮政局职员性别比较表》（截至 1942 年 5 月底），《福建粮政》第 1 卷第 2~3 期合刊，1942 年 12 月 25 日，第 14 页。

　　表 2-11 反映出，在福建省粮政局中，男性职员占 94.03%，女性职员占 5.97%，女性职员在各省粮政局当中的占比是比较高的，这可能与福建地处沿海、风气较为开放有关。而宁夏、甘肃这样的内陆省份，粮政局中几无女性职员。此外，在福建省粮政局女性职员中，以担任秘书职位者居多，这也显示出性别与职业的关联性。

　　关于各省粮政局经费问题，粮食部 1941 年 10 月提出，当年已成立省粮食管理局、处或调节处，并改组为粮政局者，仍以原有经费作为粮政局经费；未成立粮政局而新设者，经费由各省省库统筹开支；如确有不敷者，编制预算后，由粮食部转呈行政院核准。① 粮食部根据各省粮政局业务等，确定各局不同等次及经费，规定四川、湖南、江西 3 个省粮政局为甲等局，月拨经费 4 万元；陕西、河南、湖北、贵州、云南、浙江、福建、广东、广西 9 个省的粮政局为乙等局，月拨经费 3 万元；安徽、甘肃、山西、绥远、宁夏、青海、西康 7 个省粮政局为丙等局，月拨经费 2 万元。② 尽管粮食部有如此规定，但有的省份并未达到此标准，如宁夏省。宁夏属户口较少省份，粮政局级别为丙等，1942 年 1 月统计时有局长、副局长、秘书、会计主任、视察各 1 名，科长 2 名，加上办事员、雇员、勤役等总计 43 名，年支经费仅 65040 元，每月平均为 5420 元，③ 远

---

① 《各省粮政局及各县粮政科三十、三十一年度经费支报办法》（1941 年），《行政院档案》，档案号：014-040502-0011，第 3~8 页。
② 《粮食部三十一年度工作计划》，第 34~35 页。
③ 《省属粮政单位组织规程（二）》（1941 年~1945 年），《行政院档案》，档案号：014-040503-0006，第 164 页。

未达到每月 2 万元的标准。

　　3. 县级行政机构与人员

　　国民政府成立后，县组织机构屡经调整演变。抗战全面爆发后，更有战区与非战区的区别。1938 年 4 月，蒋介石提出《改进党务与调整党政关系》的提案，并附有《县以下党政机构关系草图》与图例释要，加以说明。10 月，中央执行委员会及国防会议决，交行政院令川、陕、黔、湘、赣五省试办，并在行政院内设置县政计划委员会，以为县政研究机构。1939 年 8 月 31 日，国防会第 14 次常务会议通过《县各级组织纲要》，9 月，国民政府予以公布。该纲要规定，县政府设民政、财政、教育、建设、军事、地政、社会各科。① 其中并无专门的粮政科。

　　粮食生产、储运、征收、分配等工作，一般流程是自下而上开展的，即广大农村基层地区为开端，城市消费者为末端。因此，基层粮食管理工作更为重要，对于这一点，第三战区司令长官顾祝同 1940 年 3 月言："欲求粮食管理之有效，非树立基层组织不为功。"② 全国粮管局亦比较重视基层粮政，要求各县成立粮食管理委员会，卢作孚等管理人员深入各专署视察，如 1940 年 9 月 21 日、22 日、26 日，卢与何北衡分别赴第二、第七、第六行政区视察，"召集各该区县长，举行粮食会议，研究管理粮食办法"。③ 1941 年 1 月 7 日，卢作孚又由渝转蓉，赴川西、西康等地视察粮情。④

　　粮食部成立后，在 7 月 29 日所提粮政机构设立、改组的提案中，对县级粮政机构有如下表述："各县原设之粮食管理委员会拟即裁撤，在县临时参议会未成立以前，另由各县地方公正士绅组织评议监察团体，以利粮政之推行。"⑤ 其实，评议监察团体只是过渡机构，基层粮政推行与实

①　蒋介石：《县各级组织纲要案》，《浙江自治》（丽水版）第 23～24 期合刊，1939 年 12 月 20 日，第 20 页；中央训练团编印《县各级组织纲要》，1939，第 2 页。

②　《省属粮政单位组织规程（一）》（1937 年～1941 年），《行政院档案》，档案号：014-040503-0005，第 22 页。

③　《卢作孚等调查四川粮产》，《新华日报》1940 年 9 月 17 日，第 2 版。

④　《卢作孚视察川康粮食状况》，《大公报》（重庆）1941 年 1 月 9 日，第 2 版；《卢作孚赴成都》，《新闻报》1941 年 1 月 10 日。

⑤　《省粮政局组织大纲及有关文书》（1941 年 8 月～1942 年 5 月），《内政部档案》，档案号：一二（6）-17475，第 2～3 页。张群在第二次行政会议上讲道，及早成立县参议会，使之负宣传督察责任。参见张群《田赋改制与行政人员——第二次行政会议训词》，财政部四川省田赋管理处编印《四川田赋改制专刊》，1941 年 11 月 15 日，第 9 页。

效的取得，须依靠强有力的专门粮食行政机构与大量基层粮政人员。全国粮管局裁撤后，行政院训令各省粮政局："各县粮食行政，应于县政府内添设粮政科主管，原有县粮食管理委员会应即裁撤，该会组织通则并予废止。"① 不过，在县政府设立粮政科，属新增机构，而增设新机构须符合县组织法规定，这一问题正与在省政府增设粮政局类同。在粮食部督促各省粮政局相继成立的"前车"指引下，蹈其后辙的各县粮政科的设立顺理成章，而且，未见缓解的粮食危机及即将开征的田赋征实也促使粮政科及早设立，步入正轨。

按照粮食部规划，"县粮食管理委员会改为粮政科，使与县政内各科并列"。② 然而，粮政科究竟应如何设立，各省此时并不清楚。9 月 2日，广西省政府主席黄绍竑致电行政院，请示县市政府粮政科组织究竟应如何设置的问题。其实，此问题就连甫经设立的中央主管机构粮食部亦无定案。10 日，行政院将电报内容转给粮食部，由其"迅拟具复"。26 日，粮食部呈复行政院，谓"各县市组设粮政科，为办理粮食行政事宜，其组织应视事务之繁简，比照县市其他各科组织，酌设办事人员，所有经费应列入县市经费预算"。10 月 3 日，行政院同意按照粮食部意见办理。③ 11 月 8 日，粮食部拟订《县粮政科职掌》呈送行政院。从 8 月 8 日即已公布《省粮政局组织大纲》，直到 3 个月之后才拟订《县粮政科职掌》，说明粮食部并未将县级粮食机构的职能一体考虑。11 日，行政院将之交由内政部"核议迅复"。29 日，内政部除了提出县政府原设各科所承办的粮政事项均应在粮政科成立后划归的意见外，认为其他条款"尚属妥实"。行政院审核后，12 月 16 日批复"拟如部

---

① 《省粮政局组织大纲及有关文书》（1941 年 8 月～1942 年 5 月），《内政部档案》，档案号：一二（6）-17475，第 2～3 页。

② 徐堪：《粮食部成立后之施政方针》（1941 年 7 月 21 日），秦孝仪主编《抗战建国史料——粮政方面》（1），第 213 页。

③ 《省属粮政单位组织规程（二）》（1941 年～1945 年），《行政院档案》，档案号：014-040503-0006，第 18～28 页；《令粮政局：奉行政院令为广西省政府电请核示县市粮政科应如何组织等情一案令仰知照并转饬知照》，《云南省政府公报》第 13 卷第84 期，1941 年 11 月 1 日，第 12 页。有学者指出，立法院虽为最高立法机关，但其立法权却十分有限，这一现象在战前即表现突出。参见张瑞德等《抗日战争与战时体制》，张宪文、张玉法主编《中华民国专题史》第 11 卷，第 13～14 页。战时这种情况更为凸显，法规的出台往往滞后于实际执行，这个情况在粮食部也较严重。

议，通饬施行"，并抄发各省政府遵照执行。[①] 粮食部拟定的《县粮政科职掌》共有 7 条：一是粮食征收、征购、征募，二是粮食采办、供应及调节，三是粮食仓储、运输及加工，四是粮食调查、登记及情报收集，五是粮食登记、粮价平准及市场管理，六是积谷管理、粮荒救济及粮食节约，七是其他粮食行政事项。[②]《县粮政科职掌》的颁行，使粮政科的合法性得到确认，职责也有了明确规定，同时可以看出，县粮政科职责实属不轻。

《县粮政科职掌》的施行，为各县设立粮政科奠定了基础，各省政府督饬各县尽快设立，以便投入工作。较早设立粮政科的省份有广东、浙江、云南、福建、江西等，但各省的做法颇不一致。浙江制定 11 项办法：县粮政科经费方面，规定在各该县 1941 年度总预算费下开支，1942 年度起编入县府行政费概算内；人员方面，设科长 1 人（收购常平仓谷县份必须专任，其余各县可以由县府秘书或民政科科长兼任）、科员 2~6 人、事务员 1~2 人、书记 2 人（在收购常平仓谷县份可增设指导员 2~4 人），均照县府职员支薪。[③] 山西省长治、沁水、芮城等 23 个县因邻近战区或已沦陷，"各该县政权尚未能如期开展，暂缓增设"。[④]

关于县粮政科经费，粮食部 1941 年 10 月 4 日提出，1941 年度已设立粮食管理委员会的，维持原有经费不变；新设立的，由各省政府规定粮政科设置标准，县政府编造预算，呈请省政府追加经费，省款不足的可呈文粮食部，转由行政院核定补助经费。[⑤]

---

① 《省属粮政单位组织规程（三）》（1941 年~1945 年），《行政院档案》，档案号：014-040503-0007，第 10~15 页。需要指出的是，在福建省政府所属各机关 1942 年 4 月受惩罚人员名单中，安溪、漳浦、上杭、诏安、长泰等县粮食机关仍称为粮食管理委员会。参见《福建省政府所属各机关三十一年四月份受惩罚人员一览表》，《福建省政府公报》永字第 445 期（原第 1258 期），1942 年 5 月 28 日，第 5336 页。

② 《省属粮政单位组织规程（三）》（1941 年~1945 年），《行政院档案》，档案号：014-040503-0007，第 12 页。

③ 《浙省增设县粮政科办法》，《地方建设》第 1 卷第 6 期，1941 年 12 月 1 日，第 96 页。

④ 《行政院关于山西省长治等二十三县军事、粮政两科暂缓增设的文书》（1943 年 4 月~6月），《内政部档案》，档案号：一二（6）-8415，第 4 页。

⑤ 《各省粮政局及各县粮政科三十、三十一年度经费支报办法》（1941 年），《行政院档案》，档案号：014-040502-0011，第 4~8 页。

表 2-12　广东省县粮政科编制预算（1942 年）

单位：人，元

一、二等县				三、四等县		
	员额	级别	每月预算		员额	级别	每月预算
科长	1	委任 2 级至 1 级	200	科长	1	委任 3 级至 2 级	180
科员	1	委任 8 级	100		1	委任 9 级	90
	1	委任 12 级	75	督察员	1	委任 14 级	65
	1	委任 14 级	65		2	委任 10 级至 9 级	180
督察员	2	委任 9 级至 8 级	200	办事员	1	委任 16 级	55
办事员	1	委任 15 级	60	办公费			90
办公费			100	旅费			90
旅费			100	合计	6		750
合计	7		900				

原表注：（1）本表所列各职员薪俸额仍应依照 1940 年度本省文职公务员各级官俸减支数额表或省府颁布各科室人员折实办法同等待遇，不得歧异；（2）增科经费，本年度准在县地方款预备金项下动支，1942 年度应视为县政府组织之一，列入县行政经费预算内。

资料来源：《省属粮政单位组织规程（二）》（1941 年~1945 年），《行政院档案》，档案号：014-040503-0006，第 127~128 页。

　　广东省另外设有南山管理局粮政科，该科设有科长、科员、督察员各 1 名，每月实支经费 320 元。[1]

　　湖北省各县 1941 年 9 月起陆续成立粮政科，全省各县粮政科分为甲、乙、丙、丁四等，10 月 1 日起粮政科下设乡镇收粮所，每四五个乡镇成立 1 所，每县平均设立 7 所，每所设主任 1 人，经收员 4 人，计核员 1 人或 2 人，仓丁 14 人，每所拨支经费 500 元。此外，为就近督导及与军事机关建立联系，分别在鄂北老河口、鄂中磨盘洲成立办事处，随后在第二区专员公署所在地黄冈建立鄂东办事处。[2] 截至 1942 年 4 月底，浙江省成立粮政科的有 67 个县，仍有嘉兴等 9 个县未成立。原有各县粮食管理委员会裁撤，改设为粮政科。[3]

　　县级粮食行政机构中，另有征购粮食监察委员会。1941 年 10 月 4

---

[1]　《省属粮政单位组织规程（二）》（1941 年~1945 年），《行政院档案》，档案号：014-040503-0006，第 128 页。

[2]　湖北省粮政局编印《湖北省粮政局三十年度业务报告》，1942，无页码。

[3]　《各省市粮政工作报告摘要》，第 "浙 1 页"。

日，财政部、粮食部鉴于该年下半年各省全部实行征实政策，加上川、黔等省除征实外尚有征购，"事至繁重"，仅凭政府力量难以切实推动，因此提出在征购实物县份设立征购粮食监察委员会，"俾收官民合作之效"，因此，财、粮两部根据《田赋征收实物各县市经征经收机关联系办法》第11条规定，拟订《各县征购实物监察委员会组织规程草案》，会呈行政院。10月7日，行政院第535次会议决议修正后通过。17日，行政院公布《各县市征购粮食监察委员会组织通则》。[①] 该会职责有6项：一是宣传征购实物的意义，二是劝导粮户踊跃输纳，三是协助征购机关推进征购工作，四是调查评议征购实物纠纷，五是检举征购弊端，六是建议征购改进事项。[②] 如有违犯，即按军法处置。[③] 各省政府遵从行政院指示，纷纷设立征购粮食监察委员会，1941年，征购粮食监察委员会已在四川各县市建立起来，其他省份陆续将其提上日程。[④] 截至1942年4月底，浙江省成立征购粮食监察委员会的县份有18个，[⑤] 其他各省亦属不少。不过，对于征购粮食监察委员会在征购中的作用，内江督粮委员段宇认为，"不过是空名而已"。[⑥]

征实工作人员众多且分布广泛，征购粮食监察委员会委员"又不能

---

① 《省属粮政单位组织规程（四）》（1941年~1948年），《行政院档案》，档案号：014-040503-0008，第9~24页。

② 《各县市征购粮食监察委员会组织通则》，《行政院公报》渝字第4卷第20号，1941年10月31日，第14~16页。关于该监察委员会，浙江省政府在1941年12月底致电行政院，提出财政部此前颁发的《田赋征收实物各县市经征经收机关联系办法》中规定，各县设立征购粮食监察委员会，但一直"尚未奉颁，是否另有规定，抑系包括在征购粮食监察委员会之内"。对此疑问，行政院在1942年1月15日专门致电浙省府，谓《各县市征购粮食监察委员会组织通则》即系依据财、粮两部会同颁布的《田赋征收实物各县市经征经收机关联系办法》第11条之规定所制定，各县市征购粮食工作"应均由该委员会监察及协助"，不另组设征购粮食监察委员会。参见《省属粮政单位组织规程（四）》（1941年~1948年），《行政院档案》，档案号：014-040503-0008，第28~31页。

③ 粮食部为处理违反粮食管理规定及其他违法失职等案件，特商准军法执行总监部派驻军法官于该部，设置军法室，但《特种刑事诉讼条例》业经国民政府公布施行，此类案件依法应由普通法院审理，而粮食部所设军法室"应即撤销"。参见《粮食部1945年度施政计划（附相关预算书）》（1944年8月），《中央设计局档案》，档案号：一七一—1473，第39页；《粮食部三十四年度工作计划及意见书》（1944年~1945年），《行政院档案》，档案号：014-040501-0005，第55页。

④ 《粮食部三十年度工作检讨报告》，第76页。

⑤ 《各省市粮政工作报告摘要》，第"浙1页"。

⑥ 剑琴：《第一次督粮座谈会剪影》，《督导通讯》第1卷第2期，1942年2月1日，第11页。

经常下乡，分途巡视"，难以周密监督，营私舞弊事件逐渐滋生。同时，湖南省田赋处亦提出乡镇粮食监察应如何组织的问题。财、粮两部认为充实县市监察委员会及组设乡镇征购实物监察委员会"确有必要"，遂于 1943 年 9 月 16 日向行政院提出，修正《各县市征购粮食监察委员会组织通则》，并拟具《各乡镇征购实物监察委员会组织规程草案》，请求审核实施。10 月 18 日，行政院法规委员会对《各县市征购粮食监察委员会组织通则》《各乡镇征购实物监察委员会组织规程草案》进行审核，分别提出 10 条左右修改意见，并将前者名称修改为《各县市征购实物监察委员会组织规程》。26 日，行政院第 634 次会议决议全部通过。[①] 11 月 1 日，《各县市征购粮食监察委员会组织通则》被行政院废止。[②] 同日，行政院公布《各县市征购实物监察委员会组织规程》《各乡镇征购实物监察委员会组织规程》并正式施行。

根据《各县市征购实物监察委员会组织规程》第 2 条规定，该会职责有 8 个方面：一是宣传征购实物的意义，二是劝导粮户踊跃输纳，三是协助征购机关推进征购工作，四是调查评议征购实物纠纷，五是检校验收工具、监修收纳仓库，六是检举征购弊端，七是建议征购改进事项，八是其他有关实物征购监察事项。《各乡镇征购实物监察委员会组织规程》规定乡镇监委会职责与前者相似，只不过组成人员略有差别。[③] 县市、乡镇监察委员会的设立，一来因为随着征收、征购政策的连年推行，征收率开始有所下降，政府必须采取更为有力的措施，以保证手中握有足额的粮食实物；二来意味着乡镇粮政弊端不容忽视，田赋征收实物的监督工作必须下沉到乡镇一级，监察范围应更为扩大，才能最大限度减少或杜绝各项弊端，将粮食"新政"推向纵深。1944 年，个别省份实行实物征借政策后，

---

① 《省属粮政单位组织规程（四）》（1941 年～1948 年），《行政院档案》，档案号：014-040503-0008，第 33～56 页。

② 《省属粮政单位组织规程（四）》（1941 年～1948 年），《行政院档案》，档案号：014-040503-0008，第 60 页；《为废止各县市征购粮食监察委员会组织通则由》，《行政院公报》渝字第 6 卷第 12 号，1943 年 12 月 31 日，第 10 页。

③ 《省属粮政单位组织规程（四）》（1941 年～1948 年），《行政院档案》，档案号：014-040503-0008，第 47 页；《为废止各县市征购粮食监察委员会组织通则由》，《行政院公报》渝字第 6 卷第 12 号，1943 年 12 月 31 日，第 5～7 页。

贵州省政府在 11 月提出，相关组织规程亦应将"征购"修正为"征借"，① 这一提议是十分合理的。

各省粮政局作为新设或改组机构，运行初期并非十分顺畅，而是需要在实际工作中磨合，再根据情况做出适当调整。如浙江省政府 1942 年 3 月 5 日已将该省粮政局组织规程呈报行政院，但经过一年的运行，发现"第一、第二两科原定职掌实施以来，时有扞格之处"，浙省政府于 1943 年 3 月 22 日呈文行政院，对原规程第七、第八两条分别予以修正。② 另外，值得一提的是，粮食部在成立初期颁行的《省粮政局组织大纲》，亦受到农林部及多省政府的数度质疑，历经反复修订，其过程颇为微妙曲折，详见后文论述。

县级基层粮政人员及各省市粮政局人员是否公正实干，关系到粮政成效得失，其选聘、管理、培训均需严格把关。福建省各县粮政科科长、科员人选，除了"廉干而洽民望者"，其保荐标准为：第一，各县区现任公沽局副经理、粮委会秘书及公沽局、粮委会高级人员；第二，"资格相合之现任受训人员，或曾经受训，列单候补人员"；第三，"地方公正人士资格相合者"。③ 福建省粮政局在成立一周年之际，提出了"十不""粮政人员公约"：一是"不违反国父粮食政策"，二是"不违反总裁对于粮政的指示"，三是"不违反政府粮食法令"，四是"不利用职权扰乱粮食市场"，五是"不利用粮食资金经营私人事业"，六是"不包庇袒护囤积居奇的商人"，七是"不作阻挠任何粮食运销的行为"，八是"不贻误军糈民食供应"，九是"不供应敌伪粮食及私相买卖"，十是"不抛弃与浪费一切粮食"。④ 福建省粮政局的"十不"公约颇具代表性，既坚持了政

---

① 《省属粮政单位组织规程（四）》（1941 年~1948 年），《行政院档案》，档案号：014-040503-0008，第 68 页。1944 年 11 月 3 日，贵州省府向行政院转呈该省思南县政府文，谓多数县份军粮业已改为征借，则各县市征购实物监察委员会亦应改为征借实物监察委员会。22 日，行政院通令各省及各部会署遵照执行。《省属粮政单位组织规程（四）》（1941 年~1948 年），《行政院档案》，档案号：014-040503-0008，第 68~76 页。

② 《省属粮政单位组织规程（二）》（1941 年~1945 年），《行政院档案》，档案号：014-040503-0006，第 158、202~204 页。

③ 《饬县保荐粮政科人选》，《闽政月刊》第 9 卷第 5 期，1941 年 11 月，第 74 页。

④ 陈绍箕：《推行"粮政人员公约"》，《福建粮政》第 1 卷第 2~3 期合刊，1942 年 12 月 25 日，第 9 页。

治引领，也对粮政中荦荦大端者进行了规定，不过此项公约的执行效果有待进一步讨论。

徐堪对各级粮政管理人员人选较为重视，认为此项人员如果随便选派，不但不能达成任务，还会发生许多枝节问题。如军委会1941年6月遴选的60多名督粮人员，经何应钦、贺耀组等人详细考查，"其中颇多不相宜者"。① 为使各级粮政人员明了粮食政策与各项法令，提高粮政人员素质，粮食部甫一成立即制定粮政干部人员训练计划，针对不同对象，分年度、多途径实施训练。粮食部成立后，先后举办两期督粮人员短期训练班，以使受训人员成为"恪遵总理遗教、服从党义、奉行法令、忠实努力"的粮政干部。粮政干部受训完毕后，既被灌输了"粮政智识"，又养成了"特殊技能"，对于粮食管理法令、实际问题有较为充分的认识，可以担负、胜任粮食督导工作。1942年，粮食部亦制定了详细的训练计划，计划培训省级粮政干部60人，分3期训完，每期20人，时间3个月。②

对于培训方式，粮食部与其他部门配合，采取招训、调训等方式，扩大受训对象。招训是通过考试招录粮政人员，予以培训。1941年因时间仓促及经费不足，粮食部招训未及举办，不过财政部进行了特种考试，招录了一些人员投身田赋整理业务。1941年7月，财政部制定《田赋人员考试暂行条例》，由考试院举行特种考试，特种考试是应各行政机构申请所举行的针对此类机构的特定考试。据考试院统计，1941年共举行特种考试42次，及格人数为5121名，其中包括财政部田赋整理人员，考试从8月31日至9月1日在重庆举行，及格97人，最后录取92人，短期训练后分派至各省田赋处，担任科长、秘书、督导员等。③ 1942年初，粮食部与考试院考选委员会商议，在5月份的高等考试经济人员门类中增加粮政组招考类别，计划招录人员100名，举行特种考试，在全国范围11个区

① 《经济会议第二十四次会议》（1941年7月1日），《行政院经济会议、国家总动员会议会议录》第1分册，第330页。
② 《粮食部三十一年度工作计划》，第37~38页。
③ 考试院秘书处编印《第五届中央执行委员会第九次全体会议考试院工作报告》，1941，第5~9页；《徐可亭先生文存》，第202页。

招考，录取后由粮食部进行"精神训练、军事训练、政治训练、业务课程训练及实务训练"等专门培训。1942 年训练粮政、运输、加工制造等仓库管理人员、会计人员 600 人。[①] 1943 年普通考试中，继续招考粮政人员，录取后予以相应训练，受训人员涉及粮食业务的各个环节。

调训的对象是粮食部各单位、各省（市）粮政局及直属各业务机关荐任或委任的高级人员，此类人员属管理人员，步骤是先分别遴选，然后举行短期培训。粮食部成立后，计划第一期调训 106 名，8 月 10 日正式开学，训练完毕后大多数仍回原机关服务，对于特别优秀者，将其选送至国民党中央训练团党政训练班，再次受训，作为储备粮政干部，以备调派任用。[②] 中央训练团党政班训练内容主要有四项：一是蒋介石的精神训话，包括"三民主义的体系及其实行程序""革命哲学的重要性""行政三联制大纲"等；二是党政课程和业务演习，强调实践性，不时邀请国民党党务、政务部门长官做报告；三是军事训练，包括术科、学科及见学（军事表演）；四是训育实施，包括党团活动、小组讨论、工作座谈、个别谈话等。从 1941 年 8 月至 1943 年底，共调训田粮管理人员达 9000 人。[③] 无论招训还是调训，粮食部培养的人才计分七类：一为粮食行政人员，二为粮食调查人员，三为粮食检验人员，四为仓库人员，五为加工及制造人员，六为运输人员，七为会计人员。[④] 此七类人员也是粮食管理、粮政推行不可或缺的成员。

除了上述训练形式与训练人员，1942 年，对派赴各省视察粮政，调查粮情，督导征收、征购、征募人员，粮食部在其出发前也通过讲习方式进行短期培训，每年 2 次，以提高其服务精神，明了所负使命，更好地服务粮政工作。粮食部要求各省在办理征收、征募以前，要集合经征、经募人员进行短期培训，每年举办 1 次，以使此类人员熟谙业务办理手续，提高工作效能。此外，国民党"团、宪、队"等协助推行粮政人员在担任

---

① 《粮食部三十一年度工作计划》，第 37~38 页。

② 《行政院关于粮政之推行报告——对五届十中全会报告》（1941 年 10 月至 1942 年 8 月），秦孝仪主编《抗战建国史料——粮政方面》（1），第 462~463 页；《粮食部三十一年度工作计划》，第 37~38 页；《粮食部三十一年度工作考察》，第 9 页。

③ 《徐可亭先生文存》，第 202 页。

④ 《粮食部三十一年度工作计划》，第 37~38 页。

工作前，也应每年培训 1 次。

1944 年，粮食部对粮政人员训练更为重视，调训、招训经费预算 60 万元，督导等项人员训练经费 20 万元，均列入粮食部训练费，① 调训高中级业务人员 100 人，为期一个月。举行粮食业务人员特种考试，特种考试分高级、初级两种，高级招考对象是专科以上学校毕业生，初级招考对象为中等以上学校毕业生，招考业务人员名额为 100 人，培训时间为 2 个月。同时，训练督导人员、密查人员及党、团、宪、警协助粮政人员，随时举办座谈会，时间亦临时决定。② 不过，随着物价上涨、法币贬值，预算经费不敷应用，各项培训办理困难，粮食部不得不将原计划酌予修订，改为调派粮食部本部人员、各直属业务机关职员参加中央训练团及其他训练机关举办的各项专业讲习班，购置有关业务参考书，让受训者自主学习。③ 1945 年，粮食部计划投入培训经费 300 万元，调训粮食部直属业务机关及四川省各级粮食业务机关人员 150 人，招考业务人员 150 人，分 3 期训练，每期 100 人，时间各为 2 个月。④ 对于各省粮政机关举办的中下级干部人员训练班，粮食部针对不同情况，亦会酌予费用补助。

三　立法程序正义与权力边界维护：修正《省粮政局组织大纲》中的插曲

1. 大纲的出台与初次修正

粮食部的成立，标志着专门的中央粮食行政机构重新确立，同时也意味着更强有力的粮政推行的开始。粮食部成立后，遂将省县粮政机构设立提上了日程，因为在粮食危机日益严重的背景下，田赋征实

---

① 《粮食部 1944 年度工作计划（附预概算及委购军粮价款表）》（1944 年 6 月），《中央设计局档案》，档案号：一七一—1471，第 128 页。

② 粮食部编印《粮食部三十三年度工作计划》，1943 年 11 月，第 18 页；《粮食部三十四年度工作计划及意见书》（1944 年~1945 年），《行政院档案》，档案号：014-040501-0005，第 29 页。

③ 《粮食部 1945 年度施政计划（附相关预算书）》（1944 年 8 月），《中央设计局档案》，档案号：一七一—1473，第 82 页。

④ 《粮食部三十四年度工作计划及意见书》（1944 年~1945 年），《行政院档案》，档案号：014-040501-0005，第 30 页。

政策已然确立，而且四川省已确定将于 1941 年 9 月 16 日开征，在短期内设立强有力的省县级粮食行政机构以推动"新政"，显得尤为迫切和必要。

1941 年 7 月 29 日，徐堪拟具的《省粮政局组织大纲草案》，在行政院第 525 次会议上被快速通过。① 8 月 8 日，行政院正式公布《省粮政局组织大纲》。大纲共 14 条，其中第一条规定："各省省政府设粮政局，掌理本省粮食事宜。"第二条规定，各省粮政局设局长 1 人，综理局务，副局长 1 人或 2 人，辅佐局长处理局务，由行政院呈请国民政府简派。第三条规定："本局局长出席省务会议；关于本省粮食政令之发布，以省政府名义行之，局长副署；关于主管事务之处理，得发局令。"粮政局下设秘书室、第一至第三科及会计室，秘书室掌理本局文书、人事、庶务，第一科掌理粮食调查、征购、管制，第二科掌理粮食增产、加工、仓储、运输，第三科掌理财务，会计室办理岁计、会计、统计。② 大纲公布的同时，粮食部即电令各省政府，要求各省根据组织大纲，妥拟组织细则，尽快建立本省粮政机构。12 月 22 日，广东省政府向粮食部呈送《广东省粮政局组织规程》备案，③ 其他各省也先后出台各自的组织规程或组织细则。

粮食部责令各省设立粮政局，虽强调此举系其施政计划纲要重要组成部分，④ 实际上也不无吸取全国粮管局时期粮政管理机构职权不充分的教训。徐堪履职后，认为极有进一步扩大省级粮政机构职权的必要，

---

① 《省属粮政单位组织规程（二）》（1941 年~1945 年），《行政院档案》，档案号：014-040503-0006，第 17~18 页。

② 《省属粮政单位组织规程（二）》（1941 年~1945 年），《行政院档案》，档案号：014-040503-0006，第 19~20 页。需要指出的是，在粮食部 7 月 29 日提交的大纲草案中，第三条"本局局长出席省务会议"一句话旁标有"得列"及"政府委员"字样，似为"本局局长得列席省政府委员会议"，此处标注应为后来所加，但不知何人何时所加。而行政院公布的大纲中，第三条第一句为"本局局长出席省务会议"。参见《省粮政局组织大纲》（1941 年 8 月 8 日行政院饬遵），《交通公报》第 4 卷第 13 期，1941 年 9 月 16 日，第 1385 页。

③ 《省属粮政单位组织规程（二）》（1941 年~1945 年），《行政院档案》，014-040503-0006，第 131 页。

④ 《省粮政局组织大纲及有关文书》（1941 年 8 月~1942 年 5 月），《内政部档案》，档案号：一二（6）-17475，第 2~3 页。

举措之一就是拟订《省粮政局组织大纲草案》，提请行政院通过。该大纲草案从提交到正式公布，为时仅 10 日，速度之快令人惊叹，显示出中央政府果决之意。不过，仓促制定的大纲从出台到公布，在立法程序、内容等方面却不无可指摘之处，并招致多方质疑，这是粮食部始料未及的。

　　大纲公布后，江西、绥远等绝大多数省份均表示"遵照办理"，① 并未提出异议，而且根据大纲要求积极组建本省粮政机构。但大纲出台一个多月后，农林部首先提出质疑。农林部的质疑集中在粮食增产事项应归哪个部门主管的问题上，即大纲的第七条。② 原大纲第七条规定："第二科职掌粮食之增产、加工、仓储、运输等事项。"③ 对此条款，农林部部长陈济棠 9 月 23 日向行政院提出不同意见："增加粮食生产，事属本部职掌范围，为推动此项工作，各省早经成立粮食增产机构，并联合各该地方农业改进机关集中力量负责专办，由本部督导进行，已见成效。如在同一地方另有机关各别办理，则职权重复，责任不专，深恐工作效率受重大之影响。即就人力、技术种种方面而论，亦以由现有增产机构负责，较易为功。可否准将省粮政局组织大纲第七条予以修正，删去'增产'二字，以一事权。"④ 农林部声称粮食增产事务为本部职掌范围，但国民政府 1940 年 5 月公布的《农林部组织法》中并未有"粮食增产"字样，该部所设五司一局职责中，亦未明确规定粮食增产由哪个部门掌管。1940 年冬，农林部提出在本部筹设粮食增产委员会。1941 年 2 月 11 日，农林部在经济会议第九次会议上，将其制定的《农林部暂设粮食增产委员会组织章程》呈请行政院备案；⑤ 同日，行政院指令农

---

① 《省属粮政单位组织规程（二）》（1941 年~1945 年），《行政院档案》，档案号：014-040503-0006，第 45~48 页。

② 农林部成立于 1940 年 5 月，掌管全国农林行政事务，下设总务司、农事司、农村经济司、林业司、渔牧司及垦务总局等。参见《农林部组织法》（1940 年 5 月 11 日国民政府公布），《中央银行月报》第 9 卷第 7 号，1940 年 7 月，第 2679~2681 页。

③ 《省粮政局组织大纲》（1941 年 8 月 8 日行政院饬遵），《交通公报》第 4 卷第 13 期，1941 年 9 月 16 日，第 1385 页。

④ 《省属粮政单位组织规程（二）》（1941~1945 年），《行政院档案》，档案号：014-040503-0006，第 38 页。

⑤ 《经济会议第九次会议》（1941 年 2 月 21 日），《行政院经济会议、国家总动员会议会议录》第 1 分册，第 33 页。

林部"准予备案",粮食增产委员会正式成立。粮食增产委员会第一项职责即为"统筹规划全国粮食增产事宜",① 在各省设立粮食增产总督导团,省主席或建设厅厅长兼总督导,农业机关主管人员为副总督导,农林部亦派员担任副总督导;各县设县总指导团,县长兼任总指导,建设科科长及农林场场长或农业推广所主任为副总指导,县以下设立推广员若干人。② 农林部的依据正在于此。

26 日,行政院将之交由粮食部核复。10 月 14 日,粮食部回复称:"粮食增产原系农林部主管事务,惟战时粮食管理,开源与节约并重,于增产方面,本部有随时提出意见供农林部参考之必要。《省粮政局组织大纲》内规定'增产'字样,仅为注意于粮食增产事项之策动与农业机构联系,使生产政策与管理政策可以密切配合而已,并不直接办理增产事务。现农林部既主张将该项组织大纲第七条删去'增产'二字,以免关于粮食增产事项职权重复,责任不专,本部自可同意。"25 日,行政院"准予修正,俟原组织大纲更有修正时,一并依法公布,并通饬周知"。27 日,行政院就此致函粮食部、农林部。③ 可见,粮食部在大纲中制定的粮食增产条款,其初衷虽为增加战时粮食产量,以为田赋征收、军粮征购提供更为充足的粮源,却与农林部已设机构职权重叠,侵犯了农林部主管粮食增产事项的"权力界限"。占得先机的农林部以职权重复会影响增产工作效率为由,提出将大纲中规定的增产事务删去,"以一事权"。对于农林部的意见,行政院完全支持,粮食部亦无可辩驳,只能以加强粮食生

---

① 《粮食增产委员会组织章程》(1941 年),《行政院档案》,档案号:014-040503-0015,第 3~6 页;《农林部粮食增产委员会概况》,朱汇森主编《中华民国农业史料·粮政史料》第 1 册,第 351 页。

② 《农林部粮食增产委员会概况》,《中华农学会通讯》第 23 号,1942 年 10 月,第 10~12 页。

③ 《省属粮政单位组织规程(二)》(1941 年~1945 年),《行政院档案》,档案号:014-040503-0006,第 41~44 页。根据谢瀛洲 1942 年的论述,粮政局的职权有四项:一是"关于粮食管制、调节、征购,及保管事项",二是"关于粮食产销、运输事项",三是"关于粮食之调查、统计事项",四是"关于粮食增产之设计事项"。参见氏著《中国政府大纲》,第 132 页。需要指出的是,在粮食部 1944 年 5 月向国民参政会第三届第三次会议报告粮食决议案办理情形时,早已明确"增加生产,系属农林部主管,粮食部经会同农林部积极推进"。参见《财政部函送行政院有关办理国民参政会第三届第三次大会对于国家总动员会议工作报告之决议案报告书等》(1944 年 11 月),《行政院档案》,档案号:014-000301-0140,第 40 页。

产与管理之间的关系为借口，把"随时提出意见供农林部参考"作为台阶，做出退让。其后，各省政府陆续收到令函，要求对大纲第七条有关粮食增产条款予以修正。

颇为有趣的是，10 月 14 日，行政院第 536 次会议在讨论重庆市政府呈送的《重庆市粮政局组织规程》时，特别留意其中有无"增产"字样，当看到第七条仍有"增产"二字时，当即决议"第七条'增产'二字删去，余通过"。① 10 月 17 日，在行政院公布的《重庆市粮政局组织规程》中，确实未见"增产"字样。② 在农林部质疑后，粮食管理机构中"增产"成了敏感词。1942 年 1 月，广东省政府第九届委员会第 291 次会议通过《修正广东省政府粮政局组织规程》，将"增产"修正为"关于粮食增产意见之提供事项"，其他省份也进行了相应修正。③ 大纲的初次修正暂告一段落。

在农林部提出质疑之时，陕西省政府亦制造了一个小插曲，对大纲条款中粮政局是否与省政府合署办公及与之连带的经济利益提出了自己的看法。陕西省粮政局局长张志俊向陕省政府提出，"细绎"第三条规定内容，粮政局与省政府其他各厅处"似含有合署办公之意义"，合署办公也就意味着作为主管全省粮政、"得发局令"的粮政局，其地位与其他各厅

---

① 《省属粮政单位组织规程（二）》（1941 年~1945 年），《行政院档案》，档案号：014-040503-0006，第 90 页。

② 《重庆市粮政局组织规程》（1941 年 10 月 17 日行政院公布），《经济汇报》第 5 卷第 11 期，1942 年 6 月 1 日，第 209 页。

③ 《修正广东省政府粮政局组织规程》，《广东省政府公报》第 809 期，1942 年 2 月 12 日，第 14 页。各省组织规程出台时间各有先后，浙江省政府委员会于 1942 年 2 月 17 日通过《浙江省粮政局组织规程》，避免了修正粮食增产条款的尴尬。参见《浙江省粮政局组织规程》（1942 年 2 月 17 日省府委员会第 1247 次会议通过），《浙江省政府公报》第 3356 期，1942 年 3 月 26 日，第 6 页。不过，有些省份对此问题仍未修正。江西省 1942 年 3 月提交至粮食部的《江西省粮政局组织细则》（相当于其他省的组织规程，1942 年 1 月 10 日制定）中，该省粮政局第二科节约股职掌范围中仍有"关于粮食增产之协进事项""其他有关粮食增产节约事项"的条款。参见《省属粮政单位组织规程（二）》（1941 年~1945 年），《行政院档案》，档案号：014-040503-0006，第 149~150 页。福建省 1942 年 4 月制定的《粮政局组织系统表》中，粮政局第二科仍设有增产股，其职掌"办理粮食增产计划、宣传、督导，品种之选择、推广、栽培等方法之改良，水旱、病虫害之防止等事项"。参见《粮政局组织系统表》（1942 年 4 月），《统计副镌》第 43 号，1942 年 4 月 30 日，第 15 页。

处"全然相同",相应各种待遇也应一致。①

合署办公之议始于 1933 年 10 月,蒋介石在国民党四届三中全会上提出《修正地方行政机关组织案》。该提案要点之一为"确定省政府为整个的省行政机关,其各厅……不应为省政府之下级机关"。也就是说,各厅处应为省政府的组成机关,正如五院之于国民政府,各部、会、署之于五院。合署办公表面上是省政府委员会与各厅处合并同一处址办公,"以资便利而节靡费",其实是对省政府与各厅处关系的重新界定。1934 年 1 月开始,各省陆续实行,战时各省均实现广义上的合署办公。1939 年,陕西与西康实行合署办公。②

对于张志俊的疑虑,陕省政府主席熊斌 1941 年 10 月 24 日呈文行政院,呈请对此一请求鉴核备案。③ 收到陕省政府呈文后,行政院对此细节并未过多关注,只是训令粮食部准予备案,指令陕省粮政局与陕省政府合署办公。④ 其实,张的疑虑是多余的,因为粮食部在设立粮政局时,对此已有考量,视粮政局与省政府其他厅处处于同等地位,以强力推行战时粮政,只不过未进一步明确是否合署办公。仔细推究,张之所以提出这一问题,实有自己的小算盘,即粮政局拍发电报是否享受官电半价收费标准。根据《官军电报限制及收费划一办法》第二条第四款规定,"省政府及直隶行政院之市政府"所发电报为官电,如果粮政局"列入省政府本身部分,以与民、财、建、教各厅相同",则可以享受半价;如果粮政局系省政府直属机关,即使因公,其"所发电报列作全价"。⑤对此,交通部也于 11 月上旬致函行政院,予以确认。行政院的答复是:

----

① 《省属粮政单位组织规程(二)》(1941 年~1945 年),《行政院档案》,档案号:014-040503-0006,第 49 页。

② 施养成:《中国省行政制度》,上海人民出版社,2015,第 113~115 页。

③ 《省属粮政单位组织规程(二)》(1941 年~1945 年),《行政院档案》,档案号:014-040503-0006,第 49 页。

④ 《省属粮政单位组织规程(二)》(1941 年~1945 年),《行政院档案》,档案号:014-040503-0006,第 50 页。1941 年 12 月,安徽省政府训令该省各厅处、粮政局、驿运管理处等合署办公,可以看作对此一事件的反应。参见《令本府各厅处、粮政局、各区行政督察专员公署等:为奉院令抄发边疆政治研究计划委员会组织规程转行知照由》,《安徽省政府公报》第 118 期,1942 年 2 月 21 日,第 17 页。

⑤ 《官军电报限制及收费划一办法》(1940 年 6 月 22 日国民政府公布),《党讯》第 2 卷第 3 期,1940 年 9 月 15 日,第 5 页。

"各省粮政局应视为省政府之本身部分，迭经本院解释有案。"① 这一答复相当于确认了粮政局的身份与地位。在此，陕省粮政局的出发点是自身的地位问题以及与之连带的些许经济利益，也是出于维护自身权力的考量，有其合理性。

农林部的质疑聚焦于大纲第七条，证据确凿，言之有据，提出的修正意见也合情合理，获得了各方支持，有力地维护了自身的权力边界；陕省政府的关切集中于第三条后段，主要是经济层面，在行政院的支持下也得以实现。陕省政府的关切虽无伤大雅，但质疑与批评并未结束。

2. 再次修正中的权力边界维护与博弈

1942 年 3~4 月，浙、闽省政府的质疑接踵而至，对各方未予充分注意的第三条第一句"本局局长出席省务会议"提出了质疑，② 大纲也面临再次修正的命运，而其中的权力边界维护与博弈更为激烈。

关于省务会议即省政府委员会议，南京国民政府 1928 年对此颁有成法，对会议种类、参会人员、会议程序、会议职权等均有明确规定，尽管各省在常会与临时会、会议时间与时长、省政府秘书长参加会议的身份等方面稍有差别，但关键问题是一致的，如参会人员资格方面，规定"省府委员会议，由省政府委员组织之"，③ 也就是浙江省政府提出的"省务会议即系本府委员会议"，④ 只有省政府委员可以出席，其他人员为列席。"列席与出席之不同，一般言之，列席者仅能发表言论而不能参与表决"，亦即列席者对会议规定的 11 项职权无表决权。全面抗战爆发后，各省政府附属单位屡有增加，但"此类附属单位之主管长官，遇有省政府委员会讨论与其业务有关之问题时，大都亦列席会议"。⑤ "出席"与"列席"

---

① 《省属粮政单位组织规程（二）》（1941 年~1945 年），《行政院档案》，档案号：014-040503-0006，第 85~86 页。
② 《省粮政局组织大纲》（1941 年 8 月 8 日行政院饬遵），《交通公报》第 4 卷第 13 期，1941 年 9 月 16 日，第 1385 页。
③ 钱端升等：《民国政制史》下册，第 386 页。
④ 《省属粮政单位组织规程（二）》（1941 年~1945 年），《行政院档案》，档案号：014-040503-0006，第 158 页。
⑤ 钱端升等：《民国政制史》下册，第 386~388 页。

虽仅差一字，但其规定的身份差异直指粮政局局长乃至省政府主席的权力问题。

1942 年 3 月 5 日，浙江省政府主席黄绍竑呈文行政院，提出大纲第三条粮政局局长的"出席"与"列席"问题。黄在呈文中指出："省务会议即系本府委员会议，局长如非委员，似不得出席会议。"因此，黄拟将其"改为'本局局长列席省政府委员会议'"，同时建议各省一律以组织规程命名，以免歧乱。此处还有一个小细节，即黄不但改"出席"为"列席"，而且将大纲第三条中的"省务会议"改为"省政府委员会议"。① 其实，省务会议或省政务会议这一名称，仅在 1925 年 7 月广州国民政府时期使用，1926 年 11 月修正《省政府组织法》时，创设省政府委员会，这一名词亦被确定下来，其所召集的会议，称为"省政府委员会议"，成为定制。② 这一名称的小小改动，既彰显出浙江省政府用词的严谨细致，也反衬出粮食部的疏忽大意。3 月 25 日，行政院将《浙江省粮政局组织规程》交付粮食部核复。4 月 12 日，粮食部答复行政院："现正汇案审核。"③

就在粮食部审核期间，4 月 16 日，闽省政府主席刘建绪也呈文行政院，提出相同问题。刘坦言，本省省政府委员会议，除省政府委员与秘书长依法出席外，其他社会、合作、卫生各处处长及会计长、统计长、高等法院院长等均为列席。既然粮政局与上述各处"地位既属相同"，则不应如大纲所规定的，局长"得出席省务会议"，应该也是"列席"，即仅可陈述意见，不参加表决。如果大纲单独规定粮政局局长可以"出席"，并相应具有表决权，则不但与《省政府组织法》第四条相抵牾，也与其他各处处长仅为列席的身份不一致。因此，闽省政府提出，既然"出席"者与"列席"者权力差别明显，即应以《省政府组织法》为基础，根据粮政局局长的定位，在大纲中明确规定，就像《省社会处组织大纲》对

---

① 《省属粮政单位组织规程（二）》（1941 年~1945 年），《行政院档案》，档案号：014-040503-0006，第 158 页。

② 钱端升等：《民国政制史》下册，第 382 页。

③ 《省属粮政单位组织规程（二）》（1941 年~1945 年），《行政院档案》，档案号：014-040503-0006，第 160 页。

处长身份的规定一样，以免引起歧义，则粮食部应对大纲第三条第一句话予以修正，改"出席"为"列席"。对于闽省意见，行政院非常重视与审慎，5 月 13 日，行政院指令法规委员会审议。法规委员会审查后，在 18 日的报告中指出：依据《省政府组织法》，省政府委员会议的出席人员以省政府委员为限，粮政局局长并非省政府委员，则当然与社会处处长、卫生处处长等一样，同为列席。既为列席，则无表决权。有鉴于此，法规委员会提出解决方法：或修改大纲，或修改《省政府组织法》。若不修改《省政府组织法》，则应修改大纲，并建议修改大纲，因其修改较易。① 19 日，行政院在第 564 次会议上就此进行讨论，议决"拟请比照《省社会处组织大纲》，将《省粮政局组织大纲》第 3 条予以修正"，即将"出席"改为"列席"。27 日，蒋介石呈文国防会、国民政府，对此做了说明，要求按照行政院会议的决议，训令各部会署及各省政府。6 月 1 日，国防会第 85 次常务会议对行政院提出的"《省粮政局组织大纲》第三条'本局局长出席省务会议'一句修正为'本局局长得列席省政府委员会议'"，"准予备案"。② 3 日，国民政府指令行政院，准予备案，予以修正。6 日，行政院训令各部会署、各省政府对其进行修正。③ 随后，各省做出响应，分别对此予以修正，④ 大纲的再次修正暂息。

就档案史料所见，提出"出席"与"列席"问题的只有浙、闽两省，其他省份对此只字未提，均沿用"出席"一词，如宁夏 1942 年 1 月 29 日制定的规程即是，而广东省因粮食增产问题修正后的规程中仍用的是"出席"。类似的还有陕西、江西、湖南、安徽等省，这些省的粮政局局长及后来合并后的田赋粮食管理处处长均是由省政府委员兼任的，这也为

---

① 《省属粮政单位组织规程（二）》（1941 年～1945 年），《行政院档案》，档案号：014-040503-0006，第 51～53 页。

② 《国防最高委员会第八十五次常务会议记录》（1942 年 6 月 1 日），中国国民党中央委员会党史委员会编《国防最高委员会常务会议记录》第 4 册，台北，近代中国出版社，1996，第 586 页。

③ 《省属粮政单位组织规程（二）》（1941 年～1945 年），《行政院档案》，档案号：014-040503-0006，第 61 页。

④ 《电知修正省粮政局组织大纲第三条前段》，《广东省政府公报》第 852 期，1942 年 7 月 16 日，第 17 页。

粮食部在战后提出这一问题提供了借鉴。① 不过，浙江省很快改为"列席"。② 按理说，已经成立粮政局的省份，省政府在召开委员会议时都会面对粮政局局长以什么身份参加会议、是否具有表决权的问题，为什么只有浙、闽两省政府质疑此一问题？因史料所限，不便妄自揣度。

尽管各省对"出席""列席"问题答案不一，且行政院也已训令各省修正为"列席"，但此事并未画上句号，5 个月后，大纲又面临第三次修正，而这一次提出修正的却是粮食部，而且也与"出席""列席"问题有关。

3. 第三次修正中的权力边界维护

如果说合署办公、电报价格等问题尚属大纲的"轻微伤""皮肉伤"，那"出席"与"列席"的区别则毫无疑问属于"重伤""硬伤"，因其关乎省政府权力分配及重要政策的表决与决策。大纲第七条与第三条接连被质疑，被迫做出修正，除了让把关不严的行政院比较难堪，多数省份反复修正造成一定困扰外，也给粮食部带来了负面影响，政策法规的制定程序无从保障，审核时间仓促，条款有欠严密。徐堪本人更是陷入被动境地，其行政能力受到挑战与考验，似乎也预示着战时粮食管理并非易事，粮食部的粮食管理之路道阻且长。不过，徐堪很快借助主动修正大纲的机会，在试图挽回负面影响的同时，来维护粮食部与自己的权力边界。

1942 年 11 月 25 日，粮食部呈文行政院，提出修正大纲的请求，理由有三项：一是 1941 年所颁大纲因年来业务日趋繁复，原有组织颇难适应当前需要，粮食部内部职掌事项、员额均有重新分配之必要；二是 1942 年 6 月召开的全国粮政会议亦有调整省粮政机构决议；三是关于各省粮食储运事宜，粮食部亦已拟订《省粮政局储运处组织通则》，并呈送行政院，而储运机构在原大纲中并未规定，实有做出修正的必要。从呈文中的修正理由可以看出，粮食部提出修正大纲的理由并非陕、浙、闽省政

---

① 《为实施改订财政收支系统后关于田赋粮食之紧要措施一案业经大会商讨并就原案修正通过谨将修改重要各点签请鉴核施行》（1946 年 6 月 28 日），《国民政府档案》，档案号：001-081313-00039-010，第 67 页。

② 《省属粮政单位组织规程（二）》（1941 年~1945 年），《行政院档案》，档案号：014-040503-0006，第 182、198、188 页。

府所指出的"硬伤"，而是因应粮食业务与机构调整的需要。因此，徐堪并未将闽省政府指出，已经行政院裁决的结果放在心上，在呈文中，徐堪虽未刻意回避"出席"与"列席"问题，承认"确系实情"，但很明显只是将其轻描淡写地一带而过。从呈文内容可以看出，粮食部先就 6 月份召开的全国粮政会议拟调整各省粮政机构、分配员额、粮食储运等做了简要说明，然后笔锋一转，将设立粮食储运机构与此前的"出席""列席"问题联系起来，并借各省粮政局局长之口，表达了两层意思：第一，战时粮政业务繁剧，粮政案件层出不穷，如每个案件均按照签呈主席—秘书处核转—提会讨论的程序处理，则会迟延时日，缓不济急，不利于案件处理与粮政推行；第二，各省政府委员会议开会讨论粮政问题时，粮政局局长只能列席且无表决权，导致"政策决难把握，效力亦复大减"。对闽省政府此前所提粮政局应与社会、卫生、合作等处地位等同，仅能列席省政府委员会议的看法，徐堪在呈文中不无讥讽，谓其"实未能彻底了解目前粮政之特质"，并援引蒋介石近期对粮政工作所做的重要指示与"完善推行"粮政的期望，意在把蒋对粮政工作的有力支持引申至对粮食部、徐堪本人的有力支持，来压制以浙、闽省政府为代表的质疑者。因此，徐堪提出，"仰见委座重视粮役两政之至意，为求达成粮食政策起见，省粮政局长似仍以出席省府委员会议为宜"。徐在递交的《修正省粮政局组织大纲草案》第三条中，仍将"本局局长出席省务会议"写入。此外，修正后的大纲将秘书室改为第四科，各科职掌事项、员额相应予以调整。①

　　徐堪在此时提出修正大纲，原因是多方面的。一是年余来推行的粮政渐有起色，军粮可以提前足额拨交，②民食供应渐趋稳定，各项粮政获得蒋的大力支持，相关人员也被召见勖勉，正在向更高的期望迈进，这一点在呈文中已有体现，徐堪在 11 月的中央训练团党政训练班上也曾"告慰大家"。③从浙、闽 1941 年度田赋征实、定价征购情况来看，已达到预期

---

① 《省属粮政单位组织规程（二）》（1941 年~1945 年），《行政院档案》，档案号：014-040503-0006，第 69~73 页。

② 《粮食部报告》（1941 年），第 4 页；《粮食部三十年度工作检讨报告》，第 7 页。

③ 徐堪：《最近之粮政》，秦孝仪主编《抗战建国史料——粮政方面》（1），第 14 页。

目标，并得到行政院的嘉奖。① 关于浙、闽两省的粮食状况，经过一年时间，"谁都承认福建的粮食，是十分稳定……这当然不能不承认当局的擘划得当"，② 这也说明粮食部一年来的各项政策措施是比较成功的，成效已经显现，而事实也是如此。二是为了达到理想的粮政推行效果，确实需要更为强有力的省县级粮政机关，来坚决贯彻落实粮食部的政策。在徐堪看来，全国粮管局对粮食危机应对乏力，其中一个重要因素是全国粮管局的"组织和权力还太小"，随着粮食问题日趋复杂，"必须加强粮政机关的组织，扩大粮政机关的权力，增高粮政机关的地位"，③ 才能完成此项艰巨任务，这也是徐堪任职以来特别看重与强调的。粮政局作为战时各省唯一主管粮食行政的最高机构，其地位承上启下，粮政局局长则是粮食部在地方粮政系统中的直接代理人，握有极大话语权，对于粮政决策、推行及目标达成至关重要。三是或许也与徐的性格较为强势有关。徐早年加入同盟会，参加护国战争、护法运动等，后入财政部，协助孔祥熙进行法币改革，深得蒋、孔信任。关于徐的为人，虽然直接展现其性格的材料较少，但可从他人记载中窥得一二。抗战后期及战后担任粮食部简任督察兼督导处帮办陈开国忆述，徐"是科班出身，饱经风雨，既会做人，更会做官"。④ 翁文灏在日记中曾记有这样一件事：1941 年 1 月 2 日，翁文灏与张群谈话，张群言，"卢作孚在蓉时，言及政府处理物价近情，声咽泪下，极为慨息……从种种事实看来，徐堪存心与若干人为难。以彼著名污吏乃竟大胆欺凌正人，当局竟受其蒙蔽，可叹没过于此"。⑤ 在翁眼中，徐堪为一"著名污吏"，且好"欺凌正人"，卢作孚在声泪俱下地反思物价问题时，却遭到徐堪的存心为难，徐的所作所为颇有落井下石、逼卢下

---

① 《令顺人字—五六〇〇号令为嘉奖江西省粮政局局长胡嘉诏浙江省粮政局局长徐柠福建省粮政局局长林学渊广东省粮政局局长胡铭藻贵州省粮政局局长何玉书等由》（1942 年 8 月 11 日），《行政院公报》渝字第 5 卷第 9 号，1942 年 9 月 30 日，第 2 页。

② 郑祖荫：《福建粮政局成立周年纪念感言》，《福建粮政》第 1 卷第 2~3 期合刊，1942 年 12 月 5 日，第 12 页。

③ 徐堪：《中国战时的粮政》，《经济汇报》第 6 卷第 1~2 期合刊，1942 年 7 月 16 日，第 17 页。

④ 陈开国：《抗战时期西南粮政见闻》，《昆明文史资料选辑》第 6 辑，第 24 页。

⑤ 李学通、刘萍、翁心钧整理《翁文灏日记》（下），第 606 页；李学通：《翁文灏年谱》，山东教育出版社，2005，第 237 页。

台的意图。翁的言辞虽系个人感受乃至出于派系纷争，但徐倚仗较深的资历及蒋、孔的信赖而表现出的强势应是无疑的，其实这也是徐得以出任粮食部首任部长的因素之一。因此，徐堪在此时提出修正大纲，是经过深思熟虑的，而且对行政院来说，这也是"修正"此前失误的良机。但行政院会接受徐的全部修正建议吗？

经过"增产""出席"两次修正事件的尴尬，负有审核责任的行政院此次态度较为审慎，未立即批复，而是将修正草案交由秘书处详细审查。12 月 1 日，行政院秘书处对徐堪呈文及修正草案签注五条意见。一是粮政局局长仍"列席"而非"出席"省政府委员会议。秘书处认为，改"列席"为"出席"，虽可增加粮政局局长在会议中的表决权，扩大其职权，"从粮政立场而言，固有理由"，却仍与《省政府组织法》不无抵牾之处，如《省政府组织法》不将"列席"修正为"出席"，则粮政局局长"仍以列席为宜"。二是秘书室可以改为第四科。三是局内员额增减亦无不可。四是省市粮政局分等编制表应在大纲决定后一起修正。五是省粮政局储运机构的设立，应呈请行政院核准，以防过多过滥。防止多而滥或许只是秘书处的借口，其真正目的不排除提醒粮食部勿再出现新设机构规章制度不周密，连带将行政院拖下水的同类情形。① 在这五条意见中，仍以第一条最为重要，秘书处签注字数也最多，但粮食部最不满意的也是这个结果。行政院以修正大纲草案与《省政府组织法》抵触为由，并未满足粮食部的全部诉求。

第三次修正与前两次的最大不同之处是，这次是由粮食部主动提出来的。既然是主动，因此徐堪的目的是非常明确的。徐堪此次呈文，一方面在提请行政院按照粮食部的意见对大纲进行修正，尤其是"出席"与"列席"问题，欲使这一问题回到粮食部最初设计的轨道上来，即恢复粮政局局长"出席"省政府委员会议的资格；另一方面则可以看作对浙、闽两省的有力反击，以挽回颜面，同时维护粮食部及自己的权力边界。毕竟按照《粮食部组织法》，全国粮食行政均由粮食部主管，各省粮政局除

---

① 《省属粮政单位组织规程（二）》（1941 年~1945 年），《行政院档案》，档案号：014-040503-0006，第 77~80 页。

"直隶"省政府外，"并受粮食部之指挥监督"，其组织规程或组织细则也是由粮食部"饬局拟订"。① 但是，徐堪的主要目的未能达成，维护权力、挽回颜面的努力归于失败，这似乎也从侧面反映了行政院在大纲反复修正事件上对粮食部的态度，或许也是出于平衡各省政府尤其是浙、闽省政府与粮食部关系的考量。

1943 年 10 月，田赋、粮食机构合并为田赋粮食管理处，这一问题再度被提起，行政院将其提交国防会最后裁决。1944 年 1 月 3 日，国防会第 127 次常务会议依照法制专门委员会与财政专门委员会的审查意见，"各省田赋粮食管理处长似应准列席省务会议"，做出裁决："照审查意见办理。"② 也就是说，国防会采纳了法制、财政专门委员会的意见，仍准田粮处处长"列席"。随后，行政院训令浙江等省政府："前据财政、粮食两部会呈请准各省田赋粮食管理处处长列席省务会议一案，经报请国防最高委员会核定去后，兹奉国民政府三十三年一月十二日渝久字第一八号训令，案经国防最高委员会第一百二十七次常务会议决议'准予列席'饬即知照等因，奉此，除分令外，合行令仰知照。此令。"③ 1945 年 8 月，立法院提出修正《省政府组织法》的意见，提议各省政府增设社会厅、粮政厅及地政处，各厅、处及秘书长均由省政府委员兼任，这样可以顺带解决"出席"与"列席"问题，但 13 日国防会决议修正事宜"缓议，仍交行政院详细研究"。④ 至此，战时各方关于此一问题的讨论暂告一段落。

然而，粮食部并未就此罢休，战后粮食部再次提出此问题。1946 年 6 月 27 日，徐堪在呈送蒋介石的呈文中提出，各省田赋粮食管理处自该年 7 月 1 日起一律改隶省政府，但各省田粮处处长"于省府会议无出席资

---

① 《省属粮政单位组织规程（二）》（1941 年～1945 年），《行政院档案》，档案号：014-040503-0006，第 102、158 页。

② 《国防最高委员会第一百二十七次常务会议纪录》（1944 年 1 月 3 日），中国国民党中央委员会党史委员会编《国防最高委员会常务会议记录》第 6 册，台北，近代中国出版社，1996，第 17 页。

③ 《各机关首长出席（列席）省务会议》（1944 年 4 月），《浙江省政府档案》，档案号：L029-001-0215，第 6 页。

④ 《国防最高委员会第一百六十六次常务会议纪录》（1945 年 8 月 13 日），《国防最高委员会常务会议记录》第 7 册，第 454 页。

格"，对各项工作"不能直接指挥"，在省政府会议上"无权主张，往往发生困难，咸请以省府委员兼任，以利业务进行"。"咸请以省府委员兼任"的真正含义是"咸请兼任省府委员"，也就是由田粮处处长兼任省政府委员，与各厅长居于同等地位，粮食部并援引陕、赣、粤、湘、皖等省田粮处处长兼任省政府委员的做法，认为兼任"对于征粮之进行确多裨助"。兼任与否说到底还是战前"出席"与"列席"之争，还是出于维护权力边界的考量。对此一提议，7 月 2 日文官处提出，"省委均有定额，不便随意增加"，建议还是先准列席，但"遇省委出缺尽先补任"，相当于是缓冲办法。蒋收到文官处的拟议后，批示："如拟。"① 3 日，国防会第 197 次常务会议决议："关于各省田赋粮食管理处处长由省政府委员兼任一节，在未完成立法程序以前，得列席省政府会议。"② 此后，再未见徐堪提出同类意见，徐离任后的三任粮食部部长也因粮食危机不断加剧而无暇顾及"出席"还是"列席"问题，此一争论遂彻底结束。

大纲出台及修正，属于同一事情的两个阶段，二者紧密相连，法规出台导致后续接连围绕权力博弈的修正行为的发生，而修正则因出台的法规不严密引起，究其实质，则是战时立法程序正义被破坏，行政权越来越凌驾于立法院及其立法权之上，奉行一党专制的国民党自始至终无法摆脱"为党立法"的问题，不能实现"为国立法""为民立法"。

4. 立法程序正义与权力边界维护

程序正义理论起源于 13、14 世纪英国的"自然正义"观念，自然正义的含义有三个方面：一是被当作衡量法律内容正当性的标准，二是特指与管辖活动有关的自然法，三是特指程序正义。③ 程序正义的概念及其实践主要在法律领域适用。此处借用"程序正义"的概念，并将之扩展为"立法程序正义"，意在指任何法律的制定、公布、施行都应实现程序上的公正与正义，以保障其科学理性、权威性和公信力。作为初始步骤，立

---

① 《为实施改订财政收支系统后关于田赋粮食之紧要措施一案业经大会商讨并就原案修正通过谨将修改重要各点签请鉴核施行》（1946 年 6 月 28 日），《国民政府档案》，档案号：001-081313-00039-010，第 66~67 页。

② 《国防最高委员会第一百九十七次常务会议记录》（1946 年 7 月 3 日），《国防最高委员会常务会议记录》第 8 册，第 366 页。

③ 徐亚文：《程序正义论》，山东人民出版社，2004，第 9~10 页。

法也应保证程序公正。其实，这也符合罗尔斯对公平正义原则及优点的阐释。①

"粮食部成立于非常时期，立法用人，均出仓卒。"② 从1941年7月成立至1949年4月裁撤，近8年间粮食部出台、施行的管制、配拨、储运等各类粮政法规数量可观，亦曾专门汇编。作为部门法规，其重要性、广泛性虽不能与专门由立法院审议通过的民法、刑法等法律相提并论，但其对本部门及下属机构的指导意义绝对不容低估，甚至是粮政机构与人员实际工作中的基本准绳与重要依据。"粮食法规类为通则性质，尚不若其他法规之繁复，且为因时因地起见，每一事项往往仅规定大纲，其细则仍由各省斟酌拟定，可称富有弹性之法规"，③ 因此，粮食部制定颁布的法规一般具有示范与指导意义。《省粮政局组织大纲》就具有重要意义与价值。

《省粮政局组织大纲》公布后立即引发农林部的质疑，到陕省政府表达自己的关切，再到后来闽省政府表示疑虑，以及前后两次修正，粮食部制定的新的规章制度引起利益方广泛关注，在所难免，也在情理当中。在各利益方中，陕省政府的疑虑可以说无足轻重，因为电报价格与交通部关涉更多，并非粮食部所关心。农林部与闽省政府有理有据的质疑显示出二者出于维护自身权力的需要，关注不同的条款与内容，使得粮食部感受到来自多个方面的压力，既有中央政府部门，也有地方政府部门。这也是粮食部不得不做出让步，修正大纲的最主要的原因，尽管这种关乎权力的妥协与让步是极不情愿的，何况对粮食部及徐堪本人的行政能力也是一种挑战与考验。尽管粮食部试图通过主动提出《修正省粮政局组织大纲草案》挽回颜面，但问题并不止于此。此一事件断断续续约有2年时间，涉及的部门、机构除粮食部外，主要包括行政院，农林部，陕、浙、闽三省政府，仅五六人而已，却折射出战时体制下农林部对自身权力的极力维护，

---

① 参见尹松波《理性与正义：罗尔斯正义论管窥》，电子科技大学出版社，2014，第5~7页。

② 《对粮食报告之决议文》，秦孝仪主编《中华民国重要史料初编——对日抗战时期》第4编《战时建设》（2），第1182页。

③ 《粮食部三十一年度工作考察》，第11页。

以及闽省政府与粮食部之间权力博弈的深层问题。

无论是农林部质疑的"粮食增产"问题，还是陕省政府关注的合署办公问题，抑或是浙、闽省政府提出的"出席"与"列席"问题，这些在农林部、浙省政府、闽省政府看来都不应该在立法过程中出现的明显错误，而且会牵涉相关机构的权力边界问题，为何会在短短的 14 条、不足500 字的大纲中连续出现？其中原因值得深究。

首先，就法定程序而言，行政院快速通过的大纲与《省政府组织法》中规定的机构不一致，立法程序正义被破坏。按照 1927 年制定的《省政府组织法》，其中并无粮政厅或粮政局这一机构。1930 年，国民政府对《省政府组织法》予以修正，"省政府之下，分设民政、财政、建设各厅，于必要时，得增设教育、农工、商业、土地等厅，分管省行政事务，各厅之设置废止，由国民政府决定行之"，① 亦无粮政局这一机构。虽然此次修正规定厅级机构设置可由国民政府决定，但省政府机构有所变更时，其程序是应先修改《省政府组织法》，然后再予以变更。在粮食部提出设立粮政局时，《省政府组织法》并未重新修订。然而，粮食危机日甚一日，田赋改征实物及军粮征购"为期甚迫"，省县粮政机构"尤须及早成立"，而且各项准备工作尚需时日，因此，设置粮政局无法按照正常程序进行。故而行政院提出，《省粮政局组织大纲》中规定设立粮政局，"系因适应实际需要，先予设置，将来修正省县组织法时，应请照案加入，以便完成立法程序"。对此，国民政府主席林森 1941 年 8 月 19 日批复："呈件均悉。《省粮政局组织大纲》准予备案。至所陈省粮政局及县政府粮政科，俟将来修正省县组织法时，应请照案加入一节，并已行知立法院矣。仰即知照。附件存。此令。"其后，国防会第 65 次常务会议决议，准予备案。② 也就是说，从粮食部提出到行政院同意"先予设置"，再到国民政府"准予备案"，至个别省份粮政局率先设立，并未经过立法院立法程序，是不符合法定程序的"非常之举"。

非常之举或便宜之权在战时的紧迫时刻自有其必要，也无可非议，其

---

① 《省政府组织法》，《江苏省政府公报》第 10 期，1927 年 11 月 17 日，第 2 页。

② 《为省粮政局组织大纲并增设县粮政科一案业经国防最高委员会决议准予备案令仰知照》（1941 年），《行政院档案》，档案号：014-040503-0006，第 27 页。

他国家也有先例可循。但未经法律专家审议而通过的法律规章，不但其权威性、科学性、严谨性易被质疑，容易出现与其他法律条文互相抵触的现象，而且极易为其他部门及省县地方政府"上行下效"，导致包括行政院在内的中央机构不停地纠正各省政府不当"立法"，或省政府制止各县政府制定的"土法"。如战时禁酿问题，1938~1939年，闽、粤、豫、川、浙、湘、赣、皖、鄂9个省因粮荒严重，先后私自制定禁酿或限酿政策，然而国民政府却反对各省禁酿，责令已禁省份解禁。① 战时福建禁酿问题亦较突出，各方利益争夺非常激烈，就各县政府而言，南平、连江、仙游3个县分别擅自制定《南平县私酿酒类科处罚锾补充办法》《征求稽查员暂行办法》《仙游县禁止酿酒处罚暂行办法》等，但这些办法均未经上级政府或主管部门许可，为"非法之法"，先后被闽省政府、财政部"严饬各县立予制止"。② 以上禁酿领域中的"非法之法"仅为冰山一角，其他领域也层出不穷，这就对立法院的权威与权力构成了挑战。

立法院作为最高立法机构，其立法态度非常审慎。以全面抗战前审议《粮食管理法草案》为例，1933年2月初，内政部呈文行政院，提出在实业部下设中央粮食管理署，以便开展粮食管理事项，并将拟具的《粮食管理政策草案》一同呈览。③ 4月，国民政府责令财政、交通、铁道、内政、实业各部会同拟订《粮食管理法草案》，各部草拟完成后，提交立法院审议。立法院对草案的态度非常审慎，将之交付法制专门委员会、经济专门委员会共同审查的同时，先后加派多名专家参与，并一度特意加派立

---

① 四川省政府1938年1月规定高粱可酿酒，禁止米、麦酿酒，参见《粮食节约消费办法（一）》（1938年~1948年），《行政院档案》，档案号：014-040505-0023，第16~19页；河南省禁酒规定，参见《粮食节约消费办法（三）》（1939年~1945年），《行政院档案》，档案号：014-040505-0025，第1~25页；广东省禁酿情形，参见张力《抗战时期广东省的禁酿节粮措施》，中国抗日战争史学会、中国人民抗日战争纪念馆编《中华民族的抗争与复兴——第一、二届海峡两岸抗日战争史学术研讨会论文集》（上），团结出版社，2010，第189~204页。

② 《粮食节约消费办法（七）》（1941年~1943年），《行政院档案》，档案号：014-040505-0029，第138~148页。

③ 《实部组粮食管理署》，《钱业月报》第13卷第9号，1933年9月15日，第11页；《〈粮食管理政策草案〉内部向政院提案之全文并定日内召集各部审查》，《中央日报》1933年2月9日，第2版。

法委员马寅初"加入审查"。① 18 日，草案审查完竣，提交行政院、立法院审议。② 立法院在第三届第 18 次会议上审议《粮食管理法草案》时，认为"其中有事属可行者，有宜从缓举办者"，而设立中央粮食管理局、实行粮食划区管理、划分中央与地方粮食市场、政府制定粮食价格等，"皆本案重要之点，事属创举，繁重难行。按之国内目前情形，似非所宜"。也就是说，立法院认为设立全国性粮食管理机构的条件并不成熟，③ 最终裁定"所拟《粮食管理法》此时尚无制定之必要"。④ 战前情形虽与战时迥异，但反映出立法院的审慎态度及行政权对立法权应有的尊重，各部门权力边界较为清晰。抗战全面爆发后，随着战时体制日渐建立，这种情况发生了改变，立法程序正义难以得到保障与实现，立法出现量多质低乃至相互矛盾的现象。

其次，战时行政院及其行政权越来越凌驾于立法院及其立法权之上。战前五院地位相对较为平衡，尽管行政院院长的职权常因人而异，政随人转的现象也十分普遍，⑤ 但行政院对其他各院的权力侵夺与挤压现象并不明显。而在战时体制下，行政院机构急速膨胀，新设、改隶的部、署有农林部、卫生署、地政署、全国粮管局、粮食部、司法行政部等，1945 年抗战胜利前，行政院下辖机构增至十一部三会一署，权力空前扩大，事务更为繁剧，而相应政策法规的审核工作却存在漏洞。7 月 29 日，行政院在第 525 次会议上对粮食部所提《省粮政局组织大纲草案》进行审议时，仅将"草案"二字删去，其余未做更动，大纲草案在提交当天即草率通

---

① 《中央粮食管理局》，《农业周报》第 2 卷第 27 期，1933 年 7 月 3 日，第 387 页；《加派马寅初审议粮食管理法草案由》，《立法院公报》第 49 期，1933 年 5 月，第 6 页。

② 《粮食管理法审查完竣》，《民报》1933 年 4 月 19 日，第 3 版。

③ 《各部会商通过粮食管理草案》，《新闻报京沪路外埠附刊》1933 年 3 月 3 日，无版次；《立法院审议中之粮食管理法》，《盐政周刊》第 2 卷第 8 期，1933 年 5 月 13 日，第 13~15 页；《内政部建议请设粮食管理所，拟粮食管理法呈核，核定后即推行全国》，《人报》1933 年 2 月 6 日，第 2 版；《粮食管理法将由立法院通过》，《时报》1933 年 6 月 28 日，第 2 版。

④ 《粮食管理法草案审查报告》，《立法院公报》第 51 期，1933 年 7 月，"立法院各委员会审查报告"第 4~6 页；《呈国民政府粮食管理法草案经决议无制定之必要录案呈请鉴核由》，1933 年 7 月 17 日，《立法院公报》第 51 期，1933 年 7 月，"公牍"第 3~5 页。

⑤ 张瑞德等：《抗日战争与战时体制》，张宪文、张玉法主编《中华民国专题史》第 11 卷，第 12~13 页。

过，并未按程序提交立法院审议，致使分属农、粮两部的机构职责重合，暴露了未经立法院履行立法程序的弊端，行政院亦应负失察之责，难辞其咎。此外，行政院对下属机构及其人员行政能力亦存在督察不严的问题，有些政策法规朝令夕改，如《民国三十年粮食库券条例》，1941年8月4日颁布，① 但9月22日即予以修正，说明此条例在制定时即考虑不甚充分，② 这既影响国民政府的威信与形象，也与立法的严肃性、立法程序正义相去甚远，更谈不上体现人民性。

在战时背景下，出于实际需要的"非常之举"更为普遍。但就权力边界而言，战时体制下行政权无限膨胀，极大地挤压立法权，蒋介石个人及行政机构受到的权力制约越来越小。从个人权力层面来说，国防会委员长"复有不依平时程序为便宜之措施的紧急命令权"，而且此项命令可以变更法律，③ 即存在委员长将个人意志、派别利益上升为国家法律的极大可能性，事实上此类事件在抗战建国名义下层出不穷。抗战时期，国防会代行中政会一切职权，可以自行拟定法律条文，然后交由国民政府公布，如《县各级组织纲要》《省临时参议会组织条例》等均不曾经过立法院的审议程序，即使交由立法院审议，也只是事后"追认"。再如《非常时期农矿工商管理条例》，该条例由经济部呈送行政院，经行政院会议通过后，呈送国防会，国防会交由法制专门委员会审查，提出审查意见，然后由国防会通过，仅在公布前送交立法院审议，补走程序而已。④ 这种以行政命令代替立法程序的方式在战时非常普遍，粮食部所制定的许多"大纲""规程""纲要"等规章，即是通过这一"简便"程序得以完成所谓"立法程序"，成为指导全国粮政的法律文件的，《省粮政局组织大纲》即为显例。

① 《粮食部组织法及一九四一年粮食库券条例》（1941年8月~9月），《内政部档案》，档案号：十二-2214，第14~19页；《国民政府明令公布民国三十年粮食库券条例训令直辖各机关通饬施行》（1941年8月），《国民政府档案》，档案号：001-012430-00009-020，第70页；《民国三十年八月份经济大事分类日志》，《中央银行月报》第10卷第9号，1941年9月，第1299页。

② 《修正粮食库券条例》，《银行周报》第25卷第38期，1941年9月30日，第3页；《国民政府明令修正民国三十一年粮食库券条例训令直辖各机关通饬施行》（1941年9月），《国民政府档案》，档案号：001-012430-00009-024，第77页。

③ 陈之迈：《中国政府》，第275~276页。

④ 陈之迈：《中国政府》，第279页。

　　从另一个层面来看，战时立法院的立法权也被国防会侵夺，在国防会地位日渐重要时，立法院却日益陷于弱势地位，立法院也亟须维护自身的权力边界。从立法事实来讲，国防会凭借便宜之权决定的法令，除了导致两者权限模糊外，各项法令也时有抵触，蒋介石对此是心知肚明的。为了安抚立法院，1942年2月20日，蒋命令王世杰、党政工作考核委员会秘书长张厉生约集各院、部、会人员，制定《国防最高委员会与立法院关系调整办法》。根据该调整办法，国防会已经决定的"立法原则"，立法院如有意见，应尽快向国防会陈述；法律案如无紧急或特殊情形及国防会组织大纲第八条规定的内容，仍应由立法院审议，但所谓紧急或特殊情形，先由提案机关书面详述理由，呈送国防会，最终由国防会核定；国民政府依国防会决定而公布的法令，应令知立法院，立法院对已公布的法令，毋庸再行审议。24日，国防会将之交由立法院研究。① 立法院接到训令后，即令法制专门委员会研究。3月4日，法制专门委员会委员刘克儁、罗鼎、黄右昌等7人研究后，次日提交《国防最高委员会与立法院关系之调查办法研究报告》。在研究报告中，刘、罗、黄等人主要针对调整办法中的后两项陈述了意见。一是紧急或特殊情形应由国防会自行认定，而不能由各机关提案请求核定，因"此例一开，未免妨碍立法职权，而于法治前途影响尤巨"；二是国防会决定的法令，"范围如何，未经明示"，即使法令范围为国防会依据其组织大纲第八条职权所决定、由国民政府发布的命令，根据现行法律，亦"应于处置后，送立法院完成立法程序"。该报告特别指出，"至于其他应以法律规定之事项，概不得以命令定之"，"凡命令所定之事项，如系应经而未经立法程序者，立法院对之原有依法应尽之职责，若谓一律毋庸审议，未免过于广泛"。在报告最后，刘、罗等人更是提出应维护"总理遗教""三民主义""五权分立"，"虽在战时，因紧急情形应为便宜之措施，仍须顾及立法权之行使，以扬

---

① 《国民政府为告依蒋介石手令经中央设计局等研讨拟具国防最高委员会与立法院关系调整办法训令》（1942年2月20日），《国民党政府政治制度档案史料选编》（上），第53~54页。

法治之精神"。① 很显然，刘、罗等人主张法律仍应依照立法程序，由立法院审议通过，对国防会调整办法侵蚀立法院的立法权颇为不满。

面对立法权被极大弱化的状况，立法院自然不满，立法院院长孙科当然也不无埋怨，在 1943 年的工作报告中委婉地表达了不同意见："如某种法案立法院已经通过，正送国防最高委员会、国民政府公布时，主管机关又有了新意见，于是乎先向国防最高委员会、国民政府文官处去接洽，请他把这个法案暂时不公布，一面再提出修正意见。"② 1945 年 7 月，有人致函行政院，质疑国家总动员会议下设经检队的"法律地位"及物价管制处、经检队组织规程的合法性，并提出经检队并无继续存在的必要。28 日行政院将之提交国防会，国防会第 164 次常务会议决议交由立法院审议。③ 立法院法制专门委员会合并审查后，法制专门委员会主任王世杰、副主任甘乃光呈文国防会，陈述了审查意见："经予合并审查，认为综合推动物价管制政策，及检察违反管制法令之行为，物价管制处及经检队，在目前物价问题严重情形之下，均不能谓无设置之必要。但此项机构之组织，似以依照立法程序，送交立法院制定法律为宜。且经检队对于违反管制法令之案件，其所为之查封或没收，影响于人民之财产权甚大。此项处分尤应有法律上之根据。否则不免有滥行职权之嫌。该组织规程似宜将此种处分权明白规定。"④ 立法院所说"滥行职权"，表面上是针对经检队、物价管制处等机构而言，但其实却是影射国家总动员会议、行政院、国防会等对立法院的忽视及对其立法权的侵夺，字里行间透露出立法院的不满情绪。抗战胜利后，全国形势发生重大变化。第三届国民参政会、立法院在审议 1946 年度国家总预算时，"主张裁撤粮政机关，结束粮政工作"。1947 年，立法院通过了行政院组织法中

① 《国防最高委员会与立法院关系之调查办法研究报告》（刘委员等整理稿，1942 年 3 月 5 日），《国民党政府政治制度档案史料选编》（上），第 54~56 页。

② 孙科：《三十二年度立法院工作报告》，秦孝仪主编《孙哲生先生文集》第 4 册，台北，中国国民党中央委员会党史委员会，1990，第 426 页。

③ 《国民政府训令立法院为行政院物价管制处及经济检察队组织规程一案令仰遵照》（1945 年 8 月 9 日），《国民政府档案》，档案号：001-012071-00305-027，第 84 页。

④ 《国防最高委员会秘书厅函国民政府文官处为行政院物价管制处及经济检察队组织规程一案请查照转陈办理》（1945 年 7 月 31 日），《国民政府档案》，档案号：001-012071-00305-026，第 77~83 页。

不再设立粮食部的立法。① 这既与战后机构改革直接相关，也或许与战时双方的纠葛不无关系。尽管裁撤粮食部的计划并未立即实施，但立法院对粮食部的态度是鲜明的。

最后，国民党自始至终不能实现"为国立法""为民立法"，围绕大纲展开的权力边界维护，本质上维护的是国民党的党权而非民权。法律的本质是统治阶级意志的体现，是实现阶级统治的工具。从西方的政党政治17 世纪下半叶出现以来，政党在国家政治和社会生活领域的作用日益重要，政党也逐渐成为政权的拥有者，相应成为法律的制定者，并且在一定时间和空间内，同一政党执掌政权、立法权的概率大为增加，甚至完全相同。国民党完成北伐、建立政权后，实现了从军政到训政的过渡，掌握了国家立法权，政党、政权、立法权三者完全重合，意味着集权统治的建立。

国民党奉行三民主义，"三民主义为一切建国工作的最高原则"和"立法方针"，② 国民政府第一任立法院院长胡汉民提出社会本位、民族本位、国家本位的立法理论。③ 胡汉民遭排挤后，其立法理论便被束之高阁，无人问津，以蒋介石为首的国民党一步一步通过《国民政府组织法》《训政纲领》《确定训政时期党、政府、人民行使政权、治权之分际及方略案》等，将专制统治确立下来，立法的党治原则随之确立。有学者指出，战前国民党立法体制的特点具有二元性、党化色彩、领袖制倾向及一定的开放性，其立法的权威性、稳定性本身就受到上述因素的影响，④ 而战时这些特点更为明显。从某种程度上来说，战时中央政治委员会、行政院、国民政府迫不得已的"非常之举""便宜之权"，既破坏了立法程序正义，削弱了立法院的权力，也意味着党权、行政权高度凌驾于立法权之上，与胡汉民所倡导的"为国立法""为民立法"理念渐行渐远甚至格格

---

① 《粮食部成立与裁并》（1941 年 6 月 9 日~1947 年 7 月 7 日），《行政院档案》，档案号：014-040503-0001，第 29~30 页。

② 胡汉民：《三民主义之立法精义与立法方针》，《胡汉民先生文集》第 4 册，武汉出版社，1991，第 785 页。

③ 聂资鲁：《国民党大陆失败论——对一个执政党迅速衰败的法哲学与政治哲学剖析》，贵州人民出版社，2004，第 421 页。

④ 陈红民等：《南京国民政府五院制度研究》，第 186~196 页。

不入。正如战时曾任职行政院参事等职的陈之迈所指出的："在十七年直至今日，我国始终在党治时期，而党治的原则下最高的立法机关仍为党的中央政治委员会，它有议决'立法原则'的最高权力。"而所谓"立法原则"其实就是国民党的政策。也就是说，从立法院成立后，其工作自始至终必须在国民党所确立的党治原则下"为党立法"，"对于政治会议所定之原则不得变更"，"只得为内容之审议"，立法院通过的法律案在国民政府未公布前，中政会认为有修正必要时，"得以决议案发交立法院依据修正之"，① 有"浓重的党化色彩"。② 战时党权、行政权空前强化，战后这种情况愈演愈烈，国民党专制统治空前加强。

第三节　主要业务机构及其演变

一　经征经收机构

粮食部成立后，其总体目标有三项。一是"首求掌握多量之实物，以应军公民粮之需要"。二是充分供应军粮，以免影响作战部署；定量供给公教人员，使其能安心工作；在重要都市供应调节民食，免使力量分散。三是对粮食进行管理。③ 为完成上述目标任务，粮食部建构起中央—省—县三级行政管理体系与机构，奠定了良好的组织基础，划分了各自职责范围。不过，粮食从征收、储藏、转运、加工、包装到配拨至军民手中，环节繁多，必须建立相应的业务机构，明确各级业务机构的任务与目标，进而层层落实，直至达成目标。

根据《省粮政局组织大纲》，各省粮政局管理领域广泛，业务繁重。以重庆市粮政局为例，其 1941 年度主要事务包括八个方面：第一，粮食调查登记，包括粮食调查与登记两大业务，具体事项为本市各乡区农田产量、本市粮食业务概况、各邻县粮食概况、大户存粮数量、市民立约人数、粮食业会员、米粮业粮商调查与登记；第二，管理粮食市

---

① 陈之迈：《中国政府》，第 275～276 页。
② 陈红民等：《南京国民政府五院制度研究》，第 187 页。
③ 《抗战时期之粮政概述》，秦孝仪主编《抗战建国史料——粮政方面》（1），第 2 页。

场，包括管理集体分销米店、审核平价米数量、管制山米市场、划一量器；第三，粮食分配，包括分配平价米、完成市民立约米配米工作；第四，粮食节约事项，包括限制粮食消费、宣传粮食节约；第五，粮仓调查登记与管理，包括购谷充实市仓储存数量、改制新量器与革除斗工积习；第六，粮食运销督导，主要是停发购运证、停止认商代购粮食；第七，粮价方面，包括平抑、稳定粮价；第八，改良粮食生产。① 上述八项职责几乎涵盖了与粮食相关的每一个环节。战时粮食管理不同于平时，既要追求立竿见影的显著成效，又要形成长期稳定态势，而且前者更为重要而紧迫。国民政府的既定政策是田赋收归中央并改征实物，因此，掌握粮食实物、供应军粮民食则是摆在粮食部面前的急迫任务，必须围绕粮食实物来建立相应业务机关，如经征经收、供应储运、加工调查等，以策完成。

国民政府成立后，县级征收田赋事务一般由财政局掌理，局下设科，置田赋主任，另有稽核员、督征员、征收员等负责相关业务，但各省做法多不统一，甚至比较混乱。1934 年 12 月，各省整理县征收机关，实行统一征收，金库独立，设财政委员会作为审核机关。"剿匪"省份各县裁撤财政局，设县经征处作为征收机关，县金库为出纳机关。经征处设主任 1 人、征收员若干人，受县长及主管科长监督指挥，办理一切征收赋税事宜。有的省份如浙江，将征收、保管分立，在各县设立征收总处，作为田赋征收总机关，设征收主任 1 人，各区设区征收处，下设会计员、管串员、地籍员或经征人。与征收总处平行机关为金库，设主任 1 人，下设收款员及司册员。②

依据 1927 年 7 月财政部公布的《划分国家地方收入暂行标准案》，田赋归地方政府征收支用。1935 年 7 月，国民政府颁布《财政收支系统法》，规定田赋为县市主要税源，省及中央仅收取部分。③ 国民政府实行田赋征实前，田赋分为地丁、漕粮、租课、杂赋、附加税 5 种，附加税肇

① 《重庆市财政、粮政局一九四一年九月至一九四二年二月工作报告（油印件）》（1941 年 9 月~1942 年 2 月），《内政部档案》，档案号：一二-715，第 87~91 页。
② 钱端升等：《民国政制史》下册，第 566~567 页。
③ 陈友三、陈思德编著《田赋征实制度》，正中书局，1946，第 2 页。

始于近代，征本色，随正税为转移；地丁初征银钱，后改征法币；漕粮、租课、杂赋在清中叶以前统征本色，光宣之际改为本折兼收，民初改成折价，以银元计算，而本色笨重，储运亦难，田赋遂统改征银钱。有些省份如甘、宁、青、康，在抗战全面爆发后、征实政策实施前仍有全部或部分征收实物者，但全国以征收货币为主，统征法币。[1]

成都抢米风潮发生后，国民党四川省党部主任黄季陆认为，"今后我们为防患未然计，应当有一个深长的计划来解决米价等各项现实有关的问题"。因此，黄"就想到田赋征实的办法来，先求解决军粮民食问题并作成建议"。1940年8月10日，黄提出"关于田赋征粮与实施粮饷划分办法建议案"，在该建议案中，黄的初步构想是，政府为了稳定粮价和粮食市场、平准物价、稳定金融，需要掌握大量粮食，乃可调剂盈虚、供应军用，同时为避免刺激粮食市场，绝对不能从市场购买。在讨论田赋征实时，据黄回忆，"与会人士哗然，咸认田赋征粮为'落伍'的制度"，翁文灏等人群起反对，但蒋介石、孔祥熙、徐堪等主张甚力。[2]

1941年3月29日，国民政府公布了仅有七条内容的《田赋改征实物暂行通则》，规定"田赋改征省份，应自即日起，尽量征收实物"，首在谋求掌握粮食实物，也有预防各省借此层层加重负担之意在内。[3]《田赋征收实物暨随赋带购粮食宣传大纲》指出，粮食筹集方法有四种：一为

---

[1]　宋同福：《田赋征收实物之缘起与其意义》，《四川田赋改制专刊》，第58页。

[2]　黄肇珩、胡有瑞、徐圆圆等记录《孔祥熙先生百年诞辰口述历史座谈会纪实》，陈鹏仁主编《百年忆述——先进先贤百年诞辰口述历史合辑》(1)，第295~297页。

[3]　这七条分别是：第一，田赋改征省份，应自即日起尽量征收实物；第二，田赋改征或加征后所增人民负担，不得超过物价增加数70%；第三，各省征得粮食应尽先充作军粮，其处理办法应经全国粮食管理局核准；第四，征收实物种类，应兼顾地方出产及政府需要；第五，田赋改征或加征后，省县收入划分应不违背现行法令；第六，田赋改征或加征后，所有未经中央核准的省县地方捐税应一律撤销；第七，各省改征或加征田赋，均应依本通则拟具实施办法，呈经行政院核准后方得施行。陈友三、陈思德编著《田赋征实制度》，第7~8页。关于征实政策实行之前各省县的捐税，名目颇多，如湖北各县附税包括田捐、国民兵团专款、县政教育捐、联小经费、保甲经费等；参见《湖北省战时田赋征收实物实施办法》(1941年~1942年)，《行政院档案》，档案号：014-040201-0026，第12页。甘肃省的捐税名目则有地丁、草束、粮石、本折、耗羡、盈余经费及带征等；参见《甘肃省田赋征收章程》(1941年)，《行政院档案》，档案号：014-040201-0123，第6页。江西省则有战时土地增益捐、田赋经征费、县地方田赋、非常附加等名目；参见《江西省三十年度田赋地价税征收实物暂行办法及施行细则》(1941年)，《行政院档案》，档案号：014-040201-0125，第4~5页。其他各省情况不一，兹不赘述。

征用，二为购买，三为捐献，四为劝募。捐献、劝募的缺点是难于控制，收效甚微，照价购买则会导致通货膨胀、刺激物价上涨，唯有田赋征实不但能免除种种积弊，还可以达到公平普遍、迅捷集中的效果，政府可以掌握大量粮食，保证军粮无匮乏之虞。① 在此期间，粮物价格仍持续上涨，国民政府财政收入益显支绌。4 月 2 日，在国民党五届八中全会上，蒋介石提交《各省田赋暂归中央接管以便统筹而资整理案》。该提案对改征理由、接管机构、征收程序、整理步骤等进行了详细说明，是田赋征实政策的重要文件，兹全文摘录如下：

为适应战时需要，拟将各省田赋，暂归中央接管，以便统筹而资整理案。

理由：查我国田赋向为国家税，自民国十七年颁行国地收支划分标准以田赋划归地方各省，遂视为收入之大宗，每有需用大都增加田赋以供支应。遂致赋则分歧，附加杂出；轻重失其平稳，人民病其烦扰。嗣后财政部为整理计，呈请核定土地陈报办法，督导各省限期办竣，行之数年，略有成效。嗣以抗战事起，多归停顿。惟抗战建国同时并进，为中央既定国策。上项陈报办法，似应赓续积极推行，且近来粮价高涨，土地利润日增，军糈民食转受其影响，尤非整理田赋无以裕国计而济民生。窃思战时财政，利在统筹，中央地方原属一体。分之则力小，而策进为难，合之则力厚，而成效易举。故为调整国地收支，并平衡负担起见，亟应仍将各省田赋收归中央整顿征收，以适应抗建需要，其理由有左列各端：

1. 各地方田赋赋则不一，轻重不平，而囿于所处境地，未能大举革新，中央管理以后，可积极统筹克期完成，土地陈报，办理地价税，俾赋则跻于公平，苛杂悉行废止。

2. 中央整理田赋后按地价征税，收入可较现在递增至四倍以上，于抵补原定额征田赋外，并得斟酌各地方财政情形，酌予协济使地方

---

① 《田赋征收实物暨随赋带购粮食宣传大纲》（1941 年~1942 年），《行政院档案》，档案号：014-040201-0009，第 11~12 页。

管、教、养、卫诸政切实推行全国，经济建设亦因财政上之调剂盈虚，得平均遂其发展。

3. 依建国大纲所定，各县对于中央政府之负担，当以每县之岁收百分之几为中央岁费，是田赋收入，自不能专归地方，若由中央管理，则中央统收统支，必可为合理之分配。

4. 为调剂各地军粮民食起见，得由中央统筹斟酌各地方供需情形，改征实物，收储运济，俾产销得其平衡，粮价颇以稳定。

5. 田赋归中央统收统支，则中央与地方财政之联系更增密切，地方税制得在中央督导之下，切实调整，所有互相抵触之税捐，自可一律取消。

6. 田赋归中央统一征收其事务与经费易臻于合理化，经济化办法。

（甲）接管机构

一、中央先设整理田赋筹备委员会筹划全国田赋之整理事宜，其委员由财政部遴员派充。

二、全国田赋之征收整理事务由中央设置全国田赋管理处统筹管理。

三、各省田赋稽征事务由中央设置各该省田赋管理处监督办理，其处长得由财政厅长兼任之。

四、各县田赋稽征事务由分处督导各县县长及其他原有征收机构办理，并随时派员监查考核。

（乙）征收程序

一、各省县田赋自中央管理后，所有查征之田赋收入，应解交中央指定之金融机关专户存储备用。其当地无金融机关，特准由查征机关保管者，应按期汇解附近指定之金融机关。

二、前项专户存储之田赋收入，由中央统筹支配。

三、凡中央核定之省县预算内所列田赋收入，仍由中央如数拨付。

四、各省县田赋整理后折收之款，得由中央视各该省县实收数目、财政状况，及经费需要，酌予拨补。

五、中央为适应战时需要，得依各地生产，交通状况，将田赋之一部或全部，征收实物，于每届开征前，参照当地情形，公告所有收储、运拨、销售等事务，委托当地粮食机关办理。

六、所有征起实物之分酌，将仍参照前列第二第三两项之规定办理。

（丙）整理步骤

一、中央管理各省田赋后，应即加紧推行土地陈报办法，并同时举办地价陈报，编制地籍图册，及地价税册，开征地价税。

二、土地陈报办理完竣后，地方即应订定地价改定课则按章征税，原有附税一律取消。

三、中央管理前积欠田赋应分期补征。

四、凡以田赋收入担保之债务，经中央核准者，由中央负责清理。

五、田赋归中央管理后，所有关于田赋之各项法令规章，与本案抵触者，由财政部查明呈请修改。①

对于接管机构，有如下规定：一是国民政府先行设立整理田赋筹备委员会，以筹划全国田赋整理事宜，其委员由财政部遴选人员派充；二是全国田赋征收整理事务，由国民政府设置全国田赋处统筹管理；三是各省田赋稽征事务，由国民政府设置各该省田赋处监督办理，其处长由财政厅厅长兼任；四是各县田赋稽征事务，由各该省田赋处督导各县县长及其他原有征收机构办理，并随时派员监察考核。② 在此统一安排下，5月10日，财政部颁发《整理田赋筹备委员会组织规程》，成立整理田赋筹备委员

---

① 《田赋归中央接管，八中全会决议案原文：为适应战时需要拟将各省田赋暂归中央接管以便统筹而资整理案》，《经济汇报》第4卷第1期，1941年7月1日，第123~124页。

② 《蒋总裁交议："各省田赋暂归中央接管以便统筹而资整理案"》（1941年4月2日中国国民党五届八中全会第十一次会议通过），秦孝仪主编《中华民国重要史料初编——对日抗战时期》第4编《战时建设》（3），第246~248页。根据《战时各省（市）征粮免赋暂行办法》，征粮免赋拟分为两期实施，第一期施行区域为四川、陕西、山西、甘肃、广西、湖南、江西、河南等省，其余各省（市）均列为第二期。参见《战时各省（市）征粮免赋暂行办法》（1941年），《蒋中正总统文物档案》，档案号：002-080109-00012-003，第30页。

会，在正式的田赋管理机构成立前，由整理田赋筹备委员会统筹全国田赋接收与整理。6月16日，财政部召开第三次全国财政会议，会议通过《遵照五届八中全会田赋暂归中央接管整理之决议，制定管理步骤，管理机构，及各项整理实施办法》。该办法规定，各省（市）田赋及土地陈报事务，在1941年内一律由中央政府接管；中央在各省（市）分别成立田赋处，办理田赋征收及土地陈报事宜，另外制定各项方案、计划、规章33种。① 7月23日，行政院公布了财政部根据第三次财政会议草案制定的《战时各省田赋征收实物暂行通则》16条，对田赋征实做了详细规定，征实工作进入准备实施阶段。② 8月30日，《中央接管各省田赋实施办法》由行政院公布实施。9月底，田赋接管完毕。

各省征收事宜，由财政部在各省县设立田赋处负责。县以下征收机构最初采用经征、经收分开的原则，分别由不同的机构经办，经征由田赋管理机关负责，经收由粮食管理机关办理，后来趋向合并。

1. 经征机构

经征机构在省、县名称均为田赋处。省田赋处设处长1人，简任，综理全处事务；必要时设副处长1人，简任或荐任，协助处长处理全处事务，均由财政部呈请任用。设秘书长1人，荐任，办理机要文电及交办事项。设技正1人，荐任，承长官命令办理土地陈报技术事项。田赋处设2个科或3个科，第一科掌理经办田赋人员训练、任免、考核、奖惩，文件收发，档案保管，编拟工作报告，典守印信，庶务与出纳等；第二科掌理田赋征收章则拟定、征收机构改进、征册粮串等格式拟制、田赋督征解缴、清理旧赋、田赋附加整理、赋税调查统计、地价税及土地增值税征收等；第三科掌理丘户图册整理、保管，改订科则，土地升科，田赋推收机构改进、指导监督等。各科设科长1人，荐任；科员15~24人，办事员12~20人，均委任，承长官命令办理各科主管事务。设会计主任1人，助理会计若干人，办理会计事务。设督导员4~15人，其中2~6人荐任，承

① 《行政院工作报告》（1941年1月~9月），行政院秘书处撰，李强、黄萍选编《行政院工作报告：一九三四~一九四七》第6册，第178页。
② 《战时各省田赋征收实物暂行通则》（1941年7月23日行政院公布），秦孝仪主编《抗战建国史料——田赋征实》（2），第1~3页。

长官命令办理调查及视察事务。该处得用雇员若干人，办理缮写校对事务。各项人员优先从财政厅及土地陈报处选拔任用。各县市可依省处组织规程，设置县市田赋处。① 其后，各省田赋处相继成立。7 月 20 日，湖北省田赋处成立，8 月 1 日成立田赋处的有四川等 18 个省，11 日成立的是江苏。② 除辽宁、吉林、黑龙江、热河 4 个省外，其余 21 个省均于 1941年 7 月、8 月陆续设置。③ 9 月 1 日，成立的是情形比较特殊的山东省。④

　　1941 年 9 月 8 日，国民政府公布《财政部各县市田赋管理处组织规程》，该规程共 14 条，对各县市田赋处的组织机构、职掌事项等均有详细规定。各县市田赋处设处长、副处长各 1 人，处长由省处遴选合格人员，并报请国民政府主管田赋机关呈荐，或以县长兼任处长，原征收机关长官兼任副处长。县处设 2 个科或 3 个科，职掌 23 项。设科长 2~3 人，科员 8~12 人，助理若干人，由省处遴选合格人员报请中央主管田赋机关委任，办理各科主管事务。设会计员 1 人，办理各机关会计事务。⑤ 四川省经征机构是利用原有组织，就原有征收局处加以改组，而非新创；人员亦"就原有的征收局处的职员尽量调用，而不另觅生手"。⑥

　　对于县级田赋管理机构，行政院统一限定应于 1942 年 1 月前成立。不能依限成立的，暂由财政厅所属税务局或稽征所办理。从设立情形来看，依限全部成立者共 15 个省，即 1941 年 8 月成立的有山西、宁夏两个省，9 月成立的有四川、云南、广西、福建、浙江、江苏、西康，10 月成立的有贵州、广东、河南、绥远、甘肃，11 月有陕西，12 月有湖北、安

① 《各省田赋管理处组织规程》，《四川财政季刊》第 3 期，1941 年 9 月 30 日，第 84~85 页。田赋改征实物后，县政府与田赋处之间的关系理论上是县政府只负责实物收纳及保管，田赋处负责田赋催征、土地陈报等，即前者司收纳，后者司催征。但实际上各县田赋处处长均由县长兼任，另设副处长 1 人，由省田赋处委任。因此，"县长在实物之催征方面，应秉承省政（原文如此，应为衍文——引者注）田赋管理处之命；在实物之出纳方面，应秉承省粮政局之命"。参见谢瀛洲《中国政府大纲》，第 152 页。
② 陈友三、陈思德编著《田赋征实制度》，第 20 页。
③ 孔祥熙：《抗战以来的财政》，胜利出版社，1942，第 82 页。
④ 陈友三、陈思德编著《田赋征实制度》，第 20 页。
⑤ 《财政部各县市田赋管理处组织规程》（国民政府 1941 年 9 月 8 日公布），《广东省银行季刊》第 1 卷第 4 期，1941 年 12 月 31 日，第 523~525 页；《各县市田赋管理处组织规程》，《四川财政季刊》第 3 期，1941 年 9 月 30 日，第 85~86 页。
⑥ 甘绩镛：《田赋改制与四川》，《四川田赋改制专刊》，第 30 页。

徽部分县份。[①] 也就是说，有 13 个省因受战局影响，未能依限成立专门机构，如湖南、湖北、安徽 3 个省由税务局代征。河南因筹备尚未就绪而暂由县税务经征机关代征。安徽省田赋处处长桂竞秋 1941 年 12 月致电行政院，谓该省各县田赋除沦陷县份外，均由税务局经征，无法设立县田赋处。但碍于行政院指令，不得不遵办，只能"暂就各县税务局附充田赋管理处，委县长兼处长，局长兼副处长，原有田赋课长照旧负责办理"。对此，行政院建议其暂缓设立。[②] 据 1942 年上半年统计，1941 年安徽控制县份共有 47 个县设立经征总所，每县另设数量不等的分所，分所分为甲、乙、丙三等，分别核定经征经费。[③]

作为"抗战建国"的根据地，四川省尤为国民政府所倚重，并且四川省是产粮大省，田赋征收实物更形重要。川省政府根据 136 个县局的面积、人口、经济、文化、交通等状况，将各县田赋处分为不同等次，其中特等处 4 个、一等处 12 个、二等处 16 个、三等处 19 个、四等处 7 个、五等处 2 个，分别设 3 个科、2 个科或不设科，设 3 个科的有 60 个县，设 2 个科的有 47 个县，不设科的有 29 个县。[④] 各田赋处的等级并非一成不变，而是可升可降，如隆昌县原为三等处，1944 年奉省令升为二等处，但升等后隆昌县田赋处的缺点是"淡征期间确嫌人多事少，在旺征期间又感人员不敷"，只能临时增加人手。[⑤]

从表 2-13 可以看出，四川作为战时中央政府所在重要省份，各县田赋管理机构设立较为迅速，并且等级、员额划分比较明确细致，有利于田赋征收工作的开展。从全国范围来说，战时四川省的粮食征收工作完成情况最好。

---

① 《西康省康属地粮征收暂行章程》（1941 年），《行政院档案》，档案号：014-040201-0054，第 5 页。对于征收日期与扫解日期，西康省康属地亦与其他各省不同，《西康省康属地粮征收暂行章程》规定，康属各县"地粮一律于每年十月一日开征，至次年二月扫解"，期限达 5 个月。

② 《安徽省战时田赋征收实物实施办法》（1941 年），《行政院档案》，档案号：014-040201-0121，第 1~20 页。

③ 《三十年度各县田赋经征所概况》，秦孝仪主编《抗战建国史料——粮政方面》（3），第 174~175 页。

④ 《三十年四川各县田管处等级表》，《四川田赋改制专刊》，第 104 页。

⑤ 《张肩重陈述视察四川隆昌县赋政情形致关吉玉函》，江苏省中华民国工商税收史编写组、中国第二历史档案馆编《中华民国工商税收史料选编》第 5 辑《地方税及其他税捐》，南京大学出版社，1999，第 2332 页。

表 2-13　战时四川省各等县田赋管理处编制情况

单位：人

职别	待等甲	待等乙	一等甲	一等乙	二等甲	二等乙	三等甲	三等乙	四等甲	四等乙	五等甲	五等乙	六等甲	六等乙	七等甲	七等乙	八等甲	八等乙
处长	1	1	1	1	1	1	1	1	1	1	1	1	1	1	1	1	1	1
副处长	1	1	1	1	1	1	—	—	1	1	1	—	—	1	—	—	—	—
科长	3	2	3	2	3	2	3	2	3	2	3	2	2	2	2	2	—	—
会计主任	1	1	1	1	1	1	1	1	1	1	1	1	1	1	1	1	1	1
会计员	—	—	—	—	—	—	—	—	—	—	—	—	—	—	—	—	—	—
一级助理员	1	1	1	1	1	1	1	1	1	1	1	1	1	1	—	—	—	—
二级助理员	1	1	1	1	1	1	1	1	1	1	1	1	1	1	1	1	—	—
一等科员	4	3	4	3	3	2	3	2	2	2	2	2	2	1	1	1	2	2
二等科员	4	3	3	2	3	2	3	1	2	1	2	2	1	—	1	1	2	2
催收员	—	—	—	—	—	—	—	—	—	—	—	—	—	—	—	—	—	—
办事员	7	5	6	5	5	4	4	3	3	3	2	2	2	2	2	2	2	2
雇员	8	6	7	5	6	5	5	4	4	3	3	2	3	2	3	2	2	2
丁役	12	9	11	8	10	8	8	8	8	6	6	4	4	4	3	3	2	2
总计	43	33	39	30	35	28	30	24	27	22	23	18	18	16	15	14	12	12

原表注："甲"表示办理摧收县处，"乙"表示未办理摧收县处，其员额经费略有不同。

资料来源：《川省各等县田管处编制员额表》，《四川田赋改制专刊》，第 105 页。

2. 经收机构

田赋经收初由粮食管理机构办理，县级粮食管理机构为县政府或主管局，县政府对于本县经收行政事务负有推动、考核责任。征实政策本属初办，各县以下的机构如何设立、设立数量多寡、人员多少等并无统一规定，县以下各乡镇所设立的经收分处五花八门，组织名称各异，人员无定额，配备数量不一，有的县份设立若干个经收分处，如广东省设有粮库科，每个乡镇设立粮库保管委员会，作为直接经收机构，全省计有4012个粮库保管委员会，占全省5035个乡镇的近八成；并在各县设置供应粮库一至两所，在沦陷区设立收集所，收集粮食，再转运至后方安全地区保管。① 安徽1941年前有148个经收分所，各县新增经收分所38个。② 云南、浙江、湖北、江西等省由县政府附设经收处代办，经收处由县长主持，人员配备相当于一个科室，以免组织庞大，耗费公帑，效率低下。江西省各县粮政科下设有公卖处，起初为泰和等三处，1942年陆续开办的有峡江等12个县，并在适当地点设立仓库及粮食加工厂，县以下为征收分处。1941年，福建设立经收分处329个，每个分处月支费用300元。③ 四川各县基本上每3个乡镇设立1个经收分处，据四川省财政厅厅长兼田赋处处长石体元1943年称，全川共有征收处2000多个。④ 湖北各县1941年9月起陆续成立粮政科，分为甲、乙、丙、丁四等，10月1日起粮政科下设乡镇收粮所，每四五个乡镇成立1个收粮所，每县平均设立7所，每所设主任1人，经收员4人，计核员1人或2人，仓丁4人，每所每月经费为500元。⑤ 贵州省政府规定，各县政府及所属区乡镇保甲长对当地征收机关均有随时协助及催促粮户按期完纳的责任，并应列为中心工作。⑥ 后来粮食部

①《广东省政府粮政局一九四二年度特别建设计划及普通政务计划》（1942年），《内政部档案》，档案号：一二（6）-11850，第6页。

②《各省市粮政工作报告摘要》，第"皖1页"。

③《各省市粮政工作报告摘要》，第"闽2页"。

④ 四川省政府秘书处编印《四川省第四次行政会议纪录辑要》，1943，第90页。

⑤《湖北省粮政局三十年度业务报告》，无页码。

⑥《贵州省战时田赋征收实物实施办法》（1944年），《行政院档案》，档案号：014-040201-0105，第12页。

与财政部规定，每县最多设立经收分处 5~8 个，每个经收分处可附设仓库，但必须与经征分处同在一地办公，以便利农民交粮。[①] 浙江临安等 53 个县县长担任经收处主任，其下酌设经收分处 3~8 个。未成立经征分处的县份，一般由省田赋处责成原有赋税经征处或县政府财政科办理。[②]

经收人员由县政府委派，经征人员由县田粮管理委员会委派，此种做法，显然是为了达到权限明确、各司职守、互相牵制、互相监督的效果。经征机构与经收机构每日须将征起实物种类、数量，填造日报表 3 份，一份存查，一份送缴上级主管机关，一份互送查核。[③] 但两方人员"颇有疏离委卸之处"，经征、经收工作也容易产生问题，"正可各别发生，亦可共同分惠"，其做法是：设法盗取少数空白粮票，窃盖印章，混填数目，托人向中国农民银行领取价款及库存券，或者受贿而添改粮票数目，加章证明，更可以无端刁难粮户，拒绝收入中等稻谷，有意掺杂，或者施以高强度风车，去多存少，使其不足缴纳数额，希求对方暗中交涉，讨取收益。如遇至亲契友，则很有可能填票空收，不纳一谷。远道粮户则会遭遇先到后纳或百般挑剔。这种情况多名督粮委员都相继提到，是一种普遍现象，也是经征经收中的弊端。[④]

与经征、经收工作紧密关联的是征收所用度量工具的统一与制作。中国地域辽阔，历来各省衡量器具极不统一，导致纠纷不断。传统中国大多用石、斗、升、合等量器。及至近代，量、衡二器仍各行其是，各地的标准与习惯各异，甚至一省当中的各县亦不统一，如国民经济研究所 1940

---

① 《粮食部三十年度工作检讨报告》，第 12~13 页。1941 年陕西省拟定的《陕西省战时田赋征收实物实施办法》中已有此项规定，即"各县处得视事务繁简与县境广狭，于每年开征时，选择集中地点，酌设经征分处，办理经征事务，但每县最多不得超过五处"。参见《陕西省田赋征收实物实施办法》（1941 年~1942 年），《行政院档案》，档案号：014-040201-0119，第 10~11 页。

② 《陕西省田赋征收实物实施办法》（1941 年~1942 年），《行政院档案》，档案号：014-040201-0119，第 10~11 页。

③ 《河北省战时各县田赋征收实物实施办法》（1942 年），《行政院档案》，档案号：014-040201-0116，第 1~13 页。

④ 赵举伯：《征购上可能发生之弊端及督收员应具备之条件》，《督导通讯》创刊号，1942 年 1 月 1 日，第 15~16 页；芮勤学：《注意征经购人选》，《督导通讯》第 1 卷第 2 期，1942 年 2 月 1 日，第 13 页。

年在四川三台、温江、新都、乐山等地调查时发现，各县份所用斗器，"有用杂粮斗者，有用米麦斗者"。① 有的用量不用衡，有的用衡不用量，有的衡、量并用，"不仅数十百里之外，大小不同，即同一小地区内，往往数种并用，此出彼入，漫无标准"。② 量衡器混用不但不便于交易，统计起来尤多困难。虽然，全面抗战前已有新衡器推行，如甘肃省 1936 年 8 月已通知、督促各同业公会换用新秤，且有望年内可以完成领换，③ 但就全国范围而言推行仍较缓慢。

对于征收工具，虽然财政部规定概以新式量器"市斗""市石"计算，其尾数至"合"为止，"合"以下四舍五入，但对于习惯用衡制的省份，经呈准后仍可用衡制，或"无法觅得新量器时"，可以旧量器、衡器"暂时代用"。④ 江西省以往征购粮食概以重量计算，用衡器收交，1941 年实行征实政策后，亦以重量计算，用衡器收交，每市石重 108 市斤，与其他省市不尽相同。⑤ 湖北省 1941 年 9 月制定的《湖北省各县田赋征收实物暂行实施办法》规定，该省各县经收实物计算标准，以量器"市石"为主，以衡器"市斤"为辅。⑥ 即使某省原来统一采用石、斗标准，其折算为市石、市斗时亦杂乱不一。四川境内旧的量器则有老（旧）石、州石、挑。⑦ 根据国民经济研究所 1940 年的调查，眉山每石折合 2.4 市石，彭山则折合 2.48 市石，灌县折合 2.8 市石，什邡折合 2.26 市石，殊不统一，"故计算折合，颇费手续"。⑧ 江西省粮政局在 1941 年一份名为《请划一衡量器具，明定米谷折合标准，以利收交案》的提案中指

---

① 国民经济研究所编印《四川食米调查报告》，1940，第 1 页。
② 毛龙章：《田赋征收实物验收工具之商榷》，《四川田赋改制专刊》，第 22 页。
③ 甘肃省政府秘书处编印《甘肃省政府二十五年度行政报告》，1936，第 32 页。
④ 《田赋征收实物各县市经征经收机关联系办法》（1941 年），《行政院档案》，档案号：014-040201-0010，第 8 页。
⑤ 江西省粮政局编印《江西省粮政局提案》，1942，无页码。另外，即就一市石粮食重量而言，粮食种类不一样，其折合为市斤时亦有差别，这与各地各种粮食本身的密度有关。实业部全面抗战前曾函告各省按照正常手续一一检定。
⑥ 《湖北省战时田赋征收实物实施办法》（1941 年~1942 年），《行政院档案》，档案号：014-040201-0026，第 12 页。
⑦ 每四挑约合一市石，一旧石约折合三市石，一州石约合四市石。参见《粮政（二）》（1940 年 8 月 16 日~1941 年 11 月 18 日），《国民政府档案》，档案号：001-087000-00002-000，第 45~49 页。
⑧ 《四川食米调查报告》，第 1~11 页。

出，征收粮食为便利起见，以用量器为佳。而对于军粮拨交，仍以包为单位，一大包净重 200 市斤，一小包 40 市斤，为节省人力、物力，江西省粮政局建议采用衡器，仍以大小包计算。为解决此一问题，粮食部依照《战时各省田赋征收实物暂行通则》，规定"征收实物之单位，概以市石计算，其尾数至合为止，合以下四舍五入"。又依照《田赋征收实物各县市经征经收机关联系办法》，规定"经收实物所用量器，由粮食机关就当地习用者，规定折合新制量器，容量每市斗约合若干市斤计算，其折合率应会同经征机关公告之"，统一采用"市石"，稻谷以每市石重 128 市斤为准。①

安徽 1941 年划一标准衡器，制作 120 具大小标准市秤，分发各县使用。② 陕西省新旧度量衡器杂用，参差不齐，相差不小。如宁强县县长吴伯森 1942 年称，田赋处规定每斗重量为 10 斤 10 两，而粮政局规定的斗则为 11 斤 14 两，两者相差 1 斤 4 两。③ 1941 年 10 月 1 日，陕西省粮政局成立当天，随即成立衡量容器购置委员会，在粮政局第二科举行第一次会议，商讨购置衡量器的价值、数量、手续等事项，并指定专门机构督造。④ 在陕西省 1942 年度行政会议上，第九区行政督察专员温崇信、长安县县长张丹柏等提出，陕西省政府应责令省建设厅着手在各区设立度量衡检定所或恢复各县检定所，如有不能恢复的，则至少每区应设立 1 处检定所。长安县则由省政府委派检定员 1 人，分区工作，并由县警察局派员协助。⑤

---

① 《各省市粮政工作报告摘要》，第"赣 5 页"。各省征收实物种类较多，成色有别，包装各异，量衡不同，为求简便，加工后各色食粮统折合为以谷、市石为计算单位。以四川省为例，已核定者，按照各该县核定加工成率折合，如未经核定，则规定如下：谷 1 市石折合糙米 5 市斗 2 市升，中熟米为 4 市斗 6 市升，小麦为 7 市斗，玉米为 8 市斗，糙米一大包折合米 1.3334 市石。参见粮食部四川粮食储运局编印《粮食部四川粮食储运局所属各分局各处仓配运粮食暂行办法》，1944，第 11~12 页。

② 《各省市粮政工作报告摘要》，第"皖 4 页"。

③ 《陕西省一九四二年度行政会议经济、建设、粮政类议案》（1942 年），《内政部档案》，档案号：一二（6）-12291，第 267 页。

④ 《陕粮政局成立并设购衡量器委员会》，《陕行汇刊》第 5 卷第 8~10 期合刊，1941 年 12 月，第 86 页。

⑤ 《陕西省一九四二年度行政会议经济、建设、粮政类议案》（1942 年），《内政部档案》，档案号：一二（6）-12291，第 198~208 页。

1942 年，新制衡器尚未普遍推行，间有用旧制折合者。① 贵州省 1943 年 8 月亦规定本省田赋征实以量器"市石"为计算单位。② 1944 年 9 月公布的《战时田赋征收实物条例》中，对于验收工具，规定可以采用市制量器或衡器，前者以市石为单位，尾数至合，后者以市担为单位，尾数至两，一省内不得同时使用两种验收工具。

量衡器既纷繁复杂，又存在并用情形，必要时还需折算，使用时亦存在较多弊端。早在 1941 年 2 月，即有人向益世报社反映，原本一市石折合旧斗一斗一升半，但此时却为二市斗五市升，即短少五分之一。对此情形，报社的态度较为客观，"新度量衡制好，旧度量衡制也好，损失是事实"，并且反问道："这岂是应有的现象？"③ 粮食部为解决衡量器方面存在的弊端，1941 年委托经济部全国度量衡局制造新斗秤各 200 具，分发四川各县使用，但混用情形仍较突出。1942 年，粮食部再次饬令各地在征收征购、粮食验收时，一律使用新制量器、衡器，而且应以量器为主，衡器为辅，由粮食部与经济部度量衡器制造所检送图样，分发各地仿制，或向该所定制，分运各地使用。同时，粮食部再次与度量衡局协商办法，并拨款 385500 元，委托制造铜质量器 10 余套、铁斗数百套，分发各省以为检验标准，另制各类木质量器数百套、杆秤数百支，分配川省各县使用。其他各省所需木质衡量器则由各省粮政局视需要情形，与各该地度量衡检定所洽商，就地制造。验收用器原则上一律使用新市制量器，但亦有少数省份仍采用旧市制衡器。④

---

① 《中国国民党五届十中全会经济组审查委员会对于粮食部工作报告之审查意见》（1942 年 11 月 27 日中国国民党五届十中全会第十四次大会通过），中国国民党中央执行委员会秘书处编印《中国国民党第五届中央执行委员会第十次全体会议宣言及重要决议案》，1942，第 45 页。

② 《贵州省战时田赋征收实物实施办法》（1944 年），《行政院档案》，档案号：014-040201-0105，第 7 页。

③ 《粮管局注意！》，《益世报》（重庆）1941 年 2 月 6 日，第 3 版。

④ 《行政院关于粮政之推行报告——对第二届国民参政会第一次大会》（1940 年 4 月至 12 月），秦孝仪主编《抗战建国史料——粮政方面》（1），第 450~451 页；《粮食部三十一年度工作计划》，第 49 页。1941 年，采用量器者有川、湘、赣、甘、粤、康、青、绥、宁、滇、鄂、鲁、苏、晋诸省，采用衡器者有黔、闽、浙、桂、皖、豫、陕等省。衡器与量器之间的换算率为：以米 15 市斤折合 1 市斗为基准，但因各地粮质不一，亦有 14.5 市斤、14 市斤或 13 市斤折合 1 市斗的。

尽管财政部、粮食部一再申明统一量器，但实际征收过程中仍有例外。1942 年 11 月，川省政府训令全省各县，"一律采用方柱形斗"，规定每个征收处设置 4 套量器，每套包括单斗、单升、单合及三斗、三升、三合各一具，均须公开检定合格方可分发使用，并规定以后收拨实物时，均采用上述量器，"以归划一，而杜纷争"。但实际情况却是大邑、资中、郫县、绵阳等县田赋管理处在征收中，仍有使用"双斗""双升""双合"者，川省政府迫于"现届实物征收征购时期，即饬令改制亦缓不济急"，为了争取时效，便于征收，打算"略予变通"。川省政府向财政部、粮食部提出变通方法，即既采用方柱形单斗、单升、单合及三斗、三升、三合，也采用方柱形"双斗""双升""双合"，"以资兼顾"。财、粮两部收到呈请后，对川省政府的意见"自可同意"。① 四川省 1942 年度征收工作中的"单""双"量器情形，尽管仅在个别县份存在，却发生在主管机关三令五申统一量器之际，而且是在该年度开征以后。这一来说明粮政宣传力度仍有待加强，二来说明征收工作不无改进之处。

量衡器的差异渐趋统一，但经收过程中的舞弊情事却是花样百出。斗手作弊手段多端，惯用伎俩是打高斗，即采取加边减底、分斜面、代角、高括、抛斗等种种方法，尽可能多地收谷，而对于亲朋好友，则是倾立谷、落快斗等，减少其缴纳谷量。更有甚者，在过斗时，"故意多抛稻谷于底簸内，集少成多，硬作为己有"。此外，"以少算多、以无作有、乱发筹签等，多属可能事"。② "用有机械之秤斗。可以由人之技术，使秤增高、斗加大。司斗秤者，可自由操纵，自由高大，任其口舌之决定，不容民众辩论计数。其折亏之数，仍如大斗秤之补偿法，勒索民众。"③ 1942 年 2 月初，嘉陵江三峡乡村建设实验区船老板吴海清、张孝云伙同斗手谌依全，使用凸形斗套作弊，被米帮主席冯宣及购米者伍国安当场发现并上

① 《四川省政府为征实便利允许使用双斗升合的训令》（1942 年 11 月 16 日），《四川省第三区行政督察专员公署档案》，档案号：0055000500249000033000，第 34 页。

② 赵举伯：《征购上可能发生之弊端及督收员应具备之条件》，《督导通讯》创刊号，1942 年 1 月 1 日，第 15~16 页；剑琴：《第一次督粮座谈会剪影》，《督导通讯》第 1 卷第 2 期，1942 年 2 月 1 日，第 10 页。

③ 《梅委员公任等七人提："田赋征收实施改良之办法案"》，秦孝仪主编《中华民国重要史料初编——对日抗战时期》第 4 编《战时建设》（3），第 802 页。

报，但粮政局对涉事者的处置并不是非常严厉，仅罚船主吴海清白米 5 市斗、斗手谌依全白米 1 市斗了事。① 无独有偶，几乎与此同时，福建建瓯县民谢杞楠、黄寿庭、谢秉璧等 11 人联名呈文粮食部，控诉该县吉闽区万石乡乡长王康宁伙同该乡北坪保保长范汉清、北津保保长刘世灿、南复保保长邱安生等 6 名保长，于 1942 年冬向各保佃户抽收余粮以饱私囊，数额高达 3200 市石，"为数甚巨"，约为该乡应收谷额的 20%，谢、黄等人呈请追究法办。② 以上两例诉案只不过是数以万计征收弊案中的沧海一粟、冰山一角而已，如何防止弊端的猫鼠游戏则是古今中外粮政中的永久话题。

经征、经收分立目的之一在相互牵制，防止产生弊端。既为牵制，则有互相制约的考虑，而这无形中会降低征收效率，影响田赋政策执行与效果达成。为免除此顾虑，1941 年 9 月 6 日，财、粮两部依据《战时各省田赋征收实物暂行通则》第七条，会同拟订《田赋征收实物各县市经征经收机关联系办法》，23 日由行政院核准施行。该办法共 14 条，除了再次明确经征、经收机关各自的权限外，对于双方须会商办理并呈报核准或备案事项规定如下：一是征收实物种类决定事项，二是设立乡区征收分处事项，三是征收实物品质事项，四是关于其他经征、经收双方有关事项。同时亦规定，经征与经收人员应在同一处所办公，以便利业户缴纳赋粮。③ 虽然此办法有利于加强经征、经收机关的业务联系，但经征、经收分立导致农民纳粮手续繁杂，也是多数省份田赋征起率不高的原因之一。

3. 经征、经收机构合一

经征、经收分立，虽可以起到"各专责成，以便互相牵制"的效果，④ 但无形中增加了输纳、验收工作的难度。石体元在总结 1942 年四

① 《嘉陵江三峡乡村建设实验区关于查办船户吴海清、张孝云与斗手谌依全串谋舞弊案的函（附点名单）》（1942 年 2 月 4 日），重庆市档案馆藏（以下不再一一注明藏所），《北碚管理局档案》，档案号：00810004018280000020000。

② 《福建建瓯谢杞楠等呈控王康宁等勒抽谷捐卷》（1943 年 2 月），《粮食部档案》，档案号：119-050205-0075，第 5~8 页。

③ 《田赋征收实物各县市经征经收机关联系办法》（1941 年），《行政院档案》，档案号：014-040201-0010，第 1~16 页。

④ 《田赋征收通则》（1941 年 9 月 2 日行政院公布），《行政院公报》渝字第 4 卷第 18 号，1941 年 9 月 15 日，第 20 页。

川征实时称，川省田赋征实存在如下弊端：一是各县县政府与各征收处联系不够密切，有的征收处对上面的法令阳奉阴违，甚至尾大不掉，而县处对之指挥不灵，还有的征收处主任与副主任之间发生摩擦，不能通力合作，而县长却未能随时监督；二是表册不能依期造报，对于"临表涕泣"的现象，应特加注意；三是电报与旬报不符，或多或少，并有虚报情事；四是各种手续交接迟缓，1942 年全部完成交接的只有新津、璧山等 15 个县，完成半数以上有 75 个县，不及半数者 39 个县，至 1943 年仍未完成者有 10 个县，其中有 4 个县连 1941 年手续亦未交接；五是勘报灾歉不实，1942 年报灾者八九十县，而经勘实不过四五十县。① 江西省政府提出，"惟验收所，恐一时不能按乡（镇）普遍设立"，只能两个乡镇以上设置一所，并在每一验收所配置一个经征分处，以利粮户缴纳粮赋，换取收据串票，也可以节约乡民旅费及往返时间。②

1943 年 3 月，财政部向行政院提出调整经收与经征机关，拟将两者合并。为了统一事权、精简机构、节省经费，行政院表示同意，同时制定四项调整原则：一是各省粮政局与田赋处合并，改组为田赋粮食管理处（简称"田粮处"），所有关于田赋及粮食的行政业务，均归田粮处办理；二是田粮处隶属于财、粮两部，分别秉承两部命令，并受省主席指挥监督；三是田粮处在处理赋税、粮政业务时，可以向县长发布命令；四是田粮处，处长由财政厅厅长兼代。③ 4 月 27 日，行政院第 611 次会议决议，将原来各省经征机构田赋处与经收机构省粮政局合并，改组为省田粮处，并通过《各省（市）田赋粮食管理处组织规程》。根据该规程，田粮处隶属于财、粮两部，受财政部、粮食部共同指挥监督，并受省政府主席指挥监督。田粮处下设 5~7 个科，分别职掌：第一，文书、人事、出纳、庶务及其他事项；第二，土地赋税、行政、稽征及随赋购粮与积谷募派管理事项；第三，赋地册籍、契税

---

① 《四川省第四次行政会议纪录辑要》，第 90 页。
② 《江西省三十年度田赋地价税征收实物暂行办法及施行细则》（1941 年），《行政院档案》，档案号：014-040201-0125，第 6 页。
③ 《粮食部所属单位组织规程》（1941 年~1947 年），《行政院档案》，档案号：014-040503-0003，第 101 页。

官产整理与稽征、清理事项；第四，收纳、集中、聚点仓库的修建管理及粮食收纳事项；第五，粮食分配、加工、运输、拨交事项；第六，粮食调查、管制、调节、采购、抢购事项；第七，赋税及购粮财务事项。田粮处设处长 1 人，简任，综理处务，可由财政厅厅长兼任；设副处长 1 人，简任，协理土地赋税粮政事务；秘书 2~4 人，科长 5~7 人，均荐任；科员 25~80 人，办事员 20~80 人，均委任；会计主任、统计主任各 1 人，均荐任；助理员 10~40 人，均委任；技正 1~3 人，荐任；技士、技佐各 2~6 人，均委任；督导员 5~30 人，其中 3~20 人为荐任，其余为委任。① 实行合并的省份共计湘、赣、浙、闽、皖、甘、鄂、康、宁、晋、青、绥、苏 13 个，重庆市粮政局撤销，改为粮食管理室，隶属于重庆市政府。不过川、豫、粤、陕、滇、桂、黔等省或因征额特别巨大，或因发生严重粮荒，或因军粮供应繁急，均暂缓调整。②

在暂缓调整各省中，尤以四川省反应较为激烈。1943 年 3 月 2 日，四川省政府主席张群针对行政院的四项原则，提出四点不同意见。第一，该省田赋处本身业务包括田赋经征、契税征收等，1942 年增加田赋经收，旋又增加土地陈报，"其本身职责，已称繁剧"，而粮政局职责包括粮食管制、调节供需、积谷征募与保管等，"业务之繁难，亦不亚于田管处"，加上 1943 年 1 月实施限价以来，粮政局复执行限价指令，"所负使命，日益加重"，如将田赋处与粮政局合并，一方面业务性质"既各不同"，另一方面"其职掌亦似嫌过繁"。第二，从田粮处的上级主管机关来说，既有属于中央的财、粮两部，又有属于省级部门的省政府，也就是田粮处须受三方指挥监督，而"各上级主管机关之系统不同，其设计执行之缓急重轻，与考核之重心，亦往往互异"，则掣肘之处必多，效率亦会低下。第三，针对行政院所规定的第三条原则，张群认为田粮处对县政府发布命令，无异于又增加了各县政府的上级命令机关，徒增各县负累而已，"就

① 《各省（市）田赋粮食管理处组织规程》（1943 年 4 月 27 日行政院第 611 次院会通过），《江西省政府公报》第 1287 号，1943 年 8 月 16 日，第 2~4 页。

② 章子范：《调整后的各省粮政机构现况》，《粮政月刊》第 2 卷第 1 期，1944 年 4 月 16 日，第 27 页。

发布处令之范围言之，似尚须加以考虑"。第四，行政院规定田粮处设置两名副处长，且系兼代；张群认为一来副处长所属系统不同，处长命令难以贯彻，二来亦涉分歧。①

张群所陈可谓洞见，尤其是前三项理由，直指机构职责效力及权力界限等关键且互相影响的问题，实际操作中更易扞格推诿，导致效率低下。那如何避免这种情况出现呢？张群根据四川省实际情况，提出两点建议：一是将省田赋处并入财政厅，由财政厅职掌田赋契税及土地陈报，如此既可以充实财政厅业务，减少省政府指挥监督机关的数量，维持财政系统，也可以紧缩预算；二是将民食供应处储运局业务并入粮政局，既可以减少机构设置，也符合四川省粮政局局长已兼任储运局成都区办事处处长实情。行政院政务处处长蒋廷黻及张厉生亦认为此四项意见"不无相当理由"。②行政院秘书处3月23日签呈也认为，"张主席所陈各节，似不无相当理由"。因张群第二项建议指涉粮食部，行政院遂将之发交粮食部，以征求徐堪的意见。4月6日，徐堪与张群妥商办法如下：川省粮政局、田赋处两机构仍照旧，暂不改组；粮政局局长康宝志兼任四川第一民食供应处处长及川储局成都区办事处处长，掌理成都粮食供应、储运、限价及一般管制业务；渝郊驻军军粮、鄂西军粮及陪都民食悉由粮食部就近直接指挥监督；四川第二民食供应处一仍其旧。③

除了川省反对，滇、黔等六省亦不赞成，行政院遂饬令除川、滇、黔、豫、粤、桂、陕七省以外的省（市），调整各该省（市）田赋机构，即在1943年6月16日前将各省（市）田赋处、粮政局等机关合并改组为田粮处，7月1日前将各县田赋处与粮政科改组为县田赋粮食管理处。

1943年4月27日，行政院第611次会议通过《各省（市）田赋粮食管理处组织规程》《各县（市）田赋粮食管理处组织规程》《各县（市）

---

① 《粮食部所属单位组织规程（二）》（1941年~1947年），《行政院档案》，档案号：014-040503-0003，第101~102页。

② 《粮食部所属单位组织规程（二）》（1941年~1947年），《行政院档案》，档案号：014-040503-0003，第107页。

③ 《粮食部所属单位组织规程（二）》（1941年~1947年），《行政院档案》，档案号：014-040503-0003，第101~116页。

田赋粮食管理处乡镇办事处设置办法》《省田赋粮食管理处储运处组织通则》《粮食调节处组织通则》《粮食市场管理处组织通则》，省田赋处与省粮政局合并，改组为省田赋粮食管理处，隶属于财、粮两部，并受省政府主席指挥监督。①

四川田赋、粮食未合并一处管理，固然与川省实际情况特殊不无关系，但更显示出张群的远见卓识。后来田粮处转由粮食部专管即为明证。战时四川粮政机构如图2-3所示。

行政院颁行《各县（市）田赋粮食管理处组织规程》，各县（市）田赋处与县（市）政府粮政科合并，改组为县（市）田赋粮食管理处，县以下所设征收处改为乡镇办事处，合并后的征收处内部仍采用征、收分立，分别报告其经征、经收成果，并在各地推行集体完粮、② 分保完粮及巡回征收等办法，以提高征起率。

山东、河北两省因战区扩大，田粮业务日趋简单，财、粮两部遂将山东田赋处及河北田赋筹备处一并裁撤，业务交由各自的财政厅及县政府办理。1944年起，江苏受战事影响，征收地区缩小，遂将省县田粮处裁撤，业务分别移交省财政厅、县政府办理。陕西、河南、云南3个省仍陆续将省县田粮机构合并，改组为省县田粮处。此外，重庆设立重庆市田赋处，办理田赋业务。1945年初，四川、贵州、广东、广西等省田粮机构亦相继合并改组为田粮处，重庆市田赋处又与陪都民食供应处合并，改组为重庆市田赋粮食管理处。新疆亦成立田赋处，各县征收业务，仍由原征收处办理。③

1945年3月3日，经行政院会议决议，财政部所属的田赋管理委员会归并、改隶粮食部，名称为粮食部田赋署，并定于15日完成交接，实际

---

① 财政部财政年鉴编纂处编印《财政年鉴三编》，1948，第二篇第6~7页。

② 陕西省政府1941年规定，"各县市征收赋粮以业户自行交纳为原则，但为便利起见，得准由各保组设完粮运输合作社，集合各户成色相同之赋粮，合并运输。但须由保民自动组织，不得强迫施行"。参见《陕西省田赋征收实物实施办法》（1941年~1942年），《行政院档案》，档案号：014-040201-0119，第15页。山东情形特殊，为便利粮户纳粮，所订《山东省田赋征收实物章则》规定"以保为单位流动征收"。参见《山东省田赋征收实物"章则"实施办法》（1941年），《行政院档案》，档案号：014-040201-0120，第1~12页。

③ 《财政年鉴三编》，第二篇第7页。

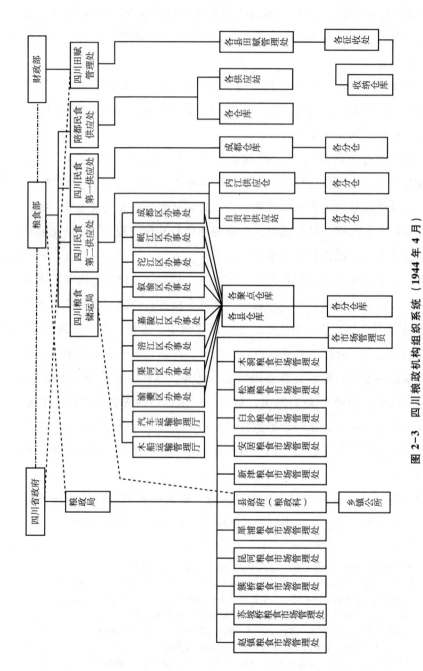

图 2-3 四川粮政机构组织系统（1944 年 4 月）

资料来源：章子范《调整后的各省粮政机构现况》，《粮政月刊》第 2 卷第 1 期，1944 年 4 月 16 日，第 28 页附表。

上16日完成移交手续。① 4月17日，行政院第694次会议通过粮食部呈拟的《田赋署组织法草案》。6月1日，粮食部田赋署正式成立。6月13日，国民政府公布《粮食部田赋署组织条例》。该条例共计20条，对其组织机构、职数等规定较为详细。根据条例，田赋署直隶于粮食部，承粮食部部长的命令，掌理全国田赋事务。田赋署设置署长1人，简任，综理全署事务，并监督指挥所属职员及机关；副署长1人，简任，辅助署长处理署务；秘书3人，其中1人简任，余2人荐任，办理机要文书及临时交办事务；设有6名科长，均为荐任，科员55人、办事员18人，均为委任，各有职掌；另有视察员20人，承署长命令，视导田赋征收事务及其他饬查交办事项。此外，条例规定田赋署可视事务需要，设置专员12人，简任或荐任。会计主任1人，佐理员12人，均委任，办理该署岁计、会计、统计事项。设立人事管理员1人，助理员4人，均委任，依照人事管理条例的相关规定，办理人事管理事务，另可酌用雇员20~30人。田赋署总员额达166人。②

征收实物事至繁重，且易生弊端，多个征实省份还有购粮任务。曾有人指出，田赋改征实物之初，"粮政混乱到无法形容"，这种混乱表现在除了田赋征实外，"经征机关又奉命于是年代购军粮。再作战部队及过境部队又委托经征机关统一代购食谷，此外省属机关、学校、保安团队及警察所需食谷也是委托经征机关收买"。③ 因此，征收实物县份组织征购粮食监察委员会，以协助征收并减少弊端。各县组织监察委员会（一、二等县9人，三、四等县5人，五、六等县3人），委员由县政府选聘当地公正士绅及县党部书记长、青年团代表充任，并在士绅中指定1人为主任委员。

为了防止基层乡镇保甲长及经收人员在粮食征购过程中的舞弊行为，粮食部1942年10月制定《乡镇保甲长及粮食经收人员征购粮食

① 《财政年鉴三编》，第十三篇第13~14页。
② 《财政部田粮署组织法草案》（1949年），《行政院档案》，档案号：014-040503-0014，第29页；《财政年鉴三编》，第十三篇第14页；《粮食部田赋署组织条例》，《中农月刊》第6卷第6期，1945年6月30日，第97~98页。
③ 土人：《湖南的粮食库券的本息估计》，《再生》第171期，1947年7月5日，第17页。

奖惩办法》，该办法共 10 项，对征收征购、运输、仓储、保管等环节进行了详细规定。奖励方面，如在期限内或提前完成征额、遵照征收规定办理而于民无扰、保管周密完善而无丝毫损失等 9 种情况，皆可分别给予嘉奖、记功、记大功、加俸或授予奖状、提升或晋级奖励 5 个层级的奖励；而罚则是对不能如期如量收缴足额、利用征缴串通舞弊、办理不善而有苛扰情事、串通斗手使用技巧营私害公等 11 种过失，按其情节轻重分别给予申诫、记过、记大过、免职及撤职查办处分。①以上奖惩皆由各县征购粮食监察委员会、督粮特派员、督粮委员、粮食部所派人员、各地协助粮政的党团部及宪兵负责考核。对此，粮食部同时制定《密查检举粮政人员违法舞弊实施办法》，加强对粮政人员违法舞弊的监督与制约。10 月 23 日，粮食部将之呈送行政院及委员长蒋介石过目后，随即实施。该办法虽仅有 5 项，但言简意赅，对于浮派浮收、斗手技巧、克扣价款、索贿、监守自盗及其他违法舞弊行为特别提出惩处办法，送交当地军法审判机关，案情重大者直接交由粮食部核办。② 1944 年 9 月，浙江省政府制定通过相应密查检举办法，检举人员的范围包括各县市政府征购实物监察委员会或县临时参议会、督粮特派员、督粮委员、各地协助粮政的党团部及宪兵、财政部视察及田赋管理委员会所派外勤人员、粮食部所派人员，并列举了 8 项违法情形，也加大了处罚力度。③

二　供应机构

战时粮食供应紧张，各省余粮有限，大多需调剂，尤以歉收地区、都市及工矿地区为主。在全国粮管局时期，重要都市民食供应缺口较大，尤

---

① 《乡镇保甲长及粮食经收人员征购粮食奖惩办法》，《中农月刊》第 3 卷第 11 期，1942年 11 月 30 日，第 100~101 页。

② 《粮食部呈拟密查检举粮政人员违法舞弊实施办法》（1942 年 10 月 23 日），《国民政府档案》，档案号：001-087000-00008-001，第 57 页；《密查检举粮政人员违法舞弊实施办法》（1942 年 10 月粮食部公布），《中农月刊》第 3 卷第 11 期，1942 年 11 月 30 日，第 100 页。

③ 浙江省政府：《密查检举田赋粮政人员违法舞弊实施办法》（1944 年 10 月~1944 年 11月），《浙江省政府档案》，档案号：L029-002-0182，第 1~8 页。

其是重要粮食消费市场，每届青黄不接之际，情况更为严重。粮食部成立后，在保证军粮足额及时供应的前提下，在重庆及四川设立民食供应机构，办理民食采购、储藏、运销、调节事宜。先后在重庆、成都、内江、绵阳分别设立民食供应处，首先设立的是陪都民食供应处及四川第一、第二、第三民食供应处。业务范畴分别为：陪都民食供应处掌理陪都民食一切供应业务；四川第一民食供应处办理成都及犍乐盐区民食业务，并兼及川西和川南民食业务；四川第二民食供应处负责供应资内糖区及自贡盐区并调节川南民食；四川第三民食供应处负责办理川北盐场及川北各地民食。①

1. 陪都民食供应处

重庆作为战时陪都与国民政府中央机关所在地，民食供应至关重要。在全国粮管局成立前，重庆市政府于 1940 年 7 月 31 日成立重庆市民食调剂委员会，协助市政府采购粮食，建议并计划粮食分配，收取公卖处关于分销粮食报告。② 全国粮管局成立后，又设立重庆市粮食统购统销处、平价米供应处和粮食仓库督察处，用徐堪的话说，就是"重庆市三个管理粮食的机关，内容太复杂"，效率有待提高。粮食部成立前，3 个机关归并为重庆市民食供应处，"事权统一"，由刘航琛担任处长，全权负责陪都平价米统购统销及集体粮商管理，原来的 3 个机关改为 3 个科。③ 重庆市民供处所辖县份为川东南地区的宜宾、泸县、万县、三台、达县、大竹及合川。9 月 1 日，粮食部将重庆市民供处改组为陪都民供处，直隶于粮食部，④ 任命涂

① 《四大民食供应处业务》，《督导通讯》创刊号，1942 年 1 月 1 日，第 3 页。
② 《重庆市民食调剂委员会组织规程》（1940 年 7 月 31 日第 57 次市政府会议通过，8 月 5 日公布），《重庆市政府公报》第 10～11 期合刊，1940 年 8 月 31 日，第 45 页。
③ 《经济会议第二十四次会议》（1941 年 7 月 1 日），《行政院经济会议、国家总动员会议会议录》第 1 分册，第 322～323 页。
④ 粮食部陪都民食供应处：《关于将重庆市民食供应处更名为粮食部陪都民食供应处并派涂重光、谢天民为处长、副处长致四川省第三区行政督察专员公署的代电》（1941 年 9 月 8 日），《四川省第三区行政督察专员公署档案》，档案号：0055000100128000103000。关于陪都民食供应处成立时间，复兴面粉公司总经理鲜伯良在晚年回忆中，谓"陪都民食供应处成立，才将（四厂）联合办事处撤销"，当记忆有误。参见鲜伯良《我经营重庆复兴面粉厂的回忆》，政协四川省委员会、四川省省志编辑委员会编印《四川文史资料选辑》第 4 辑，1964，第 112～113 页。

重光为处长，谢天民为副处长。①

陪都民供处下设调节、仓储、配销、财务四科及秘书、会计二室，掌理陪都民食购运、存储、分配、调节等一切供应业务，1942 年时共有各类职工 338 人，"组织颇大"。②民供处设立供应站 8 处，分别是北碚、歇马场、青木关、陈家桥、歌乐山、新桥、小龙坎与南温泉。聚点仓库设于重庆、泸县、李庄、合川、万县，并在忠县、南广、合江、朱家沱、李家沱等 13 地设立分仓，在大竹、达县设立临时仓库，作为储粮机关。③陪都民供处成立后，积极履行职责，向陪都民众供应食米面粉，1941 年 7 月至 11 月供应情况如表 2-14 所示。

表 2-14　1941 年 7 月至 11 月陪都民供处供应民食情况

	供应情况			备注
	配销食米数量	发放代金款额	配销面粉数量	
7 月	分销米店机关团体官价米 60226.97 市石 党政军学、各镇贫民平价米 21751.90 市石			官价米每市斗 24 元左右，平价米每市斗 6 元
8 月	分销米店机关团体官价米 48508.78 市石 党政军学、各镇贫民平价米 29848.70 市石			

① 粮食部陪都民食供应处：《关于派涂重光担任粮食部陪都民食供应处处长致重庆市参议会的公函》（1941 年 9 月 3 日），《重庆市参议会档案》，档案号：0054-0001-00440-0000-128-000，第 128 页；重庆市银行商业同业公会：《关于告知粮食部陪都民食供应处正副处长就任及表示祝贺的代电、函》（1941 年 9 月 6 日），重庆市档案馆藏，《重庆市银行商业同业公会档案》，档案号：00860001002320000010，第 32~34 页；《关于告知重庆市粮政局局长涂重光就职视事日期给重庆市粮食业同业公会、重庆市机制面粉厂联合办事处等的训令、函、布告》（1941 年 9 月 16 日），《重庆市粮政局档案》，档案号：00700002001000000006，第 11~17 页。

② 《四大民食供应处业务》，《督导通讯》创刊号，1942 年 1 月 1 日，第 3 页；《粮食部三十一年度工作考察》，第 14 页。另据记载，1942 年该处年终考核人员为 95 人，所属仓站人员为 64 人。参见《仓库工程管理处三十一年度考成案》（1942 年~1943 年），《粮食部档案》，档案号：119-010200-0216，第 67~77 页。

③ 《粮食部三十年度工作检讨报告》，第 72 页；《供应机关之推广增设》，《内政部档案》，档案号：一二-746，第 141 页。

续表

	供应情况			备注
	配销食米数量	发放代金款额	配销面粉数量	
9月	分销米店机关团体官价米 37729.17 市石 党政军学、各镇贫民平价米 25198.40 市石 机关团体成本米 40.00 市石	本月发放党政军学7月、8月平价米代金 1618488.00元		此项代金系奉粮食部令转行政院会议决定，本年7月、8月平价米代金折算标准，照每市石240元官价计算，即每市斗除购价6元外，折合代金为18元
10月	分销米店机关团体官价米 56993.00 市石 党政军学、各镇贫民平价米 24910.65 市石 机关团体成本米 480.00 市石	本月发放党政军学平价米代金 2641986.00元	党政军学各机关团体购领面粉 50481 袋	本处自10月起办理配销面粉事宜，每袋平均价格为78.8元
11月	分销米店机关团体官价米 75819.46 市石 党政军学、各镇贫民平价米 24805.10 市石 机关团体成本米谷 2759.50 市石	本月发放党政军学平价米代金 3182562.00元	核准有案的公共机关、面食业及面饼油条官价面 35411 袋；机关团体厂价面 8017 袋	本月面粉价格定为两种，官价每袋80元，厂价每袋分三旬而定，上旬130元，中旬138元，下旬145元

资料来源：《陪都民食供应情形》，《督导通讯》创刊号，1942年1月1日，第5页。

从表2-14可以看出，粮食部对陪都民食供应较为重视，从重庆民供处到陪都民供处，从食米到平价米代金、面粉，从各个供应群体与对象的扩展，以及价格的核定，粮食部均有相应规定和计划，对缓解陪都民食紧张问题有所助益。不过，从发放代金数额逐渐增加来看，粮食短缺的趋势比较明显，粉价逐旬上涨也说明了这一趋势。

2. 四川民食供应处

除重庆为一大的粮食消费市场外，四川省内还有成都、犍乐、资内、自贡及川北盐区等大的粮食消费市场，这些消费市场人口众多，粮食需用浩繁。陪都民供处成立及其对重庆民食的保障供给，"既收效果"，重庆民食供应无虞，粮食部故将此办法逐渐推广至成都、自贡、绵阳各地，在四川全省范围内分区设立第一、第二、第三民食供应处。①

四川第一民食供应处 1941 年 9 月设于成都市，根据《修正粮食部四川民食供应处组织规程》，隶属于粮食部。设处长 1 人，综理处务，简任；副处长 1 人，简任，协理处长办理处务。设总务科、业务科、会计室，总务科掌理文书、人事、出纳、庶务等事项，业务科掌理粮食配拨、供应、仓储、加工及调节事项，会计室掌理岁计、会计、统计事项。设秘书 1 人，科长 2 人，视察、稽核各 2~4 人，均荐任，由处长呈请粮食部派充；科员、办事员各 20 人，均委任，由处长派充；各股主任 1 人，由处长从资历较深的科员中派充，荐任；业务员 20 人，委任；会计主任 1 人，由粮食部会计处呈请主计处核派，并受处长指挥监督。② 处长由刘航琛兼任。

四川第一民食供应处下辖新津、眉山、竹根滩等地，在竹根滩设立供应站，负责成都、犍乐盐区民食购运、储备、分配、调节等一切业务，并调节川西及川南民食。③ 为更好地发挥作用，该处分别在牛华溪、五通桥设立供应站，在金堂县赵家渡建立仓库，以利供应调节。犍乐供应站下设牛华溪、乐山、苏稽 3 处分仓，新津聚点仓库下设邛崃、蒲江、大邑、崇庆、眉山 5 处分仓，赵家渡聚点仓库下设三水关、广汉、绵竹、什邡、德阳、昆河 6 处分仓。直辖分仓有温江、犀浦、成都市内外仓库。④

四川第二民食供应处 1941 年 10 月设于内江，负责供应资内糖区及自

① 四川省政府：《关于派刘航琛为四川民食第一供应处处长，周植禄、杨仿涛为四川民食第二民食供应处长、副处长等给四川省第三行政督察专员公署的训令》（1941 年 10 月），《四川省第三区行政督察专员公署档案》，档案号：00550005003700000041000，第41 页。
② 《修正粮食部四川民食供应处组织规程》，1942 年 11 月 20 日部令公布，《财政学报》第 1 卷第 5 期，1943 年 7 月 15 日，第 131 页。
③ 四川省政府：《关于派刘航琛为四川民食第一供应处处长，周植禄、杨仿涛为四川民食第二民食供应处长、副处长等给四川省第三行政督察专员公署的训令》（1941 年 10 月），《四川省第三区行政督察专员公署档案》，档案号：00550005003700000041000，第 41 页；《四大民食供应处业务》，《督导通讯》创刊号，1942 年 1 月 1 日，第 3 页。
④ 《粮食部三十年度工作检讨报告》，第 73 页。金堂赵家渡系川省四大重镇之一，亦为粮食重要集散市场，但本地产粮极少，粮食绝大多数从外地输入，供应当地消费者为数极少，有80%以上再行输出。射洪县太和镇与之类似。参见潘鸿声编《中国农民银行四川省农村经济调查委员会调查报告》第 5 号《四川主要粮食之运销》，第 2、10 页。

贡盐区食粮，并调节川南民食，周植禄为处长，杨仿涛为副处长。① 第二民供处在后方最大食盐产地自贡设立供应站，自贡为产盐名区，当地历来有以米易盐传统，物物交换，米盐两商交受其困，亦有彻底改革的必要。资内糖区为后方产糖中心，工人颇多，需粮巨而本地粮产不足，粮食供应时感缺乏，粮价亦较高，确有设立管理机关的必要。第二民供处在石码、白马庙、井关上游设立仓库，与第一民供处设在赵家渡的仓库遥相呼应。所需食米分别由成都平原及泸县运来，先后购运 41100 余市石，供应充足后，粮价乃稍平。为了进一步稳定糖区与盐区粮价，也在征购项下拨谷 50 余万市石，由该处加工储运，以备供应。② 自贡市供应站下设 2 处分仓，分别在自贡、邓关；石桥聚点下设分仓位于资中；第二民供处直辖白马庙、牛佛渡分仓。

　　四川第三民食供应处设于绵阳，设立时间稍晚于第二民供处，负责供应川北盐场、调节川北各地民食及涪江流域粮食市场，处长为何遒仁，副处长为朱鹏骞。③ 川北盐区地域广阔，盐井分散，产粮无多，粮食供应短缺，粮价高，且影响盐产，急需调剂。太和镇供应站下设三台、射洪 2 处分仓，南充供应站下设苍溪、阆中、广元 3 处分仓，聚点仓库设于中坝；直辖分仓设于花街、黄土、新店、德阳、黄许、罗江、金山。在射洪太和镇及南充设立供应站，在广元、南部、西充设置仓库，与陪都民供处的仓

---

① 四川省政府：《关于派刘航琛为四川民食第一供应处处长，周植禄、杨仿涛为四川民食第二民食供应处长、副处长等给四川省第三行政督察专员公署的训令》（1941 年 10 月），《四川省第三区行政督察专员公署档案》，档案号：00550005003700000041000，第 41 页。1942 年 6 月 25 日，罗远猷继任处长一职，见粮食部四川民食第二供应处《关于派罗远猷为四川民食第二供应处处长致四川省第三区行政督察专员公署的公函》（1942 年 7 月 3 日），《四川省第三区行政督察专员公署档案》，档案号：00550001001280000154000，第 154 页。

② 四川省政府：《关于派刘航琛为四川民食第一供应处处长，周植禄、杨仿涛为四川民食第二民食供应处长、副处长等给四川省第三行政督察专员公署的训令》（1941 年 10 月），《四川省第三区行政督察专员公署档案》，档案号：00550005003700000041000，第 41 页；《粮食部三十年度工作检讨报告》，第 6~7 页；《四大民食供应处业务》，《督导通讯》创刊号，1942 年 1 月 1 日，第 3 页。

③ 四川省政府：《关于派刘航琛为四川民食第一供应处处长，周植禄、杨仿涛为四川民食第二民食供应处长、副处长等给四川省第三行政督察专员公署的训令》（1941 年 10 月），《四川省第三区行政督察专员公署档案》，档案号：00550005003700000041000，第 41 页；《四大民食供应处业务》，《督导通讯》创刊号，1942 年 1 月 1 日，第 3 页。

库相互联系。第三民供处成立时，正值征收征购初显成效，粮食部遂将川北各县征购项下粮食60万市石拨交该处加工储运，以调剂当地市场。此外，第三民供处拥有管理该区各粮食市场交易权，相互配合调节效果更加彰显。① 但后因辖境内无多少重要消费，遂裁其业务，并入川储局。

3. 其他各省主要民食供应机构

在陪都民供处、四川省各民供处示范与带动效应下，川外各省粮食供应机构，均由各该省粮政机关在调查本省重要粮食消费市场、供需数量、分配状况及储运情形的基础上，拟具供应办法，设立调节机构，分别办理相应业务，以安定后方民心，增强后方各省"抗战建国"力量。其他地区类似机构有西康民食供应处、江西公卖处、福建平籴社、山西粮食公店、云南粮食供销调节处、安徽粮食供销处、湖南人民粮食公司、广西粮食交易公店等，此处主要介绍西康民食供应处。

西康省民食供应处成立于1943年9月，并制定《西康省民食供应处组织规程》。该规程共9条，对该处组织、人员等均有较为详细的规定。该处设处长1人，综理处务，副处长1人，襄理处务，均由西康省政府派任，并在粮食部备案。该处下设四组，第一组掌理人事、文书、庶务、出纳等，第二组掌理运输、加工、管制、粮情调查及业务审核，第三组掌理公粮配拨及公教民食购销、供应、调剂，第四组掌理会计、岁计、统计事项。设秘书1人，视察2人，由省政府派任。每组设组长1人，组员12~15人，办事员5~8人，由处长委派。其主要业务包括公粮配拨与公教员役及家属公粮供应，省级公粮划拨，省会省级公务人员公粮、代金发放，省会民食调剂，粮价管制。②

至1943年，先后设有粮食调节机构的地方有江西吉安、赣县，浙江云和、永嘉、丽水，广东北江区、东江区、韩江区、西江区、南路区，贵州贵阳、独山，陕西西安，甘肃省则在兰州设立供应站。

战时粮食供应机构的重要性不言而喻，尤其是川、渝等内迁人员众

---

① 《粮食部三十年度工作检讨报告》，第7页。
② 《西康省民食供应处组织规程》，《西康省政府公报》第128~129期合刊，1943年3月31日，第14~15页；《康民食供应处正式成立》，《西康经济季刊》第5~6期合刊，1943年10月1日，第111页。

多、公教人员云集、机关团体林立的地区，在粮物价格高涨之际，如何保障上述群体的生存、生活，必须在粮政管理机关的指导下，通过供应机构逐一落实，陪都民供处、川省各民供处及其他各省供应机构较好地履行了自身职责。

三　储运机构

为办理各地粮食收纳、储存、运输等事宜，专门储运机构的设立十分必要。1941年底，粮食部饬令各省设立粮食储运局或储运处，限期1942年6月底前全部成立。但各省"或于粮政局内另行添设人员承办，或专设附属机关办理"，购运处、军粮运输管理处、业务处、运销处、船舶总队部、运输队等名称极不一致，人员设置与经费开支亦缺乏标准。在1942年6月召开的全国粮政会议上，与会人员亦提出，1942年度粮食征收征购额定数量均较上一年度增加，储运工作"极为艰巨，且有时间关系"，组建"合理组织和相当业务人员"的必要性与重要性毋庸置疑，会议决议在各省粮政局下设粮食储运处，处长由局长兼任。7月31日，粮食部向行政院呈送储运处组织通则草案、编制表、薪级表。行政院对此非常重视与审慎，将3份文件交由法规委员会审查。8月11日，法规委员会提出修改意见，呈送行政院。13日，行政院又请铨叙部、粮食部派员至行政院审查。28日，经行政院、铨叙部、粮食部共同审查，并参酌法规委员会意见，行政院在9月1日召开的第579次会议上，决议修正通过上述文件。19日，国民政府准予备案。[①]

根据修正后的通则草案，省粮政局储运处设总务组、仓储组、运输组及会计室。总务组职掌5项：一是文书撰拟、收发、缮校、保管及印信典守，二是员工甄审、任免、考核、奖惩及福利发放，三是经费出纳、保管、登记，四是物品采购、保管，五是不属于其他各组室事项。仓储组职掌4项：一是粮食收储保管，二是仓储设备租用及其他规划，三是粮食加工包装，四是其他有关仓储事项。运输组职掌4项：一是粮食调度、运

---

① 《省属粮政单位组织规程（三）》（1941年~1945年），《行政院档案》，档案号：014-040503-0007，第40~69页。

输、配拨，二是粮食水陆运输规划，三是粮食运输线路、工具的修造及设备征调租用、运费审核，四是其他运输事项。会计室所职掌亦有4项：一是现款及预决算审核、编制，二是现款及粮食收交凭单的核签、登记与会计报表的编制，三是所属各机关岁计的指导、监督，四是统计及其他有关会计事项。储运处分为甲、乙、丙三等，设处长1人，由粮政局局长兼任，副处长1人，由省粮政局遴选后呈请省政府派充，并呈报粮食部备案。设秘书1人，组长3人，会计主任1人，技正1人，技士1~3人，专员、稽核2~6人，组员16~32人，业务员10~30人（见表2-15）。①

表2-15　省粮政局储运处编制（1942年9月）

单位：人

	甲等处	乙等处	丙等处
处长	1	1	1
副处长	1	1	1
秘书	1	1	1
组长	3	3	3
会计主任	1	1	1
技正	1	1	1
技士	2~3	1~2	1
专员	4~6	2~4	2
稽核	4~6	2~4	2
组员	26~32	20~26	16~20
业务员	22~30	15~22	10~15
合计	66~85	48~66	37~48

原表注：（1）甲等处为征收征购数额合计谷在600万市石以上，或麦在400万市石以上；（2）乙等处征收征购数额合计谷在300万市石以上600万市石以下，或麦在200万市石以上400万市石以下；（3）丙等处征收征购数额合计谷在300万市石以下，或麦在200万市石以下。

资料来源：《省属粮政单位组织规程（三）》（1941年~1945年），《行政院档案》，档案号：014-040503-0007，第64页。

储运处组织通则规定，如办理各项业务，可设置仓库运输站、运输队、粮食加工工厂及其他业务机构，其设置及组织应先由粮政局转呈省政

---

① 《省属粮政单位组织规程（三）》（1941年~1945年），《行政院档案》，档案号：014-040503-0007，第61~62页。

府核定，并咨请粮食部备案。另外，因军事储运需要，可分区设置储运分处，其程序与上项规定相同。① 至 1943 年，先后成立的专办或兼办储运业务的机构有直属于粮食部的川储局，有属于省粮政局的河南粮食储运处、福建储运处、江西购运处、湖南船舶总队部等。

1941 年 9 月底，川购处因"今后工作不在采购，原有名称不能副实"而被裁撤，② 粮食部遂于 10 月 1 日提出设立由粮食部直辖的储运机构——川储局。粮食部之所以将川储局确定为直辖机构，是因为四川"为政府所在地，粮食问题关系最为重要，军粮公粮需要浩繁"，且需以一部分运济第六战区及西康，其他各大都市与缺粮县份亦需统筹供应与调剂，加上四川征收征购粮食数量最多，储运业务特别繁重，粮食部为方便调拨，因此将川储局划归为直辖单位，以专责成。③

川储局内部组织分为三处四室，即总务处、仓储处、配运处及秘书室、视察室、会计室、人事室。设局长 1 人，副局长 1~2 人，简任，均由粮食部派充。设主任秘书 1 人，简任；秘书 4 人，简任；处长 3 人，副处长 3~5 人，视察主任 1 人，会计主任 1 人，人事主任 1 人，会计帮办 1 人，均简任；科长 15~17 人，稽核 8~10 人，视察 15~20 人，专员 6~10 人，股长 35~45 人，均荐任，由局呈请粮食部派员充任。科员 78~88 人，业务员 48~58 人，办事员 68~78 人，均委任，雇员 60~80 人；医官 2 人，荐任；护士 2 人，委任。④

---

① 《省属粮政单位组织规程（三）》（1941 年~1945 年），《行政院档案》，档案号：014-040503-0007，第 63 页。

② 《储运机关之充实》，《内政部档案》，档案号：一二-746，第 138 页。

③ 《省属粮政单位组织规程（三）》（1941 年~1945 年），《行政院档案》，档案号：014-040503-0007，第 43 页；《粮食部所属单位组织规程（二）》（1941 年~1947 年），《行政院档案》，档案号：014-040503-0003，第 66 页。

④ 《粮食部四川粮食储运局概况调查表》，《四川粮食储运局档案》，档案号：0352000 1000110000001，第 3 页。粮食部在最初所拟该局组织规程草案中，设定员额为 285~324 人，如处长、副处长均为 5 人，视察 40 人，专员 12~16 人，科员 100~120 人，与川购处 128~179 人的员额相比，行政院秘书处认为其组织规模稍显庞大。另，草案中原拟设五处二室，即总务处、仓储处、配拨处、储运处、财务处及视察室、会计室，后改为上述架构。参见《粮食部所属单位组织规程（二）》（1941 年~1947 年），《行政院档案》，档案号：014-040503-0003，第 65~76 页。据 1942 年 11 月统计，川储局共有视察员 44 人，视察专员 7 人，分别在嘉陵区、渝叙区、渝夔区、渠河区、岷江区等区开展视察工作。参见《粮食部四川粮食储运局视察姓名表》（1942 年 11 月 9 日），《四川粮食储运局档案》，档案号：0352000100012000000001，第 1~4 页。

根据 1944 年上半年该局考成人员表册的统计，除去局长、副局长，川储局共有职员 229 人、雇员 45 人。① 川储局下设机构有 8 个区办事处，分别为成都、渝叙、渝夔、岷江、涪江、沱江、渠河、嘉陵江等区办事处；127 处仓库，其中聚点仓库 15 处，渝市总仓库 1 处，县仓库 111 处；汽车运输管理所 1 所；另有木船运输管理所、粮食接运站等。②

为了更好地发挥储与运的作用，川储局在运输要道或粮食集散地，根据征购实物的估计数量，各设储运机构或仓库。所设仓库分为 5 个等次，重庆市、成都县、宜宾县、泸县、合川镇、万县、内江县、犍为县（设于竹根滩）、渠县（设于三汇）、南充县、绵阳县、金堂县（设于赵家渡）、新津县、射洪县（设于太和镇）、广元县 15 处运输要道或集散地点各设特等仓，接收征购粮食。各县仓库接收征购粮食在 10 万市石以上者（稻谷以米计）设立一等仓，计有崇庆、荣县、仁寿、简阳、眉山、邛崃、富顺、大竹、广安、岳池、遂宁、安岳、三台、德阳、中江 15 个县。各县征购数量在 5 万市石以上、10 万市石以下者，每县各设一个二等仓，计有华阳、郫县、双流、彭县、温江、资中、威远、资阳、巴县、大足、江津、铜梁、大邑、蒲江、洪雅、乐山、南溪、隆昌、合江、涪陵、梁山、邻水、武胜、南部、蓬溪、潼南、乐至、广汉、什邡、安县、罗江、达县、绵竹 33 个县，接收征购粮食。征购数量在 3000 市石以上、50000 市石以下者，共有新都等 63 个县，每县分设一个三等仓，接收征购粮食。数量不足 3000 市石者，计有城口、雷波、马边、峨边、北川、汶川、理蕃、松潘、懋功、靖化 10 个县，各设四等仓，储藏征购粮食。③

各市县仓库设置地点以县城为原则，县城不设分仓，每县设置分仓 1 处至 5 处，如果仓库为储运便利设于重要乡镇，则其所在地不设分仓。特

① 《储运局职员三十三年度上半年考成案》（1944 年），《粮食部档案》，档案号：119-010200-0428，第 18～35 页。

② 粮食部四川粮食储运局编印《粮食部四川粮食储运局三十二年度工作报告》，1943，第 1 页；《粮食部四川粮食储运局概况调查表》，《四川粮食储运局档案》，档案号：0352 0001000110000001，第 2 页。

③ 《粮食部三十年度工作检讨报告》，第 71 页；赵厘、郭良夫：《四川粮食储运局仓储运输之机构》，《督导通讯》创刊号，1942 年 1 月 1 日，第 6 页；《行政院关于粮政推行之报告——对五届九中全会报告》（1941 年 1 月到 12 月），秦孝仪主编《抗战建国史料——粮政方面》（1），第 405 页。

等仓设主任 1 人，副主任 1 人，会计员 2~3 人，仓务员 4~6 人，助理员、实习生各 6~8 人，斗手 4~6 人，工役 6 人。一等仓以下只设主任 1 人，其余员役亦依次递减。分仓仅设管理员、仓务员、助理员、实习生、斗手、工役各 1 人。①

全川粮食运输依照水陆交通状况及交通工具效能，以河流或公路线分区设置水陆运输段，又根据各县仓库所在地，择其交通便利地点，分别设置运输站，以运输站为据点，以段为督导枢纽，在全川设立甲等、乙等运输线。甲等段（水运）分渝叙（长江上游，包括宜宾附近临江各县，自叙府至重庆，段址设于泸县）、渝夔（长江下游，自重庆至夔府，段址设于万县）、嘉陵江（自广元至重庆，段址设于合川）、涪江（自绵阳至合川，包括涪江流域各县，段址设于太和镇）、渠江（自万源至合川，包括洲河、巴河及渠江流域各县，段址设于渠县三汇）、岷江（自新津至叙府，包括岷江流域各县，段址设于犍为县竹根滩）、沱江（自金堂至泸县，包括沱江流域各县，段址设于内江）7段。乙等段为陆路运输，分川东、川西、川南、川北 4 段：川东段包括川东全部陆运及部分陆运县份，段址设于大竹；川西段包括川西各部陆运及部分陆运县份，段址设于成都；川南段包括川南全部陆运及部分陆运县份，段址设于彭水；川北段包括川北陆运县份，段址设于剑阁。根据配运计划及运输量大小，拟具运输机构设置网，在各县分别设立一等、二等、三等、四等运输站 131 处，其中一等站 11 个，二等站 5 个，三等站 14 个，四等站101 个。此外，汽车运输管理所的设立，意在分担四川省粮食仓储运输任务，提高粮食运输效能。②

陕西、湖南、广东、河南等省亦在省粮政局下各设有储运处。1942年 9 月 24 日，陕西省政府发布《陕西省粮政局各县仓库组织暂行通则》，该通则共 10 条，对各县设置仓库名称、职掌事项、人员编制进行了详细规定。通则规定，粮政局所设仓库分为专设仓库与各县普通仓库，各县普

---

① 赵厘、郭良夫：《四川粮食储运局仓储运输之机构》，《督导通讯》创刊号，1942 年 1 月 1 日，第 7 页。

② 《粮食部三十年度工作检讨报告》，第 71~72 页；《行政院关于粮政推行之报告——对五届九中全会报告》（1941 年 1 月至 12 月），秦孝仪主编《抗战建国史料——粮政方面》（1），第 406 页。

通仓库名称应统一为"陕西省粮政局某县仓库"，如需设立分库，名称应为"陕西省粮政局某县仓库某分库"，每个一等仓库可设 2 处或 3 处分库，每个二等、三等、四等仓库可设 1 处或 2 处分库。根据该通则，专设仓库主任由粮政局委任，各县仓库由县政府负责管理，设主任 1 人，由县长遴选后报请粮政局委任，承县长命令综理全库事务，并指导监督所属员司及公库办理；所需经费由县政府向粮政局申领。各县仓库业务如下：一是粮食验收、拨交、储运办理；二是包装材料及衡量器材管理；三是输力筹调及运输工具管理；四是粮食进出登记、报告；五是仓库设备管理；六是关于县田赋处及军粮仓库联系事项；七是其他有关仓库及交办事项。各级仓库及分库职员、工役设置各有定额，一等仓库设会计员 2 人，库员 4 人，押运员 3 人，助理员 5 人，雇员 3 人，库夫 5 人（其中斗手 2 人），押运夫 4 人；二等至四等仓库及分库员司依照一等仓库递减；五等仓库暂缓设置，员额设置由县政府负责。各仓库管理人员职掌事项如下：会计员办理仓库现金收拨、记账及报表造列；分库管理员负责设备、储粮；事务员督饬所属员工办理分库一切事务；各级仓库库员承主任或管理员命令，负责相关事务；押运员负责办理粮食及包装器材的运送；助理员协助库员办理文书及实物收拨、登记。① 在储运方面，粮食部于 1942 年 3 月底核准在康、宁、雅三属分设 3 个储运站及 5 个分站，西康限于经费，因此推进较慢，至 4 月 1 日始成立并办理储运业务。②

　　湖南省粮政局储运处的设立颇多争议。粮食部成立后，鉴于第六战区部分军粮借湘粮接济，川湘运输颇为重要，因此与第六战区司令部商议，设置湘谷转运管理处，以专责成。该处成立后，每月可运湘米 2 万大包，以接济第六战区鄂西及江防部队军粮，回程车船则运盐济湘，颇著成效。③ 1942 年 7 月 21 日，湖南省粮政局呈文省政府，提出设立储运处，并根据业务需要，计划在储运处下分别设立长沙、常德办事处，专任拨交战区军粮及临时催查事务，各县设立临时仓库，以便储屯拨运；组建运输

---

① 《陕西省粮政局各县仓库组织暂行通则》（1942 年 9 月 24 日公布），《陕西省政府公报》第 817 号，1942 年 9 月 30 日，第 12~14 页。

② 《各省市粮政工作报告摘要》，第"康 2 页"。

③ 《储运机关之充实》，《内政部档案》，档案号：一二-746，第 140 页。

总队（其下还有调度所、船舶大队、船舶大队所辖中队、甲种转运站、乙种转运站、护送站、驳运站等），办理水陆运输；设立武装护运队以监护粮运安全，各县粮政科分别增配业务员，以提高工作效率。同时，粮政局呈送《湖南省粮政局储运处组织规程》《储运处长沙、常德办事处组织规程》及有关编制经费概算书 17 份。对此，湘省政府认为"尚属可行"，呈文行政院请予核准。①

8 月 3 日，行政院将全部文件交由粮食部、财政部"迅即切实核复"。20 日，粮食部对湘省粮政局呈拟经过予以回复，谓该省粮政局前任局长谢铮在任时已提出设立计划及概算书，后谢氏因事辞职，新任局长杨锐灵接手后，于 7 月 16 日、21 日两次向湘省政府提出设立请求。但因粮食部有在各省粮政局内设立储运处计划，湘省提案遂搁置。储运处组织通则准予备案后，9 月 3 日，行政院通知粮食部转告各省政府，要求各省储运处的设立应遵循通则草案相关规定办理。10 月 4 日，粮食部呈文行政院，谓已准予湘省粮政局按照甲等局编制设立，即湘省政府 7 月 21 日呈文所申请的内容。在粮食部看来，湘省 1942 年度征购粮额达 1000 万市石，符合甲等局设立条件，且供应第六、第七两个战区军粮，"储运业务实属繁剧"，"当准予照甲等处编制办理，以利进行"。根据湘省政府提供的材料，该储运处拟设机构及其人员数量、预算经费分别为：64 个县设立临时仓库，各类人员分别为区管理员 130 人、仓务员 525 人、助理员 1038 人、仓丁 1055 人，合计 2748 人，每年支出经费 448200 元；运输总队部调度所 10 人，年支经费 13632 元；船舶大队 15 人，年支经费 15771 元；船舶大队所辖中队 12 人，年支经费 9888 元；甲种转运站 9 人，年支经费 8553 元。加上其他机构，湖南省储运机构达 10 多个，各类人员总计约 3000 人，年度预算经费高达 700 万余元，而且运输总队部人员官等为"同少校""同上尉""上等兵"等军事编制。②

然而，财政部对湖南省设立的储运机构数目、人员数量及年度预算等

①《省属粮政单位组织规程（三）》（1941 年~1945 年），《行政院档案》，档案号：014-040503-0007，第 76~77 页。

②《省属粮政单位组织规程（三）》（1941 年~1945 年），《行政院档案》，档案号：014-040503-0007，第 76~125 页。

颇有意见，认为"员额众多"，预算经费"实属过巨"，并质疑各个机构中的业务员、临时仓库管理员"是否确属需要"，军事编制人员"可否利用保安团警办理"。总之，财政部提出以上各类人员"不必另行设立"，"应予核减"。同时，财政部以湘省粮政局局长易人为由，要求新任局长重新"从速妥拟呈核"。① 相较于财政部的激烈反对，粮食部支持湘省的态度较为坚决。财、粮两部态度上的差异并非偶然，而是各自站在自身立场的本能反应，各有其合理性，前者要瞻顾全国财政收支，后者要保证军粮民食供应；前者要尽量紧缩现金开支，后者要尽量获取粮食实物；前者坚持"少花钱多办事"，后者主张"没钱办不成事"。可以说此一矛盾难以协调。其实在围绕钱、粮等问题上，财、粮两部的利益争夺、明争暗斗从未停止。

另外，战时各省擅自设立机构的现象较为普遍，除了湖南省粮政局储运处的例子外，福建省也有此类情形。对于此一情况，国民政府各院部会署前后亦有不同态度。1943 年 10 月 14 日，福建省政府呈文行政院，声称为了办理县级公粮储运、分配业务，已在 9 月 2 日制定《福建省各县县级公粮经理处组织及办事通则》，在各县、特种区署设立县级公粮经理处，并实行有日。行政院收到呈文后，令粮、财两部议复。对于闽省设立的该机构，粮食部在 1944 年 1 月 3 日回复称，县级公粮应"就仓拨交，无储运业务可言"，至于稽核、分配等简单业务，应与其他各省县级公粮同类业务一致，由县政府办理，"无专设机构之必要"。而财政部未立即答复。5 日，行政院秘书处拟订处理意见，"拟不俟财政部复到，即依部议，指令福建省政府遵照"，即该项业务交由县财政科办理，不必专设机构。财政部迟至 3 月初才予回复，同意粮食部意见。3 月 23 日，闽省政府再次呈文行政院，就不予同意设立县级公粮经理处进行争辩。闽省政府呈诉：各县征起县级公粮数额与实际需求不相适应，省政府只得酌量调整，统筹分配，县内或县际筹拨储运在所难免，如果全部"就仓拨领"，实际不无困难。而且从 1944 年起，县级公粮收支被纳入县预算，公粮的

① 《省属粮政单位组织规程（三）》（1941 年～1945 年），《行政院档案》，档案号：014-040503-0007，第 76～125 页。

供应数额较前为多，业务更为繁重，如不由县政府办理，则储运、分配更形困难，公粮经理处"实有继续设置之必要"。闽省政府进一步声言，该机构运行以来，"尚称顺利"。4月20日，行政院再令财、粮两部核复，但两部一直未予回复。6月9日，行政院再次催促两部意见。13日，两部一反常态，认为公粮经理处属于业务性质，"省府认为必要，并经设置，似可准予照办"。[①] 然而，行政院秘书处认为，"他省尚未闻有此类机构设置，福建省似亦无设置之必要"。为稳妥起见，行政院秘书处又请法规委员会审查。法规委员会审查后，意见是"拟准设置"。但行政院最终仍裁决，该项业务应由县政府财政科办理，"无庸另设机构"。12月8日，闽省政府致电行政院，"遵令饬于卅三年十二月底一律裁撤"。从1945年度起县级公粮业务改由县市（区）政府办理，并将后续业务进行妥善安排。[②] 1945年5月5日，闽省政府致电行政院，谓已于1月1日起将《福建省各县县级公粮经理处组织及办事通则》予以废止。[③]

机构、法规的废立，人员的安排，其本质是权力争夺与利益分配。无论是湘、闽等地方政府，还是中央各院部会署，均欲通过各种途径将之"揽入怀中"，不会轻易放弃。这即是数千年以来"权力崇拜"或曰"拜权教"的遗毒。[④]

四　调查机构

粮食调查是了解全国粮食产销状况、制定粮食政策的重要依据。关于粮食调查，孙中山多次论及整理耕地、调查粮食产销，国民政府亦有限期

① 《省属粮政单位组织规程（六）》（1943年~1945年），《行政院档案》，档案号：014-040503-0010，第12~33页。1944年2月，莆田县设立公粮经理处。参见《莆田县政府为呈送县级公粮经理处员役名册》，《福建省政府公报》永字第733期，原第1546期，1944年3月30日，第9780页。3月23日，仙游县政府呈报设立公粮经理处，省政府"准予备查"。参见《为呈报县级公粮经理处成立日期》，《福建省政府公报》永字第746期，原第1559期，1944年4月29日，第9988页。

② 《省属粮政单位组织规程（六）》（1943年~1945年），《行政院档案》，档案号：014-040503-0010，第34~40页；《裁撤县级公粮经理处》，《闽政简报》第23期，1944年11月，第9页。

③ 《省属粮政单位组织规程（六）》（1943年~1945年），《行政院档案》，档案号：014-040503-0010，第40页。

④ 关于"权力崇拜"或曰"拜权教"的研究，可参考南京大学马俊亚教授相关成果。

调查各省田主佃农生活状况的决议，"欲谋求我国农业复兴，必得先从整理与调查入手；而整理与调查，又必得先明了全国的农业状况，然后才能贯澈和实现总理民生主义的精神和方案"。① 但限于各方因素，官方基本上未展开相关调查，而由民间机构承办。1929 年，金陵大学举办初步调查，1933 年由中央农业实验所接办，中农所编印《农情报告》，每年报告冬季作物及夏季作物面积各 2 次，产量各 3 次，有时对乡村物价、灾害损失、农佃问题、农工工资等亦加以调查并发表，从以省为单位渐扩充至县级农情，以供有关各方参考。② 国民政府对于粮食产销情形"反不若米商所知之明确，所有盈亏之统计，多出米商之估量"。③

在抗战全面爆发前，因缺乏国家层面的粮食专管机构，各种粮食调查多由民间机构或团体进行，这些调查活动不但有益而且极富必要性，并保存了相当数量的资料，但其调查方法、范围、准确性等均存在较大问题。抗战全面爆发后，调查活动受到影响，但并未停止。金陵大学农学院农业经济系 1940 年初对成都附近 7 个县 169 户农家、16 处市场粮食生产成本与运销状况进行调查，对温江、双流、郫县、新都、新繁、成都（崇义镇）、华阳 7 个县水稻生产成本、生产费用、生产量、米谷销售展开详细调查，以期"明了米谷之生产情形，而计算其生产费用；并明了市场交易及运输情形，而计算其运销成本，两者之成本完全明了，连同商人之合理利润，而规定产品之价格，则生产者，居间商人与消费者三方面，均得沾益。然后由负责机关，统盘筹划，订定合理解决方案，则对于生产，消费，分配，运输，均可有适当之解决与调整，而达平价之实效"。④ 全国粮管局成立后，此一状况有所改变，而且粮食调查也引起了上层人士的关注。

1940 年 9 月 11 日，蒋介石在题为《为实施粮食管理告川省同胞书》的演讲中明确指出，各级粮食管理机关要将粮食调查工作放在重要的位

① 乔启明、蒋杰：《中国人口与食粮问题》，第 134 页。
② 四川省政府秘书处统计室编印《四川统计简讯》第 2 期，1939 年 5 月 1 日，第 2 页。
③ 《省属粮政单位组织规程（一）》（1937 年~1941 年），《行政院档案》，档案号：014-040503-0005，第 21~22 页。
④ 潘鸿声编著《成都市附近七县米谷生产与运销之调查》，第 1 页。

置，一方面要"调查生产区的供给能力"，另一方面要"调查消费区的需要限度"，[①] 以利粮食调节。有人指出，通过粮食调查，"当局可借此以统筹各地粮食集散之途径，供需之实数，如办理仓储，以济民食，筹办军粮，充实抗战资源等等，或可有所依据"，[②] 当然也可以为金融界、企业家、运输业等调整运输、统制粮价、取缔苛杂提供参考。[③] 因此，粮食调查意义重大且迫在眉睫，中央政府所在省份四川省的粮食调查尤为切要。

9月15日，全国粮管局召开四川省第三行政区粮食会议，主要讨论粮食调查、管理及征购办法。在讨论调查区域时，规定除第三行政区10个县外，另加入重庆市与重庆卫戍区内的长寿县，即共计十一县一市。调查指导机构由全国粮管局、中统、军委会调查统计局（简称"军统"[④]）、重庆卫戍总司令部、重庆市政府、经济部平价购销处、重庆市社会部、中央警校，联合成立重庆市卫戍区四川第三行政区粮食调查委员会，由中统与军统及中央警校抽调1200人担任调查技术员，除重庆市外，

---

① 蒋介石：《为实施粮食管理告川省同胞书》（1940年9月11日），秦孝仪主编《总统蒋公思想言论总集》卷31《书告》，台北，中国国民党中央委员会党史委员会，1984，第213页。

② 潘鸿声编《中国农民银行四川省农村经济调查委员会调查报告》第5号《四川主要粮食之运销》，1941，第2页。

③ 四川省农村经济调查委员会：《四川省主要粮食之运销》，秦孝仪主编《抗战建国史料——粮政方面》（2），第141~142页。

④ 军统"负有经济作战责任"，设有经济科，科长费同泽，兼任经济研究室主任，后由邓葆光接任。邓除了负责军统局本部经济研究工作外，并以军统局本部名义直接指挥财政部缉私处、货运管理局、国家总动员会议经济检查组领导的各地经检队，搜罗经济动态情报。参见良雄《戴笠传》，台北，传记文学出版社，1980，第253~254页；邓葆光《军统领导中心局本部组织及活动情况》，沈醉、康泽等《亲历者讲述·军统内幕》，中国文史出版社，2009，第33页。戴笠1940年12月亦讲道："就我们现在所掌握的公开机关的业务性质来说，在交通方面有运输监察；在经济方面有缉私；在治安方面有警卫、稽查和特检；在内政方面有全国警政；在军事方面，各位知道，我们简直关系更大。总之，财政、经济、治安、交通、内政、军事，今天都已掌握在我们的手里。"因此，军统局"利用抗战坐大"是毫无疑问的。参见马振犊、邢烨《军统特务活动史》，金城出版社，2016，第121页；魏斐德《间谍王：戴笠与中国特工》，梁禾译，江苏人民出版社，2007，第二十四章。另据记载，中统、军统及青年团还设有经济检查队及经济秘密督察组，其经费由军需署垫拨，每月预算为57215元。参见《行政院经济会议秘书处接收经济检察队及秘密督察组并充实本处检察组暨成立四川经济检察总队附具组织规程及工作大纲》（1941年），《行政院档案》，档案号：014-070100-0034，第3页。1941年2月，蒋介石指示，中统、军统、青年团组设的经济秘密督察组及经济检查队由行政院经济会议接收。参见《第三十次经济会议》（1941年8月26日），《行政院经济会议、国家总动员会议会议录》第2分册，第58页。

平均每个乡镇分配 2~3 人，由各县县长发动各乡镇小学教师为协助调查员。调查人员出发前，先到各县参加乡镇长会议，提出调查方案，分发调查表，调查全县情况，经费由全国粮管局拨给。① 两个月后，蒋介石再次就粮食管理问题发表讲话，此次讲话的听众是来渝参加粮食会议的各县县长。在讲话一开始，蒋就将四川粮食管理、调查不力的矛头对准了全国粮管局，表示四川有个别县份"成绩固然很好"，但大多数县长阳奉阴违、怀疑观望，县粮食管理委员会徒具形式，有法不依、贯彻不力，规避隐匿、囤积依然。与上次的《为实施粮食管理告川省同胞书》不同，此次讲话是在制定了明确的粮食管理政策以后举行的，具有极强的针对性，就是要求各县县长切实执行蒋的指示和会议决定的办法。

全国粮管局曾邀集农林部、中央农业实验所及有关机关商订《农情报告》合作办法，决定由各省农业机关分途办理，而由中央农业实验所总其成。四川省农业改进所、湖南省农业改进所渐次展开工作。各省粮食乃至农业调查仍处于起步阶段，所刊资料对于全面抗战前农业概况有所反映，"对于各地粮食之生产、消费、市场状况，及运输情形，素乏精确之调查"。② 在 1941 年 2 月的全国粮食会议上，全国粮管局提议在各省粮食管理局内一律专设调查统计室，如调查统计、情报、陈报、登记等工作原属管制科或视察科主管，现应悉划归调查统计室办理。③ 全国粮管局制定的《粮食管理纲要》规定，各省粮食管理机构要立即统筹办理各县市存粮调查及登记，以作为今后分配军粮民食的依据。④

对于存粮状况，全国粮管局曾在川、赣两省余粮县份有过大规模调查。四川省制定《四川省粮食调查暂行办法大纲》，⑤ 分成都、重庆两区举行粮食调查，旨在调查陈粮。成都区包括成都市周边 19 个县市，由四

---

① 《重庆市政府关于抄发全国粮食管理局召开四川省第三行政区粮食会议记录给社会局的训令（附记录）》（1940 年 9 月 27 日），《重庆市社会局档案》，档案号：0060000200 308000004，第 10~15 页。

② 潘鸿声编著《成都市附近七县米谷生产与运销之调查》，第 1 页。

③ 《全国粮食会议报告》，第 75 页。

④ 《粮食管理概论》，第 30 页。

⑤ 《四川省粮食调查暂行办法大纲》（1940 年 9 月 7 日），《三民主义青年团重庆支团档案》，档案号：0052-0001-00004-0000-093-044，第 45~48 页。

川省粮食管理局主办。1941 年 4 ~ 8 月，中国农民银行四川省农村经济调查委员会赴四川调查，选择区域包括成都平原区的温江县，岷江流域区的乐山县，沱江流域区的金堂、内江、简阳 3 个县，涪江流域区的江油、绵阳、三台、射洪、遂宁、蓬溪 6 个县，长江流域区的万县、江津、泸县 3 个县，嘉陵江流域区的南充、合川两个县。在正式调查前，该会先在成都附近的华阳县龙潭寺进行了一次试查，对所设计的问卷、表格了然于胸，同时也是对调查人员的一次训练。

粮食部筹备时期，为了缓解当年 5 ~ 6 月的粮荒，委托川东南区督粮特派员办公处、重庆市民食协济社，分别派员秘密前往该谷米产区进行调查。粮食部成立后，专门设立调查处，职掌包括粮食产品、耕地面积、粮食储运、各地粮价的调查，视察报告的审查、整理、编纂，其他有关粮情资料的征集编制事项。[①] 在各县粮政科专门设立调查统计人员，经费由粮食部资助一半，这也反映出对调查统计工作的重视。粮食部成立初期即对粮食概况展开调查，如重庆卫戍区四川第三行政区 11 个县粮食调查、成都附近 19 个县粮食调查、重庆附近 26 个县大粮户调查、四川各县 300 市石租谷以上粮户调查、乡镇概况调查等。[②]

1942 年 5 月，粮食部制定《粮食收获陈报办法》，以乡镇为单位，按户调查，分夏秋两季举行，1942 年调查计划内容分为四个方面。第一，生产调查，包括收获陈报，在每季粮食作物收获时通饬各乡镇，按户查报其主要粮食作物耕种面积、收成与收获量；生产成本调查亦在收获后展开，主要调查亩产量及生产成本费用。第二，市场调查，此项调查采用两种方法。一是沿用全国粮管局时期采用的电报粮情的做法，在四川及全国指定市场一二百处，责令各该市场逐日电报米粮价格、进出口数量及市况；二是概况调查，具体做法是派员赶赴实地或指令各省粮管机关，就指定市场加以调查。第三，消费调查，即选定各省省政府所在地及粮食消费

---

① 《粮食部组织法》（1941 年 7 月 4 日），《重庆市政府档案》，档案号：0053-000200360-0000-080-000，第 80 ~ 84 页；《粮食部组织法》（1941 年 7 月 4 日公布），《行政院公报》渝字第 4 卷第 14 号，1941 年 7 月 15 日，第 27 ~ 29 页。

② 《行政院关于粮政之推行报告——对第二届国民参政会第一次大会报告》（1940 年 4 月至 12 月），秦孝仪主编《抗战建国史料——粮政方面》（1），第 390 页。

最多的城市四五十处，指令其粮管机关按旬查报粮食消费供应情形。第四，存粮调查，亦主要有两种方式：一是大户存粮调查及大粮户调查，通饬各县将现存粮食在百市石以上者，按户查明具报；二是公私仓库存粮调查，由各县查报公私仓库存粮种类及数量。①

为了织就周密细致的粮食调查网，粮食部在各省粮政局或田赋粮食管理处设立下级调查机构调查股，各县政府及县田粮处设立调查员，乡镇粮食调查工作由文经干事兼任。据呈报，川、粤、桂等19个省设立调查股96个，设立县级调查员的县份有1069个，调查员1015人。② 浙江省粮政局第一科设立调查股，并在各县粮政科设置调查员1~3名，1941年共有53名调查员参与调查，全省除游击区外，1941年已全部调查完毕。③ 1942年10月23日，陕西省制定《陕西省各县余粮检查登记办法》，该办法规定，各县应组织粮食检查队，由县政府、国民党陕西省党部、财务委员会、青年团各派代表1人组成，由县政府所派代表任队长，派员分赴各乡镇保，会同保长随时周密认真调查登记，上报粮政局备查。④

有的省份也存在调查机构重叠的问题。1943年9月，河南省为了加强基层粮食管理，拟在各县乡镇设立食粮管理会，由公正士绅、保甲长、中心学校或国民学校校长及教员组成，从事粮食调查、登记工作，并拟订《河南省各县乡镇食粮管理会组织通则》，于9月29日呈送行政院，但这一提议并未获得行政院的支持，11月4日，行政院令河南省政府"毋庸另设食粮管理会"。⑤

粮食调查是实施粮食管理的基础，也是粮食政策制定的前提。南京国民政府成立之初因未设立全国性粮食管理机构，亦未开展粮食调查。粮食危机发生后，在中央政府上层人士的重视与推动下，全国粮管局尤其是粮

---

① 《粮食部调查处决定调查计划》，《中农经济统计》第1卷第6期，1941年12月31日，第3页。此处的"进出口"并非通常对外贸易意义上的概念，而是指运入或运出本地市场。
② 《抗战期间粮政述要》，秦孝仪主编《抗战建国史料——粮政方面》（1），第86页。
③ 《各省市粮政工作报告摘要》，第"浙1页"；《粮食部三十一年度工作计划》，第32页。
④ 《陕西省各县余粮检查登记办法》（10月23日省府委员会议通过施行），《陕西省政府公报》第823号，1942年11月1日，第18页。
⑤ 《省市粮食管理办法（二）》（1941年~1946年），《行政院档案》，档案号：014-040504-0018，第60页。

食部对粮食调查尤为重视，设立机构、建章立制、整合人员，调查成效逐渐显现，这为粮食管理奠定了较好的基础。据记载，战后粮食调查亦由田粮处积极开展，各省田粮处选聘优秀人员，通过多种途径进行粮食调查。①

五　督导机构

粮政督导制度与机构的建立，在全国粮管局成立初期已有此想法。1940 年 9 月，卢作孚在谋划四川省粮食购运业务时，提出"购运有关之各行政专员区，设督导长 1 人，由本局派用，受四川省购运处（四川省粮食购运处）之指挥监督"，督导长主要负责督察各县办理粮食调查、征购、验收、保管及运输等事务。按照卢的规划，除了督导长，另在购运各县设督察员 1 人，亦由全国粮管局派用，受四川省购运处及督导长指挥监督，办理上述事务，并协助县政府办理调查、征购事务，相对而言职责较为单一。② 卢的这一做法与农林部农产促进委员会此前所建立的农业推广督导制度不谋而合，可以说是战时粮政督导的雏形。

1941 年 6 月，即将成立的粮食部在蒋介石指示下，约请有关粮政机关协商推行粮政及宣传调查事项，这些机关包括国民党中央宣传部、青年团、中统和国民党军、宪、警各机关等，决意设立督导机构，于是召集党政军各方力量及督粮委员座谈，商讨推行办法，最先确立的是督粮特派员与督粮委员。

督粮特派员。粮食部在筹备期间，徐堪已在全国粮管局督导制度的基础上考虑如何进一步推进督导工作，强化督导效果，以配合粮政推行。粮食部成立前，蒋曾指示徐，由徐邀请国民党、青年团和军、宪、警、国家

---

① 以浙江省为例，1946 年 3 月，浙江乐清田粮处改派王梦蕉负责办理该县粮食调查工作。王梦蕉毕业于浙江省立第十中学高中部，历任国民党浙江乐清县党部执行委员、浙江兰溪汤溪县印税局局长、浙江义乌县粮食管理处管理股股长、浙江省军队特别党部温台外海护航队特别党部干事。参见《各省市粮食调查人员》（1946 年），《粮食部档案》，档案号：119-050102-0028，第 8～9 页。

② 章少力：《三年来我国农产促进工作概况》，朱汇森主编《中华民国农业史料·粮政史料》第 1 册，第 356 页；《省市粮食管理办法（一）》（1940 年～1948 年），《行政院档案》，档案号：014-040504-0017，第 51 页。

总动员会议等中央机关派员"协助粮勤，督导粮政"。徐就任前分别走访国民党 CC 系陈果夫、中统副局长徐恩曾、青年团中央干事会书记长张治中、军委会办公厅主任贺耀组、国家总动员会议秘书长何浩若、宪兵司令张镇及中央警官学校教育长李士珍等，由以上机关或主管官员推荐人员到粮食部协助督导粮政。在上述机关与人员推荐下，先后有行政院专门委员李永懋、中统局专员罗浔、陈敦常、青年团重庆支团书记、中央青干班训育干事陈开国、少将参议郑延卓等，这些人也成为督导室的骨干成员。①

全国粮管局时期，粮政工作主要集中在四川及重庆等粮食问题较为严重的地区。粮食部循着这一思路，为了切实缓解粮食危机，加强对粮食领域的监察监督，在成立前已根据行政院颁布的《派遣四川督粮人员原则》，拟订《四川督粮特派员及督粮委员服务规程草案》。1941 年 6 月 10日，经济会议召开第 23 次会议，对《四川督粮特派员及督粮委员服务规程草案》进行审查，决议"由行政院秘书处、经济会议秘书处及粮食部审查"。17 日，行政院第 519 次会议通过该规程。根据规程相关规定，粮食部将四川省 130 个县局划分为川东南（第三行政督察区，下辖 43 个县）、川东北（第十行政督察区，下辖 22 个县）、川西北（第十二行政督察区，下辖 27 个县）、川西南（第一行政督察区，下辖 38 县、局）四个督粮区，由行政院、军委会委员长会派特派员 1 名，分赴各区督导，如川西北区以南充人张澜为督粮特派员，川东南区以刘航琛为督粮特派员。② 督粮特派员职责如下：一是督促并协助督粮区内地方政府积极推行粮食管理政令；二是督促并协助督粮区内地方政府切实取缔囤积居奇及违反粮食管理行为；三是督促并协助督粮区内地方政府遵照规定办法，推进

---

① 《昆明文史资料选辑》第 6 辑，第 36 页。
② 《经济会议第二十三次会议》（1941 年 6 月 10 日），《行政院经济会议、国家总动员会议会议录》第 1 分册，第 283~291 页；沈云龙、张朋园、刘凤翰访问，张朋园、刘凤翰纪录《刘航琛先生访问纪录》，第 86 页。《派遣四川督粮人员原则》后修正为《各省督粮人员原则》，1944 年 1 月，《各省督粮人员原则》再修改为《各省督粮人员办法》（1月 17 日，国防会第 128 次常务会议准予备案）。参见《国防最高委员会第一百二十八次常务会议记录》（1944 年 1 月 17 日），《国防最高委员会常务会议记录》第 6 册，第51 页。

粮食派售、配购、运销、供应事宜；四是考核派遣至各督粮区内各级行政人员及粮食管理人员推行粮政成绩和有无渎职舞弊情事，并予以上报；五是指导各督粮区内各县督粮委员。① 特派员须精明干练，廉洁公正，可在派遣区内适当地点设置办公处，办公处设秘书2人，专员2~4人，办事员4~6人（见表2-16）。从隶属关系而言，督粮特派员归行政院指挥，代表国民政府负责督促并协助地方政府切实推行粮管政令。特派员应随时主动或由行政院、粮食部根据实际需要命令赴区内各地执行督导考核工作，每半月向行政院书面报告一次工作情况。如遇重大事项，应呈报行政院核示，并同时报告粮食部。②

督粮特派员制度实行以后，陈开国认为，四川省1941年督粮工作收效显著，其原因为：一是人员精干；二是地域较小，易于管理；三是粮食部可随时根据需要进行指示。"这次督粮特派员在粮政推行上确发生了不少作用。"③ 有人指出，"各地县粮政效率的增进，与督导工作，实有相当因果"。④

粮食部在设置督粮特派员的同时，也在各县设置督粮委员，督粮委员职责包括：第一，督促并协助县境内各级行政机关，积极推行粮政；第二，督促并协助县境内各级行政机关，切实取缔囤积居奇及违反粮食管理政令的事项；第三，督促并协助县境内各级行政机关遵照规定办法，推进粮食派售、配购、运销、供应事宜；第四，考核县境内各级行政人员及粮食管理人员，奉行粮食管理政令的成绩及有无渎职舞弊情事，分别呈报，予以奖惩。⑤ 另外，在粮食部实施大户存粮调查工作时，各地督粮委员又被赋予新的职责，即在必要时可以召集当地党、团、宪粮政服务队及经济会议各级

---

① 中央训练团编印《中华民国法规辑要》补编一，1942，第159~160页；《经济会议第二十三次会议》（1941年6月10日），《行政院经济会议、国家总动员会议会议录》第1分册，第284~287页。
② 《内政部选派游瀛为督粮委员及四川省分区督粮员派遣要点》（1941年6月），《内政部档案》，档案号：一二-1266，第5~6页。
③ 陈开国：《三十年度川省督粮工作的检讨》，《督导通讯》第1卷第2期，1942年2月1日，第8页。
④ 邹明初：《粮政之回顾与展望》，《督导通讯》创刊号，1942年1月1日，第2页。
⑤ 陈开国：《三十年度川省督粮工作的检讨》，《督导通讯》第1卷第2期，1942年2月1日，第8~9页。

表 2—16　川西北区督粮特派员办事处职员（1942 年 7～12 月）

职别	姓名	性别	年龄	籍贯	出身	经历	比照待遇等级	月薪（元）	到职日期
秘书	张德敷	男	47	四川南充	国立中央大学四年级肄业	历任四川各中级学校职员，重庆大学讲师，武胜、新津、邻水等县县长，四川省县市财政整理处督导员，财政部四川省南川县田赋管理处副处长，南川县财务委员会主任委员及经收处主任等职	荐任一级	400	1942 年 9 月 1 日
	张大权	男	37	四川峨眉	北平中国大学毕业	历任四川省政府民政厅股长，四川地方税包收处所所长，四川禁烟总局驻蓉办事处主任及成都中包处处长，四川省政府印刷所所长，四川省训练团经理科科长	荐任三级	360	1942 年 9 月 1 日
专员	郭仲平	男	48	四川华阳	四川陆军讲武堂毕业	历任郫都、武胜、合川、渠县、邻水、新都、什邡经征局局长，华阳县田管处副处长	荐任三级	360	1942 年 10 月 1 日
	何述麟	男	51	四川华阳	四川公立法政专门学校法律科毕业	曾任四川省政府财政厅科长	荐任六级	300	1942 年 9 月 1 日
	李国焕	男	48	四川峨眉	四川陆军讲武堂毕业	历任陆军第八师独立旅旅长，宜宾、三台等县县长等职	荐任六级	300	1942 年 10 月 1 日

续表

职别	姓名	性别	年龄	籍贯	出身	经历	比照待遇等级	月薪（元）	到职日期
办事员	邹仲鲁	男	44	四川荣县	四川公立商业专门学校毕业	历任初级中学教职员及财政科科长,四川省政府财政厅会计处及财政部四川省田管处科员、股长、督导员	委任一级	200	1942年9月16日
	蒋桂轩	男	41	四川荣县	北平中国大学政经系毕业	曾任川江航务管理处,四川省电话管理处,四川省水利局,四川省财政厅主任、股长等职	委任三级	160	1942年9月2日
	赖天民	男	35	四川威远	四川财务人员训练班毕业	曾任县府秘书科科长及四川省市财政整理处督导员等职	委任四级	140	1942年10月1日
	甘绩荣	男	37	四川荣昌	私立法政专门学校政经系毕业	曾任小学校长,田赋研究委员会办事员,四川省田赋管理处办事员	委任六级	120	1942年9月1日
	蒋诗	男	38	四川南充	南充中学肄业	历任雇员、书记等职	委任八级	100	1942年9月
	戴莘主	男	32	四川资中	四川省立资中中学毕业	历任第三十集团军文牍员及中央军校书记等职	委任八级	100	1942年9月1日
	谢伸英	男	33	四川成都	华侨县立中学毕业	曾任盐务管理局高级录事	委任九级	90	1942年9月1日
	刘少恒	男	42	四川巴县	巴县旧制中学毕业	曾任四川省政府财政厅办事员	委任九级	90	1942年9月1日

资料来源:《督粮人员派遣》(1942年7月28日~1942年12月21日),《行政院档案》,档案号:014-040504-0004,第20页。

经济检查队，召开工作会议，商定工作方式，检讨工作效果等。① 各县督粮委员在县政府所在地设立办事处，设干事 1 人，办事员 2~4 人，每半个月向粮食部书面报告一次督导考核工作情形。督粮委员在履行职务时，应随时向本区特派员请示办理，重大事项则须呈报粮食部，同时报告特派员。②

自征粮事务划归财政部田赋处办理后，粮食部会同财政部派出湘、赣、陕、甘、桂、豫 6 个省督粮委员，对粮政实施状况进行检查督导，督粮委员每省 5~10 人，分区督导，粮食部派遣 9 人赴湘、赣、浙、闽、粤、皖、鄂各省视察或督导，以促进粮政推行。党、团、宪、警协助推行粮政办理、宣传、调查、督察工作。③ 督粮特派员及督粮委员分赴各省县后，代表国民政府督促并协助地方政府推进粮食政令，为执行职务便利，可以向粮食部提出申请，由粮食部与军事机关协商，调派宪兵或军队予以协助，如果发现违反粮食管理政令者，须交由军法机关审判。如果当地无此机关或县长未兼任军法官职务时，各县督粮委员可以兼任军法官，会同县长进行审判。四川各行政督导区设置的督粮特派员由行政院院长、军委会委员长"会同特派大员"担任，代表中央政府行使相关权力，而且为了便于特派员履行职务，军委会"得指派宪兵或军队归其调遣"，④ 足见督粮特派员身份地位高且权力大，督粮委员也具有不可小觑的权力，也可以看出中央政府对粮食管制的重视态度与坚定决心。

对于督导人员的职权，国家总动员会议秘书长何浩若等人认为，"这

---

① 《粮食部督粮人员各地党团宪及各级经济检察队协助调查大户存粮办法》，《四川省第三区行政督察专员公署档案》，档案号：0055000500280000201000，第 203 页；《粮食部督粮人员各地党团宪及各级经济检察队协助调查大户存粮办法》，《督导通讯》第 1 卷第 3 期，1942 年 3 月 1 日，第 35 页。

② 《内政部选派游瀛为督粮委员及四川省分区督粮员派遣要点》（1941 年 6 月），《内政部档案》，档案号：一二-1266，第 5~6 页。

③ 《粮食部 1942 年度岁出岁入总概算工作计划特别建设计划审核案》（1942 年 2 月），《中央设计局档案》，档案号：一七一-1466，第 113~115 页。

④ 《国防最高委员会秘书厅函国民政府文官处为派遣四川督粮人员原则经国防最高委员会决议准予备案请转陈分令饬知》（1941 年 6 月 5 日），《国民政府档案》，档案号：001-012420-00006-015，第 56~57 页；《国防最高委员会秘书厅函送"派遣四川督粮人员原则"》（1941 年 6 月 5 日），朱汇森主编《中华民国农业史料·粮政史料》第 5 册，台北，"国史馆"，1989，第 59~60 页。

些特派督粮人员，可以指挥一部分军队，并兼任军法官，有随时紧急处置之权，负检察辅导、奖惩处断各项粮食案件、粮政人员之责"，[1] 权力不可谓不大。督粮委员还负有对督导区域、县行政及征粮人员的考核任务，如督粮委员兰蔚负责四川广汉县督征，兰蔚在督征期间，发现该县县长兼县田赋处处长刘幼甫催办得力，全县征粮在限期前全部扫解，兰蔚遂电请粮食部予以奖励。徐堪得报后，立即通令全川各县嘉勉，登报表扬，并擢升刘幼甫为资中专区行政督察专员，以示鼓励。[2] 从规定上讲，督粮委员与县长的职权是平行的，"一切采取磋商态度"。但陈开国认为，督粮委员权力过小，"不能指挥如意"，应扩大其职权。[3]

督收员。督收员有两种，一是粮食部直接派出的，一是各县政府遴选后核定委派的。二者皆系基层督粮人员，同受县长直接指挥。督收员承县长命令，旨在减少征购阻力，鼓励民众输纳，减少流弊，"更负有检举贪污，取缔囤积居奇的任务"。[4] 督收员或由各市县原粮管会第一股股长充任，或由中央警官学校毕业生中选派，前往指定县区经收处工作。因此，督收员在到达指定县份后，不但要使征实任务在政府指定日期内完成，并且要对当地的粮政设施、粮情动态及粮食产销"深切注意"。[5] 陈开国认为，督收员也存在"来历不齐，优劣互见"现象。宣汉助理督粮委员蒋浩希指出，督收员因无指挥征购办事处主任即乡长及全体工作人员的权力，"于是如果乡长不明是非，不知利害，督收员即使攘臂卖力，也是徒劳，原因并不是督收员的薄能，而在置于县府隶下对征购办事处主任并没有左右的力量"，[6] 因此，"有许多督

---

① 《赋税（一）》（1940 年），《蒋中正总统文物档案》，档案号：002-080109-00011-003，第 18 页。

② 《昆明文史资料选辑》第 6 辑，第 36~38 页。

③ 陈开国：《三十年度川省督粮工作的检讨》，《督导通讯》第 1 卷第 2 期，1942 年 2 月 1 日，第 9 页。

④ 蒋浩希：《助理督粮工作观感》，《督导通讯》第 1 卷第 2 期，1942 年 2 月 1 日，第 14~15 页。

⑤ 刘航琛：《一年来之四川粮政概况》，《四川田赋改制专刊》1941 年 11 月 15 日，第 37 页；蒋浩希：《助理督粮工作观感》，《督导通讯》第 1 卷第 2 期，1942 年 2 月 1 日，第 14~15 页；陈开国：《三十年度川省督粮工作的检讨》，《督导通讯》第 1 卷第 2 期，1942 年 2 月 1 日，第 8~9 页。

⑥ 蒋浩希：《助理督粮工作观感》，《督导通讯》第 1 卷第 2 期，1942 年 2 月 1 日，第 15 页。

收员应做的而不能做"。① 县府所派督收员大部分与征购办事处人员"打成一片"，办事处主任或人员往往会越俎代庖，将部派督收员虚架起来，使其成虚设，几乎成了虚权制的产物，在某种程度上说，"这不是过分的"。粮食部所派督收员对于贪污不法行为的指摘，在"镇摄群魔"的功用上，倒也确是有的，似乎更有话语权。②

粮食部成立后，为统筹推进粮政督导工作，粮食部派员自同年 7 月开始筹备成立督导室事宜。督导人员由军委会办公厅、经济会议秘书处、国民党中央组织部、国民党中央宣传部、中统、青年团、宪兵司令部等机关选派高级人员充任。军委会选送 64 名，行政院选送 65 名，国民党中央党部选送 6 名，参加督导工作。每区特派人员 1 名，分驻各该区最高军政长官所在地，负责监察该区党政军各级机构，以收监督考核效果。③ 督导人员确定后，在粮食部工作人员组织下，于 7 月 16~19 日举行短期讲习班，讲习班每日开会座谈 8 小时，聘请有关机关长官及专家讲解、讨论粮食征购及储运等问题，以期明了粮政工作。讲习班结束后，选派 30 人分赴各县开展工作，另选任 14 人参加四川省征收征购行政会议。征收征购行政会议结束后，这 14 人分别担负督粮工作。④ 8 月初，粮食部先后分派督粮委员 40 余人奔赴四川各县，"策动粮政"。8 月 14 日，粮食部将所拟《粮食部督导室组织规程草案》呈送行政院。26 日，行政院第 529 次会议讨论通过《粮食部督导室组织规程》。30 日，行政院指令粮食部准予施行。⑤ 9 月 1 日，督导室正式成立，"担负指导、考核、训练、宣传、调查的责任"。督导室分为四组，掌理督导区域划分与督导人员分配，督导工序的规划与指导，各地违反粮食管理案件的处理，督导人员的训练与考核，督导报告的审核，各地督导工作的调查，各地粮政宣传工作的指导和

---

① 陈开国：《三十年度川省督粮工作的检讨》，《督导通讯》第 1 卷第 2 期，1942 年 2 月 1 日，第 8~9 页。
② 蒋浩希：《助理督粮工作观感》，《督导通讯》第 1 卷第 2 期，1942 年 2 月 1 日，第 15 页。
③ 《国民政府年鉴》，第 287 页；《粮食部三十年度工作检讨报告》，第 74 页。
④ 《粮食部三十年度工作检讨报告》，第 74 页。
⑤ 《粮食部所属单位组织规程（二）》（1941 年~1947 年），《行政院档案》，档案号：014-040503-0003，第 10~22 页。

推进，粮政宣传材料的编制与印发。①

四川作为战时产粮最多、征收征购任务最重的省份，所需督导人员亦相应较多。为了更好地督导粮政工作，粮食部从中央警官学校毕业学员中遴选 101 名毕业生，于 1941 年 9 月 8 日至 22 日举办督粮助理人员训练班，为期两周。训练班课程除精神讲话外，注重专题演讲，主题有粮政机构、粮政法令、运输常识、市场管理、粮食调查方法、粮商管理、各大消费市场管理、民食供应办法、会计常识、粮政与农民组织、粮政与土地陈报、粮政宣传纲要等，可谓十分全面。② 除了上述专题演讲外，训练班还从思想考核、生活管理方面严格要求受训人员，进行小组讨论，讨论的中心议题涉及粮政管理、督粮问题研究等，讨论大纲由训育组先期拟定公布，每日举行一次，每次 2 小时，相互批评、相互切磋，达到使受训人员彻底理解国民党粮食政策、启发协助督粮工作方法与工作态度的目的。训练班结束后，选派 72 名学员至四川省粮政局，由粮政局分派至各县担任最低层级的督收员，21 人留在督导室，协助办理密查工作。据统计，1941 年 7 月至 1942 年 4 月底，安徽训练、毕业粮政干部 157 名。③ 中央训练委员会为提高各机关工作人员工作效率，分期调集各机关优秀工作人员参加中央训练团党政训练班，以增进优秀工作人员学识、才能及服务精神，选派粮食部高级人员 16 名，陪都民供处人员 1 名，川储局人员 4 名，四川省粮政局人员 3 名，共计 24 名集中受训，训练内容主要有政府粮食政策、粮食部计划与工作实况等。④ 但这些人员因是新招考的，只对其施以短期训练，在老练的督粮人员看来，表现不佳。⑤

粮食部督导委员可谓形形色色，督导室成员来自多个部门与机构。郑延卓，督导室主任，为军委会少将参议；邹明初，督导室副主任，曾任西南学院院长；刘逸南，军委会少将参议；胡通，经济会议秘书处秘书；王

---

① 邹明初：《粮政之回顾与展望》，《督导通讯》创刊号，1942 年 1 月 1 日，第 2 页。

② 《粮食部三十年度工作检讨报告》，第 74~75 页。

③ 《粮食部三十年度工作检讨报告》，第 75 页；《四川省督收员姓名及派遣地点一览表——督粮助理人员训练班毕业学员及原住四川各县粮管会任职之警校学生派任督收员名单》，《督导通讯》创刊号，1942 年 1 月 1 日，第 24 页。

④ 《粮食部三十年度工作检讨报告》，第 73 页。

⑤ 杨志翔：《隆昌督收经验》，《督导通讯》第 1 卷第 2 期，1942 年 2 月 1 日，第 15 页。

冠青，国民党中央宣传部宣传指导处处长；李永懋，督导室第一组兼组长，主管督粮人员派遣和违反粮管案件的处理，曾任行政院专门委员；罗浔，督导室第二组兼组长，主管督粮助理人员的训练安置和调查通讯，曾是中统专员；陈开国系巴县人，国立四川大学及中央军校中央干校毕业，督导室第三组兼组长，主管粮政宣传和违反粮管案件的调查，曾为青年团重庆支团书记、中央青干班训育干事；第四组由总务司帮办殷灏若兼任组长，负责人事、文书、财务等；① 李辉匀，宪兵司令部研究委员；吕大吕、方潮珍为粮食部督察；柴济、周厚钧为粮食部专门委员；伍家宥，国民党中央组织部专员；阎守谦，四川省参议员。② 督导人员遴选确定后，由军委会办公厅特检处施以"工作秘密化训练"，训练结束后，再由特检处派员至粮食部"举行检查，以臻妥善"，③ 可见粮食部督导人员的任职要求是非常高的，也说明其某些工作性质较为隐秘。

关于督导人员职责，粮食部在1942年工作计划大纲中有如此规定："督导人员之任务，一方在督导、推行粮食政令，审察其利害得失，以为不断改进之参考；一方在考核服务人员之工作成绩，以为施行赏罚之依据"，督导人员应特别注意"检举一切贪污舞弊情事，尽法惩治"，"纠察一切囤积居奇、垄断操纵行为，严厉制裁"。④ 因此可以说督导人员负有粮政监察职责。督导室的核心任务是对粮政工作进行指导、考核、训练、宣传、调查，督粮委员的工作是否称职，考核标准主要包括五个方面："（1）报告及工作之日记，能否按期寄出，内容是否充实；（2）检举重要案件之事实如何；（3）发动宣传调查工作之布置，及其效果如何；（4）督导粮政管理之成效如何；（5）纠正不良之事实如何。"⑤ 根据另外一份资料，1941年底粮食部订立的督导考核范围包括八项内容：第一，

---

① 《昆明文史资料选辑》第6辑，第36页；陈开国：《关于陈开国参加立委选举并检送签署人名册的函、申请书（附履历表）》（1947年11月17日），《四川省第三区行政督察专员公署档案》，档案号：0055003000630000222000，第223页。

② 《粮食部督导委员名单》，《督导通讯》第1卷第2期，1942年2月1日，第23页。

③ 《人事司》（1942年），《粮食部档案》，档案号：119-010200-0001，第12页。

④ 《粮政（九）》（1941年11月27日~1945年7月30日），《国民政府档案》，档案号：001-087000-00009-000，第56页。

⑤ 闻汝贤、闻亦博编著《中国现行粮政概论》，第33页。

协助粮食管理人员推行 1942 年粮食部粮政计划；第二，平抑粮食价格使之趋于合理；第三，协助各级粮政机关兴利除弊；第四，检举一切贪污舞弊事项；第五，检举民众违反粮食政令事项；第六，考查各级粮政人员工作成绩；第七，考查各项粮政实施利弊；第八，稽核粮食业务机关业务及会计事项。[①] 粮食部根据督导工作情况进行考核。

粮食部督导制度颇见成效，掌理田赋征收事宜的财政部也继而效仿，因为财政部深知征收弊端的严重性，必须借助督导人员尽可能减少各种弊端。1942 年 8 月，与田赋征收关系密切的财政部颁行《财政部田赋管理委员会督导人员服务规则》，规定财政部督导人员职责共有 10 个方面，包括：（1）"关于各级田赋管理机关奉部颁命令及法令章则是否切实遵行之视导事项"；（2）"关于各级田赋管理机关人员之配备及能否称职之视导事项"；（3）"关于各级田赋管理机关经费是否经济使用之视导事项"；（4）"关于各级田赋管理机关工作计划能否如期完成及其进度之督导事项"；（5）"关于各省市县征收实物随赋征购粮食及仓储督导视察事项"；（6）"关于赋地册籍之整理编造及推收升科督导事项"；（7）"关于各省督导事务之督导事项"；（8）"关于契税及地价税督导视察事项"；（9）"关于办理交办事项"；（10）"其他有关督导事项"。此外，第四条还规定督导人员肩负"密查事件"，开展密查工作时要"绝对严守秘密，不得泄漏"。在财政部同时颁发的《财政部田赋管理委员会督导工作提要》中，对督导工作中的特别督导事项、一般督导事项又进行了非常详细的规定，一般督导事项包括一般工作、田赋征实及征购粮食、地籍整理、契税与推收、协助地价申请与举办土地税、宣传与督导。《财政部田赋管理委员会督导工作提要》对田赋征实及征购粮食规定尤为详细，对粮额确定、有无轻重悬殊负担失平、有无摊派、征收处及征收人员淡旺季调整、仓库修建事宜、粮食验收事务、粮食库券发放与偿还、土地赋税确定等各方面均有明确规定，据统计，一般事项达 33 条之多，这也反映了田赋粮政事务的烦琐程度。[②]

---

① 《粮食部三十一年度工作计划》，第 41 页。
② 关吉玉、刘国明、余钦愒编纂《田赋会要》第 4 篇《田赋法令》，正中书局，1943，第 74~83 页。

1942年，在川省督导制度已收显著成效的基础上，督导制度在各省推行开来，除由财、粮两部会同派遣督粮委员分赴各省督导外，并责成各省政府指派委员及各厅处局长等分区巡视考核，具体做法是：省政府全体委员、各厅处局长，由主席指定分区出巡一次，时间为开征前一个月；各区行政专员在旺征期内，每月出巡一次；各县市长及高级职员，应于征期内随时出巡，并要求将各省政府委员、厅处局长出巡区域、时间及办理情形具报。①

为提高督导效果，根据交通状况将全国分为6个督导区，每区派遣1名高级督导委员，常驻在各该区军政长官所在地，负责联络各该区党政军各级机关。第一督导区为陪都及川、康二省，驻成都；第二督导区为粤、桂、湘、鄂四省，驻衡阳；第三督导区为苏、浙、皖、闽、赣五省，驻上饶；第四督导区为滇、黔二省，驻昆明；第五督导区为豫、陕、绥、晋四省，驻西安；第六督导区为新、甘、宁、青四省，驻兰州。高级督导员下设督粮委员及助理若干人，巡回视察各该区内一切粮政，督导区划定后，实际派出督粮委员6人，视察人员2人，助理员5人，分区办理督导及调查事宜。② 是年秋，粮食部将督导制度加以调整，扩大督导网，健全人事制度，在四川省8个储运区分派督粮委员1人驻区工作，其他各省则由粮食部会同财政部派遣督粮委员驻省工作，督导推进粮食业务，并查察利弊、检举弊端。协助推行粮政组织，陪都有粮政密查队，四川各县有党团粮政服务队，各重要省市有粮政通讯员，"于粮政督导监察，颇收成效"，③ 这也为各省督导制度调整提供了参照。

1942年11月，云南省田赋处根据该年度经征经收合并的特点，修正了该省督导员服务规则。《修正督导员服务暂行规则》共计35条，规定督导员额18~22人，其中2/3为荐任，余委任。每位督导员负责5~7个县（区），由省粮政局根据各县（区）粮额及交通里程状况，在开征前一

---

① 浙江省政府：《田赋征实卷》（1941年7月~1942年12月），《浙江省政府档案》，档案号：L029-002-0173，第18~21页。

② 《粮政（九）》（1941年11月27日~1945年7月30日），《国民政府档案》，档案号：001-087000-00009-000，第54~55页。

③ 行政院编印《行政院工作报告》（1942年），"粮食"第27页。

个月分别划定，督导员在奉派 3 日内前赴督导，督导员应将出发日期、旅行经过、住宿地点、预计到达日期、工作日程、驻在地工作状况等呈报省处，不得随意变更。督导内容包括县（区）机构组织及人事概况、县处及征收处业务概况、仓库及验收工具配置情形、督催报纳情形、办理催收和契税情况及其他实际情形等，其中业务概况是督导的重点内容，计有 15 项工作内容。所有工作内容督导完毕后，督导员在工作报告表之后拟具意见，呈报省处。该规则规定，大县督导不超过 10 日，小县不超过 7 日，"不得专在一地勾留"。督导员须听取民众对田赋征实征购的陈诉与建议，并将陈诉、建议加具意见后转呈省处，不得自行批答，更不得向外透露。同时，督导员还要尽量征询各级征收官吏对办理征实征购的意见，亦须呈报省处，以供采择。督导员如发现征收人员违法舞弊情事，应据实举发，呈报省处核办，对于案情重大者，须立即电请核示办理，不得延误。地方公务人员若有假借政令苛索或聚众阻挠乃至公然抗纳者，可以商洽县（区）处会同县政府督办署、设治局依法究办，对于案情重大者，督导员有紧急处置权。对于督导员个人，该规则第 24 条至第 33 条亦有明确周详的约束性规定，并由省处随时切实考核。[①] 从云南省田赋处颁布的《财政部云南省田赋管理处修正督导员服务暂行规则》来看，对员额、职责、个人事项等，均规定甚严，亦具有可操作性，是比较成熟规范的督导员工作文本。

1943 年，粮食部再次将督导制度加以调整，与财政部会派各省督粮委员分区督导，除在川省设督粮特派员 1 人，还加派第 1～15 区行政督察专员兼各该区督粮委员，以增强政治力量，增进督导效率。另外，在浙江区、黔桂区及豫南鄂北区增设督粮特派员各 1 人，并派专门委员 1 人前往湘西办理督粮工作。原派驻各储运区督粮委员，则专办重要河道粮运的督导事项，以期严密防止弊端。同时，组设川江粮运密查队，分派各重要地

---

① 《财政部云南省田赋管理处训令——抄发〈修正督导员服务暂行规则〉》（1942 年 11 月 28 日），云南省财政厅、云南省档案馆编《民国时期云南田赋史料》，云南人民出版社，2002，第 355～362 页。1943 年 10 月，云南省田赋处又将该规则予以修正，但修正的内容不多，如每县执行任务时间，大县不超过 20 日，小县不超过 15 日等。参见《财政部云南省田赋管理处修正督导员服务暂行规则》（1943 年 10 月公布），《民国时期云南田赋史料》，第 383～387 页。

区，巡回密查。设立各地党团粮政服务队，协助推进粮政，随时调查检举粮政弊端。①

1944 年 8 月初，鉴于督导考核及办理违法案件日趋重要，有常设必要，徐堪提出将督导室名称改为督导处，"内部权限、员额及经费均仍其旧"。24 日，行政院指令粮食部"准予备案"，9 月 1 日起实行，督导室原设三组改为三科，主任改为处长。②

督粮委员作为巡回各地的督导员，其对粮食征收责任重大，粮食部成立后，对其亦相当重视，尽可能给予较优待遇并提供经费保障。费用支出方面，在督导制度设立初期，因督导委员流动性较大，故其所有旅费均按出差人员支给。1942 年起，巡回督导员渐"长川驻外"，工作遂较固定，因此，粮食部于 4 月 18 日亦提出，"未便再按出差人员支发旅费"，因此拟订《粮食部驻外督粮委员费用支给暂行办法》，呈送行政院审核。25 日，行政院指示，督粮委员平时支领薪俸或工资，其赴县乡督导期间，可仍照出差旅费规则办理，不必单独制定办法。粮食部遂暂时作罢。两个多月后，6 月 30 日，粮食部以新近修订颁布的《国内出差人员旅费规则》中膳宿杂费已增加一倍为由，再次提出此问题。7 月 18 日，国民政府下发指令，准予备案。按照此项办法，督粮委员可乘坐火车、轮船一等座，费用实报实销，每月外勤费 800 元，可以聘请 1 名助理员，助理员随同督粮委员住宿办公，由粮食部核派，薪给及生活补助费亦由粮食部发给；驻外督粮委员还可以就地雇用 1 名工役，月支工资 40 元，由督粮委员支付。③ 1944 年，粮食部预算的督导经费共计 2412000 元，其中派出督导人员经费 2160000 万元，宣传政令经费 252000 元。④

1945 年，行政院在审核粮食部该年度工作计划时，提出初步意见，

---

① 《粮食部 1945 年度施政计划（附相关预算书）》（1944 年 8 月），《中央设计局档案》，档案号：一七一-1473，第 83~84 页。
② 《粮食部所属单位组织规程（二）》（1941 年~1947 年），《行政院档案》，档案号：014-040503-0003，第 16~22 页。
③ 《粮食部驻外督粮委员费用支给暂行办法》（1942 年），《行政院档案》，档案号：014-040504-0095，第 1~16 页。
④ 《粮食部 1944 年度工作计划（附预概算及委购军粮价款表）》（1944 年 6 月），《中央设计局档案》，档案号：一七一-1471，第 129~131 页。

"该部今后应特别加强粮政督导工作，加强巡回密查之组织，并发动各地党团人民，切实纠察检举，依法讯办，以期防止弊端"。① 8月，粮食部特派粮政督察队第一支队即四川田粮处支队常驻成都，轮流派员赴各县督察。该队以周蒸然为队长，易良材为副队长，另有主任督察员4人，督察员8人，调查员16人，办事员若干人，于9月14日抵蓉，计划先从省会附近20余个县着手，再在全省推行督察工作。② 据1945年9月的一份督导名单，四川全省144个县市，共分为28个督导区，每区辖县数量不等，少者3个县，多者七八县，每区均有督导员1名，共计27名督导（第27、第28区合派1名督导）。③ 据陈开国回忆，粮食部战时设立的庞大粮政督导机构，内外勤人员达一二百人。④

粮政督导制度的创设与广泛实行，是粮政推行过程中的必然趋势，是增强各项粮政效能、减少粮政弊端的有力举措，显示了全国粮管局、粮食部尤其是后者对战时粮食管理趋向严格与规范，督导制度在保证战时田赋征实、征购、征借，充裕政府粮源，减少粮政弊端，规范粮政人员考核等方面也发挥了一定的作用，可以说是粮政制度创新的体现。

第四节　人员考绩与奖惩

一　考绩法规的演变

"考绩者，考核工作成绩之谓也。"⑤ 从南京国民政府成立至抗战胜利后的20多年时间，考绩法规不断修订完善。1929年11月，国民政府公

---

① 《粮食部1945年度施政计划（附相关预算书）》（1944年8月），《中央设计局档案》，档案号：一七一-1473，第39页。

② 《粮食部派队督察四川粮政》，《四川田粮通讯》第3期，1945年10月16日，第38页。

③ 《四川省田赋粮食管理处三十四年度征借粮食督导员分区督导姓名一览表》，《四川田粮通讯》第1~2期合刊，1945年9月30日，第39页。

④ 陈开国：《回忆谷正伦任粮食部长的几点情况》，政协贵州省安顺市委员会文史资料委员会编印《安顺文史资料》第3辑，1985，第13页。

⑤ 施养成：《中国省行政制度》，第425页。另外，民国时期的"考绩"，还有"考查成绩""考试成绩"的含义，如沈寿金编辑的《怎样考绩》（儿童书局，1936年初版，1940年再版）一书，作为"小学应用丛书"的一种，就是关于"怎样考查国语科成绩""怎样考查公民训练成绩"等方面内容的。

布《考绩法》，此《考绩法》较为简单，仅有 10 条，规定公务员考绩分为"初核""复核"，前者在 6 月，"以其直接长官执行"，后者在 12 月，由"主管长官执行"，均"应按表列项目记载，分别详加切实考语"，考核结束后密封呈送铨叙部。铨叙部在年终审查完毕后，评定等级，分别决定奖惩。同时规定，"初核长官、复核长官之考核有徇私不公或遗漏舛错情事时，应依法交付惩戒"。① 1935 年 7 月，国民政府公布《公务员考绩法》，考绩分为年考与总考两种：年考是"就各该公务员一年成绩考核之"，每年 12 月执行；总考是"就各该公务员三年成绩合并考核之"，在第三次年考后执行。② 同年 10 月 30 日，国民政府公布《公务员考绩法施行细则》，对公务员考绩办法进行了细化与量化规定。根据该细则，公务员考核标准分工作、操行、学识三项，总分为 100 分，三项分数分别为50 分、25 分、25 分，并对各等级分数做了规定。同日，国民政府训令《公务员考绩法》于 11 月 1 日起施行，《考绩法》"着即废止"。③ 11 月，国民政府公布《公务员考绩奖惩条例》《考绩委员会组织通则》。奖惩条例规定公务员考绩奖励包括升等、晋级、记功，惩处有解职、降级、记过，均根据年考、总考结果认定，并对升等、解职人数有所限定；组织通则对本组织考绩委员会做了具体规定。④ 1935 年底，考试院对公务员进行了第一次规模较大的考绩。1937 年全面抗战爆发后，考试院呈请停止当年的公务员考绩。

　　1939 年 12 月 8 日，国民政府公布《非常时期公务员考绩暂行条例》，共计 18 条，比全面抗战前更为复杂，规定也更为细致，并具有战时特色。与全面抗战前相比，考绩暂行条例加入了对精神动员成绩的考

① 《令考试院：抄发考绩法仰遵照办理由》（国民政府训令第 1075 号，1929 年 11 月 4日），《国民政府公报》渝第 313 号，1929 年 11 月 6 日，第 3 页；《考绩法》（1929 年11 月 4 日公布），《国民政府公报》渝字第 312 号，1929 年 11 月 5 日，第 1 页。

② 《公务员考绩法》（1935 年 7 月 16 日公布），《国民政府公报》渝字第 1795 号，1935 年7 月 17 日，第 1 页。

③ 《公务员考绩法施行细则》（1935 年 10 月 30 日公布），《南京市政府公报》第 159 期，1935 年 11 月，第 68~69 页；《国民政府令》（1935 年 10 月 30 日公布），《国民政府公报》渝字第 1884 号，1935 年 10 月 31 日，第 8 页。

④ 《考绩委员会组织通则》（1935 年 11 月 1 日公布）、《公务员考绩奖惩条例》（1935 年 11月 1 日公布）、《国民政府公报》渝字第 1885 号，1935 年 11 月 1 日，第 1~3 页。

核，各机关主管长官平时应"视其工作之勤惰、优劣、迟速，操行是否公忠、谨严、廉洁，学识是否胜任，并有无增进"，对所属公务员严加考核。公务人员平时记功 3 次者，考绩时记大功 1 次，记大功 1 次者由本机关明令嘉奖，2 次者由考试院明令嘉奖，3 次者由国民政府明令嘉奖；平时记过 2 次者，考绩时记大过 1 次，记大过 1 次者降级，2 次者免职。平时功过在考绩时可以互相抵消，程序上是先由本机关上报，再由铨叙部核定。

考绩暂行条例沿袭了工作、操行、学识三项评价维度，仍采用百分制，其中第 4 条规定工作最高分为 50 分，合格分为 30 分，[①] 公务人员只要严守办公时间，[②] 平时请假不逾规定日数，应办事件无过误即为合格，达不到上述要求者按其情节酌减分数。如有以下四种情况之一的，可"酌加其分数"：一是"于工作特著勤劳者"，二是"于办理繁难或重要事件有成绩者"，三是"于工作上能辅导他人者"，四是"于本机关业务之改进有贡献者"。操行最高分为 25 分，合格分为 15 分，要求是"公私行为均守规律"，"不守规律者"酌减分数，加分内容包括三项：一是能实践或劝导他人实践"国民精神总动员实施事项有显著事迹者"；二是能实践或劝导他人实践"新生活须知"有显著事迹者；三是能实践或劝导他人实践《节约运动大纲》有显著事迹者。学识总分 25 分，基准分为 15 分，只要能胜任职务即可，其中"于一定程限内阅读书籍有心得者""于研究问题有精到见解者"可酌加分数。不过，阅读书籍、研究问题须以"总理遗教（其中尤以遗嘱所举者尤为重要）、中国国民党历届重要决议案、总裁关于主义政策之重要言论、国民政府各种根本法及直接与职务有关之基本学术及实践智识为主"。考绩时根据每项得分计算总分，依总分数决定奖惩，总分数在 80 分以上者晋级，总分数在 60 分至 80 分者留级（即原级留用），不满 60 分者降级或免职。考绩既需要计算总分，

---

① 《内政部函请抗战期间兵役粮政纳入各县县长考绩分数案》（1942 年 10 月~11 月），《内政部档案》，档案号：一二（6）-6654，第 23 页。

② 关于战时在渝各机关办公时间，蒋介石 1942 年 4 月 17 日手谕："各机关办公时间着实为午前七时半至十一时半，午后二时至六时，自四月二十日起实行。"参见《人事司》（1942 年），《粮食部档案》，档案号：119-010200-0001，第 33 页。

即满60分者均为合格，也要计算单项分数，即工作不满30分、操行或学识有一项不满15分的，"仍以不合格论，酌予惩处"。考核程序仍分为初核与复核，具体程序是：先由各机关主管长官在高级职员中指定若干人组织考绩委员会，其中1人为主席，执行初核；主管长官执行复核；如果仅有一级或机关在战地不能组织考绩委员会的，可以直接由长官考核。初核时，考绩委员会应斟酌被考绩人员直接长官的意见，并比较本机关全部被考绩人员的成绩，根据平时记录及奖惩，在考绩表内评定分数，由主管长官复核，并决定奖惩。考绩表经主管长官复核后，依其官等编册，密封后呈送铨叙机关核定登记。

被考绩人员较多，特殊情况不少，如因考绩可以晋级而无级可晋者，考绩暂行条例规定：第一，"已晋至荐任或委任最高级人员，其级高俸低者，给予奖状或酌加俸额；其支俸已达最高额者，得给予简任、荐任存记或待遇，但以任荐任或委任最高级三年以上者为限，其不满三年者改给奖状"；第二，"已晋至各该职务之最高级人员，级高俸低者，给予奖状或酌加俸额，其支俸已达各该职务最高额者，得给予晋级存记"。对于考绩分数在80分以上者，只要符合以下三项条件之一，则给予奖状：一是试署人员改为实授，已予晋级，至考绩时未满1年者；二是改任职务已予晋级，至考绩时未满1年者；三是依照党政军机关人员小组会议及公私生活行为辅导办法规定，在考绩前已予晋级者。对于继续担任现职5年以上且3次考绩总分均在80分以上者，由铨叙部转请考试院，给予奖章。在战地服务人员，直接从事抗战工作且成绩卓著者，除在考绩时予以奖励外，还可以颁给勋章。① 同时，应降级而无级可降者，则依其级差数目比照减俸。

1940年9月，国防会提出在该会设立党政工作考核委员会，以"考察、核定、设计方案之实施进度，并执行党政机关工作经费、人事之考核"，同时呈报《党政工作考核委员会组织大纲》。5日，第五届中央常务委员会第156次会议通过。党政工作考核委员会职掌"关于中央

---

① 《非常时期公务员考绩暂行条例》（1939年12月8日公布），《国民政府公报》渝字第212号，1939年12月9日，第1~5页。

及各省党务机关工作成绩，中央各院部会及各行政机关工作，核定设计方案实施进度，现行法令实施利弊，经济建设事业暨各机关经费人事等之考核事项"。① 7 日，国民政府训令，准予执行。② 1941 年 6 月 16 日，国防会第 60 次常务会议决议通过《党政工作考核办法》，该办法共 18 条，对考核程序、考核结果等规定得较为具体，各机关上一年度全部工作成绩，各部会署应将年度中心工作成绩报告在年度终了后 3 个月内呈送行政院。③ 1942 年 4 月，党政工作考核委员会秘书处编印《考核汇刊》，以宣传党政考核理念及相关工作。同时，实施工作考核也是行政三联制即"一切行政须主管机关先有计划，次付实施，最后仍由主管长官考核成绩"的要求。行政三联制是蒋介石在军委会扩大纪念周及五届七中全会上提出来，并在多个场合反复提及、阐释且着力推行的。④

1943 年 2 月，国民政府立法院将《非常时期公务员考绩暂行条例》修正为《非常时期公务员考绩条例》。3 月 1 日，国防会第 104 次常务会议通过该条例，予以公布，规定一般公务人员均依该条例进行考绩。⑤ 根据考绩条例规定，"每月由各单位主官填写公务员平时成绩考核纪录表，

---

① 钱端升等：《民国政制史》下册，第 213 页。1948 年 3 月 30 日，在行政院第 49 次会议上，行政院提出将党政工作考核委员会予以裁撤。参见《行政院会议议事日程（第四九至五○次）》（1948 年 3 月 30 日），《行政院档案》，档案号：014-000205-00020-001，第 4 页。

② 《令各部会署局省市政府为奉府令抄发中央设计局组织大纲及党政工作考核委员会组织大纲由》，《行政院公报》渝字第 3 卷第 19~20 号合刊，1940 年 10 月 15 日，第 4~7 页；《党政工作考核委员会组织大纲》，《考核汇刊》创刊号，1942 年 4 月，第 97~98 页。

③ 《党政工作考核办法》，《考核汇刊》创刊号，1942 年 4 月，第 99~100 页；《行政院秘书长张厉生呈蒋中正为拟具三十三年度各部会署及国家总动员会议中心工作成绩报告摘要及本院考核意见》（1945 年 3 月 16 日），《国民政府档案》，档案号：001-041001-0005-004，第 22 页。

④ 陈豹隐：《我观战时行政三联制》，《闽政月刊》第 7 卷第 1 期，1940 年 9 月 30 日，第 77 页；蒋介石：《行政三联制大纲》，《考核汇刊》创刊号，1942 年 4 月，第 1~15 页；魏普泽辑《总裁对于考核工作之训示》，《考核汇刊》创刊号，1942 年 4 月，第 16~26 页。

⑤ 《国防最高委员会第一百零四次常务会议记录》（1943 年 3 月 1 日），中国国民党中央委员会党史委员会编《国防最高委员会常务会议记录》第 5 册，台北，近代中国出版社，1995，第 149 页。

并由处于六月及十二月底造具平时成绩考核结果汇报册，咨送铨叙部备查"，① 被考绩者以任现职至考绩时满 1 年并于考绩核定前经依法审查合格为限。考绩分为平时与年终两次，"各机关主管长官平时对于所属公务员工作、操行、学识各项成绩，应随时严密考核，根据确实事迹，每月详加纪录。年终考绩，考绩委员会执行初核时，应根据平时纪录并严密考核纪录内容是否实在，以为评定分数之参证"。② 年终考绩仍以工作（占50%）、操行（占 25%）、学识（占 25%）为标准，评定其分数，总分数在 80 分以上者，简任者晋一级，荐任、委任者晋两级，但人数不得超过参加考绩人数的 1/3，如有超过者，由铨叙机关根据分数核减；另外，总分数在同官等中最多或居于次名者，除了晋级外，"并得酌给两个月俸额以内之一次奖金"，但名额亦有规定，即简任者 1 个名额，荐任者 2 个名额，委任者 3 个名额。70 分以上者，简任者给 1 个月俸额以内的 1 次奖金，荐任、委任者晋一级；60 分以上者留级；不满 60 分者降一级；不满50 分者免职。③

对于考绩后应晋级而无级可晋者，考绩条例规定如下：第一，已晋至各该官等最高级的人员，简任者给予年功加俸，荐任、委任者分别给予简任、荐任待遇；第二，已晋至各该职务最高级的人员，给予年功加俸，年功加俸每年以 1 次为限，加俸数额，简任者每月 30 元，荐任者 20 元，委任者 10 元。除了沿袭给予奖章的规定外，同时规定在同一机关服务满 10

---

① 《本部职员三十三年度平时成绩考核纪录表案》（1944 年~1945 年），《粮食部档案》，档案号：119-010200-0485，第 27 页。根据《粮食部公务员每月工作、操行、学识成绩纪录表》，"工作"项有两栏，第一栏是"办事状况"，"包括已办、未办案件及其数目，办事迟速、勤惰、优劣情形，并载其事迹，其办理繁难案件著有成绩等，则详叙事迹，记另栏"，"另栏"指的是第二栏"特殊表现"。"操行"项亦有两栏，第一栏是"公私行为是否守规律"，"公私行为不守规律者，须记明事迹，其实践或劝导他人实践精神动员实施事项、新生活须知或节约运动大纲有显著之事迹者，记入另栏"，"另栏"即指"特殊表现"。"学识"项亦有两栏，第一栏是"能否胜任其职务"，"学识不能胜任其职务者，须记明事迹，其于一定程限内阅读书籍有心得或研究问题有精到见解者，入另栏"，"另栏"亦为"特殊表现"。参见《人事司》（1942 年），《粮食部档案》，档案号：119-010200-0001，第 92 页。
② 《人事司》（1942 年），《粮食部档案》，档案号：119-010200-0001，第 94 页。
③ 《非常时期公务员考绩条例施行细则（附图、表）》（1943 年 11 月 6 日考试院公布），《行政院公报》渝字第 6 卷第 12 号，1943 年 12 月 31 日，第 44~46 页。

年且 5 次考绩总分数均在 80 分以上者，除授予勋章外，"并得附给一个月俸额以内之一次奖金"。① 至年终考绩前，考试院公布了《非常时期公务员考绩条例施行细则》，共计 23 条，对考绩中的各种情形进行了细化，如"工作"一栏所列考察细目的主要内容是请假、质量、速度、准确、负责、条理、自动、合作、领导（主管人员）、推进、数量（非主管人员）、守时，每个细目又分为优、良、中、次、劣 5 个等级，每个等级对应不同的分数。② 对于考绩优秀人员，蒋介石会专门召见。据载，1941 年 6 月 1 日，蒋召见上一年度 60 名考绩优秀者，③ 这对荣获优秀者来说也是一种鼓励。

抗战胜利后，"非常时期"结束，战时法规亦有必要做出调整与修订。1945 年 10 月 30 日，国民政府公布《公务员考绩条例》。此次修正之处有：公务员平时奖励以嘉奖、记功、记大功为限，惩处以申诫、记过、记大过为限；嘉奖或申诫 3 次者，考绩时作为记功或记过 1 次，在总分中增或减 1 分；平时记功或记过 3 次者，考绩时作为记大功或记大过 1 次，在总分中增或减 3 分。考核内容仍为工作、操行、学识三项，分值未做变动，但依据总分数评定的等次有所变化，即 80 分以上者为一等，以下分数每减 10 分，等级相应降一级，最低为五等，三等以上为合格，且三项得分均须达到合格分；四等以下为不合格，不合格者予以申诫、记过或减俸处罚。考绩列为一等人员比例仍为 1/3，但各该官等有余数满 2 人时，可以加列一等 1 人；参加考绩人数不足 3 人时，仍保留一等名额 1 人。④ 11 月 24 日，考试院公布《公务员考绩条例施行细则》。从施行细则中的"甲种表"来看，"工作"一项共有 10 个细目：是否长于领导，对于主管业务的创建、推动及改进有无妥实办法，对于人与事的考察及安排是否允当，是否负责，工作是否切实可靠，工作是否达到预定限度，能否与人合

① 《非常时期公务员考绩条例》（1943 年 2 月 26 日公布），《立法院公报》第 124 期，1943 年 3 月，第 84~89 页。
② 《非常时期公务员考绩条例施行细则（附图、表）》（1943 年 11 月 6 日考试院公布），《行政院公报》渝字第 6 卷第 12 号，1943 年 12 月 31 日，第 44~46 页。
③ 叶惠芬编辑《蒋中正总统档案：事略稿本》（46），第 325 页。
④ 《国民政府令：公务员考绩条例（附表）》，《国民政府公报》渝字第 894 号，1945 年 10 月 30 日，无页码。

作，是否机敏，有无毅力，能否耐劳苦。操行方面注重是否守法、公正、廉洁，是否受人敬重，是否能诚恳接受指导。学识方面主要考察"本职之学识与技能、全部业务之学识、对于国家根本法令及政策之研究、识量、进修精神"五个方面。"工作""操行""学识"每项之下分别列有10个、5个、5个细目，每个细目对应的满分分别为10分、5分、5分，直接长官先对每个细目评分，再合计为细目总分，最后分别按50%、25%、25%的比例换算成该项得分，三项得分之和为总分数。上级主管长官亦依此进行复核评分。①

1948年5月3日，粮食部颁布命令（粮人字第一三二二〇号），将《粮食储运人员奖惩暂行办法》修正为《粮食储运人员奖惩办法》，该办法共计19条，其中奖励种类包括升职存记、奖章、记大功、记功、嘉奖、奖金六类，惩罚种类分为免职、记大过、记过、申诫四类，并对各类奖惩条件进行了详细规定。② 考绩法规为考核粮政人员工作成绩提供了依据。

二 粮政人员的考绩与叙奖

从事田赋粮政工作的正式人员，其考绩按照公务员标准执行，此项工作在全面抗战前即已开始。江西省在全面抗战前对征收田赋已有较为成熟的规定与奖惩机制，制定了《江西省各县征收田赋人员奖惩规则》，各县每年度分6月与12月两期考核，"按照书列征数，核计盈绌"，分别奖惩。③ 粮食部刚成立时，田赋管理人员与粮政管理人员分属不同系统，前者由财政部主管，后者由粮食部主管，田粮机构合并后，由财、粮两部会商办理。

根据《党政工作考核委员会组织大纲》每年考核一次的规定，1941年8月2日，粮食部遵照党政工作考核委员会规定，成立粮食部工作成绩考核委员会，订立《粮食部工作成绩考核委员会组织规程》《粮

---

① 《考试院令：公务员考绩条例施行细则》［1945年11月24日（补登）］，《国民政府公报》渝字第922号，1945年12月3日，无页码。
② 粮食部编印《粮食储运人员奖惩办法》，1948，第1~4页。
③ 《颁发南昌等县二十四年七月至十二月征收田赋应得奖惩一览表令仰遵照》，《江西省政府公报》第443号，1936年3月14日，第10页。

食部工作成绩考核委员会考核纲要》《粮食部工作考核实施细则》，负责该部考核事项。① 根据实施细则，粮食部及直属机关工作的内部考核，由工作成绩考核委员会负责办理。粮食部人员具体考核过程为：每年度考核开始时，由秘书处将该年度工作计划、人事配备、经费预算及其他有关资料，检送工作成绩考核委员会；各厅司处室于每月 6 日前，将上个月中心工作实施概况及进度填报《工作进度检讨报告表》，呈送工作成绩考核委员会，由该会予以考核；职员成绩优劣由主管长官依照相关法令、层级负责考核，月底前完成考语，送交人事司汇总，人事司于下月 6 日前转交工作成绩考核委员会。经费方面，属于总务司主管经费的，由总务司于当月底前编列表格，详加说明，于下月 6 日前送交工作成绩考核委员会；不属总务司主管经费，由各单位自行列表报送。粮食部如有新办事务，则由主管厅司处室按照计划执行，并填具进度表，呈送工作成绩考核委员会；粮食部参事厅负责该部法令推行及研究实施过程中的利弊得失，拟具意见后呈送工作成绩考核委员会。工作成绩考核委员会收到材料后，仔细审阅，进行记录，于下月 10 日前通知各厅司处室，由粮食部根据考核结果督促改进。年度考核结束后，由粮食部根据考核结果，填具年度政绩比较表，呈送行政院，并由行政院转呈国防会党政工作考核委员会，党政工作考核委员会批示意见后，移送粮食部粮政计划委员会，以为参考。至此，粮食部部级考核即完成。②

粮食部直属机关工作考核程序为：在年度开始时，各直属机关检送该年度工作计划、进度表至粮食部，每月月末填写工作报告表，由主管厅司处室核签意见后转送工作成绩考核委员会；粮食部随时派员赴各直属机关视察工作执行进度，由视察人员编制视察报告，送交工作成绩考核委员会查核；各直属机关呈送的事业进度表、年度政绩比较表、政绩交代比较表，先由主管厅司处室核签意见，然后送交工作成绩考核委员会；工作成绩考核委员会复核后，呈报行政院，并由行政院转呈国防会党政工作考核委员会进行最终复核，党政工作考核委员会复核后编制成绩比较表，转回

---

① 《粮食部工作成绩考核委员会组织规程及考核纲要》（1941 年~1942 年），《行政院档案》，档案号：014-000101-0146，第 1~29 页。
② 《粮食部工作成绩考核委员会组织规程及考核纲要》（1941 年~1942 年），《行政院档案》，档案号：014-000101-0146，第 25~26 页。

粮食部，由粮食部根据考核结果，督促改进，并移送粮食部粮政计划委员会参考；各县粮政科工作由其直接上级机关组织考核机构进行考核。①

粮食部 1941 年 7 月成立后，各项具体工作头绪繁多，致有焦头烂额之势，对于部内人员考核"已予注意"，但对"平时成绩未能依法每月详加纪录"。②从 1942 年起，在铨叙部要求下，粮食部责令各单位按月记录平时工作的考核、操作、学识、成绩等，为此，在雇员中设置稽核人员 10 名，分别专门负责记录嘉奖、解雇、记过、记大过、免职、撤职情况，平时奖惩人员中，获得嘉奖的稽核人员 1 人，解雇雇员 1 人，记过的专员、雇员各 1 人，记大过的雇员 2 人，免职科员 1 人，撤职雇员 3 人。当年参加年终考核的职员有 139 人，占 22%，90 分以上者 14 人，80 分以上者 22 人。其中，2 人颁给奖状，29 人晋级，5 人享受简任或荐任待遇。考成案内 90 分以上者 11 人，80 分以上者 44 人，给予奖状者 5 人，晋级者 2 人，加薪者 31 人，嘉奖者 16 人，减薪者 2 人。此次考核未参加的有 285 人。③ 考核完成后，则会依据考核结果，对被考核人员职务、薪资等进行调整。如加薪者，一般会从次年 1 月起重新计算新的薪资；如果考核晚于 1 月完成，也仍会按考核结果对加薪者补支薪资。改任职务人员则"专案报部核办"。④

1942 年，粮政管理有所改变，将行政与业务划分开来，行政人员依考绩法规切实铨衡，业务人员亦依规定进行考选，并保证其不随长官进退而进退，以保持稳定性。业务机关每半年办理一次决算，人员每半年考核一次，严格执行奖惩。粮食部制定《粮食业务人员管理纲要》，内容包括考铨、任用、薪给、考核、奖惩等。为了尽可能防止内部人员腐败或舞弊，重庆市粮政局、粮食部均规定，禁止粮政人员参与组织经营粮食业务，⑤ 这也是考绩的标准之一。

---

① 《粮食部工作成绩考核委员会组织规程及考核纲要》（1941 年~1942 年），《行政院档案》，档案号：014-000101-0146，第 26~27 页。
② 《人事司》（1942 年），《粮食部档案》，档案号：119-010200-0001，第 94 页。
③ 《粮食部三十一年度工作考察》，第 9 页。
④ 《仓库工程管理处三十一年度考成案》（1942 年~1943 年），《粮食部档案》，档案号：119-010200-0216，第 53~54 页。
⑤ 《重庆市财政、粮政局一九四一年九月至一九四二年二月工作报告（油印件）》（1941 年 9 月~1942 年 2 月），《内政部档案》，档案号：一二-715，第 98 页。

对于省县粮政人员考成，国民政府相当重视，接连通过多项办法措施。行政院 1941 年 10 月公布《财政部经办田赋推收人员考核办法》，该办法共 10 条，对各省、县（市）田赋推收人员、主管人员奖惩做了粗略的规定。[1] 1942 年 9 月，财政部颁行《田赋征收实物考成办法》《田赋征收实物催征欠赋考成办法》等。《田赋征收实物考成办法》规定征实以每期开征后 2 个月为初限，亦为是否给奖期限，次年 2 月底为截限，亦为考成期限，考成对象主要是省经征官及县（市）经征官，即各省、县（市）田赋处正副处长。考成时，按其职责与征收成绩分别考核，考核标准很单一，即初限、截限届满后，按照应征数分别将已完成、未完成数额造具简明清册，呈报财政部，作为考核凭证。该办法分省、县（市）两级，根据实征数额予以奖惩。奖励方面，各县（市）经征官在初限内，实征数额超过该县（市）应征数七成以上者，超过数额给予奖励，即可以按"规定提奖"，如超过数在八成以上者每市石提奖 1 元；超过数不满九成者，其超过八成部分每市石提奖 2 元；超过数在九成以上者，其超过九成部分每市石提奖 3 元。在截限以前，该县（市）应征数收足 85% 以上者，给予嘉奖；收足 90% 以上者，记功 1 次；收足 95% 以上者，记大功 1 次；照额全数征收者，记大功 2 次。省级奖励较县（市）级奖励数额为少，其差别体现在：初限超过数在八成以上者，每市石提奖 0.3 元；超过数不满九成者，其超过八成部分每市石提奖 0.6 元；超过数在九成以上者，其超过九成部分每市石提奖 1 元。虽然单位数额奖励标准下调了，但因系全省征额，奖励总额仍多于县（市）级奖励。在截限以前，该省（市）应征数收足 80% 以上者，即给予嘉奖；收足 85% 以上者，记功 1 次；收足 90% 以上者，记大功 1 次；收足 95% 以上者，记大功 2 次；照额全数征收者，给予特别优等奖励。惩处方面，各县（市）截限以前未征足应征额 85% 者，予以申诫；征额不足 80% 者，记过 1 次；征额不足 75% 者，记大过 1 次；征额不足 70% 者，予以免职。各省（市）截限以前未征足应征额 80% 者，予以申诫；不足 75% 者，记过 1 次；不足 70% 者，记大过 1 次；不足 65% 者，予以免职。每人的奖惩情况呈报行政院备案，作为以后升迁的参考依据。[2] 据载，陕西省 1944 年

---

① 关吉玉、刘国明、余钦恺编纂《田赋会要》第 4 篇《田赋法令》，第 54~55 页。

② 关吉玉、刘国明、余钦恺编纂《田赋会要》第 4 篇《田赋法令》，第 57~60 页；《中华民国史档案资料汇编》第 5 辑第 2 编《财政经济》（9），第 180~182 页。

度田赋粮食管理处考绩，即依据各县田粮处在截限前完成征实、征借粮额予以考核，如邠县、长武、永寿等 8 个县，征起成数均为 100%，兼处长、副处长均记大功 2 次，并给予特奖；佛坪、白河、镇坪、凤县 4 个县征收不及 75%，各田粮处的兼处长、副处长各记大过 1 次；平利、富平、高陵等 10 个县征收成数均不足 70%，照章应予免职，但根据调查，该 10 个县未征收足额系因该年"风旱虫灾，收成歉薄，或地处山陬，运输困难"，"姑予从宽处分"，各记大过 2 次。①

对于粮食部部属各机关，如川储局，陪都民食供应处，四川第一、第二、第三民食供应处，仓库工程管理处及其人员亦由粮食部随时考核，年度终了时也有年终考核。如仓库工程管理处 1942 年度年终考核，服务满一年人员共有 24 人，包括工务员、专员、办事员、工程师、帮工程师、科员、副工程师等，其中"服务努力、成绩优良、拟请加薪并改派职务者" 3 人，加薪者 10 人，不加薪而改派职务者 1 人，不加薪而传令嘉奖者 2 人，留级不予加薪者 8 人。② 四川第二民食供应处 1942 年参与考成人员共计 19 人，其中职员 16 人、雇员 3 人。16 名职员中"拟请记功""拟请嘉奖"者各有 2 名，1 名拟晋升为三级业务员，其余 11 人均已在当年工作过程升职，处长罗远猷、副处长裘受之在年终考成时请求粮食部予以追认。3 名雇员中，2 名拟晋升为三级办事员，1 名"拟予嘉奖"。③

1943 年 7 月 9 日，粮食部公布《粮食部所属业务机关人员考成规则》，规则共 12 条，规定每年考成两次，上半年考核为 6 月底，下半年考核与年终考核合并进行。凡任职半年以上并报部核准备案者，皆须参加考成。④《非常时期公务员考绩条例》意在通过平时成绩及年终考核，以提高行政人员工作效率，其意至美。但在实际操作中却存在考核表"细目

---

① 《陕西各县处三十三年田赋征实官截限考成奖惩表卷》（1946 年），《粮食部档案》，档案号：119-020100-0099，第 15~20 页。
② 《仓库工程管理处三十一年度考成案》（1942 年~1943 年），《粮食部档案》，档案号：119-010200-0216，第 5~6 页。
③ 《第二供应处三十二年度考成案》（1943 年），《粮食部档案》，档案号：119-010200-0268，第 5~7 页。按，该份档案名称中的"三十二年度"疑有误，根据档案内容，应为"三十一年度"，特此说明。
④ 《粮食部所属业务机关人员考成规则》，《粮政月刊》第 1 卷第 2~3 期合刊，1943 年 7 月 16 日，第 66~68 页。

过繁，查填不易"的情形，加上规定每月填报核算，按月填齐实属不易。就粮政系统来说，不但各项业务烦琐，而且时间跨度较大，"每多稽延"。此外，各单位多系临时赶填，"每月分数均无出入，事实上与每半年考核一次无异"。针对此状况，粮食部提出处理意见："拟除人事管理人员及主计人员仍须按月填表外，其余人员免予填表，即于六月及十二月终了时，由各单位择最优最劣人员，造具平时考核结果汇报名册"，咨送铨叙部。① 粮食部针对考绩中存在的"查填不易"的弊端，很快做出调整，相当于简化了一般人员的考核程序，可以说是工作程序的优化。

1943 年 7 月 16 日，粮食部公布《粮政奖章规则》，规定对各级粮政机关公务员视其劳绩颁发奖章，如服务在 2 年以上且确有劳绩者，对粮政有专门著述或特殊建议经采纳施行者，连续 2 年办理征实、征购如期完成者，连续 2 年拨放军公粮食如期完成者，连续 2 年办理民食调节、管制具有优良成绩者，查获囤积居奇粮食数量在 3000 市石以上者，其他有劳绩者，均可获颁相应等级奖章，以资鼓励。② 据统计，因粮政推行成效显著而获得奖章者不在少数。1944 年元旦，粮食部常务次长庞松舟、四川田赋粮食管理处处长康宝志、江西田赋粮食管理处处长胡嘉诏、四川临时参议会副议长诏昭明均获颁景星勋章；5 月 5 日，四川省政府建设厅厅长何北衡获颁景星勋章。③ 10 月初，粮食部向国民政府文官处呈文，谓云南省民政厅厅长兼田赋粮食管理处处长陆崇仁，"数年来对于滇省赋政、粮政积极规划策进，不遗余力，自三十年创办田赋征收实物及征购军粮，推行均属顺利，军粮需数虽巨而终能供应无缺，实赖该处长之力为多"，尤其是 1944 年云南在征额增加的情况下，尚能改征购为征借，更是难能可贵，只此举即可节约国帑 20 余亿元。粮食部对陆的褒扬不吝辞色，"该处长忠勤国事，宣导有方"，任职财政厅厅长"历十余年之久，对于滇省财政之兴革，悉遵中央法度，厥功甚伟"。因此，为表彰勋绩，粮食部特请准授予陆

① 《本部职员三十三年度平时成绩考核纪录表案》（1944 年~1945 年），《粮食部档案》，档案号：119-010200-0485，第 30~31 页。

② 《粮政奖章规则》（1943 年 7 月 16 日部令公布实施），《粮政月刊》第 1 卷第 2~3 期合刊，1943 年 7 月 16 日，第 68 页。

③ 《民国三十五年元旦授勋（一）》（1945 年 12 月 7 日），《国民政府档案》，档案号：001-035111-00036-029，第 99 页。

崇仁三等景星勋章。10月6日，文官处初议"拟遵办"，并将之上报。11日，蒋介石代电"遵办"。① 粮食部此时提出授勋予陆，显然是着眼于陆在1944年将云南省田赋"改购为借"。

省县级地方粮政人员考绩各有差异。江西省粮政局于1941年提出理由与建议，请求中央像对待役政、赋政一样，制定粮政考成办法，因与役政、赋政相比，各级粮政机关虽已相继成立，亦已见成效，但地方政府、粮政人员"犹有认识不清、执行不力之少数人员"，玩忽粮食功令，"似尚不无逊色"。江西省粮政局认为，之所以出现这种情况，原因固多，但赏罚不明、无明确考成办法是最主要的因素。因此，极力主张尽快制定粮政人员考成法，颁行全国，"以明赏罚而利抗建之必要"。江西省粮政局同时建议，考成办法至少应从征购粮食、稳定粮价、调节盈虚及增产节约四个方面考虑，分为特奖、记大功2次、记大功1次、记功2次、记功1次、嘉奖、免议、记过1次、记过2次、记大过1次、记大过2次、降级及免职13个等级，各依据完成情况进行考核。如征购数额超过三成、粮价下降三成及粮食余额较上年盈余三成以上者，应给予特奖；征额超过二成五、粮价下降二成五及盈余二成五者，记大功2次；如果征额短少三成及以上、粮价增高一倍以上、盈虚减或增七成以上者，则应给予免职处分；等等。②

陕西省粮政局的工作考成，由陕西省政府依照《党政工作考核办法》第17条及《陕西省政府行政工作分级考核实施通则》第3条的规定，于1942年10月20日制定《陕西省粮政局工作分级考核实施细则》，作为考核粮政局一年来工作成绩的依据。考核内容分为三项：一是工作考核，根据年度计划考核其进展程度及实施效果；二是经费考核，根据预算、决算考核其经费支用在工作上是否发挥预期效能；三是人事考核，根据组织法令考核其人员支配是否适当，能否符合分层

---

① 《授勋陆崇仁》（1944年10月7日），《国民政府档案》，档案号：001-035100-00068-026，第118~123页；《嘉奖云南省府三十二年改征购粮食为征借》（1943年），《行政院档案》，档案号：014-090501-0870，第6~15页；《粮食部长徐堪为授勋及督办军粮与陆崇仁来往函》（1944年10~11月），云南省档案局（馆）编《抗战时期的云南——档案史料汇编》（下），重庆出版社，2015，第946~949页。

② 《江西省粮政局提案》，无页码。

负责的精神。考核由工作考核委员会执行，该委员会以各科室主任、秘书、会计、主任科长及人事股主任与科员为当然委员，局长担任主席。考核采取报告审核与实地考察相结合的方式，各科室先分别造具政绩交代比较表或某种事业进度表，呈送工作考核委员会，工作考核委员会根据平时考绩，造具年度政绩比较表，呈送省政府，省政府最后审核并最终确定优劣。①

对于办理粮政成绩突出的县级人员，粮食部及时向国民政府签呈，或与省政府商议，予以叙奖，以"激励有功"。② 1942年12月下旬，徐堪呈文国民政府，对四川江津、乐至、泸县、铜梁四县县长大加褒扬，称其"奉行粮政最为出力，成绩特别优异"，"签请核奖"。江津县县长刘仁菴在征收征购工作前，制定缜密规划，10月1日开征后，实行分乡整保完粮办法，办理迅速，人民称便；同时派遣田赋处高级职员组织督导团、县参议会组织监察团赴各乡镇宣导监察，预防弊端，粮民输纳异常踊跃，10月底即已完成九成五以上，11月30日全部扫解。③ 刘仁菴系四川温江人，在任职江津县县长前，曾任铜梁县、富顺县县长，1940年铜梁县被敌机轰炸时，刘仁菴"督率有方，抢救得力，复因拆卸房屋为飞瓦中伤，尤复裹创不却"，当年8月得记大功1次。④ 此外，刘仁菴在此次调查大户存粮、管理粮食市场工作方面也"奉行甚力"，对购办、运济、加工陪都军粮民食"协助甚大"。⑤ 后来，刘仁菴升任自贡市市长兼自贡市献金分会会长，1944年6月邀请冯玉祥发动献金运动，合计献

① 《陕西省粮政局工作分级考核实施细则》（10月20日省府委员会议通过施行），《陕西省政府公报》第823号，1942年11月1日，第8～9页。
② 徐堪：《为江津、乐至、泸县、铜梁四县县长奉行粮政成绩优异谨胪陈事实签请核奖特资鼓励由》（1942年12月28日），《国民政府档案》，档案号：001-081313-00039-002，第12页。
③ 徐堪：《为江津、乐至、泸县、铜梁四县县长奉行粮政成绩优异谨胪陈事实签请核奖特资鼓励由》（1942年12月28日），《国民政府档案》，档案号：001-081313-00039-002，第10页。
④ 唐润明主编《重庆大轰炸档案文献·轰炸经过与人员伤亡（区县部分）》（下），重庆出版社，2015，第590页。
⑤ 徐堪：《为江津、乐至、泸县、铜梁四县县长奉行粮政成绩优异谨胪陈事实签请核奖特资鼓励由》（1942年12月28日），《国民政府档案》，档案号：001-081313-00039-002，第10页。

金 107124059.7 元，又黄谷 111214 市石，冯玉祥先后撰写《自贡市颂》
《献金歌》来称颂自贡民众的爱国热忱，① 当然这对刘仁菴的治绩也是一
种肯定。

除了刘仁菴，乐至县县长赵玉林竭力提倡农田水利、保障农产丰收，
田赋征实提前至 10 月底扫解，主动修建仓库时"计划周密，兴筑迅速"；
泸县县长袁守成在全省征收总额最多的情况下，开征后 50 余日即征起九
成二，"洵属优异"，代粮食部购谷 3 万市石运渝，"有裨民食甚大"，且
"协助转运，不遗余力"；铜梁县县长罗宗文在该县旱灾歉收的不利局面
下"督征有方，开征后五十日内，即报扫解"，并且在运济陪都食米中
"厥功尤伟"。对于以上 4 位县长，徐堪报请"优加奖擢，令饬川省府以
专员升用，或以简任职存记"，并请蒋介石定期召见，以资鼓励。30 日，
侍从室第二处致电川省政府，要求按粮食部意见进行叙奖。② 征实、征购
工作开始后，四川作为后方政治经济中心，举足轻重，能否按时足额完成
粮食征集任务，关系抗战前途较巨，尤其是基层粮政人员担负着重大使命
与责任，尽管其间问题不断，但同时也取得一定的成绩，而且征集粮食实
物政策推行不久，亟需树立榜样。川省田赋征实"历年均能如期完成，
深堪嘉慰"。③

1945 年 8 月，抗战胜利，普天同庆，粮政工作人员贡献不菲，嘉奖
亦在情理当中。1945 年 12 月 7 日，徐堪呈文蒋介石，提出对粮食部暨所
属机关及协助粮政有功人员各晋授不同等级的景星勋章，其中包括常务次
长庞松舟、田赋署署长李崇年及各县表现优秀的县处长、专员等，共计
43 人，尤以四川省县长、专员人数最多，这与战时四川省民众对粮政的
贡献最大直接相关，正如徐堪所言："四川省历年来征粮数额最巨，省府
暨参议会及各区行政督察专员、县长等出力尤多。"当然，奖励战时成绩

---

① 李仕根主编《四川抗战档案研究》，第 154~155 页。

② 徐堪：《为江津、乐至、泸县、铜梁四县县长奉行粮政成绩优异谨胪陈事实签请核奖特
资鼓励由》（1942 年 12 月 28 日），《国民政府档案》，档案号：001-081313-00039-
002，第 11~15 页。

③ 徐堪：《为签请电四川省政府转参议会党团对川省征收征借鼓励宣导俾如期征足附具代
拟电稿一件签请鉴核示遵由》（1945 年 9 月 28 日），《国民政府档案》，档案号：001-
081313-00037-002，第 14 页。

固属事实，更为重要的是"现当本年川省征粮最吃紧之阶段，为期鼓舞人心，并使努力督征，如额办足，择优授勋，意义尤为重大"，其他各省得知后，"亦必闻风兴起"，则利于战后粮政者甚大。同时，文官长吴鼎昌也提出，"徐部长本人对粮政及主持财政专门委员会，均著勋绩"，也应授予徐堪更高级别景星勋章及青天白日勋章。① 1946 年 9 月，粮食部呈请颁授财政部田赋管理委员会前主任委员关吉玉胜利勋章，关的"勋绩事实"是："该员历任财政部前田赋管理委员会主任委员，对于田赋改征实物、建树制度策划周详，督导稽征不遗余力，彼时抗战方殷，军需民食需用浩繁，该员主持赋政，供应不匮，抗战军需实利赖之。嗣改任税务署署长，对于整理旧税、增裕新税，树立税人制度，严惩贪污员司诸要政，更能不畏艰辛，悉力以赴，实属有裨抗战，勋绩懋著。"② 同时，奖章规则规定，著有劳绩的非粮政人员亦可给予奖章，如对政府粮政计划有特殊贡献、有利国计民生者，捐献粮食总额一次达 1000 市石以上者，认售平价粮食总额一次达 3000 市石以上者，协助粮政机关办理重大案件著有劳绩者，均可叙奖。③

就粮食部公务员平时成绩考核及部属机关年终考核而言，虽不无合理性，但也明显存在"形式主义"问题。这一点在 1942 年粮食部仓库工程管理处年终考成清册，以及粮食部 1944 年 12 月向铨叙部咨送的该年度公务人员平时成绩考核记录表中，均有明显体现。根据 1943 年 1 月 30 日仓库工程管理处处长李嘉隆上报的考成清册，该年度参加考核人员计有 24人，同为"加薪一级"人员有 8 人。其中工务员邓伟贤的评语仅为"协助石马河监工"，而岗位职责相同的徐通华却是"成绩优良"；同为工务员、考核结果亦同为"留级仍支原薪"的范奎元、包仲贤二人，前者考

① 《民国三十五年元旦授勋（一）》（1945 年 12 月 7 日），《国民政府档案》，档案号：001-035111-00036-029，第 98~101 页；《徐堪晋给一等景星勋章》（1945 年 12 月 31日），《国民政府档案》，档案号：001-035111-00038-004，第 25 页；《徐堪、端木杰、庞松舟、陈良各给予青天白日勋章》（1945 年 12 月 31 日），《国民政府档案》，档案号：001-035100-00093-016，第 24 页。
② 《胜利勋奖章勋绩审核（八）》（1946 年 9 月 25 日），《国民政府档案》，档案号：001-035100-00140-055，第 189~190 页。
③ 《粮政奖章规则》（1943 年 7 月 16 日部令公布实施），《粮政月刊》第 1 卷第 2~3 期合刊，1943 年 7 月 16 日，第 68 页。

语为"派驻合川监工"，而后者却是"德阳区督导，成绩优良"，① 职务与考核结果均相同，考语却相差不小。反过来说，二者的考语中一个是"成绩优良"，另一个只是工作性质的说明，差别较大，而结果却是一样。

根据《粮食部公务员平时成绩考核结果汇报表》所列栏目，平时成绩考核主要分为姓名、现职、职掌、半年来各月平均分数、优劣事迹及奖惩六栏，除分数一栏被档案管理部门隐去，无法得知某人半年来的平均分数外，其他各栏清晰可辨。从"优劣事迹"一栏所载评语可以看出，无论管理层还是普通职员，各项评语多言好事而无劣迹，诸如对职掌"法令审核事宜"的参事陈柏青，其上半年、下半年的考语均为"工作勤奋，任事切实"；对储备司司长汪元上半年的评语为"理繁治剧，因应适宜，对业务之擘画整理颇多表现"，下半年的评语是"理繁治剧，因应适宜，对业务之策划整理甚多表现"，几无差别；"主持粮食之生产、消费、分配等项调查事宜，成绩颇著"既是对调查处处长濮孟九上半年的评价，也与下半年的评语如出一辙。负责"拟稿"的普通科员陈大桢，其上半年、下半年的评语均是"承办卅及卅一年度建修仓库案件，极具条理"；工作职责为"分析粮价"的郑鸿，其上半年、下半年评语均为"工作敏捷且具条理，成绩至为优异"或"优良"，评语高度相似。其他职员上半年、下半年的评语亦大同小异。② 由此可见，单从"优劣事迹"栏中的评语来看，粮食部职员考核几乎成了流于形式、机械的"文字游戏"。

相较于粮食部职员走过场的平时考核，各级地方粮政人员的年终考成则更为实在，关系升迁晋级及来年薪资。兹以福建省级粮政人员考成为例，分析省县粮食人员考绩与奖惩。根据规定，"省市粮政局为省市政府之一体"，其人员考核由各省市政府负责，粮食部有监督之责。③ 福建省政府根据《非常时期公务员考绩暂行条例》、《福建省公务员任用办法》第 7 条规定，1941 年 2 月制定《福建省公务员考核成绩暂行办法》，该办法在《非

① 《仓库工程管理处三十一年度考成案》（1942 年～1943 年），《粮食部档案》，档案号：119-010200-0216，第 7～8 页。

② 《本部职员三十三年度平时成绩考核纪录表案》（1944 年～1945 年），《粮食部档案》，档案号：119-010200-0485，第 1～18、36～48 页。

③ 《粮食部三十一年度工作考察》，第 10 页。

常时期公务员考绩暂行条例》所规定的工作、操行、学识三项基础上，"另增其他特点一项"，各项分值亦有调整，工作、操行、学识分值分别为50分、20分、20分，"其他特点"分值为10分。在各项细目中，前三项基本与考绩暂行条例的规定相同，如工作方面"注意其功过事实，如工作之勤惰、优劣、迟速"。但与考绩暂行条例不同的是，50分又划分为30分与20分两类。30分内含3个考核项：一是能否严守办公时间，二是平时请假有无超过规定日数，三是应办事件有无过错失误。20分包括4个考核项：一是"工作勤劳有无特著事迹"，二是"办理繁难或重要事件有何成绩"，三是"工作上能否辅导他人"，四是"于本机关业务之改进有何贡献"。操行方面注重"公、忠、谨、严、廉、洁"，其中"公私行为是否均守规律"占12分。学识"应注意其是否胜任，并有无增进"，其中"能否胜任其职务"占12分。新增的"其他特点"主要包括"观察"职员的"品性、思想、言论及行动"4个方面，每个方面再分为优点与"劣点"，即甲与乙两类。"品性"中的甲类即优点为公正、温良、信任（指被考核人平日待人而言）、宽厚、取予适当，乙类即"劣点"为偏私、乖僻、多疑（指被考核人平日待人而言）、急躁、取予欠当；"思想"中的甲类包括前进、爱人、纯正、肯研究、科学，乙类为守旧、利己、复杂、不用心、不科学；"言论"中的甲类为明朗、热诚、沉默、善于辞令、有条理，乙类为含糊、冷酷、多言、短于语言、无次序；"行动"中的甲类为公开、确实、谦恭、迅速、谨饬，乙类为诡秘、虚伪、骄傲、迟滞、随便。该项在评分时，甲类与乙类也就是优点与"劣点"可以"互相对销"，所余优点在5项以内者得9分，超过5项者得10分；所余"劣点"在5项以内者得6分，超过5项者得3分；优点与"劣点"恰好对销者得7分，全为"劣点"者得0分。复核人认为初核人在评核"其他特点"不确时，"得予更正"。4项总分仍为100分，得分在60分以上者为合格，但工作不满30分，或操行、学识有一项不满12分，或操行、学识及"其他特点"合计不满30分者，考核仍为不合格。[①] 表2-17反映了福建省粮政局职员1941年年终考核得分在80分及以上的部分人员的情况。

---

① 《福建省公务员考核成绩暂行办法》，《人事管理汇报》第1卷第1期，1941年7月30日，第37~49页。

表2-17　福建省粮政局职员1941年年终考核成绩评定总分在80分及以上部分名单

职别	姓名	受训班系	本职就职日期	任职时间	本年内有无惩戒	现支薪额（元）	考核成绩评定分数				拟晋级数	拟加薪额（元）	备考
							工作操行	学识	其他特点	总分			
视察	严经照	√	1941年10月16日	已满1年	无	220	40	16	15	10	81	一级	20	粮管局调任
	王冀雄	√	1941年10月16日	已满1年	无	220	40	16	16	10	82	一级	20	粮管局调任
	黄荣民	√	1941年10月16日	已满3个月	无	200	40	18	18	10	86	一级	20	省政府秘书处调用
	蔡梦仙	√	1941年10月16日		无	180	40	18	15	10	83	一级	20	粮管局调用
	官尚清	√	1941年10月16日		无	180	40	16	14	10	80	一级	20	粮管局调用
	黄士清	√	1941年10月16日		无	140	40	17	16	10	83	一级	20	粮管局调用
	谢宜祥		1941年10月16日	已满3个月	无	140	40	16	14	10	80	一级	20	粮管局调用
稽核	江厚祺		1941年10月16日	已满3个月	无	220	40	16	14	10	80			公沽总处结束办事处调用
秘书	吴祖镜	无	1941年10月16日	已满3个月	无	180	38	16	16	10	80			粮管局调任
科员兼人事股股长	叶积新		1941年10月16日	已满1年	无	240	42	16	17	10	85	一级	20	粮管局调任
	刘坚			已满3个月	无	180	40	17	15	10	82	一级	20	粮管局调任
科员	黄良规			已满3个月	无	75	42	16	16	10	84	二级	10	粮管局调任

续表

职别	姓名	受训班系	本职就职日期	任职时间	本年内有无惩戒	现支薪额（元）	考核成绩评定分数					拟晋级数	拟加薪额（元）	备考
							工作	操行	学识	其他特点	总分			
办事员	谢秉政			3个月	无	70	43	16	16	10	85	二级	10	粮管局调任
	吴宝华			1年	无	60	46	17	17	10	90	二级	5	粮管局调任
	张绍华	区政班二期		3个月	无	50	38	18	20	10	86	二级	10	粮管局调任
	赵培之			1年	无	50	40	16	16	10	82	二级	10	粮管局调任
	杨馥	无		3个月	无	50	42	19	18	10	89	二级	10	粮管局调任
	胡詠丹			3个月	无	75	42	16	12	10	80	一级	5	粮管局调任
	林孝慈			3个月	无	45	40	17	17	10	84	二级	10	粮管局调任
	林建烈			1年	无	65	40	16	14	10	80	二级	10	粮管局调任
雇员	刘冠英			3个月	无	60	42	16	16	10	84	拟升二级改任办事员	10	粮管局调任
	叶仕琛			3个月	无	50	40	17	17	10	84	拟升二级改任办事员	10	粮管局调任
	江沄			3个月	无	40	40	16	16	10	82	二级	10	粮管局调任
	陈启文			3个月	无	35	43	18	18	10	89	二级	10	粮管局调任

资料来源:《福建省政府关于粮政局职员1941年年终成绩考核的指令》(1942年2月),福建省档案馆藏(以下不再一一注明藏所),《福建省政府人事室档案》,档案号:0004-002-001224,第1~94页。

　　从表 2-17 可以看出，闽省粮政局职员原多为粮管局职员，对业务是比较熟悉的。该年参加考核的全部 151 人中，年终考核在 80 分以上的共74 人，占总人数的 49%。考核最高分为 90 分，仅有 1 人；刚达到 80 分的有 6 人。从"其他特点"一项的得分来看，全部为满分，这意味着被考核人员的"品性、思想、言论及行动"几乎均为优点多于"劣点"，至少 4 个方面的优点与"劣点""互相对销"后，优点超过了 5 项。

　　被考核人员如想加薪，则考绩分数须在 80 分以上；分数为 60～80分，任职满一年以上，未受过惩戒处分者，可依年功加薪半级或一级。考绩未满 80 分者计 77 人，这些人拟申请晋级加薪，但均未获通过。①

　　根据 1945 年《福建省统计提要》数据，1942 年，闽省县级粮政纳入奖惩人员共计 162 人，其中受奖者 80 人，包括升职者 11 人，加薪者 14人，记大功者 5 人，记功者 31 人，嘉奖者 19 人；受到惩戒者 3 人，均为申诫；另有不予奖惩者 41 人，不予考核者 38 人。② 在 1942 年粮政局年终考核中，对于成绩优良的视察、秘书、科长、科员、稽核、储运人员、办事员、雇员等各类人员，闽省政府在次年 6 月中旬或传令嘉奖，或记功一次，或予以加薪，总人数达 53 人。③ 任职不足 3 个月或试用人员，则不在考绩之列，如稽核吴祖镜系 1941 年 11 月 1 日到职，江厚祺系 1941年 12 月 22 日到差，1942 年 2 月考绩时，均未满 3 个月，二人原支 200 元月薪不予增加；办事员孙家钰、方李芹、吴能枢系试用人员，亦不在考绩人员行列。④ 违反粮政法令人员则给予相应处罚，如永定县经征处征收员陈潮山，因擅离职守，被记大过 1 次；省粮政局办事员金传庚，因在1942 年的年终考核中成绩不合格而被申诫；漳平县政府粮政科科员谢家兴被任命后久不赴任，被撤销调任令，停止任用 3 个月。⑤ 此类人员各省

---

① 《福建省政府关于粮政局职员 1941 年年终成绩考核的指令》（1942 年 2 月），《福建省政府人事室档案》，档案号：0004-002-001224，第 1～94 页。
② 福建省政府统计室编印《福建省统计提要》（1945 年辑），1945 年 12 月，第 61 页。
③ 《福建省政府所属各机关三十二年六月份受奖励人员一览表》，《福建省政府公报》永字第 649 期，1943 年 9 月 16 日，第 8506～8507 页。
④ 《福建省政府关于粮政局职员 1941 年年终成绩考核的指令》（1942 年 2 月），《福建省政府人事室档案》，档案号：0004-002-001224，第 1～94 页。
⑤ 《福建省政府所属各机关三十二年六月份受惩罚人员一览表》，《福建省政府公报》永字第 649 期，1943 年 9 月 16 日，第 8517 页。

皆屡见不鲜，也是战时粮政被人诟病较多的原因之一。

省县级人员的奖惩。战时粮食部的主要施政方针是"控量以制价"，①该方针的基础首先是谋求掌握大量粮食实物，在各省、县（市）粮政机构与人员大力配合下，"三征"成效显著。对此，国民政府、行政院及粮食部等予以肯定，并且对成绩突出的机构和个人给予各种形式的嘉奖。1942 年 8 月 11 日，行政院发出电报，对江西省粮政局局长胡嘉诏、浙江省粮政局局长徐桴、福建省粮政局局长林学渊、广东省粮政局局长胡铭藻、贵州省粮政局局长何玉书进行嘉奖，因上述人员在办理 1941 年度田赋征实及定价征购工作中"卓著绩效，对于粮食之调节及供应均能因应裕如"。② 1943 年 5 月 5 日，福建省田赋处遵照财、粮两部 4 月 1 日所发指令，将该省 1941 年度田赋征实特具劳绩出力人员名单呈报财、粮两部，请予以奖励。此次受奖人员包括：省政府秘书长张开琏，颁给财政奖章；财政厅厅长兼省田粮处处长严家淦，颁发财政奖章；地政局局长兼省田粮处副处长林钦辰，由财政部记大功 1 次；粮政局局长林学渊，由财政部记大功 1 次。③ 对于将征购改为征借、减少购粮法币支出的省份，行政院"极表赞同"，并予以嘉奖。1943 年 6 月 18 日，为"示人民拥护政府之热忱"，四川省临时参议会第二届第一次大会通过"田赋征借实物案"，决定本年度粮食征购部分全部发给粮食库券，无利息，亦不另搭发现金，并上报行政院。④ 22 日，行政院不但立即通过了该省的这一方案，而且提议给予四川省政府明令嘉奖。24 日，行政院训令粮食部、财政部、川省政府，予以嘉奖。⑤ 1943 年，广西省临时参议会亦决议，该省本年征购粮食"一律以粮食库券抵偿，不发现金"。1944 年 1 月 27 日，国民政府对桂省

①　《粮食部报告》（1941 年），无页码；《管制民生必需粮物价格之根本办法案讨论会纪录》（1940 年 12 月 7 日），《行政院档案》，档案号：014-040504-0058，第 61 页。

②　《令顺人字一五六〇〇号令为嘉奖江西省粮政局局长胡嘉诏浙江省粮政局局长徐桴福建省粮政局局长林学渊广东省粮政局局长胡铭藻贵州省粮政局局长何玉书等由》（1942 年 8 月 11 日），《行政院公报》渝字第 5 卷第 9 号，1942 年 9 月 30 日，第 2 页。

③　《福建省政府关于嘉奖省田赋征实劳绩人员的训令》（1943 年），《福建省政府人事室档案》，档案号：0004-003-000628，第 1～4 页。

④　《四川省志·粮食志》编辑室编《四川粮食工作大事记（1840～1990）》，四川科学技术出版社，1992，第 43 页。

⑤　《嘉奖四川省参议会通过粮食征购全部发给库券不另搭发现金办法》（1943 年），《行政院档案》，档案号：014-040501-0031，第 3～6 页。

政府及参议会"体念时艰，倡导得力，全省人民见义勇为并均踊跃遵行"的"忠爱热忱"明令褒奖。① 1943 年 11 月初，浙江省临时参议会代电行政院，决议本年征购亦以粮食库券抵价，不发现金，12 月亦得到国民政府的明令嘉奖。② 除了川、桂、浙三省，其他省份亦有此类情况，均受到国民政府的嘉奖。

县级粮政机构主要是粮政科，人员指的是各县粮政科职员，其核心人物是县长，因此县级人员的主要考绩对象是县长与粮政科职员，而且县长也是考核粮政科职员的"考官"。"考核属员成绩为长官职务上最重要之一事。"③ 每届年终考绩时，县长不但忙碌，而且责任不小。就平时而言，县长职责亦非单一，兼有防空、驿运、航建、储蓄、节建、劝储等，"工作当不下数十项之多"。④ 根据学者研究，战时各省县长兼职情况极为普遍，浙江 19 种，湖南 24 种，四川 28 种，江西各县多者 33种，一般在 20 种以上。⑤ 而每一项兼职"均由中央指列为县长重要工作考绩之一"，⑥ 如为了加紧粮食运输，粮食部将粮食运输中的再度集中工作列为四川省各县县长 1943 年度中心工作，也是考绩内容之一。⑦ 并且上述各项工作考绩、奖惩标准不一，"各兼职主管机关，有直接奖惩其兼职者，有会行奖惩其本职者，抑有叙明事实送请核办者，各行其是，

① 《国民政府明令褒奖广西省三十二年度征购粮食一律以粮食库券抵偿》（1944 年 1 月），《国民政府档案》，档案号：001-035131-00005-035，第 53 页。
② 《行政院长蒋中正呈国民政府请嘉奖浙江省临时参议会倡导征购粮食概发粮券》（1943 年 12 月），《国民政府档案》，档案号：001-035131-00005-021，第 31~33 页；《国民政府明令嘉奖浙江省临时参议会倡导征购粮食概发粮券》（1943 年 12 月），《国民政府档案》，档案号：001-035131-00005-022，第 34 页。
③ 《福建省公务员考核成绩暂行办法》，《人事管理汇报》第 1 卷第 1 期，1941 年 7 月 30日，第 37 页。
④ 《内政部函请抗战期间兵役粮政纳入各县县长考绩分数案》（1942 年 10 月~11 月），《内政部档案》，档案号：一二（6）-6654，第 29~37 页。
⑤ 王奇生：《革命与反革命：社会文化视野下的民国政治》，社会科学文献出版社，2010，第 371 页。
⑥ 《内政部函请抗战期间兵役粮政纳入各县县长考绩分数案》（1942 年 10 月~11 月），《内政部档案》，档案号：一二（6）-6654，第 29~37 页。
⑦ 《准粮食部电本年征购粮食再度集中工作限三个月完成嘱转饬发动民伕赶速办理一案兹特规定该项工作列为三十二年度考绩之一仰即遵照办理具报由》，《四川省政府公报》第 150 期（原第 361 期），1943 年 2 月，第 33 页。

处理纷歧"。①

对于各县县长及田粮处处长的考绩，最主要的是役政和粮政。正如时人所言："抗战期间，最重要之工作，厥为粮政与兵役。"② 1943 年 6 月 19 日，福建省田赋处亦根据截限前粮食征收完成程度，拟订奖励名单及奖励方式，如周墩、柘洋 2 个田赋处截限前粮额全部征齐，2 位田粮处兼处长各记大功 2 次；东山、寿宁、沙县等 15 个县完成九成五以上，各该县正副处长各记大功 1 次；龙岩、仙游、松溪等 16 个县完成九成以上，各该县正副处长各记功 1 次；邵武、尤溪、南靖等 7 个县完成八成五以上，各该县正副处长一律传令嘉奖（南靖县兼处长因到任不久，不予奖惩③）；宁德、古田等 8 个县完成八成以上，南平、建宁等 9 个县完成七成以上，此 17 个县正副处长不予奖惩；福清、宁洋 2 个县只完成六成以上，福清县正副处长各记过 1 次，宁洋县兼处长到任不久，予以申诫；长汀、晋江征起数均在五成左右，离任处长记大过 1 次，新任正副处长各记过 1 次；对于仅完成三成左右的霞浦、建瓯、莆田 3 个县，正副处长则予以免职或另外议处等。④ 可见，战时国民政府特别重视的两大要政，也为各县主政官员政绩考核所偏重，粮政的完成程度直接关系县长与田粮处处长的考绩，而考绩则与其薪资增减、职务晋升及各种荣誉等息息相关。

根据福建省 1946 年度《各县市政府田赋征实征借各县处长奖惩一览表》所载，除到任未久者未定等级、不予奖惩外，其余成绩分为优良、尚优、颇佳、平常、欠佳、太差、特劣。优良者记大功 1 次，计有永泰、屏南、平潭等 10 个县县长及田粮处处长；尚优者记功 1 次，计有三元、

---

① 《内政部函请抗战期间兵役粮政纳入各县县长考绩分数案》（1942 年 10 月~11 月），《内政部档案》，档案号：一二（6）-6654，第 29~37 页。

② 叶记元：《贵州省之农业建设》，《中农月刊》第 4 卷第 1 期，1943 年 1 月 30 日，第 56 页。

③ 据福建省建设厅 1939 年调查，全省余粮县份有浦城、崇安、松溪、政和、水吉、建阳、邵武、建宁、泰宁、将乐、顺昌、明溪、清流、宁化、大田、宁洋、漳平、龙岩、华安、南靖、长泰、龙溪、平和、海澄、云霄、永泰、古田、寿宁 28 个。参见陈明璋《福建粮食问题》，福建省研究院编译出版室，1943，第 4~5 页。南靖为大米输出县，东山、沙县均为缺粮县份，但征起成数，反以寿宁、沙县、东山为多。参见陈文涛编《福建近代民生地理志》，远东印书局，1929，第 57~86 页。

④ 《福建省政府关于 1943 年奖惩各县田赋管理处征实经管官的函》（1943 年），《福建省政府人事室档案》，档案号：0004-003-000429，第 1~6 页。

龙岩、建宁等县县长及田粮处处长 25 人；欠佳者予以申诫，如永安县县长叶克胜、水吉县县长丁梅黛、建瓯县县长陈廷桢等；太差者记过 1 次，如水吉县田粮处处长江萍、南安县田粮处处长王吉六、建阳县田粮处处长张宗健等 13 人；特劣者记大过 1 次，如福安县田粮处处长周叔霖、林森县田粮处处长林子佩、连江县田粮处处长陈周雄等 5 人。①

　　抗战胜利初期，全国各地粮价有所回落，后方对粮政工作有所放松。1945 年 12 月，行政院训令，1945 年度四川省县长考绩中，粮政工作所占比例降为 30%。未几，再次训令，取消战时兵役粮政比例，中央不再对粮政在考绩中所占比例做硬性规定。1946 年初，行政院将县长考绩中的兵役粮政占比各列为 20%，而四川省将其相应减少，粮政占 15 分。但随着政局变化，征实工作再次变得重要起来。1946 年 9 月，四川省田粮处为完成征实任务，请示省政府将征实工作作为中心工作，考绩分数所占比例又恢复至 35%。② 对于平时考核不合格或田赋征实、征借截限时考成仍不合格的粮政人员，仍给予相应惩处。据 1948 年 7 月 27 日至 10 月 29 日的《江苏省各专员县市长平时奖惩一览表》所载，江都县县长兼田粮处处长王景涛"不顾法令及人民负担，遽以附加三斗，请求省府勉予照准。开征后复自动减征，出尔反尔。又县田粮处擅自召集粮商会议，决定粮行代粮户购粮纳赋，均有未合"，被江苏省财政厅记大过 1 次；同时，"该县赋政极为紊乱，流弊百出"，王负有"措施失当之责"，被田粮处记大过 1 次。靖江县已卸任县长潘天觉，在征收 1947 年度田赋时，"迟至十二月始行开征，故违功令，有损赋收"，被田粮处申诫 1 次。③ 据统计，在江苏省 1947 年度田赋考成的 44 个县的 49 名副处长以上人员中，受到申诫、记过及以上处分的有 26 人。④

---

①　《福建省政府人事室关于各县市政府田赋征实征借各县处长奖惩一览表》（1946 年），《福建省政府人事室档案》，档案号：0004-005-000441，第 1~6 页。

②　王玉娟：《民国川省县长的铨选与考绩》，四川大学出版社，2014，第 160~161 页。

③　《江苏省各专员县市长平时奖惩一览表（1948 年 7 月 27 日至 10 月 29 日）》，《江苏省政府公报》第 3 卷第 33 期，1948 年 11 月 25 日，第 20~21 页。

④　《江苏三十六年度各县田赋征实截限考成表》（1948 年），《行政院档案》，档案号：014-040201-0133，第 6~8 页。另据该份档案记载，靖江县卸任县长潘天觉所受处分为"追记大过一次"，而非《江苏省政府公报》中所载的"申诫"。见该档案第 8 页。

三　叙奖中的博弈与舞弊

田赋征收成绩考核与叙奖，由财政部主管，财政部会参考粮食部、行政院等部门意见，主要依据各省征收成绩及其在粮政中的贡献，分别予以不同等级的叙奖。根据相关规定，如果征收成绩优秀，则会奖给各省主席二等云麾章，田粮处处长奖给四等云麾章，副处长记大功 1 次，并列入全国第一列叙奖名单。叙奖的目的是表彰先进，本无可厚非，不过，财政部、行政院在考核个别省份如云南省征收成绩及人员应获嘉奖时，却被云南省相关人士认为是"考核未周"，[①] 致令产生"误会"；反过来，云南省通过各种策略与财政部、粮食部、行政院等反复博弈，以图博取最大利益。有的省县粮政机构或个人，为了追名逐利，公然在公务员考绩中舞弊，令人不齿。本部分即以云南省田赋征收叙奖中的博弈及福建省粮政局、四川相关粮政机构考绩中的舞弊为例，分别予以论述。

1943 年 6 月 18 日，石天渠、云南兴文银行重庆分行副经理杨秀峰致函兴文银行总经理兼云南省田赋处副处长张培光，谓财政部不日将对上一年度各省征收成绩进行考核，并呈请行政院分别奖惩。根据各省成绩，财政部拟定的奖励名单是：川、湘、闽、粤、宁、浙、陕七省主席奖给二等云麾章，兼处长奖给四等云麾章，副处长记大功 1 次；尤其是川湘两省，分别完成 1200 万市石与 1000 万市石，"政府推行粮政，督率有方，经征人员，收购储运亦竭尽心力，该两省民众复能尽纳税义务，踊跃输将，爱国忠忱，均堪嘉尚"。[②] 安徽、绥远、河南三省主席明令嘉奖，兼处长、副处长记大功 1 次；贵州、江西等省记过申斥；广西、云南不奖不罚。石、杨二人同时说明，以上给奖名单是按照 1943 年 2 月底数据考核后拟定的结果。[③]

财政部、粮食部核定 1942 年度全国征实、征购粮食总额为 8000 万市

① 《石天渠等陈报滇省三十一年田赋征收受奖经过及请求核减三十二年田赋征额与陆崇仁等往来函》（1943 年 6~7 月），《抗战时期的云南——档案史料汇编》（下），第 936 页。
② 湖南省田赋粮食管理处编印《湖南田赋粮食法令辑刊》（上），1943，第 1 页。
③ 《石天渠等陈报滇省三十一年田赋征收受奖经过及请求核减三十二年田赋征额与陆崇仁等往来函》（1943 年 6~7 月），《抗战时期的云南——档案史料汇编》（下），第 935 页。

石，其中给云南省政府下达的征实额定指标是 400 万市石，征实、征购各 200 万市石。[1] 截至 1943 年 2 月底，云南完成征实 204 万市石、征购 170 万市石，合计 374 万市石，征起率为 93.5%。财政部在叙奖时，即将云南归入不奖不罚行列。滇省各级官员认为，本省最终扫解后实际完成 4036735 市石，超额完成 36735 市石，"已属逾额"，"自应请部从优叙奖"。而且据财政部专员兼田赋管理委员会地税科科长张肩重[2]言，其曾于 3 月 4 日致电财政部，说明了滇省最终扫解后的超额完成情况，并"数度向部中声言力争，务必使本省照章受奖，以免委屈"。不过，事有蹊跷的是，张肩重的文电在财政部档案中"竟遍查不获"。[3] 张肩重 1942 年 9 月调至财政部田赋管理委员会，随即被派往云南督导田赋征实工作。在向财政部说明情况时，张是督导委员，对云南省征实、征购情况显然是非常了解的，而且与滇省政府关系应非常不错，因为他后来还为云南省减免 1943 年度征额出过力。从云南省政府的角度，它也希望借助张肩重的身份，向财政部详细说明滇省的征收成绩，毕竟一来从 1941 年征实成绩来看，云南省当年的征起率高达 142%，居全国首位，做出成绩在先；[4] 二来张肩重"莅临视察，遍历三迤，对于各县收起粮赋数目，多以据实呈

---

① 《重庆发龙主席密电——31 年度田赋征实、征购数额及其要点》（1942 年 6 月 3 日），《民国时期云南田赋史料》，第 305～306 页；詹显哲编著《实施国家总动员法与粮食动员》，国民图书出版社，1943，第 56～58 页。另据粮食部编印《粮食部报告（1942 年）》（1943，附表 3）中的记载，云南省 1942 年度田赋征实额为 150 万市石，征购 200 万市石，合计 350 万市石；学界有学者也采用了 350 万市石的说法。参见陆民仁《抗战时期田赋征实制度：实施及评估》，"中华民国历史与文化讨论集编辑委员会"编印《中华民国历史与文化讨论集》第 4 册，1984，第 202～224 页。此处采用 400 万市石的说法。

② 张肩重为四川省富顺县人，中共党员，1938 年春协助郭沫若筹组军委会政治部第三厅，1940 年 9 月被迫辞职后，担任第十救济区总干事、振济委员会专员，1942 年 4 月保送入国民党中央训练团党政班受训，9 月调至财政部田赋管理委员会，被派往云南监督田赋征实。1943 年 10 月，调回田管科任科长，1944 年改任财政部直接税署科长。1946 年 6 月调任安徽省区直接税局副局长，1948 年 4 月调任川康区国税管理局副局长，1989 年去世。参见苏铁生、张充《张肩重传略》，政协四川省富顺县委员会文史资料委员会编印《富顺县文史资料选辑》第 4 辑，1990，第 58～60 页。

③ 《石天渠等陈报滇省三十一年田赋征收受奖经过及请求核减三十二年田赋征额与陆崇仁等往来函》（1943 年 6～7 月），《抗战时期的云南——档案史料汇编》（下），第 935 页。

④ 财政部田赋管理委员会编《三年来之田赋整理与征实》，中央信托局，1943，第 12～13 页。

报"，① 滇省政府对他是十分信任的。

对于云南省 1942 年实际征收粮食的数额及征起率，粮食部在当年报告中有明确记载，截至 1943 年 9 月 10 日，据各省田粮处报告，1942 年度征收征购连同折征法币，总计征获 6580 余万市石，其中福建、广东、云南、湖南、安徽、四川、浙江、青海、山东等省均超过定额，全国征收成绩"堪称优异"，云南省也是"超额"的。② 然而，存在的问题是，云南省完成任务的时间是否在截限期内。根据财政部时间截限与考核规定，1942 年度征收任务的截限是 2 月底前全部扫解。而云南省截至 2 月底只完成 374 万市石的征收量，只能照此叙奖。

从 3 月 4 日开始，张肩重多次致电财政部，虽然多封电报均因财政部档案室管理不善、财政部田赋稽征处稽核科长三易其人等原因遗失，电报内容亦不得而知，但可以肯定的是，其在电文当中不止一次向财政部汇报过滇省最新征实情况，这也是其职责所在。后来张肩重回到重庆后，"以客观公正立场"，把"滇中赋政实况以及滇省地方疾苦"，向财、粮两部予以详细汇报，这也可以认为是代滇省说项，而且效果颇好，"当局已极了解"。在 6 月 18 日滇省田粮处得知财政部拟叙奖名单后，25 日，张培光代电孔祥熙等，对各县 2 月底前笼统上报的数字向财政部进行了补充汇报，"分县列表呈核"，并确认超过定额 3 万余市石。③ 对滇省田粮处详细补报的征收成绩，尤其是超额完成情况，财政部予以采信，并在张肩重"代为力争"下，"中枢……已将不奖不罚之前议注销，并立予以更改，将本省加入全国第一列叙奖"，决定奖给省主席二等云麾章，处长四等云麾章，副处长记大功，云南省县各级职员按照田赋征收奖惩办法发给奖金，以彰勋劳。④

财政部做出更改的原因，除了滇省的实际成绩及张肩重、张培光等人的努力争取外，还应与 1943 年粮政变化及其他事情有关。一是财政部欲

① 粮食部编印《粮食部报告》（1943 年），1944，第 2 页。

② 《粮食部报告》（1943 年），第 2 页。

③ 《张肩重为减免滇省三十二年征额与张培光往来函》（1943 年 6~9 月），《抗战时期的云南——档案史料汇编》（下），第 937~939 页。

④ 《石天渠等陈报滇省三十一年田赋征收受奖经过及请求核减三十二年田赋征额与陆崇仁等往来函》（1943 年 6~7 月），《抗战时期的云南——档案史料汇编》（下），第 935 页。

借四川改征购为征借的时机，希望更多省份能够紧随川省步伐，"改用征借办法"，以减少法币支出，减轻国库负担，当然这也意味着财政部压力的减轻。二是云南省 1943 年度的征额将增至 450 万市石，比上一年度增加 50 万市石。① 三是云南省发生了粮食囤积弊案。从表面看，这三件事情中的前两件关联性很大，而与第三件几无关系，但它们都与"粮食"，进而与"利益"相关。关于这一点，将在本书第五章第四节予以论述，此处不赘。

与云南省叙奖中所谓的"误会"不同，福建省粮政局及四川省粮政机构年终考核中的舞弊事件却是不折不扣地存在的。据福建省粮政局科员陆元鼎 1942 年 3 月 11 日向福建省政府秘书处第一科签呈反映，该局书记室办事员吴宝华从文书股股长孙宝桢手中拿到考绩表后，"即将自己考绩表先填九十分以上，加薪四级，后改为三级"，且凡与吴"有感情者，亦享吴办事员之福，均在八十分以上，加薪一级至三级"，如雇员林孝慈、刘冠英，其他人员则填具 50 分以下，列为不及格，如雇员卓幼卿，身为科员的陆元鼎也被列为不及格。对于这一结果，陆极为不忿地反诘："未识吴办事员成绩特优，学力特长，年终考绩在九十分以上，加薪三级，有何根据？"对比自己，"职有何劣点，考核仅在五十分以下，列为不能及格？"陆声称，假使自己"能力学识太差，平日办事不力"，或存在吴所评价的"品行不良"，但这些缺点"并未见本局主管长官明令申诫或惩处"。不但如此，据陆反映，吴办事员还涂改其他科室考核人员结果，如科员马幼峰、赵培之等。陆认为，此次考绩显然"逆乎公理"，"背乎人情"。收到陆的密报后，闽省政府派专人至粮政局，以"明真相"。②

4 月 13 日，粮政局致函省政府秘书处，称吴在该局秘书室文书股职司督缮，历有年余，"平日服务，尚见认真"，与雇员朝夕相处，不但对雇员的情形较为了解，而且对雇员工作勤惰、工作能力有深切认识，而孙

---

① 《石天渠等陈报滇省三十一年田赋征收受奖经过及请求核减三十二年田赋征额与陆崇仁等往来函》（1943 年 6~7 月），《抗战时期的云南——档案史料汇编》（下），第 935~936 页。

② 《福建省政府关于粮政局职员 1941 年年终成绩考核的指令》（1942 年 2 月），《福建省政府人事室档案》，档案号：0004-002-001224，第 55~94 页。

宝桢是在 1941 年底考绩工作开始后才到职的。粮政局解释说，他们对吴、孙二人的工作情况完全掌握。粮政局进一步说明，鉴于新近到差的孙宝桢对缮写雇员"个别认识未清"，如随便查填，有失公允，为昭郑重起见，1941 年的年终考绩程序是：先由秘书室将担任缮写雇员的考绩表中的"其他特点"一栏，交由吴宝华做初步填报，再由秘书室主管人员核实，最后由局长林学渊评定。事实上，考绩也是按照这一程序进行的。因此，在林局长看来，吴并未将各科室已考核人员考绩底册任意涂改，"实属无此情事"。至于陆所反映的吴办事员篡改拟进级数及加薪数额一事，虽为实情，但有两点须澄清：一是篡改者非吴本人，而均系秘书室复核时所更改；二是秘书室的修改，出于复核、报送时间急迫，遗漏了初核人、复核人本应加盖的名章。17 日，省政府秘书处对此做出表态："办事员吴宝华考绩册列加薪十五元，年功加薪册列考绩加薪一〇元，前后不符，且该员据报有涂改考绩表册嫌疑，经饬查在案。所拟加薪，应俟核查后再行核办。"[①] 在缺乏确凿证据的情况下，此事遂不了了之。

关于此事件的记载较为简略，举报人与"篡改者"各有说辞，从省政府秘书处的表态可以看出，秘书处虽然裁定吴有嫌疑，且比较倾向于对吴做出责罚，但这一惩罚却是非实质性的，"所拟加薪，应俟核查后再行核办"不过是托词而已。至于举报者陆元鼎，其一无所获，查案者对其也没有袒护，甚至没有采信陆的举报，这或许是查案者出于不愿扩大事态、遏制举报成风的考虑。

考绩舞弊不独福建省粮政局为然，其他各省市县粮政机构也是存在的，只是程度不同而已。如张肩重在 1944 年 1 月视察四川隆昌县赋政时，发现"该县为邀功起见，早于十一月即报扫解"，其实该县征借率至 1 月时才达九成。对此情况，省田粮处"未加考察，闻已对该县处记功嘉奖"。张在 30 日致财政部田赋管理委员会主任委员关吉玉的函中，称该县"诳报图功"，县田粮处副处长张道谐任职该处两年时间内，贪污所得

---

① 《福建省政府关于粮政局职员 1941 年年终成绩考核的指令》（1942 年 2 月），《福建省政府人事室档案》，档案号：0004-002-001224，第 55~94 页。

不下千万元之多。① 两年时间内贪污超过千万元或许有夸大的成分，但各地粮食征收、叙奖等方面的腐败问题却是毋庸置疑的。

再如仓库工程管理处、川储局人员考核，乱象亦属不少。在仓库工程管理处 1942 年度年终考核人员中，连同副处长胡汉文共 25 人，在考成结果清册中，被粮食部认定为"不合"者 9 人，也就是说，该处所做出的奖惩结论中，有三分之一强的人是被"超标"叙奖的。如顾群、马昌绣，二人原为工务员，分别于 1941 年 8 月 20 日、10 月 25 日到职，在 1942 年工作中因"熟练尽职"，考核时均"加薪一级，提升为帮工程师"。但粮食部在审核时，发现二人"改任现职，已予加薪，至年终计资不满一年，应由该处嘉奖，原拟予加薪，不合"。② 因材料所限，我们尚不清楚上述 9 人被"超标"叙奖是什么原因，但这一比例确实是非常高的。对于此类人员，粮食部的态度是非常明确的，除"下届考成，凡未据呈报有案人员，不予审核"外，并责令该处予以改正，"各予降一级、减俸十元"。③

川储局考成问题发生在 1944 年上半年，此次考核对象共计 251 人，分为处长及处长以下职员与雇员两大类，前者共计 206 人，后者为 45 人。川储局考成暴露出的主要问题如下。一是未将不予考核人员剔除。根据考

---

① 《张肩重陈述视察四川隆昌县赋政情形致关吉玉函》，《中华民国工商税收史料选编》第 5 辑《地方税及其他税捐》，第 2332~2334 页。据财政部档案资料，先后有下列人员及团体对张道谐提出控告：1942 年 10 月，隆昌县居民张质彬等 21 人；1944 年 2 月，隆昌县居民余辉垣等 10 人，隆昌县田赋管理处被"妄裁"人员；1944 年 3 月，余辉垣等 11 人，隆昌县西南、中城、东北三镇镇民代表会，隆昌县临时参议会暨各法团机关［包括副议长、青年团四川支团隆昌团务筹备主任、农会干事长、总工会干事长、教育会干事长、商会干事长、中城镇镇民代表会主席、东北镇镇民代表会主席、西南镇镇民代表会主席及士绅（5 人）］，隆昌县征收处催警（5 人）；1944 年 9 月，隆昌县临时参议会暨各法团机关［包括议长、副议长、参议员（5 人）、国民党隆昌县党部书记、青年团四川支团隆昌团务筹备主任、农会理事长、工会理事长、商会理事长、教育会理事长、妇女会理事长、士绅（5 人）］。在上述控诉中，余辉垣等人对张道谐提出的控诉达 14 项，隆昌县田赋管理处被"妄裁"人员的控诉有 12 项，均"可查""可质"。参见《张道谐案》，《粮食部档案》，档案号：119-030000-0056。另据记载，张道谐系国民党中央委员、海外部部长张道藩胞弟。参见政协贵州省织金县委员会文史资料研究委员会编印《织金文史资料选编》第 1 辑，1985，第 38 页。
② 《仓库工程管理处三十一年度考成案》（1942 年~1943 年），《粮食部档案》，档案号：119-010200-0216，第 7、55 页。
③ 《仓库工程管理处三十一年度考成案》（1942 年~1943 年），《粮食部档案》，档案号：119-010200-0216，第 80~81 页。

核规定，不同类别的考核人员应分开考核，不能混在一起。而川储局却将履职未满半年者及"未经核准"的额外人员，笼统列入上报表册，并做出了奖惩评价。二是评语敷衍、加薪以少报多、晋级不规范。据该局1944年上半年考核材料，列入上报表册的206名职员中，给予不同种类与级别的奖励、晋级、加薪者达173人，占总数的84%，仅有33人不予奖惩；获得奖励、晋级、加薪的雇员为38人，占比也是84%。这两项占比均高于规定的数值。在获得嘉奖的职员中，川储局在"确实事迹"一栏中的评语多为"工作繁重，处理迅速""治事平正""治事审慎""性情爽直，文字通顺"之类，雇员则多是"工作努力""工作勤能"等语，不但敷衍了事，而且与"确实事迹"不相符合、多有重复。对于此类情况，粮食部在认定考核结果时，则会根据考绩暂行条例及人员信息，对上报表册予以调整。如在川储局上报表册名单中，对1942年9月担任视察一职的朱瑞熙的评语是"工作情绪不甚热情"，"拟不予奖惩"。粮食部审核时，根据其分数，"准照规定晋一级，加薪二〇元，月支三八〇元。原拟不予奖惩不合"。汤作义职务为该局稽核，1943年1月到职，此次考核时该局认为其"胜任职务"，"拟晋一级，加薪二〇元，月支三六〇元"，而粮食部在审核时发现"该员原支薪三〇〇元，表列三四〇元，不符。此次考成，准照规定晋二级，加薪四〇元，月支三四〇元"，显示出对下属机构较为严格的一面。同时，对于不予考成人员，则从表册中剔除。①

此外，各机关上报的考核材料不无值得商榷之处，甚至迟迟未报。1943年1月30日，仓库工程管理处上报的1942年年终考核材料中，被考核人员原来职务、所支薪额漏报，粮食部5月6日责令该处重新上报。陪都民食供应处上报材料中，"所列各员奖惩栏，均未拟填"，粮食部只能

---

① 《储运局职员三十三年度上半年考成案》（1944年），《粮食部档案》，档案号：119-010200-0428，第1~35页。粮食部下属机关中不予考成人员，均由粮食部发还清单，如陪都民食供应处及其所属仓站、四川第二民食供应处等。参见《仓库工程管理处三十一年度考成案》（1942年~1943年），《粮食部档案》，档案号：119-010200-0216，第57~77页。雇员考成加薪的规定，参见《雇员支薪考成规则》。根据《雇员支薪考成规则》第5条第2项规定，"一等人员（八十分以上者）不得超过参加考成雇员人数二分之一"，川储局84%的比例明显是高于规定的。参见《三十三年度本司职员考绩考成卷》，《粮食部档案》，档案号：119-010200-0008，第7~8页。

根据考成分数分别核定奖惩情况，而且"该处及所属仓站现有人员，未据按月呈报，上年所报一部分人员，亦均与案内各员现状不符"。四川第一民供处迟至 1943 年 5 月 26 日仍未将 1942 年度年终考核材料上报粮食部，而其他机关如仓库工程管理处、四川第二民供处、川储局及陪都民供处此时已完成了该年度的考核。①

粮食部所属机构、人员众多，粮政工作环节复杂，而且十分讲究成效及时效，必须对各类人员及其工作实绩进行考核。从成立之初的无暇兼顾到渐上正轨后的切实考成，粮食部以"粮"为中心，将各项考绩、叙奖逐一落实，尽管其间不无争议、误会、弊端及各方利益博弈，但总体来看，考绩较好地配合了粮政的推行。

小　结

粮食部的成立是"中央为提高粮食行政职权"的必然要求与结果，②标志着中央层级粮食管理机构的进一步强化，这虽然是国民政府在全面抗战爆发后的第四个年头设立的第二个专门粮食管理机构，但与全国粮管局相比，粮食部更具优势。

在全国粮管局成立前，"现在与粮政有关的机构，有的属于财政部，有的属于地政署，有的属于军事机关"，既混乱、权责不清，又易导致政出多门、无法统筹的弊病，致使粮食管理几无效率可言。因未设立中央层级的专门粮食管理机关，各省有关田赋征收事宜的文件，大多报送内政、财政两部备案。如 1940 年 5 月 28 日，陕西省政府制定的《陕西省各县征收田赋章程案》，在省政府委员会第 198 次会议决议通过后，"咨内政、

---

① 《仓库工程管理处三十一年度考成案》（1942 年~1943 年），《粮食部档案》，档案号：119-010200-0216，第 37、46 页。据载，粮食部延误咨送平时考核记录表的情况相当普遍，1942 年 3 月 22 日，铨叙部致函粮食部，谓"三十一年度已过去三月，贵部所属公务员以往各月纪录表尚未准送部……迅将三月以前各月纪录表汇送至部，嗣后应请按月送达，以便查核，并请饬属遵照为荷"。参见《人事司》（1942 年），《粮食部档案》，档案号：119-010200-0001，第 82 页。
② 中国国民党中央执行委员会训练委员会编印《中国国民党政纲政策与实施概况》，1945，第 150 页。

财政部备案"。① 全国粮管局成立后，这一局面有所改善，但权力较小的全国粮管局在粮食危机日益严重时，其"从容不迫"、主要着眼于一省的举措未能取得立竿见影的效果，无法在短时期内有效缓解粮食危机，其很快被裁撤实属必然。如果说设立全国粮管局是国民政府统筹全国粮食管理的初步尝试，那设立粮食部则是从初步尝试中吸取经验教训后的必然选择，其目标则是解决粮食危机。"嗣政府方面因粮食问题的适当解决，为安定后方极重要的事情，乃于行政院下设粮食部以专责成。从此通盘筹划，切实推行，或可得适当的解决。"② 因此，粮食部成立后面临的最大问题仍是粮食能否及时足额供应问题。为了实现军粮民食按时足额供应，粮食部在短期内构建起了从中央到地方的立体粮政机构，各省分级分类粮政机构先后建立，也彰显了粮食部解决粮食问题的决心。

　　徐堪正式就任前于 6 月 23 日制订《粮食部施政计划大纲》进呈蒋介石。在大纲中，徐堪吐露自己"劳心焦虑，寝食俱废，辗转筹划"，"内察军食民食严重急迫之情形，外察准备粗疏心理分歧之真相，深觉折冲至当切实可行办法之难寻求"。从当时粮食问题的严重、处理粮食问题责任的重大及蒋介石属望的深切而言，徐的这番言辞并非虚语，确是徐心迹的自然流露。

　　粮食部的成立，对于划一粮食管理事权很有助益。1939 年 12 月，当广东省政府主席李汉魂及第四战区东江指挥官、第九集团军总司令吴奇伟提请该省禁酿时，军委会予以核准。但根据行政院 1938 年 3 月的规定，此类事务须先由粮食管理委员会调查，复与内政、财政、经济三部咨商，再转呈军委会核准，方得实行。而军委会核准后并未知照行政院，蒋介石遂以行政院院长名义致函军委会，谓"贵会核准此类案件，应请随时电知本院备查"。③ 这一事件至少说明三个问题。一是关于粮食禁酿事项，须经过粮食管理委员会、内政部、财政部、经济部、军委会 5 个部门

① 《陕西省各县征收田赋章程案》（1941 年），《行政院档案》，档案号：014-040201-0110，第 8 页。
② 孙本文：《现代中国社会问题》第 3 册《农村问题》，商务印书馆，1947，第 178 页。
③ 《粮食节约消费办法（六）》（1938 年~1945 年），《行政院档案》，档案号：014-040505-0028，第 32~45 页。

才能最终确定，如各部门之间不能及时互通声气，其办事效率难免大打折扣。二是手续较为繁杂，从调查到转呈，再到多个部门核准，最后函达军委会，军委会定夺后再分令内政、财政两部及粤省政府，需时较长，就此事件言，从 1939 年 12 月提出到 1940 年 4 月真正在连县、曲江、合浦及东江各县施行，长达 4 个多月，殊嫌过久，乃至贻误时机。三是极有必要设立中央层级的专门粮食管理机构，以专责成。国民政府处理此事虽较谨慎，前后函电往来反复沟通，但终究缺乏专门机构的前期研究与判断，以致无法及时做出裁断。可见，设立专门机构迫在眉睫。

全国粮管局成立后，其多数做法仍不得不尊重地方政府意见，这一点在 1941 年 2 月的一个事项中也得到了佐证。这一事项即为西康、四川省政府所提禁止以粮食酿酒熬糖，重庆卫戍区总动员委员会建议严禁以食粮酿酒熬糖，余汉谋、李汉魂所提禁绝粤省酒类酿造、运输、贩卖、宴饮，重庆市参议会建议禁止烧熬、劝戒饮酒。关于用粮食熬糖，1941 年 2 月 18 日，全国粮管局将西康省政府 1940 年 11 月制定的《西康省粮食管理计划》上报行政院，21 日，针对管理计划中有关禁止酿酒、熬糖的条款，蒋指令"咨报内政、财政、经济、农林四部，转呈核准施行"，这与后来粮食部成立后仅报送财、粮两部的情况殊有差别。①2 月 25 日，行政院召集各部在讨论四川省政府、重庆卫戍区总动员委员会、重庆市参议会等所提相关议案时，各部意见颇不一致。财政部主张同时禁止，而经济、农林、内政三部认为用粮食熬糖"用量甚微"，故而"似无禁止必要"。② 全国粮管局作为比较弱势的粮政部门，政令不出川省，以致演成粮食危机。及至粮食危机日益严重，国民政府果断调整机构，成立粮食部。粮食部的成立"使正苦于粮价飞涨恐慌的人们听到，真有望梅止渴之感了"，③ 当时有报刊即以《民食军糈无虞，粮食部成

---

① 《省市粮食管理办法（二）》（1941 年~1946 年），《行政院档案》，档案号：014-040504-0018，第 25 页。

② 《粮食节约消费办法（六）》（1938 年~1945 年），《行政院档案》，档案号：014-040505-0028，第 78~91 页。

③ 一之：《周末笔谈：粮食部成立》，《大众生活》新 3 号，1941 年 5 月 31 日，第 50 页。

立》为标题，对该部的成立颇为推崇。[①] 粮食部建章立制、整合人员，彰显铁腕治粮的思路，管理成效日渐凸显。

粮食部成立后，各项管理迅速走上正轨，办事效率提高不少。1941年10月9日，浙江省政府主席黄绍竑将《浙江省违反粮食管理处罚暂行规则》呈送行政院，请求鉴核备案。18日，行政院将之下发粮食部核复。11月22日，粮食部回复行政院，称1941年7月26日第三战区司令长官顾祝同已电请指定浙、闽、皖、苏等地作为《非常时期违反粮食管理治罪暂行条例》实施区域，国民政府业已核准，浙江省已在指定区域行列，浙江省此次所订暂行规则即无施行必要。12月1日，行政院回复粮食部，同意粮食部意见。5日，行政院致电浙江省政府，亦表达了相同意见，此事即告一段落。[②] 对比两件事，前者的处理历时近140日，后者不到两个月；前者涉及广东省政府、第四战区司令长官部、粮食管理委员会、内政部、财政部、经济部、军委会7个部门，后者仅有浙江省政府、粮食部、行政院3个部门，电文、函件亦仅在此3个部门之间传递，效率高是情理中的。此两件事的处理效率高下立判，根本原因是粮食部成立后，管理粮食的职权更为集中统一。就田赋征实而言，时人曾有如下评论："田赋征实者，第一，可无偿取得巨量粮食，军糈民食可赖以供应无缺；第二，征实变价后可增加巨额国库收入，战时财力可因以增强；第三，征实后购粮用款，可缩减至最小限度；第四，征实后可利用征获余粮平价出售，战时粮价物价可赖以平衡。总之，田赋征实，诚为我国战时财政划时代之创举，其关于抗建前途，至深且巨也。"[③] 这一评论从侧面反映了粮食部推动此政策的贡献。

不过，人们对于粮食部的成立，"还不敢寄太大的奢望"，因为人们所希望的是政府真能平抑粮价，吃到便宜米，"粮食问题的解决似乎也不

---

① 徐世勋：《民食军糈无虞，粮食部成立》，《时论月刊》第1卷第4期，1941年8月15日，第2页。

② 《省市粮食管理办法（一）》（1940年~1948年），《行政院档案》，档案号：014-040504-0017，第25~30页。

③ 宋同福：《田赋征实概论》，中央银行经济研究处，1942，"自序"，第8~9页。

是多添一个'部'，多设一批粮食'老爷'，便可以了之的"，① 事实证明，人们的担心不无道理。作为新设机构，粮食部在成立初期的一些做法值得商榷，如其制定的《省粮政局组织大纲》的严谨性就被多方质疑，并引发了农林部的"维权"，这一点前已述及。再如粮食部1941年7月初提请行政院所设粮政计划委员会，该会下设五组，其中第一组生产组职责为粮食生产数量增加、品种改良、生产工具改进、肥料制造改进、病虫害防治、农田水利改进、粮食加工制造及其他粮食生产有关事项，职掌事项均与农林部粮食增产委员会职责重合。② 可以说粮食部又一次侵犯了农林部的"权力界限"。亦需指出的是，行政院对粮食部的提议未能仔细审核，致使分属农、粮两部机构的部分职责重叠，亦应负相当责任。

---

① 一之：《周末笔谈：粮食部成立》，《大众生活》新3号，1941年5月31日，第50~51页。
② 《粮食部所属单位组织规程（二）》（1941年~1947年），《行政院档案》，档案号：014-040503-0003，第24~33页。

第三章
战后粮食部的机构变迁与人员变动

抗战胜利后，中国形势发生了极大的变化，除了中共控制的解放区及苏联红军暂时"接管"的东北地区，粮食部管辖的区域随着复员工作的展开，几乎扩展至全国大部分地区。这些地区既有原来的国统区，也有新近光复的收复区，而且两大区域情形不同，粮政机构所面对的各地粮情差异亦较大，必须因地制宜，制定并实施针对性强的粮政措施。"所有收复地区田赋粮政之设施以及各项田粮业务之接收处理，均属刻不容缓。"① 在田赋粮食领域，国民政府战后转变最大的莫过于田赋政策。9月初，国民政府颁布命令，豁免相关省份的田赋，后又采取分年免赋方式，江苏、南京等22个省市豁免1945年田赋一年，四川、重庆等后方11个省市亦豁免田赋一年，但分为1946年、1947年两年摊免。② 国民政府的田赋豁免政策对战后粮政产生了极大影响，粮食部战后政策调整、人员变动、工作计划等基本是在免赋框架下制定的，因此可以说，战后免赋政策是粮政领域影响最为巨大长远的政策。粮食部战后工作计划荦荦大端者包括三项内容：一是粮政机构调整，二是复员期间全国粮食供应调剂计划，三是收复地区民食救济计划。③ 国民政府机构改革与精简、国共双方的军事对

---

① 《粮政机构工作报告案（一）》（1942年~1947年），《行政院档案》，档案号：014-040501-0001，第31页。

② 俞飞鹏：《历年来之粮政措施——三十七年四月十三日在首届国民大会报告词》，《粮政季刊》第8期，1948年3月，第1页。

③ 秦孝仪主编《中华民国重要史料初编——抗日战争时期》第7编《战后中国》（4），第374页。抗战胜利初期，原国统区与收复区的粮食需求呈现两种态势，前者因"各机关、学校已部分还都，需量顿减"，重庆市田粮处1945年底甚至出现"所储之粮存放数月，间已霉变"的情况，而收复区则是需求急剧上升。参见《重庆处标售霉粮》（1946年~1947年），《粮食部档案》，档案号：119-040201-0284，第6页。

抗、国际粮食市场变动等因素也不同程度地影响了粮食部机构的变迁、人员变动，甚至导致其最终被裁撤。

第一节　田赋政策调整与粮食危机再现

一　田赋政策调整

战时田赋征实政策的讨论与执行，开始较早。1939 年 10 月，曾任浙江省政府委员兼财政厅厅长、对国民经济及粮食问题有所研究的徐青甫即提出"田赋改征实物"，"购不如征"，并拟具了较为详细的征收建议与措施，呈奉国民政府。与此同时，中山大学教授黄元彬、粮食部部长徐堪亦有相似方案。① 蒋介石命令侍从室将徐青甫所提"粮食问题之研究"方案与黄、徐二人的方案一道研究，"综合其长短利弊"，以供战时经济政策之参考，② 上述方案为战时粮政提供了新的思路。

田赋真正实行征收实物，以山西、福建两省为最早。1940 年春，山西省实行田赋征实，以解决军队粮食供应问题。据统计，当年共征得粮食实物 30 万石，另有棉花 10 万斤、棉布 400 斤，③ "推行结果，颇著成效"。④ 阎锡山曾言："田赋改征食粮，一方面是为解除人民评价购粮之苦痛，一方面是为解决军队吃饭问题之困难。过去评价购粮，粮价贵的地方，军队付价，不及市价十分之一；贱的地方，市价亦比评价高过三倍四倍。所以军队集中的地方，人民受不了供给食粮的痛苦。安分者叫苦连天，不安分者逃赴敌区。今年驻军多的县份，土地多荒芜无人耕种，即系人民逃亡之故。至于军队，因评价强派食粮，人民不愿交出，

① 徐青甫：《粮食问题之研究》，1942，第 98~103 页；《赋税（二）》（1941 年），《蒋中正总统文物档案》，档案号：002-080109-00012-007，第 74~86 页。
② 《赋税（二）》（1941 年），《蒋中正总统文物档案》，档案号：002-080109-00012-007，第 74~98 页。
③ 闻汝贤、闻亦博编著《中国现行粮政概论》，第 48 页；宋同福：《田赋征收实物之缘起与其意义》，《四川田赋改制专刊》，第 59 页；《全国粮食会议报告》，第 46 页。
④ 陈友三、陈思德编著《田赋征实制度》，第 2~3 页。

有沿门搜索甚至跪地哀求，而不得升合者，有以半数士兵出去发动食粮，而空手返回者，纷纷请求，要粮饷划分。我一方面为解决人民逃亡之危机，一方面为解决军队吃饭的困难，才决定停止评价购粮，实行田赋改征食粮，供给军食。"①1940 年 6 月 1 日，阎锡山在日记中记道："实行田赋改征食粮，是减轻人民负担，解除军队困难，巩固长期抗战的唯一方法。"②

抗战全面爆发后，福建省粮食供应短缺现象严重，政府实行划区供应、限价及取缔囤积居奇等原则与办法，以图缓解此问题。③ 鉴于此前田赋征收采用计亩从量方式，与米价"早已相去悬绝，若不设法改正，无异大减税率"，欲谋田赋调整，"非予改纳米谷"。1940 年春，闽省政府鉴于该省粮食供需脱节、财政收支失衡，"筹议了一种对策"，决定从该年下忙起改征实物。④ "各地日有倡议，而实行则福建先于他省。"⑤ 闽省政府制定《福建省田赋改定征收实物米折标准办法》及其施行细则，并于 1940 年 10 月 1 日开始实行，行政院会议亦对该办法予以通过备案。晋、闽两省的做法反映了地方政府对粮食问题的敏感性，虽均出于无奈，却是当时解决军粮民食供应这一实际问题的有效治标手段。相较而言，中央政府的反应却较为迟钝。

1940 年 7 月 28 日，行政院颁布《本年度秋收后军粮民食统筹办法》，这是田赋征实最早的中央文件，但并未强制实行，而是提出两种办法，即田赋是否改征实物及酌量增加折征成数，两种办法究竟采取哪一种更为简捷、易于推行，由各地方政府及征收机关决定。11 月，孔祥熙向行政院提出《为救济军粮民食，平均民众负担起见，拟请准各省田赋酌征实物，

---

① 参见宋同福《田赋征实概论》，第 131 页。该书出版后，反响较大，平准基金委员会认为其"内容丰富，本会亟欲参考"，并致函中央银行经济研究处函购 3 册。参见中央银行经济研究处、中央银行平准基金委员会《关于寄送中央银行经济研究处出版之田赋征实概论的函》（1943 年 1 月 19 日），重庆市档案馆藏，《中央银行档案》，档案号：02820 001000190000031000，第 31 页。

② 《阎锡山日记（1931~1950）》，九州出版社，2011，第 201 页。

③ 包可永：《本省粮食问题及其对策——二十九年三月二十五日在省政府总理纪念周报告》，《闽政月刊》第 6 卷第 2 期，1940 年 4 月 30 日，第 41~42 页。

④ 《福建之田粮》，第 10 页。

⑤ 《闽省田赋改征实物》，《银行通讯》第 1 卷第 26~27 期合刊，1940 年 12 月 15 日，第 27 页。

其征率专案核定案》，这一方案为后来实行田赋征实提供了政策依据。11 月 13 日，行政院通过《田赋改征实物案》，规定各省田赋"酌征实物"，主要目的在调剂军粮民食及平衡人民负担。

1941 年 2 月，蒋得知浙江省政府主席黄绍竑决定在浙省实行田赋改征实物时，首先肯定这一做法，认为"在财政上已大有裨补"，但要注意 1937 年前后赋额折征标准计算，并兼顾政府收入与人民负担相平衡的原则。① 3 月 29 日，国民政府公布《田赋改征实物暂行通则》，规定田赋改征省份，应自即日起，尽量征收实物，各省征得的粮食，应尽先充作军粮。

与田赋征实同时实施的还有军粮征购。征购，顾名思义是用货币强制向农民购买粮食，"含有半征半购之意""寓有平价征用之意"。② 征购政策早在全国粮管局时期即已提出，1940 年 9 月 23 日，卢作孚在呈送行政院的《四川粮食管理局征购军民粮食暂行办法大纲》"总则"中提出，"为供给军糈调节民食之需要，在各县征购粮食，特制订本大纲"，征购地区主要在四川省谷米供给市场各县，斟酌其供给能力，分配征购数量。③ 粮食部在筹备期间，即计划将今后一年所需军粮在秋收后一次准备充足。依照军政部计算，全年军粮需麦 700 万大包、米 900 万大包，④ 这一数量可称巨量，而且还有可能增加，必须未雨绸缪，以期供应无缺。徐堪在 6 月 25 日呈文蒋介石，提出"现在田赋改征实物案虽经财政会议通过，堪一再筹维，似应仍照原定计划，两法兼采，同时并进……所以本年度仍主张兼采定价征购办法"。⑤ 征购政策实施后，成效亦属良好，有效地解决了军粮供应问题。

然而，"征购所需货币供应不继"。⑥ 1942 年，财政部与四川省政府

---

① 蔡盛琦编辑《蒋中正总统档案：事略稿本》（45），台北，"国史馆"，2010，第 508 页。
② 徐堪讲《最近之粮政》，1942，第 7、10 页；徐堪：《粮食问题》（1942 年 2 月在中央训练团讲），《徐可亭先生文存》，第 113~114 页。
③ 《省市粮食管理办法（一）》（1940 年~1948 年），《行政院档案》，档案号：014-040504-0017，第 51 页。
④ 《粮食部三十年度工作检讨报告》，第 15 页。
⑤ 《粮政（一）》（1941 年 6 月 25 日~1946 年 8 月 17 日），《国民政府档案》，档案号：001-087000-00001-001，第 45 页。
⑥ 《徐可亭先生文存》，第 187 页。

商议，四川省改征购为征借，全部发给粮食库券，不再搭付现金，"此种急公尚义之精神，实开数年来征购粮食之创例"，财政部特令嘉奖，并分电各省政府与省参议会应视之为楷模。[①] 尔后，广东、云南等省亦相继仿行，尽管广东征借政策的实行系出自蒋的授意，[②] 云南为央地博弈的结果（详见第五章第四节）。粮食征借毫无疑问大大增加了粮户的负担，被各方诟病，但不可否认的是，在全面抗战的特殊背景下，征借政策也为粮食部征收粮食发挥了一定作用。

表 3-1　1941~1945 年度国民政府田赋征实、征购、征借所得实物数量统计

单位：百万市石

年度	征实		征购		征借		谷麦分计		合计
	谷	麦	谷	麦	谷	麦	谷	麦	
1941~1942	25.6	—	30.6	—	—	—	56.2	—	56.2
1942~1943	27.0	7.7	26.5	4.4	—	—	53.5	12.1	65.6
1943~1944	28.8	7.2	11.0	2.0	13.8	2.5	53.6	11.7	65.3
1944~1945	23.2	6.2	—	—	24.4	4.0	47.6	10.2	57.8
总计	104.6	21.1	68.1	6.4	38.2	6.5	210.9	34.0	244.9

资料来源：杨荫溥《民国财政史》，中国财政经济出版社，1985，第 119 页。

从表 3-1 可以看出，在 1941 年至 1945 年期间，从征实、征购到征借，4 年内国民政府总计实收谷麦 2.449 亿市石，每年达 6000 万市石以上。[③] 尽管田赋征实政策具有浓厚的"经济复古"色彩，[④] 却是

---

① 《粮食部 1944 年度工作计划（附预概算及委购军粮价款表）》（1944 年 6 月），《中央设计局档案》，档案号：一七一-1471，第 100 页；《广东省府随赋征购粮食自三十二年起改为征借全数发给粮食库券》（1943 年），《行政院档案》，档案号：014-040504-0245，第 13 页；行政院编印《行政院工作报告》（1943 年），"粮食"第 9 页。

② 《广东省府随赋征购粮食自三十二年起改为征借全数发给粮食库券》（1943 年），《行政院档案》，档案号：014-040504-0245，第 30 页。

③ 另据学者研究，战时全国田赋征实共征得稻谷 110489332 市石、小麦 26100956 市石，征购稻谷 51317816 市石、小麦 12716580 市石，征借稻谷 51514625 市石、小麦 7974750 市石，以上"三征"总计稻谷为 213321773 市石、小麦 46792286 市石，谷麦合计高达 260114059 市石。其中征实所得占比为 52.5%，征购为 24.5%，征借为 23%。参见蒋永敬《孔祥熙与战时财政——法币政策与田赋征实》，《近代中国》第 51 期，1986 年。

④ 陈红民：《抗战时期国共两党动员能力之比较》，《二十一世纪》第 1 期，1996 年。

"解决今天中国战时粮食问题的一条仅有的必由的路"。① 毋庸置疑，战时征实、征购、征借无疑加重了农民负担，但在一定程度上有助于解决抗战时期中国军队的军粮供应问题，也有助于维持公教团体甚至贫民、难民的生活。

抗战胜利后，全国政治形势发生根本变化，一方面，国民政府统治区域大大扩展，从国统区扩展至收复区；另一方面，粮食部面对的粮政局面更为复杂，尤其是收复区各省市县粮政机构有待建立健全，农业生产遭受重创，各级粮政人员亟待补充，敌伪遗留的粮食及粮食产业需要接收处理等。与此同时，历经8年艰苦卓绝的全面抗战，特别是1941年以来实施的粮食"三征"，广大粮户承担了大量的粮食缴纳任务，民力疲敝，战后粮政亦需大幅度调整，其中最大的调整是豁免田赋。

1945年9月3日，抗战取得胜利未久，国民政府颁布《国民政府豁免田赋令》："惟念军兴以来，土地多被蹂躏，生命惨遭残杀，财产横受损失，乃至将士赴义之烈，民众负荷之重，沦陷区域人民压迫之苦，痛定思痛，言之恻然。兹特明令，凡我曾经陷敌各省，应即予豁免本年度田赋一年，其他后方各省，为今年军糈民食所赖，准俟明年亦予豁免。"② 即不同地区采取分年免赋方式，湘、赣、鄂、浙、皖、粤、桂、晋、绥、豫10个省，"三十四年度田赋征实、征借及带征公粮一律全部豁免，由各该省政府立即布告通知"。苏、冀、鲁、察、热、台，加上东北9个省，共计15个省，与南京、上海、青岛、北平、天津五市，原未由中央征粮，1945年亦豁免田赋一年。③ "政府首颁免赋之令，群情欢忭。"④ 从豁免田赋令可以看出，1945年田赋的豁免广度与力度是非常大的，省市既多，豁免内容也较广泛，包括田赋征实、征借、公粮，因之被豁免的粮食数量

---

① 甘绩丕：《论田赋征实》，《四川田赋改制专刊》，第39页。
② 《财政年鉴三编》，第十三篇第16页；《国民政府豁免田赋令》，《农业推广通讯》第7卷第9期，1945年9月，第45页。
③ 徐堪：《四年来之我国粮政——民国三十五年元旦献辞》，《粮政季刊》第2~3期合刊，1945年12月，第1~7页。
④ 《粮食部成立与裁并》（1941年6月9日~1947年7月7日），《行政院档案》，档案号：014-040503-0001，第29页。

亦属不少。

那么，《国民政府豁免田赋令》所规定豁免田赋的湘、赣、鄂、浙、皖、粤、桂、晋、绥、豫十省，战时每年为国家提供了多少粮食呢？根据《中华年鉴》统计，全国各省1941年度至1944年度征实、征购、征借粮食数额，以及免赋十省被征收的粮食数额，如表3-2所示。

表3-2　战后免赋十省1941~1944年度田赋征实、征购、征借数量统计

单位：市石，%

省份	粮食种类	1941年度	1942年度	1943年度	1944年度
浙江	谷	1477069	1982676	2789201	2448581
安徽	谷	1039774	1543981	2468555	1755550
	麦	—	1543981	610135	674021
江西	谷	1771847	6364627	8542147	5703885
湖北	谷	742037	1941823	1986508	1534385
湖南	谷	2496038	10622433	7674834	4703981
河南	麦	1108017	2451400	3012513	1474608
广东	谷	1441529	1952542	2271847	1525803
广西	谷	1363979	3058771	3051181	982270
绥远	麦	65329	514286	500319	250007
山西	麦	228821	600749	357183	400000
十省谷麦合计		11734440	32577269	33264423	21453091
全国征收谷麦总计		24128777	67698316	65197838	57900027
十省占全国比例		48.63	48.12	51.02	37.05

原表注：1941年度北方各省原收起为谷，本表为统计方便起见，经按每谷1市石折合小麦7斗之折合率折成小麦计算。

引者注：（1）河北、台湾、东北各省、察哈尔、热河、南京、上海、北平、天津、青岛等省市在此期间均未征粮，故未列入；（2）"全国征收谷麦总计""十省占全国比例"两栏系引者所加。

资料来源：中华年鉴社编《中华年鉴》下册，中华书局，1948，第1340页。

从表3-2可以看出，免赋十省在1941年度至1943年度提供的粮食占1945年全国粮食总量的一半左右，1944年度占三分之一强，4年平均为46.21%，为战时军公民粮输送了将近一半的粮食。需要说明的是，江苏本为赋粮奥区，但因沦陷，战时所能供应的粮食极为有限。这也就意味着，如果按照战时征实、征购、征借标准，战后实施免赋政策，则国民政府所掌握的粮食来源将减少近一半。这一数据与军政、粮食两部在1945

年 8 月所做的估算基本上是吻合的。

在日本宣布投降的第二天，陈诚、徐堪向蒋介石递交了一份关于 1945 年度军粮筹办及使用原则的签呈。在签呈中，陈、徐二人将此前拟订的 1945 年度军粮概况根据新的形势进行了补充说明，即日军虽已投降，但"经常粮补给人数一时既难减少，而俘虏、伪军及挺进军突增"，这些新增人员口粮亦须统筹补给。对此，陈、徐提出三个方面的建议：第一，现品部分。一是 1945 年度各地已按照最低需要配拨，数量自较往年为低，"拟仍暂维持各省原定配拨现品数额"；二是原配现品大部分留拨后方部队、机关、学校，剩余部分尽可能运至收复区，以减少就地购补数额。第二，委购部分。一是将 1945 年委购的大部分粮款移作进军收复区部队、伪军及俘虏购粮之用，以补购运不及的粮额；二是小部分粮款由军政、粮食部门掌握，"作为调剂各方军食不济时购补之需"。第三，进军收复区部队军粮筹办办法。一是先遣部队所需军粮，拟发予代金，由先遣部队自购；二是后续部队所需军粮，少部分利用原配粮及屯粮"追送补给"，大部分由军政、粮食两部组织相应机构随军采购补给。当日，陈、徐及财政部部长俞鸿钧 3 人联名呈文蒋介石，将 1945 年度各省区、战区军粮配拨数额详情呈送核示。① 1945 年度军粮筹配情况如表 3-3 所示。

从表 3-3 可以看出，1945 年部队人数较 1944 年减少 122 万人，相应军粮亦应减少，但军政、粮食两部却增加了"普通准备粮"与"特种准备粮"，二者均按 50 万人筹办，实际上仅减少部队 22 万人的军粮，军粮筹办人数仍高达 550 万人。尽管发放代金者达 80 万人，但实物更多，达 8012800 大包食米、3901000 大包小麦，而且一般而言所有代金届时均会用于购粮，因此，从总量而言，粮食部的军粮供应压力仍非常巨大。

根据军政、粮食两部编列的 1945 年度各省应该供应各省区、战区军粮情况，还可以将免赋省份所应承担军粮任务列表如 3-4，以便更清晰地呈现 10 个免赋省份的军粮供应状况。

---

① 《军粮配拨（一）》（1945 年~1947 年），《行政院档案》，档案号：014-040504-0045，第 18~19 页。

表 3-3　1945 年度军粮筹配情况

	人数（万人）		品种（大包）	全年应需粮额	配赋类别				粮款统计			筹配原则及理由
	类别	名额			征实现品	委购	代金（元）	款别	委购	代金（元）	合计	
经常粮（450万人）	部队	308	大米	9237300	7528300	1709000	—	米款	2563500	—	4081500	部队已整编者，照编列数计算；未整编者，核减三分之一。挺进部队照编列数平均核减三分之一。机关、学校照编列数平均核减三分之一。空军及工厂照编列数计算，伤病官兵照实有人数计算
	机关	50										
	学校	12										
	空军	15										
	工厂	12										
	伤病官兵	13	小麦	5046000	3781000	1265000	—	麦款	1518000	—		
	眷伙备粮	40										
普通准备粮（50万人）	现品 新疆	3	大米	1054500	484500	—	570000	米款	—	1335000	1335000	1944年度因无准备粮，一遇军事变迁，临时军粮拨款购买，匪惟呈请拨款不敷，误时，亦难补救。为免再蹈上年覆辙，故另请配拨 50 万人准备粮
	四川	3										
	浙江	3										
	皖南	3										
	江西	7										
	鄂东	1										
	代金 食米	20	小麦	520000	120000	—	400000	麦款	—			
	食麦	10										

续表

	人数（万人）		品种	全年应需粮额	配赋类别				粮款统计			筹配原则及理由
	类别	名额			征实现品	委购	代金（元）	款别	委购	代金（元）	合计	
特种准备粮（50万人）代金	食米	30	大米	855000	—	—	855000	米款	—	2242500	2242500	反攻开始后，伪军反正，各地民军响应者必多，为免临时补给发生恐慌，故预行呈请配拨50万人特种准备粮
	食麦	20	小麦	800000	—	—	800000	麦款				
总计		550	大米	11146800	8012800	1709000	1425000	米款	2563500	3577500	7659000	
			小麦	6366000	3901000	1265000	1200000	麦款	1518000	1200000		

原表注：（1）1945年度经常粮筹备人数较1944年度552万人计减少102万人，且上年度尚有青年军12万人，驻印军8万人尚未计算在内，故本年度人数实较上年度减缩122万人；（2）普通准备粮内，以20万人配现品（计新疆、四川、浙江、江西各3万人、皖南各3万人、鄂东1万人），30万人发代金（内以20万人配米，10万人配麦），20万人食麦计算，均系发代金；（3）特种准备粮以30万人食米，20万人食麦计算，均系发代金；（4）委购粮及代金均按米每大包15000元，麦12000元估计列。

引者注：（1）原表中的"包装材料"栏，现根据行文需要删去；（2）原表中"征实现品"栏下均有"田赋征实（不付款）"，现为简洁起见，统一删去；（3）原表中"大米""小麦"计量单位均为"万元"，"米款""麦款"计价单位均为"万元"，现为简洁起见，统一删去。

资料来源：《军粮配拨（一）》（1945年～1947年），《行政院档案》，档案号：014-040504-0045，第26页。

表3-4　1945年度免赋十省配拨各战区、省区军粮数量统计

配拨省份	战（省）区别	折现品		折合麦		战（省）区别	委购或代金		备考
		品种	大包数	品种	市石数		品种	大包数	
湖北	五战区	米	150000			五战区	米	100000	在鄂北委购
	五战区	麦	200000			五战区	米	127000	委购地点暂未定,将来由军粮计核会专案核定
	六战区	米	131000			六战区	米	50000	在鄂中委购
	六战区	麦	50000			六战区	麦	107000	委购地点暂未定,将来由军粮计核会专案核定
	十战区	米	32000						鄂省另加配十战区1万人普通准备粮,计米28500包,不在本表配粮之内
	小计	米	313000	合	877000	小计	米	384000	米照标准加5%折算
	小计	麦	250000	麦	357000				麦照标准折算
湖南	四方面军	米	750000			四方面军	米	100000	在湘西委购
	六战区	米	200000			四方面军	米	179000	委购地点暂未定,将来由军粮计核会专案核定
	九战区	米	254000			九战区	米	120000	在湘南委购
	小计	米	1204000	合	3211000	小计	米	399000	照标准折算
安徽	三战区	米	63000						皖省另加配三战区3万人普通准备粮,计米85500包,不在本表配粮之内
	十战区	米	289000			十战区	麦	100000	在皖北委购
	十战区	麦	221000						
	小计	米	352000	合	839000	小计	麦	100000	照标准折算
	小计	麦	221000	麦	316000				

续表

配拨省份	战(省)区别	折现品大包数品种	折现品大包数大包数	折合麦品种	折合麦市石数	战(省)区别	委购或代金品种	委购或代金大包数	备考
河南	一战区	麦	100000			一战区	麦	100000	在豫西委购
	十战区	麦	150000			五战区	麦	100000	豫麦15万包以内，以108000包运济院北；在豫西南委购
	十一战区	麦	180000			十一战区	麦	144000	豫配十一战区麦144000包系发给代金，由军政部办理
	小计	麦	430000	麦	614200	小计	麦	344000	
广西	二方面军	米	350000			二方面军	米	350000	在桂南委购
							米	277000	委购地点暂未定，将来由军粮计核会专案核定
	三方面军	米	150000			三方面军	米	128000	在桂北委购
							米	100000	委购地点暂未定，将来由军粮计核会专案核定
	小计	米	500000	谷	1467000	小计	米	855000	
广东	七战区	米	215000						照标准增加5%折算
	小计	米	215000	谷	573400				
浙江	三战区	米	102000						照标准折算
	小计	米	102000						浙省另加配三战区3万人普通准备粮，计米85500包，不在本表配粮之内
江西	三战区	米	398000	谷					照标准折算
	七战区	米	88000						赣省另加配三战区4万人普通准备粮，计米114000包，不在本表配粮之内

续表

配拨省份	战（省）区别	折现品大包数 品种	折现品大包数 大包数	折合各麦 品种	折合各麦 市石数	战（省）区别	委购或代金 品种	委购或代金 大包数	备考
江西	九战区	米	288000						赣米28000包内，以5万包运拨湘区；赣省另加配九战区3万人普通准备粮，计8500包，不在本表配粮准备之内；照标准折算
	小计	米	774000	谷	2064000				
绥远	十二战区	麦	140000			十二战区	麦	277000	在绥省委购
	小计	麦	140000	麦	200000	小计	麦	277000	
山西	二战区	麦	240000				麦	100000	在晋省委购
							麦	122000	委购地点暂未定，将来由军粮计核合专案核定
	小计	麦	240000	麦	343000	二战区	麦	222000	
免赋十省合计		米	3460000	麦	9031400	免赋十省合计	米	1709000	
		麦	1281000	麦	1830200		麦	943000	
全国总计		米	7528300	米	20542400	全国总计	米	1709000	外共另加配20万人普通准备粮，计米484500包，不在本表配粮之内
		麦	3781000	麦	5401600		麦	1265000	
免赋十省占全国比例		米	45.96%	谷	43.96%	免赋十省占	米	100%	
		麦	33.88%	麦	33.88%	全国比例	麦	74.55%	

原表注：（1）本表列配拨现品米7528300大包，可供2639800人之需；麦3781000大包，可供945000人之需，共计补给现品人数为3584800人。（2）另委购或代金米1709000大包，可供599120人之需；麦1265000大包，可供316080人之需，共计委购粮或代金人数为915200人。（3）本表所列各省麦每包折算市比率，系参照各省谷麦品质估列，各省麦加工成率均由粮食部另有专案，将来各省田粮机关对于交军粮之结报，仍照加工成率计算。

引者注：（1）根据行文需要，本表只截取了免赋十省的内容；（2）"免赋十省合计""免赋十省占全国比例"一栏系引者所加。

资料来源：《军粮配拨（一）》（1945年~1947年），《行政院档案》，档案号：014-040504-0045，第30~33页。

从表 3-4 可以看出，10 个免赋省份 1945 年度所应供应的军粮，总计米 3460000 大包、麦 1281000 大包，折合成赋额分别为 9031400 市石、1830200 市石，分别占全国军粮总额的 43.96% 和 33.88%。上述军粮虽系估计数值，但也反映出 10 个免赋省份战后在全国军粮中的比重委实不低，与战时不相上下。也就是说，如果上述 10 个省免赋后，国民政府理论上所能掌握的粮食实物将会减少 9031400 市石大米与 1830200 市石小麦。从军粮角度来讲，则会减少米 3460000 大包、麦 1281000 大包。

实际上，因灾请求减免征购粮额事项，战时即有不少县份提出，如 1942 年川东各县遭逢旱灾，巴县、江北、万县、合川"皆有次重旱灾"，涪陵、忠县"旱灾最重，全县估计平均仅二三成收获"，丰都灾情亦甚严重。征购粮食巡督高级人员何北衡在 11 月赴上述县份视察，丰都临时参议会参议长、商会主席、教育会常务干事等数十人联名呈文粮食部，提出减免征购粮额，或改为缴款代购。① 1944 年，青田、汤溪、遂安、临安、宁海等地迭遭旱虫灾害，汤溪被灾在七成五以上田地面积 80589 亩，遂安被灾在八成以上田地面积达 25015 亩。1945 年 6 月，浙江省民政厅、财政厅、田粮处先后将灾情逐一勘实后，呈报财、粮两部，请求减免全部或部分征额。② 从 1945 年下半年开始，已有多个省份因灾提出核减征额。据徐堪、俞鸿钧等人 8 月中旬向蒋介石反映，陕、甘、宁、绥、豫"入夏气候亢旱，麦收甚歉"，陕、甘两省"对于征额迭请核减"，提出同一请求的还有浙、赣、湘等省。另外，在收复地区复员初期，"当地征粮必须酌予减免，故三十四年度军粮之筹配，益较上年为艰"。③ 这也是战后初期粮食危机、军粮危机再现的原因之一。

二　粮食危机再现

日军宣布投降后，国民政府随即派遣部队进驻收复地区，以恢复并巩

---

① 《四川各县被县请减免案》（1942 年~1944 年），《粮食部档案》，档案号：119-040300-0082，第 10~11 页。

② 《浙江青田、遂安等县灾况免赋卷》（1945 年~1947 年），《粮食部档案》，档案号：119-020202-0161，第 1~44 页。

③ 《军粮配拨（一）》（1945 年~1947 年），《行政院档案》，档案号：014-040504-0045，第 20 页。

固收复地区秩序，加上国民党军队与中共军队争夺地盘，一时间收复区各省部队云集，"国军前进受降，继以'剿匪'绥靖，十之六七集结收复省区"。① 按照军政部与粮食部计划，向收复区推进的各部队，其在行进途中或到达收复区后 1 个月内所需粮食，"一律按实在人数、天数发给代金，交由各补给区司令及兵站转发各部队……随时随地购补"外，② 超出规定的粮食则需要收复区各省筹办。然而，1945 年 9 月豁免田赋政策颁行后，免赋省市主要集中在国民党军队所在的收复省区，收复区多与免赋省市重合，部队所需军粮陷入无粮可征可拨境地，因此，必须另谋他法，以解决军粮供应问题。

为了筹办军粮，受军政、粮食两部管辖的免赋省市军粮筹购委员会（简称"军筹会"）迅速成立。尽管军筹会在各省设立过程中或多或少存在问题，但这些问题相对容易解决，真正考验各省市军筹会的是如何购办所需军粮。正如徐堪所担心的："军队众多，需粮急迫，市场起落，商情变幻，强半出于人为，政府购粮既采自由方式，失去强制力量，自难达到目的。"徐的担心不无道理。揆诸全国粮管局时期，川省购办军粮时即采取价购方式，后果是军粮无法按时足量供应。粮食部成立后，实施军粮征购，各战区、省区军粮得以保证供应无缺。抗战胜利初期，执行收复任务的国民党军队抵达南京、上海、武汉时，亦采取商业方式，公开招商，由粮食业同业公会或商会、银行担保，订约承办军粮，但所订购粮契约往往因粮商借口治安不良、交通堵塞、粮价上涨等，不能按期交货或交不足额，订约双方多有诉诸法律、公诸舆论者，这不仅浪费时日，且无法获得圆满解决，徒费精力而无助于军粮购办。徐堪认为，依靠粮商自由采买，"不但商办购粮太不足恃，正当商人亦不愿冒险尝试"。尽管后来收复区尝试委托地方政府购办，但分配各县的做法或被指为摊派，或因购价高于市价而导致粮价步涨，粮款预算有限，且不能一次发足，银行汇兑无法及时到账，粮价差额更形拉大，以致出现"地方政府购粮不得，军事机关

---

① 《军粮配额及拨购（七）》（1946 年 3 月 22 日~1948 年 8 月 25 日），《国民政府档案》，档案号：001-087210-00008-007，第 96 页。

② 《军粮配额及拨购（八）》（1945 年 9 月 29 日~1947 年 7 月 19 日），《国民政府档案》，档案号：001-087210-00008-001，第 3 页。

要粮不继"的状况，甚至演变成"粮价愈高、购买愈难、需要愈急、居奇愈甚"的恶性循环。①

1946年3月1日至17日，国民党在重庆召开六届二中全会。此次会议是抗战胜利后国民党召开的首次重要会议，会议的主题是改进党务，"特着重于党务改进及政治革新之检讨"。② 除了党务与政治问题，此次会议对战后日益紧迫的军粮问题亦有详细讨论，并提出治本与治标两个方面的举措。治本方面，规定在复员期间、经济未恢复常态以前，军粮储备不能纯恃价购，以免形成粮荒；"田赋应暂行照旧征实"。治标方面，军粮数量必须复核确实，严格按照配额发放；日俘、日侨提前遣送回国，降低配给定量，搭发杂粮；严禁向民间需索；购粮价格应行调整；各省市军筹会应根据市场行情议定粮价，以现款购办，手续力求简单。③

六届二中全会甫一闭幕，行政院就利用此一各方大员齐集陪都的难得时机，在17日至18日召集有关各部主管官员及各省主席，详细商讨军粮问题。与会者一致认为，军粮关系重大，地方政府必须尽力办理。会后，徐堪根据各方协商意见，实际拟具14条办法，呈送蒋介石裁决。14条办法分别如下。第一，各收复省区免赋期间所需军粮应定价购办。第二，中央对于各省军粮购价以各该省内若干市场1946年3月15日市价平均计算，一次核定，以后不再变更。第三，各省政府对于各地军粮购价，在中央核定总价范围之内，斟酌实际情形，分别一次核定，以后不再变更。第四，各地购粮价款一次发足，所购粮额也一次收足。第五，收购军粮以大粮户为主要对象，大粮户除保留其1946年10月底以前自用食粮外，其他粮食需全部用于政府收购；以隐匿余粮、分散逃避收购者，查明后由政府没收其全部存粮。第六，改组各省军筹会，除原有军政、财政、粮食各部及省政府与当地最高军事机关代表外，军筹会中还应加入国民党省党部及

---

① 《军粮配额及拨购（七）》（1946年3月22日~1948年8月25日），《国民政府档案》，档案号：001-087210-00008-007，第96页。
② 叶健青编辑《蒋中正总统档案：事略稿本》（65），台北，"国史馆"，2012，第7页。
③ 《军粮配额及拨购（七）》（1946年3月22日~1948年8月25日），《国民政府档案》，档案号：001-087210-00008-007，第97页。

省参议会代表，作为军筹会委员，并以省政府主席为主任委员，当地最高军事长官则依照其官阶担任副主任委员。第七，购粮各县亦得参照前条规定，组织县级军筹会。第八，各省军粮配额由中央军粮计核委员会重新考核调整，力求平允；领粮机关谨守范围，据实补给，在米麦不易购办或购办不足额时，应搭发杂粮。第九，军粮运费由中央合理规定，照数发给。第十，内地短程运输由地方政府负责，军队协助办理；长途转运由交通及后勤机关负责办理，充分拨派运输工具，尽先承运。第十一，军粮交接手续力求简单，迅速公允，严禁留难需索，由各省政府聘请当地国民党党部委员、参议会参议员组织监察委员会，严密考察。第十二，各地配购军粮数量、价格以及所发价款，应由军筹会随时公布。第十三，各地国民党党部、民意机关、监察机关对购办军粮事宜，应切实协助。第十四，本办法自 1946 年 3 月起实行，所有 3 月以前各省筹购军粮，仍照旧案分别清算核结。① 30 日，蒋电令鄂、湘、粤、赣、鲁、桂、浙、豫、晋、闽、冀、绥、皖、察、热 15 个省省政府暨参议会、国民党省党部"一体遵照"。② 此次出台的 14 条办法，其核心仍是"控量"，只不过与战时迥异的是，

---

① 《军粮配额及拨购（七）》（1946 年 3 月 22 日~1948 年 8 月 25 日），《国民政府档案》，档案号：001-087210-00008-007，第 98~100 页；《行政院工作报告》（1946 年 2 月至 1947 年 1 月），行政院秘书处撰，李强、黄萍选编《行政院工作报告：一九三四~一九四七》第 9 册，第 357 页。徐堪原拟办法共 15 条，其中第 15 条为："本办法奉准后，请国民政府电令有关机关一致奉行。"国民政府文官处在审核时，并未将第 15 条作为其中之一，而是确定为 14 条办法。蒋介石在 3 月 30 日代电宋子文、陈诚、徐堪时，也称"决定办法十四条"。参见《军粮配额及拨购（七）》（1946 年 3 月 22 日~1948 年 8 月 25 日），《国民政府档案》，档案号：001-087210-00008-007，第 101~105 页。

② 《军粮配额及拨购（七）》（1946 年 3 月 22 日~1948 年 8 月 25 日），《国民政府档案》，档案号：001-087210-00008-007，第 101 页。这里还有一个小插曲，文官处政务局给收复区免赋十四省所发电报中，将福建省也包括在内，从 14 个省变成了 15 个省。其实福建省并非免赋省份，而是征实省份。4 月 3 日，侍从室发现了这个错误，立即拍发特急电报给福建省政府主席刘建绪："特急。福建省政府刘主席恢先兄勋鉴：密。寅卅府交电关于价购军粮一案，查闽省现系征实省份，不在价购省区范围之内，电系出误发，即希查照为荷。"予以解释。《军粮配额及拨购（七）》（1946 年 3 月 22 日~1948 年 8 月 25 日），《国民政府档案》，档案号：001-087210-00008-007，第 114 页。收到电报的闽省府也发现了这个错误，4 月 8 日，闽省府主席刘建绪致电蒋介石，谓"主席蒋：寅卅府交电奉悉，自应遵办。查本省 34 年度田赋尚未豁免，本年度军粮仍在征实项下配拨现品，关于军粮筹购委员会，似可缓设。当否，理合电请察核示遵"。参见《军粮配额及拨购（八）》（1945 年 9 月 29 日~1947 年 7 月 19 日），《国民政府档案》，档案号：001-087210-00008-001，第 29 页。

战后"控量"的手段是采购而非征实、征购、征借，从战时的半强制、强制方式转换成了战前的自由方式或全国粮管局时期的采购方式，事实证明，通过自由采购或价购方式达到"控量"进而"制价"的目的是不现实的，六届二中全会做出的"照旧征实"的决定是缓解军粮危机的必然选择与必要手段。只不过在1946年度田赋征实开展前，仍须采取临时措施，以缓解军粮危机。

1946年度，国民政府遵照六届二中全会改组财政收支系统，以及在复员工作开始后、经济未复常态前田赋仍暂征实的决议，于7月15日明令继续田赋征实征借，除新疆、察哈尔、山东三省呈准免赋外，其原来明令1946年度免赋后方各省市，"改分两年豁免"，[①] 即1946年度一律先照定额征收半数、豁免半数，征收的半数俟于1947年度再行豁免。[②] 据统计，1946年度国民政府共计征实稻谷37241755市石、小麦5295043市石、高粱7724547市石，相较于1945年度稻谷25622598市石、小麦4504457市石有所增加。[③] 然而，军粮民食的消耗确属不菲，寅吃卯粮现象愈演愈烈，1947年7月俞飞鹏上任后的粮食危机是最为严重的。

俞上任时，"正值青黄不接、军事紧张之日"，尽管俞主导召开的全国粮食会议对1947年度军粮粮源"大致筹配"，但各方筹办情况却不容乐观，"所需实物，殊属不易取得"。[④] 1947年8月8日，俞利用各省田粮处处长出席全国粮食会议之便，邀请赣、湘、皖、鄂、浙五省田粮处处长"在本部将本年度各该省应行外调军粮个别检讨"，以期上述诸省能够将"尚可交拨"之粮尽快运补东北、华北、徐海各区。同时，俞恳请行政院"严电各省主席督促赶拨，以济要需"。但从8月中旬皖省主席李品仙、鄂省主席万耀煌、浙省主席沈鸿烈、赣省主席王陵基给粮食部的回复措辞来看，除沈鸿烈在电报中呈报了浙省最近已运交的具体数额外，李、万二人均含糊其词，王陵基更是大倒苦水："本省沿河

---

① 《粮政机构工作报告案（一）》（1942年~1947年），《行政院档案》，档案号：014-040501-0001，第32~33页。

② 《中华年鉴》下册，第1339页。

③ 《中华年鉴》下册，第1340页。

④ 《军粮危机补救》（1947年~1948年），《行政院档案》，档案号：014-040501-0023，第6页。

粮食多已外运,所余山岳地区之粮,多赖人力肩挑,其可通船之处,亦因水位低落,需大量小船,多费时日,始克运济","电请粮食部速饬准拨汽车克日到赣协运"。① 上述五省未能按期足量运济,而时不我待,军粮需求有增无已。9 月初,粮食部鉴于旧粮无存,长江一带新赋尚未开征,不得不实施紧急筹措办法,重新计划在苏、浙、湘、鄂、赣、皖、川、台 8 个产粮较丰省份,"以采购或提征或向粮商大户借用"等方式,筹措 167 万大包粮食,要求各省按照粮食部所核定的数额,在 9 月先交半数,至 10 月全部交足,"以备十一、十二等月东北、河北、山东、徐海、京、沪各地军粮之用"。但整整两个月时间过去后,时届 11 月初,除江苏如数购备及台湾预计"可如数交齐外",其他省均"欠交甚多",这一状况使粮食部"满拟可望如期如数交到"的期望落空,而且赣、鄂、川、皖四省态度上"最为敷衍"。② 据粮食部统计,上述八省 9 月、10 月筹办、交欠数量如表 3-5 所示。

从表 3-5 可以看出,在粮食部核定的 167 万包粮额中,八省在两个月时间内只完成了 678098 包,完成率仅为 41%,而粮食部拨出的粮款却高达 1510.04 亿元、运费 335 亿元、麻袋 120 余万条,粮食部的"付出"与"回报"严重失衡。尽管在此期间,粮食部"催办文电不下数十次之多",但产粮大省江西、湖北、四川、安徽四省均"殊欠努力""最为敷衍"。尤其是"粮产颇丰,且为华中粮食集散之区"的湖北省,本来核定数目只有 15 万包,在八省当中是最少的,粮食部下拨粮款、运费、麻袋均足敷购运,而其完成量却不足 1/3,③ 此状况令粮食部极为不满。

俞飞鹏将此次军粮欠交事件称为"军粮危机"。军粮危机的出现既像粮食部所说的粮政部门努力不够,也反映出粮食采购困难加大还与多重因素有关,如"预算之审核、款项之拨发辗转费时","核定购价又一再抑低",粮款不能一次拨付,拨付后银行头寸缺乏无法及时领取,领到时

---

① 《军粮调拨》(1947 年~1948 年),《行政院档案》,档案号:014-040504-0054,第 5 页。

② 《军粮危机补救》(1947 年~1948 年),《行政院档案》,档案号:014-040501-0023,第 6 页。

③ 《军粮危机补救》(1947 年~1948 年),《行政院档案》,档案号:014-040501-0023,第 6 页。

表3-5　1947年9月、10月八省应筹军粮交欠数

省别	原洽定购办数量及办法	原定拨交日期及数量	9月交到数	10月交到数	欠交数	粮食部汇拨粮款及麻袋数量	备注
江苏	采购10万包,拨征新粮10万包,共20万包	9、10两月平均各交10万包	50000包	100000包	50000包（据报已办妥待交）	粮款已拨325亿元,运费已拨45亿元,麻袋已拨14万条	该省办粮至为努力,实堪嘉奖
台湾	采购20万包	9、10两月各交10万包,11月交6万包	70000包	70000包（正交拨中）	60000包（据报准可照交）	粮款拨735.04亿元,麻袋已拨25万条	该省交粮努力,实堪嘉奖
湖南	向粮商押5万包,向大户借5万包,提征新粮10万包,共20万包	9、10两月平均各交10万包	6万包	43994包	96006包	粮款已拨65亿元,运费已拨60亿元,麻袋28万条	该省为粮产丰富之区,竟不能如期如数交清,亦欠努力
浙江	向粮商押4万包,提征新粮2万包,又新赋4万包,共10万包	9、10两月平均各交3万包,其余4万包缓交	26003包	33808包	40189包	粮款已拨65亿元,运费已拨28亿元,麻袋已拨8万条,据报已领拨3万条,又另拨粮20亿元	该省所筹之粮较少,欠交数仍多,成绩平常
安徽	采购10万包,提征新粮10万包,1946年度旧粮欠交数约7万包,共27万包	9、10两月平均各交135000包	新粮颗粒未交,旧粮仅交20544包	新粮仅交31926包,旧粮未交	217530包	粮款已拨150亿元,运费已拨40亿元,麻袋拨20万条,据报已领10万条	该省最近情形特殊,不无可原,但新粮欠交数有限,新购粮交数,亦属欠力

续表

省别	原洽定购办数量及办法	原定拨交日期及数量	9月交到数	10月交到数	欠交数	粮食部汇拨粮款及麻袋数量	备注
四川	1946年度旧粮运出5万包	9月底以前交清	1502包	15498包	33000包	运费已拨60亿元，麻袋已拨10万条	该省旧粮欠数数仍未交清，亦属不力
湖北	采购6万包，提征新粮9万包，共15万包	9、10两月平均各交75000包	10170包	38838包	100992包	粮款已拨150亿元，运费已拨57亿元，麻袋已拨22万条	该省粮产颇丰，且为华中粮食集散之区，办理情形如此，殊欠努力
江西	1946年度旧粮运出8、9、10每月各运出10万包，筹办新粮30万包，共50万包	9、10两月平均各交25万包	新粮颗粒未交，旧粮仅交69646包	新粮颗粒未交，旧粮仅交36169包	394185包	运费已拨45亿元，麻袋防拨20万条，据报已交10万条	该省旧粮早应完全交运，新粮未交，旧粮欠交如此之巨，殊欠努力
总计	167万包	9月应交81万包，10月应交80万包，11月应交6万包	307865包	370233包	991902包		

资料来源：《军粮危机补救》（1947年~1948年），《行政院档案》，档案号：014-040501-0023，第8页。

"实际市价已超过核定价格甚巨"以致无法补救，"差价益巨，短粮益多"。① 另外，中共力量的蓬勃发展客观上也增加了粮食部的购办压力。面对如此不堪局面，粮食部只能一面挪用尚未下拨的采购粮款作为 10 月应拨军粮的代金，将四联总处购储会所购公教民粮挪垫一部分，一面以国外所购 100 万大包米、麦、面粉"先后拨用"，才得以"勉渡难关"，而11 月军粮"殆已无法应付"。② 俞虽然暂时化解了此次军粮危机，但其所要面对、解决的粮食难题并非仅此一端，而且军粮问题与其他粮食问题相互关联，亦受粮食以外的多种因素影响，再次出现军粮危机甚至演成全局性粮食危机的可能性极大。客观地说，战后军粮危机的出现与国民政府田赋豁免政策直接相关。

第二节　粮食部机构变迁

与战时粮食部机构基本新设不同，战后粮食部机构主要是在战时基础上，参酌战后粮政需求、国民政府机构改革等进行调整，既有新设机构，也有合并改设机构。

1945 年 9 月，战后收复地区各省当年征粮已被豁免，政府"全无实物收入"，而军粮民食"需数极巨"，如受降部队推进至收复省区所需军粮，调赴东北部队及华北驻军食粮，收编部队口粮，日俘口粮，各大城市与日俱增的都市人口食粮，均需大量供应。③ 加上收复区交通、治安未复正轨，情况并不乐观。粮食部针对此情况，10 月向行政院签呈，提出今后 14 个月军粮民食储运计划。为完成储运计划，拟成立长江区粮食储运委员会，并分别在九江、芜湖、武汉等地成立储运处，购

---

① 《军粮及军粮代金配拨》（1947 年~1948 年），《行政院档案》，档案号：014-040504-0052，第 67 页。

② 《军粮及军粮代金配拨》（1947 年~1948 年），《行政院档案》，档案号：014-040504-0052，第 67 页；《军粮危机补救》（1947 年~1948 年），《行政院档案》，档案号：014-040501-0023，第 6、9 页。

③ 《粮食部所属单位组织规程（二）》（1941 年~1947 年），《行政院档案》，档案号：014-040503-0003，第 120~125 页；《行政院关于粮政之推行报告》（1945 年 5 月至 1946 年 1 月），秦孝仪主编《抗战建国史料——粮政方面》（2），第 76~77 页。

运粮食 600 万市石。10 月 30 日，行政院"指令准予照办"。11 月 13 日，粮食部拟具《粮食部长江区粮食储运委员会暂行组织规程草案》《粮食部长江区粮食储运委员会九江、芜湖、武汉储运处暂行组织规程草案》呈送行政院。根据粮食部的计划，长江区粮食储运委员会负责购储长江流域苏、浙、皖、赣、湘、鄂等粮食产区余粮，统筹调剂军粮民食。该委员会设主任委员 1 人，综理会务，委员 5 ~ 7 人，协理会务；下设总务、购储、配运、会计 4 处，各置处长 1 人，另有课长 10 人、专员 2 人、稽核 4 人、视察 4 人、技士 2 人、课员 40 人、办事员 20 人、会计人员及雇员若干人；3 个储运处员额亦复不少。尽管粮食部已"紧缩用人"，但在行政院政务处看来，该委员会乃临时组织，计划购运粮额亦仅 600 万市石，"业务不致过繁，为时亦不致过久"，无须如此庞大组织与众多员额，20 日建议行政院将该委员会拟设各"处"改为"组"，员额亦相应减少。① 行政院政务处的意见反映了该处对战后粮政的态度，即与战时相比，战后粮政不应该再被如此重视，其组织规模、人员数额均应相应减少。

不过，粮食部储备司司长汪元并不同意政务处的意见，认为改"处"为"组"是降低了该委员会的职权，会影响业务开展，仍主张设"处"为宜，只是员额可以酌减。12 月 3 日，政务处同意汪所提意见，并送交法规委员会审查。8 日，法规委员会亦对两项组织规程草案逐条进行审查，删繁就简，对各处室职掌事项做了概括性规定。18 日，宋子文主持召开行政院第 725 次会议，决议通过此两项规程，粮食部随后任命李崇年主持长江区粮食储运委员会。②

市粮政特派员办公处。抗战胜利后，对收复区的接收问题立刻凸显出来。1945 年 8 月 31 日，行政院训令下发《各部会署局派遣收复区接收人员办法》，该办法极为简略，仅有 5 条。其中第一条规定，行政院

---

① 《粮食部所属单位组织规程（二）》（1941 年 ~ 1947 年），《行政院档案》，档案号：014-040503-0003，第 120 ~ 125 页。

② 《粮食部所属单位组织规程（二）》（1941 年 ~ 1947 年），《行政院档案》，档案号：014-040503-0003，第 129 ~ 138 页；吴景平：《宋子文政治生涯编年》，福建人民出版社，1998，第 484 页；刘绍唐主编《民国人物小传》第 17 册，上海三联书店，2016，第 71 页。

所属各部会署局"为办理接收收复区直属各机关及事业机关，得呈经本院核准，派遣特派员或接收委员"；第二条规定，"各部会署局得依其接收之机关及事业之性质，分别派遣接收委员，如接收之机关较多，事业较巨者，并得分区派遣特派员"。① 接收人员办法是战后开展此项工作的重要依据。10 月初，粮食部根据此前所拟《紧急措施方案》，结合行政院接收人员办法，规定粮食部接收人员属于各省者，即以各该省原设及新设田粮处处长负接收职责；属于各市区地方的，由粮食部派遣粮政特派员负接收职责，并拟具《市粮政特派员办公处暂行组织规程》及编制等级表，呈送行政院，拟在南京、上海、北平、天津等七市设立粮政特派员办公处。② 然而，行政院对粮食部拟新设机构及战后粮政重要性的认识较为模糊，反映在态度上就是反复强调此机构的临时性，"非常设官制，一经接收完竣，即应裁撤"，因此，包括行政院院长宋子文在内，仍抱持较为消极的态度。对此，粮食部并不以为意。10 月 4 日，粮食部呈文行政院，强调了各市粮政特派员的重要性："京、沪各市粮政特派员职责与其他各部特派员略有不同，除一般接收事宜外，尚有筹购军粮、管理市场、调节民食等重要任务，此项任务必须有一具体组织，任用若干人员，赋于相当职权，方能办理。而各该市区之一切接收工作，须经若干时日方始完竣，其有关军事、政治、经济各方面之粮政措施，经过若干时间方能改变或停止，均属难于预定。机关虽非常设，而行使职权、任用人员、开支经费，必须有所根据，前呈《市粮政特派员办公处暂行组织规程》及编制表，实有必要。"③ 10 月 12日，行政院政务处转变态度，接受了粮食部的请求。26 日，行政院训令粮食部"照办"。同时抄送组织规程至国防会秘书厅。11 月 1 日，国防会"批准备案"。14 日，粮食部签发部令，公布《市粮政特派员办公

---

① 《粮食部所属单位组织规程（二）》（1941 年~1947 年），《行政院档案》，档案号：014-040503-0003，第 141 页；《行政院各部会署局派遣复区接收人员办法》（1945 年8 月 31 日），《国民政府公报》渝字第 846 号，1945 年 9 月 1 日，无页码。

② 《粮食部所属单位组织规程（二）》（1941 年~1947 年），《行政院档案》，档案号：014-040503-0003，第 141 页。

③ 《粮食部所属单位组织规程（二）》（1941 年~1947 年），《行政院档案》，档案号：014-040503-0003，第 147~150 页。

处组织规程》。①

根据该规程，南京、上海等七市设立市粮政特派员办公处，以处理收复地区各市区有关粮政紧急措施。各市粮政特派员办公处秉承粮食部命令，职掌事项主要有：军粮的筹购及运输、配拨；公教人员食米的筹划及公粮代金价格的核拟；民食的规划与调节；善后救济食粮的协同办理；日军及其附庸组织存粮以及粮食仓库、运粮工具、包装材料、加工工厂设备的清查、接收及处理；粮食加工包装；积谷清查及保管；民间存粮、粮商存粮数量及每日粮食消费量的调查；粮食运输的疏通及粮商实况调查与管理；查禁粮食囤积操纵；业务款收支保管及调拨稽核。② 市粮政特派员办公处分为甲、乙、丙三等，各等处人员编制如表3-6所示。

表3-6 市粮政特派员办公处分等编制（1945年）

单位：人

	甲等处		乙等处		丙等处	
	俸级	员额	俸级	员额	俸级	员额
特派员	简派	1	简派	1	简派	1
秘书	荐派	2	荐派	1	荐派	1
专员	荐派	5	荐派	4	荐派	3
视察	荐派	3	荐派	2	荐派	1
稽核	荐派	3	荐派	2	荐派	1
技正	荐派	1	荐派	1	荐派	1
会计主任	荐派	1	荐派	1	荐派	1
科员	委派	15	委派	12	委派	9
办事员	委派	15	委派	13	委派	10
雇员	—	20	—	15		10
合计	—	66		52		38

资料来源：《市粮政特派员办公处组织规程（附表）》，《国民政府公报》渝字第907号，1945年11月15日，无页码。

---

① 《粮食部所属单位组织规程（二）》（1941年~1947年），《行政院档案》，档案号：014-040503-0003，第153~155页；《市粮政特派员办公处组织规程（附表）》，《国民政府公报》渝字第907号，1945年11月15日，无页码。

② 《市粮政特派员办公处组织规程（附表）》，《国民政府公报》渝字第907号，1945年11月15日，无页码。

市粮政特派员办公处直接隶属于粮食部，由粮食部统一指挥，其地位等同于战时后方各省所设立的粮政局，特派员相当于粮政局局长，行政级别为"简派"，属于较高职级。粮食部设置等级不同的办公处，员额各不相同，也是考虑到不同市、区情况的差别，防止机构过于庞大与臃肿。不过，迟至 1946 年 2 月 16 日，国民政府才训令行政院，正式通过《市粮政特派员办公处组织规程》，① 而这距粮食部提出此请求时间已过去 4 个月有余。

粮食部在抗战甫一胜利即提出在 7 个重点城市设立粮政特派员办公处，反映了粮食部对各大都市粮食供应问题的重视，也是徐堪办理粮政多年经验使然，更是处理各大都市粮政的重要举措。但国民政府某些上层人士的态度却与徐的理念相去甚远，这也为办理战后粮政增加了难度。

就在粮食部提出在七市设立粮政特派员办公处备案后不久，东北局势发生较大变化。东北地区粮政接收工作开始于 1945 年 12 月底，当时行政院先行派遣梁敬錞前往办理接收事宜。1946 年 3 月，东北地区粮政接收业务已经开始。军委会东北行辕主任兼政务委员会主席熊式辉认为，东北地区辽阔，接收对象遍及九省，市县总数有数百个，"必须成立"东北粮政特派员办公处，而且员额应比照京、沪两市办公处人员数目，略有增加，同时拟具《东北粮政特派员办公处组织规程》《东北粮政特派员办公处概算书》呈送粮食部。其实，早在 1945 年 10 月初，粮食部对此已有考虑，提出"苏、浙、皖、赣四省及东北各省军粮民食有统筹调度必要，并另派特派员督导办理"。熊式辉提出此要求，粮食部大力支持。而事实上，东北粮政特派员办公处已于 1946 年 3 月 15 日成立。1946 年 5 月 14 日，粮食部呈文行政院，并将组织规程与概算书一并呈送。30 日，行政院认为粮食部"所拟办公处组织规程尚无不合"，并将组织规程送交法规委员会审核，预算书则交会计处审核。法规委员会未提出异议，审计处根据公务员俸给最新标准下调了办公处的预算数额，重新编制了概算书。8

---

① 《粮食部所属单位组织规程（二）》（1941 年~1947 年），《行政院档案》，档案号：014-040503-0003，第 155 页。

月 19 日，国民政府指令行政院，《东北粮政特派员办公处组织规程》"准予备案"。① 10 月，东北行政委员会粮政总局成立，1947 年 11 月改为东北粮食总局。

征粮督导会议与粮政督导团。鉴于战后粮食征收环境变化及舆论压力，徐堪与中央相关机构商议后，于 1946 年 7 月下旬提议在中央设置征粮督导会议，加强粮政宣传督导，并拟具《征粮督导会议组织规程草案》，后经国防会第 200 次常务会议修正通过，8 月 16 日由国民政府公布。② 根据《征粮督导会议组织规程》，该机构以国民党中央党部秘书长、青年团中央团部书记长、国民党中央组织部部长、国民党中央宣传部部长、党政工作考核委员会秘书长、国民参政会主席团、监察院秘书长、行政院秘书长、财政部部长及粮食部部长或以上各机构代表为委员，规格之高实属罕见。征粮督导会议从委员中推举 3 人为常务委员，由常务委员轮流担任会议主席，下设主任秘书、秘书各 1 人，文书、事务员若干人，由财、粮两部派定。该规程规定，征粮督导会议每两周召开一次会议，必要时可以召集临时会议，审议事项包括规划督导办法及督导区域、拟定分区督导人选、改进征收方法、策划加强监察及防止弊端、考核各级经征人员功过及宣传事项。③

《征粮督导会议组织规程》规定，将全国分为江浙（包括沪、宁两市）、皖赣、粤桂、湘鄂、滇黔、川康（包括重庆市）、甘宁青、晋陕、河北（包括平津市）、鲁豫（包括青岛市）、热察绥、东北及闽台十三区，8 月下旬分区组设征粮督导团，每区设立 1 个督导团，每个督导团设立委员 3~5 人，包括驻在区监察使或监察委员 1 人，并担任主任委员，国民

---

① 《粮食部所属单位组织规程（二）》（1941 年~1947 年），《行政院档案》，档案号：014-040503-0003，第 141~173 页。

② 《征粮督导会议组织规程》（1946 年），《行政院档案》，档案号：014-040503-0016，第 1 页；《国防最高委员会第二百次常务会议纪录》（1946 年 8 月 7 日），《国防最高委员会常务会议记录》第 8 册，第 429 页。

③ 《征粮督导会议组织规程》（1946 年），《行政院档案》，档案号：014-040503-0016，第 2 页；《粮政（三）》（1940 年 9 月 6 日~1946 年 8 月 5 日），《国民政府档案》，档案号：001-087000-00003-000，第 19~26 页；《督导全国粮政，中央设立"粮政督导会议"》，《征信新闻》第 469 期，1946 年 9 月 25 日，无页码。

参政会参政员 1~3 人，财政、粮食两部各指派高级人员 1 人。① 根据
《征粮督导会议组织规程》，粮食部拟订《征粮督导团组织纲要草案》
（法规委员会审查时改为《征粮督导团设置办法》）及《三十五年度
征粮督导办法草案》，呈准征粮督导会议第一次会议通过，并经国防会
批准备案。征粮督导团职责有 6 个方面：一是督促并协助本区各级政
府推进征实、征借及带征地方公粮，二是督促并指导本区各级田粮人
员征收、储运、加工粮食方法改进，三是考核本区各级田粮人员成绩
及有无渎职舞弊事项，四是指导及督促本区田粮机关切实防止及革除
征粮弊端，五是协助本区征粮监察机关加强组织及行使职权，六是接
收督导机关团体对征粮的陈诉或民众密告征粮人员违法舞弊事项。此
外，征实督导团亦负有催征职责。从征粮督导团的各项职责来看，其
与战时督导制度颇为类似。

　　1946 年田赋系豁免后复征，人民观望情绪浓厚，加上各省灾歉县份
纷纷请求减免赋额，复征进度因而十分迟缓，截至截限仅收达配额的
51%，针对这一状况，国民政府不得不将截限延至 1947 年 2 月底。② 1946
年 11 月 10 日，国民政府特组织川康区征实督导团，加紧本年田赋催征。
12 月 26 日，川省政府组织督征团分六路赴全省各地加紧催征。根据《三
十五年度征粮督导办法》规定，各省市政府应充分配合，必要时可商请
当地军警宪兵协助，督导团至少每月将视察督导情形向征粮督导会议报告
一次。③ 同时，粮食部责令各省组织督导团，在 9 月中旬分赴各县督导，
由省政府委员分组负责主持。④ 嗣因 1946 年国民代表大会召开，各督导
团委员多兼任国大代表，未能赴各省督导。

　　1947 年 2 月，粮食部鉴于各省征粮多未达定额，经第二次征粮督导

---

① 《征粮督导团设置办法》，《四川省政府公报》第 423 期（原第 634 期），1947 年 11 月 16
　日，第 4~5 页。
② 四川省政府编印《四川省政府工作报告（自三十六年一月起至六月止）》，1947，第
　"田 1 页"。
③ 《三十五年度征粮督导办法及征粮督导团组织纲要》（1946 年），《行政院档案》，档案
　号：014-040503-0017，第 3~14 页；《三十五年度征粮督导办法》，《四川省政府公报》
　第 423 期（原第 634 期），1947 年 11 月 16 日，第 4 页。
④ 《粮食部派员分区督导，各省组织督导团限十一月底一律扫解》，《征信新闻》第 459
　期，1946 年 9 月 13 日，无页码。

会议决议，先期组设"江浙""皖赣""湘鄂""川康"四团，并于3月中旬先后出发，赴各省督导（见表3-7）。[1]

表3-7 1947年组设征粮督导团概况

区别	成立日期	开始实施督导日期	实施督导情形
江浙区	2月26日	3月11日	该区团经拟具督导办法呈核,并于3月11日至31日分别赴萧山、绍兴、余姚、富阳、永嘉、瑞安、平阳、乐清等县实施督导
皖赣区	3月6日	赣省3月16日	该区团采取分区督导方式,分皖北、皖南、赣北、赣南四组,出发督导,实施情形尚未据报
湘鄂区	3月8日	尚未据报	该区团主任委员苗监察使培成请辞后,已呈院转请改派新任监察使高一涵兼任在案。该区团实施督导情形尚未据报
川康区	3月13日	3月13日	该区团于3月13日全体赴西康督导,17日返回成都

资料来源：《粮食部三十六年度工作计划报告》（1946年~1947年），《行政院档案》，档案号：014-040501-0009，第77~78页。

除了以上地区，其他省份也遵照粮食部指令，先后建立督导团，如辽宁"为期达成圆满征实成绩"，1947年度征实工作开始后，该省党政及民意机关合组征实督导团，制定督导办法，并赴各地区督导，同时考核军公粮食拨交情况。[2] 据陈开国言，"督征团和督粮委员派到各省市，目的是催征、督运，只会加重民众的负担，不会为民众带来任何便利"。其实，陈的言辞不无矛盾之处，据陈在同一篇文章中所述，督察团第二组到天津、唐山等冀东地区督察时，了解到唐山等地粮缺煤剩，提出"南粮北调，北煤南运"方案，解决了唐山需粮、上海需煤的问题，"南粮转口北运和北煤南调都得到实现"，随后还将丰镇县实施粮禁的问题上报粮食部，使该县开放粮禁，将军粮购办足额，[3] 应该说督察团对国民政府搜集粮食发挥了积极作用，但民众的负担也随之加重，很多县乡的征粮从远低于市场价格的采购演变成了无节制的摊派。

---

① 《粮食部三十六年度工作计划报告》（1946年~1947年），《行政院档案》，档案号：014-040501-0009，第56~65页、81页。

② 《辽征实督导团即赴各地》，《物调旬刊》第30期，1947年12月5日，第20页。

③ 陈开国：《回忆谷正伦任粮食部长的几点情况》，《安顺文史资料》第3辑，第16~19页。

军粮筹购委员会。根据《豁免田赋实施办法》第六条规定，除就现存余粮配拨外，由国民政府拨款设立军筹会，负责办理购补军粮事宜。①此项军粮需求急迫，亟待筹购，因此"是项机构，急待设立"。军政、财政、粮食三部会同在 1945 年 9 月 29 日快速拟订《免赋省市军粮筹购委员会组织通则草案》《免赋省市军粮采购办法纲要草案》，并分别呈送行政院与军委会审核。② 10 月 1 日，行政院收到此两项草案后，交由政务处签拟处理意见。2 日，政务处提出处理意见，建议将"纲要"二字删除，"通则"改为"规程"，"以符合法规整理原则关于法规用语之规定"，并加入军事学校内容，随即呈报国防会备案，并"分电各有关省市政府、各战区司令长官部、中国陆军总司令部遵照办理"。③

《免赋省市军粮筹购委员会组织规程》共 10 条，其中规定军筹会受军政、粮食两部管辖，同时受省政府主席或市长指挥监督，由军政部、粮食部、财政部、省市政府、省市境内最高军事机关各派 1 名代表为委员，其中粮食部代表（省田粮处处长或市粮政特派员）为主任委员，省市境内最高军事机关代表为副主任委员。六届二中全会之后，粮食部提议改组各省军筹会。军筹会业务包括六个方面：一是关于本省市军粮采购地点与数量的配定，二是关于本省市军粮采购价格的审核，三是关于本省市军粮采购业务的指挥处理，四是关于军粮拨交、储运、保管业务的处理，五是关于军粮包装材料的制造、划拨，六是关于购粮价款及储运、包装费用的领发及报销。各省军筹会事务由省田粮处各科室兼办，各市由市粮政特派员办公处人员兼办。《免赋省市军粮采购办法》仅有 7 条，但多数内容与《免赋省市军粮筹购委员会组织规程》是重复的，如人员构成、业务范围、筹购原则等，④ 说明军政、财政、粮食三部在军粮筹购紧急、各省田赋开征在即背景下，拟订比较仓促，亦未经法

① 《豁免田赋实施办法》（1945 年 9 月 11 日行政院核定），《法令周刊》复刊后特刊第 3 号，1945 年 12 月 19 日，第 14 页。

② 《省属粮政单位组织规程（五）》（1943 年~1948 年），《行政院档案》，档案号：014-040503-0009，第 73~74 页；《军粮配额及拨购（八）》（1945 年 9 月 29 日~1947 年 7 月 19 日），《国民政府档案》，档案号：001-087210-00008-001，第 3~9 页。

③ 《省属粮政单位组织规程（五）》（1943 年~1948 年），《行政院档案》，档案号：014-040503-0009，第 73~74 页。

④ 《省属粮政单位组织规程（五）》（1943 年~1948 年），《行政院档案》，档案号：014-040503-0009，第 69~72 页。

规委员会或立法机构审核。另外，行政院在拍发电报时，加上了"所有前进各该省市部队到达一个月以后及留驻原防各部队之经常军粮，应发款组设军粮筹购委员会"字样，这就导致部队驻守情况并不一致的省市、战区产生理解上的偏差，从而出现争议，如广东省即是。

各省市接到行政院电报后，根据行政院的指示及《免赋省市军粮筹购委员会组织规程》，组设本省市的军筹会。11月2日，广东省政府主席罗卓英代电宋子文，询问粤省是否应组设两个军筹会，因粤省既有原驻防部队——第七战区部队，又有收复区部队——二方面军，二者互不隶属，均是"省市境内最高军事机关"，而且按照"所有前进各该省市部队到达一个月以后及留驻原防各部队之经常军粮，应发款组设军粮筹购委员会"的要求，罗卓英的理解是应组设两个军筹会，即第七战区部队以田粮处处长兼主任委员，二方面军以广九粮政特派员兼主任委员，"业经二方面军召集有关机关议定组织成立"。5日，行政院将之交由粮食、军政两部"迅即会同核复"。27日，粮食部回复称："军粮筹购会原系分别省市设立，惟粤省因田粮处与广九粮政特派员办公处同在广州，可即成立一个筹购会，由田粮处长任主任委员，由二方面军司令部及七战区长官部各派代表一人任副主任委员，统办筹购事宜。"① 也就是说，粮食、军政二部因思虑不周，对驻防部队与收复区部队并存于一地的情况并未考虑周全，而现实情况却是存在的，以致地方当局无法处置，广东省军筹会不得不设立2名副主任委员，这也只能看作粮食部的折中方案。

免赋省市的田粮业务减少，省市粮政机构也有紧缩调整的必要。1946年2月20日，川省各县粮政科奉令裁撤，所有积谷事项归民政科办理，军粮由军事科办理。5月4日，四川省田粮处处长席新斋在国民党四川省党部举行的记者招待会上透露，一年内会将原田赋处、储运处和民食供应处合而为一，实施一元化管理，同时精减田粮业务机构。② 5月26日，重庆市田粮处撤销，粮食管理业务由社会局接办，田赋征实业务由财政局接

---

① 《省属粮政单位组织规程（五）》（1943年~1948年），《行政院档案》，档案号：014-040503-0009，第82~93页。

② 四川省文史研究馆、四川省人民政府参事室编《解放战争时期四川大事记》，四川人民出版社，1990，第62页。

办。6月6日，财、粮两部召开全国财政粮食会议，决议继续举办各省田赋征实征购，对于粮政机构调整，其原则如下：粮额在500万市石以上者，仍设田粮处，直隶省政府，受财、粮两部共同指导；粮额在200万至500万市石的，在财政厅下设立办事处；粮额在200万市石以下者，在财政厅内设科办理，① 这也意味着将会裁撤粮额较少省份的田粮机关。此外，战后简化机构、节省经费的呼声不断，粮食部对各粮食业务机构均做出调整也是必然的，如粮食储运机关。战时各省田粮处下设立储运处的省份有湘、粤、滇、闽、川、康、新七省，设立区储运处的有苏、赣、鄂、冀、鲁五省。战后裁撤者有粤、滇、闽、康、新五省，不过粤、康二省略有保留，即粤省原设琼崖储运分处，康省原设宁属、雅属两个储运分处，分别改为区储运处；湘省储运处组织则予以紧缩；鄂省的鄂东南区储运处予以裁撤；赣、豫、湘、滇、粤、陕、新七省原设运输站中，凡设有聚点仓库的，运输站一律裁撤，其业务由聚点仓库兼办，其余由各省储运处根据实际情况裁减。②

省县级田粮机构的裁撤与设立。战后收复各省县粮政机构如何恢复，也是亟待解决的一个重要问题。在不同收复区，做法各有不同，一般是将各县市田粮业务交由县市政府设立田粮科代办。上海、南京、北平、天津、青岛5个院辖市仿照重庆市的做法，设立田粮科办理田粮业务。对战后新设立的省级田粮机构予以紧缩，如察哈尔省田粮处甫经成立即被裁撤，田粮业务由该省财政厅及县政府办理。台湾省未专设田粮机构，仍由该省粮食局兼办。东北各省则由各省财政厅兼办，并在东北行辕经济委员会内设立田粮处予以管理。③ 1946年上半年，安徽省针对该省收复县份田粮科问题，拟具《各县政府田粮科设置办法》并编制经费表、等级表等呈文内政部，内政部认为应依照《暂行文官官等官俸表》中关于县政府与区署部分的规定及被任用人员资历予以核定，田粮科员工待遇则比照县级支给。后经过粮食部、行政院层层审核及稍事修改，国民政府11月22

---

① 《国内经济新闻述要》，《河北省银行经济半月刊》第1卷第11期，1946年6月，第18页。

② 《粮食部三十六年度工作计划报告》（1946年~1947年），《行政院档案》，档案号：014-040501-0009，第60页。

③ 《民国三十二至三十五年度田赋征实状况》，秦孝仪主编《抗战建国史料——田赋征实》（2），第326~327页。

日训令安徽省遵照执行。①

从 7 月 1 日起，原设各省市县田粮机构，改隶各该省市县政府，田粮业务较为简单的县市，亦裁撤田粮处，另在县市政府内设立田粮科。7 月 3 日，四川各市县粮食储运处并入田粮处，自 10 月 1 日起实行。全省拟保留 71 个县市田粮处，但到 1947 年 2 月 24 日，川省政府决定现有 130 个县市田粮处一律保留。

在战后县级田粮机构变迁中，湖北省 17 个县份改设的财粮科与众不同。1947 年 10 月，湖北省通山、英山、保康、利川等 17 个县县政府提出，由于上述各县均被确定田赋改为折征法币，田赋征实工作业已停止，为响应机构改革号召，减少多余机构与冗员，拟将县政府财政科改组为财粮科，"办理财政田粮一切行政事务"，同时在税捐稽征处新增设一科，负责田赋征收。按照各县拟订方案，财政科改组为财粮科后，增设人员就一般田粮科原有人员紧缩设置，计一等、二等县财粮科增设科员、办事员、雇员、公役各 1 人，三等、四等县增设科员、雇员、公役各 1 人，税捐稽征处也各设相应员额，② 详情见表 3-8。

从表 3-8 可以看出，改设财粮科后，原有湖北省 17 个县的机构与人员均有所减少，这与中央政府精简机构的理念是一致的，也是中央政府乐见其成的。10 月 18 日，行政院将之交由财、粮两部核复。11 月 3 日，两部"准予照办"。③ 湖北省 17 个县改设财粮科，既是折征法币后业务简化的要求使然，也是迎合国民政府机构简化要求的必然结果。

战后国民政府机构改革也对粮食部产生了直接影响。1947 年 1 月，粮食部部长谷正伦拟具粮食部两种改革方案，在《粮政机关裁并方案》中，谷提出粮食部将在 1947 年 6 月底宣告裁撤，9 月底彻底结束，粮食部原有机构应根据战前隶属状况及该机构的业务特点予以裁撤或合并。如田赋事务仍划归财政部主管，即恢复到粮食部设立前的局面，粮食部田赋

---

① 《省属粮政单位组织规程（八）》（1942 年~1948 年），《行政院档案》，档案号：014-040503-0012，第 35~47 页。

② 《省属粮政单位组织规程（八）》（1942 年~1948 年），《行政院档案》，档案号：014-040503-0012，第 174~175 页。

③ 《省属粮政单位组织规程（八）》（1942 年~1948 年），《行政院档案》，档案号：014-040503-0012，第 181~183 页。

表 3-8　湖北省 17 个县田赋折征法币改设财粮科人员编制（1947 年 10 月）

单位：人，元

县别	县等	财政科原有人员			田粮科原有人员								改设财粮科各类人员					月增经费
		科长	科员	办事员	科长	科员	办事员	技士	稽征员	雇员	粮警	公役	科长	科员	办事员	雇员	公役	
通山	四	1	4	—	1	2	1	1	1	1	4	2	1	5	—	1	1	502220
英山	四	1	4	—	1	2	1	1	1	1	4	2	1	—	—	—	1	502220
罗田	三	1	4	—	1	2	1	1	1	1	4	2	1	—	—	—	1	502220
五峰	四	1	4	—	1	2	1	1	1	1	4	2	1	—	—	—	1	502220
兴山	四	1	4	—	1	2	1	1	1	1	4	2	1	—	—	—	1	502220
远安	四	1	4	—	1	2	1	1	1	1	4	2	1	—	—	—	1	502220
保康	四	1	4	1	1	2	1	1	1	1	4	2	1	—	—	—	1	502220
巴东	二	1	4	—	1	2	1	1	1	1	4	2	1	5	2	—	1	708305
宣恩	四	1	4	—	1	2	1	1	1	1	4	2	1	5	1	—	1	502220
鹤峰	四	1	4	—	1	2	1	1	1	1	4	2	1	—	—	—	1	502220
利川	三	1	4	—	1	2	1	1	1	1	4	2	1	—	—	—	1	502220
房县	二	1	4	1	1	2	1	1	1	1	4	2	1	5	2	—	1	708305
郧西	三	1	4	—	1	2	1	1	1	1	4	2	1	5	1	—	1	502220
竹山	三	1	4	—	1	2	1	1	1	1	4	2	1	—	—	—	1	502220
竹溪	三	1	4	—	1	2	1	1	1	1	4	2	1	—	—	—	1	502220
来凤	三	1	4	—	1	2	1	1	1	1	4	2	1	—	—	—	1	502220
南漳	二	1	4	1	1	2	1	1	1	1	4	2	1	5	2	1	1	708305

资料来源：《省属粮政单位组织规程（八）》（1942 年~1948 年），《行政院档案》，档案号：014-040503-0012，第 178 页。

署改隶财政部，仍负责田赋整理、粮食征收事务。民食调剂事务划归农林部，在农林部下重新设立农产运销机构，调剂盈虚，平准粮价。对于军粮事务，谷正伦在该方案中将之分为国内筹拨与国外采购两个部分，分别由国防部与中央信托局负责购办。积谷事务在战前属于内政部，但因"仓储保管须有科学设备与技术管理，推陈出新，盈虚消长与农业生产运销有关，宜交农林部接管"，而积谷救荒又与社会救济相关，"交社会部办理亦可"。粮食加工制造属于工业范畴，粮商登记属于商业范畴，二者可交由经济部主管，粮食部各工厂亦由其接管。其他事务如取缔囤积居奇、提倡节约消费、改良饮食习惯、增进营养等分别划归经济部、社会部、农林部、卫生部办理。①

对于谷正伦提出的设想，蒋介石 2 月 26 日做出指示，指令粮食部调查处可以裁撤合并，人员不必全部留用，应酌予裁减。谷遂将管制司与调查处合并，调查处原有人员并入管制司，调查处相关业务亦概由管制司继续办理。管制司原设 33 人，调查处原有 34 人，调查处另有计算员 20 人，合计 87 人，合并后管制司员额减为 56 人，并将计算员裁减，不再补用。② 管制司设五科，原来隶属于调查处的统计室独立为粮食部统计室。至此，粮食部设有总务、管制、储备、分配、财务等司，秘书、人事、会计、督导等处，参事厅及统计室。总务司、秘书处、人事处、会计处、督导处、参事厅及统计室职能基本不变，其他各司职掌事项如下：管制司掌理粮食管理流通，民食调节和节约消费，国际有关粮食会议，国外购粮，粮食进出口贸易管理，各地粮食价格及运销情况调查整编，粮食生产消费调查及增产等事项；储备司掌理公教、警察、司法等部门粮食筹划、配拨，粮食采购，仓库修建、仓储管理用具规划，敌伪粮仓及粮食工厂接收处理，积谷加工，粮食仓储损耗处理，各地存粮处理、收购，省县级粮食加工厂包括面粉厂贷款等事项；分配司掌理各省军粮配拨与折算，运输规划、运费、损耗及失吉等事项；财务司掌理粮食库券、资金调度，资金筹

---

① 《粮食部成立与裁并》（1941 年 6 月 9 日～1947 年 7 月 7 日），《行政院档案》，档案号：014-040503-0001，第 32～33 页。

② 《粮食部成立与裁并》（1941 年 6 月 9 日～1947 年 7 月 7 日），《行政院档案》，档案号：014-040503-0001，第 21～23 页。

划、出纳与银行登记，收支单据保管及所属机关交代核签，审核购粮价款、粮食费款项案件，财务核发及报告等事项。

1947 年 9 月，粮食部设立包装材料采购委员会，目的是"加强包装效力，统一采购包装材料，以配合各地粮食购运"，该委员会下设财务组、采购组、检验组，该委员会主任由粮食部部长兼任，委员 7~9 人，由部长在本部各单位主管及高级职员中指派。① 不过，面对需求量特别巨大、国内产量极为不足的麻袋，粮食部、军政部、中央信托局等机构尚无法妥善解决，包装材料采购委员会也显得力不从心。

1948 年 4 月，粮食部储运处为办理粮食收拨、保管、转运事项，在粮食集散或军粮配拨重要地点设置区储运处，定名为"某某区粮食储运处"。区储运处设处长 1 人，荐派，享受简派待遇，综理处务。下设总务、业务两课，总务课掌理文书、出纳、庶务等事项，业务课掌理粮食接收、存储、加工、包装、运输、拨交事项。设秘书 1 人，课长 2 人，视察 2 人，稽核 2 人，均委派或荐派；课员 6~10 人，办事员 10~16 人，均委派；另有雇员 10 人。设会计室，置会计主任 1 人，会计佐理员 3~5 人。此外，粮食部储运处在上海等粮食集散或军粮配拨重要地点设立总仓库，称"某某粮食总仓库"。总仓库亦设总务、业务两课及会计室，其中业务课为主要部门，掌理各该地粮食接收、存储、加工、包装及运输、拨交事宜。②

同时，为办理都市民食配售事宜，粮食部设立都市民食配售指导室，该室设主任 1 人，由粮食部管制司司长兼任，下设三组：第一组办理粮食配售法令的撰拟，计划的设计、指导、考察及编报；第二组办理配售粮食采购、储运、拨交的推动；第三组办理各市场调配会财务报表的审核等。每组设组长 1 人，组员 9 人，雇员 4 人，均由行政院处理美国救济物资委员会（以下简称"院委会"）调用。该指导室为临时机

---

① 《粮食部包装材料采购委员会组织规程》（1947 年 9 月 5 日粮食部公布），《国民政府公报》第 2923 号，1947 年 9 月 8 日，第 4 版。

② 《粮食部储运处各区粮食储运处组织规程》（1948 年 4 月 28 日粮食部公布）、《粮食部储运处各地粮食总仓库组织规程》（1948 年 4 月 28 日粮食部公布），《金融周报》第 18 卷第 20 期，1948 年 5 月 12 日，第 14 页。

构，暂定期限为 6 个月。① 都市民食配售工作在各主要都市开始后，都市民食配售指导室配合各市民食调配委员会（简称"民调会"），对做好配售工作发挥了积极作用。

与此相适应，实施配售政策的各都市如南京、上海、北平等均相应成立民调会。以南京为例，南京市民调会人员由粮食部、社会部、南京市参议会、院委会各 1 人及地方有关机关 2 人组成，市长为当然委员并兼任主任委员。民调会下设总务、财务、稽核、仓储、配售五组，设置总干事 1 人，由南京市社会局局长兼任，秘书 2 人，组长 5 人，稽核 2~4 人，督导 3~5 人，组员 20~30 人，办事员 15~20 人，雇员 8~12 人；民调会专设会计室，置会计主任 1 人，会计佐理员 3 人，统计员 1 人。以上人员均由有关机关调用，必要时可任用专人，民调会所需业务费用由院委会核拨。②

在关吉玉担任部长期间，粮食部增设了一个新的附属机构——粮食紧急购储会，③ 该购储会在此一时期发挥了较为重要的作用。粮食部最初与中央银行商定，由粮食部委托中国农民银行、中央信托局代购，不足部分则由粮食部在田赋项下移拨、地方政府自筹。但这种做法的不足之处是"既无固定来源，复乏专管机构"，粮食部遂设立粮食紧急购储会，"专司统筹并调度所需粮源"，以使"办理已有成绩之配售工作得以继续顺利进行"，可以说，成立粮食紧急购储会的主要目的是强化都市粮食配售业务。④

---

① 《粮食部都市民食配售指导室组织规程》，《民食配售通讯》第 1 期，1948 年 4 月 15 日，第 7 页。

② 《南京市民食调配委员会组织规程》，《民食配售通讯》第 1 期，1948 年 4 月 15 日，第 7~8 页。各市民调会组成人员、所设组别不尽一致，如北平设有六组，分别为总务组、配售证管理组、储运组、配售店管理组、会计组及稽核组。参见《北平市民食调配委员会组织规程》（1948 年 4 月 8 日会议修正通过），《民食配售通讯》第 1 期，1948 年 4 月 15 日，第 8 页。天津市民调会委员共计 9 人，由市长兼任主任委员，委员包括院委会代表、粮食部代表、社会部代表、市参议会代表、中央银行总裁代表、院委会天津办事处处长、警察局局长及民政局局长。参见《天津市民食调配委员会组织规程》（1948 年 3 月 11 日会议修正通过），《民食配售通讯》第 1 期，1948 年 4 月 15 日，第 9 页。

③ 1939 年 11 月 14 日，四川成立粮食购储委员会，组成人员包括中、中、交、农四行，农本局，川省府，财政、经济、军政、后方勤务各部，由川省府及农本局负责。其任务是：恢复各县常平仓库，调剂盈虚；限制粮食的不正当消耗。参见《川省成立粮食购储会》，《经济动员》第 3 卷第 11~12 期合刊，1939 年 11 月 30 日，第 1313 页。

④ 粮食紧急购储会编印《粮食紧急购储会工作总报告》，1949，第 1 页；《粮食紧急购储会在沪成立》，《外交部周报》第 86 期，1948 年 8 月 18 日，第 2 版。

　　粮食紧急购储会 1948 年 8 月 1 日在上海正式成立，初拟隶属行政院，后为便利业务起见，改隶粮食部。粮食紧急购储会下设业务、财务二室及采购、运输、仓储、总务、会计五组，后为加强与国民政府有关机关的联系，在南京设立办事处，9 月 16 日，粮食部又将 6 个都市民食配售指导室改隶粮食紧急购储会，并将南京办事处与之合并为配务组，驻粮食部办公。尔后，粮食部为清理各地民调会粮食收拨、回收价款，于 1948 年 9 月设立粮源粮款清理委员会，清理委员会亦附设于粮食紧急购储会之下。1949 年 1 月，粮食紧急购储会设统计组，并在广州成立通讯处；2 月，设立稽核室，粮食部并将所属粮食工厂管理处归并粮食紧急购储会，改组为粮食工厂管理组；3 月，再度恢复南京办事处。至此，粮食紧急购储会共有 3 室、8 组、1 个办事处、1 个通讯处、4 个直辖仓库、15 个粮食加工厂。1949 年 4 月，为清理中国粮食公司资产负债，又设立中粮公司清理委员会，亦附设粮食紧急购储会内办公。①

　　粮食紧急购储会成立初期原定编制为 84 人，但随着业务日渐增多，员额亦有扩充，1948 年 10 月增为 116 人，年底时因业务扩展，实有 129 人。粮食紧急购储会在接管粮食工厂管理处后，人数猛增至 1366 人，其中该会职工 185 人，中央银行调用附属仓库员工 191 人，附属工厂职工 990 人。在185 名职工中，财务人员由中央银行调派，其余仓库管理、运输管理、行政管理等部门业务人员，大部分通过考试及"不定期登记面试"录用。② 从粮食紧急购储会设立至 1949 年 5 月，其人员编制如表 3-9 所示。

表 3-9　1948 年 8 月至 1949 年 5 月粮食紧急购储会职工人数增减情况

单位：人

职别		1948 年 8 月编制人数	1948 年 10 月编制人数	1948 年 12 月加入仓库	1949 年 2 月加入各工厂	1949 年 5 月 24 日实际人数
本会	主任	1	1	1	1	1
	财务主任	2	2	2	2	4
	顾问	(2)	(2)	2	2	2

① 《粮食紧急购储会沿革及业务概况》，《现代经济通讯》第 68 期，1949 年 4 月 3 日，第 3 页。

② 《粮食紧急购储会工作总报告》，第 22 页。

续表

职别		1948 年 8 月编制人数	1948 年 10 月编制人数	1948 年 12 月加入仓库	1949 年 2 月加入各工厂	1949 年 5 月 24 日实际人数
本会	专门委员	（5）	（8）	10	12	11
	秘书	6	5	4	4	4
	组长	5	6	6	7	8
	副组长	5	6	6	7	9
	总稽核	—	—	—	—	1
	副总稽核	—	—	—	—	1
	专员	12	20	23	32	27
	会计员	7	3	4	5	6
	助理员	23	50	48	65	68
	雇员	3	7	7	7	3
	工役	11	16	16	25	40
	合计	75	116	129	169	185
附属仓库	主任	—	—	2	3	4
	副主任	—	—	2	14	4
	助理员	—	—	18	31	31
	雇员	—	—	19	19	24
	工役	—	—	34	34	128
	合计	—	—	75	101	191
附属工厂	职员				286	286
	工役				704	704
	合计	—	—	—	990	990
总计		75	116	204	1260	1366

原表注：（1）1948 年 8 月 1 日本会开办，原定编制为职员 70 人（顾问及专门委员在编制外）、工役 14 人，共 84 人（财务主任 1 人、会计组长 1 人、会计员 4 人，系由中央银行调派）。同年 10 月奉准修正编制为 116 人。嗣以先后开办上海第一至第四各仓库，并接管前粮食部工厂管理处及所属工厂 15 所，至现有人数超过编制人数；（2）括号内人数系额外人员；（3）粮源粮款清理委员会职员 8 人不在本表内。

引者注：原表个别数据有误，本表有所修正。

资料来源：《粮食紧急购储会工作总报告》，第 23 页。

　　粮食紧急购储会的设立，目的是"配合经合署方面所经管援华粮食之分配事务"，[①] 可谓责任重大，必须选任合适人才，颇具才干的杨绰庵

① 《粮食紧急购储会工作总报告》，第 3 页。"经合署"指美国经济合作署中国分署。

成为粮食紧急购储会主任的理想人选。

杨绰庵，原名裕聪，祖籍河南，1895 年生于福州，早年入北京法文学堂，后考取北京邮务局拣信生，升任邮务生。1920 年入北京盐务稽核所，从事档案管理与收发工作。受英国人影响，杨重视科学管理，讲求工作效率。后结识严复，严复非常欣赏杨之禀赋，对其指点甚多，并为其改名绰庵。杨曾言："吾办事之才，得益于英人斯氏；而研治中西学问与修齐之道，则受惠于严公。"1926 年，任国务院秘书厅帮办，掌理机要。1927 年赴厦门就任地税局局长，不久转任福州市印花税局局长。1930 年，担任南京国民政府立法院统计处科长，对国家财政统计与计划经济颇有研究。1932～1936 年在广西任统计局局长，编纂 1933 年度《广西年鉴》，积极发展广西工商业，"斯乃绰庵一生事业初露锋芒之时"。但受当地人毁谤，1934 年 6 月离桂，赴国外考察，1935 年 10 月归国。1936 年春，受湖北省政府主席杨永泰盛邀，留鄂主持省政府统计局，兼任鄂省地政局局长。10 月，杨永泰遇刺后，杨绰庵离鄂赴赣。1937 年任江西省建设厅主任秘书，旋代行厅长职务，后兼任江西工商管理处处长、江西省工矿调整委员会主任。1939 年 10 月，任江西省政府委员兼建设厅厅长、江西省战时贸易部总经理、第九战区经济委员会委员，并加入中国国民党。在赣期间，杨绰庵颇有治绩，从 1938 年 10 月至 1941 年，江西省战时贸易部负责采购和供应第三、第九战区军粮共计 6900 余万斤，运济邻省粮食 4700 余万斤，抢购、采购各类物资数量、价值均属不菲，创办省营工厂 50 余家，并带动了赣省商办、民营企业的发展。"一时江西省政建设蓬勃发展，甚获各方好评。"① 1943 年底，奉调重庆市政府秘书长兼中央设计局设计委员。1945 年 9 月，任哈尔滨市市长。② 1946 年 8 月，出任东北物资调节委员会主任兼东北经济委员会委员，负责东北地区煤炭、粮食供应事宜。③ 1948 年 8

---

① 刘绍唐主编《民国人物小传》第 18 册，上海三联书店，2016，第 237～239 页。

② 《任命沈怡为大连市市长，任命杨绰庵为哈尔滨市市长》（1945 年 9 月 5 日），《国民政府档案》，档案号：001-032210-00026-002，第 7 页。

③ 江西省人物志编纂委员会编《江西省人物志》，方志出版社，2007，第 548～549 页；刘国铭主编《中国国民党百年人物全书》（上），团结出版社，2005，第 1001 页。

月，出任粮食部上海粮食紧急购储会主任兼财政部次长。1949 年 5 月 24日，粮食紧急购储会的"粮食购储工作""告一段落"后，[1] 杨亦离职。

战后粮食部主管官员虽更换频繁，粮食部下属机构屡有增设，但总体架构保持稳中有增的态势，据统计，战后粮食部员额达 601 人，另有田赋署人员 166 人，总计 767 人，[2] 职别、员额、官等等详情见表 3-10。

表 3-10 战后粮食部编制情况（1949 年 4 月）

单位：人

职别	员额	官等	职别	员额	官等
部长	1	特任	人事处处长	1	简任
次长	2	简任	科长	2	荐任
秘书	12	简任 4 人,荐任 8 人	科员	14	荐任 4 人,委任 10 人
参事	4~8	简任	助理员	6	委任
司长	5	简任	雇员	6	雇用
技正	4	简任 2 人,荐任 2 人	会计处会计长	1	简任
督察	4~6	简任	科长	4	荐任
科长	21	荐任	科员	24	荐任 4 人,委任 20 人
统计主任	1	荐任	办事员	12	委任
视察	16~20	荐任	雇员	5	雇用
稽核	10~14	荐任	专员	4	荐聘任
科员	157	荐任 40 人,委任 117 人	督导处处长	1	简任
技士	6	委任	督导专员	5	简任
办事员	52	委任	秘书	1	荐任
顾问	8	简聘任	科长	3	荐任
专门委员	14	简聘任	科员	18	荐任 7 人,委任 11 人
专员	32	荐任	办事员	2	委任
医官	2	简任 1 人,荐任 1 人	雇员	2	雇用
护士	2	委任	督粮委员	20	荐任
雇员	83	雇用	督粮助理员	20	荐任

资料来源：《财政部田粮署组织法草案》（1949 年），《行政院档案》，档案号：014-040503-0014，第 28 页。

---

[1] 《粮食紧急购储会工作总报告》，"说明"。

[2] 《财政部田粮署组织法草案》（1949 年），《行政院档案》，档案号：014-040503-0014，第 28~29 页。

从表 3-10 可以看出，战后粮食部的员额从战时的 539 人增至 601 人，如果加上田赋署，则增幅不小，这虽与战后精简机构的初衷背道而驰，却是战后粮食部所辖地域扩大、业务更形复杂的必然结果。与战后粮食部机构设立、变迁较为频繁相比，部长人选的更替更为频繁，这也是战后粮食部的一大特点。

第三节　战后三任粮食部部长

一　谷正伦

1946 年 10 月，徐堪调任主计长，离开了任职 5 年多的粮食部，粮食部由此进入"后徐堪时代"。徐堪离任后的粮食部存续不足两年半，却是部长及下属官员更易最为频繁的时期。

徐堪离任后，部长一职由谷正伦接任。谷正伦，字纪常，生于 1890 年 9 月 23 日，贵州安顺人，幼好击剑，先后入贵州陆军小学、武昌陆军中学学习。1908 年入日本振武学堂学习军事，并加入同盟会。辛亥革命爆发后回国，任汉阳总指挥部副官，追随黄兴。1912 年初，任南京临时政府陆军部少校科员，4 月任南京留守府中校科员。后东渡日本，入日本陆军士官学校第 11 期学习。1916 年，回到贵州，先后任炮兵团团长、第二混成旅旅长。1920 年 11 月，与何应钦等发动"民九事变"。1922 年 1 月，被孙中山任命为中央直辖黔军总司令，1923 年加入贺耀组部，任讲习所教育长兼顾问、参谋长。北伐时任国民革命军独立第二师旅长，1927 年 9 月升师长，1928 年 5 月任首都卫戍司令。① 谷在任首都卫戍司令期间，"勋勤懋著"，"任职忠勤，首都深资翊卫"，② 可见国民政府对谷卫

---

① 《中华民国政府令》（1928 年 5 月 14 日），《国民政府公报》第 58 号，1928 年 5 月，第 11 页；刘国铭主编《中国国民党百年人物全书》（上），第 1090 页；黄联球：《谷正伦史略》，政协贵州省安顺市委员会文史资料委员会编印《安顺文史资料》第 13 辑，1992，第 169~174 页。

② 《国民政府指令》（1931 年 12 月 22 日），《国民政府公报》第 959 号，1931 年 12 月 25 日，第 7 页；《国民政府指令》（1932 年 1 月 12 日），《国民政府公报》第 977 号，1932 年 1 月 15 日，第 1 页。

成首都的职责与贡献是相当肯定的。

1930 年冬，谷开始举办宪兵干部教育，积极扩展宪兵力量，对宪兵人事、经理、勤务等颇多建树，"使警察一元化、党务与特务一元化、处常与备变一元化"，① 拟定《宪兵令》《宪兵服务规程》，这两项法令被称为宪兵的"根本大法"。1932 年 1 月，任宪兵司令部司令，兼任南京警备司令、防空司令，誉为"现代中国宪兵之父"。②谷任宪兵司令期间，"扰乱社会的不良份子，也不知被他杀了多少，谁都怕见他的面"，故有"谷屠户""阎君"称谓。③ 1935 年，当选国民党中央委员。

抗战全面爆发后，谷于 9 月 16 日兼任军委会军法执行副监。④ 1939 年 2 月，兼任鄂、湘、川、黔四省边区绥靖主任，还兼任重庆宪兵司令。1940 年 11 月，谷调任甘肃省政府主席兼省保安司令，宪兵部司令由四川省政府委员兼秘书长贺国光继任。⑤ 治甘 6 年期间，谷在发展甘肃经济、水利、公路等方面"政绩斐然"，研究制定"凭票兑粮"办法，使运费节省一半，省内粮价、物价稳定，被誉为"善办粮政"。⑥ 1941 年 8 月 26 日的经济会议上讨论谷呈报的一件事，即甘肃省兰州市为实行平价政策，曾责令登记 9 种平价货物，但一再展期的查报结果却是"匿不登记并无户数者，竟在百家以上"，货值达 300 万元以上，按照此前甘肃省政府主席朱绍良颁布的政策，此类货物应该按囤积居奇予以没收，依据《非常时期农矿工商管理条例》则应处罚款。谷认为，"若不依法执行没收，则违犯平价政策，破坏中央法令，行将助长刁风，使政策法令、人民生计深受影响"，但一来货值"稍巨"，二来他省并无此先例，故而请示经济会

① 吴相湘：《民国百人传》第 4 册，台北，传记文学出版社，1979，第 346 页。
② 《国民政府令》（1931 年 11 月 5 日），《行政院公报》第 304 号，1931 年 11 月 11 日，第 8 页；沉度、应列等编《国民党高级将领传略》，华文出版社，1995，第 405 页；刘绍唐主编《民国人物小传》第 2 册，第 31 页。
③ 铁军：《谷正伦主持下之粮食部》，《快活林》第 43 期，1946 年 12 月 16 日，第 9 页；王俯民：《民国军人志》，中国广播电视出版社，1992，第 224 页。
④ 《国民政府令》（1937 年 9 月 16 日），《国民政府公报》第 2460 号，1937 年 9 月 17 日，第 1 页。
⑤ 重庆卫戍总司令部、重庆市警察局：《关于调离谷正伦并另委贺国光递补的训令、通令》（1940 年 11 月 15 日），《重庆市警察局档案》，档案号：0061001501750000085000，第 85 页。
⑥ 刘绍唐主编《民国人物小传》第 2 册，第 32 页；吴相湘：《民国百人传》第 4 册，第 353 页；王劲：《甘宁青民国人物》，兰州大学出版社，1995，第 147 页。

议如何处理。谷的算盘打得相当巧妙，虽然名义上是请示，但实际上是想取得经济会议及中央政府要员的支持，此举既凸显了甘省奉行中央政令的决心，也向中央表明了自己的实际行动，以博得中央要员的好感，如没收时发生问题，则可将主要责任推给指示者，可谓万全之计。果然，经济会议秘书处签注的意见是"予以没收，自无不可"，"毫无宽假之余地"。①此事件在整个平价、限价及粮食管理工作中虽不十分突出，却显示出谷正伦的能力。1943 年 7 月，农林部部长沈鸿烈赴兰州视察限价政策业务期间，在呈送蒋介石的一份电文中表示，只将没收后公开出售货物的价款及罚款处理手续、用途呈报。其中，对谷推进甘肃省限价政策不无溢美之词："谷主席对中央法令认真奉行，其管制机构历史较久，尚能负责，限价种类，悉遵中央规定办法，限价地区普及全省。困难虽多，正在积极奋斗中。"②谷在战时多僻处边陲闭塞地区，而其行政能力却不降反升。尽管沈的赞誉不无吹捧嫌疑，但对谷而言，确实增加了晋升的筹码。

1946 年 10 月 16 日，国防会第 207 次常务会议决定徐堪调任主计长，谷正伦从甘肃省主席一职调任粮食部部长，甘肃省政府主席由郭寄峤继任。③谷上任后，据说"准备撤换部内主要人事"，拟将复兴社分子、军统骨干、甘肃省民政厅厅长赵龙文调升为粮食部常务次长，以接替庞松舟，将追随何应钦多年的谢伯元任为参事，任命张致祥为督察，"还有不少人将从兰州来京任职"，但这一想法因受到不少人的抵制而未实现，④

---

① 《第三十次经济会议》（1941 年 8 月 26 日），《行政院经济会议、国家总动员会议会议录》第 2 分册，第 81～83 页。

② 《国家总动员会议秘书长沈鸿烈电军事委员会委员长为呈报视察甘陕宁青豫五省物资物价情形》（1943 年 7 月 18 日），《国民政府档案》，档案号：001-110010-00018-008，第 58 页。

③ 《粮食部次长任免案》（1946 年 7 月 6 日~1948 年 3 月 24 日），《国民政府档案》，档案号：001-032146-00001-015，第 25～26 页；四川田赋粮食管理处：《关于谷正伦继任粮食部部长致北碚管理局的代电》（1946 年 10 月），《北碚管理局档案》，档案号：00810 004047050000009000，第 9 页；《国防最高委员会第二百零七次常务会议纪录》（1946 年 10 月 16 日），《国防最高委员会常务会议记录》第 8 册，第 545 页。周剑心称谷正伦"三十六年，调粮食部部长"，参见刘绍唐主编《民国人物小传》第 2 册，第 32 页。此说法不确。

④ 陈开国：《回忆谷正伦任粮食部长的几点情况》，《安顺文史资料》第 3 辑，第 12 页。

因此，在谷任职粮食部期间，粮食部机构与人员变动不大，仅做微调。

在甘办理粮政颇著政声的谷上任未久，即于1947年3月6日提出辞职，称"本部业务至为繁巨，内而社会、经济，外而国际、金融，息息相关，未容偏废"，这既印证了粮政业务的重要与繁杂，也表明了谷自身面临的困境，"职于金融经济向少研究，处理部务既感力有未逮，对于国际间粮食政策之应付，尤觉策划难周"，请求辞去现任粮食部部长职务，"另简贤能接替"。① 7日，蒋代电谷，予以安抚，电文谓谷"老谋练达，深资倚畀"，中央任命其担任粮食部部长、主办粮政也是"几经考虑而定，实甚相宜"，希望谷能够"共体时艰，勿萌退志"。② 4月22日，谷乘行政院改组的机会，以"力不从心，难膺繁剧"为借口，再次提出"自应及时引退……俾卸仔肩"。③ 23日，吴鼎昌签拟意见，谓"今日粮政实为最大要务"，行政院新的任命已经发布，仍由谷负责粮政，"勉为其难，以宏干济"。26日，此意见以蒋的名义发出，④ 谷正伦辞职一事暂告平息。

如果说徐堪战后请求辞职主要是迫于舆论压力，那么谷正伦接连两次请辞，其原因正如谷所说，谷对于经济、金融、国际粮食问题素乏研究，尽管其在甘肃办理粮政颇有政声、治绩，但毕竟限于一隅，缺乏处置全国粮政大局的经验，而且甘肃僻处边陲，粮政工作较为简单，当谷面对全国繁剧复杂的粮政局面时，力不从心应是其真实心迹的表露。既然谷"力不从心，难膺繁剧"，且去意坚决，那如何体面地"摆脱"粮食部部长这个谷眼中的鸡肋呢？谷想到了战后政府机构精简。

6月30日，谷正伦按原定改革方案时间表，向行政院提出裁撤粮食部的请求。对于粮食部拿自己开刀以精简机构的做法，行政院很快于7月4日做出回复，并于7日发出指令：

---

① 谷正伦：《签呈》（1947年3月6日），《国民政府档案》，档案号：001-032100-00011-000，第109页。

② 蒋介石：《给谷正伦的代电》（1947年3月7日），《国民政府档案》，档案号：001-032100-00011-000，第110页。

③ 谷正伦：《请准辞去粮食部部长职务》（1947年4月22日），《国民政府档案》，档案号：001-032100-00011-000，第112页。

④ 吴鼎昌：《请谷正伦继续负责粮政的代电》（1947年4月23日），《国民政府档案》，档案号：001-032100-00011-000，第113~114页；《国防最高委员会第二百三十次常务会议纪录》（1947年4月23日），《国防最高委员会常务会议纪录》第9册，第319页。

令粮食部。

三十六年六月三十日签呈拟具粮政机关裁并方案请采择施行由。

签呈及附件均悉。查粮政重要，该部未可裁撤，所请应毋庸议，仰即知照。此令。①

该指令意思非常明显，即粮食部及粮政工作重要性毋庸置疑，粮食部不能裁撤，当然粮食部部长也无法去职，谷只能继续"勉为其难"。

除了粮政，谷在任期间进一步整理赋籍，如针对已进行土地陈报并出现错误与偏差的川、甘、陕、桂、粤、湘、鄂、豫、浙、赣、闽、康等省的 100 个县份，准予业户申请复查，如确有错误者，则予以更正；未办理土地测量、登记而已完成土地陈报并征赋 1 年者，颁发土地管理执照，计先后在粤、甘、陕、桂、湘、豫、闽等省 45 个县颁发了土地管理执照；办理田赋推收、业户总归户，减轻小户负担，1946 年共计在滇、甘、陕、桂、黔、粤、湘、鄂、皖、豫、浙、赣、闽 13 个省 100 个县先后办竣；整编收复县市田赋征粮底册，计在苏、浙、皖、赣等 15 个收复省份完成440 个县的整编工作，为之后征收田赋奠定了基础，而完成整编的县份，"其大多数成果并已于三十五年度利用征赋"。②

任职粮食部后，谷的作风并没有改变，"他的僚属见到他，总是必恭必敬的，上午的事不准下午办，今天的事不准改到明天办，案头上不准有一件积压的公事"。谷曾对下属说，办理粮食最容易贪污，大家要随时留神，如果有贪污的事，不分大小，不问轻重，如果被人检举，或是被谷发觉，一律军法从事。"现在粮食部的纪律最好，从大门经过，便可见到里面的严肃，好似一座'阎王殿'。"③ 在很多人眼中，谷正伦管理粮食，采用的是"军法"，即以军事手段、军事方法管理粮食，④ 既严格粮政人

---

① 《粮食部成立与裁并》（1941 年 6 月 9 日~1947 年 7 月 7 日），《行政院档案》，档案号：014-040503-0001，第 28~33 页。

② 谷正伦：《一年来的粮政（自三十五年三月起至三十六年四月止）》，《粮政季刊》第 5~6 期合刊，1947 年 9 月，第 9 页。

③ 铁军：《谷正伦主持下之粮食部》，《快活林》第 43 期，1946 年 12 月 16 日，第 9 页。

④ 《南京米蛀虫可恶　谷正伦军法管粮》，《快活林》第 50 期，1947 年 2 月 22 日，第 2 页。

员考核，又极力查处粮食弊案。据统计，1946 年 3 月至 1947 年 4 月底，粮食部因工作努力嘉奖者 30 人、记功 33 人、发给奖金 3 人；办事不力怠忽职务记过申斥者 103 人、罚薪者 12 人、撤职解雇者 19 人；对于经查明属实的舞弊案件，则依法处理。在此期间，判处死刑、无期徒刑者各 1 人，15 年以上有期徒刑者 8 人，10 年以上者 11 人，5 年以上者 47 人，1 年以上者 37 人，通缉 10 人。①

谷在职期间，接收清理敌产亦是重点工作。在收复各省市，除广西无粮食接收、察哈尔与台湾未报外，其他省市接收的粮食合计稻谷 313876.68 大包，米 232498.26 大包，小麦 1029593.16 大包，面粉 1744158.45 袋，杂粮 2230919.10 大包又 194985.74 市石，此外还有干粮、秕糠、麸皮、菜籽、豆类、油类等，品种繁多，因"单位不一，其收数故未列入"。除了接收粮食，敌伪工厂也是战后接收的重要部分。据统计，此阶段粮食部接收的粮食加工厂约 130 个。②

对于谷执掌粮食部期间的作为，有的学者认为"谷正伦雄心勃勃来粮食部就职，不到一年，竟束手无策，恐惶万分"，③ 此一评价或失之偏颇。有的

---

① 谷正伦：《一年来的粮政（自三十五年三月起至三十六年四月止）》，《粮政季刊》第 5~6 期合刊，1947 年 9 月，第 10 页。据记载，1947 年 1 月，粮食部暨所属机关办结的奖惩案件中，无人受奖，惩处共计 31 人，涉及湖南、江苏、云南 3 个田粮处，尤以云南省为多，达 29 人。2 月奖惩 15 人，涉及江西、四川、广西、河南、福建五省，其中奖 2 人、惩 13 人，受奖 2 人分别为江西省南康县县长李锡年及该县田粮科科长李师，二人均在 1946 年度征实中"征粮努力"；被惩处人员中，不乏福建省田粮处长林学渊、河南临汝县田粮处副处长张常荫等管理人员及川储局多名船户，林学渊系"未能及时抛售粮食调剂市场，至福州粮价滥涨"，张常荫"征粮次数送催未报"，6 名船户多系"侵占公有财物""盗卖公有财物"或"共同侵占公有财物"。3 月奖惩 24 人，其中奖 4 人、惩 20 人。参见《本部及附属单位奖惩日报案》（1947 年 4 月），《粮食部档案》，档案号：119-010200-0448，第 14~16、5 页。另据《行政院工作报告》，1946 年 3 月至 1947 年 2 月 10 日，与粮政相关的各项奖惩数据如下：因工作努力予以奖励者，嘉奖 25 人，记功 28 人，发给奖金 3 人；办事不力、怠忽职务，给予行政处分者，记过申斥 95 人，罚薪 9 人，撤职解雇 19 人；经查明属实的舞弊案件依法处刑者，死刑 1 人，无期徒刑 1 人，15 年以上有期徒刑 8 人，10 年以上者 9 人，5 年以上者 39 人，1 年以上者 33 人，1 年以下者 2 人，通缉者 10 人。参见《行政院工作报告》（1946 年 2 月至 1947 年 1 月），行政院秘书处撰，李强、黄萍选编《行政院工作报告：一九三四~一九四七》第 9 册，第 361 页。

② 谷正伦：《一年来的粮政（自三十五年三月起至三十六年四月止）》，《粮政季刊》第 5~6 期合刊，1947 年 9 月，第 10 页。

③ 黄联球：《谷正伦史略》，《安顺文史资料》第 13 辑，第 177 页。

学者在论述谷正伦执掌粮食部的功绩时，谓其"调剂军糈民食，厥功尤伟"，[①] 实乃赞誉太过。就笔者所见，多数有关谷正伦的传略，对其担任粮食部部长期间的作为仅一笔带过，绝非"厥功尤伟"，"主持粮政力不从心"的评价或许更为贴切。[②] 据陈开国分析，谷力不从心的原因之一是徐堪对其存有"蔑视和嫉妒"，徐"和当时财政部的俞鸿钧等声息相通，卡住财政关。谷正伦要调运长江上游之粮，以济京沪之急，需要大量的运费；无粮可调便需要向产区或国外购补，更需要巨额的购粮专款。谷正伦向财政部伸手，却多次碰壁，力不从心，徒唤奈何"。[③] 如果陈所言属实，不但印证了国民党派系斗争的严重，而且暴露出战后粮政日益走向孤立与失败的必然结局。

1947年7月19日，国民政府令"行政院政务委员兼粮食部部长谷正伦呈请辞职，谷正伦准免本兼各职"，任贵州省政府主席。在多次提请辞职后，谷终于正式卸任粮食部部长一职。卸任后的谷于7月23日致函吴鼎昌，称自己"邀准解职，如释重负"。[④] 同日，国民政府特任俞飞鹏为行政院政务委员兼粮食部部长。[⑤]

二　俞飞鹏

俞飞鹏（1884~1966），谱名忠稚，字樵峰，浙江奉化人，早年毕业于宁波师范学校，辛亥革命后投笔从戎，任上海新军训练部军需。1912年，上海都督陈其美保送其至北京军需学校第一期学习，2年后毕业，先后任教于北京师范学校、北京高等师范学校、浙江第四中学、绍兴第五中学。1917年随孙中山赴粤参加护法运动，1922年至1923年先后任福建松

① 刘绍唐主编《民国人物小传》第2册，第32页。在吴相湘为谷氏三兄弟所撰较为详细的传记中，对于谷正伦担任粮食部部长事，仅一笔带过，即"民国卅六年五月，谷正伦奉调出任行政院政务委员兼粮食部部长"，并未详述其粮食部部长任内的政绩。参见吴相湘《民国百人传》第4册，第353页。
② 王劲：《甘宁青民国人物》，第147页。
③ 陈开国：《回忆谷正伦任粮食部长的几点情况》，《安顺文史资料》第3辑，第23页。
④ 谷正伦：《解职后致吴鼎昌函》（1947年7月23日），《国民政府档案》，档案号：001-032100-00011-000，第115~116页。
⑤ 四川田赋粮食管理处：《关于谷正伦继任粮食部部长致北碚管理局的代电》（1946年10月），《北碚管理局档案》，档案号：0081000404705000000009000，第9页；《国民政府令》，《国民政府公报》第2881号，1947年7月19日，第1版。

溪县、浦城县县长。1923年，任粤军总司令部代理审计处处长，1924年2月参与筹备黄埔军校，后任黄埔军校军需部副主任、经理部主任，北伐战争时期历任惠州、潮州、梅州财政处处长，国民革命军总司令部兵站总监，江西省政务委员会委员、财政委员会主任委员，财政部江海关监督。1928年1月，改任军政部军需署署长。1931年1月，调任交通部政务次长。1932年，改任常务次长。[①] 1934年春，奉派赴欧美各国考察交通，先后游历20余个国家，12月代理交通部部长。1935年12月，朱家骅辞去交通部部长一职后，国民政府特任顾孟余为交通部部长，顾到任前，由俞代理部务。[②] 1937年3月，俞被任命为交通部部长，3月8日到职视事。[③] 对于此项任命，有人如此说道："国民政府成立以后，以次长代理部务者为常见之事，但以次长正式升任部长者，则今之新任交通部长俞飞鹏实为第一人。"[④] 7月，任军委会后方勤务部部长。为了促进船舶运输，交通部拟成立船舶运输司令部，1938年7月正式在汉口成立，8月，俞被任命为船舶运输司令，庄达、吴崛为副司令。[⑤] 1938年1月，俞被免去交通部部长职务。[⑥] 1939年，兼任屯粮监理委员会主任委员。1941年，兼任滇缅公路运输工程监理委员会主任委员、中缅运输总局局长。1945年1月，战时运输管理局成立，俞任局长；后再次担任交通部部长，沈怡为交通部政务

① 刘绍唐主编《民国人物小传》第4册，上海三联书店，2015，第183页；胡必林、方灏编《民国高级将领列传》，解放军出版社，2006，第200~201页。

② 邮政储金汇业局：《关于聘俞飞鹏代理交通部部务给邮政储金汇业局南京分局的训令》（1935年12月30日），重庆市档案馆藏（以下不再一一注明藏所），《邮政储金汇业局重庆分局档案》，档案号：02900005001530000045，第184~186页。

③ 邮政储金汇业局总务处：《关于告知俞飞鹏到职视事日期致邮政储金汇业局南京分局的代电》（1937年3月），《邮政储金汇业局重庆分局档案》，档案号：0290001001370000245000，第84~85页。

④ 佐顿：《纪俞飞鹏》，《天文台》第35期，1937年3月13日，第4版。

⑤ 兵工署：《关于派俞飞鹏为船舶运输司令、庄达为副司令等给兵工署重庆炼钢厂筹备处的训令》（1938年8月），重庆市档案馆藏，《兵工署第二十四工厂档案》，档案号：01780001056810000012，第24~26页；《军政部军工关于派俞飞鹏、庄达等为船舶运输正、副司令给兵工署第四材料库的训令》（1938年9月14日），重庆市档案馆藏，《兵工署第四材料总库档案》，档案号：01910001016400000050000，第50页。

⑥ 四川省政府：《关于王世杰、陈立夫、俞飞鹏等任职情形给四川省第三区行政督察专员公署的训令》（1938年1月14日），《四川省第三区行政督察专员公署档案》，档案号：00550001000890000010000，第10页。

次长，凌鸿勋为常务次长。① 1947 年 1 月，俞晋升为陆军上将。

7 月 16 日，国民党中政会决议，以俞飞鹏继谷正伦任粮食部部长。19 日，俞正式任行政院政务委员兼粮食部部长。21 日，谷正伦与俞完成交接手续。24 日，俞开始视事。② 直至 1948 年 5 月 31 日因行政院改组而去职。在此期间，俞兼任四明银行董事长。③

俞到任后，深知"粮官难做，卖力不讨好"，④ 而且自己"承乏粮政，深感职责重大"，⑤ 此非虚言。俞所面临的最大问题还是如何筹措大量粮食，以供应军粮民食。7 月 18 日，在俞飞鹏被任命后的第 3 天，国民政府第 7 次国务会议确定 1947 年田赋继续征借实物案，但具体征借实施方案仍待各方进一步商讨。因此，俞飞鹏决定尽快召开全国粮食会议，以讨论 1947 年度田赋征借实施办法。

27 日，全国粮食会议在南京开幕，与会者包括各省主席、参议长、田粮处及中央各部会负责人共计 80 余人，对征实征借、划拨收购、机构经费、督征监察四大类问题进行讨论。蒋介石在会上着力强调军粮问题，以期足食足兵。经过商讨，大会决定事项如下。第一，征实征借方面。一是 1947 年度田赋仍尽量以征收实物、征借粮食为主，院辖市及交通不便、

① 叶惠芬编辑《蒋中正总统档案：事略稿本》（59），台北，"国史馆"，2011，第 399 页；《东川邮政管理局关于饬知俞飞鹏、沈怡、凌鸿勋就任交通部部长、次长日期的通令》（1945 年 2 月 17 日），重庆市档案馆藏，《东川邮政管理局档案》，档案号：0340-0002-00210-0100-251-000，第 251 页。《交通部电信总局关于告知俞飞鹏、沈怡等员职务致交通部重庆电信局的代电》（1945 年 2 月 21 日），重庆市档案馆藏，《交通部重庆电信局档案》，档案号：03440010046300000067，第 121 页。
② 《粮食部部次长任免案》（1946 年 7 月 6 日至 1948 年 3 月 24 日），《国民政府档案》，档案号：001-032146-00001-015，第 24~26 页；《中政会决议俞飞鹏长粮食部》，《新闻报》1947 年 7 月 17 日，第 1 版；重庆市政府、粮食部：《关于俞飞鹏任行政院政务委员兼粮食部部长并按时到部接事的代电》（1947 年 7 月 26 日），《重庆市政府档案》，档案号：0053-0032-00160-0000-122-000，第 124 页。据俞飞鹏在另一份文件里说："飞鹏奉命谬长粮部，于七月廿一日到部视事。"参见《军粮危机补救》（1947 年~1948 年），《行政院档案》，档案号：014-040501-0023，第 3 页。
③ 《四明银行总行关于本行总经理俞飞鹏到职的函》（1947 年 8 月 4 日），重庆市档案馆藏，《四明商业储蓄银行重庆分行档案》，档案号：031400100138000076000，第 76~77 页。
④ 一品：《俞飞鹏与关吉玉》，《中西新闻》第 1 卷第 1 期，1948 年 7 月 14 日，第 8 页。
⑤ 重庆市财政局、重庆市政府、俞飞鹏：《关于拟定三十六年度田赋征实征借粮食实施办法的呈、指令、函》（1947 年 11 月 8 日），《重庆市政府档案》，档案号：0053-0028-00019-0000-055-000，第 62 页。

粮产不丰地区可以折征法币；二是 1947 年度应返还的粮食库券本息，在中央政府应得征借项下抵还，1947 年度征借粮食不发库券、不计利息，自 1952 年起分 5 年平均抵还；三是各省田赋征实数额及征收标准，仍照商议结果办理；四是各省市公粮随赋带征，以征实额三成为准；五是开征日期不得推迟；六是关于串票印制要求；七是规定截限日期仍为开征后 3 个月。第二，划拨与收购方面。一是征借粮款全部解归中央，征实部分依照财政收支系统法规定进行划拨；二是征收所得实物属于省县所有部分，除公粮不予收购外，余由中央政府收购，统筹拨用，收购办法另外规定；三是征借实物应优先拨为军粮；四是军粮不敷需要时，应自邻省调运，仍不敷时，由粮食部现款采购。第三，机构经费方面。一是各省田粮处应根据征实、征收法币县份，按照 1946 年度粮食部颁定的编制，紧缩机构；二是征实县份一律设置田粮处及乡镇办事处、收纳仓库，不得超过编制，征收法币市县的原有机构，除田粮科外一律裁撤，征收业务由市县政府办理；三是各省储运机构编制及员额由粮食部斟酌核定；四是征实县份各个机构的各项费用，包括经常费、生活补助费、串票印制费、征收事业费、验收工具费等，全部由中央政府负担，征实、征币县份业户的总归户费、田赋推收费、土地陈报复查更正费、整编田赋册籍费、调整科则费由中央与地方共同负担。第四，督征与监察方面。一是在旺征时期，各省市县主管人员应分赴各地督征，简化手续，依限征足；二是各级征借粮食监察委员会均应限期成立，健全组织，严密监察；三是各省市政府督饬田粮主管机构拟具实施办法，报粮食部核转行政院备案。[①]

此次全国粮食会议，是继 1941 年 2 月全国粮管局召开第一次粮食会议及 1942 年 6 月粮食部召开全国粮政会议之后的第三次全国性粮食会议，也是战后粮食部召集的首次全国粮食会议。尽管三次粮食（政）会议召开的社会背景、会议主题、达成目标等各不相同，但有一点是相同的，即均是为了应对粮食危机，解决粮食供应问题。1941 年的粮食会议在粮食行政、粮食运济、粮政制度等方面做出了有益探索，尽管许

---

① 《全国粮食会议开会》，《推广画报》新 3 期，1947 年 8 月 1 日，无页码；《全国粮食会议通过粮食征借办法》，《金融周报》第 17 卷第 6 期，1947 年 8 月 6 日，第 5~6 页。

多议案在全国粮管局期间未能落实，但粮食部借此打开了新的局面，为以后粮政提供了诸多思路并奠定了相当基础。① 1942 年的粮政会议是为了总结粮食部成立一年来的粮政经验，进一步改善粮政而召集的会议。在粮政会议上，蒋介石对粮食部一年来的粮政推行情况表示满意，对随赋征购、累进税率等问题及"平均"原则做了指示，② 为战时粮政顺利推进奠定了基础。

与战时两次会议相比，第三次全国粮食会议仍是在战争状态、国民政府面临严重粮食危机的背景下召开的，不过战后粮食危机与多种因素密切相关，如战时收复区农业遭受损害较重，一时难以恢复，国民政府明令收复区省份免赋，粮食来源急剧减少；在继续征收田赋省份，国民政府重新划分了中央、地方征收比例，中央所能掌握的实物大为减少；国际粮食市场供应缺口较大，国际购粮形势不容乐观；等等。因此，俞飞鹏所面临的粮食征收任务是相当艰巨的。

面对如此艰巨的任务，好在俞对军粮危机、粮食危机的认识是清醒的，这集中反映在其 9 月制定的《中华民国三十七年度粮食部工作计划（事业部分）》与 10 月 16 日呈送行政院的签呈中。在工作计划中，俞指出，在"戡乱"时期，粮食部的中心工作有五个方面：一是民食调节，二是军粮供应，三是公粮供应，四是征实征借，五是修建仓库。此外，俞所拟工作计划还包括参加国际粮食组织、协助粮食增产、粮商登记、推进积谷、整理赋籍、发展粮食工业、开展粮食调查等。③ 可以看出，1948 年粮食部的工作计划是较为明确的，很具条理性，重点突出。

签呈系在《中华民国三十七年度粮食部工作计划（事业部分）》的基础上拟订，其中核心问题可以归结为两个：一是军粮问题，二是民食供应。在军粮问题上，根据行政院最初核准数量，1947 年军粮按照 450 万人筹备，

---

① 《全国粮食管理局召开全国粮食会议记录及有关文书》，《农林部档案》，档案号：二三-1273。

② 唐润明编著《重庆：中国战时首都大事记》，重庆出版社，2018，第 345 页。

③ 俞飞鹏：《中华民国三十七年度粮食部工作计划（事业部分）》（1947 年 9 月），《中央设计局档案》，档案号：一七一-4150，第 8~17 页。

每人每年以稻谷 8 市石计算，另外加购一成准备粮，总计 3960 万市石。嗣后，军粮计核大会决议仍照 500 万人配拨，则总数增至 4400 万市石。在田赋豁免政策实行后，如何筹措充足的军粮成了粮食部必须面对的最大最棘手的问题。在第三次全国粮食会议上，商定的军粮来源包括三个方面：一是中央应得征实三成及征借粮额，此一部分理论上有 2020 万市石，但除去折征、灾歉减免等粮额，实际只有 1820 万市石；二是收购省县级七成赋粮粮额，计有 802 万市石；三是采购各省粮额，计有 870 万市石。三项合计 3492 万市石，与核定军粮总额相比尚短少 908 万市石，即使按 450 万人计算，仍短缺 498 万市石，需要另行购补。而据粮食部测算，收购、采购、补购各项粮额，总计需要粮款 41668 亿元，运输费、包装费、修建仓库及其他事务费约 10550 亿元，两者合计约 52218 亿元。面对如此巨款及粮款差额，俞飞鹏在 10 月中旬呈送行政院的签呈中抱怨，自己手中仅有 8500 亿元，行政院核准拨付的 5000 亿元尚未领到，在各省次第开征之际，如果不能及时购买，深恐"历时愈久，粮价愈高，公家必将蒙受亏损，且事实上亦不易购买"。① 俞所言粮价日渐高涨不易购得并非虚言，战时粮价飞涨，1946 年粮食部在山西购粮教训亦殷鉴不远。

据山西省参议会议长王怀明、副议长韩振声等人 1946 年十一二月代电国民政府主席蒋介石，谓山西属免赋省份，此前军粮筹购采取的是定价收购，1946 年军粮改为按照市价收购，但粮食部所核定粮价"仍较市价为低"，粮食部 6 月所定价格为每包 5 万元，而 9 月市价已涨至 67000 余元，11 月 26 日太原粮价竟涨至每包 14 万元，粮食部所定粮价与市价相差 9 万元之巨，"事实上等于人民出三石之粮，得一石之价"。各县为完成收购任务，不得不"向人民或粮商市场照部定价格赊购"，"不但于理不合，恐因负担不起而发生意外"。② 王、韩二人所言不过是战后全国军粮筹备情形中的冰山一角。其所谓"发生意外"，在国共对华北争夺日益激烈背景下内涵颇深，甚至不无胁迫之意。"意外"暗含不确定性较多，

---

① 《粮食部部长俞飞鹏呈报粮政措施及各地征购困难情形并陈述请求七项事项》（1947 年 10 月 16 日），《行政院档案》，档案号：014-040501-0004，第 6~12 页。

② 《军粮征购》（1945 年 9 月 7 日~1948 年 3 月 26 日），《国民政府档案》，档案号：001-087110-00003-000，第 133~147 页。

但可以肯定的一点是，粮价仍在上涨，这在俞飞鹏向行政院提供的"各重要城市中等熟米价格表"中也有明确反映。在俞罗列的上海、南京、无锡、芜湖、南昌等 10 个南方城市 10 月 11 日与 9 月 30 日米价对比数据中，10 个城市米价均呈上涨态势，其中南京涨幅最小，为 8.6%，涨幅最大的汉口 12 日内上涨 44%。当然，全国各地粮价上涨趋势仍未停止。俞提供米价变动统计的初衷是请行政院尽快下拨购粮资金，以便及早妥购军粮，以免重蹈覆辙，这是俞为了早日完成军粮购运向行政院所提的七项"请求事项"中的第一项，也是最重要的一项。①

与军粮购备相关联的，还有较为紧迫的军粮包装问题。据粮食部计算，1947 年包装军粮所需麻袋为约 1000 万只大袋，此一数目绝非短期内可以购足。军粮计核会议对此曾有讨论，对其购办难度之大也是心知肚明的，因此会议将之缩减为 700 万只，其中由中央信托局从国外购办 400 万只，剩余 300 万只由粮食部在国内购置。但是，据俞反映，"国内各地无巨量之麻袋可购"，粮食部应购 300 万只"所赖以应付者"，只能先向中信局商借 100 万只，另向海外商家订购 96 万只，其余均赖中信局向海外订购。中信局海外订购主要国家是印度，除了外汇问题，还涉及进口许可手续，即通关时须向海关出示麻袋进口许可证，方准入关。此前中信局就曾遇到过此类问题，所购麻袋被海关扣存，因此，俞向行政院所提的七项"请求事项"中的另一个"请求事项"，是请中信局向印度代购 700 万只麻袋，"并饬提前结付外汇，发给入口许可证，俾免有粮无袋，贻误军糈"。②

从粮款应尽早划拨到麻袋须充足订购，应该说俞的请求无一不符合粮食部工作实际，倘若这些问题能按照俞的愿景得到解决，那军粮的前景至少不必过于悲观，同时俞还可以腾出手来解决民食供应问题（详见本书第六章），谋划下一年度的粮食工作。然而，行政院 10 月 25 日对俞的请求所做出的回应，却是困难远多于利好。利好方面如粮款俟预算核定后，

---

① 《粮食部部长俞飞鹏呈报粮政措施及各地征购困难情形并陈述请求七项事项》（1947 年 10 月 16 日），《行政院档案》，档案号：014-040501-0004，第 6~12 页。

② 《粮食部部长俞飞鹏呈报粮政措施及各地征购困难情形并陈述请求七项事项》（1947 年 10 月 16 日），《行政院档案》，档案号：014-040501-0004，第 6~12 页。

最迟在十一二月分别拨足；行政院拟责令各省不得禁阻粮食部购办。困难则如麻袋问题，仍"来源既少，价格亦高"，只能回收旧袋，"巡回使用"；委托银行购办的谷麦，"购起数量尚属有限"；国外购粮除已购运者，因外汇关系，"此后恐难继续购办"；国外华侨利用自有外汇购粮虽可"策动与鼓励"，但国内商人自筹外汇购粮则"殊非所宜"，因其刺激外汇黑市且成本过高，影响粮价，其他各项只能"再行核办"。国民政府对于俞的请求，仅在27日指示行政院及时下拨粮款、通令各省不得禁购，其他各项请求概未切实指示，① 表现出爱莫能助的态度。所谓下拨粮款，实即增发法币；通令禁购，仅是一纸文书而已。

1948年4月，国大第七次大会召开，俞飞鹏13日向大会提交粮食部工作报告，指出粮食部今后的工作包括三个方面：一是设法增加农贷，使农民能多获贷款，以恢复农业、增加生产；二是尽量争取国际粮食购运配售数量；三是厉行节约，如禁止酿酒、禁止以粮食饲畜、限制精米精粉、食用杂粮等。② 同时，行政院3月16日第47次会议决定，1948年度仍继续办理征实征借，军粮按500万人筹备，包括新兵在内，其中450万人筹配现品，其余50万人发放代金，或500万人的食粮中以九成发给现品，一成用作改善副食。③ 以此计算，1948年度共需稻谷约4000万市石，以全国征实征借的总数量，供给军粮仍嫌不够，不得不向产粮地区酌量采购。公教民食方面，开始逐渐办理京、沪、平、津、穗五市全面配售，条件成熟时再扩大配售都市。对于缺粮省市，由省市政府出面或委托合法粮商，向长江各地购粮转口；由粮食部代表缺粮省市向四联总处贷款，以供购买民粮资金的周转；军粮供应有余、民食缺乏地方，准其酌量留济民食。此外，粮食部还设法增加农贷数额；利用美国援华贷款内的粮食部分

---

① 《粮食部部长俞飞鹏呈报粮政措施及各地征购困难情形并陈述请求七项事项》（1947年10月16日），《行政院档案》，档案号：014-040501-0004，第28~30页。

② 《俞飞鹏对国大提出粮政书面报告，军粮不足向产粮地区采购，公教人员配粮分米面两种》，《益世报》（上海）1948年4月14日，第3版。

③ 《军粮配额及拨购（七）》（1946年3月22日~1948年8月25日），《国民政府档案》，档案号：001-087210-00007-005，第35页。

资金 8500 万元，购运国际社会配给中国的粮食；厉行节约消费；等等。①
尽管有人认为"真的只有这个饱有行政经验的人，才能配合全面'戡乱'
而有助于军粮民食的供应"，② 但在军事逐渐失利、粮源缺乏、粮价高涨
的局面下，俞飞鹏想要达成上述目标的难度可想而知。

俞上台后一面继续进行田赋征实征借，一面推行都市粮食配售，均需
积极筹划并确定充足粮源。俞所倚重的湘、赣、川、浙等"调取粮食之
主要对象"，虽用尽种种方法，甚至 1948 年 3 月俞亲自入川催粮，希望能
得到川省政府的支持，但没想到川省主席邓锡侯拖延推诿。在俞的影响下
蒋介石将邓撤职，然而川粮外调情况并未好转，"事实上因民力凋敝，征
收集运困难重重，致均不能达到预定数额"。③ 1948 年 3 月、4 月，五大
都市粮食配售陆续展开。但由于恶性通货膨胀、战事扩大等，粮价出现暴
涨，5 月下旬上海米价已达到配售初期的 2 倍。④ 5 月下旬，行政院改组，
31 日，蒋介石公布行政院及各部会长官人选名单，任命翁文灏为院长。
翁与俞"向少交往"，在川粮等问题上表现不尽如人意的俞飞鹏并没有留
任，而且俞意在谋求联勤总部部长职位，对粮食部这一出力不讨好的差事
失去兴趣，早在张群任行政院院长时"已提出辞职多次"，此次得遂所
愿，总算卸去了这份苦差事。

俞飞鹏在粮食部部长任上 10 个月又 12 天，秉持谦虚的态度、苦干的特
质，"最引为自满的是……卅六年度五百万人的军粮筹足而未有缺少"。⑤ 但
是，在俞任内，粮食危机更为严重，这也是其不得不辞职的重要原因。

在俞飞鹏辞职后，与孔宋财团、政学系均关系密切的关吉玉颇被看
好，而且关吉玉丰富的粮政经验也使他成为国民党寄望挽救粮食危机的不
二人选。

---

① 《粮食部长在国民大会之粮政报告》，《银行周报》第 32 卷第 19 期，1948 年 5 月 10 日，
第 38 页。

② 胡道：《粮食部沧桑录：徐堪为什么要离开粮食部》，《自由天地》第 2 卷第 7~8 期合
刊，1947 年 10 月 30 日，第 14 页。

③ 《军粮及军粮代金配拨》（1947 年~1948 年），《行政院档案》，档案号：014-040504-
0052，第 67 页。

④ 马军：《国民党政权在沪粮政的演变及后果（1945 年 8 月至 1949 年 5 月）》，第
288 页。

⑤ 一品：《俞飞鹏与关吉玉》，《中西新闻》第 1 卷第 1 期，1948 年 7 月 14 日，第 11 页。

三　关吉玉

1948 年 5 月至 1949 年 4 月，为关吉玉担任粮食部部长时期。关吉玉也是国民政府最后一任粮食部部长。

关吉玉（1899~1975），字佩恒，辽宁辽阳人，幼时受旧学启蒙，继入辽阳县立中学，后毕业于省立奉天两级师范，1924 年入北平朝阳大学学习经济，毕业后公费赴柏林大学研习深造，主攻财经。1932 年回国后，先后担任国民政府财政部统税局天津查验所查验员、主任、所长等职。1933 年任财政部冀晋察绥区统税局副局长，1934 年任庐山军官训练团教官。1935 年因财政部赋税司司长高秉坊的推荐，以参议名义随军入川，先后担任财政部四川财政特派员公署特派员、军委会委员长行营驻川财政监理处处长、四川省财务人员训练所所长、四川省政府委员、四川省营业税局局长、财政部四川区税务局局长、财政部川康区所得税办事处委员，[①] 对四川财税的整理与发展发挥了不小的作用。1938 年 4 月，充任川滇区税务督察专员。

1939 年至 1940 年，关吉玉历任国民政府财政部参事、江苏省财政厅厅长兼省银行董事长，兼任江苏省农民银行总经理、江苏省银行董事长、财政部浙赣皖苏战区货运稽查处处长、行政院第三战区经济委员会副主任委员等职。[②] 从 1941 年下半年开始，关吉玉投身田赋、粮食业务，先后担任财政部赋税司司长，整理田赋筹备委员会秘书、秘书长，整理田赋人员讲习所教育长。1942 年任田赋管理委员会主任委员，着手改善田赋征实、办理征购。1942 年到 1945 年，主持田赋征实工作，其间对增加国民政府收入、统筹军粮民食、平抑物价等发挥了积极作用，为抗战胜利做出

---

① 刘绍唐主编《民国人物小传》第 3 册，第 379 页；文思主编《我所知道的孔祥熙》，第 210 页。

② 傅润华主编《中国当代名人传》，世界文化服务社，1948，第 305 页；《行政院院长蒋中正密函国民政府文官处为第三战区经济委员会副主任委员关吉玉另用免职遗缺派李寿雍继任请转陈派免并密不公布》（1941 年 6 月 11 日），《国民政府档案》，档案号：001-032107-00017-019，第 34~35 页；《国民政府主席林森令派李寿雍为第三战区经济委员会副主任委员原副主任委员关吉玉另用免职》（1941 年 6 月 12 日），《国民政府档案》，档案号：001-032107-00017-020，第 37 页。

了一定贡献，当时甚至有人称其为"抗战萧何"。① 关吉玉对田赋颇有研
究，亦曾发表或出版有关田赋的论著，先后独著或与人合著《十年来之
中国田赋》《田赋征实之理论与实务》《统税简评》《战时财政》《财政
学》《中国战时经济》《田赋征实之理论与实施》《中国税制》等十余
种，② 是坚定的田赋征实论者。③ 1945 年 3 月，田赋管理委员会裁撤后，
关被调任财政部税务署署长。

　　抗战胜利后，关吉玉 1945 年 11 月被特任为松江省政府委员兼主席。
1947 年 5 月底，国民政府特派关吉玉暂代东北行辕经济委员会主任委员，
6 月 16 日，关就职视事。④ 10 月 14 日，粮食部原政务次长端木恺呈请辞
职后，张群在行政院会议上提议调任关吉玉为粮食部政务次长。17 日，
关吉玉正式担任此职。⑤

　　关吉玉调任粮食部次长时，国民政府正面临严重的粮食危机。战后粮
价高涨，田赋征实效率低下，军粮民食都难以保障，徐堪也面临粮贷案的
负面影响。徐堪离任后，先后出任粮食部部长的谷正伦、俞飞鹏二人均未
能有效缓解粮食危机。

　　据记载，俞飞鹏提出辞职时，蒋介石与翁曾向俞询问继任人选，"老
俞却也有意无意不计份量的提出二位现任次长——关吉玉与陈良——均为
适当人选"，"粮食部长这一苦差，就出冷门式的落在该部政次关吉玉氏
身上了"。⑥ 关吉玉之所以能够执掌粮食部，与多方因素有关。关本人长
期濡染财税业务、熟谙粮政，此外，关曾经的上级徐堪大力支持，且
"两个硬后台老板"——于斌、荆磐石及东北籍元老莫德惠、刘哲等均给

① 王成科编著《辽阳近现代人物录》，辽宁民族出版社，2010，第 61 页；刘绍唐主编《民
　国人物小传》第 3 册，第 379 页。

② 傅润华主编《中国当代名人传》，第 306 页。

③ 《准财政部咨派关吉玉充任川滇区税务督察专员一案仰即知照》，《云南省政府公报》第
　10 卷第 38 期，1938 年 5 月 14 日，第 6 页。

④ 《国防最高委员会第一百七十五次常务会议纪录》（1945 年 11 月 5 日），《国防最高委员
　会常务会议记录》第 7 册，第 628 页；《国民政府公务员资格铨叙（三）》（1947 年 6
　月 27 日），《国民政府档案》，档案号：001-031600-00004-006，第 11 页。

⑤ 《粮食部官员任免》（1947 年 10 月 17 日），《国民政府档案》，档案号：001-032146-
　00001-045，第 73 页；《粮食部部次长任免案》（1946 年 7 月 6 日~1948 年 3 月 24 日），
　《国民政府档案》，档案号：001-032146-00001-015，第 24 页。

⑥ 一品：《俞飞鹏与关吉玉》，《中西新闻》第 1 卷第 1 期，1948 年 7 月 14 日，第 8~9 页。

予关照。① 关的胜出也可以说是东北籍官员的一次跃升。

关吉玉上任时，粮食短缺现象严重，粮价继续大幅飙升，关可谓处在粮食管理的风口浪尖。6月24日，上海市参议会赵仰雄、陈培德、马群硕等6名参议员提出《为粮食部长关吉玉颟顸失职，管制无方，酿成粮价狂涨，请本会建议监察院提出弹劾，以利粮政而安民生案》，某要员甚至如此指责："像目前的粮政情形，俞樵峰真不失为一个有先见的聪明人，你看现在关佩恒不是弄得焦头烂额，毫无办法吗?"② 为了有力应对，关吉玉对粮食部的人员与机构有所调整，常务次长陈良改任政务次长。陈良为浙江人，长期在国民政府军需部门任职，担任军需署署长。抗战期间，陈良因办理军粮成绩卓著，战后被授予青天白日勋章。③ 战后陈良任职于联勤总部，1948年3月任粮食部常务次长，6月转任政务次长。④ 陈良从军事部门调任粮食部，显系国民党高层为加强军粮供应而做出的安排。粮食部常务次长由田雨时担任。田雨时系吉林扶余人，毕业于北京法政专科学校，历任国民政府北平市参事、行政院参事、财政部参事，1943年赴美留学，1945年10月任松江县政府委员，其时关吉玉任松江省政府主席。1947年2月田兼任松江省财政厅厅长。关吉玉上台后，田雨时从东北调至南京，1948年9月30日任粮食部常务次长。

除了次长的变动，各司司长亦有变动。1948年8月18日，储备司司长彭纶辞职，由胡昌龄继任；26日，总务司司长李兆龙辞职，由荆磐石继任；10月30日，管制司司长刘行骥辞职。

关吉玉上任后，粮食政策仍围绕"量"与"价"展开，以"争量为先，兼及平价"，从而达到"以量控价、平价争量之双重目的"。⑤ 但国民党政治上日益腐败、军事上日渐溃败、经济上日形衰败，关吉玉想有所作为也是力不从心。

---

① 《关吉玉：怎样联任的粮食部长》，《时事观察》第1期，1949年1月20日，第12页。
② 一品：《俞飞鹏与关吉玉》，《中西新闻》第1卷第1期，1948年7月14日，第10页。
③ 《徐堪、端木杰、庞松舟、陈良各给予青天白日勋章》（1945年12月31日），《国民政府档案》，档案号：001-035100-00093-016，第24页。
④ 刘国铭主编《中国国民党百年人物全书》（下），第1298页。
⑤ 《粮食部三十七年度粮食购储计划纲要及购储业务要点》（1948年），《行政院档案》，档案号：014-040501-0010，第14页。

1948 年 8 月 19 日，国民政府发行金圆券，以代替法币，实施币值改革。从 8 月底开始，安徽省参议会、长沙市商会、广东省参议会等 20 余个省、市、县参议会先后提出 1948 年度田赋征实改为征收金圆券，以杜绝征实、征借中的各种弊端，减轻人民负担，同时军粮供应也实行货币采购，各地此种呼声一直持续至 10 月中旬。田赋征收实物自 1941 年以来已实行 7 年，民众遭受种种盘剥，苦不堪言，从民众心理感受来说，征收货币弊端较少，人们更希望回到田赋货币化时代。而粮食部却以"戡乱"为由，将田赋征实视为"配合动员'戡乱'之必要措施"，并提出，"值兹军糈紧迫需要之际"，各机构提出的改征金圆券，"殊难照办"。① 因此，粮食部认为有必要召开全国粮食会议，讨论 1948 年度田赋征收问题。

11 月 13 日，国民政府召开全国粮食会议，会议由翁文灏主持，出席者有江苏省主席丁治磐、广东省主席宋子文、江西省主席胡家凤、浙江省主席陈仪、湖南省主席程潜、安徽省主席夏威、福建省主席李良荣及各省市参议长，以及中央各部会负责人张厉生、何应钦、谷正纲、徐堪、关吉玉、田雨时等数十人。蒋介石到场致辞，历时 40 分钟，大意谓充裕粮源、把握时机、统筹划拨、分配供应"实为'戡乱'成败之重要关键"，1948 年田赋征实、征借、收购、采购定额"务期达成"，国民政府制定的省际、县际粮食自由流通政策，各省"必须绝对遵从"。随后，翁文灏特别强调，粮食自由流通、买卖为"政府既定之方针，决以全力使其贯彻"，如有违反者，"决以《粮食管理治罪条例》从严处罚"。同时，对于 1948 年的军粮民食及征实、征借问题，会议决定以下原则：一是各省市征借、征实须如期如数足额缴清，不再拖欠；二是六大都市配粮仍继续维持，由粮食部设法统筹供应；三是军粮由国防部、粮食部会同统筹供应，由各省市尽量就地供给；四是粮食运输及价格完全自由，不加限制。② 此次粮食会议也是国民政府时期最后一次全国性粮食会议。

---

① 《请田赋改征金圆券案》（1948 年），《行政院档案》，档案号：014-040101-0042，第 1~79 页。
② 《全国粮食会议》，《金融周报》第 19 卷第 21 期，1948 年 11 月 24 日，第 6 页。

第四节　粮食部的裁撤

一　战后初期的裁撤风波

裁撤粮食部的议论在抗战胜利不久即被提出，而且出人意料的是，其是由创办粮食部的首任部长徐堪正式提出的。1945 年 12 月 30 日，徐呈文行政院院长宋子文，提出了裁撤粮食部的问题。为何要撤销粮食部？徐从公、私两方面提出三点理由。第一，抗战胜利后，与粮食有关业务应归于平时，粮食部无存在必要。徐认为，战后粮食任务重要者有三项：一是军粮配备，二是田赋征收，三是发展粮食工业。而这些业务均可划归其他部门，如军粮采用就地购补制度，各省均已设立军筹会，可由军政、后勤、财政、粮食各机关代表共负其责。田赋征收归于财政部，这在战时也曾有先例，虽一度由粮食部主管，但战后各省多主张将田赋收入还诸地方，一旦归于地方，则粮政趋于简易，由财政部兼管也似无不可；另外，1945 年度粮食征收数额，截至年底时征收多者已逾九成，少者亦超过半数，短期内可以收齐，即使粮食部裁撤，财政部亦可顺利完成。粮食工业按其性质，可以划归农林、经济两部相关单位。第二，粮食部受到社会各界舆论谴责与攻击。粮食部成立后，既要面对各方的期许，又难免遭受各界的批评，而且社会各界的批评、责难乃至攻击从未间断，社会上甚至流传"好人不进粮食部，粮食部里没有好人"这样的流言蜚语。[①] 对于社会上的风言风语，徐堪也直言不讳："四年半以还，数万万石食粮之控制与分配，虽云勉告成功，但征集则遍于陇亩，转输则无间水陆，劳力劳费，怨尤丛滋。"[②] 对于粮政弊端，谷正伦接任后曾说："抗战胜利不久发生的十亿粮贷案和接收敌伪财产，形同抢劫，弊端很多，严重影响了粮食部的声誉。"[③] 第三，徐提出

---

① 胡道：《粮食部沧桑录：徐堪为什么要离开粮食部》，《自由天地》第 2 卷第 7~8 期合刊，1947 年 10 月 30 日，第 12~14 页。

② 《粮食部成立与裁并》（1941 年 6 月 9 日~1947 年 7 月 7 日），《行政院档案》，档案号：014-040503-0001，第 19 页。

③ 陈开国：《回忆谷正伦任粮食部长的几点情况》，《安顺文史资料》第 3 辑，第 13 页。

自己"因主管粮政期间任务艰巨所患牙胃各疾，均无暇医治，拟于结束期内，稍事医疗"。① 徐的辞职理由可谓"公私兼顾"。

徐提出辞去粮食部部长一职，并非首次。1941年7月22日的负气请辞，前文已有论述。其第二次请辞是在1945年5月。当月29日，徐堪呈文蒋介石，以自己"德薄能鲜，心力已瘁，深恐不能胜此艰巨"，提出辞去粮食部部长一职。与4年前的负气请辞不同，这一次是正式呈文。不过，毫无疑问，徐这一次的说辞只是客套话，根本原因还是"社会人士……动加指责"，也就是"社会人士"将徐本人掌管粮食部4年来的粮政"目为弊薮"，以致"贤者厌其心志，良用疚心"。② 徐所说的"社会人士"，除了个别政府要人如孙科，③ 主要指的是国民参政会参政员。

国民参政会的前身是抗战全面爆发后成立的国防最高会议参议会，据参议会成员梁漱溟回忆，参议会的职责是"着重讨论如何动员各方力量，包括争取国际同情方面的问题"。④ 国民政府迁往武汉后，中共和各方人士普遍认为有必要设立一个由各党派和各方代表参加的民意机构，后经1938年3月国民党临时全国代表大会决议，成立国民参政会。国民参政会正式设立于1938年7月，"是抗日战争时期由国民政府组织成立的包括国民党、共产党及其他抗日党派和无党派人士代表的全国最高咨询机关"。⑤ 根据《国民参政会组织条例》第3条至第5条的规定，参政员拥有议决权、建议权与质询权，其中议决权指的是"在抗战期间，政府对内、对外之施政方针，于实施前，应提交国民参政会决议。前项决议案经国防最高会议通过后，依其性质交主管机关制定法律或颁布命令行之。遇有紧急特殊情形，国防最高会议主席得依《国防最高会议组织条例》，以

---

① 《粮食部成立与裁并》（1941年6月9日~1947年7月7日），《行政院档案》，档案号：014-040503-0001，第19页。

② 徐堪：《为沥陈困难情形请辞粮食部部长职务祈赐核准由》（1945年5月29日），《国民政府档案》，档案号：001-032100-00011-004，第34~35页。

③ 据王世杰在日记中记述，1942年10月12日，孙科在国防会议上，对兵役、战时消费税、粮食征购扰民等"严词指述"。参见《王世杰日记》（手稿本）第3册，台北，中研院近代史研究所，1990，第375页。

④ 梁漱溟：《国民参政会的前身——国防最高会议参议会》，重庆市政协文史资料研究委员会、中共重庆市委党校、中国第二历史档案馆编《国民参政会纪实（续编）》，重庆出版社，2016，第211页。

⑤ 周永林、周勇、刘景修：《论国民参政会》，《国民参政会纪实（续编）》，第1页。

命令为便宜之措施，不受本条第一、二项之限制"；建议权指的是"国民参政会得提出建议案于政府"；质询权指的是"国民参政会有听取政府施政报告暨向政府提出询问案之权"。① 此外还拥有调查权、审议权。国民参政会所拥有的权力中，"只有听取政府施政报告及询问权，以及调查受委托考察事项等权力稍为具体。参政会较有成绩表现的，也在这两项权力的施用方面"。② 因此，被"请客"来的参政员，有权对政府施政报告等提出质询，当然包括对粮政相关问题的质询。③

早在 1939 年，还未实行田赋征实政策之时，国民参政会川康建设视察团北路、西路考察组就对田赋征实政策予以批评，指出"人民远道怀款纳粮，每在中途，被匪洗劫，一面应多设分柜，以便人民纳粮，一面应肃清匪类以便推行庶政"。④ 在后来国民参政会的多次会议上，各省参政员均对粮食部乃至徐本人直接提出质询，甚至演变成不明真相的恶意批评与无端指责。

1941 年 11 月 19 日，履职未久的徐堪第一次以粮食部部长的身份在国民参政会上报告粮政，据王世杰在日记中所记，徐报告完毕后，湘、豫、赣等省参政员对徐及粮食部均表不满。⑤ 参政员的不满主要集中在陪都重庆粮价上涨过快，在参政员看来，粮食部及徐堪难辞其咎。因此，参政员自然而然地将矛头对准粮食部与徐堪本人。但显而易见的是，这些问题在粮食部甚至全国粮管局成立前即已有苗头乃至愈演愈烈，并非朝夕可成，如果仅归因于粮食部或徐堪本人，委实过分。徐自然心有不甘，毕竟战时粮政事务极为艰巨，各项政策又属初创，何谈圆满。其实关于这一点，徐堪在粮食部成立当日已有言在先："现在粮食部已经成立，在此青黄不接之时……天天都今天想明天的办法，令人焦急。不过，我要请求各

① 《国民参政会组织条例》，《国民政府公报》渝字第 39 号，1938 年 4 月 13 日，第 2 页。
② 〔加〕徐乃力：《中国的"战时国会"：国民参政会》，《国民参政会纪实（续编）》，第 380 页。另据学者研究，国民参政会初期权力有提案权、审议权、建议权和质询权，1940 年 12 月增加了调查权，1944 年 9 月增加了预算权。参见马起华《国民参政会——战时中央民意机构》，《国民参政会纪实（续编）》，第 365 页。
③ 邹韬奋：《第一届国民参政会亲历记》，《国民参政会纪实（续编）》，第 213 页。
④ 周开庆：《民国四川史事续集》，台北，先锋打字排版印刷有限公司，1976，第 253 页。
⑤ 《王世杰日记》（手稿本）第 3 册，第 189 页。

方原谅，对我的希望不要太高。"① 徐此番表态虽明显在给自己预留后路，但其实也是实情，这在"焦虑的七月"已有体现，并且各项粮政的执行及其效果，更有赖省县机构及广大基层粮政人员，其情形正如王世杰所言："盖初次举办，各省主席又皆系军人，不谙行政，草率苟且。"② 退一步来说，国民政府对抗战全面爆发后的粮食问题存在误判，甚至缺乏处置战争状态下粮物价格的经验，这也是导致粮食危机日趋严重的重要因素，绝不能简单归因于粮食部及徐本人。

与会参政员在对粮食部予以批评的同时，也提出了与粮食及物价有关的多项提案，如孔庚等提《请切实施行统一征粮办法，严厉制止地方驻军个别贱价购粮强夺民食，以纾民困而利抗战案》、褚辅成等提《请策动全国士绅拥护中央既定军粮政策，劝导民众踊跃认购，并竭力协助运输，以裕军事而利抗战案》、梅光迪等提《为各省征购粮风弊端百出，苛扰不堪，请政府迅速申明禁令，以纾民困而维系战区人心案》等七八件与粮食有关提案，以及奚伦等提《平抑物价案》、彭允彝等提《平定物价应先改进各事项建议案》与物价有关的提案。③ 这些提案一般均会在国民参政会上予以通过，"送请政府采择施行"，然后依照程序提交国防会审议，国防会将之转交行政院，再由行政院"转饬各省市政府切实推行"，或将之函达相关部门。如国民参政会第二届第二次大会决议及建议各案，在 1942 年 1 月 26 日召开的国防会第 76 次常务会议上，由秘书长王宠惠报告审查情况，之后国防会决议"照审查意见通过"。2 月 3 日，国防会秘书厅将之转发行政院，由行政院下达给各省市政府执行。3 月 21 日，湖南省政府呈文行政院，谓已收到相应提案。④ 不过，该项提案是否被地方政

---

① 《经济会议第二十四次会议》（1941 年 7 月 1 日），《行政院经济会议、国家总动员会议会议录》第 1 分册，第 333 页。

② 《王世杰日记》（手稿本）第 3 册，第 189~190 页。

③ 《促进民治，加强抗战力量——会议重要议案》，重庆市政协文史资料研究委员会、中共重庆市委党校编《国民参政会纪实》下卷，重庆出版社，1985，第 985~986 页；《国民参政会第二届第二次大会案（六）》（1942 年），《行政院档案》，档案号：014-000301-0068，第 10 页。

④ 《国防最高委员会第七十六次常务会议纪录》（1942 年 1 月 26 日），《国防最高委员会常务会议记录》第 4 册，第 69 页；《国民参政会第二届第二次大会案（六）》（1942 年），《行政院档案》，档案号：014-000301-0068，第 9~14 页。

府真正执行，不无疑问。而粮食部对收到的国民参政会建议案，如张之江等37人所提《解决粮食问题以济民生而固抗建基础案》、钱用知等26人所提《粮食部陪都民食供应处径以糙米供给市民案》，仅仅只是"存备参考"而已。①

1942年10月22~31日，国民参政会第三届第一次大会召开，参政员循例会对政府施政报告进行质询，粮食部报告亦在质询行列中。23日下午，粮食部部长做报告；28日，会议宣读蒋介石关于《加强管制物价方案》的报告书；31日进行讨论并修正通过。参政员先是对粮食部一年来的粮政稍做肯定："本年征购粮食，已改用随赋征购办法，以杜免乡镇保甲长之不公平摊派，并拟增设及培修仓库，以减少储粮之损耗，针对时弊，改善得宜，同人深为满意。"接着，参政员对粮政中的不良现象大加批评：收粮机关量器太少，致使远道运粮缴纳民众等候数日而无法交收，旅费既多，食宿消耗亦感艰难；购谷付款，有委托银行者，而银行人员有限，无法遍设临时发款机关，不能适应环境要求，且领价手续太繁，乡人或因手续不合，或因字迹不明，致受种种困难，不能照领，及至更正重来，而此发价机关又已收束，无从问询，致使热心民众遭受不合理损失。最后又提出改进建议：推广按保缴收办法，以保为单位，组织集团运缴，确定缴收时间，届时全保集团送缴，使同保之人得以互相帮助，减少一切困难，此法川境已有行之者，应请推广；购粮价款宜由县政府或县参议会负责委托当地乡镇殷实商家或公正士绅代为发给，每期预给价款若干，及其手续津贴几何，均视其环境情形酌定，似可补银行不能遍设与久设机关之缺憾，而人民领价反感便捷，即机关费用亦较节省；粮食初度集中后，其再度集中时，似不宜全数集中于储运机关，再由该机关分配于军粮局及民食供应处，应尽可能缩小范围，由初度集中机构，按照分配数字，就近直接运交军粮局及民食供应处，除分配外，所余之粮运交储运仓库，不独可以减少费用与时间，尤足以减少粮食辗转收运之损耗。在

①《国民参政会第二届第二次大会案（六）》（1942年），《行政院档案》，档案号：014-000301-0068，第53页。

会议上，参政员还对社会上的不良传闻提出质疑："购粮运输各款，有因未提存国家银行而分存于各地商业银行，有被疑为借名购办公粮，而并非用作公粮者，又有被疑为挪用购粮公款，而非用于购粮者。"①从参政员的发言可以看出，其主要意见集中在具体事务如量器太少、手续太繁等，其建议也更为集中，这一点还表现在参政员所提议案上。所提议案中，除了物价，关于粮食的有黄炎培等提《拟请政府改进陪都面粉工业管制案》、王亚明等提《彻底实施田赋征实及公购余粮案》、韩兆鹗等提《提请征购、征实搭征杂粮，以纾民困而利抗战，并从严查办收粮人员之渎职案》，以及张作谋等提《甘肃土地贫瘠，农产征簿请降低田赋征收标准，并将县级公教人员食粮就已核定征收粮额内统筹支配，不另派购案》四项提案。②尽管参政员对粮食部的批评不在少数，远多于对粮食部成立一年来取得成绩的肯定，但从上述提案可以看出，国民参政会对粮食部的态度趋于温和。

1943 年 9 月 18~27 日，在国民参政会第三届第二次大会上，参政员的意见较为和缓，提出的关于粮政的建议有七个方面：一是各省县级公粮应确定数量，由中央随征分拨，所拨数量务使其足以生活，既拨之后，则不得再向地方筹派；二是仓库的修建，中央与地方既为事权便利起见分担责任，但其地点与容量不宜专顾将来如何适用，仍须根据目前需要，务求各方配合，免使交纳者多次辗转运输，储运者多所耗费；三是仓库不敷应用时，交由民户寄存，但须妥订代管章程，由专人负责，以杜绝过去利用米商代储而发生种种弊端；四是交通极端困难县份，可按照当地实价，折征法币；五是采购配额标准应有确实规定，不得听由县乡保长任意指派，采购价格不宜较市价过低，以免引起人民不良印象；六是在不妨碍军粮的情况下，可以将军粮在青黄不接之时救济民食，可与后勤首长切实磋商，而由政府负责担保，既可救济人民，亦可以新谷登场后换易新谷；七是各

①《对粮食报告之决议文》，秦孝仪主编《中华民国重要史料初编——对日抗战时期》第 4 编《战时建设》（2），第 1181~1182 页。

②《加强物价管制——会议重要议案》，《国民参政会纪实》下卷，第 1131~1133 页。

省粮政人员应勤加考核，俾资奖惩，兴利除弊。① 在此次国民参政会上，参政员胡庶华、黄炎培、章士钊等21人所提《请政府严厉禁止米粮夹杂稗子砂石以维持民族健康案》，该提案既是对粮食加工问题的关注，同时对主管粮食加工业务的粮食部也不无批评之意。② 其实，从粮食部成立两年来的工作成效而言，至少在四个方面有所改善：一是"人民对于粮食恐慌之心理已趋祛除"，二是"军粮、公粮供应无缺，民食已得充分调剂"，三是"各地粮价虽尚不免趋涨，但其势和缓，且较一般物价为稳定"，四是"征购结果，使我国库减轻负担，财政金融获得补益"。③ 粮食部在短短两年内取得的成绩，基本上获得了各方尤其是国民政府上层人士的认可。

1944年9月5～18日，国民参政会第三届第三次大会召开，有关粮食业务决议如下。一是今后粮食运输，尽可能多运黄谷，必须运米时，应力求改进保存条件，勿使霉烂。对于粮食加工，不必全由地方包办，地方公益费可由政府酌予补贴。二是公教人员应尽量发给粮食实物，贫苦市民应予平价供应，一般市民应采取调剂办法，由政府储备大量粮食，调节供需，稳定市场。三是对于违法失职人员应严厉惩处，尤应事前多方防范。四是目前全国粮价下跌，应尽量设法长期稳定。五是今年粮食丰收，仍应积极生产，节约消费，宽为储备。六是湘豫两省为产粮大省，被敌侵扰，影响殊大，粮食部应有更完善的补救办法，并迅速实施，争取时间。④ 上述决议措辞虽较为温和，但其批评意味显露无遗。

客观地说，国民参政会历次会议的批评指责有一定道理，其所做出的决议也在一定程度上符合实情，但战时粮政艰苦难为的事实也至为明显。

---

① 《对粮食报告之决议文》，秦孝仪主编《中华民国重要史料初编——对日抗战时期》第4编《战时建设》(2)，第1258～1259页。

② 《建设厅案呈奉令以国民参政会建议严禁米粮夹杂稗子砂石一案令仰遵照》，江西省政府秘书处编译室编印《江西省政府公报》第1302号，1944年3月10日，第35～36页。

③ 《粮食部成立两周年及粮政今后之归趋》，《粮政月刊》第1卷第2～3期合刊，1943年7月16日，第65页。

④ 《对粮食报告之决议文》，秦孝仪主编《中华民国重要史料初编——对日抗战时期》第4编《战时建设》(2)，第1357～1358页；《财政部函送行政院有关办理国民参政会第三届第三次大会对于国家总动员会议工作报告之决议案报告书等》(1944年11月)，《行政院档案》，档案号：014-000301-0140，第37页。

武汉会战后，战区进一步扩大，粮产丰裕地区多被日寇侵占，交通运输节节受阻，即使在环境如此恶劣、条件相当艰苦的情形下，粮食部仍能将大量粮食从农村转运到都市、供给前方，实属不易，其间"工作之艰、费力之大、用款之多……非局外人所能深切体认"。战时粮政体制因时因地制宜，"四年之间，体制屡变……机构不克健全，用人不能尽合标准，社会环境、战时生活层层压迫之下，流弊不能根绝"，也符合情理。作为局外人的参政员不但无法理解"受命于危难之际，负艰巨之责，竭智尽忠、力图报称"的粮政人员之艰辛，而且动辄横加指责，如在征收时，既要"以人民疾苦为念，负担惟恐其加重"，以免病民，支用时又"以军事、政治、民生所关，供给恒嫌其不足"，担心误国。"在此社会矛盾心理之下，几于无所逃罪"，更有甚者，某些参政员言过其实地抹杀了徐本人及粮食部对战时粮政的贡献，着实令人心寒。对于"许身党国，矢志靡他"的徐堪来说，处于"病民"与"误国"两难境地，面对"社会人士"的屡屡非难，确实一时难以接受，逐渐萌生退意，呈请蒋另选贤能。①

　　蒋收到呈文后，6 月 2 日复函徐堪，一来肯定徐执掌粮食部的功绩，"兄掌理粮政四年以来，军公教粮供应不匮，尤以已往军事艰虞之际而军粮接济均能协合机宜，期间征集储运之繁，具见苦心，擘画之效，勋在国家，久深嘉慰"；二来表示"现大举反攻即将开始，军食筹集最为先急，务盼兄仍本任劳任怨之初衷，完成报党报国之大责，勿再言辞"。② 可以看出，蒋对徐办理粮政尤其是军粮的成绩是非常满意的，在抗战胜利即将到来的关键时刻，更不容军粮供应出现偏差，加上蒋与徐个人关系密切，不可能准许徐堪去职。徐亦未再坚持己见。

　　抗战胜利后，全国局势为之一变，蒋介石在 9 月初已考虑战后免粮、免役事宜。9 月 25 日，行政院第 714 次会议通过"兵役部仍缩编为兵役署"的议案，将其"归还军政部建制"，在 10 月 8 日召开的国防会常务

---

①　徐堪：《为沥陈困难情形请辞粮食部部长职务祈赐核准由》（1945 年 5 月 29 日），《国民政府档案》，档案号：001-032100-00011-004，第 34～36 页。

②　《蒋介石慰留粮食部部长徐堪的代电》（1945 年 6 月 2 日），《国民政府档案》，档案号：001-032100-00011-004，第 28 页。

会议上，国防会"准予备案"。① 显然，被视为战时两大要政的"征兵"与"征粮"在战后的地位发生了明显的动摇，在有些人眼中其重要性显著降低，1944 年 11 月设立的兵役部的降级，也使弊端频发的粮食部感受到了巨大压力，成了国民参政会及社会舆论攻讦的对象。作为主管官员，徐堪自然也是被攻击的目标，遂再次以公、私两个方面的理由提出辞职，并建议裁撤粮食部。

对于徐的裁撤建议与辞呈，宋子文十分谨慎，1946 年 1 月 19 日对此签呈批示："该部事务改隶问题，应从长计议。所请辞职，应无庸议。"② 同日，行政院秘书长蒋廷黻致函徐堪，表达了宋婉拒辞职与慰留之意，此次裁撤风波暂时以"从长计议"不了了之。此次风波虽消散于无形，但收复区部队的军粮供应却因筹办不力，招致"社会人士、地方党团、民意机关以及中央宣慰大员、监察使节"的群相责难，"社会人士甚至目为官逼民变之措施"。③ 毫无疑问，上述人士借收复区军粮供应问题，实际把指责的矛头对准粮食部及徐堪。

1946 年 5 月，国民政府还都南京后，政府机构臃肿、冗员骈枝现象十分突出，"有因应付抗战而设至今依然存在者，有因复员建设而立至今以事业费无着而徒有机构者"，导致行政经费支出大为增加。湖南省长沙县参议会代电指出，"中央、省级地方之支付概算、生活费支出竟占百分之八十有余"，因此，裁减机构及冗员的呼声顿时高涨，行政院亦先后将所属振济委员会、贸易委员会裁撤。5 月 6 日，国民党中央常务委员会及国防会常务委员会召开联合谈话会，就如何调整中央机构、缩减人员、提高效率进行讨论，最后决定先就国民党中央党部、国民政府及五院所属机

① 《行政院通过兵役部缩编为军政部兵役署案呈请国民政府鉴核》（1945 年 9 月 28 日），周美华编《国民政府军政组织史料——军政部》（2），台北，"国史馆"，1999，第 237 页；《国防最高委员会第一百七十三次常务会议记录》（1945 年 10 月 8 日），《国防最高委员会常务会议记录》第 7 册，第 592 页。

② 《粮食部成立与裁并》（1941 年 6 月 9 日~1947 年 7 月 7 日），《行政院档案》，档案号：014-040503-0001，第 17 页。

③ 《军粮配额及拨购（七）》（1946 年 3 月 22 日~1948 年 8 月 25 日），《国民政府档案》，档案号：001-087210-00008-007，第 97 页。

关拟具裁减意见。①

　　同日，听到裁撤机构、人员风声的徐堪呈文蒋介石，第三次"请辞粮食部长职务"。与前两次不同，徐此次提出辞职的背景除了国民政府精简机构外，主要是因为战后粮政"情势更增严重"，正如徐堪所言，"抗战胜利之后，人民心理、社会舆情，急激转变，以为战时粮政应即结束，同时军粮要求日有增加，民食呼吁又甚迫切，而粮源筹划，无论求诸人民，乞诸友邦，阻碍均多，迄难应手，粮政推行，几陷绝境"，政府不惜高价采购，又酿成粮价高涨、粮食恐慌危机，国计民生交受其害。② 徐在请辞的同时，拟具《粮食机构及其工作之调整意见》呈送蒋介石，称"目前粮食工作万分困难，舆论阻挠，吏胥疲玩，若非改换面目，另辟途径，不惟不足以达成任务，徒增社会纷扰，诚恐有碍政府威信"，呈文实际上重申了徐在 1945 年末的意见。③

　　徐所陈均属事实，抗战胜利后国民政府面临的局势更为复杂，地方秩序、交通运输一时无法恢复，经济情势更为严重，粮政工作也更为困难。但从国民政府文官长吴鼎昌与徐堪洽商情形来看，事情并非如此简单。1946 年 5 月 14 日，吴呈文蒋介石，谓"当前粮食问题，办理确有相当困难，而徐部长积劳成疾，亦属实情"，其实更深层次的原因与财政收支系统重新划分后的机构调整有关。

　　1935 年国、地财政收支系统法规定实行中央、省、县三级财政。抗战全面爆发后，为因应战时财政状况，1941 年 6 月，财政部召开第三次全国财政会议，将全国财政收支分为国家财政与自治财政两级，自 1942 年起"全国一体遵行"。1945 年 5 月，国民党六届一中全会决议重新划分全国财政收支系统。1946 年 6 月，财政部、粮食部召开全国财粮会议，决定自 7 月起将战时中央、县市两级财政收支系统恢复为中央、省与院辖

---

① 《调整中央机构裁减人员以增加行政效率案》（1946 年~1947 年），《行政院档案》，档案号：014-000101-0129，第 46、1~11 页。

② 徐堪：《请辞粮食部长职务乞赐准》（1946 年 5 月 6 日），《国民政府档案》，档案号：001-032100-00011-004，第 37~39 页。

③ 《粮政（一）》（1941 年 6 月 25 日~1946 年 8 月 17 日），《国民政府档案》，档案号：001-087000-00001-001，第 52~59 页。

市、县三级制。① 根据新实施的财政收支系统，田赋七成改归省县，之后征粮业务实际上应归各省财政厅主管，而非田粮处、粮政局管理，这样就会出现"田粮处虚有其名"的情况，则粮食部"对下既无有力机构以资运用，而全国军公民粮之供应责任又益加艰巨，万难推诿，如此有责无权，必至贻误牺牲而后已，故认为无法继续担任"。以上话语虽出自吴鼎昌之口，却是吴与徐洽谈后所言，实际上吐露了徐的心声。吴、徐二人洽谈时，徐同时提出，"如决不准辞，则请求钧座再抽暇一次召集宋院长、陈部长及其本人共同晋谒，将各项重要之困难问题，确求具体解决，以期补救"。②

5月13日，国民政府指令行政院，希望其于两周内研究拟订整个调整办法，呈报国民政府。16日，宋子文很快表态，谓"将首由行政院所属切实裁汰"，③ 同日中午，蒋"召见中央各党政幕僚长"。④ 接下来，国民政府行政机构的裁撤进入实质阶段。不过，机构调整的步伐并未如想象的快速。6月14日，吴鼎昌答复徐堪："此事待政府机构整个调整时再议可也。"⑤ 这相当于再次婉拒了徐堪辞职的请求。

6月18日，行政院召开财政安定紧急会议，主要有三项议程，其中第一项即为"裁并机构及调整各机构员额入手办法案"，办法案拟从行政院分令所属各部会署及各省市政府入手，查报以下内容：一是本机关及其附属机关组织法规定的员额，二是战前及现在所属单位名称比较表，三是战前及现在各单位员额比较表，四是可裁并的附属单位及各单位可裁减人员数目与说明。会议讨论结果为："先就本院所属各单位实施调整，再请求主席如何推及其他部分。"但就上报的20个省市情况来看，各省市可裁减员额并不乐观，除福建省可裁减903人及河南、上海

---

①　潘子卓：《我国财政收支系统之演变》，《广东省银行月刊》第3卷第11~12期合刊，1947年12月16日，第7~11页。

②　吴鼎昌：《呈报遵批慰留徐部长洽谈情形》（1946年5月6日），《国民政府档案》，档案号：001-032100-00011-004，第38~43页。按，此处的"陈部长"指军政部部长陈诚。

③　《调整中央机构裁减人员以增加行政效率案》（1946年~1947年），《行政院档案》，档案号：014-000101-0129，第46、1~11页。

④　叶健青编辑《蒋中正总统档案：事略稿本》（65），第540页。

⑤　《粮政（一）》（1941年6月25日~1946年8月17日），《国民政府档案》，档案号：001-087000-00001-001，第62页。

亦有少量可裁撤外，其余各省市均无可裁撤的单位及人员，相反多数省份抱怨业务繁剧而人员太少，不敷使用，计划呈请增加。再就行政院所属各部会署来说，可分为三种情况：一是属于特殊情形者，如国防部、资源委员会，拟根据新组织法另行陈报；二是属于事务增加无可裁撤者，如外交部、司法行政部；三是"遵令将单位与人数略事裁减者"，即象征性裁汰部门，如内政部、教育部、农林部、经济部、社会部、粮食部、交通部、财政部、水利委员会、侨务委员会、蒙藏委员会、卫生署、地政署及善后救济总署。即就粮食部而言，除了各地粮政特派员办公处已撤销外，内部单位紧缩调整后可裁减人员 80 人，田赋署拟裁减 50 人，仓库工程管理处拟裁减 60 人，裁撤后共留用 697 人。[①] 但这些计划实行起来难度不小。

7 月 5 日，素来对粮食部持批评态度的国民参政会，其驻会委员会决议，请国民政府迅即裁撤粮食部，以慰民望。[②] 9 月，在青年团第二次全国代表大会上，部分与会代表对粮政积弊多有抨击，有人当着蒋介石的面"大声疾呼要求撤去徐堪粮食部长"，会后还有人提出由谷正伦来继任。徐堪听闻此情况，"蔑视和嫉妒交织"。[③] 11 月，有消息传出，"粮食部决裁撤，其原管未了之业务，将划归财政部，另成立一新机构办理"。[④] 1947 年 2 月中旬，《外交部周报》在一则消息中透露，粮食部负责人谈到"关于废止征实购及粮食部存废问题，并谓将于三中全会中决定"。[⑤] 此处所说"三中全会"指的是将于 3 月中旬召开的国民党六届三中全会。其实此次会议确定的主题是如何结束训政，做好"行宪"的准备，并未讨论粮食部的存废问题。

1948 年 3 月，有消息称粮食部将改组为粮政部，以配合"戡乱"军

---

① 《调整中央机构裁减人员以增加行政效率案》（1946 年～1947 年），《行政院档案》，档案号：014-000101-0129，第 13～21 页。

② 李新总主编，韩信夫、姜克夫主编《中华民国史大事记（1945～1946）》第 11 卷，中华书局，2011，第 8098～8099 页。

③ 陈开国：《回忆谷正伦任粮食部长的几点情况》，《安顺文史资料》第 3 辑，第 11 页。

④ 《粮食部决裁撤》，《田家半月报》第 13 卷第 7 期，1946 年 11 月 1 日，第 8 页。

⑤ 《粮价变动原因》，《外交部周报》第 15 期，1947 年 2 月 17 日，第 3 版。

事。[①] 不过，在国民党军事失利越来越严重的情况下，粮食部的改组似画蛇添足，甚至其是否仍有存在的必要也成了问题。

二 粮食部的悄然裁撤

1949 年 1 月 21 日，蒋介石宣布下野。"国事已不堪问"，"一月之中，物价扶摇直上，政府无复有人过问……中央机关形式上亦不存在"。[②] 2 月 5 日，粮食部南迁至广州，假汉民公园内广东省田粮处办公。[③] 这也是粮食部成立以来的第二次迁址。8 日，关吉玉在向广东田粮处全体职员训话时，除对广东田粮处处长黄秉勋大加赞扬外，还提到粮食部该年的工作目标有四项：一是收足各省配征额；二是将各省所征粮食运出，以供配拨；三是清账，即收拨账目必须清楚；四是肃贪，"贪污之风必须肃清"。[④] 但这些目标随着中共渡江战役的胜利而化为乌有。

4 月初，存在近 8 年之久的粮食部被悄然裁撤，各项业务移交财政部核办。财政部在南京设置留京办事处，在上海设立驻沪办事处，分办京、沪有关业务。随后，为了军公粮食业务不致中断，财政部部长刘攻芸依照立法院简化机构的原则，呈请行政院在财政部内设立田粮署，并建议先行成立，以便接办粮食部原有业务。同时，刘攻芸建议按照财政部国税署组织法，拟具田粮署组织法，任前粮食部次长田雨时为署长。4 月 5 日，行政院第 52 次会议修正通过《田粮署组织法》，田粮署遂于 4 月 1 日正式成立。[⑤] 田粮署员额共计 494 人，设署长 1 人，署长为田雨时，综理全署事务并指挥监督所属机关及职员；副署长 1 人，辅助署

---

① 《粮食部将改组为粮政部》，《杂粮市声》第 460 号，1948 年 3 月 19 日，无页码。

② 《海桑集——熊式辉回忆录（1907~1949）》，第 686 页。

③ 黄名璋：《关部长向广东田粮处全体职员训词》，《广东田粮通讯》第 7~8 期合刊，1949 年 2 月 28 日，第 1 页；《浙江省政府代电：准财政部田粮署代电为于四月一日成立并于广州粮食部原址办公另于京沪分设办事处嘱查照等由电希知照、查照》（1949 年 4 月 12 日），《浙江省政府公报》第 5 期，1949 年 4 月 16 日，第 34 页。

④ 黄名璋：《关部长向广东田粮处全体职员训词》，《广东田粮通讯》第 7~8 期合刊，1949 年 2 月 28 日，第 1 页。

⑤ 《财政部田粮署组织法草案》（1949 年），《行政院档案》，档案号：014-040503-0014，第 4~5 页；《浙江省政府代电：为奉电粮食部结束移交田粮署接办，并派田雨时为田粮署长定四月一日成立嘱查照等由转电知照》（1949 年 4 月 4 日），《浙江省政府公报》第 2 期，1949 年 4 月 6 日，第 10 页。

长处理署务。内部机构设田赋管理、储备、分配、财务、总务、会计、人事等处及秘书室、统计室。其职能情况如下：田赋处设四科，掌理田赋制度设计及章则拟定，全国田赋征收数额核定、审议，田赋旧欠与减免，整理编造赋地册籍，审定田赋科则及推收，田赋征收机构设立与裁撤，田赋征收考成等事项。管理处设四科，掌理民食调节管理，粮食配售配给，粮食市价调查及管制，粮食市场交易管理，粮商登记及管理，国际粮食会商、联系，民食改进设计，① 粮食节约推进及其他有关民食事项。储备处设四科，掌理国内外粮食购买与集中，粮食来源调查控制，粮食存储保管的指导、考绩，积谷筹募、监督，该署所属粮食仓库监督、管理及其他有关粮食储备事项。分配处设三科，掌理军粮调配数额及拨交地区，军粮品质检验，粮食加工规划及其他有关粮食分配等事项。财务处设两科，掌理粮食出纳账目审核与清理，购粮价款筹划、审核及清理，清追欠粮，粮食折耗损失审核，购粮价款及集中费用出纳保管，所属机关粮账、粮款监察及其他有关粮食稽核事项。总务处（设三科）、会计处（设三科）、人事处（设两科）、秘书室（设两组）、督察室、统计室的职能分别与原粮食部相同。此外，该署设稽核16~20人，承长官命令稽核粮账、粮款事项；编译3~5人，承长官命令办理田赋及粮政法规、公报、图书编译事项；技正、技士各若干人，承长官命令办理粮食仓库修建及粮食品质检验等技术事项；并因事务上需要设置专门委员20~24人，专员24~30人。10月，田粮署督察室撤销，其主管业务交各处办理。

小　结

抗战胜利后，民族危机解除，国民政府面临的局面与战时迥然不同，因而战后各项政策调整亦较大。就粮食部而言，战后也是粮食政策变化较为显著、主管官员变动最多的时期。战后初期，国民政府对粮食政策做出

---

① 关于民食改进，行政院曾于1944年4月成立"行政院民食改进委员会"，并订有组织规程。参见《行政院民食改进委员会组织规程及有关文书》（1944年4月），《内政部档案》，档案号：一二（6）-128，第2~10页。

了较大调整，如针对不同地区豁免田赋或分期征收田赋，降低征借比例，豁免 1941 年上半年以前所欠田赋等，这是历经 8 年全面抗战后收复沦陷区、恢复农业生产及后方各省在 1941 年粮食强力统制后的必要举措，有利于人民休养生息，但同时也产生新的粮食危机。

战后粮食部另一个显著的变化是部长人选更替频繁，首任部长因外部压力而辞职，之后的每一位继任者的任职时间都很短，从 1946 年 10 月至 1949 年 4 月，不到三年的时间连换三任部长，从谷正伦到俞飞鹏再到关吉玉，平均任职时间 10 个月，而谷正伦仅为 9 个月，是战后三任部长中任职时间最短的。有趣的是，谷辞职之后，蒋在 1947 年 7 月 26 日给谷拍发了一份电报，对其任职期间的作为做了简单评价，电文初由吴鼎昌所拟，其中有"善为画筹，建树至多"之语，吴将电文呈送蒋审定时，蒋却将电文中的这句话用笔勾去，一同修改的还有"良深佩慰"改为"良深嘉慰"，[1] 这些改动实际上也反映了蒋对谷执掌粮食部政绩的态度。而吴鼎昌之所以"拔高"谷正伦，则因二人私交甚厚，谷 7 月 19 日获准辞职后，23 日即致函吴鼎昌及函电中的"夙荷关爱"可为明证。[2] 战后粮食部部长人选频繁变动一定程度上影响了粮政的连续性。

与部长任职时间趋短相伴随的，是各次长、处长的变动也较大。与战后粮食部部长变动最为频繁的特点相比，粮食部下属机构的变化并不显著，基本上是战时各机构的延续，仅根据战后粮政有个别调整，这也是战时粮食部建立健全机构值得称道之处，即粮食部已经在战时探索并逐步组设其下属机构。

事与愿违的是，虽然战时确立了良好基础，但随着中共军事上的节节胜利及国民党内部的争权夺利、贪腐横行，粮食部在经历了裁撤风波后，终究难逃被裁撤的命运。

---

[1] 蒋介石：《致谷正伦代电》（1947 年 7 月 26 日），《国民政府档案》，档案号：001-032100-00011-000，第 118 页。

[2] 谷正伦：《解职后致吴鼎昌函》（1947 年 7 月 23 日），《国民政府档案》，档案号：001-032100-00011-000，第 115 页。

国家社科基金
GUOJIA SHEKE JIJIN HOUQI ZIZHU XIANGMU
后期资助项目

机构变迁与政策调适：
20世纪40年代粮食问题研究

下　册

Institutional Changes and Policy Adjustment:
the Grain Policy of China in the 1940s

王荣华　著

社会科学文献出版社
SOCIAL SCIENCES ACADEMIC PRESS (CHINA)

粮政篇

第四章

战时粮食管理及其成效分析（一）

全国粮管局成立前，国民政府的基本粮食政策是自由放任，在1940年粮食危机爆发后，国民政府对粮食问题的认识日渐深刻，不但将其作为经济问题看待，更是作为社会问题、军事问题来看。正如蒋介石所言："我们这一次抗战能不能胜利，现在开始的建国，能不能成功，都看我们对于粮食问题的解决，有没有办法，有没有步骤，有没有决心，能不能成功。"同时，蒋1941年上半年信誓旦旦地保证："政府对于粮食问题，不但有决心，而且有确实的把握，不但有办法，而且有一定的步骤，一定可以在短时期内获得良好合理的解决。我以国家的名义，希望消费者安心，生产者努力。"蒋所说的"一定的步骤"，分为三步走：第一步，采取派售余粮、取缔囤户的办法，到1941年秋收时达到疏导粮源、稳定粮价的目的；第二步，从1941年秋收到1942年秋收以前，实行新的粮食管理办法，即征收实物及以库券征购粮食；第三步，1942年秋收以后"施行更彻底的办法，全面管制……一定要使粮食供需合理调整，粮食价格安定平稳"。① 从蒋所规划的步骤来看，前两项步骤较为明确，可操作性也较强，但第三步所称的"更彻底""全面管制"应如何实施，蒋并未明言。粮食部成立后，粮食管制的目标与步骤逐渐清晰起来。

战时粮食管制涉及面非常广，如粮政宣传与粮情调查、粮商与粮

---

① 《赋税（二）》（1941年），《蒋中正总统文物档案》，档案号：002-080109-00012-003，第18~20页。

价管制、粮食运输与仓储、陪都面粉行业组织管控等，而且为了取得实效，粮食部动员各种政治、军事力量，基本做到了粮食领域全覆盖。

第一节　战时粮政宣传与粮情调查

在全国粮管局时期，粮政宣传与粮食调查已渐次展开，并取得初步成效，为粮食部后续工作奠定了较好的基础。粮食部成立后，各项粮食"新政"迭出，如何使民众知晓"新政"，并配合粮食行政部门工作，减少各项粮政的推行阻力，仍亟须国民党党、政、军多部门联动，以提高粮政的执行效力，达成"控量以制价"的目标。同时，为了明了粮食生产状况，掌握粮户特别是存粮大户、大粮户手中的存粮，为田赋征实、粮食征购、粮食调节、粮价控制等提供可靠依据，对粮情的调查是必不可少的。

一　粮政宣传

田赋征实、粮食征购等相关粮政作为新定"国策"，在改制伊始，其工作事繁体巨，为使社会舆论及纳赋普通民众均能正确认识、真诚拥护，取得预期效果，国民政府相关部门必须对新的粮政进行宣传。对于粮政宣传，蒋介石曾表达过这样的意见：要解决粮食问题，绝不能单就粮食问题本身来设法，因为粮食问题不仅是一个经济问题，同时也是政治社会问题。国民政府党政人员和社会贤达更不能不密切关注粮食问题，从多方面来解决粮食问题。尤其对于学校教师和青年学生，特别要设法使他们从事宣传、调查和考察的工作。[1] 不过，在粮食部成立前，全国粮管局对"影响粮政推行甚大"的粮政宣传工作却"未能充分运用党团机构从事大规模宣传，殊属失策"。在 1941 年 7 月经济会议第 26 次会议上，经济会议秘书处对此进行了反思。鉴于这种情况，经济会议计划"交由中央宣传部、三民主义青年团等协同，作有计划之宣传，使一般人民了解粮政对于

---

[1]　中国国民党中央执行委员会训练委员会编《总裁言行》，正中书局，1947，第 95 页。

抗战与民生之重要"。① 因此，在蒋的号召下，财政部、交通部、粮食部等机构以及各社会团体与个人，通过多种途径与形式，在不同场合与时间节点，推行粮食新政如田赋征实、粮食征购、管理方式、管理原因和目的等，并且与粮政宣传相关的工作也很快开展起来。

1941 年 10 月，财政部拟定《田赋征收实物宣传大纲》，颁发各省田赋处，要求其遵照办理。该宣传大纲分宣传方针、宣传方法、宣传内容三个方面，对宣传工作进行了详细规定，如宣传方法分为文字宣传与口头宣传，口头宣传又分为七种方式：举行宣传周，广播讲演，国民月会及纪念周指定时间做专题讲演，利用赶集或赶场期做巡回讲演，专员、县长出巡时特别讲演，党团及社教、民教人员特别讲演，各学校发动学生实施宣传。② 国民政府对此广事宣传，先后向军政部特别党部第七区党部各分部下发多项训令，要求扩大宣传。10 月 25 日，财政部请求行政院，请服务团近就参照宣传大纲，拟订计划，协助宣传。行政院对此大力支持，11 月 17 日下文："饬本院战时服务团协助宣传，并抄发该团团员名册，以便考察延用。"③

1942 年 8 月，全国粮食状况与上一年度相比已有很大不同，财政部认为上一年度的宣传大纲已不适用，遂依据《三十一年度田赋征实及征购粮食工作计划书草案》制定《修正田赋征收实物暨随赋带购粮食宣传大纲》，并颁发各省财政厅、田赋处、粮政局，函送各省参议会，国民党各省省党部、青年团支团部，各省教育厅，要求协助宣传。④ 1942 年度的宣传大纲仍分为宣传方针、宣传方法、宣传内容三大部分，非常详细全面。宣传方针的要求有四个方面：一是宣达国民政府国策，并纠正一般谬误见解，使社会舆论及纳赋人民均能彻底了解，一致拥护；二是阐述粮食与抗战的关系及政府推行粮政的办法与决心，使纳赋人民情绪热烈，踊跃

---

① 《经济会议第二十六次会议》（1941 年 7 月 15 日），《行政院经济会议、国家总动员会议会议录》第 1 分册，第 383 页。
② 《修正田赋征收实物暨随赋带购粮食宣传大纲》（1941 年~1942 年），《行政院档案》，档案号：014-040201-0009，第 1~14 页。
③ 《修正田赋征收实物暨随赋带购粮食宣传大纲》（1941 年~1942 年），《行政院档案》，档案号：014-040201-0009，第 10~15 页。
④ 《修正田赋征收实物暨随赋带购粮食宣传大纲》（1941 年~1942 年），《行政院档案》，档案号：014-040201-0009，第 16~27 页。

输将；三是说明田赋征收实物及征购粮食办法，使纳赋人民确切了解，以杜流弊而资迅捷；四是指示执行国策的重要性，使经办田赋人员精神振奋，工作紧张，如期完成任务。宣传大纲规定的宣传方法与形式灵活多样，以口头宣传来说，除了 1941 年度提出的宣传形式外，1942 年度采用的新的宣传形式包括省主席及各厅长出巡时应特别提出讲演，编撰歌谣、利用新旧剧及儿童在乡村进行宣传等。对于宣传内容，宣传大纲规定主要包括"田赋征收实物之根据""田赋征收实物之效用""田赋征实暨随赋征购粮食之办法"三项内容，每项内容各有数个条目，条分缕析，较为明确。①

在全国粮管局成立初期，四川省一般乡镇民众对粮政存在较多误解，如认为粮价高涨系法币贬值所致，粮价愈管愈高，只管谷米不管杂粮，只管城市不管乡镇，粮价高涨与粮商囤积无关等。② 粮食部成立不久，为使人民彻底明了粮食政策的意义与内容，顺利推行粮政，即出台相关政策、采取必要措施进行宣传。1941 年 11 月，粮食部颁发《粮政宣传大纲令》，拟订《推行粮政宣传大纲》，"分函中央宣传部、三民主义青年团中央团部"，并转饬国民党各级党部遵照执行，宣传时间自 11 月起至 12 月底。宣传目的可以概括为四个"明了"：一是使人民明了粮食对抗战的重要性；二是使人民明了个人与国家的关系，做到"有力出力，有钱出钱，有粮出粮"；三是使人民明了囤积散藏粮食、抬高粮价为非法行为；四是使人民明了政府厉行粮政的最终目的在于争取抗战的胜利。宣传内容包括五个方面：第一，"说明战时粮食管理的意义与目的"；第二，"说明田赋改征实物与发行粮食库券的必要与办法"；第三，"说明各种粮食管理办法的内容"；第四，"宣传粮食增产与消费节约"；第五，其他宣传事项。每个方面又细化为若干宣传点，以加强宣传内容的针对性。针对不同对象，粮食部的宣传手法亦有区别，如对于各粮户，"以宣传照规定价格多售粮食及踊跃应征为主"；对于一般农户，以宣传努力工作、加紧垦荒、

---

① 《云南省粮政局公函——抄送〈修正田赋征收实物暨随赋带购粮食宣传大纲〉》（1942 年 9 月 28 日），《民国时期云南田赋史料》，第 337~346 页。

② 《粮政（三）》（1940 年 9 月 6 日~1946 年 8 月 5 日），《国民政府档案》，档案号：001-087000-00003-000，第 77 页。

多种杂粮、增加生产为主；对于社会普通民众，则以节约消费、遵守粮食管理法令为主。①

在宣传方法上，粮食部采用文字、图画、戏剧等多样化方式，力求达到宣传效果。一是编印粮政小丛书，出版粮政著作。为了阐扬国民政府的粮食政策、研究粮食管制当中的技术问题，粮食部着手编印粮政小丛书，付诸出版发行的有《粮食之经营与技术管理》《粮食之运输》《粮食加工问题》《积谷与公仓》《军用干粮》《米糠之利用》《营养米之加工》《民食供应问题》《平抑粮价问题》《田赋征收实物与征购粮食》《粮食增产》《粮食节约》《粮政法令辑要》等 13 种。个人论著如闻汝贤、闻亦博编著《中国现行粮政概论》，宋同福《田赋征实概论》等著作，其编写出版，意在宣扬国策，"兼告国家改制之不易"。②

二是编印《督导通讯》半月刊。《督导通讯》在 1942 年元旦正式出版发行，由粮食部督导室编印，按月发行，以报道各地督粮情形、交流工作经验、指示各地督粮人员工作方针为主。在发刊词中，徐堪有言："粮食管制，为现代国家必行之要政"，"粮政推行之良窳，不特有关民生之苦乐，实系抗战建国前途之成败"，"粮政人员多一分之努力，即为我前方浴血抗战之将士减轻一分之痛苦与后方忍苦耐劳之民众增加一分之福利，而国家对敌作战亦即愈加强胜利之把握"。③ 徐的此番言论，不但对新近选任的督导人员来说是必要的，而且对粮食新政实施的必要性也做了简要阐述。在《督导通讯》创刊号上，设置有"粮政之回顾与展望""产销供应""仓储运输""各地粮价动态""征购实况""党团协助粮食管理及宣传调查工作情况""各地粮政人员工作经验""各地粮政拾零""粮政法规""附录" 10 个栏目，④ 内容较为全面，既可以起到信息交流的作用，对各项粮政也不失为一种好的宣传。

三是制定《各地粮政宣传实施办法》。该办法较为简单，共有 6 条。规

---

① 《粮食部颁发粮政宣传大纲令》，秦孝仪主编《抗战建国史料——粮政方面（一）》，第382~386 页。

② 中央银行经济研究处：《关于检送田赋征实概论的函》（1942 年 12 月 21 日），重庆市档案馆藏，《中国银行重庆分行档案》，档案号：028600010203700000001000，第 1~2 页。

③ 徐堪：《勉督导同人》，《督导通讯》创刊号，1942 年 1 月 1 日，第 1 页。

④ 《督导通讯》创刊号，1942 年 1 月 1 日，"目录"。

定利用多种途径进行粮政宣传：（1）利用广播电台敦请国民党地方党政首长及名流学者播讲；（2）发动当地国民党党员、青年团团员及学校教职员工、学生，组织宣传队赴各乡镇广泛宣传；（3）请当地各报纸杂志刊发论文、社评或发行粮食特刊；（4）印制标语及小型图书、传单张贴发放；（5）请各影院放映粮政标语；等等。宣传内容分为三个方面：一是解释国民政府实行粮食政策即田赋征收实物及征购粮食的意义、办法、内容；二是说明政府管理粮食是对人民正当利益的维护，是对囤积居奇、舞弊违规者的严惩，针对推行粮政过程中所发生的特殊问题进行充分解释，消除人民的误会，彻底奉行政府粮食政策；三是说明政府管理粮食有周密办法，加上各地丰收，军粮民食供应有绝对把握，以激励粮户抛售余粮，加紧生产并节约消费。宣传费用则由参加各方平均分担。[1] 粮政宣传的目的在于安定民心，破除民众对粮食管理法令的疑惧，同时将"币值稳固之事实及政府平定其他物价之决心，亦相机讲解，以化除重粮薄币与售粮受损之陋见"。[2]

四是采取"拿来主义"，注意借鉴国外的粮政宣传方法。有些学者将一战时期英国粮食政策的宣传方法译介至国内，以收他山之石之效。在英国某些城市，市场监督被任命为情报员，保护主要制粉业者、粮食商人，奖励粮食代用品，提倡居民联合起来使用大灶，旅馆厨房昼夜烧茶做饭，利用影戏剧场等场所张贴节约标语。在曼彻斯特，开办代用食品制作讲习会，在学校橱窗陈列 60 种代用谷物制成品的样品，家政学校以培养烧饭做菜的教师为主，同时传授"讲习面包"、燕麦粥、玉米布丁的做法，及饭菜、果蔬的贮藏方法，并利用汽车到市区重要地点巡回宣传。在朴次茅斯，邮政局、学校、小商店分别向各家各户宣传粮食节约消费。英国临时节约委员会通令全国各支部，向教师分发誓约票，由各个教师在教会工作结束时向听众宣传并征集签名，政府向签名者颁发印有"自动的限制食粮"的金质证章。在伦敦，大小餐馆、旅馆等分发粮食节约宣传标语，

---

[1] 《粮食部三十一年度工作计划》，第 39 页；《各地粮政宣传实施办法》，《督导通讯》创刊号，1942 年 1 月 1 日，第 18~19 页；闻汝贤、闻亦博编著《中国现行粮政概论》，第 34~35 页。

[2] 《赋税（二）》（1941 年 5 月 14 日），《蒋中正总统文物档案》，档案号：002-080109-00012-005，第 54 页。

如"不要过于消费面包，如果半片面包已足，那末请把全片切开来吃啊""节约面包是国民的义务，都应起来协力啊"，此类标语在伦敦街头及英国其他城市随处可见。① 这些方式也被介绍到国内相机运用。

五是充分发挥"团、宪、队"力量，以为宣传服务。"团、宪、队"是蒋介石特别倚重的力量，在蒋介石1940年8月15日发给行政院的手令中，对于在粮食调查中发挥地方士绅及党、团作用，也有明确指示。② 1940年四川粮价上涨，蒋认为其主因"还不在于普通一般的农户，而实际抑粮不售者，乃是各地拥有多量粮食的地主与富户"，这些也是"暗中阻挠破坏，或巧为规避的"人。③ 蒋认为，如果仅"由粮食管理局调查人民仓库里的存粮，更不容易"。④ 在推行粮政过程中，如果将"团、宪、队"力量充分调动，这支力量可以弥补粮食行政部门的不足。

党团粮政服务队由蒋介石亲自发布手令组建而成。粮食部依据《协助推行四川粮食管理及宣传调查纲要》丙项第4条规定，拟订《各地党团粮政服务队组织办法》，⑤ 由粮食部所派视察及驻派各县督粮委员，协同当地国民党党部、青年团团部分别发动优秀党员、团员组织粮政服务队，服务当地粮政工作。党团粮政服务队以协助粮政宣传，调查检举粮政人员有无舞弊、渎职行为，并监督人民是否有违反粮政管理法令为主要任务。

服务队工作头绪众多，但尤以宣传工作成绩为佳，不但发动当地乡镇公所职员、贤明士绅、小学教师、民众团体、学生及知识分子参加应征、印制标语传单，而且利用集会、纪念日、国民月会、中小学校纪念周等宣传、解释田赋改征实物及征购粮食的意义与办法，且能率先完纳，以树立榜样，倡导民众踊跃输纳，接受宣传的民众甚至有典质买谷缴纳田赋者。⑥

① 森武夫：《非常时日本之国防经济》，张白衣译，正中书局，1935，第68～70页。
② 《省市粮食管理办法（一）》（1940年～1948年），《行政院档案》，档案号：014-040504-0017，第37～45页。
③ 《蒋委员长发表："为实施粮食管理告川省同胞书"》（1940年9月11日），秦孝仪主编《中华民国重要史料初编——对日抗战时期》第4编《战时建设》（3），第54页。
④ 陈正谟：《米谷生产成本调查及川粮管理问题》，第35页。
⑤ 该办法1943年1月废止。参见《奖励川省各县党团粮政服务队协助推行粮政》，《粮政月刊》第2卷第2～4期合刊，1944年9月16日，第112页。
⑥ 《粮食部三十年度工作检讨报告》，第78页；袁逸之：《四川督收工作之一般》，《督导通讯》第1卷第2期，1942年2月1日，第11页。

德阳、绵竹督粮委员高见龙亦坦陈，在德阳与绵竹发生旱灾后，德阳民气消沉，但只要因势利导得法，都能完成任务，"其重心固在宣传，亦须重在鼓励"。① 因此，粮食部不无感慨地说："今征收征购工作之能如限完成且超过预期之数额者，固由经收经征及督粮人员之努力，实亦为发动普遍宣传所致之效果。"②

粮食部会同中统、青年团中央团部、宪兵司令部等机关发动各地国民党党员、青年团团员，并派遣宪兵协助推行粮政宣传与管理。中统主要负责发动当地国民党党部与党员力量，开展搜集材料、研究设计及组织训练等任务。青年团以发动当地团的力量、执行宣传及其他检举等为主要任务。宪兵负责协助管理并执行积封、拘捕、弹压等。在粮食政策宣传中，宪兵"更属普遍"，张贴标语、进行演讲显然已不能凸显宪兵服务队的能力，而是采取编制歌调、化装表演、举办越野赛跑等新颖的形式，使粮政宣传工作"普遍而深入"。③ 1941 年下半年，党团粮政服务队在宣传方面的主要工作包括：各县在征购前，由督粮委员、县长及党部、团部负责人，发动当地全体党团力量，并领导中小学生及公正士绅、知识分子等，深入农村乡镇，进行普遍宣传，使人民切实明了粮食对抗战的重要性、战时粮食管理的意义与内容、征购粮食的手续与办法等，并说明"有粮出粮"为国民应尽义务，违反政府粮食政策即是破坏抗战，政府必予严惩。

1941 年底，四川省粮食征购任务完成在即，为了稳定民心，对于粮政宣传，四川省政府制定了五条指示。第一，本年川省征购足额后，军粮与民食供应无虞，政府决不另立名目，再行派购。第二，征实后的储运工作至关重要，应普遍发动民众，慷慨借让仓房，协助运输，以赴时效。第三，粮政人员如有舞弊行为，或民众及粮商有违反粮食政令情事，一概须依法检举，并奖励人民自由告发，一经查实，当严惩不贷。

① 高见龙：《德阳、绵竹督粮情形》，《督导通讯》第 1 卷第 2 期，1942 年 2 月 1 日，第 13 页。
② 《粮食部三十年度工作检讨报告》，第 78 页。
③ 钱丹泉：《粮勤宪兵对于粮政之贡献》，《督导通讯》第 1 卷第 3 期，1942 年 3 月 1 日，第 9~10 页。

第四，对于粮价平抑，政府正在采取合理有效的步骤，各地粮价也均一致回跌或稳定，即使偶有一两处稍生变动，也纯属一时现象，舆论界对此不可过于强调，尤其不必因此对政府的粮管方针有所怀疑，务必唤起民众的信心，粮户应及早出售余粮，以免将来遭受跌价损失，或受囤积居奇的严厉处分。第五，各地报纸所发表的言论，其内容务必与蒋所主张的粮食政策及国民政府现行粮政法令相适，以免影响民众心理。同时，川省政府要求舆论界按照上述指示，妥为宣传。① 1942 年 11 月，云南省田赋处在《修正督导员服务暂行规则》中，对督导员的宣传职责也有规定，要求督导员在到达第二日，首先须会同当地相关机构，召集地方公教党团及士绅民众，举行宣传大会，讲解征实征购的办法手续，并"宣示政府德意"。②

1942 年，粮食部将党团宣传作为中心工作，在后方各省大规模开展起来，各地不甘落后，大事宣传。川省党团宣传最为普遍有力，滇、黔、粤等 16 个省亦多能遵办，大部分省份能够较好地完成该年度宣传任务，③国民政府对 1942 年度粮食部发动的粮政宣传及取得的成效比较满意。浙江 1941 年至 1942 年制定的征实宣传要点如下：田赋征实为中国古代固有良制；田赋征实为总理遗教重要部分；足食足兵，足兵必先足食；近代战争的胜败取决于兵源及粮食是否充实；兵役、粮政在县长考成中各占35%；浙江省政府须出巡督促粮政；如有阻挠征收征购及经办人员从中舞弊者，不论其地位如何，准督粮委员送由有军法审判权机关，就地以军法从事；"有力出力，有钱出钱，有粮出粮"为目前最重要的口号。④ 福建闽侯田粮处 1943 年度编印《闽侯县三十二年度田赋征实征借扩大宣传特刊》，邀请当地士绅题写题词、标语，进行宣传，题词、标语有"踊跃输将，家给户足""胜利在眼前，纳粮要争先""是好公民，应早完粮食"

---

① 《川省粮食督导宣传要点》，《督导通讯》第 1 卷第 2 期，1942 年 2 月 1 日，第 19 页。
② 《财政部云南省田赋管理处训令——抄发〈修正督导员服务暂行规则〉》（1942 年 11 月 28 日），《民国时期云南田赋史料》，第 355～362 页。
③ 《粮食部三十一年度工作考察》，第 9 页。
④ 浙江省政府：《田赋征实卷》（1941 年 7 月～1942 年 12 月），《浙江省政府档案》，档案号：L029-002-0173，第 45～46 页。

"首先纳粮，就是拥护抗建国策"等。[1] 云南省田赋处 1943 年 10 月拟订的宣传标语有 11 条，如"有粮出粮增强抗战力量""踊跃纳粮充实军粮民食""将士要吃得饱，战事才能打得好""争先纳粮，最后胜利就在眼前"等，每一条标语中均带有一个"粮"字，在开征时由各县市区"逐一缮贴通衢，及所属各征收处所在地，以广宣传"。[2]

对于党团粮政宣传所需经费，最初由粮食部酌予补助，从 1943 年 1 月起，一律改为按工作成绩酌发奖金。1943 年度，四川省各县粮政服务队成绩最优，发给奖金的有万县、新都、合川等 10 个服务队；成绩次优，由国民党中央组织部、中统、国民党中央宣传部、青年团中央团部予以嘉奖的有罗江、泸县、大竹等 16 个服务队（见表 4-1）。

表 4-1 1943 年度四川省粮政服务队奖励情况统计

县别	队别	奖励方式	县别	队别	奖励方式
万县	团员队	发给奖金 1000 元	乐山	团员队	嘉勉
新都	党员队	发给奖金 1000 元	崇庆	党员队	嘉勉
三台	团员队	发给奖金 1000 元	富顺	党员队	嘉勉
梁山	团员队	发给奖金 1000 元	彭水	党员队	嘉勉
荣昌	党员队	发给奖金 1000 元	奉节	党员队	嘉勉
合川	党员队	发给奖金 1000 元	广安	党员队	嘉勉
合江	党员队	发给奖金 1000 元	隆昌	党员队	嘉勉
云阳	团员队	发给奖金 1000 元	乐至	党员队	嘉勉
永川	团员队	发给奖金 1000 元	剑阁	党员队	嘉勉
璧山	党、团员队	发给奖金 1000 元	靖化	团员队	嘉勉
罗江	党员队	嘉勉	松潘	党员队	嘉勉
泸县	团员队	嘉勉	北川	党员队	嘉勉
大竹	党、团员队	嘉勉	安县	团员队	嘉勉

资料来源：《奖励川省各县党团粮政服务队协助推行粮政》，《粮政月刊》第 2 卷第 2~4 期合刊，1944 年 9 月 16 日，第 112 页。

---

[1] 福建省闽侯县田赋粮食管理处：《福建省闽侯县 1943 年度田赋征实借扩大宣传特刊》（1944 年），福建省档案馆藏，《福建省田赋粮食管理处档案》，档案号：0079-001-000061，第 1~2 页。

[2] 《财政部云南省田赋管理处训令——检发征实征购宣传标语》（1943 年 10 月 8 日），《民国时期云南田赋史料》，第 382 页。

从表4-1可以看出，在1943年四川省受到奖励的26个粮政服务队中，党员服务队有15个，团员队为9个，显示出党的力量明显强于团的力量。有的县份既有党员队也有团员队，就连比较边远的县份如松潘，也有党员队的力量，可见在粮政推行上，国民党不遗余力，并且通过推行粮政加强了对基层社会的渗透与控制。

国民党重庆市党部筹组战时后方工作督导团，副主任邹明初、组长陈开国参加该党部粮政工作，1941年11月13日至26日，共参加各区镇保长茶会16次，重庆市商会、各同业公会委员茶会2次，代表即席演讲政府粮食政策，并将产生的弊端一一提出，进行研讨，"或为善意之建议，或为迫切之呼吁"。每次参加茶会的各区镇保长及委员多者有一百七八十人，少者也有50人。① 为了使舆论界、宣传机构及各级"党、团、宪"，及督导粮政人员对粮政宣传有所遵行，国民党重庆市党部举办粮食政策宣传周，制定《各地粮政宣传实施办法》《推行粮政宣传大纲》颁发各地，会同国民党中央宣传部、青年团中央团部每月编发川省粮食问题督导宣传要点，具体指示粮政措施，订定《粮食问题宣传标语》《粮食管理通俗宣传标语及宣传口号》，分发各地，广为张贴，大事宣传。② 印制的标语主要有"实行国父粮食政策""管理粮食，才能使人人有饭吃""前方将士流血，后方民众出粮""出售余粮，必获公平价格""囤粮不售，受法律制裁""抬高粮价，就是国民公敌""严厉检举囤粮居奇的奸民""粮食库券还本可靠""接受粮食库券，利己利国""增加粮食生产，节约粮食消费"等。③ "一时之间，'有粮出粮，增强抗战力量'等鼓励农民售粮的标语遍及城乡。"④ 1942年1月，中国粮政协进会向田赋管理委员会函送罗成源所作的纳粮歌曲，田赋管理委员会将之印发各省粮政局，令各县

---

① 《陪都战时后方工作督导团有关粮政问题之问答》，《督导通讯》创刊号，1942年1月1日，第14页。
② 《粮食部三十年度工作检讨报告》，第79~80页；《粮食部三十一年度工作计划》，第39页。
③ 《粮食问题标语十二种》，《督导通讯》创刊号，1942年1月1日，第8页。
④ 《四川粮食工作大事记》，第39页。

处"广为传播，以利征购"。① 有名为先镇者，亦创作《纳粮歌》，以朗朗上口的歌谣形式，将缴纳田赋的意义、程序、赋粮标准及验收要求等编入歌谣，其中歌词写道："征实物，章程有，一元折合谷四斗，带购四斗作军粮，一共八斗君知否？""购粮价，不难算，八十块钱买一石，现兑法币有三成，其余七成搭库券。"② 歌谣节奏感十足，合辙押韵，非常有利于传播。《督导通讯》创刊号刊登了一则征实佳话：四川省汶川县康姓县长，为早日完成该县征实数目，于 11 月 3 日除了向民众演讲外，还在当日午后，带着保安兵十余人，一人鸣锣，一人抱着征实标语，自己手执铁链，到处宣传，据说"收效颇大"。③

粮食部对粮政宣传不遗余力，并且认为各级机构、相关团体，以及个人几乎都有宣传职责。1941 年 7 月成立的粮政计划委员会，下设生产、储运、消费、管制及宣传五组，其中第五组亦负有宣传职责。④ 根据《省粮政局组织大纲》，各省粮政局管理责任重大，其中宣传工作亦不可少。以重庆市粮政局为例，其 1941 年度 8 项主要事务中，第 4 项"粮食节约"包括限制粮食消费、宣传粮食节约。⑤《各县市征购粮食监察委员会组织通则》规定，监察委员第一项职责为宣传征购粮食的意义。⑥ 经征机关"必责由当地保甲于逢场赶集之日，鸣锣警告，或印发传单标语，尽量宣传"。⑦ 1940 年 11 月，四川各县旅省同乡会联合办事处致电行政院，谓"本处亦当……发动各县绅耆，分负告吾人应尽之义务，以图抗战最后之成功"。⑧

①　《财政部云南省田赋管理处公函——检送〈纳粮歌〉请广为传播》（1942 年 1 月 25 日），《民国时期云南田赋史料》，第 301~302 页。
②　先镇：《纳粮歌》，《田粮公报》第 2 号，1943 年 10 月，第 15 页。
③　《征实佳话》，《督导通讯》创刊号，1942 年 1 月 1 日，第 17 页。
④　《粮食部所属单位组织规程（二）》（1941 年~1947 年），《行政院档案》，档案号：014-040503-0003，第 24~33 页。
⑤　《重庆市财政、粮政局一九四一年九月至一九四二年二月工作报告（油印件）》（1941 年 9 月~1942 年 2 月），《内政部档案》，档案号：一二-715，第 87~91 页。
⑥　参见《粮食部 1945 年度施政计划（附相关预算书）》（1944 年 8 月），《中央设计局档案》，档案号：一七一-1473，第 39 页；《粮食部三十四年度工作计划及意见书》（1944 年~1945 年），《行政院档案》，档案号：014-040501-0005，第 55 页。
⑦　《四川省非常时期催征田赋暂行办法》（1940 年），《行政院档案》，档案号：014-040201-0109，第 5 页。
⑧　《省市粮食管理办法（一）》（1940 年~1948 年），《行政院档案》，档案号：014-040504-0017，第 85 页。

除了上述主要机构、团体，其他机构亦担负不同的宣传职责，可以说"策动全国各地举行扩大粮政宣传"，[①] 发挥各相关机构、团体的作用，已经成了战时新的工作内容。1943 年 10 月，交通部训令，在国父纪念周、国民月会及其他学术讲演和公众集会场所，"随时讲述征实征购之重要性，以引起各界人士之注意，并将各机关协助推行征收列为党政工作考核之一"。[②]

战后粮食业务更为复杂，徐堪鉴于战后粮食征收环境变化及舆论压力，与中央相关机构商议后，于 1946 年 7 月下旬提议在中央设置征粮督导会议，加强粮政宣传督导。战后各大都市配售工作中，为了使民众知晓配售工作，宣传工作亦不可少。1948 年 3 月，为顺利完成南京市配售证发证工作，南京民调会还发动市政府社会局职员、警政人员、区保甲长、自治人员、区民代表，以及中央大学、金陵大学、金陵女子文理学院等院校社会系三、四年级学生，总计达 1500 余人，召开座谈会、示范演习，在完成发证任务的同时，对配售工作宣传效果颇佳。[③]

二　粮情调查

粮情调查内容庞杂，诸如生产成本、粮食产量、存粮状况、粮食市场、消费情况、粮价状况、粮商等均在调查行列。在对全国粮食实行专门管理以前，中央政府对全国粮情并未完全掌握，粮食政策的制定缺乏可靠的数据支撑，朝令夕改的情况也比较普遍。全国粮管局时期，该局曾组织人员或采用电报粮情方式，对四川等地粮情展开调查。1940 年 8 月，四川省政府制定《四川省粮食调查暂行办法大纲》，该大纲对调查的目的、

① 中国粮政协进会：《关于报送中国粮政协进会扩大粮政宣传田赋征实问题讨论会议记录上康心如的呈（附会议记录）》（1942 年 8 月 17 日），重庆市档案馆藏，《美丰商业银行档案》，档案号：0296001400265000000020000，第 20~24 页。

② 行政院、重庆市政府：《关于加强宣传田赋征购征实要政的训令》（1943 年 10 月 21 日），《重庆市政府档案》，档案号：0053-0001-00830-0100-181-000，第 181~182 页；重庆市财政局：《关于加强宣传田赋征购征实重要性给第八税捐稽征所的训令》（1943 年 11 月 16 日），《重庆市财政局档案》，档案号：00640008026380000014，第 26 页。

③ 《民食配售工作总报告》第 1 期（1948 年 3 月至 7 月），南京市档案馆藏（以下不再一一注明藏所），《首都民生日用必需品配售委员会（南京市民食调配处）档案》，档案号：10140010152（00）0011，第 11~12 页。

组织、事项、方法等均有规定，如调查事项包括人口、粮食消费量、粮食输入输出地点及数量、现存陈粮数量、本年收获数量、本年粮食余额或不足数量等，[①] 但地域范围与规模有待扩大。

粮食部成立后，为了精准施策，特别是以田赋征实、军粮征购为目标政策的基础调查尤为必要，各级机构、人员对粮情调查也非常重视，各项调查更优于全国粮管局时期，此处主要论述生产调查与存粮调查。

1. 生产调查

中国地域广阔，从南至北横跨多种气候类型，粮食种植种类较多，计有稻谷、小麦与其他麦类（如大麦、荞麦、燕麦等）、高粱、玉米，以及各种豆类和其他杂粮，总计不下 20 种。其中稻谷、小麦、玉米、小米和高粱种植最为广泛，产量亦最多。然而，因中国人口基数巨大，缺粮现象也较明显。就各类粮食产量与人口消费量而言，中国每年米产量缺少 8.5%，小麦缺少 9.4%，大麦缺额 4.0%，高粱缺少 2.6%，玉米短缺 9.2%，小米短缺 7.4%，黍子缺少 19.1%，燕麦缺额 6.6%，甘薯短缺 8.0%，27 个省中缺粮总量占各类粮食总产量的 7.9%。[②] 亦有人认为，米、麦等食粮在中国虽属短绌，但属于 28 种"可望自足的资源"，[③] 增加粮食生产势在必行。粮食生产与气候、生产资料、人力等因素息息相关，与物价、工价互为因果。如何管理粮价，使之处于合理区间，其中一途即为粮食状况调查，尤其是生产成本调查，"以为规定粮价之起点"。[④]

据陈正谟 1940 年初在北碚的调查，当地稻谷的生产成本从播种到入仓，共有 11 种费用，分别为土地整理费、栽秧费、除草费、收获费、种子费、肥料费、灌溉费、农具使用费、土地使用费、农舍使用费及农场经理费。[⑤] 北碚的水田从上一年收获到下一年栽秧，一共要犁 4 次、耙 4

① 《省市粮食管理办法（一）》（1940 年～1948 年），《行政院档案》，档案号：014-040504-0017，第 71~80 页。

② 乔启明、蒋杰：《中国人口与食粮问题》，第 140 页。

③ 张沁波编著《中国的资源》，世界书局，1947，第 92 页。

④ 陈正谟：《米谷生产成本调查及川粮管理问题》，第 83 页。

⑤ 陈正谟：《米谷生产成本调查及川粮管理问题》，第 1 页。

次，旱田分别是 2 次，水田还有封田埂、砍田埂的工作。犁地、耙田均用水牛，但因田地每次整理的难度不一样，所以水牛在每次劳作中的速度也是不一样的，有快有慢，第一次犁地时最快的可达 4 石以上，[①] 最慢的仅及其一半，平均为 2.5 石。犁完之后是耙，速度要快得多，每头牛每日耙田速度最快大约是 20 石，最慢是 6 石，平均为 18 石，耙田也要 4 次，不过每次耙田的速度相近。每人每天犁地、耙田的工资与伙食费如下：1938年下半年，工资 0.25 元、伙食费 0.30 元；1939 年上半年，工资 0.30 元、伙食费 0.30 元；1939 年下半年，工资 0.60 元、伙食费 0.80 元；1940 年上半年，工资 0.80 元、伙食费 0.80 元。两项费用相加，再除以犁地、耙田的面积，就是每石田犁耙的人工费。根据陈的调查，1939 年 4 次犁地费共计 0.48 元，耙田费为 0.12 元，合计 0.60 元。1940 年此项费用上涨至 1.40 元，涨幅为 133%。此外，犁地所用耕牛多为租赁，费用随水田的大小而异，1939 年每石田的租牛费用平均为 0.7 元，1940 年涨为 1.0 元。田埂是为了防止水田里的水漫溢，封田埂亦因人，以及因田埂长短而快慢不同，一般每人每日可封长田埂 6 条、短田埂 11 条。加上砍田埂即除去田埂上的杂草的费用，封、砍田埂的费用 1939 年为 0.12 元，1940 年为 0.28 元，涨幅为 133%。因此，每石田的土地整理费 1939 年为 1.42 元，1940 年为 2.68 元。栽秧费 1939 年为 1.12 元，1940 年为 1.60 元。收获费 1939 年、1940 年分别为 1.50 元、5.0 元，种子、肥料、灌溉等费 1939年为 0.14 元，1940 年为 0.24 元。农具使用费涉及农具种类较多，1939年为 0.70 元，1940 年为 1.15 元。土地使用费 1939 年每石田为 8 元，1940 年为 12 元，加上每石田田赋 0.6 元，其他捐税 0.3 元。农舍使用费每石田 1939 年、1940 年分别为 0.2 元、0.4 元。农场经理费每石田 1939年为 1.5 元，1940 年为 1.65 元。根据陈的分析，地主 1939 年每市石租谷为 3.6 元，1940 年为 6.7 元；1939 年每市石租米为 7.2 元，1940 年为 13.4 元。"在粮价高涨声中，最是喜气扬扬（洋洋）的，惟有地主。"1939 年，四川江津、合川、泸县等 8 个县每市石稻谷生产成本为：江津

---

① 石是当地衡量田地面积的一种单位，可生产一石稻谷的田为一石，此处石为旧石，1 旧石约合 2.86 市石。

4.2 元，合川 4.7 元，泸县 3.8 元，合江 3.7 元，江安 4.4 元，宜宾 4.3
元，绵阳 3.2 元，新繁 2.2 元。① 中央农业实验所派驻各地 4000 余名农
情报告员分期调查稻麦等主要粮食生产成本数据，1942 年对四川巴县
歇马场示范农家 100 余户的调查结果显示，1941 年稻谷生产成本为 109
元，小麦生产成本为 203 元，② 这一数据与 1939 年、1940 年相比，已
有较大幅度上涨。不得不承认的是，这种上涨趋势在其他省也有体现。
据 1941 年调查，江西每市石稻谷生产成本为 40 元，大米为 80 元。③

　　1942 年 5 月，粮食部制定《粮食收获陈报办法》，进行收获陈报，以
乡镇为单位，按户调查，分夏秋两季举行，并进行生产成本调查，调查全
国各县市稻、米、麦、粉及各种主要杂粮的生产及运销成本费用，亦分夏
秋两季举行，④ 各按户陈报一次。除山东因情形特殊准予免报外，先后调
查，并收获陈报的有川、皖、桂、豫、甘、鄂诸省 166 个县，其中河南
63 个县，四川、甘肃各 37 个县，湖北 17 个县，安徽 8 个县，广西 4 个
县，其余省县未及展开。⑤ 1943 年，先后完成川、粤、康等 18 个省 750
余个县 2500 余处乡镇小麦生产成本调查及宁、青、甘等 17 个省粮食作物
生产成本调查。1943 年 7 月起，各省行政督察专员公署用电报查知各县
粮食生长情形及实际收成，或预测收成。当年查报的省份有川、滇等 11
个省 60 余个行政区又 80 余个县。⑥ 之后，责令各区按月将该区雨量、粮
食作物面积、收成产量及生长状况，用电报查报一次。每年收获情形，由
各省主动陈报。调查大春作物生产情况，催报秋季各种粮食收获估计，以
明确各地粮食作物栽培面积、生产状况、收获估计以及受灾情况，作为实
施粮食管理的依据。当然，以上数据会因年景不同而有异，但总体来说是

---

① 陈正谟：《米谷生产成本调查及川粮管理问题》，第 2~22 页。
② 《粮食部三十一年度工作考察》，第 6 页。
③ 《各省市粮政工作报告摘要》，第 "赣 8 页"。
④ 《粮食部 1944 年度工作计划（附预概算及委购军粮价款表）》（1944 年 6 月），《中央
　设计局档案》，档案号：一七一–1471，第 119~120 页。
⑤ 《粮食部三十一年度工作考察》，第 2、6 页。据 1942 年《行政院工作报告》，已报告者
　有浙、皖、闽、粤、赣、鄂、豫、湘、黔、桂、川、滇、陕、宁、晋、康、渝 17 个省
　市 330 个县。参见《行政院工作报告》（1943 年），"粮食"第 26 页。
⑥ 《民国三十一年至三十二年之粮政》，秦孝仪主编《抗战建国史料——粮政方面》（1），
　第 70 页。

准确可靠的。

2. 存粮调查

四川作为产粮大省，粮产丰富自不待言。但是，川省余粮、存粮的详细状况，粮食管理机构并不十分清楚。1941 年 2 月，蒋介石在全国粮食会议上的训词中指出，当前首要的问题是"一般产粮区域，大家把粮食封锁，囤积起来，不许流通，以致有粮无法出售，无粮则嗷嗷待哺"。① 言下之意就是在粮产丰富、余粮省份，存有粮食的民众尤其是地主、存粮大户、大粮户、囤积户把粮食藏匿起来，不以余粮应市，致使粮价飞涨，就像经济会议秘书处在 1941 年 7 月 15 日所言，在粮价上涨时，"独享暴利者，似仅大地主及囤粮户而已"。② 孔祥熙也继而指出，1938年、1939 年四川都是丰年，1940 年却粮价上涨，虽然这一年风雨不调，但主要是人为因素，前两年民间的存粮是不少的。③ 民间存粮不少固为事实，但存粮状况究竟怎样，政府及管理机关却不甚明了，确实有调查的必要。

关于存粮如何调查、从何处着手，有人认为应先调查现有各仓库实存粮食数量，再估计各地方民间所储藏粮食数量；对于中央农业实验所所做的粮食产量预测，也应予重视。④ 稽祖佑在 1940 年 7 月提出，要进行粮食调查登记，就必须动员大量人力，以 1 人来调查登记 1 保（1 保为 15甲），3 天之内可以完成。⑤ 稽祖佑的方法虽不失为良策，但调查时间仓促，人员训练不周，川民多怀观望态度，以致出现以多报少甚至乡绅大户隐匿不报的现象，调查结果"均不圆满"。⑥ 11 月，有人呈拟《管制民生

① 蒋介石：《管理粮食应注意之事项——1941 年 2 月 24 日出席全国粮食会议讲话》，秦孝仪主编《总统蒋公思想言论总集》卷 18《演讲》，第 56 页。
② 《经济会议第二十六次会议》（1941 年 7 月 15 日），《行政院经济会议、国家总动员会议会议录》第 1 分册，第 381 页。
③ 《全国粮食会议报告》，第 13、17 页。
④ 陈正谟：《战时粮食问题的解决方法》，中山文化教育馆，1937，第 25 页；陈正谟：《米谷生产成本调查及川粮管理问题》，第 82 页。
⑤ 《粮食管理机构组织办法案》（1940 年~1941 年），《行政院档案》，档案号：014-040504-0025，第 25 页。
⑥ 《粮食部三十年度工作检讨报告》，第 47 页；《粮食部 1942 年度岁出岁入总概算工作计划特别建设计划审核案》（1942 年 2 月），《中央设计局档案》，档案号：一七一-1466，第 99 页。

必需粮物价格之根本办法》，对存粮调查提出如下办法：一是广事宣传，使人民确信调查不至于损害其合法利益；二是政府调查人员或经济秘密警察不可与人民敌对或发生纠纷；三是对调查结果应随时揭榜公布，"使每户所报之虚实，人人皆能发觉，引起告密根据"；四是经济秘密警察力量深入每户每甲之内，"使隐匿粮户防不胜防，贿不胜贿"。① 这些方法各具特点，但实行起来并不容易，仍需不断探索。

在粮食部大规模开展大户存粮调查前，有的省份在全国粮管局要求下已有类似举措。1940 年 10 月初，贵州省政府制定《贵州省战时各县民有余粮登记办法》，并呈送全国粮管局，报请行政院备案施行。② 贵州省是较早开展此工作的省份。1941 年 1 月，四川省亦开展粮户余粮调查，目的是为收购粮食提供参考。"川省粮管局顷令各县市，调查粮食囤集数量，并令登记三百市石以上之粮户，以便由政府购买，拨作公学谷与优待谷。"③ 调查完竣以后，还须抽查及复查，以防遗漏。而此次调查结果却大大出人意料。根据经济会议秘书长贺耀组 5 月 26 日呈送蒋介石的签呈，截至 4 月底，四川省此次呈报详情见表 4-2。

表 4-2　四川省各县已呈报 300 市石以上粮户数及常年收粮
数额统计（截至 1941 年 4 月 30 日）

行政督察区别	县数	粮户数	县名	呈报县数	粮额（市石）	未呈报粮额县名
第一区	11	1276	温江、成都、灌县、新津、崇庆、新都、郫县、双流、彭县、新繁、崇宁	8	538473	郫县、双流、新繁
第二区	8	531	资中、资阳、内江、荣县、仁寿、简阳、威远、井研	6	212093	仁寿、简阳

---

① 《粮价平抑办法（二）》（1940 年~1948 年），《行政院档案》，档案号：014-040504-0058，第 42~43 页。

② 《大户存粮调查办法（一）》（1941 年 12 月 31 日~1942 年 6 月 17 日），《行政院档案》，档案号：014-040504-0013，第 9 页。

③ 《川粮管局调查囤粮数量，登记三百石以上粮户》，《中央日报》（重庆）1941 年 1 月 5日，第 2 版。

续表

行政督察 区别	县数	粮户数	县名	呈报 县数	粮额 （市石）	未呈报粮 额县名
第三区	10	1441	永川、巴县、江津、江北、合川、荣昌、綦江、大足、璧山、铜梁	10	1966586	
第四区	7	359	邛崃、大邑、彭山、洪雅、青神、丹棱、名山	6	130378	大邑
第五区	3	165	乐山、屏山、峨眉	2	91440	屏山
第六区	6	414	南溪、江安、兴文、珙县、筠连、长宁	5	179695	南溪
第七区	5	615	泸县、隆昌、合江、古宋、古蔺	5	553068	
第八区	8	619	酉阳、涪陵、丰都、南川、彭水、黔江、秀山、石柱	6	290482	黔江、秀山
第九区	5	375	万县、奉节、开县、忠县、巫溪	5	190735	
第十区	7	1287	大竹、渠县、广安、梁山、邻水、垫江、长寿	7	619214	
第十一区	8	487	南充、岳池、蓬安、营山、南部、武胜、西充、仪陇	7	296317	南充
第十二区	7	247	中江、三台、潼南、蓬溪、乐至、射洪、盐亭	6	131677	中江
第十三区	3	212	绵阳、广汉、梓潼	2	47091	广汉
第十四区	7	255	剑阁、苍溪、广元、阆中、昭化、彰明、平武	4	139522	昭化
第十五区	1	57	南江	1	24300	
第十六区	—	—		—	—	
总计	96	8340		80	5411071	

原表注：（1）第九行政督察区万县粮额系现存谷数；（2）第十四行政督察区广元、平武，据呈报无 300 市石以上粮户。

资料来源：《四川省各县已呈报三百市石粮户数及常年收粮数额》（1941 年 5 月 26 日），《国民政府档案》，档案号：001-087000-00002-000，第 76 页。

从表 4-2 可以看出，此次调查范围较为广泛，川省各行政督察区均有涉及，但对于此次呈报结果，贺耀组十分不满。贺的不满主要集中在三个方面。首先，"尚未呈报者为数甚多"。全川共有 130 余个县、1 个设治局、1 个实验区，此次呈报县份占比仅为七成，虽然蒋曾手谕川省政府"限期办竣"，但实际未报者尚属不少，未报县份亦未说明原因。其次，呈报粮额较少。在呈报粮户名册的 96 个县中，实际呈报粮额的有 80 个县，粮户数量为 8340 户，共有粮额 5411071 市石，平均每个粮户为648.81 市石，多个督察区粮户未达到平均粮额。在呈报各县中，灌县呈报 5 户、双流 17 户，贺认为这些数据"是否确实，不无疑问"。这对于自然条件优越、田地广阔、粮产丰富的川西平原各县来说，似乎过少，也未达到高层人士的预期目标。最后，粮额呈报不完整。从表 4-2 也可以看出，郫县、双流、新繁、仁寿等 14 个县"只报粮户，未报粮额"，且未交代未报粮额的原因，而且第十四行政督察区的广元、平武两县，"据呈报无 300 市石以上粮户"。① 因此，从此次全国粮管局组织的四川省大粮户调查情况来看，结果并不理想，如果各县虚报、瞒报，则更不易得到确数，这是全国粮管局推行粮政过程中的一个软肋，也是后来蒋介石极力主张运用"团、宪、队"力量介入粮政的主要原因之一。

　　5 月 29 日，收到贺耀组呈文后，蒋介石致函四川省政府兼任主席张群，谓"各县长对此粮食要政仍存敷衍欺蒙之念，不切实调查"，并将各县县长渎职与 1941 年春以来成都、自贡等处粮食供需失调、价格飞涨联系起来，责令继续呈报，要求张对各县县长"严切查明，分别惩处"。② 收到公函后，张即着手布置，复令各县市政府切实复查，各县政府收到电文 15 日内清查完毕、造册上报。此次调查县份增至 111 个县市，大粮户统计数据增至 14081 户，总计收租谷 8456241 市石，各项数据"均属确实"。③ 7 月，粮食部成立，徐堪将四川省粮政局的这一数据呈报蒋介石

① 贺耀组：《为呈报四川省各县三百市石以上粮户及常年收粮数额伏祈鉴核由》（1941 年 5 月 26 日），《国民政府档案》，档案号：001-087000-00002-000，第 75 页。

② 国民政府军事委员会委员长侍从室第二处：《对四川省张主席关于查报川省各县三百市石以上粮户及常年收粮数额一案例的指示》（1941 年 5 月 29 日），《国民政府档案》，档案号：001-087000-00002-000，第 77 页。

③ 《粮政局案呈奉粮食部电饬复查三百市石以上大粮户名册一案电仰遵照由》，《四川省政府公报》原第 351 期，1942 年 12 月 11 日，第 41 页；张群：《据第八战区专署等呈复奉查各县查报最大粮户案尚属确实等情拟免再议请鉴核示遵由》（1941 年 8 月 6 日），《国民政府档案》，档案号：001-087000-00002-000，第 80 页。

后，蒋仍不满意，认为"川省粮户总数，与年收租谷，决不止此，应再严令各县市切实查报"。① 蒋遂命侍从室致电四川省政府，要求重新严查上报。张群亦承认，个别县份如南部县"所报玩忽敷衍，自难辞咎"，其原因是该县数据系由前县长何庆延所报，未几何即去职，继任县长张逸龄到职后，并未仔细查核各项数据。为了惩前毖后，川省政府对于玩忽职守县长，分别给予记大过、记过处分，② 以儆效尤。

1941 年底，粮食部再次规定，四川省各县就全年平均租额在 200 市石以上粮户，查明姓名、住址、收获粮食数量、粮食种类及其日用需要等情况造册，报至省粮政局抽查，并转报粮食部。与全国粮管局时期的大粮户调查相比，粮食部对大粮户的标准有所调低，即从 300 市石以上降至200 市石以上，这不但意味着调查范围更为广泛，也说明粮食部对粮户的控制加强了。四川大户存粮调查可谓一波三折，从中央政府角度来看，其对大粮户调查非常重视，有不达目的誓不罢休的架势，一再责令川省政府严加详查；从四川省政府及各县政府角度来看，确实存在督察不严的情况，这从 5 月份的调查数据较上一年数据大幅上升可得到明证；从粮户角度来看，不愿背负大粮户之名的心态是普遍存在的，因而不愿据实陈报，难免心存侥幸，但随着中央粮政日益收紧，无人可以遁形。

粮情调查未达预期目标是否意味着四川存粮大户很少呢？其实并非如此。四川作为产粮大省，年产粳稻约 13200 万市石，四川省农业改进所对1939 年川粮产量的估计数是 13170 万市石，吕平登估计地主的田地占成都平原田地面积的 77%，陈正谟调查北碚为 60% 强。假定地主租谷占总出产量的六成，则全川的租谷约有 6000 万市石。③ 这些数据如果真实，则地主、士绅所拥有的田产是非常巨大的，其所收租谷及存粮数量绝不在少数。这一点从粮食部筹备时期的一件事情可以得到印证。为了缓解

① 《粮政局案呈奉粮食部电饬复查三百市石以上大粮户名册一案电仰遵照由》，《四川省政府公报》原第 351 期，1942 年 12 月 11 日，第 41 页。
② 张群：《据第八战区专署等呈复奉查各县查报最大粮户案尚属确实等情拟免再议请鉴核示遵由》（1941 年 8 月 6 日），《国民政府档案》，档案号：001-087000-00002-000，第80 页。
③ 吕平登编著《四川农村经济》，商务印书馆，1936，第 181 页；陈正谟：《米谷生产成本调查及川粮管理问题》，第 32~33 页。

1941 年 5~6 月的粮荒，筹备中的粮食部委托川东南区督粮特派员办公处、重庆市民食协济社，分别派员秘密前往粮食产区，购运大批粮食至渝，并派四川东南区督粮特派员刘航琛邀集当地士绅，由他们劝令粮户出售存粮，"旬日之间约定供售者达三十余万市石"，并且在 6 月下旬陆续运渝。成都情况与重庆相似。① 由此可见，其一，尽管当年四川大部分地区干旱少雨，收成欠佳，但在青黄不接的 5~6 月，川东南地区仍有相当数量的大粮户、存粮大户，十余天时间可以拿出数十万市石粮食出售，几乎可以供应重庆市区 2 个月的公粮民食，说明民间存粮数量不少，核心问题是怎样使大粮户、存粮大户将粮食拿出来。其二，地方士绅在劝导粮户出售粮食中的作用与地位不可小觑。士绅作为地方势力的代表，最为了解本地粮户及其存粮状况，尤其是对大粮户与存粮大户更是了如指掌，这是由中国传统社会的特点决定的。四川士绅的另一个特点是，多数士绅还拥有袍哥这一重身份，这一身份对缴赋纳粮至为重要。其三，要想取得良好的调查效果，必须任用合适人选，采取适宜的方法，方可奏效。对于这一点，蒋介石也是心知肚明的。早在 1940 年 8 月 15 日，蒋介石就下发手令，要求各省政府加强粮食管理，并由各省政府责令各县县长召集乡镇及地方士绅、中小学校长及各地米商，组织谷米存户调查会，同时设立登记处，以各种方法调查田主所收租谷数量，"使其不能隐漏"。② 9 月初，蒋下发手令给贺国光，并修改《为实施粮食管理告川省民众书》文告，令产米各区专员及各县县长在 15 日前，各自在本县"查报其最大田主与藏谷数量最多之富豪五家至十家，其地名、人名与大概之数量"，并详细指示调查存粮方法。③ 蒋的方法不无作用，但要想彻底贯彻实行，仍有难度。

　　粮食部成立后，存粮调查主要分为两种。一是延续全国粮管局时期的大户存粮调查。与蒋介石的看法一致，粮食部亦认为粮食主要集中在地

---

① 《粮食部三十年度工作检讨报告》，第 2 页；《粮食部报告》（1941 年），第 2 页。
② 《省市粮食管理办法（一）》（1940 年~1948 年），《行政院档案》，档案号：014-040504-0017，第 37 页。
③ 《粮政（二）》（1940 年 8 月 16 日~1941 年 11 月 18 日），《国民政府档案》，档案号：001-087000-00002-002，第 8 页；薛月顺编辑《蒋中正总统档案：事略稿本》（44），第 244 页。

主、富农手中，存粮调查如果从大户着手，则"事简易举而收效亦宏"。①
调查大户存粮意在为控制余粮提供翔实数据。

1942年1月初，粮食部在呈送行政院的呈文中指出，开展大户存粮
调查，"则各地盈虚调剂方有所措手"。② 此处，行政院第547次会议通过
了粮食部制定的《调查大户存粮办法纲要》，1月9日公布施行。该纲要
共计12条，规定"应调查之大户以耕种户或收租户在三十年度纳田赋征
收实物额达十市石以上者为限"，每年春秋两季各进行一次，调查的粮食
为稻谷、小麦、玉蜀黍、高粱、粟米5种，如其中一两种非某地所产，或
产量极少，或不作为当地重要粮食，则可以不予调查。大户存粮调查内容
包括粮户姓名、年龄、籍贯、住址、职业等基本信息，1941年度收获粮
食种类及数量，以前存粮种类与数量，应缴租赋、积谷及其他派征粮食种
类与数量，应留存种子与口粮种类与数量，1942年2月中旬前售出及留
存粮食种类与数量，余粮储藏情况等。③ 纲要在后方各省普遍施行，除
鄂、豫、绥三省外，其他省均遵照查报。④ 第一期共有川、湘、黔等14
个省及重庆市，共计461个县。⑤ 截至1942年8月，查报者计甘肃有天
水等15个县，安徽颍上县，湖南有黔阳等11个县，陕西有洛川等7个
县，广西靖西县，四川省除10余个县外，其余均已上报齐全。⑥

为了增强大户存粮调查效果，1942年7月，工作竞赛推行委员会与
粮食部会同制定《大户存粮调查工作竞赛通则》，由粮食部公布，并电令
各省市粮政局于9月1日开始实行。⑦ 不过，各省进展缓慢，导致秋季调

---

① 《粮食部三十年度工作检讨报告》，第47页。
② 《大户存粮调查办法（一）》（1941年12月31日~1942年6月17日），《行政院档案》，
　档案号：014-040504-0013，第23页。
③ 《大户存粮调查办法（一）》（1941年12月31日~1942年6月17日），《行政院档案》，
　档案号：014-040504-0013，第27页；《粮食部三十年度工作检讨报告》，第51页；
　《粮食部调查大户存粮办法纲要》，《督导通讯》第1卷第2期，1942年2月1日，第
　19~20页。
④ 《粮食部三十一年度工作考察》，第2页。
⑤ 《抗战期间粮政述要》，秦孝仪主编《抗战建国史料——粮政方面》（1），第70页。
⑥ 中国第二历史档案馆：《国民参政会历届大会之粮食部工作报告选编》（上），《民国档
　案》2021年第3期。
⑦ 工作竞赛推行委员会编印《工作竞赛推行委员会工作报告》（1942年1月~10月），
　1942，第26页。

查未及进行。同时，粮食部在整理当年调查表格时发现，1942 年的试办仍有多个方面未尽适合实际情形，如调查粮食种类规定过细，致使各省填报参差不一；各地征实与赋额轻重不一，粮户实际收益相差较大；各县按户发放表格，任由粮户自己填写，以致耗费不小而进展迟缓，"且多不实在"，以多报少，乡镇长"为卸责计，多未加纠正"；甚至因表式不一、表格内容纷歧，最后统计时给粮食部自身带来麻烦，① 这与粮食部的初衷相差甚远。

1943 年初，粮食部制定《粮食部督粮人员各地党团宪及各级经济检察队协助调查大户存粮办法》，该办法共有 12 条，要求各级督粮人员如督粮特派员、督粮委员，各地党、团、宪及各级经济检查队"密查及估计合于粮食部《调查大户存粮办法纲要》第三条之规定之大户，随时通知该管县市政府，予以调查"。该办法规定，至调查期限后，各县市应依据调查所得，择要实施抽查，如有违反则依法惩办；符合大户规定而在截限前仍未"索表自动填报者"，以隐匿规避论处，则检举惩办；未成立粮政服务队的县市，应发动优秀的国民党党员、青年团团员迅予组织，未派驻宪兵队的，应报请粮食部，由粮食部转请宪兵司令部酌派，新成立的"党、团、宪"粮政服务队均须设法加强密查工作；各级督粮人员、各地党团宪及各级经检队工作情形，应按照要求列入工作旬报或月报，以备查核；各地督粮委员在必要时可以召集党团宪及经检队，举行工作会议，商定工作方式，检讨工作效果等。②

1943 年 1 月，粮食部呈文行政院，认为在第二期调查赓续举办以前，有必要对原有大户存粮调查办法重新修订，以便依限完成。1 月 21 日，粮食部将修正后的办法及调查表、填表说明呈送行政院。2 月 11 日，行政院将之稍做修改后函送国防会。3 月 1 日，国防会第 104 次常务会议准

---

① 《大户存粮调查办法（二）》（1942 年~1946 年），《行政院档案》，档案号：014-040504-0014，第 9~12 页。

② 《粮食部督粮人员各地党团宪及各级经济检察队协助调查大户存粮办法》，《四川省第三区行政督察专员公署档案》，档案号：0055005002800000201000，第 202~203 页；《粮食部督粮人员各地党团宪及各级经济检察队协助调查大户存粮办法》，《督导通讯》第 1 卷第 3 期，1942 年 3 月 1 日，第 34~35 页。

予备案。①

《调查大户存粮办法纲要》的修正体现在五个方面：一是将粮食种类分为稻谷、小麦、杂粮三项，即将原来的玉蜀黍、高粱、粟米统归于杂粮行列；二是将大户的划分标准确定为 200 市石以上，即耕种户或收租户全年实收各种粮食总额达 200 市石，较原来四川省的标准降低了 100 市石；三是大户存粮调查以户为主体，凡属于该户田亩收益及存粮，不论地亩位于何处，均合并计算；四是调查表由粮食部制定颁发，各省仿制、印发各县；五是各县将表格转发各乡镇，令乡镇长责令符合资格者详查填报，各粮户签名盖章，春秋两次调查分别于 3 月底、9 月底办理完竣。②

修正后的《调查大户存粮办法纲要》较之前改进不少，更易于操作，而且粮食部还采取了抽查措施，以保证调查效果。其他各省的大户存粮调查工作，也在呈报之后由粮食部派员择县实地抽查，以防止瞒报、漏报。1942 年 3 月，粮食部派遣本部参事杨锐灵赴湖南省视察，在杨的督促下，湘省政府 6 月初依据《调查大户存粮办法纲要》及本省实情，拟具《湖南省调查大户存粮办法》，6 月 9 日呈报行政院。《湖南省调查大户存粮办法》是湖南省开展大户存粮调查的重要依据。③

粮食部时期，粮食调查范围、力度及经费投入等逐渐扩大，效果也较全国粮管局时期为好。1942 年 11 月 27 日，在国民党五届十中全会上，经济组审查委员在对粮食部工作报告的审查意见中提到，大户存粮调查各省已举办并报告至粮食部的有 400 余个县，这显然是对粮食调查工作的肯定。④ 1943 年度已报部者有川、黔、桂、闽、浙、赣、皖、陕、晋、湘、滇、豫、甘、宁、渝 15 个省市，共 435 个市县，调查大户 3 万余户，存粮 105 万余市石。四川省大粮户调查指定陪都区江北、江津、巴县、合

---

① 《国防最高委员会第一百零四次常务会议记录》（1943 年 3 月 1 日），《国防最高委员会常务会议记录》第 5 册，第 173 页。

② 《大户存粮调查办法（二）》（1942 年～1946 年），《行政院档案》，档案号：014－040504－0014，第 10~11 页。

③ 《大户存粮调查办法（二）》（1942 年～1946 年），《行政院档案》，档案号：014－040504－0014，第 99 页。

④ 《经济组审查委员会对于粮食部工作报告之审查意见》（1942 年 11 月 27 日第五届中央执行委员会第十次全体会议通过），中国国民党中央执行委员会秘书处编印《中国国民党第五届中央执行委员会第十次全体会议宣言及重要决议案》，1942，第 44 页。

川、合江、铜梁、泸县、宜宾 8 个县及成都区郫县、温江、新繁、新都、成都 5 个县为抽查区域。陪都区调查结果，粮户较原报增加 290%，租谷较原报增加 236%；成都区调查结果，粮户较原报增加 13%，租谷较原报增加 12%。①

然而，粮食部对此仍不满意，认为大户存粮调查的结果"收效殊鲜"，而且粮户存粮数额随时变动，调查费时费力不说，"所得资料，不合实用"，也就是说粮食部未能得到想要得到的存粮实况，更未达到调查存粮的目的。有鉴于此，1943 年 10 月 20 日，粮食部提出将《调查大户存粮办法纲要》再予修订，改订为《大粮户调查办法》，"以明了各地大粮户之实际田亩及收益，借作公平征购之依据"。②

二是大粮户调查。与《调查大户存粮办法纲要》相比，《大粮户调查办法》最大的修改是第 2 条，"应调查之大粮户，以业主自种或佃出田地合并计算，在 100 市亩以上者为限"，即从此前对存余粮食的调查转变为对田亩及其收益的调查，而不以存粮多寡为标准，调查每年进行 1 次。对于此次修正，行政院、财政部等各方意见不一。行政院一位秘书认为"尚无不合"，可以直接提请行政院常务会议核定，然后由国防会备案，并宣传即可，但行政院秘书长张厉生认为，为谨慎起见，应先请法规委员会签注意见，再行决定。1943 年 10 月 26 日，法规委员会审查后提出一点意见，认为现行征购办法系随赋征购，那么调查业主田亩及其收益，是否有此必要？因此法规委员会建议交由财政部核复。12 月 3 日，行政院将之转交财政部。③

1944 年 1 月 26 日，财政部回复三点意见，其中最重要的仍集中在《大粮户调查办法》第 2 条，财政部建议修改为"面积在百市亩以上而其收益稻谷在一百五十市石、小麦在百市石以上者为限"，即"调查标的应包括面积与收益两项"，若只注重面积而不顾及收益，则同等田亩因肥瘠

---

① 《行政院工作报告》（1943 年），"粮食"第 26 页。
② 《大户存粮调查办法（二）》（1942 年~1946 年），《行政院档案》，档案号：014-040504-0014，第 29 页。
③ 《大户存粮调查办法（二）》（1942 年~1946 年），《行政院档案》，档案号：014-040504-0014，第 29~38 页。

不同、收益有异，无法达到公平之目的。至于稻谷与小麦的收益，财政部则是根据每亩最低产量计算的。[①] 行政院收到财政部的回复后，认为对收益数量的限制似无必要，且最好再请法规委员会审查一下。法规委员会在参考了财政部的意见进行第二次审查时，认为财政部此前所制定的《办理各县（市）业户总归户办法》[②] 与粮食部修正后的《大粮户调查办法》不无歧异，而且两者"似难并行不悖"，一县之中只宜采用其中一种，否则既会造成人、财、物之浪费，也不利于保持政策的连贯性，而使民众手足无措。因此，法规委员会建议召集财、粮两部及地政署，会同审查，妥订统一办法。财政部在收到法规委员会的意见后，对这些与本部紧密相关的意见不无疑问，一来随赋征购与《大粮户调查办法》之间有无关系？该办法"裨益之点何在"？该办法实行后，是否要变更现行征购制度？带着这些疑问，财政部将相关材料送交本部参事梁敬镈，要求梁详加研究后回复。

梁经向财政部田赋管理委员会征询意见后，4 月 11 日呈文财政部，呈文内容集中在征购问题上，称欲使征购达致真正公平境地，实有赖于累进征购，而累进征购的基础是详确可靠的业户总归户，虽然有些省份的部分县市按照财政部指令完成了总归户工作，但限于经费，全国并未全部完成，因此不得不实行随赋征购。随赋征购意为按照粮户田赋数额多寡等比例征购粮食，相较于摊派自然进步不小，但也确有待改进之处。梁继而指出，如果《大粮户调查办法》短期内办理得宜，"自可作为公平征购之依据，使现行随赋带购制度为进一步之改革"，否则"有无颁行必要，似应重加考虑"。同时，梁建议在《大粮户调查办法》第 13 条中增加"凡举办业户总归户之县市，免办大粮户调查"。[③] 梁作为财政部参事，且有在甘肃省掌管财政、金融、税务、粮政之经历，[④] 其建议看似为折中方案，

---

① 《大户存粮调查办法（二）》（1942 年~1946 年），《行政院档案》，档案号：014-040504-0014，第 40~44 页。

② 《办理各县（市）业户总归户办法》（1942 年 6 月 29 日部令公布），《财政学报》创刊号，1942 年 11 月 15 日，第 143 页。总归户办法第 2 条对土地面积或收益、土地位置及应纳赋额等均有统计。

③ 《大户存粮调查办法（二）》（1942 年~1946 年），《行政院档案》，档案号：014-040504-0014，第 45~50 页。

④ 刘绍唐主编《民国人物小传》第 8 册，第 231 页。

但仍不失为良策，这一点在 5 月 5 日地政署、粮食部、财政部联合召开的会议上被各方接受，即"凡土地或田赋整理完竣有单册可供调查大粮户参考之县市，得免办大粮户调查，其大粮户归户统计表由县市政府商同县田赋（粮食）管理处就现有单册查编呈报之"。5 月 16 日，行政院公布新修订的《大粮户调查办法》，训令各部会署及各省市政府遵照办理，并向国防会秘书厅呈报，同时废止《调查大户存粮办法纲要》。6 月 5 日，国防会第 137 次常务会议准予备案，① 存粮调查政策完成了从大户向大粮户的转变。

《大粮户调查办法》将田亩拥有数量在 100 市亩以上及实际收益在稻谷 150 市石、小麦 100 市石以上者，均作为大粮户看待。根据此次调查，除了青海及安徽河池等 55 个县，在川、滇、黔等 16 个省市 284 个县中共计大粮户 20345 户，田地总面积 3347213 亩，收益额为 5475459 担。② 对于隐匿不报者，根据《非常时期违反粮食管理暂行办法》第 5 条规定，即需要粮食的民户，存有粮食超过 3 个月以上需要量，而未依法令向粮食主管机关呈报的，没收其超过量；需要粮食的公私机关团体，存有粮食超过 2 个月以上需要量，而未依法令向粮食主管机关陈报核准的，没收其超过量。违反粮食管理治罪条例的案件，交由军法审判机关审判，无论何人都可以秘密检举。为了更好地完成调查，本年度此项调查经费预算为 100 万元，较此前的 28 万元增幅较大。③

重庆对余粮的规定是，粮食种类包括米、大麦、小麦、高粱、玉米、粟米、豆类，凡住户或商店每人每月自用粮食以 2 市斗为准，不超过 2 个月需要量者，可免于登记，但总量超过 20 市石者，仍须登记。④ 在调查大户存粮工作中，重庆市粮政局拟订《本市调查大户存粮调查人员须

---

① 《国防最高委员会第一百三十七次常务会议记录》（1944 年 6 月 5 日），《国防最高委员会常务会议记录》第 6 册，第 325 页。

② 《民国三十二年至三十三年之粮政》，秦孝仪主编《抗战建国史料——粮政方面》（1），第 85 页。

③ 《粮食部 1944 年度工作计划（附预概算及委购军粮价款表）》（1944 年 6 月），《中央设计局档案》，档案号：一七一-1471，第 123 页；《粮食部三十三年度工作计划》，第 17 页；《粮食部三十四年度工作计划及意见书》（1944 年~1945 年），《行政院档案》，档案号：014-040501-0005，第 28 页。

④ 《本市囤积余粮者注意：自本日起至二十六日止为登记时期，逾限即以囤积居奇论罪照军法严惩》，《益世报》（重庆）1941 年 1 月 6 日，第 4 版。

知》，作为调查人员的工作守则；拟订《本市各镇公所协助调查大户存粮查报须知》，作为各镇公所协助查报余粮的准则。在实际调查中，重庆市粮政局提出必须注意如下问题：本市各郊区粮户，原属江北、巴县两县者，是否已经登记；已经调查登记者，应切实审计余粮数量；查明大户存粮地点的交通是否便利；询明大户存粮数量、是否打算销售；各大户余粮保管是否合法、质量如何；等等。① 1942 年春季，重庆 17 个区大户调查结果如下：第 1~7 区为市区，无耕地；第 9、第 15 区两区无 200 市石以上大户；其他各区共查得大户 104 户，存谷 933.5 市石，本年新收小麦997.6 市石、杂粮 462.2 市石，实存小麦 457.7 市石、杂粮 178.4 市石，可见大户粮食数量极少，这主要是因为重庆市为商业区，渝郊农田多被辟为机关及工厂、建筑房舍。此外，川省传统习惯是小春收获多归佃农所有，大春收获始归地主，也就是说重庆粮食调查的时机选择并不合理，②大春之后的调查结果迥然不同。1942 年 10 月，重庆市粮政局将调查后重庆市各区租额在 300 市石以上的大地主 48 人上报粮食部，在所报 48 名大地主中，租额最多的为杨培之，5000 市石；魏丽琳、胡敬六、赵敬臣分别为 3000 市石，未标田亩所在地，应是田亩过多或较为分散，无法标注；李泽夫为 2000 市石；租额 1000 市石的唐式遵占有化龙桥整个地皮的三分之二。③ 1942 年，西康大户存粮调查规定，本省调查在每年秋收征实、征购后进行，调查所得仍旧储备于私仓，由各县汇报粮政局，必要时予以分配或征购。④ 广东省的存粮调查种类包括米、谷、麦、粟、薯、芋 6 种。⑤粤省政府 1941 年 11 月规定，各县存粮调查登记，早造从 7 月开始，晚造

---

① 《重庆市财政、粮政局一九四一年九月至一九四二年二月工作报告（油印件）》（1941年 9 月~1942 年 2 月），《内政部档案》，档案号：一二-715，第 95~96 页。

② 重庆市粮政局：《关于报送春季大户存粮调查情形及调查表上粮食部的呈》（1942 年 8月 28 日），《重庆市粮政局档案》，档案号：00700002002780000013，第 119~121 页。

③ 重庆市粮政局：《关于核查重庆市各区大地主姓名册上粮食部的呈（附名册）》（1942年 10 月 16 日），《重庆市粮政局档案》，档案号：00700002002770000060；重庆市粮政局：《关于补报第八、十一区大地主名单上粮食部的呈》（1942 年 8 月 10 日），《重庆市粮政局档案》，档案号：00700002002770000046，第 163 页。

④ 《粮食管理概论》，第 51 页。

⑤ 《粤省府颁布粮食管理办法》，《中央银行月报》第 10 卷第 11 号，1941 年 11 月，第1611 页；《省市粮食管理办法（二）》（1941 年~1946 年），《行政院档案》，档案号：014-040504-0018，第 86 页。

从 11 月开始，从"开始登记至终了之期，不得超过一个月"，调查登记内容包括本户存粮数、人口消费数、应纳积谷数、应存种子数。① 广东省政府 1944 年 11 月修正后的《广东省各县市收购大户余粮实施办法》规定，余粮"系指各户收获总量除去应纳田赋及随赋征购之实物、应缴积谷、应存种子及保持至下届收获时之自食量外所余之粮"。② 湖北省 1941 年 8 月制定《湖北省查购余粮暂行办法》，规定农户历年存粮连同 1941 年春收获粮食均为余粮，除留足全家至 1941 年秋天口粮与种子外，其余皆要造册上报，如有囤匿不报或以多报少，或代人分囤者，都按囤积居奇论处，并按囤积数量与种类处以科则。山西大户存粮调查仅在永和、大宁、乡宁、吉县、石楼、孝义、蒲县、汾西、隰县举办，以上各县多系硗瘠地区，经调查共有大户 25 户，存粮 244.537 市石。③ 福建省大户存粮调查除平潭、金门二县免办，及崇安缓办外，根据 1942 年 12 月上报的46 个县数据，共调查大户 3575 户，赋额 32974.27 市石，存粮 74880.66市石。根据调查，惠安、东山两县并无大户，仙游县有大户但无存粮。④

　　需要指出的是，在团、宪、队强力介入粮政工作后，调查甚至演变成了搜查。1943 年 4 月，国家总动员会议协助粮食部搜查大户余粮，首先在成都地区，由国总会成都经检队协助四川省政府搜查囤粮，后派遣重庆各经检队在重庆附近 10 余县区进行搜查。⑤

　　从全国粮管局启动粮食调查到粮食部强力广泛实施，可以看出三个明显的特点。一是调查范围扩大。全国粮管局时期，粮食调查主要局限在四川地区，以 300 市石以上大粮户为主，而粮食部将范围扩展至全国，标准一再降低。二是调查力量扩大。全国粮管局的调查主要依靠自身机构人员与力量，是一种官方调查，而粮食部则是多管齐下，在运用自身力量的同

---

① 《省市粮食管理办法（二）》（1941 年~1946 年），《行政院档案》，档案号：014-040504-0018，第 86~87 页。
② 《大户存粮调查办法（二）》（1942 年~1946 年），《行政院档案》，档案号：014-040504-0014，第 112 页。
③ 《国民政府年鉴》，"地方之部"第 263~264 页。
④ 福建省政府统计室编印《福建省统计手册》，1944，第 104~105 页。
⑤ 《国家总动员会议三十二年四月份工作报告》（1943 年 4 月 29 日），《国民政府档案》，档案号：001-047330-00004-000，第 59 页。

时，也动用各种军政力量，甚至军政力量更为强势。三是调查效果显著。在粮食部扩大调查范围、加大调查力度后，效果显著是不言而喻的，而全国粮管局调查的效果则是不尽如人意。

战后台湾省也制定了余粮登记办法，其所称的余粮以米谷为限，包括三类：一是业户及农户每届收获粮食，减去应缴田赋（限于业户）、应存种子（限于农户）及保持至下届收获时自食量所余粮食；二是需要粮食的民户，存粮超过 3 个月以上需要量，其超过部分的粮食；三是需要粮食的公私机关团体，存粮超过 2 个月以上需要量，其超过部分的粮食。对于自食量、需要量，规定不分性别年龄，每人每月以米 25 公斤或谷 34 公斤为标准，种子数量以每甲（14.55 亩）需谷 60 公斤为标准。①

3. 消费调查

粮食消费可以分为经常消费及实际消费。前者消费数量为约数，即以全国生产量减去出口数量，再加上进口数量。经常消费量只能反映粮食的总体消费情况，如果想判断每年全国到底消费了多少粮食，则必须调查实际消费量。实际消费量等于全国总人口与每人每年消费粮食数量的乘积。粮食作为一种伸缩性较小的物品，其消费量弹性较小，"米粮的需要，无论在什么时候，处什么环境，也不能改变它的供给数量和需要情形"。②

中国粮食消费可以分为两种：一是精细粮，以米谷、小麦为主；一是杂粮，以玉米、甘薯、高粱、小米、大豆等为主，可以说种类繁多，相应的，各种粮食产量亦较丰。据专家估计，1931～1935 年，每人每年平均消费米谷 4.1 担（约合 4.966 市担，折合成稻谷约为 7.1 市担）。小麦消费量略高，每人每年平均为 6.24 担（约合 7.448 市担），杂粮消费量每人每年平均为 4 市担。根据当时人口总数 416161050 计算，每年消费稻谷 95987.2 万市担，小麦 46243.5 万市担，杂粮 88791.2 万市担。③

---

① 《台湾省余粮登记办法》，《台湾省行政长官公署公报》冬字 45，1946 年 11 月 25 日，第 727 页。
② 饶荣春：《粮食增产问题》，商务印书馆，1942，第 1 页。
③ 《抗战以前我国粮食供需的情况》，秦孝仪主编《抗战建国史料——粮政方面》（1），第 89～92 页。

陈正谟在 1937 年 10 月、饶荣春在 1942 年 4 月均认为，我国粮食可以自给自足，陈正谟因此认为在抗战期间没有必要进行粮食定量分配。[1]但有学者根据人口数量、每人每天必需的热量测算后，提出相反的观点，认为中国粮食不能自给。[2] 张克林引用国民政府主计处报告，认为中国只有东北地区的食粮有盈余，占比为 29.8%，其他地区均为不足地区，西北区不足 6.6%，北方平原区 8.4%，长江下游区 3.7%，西南区 15.1%，东南区最为严重，达 44.5%，全国平均缺粮比例为 23.1%，即全国约有7800 万人缺少食粮。[3] 据张心一在江苏抽样调查，乡村男子年需食米 5担，城市男子年需 3.8 担，乡村女子年需 4.3 担，城市女子年需 3.4 担，每人每年平均为 4.1 担。如以全国 26 个省区人口 43500 万计算，每年需要粮食 178350 万担。[4]

关于消费调查，粮食部曾举办各大城市粮食消费及供应旬报、粮食消费用途调查及各种人员粮食消费调查三种。[5] 第一种系在 1941 年 10 月制定《各大城市粮食消费旬报办法》及表式，指定全国 50 余个重要城市按旬查报，主要查报各该城市人口异动、粮食消费种类及数量、粮食供应情形等，但能按月查报的城市约为 30 个。据对后方各省粮食消费调查，平均每人消费各种食粮（包括佐餐品在内）计禾谷类有白米（籼、粳、糯）289.2 市斤，小麦 72.9 市斤，玉米 63.3 市斤，小米（粟、糜、黍）27.2市斤，大麦 13.6 市斤，荞麦 11.5 市斤，高粱 11.3 市斤，燕麦 3.7 市斤，合计 492.7 市斤。球茎类包括甘薯 62.4 市斤，马铃薯 20.3 市斤，芋头1.2 市斤，合计 83.9 市斤。豆荚类包括大豆 19.8 市斤，豌豆 12.7 市斤，蚕豆 9.8 市斤，绿豆 7.0 市斤，合计 49.3 市斤。[6] 第二种调查系于 1941

①　陈正谟：《战时粮食问题的解决方法》，第 20~30 页；饶荣春：《粮食增产问题》，第9 页。

②　孙兆乾编著《战时粮食生产统制》，第 7~9 页。

③　张克林：《中国生存论：中国策应远东巨变之经济政治军事的战略与战术》，新新印刷社，1936，第 157 页。

④　饶荣春：《粮食增产问题》，第 8~9 页。

⑤　《粮食部 1944 年度工作计划（附预概算及委购军粮价款表）》（1944 年 6 月），《中央设计局档案》，档案号：一七一—1471，第 124~125 页。

⑥　《民国三十年各省食粮消费概况》，《督导通讯》第 1 卷第 2 期，1942 年 2 月 1 日，第17~19 页。

年在各县市粮食产销运存调查表内统计。各种主要粮食作为其他用途的，全国平均计算，米谷占 9%，小麦占 9%，大麦占 17%，高粱占 27%，玉米占 6%，小米占 10%，黍子占 13%，燕麦占 5%，甘薯占 7%。而地域特点亦相当明显，边境省份某些作物用作其他用途的比例更高，如边区 9 个省大麦和高粱各占总用途 1/4 左右，本部 18 个省高粱的其他用途达 28%，亦相当高。① 第三种仅于 1942 年在重庆市及歇马场两地分别举办示范调查。据中央农业实验所 1942 年、1943 年、1944 年统计，平均每人每年消费各种粮食约为 607.7 市斤，其中小麦占 46.37%，另据陕西省农业改进所 1942 年调查，陕西省小麦 84.5%用作食料。② 1943 年度，为实施粮食定量分配及改善人民营养，消费调查计划增加消费用途及人民粮食营养调查两项。不过预计的消费调查仅实施了两项：一是各大城市粮食消费及供应情形调查，二是重庆附近沙磁区各种人口食用消费调查。粮食消费用途调查及各省人口食用消费调查因经费所限，未能举办。1944 年，预算消费调查经费 11 万元，方法亦有所改变，各大城市粮食消费及供应旬报仍在原来指定的 53 个重要大城市继续办理；用途消费调查计划在全国各省开展，每省选定一处代表区进行调查；食用消费调查选定四五省为代表区举行。③ 1945 年此项经费预算 100 万元，并加入营养调查内容。④

　　抗战全面爆发后，随着战区日渐扩大，大部分耕地渐沦于敌手，20 世纪 40 年代初，米谷产区沦为战区者约占二成，小麦产区约占六成，因此，后方 15 个省军粮民食供应以米谷、小麦、玉米、高粱为主，其他食粮为辅。根据调查结果，战时民众粮食消费有所变化，当然这种变化与多种因素有关，如各类粮食的丰歉。总体而言，米谷消费有所减少，据统计，1939 年以后，食米的消费量共减少约 10 市斤，小麦、玉米消费

---

① 乔启明、蒋杰：《中国人口与食粮问题》，第 142 页。

② 李国桢主编《陕西小麦》，陕西省农业改进所，1948，第 19 页。

③ 《粮食部三十三年度工作计划》，第 17 页；《粮食部 1944 年度工作计划（附预概算及委购军粮价款表）》（1944 年 6 月），《中央设计局档案》，档案号：一七一-1471，第 125～126 页。

④ 《粮食部三十四年度工作计划及意见书》（1944 年～1945 年），《行政院档案》，档案号：014-040501-0005，第 28～29 页。

量逐年增加，1938 年以后各增加约 16 市斤。1938 年、1939 年米谷丰收，因此 1939 年、1940 年食米的消费略高，甘薯的消费略低。据中央农业实验所 1938～1944 年调查，后方 15 个省每人年均消费食粮 632 市斤。[①]

粮食节约既关乎国计民生，也与新生活运动、国民经济建设运动、提倡国货运动相关，既为增加抗战力量、充实建国力量而节约，也为养成俭朴风气而节约。粮食消费概况明确后，各级政府即可根据各地战时特点予以管理与调整。广东省政府规定，每户人口消费数以每人每月需米 30 市斤为标准，谷及杂粮均折米计算。谷、麦、粟以七成折米，薯芋以三成折米。[②] 1942 年 4 月，云南省政府制定《云南省粮食节约消费办法》，该办法规定，除高粱外，酒精工厂所用原料依照《修正禁酿区内糟坊制造酒精原料使用食粮管理办法》规定并经主管机关核准，其他机构或个人禁止以粮食酿酒；禁止以谷米麦黍熬糖；粮食加工厂坊不得碾制、出售上等精白食米或面粉。如有违反，由各县政府处以没收工具及制成品、罚款或责令停业。[③] 7 月上旬，广西省政府亦颁发《广西省粮食消费节约办法》，禁止以谷米、小麦酿酒、熬糖，并规定出米率及制粉率，如糙米 100 市斤出糠不得超过 5 市斤，小麦 100 市斤须制粉 72 市斤以上。[④] 青海省历年产粮不丰，1942 年因黑霜、冰雹灾歉严重，省政府主席马步芳"为调剂民食、兼顾军需"，于 12 月致函行政院，谓已制定《青海省禁止酿酒实施办法》《青海省禁止酿酒违禁处罚办法》，经粮食部、财政部修正后准予实施。[⑤] 西康省属于粮食不足省份，向由四川采购补充，抗战军兴，康、雅两属人口繁增，粮食管理难度增加。省政府为谨慎起见，延聘省会

---

① 李国桢主编《陕西小麦》，第 29 页。

② 《粤省府颁布粮食管理办法》，《中央银行月报》第 10 卷第 11 号，1941 年 11 月，第 1612 页；《省市粮食管理办法（二）》（1941 年～1946 年），《行政院档案》，档案号：014-040504-0018，第 87 页。

③ 《粮食节约消费办法（九）》（1942 年～1948 年），《行政院档案》，档案号：014-040505-0031，第 13～19 页。

④ 《粮食节约消费办法（六）》（1938 年～1945 年），《行政院档案》，档案号：014-040505-0028，第 168～174 页。

⑤ 《粮食节约消费办法（九）》（1942 年～1948 年），《行政院档案》，档案号：014-040505-0031，第 44～62 页。

各机关富有粮食管理经验人员，组设粮食管理研究委员会，以集思广益，研究战时粮食管理问题，并拟具《西康省粮食管理计划》。[1] 1942 年 9 月，贵州省一度解除酿酒禁令，1943 年 12 月，贵州省政府又因灾歉，制定《贵州省禁止酿酒办法》，9 日呈送行政院。该办法起初禁止各县市以稻谷、玉米、食米酿酒，粮食部在 1944 年 1 月初审核时将小麦亦列入禁酿范围，财政部则从酒税角度提出建议。法规委员会审查后亦认为修改后的办法更为合理。[2] 对于禁止酿酒，"以重要粮食酿酒，尤须认真取缔"，粮食部派赴外勤人员明密查报，以凭考核。[3] 1944 年 3 月，西康省制定《西康省粮食节约消费实施办法》，除禁止以食粮熬糖外，对于水、旱碾出米率，小麦、玉米、青稞出粉率均有规定，并严禁以大米、小麦、玉米、青稞、莜麦等主要粮食作物饲养牲畜。[4]

此外，亦劝导民众改变烹调方法及饮食习惯，如习惯餐食米饭者，可搭配一顿稀饭；原为蒸饭者，可改为煮饭。此种做法先由各机关团体倡导实行，再推及民户家庭。用科学方法配成新的食单，倡导民众实行。机关团体配发公粮时，在主粮之外搭配一定比例的粗粮，或将杂粮与小麦混合制粉，提倡食用。限制以主要粮食制作糕点，对糕点作坊进行调查登记，必要时酌量减少其原料供应量。限制以主要粮食喂养牲畜，提倡饲养牛、羊、兔等食草动物及养鱼，在节省粮食饲料的同时为民众提供肉类。

实施粮食限额消费。在粮产不丰及供应数量不足地区，探索凭证购粮及计口授粮办法。根据最低营养需要，规定每人每月消费数量，实行定额消费制度，以减少粮食消耗。缺粮地区则实施计口授粮，并限制每人每月购买量。浙江省 1940 年实行了两项办法：一是县与县之间的粮食由政府

---

[1] 《省市粮食管理办法（二）》（1941 年~1946 年），《行政院档案》，档案号：014-040504-0018，第 9~25 页。

[2] 《粮食节约消费办法（八）》（1943 年~1947 年），《行政院档案》，档案号：014-040505-0030，第 92~119 页。

[3] 《国民总动员会议关于十一中全会"切实推行'加强管制物价方案'稳定战时经济案"执行情形报告书》，1944，无页码。

[4] 《粮食节约消费办法（九）》（1942 年~1948 年），《行政院档案》，档案号：014-040505-0031，第 72~80 页。

支配，加以控制；二是在重要地区实行计口授粮。计口授粮目的有三个：一是调节粮食供求，二是稳定粮食价格，三是节约消费。此次计口授粮地区主要是金华，4月28日成立金华城区计口授粮总动员指挥部，设总指挥1人，由保安处处长担任；副指挥2人，由第四区专员、省粮管处副处长担任；总干事长1人，由县长担任。参与的机关包括浙江省动员委员会战地服务团、青年团浙江支团部、省粮管处、金华县政府等十几家，指挥部下设总务、调查、管制三组，每组设正、副组长各1人，组员6人，主要工作为筹设粮食公店、成立调查大队、宣传计口授粮、统计户口并配发购粮证等。① 指挥部成立后，根据全县人口密度，设置粮食公店，② 拟定《金华实施计口授粮暂行办法》，该办法规定如下：第一，分配的粮食为米、面及各种主要杂粮；第二，每口每日消费量平均为1市斤；第三，每户人口调查后，填发购粮证，每户一张，凭证向指定粮食公店购买；第四，每户每次最多准购5日食粮；第五，对于流动人员，发给临时购粮证；第六，饭店等业主购粮数量以最近一个月平均消费量为准；第七，家有余粮者，先依量抵扣至新谷登场，新谷登场后仍有余粮者，政府予以收购，然后再凭证购买；第八，临时去往他地者，购粮证收缴，换发移转通知书，回来后再换领购粮证；第九，粮食公店设于适当地点，不以营利为目的，零售价格由县管处公布；第十，设立粮价评议会，负责粮价评定。③

　　金华的此一举措是"解决全县粮食问题的主要工作"，"颇堪满意"。《东南日报》刊发3篇社论，称其"于理于情，要为比较可以切实施行者"，"可称妥善"，"阻遏了粮荒的蔓延，镇定了恐慌之后的严重而不堪想像的青黄不接时期"。《中央日报》也对此给予较高评价。④ 浙江省内

① 沈松林：《金华城区试办计口授粮的经过》，《闽政月刊》第7卷第3期，1940年11月30日，第71~73页。金华计口授粮政策，在1940年7月11日国民政府多个部门召开的粮食会议中亦被提及。参见《粮食管理机构组织办法案》（1940年~1941年），《行政院档案》，档案号：014-040504-0025，第20页。

② 斯琴：《浙江的民食》，《中央日报》（重庆）1940年8月4日，第3版。

③ 沈松林：《金华城区试办计口授粮的经过》，《闽政月刊》第7卷第3期，1940年11月30日，第71~72页。

④ 《浙江之粮食管理》，第32~34、189~191、1页；斯琴：《浙江的民食》，《中央日报》（重庆）1940年8月4日，第3版。

除金华外，其他各地亦有推行，但由于干部人员缺乏、经费不足、运输工具短缺、购粮资金不充足等，成效不一。

对于浙江的这一做法，时人也提出一些意见，如各县粮管处作为全县粮食管理枢纽机关，必须做到绝对与大多数民众利益一致，快速、确实、公正，杜绝舞弊等。

江西从 1940 年 10 月开始按户计口授粮，每人每日给米 1 市斤。① 湖北军情严重，粮食管制亦任务特殊，鄂省政府将所属县份分为彻底管制、半管制、委托管制三种。恩施警区为试行彻底管制区域，辖区内全部实行计口授粮，登记粮商，限制自由买卖；鄂西（恩施除外）、鄂北、鄂中（潜江除外）各县为半管制区，对团警、学生、公务员及其眷属实行计口授粮，登记粮商，粮食流通须经县政府核发购运凭单；鄂东、鄂南各县及沦陷地区实行委托管制，此区域情形特殊，除鄂中、鄂东可以酌购部分军粮外，悉数交由行政督察专员视地方情形酌予办理。湖北省设立平价物品供应处，下设粮食、花纱布、食盐等部门，实行"粮食凭证分配"制度，即计口定量、凭证分配，在政府机关、学校公教团体中实行，在每月发薪时，先发一部分现款，再发一部分粮食，粮食须凭证领取。不过，湖北省的粮食管制及凭证分配制度，在实行过程中不无弊端，"有权有势的可以多领，而无权无势的只好向隅"，② "最普遍的是，浮报人口，冒领多领。有的吃用不完的，私自倒卖"。③ 因此，国民政府对于粮食公卖与计口授粮等办法，亦存在不同认识，认为其"繁重难举，未足应急，亦应暂从缓办"。④ 计口授粮、凭证购粮、粮食公卖等是战时探索粮食管理方式的有益尝试，尽管各地做法不一，甚至存在弊端，但面对严重的粮食危机，有效化解危机乃至转危为机的探索与做法仍值得肯定。

---

① 《各省市粮政工作报告摘要》，第 "赣 4 页"。

② 马毓英：《陈诚在湖北》，政协湖北省武汉市委员会文史资料研究委员会编印《武汉文史资料》第 9 辑，1982，第 20~21 页。

③ 吴先铭、吴自强：《我所知道的陈诚》，《武汉文史资料》第 9 辑，第 36 页。

④ 《管制民生必需粮物价格根本办法之实施纲领》，《训练月刊》第 2 卷第 2 期，1941 年 2 月 1 日，第 125 页。

第二节　战时粮食仓储、运输、加工

一　粮食仓储

建仓积谷是农业社会的一个显著特点，中国历代皆有此项措施，久具规模。民国初年，军阀混战，各地仓厫多经兵燹，仓库倾圮，积谷无存。"粮食公仓制度，在平时可以养成民间粮食集储观念，减少自行建仓之劳费，政府则可恃为调剂市场供需，进而改善粮食贸易，在战时对于吸收民间余粮，减少囤积居奇，及辅助粮食流通，安定民心，均有裨益。"① 南京国民政府成立后，对于仓储极为注意，1928 年内政部颁行《义仓管理规则》。1930 年 1 月，内政部修正公布《地方仓储管理规则》，将全国粮仓分为县仓、市仓、区仓、乡仓、镇仓、义仓 6 种，除义仓由人民自由创办外，其余各级仓库皆由各级政府公款筹设，"通令各地认真办理积谷仓以储粮食"。② 县乡镇必须设立仓库，由县负责设立，市区仓由民政厅设立，县市仓积谷用于平粜与散放，乡区镇义仓积谷除平粜与散放外，还可借贷。

一般而言，现代农业仓库主要作用有三项：一为保管，二为加工，三为运销。③ 1933 年 5 月，行政院农村复兴委员会决议，中国农民银行须在各县设立农业仓库，同年秋，中央农业推广委员会与宁属农业救济协会举办中央模范农业仓库，此为新式仓储建立之始。④ 在中央模范农业仓库"良好成绩"带动下，他处竞相模仿建立，江西、浙江、安徽、四川等省政府、社会人士及团体先后举办，银行界亦乐于投资。截至 1936 年冬，

---

① 《粮食部 1944 年度工作计划（附预概算及委购军粮价款表）》（1944 年 6 月），《中央设计局档案》，档案号：一七一-1471，第 105 页。
② 殷锡祺：《战时粮食动员问题》，第 31 页；陈正谟：《米谷生产成本调查及川粮管理问题》，第 81 页。
③ 程方：《中国县政概论》（下），商务印书馆，1940，第 427 页。
④ 钱承绪编《中国粮食问题的再检讨》，中国经济研究会，1940，第 82、86 页。宁属指南京周边地区，如江宁、句容、溧水、高淳、江浦等县。参见程方《中国县政概论》（下），第 424 页。

中央模范农业仓库共储备稻谷近 20 万市石。①

不过，此时各类仓库仅能做到保管与储押，而加工与运销工作则极少办理。1934 年 11 月，内政部颁行《二十三年度实施全国仓储总检查办法大纲》，计划调查全国仓储概况，以资改进，但成效不彰。1935 年，国民政府公布《农仓业法》，意在对农产品堆放、储藏及保管等进行细致的管理，以"调剂人民粮食"，融通农村经济。② 1936 年 11 月，内政部废止《地方仓储管理规则》，公布《各地方建仓积谷办法大纲》，对仓廒的积谷目的、种类、程序、经费、地点、数量、来源、使用、统计等规定颇详。但时人对此评价颇低："上述仓储办法，还只是旧式仓储制度的改革，还只能解决农产储备运销问题的一部分，质言之，即仅尽'储备'之功，而未及于农产运销之推进，不能充分适应现代经济社会的需求。"③ 1937 年 2 月，立法院第 92 次大会修正通过《农仓业法施行条例》20 条，对设仓程序做了详细规定。

抗战全面爆发后，原有农仓因战事影响，半数以上无法使用。在中央专门的粮食管理机构建立以前，作为粮食兼管机构之一的农本局及经济部在农仓建设方面发挥了重要作用。面对大部分农仓无法继续使用的情况，农本局率先在川、黔、桂、陕、湘、鄂六省建设新仓，并指导农民建设简易仓库。截至 1938 年，农本局在川、湘、黔、桂、鄂建立农仓 26 处，筹办 23 处，共计 49 处，总容量约 100 万市石。同时，农本局在川、湘扶助农民办理简易农仓，数量达 70 处。④ 1938 年 9 月，经济部公布《简易农仓暂行办法》，意在促使地方政府积极倡导，督促人民团体普遍组设农仓。"在当局推进和多数农民赞扬之下，农仓的数字，在内地，确大量的加添起来了。"⑤ 据统计，截至 1939 年 6 月底，正式建立者有 40 所，其

---

① 程方：《中国县政概论》（下），第 423 页。
② 关于《农仓业法》中"调剂人民粮食""流通农村金融"的表述，许道夫认为前者不包括军粮，因其含义过狭，而且军粮供应会影响民食调剂，尤其在战时，"军粮之采购，对于供求适应之关系，影响最大"。许亦认为，后者含义过去"似嫌过广"，因农村金融涉及种类繁多，实际上应为"流通农产运销金融"。参见《江西省农业仓库管理处筹备处工作总报告》（自 1940 年 3 月 1 日起至 1940 年 12 月底止），1940，第 3~4 页。
③ 程方：《中国县政概论》（下），第 418~421 页。
④ 《中华民国二十七年农本局业务报告》，1939，"本报告提要"。
⑤ 沈雷春、陈禾章编著《中国战时经济建设》，"农业"第 12 页。

中四川 27 所、贵州 10 所、广西 3 所。另有 25 所在筹备当中，其中四川
16 所、贵州 3 所、广西 4 所、湖北 2 所。有些设施良好、具备条件的仓
库先行营业，正式成立及先行营业仓库容量为 675813 市石。截至 1939 年
上半年，简易农仓数量迭有增加，四川达 212 所，贵州增至 7 所，另有协
办农仓 4 所，均在四川。① 农本局制定《农本局农业仓库规程》，将所辖
仓库根据设仓地点、业务范围及容量大小分为终点市场仓库（10 万市石
以上）、转运市场仓库（5 万～10 万市石）及生产中心区仓库（1 万～5 万
市石）三种，开展保管、运销、放款及加工业务，② 这一分类方法对全国
粮管局、粮食部设立仓库的影响较大，后来的聚点仓库、集中仓库等均可
以看到《农本局农业仓库规程》的影子。农本局及其下属福生庄在购销
粮食期间，曾掌握少量屯粮仓库及所屯粮食。全国粮管局成立后，农本局
粮食购销业务归并于全国粮管局，所有仓库及粮食也一并移交，但还未及
办理手续，全国粮管局即告撤销，农本局名下仓库连同储积粮食随即被移
交至粮食部。③ 截至 1941 年上半年，农本局、全国粮管局在川、湘、鄂、
桂、黔、陕各省设有储押农产及屯储军粮的国仓，容量为 9110742
市石。④

　　尽管农本局、全国粮管局先前已筹建一定数量、容量的农仓，但当时
征收的粮食数量较为有限，而且仓库设备不齐全，仓库散处各地的现象仍
较突出，还有很大提升空间。1941 年下半年实行田赋征实、军粮征购后，
成效非常突出，政府手中掌握大量粮食实物，如何储藏成了摆在各地粮政
机构面前的一道难题。"粮食征集以后之储藏保管以至拨交，为粮政上极
重要之业务。"⑤ 征实、征购工作开始后，粮食部、财政部收购范围异常

① 《农本局一九三九年六月及一九四〇年二月份业务报告并有关文书》（1939 年 12 月～
　1940 年 7 月），《经济部档案》，档案号：四-12493，第 33～37 页。
② 《附录：农本局农业仓库规程》，《农本》第 3 期，1938 年 10 月 15 日，第 23 页。
③ 《农本局及所属福生庄、前农业调整处一九四一年度收支报告、该局工作报告、业务、
　财务概况报告及有关文书》（1941 年 1 月～1942 年 7 月），《经济部档案》，档案号：四-
　17034，第 29 页。
④ 《粮食部 1942 年度岁出岁入总概算工作计划特别建设计划审核案》（1942 年 2 月），《中
　央设计局档案》，档案号：一七一-1466，第 116 页。
⑤ 粮食部：《为补送本部三十四年度工作计划分月进度表四份请鉴核由》（1944 年 11 月 3
　日），《行政院档案》，档案号：014-040501-0005，第 23 页。

广泛，运输力量相对不足，导致粮食无法迅速集中，集中后又苦于无合适处所储存，如果贮藏无方、处置失当、管理不善，极易发生巨大损耗，并带来转运、拨交上的极大不便，因此，亟须对田赋征实、军粮征购后的仓储问题予以研究并解决。

首先，建立仓库管理机构。全国粮管局时期，针对四川省粮产丰富、所需仓容亦较巨大的情况，卢作孚等呈请国库拨款25514886元修建仓库，并专门设立四川仓库工程管理局，以主持其事。1941年5月，筹备中的粮食部设置修建四川仓库工程管理处，专负修建川省仓库工程职责。粮食部成立后，仓库的修建持续进行，将原修建四川仓库工程管理处改组为粮食部仓库工程管理处（简称"仓管处"），其职权范围扩大至全国，成为全国性的建仓机构，并征用各大学土木工程系学生担任监工。[1] 1942年3月，仓管处改组完毕，下设工程、监理、总务、财务四科，所有修建仓库工程概由仓管处统筹规划，如设计、审核、督导、验交等事宜（各工程地点设有临时监工组，负责工程监督），均责成仓管处负责办理。

从仓管处成立至战后，该处主管人员情况如表4-3所示。

表4-3　粮食部仓库工程管理处历任主管长官

任别	职别	姓名	籍贯	到任日期	离任日期	备考
	处长	李嘉隆	江苏武进	1942年3月15日	1945年9月4日	系粮食部财务司司长兼任
第一任	副处长	林熙春	广东大埔	1942年3月15日	1943年1月8日	系川储局副局长兼任
		胡汉文	江苏上海	1942年4月15日		专任
		朱民声	江苏武进	1943年1月8日		专任

---

[1]　《民国三十年七月份经济大事分类日志》，《中央银行月报》第10卷第8号，1941年8月，第1155页。

续表

任别	职别	姓名	籍贯	到任日期	离任日期	备考
第二任	处长	汪元	江苏武进	1945年9月5日	1947年9月30日	系粮食部储备司长兼任
	副处长	胡汉文	江苏上海		1947年3月31日	专任
		朱民声	江苏武进		1947年2月1日	专任
	代处长	汪鹭	浙江杭县	1947年5月16日	1947年9月30日	系粮食部财务司司长，因兼处长汪元赴美考察粮政，出国期间奉派兼代处务
第三任	处长	俞昂	浙江奉化	1947年10月1日		

资料来源：《附表（二）：粮食部仓库工程管理处历任主管长官表》，秦孝仪主编《抗战建国史料——粮政方面》（1），第218页。

从表4-3可以看出，一是粮食部对仓库工程管理颇为重视，兼任的管理人员级别较高，多为司长，副处长以专任为多；二是管理人员籍贯以江浙为主，尤其是江苏籍最多，这与当时其他机构的官员籍贯来源也是一致的；三是主管官员的变动性较大，尤其是副处长，任职时间相对较短。

仓管处在各省设置临时工务室，不过工务室主管人员更替频繁，权责亦不明晰，以致各省工务室有些工程管理人员将建仓视为职掌范围以外的杂事，工作自然不会积极主动，乃至疲沓拖延而坐失时机。有鉴于此，仓管处将粤、黔、陕、桂4个省工务室改为自办，派遣负责人员往4个省临时设置建仓工程处，主持建仓工程，因此效果大增，广东至年底目标全部完成，陕西完成九成，贵州完成八成，广西完成七成以上。[①]

其次，充分发挥旧有仓廒作用，广泛设仓建库。战时粮食仓储、运输与加工三者相互联系，皆非易事。关于粮食如何存储，黄季陆建议以省为中心，在各市县平均分布仓库网，县以下以区联保甲为单位，责成各级行政人员存储管理，除积谷就原有仓库一仍其旧外，新征粮食分三种办法储藏：一是建仓，就庙宇、祠堂或公共场所设法改建或新建；二

---

① 粮食部编印《粮食部仓库工程管理处三十二年度工作检讨报告书》，出版时间不详，第7页。

是租仓，租用民间仓库，给予优厚租金；三是寄囤，即将征收粮食暂时寄放在民间，随时由政府征用。[①] 就性质而言，仓库可分为三类。一是收纳仓库，即在征收处所在地所设仓库，农户可直接将粮食交至收纳仓库，便于农户纳粮。二是集中仓库，即在各县水陆交通便利地点所设仓库，用于收集收纳仓库运存粮食。三是聚点仓库，即在重要转运据点、军粮交接地点或重要消费地点所设仓库。1941 年，实施征实、征购区域涉及 1400 余个县的征收地点，应设仓库平均每县以 8 处计，共 11000 处以上，此为初级仓库即收纳仓库的设置数量。集中仓库与聚点仓库均须由粮政机关科学合理筹设。集中仓库以每县不超过 5 处为原则，相互之间应配合使用。据统计，全国各类仓库设仓地点为 17000 处左右，[②] 数量极为庞大，粮食部即在原有仓库数量及分布区域的基础上，按照仓库性质修建各类仓库。

　　1941 年夏，粮食部着手调查各省原有仓库，据川、赣、湘、陕、豫、桂、皖、浙、宁、闽、粤、鄂 12 个省份查报，原有仓库容量共为 10010077 市石，[③] 容量已然不小，但仍无法满足全面征粮后的储粮需求，而且多数省份旧仓容量狭小，年久失修，不堪使用。如甘肃省原有仓廒 1316 间，容量为 659000 市石，均损坏待修。湖北省共有仓廒 982 座，容量为 770176 市石，作为产粮大省来说仓库数量少、容量小。[④] 四川蓬安 1941 年 9 月 15 日开征，征购稻谷 11 月 29 日扫解，共计 8 万市石，而储运机构迟迟未能成立，各乡镇征购办事处因仓库缺乏，无处容纳食粮，"大多以围席暂储"。[⑤] 四川长宁则是公私仓库均感不足。[⑥] 1941 年，贵州购办军粮定额为 138 万市石，实购 470539 市石，其中一个原因是仓库缺

---

① 黄肇珩、胡有瑞、徐圆圆等记录《孔祥熙先生百年诞辰口述历史座谈会纪实》，陈鹏仁主编《百年忆述——先进先贤百年诞辰口述历史合辑》（1），第 252 页。

② 汪元：《五年来粮食仓储设施与推进积谷概述》，《粮政季刊》第 4 期，1947 年 1 月，第 62 页；《中国粮政概况》，第 42 页。关于全国设仓地点，粮食部储备司长汪元的统计数据为 13000 余处，与《中国粮政概况》记载有出入。

③ 《粮食部三十一年度工作考察》，第 7 页；《中国粮政概况》，第 43 页。

④ 《各省市粮政工作报告摘要》，第 "甘 1 页""鄂 1 页"。

⑤ 方经国：《征购、储运、付款三机关应取得密切联系》，《督导通讯》第 1 卷第 2 期，1942 年 2 月 1 日，第 12 页。

⑥ 剑琴：《第一次督粮座谈会剪影》，《督导通讯》第 1 卷第 2 期，1942 年 2 月 1 日，第 10 页。

乏，军粮购办回来之后贮藏特别困难。据统计，贵州仅有军粮仓库 65 所，田赋仓库 327 所，杂粮堆积所 132 所。① 1941 年，粮食部还将订购的部分木船用作水上仓库，或拨给各供应处，作为囤船，可见仓储需求的急迫。② 仓储容量本来即已不足，加上各项粮额无法及时转运出去，更加占用了有限的空间。如军粮方面，军粮机关往往将所需经常补给粮调运前方，以供应军需，而对屯粮则长时间不予提取，致使仓库多被占用，更感不敷使用，此一现象在陕西、广西、江西三省表现尤为明显。

根据财政部、粮食部要求，各省开征日期在 9 月和 10 月前后，年终扫解，征收上来的粮食必须马上运至适当地点，在如此短时间内修建如此多的仓库显然是不可能的，一方面建设粮仓需款极巨，另一方面工料筹办不易，只能分期举办，逐步扩充。而粮食储存却迫在眉睫，因此，粮食部在接收全国粮管局原有仓库的基础上，以培修临时仓库，利用旧有公仓、商仓、民仓、庙宇、祠堂，租用银行及机关团体仓房、民房为解决征收初期粮食存储的首要选择，而以修建新仓为辅。

修葺旧仓或租用民仓。从仓库工程类别而言，大致可分为两类：一为新建，系新勘水陆交通便利地点，位于此类地点的仓库全部新建，设备优良；二是改修，系对祠堂、庙宇等公共建筑加以培修，以适于储粮。从修建仓库时间而言，可分为三期，每期各有特点：1941 年为第一期，新建仓库包括"散堆仓""包堆仓"，均系委托建筑师办理，设计较为简单，加以技术人员欠缺，设备简陋，标准参差不齐；1942 年至 1944 年为第二期，建仓种类仍分为上述两种，但由粮食部仓管处审慎设计，直接招标监造，标准有所提高，详细绘制标准图，编印工程手册，制订各项章则，分发各省县参考；1945 年之后为第三期，建仓改以"包堆"为主，质量并重，经济与实用兼顾，防止各项损耗，甚至设计钢骨水泥仓库，"以期达到现代化之标准"。③

---

① 《各省市粮政工作报告摘要》，第"黔 1 页"。
② 《行政院关于粮政之推行报告——对五届十中全会报告》（1941 年 10 月至 1942 年 8 月），秦孝仪主编《抗战建国史料——粮政方面》（1），第 444 页。
③ 《粮食部仓库工程管理处之组织及业务概要》，秦孝仪主编《抗战建国史料——粮政方面》（1），第 215~216 页。

对于各省修建仓库，粮食部极力支持。1941 年，粮食部向甘肃省政府拨发修仓费 525000 元，用于该省各县修补原有仓廒，并表示若该款项不敷使用时，甘省政府也可以利用公产庙宇或租借民房加以修理。1942 年，粮食部再拨 415 万元，在兰州等主要城市，先修建聚点及集中仓库 19 处，容量为 36 万市石。张掖原有容量为 84000 市石的仓库，但年代久远，破旧待修，省政府拨款修缮。① 湖南对于粮仓修建颇为积极，一方面接收全国粮管局此前所管辖的 8 栋农仓；另一方面将宁乡等地收运所附近的祠堂庙宇设为临时仓库，设计流动式仓库。江西修建完成及在建甲等国仓，容量计为 47 万余市石，乙等国仓容量为 65 万余市石，可永久利用者约 16 万市石，临时仓库共租借 100 余万市石。②

在公仓无法满足储存需求时，租用民仓便成了较好的选择。1942 年 6 月，重庆市机联处租用重庆各大粉厂仓库以贮存原料，复兴仓可容 12000 市石，福民仓 15000 市石，福新仓 3000 市石，天城仓 5000 市石，岁丰仓 2000 市石，共计 37000 市石。③ 同一时期，粮食部陪都民供处将自建总容量为 18000 市石的多处仓房租给福民实业公司机制面粉厂，作为该厂储粮处所。④

1942 年，经征与经收合一，仓库的修建亦有所改变，即除了集中仓库与聚点仓库仍由粮食机关主管外，收纳仓库则改由田赋管理机关办理。8 月 29 日，财政部颁行《财政部各省县（市）田赋管理处改修仓库工程实施原则》，规定改修仓库由田赋处派专人负责主持施工，并派驻监工 1 名，改修仓库主要利用公有房屋如庙宇、公祠及其他公有建筑物，必要时可以租用民房。各县（市）所需经费由田赋处拨付支用，逐级拟具计划，

---

① 《国民政府年鉴》，"地方之部"第 304 页。

② 《国民政府年鉴》，"地方之部"第 63 页。

③ 重庆市机联处：《关于重庆市机制面粉厂联合办事处配售面粉、检送天城、福民各厂仓库容量等致天城公司面粉厂的函》（1942 年 6 月 3 日），重庆市档案馆藏（以下不再一一注明藏所），《金城银行重庆分行档案》，档案号：0304001025800000039000，第 39~45 页。

④ 《关于粮食部陪都民食供应处租赁福民实业公司机制面粉厂仓房的合约》（1942 年 12 月 9 日），重庆市档案馆藏（以下不再一一注明藏所），《重庆福民实业股份有限公司档案》，档案号：0272000200090000112000，第 112~113 页；《关于福民实业股份有限公司机制面粉厂将自建仓房租与粮食部陪都民食供应处的合约》（1941 年 12 月 8 日），《重庆福民实业股份有限公司档案》，档案号：0272000200100000004000，第 4~7 页。

编制预算，最后由财政部核定。财政部核准后，拨发各省田赋处，转发各县（市）支用。1942 年度，粮食部培修旧仓增筹容量 8423158 市石，租用或利用民仓增筹容量 4413591 市石。①

修建新仓。1941 年 9 月，粮食部颁发《粮食部合理仓库修建暂行办法草案》，该草案共计 9 章 44 条，对公有仓库的修建做了详细规定，如各县修建仓库，容量须在 1000 市石至 5000 市石之间，不能过大或过小，个别在 1 万市石以上的，应由当地公正士绅与工程、农业技术机关主管人员组织修建仓库委员会，商讨决定是否修建。该办法将仓库分为新建与修理两种，前者包括永久性仓库与半永久性仓库两种，后者包括全修理仓库、半修理仓库及堆积所三种，并对仓址、工程设计、施工、经费、验收等流程规定甚详。②

对于仓址选择，除了尽量与征收处同处一地、便于储运外，还必须达到如下要求：一是地基高亢，无水患；二是交通便利，易于搬运；三是仓库附近有广阔空间，可资翻晒；四是四周无显著的空袭目标；五是治安良好；六是远离易燃建筑物。仓址选定后，须绘图报送省田赋处备查。对于改修仓库工程设计及开展，以经济适用为原则，所用材料、仓库构造、工程合同样式、工程进度、违约处理、工款给付、保养维护等亦详加规定，③ 这些方面的规定四川云阳县在新建仓库时执行得特别好。

1941 年，在修建四川仓库工程管理处时期，有新修四川各县仓库计划，其中云阳县政府负责该县双江镇、盘沱、南溪 3 处仓库。双江镇仓库工程 8 月 1 日开工，9 月 30 日完工，容量为 2719 市石；南溪仓库 8 月 17 日开工，10 月 16 日竣工，容量 2300 市石；盘沱仓库 10 月 6 日开工，11 月 16 日完竣，容量为 8000 市石。3 个仓库总容量 13019 市石，该县征购粮食监察委员会 1942 年 6 月 8 日验收完毕，认为上述 3 仓仓址选择、施

---

① 《行政院关于粮政之推行报告——对五届十中全会报告》（1941 年 10 月至 1942 年 8 月），秦孝仪主编《抗战建国史料——粮政方面》（1），第 447~448 页。据记载，四川、贵州、广西三省的收纳仓库未予合并。参见《湖北征实员丁保证事项》（1943~1944 年），《粮食部档案》，档案号：119-020100-0227，第 6 页。

② 《粮食部合理仓库修建暂行办法草案》，《福清县政府公报》新 1 卷第 10 期，1941 年 12 月 22 日，第 153~155 页。

③ 关吉玉、刘国明、余钦悌编纂《田赋会要》，第 4 篇《田赋法令》，第 117~132 页。

工质量均称优良。① 以南溪镇仓库为例，仓库位于南溪镇八角庙内，庙址附近无毗邻房屋，四周有树木遮蔽，交通、防空、防火、治安等条件"皆甚适合"，地势亦较高，不会受到江水涨落影响。工程采用包工不包料方式，木料与石料发包两家，其他材料另购。在工程报告书中，预算表、仓址地势图、购用木料合同、装修合同、付款收据、保证书等清册均一一载明详细内容与数目，可以说账目清晰、支出合理，是修建仓库的典范。② 剑阁县在1942年1月修建本县仓库时，也采用与云阳县相同的模式，效果良好。③ 浙江省建仓积谷办法规定，每年派募的积谷，五成存储县仓，五成分储乡镇仓，但各乡镇极少有建立乡镇仓的。以平阳县为例，该县城区、鳌江、宜山、灵溪、水头、矾山各仓1941年度所征收积谷共计722179市斤，除矾山因交通不便而由该区署保管外，其余各区均分拨各乡镇负责保管。④

湖北省仓库分为省、县、乡三级，乡级仓库在原有积谷基础上，主要在经收实物与征购县份办理粮食收纳，每个乡镇至少设立2座，容量应符合征实总额、征购额一半数额，征实与征购分别储藏，原有区仓均改为乡镇仓。县级仓按照管制计划、所需粮额、代管军粮与省级公粮数量，分别设置。省仓根据分配计划，由省政府直接分配的人口即42800人全年需要量的一半，在恩施境内的屯堡、向家村、方家坝、七里坪、龙凤坝、小龙潭、天桥、土桥坝、奇峰主、甘溪等处各筹设一座仓库，并设若干分仓。湖北仓库以修为主、以建为辅，主要利用当地祠庙、民宅，无可利用时重建新仓。如征购任务紧急而又暂无仓廒可资利用，则由保甲长负责，委托大户保管。截至1942年4月底，根据各县呈报，已修建省仓15座、县仓46座、乡镇仓

① 《粮食部仓库工程管理处主办各省市县修仓工程完工报告表》（1942年10月17日），《粮食部档案》，档案号：119-040202-0180，第9页。
② 《修缮万县区云阳县南溪镇仓库工程报告书》（1942年8月23日），《粮食部档案》，档案号：119-040202-0180，第10~11页。
③ 粮食部仓库工程管理处：《为三十年度剑阁县普安乡剑门阁修仓工程业已完竣并经办理验收交接手续检具修仓各件呈请鉴核备案并转咨审计部核销由》（1943年1月15日），《粮食部档案》，档案号：119-040202-0204，第6~7页。
④ 浙江省第八区行政督察专员兼保安司令：《各县积谷》（1942年1月~1948年3月），浙江省档案馆藏，《浙江省第八区行政督察专员兼保安司令专署档案》，档案号：L042-001-0179，第8~10页。

210 座，共计 271 座，另有廒 711 座，总容量为 770176 市石。① 湖南省仓库主要分布在粤汉、湘桂两路及湘、资、沅、澧四河水系附近，共有代管国仓 491 处，容量为 3047928 市石，均择要修整、加强管理。② 据记载，1941 年度，粮食部新建仓容共计 1437968 市石，加上改修仓库 13987791 市石，二者共计 15425759 市石，共动支修建费 43809927 元。③

1942 年度，粮食部将集中仓库、聚点仓库列入特别建设计划，计划修建仓容 706 万市石。为完成此项特别建设计划目标，粮食部发布《各省粮政局配拨三十一年度设置仓库计划注意事项》。根据该项计划，核定各省修建仓库，凡在重要交通地点，由中央筹建，不但战时可以急用，战后也可用于商业用途；在内地，则发动地方政府筹建，以便利于地方积谷。在每个粮食年度开始前，规定各省仓库修建容量及经费预算，以利推进。此外，特列增建国仓，拟定建修费、仓库用具设备费共 8775 万元，列入国家预算，这意味着经费有了切实保障。为了推进各省新建仓库及保证工程进度与质量，粮食部在各省粮政局内临时设立工务室，添设工务人员，并由粮政局分派高级工程人员前往监修。据统计，1942 年度核定修建费用 10275 万元，新建仓库容量 1672800 市石，改修仓库容量 7065670 市石。④ 1941 年度、1942 年度各省修建仓库详情见表 4-4。

表 4-4　1941 年度、1942 年度各省修建仓库容量

单位：市石

省别	1941 年度			1942 年度			
	新建	培修	合计	新建	培修	租用或利用	合计
四川	309000	1062915	1371915	425000	1524200	1074379	3023579
江西	491000	2771200	3262200	395000	2266000	—	2661000

① 《湖北省粮政局三十年度业务报告》，无页码。
② 《各省市粮政工作报告摘要》，第 "湘 4 页"。
③ 《行政院工作报告——有关稳定财政及管制粮食、物价部分（1938 年~1945 年）》（对中国国民党第六次全国代表大会报告），秦孝仪主编《中华民国重要史料初编——对日抗战时期》第 4 编《战时建设》（3），第 322 页。
④ 《行政院工作报告——有关稳定财政及管制粮食、物价部分（1938 年~1945 年）》（对中国国民党第六次全国代表大会报告），秦孝仪主编《中华民国重要史料初编——对日抗战时期》第 4 编《战时建设》（3），第 322~323 页。

省别	1941 年度			1942 年度			
	新建	培修	合计	新建	培修	租用或利用	合计
湖南	—	2056236	2056236	200000	1170000	1598180	2968180
陕西	—	939997	939997	—	900000	460003	1360003
甘肃	—	350000	350000	250000	300000	154500	704500
贵州	119096	238193	357289	200000	231500	—	431500
广西	172753	136932	309685	80000	600000	510000	1190000
河南	—	1560000	1560000	150000	540000	—	690000
云南	—	1044612	1044612	—	600000	391000	991000
安徽	—	676290	676290	80000	810000	—	890000
浙江	—	700000	700000	—	600000	377572	977572
广东	—	785706	785706	100000	483958	198957	782915
西康	—	177184	177184	—	225000	—	225000
福建	246119	480597	726716	—	380000	—	380000
绥远	—	—	—	—	220000	—	220000
山西	—	807929	807929	—	140000	—	140000
宁夏	—	—	—	—	55000	—	55000
湖北	100000	200000	300000	30000	190000	96000	316000
总计	1437968	13987791	15425759	1910000	11235658	4860591	18006249

引者注：（1）1942 年"租用或利用"一栏引自《粮政月刊》；（2）1941 年度、1942 年度的"合计"栏均系引者所加。

资料来源：《最近两年修建仓库容量表》，秦孝仪主编《抗战建国史料——粮政方面》（1），第 50~52 页；《各省本年增筹仓库（聚点及集中仓库）容量统计表》，《粮政月刊》创刊号，1943 年 4 月 16 日，第 75 页。

从表 4-4 可以看出，除了较为偏远的绥远、宁夏两省，其他绝大多数省份均开展了培修旧仓、兴建新仓的工作，培修旧仓力度明显大于兴建新仓，产粮大省四川、江西、河南等成效较为显著。总体来看，1942 年总量也高于 1941 年。

1943 年，行政院通过了《财政部各县（市）粮仓管理暂行通则》，规定各县（市）粮仓应冠以"财政部某某省某某县（市）田赋管理某某征收处"字样，同一征收处设有多处粮仓者，依次以序列命名。对粮仓工具、仓储损耗、巡视报告亦有规定，尤其是损耗方面，对粮食种类、保管期限、损耗率均有明确规定，一一对应。① 在粮食部大力推动下，1941~1945 年仓容逐年增加，截至 1945 年底，5 年间共改修仓库容量 21747516 市石。②

自 1942 年度征粮事务划归各省田赋处办理后，粮仓的建设与管理，在征收阶段粮食收纳入仓统归财政部主管，粮食部所能主管的仅为粮食接收以后集中、转运待拨时所需仓库安排，因此，在 1943 年建仓计划中，粮食部采取中央与地方分担的方针，凡在重要交通地点，由中央负责筹建，并兼顾战后商业利用。中央本年预算经费为 1.6 亿元。地方负责者，则指定财源，责成建设，主要目的是积谷，原定在川、滇、黔、粤、桂、闽、浙、皖、赣、湘、鄂、陕等省建设，容量为 350 万市石，1943 年 1 月即开始动工兴建。但限于经费不足、工料价格日涨等原因，估计能完成 150 万市石左右。③ 四川省内仓库建设工程，仍由粮食部所属仓管处直接办理，黔、桂、滇、粤、湘、赣、闽、陕等省派员，就地设置建仓工程处办理，至 1943 年 5 月，已先后在陕、粤、黔、桂四省设置建仓工程处，四省建仓工程处工作人员共计 104 人，7 月选派至各省开展工作，以接办各省建仓工程，"效率颇见增进"。④ 滇、闽、鄂、赣、湘、皖、浙七省则在各该省粮政局或田粮处临时设置工务室，增加人员，以便推进建仓工作。其余各省归入各该省粮食机关自行办理，由粮食部派遣工程人员前往督办。因此，1943 年、1944 年两年所建仓库以聚点仓库为主、集中仓库为辅。截至 1943 年 10 月，后方各省新建、培修仓容情况如表 4-5 所示。

---

① 关吉玉、刘国明、余钦悌编纂《田赋会要》，第 4 编《田赋法令》，第 114~117 页。
② 汪元：《五年来粮食仓储设施与推进积谷概述》，《粮政季刊》第 4 期，1947 年 1 月，第 62 页。
③ 《粮食部报告》（1943 年），第 7~8 页。1943 年度，浙江省积谷派额为 80 万石，比往年的 20 万石大为增加，浙江省政府认为"事实上具有困难"，电请核减，但"未奉邀准"。为了完成积谷任务，内除浙西行署所辖各县因遭敌伪流窜或沦为游击区县份不参加外，其他 33 个县均参加积谷竞赛，并依照上一年度竞赛办法拟具《本省各县三十二年度储粮积谷竞赛办法》，该办法共计 15 条，规定在 12 月开始实施，以两个月为期限。参见浙江省政府《各县积谷总（一）》（1942 年 5 月~1944 年 3 月），《浙江省政府档案》，档案号：L029-002-0211，第 66~67 页。
④ 《粮食部仓库工程管理处三十二年度工作检讨报告书》，第 1 页。

表 4-5　截至 1943 年 10 月后方各省新建、培修粮仓情况

单位：市石

省别	新建	培修	合计	省别	新建	培修	合计
四川	314800	1355213	1670013	福建	135000	380000	515000
贵州	137300	298800	436100	湖北	40000	190000	230000
云南	42000	250150	292150	湖南	96000	1170000	1266000
广西	64000	415608	479608	江西	290000	277030	567030
广东	27500	1061757	1089257	浙江		504120	504120
安徽	95000	679500	774500	陕西	98500	—	98500
山西	—	140000	140000	甘肃	335000	117000	452000
宁夏	—	55000	55000	总计	1675100	7064178	8739278
西康	—	170000	170000				

资料来源：《民国三十一年至三十二年之粮政》，秦孝仪主编《抗战建国史料——粮政方面》（1），第 63~65 页。

从表 4-5 数据并结合 1941 年、1942 年数据可以看出，1943 年度培修、新建仓库容量均较前两年有所下降，总共完成新建仓容 1675100 市石，仅及原定容量的 63.7%，与原定目标相差较远。之后，建仓步伐有所放缓。1944 年新建 611500 市石，改修 450680 市石。1945 年，预计建修仓容总量为 30 万市石，其中新建 24 万市石，改修 6 万市石，所建仓库以军事需要为主，故而选择战略基地、交通线重要城镇进行建修，主要在川黔、川滇、黔滇、黔桂四线，并将公路线路予以延长，以利于汽车运输。[1] 1945 年初即行赶建，截至 1946 年 3 月底，已完成 228500 市石，占总数的 76.2%，1946 年 5 月全部完成。截至 1945 年度大后方各省仓容见表 4-6。

表 4-6　1945 年度大后方各省仓库容量情况

单位：市石

省别	收纳仓库	集中仓库	聚点仓库	合计
四川	9639403	4449500	2703670	16792573
湖南	8101583	471967	3445429	12018979
江西	2696078	831100	892500	4419678

---

[1]　《徐可亭先生文存》，第 198 页。

续表

省别	收纳仓库	集中仓库	聚点仓库	合计
河南	2489872	55000	30000	2574872
陕西	3224581	—	697166	3921747
云南	1766658	230150	145000	2141808
甘肃	1125171	805155	309000	2239326
贵州	1668873	804879	234400	2708152
福建	2459238	651236	307400	3417874
广东	1946513	973449	431766	3351728
湖北	1302511	698163	40000	2040674
浙江	695593	195735	283338	1174666
绥远	209200	—	—	209200
山西	328700	297200	—	625900
西康	156120	231670	37000	424790
宁夏	730700	50000	—	780700
青海	97140	—	—	97140
广西	2419797	553050	254390	3227237
安徽	1654393	873173	420000	2947566
新疆	599117	—	—	599117
江苏	298471	—	—	298471
总计	43609712	19417427	10231059	73258198

原表注：湖南、河南、广东、广西四省曾经沦陷地区毁损之仓容，因未报到部，未予减除。

资料来源：汪元《五年来粮食仓储设施与推进积谷概述》，《粮政季刊》第 4 期，1947 年 1 月，第 63~64 页。

从表 4-6 可以看出，经过前些年的持续新建、培修，后方各省仓容均有增加，截至 1945 年总容量达到 7300 余万市石，这一数据是非常可观的。

1946 年度，后方各省仓储勉可敷用，而对于收复地区粮食存储，则尽量利用接收敌伪仓库积谷仓或租用民仓、商仓，如不敷使用，则利用公共房舍予以改修，估计改修 400 万市石，修葺 700 万市石。①

最后，粮仓修建中存在的问题。战时粮食部培修旧仓、兴建新仓的成绩有目共睹，毫无疑问也为战时仓储发挥了极大作用。同时不可否认的是，建

① 粮食部：《准前任部长徐堪咨送本部三十五年度工作计划及政绩比较表等件请查照见复等由除咨复外呈请鉴核由》（1947 年 11 月 27 日），《行政院档案》，档案号：014-040501-0001，第 32 页。

修仓库过程中也存在一些问题。比如战时政府财政支绌，无法短期内大规模修建合于标准的仓库，只能就各地祠堂、庙宇、民房酌加修葺，故不合标准的仓式，亦难经久耐用；征粮之际分发少数经费责成地方政府临时培修应用者，更属有名无实，多数仓库不能合于标准；仓库的所有权、管理权政出多门，如征粮阶段的收纳仓库属于田赋机关管理，储运分配阶段所用储运仓库属于粮政机关，军粮屯储配拨所用军粮仓库属于军政部粮秣机关系统，颇难相互利用，加以粮食收获、缴存时间性很强，每年仓储数量不一，仓库管理工作简单机械，人员数量多而素质不一，遴选、训练不严格，仓储时雇用，闲时则解雇，流动性强，因此有的地方发生"有粮无仓"或"有仓无粮"，或物资损耗、设备闲置等不合理、不经济现象。为了便利农民纳粮，1941年度各县不惜多设收纳仓库，结果导致运输次数过多，"一再运输……以致劳民伤财，殊未妥善"。① 初步集中不到位，则为下一步的再度集中埋下了隐患，不但无法及时集中，而且运费较高。粮政会议讨论后，认为每县以不超过8处为原则。1941年，四川实行征实征购县份有130余个，共设置征购办事处2000余个，而每处所属仓库散处乡间，更以数十倍计，仓库不敷使用时借用民仓，更有甚者，打白条以抵数者则以万计。② 1941年3月中旬，浙江省政府第1196次会议通过《浙江省战时建仓积谷办法》，该办法参照内政部颁发各地建仓积谷办法大纲，并根据浙江省1936年制定的《浙江省积谷办法纲要》改拟而成，共计109条，对建仓、积谷均有详细规定。③ 陈正谟指出，"据闻各地方仓库多有至今未设立的；其已设立的，其积谷有被经手人中饱的，有被经手人挪用而久未填偿的，也有先派款后积谷，而款被经手人中饱或买贱报贵的"。④ 有的省份仓库数量较少，截

① 詹显哲编著《实施国家总动员法与粮食动员》，第69页。
② 《粮食部报告》（1942年），第6页。另有资料显示，1941年四川设立的征购办事处有1400多个。参见《徐可亭先生文存》，第130页。
③ 浙江省政府：《浙江省战时建仓积谷办法卷》（1941年3月~1941年4月），《浙江省政府档案》，档案号：L029-002-0198。战时积谷损失问题也是毋庸置疑的。据浙江省黄岩县县长徐用报告，1940年，该县积谷仓管理委员会拟提积谷款9万元，并利用原存积谷押借银行现款5万元，悉数委托民食救济会代办。不料1941年4月19日，日军进犯，"搬运不及"，贮藏之部分食粮损失，经浙江省民政厅及粮政局审计，计值59478.23元。参见浙江省政府《各县积谷总（一）》（1942年5月~1944年3月），《浙江省政府档案》，档案号：L029-002-0211，第51~54页。
④ 陈正谟：《米谷生产成本调查及川粮管理问题》，第81页。

至 1942 年，青海仅有完善的仓廒 31 所，容量为 120450 公石。①

与战时庞大的征粮数量及储粮需求相比，各省仓库数量、容量仍有不同程度的缺额，仓库设备等各方面也不尽如人意，造成这种结果的原因是多方面的，如经费短缺、机构未臻完善、技术人员缺乏、土地征购困难等。经费方面，全国粮仓建筑费用 1943 年度总预算为 2.6 亿元，其中 1 亿元拨予财政部，作为修建收纳仓库资金，其余 1.6 亿元由粮食部按照实际需要统筹分配。在可供粮食部分配的 1.6 亿元中，建筑费 13625000 元，工程管理费 4312500 元，预备费 16437500 元，派赴各省工程人员旅费等 300 万元。同时，粮食部委托中国农民银行代为办理公仓，拟定建仓地点为川、陕、黔、滇、桂、皖、湘、鄂、赣、闽、浙、粤 12 个省，计划增建聚点仓容 2507000 市石，这些仓库均花费不赀。各省分配情形如表 4-7 所示。

表 4-7　1943 年全国粮仓建筑分省预算

省别	配定容量（市石）	经费预算数（元）			
		单价	建筑费	工程管理费	合计
四川	457000	109	50000000	—	50000000
贵州	100000	40	4000000	200000	4200000
云南	150000	80	12000000	600000	12600000
广西	150000	40	6000000	300000	6300000
广东	100000	50	5000000	250000	5250000
福建	500000	40	2000000	100000	2100000
湖北	500000	45	2250000	112500	2362500
湖南	400000	35	14000000	700000	14700000
江西	500000	30	15000000	750000	15750000
浙江	150000	30	4500000	225000	4725000
安徽	100000	35	3500000	175000	3675000
陕西	300000	60	18000000	900000	18900000
合计	3407000	—	136250000	4312500	140562500

资料来源：《粮食部仓库工程管理处三十二年度工作检讨报告书》，第 3 页；《行政院工作报告》（1943 年），"粮食" 第 13~15 页。

---

① 《国民政府年鉴》，"地方之部" 第 325 页。

表 4-7 显示，各省兴建新仓的费用差别较大，其中江西、浙江两省单价最低，每市石建筑费用仅 30 元，而四川单价最高，达 109 元，两者相差 2.6 倍。其实，即使同一省份，建仓费用相差也不小。以四川云阳、剑阁两县为例，前者修建 13020 市石的仓库，工程费为 70014 元，每市石平均费用为 5.37 元，而后者修建容量为 6500 市石，工程费为 53572 元，加上拆迁费 3000 元，每市石为 8.7 元，两地修建时间不过相差两三个月。① 正如表 4-7 所示，到 1943 年，单位修建费用明显上升，四川省平均每市石工程费涨至 109 元，这也是 1943 年后新仓建造步伐放缓的主要原因之一。

1943 年度公仓建设采用分期办法，先在四川乐山、宜宾、泸县、新津、金堂赵家渡、射洪太和镇、合川、成都、绵阳、涪陵、渠县三汇、万县、江津、新都等 14 处试办。② 分配各省后采用招投标方式进行，但在实际操作过程中，核定的预算单价常远较实际支出为低。一方面，招标时难以在短期内有中标者，工程开工日期迁延日久，即使开工，包商赔累也较多，工程动辄停顿乃至全部停工，进展迟缓，或者重新招标，影响工程进度。③ 截至 1943 年底，全部完成的有 299720 市石，部分完成的有 828047 市石。如果以完成率统计，最高的广东省全部完成，其次为四川省，达 90.4%，再次为陕西省，完成 90%，而湖北省仅完成 5%，即 200 市石，为各省中最少，其主要原因为田粮处工务室迟至年底才成立，招标建仓工作亦着手较晚。另一方面，建仓时日延长后，物价、工料、工资均有所上涨，实际支出陡增，只能将原定容量核减为 1596880 市石，其他各地亦有减少，如阜阳仓招标单价超出核定单价 7 倍以上，上报批示，往返

① 《粮食部仓库工程管理处主办各省市县修仓工程完工报告表》（1942 年 10 月 17 日），《粮食部档案》，档案号：119-040202-0180，第 9 页；粮食部仓库工程管理处：《为三十年度剑阁县普安乡剑门阁修仓工程业已完竣并经办理验收交接手续检具修仓各件呈请鉴核备案并转咨审计部核销由》（1943 年 1 月 15 日），《粮食部档案》，档案号：119-040202-0204，第 6 页。
② 《粮食部 1944 年度工作计划（附预概算及委购军粮价款表）》（1944 年 6 月），《中央设计局档案》，档案号：一七一-1471，第 105~106 页。
③ 粮食部仓库工程管理处：《为准江西田粮处电送三十三年度建仓地点容量分配表等件转呈核备由》（1945 年 10 月 4 日），《粮食部档案》，档案号：119-040202-0281，第 18 页。

多日，只能降低标准，或减少容量，否则无法完成原定计划，未能完成的只能待以后再行扩建。① 大多数包商怀有爱国服务精神，但亦不乏唯利是图的宵小之徒，建仓经费下拨到手后，或以之他投牟利，或以之垫补亏累，而实际用于雇工购料者反而有所减少，因此，建仓工程中偷工减料者随处可见，拖累亏空者亦不乏其人。而保人在发生问题后规避逃遁，政府对之也无可奈何。

1944 年度，粮食部预算修建仓库经费为 13400 万元，原计划修建聚点仓库容量 100 万市石，修葺原有仓库容量 200 万市石，但"嗣以经费不敷，经将原计划酌予修改，增建聚点仓库容量减为六十七万一千五百市石，修葺原有仓库容量减为一百六十万市石"，② 即前者减少近三分之一，后者减少两成，总体减少四分之一强。据统计，截至 1944 年底，各省修建集中仓容及聚点仓容总计 3120 余万市石，这对于每年七八千万市石的储存量来说，显然无法满足使用。因此，粮食部在预算 1945 年度新修仓库时，将容量调低至 60 万市石，而将难度较低、用费较少的修葺旧有仓库的力度加大。③

粮仓为储存各类粮食之用，设计方面本着防潮、防热、防止虫鼠的宗旨，参照欧美仓库范式，因地制宜，就地取材，先后设计包仓设计图、砖柱土墙包仓设计图、跨径屋架大样图、附属房屋设计图、干燥设备及运输设备建筑图等，利用机械动力迅速干燥谷物的干燥室系国内首创，在重庆李家沱建成。审核方面，主要针对各省仓库设立是否妥当，仓址交通是否适宜，合同说明是否有误，工程预算是否相等各方面，先由各省报至管理处，审核后方能定标兴建，而战时邮路滞缓，公文递送往返颇费时日，动辄数月，这也在一定程度上影响仓库兴建，因此常出现工程业经开工甚至或将完成，审核文件始能送达的情形。④

建仓征地不无困难。土地征购是建仓的必要前提，如遇有困难，势必

① 《粮食部仓库工程管理处三十二年度工作检讨报告书》，第 5~14 页。
② 粮食部：《为补送本部三十四年度工作计划分月进度表四份请鉴核由及意见书》（1944 年 11 月 4 日），《行政院档案》，档案号：014-040501-0005，第 31~32 页。
③ 粮食部：《为补送本部三十四年度工作计划分月进度表四份请鉴核由及意见书》（1944 年 11 月 4 日），《行政院档案》，档案号：014-040501-0005，第 32 页。
④ 《粮食部仓库工程管理处三十二年度工作检讨报告书》，第 7 页。

减少容量或降低标准建仓地点的选购，往往费时数月才稍有眉目，但土地主人又借口拒绝。如四川遂宁，原定仓容为 5 万市石，后因经费不足，核减为 2 万市石，即使如此，仍遭遇地主借口征购之地系家传祖业，或关系风水而不肯出让，延宕至 1943 年 12 月始解决。合川三佛滩亦因购地困难，建仓进度较为缓慢。陕西原定兴建聚点仓库 17 处，容量 30 万市石，但因工价、物料价格上涨，不得不降低标准而改为"包仓"制，并选择急要地点如普集、大荔、宝鸡等 6 处先后发包兴建，1943 年 8 月 3 日开始招标，9 月初始签订合同，仓容亦降为 110380 市石。而包商方面，或因保人难觅，或因保人资格不合规定，迟迟未能动工。开工后，又适逢秋雨连绵，历时月余，为近 10 年所未见，建筑所用土块、石灰等材料因保管不善，均被淋浇毁坏，加之交通困难，材料无法及时补充，影响工期甚巨。① 江西 1944 年计划增建 20 万市石容量的仓库，初步规划在遂川、大庾各建一座，但因两地机场工程"正在加紧进行，影响工料价高"，经再三斟酌，只能移建至鹰潭、贵溪、万安等县。② 贵州亦因资金支绌，延至 9 月中旬以后始开工。广西则因美军驻扎，市场购买力提高，地价亦随之被抬高，所费周折颇多，所择定的 3 处聚点仓库，全县、苍梧分别在 10 月 14 日、18 日开工，而桂林仓库则因后方勤务处驻兵阻挠，迟至 11 月 1 日始开工，延误甚久。截至年底，贵州完成建仓目标的 85%。各地建仓采用招标形式，而在审计时，审计机关以最低标的为唯一依据，往往会迁延时日。定标后，交通运输不便，物料获取困难，物价上涨，资金周转不灵，包商难免亏折，工程难以顺利进行。另外，仓库遍及全国，各省将建仓计划报送粮食部时，因战时邮路阻滞，邮递迟缓，粮食部不能及时审批，也影响工程进度。③

　　仓库修建的督导工作配合度较低。仓库修建督导工作，主要是针对未能成立管理处的省如云南、福建、浙江、湖南而言，由管理处派工程人员督促开标、决标、订立合同、工程按期进行等事项，对处于战区、交通不便省份如安徽，因其拟建仓容较小，督导工作暂未开展。督导工作不可或

---

① 《粮食部仓库工程管理处三十二年度工作检讨报告书》，第 7 页。

② 粮食部仓库工程管理处：《为准江西田粮处电送三十三年度建仓地点容量分配表等件转呈核备由》（1945 年 10 月 4 日），《粮食部档案》，档案号：119-040202-0281，第 18 页。

③ 《粮食部仓库工程管理处三十二年度工作检讨报告书》，第 8 页。

缺，但在建仓资金极为有限的情况下，一方面，专门派员赴分散于各省的各聚点仓库进行督导监工，其经费支出亦不少，据管理处统计，1943 年此项督导费用占全年管理费用的六成以上；另一方面，派赴各省的督导人员只有一二人，却肩负着某一省份全部聚点仓库的督导任务，其长途跋涉、顾此失彼的情况所在多有。

仓库管理。仓库管理工作的核心是避免或减少粮食损耗。仓库管理工作的核心是避免或减少粮食损耗。全面抗战前即有人提出，对于粮仓管理，应严加督责，"凡管理委员，对于粮食储藏方面，如有发生舞弊情事，其罪应由全县国民提出公判之"。① 粮食部成立后，先后制定《粮仓筹议及管理通则》《仓库病虫害防除暂行办法》《粮食检验及分级暂行规则》等多种仓库管理规章制度，分发各省遵照执行。仓库建成后，即应办理验收与交接等手续，目的在于审查工程是否按规定执行，尺寸与设计图样是否相符，工程如有变动，则变动是否合理及是否上报仓管处核准，账目支出是否合理等。验收完毕则可办理交接并投入使用，也标志着建仓工作彻底完成，仓库管理工作随即展开。

仓库管理工作主要包括三个方面：第一，仓库建筑及设备的检查与改进，包括旧有仓库建筑及增修、改造的合理指导，仓库外围是否有遮蔽物，通风、去湿、翻晒设施设备是否齐全；第二，粮食入仓时的措施，包括仓库内是否清洁及去湿，空仓内及包装用具内是否隐藏有虫害的检查与处理，粮食进仓时水分含量及杂质的测定与处理，粮食中害虫密度的检查与处理，粮食是否有发芽、发热、发霉现象及处理；第三，粮食入仓后，包括仓内温度、粮食温度及气温的测定与调节，粮食贮藏方法的科学化，虫害发生及其防除，鼠雀等害的除治等，经济合理安排存放，避免损耗。

粮食损耗主要有三种：一为仓储损耗，此系因在保管时间内翻晒、清仓及过风等仓储过程中所产生的损耗而言；二为运输损耗，即因装卸、搬运、过档等所产生的损耗；三为收支损耗，指因接收及交付时衡器或量器上所产生的损耗，接收后屯存未及一月即发生的损耗亦属于收支损耗。相较于其他两种损耗，仓储损耗更易发生，因粮食品种不同、仓储时间不

---

① 陈余清：《中国应付世变意见书》，出版单位不详，1935，第 36 页。

同，皆会有不同程度的损耗，仓储条件不完善也是导致损耗发生的主要原因之一。四川隆昌县南乡，"仓无气洞，易发潮热，以致飞蛾谷虫等类种种发生"，"仓心谷质完全烧坏"。[①]四川蓬安征收粮食"大多以围席暂储，管理不易，时为鼠雀所耗"，"又有潮湿霉烂之虑"，损耗更大。[②]1940年，四川大学农学院昆虫室调查成都积谷害虫，发现31种，分属四目十三科。[③]据中央农业实验所1940年在川省各县仓库所做的统计，仓耗占比最高的达61.5%（云阳县仓），最低为1.09%（万县慈隐庵），平均为12.99%，[④]不可谓不高。福建省1941年7~8月在14个县进行仓库害虫调查，发现米、谷害虫9种，而据楼作舟调查，福建仓库害虫达42种之多。据福建省政府1941年估算，全省一年稻麦损失达39万市担以上，依当时市价每市担50元计，高达1950万元以上。江西、湖南仓库害虫亦达20余种。[⑤]战时中国农民银行绵阳仓库代为收储被查封的米谷，但据中国农民银行绵阳办事处1945年6月反映，该仓所存食米、小麦霉变生虫者亦有之，"势难再行保管，请予紧急处分，以免全部毁损"。[⑥]各种仓耗时常发生，也迫使粮食部对之比较重视，一方面，增加损耗预算，如1942年度粮食部业务概算书中，将损耗一项概算为178246500元，包括公粮亏损133584000元及储运损耗44662500元；[⑦]另一方面，派遣督粮委员随时实地抽查粮仓管理情况。

　　粮户缴纳粮食的成色各不一致，以稻谷言，有早稻、中稻、晚稻之分，即使同为早稻，亦有水稻、旱稻之别，稻谷品质也各有不同。为了避免稻谷品质差别及由其引发的种种后果，粮食部1941年制订《粮食检验及分级暂行规则草案》《粮食收交仓储及运输损耗率暂行标准草案》，呈

①　《四川隆昌县米粮加工情形》（1942年~1948年），《粮食部档案》，档案号：119-040203-0142，第31~32页。

②　方经国：《征购、储运、付款三机关应取得密切联系》，《督导通讯》第1卷第2期，1942年2月1日，第12页。

③　《四川省志·粮食志》，第173页。

④　张光旭：《川省粮食仓储问题》，《督导通讯》第1卷第4期，1942年4月1日，第18页。

⑤　黄震：《福建省仓库害虫之初步调查报告》，福建省研究院，1941，第1~2页。

⑥　《委托农民银行前往办理粮食公仓卷（绵阳）》（1945年~1946年），《粮食部档案》，档案号：119-050204-0171，第23页。

⑦　《粮食部1942年度岁出岁入总概算工作计划特别建设计划审核案》（1942年2月），《中央设计局档案》，档案号：一七一-1466，第21页。

报行政院核准，9 月底颁发各省粮政机关及储运机构遵照施行，并饬令各省根据各地情形妥拟标准。①《粮食检验及分级暂行规则》对于种植范围广泛、征收的主要粮食种类稻米（熟米、碛米）、小麦、玉米的检验做了非常详细的规定，如稻谷检验分为 5 级：最好的为第一级，必须达到每市升稻谷的稗子数不能超过 100 粒，红米不得超过 1%，其他杂物不得超过 0.1%，每市石最低市斤数为 110 市斤，第五级最差，每市升稻谷稗子粒数不超过 1200 个，红米不超过 40%，杂物不超过 2%，每市石最低市斤数为 100 市斤。验收方法有简易检验与精密检验两种，以视觉、触觉、听觉、嗅觉、齿咬，以及简单器具如水分测定器、刚度器、温度计等化学、物理器材进行检验，凡含水分量超过 16%、谷粒变色、有恶劣气味及达不到最低标准的稻谷，均为不合格，不予验收，食米有霉味及变色的拒绝验收。② 食米主要包括熟米及碛米两种，其中熟米验收标准见表 4-8。

小麦检验及分级标准较为简单，如表 4-9 所示。

表 4-8　熟米检验及分级验收（1941 年）

等级	含水分量（%）	每市石最低市斤数	最大限度			其他杂物占比（%）
			每市升稗子粒数	每市升粗砂粒数	碎米占比（%）	
第一级	14.0	158	30	0	5	0.01
第二级	14.5	157	50	2	10	0.03
第三级	15.0	155	80	4	15	0.05
第四级	15.5	153	200	8	20	0.07
第五级	16.0	150	300	15	35	0.09

原表注：一级白（熟）米如有霉气及变色之情形，拒绝验收。

资料来源：《粮食部粮食检验及分级暂行规则草案》（1941 年 9 月 30 日粮食部颁发），秦孝仪主编《抗战建国史料——粮政方面》（1），第 347~348 页。

---

① 《粮食部三十年度工作检讨报告》，第 43 页。

② 《粮食部粮食检验及分级暂行规则草案》，《督导通讯》第 1 卷第 4 期，1942 年 4 月 1 日，第 63~64 页。1943 年 7 月，该规则改名为《粮食检验及分级规则》。

表 4-9　小麦检验及分级标准（1941 年）

等级	含水分量（%）	每市石最低市斤数	坏粒最高占比（%）	杂粒与杂物最高占比（%）
第一级	13.5	150	2	1
第二级	14.0	145	4	3
第三级	14.5	140	7	5
第四级	15.0	135	10	7
第五级	15.5	130	15	10

资料来源：《粮食部粮食检验及分级暂行规则草案》（1941 年 9 月 30 日粮食部颁发），秦孝仪主编《抗战建国史料——粮政方面》（1），第 349 页。

各省验收规定虽不一致，但干净、无杂质为基本原则。四川省《田赋征收实物暨随赋购储粮食实施暂行办法》规定："征购粮食之成色，以干净、纯洁、无灰沙杂质、稻谷每市石重一百零八市斤为标准。"[1] 河南省制定《粮食验收监察办法》，组织各县征购粮食监察委员会，负责监察人民向经收处缴纳粮食初级验收职责，之后又制定《河南省征购粮食验收监察委员会组织规程》，对由各县运缴省粮政局再由粮政局运缴拨交军粮局仓库，或由粮农直接运送军粮局仓库的粮食进行监察验收。截至1941 年底，川、豫、粤、桂、黔、浙、晋、绥、皖、闽、青等省均已根据前项各草案拟定各自检验标准报粮食部备案，粤、桂、晋、康等省及川储局、陪都民供处也相应制定了储运损耗率的标准。

为了充分利用仓容，1942 年 7 月 11 日，行政院颁行《财政部田赋征收实物验收暂行通则》，规定征收实物须为新粮，"以品质干洁、颗粒充实者为限"，并对谷、麦、玉米 3 种实物征收标准做了规定，如稻谷所含秕糠、砂粒、泥土、虫蚀及其他杂物须低于 3‰，水分低于 15%，每市石重量须在 108 市斤以上为合格。小麦含杂质低于 4‰，水分低于 14.5%，每市石重量在 145 市斤以上为合格。玉米所含杂质低于 4‰，水分低于17.7%，每市石重量在 135 市斤以上为合格。如不符合标准，则由粮户自行翻晒或除去杂质。[2] 粮食部储备司设立简单机构，一面购置仪器，一面

---

[1]　闻汝贤、闻亦博编著《中国现行粮政概论》，第 50 页。

[2]　关吉玉、刘国明、余钦悌编纂《田赋会要》，第 4 篇《田赋法令》，第 99 页。

饬令各县仓库寄送粮食样品予以检验。截至 1943 年 6 月底，已购到重要仪器 13 种，寄送样品 295 个，均及时予以检验。此外，要求各省田粮处或粮政局在下一年度成立专门检验机构，以期粮食检验走上正轨。① 1944 年 10 月，在总结以往工作经验的基础上，国民政府颁布《田赋征收实物验收规则》，该规则共 20 条，对主要粮食种类如稻谷、小麦、玉米等品质做出明确规定，如稻谷含杂质（秕糠、砂粒、泥土、虫蚀及其他杂物）不满 3‰，水分不满 15%，每市石在 108 市斤以上者为合格；小麦含杂质不满 4‰，水分不满 14.5%，每市石在 145 市斤以上者为合格；等等。② 《田赋征收实物验收规则》大多沿袭了此前对粮食品质的要求，比较符合中国粮食品质的实际情况。

粮食品质检验是防止粮食羼水羼杂、提高粮食品质、减少粮食损耗、便利运销、划一标准的必要措施。对于粮食品质检验，实业部 1937 年 6 月在国产检验委员会设立稻米检验监理处及小麦检验监理处，并在湖南、安徽、江西三省成立稻米检验所，开展检验工作，获得相当成效。抗战全面爆发后，湖南、安徽两省检验所停办，江西则将稻米检验与茶、棉等项检验工作合并办理，将稻米检验所改组为农产物检验所，一直存续下来。其他各省均无此类机构，亦未举办此项工作，主要原因是各省重视不足，又限于专业人才较少及仪器缺乏，大多采用简单仪器或凭视觉、触觉等习惯为之。黄谷实物征收，情况不容乐观。一是谷物"未尽量曝晒"，未能干透，间有不及半干者，收仓后当时并无变化，但存放半年后霉烂，虫害也相继而起，非时常翻晒不可，否则损耗便会增加。二是杂质较多，农户收获时未能"风扬"，粮食中的草籽、秕谷等杂质未去除干净，掺放一处，粮食容易霉变。三是此类黄谷加工时，碎米多而色泽差，尤其用机器碾制，"则成粉矣"。有鉴于此，粮食部致函川省政府，以乐至县为例，要求四川省政府通令各县政府"晓谕人民对所缴纳之实物，务须曝晒干燥、风扬纯净，以免损耗"。③

---

① 《行政院工作报告》（1943 年），"粮食"第 19~20 页。

② 浙江省政府：《田赋征收实物验收规则》（1944 年 10 月），《浙江省政府档案》，档案号：L029-002-0143，第 1~9 页。

③ 《准粮食部咨以据四川粮食储运局呈请征收实物务使干燥尽净一案令仰遵照由》（粮一字第一八二八三号，1942 年 9 月 21 日），《四川省政府公报》第 126 期（原第 337 期），1942 年 10 月，第 36 页。

粮食为笨重物品，装运过程中难免有所损耗。粮食运输途中转手较多，历时较久，天然损耗、人为损失极难避免。《粮食收交仓储及运输损耗率暂行标准》第 3 条规定，收交损耗依收交次数而定，每次损耗最高不得超过 0.5‰。该标准将仓储损耗分为 5 种：一是凡保管在 1 个月以内者，非有正当理由，经调查确实，不得列报损耗；二是凡保管在 1 个月以上、6 个月以内的，稻谷损耗率为 0.5%，糙米、面粉为 1%，熟米、小麦、玉米、小米、豆类为 1.5%；三是凡保管在 6 个月以上至 1 年以内的，稻谷损耗率为 1%，面粉为 1.5%，糙米、小麦、玉米、小米、豆类为 2%，熟米为 2.5%；四是保管时间为 1~2 年者，稻谷、面粉为 2%，糙米、小麦、玉米、小米、豆类为 3%，熟米为 3.5%；五是凡保管在 2 年以上的，照前述第 4 项加 1 倍计算。[1] 1945 年 4 月公布的《粮食仓储及运输损耗率计算规则》，在此基础上做了调整（见表 4-10）。

表 4-10 粮食仓储损耗率折算情况（1945 年）

单位：%

仓储时间	稻谷	糙米	熟米	面粉	甘薯	甘薯丝
1~3 个月	0.25	0.5	0.7	0.4		1.2
3~6 个月	0.5	0.8	1.0	0.7		1.8
6~9 个月	0.75	1.1	1.3	1.0		2.4
9~12 个月	1.0	1.4	1.6	1.3		3.0
12~18 个月	1.25	1.7	1.9	1.6	—	—
18~24 个月	1.5	2.0	2.2	1.9	—	—

原表注：（1）凡储藏在 2 年以上者，依其超逾时间比照相当期间之损耗率增加计算之；（2）粟、谷、糜子、荞麦之损耗率与稻谷同，小麦、稷米、高粱、青稞、燕麦、大麦之损耗率与糙米同，豆类、玉蜀黍之损耗率与熟米同，玉米粉、荞麦粉、燕麦粉之损耗率与面粉同，马铃薯之损耗率与甘薯同。

资料来源：《粮食仓储及运输损耗率计算规则》，1945，第 1~2 页。

损耗率计算规则明确规定，因过失或保管不力产生损耗者，或损耗量超过规定标准率者，均应依照损耗数量赔偿实物，或照当地市价折赔现款，[2] 而各种损耗的赔偿往往扯皮推诿，甚至诉至法庭。

---

[1] 闻汝贤、闻亦博编著《中国现行粮政概论》，第 86~87 页。
[2] 《粮食仓储及运输损耗率计算规则》，第 8 页。

二　粮食运输

全面抗战前粮食运输乏术，学者诟病很多。孙中山早年还讲过一个云南土司因新谷无地存放而烧去仓中无法运出之积存旧谷的故事。[①] 这个故事虽不知真假，但其反映出云南粮食的运输、储存问题还是相当严重的。陈正谟曾记述：山西曲沃、洪洞一带向为产麦丰富地区，1935 年同蒲铁路通车后，洋麦大量涌入导致当地麦价大跌，农民在小麦成熟时如果运出售卖，所得收入不足以抵补运费与工资，加上公私仓库又缺少设备，于是成熟的小麦除农民收割自食外，余皆弃置于田地中，交通运输工具落后导致"国产粮食不能自由流通"，[②] 这在全面抗战前普遍存在。

1936 年 12 月，行政院认为运销局"设置殊有必要"，确定郑宝照为局长，汤国桢为副局长。[③] 25 日，全国粮食运销局正式在上海成立，并开始办公。[④] 运销局下设购销科、仓储科、运输科、调查科。购销科办理粮食采购、销售，粮价平准与调节，粮食抵押借款，粮款买卖审核；仓储科职掌仓库修建及工程设计，仓储粮食的监核、消防，粮食寄存、代藏、抵押保管，仓储会员的监督管理，仓储粮食的核算及地方仓储事务的考核；运输科办理粮食运销事宜，在各地设立分局，目的在于调剂产米区域与消费区域。[⑤] 运销局虽成立，但粮食运输毕竟是"粮食业务上最感困难之问题"，其困难主要体现在三个方面：一是运程僻远，二是运量巨大，三是

---

① 《国父关于粮食问题的遗教》，第 14 页。

② 陈正谟：《米谷生产成本调查及川粮管理问题》，第 69~70 页。

③ 《财政部粮食运销局已在本市成立》，《大公报》（上海）1936 年 12 月 29 日，第 7 版；侯坤宏：《抗日战争时期粮食供求问题研究》，第 162 页。郑曾任南京上海银行经理，广九、京沪沪杭甬、平汉、北宁等铁路局副局长、车务处处长等职。参见《财政部粮食运销局已在本市成立》，《大公报》（上海）1936 年 12 月 29 日，第 7 版。

④ 《全国粮食运销局有无成立必要正会商中》，《时报》1936 年 10 月 29 日，第 8 版；《财部昨邀请关系各部开会，讨论应付粮食问题方策，均感有成立全国粮食运销局必要，禁粮出口将由财政部关署审核办理》，《时报》1936 年 11 月 1 日，第 6 版；《财政部粮食运销局公告第壹号》，《新闻报》1936 年 12 月 29 日，第 5 版；《粮食运销局在沪开始办公》，《中央日报》1936 年 12 月 29 日，第 3 版；《财政部粮食运销局，业已成立，局址在本市小沙渡路五三四号》，《立报》1936 年 12 月 29 日，第 5 版。

⑤ 叶乐群：《全国经济统制之情况及其效果》，第 38~39 页。

输力输具缺乏。①

全国粮管局成立后，农本局农产调整处所属粮食运销业务随即裁撤。1940 年 9 月，全国粮管局提出在四川组织粮食购运处，作为购运主营机关，指定各有关县政府为承办机关。② 与战前相比，战时运输条件非但没有改善，反而日益恶化，"战时粮食运输，至为艰巨，盖因运量过巨，运费较低，交通梗阻，工具缺乏"。③ 鉴于此，必须对粮食运输进行整体规划。1942 年 5 月，粮食部制定了粮食运输程序的相关规定，该程序共 24 条，分为总则、运输调查、运输计划、运输业务、附则等五个部分。④ 战时粮食运输可以分为三个阶段：第一阶段为收纳，由农民将粮食交至指定收纳仓库，不给任何费用；第二阶段为集中，由收纳仓库运至集中地点，就地征雇民夫，发给口粮或口粮折价，不给运费；第三阶段为转运，由集中地点转运至需要或分配交接地点，主要利用转运地点原有水陆运输组织及工具，运费按照军事委员会征雇车马船只夫力运输标准给付。但此项运价标准非常低，且在巨量粮食运输中实难按照普通物价比例相应提高，因此，各运输机关与民夫将之视为一种负担而不乐于承担。即就运输机关而言，筹备粮食包装材料、扩充运输工具、合理给付运费都是必须解决的问题。

1. 包装材料

粮食作为颗粒状笨重物品，装运前首先需要解决包装问题，包装最主要的材料是麻袋。全面抗战前麻袋供应主要仰给于外洋进口，属舶来品。⑤ 抗战全面爆发后，农产调整委员会委托青岛义利制油公司在山东等

① 《行政院工作报告——有关稳定财政及管制粮食、物价部分（1938 年~1945 年）》（对中国国民党第六次全国代表大会报告），秦孝仪主编《中华民国重要史料初编——对日抗战时期》第 4 编《战时建设》(3)，第 323 页。

② 《全国粮食管理局呈复对于粮食管理收购登记均已拟订办法由》（1940 年 9 月 24 日），《行政院档案》，档案号：014-040504-0017，第 51 页。

③ 粮食部：《为补送本部三十四年度工作计划分月进度表四份请鉴核由及意见书》（1944 年 11 月 4 日），《行政院档案》，档案号：014-040501-0005，第 24 页。

④ 粮食部：《关于抄发该部所属机关办理粮食运输进行程序草案给重庆市粮政局的训令（附草案）》（1942 年 5 月 12 日），《重庆市粮政局档案》，档案号：0070000200187000033，第 112~124 页。

⑤ 《第九战区经济委员会第一次委员会议纪录》（1940 年 8 月 13 日），《行政院经济会议、国家总动员会议会议录》第 16 分册，第 200 页。

省经营麻袋业务，山东沦陷后，麻袋多被日军抢夺，损失89381条，所剩60000条陆续由香港转运至梧州、柳州等地，"损失尚不过大"。① 后方麻袋产量有限，大多数地方只能尽各地生产所宜，麻袋、布袋、草袋一并利用。② 军粮包装所需麻袋数量不少，如1941年度四川配拨第六战区的80万大包军米，需要大麻袋80万条，折合小麻袋400万条；配拨当地驻军及屯粮所需大麻袋48万条，折合小麻袋240万条，数量不少。③ 每届军粮配额核定时，除各省粮政机关、军粮补给机关尽量赶制外，还将收回旧袋修补利用。军粮运输需要麻袋数量多且时间紧迫，多利用国内种植的苎麻或大麻自制麻袋或布袋来缓解急需。军粮局采购不易，在不得已时，大部分军粮只能用芦席搭棚遮盖。按照惯例，军粮包装材料应由各省粮政局随粮交付，但因包装材料获取困难，粮政局无法大量购备，只能由军粮局自己购用土麻口袋代替。④ 因此，包装的分量减少且重量不一，军粮局收到后还需重新整顿，殊为不便。

1941年度配拨各战区军粮共计米11098500大包，麦740万大包，除去四川运济第六战区军粮与屯粮米225万大包麻袋及各省面粉包装袋，已由军粮总局准备妥当外，其余16248500大包粮食，除去三分之一带有原来包装，另有三分之一有葛袋包装，剩余三分之一需就地包装起运，需要麻袋5416167条，每条麻袋时价为12.5元，则总价为67702087.5元。如此巨款，粮食部只能商请国库先拨给一半，另一半归入下一年度预算内支付。⑤ 1943年度，关于军粮包装材料的规定是：省际调运者，按粮额三分之二配备，省内补给者，按三分之一配备。依照此一规定计算，所需麻袋数量折合小袋共计3500万条以上。1944年度，粮食部原拟将配备数量减少，即按照粮额四分之一置办，但军事机关并不同意，仍按照三分之一配

① 《中华民国二十七年农本局业务报告》，第64页。
② 佟寿勋：《办理陕西军粮的概况》，《陆军经理杂志》第4卷第2期，1942年8月31日，第72页。
③ 《民国三十年度购拨军粮应需包装材料检讨记录》（1941年10月23日），《抗战军粮档案选编》第14册，第237页。
④ 佟寿勋：《办理陕西军粮的概况》，《陆军经理杂志》第4卷第2期，1942年8月31日，第72页。
⑤ 《粮食部三十年度工作检讨报告》，第40~41页。

备。军政部在四川大竹、温江所设军粮包装材料征购机构，自1944年起由粮食部接办，亦是优先满足军粮包装运输需要。1945年度，军粮包装材料仍按照上一年度比例即三分之一配备，计大袋6647000条、小袋33225000条。每条小袋价格为60元，则小袋共计199350万元。在麻袋实在紧缺时，粮食部根据生产情况，要求毛、棉、麻、草各种材料一律采用，除了由粮政机关制备随粮拨交麻袋，另外委托军粮机关代办部分，督饬各承办机关将上一年度应置包装材料购置完竣，并检查其制造进度，有能力的厂家可预为制造，或采用招标方式制造。[①]

民粮大部分就地屯储分拨，需要麻袋数量较少，与军粮包装、运输不同的是，民食所需麻袋大多由各省自行筹备，其费用也直接计入成本，粮食售出后麻袋即当场收回。四川战时人口密集，所需民食供应数量较大，麻袋亦需用浩繁，较其他省为多，1941年10月至1942年1月，粮食部四川第二民食供应处共购进麻袋13218条，[②] 勉足敷用。陪都民供处制备麻袋11万条，农本局亦向陪都民供处提供麻袋54860条。需量较大的川储局则由粮食部拨款200万元，购备麻袋，以应储运之需。间有个别省份如广东、浙江、安徽等请求拨款购置麻袋，但粮食部只准用作购袋周转金，以应急需，而且周转资金数额有限。[③]

各省及各战区军粮数量不一，需要麻袋数量也不尽相同，只能由各省及各战区自行决定，如湖南、云南、广西、贵州、西康、陕西、广东等省，以及第三战区等均不相同，湖南所用麻袋分为大麻袋、小麻袋、白布袋、蒲包等多种。江西麻袋大都随粮运出，日渐减少，遂贷款难民工厂承制，甚至试验以竹篓、木桶、蒲包、草袋为包装工具，但皆不适用而作罢。[④] 为满足麻袋需求，一方面向外省订制，以解燃眉之急；一方面将第九战区经委会设立的麻袋制造厂由粮政局接收过来，从长沙迁往衡阳或祁

---

① 粮食部：《为补送本部三十四年度工作计划分月进度表四份请鉴核由及意见书》（1944年11月4日），《行政院档案》，档案号：014-040501-0005，第18~19页。

② 《粮食部四川民食第二供应处购入垫席、麻袋册》，重庆市档案馆藏（以下不再一一注明藏所），《川康平民商业银行档案》，档案号：0298000 1006270000002，第8页。

③ 《粮食部三十年度工作检讨报告》，第41~42页。

④ 《各省市粮政工作报告摘要》，第"赣6~7页"。

阳继续从事生产，该厂每年可产大麻袋25万余条。① 1942年粮食部计划在旧有产麻区域筹设手工编织麻袋厂，利用黄麻编织麻袋，打算在四川、河南、湖南、陕西、江西等产麻丰富省份，各开设一家小规模麻袋厂，统一式样、容量，以年产300万条为目标，在一定程度上缓解麻袋奇缺问题。② 但在自制初期，因加工技术落后，所制麻袋殊不耐用，易于破损，粮食运输、储藏损耗颇多。③ 轮船招商局在1943年12月的局务会议上，也提出盛米麻袋"缺少甚多"，应严格整顿，局务会议遂决定，嗣后各领米单位应先将上次发米所用麻袋送至招商局，否则不予发米。④ 1944年，赣浙两省麻袋厂均充实设备，增加产量，赣厂每年可生产100斤草袋150万条，40斤草袋125万条。另外，川省增设麻袋厂一家，由中粮公司主持办理，用针织方法编织麻袋，以增加产量并节省时间。⑤

后方麻袋本就缺乏，加上构筑军事工事需要数量巨大，尽管粮食部和蒋介石均先后责令军粮机关将旧有麻袋回收再加利用，"而事实上收回者无几，其收回者亦多因长途运拨，业已破烂，非加剪补不能再用"，粮食部每年收回麻袋仅一小部分，不敷之数必须酌量添置。⑥ 如果赶上麻布出产不旺，"紧密者少，稀薄者多"，麻袋生产更受影响。安徽招商承制40市斤小麻袋130万条，交各县包装军公粮及赋粮时应用。⑦ 再如重庆裕记麻号与川储局在1942年3月21日订立合约，裕记麻号为川储局生产麻袋10万条，每条价值9.8元，先付25万元，立约10日内先交付半数，余限20日内交清。不过，1942年因出产麻布欠佳，为川储局订做的麻袋被判

---

① 《各省市粮政工作报告摘要》，第"湘3页"。

② 《粮食部三十一年度工作计划》，第52~53页。

③ 《粮食部1942年度岁出岁入总概算工作计划特别建设计划审核案》（1942年2月），《中央设计局档案》，档案号：一七一-1466，第135页。

④ 胡政主编《招商局与重庆：1943~1949年档案史料汇编》，重庆出版社，2007，第155~156页。

⑤ 粮食部：《为补送本部三十四年度工作计划分月进度表四份请鉴核由及意见书》（1944年11月4日），《行政院档案》，档案号：014-040501-0005，第34页；《粮食部1945年度施政计划（附相关预算书）》（1944年8月），《中央设计局档案》，档案号：一七一-1473，第91页。

⑥ 粮食部：《呈复本部三十四年度工作计划奉核示各点办理情形请鉴核分别存转备查由》（1945年7月25日），《行政院档案》，档案号：014-040501-0005，第105~106页。

⑦ 《各省市粮政工作报告摘要》，第"皖4页"。

定为"质料稀薄"。为了达到标准，裕记麻号只能多买麻布，选择紧密者缝做，稀薄者暂行搁置，直到当年6月底始将麻袋缴足，比原计划推迟了两个多月，因违约而被川储局罚款25000元。麻号将稀薄者万余匹暂时收存，拟制小麻袋，不料被告有囤积嫌疑，随即被查封。此时，湖北粮政局亦向该麻号订制中型麻袋5万条，限期12月20日前交货。面对此商机，裕记麻号不愿坐以待毙，请求发还被查封稀薄麻袋。① 此一事件虽说是偶然发生的，却反映出麻袋制造中的诸多困难。

1945年3月16日，四川省政府制定《四川军粮麻质包装材料管制办法》，该办法共14条，对四川省重要产麻区域如温江、大竹等地所生产麻袋材料管制、征购事宜进行了详细规定，如麻商、织户登记，自用或贩卖麻类材料储存数量，违反该办法的惩处措施等，② 这应是第一项关于军粮包装材料的详细规定。1946年1月1日，该办法废止。③

为筹谋西北粮食储运、盛装，1943年11月粮食部创立陕西省麻袋制造厂，该厂位于西安北门外，占地8亩，资本600万元，动力以租用立式锅炉及8HP蒸汽机各1部，日产麻袋150条，专供陕西省粮政部门使用。吴济庭为厂长，④ 王生芸为副厂长。在厂长下设总务、业务、会计三组，总务组下设庶务、人事、文书、出纳四股，业务组下设管理、采购、事务三股，会计组下设财务、成本两股。该厂厂址确定后，一面招商修建厂房，一面购置纺织机器，11月修建完成后开始生产。月需麻1500斤，苟

---

① 《重庆裕记麻号、国家总动员会议关于恳请发还粮食部四川粮食储运局购用麻袋的呈、批、通知（附合约）》（1942年11月9日），重庆市档案馆藏（以下不再一一注明藏所），《国家总动员会议重庆经济检查队档案》，档案号：0024-0001-00163-0000-021-001。

② 《四川省政府关于抄发四川军粮麻质包装材料管制办法给北碚管理局的训令（附办法）》（1945年1月），《北碚管理局档案》，档案号：00810004040490000001000。

③ 《财政部关务署关于自1946年1月1日起废止四川军粮麻质包装材料管制办法并撤销川东及川西两区军粮包装材料征购处给总税务司的训令》（1945年12月24日），重庆市档案馆藏（以下不再一一注明藏所），《重庆海关档案》，档案号：03510001002870000020；《重庆关税务司关于废止四川军粮麻质包装材料管制办法并撤销川东区军粮包装材料征购处给各课及分支关所的令》（1946年1月2日），《重庆海关档案》，档案号：03510001004940000007，第12页。

④ 后由江西籍胡祥麟接任，胡曾任国家总动员会议秘书、副主任、专门委员及粮食部督导委员。

性钠 450 斤，其他原料若干。1944 年 1~3 月，共生产麻袋 7500 条。① 湖南麻袋厂规模亦较大，1942 年粮食部划拨资金 1000 万元，一面扩充陕、湘二厂，一面与广东省合资设厂，以增加麻袋产量。

1945 年初，随着西南地区军事地位日益重要，军粮运输亦更为迫切，麻袋需求量逐渐增加，除了已经订购者外，尚需购置大袋 150 万条、小袋 1250 万条。为解决"一袋难求"问题，粮食部采取如下方式：对于征实省份，省内军粮包装，粮食部决定添置新袋总量三分之一，省际添置三分之二；其他省份，一律添置新袋总量的三分之一。② 3 月 24 日，徐堪建议战时生产局从《中英财政协助协定案》规定预先拨给粮食部的 50 万镑经费中，酌拨部分款项，在印度购买 100 万条麻袋，再由粮食部派员赴印，以每百条 67~72 卢比的价格采购 20 万条，采购妥当后由西南区部后勤司令齐夫司负责运滇，以应急需。此项费用连同人员往来旅费共需款项 145000 卢比。对此建议，战时生产局副局长彭学沛函请英国大使馆，转请印度政府洽购。③ 4 月，粮食部以米易麻办法，并商得英国大使馆及美军总部同意，向印度购买大麻袋 20 万条。此举不但可以解决粮食包装问题，而且可以节约国内棉麻消耗。④

2. 运输工具

粮食储运是从生产到消费各环节中最为困难的工作之一，工艰费巨。粮食运输从粮户收获后一个月即开始，先是由散处各地的粮户缴纳至收纳仓库，再度集中后运至集中仓库，粮食机关接收后，小部分就地配拨，大部分须转运至需粮都市与战区前方，如前后方军队、中央与地方机关、学校、民食供应机关、粮食加工机构等，因此地域较广，往往需运输数百里乃至更远，从通都大邑至穷乡僻壤，以水路、陆路乃至水陆并进，运输量

① 《陕西省麻袋制造厂》，《工商调查通讯》第 439 期，1944 年 6 月 19 日，第 1~3 页。
② 徐堪：《中华民国三十五年度粮食部工作计划》（1947 年 11 月 29 日），《行政院档案》，档案号：014-040501-0001，第 32 页。
③ 《粮食部在印订购麻袋案》（1945 年~1946 年），《行政院档案》，档案号：014-040504-0205，第 1~5 页。
④ 《行政院工作报告——有关稳定财政及管制粮食、物价部分（1938 年~1945 年）》（对中国国民党第六次全国代表大会报告），秦孝仪主编《中华民国重要史料初编——对日抗战时期》第 4 编《战时建设》（3），第 324 页。

极大。除了县级公粮不需运输外，其他各项粮秣皆需层层转运。政府每年掌握的粮食达七八千万市石，初步集运几乎需全部运输，长途转运者约占三分之二。[1] 有人估计，如果按征收数量 7000 万市石计算，换算成吨的话，为 500 万吨，而每年需运输粮食重量不下 300 万吨。[2] 在后方运输业较为落后地区，运输工具也极为多样，举凡肩挑背扛、骡马驴牛、骆驼、木船、皮筏、木筏、胶轮大车、铁轮大车、人力板车以及轮船、汽车、火车等新旧运输方式不一而足，运输环节多而且重要。人力板车分为胶轮、胶缘两种，前者以三五人挽之，载重量为 1.5 吨~3 吨，每日可行驶 25 公里，运费较低；后者载重 600 公斤至 800 公斤，以 4 人挽之，每日可行驶25 公里。骆驼可载重 150 公斤，每日行程 30 公里，这在西北地区较为常见。驮马可负重 80 公斤，每日行程 25 公里。肩挑背扛主要在不通公路的地区，每人荷重 40 公斤，日行 25~30 公里。铁轮大车载重 1 吨，以两匹马挽之，是西北农村普遍运输工具，但对路面损坏较大。"后方粮运最大之输力，为人工与牲畜，习用之工具，为板车与木船。至于公路汽车，仅能于紧急时偶然用之耳。"[3] 粮食部亦曾言："年来后方各省粮运多赖人工、兽力及板车、木船等旧式工具，汽车仅于紧急抢运时偶一用之而已。"[4]

　　一是木船。木船种类较多，以川江航道船只而言，有黄瓜皮、东河

[1]　粮食部编印《粮食部报告》（1945 年），1946，第 9~10 页；《行政院工作报告——有关稳定财政及管制粮食、物价部分（1938 年~1945 年）》（对中国国民党第六次全国代表大会报告），秦孝仪主编《中华民国重要史料初编——对日抗战时期》第 4 编《战时建设》（3），第 323 页。粮食部在 1941 年底检讨本部设立半年来的工作时曾指出，征实征购初期，征收机关在各乡各镇甚至分乡分保设立办事处及仓库，以方便民众纳粮，但其后果却是"此种办法多用若干人员，多费若干经费，尚属小事，而所收实物散在各乡村镇，每省有多至数千处者，由数千处集中至数百处，再由数百处转运至数十处，方可拨用或应市销售……其费用之巨、工作之艰、损耗之大，自在意中"，而各省仓库因陋就简，管理散漫，仓储损耗"均出本部规定标准之上，此为本部始料所不及。数月以来，极感焦虑"。参见《结论》，《内政部档案》，档案号：一二-746，第 167~168 页。

[2]　《中国粮政概况》，第 47 页。

[3]　《行政院工作报告——有关稳定财政及管制粮食、物价部分（1938 年~1945 年）》（对中国国民党第六次全国代表大会报告），秦孝仪主编《中华民国重要史料初编——对日抗战时期》第 4 编《战时建设》（3），第 323 页。

[4]　粮食部：《呈复本部三十四年度工作计划奉核示各点办理情形请鉴核分别存转备查由》（1945 年 7 月 25 日），《行政院档案》，档案号：014-040501-0005，第 103 页。

船、渠河船、五板、三板、老鸦秋、扒窝、滚筒子等，载重量大者可达70吨，小者仅二三千斤乃至数百公斤，但"木船在货运上之地位，尚远较公路为重要，以其取费较廉而又能深入各地也"。[①] 但抗战期间船夫因生活困难，纷纷改业，"常现有船无伕之现象"。[②]

　　与船夫缺少相关联的是，木船数量也有待增加。渠、涪两江流域各县产粮颇丰，军粮民食供应较多，但船只不敷运输。为提高这一重要航线运力，全国粮管局会同交通部，计划建造木船550艘，载重量共计5400吨，款项交由交通部川江造船处负责。全国粮管局时期，鉴于粮食运输不易及增置运输工具的重要性，该局曾向汉口航政局定造运输木船500艘，1940年交货，并拨交川储局使用。[③] 川江造船处编订造船计划，1941年1~3月为筹备期，自4月1日起开始建造，3个月为一个周期，第一期完成68艘，第二期332艘，第三期约80艘，共计约480艘，由川储局投入使用，其余亦全力赶造。[④] 1941年底，所造木船陆续竣工，粮食部派员会同川储局所派人员，分别前往各造船厂所验收，计接收木船518艘，载重量为5260吨。[⑤] 1942年度，粮食部订有增置运输工具、设备的计划与经费预算，但未获通过。因此，该年运输事宜只能利用原有运输组织与地方民众力量。[⑥] 1943年度，粮食部委托交通部造船处速造大批木船，因需要迫切，该处重庆工厂制造250吨级大型木船1艘，合江工厂造50吨级木船20艘、70吨级木船20艘，宜宾造79吨级木船20艘，分别赶造。[⑦] 1944

① 马以愚：《嘉陵江志》，商务印书馆，1946，第57~58页；全国经济委员会编印《四川考察报告书》，1935，第136~139页。

② 四川省政府建设厅秘书室编审股编印《四川的驿运》，1943，第2~3页。

③ 《粮食部三十一年度工作计划》，第45页；《粮食部1942年度岁出岁入总概算工作计划特别建设计划审核案》（1942年2月），《中央设计局档案》，档案号：一七一-1466，第121页。

④ 《粮食部三十年度工作检讨报告》，第39页；《行政院关于粮政之推行报告——对五届九中全会》（1941年1月至12月），秦孝仪主编《抗战建国史料——粮政方面》（1），第401~402页。

⑤ 《行政院关于粮政之推行报告——对五届十中全会报告》（1941年10月至1942年8月），秦孝仪主编《抗战建国史料——粮政方面》（1），第443页；中国第二历史档案馆：《国民参政会历届大会之粮食部工作报告选编》（上），《民国档案》2021年第3期。

⑥ 粮食部编印《粮食部三十一年度工作计划纲要》，1941，第7页。

⑦ 《国民总动员会议关于十一中全会"切实推行'加强管制物价方案'稳定战时经济案"执行情形报告书》，无页码。

年度的工作计划中，粮食部拟在全国修造木船 1500 艘，其中自造 500 艘，每艘 20 万元，需费 1 亿元；贴费或贷款修造 1000 艘，每艘以 4 万元计，达 4000 万元。[①] 同时采用贴费奖励造船办法，在岷江、沱江辅助船户造木船 80 艘，另外，江西添置抚河、信河船只 133 艘，福建贷款造船 70 艘。[②] 其实随着物价大幅度上涨，这样的计划很难实现，如据统计，1944 年粮食部拟协助四川添造粮船 400 余艘，[③] 1945 年拟添购 800 艘木船，载重量 5000 吨，[④] 但在各项费用有增无已的情况下，这一目标也未能实现。

为规范战时粮食运输业务，川储局制定多项规章制度。《商船运粮登记编队办法》奖励商船运粮，在成都区川西平原与蜀和公司订立合约，租赁商车参加运粮。[⑤] 在各重要聚点设立木船运输队，直属川储局木船管理所，负责各仓粮食抢运工作，1943 年船队计泸县至重庆、宜宾至重庆、太和镇至重庆、内江至泸县、合川至重庆、江津至三台、三台至合川、乐山至宜宾、绵阳至太和镇、南川至合川、南川至广元、新津至乐山、成都至乐山、赵家渡至内江 14 条水运线路，均采用编队办法，每 5 艘船为一组，每 2 组为一队，每队设领队 1 人，随船至指定地点协助驻仓船队或仓库管理船户、调度船只、照料装卸等事宜。采用贷让办法，招徕由各船业公会保证的殷实优良船户承贷营运，承运船户受木船管理所指挥管理，船只造价成本则由各承贷船户承运粮食时，在运费内酌予扣回，作为缴还成

---

① 《粮食部 1944 年度工作计划（附预概算及委购军粮价款表）》（1944 年 6 月），《中央设计局档案》，档案号：一七一-1471，第 108~110 页。

② 《行政院工作报告——有关稳定财政及管制粮食、物价部分（1938 年~1945 年）》（对中国国民党第六次全国代表大会报告），秦孝仪主编《中华民国重要史料初编——对日抗战时期》第 4 编《战时建设》（3），第 323 页。

③ 《粮食部 1945 年度施政计划（附相关预算书）》（1944 年 8 月），《中央设计局档案》，档案号：一七一-1473，第 71 页；粮食部：《为补送本部三十四年度工作计划分月进度表四份请鉴核由及意见书》（1944 年 11 月 4 日），《行政院档案》，档案号：014-040501-0005，第 24 页。

④ 粮食部：《准前任部长徐堪咨送本部三十五年度工作计划及政绩比较表等件请查照见复等由除咨复外呈请鉴核由》（1947 年 11 月 27 日），《行政院档案》，档案号：014-040501-0001，第 32 页；《财政部函送行政院有关办理国民参政会第三届第三次大会对于国家总动员会议工作报告之决议案报告书等》（1944 年 11 月），《行政院档案》，档案号：014-000301-0140，第 38 页。

⑤ 粮食部：《呈复本部三十四年度工作计划奉核示各点办理情形请鉴核分别存转备查由》（1945 年 7 月 25 日），《行政院档案》，档案号：014-040501-0005，第 104 页。

本。此外，各江优良船户亦予以登记，给以合法待遇及保障，使其安心承运粮食。在川储局制定的《粮食部四川粮食储运局木船登记编号办法》中，规定更为详细，如要求船主将"川粮"二字置于醒目位置，在长江航道航行的，其后冠以"扬"字，在沱江航行的，冠以"沱"字，在涪江的则是"涪"字。船的吨级用阿拉伯数字表示，编号也用阿拉伯数字标示，但在吨数后再加一短横线，如"川粮沱-1-001"代表川储局沱江运粮木船第 001 号，载重量为 1 吨；"川粮涪-16-006"代表川储局涪江运粮木船第 006 号，载重量为 16 吨。船身也要统一用白色颜料刷涂，以示区别。① 川储局将所辖木船登记编号的做法，既有利于日常运输管理，掌握总体情况，也便于在发生问题时及时问责。

川储局制定《粮食部四川粮食储运局粮船检查站设置大纲》，在桑马溪与磁器口设置检查站，主要查验到渝粮船米质、报到登记及其他事项，检查站站长由粮食部指派人员兼任。② 米质检查方面，检查人员向船主索取原米样包及原运粮凭单，当场剪袋查验舱内所装食米是否与原样包相符，并查验运粮单所载数量是否与实载数量一致，查验完毕后，再将原样包剪口处用白纸条粘封完好，在封口处及运粮凭单背面钤盖蓝色"查讫"字样，填发查验通知单，交由承运船主或押运员，向重庆仓库报到起卸。如发现米质低劣或有盗卖嫌疑者，则扣押船主，并将所载米粮封装一包，送重庆仓库再次查验，听候处理。③

为便利沿江各处运输粮食起见，将自备木船编组成立"粮食部四川粮食储运局木船运输大队"，并制定《暂行办法》21 条，对木船运输调度指挥、人员考勤、运费审核、船务人员等进行管理。④

从表 4-11 可以看出，运粮木船主要有自办船只、贷让船只、登记船

① 《粮食部四川粮食储运局木船登记编号办法》，《四川粮食储运局档案》，档案号：03520 003000500000020，第 103～105 页。
② 《粮食部四川粮食储运局粮船检查站设置大纲》，《四川粮食储运局档案》，档案号：03520 003000500000014，第 52～53 页。
③ 《粮食部四川粮食储运局粮船检查站办事细则》，《四川粮食储运局档案》，档案号：03520 003000500000015，第 54～58 页。
④ 《粮食部四川粮食储运局木船运输大队暂行办法》，《四川粮食储运局档案》，档案号：03520003000500000013，第 43～45 页。

只三类，其中贷让船只数量最多，但载重量较小，不及总载重量的三成。运粮船只航行区域主要为渠江、长江、沱江与涪江，其中以渠江区最为普遍，这说明粮食来源以川省境内为主，粮运仍以短途为多。从川储局所掌握船只的运输能力来看，全年为441270市石，从征收、征购粮食数量及需要运输的粮食数量来看，其运力仍有不逮。

表 4-11　1944 年 12 月四川运粮木船分区配备统计

单位：艘，市石

	自办船只		贷让船只		登记船只		合计	
	数量	载重量	数量	载重量	数量	载重量	数量	载重量
长江	59	67480	5	2800	184	146060	248	216340
嘉陵江	24	16800			115	50005	139	66805
岷江			109	30050			109	30050
沱江			238	27780			238	27780
涪江	14	4900	69	15020	59	28700	142	48620
渠江			282	45155	14	6520	296	51675
总计	97	89180	703	120805	372	231285	1172	441270

资料来源：洪瑞涛《三年余来之四川粮食配运业务》，《粮政季刊》第 1 期，1945 年 6 月，第 74 页。

著名国营航运企业轮船招商局亦加入军粮运输队伍。招商局 1932 年收归国民政府所有，战时由沪迁港，太平洋战争爆发后，香港沦陷，总局改设重庆，徐学禹任总经理。战时招商局主要航运业务线路有两条。一在川江，行驶航线为重庆—万县—巴东，1943 年 5 月有大小轮船 18 艘，但"或以吨位太大停航未用，或以被炸沉没尚待营救，或则尚待修理，无法利用"，能用者仅 9 艘。一在湘省，航线有两条：第一条是衡阳—常德—长沙线，航行于湘江洞庭湖一带；第二条为常德—沅陵—辰溪线，航行于沅水一带。但因湘北战事频仍，航行尤受影响。1943 年 4 月，招商局召开局务会议，改组机构，制定方案，筹划恢复航运事业，随即于 5 月 1 日恢复航运，客货运输渐次恢复。当月协庆轮行驶重庆—万县—巴县线，来回共 3 次，计载运军米、川盐及商货 328.912 吨，湘省航段亦有客货运载。1944 年 1 月，招商局辖下的捷兴轮从重庆至万县往返 3 次，其中接运军政部川江军粮接运处军米 179.462 吨；2 月往返 3 次，其中接运军米 172.371

吨；3 月往返 4 次，其中运送军米 207.89 吨；4 月往返 4 次，其中运米 219.904 吨。永昌轮 3 月在渝万段航行 4 次，由渝运万军米 150.373 吨。澄平轮 4 月接运军米 173.088 吨 157 市石 4 斗。5 月，捷兴轮载运军米 121.575 吨。6 月，澄平轮载运军米 2 次，分别为 336.186 吨、338.377 吨。8 月，澄平轮载运军米 349.402 吨，江庆轮载运军米 104.481 吨。9 月，澄平轮载运军米 156.019 吨。① 轮船招商局虽然投身粮运时间较晚，但其战时运输军粮的贡献有目共睹。

表 4-12 反映了战时粮食部在各省的运输工具概况，可以看出以木船为主，板车次之，汽车数量较少，且各省汽车分配情况差异较大，就运输工具与运量相比，两者相差非常大。北方水运不发达，各省"长途运粮尤为怨苦"，"征雇民伕车马视为苛政"，运输机关亦不乐于承办。② 更为边远的地区，粮食运输难度更大，如新疆。战时新疆"内向"，国民政府对边陲的经营极为重视，在 1944 年 12 月新疆出现物价波动、粮食短缺时，新疆司令长官朱绍良、新省主席吴忠信呈文蒋介石，称新疆粮源短缺，请求国民政府予以筹谋解决。对此，国民政府高度重视，责令粮食部、财政部、国家总动员会议等筹划。就粮食运济来说，中央入新部队全年所需军粮为 144000 大包，数量并不算大，粮食部"拟由甘省运济一部分"，但存在的问题是"输力实无法办到"。③ 也就是说，在运输距离遥远、力量不足的情况下，粮食部纵然手中有粮，也一时难以运达目的地，运输力量短缺成了此一问题的瓶颈。

二是板车。为加强公路运输，全国粮管局一度想从第 4 次美国借款中划拨 308400 美元，从美国世界公司订购胶轮板车 5000 辆，但订制的板车运至印度后，即被拨归远征军使用，后来考虑费时较多而需要孔急，缓不济急，于是同时与四川驿运管理处签订订购合同，贷款 60 万元制造板车 250 辆，以缓解运输压力，贷款可在以后运粮费用中分期扣除，制造完毕

---

① 胡政主编《招商局与重庆：1943~1949 年档案史料汇编》，第 86~100、209 页。
② 《粮食部报告》（1945 年），第 10 页。
③ 《朱绍良电请解决迪化粮食金融物价案》（1944 年~1945 年），《行政院档案》，档案号：014-040400-0044，第 3~9 页。

表4-12　粮食部在各省现有运输工具情况（截至1945年4月）

单位：辆、艘

使用机关	输具种类	数量	备考
储运局	汽车	62	有3辆现已损坏,无法修理
储运局	木船	1008	
储运局	板车	500	
陪都民食供应处	汽车	4	
四川第一民食供应处	汽车	2	
四川第二民食供应处	汽车	4	
西康田粮处	板车	180	荣县运粮
西康田粮处	木船	80	德阳30艘,内江50艘
陕西田粮处	板车	40	
陕西田粮处	汽车	3	报废1辆
贵州田粮处	汽车	25	报废5辆,1945年添购8辆
宁夏	汽车	2	
甘肃田粮处	汽车	9	
云南	汽车	10	
湖北田粮处	汽车	5	
河南田粮处	汽车	4	
九战区独立兵站分监部	汽车	4	川储局车调拨
湖南田粮处	汽车	4	
山西田粮处	汽车	4	
福建田粮处	汽车	4	
江西田粮处	汽轮	2	
江西田粮处	汽车	3	
江西田粮处	木船	173	1943年添置抚信两河船只700艘,计已完成58艘,1944年完成75艘,共133艘
江西田粮处	竹筏	75	
合计	汽车	149	有9辆损坏
合计	木船	1261	
合计	板车	720	
合计	汽轮	2	遗失1艘
合计	竹筏	75	

资料来源：粮食部《呈复本部三十四年度工作计划奉核示各点办理情形请鉴核分别存转备查由》（1945年7月25日）,《行政院档案》,档案号：014-040501-0005,第107~108页。

后移交川储局使用。美国所造板车亦在赶制当中。粮食部成立后，鉴于板车数量太少，而美造板车一时无法交货，遂令川储局在国内购得 400 辆，先期使用。[1]

1940 年核定营业的板车只有 200 辆，1941 年 1 月，重庆工务局局长吴华甫鉴于本市板车数量过少，请求酌量增加，市长吴国桢批示"准予如拟办理，并应布告通知"。[2] 至 1942 年，四川各类板车（胶轮板车、胶缘板车、鸡公车 3 种，鸡公车适合短途运输）数量增至 12585 辆，其中运力最强的胶轮板车最多，达 6335 辆，胶缘车 2550 辆，鸡公车 3700 辆，主要在渝市近郊、成渝线、蓉遂线、川中线、川黔线、川湘线、渠万线、泸昆线、川陕线 9 条线路运行。[3] 需要指出的是，在 12585 辆板车中，绝大多数为商有，达 10515 辆，而官有板车仅 2070 辆。战时因日军空袭，从 1939 年 4 月 10 日至 1941 年 8 月 13 日，重庆市共有 14 家板车车行被轰炸毁损，损失最多的一家为协泰板车行，该车行位于神仙洞街防空洞对门，1941 年 8 月 13 日被敌机轰炸，15 辆气胎板车全部毁损，损失最少的车行如尹鑫泉、新华板车行、三六九板车行也有两辆被炸毁。[4] 从 1944 年四川特种工程工粮处档案资料来看，在眉山县政府与承运人当年签订的至少 23 份运粮合约中，有 10 份合约中提到的运输工具是板车，这一数量几乎与船只数量不相上下，说明板车使用范围是相当广泛的。[5]

战时板车虽数量有限，但无论是气胎板车还是汽轮板车，均能发挥些许作用，被日机炸毁后，不但对车行经营者是一种损失，对运输行业来说，其间接损失也是不言而喻的。因此，这就需要粮食部、川储局等除了增加成本较小的板车数量外，还要发展其他运输方式。

---

[1] 《粮食部三十年度工作检讨报告》，第 39~40 页；《行政院关于粮政推行之报告——对五届九中全会报告》（1941 年 1 月至 12 月），秦孝仪主编《抗战建国史料——粮政方面》（1），第 401 页。

[2] 重庆市政府、重庆市工务局：《关于增加板车数量的呈、训令》（1941 年 1 月 24 日），《重庆市政府档案》，档案号：0053-0026-00034-0000-009-000，第 9~12 页。

[3] 丁星铎：《粮食运输概况》，手稿，时间不详，藏于中国第二历史档案馆，第 13~14 页。

[4] 《重庆市板车商业同业公会为填报抗战公私损失调查表请查照汇转事给重庆市商会的公函》（1948 年 1 月 19 日），唐润明主编《重庆大轰炸档案文献·财产损失（同业公会部分）》（下），重庆出版社，2013，第 741~742 页。

[5] 《特种工程处运输合约》（1944 年），《粮食部档案》，档案号：119-040201-0298，第 21~43 页。

三是新式汽车。对于后方而言，汽车数量少，用于粮食运输者亦少。粮食部筹备期间及成立初期，适值陪都亢旱，民心不安。粮食部一面转运湘米，一面筹购缅米，接济军糈民食。在此过程中，运输困难问题即已显露，如何解决陆路运输工具缺乏问题成了头等大事。于是，行政院核拨外汇美金 475000 元，向美国福特公司订购卡车 500 辆，每辆载重量为 3 吨，每辆卡车价值仅为 950 美元，"相当低廉"。1941 年 7 月，因美国商轮只运军火而卡车面临无船装运的局面，宋子文与美国政府再三交涉，"始允可以商量"，一直等到 9 月才从美国起运，10 月下旬陆续运至仰光交货。此批卡车由中央信托局代办装配事宜，以 200 辆配拨滇缅公路，正好可以将订购缅米、汽油、零件等顺便载来；200 辆配拨川湘路，运输湘米，以接济第六战区军食；100 辆驶入川境，供川省境内运粮之用。① 但太平洋战争爆发后，此一事项受到较大影响，装配完成的车辆，大部分奉命协助运输存放于仰光的军品，接运所订购的缅米甚少。

1941 年度田赋征实及定价征购政策确定后，采购之名不能副实，且该年度四川征额繁重，达 1200 余万市石，比 1940 年度征收军粮数额几乎增长两倍，征购粮谷散处各县乡镇农村，全川设立的征购办事处达 1500 余处之多，将散处各地的粮食集中于需用处所，便于拨付，业务至为艰巨，储藏、运输问题特别凸显出来。为名实相副、提高效率，粮食部遂拟具《粮食部四川粮食储运局组织规程》，呈奉行政院核准，将原购运处改组为储运局，以办理"征粮数量最巨，且须运济邻省，任务特别繁重"的四川省粮食储运业务，② 将川购处改组为川储局。1941 年 10 月 1 日，川储局正式成立，专门办理四川粮食储运业务。11 月，川储局设立汽车运输管理处，汽运处由川储局直接调度，设总务、技术、运输、会计四股，运输队有大竹、广元、成都等车队，汽车配件概由川储局统筹购发，

---

① 《经济会议第二十四次会议》（1941 年 7 月 1 日），《行政院经济会议、国家总动员会议会议录》第 1 分册，第 332 页；《行政院关于粮政推行之报告——对五届九中全会报告》（1941 年 1 月至 12 月），秦孝仪主编《抗战建国史料——粮政方面》（1），第 401 页。

② 《粮食部所属单位组织规程（二）》（1941 年～1947 年），《行政院档案》，档案号：014-040503-0003，第 65～98 页；《徐可亭先生文存》，第 201 页。

所需油料除少数以应急关系由汽车管理所及各车队就近自购备用外，平常需要油料概由川储局统筹购发，但偶为节省油料运输折耗及经济起见，川储局亦会授权办事处，就近向液体委员会指定的厂家购用。不过，汽车购置、养护费用昂贵，"仅能于极紧急时偶然用之"。①

1942年1月末，缅甸南部发生战事，英军有偿征用了行政院从美订购汽车中的69辆。因此，行政院订购的汽车驶回中国的数量减少，其中97辆驶川后交由川储局接运军粮。另外，拨交陕西省粮政局2辆，甘肃省、河南省粮政局各1辆，转让给军粮总局40辆，拨交云南省粮政局10辆，贵州省粮政局20辆，其余车辆皆用于抢运仰光沦陷前的军品及重要物资。②

在后方各省中，四川是拥有汽车数量较多的省份，也是将汽车投入粮食运输数量最多的省份，1942年至1944年四川省汽车运粮情况如表4-13所示。

表4-13　1942~1944年四川汽车运粮数量统计

单位：市石

	1942年	1943年	1944年	合计
梁万区	12360	62195	41770	116325
广元区	7640	3560	4116	15316
大竹区	26084	—	—	26084
安岳区	—	50246	118762	169008
成都区	—	23487	31892	55379
璧山区	—	12640	3486	16126
乐简区	—	—	19754	19754
綦内区	—	16920	6160	23080
总计	46084	169048	225940	441072

资料来源：洪瑞涛《三年余来之四川粮食配运业务》，《粮政季刊》第1期，1945年6月，第80~81页。

---

① 《粮食部四川粮食储运局三十二年度工作报告》，无页码；《粮食部报告》（1945年），第10页。

② 《行政院关于粮政之推行报告——对五届十中全会报告》（1941年10月至1942年8月），秦孝仪主编《抗战建国史料——粮政方面》（1），第443页；中国第二历史档案馆：《国民参政会历届大会之粮食部工作报告选编》（上），《民国档案》2021年第3期。

从表 4-13 可以看出，1942～1944 年，四川省采用汽车运粮的 8 个区，运粮总量达 441072 市石，其中以 1943 年、1944 年的梁万区、安岳区运量最大。

1942 年 3 月，缅甸战局恶化，油料、配件来源缺乏，行政院只能将滞留缅甸的 200 余辆汽车价让中央信托局。为解决运粮汽车匮乏问题，1942 年，川储局向美订购汽车多辆，但一时难以运到，川储局遂在国内购买汽车 33 辆，以供紧急运输之用。① 1943 年，川储局汽车增加到 50 辆，"担任抢运工作，以期与板车、木船运能相配合"。② 至 1945 年，川储局共有运粮汽车 141 辆。③ 同时，其他省亦陆续购有少量汽车，如贵州 1942 年自购车 12 辆，招雇商车 30 辆，但因汽油缺乏，配件难以修配，运输工作常常受阻。④

四是驿运。粮食运输为"供应需求、调剂盈虚之重要过程"。⑤ 蒋介石 1940 年 11 月指出："要有效的管理粮食，必先解决运输问题；运输问题解决之后，粮食问题也随之而解决大半了。"⑥ 但就交通殊为不便、现代运输工具奇缺的后方而言，亟宜发展传统运输方式，以为襄助，如水运费用低廉，汽车、板车运输便捷。但就四川省内而言，仍有仁寿等 17 个县"不当河流，不通公路"，交通极为不便，必须发展人力、畜力，⑦ 即征雇民夫驮马及使用人力、兽力车辆的驿运。但驿运所需人力为精壮劳力，与征服兵役不无矛盾。为了鼓励粮食运输，政府规定，"凡参加驿运之人伕，不论是甲级或乙级的及龄壮丁，都可以免除兵役，而以参加驿运

---

① 《粮食部三十年度工作检讨报告》，第 38～39 页。
② 《粮食部四川粮食储运局三十二年度工作报告》，无页码。
③ 丁星铎：《粮食运输概况》，第 15 页。
④ 《各省市粮政工作报告摘要》，第"黔 1 页"。
⑤ 《战时粮食运输》（1940 年～1948 年），《行政院档案》，档案号：014-040504-0059，第 13 页。
⑥ 蒋介石：《粮食管理要点与县长的重大责任——1940 年 11 月 12 日对来渝参加粮食会议各县市长讲》，秦孝仪主编《总统蒋公思想言论总集》卷 17《演讲》，第 509 页。
⑦ 《准粮食部电本年征购粮食再度集中工作限三个月完成嘱转饬发动民伕赶速办理一案兹特规定该项工作列为三十二年度考绩之一仰即遵照办理具报由》，《四川省政府公报》第 150 期（原第 361 期），1943 年 2 月，第 33 页。

作为劳役来代替兵役"。① 军委会指示全国粮管局，"对于运送粮食之被征民工，必要时可准缓服兵役，以利推行"，最好能规定民夫"每月运送几多食粮与里程者，准缓服兵役，如此，粮食运输分配方法亦可解决"。随后全国粮管局与四川省粮食管理局协商，拟订《粮食驿运办法大纲》。11月25日，全国粮管局将所拟大纲呈送军委会。12月1日，军委会认为该大纲"尚属可行"，并饬令四川省政府提前准备，予以实施，同时重申"军管区对于驿运民伕准予缓服兵役，可也"。10日，行政院分别指令军政、交通两部及全国粮管局遵照该大纲办理。该大纲共11条，其中第10条对缓服兵役有如下规定："应征在雇之驿运民伕，在运输期间，经主办机关之证明，得向兵役机关请缓兵役。"② 这一点与战时面粉业工人尤其是技工缓服兵役的优待是一样的。根据军政部和经济部《修正战时国防军需工矿业及交通技术员工缓服兵役暂行办法》第2条第8款（面粉工业）的规定，各面粉厂受粮食部陪都民供处委托加工代制面粉，与陪都军粮民食有关，所有运麦运面工人可以缓服兵役。③

　　为了保证运输质量，针对运输途程及损耗，粮食部参酌成规，厘定损耗标准（见表4-14）。各种运输工具每日行程亦有详细规定，如火车规定每日行程不超过360公里，汽车200公里，畜力车30公里，人力车25公里，夫力30公里，轮船上水100公里、下水200公里，木船上水20公里、下水60公里等，以保证粮食运输安全快捷。此外，如调换车船、装运其携带驮载工具、运载半途、谎报损耗等，皆订有制度，以杜绝弊端。④

---

① 祖晖：《现代驿运网》，《中央日报》（重庆）1940年8月8日，第2版。

② 《战时粮食运输》（1940年~1948年），《行政院档案》，档案号：014-040504-0059，第1~20页。

③ 复兴面粉厂、重庆市警察局：《关于缓役复兴面粉厂技术员工的批、函（附缓役员工名册）》（1943年3月24日），《重庆市警察局档案》，档案号：00610015045540200119000；重庆市警察局、粮食部：《关于允许中国粮食工业公司员工缓役的公函》，《重庆市警察局档案》，档案号：00610015044180100055000。

④ 《中国粮政概况》，第49页；闻汝贤、闻亦博编著《中国现行粮政概论》，第90页。

表 4-14　粮食运输损耗标准（1941 年）

单位：%

运输方式	行程	损耗率	
		包装	散装
火车	1 日以内	0.5	0.6
	1 日以上	0.5	1.0
汽车	1 日以内	0.25	0.5
	1~3 日	0.4	0.8
	3~5 日	0.55	1.0
人力、兽力车	1 日以内	0.2	0.4
	1~3 日	0.3	0.6
	3~5 日	0.4	0.8
	5~10 日	0.5	1.0
	10 日以上	0.6	1.2
人力肩挑兽力驮运	1 日以内	0.2	
	1~3 日	0.3	
	3~5 日	0.4	
	5~10 日	0.5	
	10 日以上	0.6	
木船	1 日以内	0.2	0.4
	1~3 日	0.3	0.6
	3~5 日	0.4	0.8
	5~10 日	0.5	1.0
	10~20 日	0.6	1.2
	20~40 日	0.7	1.4
	40 日以上	0.8	1.6
轮船	1 日以内	0.3	0.6
	1~3 日	0.4	0.8
	3 日以上	0.5	1.0

资料来源：根据闻汝贤、闻亦博编著《中国现行粮政概论》第 89~90 页文字整理。

　　此外，对何种食粮采用何种运输方式、运输若干里程所发生的损耗也有明确详细的规定（见表 4-15）。

表4-15　各种粮食运输损耗折算（1945年）

单位：%

运输里程	运输方式	稻谷/糙米	熟米	小麦	面粉	小米	玉蜀黍/豆类/粳米	玉米粉/燕麦粉	荞麦粉	甘薯	甘薯丝
50公里及以下	火车	0.20	0.22	0.20	0.18	0.22	0.10	0.18	0.15	0.10	0.18
	汽车	0.20	0.22	0.20	0.18	0.22	0.10	0.18	0.15	0.10	0.18
	人力、兽力车	0.30	0.36	0.30	0.27	0.33	0.15	0.27	0.23	0.15	0.27
	人力肩挑兽力驮运	0.35	0.38	0.35	0.32	0.38	0.18	0.32	0.26	0.18	0.32
	木船	0.20	0.22	0.20	0.18	0.22	0.10	0.18	0.15	0.10	0.18
	轮船	0.25	0.17	0.15	0.13	0.17	0.08	0.13	0.11	0.08	0.13
50~100公里	火车	0.25	0.28	0.25	0.23	0.28	0.13	0.23	0.19	0.13	0.23
	汽车	0.25	0.28	0.25	0.23	0.28	0.13	0.23	0.19	0.13	0.23
	人力、兽力车	0.45	0.54	0.45	0.41	0.54	0.23	0.41	0.35	0.23	0.41
	人力肩挑兽力驮运	0.55	0.60	0.55	0.50	0.60	0.28	0.50	0.41	0.28	0.50
	木船	0.32	0.35	0.32	0.29	0.35	0.16	0.29	0.24	0.16	0.29
	轮船	0.20	0.23	0.20	0.17	0.23	0.10	0.17	0.15	0.10	0.17
100~150公里	火车	0.30	0.33	0.30	0.27	0.33	0.15	0.27	0.22	0.15	0.27
	汽车	0.30	0.33	0.30	0.27	0.33	0.15	0.27	0.22	0.15	0.27
	人力、兽力车	0.60	0.72	0.60	0.54	0.72	0.30	0.54	0.46	0.30	0.54
	人力肩挑兽力驮运	0.75	0.82	0.75	0.69	0.82	0.38	0.69	0.56	0.38	0.69
	木船	0.44	0.48	0.44	0.40	0.48	0.22	0.40	0.33	0.22	0.40
	轮船	0.25	0.28	0.25	0.22	0.28	0.13	0.22	0.18	0.13	0.22

续表

运输里程	运输方式	稻谷/糙米	熟米	小麦	面粉	小米	玉蜀黍/豆类/籼米	玉米粉/燕麦粉	荞麦粉	甘薯	甘薯丝
150~200公里	火车	0.35	0.39	0.35	0.32	0.39	0.18	0.32	0.26	0.18	0.32
	汽车	0.35	0.39	0.35	0.32	0.39	0.18	0.32	0.26	0.18	0.32
	人力、兽力车	0.75	0.90	0.75	0.68	0.90	0.38	0.68	0.58	0.38	0.68
	人力肩挑兽力驮运	0.95	1.04	0.95	0.87	1.09	0.48	0.87	0.71	0.48	0.86
	木船	0.56	0.62	0.56	0.50	0.62	0.28	0.50	0.42	0.28	0.50
	轮船	0.30	0.34	0.30	0.26	0.34	0.15	0.26	0.22	0.15	0.26
200~300公里	火车	0.40	0.44	0.40	0.36	0.44	0.20	0.36	0.30	0.20	0.36
	汽车	0.40	0.44	0.40	0.36	0.44	0.20	0.36	0.30	0.20	0.36
	人力、兽力车	0.90	1.08	0.90	0.81	1.08	0.45	0.81	0.69	0.45	0.81
	人力肩挑兽力驮运	1.15	1.26	1.15	1.06	1.26	0.58	1.06	0.86	0.58	1.06
	木船	0.68	0.75	0.68	0.61	0.75	0.34	0.61	0.52	0.34	0.61
	轮船	0.35	0.40	0.35	0.30	0.40	0.18	0.30	0.26	0.18	0.30
300~400公里	火车	0.45	0.50	0.45	0.41	0.50	0.23	0.41	0.34	0.23	0.41
	汽车	0.45	0.50	0.45	0.41	0.50	0.23	0.41	0.34	0.23	0.41
	人力、兽力车	1.05	1.26	1.05	0.95	1.26	0.53	0.95	0.81	0.53	0.95
	人力肩挑兽力驮运	1.35	1.48	1.35	1.14	1.48	0.68	1.24	0.98	0.68	1.24
	木船	0.80	0.88	0.80	0.72	0.88	0.40	0.72	0.60	0.40	0.72
	轮船	0.40	0.46	0.40	0.35	0.46	0.20	0.35	0.30	0.20	0.35

续表

运输里程	运输方式	稻谷/糙米	熟米	小麦	面粉	小米	玉蜀黍/豆类/籼米	玉米粉/燕麦粉	荞麦粉	甘薯	甘薯丝
400～500公里	火车	0.50	0.55	0.50	0.45	0.55	0.25	0.45	0.38	0.25	0.45
	汽车	0.50	0.55	0.30	0.45	0.55	0.25	0.45	0.38	0.25	0.45
	人力、兽力车	1.20	1.44	1.20	1.08	1.44	0.60	1.08	0.92	1.60	1.08
	人力肩挑兽力驮运	1.55	1.70	1.55	1.42	1.70	0.78	1.42	1.16	0.78	1.42
	木船	0.92	1.01	0.92	0.83	1.01	0.46	0.83	0.69	0.41	0.83
	轮船	0.45	0.51	0.45	0.39	0.51	0.23	0.39	0.33	0.23	0.39
500～700公里	火车	0.55	0.61	0.55	0.50	0.61	0.28	0.50	0.42	0.28	0.50
	汽车	0.55	0.61	0.55	0.50	0.61	0.28	0.50	0.47	0.28	0.50
	人力、兽力车	1.35	1.62	1.32	1.32	1.62	0.68	1.22	1.24	0.68	1.22
	人力肩挑兽力驮运	1.75	1.92	1.75	1.62	1.92	0.88	1.61	1.31	0.88	1.61
	木船	1.04	1.14	1.04	0.94	1.14	0.52	0.94	0.78	0.52	0.94
	轮船	0.50	0.57	0.50	0.43	0.57	0.25	0.42	0.37	0.25	0.42
700～1000公里	火车	0.60	0.66	0.60	0.54	0.66	0.30	0.54	0.45	0.30	0.54
	汽车	0.60	0.66	0.60	0.54	0.66	0.30	0.54	0.45	0.30	0.54
	人力、兽力车	1.50	1.80	1.50	1.35	1.80	0.75	1.35	1.15	0.75	1.35
	人力肩挑兽力驮运	1.95	2.14	1.95	1.79	2.14	0.98	1.79	1.47	1.98	1.79
	木船	1.16	1.28	1.16	1.04	1.28	0.58	1.04	0.87	0.58	1.04
	轮船	0.55	0.63	0.55	0.47	0.63	0.28	0.47	0.41	0.28	0.47

续表

运输里程	运输方式	稻谷/糙米	熟米	小麦	面粉	小米	玉蜀黍/豆类/稷米	玉米粉/燕麦粉	荞麦粉	甘薯	甘薯丝
1000公里以上	火车	0.65	0.72	0.65	0.59	0.72	0.33	0.59	0.49	0.33	0.59
	汽车	0.65	0.72	0.65	0.59	0.72	0.33	0.59	0.49	0.33	0.59
	人力、兽力车	1.65	1.98	1.65	1.49	1.98	0.83	1.49	1.27	0.83	1.49
	人力肩挑兽力驮运	2.15	2.36	2.15	1.98	2.36	1.08	1.98	1.61	1.08	1.98
	木船	1.28	1.41	1.28	1.15	1.41	0.64	1.15	0.96	0.64	1.15
	轮船	0.60	0.68	0.60	0.52	0.68	0.30	0.52	0.44	0.30	0.52

原表注：（1）凡不满10公里者不得列报运输损耗，只准列报收交损耗一次；（2）本表所定损耗率系指包装、运输而言，运输则比照各栏规定增加损耗率20%核计，但散装运输只适用于粮政机关、其他军粮兵站机关不准适用。

引者注：原表每种粮食损耗率各自为一栏，为了简便起见，将损耗率相同者合并为一栏。

资料来源：《粮食仓储及运输损耗率计算规则》，第2～7页。

　　川储局制定《粮食部四川粮食储运局粮食运输折耗率暂行标准》，根据运输距离、包装方式，对陆路运输（有 3 种主要方式，分别为汽车装运、人力车或兽力车装运、人力肩挑暨兽力驮运）、水路运输（分木船装运与轮船装运两种）米、麦、杂粮的自然折耗率有详细规定，如用汽车运输，行程在 100～200 公里，包装者为 3‰，散装者为 5‰；行程在 200～600 公里，包装者为 6‰，散装者为 8‰；行程在 600～1000 公里，包装者在 8‰，散装者为 10‰；行程在 1000 公里以上，包装者为 10‰，散装者为 12‰。① 另外，使用板车、船只等进行短途粮食运输时，损耗率不能高于 6‰，在 1944 年 7 月德阳招商承运时，合约中"所列途耗过高"，川储局局长康宝志批示减为 6‰，"并令饬各该队部遵照"。②

　　粮运损耗在所难免，甚至会出现无法运达的情况。为了保证运量、粮食品质以及及时运达，委运人与承运人之间必须签订运输合约。根据史料记载，四川省眉山县政府为了完成 1944 年四川特种工程处工粮运输任务，分别与 23 家承运人签订运输合约，合约载明运粮数量，存粮、起运、交粮地点，运输里程，运价，运输工具，交粮日期，验收标准，违约罚则等。1944 年 2 月，眉山县政府委托徐锡山、胡得胜承运工米 1200 市石，由水路从太和镇运至 48 里外的彭山观音铺眉山工粮储藏所，约定运价为每市石每里 1.86 元，起运后 5 日运达。承运人如有违约，甘愿受罚，如食米品质与原样不符，则照价赔偿；如不能按期交米，则每逾期一日，每市石处以罚金 10 元。合约对保证人及其所应承担的责任也有专门规定，"应觅殷实铺保保证本合约各款之履行，如承运人未能履行其责任时，概由保证人负责赔偿"。③ 同时，川储局会对此类运输业务进行监管，检查实际运量是否与配拨数量相符，合约所定运费是否与核定标准相符等，并将运输详情上报粮食部。

　　民食运输。各地仓库存粮，一般先由农民交至收纳仓库，再由收纳仓库转运至集中仓库，此过程大多采用陆路运输或走水路，陆路以短途

---

① 《粮食部四川粮食储运局粮食运输折耗率暂行标准》，《县政旬刊》第 31～33 期合刊，1942 年 10 月 30 日，第 13～14 页。

② 《特种工程处运输合约》（1944 年），《粮食部档案》，档案号：119-040201-0298，第 13 页。

③ 《特种工程处运输合约》（1944 年），《粮食部档案》，档案号：119-040201-0298，第 38 页。

运输为主，由民夫推拉板车或以畜力套挽大车装载粮食，运至目的地。长途转运以方便经济的水运为主，因此，各类运输工具添设、维修极为重要。1943年，四川新制木船608艘，板车680辆，[①] 运价方面，酌予提高，或议价办理。1943年运价较前约增加一倍，并按实际需要，酌发夫粮。

加强运输管理。在乐山、内江、成都等地分别设置木船及车辆管理分所，并在交通冲要地点设置检查站，检查米质。在四川设立储运局，专司粮食运输事宜，其他各省粮食运输事宜则由当地粮政机关负责。川储局先后颁布《粮食部四川粮食储运局总务处办事细则》《粮食部四川粮食储运局各仓库配运粮食暂行办法》，以推进民食运输工作。[②]

1943年，四川各县征借开始后，征收粮食集中运交川储局驻各县仓库，仓库验收后再运出，此项集中运输业务规定由各县政府负责发动民夫运交至指定再度集中地点。所需费用由各县在粮食年度开始时，依照《四川省各县县政府领发三十二年度集中运费暂行办法》及《四川省各县县政府编拟三十二年度征借粮食集中运输计划及办理集中应行注意事项》，根据粮食运输集中地点与路线，造具《集中费预算书》，上报核定运费。运输集中费率则根据粮食部所定费率和粮食数额及各县运集情形，详细估计预算，同时，川储局为了及早开展粮运，会事先下拨部分集中费，以便各县在冬末春初农闲时节加紧集运。因此，各县在预拨经费后，即积极集运，以免耽误集运时间，进而影响再次转运与配发。

短程集中运输由地方政府负责采用征工办法办理；水陆长途运输方面，已有公营或民营运输机构的，交由其负责承运，若无运输机构则组织运输业公会承办。运输工具方面，粮食部尽量协助添置，运输路线亦由粮食部拨款补助培修，同时尽力改进粮食装卸技术、包装检查及遮盖设备，以及简化各项手续，以减少运输损耗。但因物价高涨，所给运费多以军运

---

① 《民国三十二年至三十三年之粮政》，秦孝仪主编《抗战建国史料——粮政方面（一）》，第81页。

② 《粮食部四川粮食储运局总务处办事细则》，《四川粮食储运局档案》，档案号：03520003000490000009，第37~39页；《粮食部四川粮食储运局各仓库配运粮食暂行办法》，《四川粮食储运局档案》，档案号：03520003000500000012，第42页。

为标准，及限于预算太少，不能满足其要求，因此输力常感不足。粮食部计划 1944 年度修造水陆运输工具计木船 1500 艘、板车 6500 辆，并以贷款及贴费方式，鼓励民间制造。① 江西征实征购谷物，除留自用及就地补给军粮外，一般有三个运输步骤：一是由粮户就近自行无偿挑运至临时仓库，不给工食；二是由临时仓库转运至国家仓库时，则采用征工运输，由省方付给工食；三是再由国家仓库转运至集中仓库，集中验收，此一过程由省粮政局委托驿运管理处承运，未设驿运地方，则招商承运，按商运给价。

据四川省政府所言，各地运商舞弊情事极多，手法亦花样百出。如一般小的运商，其本身并无多少资本可言，车船多系临时雇用，其多先行接洽实力较为雄厚的商行以为后援，在接单承运时，凡关于保证事项，概由该商行出头承担，将来利润按成分摊。在运输时，又在每段转招分运，一般车船主家不免乘机偷运，或腾空放炮，或借故要挟，串通一气，误事害公。此外，还联合包商，移花接木，既省运费，又获外利。

为保证各种运输力量正常运转，后勤保障必不可少，食宿站、诊疗所保障运输人员生活与身体健康，汽车需要汽油或酒精为动力，需要保养，补给站与修理厂亦不可缺。人畜混合运输方式中，除了要购置驮兽外，车马栅厩也是沿途停靠、休息必不可少的。此外，有些运输线路漫长且行进困难，改善道路交通也往往耗时费力而不得不为。因此，粮食部 1941 年在制订下一年度计划时，拟在四川、湖南、河南、陕西等省内设置卡车车棚和板车车棚，在滇缅线八莫山设置马厩，皆是为各种运输力量提供保障，以保证运输物资能及时安全到达目的地。

粮食运输作为一项对人力、物力、财力、时效等要求颇高的系统工程，制约因素不止运力、时效等，还有至关重要的运费。

3. 运费问题

国民经济研究所在 1940 年调查成都附近各县粮食状况时，记载了新津县粮食运输及运费简况。新津县地处成都平原区，运输工具有两种：一为鸡公车，一为小木船。前者主要用于陆路短途运输，后者适合水路长途

---

① 《粮食部三十三年度工作计划》，第 8~9 页。

运输。运输途程在 20 里范围以内的，每市石运费 0.15 元至 0.20 元；20 里至 40 里的，每市石在 0.7 元上下；50 里左右的，则需要 0.8~1.0 元。更远的则依靠小木船，运费相较陆路节省不少，每市石仅需 0.5~0.6 元。[1] 其时粮食尚未征收实物，运量少、距离短，法币上涨幅度不大，运费问题尚未凸显。1941 年下半年实施田赋征实及军粮征购后，粮食征收数量巨大，相应运量也大增。粮食部在总结战时粮政时指出，"五年的粮……数目字达到了一亿零几百万石……这一万万石粮，运费是很大的数目字，每年生活程度都在涨，运费随着增加"。[2] 然而，运费的调整比不上物价的上涨速度。各省粮食集中运输，以火车、汽车、轮船及驿运载运者，运费全部按照交通部规定给付；以民夫及人力、兽力车辆与骡马木船运输的，除民夫及船户一部分酌发口粮外，其他按照军委会颁行的《军事征雇伕马车船租力给与标准》办理。但存在的问题是，军委会所定标准为半征半雇性质，每夫负重 40 公斤行 30 公里，去程给费 1.2 元，回程 0.7 元，合计 1.9 元，[3] "给费甚低"，人民赔累甚重。[4] 1941 年，贵州运粮民夫来回 60 公里路程，仅得 4.7 元，"承运民伕难获一饱"，因此，挑夫逃避事件时有发生。[5] 虽然后来运费有所调整，但与日益高涨的物价相比，夫役的生活、畜力的喂养、运输工具的保养花费亦不少，承运者所得十分微薄。

民粮运费也非常低廉。以重庆为例，重庆为纯粹粮食消费市场，每年食米消耗量较大，在 130 万市石上下，均赖附近县份从水陆两途供给。长江上游泸县、宜宾等埠，近者江津、合川各地及近郊江北、巴县，运渝食米亦皆赖帆船或木船。泸县、宜宾每市石运费多者七八角，少者 6 角上下；自江津、合川运来者，每市石在三四角之间；巴县、江北等四乡等处由嘉

①　《四川食米调查报告》，第 10 页。
②　参见沈云龙、张朋园、刘凤翰访问，张朋园、刘凤翰纪录《刘航琛先生访问纪录》，第 90~91 页。
③　贵州省粮政局编印《贵州粮政报告》，1942，无页码。
④　《粮食部报告》（1943 年），第 9 页；《行政院关于粮政之推行报告——对六届二中全会报告》（1945 年 5 月至 1946 年 1 月），秦孝仪主编《抗战建国史料——粮政方面》（2），第 74 页。
⑤　《各省市粮政工作报告摘要》，第 "黔 1 页"。

陵江运渝者，"运费至廉"，若由附近山乡挑运，每市石食米每挑运 10 里路约需 0.1 元。① 1943 年 1 月，重庆市政府规定板车业运价，商运中米盐运价以七折支付，运输军公物品的，以商运价格五折支付。② 如果运输合约中出现运价高于规定价格的情形时，川储局则会"予以核减"。③ 其实，运费过低的问题在整个 20 世纪 40 年代均未能解决。

各地因情形不同，运价难于统一。湖北省因战事蔓延，公路、水路皆不甚通畅，军公粮大部分赖夫力运输，民夫运粮一日仅能得力资 3 元余，"不敷途中生活，多视运粮为畏途"。为鼓励民夫运粮，湖北省政府制定《民伕食宿站办法》，通令各县实施，以资救济。④ 云南号称"山国"，运输极感困难，每匹马驮 120 斤日行 70 里约需运费 40 元，民夫每运 30 公里，给付力费 4.75 元，"亦断不足敷两餐之费，工资固无论矣"。1942 年 4 月，兵站总监部将民夫伙食费增至 8 元，但"亦尚不足一日三餐之费"。⑤ 输纳路程太远，运费过高，"人民送纳粮食往往历程数十里，其所得价款每不足抵偿其运送食宿之费用"。⑥ 因运费"给价甚低"，⑦ 运输过程中怠忽责任、故意损害及掺水掺杂、侵蚀盗卖等弊端层见叠出，防不胜防。即使派兵押运，但兵少夫多，仍无济于事，⑧ 损耗增加、品质变劣者亦不一而足。中粮公司所购碛米系由各地运来，品质色泽不尽一致。⑨ 中粮公司合川粉厂头号粉与统粉因存储较久，粉色较次，均不合格。⑩

---

① 《四川食米调查报告》，第 11 页。
② 重庆市政府编印《重庆市政府核定物价运价工资汇编》第 2 编，1943，第 1 页。
③ 《特种工程处运输合约》（1944 年），《财政部档案》，档案号：119-000006014，第 13 页。
④ 《各省市粮政工作报告摘要》，第"鄂 1 页"；《湖北省粮政局三十年度业务报告》，无页码。
⑤ 《各省市粮政工作报告摘要》，第"滇 3 页"。
⑥ 《粮食部报告》（1943 年），第 3 页。
⑦ 《粮食部报告》（1943 年），第 9 页；《各省市粮政工作报告摘要》，第"滇 3 页"。
⑧ 贵州省粮政局编印《贵州粮政报告》，1942，无页码。
⑨ 《中国粮食工业公司业务科关于说明碛米由各地运来故品质、色泽未能一致致豫丰和记纱厂的函》（1943 年 2 月 7 日），重庆市档案馆藏，《豫丰纺织公司档案》，档案号：0235-0001-00117-0000-266-000，第 266 页。
⑩ 《麦粉评定委员会第二、三、四次会议记录（评定各面粉厂售价）》（1945 年 7 月 12 日），重庆市档案馆藏，《金城银行重庆分行档案》，档案号：03040001037130000036000，第 37 页。

　　四川省陆运运价比照四川驿运最低标准执行，水运运价参考交通部长江区航政局规定的木船运价办法办理，其他各省则依照军委会《增订军事征雇伕马车辆租力给与标准》办理，水运运价依照军委会《增订军事征雇小轮驳船民船补助金给与标准》，并依据各省实际情况参考执行。

　　以四川省个别县份为例。据 1942 年 7 月的记载，资中县 27 个乡从陆路装运 8 万市石稻谷至集中点仓库，运费高达 520148 元，加上办公费 26007.4 元，两项合计 546155.4 元，每市石稻谷平均运费为 6.83 元；威远县 14 个乡陆路运输 4 万市石稻谷，运费 184850 元，办公费为 9242.5 元，合计 194092.5 元，每市石平均运费为 4.85 元；内江 27 个乡水陆运输 8 万市石，运费 529985 元，办公费 26499.25 元，合计 556484.25 元，每市石平均运费为 6.96 元；富顺县 17 个乡寨陆路运输 19 万市石稻谷，运费 805800 元，办公费 40290 元，合计 846090 元，每市石平均运费为 4.45 元；资阳 22 个乡陆路运输稻谷 48644.657 市石，运费 448108.72 元，办公费 22405.45 元，合计 470514.17 元，每市石平均运费为 9.67 元；荣县 51 个乡，运费 551180 元，办公费 27559 元，合计 578739 元；简阳县 40 个乡，运费 630940 元，办公费 31547 元，合计 662487 元。① 虽然每个县、乡的运粮数量、方式、路程长短及便利程度、人力物力等各不相同，但运费总支出及每市石粮食的运费、办公费相差不大，也反映了粮食运输的难度着实不小。

　　再以资中县为例，资中为"沱江中流富庶之区"，是成渝间要冲地带，地势险要，第二区行政督察专员公署及资简师管区司令部设于县城，全县共有 45 个乡镇，人口近 68 万人，全县耕地面积 923000 余市亩。② 统计的 26 个乡镇需要缴纳稻谷 8 万市石，在此过程中，需要通过陆路将分散在各乡镇的粮食转运至水南、甘露、球溪 3 个主要集中地点。转运完毕，所需运费为 520148 元，办公费以运费的 5% 核定，为 26007.4

---

① 《粮食部四川民食第二供应处移交各县集中征谷核定量程暨运费办公费概算表》（1942年7月），《川康平民商业银行档案》，档案号：02980001006280000004，第 25～39 页。荣县、简阳县未记载运粮数量。

② 朱森良：《资中经济概况》，《四川经济季刊》第 2 卷第 2 期，1945 年 4 月 1 日，第 305～306 页。

元，两者合计 546155.4 元，即转运一市石粮食需要花费 6.83 元（见表 4-16）。

表 4-16　资中县集中征谷核定里程暨运费、办公费概算（1942 年）

起运地点	再度集中点	运输数量（市石）	核计里程（里）	核计集中运费（元）	核计办公费（元）
文江乡	文江	800	—	—	—
水南镇	水南	2000	—	—	—
舒家乡	水南	3380	34	22984	1149.2
骑龙乡	水南	130	52	1352	67.6
华头乡	水南	1190	34	8092	404.6
骝马乡	水南	1300	42	10920	546
蔡家乡	水南	5100	72	73440	3672
孟塘乡	水南	5400	72	77760	3888
马鞍乡	苏家	1050	40	8400	420
	水南	450	60	5400	270
金带乡	水南	2100	30	12600	630
银山乡	水南	5100	—	—	—
陈家乡	水南	2200	65	28600	1430
龚家乡	水南	4800	40	38400	1920
苏家乡	水南	6500	—	—	—
太平乡	苏家	10000	35	70000	3500
甘露乡	苏家	4200	—	—	—
金李乡	甘露	1900	45	17100	855
鱼溪乡	甘露	1200	30	7200	360
球溪乡	甘露	4250	—	—	—
大有乡	甘露	2150	30	12900	645
高楼乡	甘露	3100	30	18600	930
龙结乡	球溪	2600	35	18200	910
罗泉乡	球溪	2600	60	31200	1560
配龙乡	球溪	2000	30	12000	600
发轮乡	球溪	3700	50	37000	1850
铁佛乡	球溪	800	50	8000	400
合计		80000		520148	26007.4

引者注：原表"查核里程"中有水路一栏，但皆为空白，估计没有水路运输，为简洁起见删去。

资料来源：《资中县集中征谷核定里程暨运费、办公费概算表》，《川康平民商业银行档案》，档案号：02980001006280000004，第 26~27 页。

　　表 4-16 显示，资中县 8 万市石稻谷来自 26 个乡镇，所征粮食散处各地，要将分散的粮食集中起来，这对农民来说运输难度极大。从核定的运输里程来说，最短的路程为 30 里，最长的竟达 72 里，在当时交通条件下运粮，着实不易。有的县乡水路运输较为便利，运费也相对更为低廉。

　　有的则是水路、陆路联运。内江县地处沱江中游东岸，上溯木船可达石桥、赵家镇，下行出泸县与长江汇合，沱江流域上下货物必经之地，县内有小河通往安岳及荣昌县，可航行较小的木船。内江地处成渝路中点，东距重庆 240 公里，西离成都 210 公里，是成渝路往来必经之地。[①] 内江有的乡镇采用水陆联运，如高粱乡运至椑木镇集中的 4500 市石稻谷，陆路运输里程为 30 里，水路 278 里，总运费为 58275 元，办公费为 2913.75 元，两者合计 61188.75 元，平均每市石运费成本为 13.60 元，所费不赀。大佛乡征谷 2000 市石，平均每市石运费成本为 16.22 元，复兴乡 5000 市石稻谷平均为 12.94 元，华山乡平均为 6.56 元。华山乡运费之所以较为低廉，主要是因为水运距离只有 90 里。内江县永福乡运至椑木镇的 3000 市石稻谷皆走水路，全长 298 里，运费为 22350 元，办公费 1117.5 元，每市石平均为 7.82 元。杨家乡的 5500 市石稻谷同样运至椑木镇，每市石运费平均为 7.30 元。[②] 地处岷江流域的眉山县，粮食也是水陆联运，陆路以箩筐挑运或独轮车推运，前者每市斗每 10 里路需费 0.2 元，后者需费 0.1 元。水运则分盛水期与枯水期，盛水期时运至成都每市石需费 1.4 元，枯水期则需 2 元。运至嘉定时，前者需 0.4 元，后者需 0.6 元。[③]

　　湖南省为产米大省，运输任务亦繁重。全国粮管局时期，湘省运粮原采用包商运输，粮食部成立后改由该省粮政局自行组建运输机构办理相关事宜。陆路运输方面在渌口设有办事处，水路运输方面在长沙设有船舶总

---

① 聚文：《四川内江经济概况》，《金融周讯》第 2 卷第 13~14 期合刊，1946 年 1 月 16 日，第 10 页。
② 《内江县集中征谷核定里程暨运费、办公费概算表》，《川康平民商业银行档案》，档案号：02980001006280000004，第 29 页。
③ 《四川食米调查报告》，第 11 页。

队，每个总队下辖6个大队，大队下设5个中队，每个中队设3个分队，每个分队辖船30余艘，并在各水系滩险处设有护运站、拨运站。为使粮民踊跃交粮，在运费方面略有贴补，规定山田谷每市石增发短途运费2元，湖田谷增发1元，可以看作对粮农的体恤。①

1941年，江西运送军米100万市石，每市石运费6元，总计为600万元，主要是中央拨款。同年征稻谷180万市石，每市石2元，计360万元。这两项费用加起来为960万元，而中央拨付达700万元。② 1942年度，国库支付给粮食部的运费达17亿元，可见粮食运量之大与运费之巨。③ 尽管1943年2月1日蒋介石颁发手令，"以后专卖与公营事业，其出品价格，非经中核准，不得增价"，而且"邮电运输各费，虽非制成品，自亦包括在内"。④ 但及至3月初，"国营事业如路电邮航……最近次第加价"，⑤ 该年上半年各省夫运、车运、水运费用莫不增加，运费支出更巨。而牲畜、木船、板车等不见增加，各种人工物料缺乏尤为普遍，此亦为粮食任务不易改进达至圆满完成的最大原因之一。⑥

四川省是战时粮食运量最大的省份，运费支出也最为浩繁，截至1943年1月28日，四川省各县粮食运集费估计达1.6亿元，核发的有成都区处400万元，岷江区处1065万元，渝叙区处1652万元，涪江区处515万元，沱江区处858万元，嘉陵区处706万元，渠河区处470万元，渝夔区处7865000元，江津县政府133万元，永川136万元，铜梁200万元，大足145万元，潼南125万元，遂宁16万元，蓬溪52万元，合川152万元，广安50万元，江北150万元，巴县150万元，璧山40万元，长寿115万元，垫江100万元，綦江60万元，南川60万元，约占全年预

①《各省市粮政工作报告摘要》，第"湘2页"。

②《各省市粮政工作报告摘要》，第"赣7页"。

③《粮食部报告》（1943年），第9页。

④《蒋中正手令专卖与公营事业出品价格非经核准不得增价》（1943年2月3日），《国民政府档案》，档案号：001-110010-00016-005，第72页。此处的"中"指蒋介石本人。

⑤《国家总动员会议秘书长沈鸿烈呈军事委员会委员长蒋中正为甘肃省政府谷正伦呈国营路电邮航等费加价影响物价》（1943年3月2日），《国民政府档案》，档案号：001-110010-00017-001，第1页。

⑥《粮食部报告》（1943年），第9页。

算的半数。[①] 另据记载，陆路每市石每里运费 9 元，1943 年度共需运费 8 亿余元。从 1943 年 10 月 1 日起至 1944 年 1 月底止，储运局拨发的运费 为：渝叙区 1900 万元，渝夔区 700 万元，沱江区处 4300 万元，涪江区处 1200 万元，岷江区处 1900 万元，渠河区处 1800 万元，嘉陵区处 400 万 元，成都区处 1800 万元，重庆仓库 1100 万元，巴县仓库 80 万元，江北 仓库 180 万元，邻水仓库 130 万元，长寿仓库 80 万元，璧山仓库 30 万 元，綦江仓库 10 万元，南川仓库 40 万元，江津仓库 40 万元，永川仓库 60 万元，合川聚点仓库 560 万元，遂宁聚点仓库 300 万元，蓬溪仓库 40 万元，安岳仓库 650 万元，潼南仓库 130 万元，大足仓库 200 万元，铜梁 仓库 30 万元，内江聚点仓库 50 万元，德阳仓库 50 万元，隆昌仓库 100 万元，金堂仓库 70 万元，岳池仓库 90 万元，绵竹仓库 350 万元，万县仓 库 35 万元，加上其他转运站、接运处运输费用，共计 18875 万元。[②]

　　陆路运输不便，川储局 1943 年仅自有 50 余辆汽车，因此大部分运输 业务仍然依靠四川省驿运管理处与川陕驿运管理分处板车，但四川省驿运 管理处与川陕驿运管理分处运力甚微，运价亦较高。运价按照交通部公路 总局颁发的运价办法，并尽量利用回空车辆。板车运输在成都区最多，其 他各地亦有，运价按照交通部驿运总管理处所辖各地驿运机构运价办法办 理。各地运价颇不一样，绵阳至广安一线每吨公里 40 元，如若回程放空， 则加价 70%，因此加价数额较高。梁山至万县运价较低，每吨公里 25 元。 如无公营驿运机构县份，则与民营合法运输团体订立运输合同，依约进 行。水运部分，运价以航政局所定运价为参考，再根据各江区运输情况核 定。如内江至泸县、宜宾至重庆、泸县至重庆各段运价均低于航政局规定 运价。水运长江区每市石每华里三分五厘，涪、嘉两区每市石每华里五分 二厘五毫，岷、沱、渠三区一角五分，其他小河平均为二角四分。[③]

　　粮食运输需要初度集中和再度集中，转运手续多、运费高，亦极易滋 生弊端。运费一般由粮食部指拨专款转发，但各县政府多征调民夫自带口 粮和工具承运粮谷，这笔费用常被经办人员私吞。

---

① 《粮食部四川粮食储运局三十二年度工作报告》，无页码。
② 《粮食部四川粮食储运局三十二年度工作报告》，无页码。
③ 《粮食部四川粮食储运局三十二年度工作报告》，无页码。

战时运输工具缺乏，各地投入大量人力、物力，驿运发挥了重要作用。重庆1942年至1944年1~9月驿运运量分别为：1942年运量为517826人、2577411延人公里，1943年为1415467人、7117900延人公里，1944年1~9月为804651人、4361239延人公里。① 四川驿运开展以来至1942年12月，尤其是田赋改征实物后，共运输成都、新津、绵阳、渠县、万县、广元、自贡等区粮食200余万市石（19092215吨），军用物资1486082吨，公用物资4051431吨，商用物资7646494吨。② 地处前线的云南保山县，1944年5月远征军发动滇西反攻后，大军云集，但因交通不便、运输困难，且须翻越高黎贡山，运输难度极大。保山县全县动员，协助军运，据县长孟立人报告，先后派出民夫4160324名，驮马1193652匹，驮牛323297头，临时民夫55375名，临时驮马、牛380478匹（头），"专为运送军粮炮弹至前方接济军用（此项所出伕马牛数目系指每牛马按一日工作之日数累计之总和数）"。③ 1945年，粮食部将加强储运作为本年度三大中心工作之一（另两项分别为军粮供应、公粮供应），并赋予中心工作与一般工作不同的分值，中心工作占60分，其中储运工作为22分，在所有工作中是最高的。④ 就军粮运输量而言，该年度估计集中、转运军粮共679万余大包，分别交由地方政府征雇民力运送，或委托公路及驿运机关代运。⑤

三　法与情——对水运船只失吉案例的分析

水运的特点是运费较廉，船只装载量较大，适合在湘、鄂、川、渝等地开展，但其季节性亦较强，在夏秋季节、枯水期前的丰水期加紧运输则成了重中之重。而或因风灾，或每至冬末春初，江水枯落、滩礁危险，粮

① 《驿运运量》，《统计月报》第111~112期合刊"重庆市专号"，1945年12月，第15页。驿运管理处1944年9月后撤销。
② 《四川的驿运》，第8页。
③ 《保山县政府为人员伤亡和财产损失惨重情形特殊请列为救济区域呈》（1946年3月15日），《抗战时期的云南——档案史料汇编》（下），第650~651页。
④ 《粮食部三十四年度工作计划及意见书》（1944年~1945年），《行政院档案》，档案号：014-040501-0005，第78页。
⑤ 《粮政机构工作报告案（一）》（1942年~1947年），《行政院档案》，档案号：014-040501-0001，第32页。

食运输容易出现严重问题——船只失吉。据湖南省粮政局统计，1943 年 4 月 6、7 两日，飓风袭击长沙，被灾粮船 74 艘，其中完全沉没与冲覆失踪者各有 26 艘，"失事轻重损失不等者" 22 艘，所载 15429 市石粮食，共计损失 5768 市石，近三分之一。[1]

另据川储局统计，1942 年，粮船失吉 445 次，经地方政府详查确认的共有 284 起，其中被水渍的大米 64915 市石、麦 1606 市石。尽管失事后政府常会积极组织打捞，尽力挽回损失，但损失仍会发生，1942 年损失米 16935 市石、麦 637 市石。同年其他省市失吉 30 起，被淹大米 5351 市石，经打捞后实际损失 1480 市石，占当年失事总数的 27.7%。也就是说，四川与其他省市 1942 年度共发生船只失吉 314 起，实际损失大米 18415 市石、小麦 637 市石。以 1942 年度征收粮食数量来说，征实 31614802 市石，征购 28218998 市石，合计 59833800 市石，[2] 船只失吉损失粮食数量约占当年征收总数的 0.03%。1943 年为 1235 次，1944 年为 1447 次，1944 年损失粮食 8.6 万市石，占当年木船运输总量的 6.73%。[3] 川省粮船一般投有水险，失吉后会有赔偿。因各种原因未能投保者亦复不少，未投保险米量约 3300 市石，占失事总数的近 5%。

四川粮船失吉原因较多。一是与所造木船质量较劣不无关系。1942 年，川储局委托交通部川江造船厂代造渠、涪两江航行木船 500 余艘运粮。但船厂所交船只仅在叙泸所造 10 艘较大木船质量较优，其余船只川储局均认为 "构造本稍未合"，"不甚适用"，而造船厂坚持认为 "工料尚坚"，双方在交接时分歧较大。在粮政局调解下，川储局勉强 "全部接收"，但需设法修补才能使用。船厂赶造的船只质量低下，不但影响运输力量，而且为船只失吉埋下了隐患。[4] 据此不难看出，新造船只尚未出厂即已出现质量问题，则航行多年的旧船频频失吉自不意外。即使大的轮船公司，也存在船只失吉情况。轮船招商局 1946 年工作报告

---

① 《湘省粮船灾事卷》（1942 年~1943 年），《财政部档案》，档案号：119-000003130，第52 页。
② 《粮食部三十一年度工作考察》，第 1~5 页。
③ 《四川省志·粮食志》，第 206 页。
④ 《粮食部三十一年度工作考察》，第 5 页。

中援引海关统计数据，从 1931 年至 1935 年，行轮在川江失吉者，平均每 2 艘中即有 1 艘，或每 4 次航行中即有 1 次；招商局轮船驶川者计 13 艘，共航行 38 次，失吉 2 次，虽然不算很多，约为海关统计平均数值的四分之一至三分之一，[①] 但招商局毕竟是创办较早、实力较为雄厚的大型船舶运输公司，其他小公司或个体船户失吉较之有过之而无不及。二是船户个人原因。据曾在"长江大学"学习当船工的章开沅回忆，船工生活单调乏味，虽然可以"大碗吃饭、大块吃肉、大口喝酒"，但因生命安全几乎无所保障，有钱后大都及时行乐，醉生梦死，抽鸦片烟者不乏其人，而且粮船还时常会被土匪抢劫一空，[②] 其他情况也所在多有。1944 年 5 月下旬，大竹船户岳连富载米 346.6 市石停泊在头滩子，"待水开运"。6 月 1 日因水枯无法开运，遂移船别处，却"触礁破底"，以致失吉，损失食米 42.4 市石。庞家嘴分仓管理员李德明监督抢救湿米，摊晒河边，复因山洪骤至，将食米冲失 53.9 市石，合计损失 96.3 市石。经大竹仓库派员调查，岳某"原无恶意"，李德明办事疏忽，记大过一次，以示薄惩；损失食米以明显低于市场售价的标售价格，折款 9 万余元，由此二人摊赔。[③] 对于此案，粮食部沿用川储局呈文中的说法："该失吉船户原非故意，管理员摊晒湿米遇洪水冲没，亦仅由于过失，既经查明，确属实情，姑准备查，转饬遵照办理，具报为要。"[④] 因船户自身原因导致的失吉案件数量较多，若非作奸犯科，一般以赔款或赔偿实物了结，而对于有意为之的违法案件，粮食部则会严厉处罚。三是与岷江、嘉陵江水道枯水时节险滩礁石较多有关。嘉陵江纵贯陕西、甘肃、四川三省，入川境合川后汇入渠江、涪江，能航行小汽船，水盛时可上达南充，南充而上则"不易行也"，故改为木船，木船最大

---

① 胡政主编《招商局与重庆：1943~1949 年档案史料汇编》，第 406 页。

② 章开沅口述，彭剑整理《章开沅口述自传》，北京师范大学出版社，2015，第 56~59 页。

③ 粮食部四川粮食储运局：《为大竹岳连富粮船失吉案呈报办理追赔情形请鉴核由》（1945 年 1 月 20 日），《粮食部档案》，档案号：119-040201-0207，第 72~75 页。

④ 粮食部：《为大竹船户岳连富失吉及摊晒冲没损失案按照标售该船失米甲乙两种价格折中每市石九百五十元计算分别饬赔姑准照办仰转饬遵照办理具报由》（1945 年 1 月 25 日），《粮食部档案》，档案号：119-040201-0207，第 69 页。

载重量为 73 吨，吃水深度为 16 寸。广州、武汉失陷后，国际物资改由滇缅公路辗转运入中国境内，经川康公路到四川，再经岷江运至长江。夏季水涨后轮船可经岷江由重庆航行至乐山、宜宾等地，但冬季则水流散漫，险滩林立，不可胜计，仅能行驶木船，不能航行轮船，且航速较慢，"春冬水涸，下行日航百里，上行日四五十里"，[①] 一方面影响运量，另一方面容易出现覆船事故。川江水道险恶，粮船随时都有倾覆的危险。据章开沅记述，从重庆到泸县的水路中，最危险的地方为"寡妇漕"，还有"三抛河"，经常有船在这些水深流急、漩涡此起彼伏的险滩出事，水手的生命安全没有保障。[②] 滇缅路被封锁后，苏联援华物资改自西北陆路运至广元，再经水运，重庆所需米煤多由嘉陵江运输。嘉陵江与岷江相似，冬季枯水期亦航行困难。据当时修浚岷江（1940 年 1月开始）、嘉陵江（1941 年 11 月开始）的董文琦后来回忆："又见载米木船撞上礁石险滩，在水中翻一白花，几十吨白米即付诸东流，载煤船如撞上礁石，亦样翻一黑花，随波而逝，使我益感心酸。"[③] 在董文琦主持下，岷江、嘉陵江很快疏浚完毕，嘉陵江重庆合川段、合川南充段、南充广元段不仅可以航行轮船，而且载重量增加一倍以上，航行时间也缩短一倍有余，"我曾往视木船过滩情形，见船夫驾船，悠闲自得地轻松过滩，当时我心情之愉快真是难以言表"。[④] 航道条件虽改善不少，不过，因超载而失吉者仍屡有出现，损失严重，而且处理起来颇为复杂，兹举一例。

1944 年 9 月 13 日，川江泸渝线自办木船领队王坚石所领船队中编号为 127 的木船，在从泸州运米至渝，行至江津龙门滩时，遇险沉没，"船

---

① 马以愚：《嘉陵江志》，第 56、37~54 页。

② 章开沅口述，彭剑整理《章开沅口述自传》，第 56~58 页。

③ 张玉法、沈松侨访问，沈松侨纪录《董文琦先生访问纪录》，台北，中研院近代史研究所，1986，第 54 页。

④ 张玉法、沈松侨访问，沈松侨纪录《董文琦先生访问纪录》，第 55 页。据四川省粮食厅统计，1953~1956 年，全省水运粮食失吉 998 次，损失粮食 313 万公斤，水湿粮食 390余万公斤，其中重庆、万县装轮外调粮食发生海损 19 次，沉没、水湿粮食占损失总数的三分之一。1955 年，达县专区粮船失吉 65 次，失吉原因中，驾长技术差、不熟悉航路而触礁占 66%，错走航线占 11%，超载占 3%，冒大风航行占 1.5%，放滩时驾长与滩师互不配合占 6%，两船相撞占 9%，违反航行规则和其他原因占 3.5%，全部属于责任事故。参见《四川省志·粮食志》，第 206 页。

米俱尽"，共损失碛米 775.185 市石、黄谷 778.304 市石，数量不可谓不多。[1] 粮食部接川储局上报后，首先怀疑此案存在串通舞弊、盗卖公粮、短交碛米等不法情事，因此责令川储局局长席新斋严查。粮食部的怀疑不无道理。首先，粮食部怀疑船户存在不法行为。该船队系私人自办木船，非川储局所有，而根据粮食部掌握的情况，自办木船极易滋生种种弊端，在粮食部 1944 年办结的贪污及违反粮管政令的 73 件案件中，涉及船户的有 39 件，如盗卖公粮、谎报失吉、运米掺糠、短交碛米、沉船瞒报等，[2] 不一而足。作为"外人"的自办船户，首先会被作为怀疑对象。其次，粮食部怀疑川储局存在舞弊行为或监管不严。川储局虽对各船户负有管理职责，但事实上并不能全天候严厉监管，管理存在死角，内部职员知法犯法者不乏其人，仓库押运员、雇员、分仓管理员与拨交员均有违法判刑者，而且此案涉及拨交员范履康。最后，粮食部的怀疑不无指向川储局局长之嫌，这一点粮食部虽未明言，但作为主管机关的负责人，至少存在失察之责。

接到粮食部的指令，川储局立即训令该局视察徐学濬实地调查。12月9日，徐签呈调查情形如下：川储局管辖船只领队游立仲，名下有123号、124号两艘船，均可载重70吨，按规定每艘船可载碛米1100市石或黄谷1200市石，最大载重量为碛米1400市石或黄谷1600市石，如果超载，则有倾覆危险。8月29日，游接到泸县聚点仓库拨交员范履康分派的载运任务，将黄谷1395.368市石、碛米388.086市石由泸运渝，游计划将之装入124号船只，但未能全部装完，余下50.806市石碛米。游自知过载会发生危险，遂"当面报范拨交员，请其将余下碛米50.806市石收回"，下次再装运。但凑巧的是，范声称此米系自己的

---

[1] 粮食部四川粮食储运局：《为呈报本局自办木船王坚石所领 127 号船只载运谷米失吉一案处理情形请鉴核所有失吉谷米可否核销祈示由》（1945 年 1 月 24 日），《粮食部档案》，档案号：119-040201-0207，第 6~7 页。

[2] 1944 年 1 月，太镇船户马玉堂运粮掺糠、短交碛米 13.86 市石，后经移请军法总监部判刑 7 年，剥夺公权 5 年，并追缴公粮；2 月，蓬溪县船户文玉成盗卖运粮并沉船瞒报，后经移请军法总监部判刑 15 年，剥夺公权 10 年；同月，遂宁船户冯良富盗卖军粮 55.64 市石，并凿沉粮船谎报失吉，后交由合川县政府判刑 10 年，剥夺公权 8 年。参见《本部本年办结贪污及违反粮管政令案件》，《粮政月刊》第 2 卷第 2~4 期合刊，1944年 9 月 16 日，第 113~120 页。

顶头上司、泸县聚点仓库副主任晏翔鸣任内拨出，而晏 8 月 31 日即将卸任，为扫解尾数及方便做账，无论如何须将此米设法运渝。同时，游供称，范提议可委托王坚石船只代运，王船在载运其他物品时，少装载 50.806 市石碛米即可。[①] 对于是否有此提议，范本人并未承认，只说"自行设法运走"。[②] 徐视察在调查晏翔鸣时，晏坦承自己离任时有此想法，即将任内"沱江区上游各县米谷悉数扫运，以资结束"，[③] 并"饬各船尽量装载，务期扫运"。[④] 对于余米数量，晏亦未表异议，也未提及由何人提出委托王船代运。[⑤]

按照范的提议，由斗手高少成将此项碛米装载于游、王二船，对此，高写有证明书。在证明书中，高也指出，"范拨交员履康将中间碛米五〇.八〇六市石（即三八八.〇八六市石内之五〇.八〇六市石）转托王坚石 127 号木船"，[⑥] 而且范、游、王三人商量时，泸渝线木船队队副谢玉成也在场，可为佐证。[⑦] 尽管徐视察在询问范时，范有意将责任推给游，称游将该项余米转交自办船领队王坚石，[⑧] 但这一说法令人怀疑，亦无旁证。游、王二人虽身为船队领队，但拨交员的提议不敢违背，况且范还打着晏副主任的幌子，更无法拒绝，于是该项余米由王船载运，只不过为了清查及登记账目，该项余米仍归游名下 124 号船只所载粮内计数，而由王"出一临时收条，借作凭证"。对此中细节，新任副主任徐公伟并不知情，川储局渝叙区分局亦未得报。[⑨]

① 游立仲、王坚石：《报告》（1944 年 10 月 23 日），《粮食部档案》，档案号：119-040201-0207，第 21 页。

② 《询问范履康谈话笔录》（1945 年 11 月 9 日），《粮食部档案》，档案号：119-040201-0207，第 36 页。

③ 晏翔鸣：《为准嘱复游立仲舟托记带碛米情形告请查照由》（1944 年 11 月 7 日），《粮食部档案》，档案号：119-040201-0207，第 18 页。

④ 徐学潘：《签呈》（1944 年 12 月 9 日），《粮食部档案》，档案号：119-040201-0207，第 10 页。

⑤ 晏翔鸣：《为准嘱复游立仲舟托记带碛米情形告请查照由》（1944 年 11 月 7 日），《粮食部档案》，档案号：119-040201-0207，第 18 页。

⑥ 高少成：《证明书》（1944 年 9 月 5 日），《粮食部档案》，档案号：119-040201-0207，第 20 页。

⑦ 徐学潘：《签呈》（1944 年 12 月 9 日），《粮食部档案》，档案号：119-040201-0207，第 11 页。

⑧ 范履康：《节略》（1944 年 11 月 8 日），《粮食部档案》，档案号：119-040201-0207，第 35 页。

⑨ 徐学潘：《签呈》（1944 年 12 月 9 日），《粮食部档案》，档案号：119-040201-0207，第 11 页。

王所领 127 号、128 号船装毕，总重量为 94 吨，超重 16%，于 9 月 9 日与其他 11 艘船离开泸县，向渝进发。当第 4 天行至江津龙门滩时，适逢下雨，"屋檐滴水"，[①] 127 号船只失吉。龙门滩为江津县境内唯一险滩，其特点是在枯水期与洪水期，水流及江面河床不同，因此航线亦不同，所以在该滩上游 5 里处安排鸣锣叫滩人，专门警告一般船民，以免误入航线。下行船只若在叫滩处转舵北岸航行，则万无失吉之虞，如果转舵较迟，势必冲至龙门滩上的巨石。127 号船只因未能在叫滩处转舵，直至下行 1 公里后方始转舵，但已然来不及，"船头撞于内滩巨石上，随波起落"，经头漩子时船板震裂进水，再行至三漩子时沉没，船上人、粮均不幸落水。127 号船只触礁时，正值龙门乡赶场期，往来渡船较多，纷纷施救，[②] 王坚石夫妇被"撑小船"的船民王银廷救起。[③] 王坚石夫妇获救后，遂至乡公所报告失吉情况，但二人神智失常，报告后随即离开，并未请求抢救或打捞。龙门乡乡长刘治平据报后，适因下雨，场期船多人杂，既未派人施救，又未保护落水食粮，任其随水顺流，或由小船户群集打捞，船民张炳辉、文志诚等捞获黄谷 6 市石 4 市斗，船民郑海洲捞获黄谷 2 市石 8 市斗，德感坝乡船民捞获黄谷 6 市石 7 市斗，江津储运处派员打捞黄谷 21 市石 2 市斗、碛米 1 市石有余，共计损失碛米 775.185 市石、黄谷 778.304 市石。船体损坏严重，修理费仅木铁料就有十数万元。[④] 此为整个事件之梗概。

王氏夫妇神智失常，除因江水激荡、船毁米失造成的巨大心理压力外，更与王氏夫妇小孩溺亡有关。徐视察在签呈中提及，从船只 9 月 10 日失吉至 12 月上旬，并未发现有小孩尸体，遍地寻访亦无所闻，

---

① 《问水代表曾汉清》（1944 年 11 月 18 日），《粮食部档案》，档案号：119-040201-0207，第 57 页。

② 徐学潘：《签呈》（1944 年 12 月 9 日），《粮食部档案》，档案号：119-040201-0207，第 11~15 页。

③ 《询问巴头林船户王银廷笔录》（1944 年 11 月 18 日），《粮食部档案》，档案号：119-040201-0207，第 11~15 页。

④ 徐学潘：《签呈》（1944 年 12 月 9 日），《粮食部档案》，档案号：119-040201-0207，第 11~15 页。

王银廷施救时，亦未见有。但徐并未明说是谁的小孩，搜救结果到底怎样。但是，11 月 18 日，徐询问王银廷"队长私说什么没有"时，王银廷对徐交代，"他说小孩死了"，"他"指的就是队长王坚石。[①] 显然，王氏夫妇育有一男孩，全家随船生活，未料发生意外，船毁人亡，酿成惨剧。如果仅因船米沉水，相信不会导致多年在江湖打拼、从船户到成为领队的王坚石神智失常。徐视察在签呈中有意淡化小孩溺亡一事，一因小孩尸体未有下落；二来徐此行是受川储局指派来调查船只失吉案的，毕竟粮食部最为关心的是有无短交碛米、盗卖谷米等舞弊情事。

对于粮食部的关切，徐视察自然不敢掉以轻心，经与斗工高少成、曾德明及泸县斗工代表喻顺江谈话，[②] 以及赴石门乡明密调查，并未能获得短交碛米证据，"尚无在该场于夜间盗卖盗买情事"。[③] 也就是说，粮食部预想的短交碛米、盗卖盗买事情并不存在，这些只不过是粮食部对木船队、船户先入为主的刻板偏见而已。

在此有必要交代一下川储局木船管理情况。根据川储局 1943 年度工作报告，该年度川储局共有木船 500 余艘，担任水上运输任务，故而设立木船管理所，直接管理木船的编队调度。木船管理采用贷让办法，由各船业公会保证，招徕殷实优良船户承贷营运。川储局粮食受木船管理所指挥管理，船只造价成本则由各承贷船户承运粮食时分别指定时间，在运费内酌予扣回，作为缴还成本。此外，管理所对各江河优良船户亦进行登记，给予合法待遇及保障，使其安心承运粮食。又各江河粮运繁忙，因此在各重要聚点设立木船运输队，运输队受木船管理所管辖，担任各仓粮食抢运工作。木船运输队采用粮船编队行驶办法，每队设领队 1 人，其职责是"随船率领至指定点，协助驻仓船队或仓库管理船户，调度船只，照料装卸等事

---

① 《询问巴头林船户王银廷笔录》（1944 年 11 月 18 日），《粮食部档案》，档案号：119-040201-0207，第 11~15 页。

② 《询问斗工高少成笔录》（1944 年 11 月 8 日），《粮食部档案》，档案号：119-040201-0207，第 27~30 页；《询问斗工曾德明谈话笔录》（1944 年 11 月 9 日），《粮食部档案》，档案号：119-040201-0207，第 49~52 页。

③ 徐学潘：《签呈》（1944 年 12 月 9 日），《粮食部档案》，档案号：119-040201-0207，第 12 页。此处的"该场"指石门场。

宜"，1943 年度共有泸渝、宜渝、合渝等 14 条航线。据载，1943 年度，川储局在各江控制及自有贷让木船，计长江区登记船 164 艘、贷让船 4 艘，涪江区登记船 110 艘、贷让船 37 艘，渠河区贷让船 374 艘，合计登记船 274 艘、贷让船 415 艘，总载重量为 234800 余市石。① 除了登记船、贷让船，川储局还有自办木船运输队。1943 年，川储局已有组建该队之意，一面增进办理各江登记商船，一面拟将新建的长江船只"举行自办"，其余部分仍沿袭旧例。1944 年 7 月，川储局自办木船运输队正式成立，自办船只的管理办法由木船管理所遵照粮船编队行驶办法，每队派领队 1 人，随船照料及管理。② 自办木船运输队专门负责川储局自办木船调度及管理事宜。③

　　从现有资料来看，游立仲、王坚石应属于木船运输队中的领队，而不是自办木船运输队的领队，因徐学濬在《签呈》中提到二人名下编号的船只时，均称为"局船"，王坚石所率船只编号为 127 号、128 号，这是有别于自办木船运输队的。④ 应该说，"局船"领队身份高于自办木船运输队领队身份，但游、王二人的这一身份可能并未在事故处理早期阶段占有优势，徐学濬在《签呈》中的措辞及川储局在处理这一事件时的意见，均未提及二人的"领队"身份，粮食部在最终裁决时，态度也是非常严厉的。

　　在《签呈》最后，徐提到，此事件之所以会发生，是因为王坚石船只载粮过重，晏翔鸣知情未报，范履康等任意处理粮运事宜，"均难辞疏忽之咎"；加上天气恶劣，水流湍急，船长驾驶技术欠佳，误入航线，触礁后王坚石处理失当，谷米"全部大丢"。总之，此一失吉事件乃系偶发，"尚未查得舞弊佐证"，⑤ 王坚石所应承担的责任系范"商得王坚石

---

① 《粮食部四川粮食储运局三十二年度工作报告》，无页码。
② 《粮食部四川粮食储运局三十二年度工作报告》，无页码。
③ 谭刚：《抗战时期的四川粮食储运》，硕士学位论文，四川师范大学，2002。四川盐务局 1943 年在广元雇用民船和自办木船运输。参见广元市地方志编纂委员会编《广元县志》，四川辞书出版社，1994，第 497 页。
④ 徐学濬：《签呈》（1944 年 12 月 9 日），《粮食部档案》，档案号：119-040201-0207，第 10 页。
⑤ 徐学濬：《签呈》（1944 年 12 月 9 日），《粮食部档案》，档案号：119-040201-0207，第 15~16 页。

同意，交其代为载运"，以及雇用船长人选不当。川储局提出三条处理意见：一是将王坚石领队职务撤销；二是将毁坏船体残骸公开标售；三是船户捞获谷米严加追究，以重公粮。同时呈请将失吉谷米核销。[①] 核销的意思即是将失吉食米不作为人为损失，一笔勾销，不予追究。对此处理意见，粮食部部长徐堪极不赞成，谓"该领队王坚石虽无舞弊情事，但事前既载量过重，事后又未尽抢救打捞之责，致损失重大，仅予撤职处分，殊嫌过轻"，而范履康"亦有疏忽之咎"，该局竟不予处分，"实有未合"。依据粮船失吉紧急处理的相关办法，粮食部指令川储局，应将所有损失谷米，严饬王、范二人分别赏赔。[②]

粮食部部长徐堪的指令与川储局局长席新斋的处理意见大相径庭：席将失吉原因归结为客观原因，显示出友善的一面，徐则坚称系超载所致；席的着眼点是"人"，既认粮更认人，徐的落脚点为"粮"，只认粮不认人；席的处理意见或许是基于王坚石系被迫超载，以安抚其他领队，也或许受到王坚石小孩溺亡的触动而做出的判断，徐的指令则是仅从纸面材料所反映出的事实做出的推理与判定。其实，川储局在申请核销该案时，是将呈文连同32份证明材料一同呈送粮食部的，也就是说，粮食部与川储局看到的是相同的32份材料。不同的是，徐视察递交给川储局的签呈及材料是徐学濬本人实地调查所得，是与每一个当事人面对面交流所得，这些材料既担当着为当事人兼受害人王坚石说话辩解的重任，又是压倒王坚石的最后一根稻草。我们可以想见，当身处丧子之痛的王坚石夫妇接到粮食部的指令时，会做何感想？至于范履康，作为1943年4月担任监收处拨交员、11月担任监收的新手，其迎合上司晏副主任的心态是显而易见的，确有"疏忽之咎"，并且范也承认，在加装余米事情上，"同批的船，能加的都加了"，这也是违反规定的，加完剩下的就加给了"头名"王坚石，而王坚石却未像他名字的寓意"坚如磐石"，也未能像另一船户谢权

---

① 粮食部四川粮食储运局：《为呈报本局自办木船王坚石所领127号船只载运谷米失吉一案处理情形请鉴核所有失吉谷米可否核销祈示由》（1945年1月24日），《粮食部档案》，档案号：119-040201-0207，第6~7页。

② 徐堪：《为该局自办木船王坚石所领127号船只被撞沉损失米谷应严饬分别照数赔偿所请核销一节难照准仰遵办具报由》（1945年1月31日），《粮食部档案》，档案号：119-040201-0207，第3~4页。

以"船孬，不能多装"为由拒绝范履康，从而答应将余米装入己船，这也为后来船只失吉埋下了祸根。①

就载量过重来说，确属不妥，但这在各航线船户已成为公开的秘密。据另一案件 114 号船只领队朱云卿言，"所有船只均较登记载量超装"，②也即载量过重是航运业的普遍现象，只是过载程度不同而已。王坚石载量过重 16%，此为无可辩驳的事实，但王坚石并非主动要求超量装载，并且导致事故发生的主要原因在于天气恶劣及转舵过迟，在此次事故中王之小孩也无辜溺亡，从某种程度上说，王也是受害者。若置王丧子事实于不顾，则与人之常情有违，徐堪的指令太过于无情。

然而，徐堪看似无情的指令却是战时粮食危机下的迫不得已之举，也是出于战时秉公执法乃至严厉执法，以防止粮政弊端的一贯做法。对于防止粮政弊端，粮食部一直较为重视，1941 年 9 月，粮食部在一份材料中列举了 6 项有关征粮、收粮、运粮、拨粮方面的弊端，并规定一经发现，即送当地军法机关，以军法从事。粮食部内也设立军法室，就近审理违法案件。对此，有人亦提出异议，认为粮食部非军事机构，无权设立军法室，除了军粮违法案件，普通粮食案件亦非军事事务，不宜以军法审判。嗣后，《特种刑事案件诉讼条例》实施后，撤销军法室，此类案件划归司法机关办理，但仍保留了督察人员司法警察职权。③ 此外还设有督导室，专门处理违反粮政法令与粮管政令案件；派督粮及视察人员常驻巡视各地，并派川省各行政督察专员兼督粮委员，以加强督导工作；设有粮政密查队及川江储运密查队，专事纠察检举；在各重要省市设立粮政通讯员，在川省组设粮政服务队，协助宣传调查，亦负有密查任务。对各地征收征购粮食的官吏、乡镇保甲长及储运人员，则命令各县征购粮食监察委员会、督粮特派员、督粮委员、各地协助粮政的党部和团部及宪兵、粮食部所派人员密查检举。

---

① 《询问范履康谈话笔录》（1945 年 11 月 9 日），《粮食部档案》，档案号：119-040201-0207，第 36 页。

② 粮食部四川粮食储运局：《为局办第 114 号木船失吉案呈复查办情形请鉴核由》（1945 年 1 月 6 日），《粮食部档案》，档案号：119-040201-0207，第 102 页。

③ 参见《粮食部 1945 年度施政计划（附相关预算书）》（1944 年 8 月），《中央设计局档案》，档案号：一七一-1473，第 39 页；《粮食部卅四年度工作计划审核意见》（1945 年 9 月 28 日），《行政院档案》，档案号：014-040501-0005，第 55 页。

检举机关及人员如有违法渎职者，"应同受处分"，挟嫌诬陷者，依法治罪。①

　　尽管粮食部设立重重机构、派遣众多人员明察暗访，但违反粮政被移送军法机关的案件比比皆是。1944年粮食部审结粮政违法案件73件，移请军法总监部以军法论处者所在多有。5月23日，陪都民供处第一仓库主管员赵延年伙同第一仓库办事员江克源，第一仓库工人周福全、刘达明、刘天佑，工人曾光才、胡全辉，雇员王嘉犹7人盗卖仓储面粉65袋，被移交军法总监部，主犯赵延年被判处12年有期徒刑，剥夺公权10年，王嘉犹、江克源被判10年，其余四人被判7年。② 其他相关案件概况见表4-17。

　　从表4-17可以看出，战时粮政舞弊案件牵涉机关不少，尤以川储局为多，在1944年审结的73件案件中，与川储局有关者达53件，占比为73%，说明川储局是粮政违法案件的多发区、重灾区，如果再加上未审结、未上报案件，则其数量更属不少。虽然与1943年度处理的1243件相比，1944年的案件数量大幅下降，③ 但这是在粮食部保持高压态势下，在不法之法的"军法室"违法进行军法审判的结果。政府行政机关做事认真严厉固然值得肯定，但越权、越位及践踏立法、司法独立的行为仍应受到批判。应该指出的是，粮食部依照军法机关审判民事案件的程序与标准，而军事案件、军法案件"法定之刑度较高，科以死刑或无期徒刑者亦复不在少数。如其处理稍欠慎重，致有所失出或失入，则动关人命，影响非微"，且极不符合"国家慎重刑狱之目的"，这一点被多位法律专家所诟病。④ 因此，将非军人贪污、舞弊案件从军法审判中剥离出来，还诸普通司法审判，成为社会各界的共识。与表4-17中的大多数案件系主动舞弊不同，王坚石的船只系"被超载"，而且王本人损失惨重，令人同情。

---

① 《粮食部呈拟密查检举粮政人员违法舞弊实施办法》（1942年10月23日），《国民政府档案》，档案号：001-087000-00008-001，第57~58页。

② 《本部本年办结贪污及违反粮管政令案件》，《粮政月刊》第2~4期合刊，1944年9月16日，第117~118页。

③ 《粮食部报告》（1945年），第10页。

④ 赵琛、林彬：《本院刑法委员会会同法制委员会审查特种刑事案件诉讼条例草案案报告》，《立法院公报》第129期，1944年1月，第28页。

表 4-17　粮食部 1944 年办结贪污及违反粮管政令案件统计

所属机关	姓名	职别	案由	结果	时间
遂宁县	彭吉舟	北固乡副保长	收受贿赂，伪证未遂	经交遂宁县政府判刑 3 年 6 个月	1944 年 1 月 19 日
川储局	罗桂林	大镇船户	盗卖公粮	经交由涪江区解送遂宁县政府判刑 7 年，剥夺公权 7 年	1944 年 1 月 19 日
川储局	唐沛霖	大镇船户	盗卖公粮	判刑 3 年 6 个月，剥夺公权 3 年	1944 年 1 月 19 日
川储局	蒋森林	大镇船户	盗卖军米 78.045 市石	经移请军法总监部判刑 7 年，剥夺公权 5 年	1944 年 1 月
川储局	文玉成	蓬溪县船户	盗卖运粮并沉船瞒报	经移请军法总监部判刑 15 年，剥夺公权 10 年	1944 年 2 月 1 日
陪供处	余文臣	江北县石墩子食米店	冒领官价米并行贿赂	经移请军法总监部判刑 5 年，剥夺公权 5 年	1944 年 1 月
陪供处	张映辉	沙坪坝七七食米店经理	将斗底上移偷减舞弊	经移请军法总监部判刑 5 年，剥夺公权 5 年	1944 年 1 月 8 日
粮政局	冯瞀前	视察	对主管事务直接图利	经移送请军法总监部判刑 15 年，剥夺公权 10 年	1944 年 1 月 8 日
川储局	马玉堂	大镇船户	运米掺糠，短交碛米 13.86 市石	经移请军法总监部判刑 7 年，剥夺公权 5 年，追缴公米 13.816 市石	1944 年 1 月 16 日
川储局	曾子明	泸县仓库押运员	利用职权敲诈财物	经移请军法总监部判刑 3 年 6 个月	1944 年 1 月 21 日
川储局	顾文明	泸县仓库雇员	利用职权敲诈财物	经移请军法总监部判刑 3 年 6 个月	1944 年 1 月 21 日
川储局	魏楚材	厚记分仓管理员	贪污不法	经移请军法总监部判刑 10 年，追缴公款 59742.41 元	1944 年 1 月 23 日
川储局	郭正本	大和镇船户	侵占军米	经移请军法总监部判刑 7 年，剥夺公权 3 年	1944 年 1 月 31 日
川储局	冯良富	遂宁县船户	盗卖军粮 55.64 市石，并当沉粮船谎报失吉	经交由合川县政府判刑 10 年，剥夺公权 8 年	1944 年 2 月 28 日
川储局	张荣生	射洪县船户	盗卖军粮 257 市石	经交射洪县政府呈报，判处无期徒刑，剥夺公权终身	1944 年 1 月 12 日
川储局	邓荣兴	大和镇船户	渗水毁损军米	经移请军法总监部判刑 7 年	1944 年 2 月 24 日
川储局	张荣生	大和镇船户	盗卖运粮，腾空放炮	经交由射洪县政府判处无期徒刑，剥夺公权终身，追缴侵占碛米 250 市石	1944 年 2 月 27 日

续表

所属机关	职别	姓名	案由	结果	时间
川储局	船户	夏治和	短交碛米 23.219 市石	经移请军法总监部判刑 5 年,剥夺公权 5 年,公米追缴	1944 年 3 月 22 日
川储局	船户	高晓如	短交碛米 90.974 市石	经移请军法总监部判刑 7 年,剥夺公权 5 年,公米追缴	1944 年 3 月 30 日
安边分仓	管理员	凌宝之	亏空仓余碛米	经交由宜宾县政府判刑 1 年 6 个月,剥夺公权 2 年,缓刑 3 年	1944 年 3 月 3 日
川储局	黄桷渡分仓管理员	李炳奎	浮派力资 213160 元	经移送军法监部判刑 12 年,剥夺公权 10 年	1944 年 4 月 11 日
川储局	雇员	刘树森	上案共犯	经移请军法监部判刑 4 年	1944 年 4 月 11 日
川储局	船户	林鹏云	短交碛米 57.65 市石	经移请军法总监部判刑 6 年,剥夺公权 5 年	1944 年 4 月 7 日
川储局	合川船户	石希赞	短交碛米 65.94 市石	经移请军法总监部判刑 7 年,剥夺公权 5 年	1944 年 4 月 8 日
川储局	遂宁船户	周树林	短交碛米 85.386 市石	经移送军法总监部判刑 8 年,剥夺公权 7 年	1944 年 4 月 4 日
川储局	合川船户	王开惠	失吉军米 172.931 市石,腾空放炮嫌疑	经移送军法总监部判刑 10 年,剥夺公权 8 年	1944 年 4 月 7 日
川储局	南充船户	邹清和	短交碛米 62.9 市石	经移送军法总监部判刑 4 年,剥夺公权 4 年	1944 年 4 月 9 日
太平江军粮船舶派处	班长	车良臣	受贿卖放船只	由洛碛执法队拘押送军法执行总监部判刑 5 年,剥夺公权 3 年	1944 年 4 月 26 日
太平江军粮船舶派处	警士	张学文	受贿卖放船只	由洛碛执法队拘押送军法执行总监部讯同,移请军法判刑 5 年,剥夺公权 3 年	1944 年 4 月 26 日
太平江军粮船舶派处	警士	王海清	受贿卖放船只	由洛碛执法队拘押送军法执行总监部讯同,移请军法判刑 5 年,剥夺公权 3 年	1944 年 4 月 26 日
湖南田粮管理处	驻湘审计处派看标员	盛有声	标印 1944 年度田赋卷舞弊	经电由湘田粮处移送军法判刑 2 年	1944 年 4 月 26 日
湖南田粮管理处	审计员	李振中	标印 1944 年度田赋卷舞弊	经电由湘田粮处移送军法判刑 2 年	1944 年 4 月 26 日
湖南田粮管理处	科长	丁端	标印 1944 年度田赋卷舞弊	经电由湘田粮处移送军法判刑 6 年	1944 年 4 月 26 日

续表

所属机关	职别	姓名	案由	结果	时间
川储局	太和镇船户	陈德荣	短交硬米 47.442 市石	经移请军法总监部判刑 7 年,剥夺公权 5 年,追缴公米 47.442 市石	1944 年 4 月 8 日
川储局	太和镇船户	胡青廷	短交硬米 75.659 市石	经移请军法总监部判刑 10 年,剥夺公权 8 年,追缴公米 75.659 市石	1944 年 4 月 9 日
川储局	船户	郭海洲	侵占公米 42.375 石	经移请军法总监部判刑 3 年 6 个月,剥夺公权 2 年,公米追缴	1944 年 4 月 15 日
云阳县	云阳经收员	毕巨卿、毕让贤、赖启学	征粮舞弊	交由云阳县县政府依军法判处毕巨卿死刑;判处毕让贤无期徒刑;判处赖启学 12 年,剥夺公权 10 年	1944 年 5 月
云阳县	泸县船户	屈开恩	短交硬米 27.62 市石	经移请军法总监部判刑 5 年	1944 年 6 月 13 日
川储局	宜宾船户	贾玉良、桂明清、董志松	盗卖公米数十市石	由本部解送军法室判处贾玉良 20 年,剥夺公权 10 年;判处桂明清、董志松各 10 年,剥夺公权 10 年	1944 年 5 月 27 日
川储局	太和镇船户	杨蔚生	短交中熟米 52.392 市石	经移请军法总监部判刑 7 年,剥夺公权 5 年;公米追缴 52.392 市石	1944 年 5 月 18 日
川储局	太和镇船户	侯仲富	运米逾短交 47.203 市石	经移请军法总监部判刑 3 年	1944 年 5 月
川储局	太和镇船户	罗运鸿	上案共犯	经移请军法总监部判刑 5 年	1944 年 5 月
川储局	太和镇船户	杨树清	上案共犯	经移请军法总监部判刑 5 年	1944 年 5 月
陪供处	第一仓库主管员	赵延年	盗卖仓存面粉 65 袋	经移请军法总监部判刑 12 年,剥夺公权 10 年	1944 年 5 月 23 日

续表

所属机关	职别	姓名	案由	结果	时间
	雇员	王嘉犯	上案共犯	经移请军法总监部判刑 10 年,剥夺公权 8 年	1944 年 5 月 23 日
	第一仓库办事员	江克源	上案共犯	经移请军法总监部判刑 10 年,剥夺公权 8 年	1944 年 5 月 23 日
	工人	曾光才	上案共犯	经移请军法总监部判刑 7 年,剥夺公权 5 年	1944 年 5 月 23 日
陪供处	工人	胡全辉	上案共犯	经移请军法总监部判刑 7 年,剥夺公权 5 年	1944 年 5 月 23 日
	第一仓库工人	周福全	上案共犯	经移请军法总监部判刑 7 年,剥夺公权 5 年	1944 年 5 月 23 日
	第一仓库工人	刘达明	上案共犯	经移请军法总监部判刑 7 年,剥夺公权 5 年	1944 年 5 月 23 日
	第一仓库工人	刘天佑	上案共犯	经移请军法总监部判刑 7 年,剥夺公权 5 年	1944 年 5 月 23 日
川储局	蓬溪船户	赵树森	侵占公米 101.115 市石	经移请军法总监部判刑 15 年,剥夺公权 10 年,公米追缴	1944 年 5 月 30 日
川储局	大和镇船户	董炳全	承运谷米来渝,短交 62.745 市石	经移请军法总监部判刑 7 年,剥夺公权 5 年	1944 年 6 月
川储局	蓬溪船户	刘正友	承运糙米,短交 62.5 市石	经移请军法总监部判刑 12 年,剥夺公权 10 年	1944 年 6 月
川储局	遂宁船户	张如松	承运糙米,短交 183.61 市石	经移送军法总监部判处死刑	1944 年 6 月
川储局	乐山船户	罗福星	短交糙米 34.84 市石	经移送军法执行总部判刑 5 年,剥夺公权 5 年	1944 年 6 月
大足县	大足弥陀乡粮谷保管员	曾永钟	冒存浮收	经交由该县政府判处无期徒刑,剥夺公权终身	1944 年 6 月 3 日
川储局	泸县船户	曾炳兴	短交糙米 30.304 市石	经移送军法总监部判刑 7 年,剥夺公权 5 年	1944 年 6 月 24 日
川储局	船户	邹海清	运粮掺杂发水	经移请军法总监部判刑 3 年 6 个月,剥夺公权 3 年	1944 年 6 月 8 日
大竹弥陀乡	粮谷保管员	陈懋康	冒斗浮收粮谷,盗卖渔利	经交由该县政府判处无期徒刑,剥夺公权终身	1944 年 6 月
川储局	遂宁船户	萧炳云	侵占公米 21.25 市石	经移请军法总监部判刑 10 年,公米追缴 21.25 市石	1944 年 7 月 4 日
川储局	潼关船户	陈绍清	短交糙米 127.853 市石	经移送军法总监部判刑 15 年	1944 年 7 月 4 日

续表

所属机关	职别	姓名	案由	结果	时间
川储局	潼南船户	邹孝银	短交糙米78.224市石	经移送军法总监部判刑12年	1944年7月22日
陪供处	业务员	周亚波	申通杜栋樑向裕顺面店索贿18000元	经部转送军法总监部判刑5年，剥夺公权3年	1944年7月31日
陪供处	南岸切面店代表	杜栋樑	上案共犯	经部转送军法总监部判刑5年，剥夺公权3年	1944年7月31日
川储局	潼南船户	姜顺卿	短交糙米28.238市石	经部转送军法总监部判刑5年，剥夺公权3年	1944年7月31日
陪供处	洪沙溪仓库雇员	李鑫涛	奉派办理拨交事宜，向船户索贿	经移送军法监部判刑7年，剥夺公权5年	1944年7月4日
川储局	重庆市仓监交员	宋毓成	上案共犯	经移送请军法监部判刑3年，剥夺公权10年	1944年7月1日
川储局	拨交员	蒋少卿	利用职权受贿舞弊	经移送军法监部判刑13年，剥夺公权10年	1944年7月1日
川储局	拨交员	奚双和、刘志诚	发水舞弊	经移送军法总监部判处无期徒刑，剥夺公权终身	1944年7月1日
川储局	拨交员	易永清	盗卖公米169市石	经移送请军法总监部判刑15年	1944年8月2日
川储局	拨交员	刘忠万	盗卖公米75.143市石	经移送军法总监部判刑7年6个月	1944年8月2日
川储局	拨交员	易熙富	盗卖公米50市石	经移送军法总监部判刑7年6个月	1944年8月2日
川储局	化龙桥分仓拨交员	廖德清	共同连续借端勒索船户莫炳林等99000元	经移送军法总监部判处死刑，剥夺公权终身	1944年8月16日
川储局	化龙桥分仓拨交员	徐仲达	上案共犯	经移送军法总监部判处死刑，剥夺公权终身	1944年8月16日
川储局	化龙桥分仓拨交仓员	郭云	连续帮助借端勒索财物	经移送军法总监部判刑15年，剥夺公权10年	1944年8月16日
川储局	广安船户	程元兴	盗卖公米220.745市石	经移送军法总监部判刑15年	1944年8月2日
川储局	太和镇船户	尤金和	短交糙米49.763市石	经移送军法总监部判刑3年6个月，剥夺公权2年	1944年7月31日
川储局	太和镇船户	陈开明	短交糙米51.283市石	经移送军法总监部判刑3年6个月，剥夺公权2年	1944年7月31日

资料来源：《本部本年办结贪污及违反粮管政令案件》，《粮政月刊》第2卷第2～4期合刊，1944年9月16日，第113～120页。

从此案当中其他人员应负责任来说，亦有值得商榷之处，如乡长刘治平，刘在接报后未及时派人施救，一来未能防止损失进一步扩大，二来与1944年9月施行的《各界民众救护川江失事粮船给奖暂行办法》规定不符。该办法虽系军政部为协助军粮运输而制定，且为"给奖办法"，但其宗旨为"减轻国家损失"，该办法第3条规定，乡镇保甲长得报后，"应以最迅速方法，集合人民或船只，并亲自率领至失事地点协助抢救，或施行打捞，不得稍事观望"。① 显然，刘治平并未有效履行乡长职责，未能迅速组织力量施救，或亦应受到谴责。

历史总是复杂的。就在徐堪"无情"执法之际，随后发生的另一粮食水运案件却显示出徐的另一面相。1945年2月22日，川储局呈文粮食部，请求将泸县船户曾炳兴的赔偿数额减半。② 3月1日，徐堪指令"照办"。③ 那么，这件案件的经过到底是怎样的，又是如何成功减半的呢？

1943年12月下旬，56岁的曾炳兴从泸州承运川储局碛米497.51市石至渝，但在拨交时，监收员发现曾短交30.304市石，随即将曾扣送至军法执行总监部。1944年6月，曾被判处有期徒刑3年6个月，收押在土桥申家沟军事监狱，短交食米全部追缴。据重庆仓库呈报，短交食米按照1944年1月政府定价每市石1900元计，则应赔款57577.6元，除去囤储费、标售曾炳兴名下被扣木船所得价款等款项16390元，实欠41187.6元。对此欠款，曾的家人将"典卖什物"所得一万余元缴赔，"余者实勿（无）力再谋"，因此曾炳兴在狱中呈文川储局，以年届六旬之躯"泣恳于钧座"，"减轻追缴，豁免半数"。川储局收阅曾的呈文后亦在呈送粮食部的呈文中称，曾"所称各节不无可悯，且已判禁徒刑，犹复知公粮至重，典当借贷，借款赔缴，似亦不无可原之处……可否准如所请，减半赔价"，即再赔缴12398.8元即可结案。可以看出，川储局对曾氏极为同情，言辞中主张减半赔付。曾氏遭遇引起川储局如此同情，其中因素颇为复

---

① 《各界民众救护川江失事粮船给奖暂行办法》（1944年9月），《四川省政府公报》第273期（原第484期），1944年10月20日，第4页。

② 粮食部四川粮食储运局：《为据泸县船户曾炳兴请求减半赔偿短交公米一案转请鉴核由》（1945年2月2日），《粮食部档案》，档案号：119-040201-0207，第141页。

③ 粮食部：《为据船户曾炳兴短交碛米姑准照办仰即知照并将办理情形具报由》（1945年3月1日），《粮食部档案》，档案号：119-040201-0207，第139页。

杂，据曾氏呈文供述，第一，自己系第一次承运局粮，对交卸手续不明，致使短交情事发生，言下之意是自己未打点接收之人，接收人员"人众手乱，弊端百出，殊知竟造成万劫不回之沉冤"，并非自己有意短交；第二，自己年龄较大，且已服刑，从扣押至提出申诉，已届一年两个月；第三，自己入狱后，家人生活"早告绝决"，"五旬有余之发妻，手携十龄弱息沿门乞讨"；第四，更为重要的是，曾氏的另一身份——出征军人家属——亦引起川储局局长席新斋的同情。据曾氏所言，家中长、次二子均先后被征发兵役，"远征印缅"，"音信渺无，生死未卜"，自己桑榆无靠，"悲悯何极"?①

面对言辞悲切的呈文及曾氏遭遇的"覆盆之冤"，席新斋的同情心驱使其以川储局名义呈文粮食部，请求减半赔偿。在呈送粮食部的呈文中，川储局可谓煞费苦心，呈文暗藏玄机，兹照录部分如下：

> ……该船户短交之米，按照三十三年一月份规定价格每市石一千九百元计算，应赔款五万七千五百七十七元六角，除已扣运尾三千元，囤费一百五十元，暨标售被扣木船一只得价一万三千二百四十元外，实欠赔四万一千一百八十七元六角等情。兹如准其所请，减半赔偿，则应赔数当为二万八千七百八十八元八角，除已扣除运尾、囤费及标售木船得价外，再赔缴一万二千三百九十八元八角，即可结案。据呈前情，可否准如所请，减半赔价之处理，合缮同原呈，转请鉴核示遵。②

川储局根据损失碛米 30.304 市石及每市石定价 1900 元，计算出曾氏应赔钱款总额为 57577.6 元，那么，如何减，怎样赔？此处有两种算法。第一种，先减半，再抵扣，最后赔偿。即先将总额减半，则为 28788.8 元，再抵扣曾氏支付的运尾、囤储费、标售木船价款等合计 16390 元，抵

---

① 曾炳兴：《呈文》（1944 年 12 月），《粮食部档案》，档案号：119-040201-0207，第 144~145 页。

② 粮食部四川粮食储运局：《为据泸县船户曾炳兴请求减半赔偿短交公米一案转请鉴核由》（1945 年 2 月 2 日），《粮食部档案》，档案号：119-040201-0207，第 141 页。

扣后应赔 12398.8 元。① 第二种算法是先抵扣，再减半，最后赔偿，即先用总额减去抵扣数，则实欠赔款为 41187.6 元，再减半，则为 20593.8元，这种算法相当于将曾氏抵扣数额也减半了，是不合理的。如果采用比较科学合理的第一种算法，曾氏可少赔 8195 元。

显然，川储局采用了有利于曾氏的第一种算法，这种算法也是较为合理的方案。这是因为，第一，第一种算法符合真正的"减半赔偿"，即先减半再赔偿，减半的基数是赔付的总额，而不是抵扣后的赔付额，这个基数是由川储局自己决定的，两种算法的差别正在于此。第二，曾氏被收押后，其家人已典卖什物，"合集一万余元之数"，② 也已赔付政府。曾氏家人典卖什物价款基本与第一种算法应赔付的数额 12398.8 元相近。也就是说，典卖什物价款已经清偿了最终的赔付数额，只要曾氏按照规定服完剩余刑期，此案就完全了结了。第三，川储局呈文中暗藏玄机的地方正是"实欠赔四万一千一百八十七元六角"。按照常理，此一数字根本没有必要出现，但呈文中却偏偏提到了这个数字，而且行文至此，川储局并未循此思路，将减半赔偿数额判定为 20593.8 元（即第二种算法应赔付数额），而是又回到了第一种算法，这既向粮食部交代了合理的第一种算法，又揭示了第二种算法的不合理之处。对曾炳兴及其家人来说，第一种算法代价最小；从川储局及席新斋本人来说，则也算尽到了优待抗属的心意，而且并未违反规定。

粮食部收到川储局的呈文后，徐堪指令如下："该船户曾炳兴短交磺米三十石零三斗零四合，既经依法判处三年六个月，并据查明，该船户年近花甲，两子从军，无力照赔，所拟减半折价赔偿一节，姑准照办，仍仰将办理情形报核。此令。"③ 此案至此画上了句号。

---

① 粮食部四川粮食储运局：《为据泸县船户曾炳兴请求减半赔偿短交公米一案转请鉴核由》（1945 年 2 月 2 日），《粮食部档案》，档案号：119-040201-0207，第 142 页。
② 曾炳兴：《呈文》（1944 年 12 月），《粮食部档案》，档案号：119-040201-0207，第144 页。
③ 粮食部：《为据船户曾炳兴短交磺米姑准照办仰即知照并将办理情形具报由》（1945 年3 月 1 日），《粮食部档案》，档案号：119-040201-0207，第 139 页。船户短交磺米的情况为数不少，战后亦有发生，如 1946 年 1 月，合川县船户胡学富混装劣米，"正设法拨清时"，胡某"竟已潜逃"。参见《重庆处标售霉粮》（1946 年~1947 年），《粮食部档案》，档案号：119-040201-0284，第 3 页。档案标题中的"重庆处"指"重庆市田赋粮食管理处"。

王坚石案与曾炳兴案同为粮食运输中的所谓"弊案"，牵涉的主要人员或机构除了王、曾二人，还有川储局与粮食部，但无论是王坚石还是曾炳兴，二人均非主观意愿上的有意为之，而是被动的受害者，并且作为案件中的弱势群体，也都付出了惨重的代价。从川储局及其主管官员所扮演的角色来看，其较好地履行了实地调查、材料上报、提出处理意见等职责，尤其是局长席新斋能够体谅船户的苦衷，提出有利于船户的处理意见。而粮食部则是立足于"粮"这个中心问题，最终做出裁决，在不同案件上表现出不同的面相。总而言之，战时粮食运输中的失吉问题较为复杂，上述两案只不过是冰山之一角，为我们观察战时粮政提供了不同视角。

四 粮食加工——以中国粮食工业公司为中心

关于粮食加工，孙中山早在《建国方略》"粮食工业"中即已提出"粮食加工工业化、标准化"问题。但限于中国机器工业发展较为滞后，粮食加工并未全面走上工业化、标准化道路。在西力东渐过程中，近代中国粮食加工业逐渐由传统加工方式向机器加工方式过渡。第一次世界大战期间，中国机器粮食加工业发展迅速，但之后步入缓慢发展时期，传统方式仍占绝对主体。一战时期，机制面粉业大规模扩展，其后逐渐稳步发展，形成了一南一北两个机制面粉工业中心。碾米业也稍有发展。但中国的碾米业存在的一个问题是，国内绝大多数米厂无电力设备进行烘干，以致不能长久储存，品质不一。

全面抗战前机器粮食加工企业以民间资本为主，民营企业较多，几无国营、省营企业可言，且政府缺位，缺乏合理的区位布局，内陆地区明显滞后于东南沿海地区。抗战全面爆发后，东南沿海机器粮食加工企业或倒闭，或被迫停产，或被日军侵占，或向内地迁移，水平整体下滑，而大后方机器粮食加工企业却逆势发展。

与平时相比，战时粮食加工呈现出四个特点：一是劳力不足，导致耕作粗放，粮产减少的同时，"稗杂特多"；二是军粮需用迫切，平时加工方式无法满足需求；三是战时生活成本增加，民众取给于粮食营养的要求大大增加；四是军队对营养丰富、便于携带的军粮需求增加。① 因此，大后方粮食加工虽呈勃兴之势，但加工方式、质量、数量均亟待改善。1941年1月的一天，四联总处秘书长徐堪在参加蒋介石召集的一次会议上，把家里掺杂有砂粒和其他杂物的米样带到了会场，与会者抱怨物价高涨而米质低劣，蒋介石也大为光火。②

粮食部成立后，亦认为粮食加工与制造业务重要，"复嘱积极筹办"。1941年下半年，粮食征实征购工作逐渐推开，至1941年除夕，粮食部督导室副主任邹明初在总结该年粮政时指出，四川额定征购量为1200万市石，截至1941年12月31日，已收数额为1160万市石，距足额相差无几，如果剩余各县尾数收齐，"合计起来，或可超过预定的数目"，加上其他各省征购报告数额，"征购数量大体已算成功"，③ 大量原粮集中于政府手中。在战事逐渐深入、进口通道渐被封锁、机关团体会集陪都、精壮劳力缺乏等情况下，如何将征收所得谷麦加工为成品，满足战时日益增长的军粮民食需求，成了粮食管理部门亟须解决的问题。同时，粮食部亦坦承，中国粮食加工能力低劣。徐堪担任粮食部部长后，对粮食加工备加注意，粮食部调整加工机械，充实碾米设备，以期提高加工效率。粮食部计划对粮食加工制造工业，或投资经营，或进行奖助，以期于粮食加工业务有所补益，④ 因此，创办国营粮食工业公司、利用机械加工粮食是统制经济的必然产物，也是国民政府粮食政策、工业政策的体现，目的在战时办理军粮民食加工制造，奠定粮食工业基础，实现孙中山的粮食工业计划。

1941年1月21日，四川省政府公布《四川省粮食加工业管理办法》。⑤ 当年春，全国粮管局局长卢作孚、副局长何北衡与江汉罗商议如何解决粮食加工问题，江氏建议筹组中粮公司。4月，成立筹备处，以江为筹备主任，江遂勘定厂址，订购机器，拟定规章制度，积极筹备。公司

① 忻介六：《战时粮食加工问题》，《督导通讯》第1卷第4期，1942年4月1日，第5页。
② 《何廉回忆录》，第175页。
③ 邹明初：《粮政之回顾与展望》，《督导通讯》创刊号，1942年1月1日，第2页。
④ 《粮食部报告》（1943年），第9页。
⑤ 四川省政府：《关于检发四川省粮食加工业管理办法给四川省第三区行政督察专员公署的训令（附办法）》（1941年2月），《四川省第三区行政督察专员公署档案》，档案号：00550005002570000117000，第118~120页。

采用股份制，全称中国粮食工业股份有限公司，位于重庆中正路中信大厦。初定资本 400 万元，其中全国粮管局认股 150 万元，中央信托局 150 万元，中国农民银行 100 万元。① 在 1942 年 9 月 14 日召开的国防会第 93 次常务会议上，财政专门委员会报告审查 1942 年度营业增资支出情况的数据显示，该年度粮食部对中粮公司投资共计 800 万元，② 这一数目相当大。1943 年春，中粮公司因业务增繁，资金无法周转，加之法币贬值，遂提请粮食部、中央信托局各增资 225 万元，中国农民银行增资 150 万元，资本总额增为 1000 万元。③

　　1941 年 9 月 9 日，筹备妥当的中粮公司召开创立会。在此次会议上，通过《中国粮食工业股份有限公司章程》，确定公司宗旨为"改进粮食之加工制造，提高粮食之品质营养，以裕民食而利民生"。④ 会议上推举粮食部部长徐堪为公司董事长，粮食部财务司司长李嘉隆、中国农民银行常务董事浦心雅、中央信托局副局长陈钟声为常务董事，中央信托局理事盛莘臣、粮食部次长庞松舟为董事，总会计瞿克恭为常务监察。⑤ 9 月 16 日下午 4 时，公司第一次董监联席会议在粮食部召开，出席者有徐堪、庞松舟、李嘉隆、司长任师尚、司长尹静夫、处长康心之及中央信托局、中国农民银行各代表，公司筹备处江汉罗、李俊夫列席，徐堪为主席，⑥ 聘请江汉罗为公司总经理，李俊夫、沈国瑾为协理，聘请国民政府主计处会计局局长闻亦有为总稽核，修正通过公司 1942 年度业务计划纲要。⑦ 10 月

---

① 《中国粮食工业公司由粮食部与中央信托局合组》，《湖南省银行月刊》第 1 卷第 4 期，1941 年 10 月 1 日，第 128 页；王伯天：《三年来之中国粮食公司》，《粮政季刊》第 2~3 期合刊，1945 年 12 月，第 26 页；《粮食部三十一年度工作考察》，第 14 页。

② 《国防最高委员会第九十三次常务会议记录》（1942 年 9 月 14 日），《国防最高委员会常务会议记录》第 4 册，第 875 页。

③ 《中国粮食工业公司》，《工商调查通讯》第 438 号，1944 年 6 月 17 日，无页码。

④ 《中国粮食工业股份有限公司章程》（1941 年 9 月 9 日创立会议决通过），《财政部档案》，档案号：0015-0001-00065-0000-167-000，第 167 页。

⑤ 《中国粮食工业公司第一次董监联席会议记录》，《财政部档案》，档案号：0015-0001-00065-0000-181-000，第 183 页。

⑥ 《中国粮食工业公司第一次董监联席会议记录》，《财政部档案》，档案号：0015-0001-00065-0000-181-000，第 182 页。

⑦ 《中国粮食工业公司第一次董监联席会议记录》，《财政部档案》，档案号：0015-0001-00065-0000-181-000，第 182 页。

1 日，中国粮食工业股份有限公司正式成立。[1]

中粮公司最高机构为股东会，股东会下设董事会、监察人，董事会下设总经理、协理，科室工厂包括总务科、业务科、会计科、技术室及面粉工厂、胚芽米厂、干粮工厂、机器修造工厂，各科之下设立若干股。[2] 1942年，逐渐走上正轨的中粮公司制订了业务计划，进一步明确业务范围为碾制谷米、磨制面粉、杂粮研粉、干粮制造及其他有关粮食加工、制造、贮存、运销及粮食加工用机器修造等业务。[3] 其营业方针包括大量生产、减低成本，严定标准、提高品质，薄利供应，服务社会。[4] 公司除各厂外，并设有营业处及承销食米店 10 处，共有职员 415 人，夫役 146 人，技工193 人，杂工 1352 人。[5] 最多时有附属工厂 26 家。1944 年 3 月，董事会加聘余惟一为协理。1945 年 1 月 26 日，江汉罗奉令赴国外考察粮食工业，总经理改由王伯天继任，聘忻介六[6]为协理。王伯天上任后，对原有工厂按其性质裁撤合并，由 26 家减为 13 家，同时加以扩充，与中国农民水力公司合办4 厂，将营业处与业务科合并，改为业务处，由忻介六担任主任。

中粮公司主要业务有 5 项，即碾米、磨粉、制作干粮、机器修配及对

---

① 王伯天：《三年来之中国粮食公司》，《粮政季刊》第 2~3 期合刊，1945 年 12 月，第 26 页；《中国粮食工业公司》，《工商调查通讯》第 438 号，1944 年 6 月 17 日，无页码。

② 《中国粮食工业公司组织系统表》，《财政部档案》，档案号：0015-0001-00065-0000-193-000。

③ 《粮食部长徐堪谈征购粮食办法，粮食部与信托局合组中国粮食工业公司将成立》，《金融周报》第 12 卷第 11 期，1941 年 9 月 10 日，第 15 页。

④ 《中国粮食工业公司三十一年度业务计划纲要》，《财政部档案》，档案号：0015-0001-00065-0000-185-000，第 185 页。

⑤ 《中国粮食工业公司》，《工商调查通讯》第 438 号，1944 年 6 月 17 日，无页码。

⑥ 忻介六（1909~1994），浙江鄞县人，著名昆虫学家、蜱螨学家，是储粮害虫防治研究专家。1924 年赴日本留学，1931 年在日本京都帝国大学农学部昆虫病科肄业，1932 年转赴德国罗斯托克大学学习森林昆虫生态学，1935 年获理学博士学位后回国，曾任江西农业院昆虫组技师，1938 年任教于四川大学农学院植保系、江南大学，主要著作有《森林昆虫学》《蜱螨学纲要》《中国粮仓害虫学》等。参见王增藩主编《复旦大学教授录》，复旦大学出版社，1992，第 75~76 页。曾任粮食部科长兼中国粮食工业公司技师、简任技正等职，办理仓储及筹设谷米碾制工厂及技术工作。参见《会友消息：忻会友介六调升粮部简任技正》，《中华农学会通讯》第 26 号，1943 年 2 月，第 23 页。1943 年 6 月，国总会重庆经检队第一情报组声称，"李家沱中粮公司碾米厂厂长炘（应为忻之误——引者注）介六串通上川公司农记厂长沈学元之妻及茶房陈某黑市出售官米"。参见郭宗尧《报告（6 月 12 日于执行队）》（1943 年 6 月 12 日），《国家总动员会议重庆经济检查队档案》，档案号：0024-0001-00410-0000-066-000，第 82 页。

外营业。

碾米工业。碾米业在四川较为普遍，但大多采用人力，间有借助畜力或利用简单机械。如内江城厢有两家米坊，利用简单碾米机器，每日能碾米20余市石。[①] 重庆市民每月消费大米在15万市石以上，而重庆碾米厂坊共23家，每日最大碾米能力为4100市石，与重庆军糈民食需用数量尚有差距。与此同时，粮食征实征购工作逐渐推开后，成效大著，"这样的成绩是许多人想不到的"，[②] "量的方面既已获得相当解决，则质的方面亦应加以改良，以免再有谷稗混杂"。[③] 相应的，四川省政府将粮食加工问题提上日程，拟定《粮食部四川粮食储运加工暂行办法》，该办法共11条，主要是对四川碾米业做出了大致的规定，如产米率，各市县因土壤、水文、肥料、年景及耕作精细程度等不同，稻谷出米率的差异不可避免。另外，有的市县故意少报，并借以少缴，如达县1942年上报成米率为1市石至多可篇碛米4市斗6市升，而据督粮委员陈诒忠会同该县党团宪监委会在罗江乡监篇时，结果却可篇出碛米5市斗3市升3合7勺，碎米1市升7合，谷头8合5勺，碛米比上报数量多出7市升之多。粮食部接报后，将该年度达县出米率定为每市石出米5市斗2市升。[④] 因此，《粮食部四川粮食储运加工暂行办法》规定，1市石黄谷收碛米5市斗至5市斗3市升，收中熟米4市斗6市升至4市斗8市升。[⑤] 并且大多厂坊无砻谷机、清除机等设备，无法去除米中的稗子、谷粒及其他杂物，[⑥] 市民餐桌

① 《内江工业调查》（1938年5月6日），四川省档案局（馆）编《抗战时期的四川——档案史料汇编》（下），重庆出版社，2014，第1358页。

② 邹明初：《粮政之回顾与展望》，《督导通讯》创刊号，1942年1月1日，第2页。

③ 《粮食部筹办机米厂》，《经济汇报》第4卷第8期，1941年10月16日，第110页。

④ 《四川达县各年度赋谷加工成率》（1942年~1948年），《粮食部档案》，档案号：119-040203-0148，第6~7页。据达县临时参议会议长袁星午、副议长刘尔纯反映，宣汉、大竹、渠县、广元四县承办军米碾制，每市石稻谷仅缴纳军米五市斗零五合，遂呈文粮食部，希望达县能与四县标准一致，将盈余食米作为兴办本县塘堰之用。《四川达县各年度赋谷加工成率》（1942年~1948年），《粮食部档案》，档案号：119-040203-0148，第86页。

⑤ 四川粮食储运局、重庆市政府：《关于拟订粮食加工暂行办法的公函、训令》（1941年12月15日），《重庆市政府档案》，档案号：0053-0002-00617-0000-001-000，第1~5页。

⑥ 《行政院关于粮政之推行报告——对五届九中全会》（1941年1月至12月），秦孝仪主编《抗战建国史料——粮政方面》（1），第402页。

上频频出现"八宝饭"。

　　早在 1941 年 9 月，农本局向粮食部移交了一批碾米机械，"为数甚夥"，除 10 余部小型碾米机外，尚有德国最新式大型碾米机 3 部，也是国内最大最新的碾米机件。[①] 农本局移交粮食部碾米资产 137729.33 元，碾米机 361323.57 元，共计 499052.90 元。[②] 粮食部遂以此为基础，设立重庆碾米厂，并先后设立大渡口、菜园坝等碾米厂，后又扩展至 11 家，[③]再后来分别在化龙桥、红沙碛、歌乐山、北碚、邓井关[④]、合江[⑤]、成都[⑥]、泸县[⑦]、大溪沟[⑧]、菜园坝[⑨]、李家沱[⑩]、大渡口[⑪]、弹子石[⑫]、干洞子[⑬]等地设立 20 多个碾米厂。[⑭] 后为扩充业务、扩大规模、调整加工机

---

① 《行政院关于粮政之推行报告——对五届九中全会》（1941 年 1 月至 12 月），秦孝仪主编《抗战建国史料——粮政方面》（1），第 402 页；《粮食部三十一年度工作计划》，第 50 页。

② 《农本局及所属福生庄、前农业调整处一九四一年度收支报告、该局工作报告、业务、财务概况报告及有关文书》（1941 年 1 月~1942 年 7 月），《经济部档案》，档案号：四-17034，第 30~31 页。

③ 《中国粮食工业公司》，《工商调查通讯》第 438 号，1944 年 6 月 17 日，无页码。

④ 《中国粮食工业公司邓井关碾米厂职员名册》，重庆市档案馆藏（以下不再一一注明藏所），《粮食部档案》，档案号：0028-0002-00001-0000025-000，第 25 页。

⑤ 《中国粮食工业公司合江碾米厂职员名册》，《粮食部档案》，档案号：0028-0002-00001-0000026-000，第 26 页。

⑥ 《中国粮食工业公司成都碾米厂职员名册》，《粮食部档案》，档案号：0028-0002-00001-0000-027-000，第 27 页。

⑦ 《中国粮食工业公司泸县碾米厂职员名册》，《粮食部档案》，档案号：0028-0002-00001-0000-028-000，第 28 页。

⑧ 《中国粮食工业公司大溪沟碾米厂职员名册》，《粮食部档案》，档案号：0028-0002-00001-0000-039-000，第 39 页。

⑨ 《中国粮食工业公司菜园坝碾米厂职员名册》，《粮食部档案》，档案号：0028-0002-00001-0000-036-000，第 36 页。

⑩ 《中国粮食工业公司李家沱碾米厂职员名册》，《粮食部档案》，档案号：0028-0002-00001-0000-039-000，第 39 页。

⑪ 《中国粮食工业公司大渡口碾米厂职员名册》，《粮食部档案》，档案号：0028-0002-00001-0000-038-000，第 33 页。

⑫ 《中国粮食工业公司弹子石碾米厂职员名册》，《粮食部档案》，档案号：0028-0002-00001-0000-035-000，第 30 页。

⑬ 《中国粮食工业公司干洞子碾米厂职员名册》，《粮食部档案》，档案号：0028-0002-00001-0000-037-000，第 32 页。

⑭ 重庆电力股份有限公司业务科：《关于造送中粮公司委托代办之各面粉、米厂厂名及所在地点上浦心雅、程本臧的呈》（1943 年 9 月 18 日），重庆市档案馆藏（以下不再一一注明藏所），《重庆电力股份有限公司档案》，档案号：02190002000810000016，第 33 页。

构，粮食部将重庆碾米厂并入中粮公司，并在成都、自贡等十余处设立碾米厂，以碾制 1942 年征购谷米，1942 年每日最大生产能力为 5000 市石。①

以上各厂以李家沱碾米厂规模最大、设备最优，为国内各厂之冠。该厂 1941 年开办时为粮食部所有，1942 年底，粮食部调整粮食加工机构时，将其划归中粮公司经营，所有机件及资金相当于由粮食部贷于中粮公司。截至 1942 年底，该厂共有职员 30 人，工人 70 名。砻谷碾米所用机器为英国路易格兰（Lewis Grant）厂所制大型自动机器，该机器系全面抗战前农本局向英商安利洋行购入，抗战全面爆发后由香港运湘转鄂再至川，辗转迁移，机件损失颇多，农本局认为无法装置利用。粮食部成立后，为提高食米加工能力，设法装置，但因图纸、机件残缺不全，先后 8 次试装试用，效果并不理想。碾米厂遂多方求助，幸于 1942 年 12 月装配成功，每日最高生产能力约为砻谷 2000 市石，即每分钟可砻谷 1 市石以上，② 与传统平均每人每日砻谷七八市石相比，有了质的提升，该厂"实为国内最大最新之砻谷碾米工厂"。③ 该厂机制山米，"无谷无稗"，"颇受社会人士所赞许"，④ 渝市所需食米大部由该厂碾制供应。干燥机器为德国布威勒（Buchler）厂所造，战前从怡和洋行购入，每日可干燥黄谷 1500 市石，即每分钟 1 市石，效率颇高。装配如此高端的干燥机械，主要是考虑到川省粮食大多依靠水运，粮食极易受潮，无法长久储存，严重者成为霉米，无法食用，造成重大损失。而粮食干燥机器对于气候潮湿的四川乃至西南地区而言非常适用，"此种装置在国内后方，尚属创举"。⑤ 李家沱米厂另建有"容量亦极可观"的大型仓库，最大容量为 20 万市石，包括 2

---

① 《粮食部三十年度工作检讨报告》，第 42 页；《粮食部三十一年度工作考察》，第 14 页。
② 《中国粮食工业公司李家沱谷米碾整工厂概况》，《粮政月刊》第 1 卷第 4 期，1943 年 11 月 16 日，第 76 页；王伯天：《三年来之中国粮食公司》，《粮政季刊》第 2～3 期合刊，1945 年 12 月，第 28 页；《行政院工作报告》（1943 年），"粮食"第 1 页。
③ 《行政院工作报告》（1942 年），"粮食"第 1 页；《中国粮食工业公司李家沱谷米碾整工厂概况》，《粮政月刊》第 1 卷第 4 期，1943 年 11 月 16 日，第 76 页。
④ 《中国粮食工业公司李家沱谷米碾整工厂概况》，《粮政月刊》第 1 卷第 4 期，1943 年 11 月 16 日，第 76 页。
⑤ 王伯天：《三年来之中国粮食公司》，《粮政季刊》第 2～3 期合刊，1945 年 12 月，第 28 页。

座新式包堆仓及 3 座临时仓，前者可盛纳大米 9000 市石，后者储量为 15000 市石，被定为川储局米粮运渝集中地。

碾米厂以代碾陪都民食供应处公粮及川储局军粮为主，每日最多可砻谷 7600 石、碾米 4500 石。[1] 成立以来，共收进陪都民食供应处川储局代加工黄谷 794900 余市石、碾米 1819510 市石，其中碛米 163000 市石、熟米 1829686 市石，占重庆全市 3 年半以来全部消费量的 30% 以上。[2]

中粮公司各碾米厂并不直接承碾购储会所购米粮，其所收加工的碛米或所碾食米，均为陪都民食供应处或粮食储运局按当时米粮到渝数量及需要，与一般民营碾米厂同等条件下拨交该公司承碾，所有加工成米率事先皆有规定。[3] 原料以在重要粮食市场自行设庄收购麦谷及杂粮，并与有关机关合作联合采购。成品销售以自行销售为主，干粮、饼干必要时供应军粮。运输自行解决，水运以木船运输为主，陆运则购买货车自用。[4] 其实早在 1941 年 1 月，重庆市政府即提倡食用糙米，对机器米厂、土碾坊碾米事项有所规定，不得碾制上白精米，而以三号米（三等米）为标准，"通令省内各地，以后一律只准碾制三等米一种"，加工成米率不得低于85%，并指令全省各地粮食业同业公会遵照执行。[5] 1942 年，川储局成立后，曾派督粮委员实地监督米粮碾制，最终确定每市石稻谷交碛米 5 市斗 1 市升至 5 市斗 3 市升，视各县稻谷品质而定。另外，1942 年川省征实征

---

[1] 《中国粮食工业公司》，《工商调查通讯》第 438 号，1944 年 6 月 17 日，无页码。

[2] 王伯天：《三年来之中国粮食公司》，《粮政季刊》第 2~3 期合刊，1945 年 12 月，第 28~29 页。

[3] 国家总动员会议重庆经济委员会：《关于办理中粮公司对陪都民食供应处购米加工的呈、令、代电、报告》（1943 年 6 月 1 日），《国家总动员会议重庆经济检查队档案》，档案号：0024-0001-00410-0000-066-000，第 68 页。

[4] 《中国粮食工业公司三十一年度业务计划纲要》，《财政部档案》，档案号：0015-0001-00065-0000-185-000，第 186 页。

[5] 《省市粮食加工》（1941 年~1948 年），《行政院档案》，档案号：014-040504-0041，第 1~13 页。不准碾制精米，无论战时还是战后，国民政府及各地均有提倡。粮食部于 1946 年 4 月制定六项原则，规定出粉率不得低于 85%，成米率不得低于 90%。同年 6 月，上海市政府呈文行政院，亦提出限碾精米，而应碾制糙米，并建议，第一，上等米须有稻谷 2%、红米 5%、碎米最少 10%，中等米须有稻谷 2%、红米 10%、碎米 20%，三等米须有稻谷 3%、红米 15%、碎米 30%，"如此必可使全国食粮增加百分之十或十五"，并禁止精米进口。上海市政府所提建议虽然粮食部已有规定，但仍反映了各地对于该问题的重视。《省市粮食加工》（1941 年~1948 年），《行政院档案》，档案号：014-040504-0041，第 19~26 页。

购稻谷成色均较上一年度优良，除川西平原按当地习惯每市石收熟米4市斗5市升至4市斗6市升外，其他各县每市石稻谷可碾碛米5市斗5市升至5市斗6市升，普通亦在5市斗2市升以上。因此也出现了商民包办加工以获厚利之事。①

据陈正谟引述上海市社会局20世纪30年代初的一项调查研究，糙米碾制成精米，损耗率约为30%，比例不可谓不高。因此，陈氏提出对于市场出售精制白米应从米商与购米者两个方面抽取重捐，以减少精米碾制数量而增加糙米供应，减少米粮靡费。② 据中央农业实验所统计，糙米碾成精米，每市石损失2市斗4市升6合，约等于精米消费量的四分之一。另有人估计，如果中国每年消费食米9亿市担，则因食精米所受损失达2.2亿市担。③ 有人统计，四川每市石稻谷碾成精熟白米，多者可得4市斗8市升，仅少4市斗，而碾成糙米的话，多者可得5市斗5市升。以四川每年消耗六七千万市石粳米计算，则可以多出600万市石米，可供200万人一年之食。④ 因此，如何通过提高碾制技术增加米量供应，是摆在中粮公司面前的重要课题，因为重庆很多单位、团体须赖中粮公司提供食米。如重庆市社会局主办的6个公共食堂，所需食米由中粮公司供给（第一食堂、第二食堂每月50市石，第三、第四食堂25市石，第五食堂40市石，第六食堂10市石）。⑤ 和成银行化龙桥支行员工食米亦从中粮

---

① 《徐部长指示川省征购粮食加工办法》（1941年12月17日手谕），《督导通讯》第1卷第4期，1942年4月1日，第4页；《省市粮食加工》（1941年~1948年），《行政院档案》，档案号：014-040504-0041，第15~17页。

② 陈正谟：《战时粮食问题的解决方法》，第13~14、74页。另有人估计，糙米碾制精白米，损耗率为10%~15%。参见中国经济建设协会编印《中国经济建设纲领初稿》，1940，第107页。亦有人认为，糙米舂为白米，每担损失2市斗4市升6合，若白米改食糙米，可以节约四分之一。参见董时进、徐宗仁、徐征等《抗战与消费统制》，独立出版社，1939，第57页。还有人认为，"我们所吃的米，精碾的比率可食部约占到百分之六十三，余下的都是消耗，足见消耗甚多"。参见朱元懋编著《战时物力财力》，正中书局，1940，第28页。

③ 孟锦华编著《节约与抗战建国》，浙江省抗日自卫委员会战时教育文化事业委员会，1938，第4页。

④ 陈正谟：《米谷生产成本调查及川粮管理问题》，第55页。

⑤ 《重庆市社会局关于按月续配各公共食堂食米致中粮公司的函（附分配表）》（1944年7月21日），《重庆市社会局档案》，档案号：00600001005380101022。

公司洽购。① 申新第四纺织公司重庆分厂所需食米，亦由陪都民供处每月配购 270 市石等。② 时人对中粮公司各碾米厂业绩评论道："数月来渝市山米市场之得稳定，实有赖其供应也。"③

同时，提倡食用糙米或胚芽米。糙米即磕米，胚芽米亦被称为"健康米"，因糙米、胚芽米留存稻米胚芽，可以补益营养，在西方国家广受欢迎，后方各地也纷纷响应，发起"食用糙米运动"。④ 有的学者引述上海市社会局 1930 年的调查研究结果，呼吁民众尽量购买食用糙米，因为"这种白米消失滋养成分，久食则为脚气、心脏诸病之起因"。⑤ 胚芽米系根据科学方法制造，将食米营养最丰富部分胚芽尽量保存，胚芽部分含有维生素 B，可防治脚气病，且含有消化素，易于吸收消化，可免患胃疾，营养价值高，为普通白米所不及。⑥ 为了最大限度地保留谷米营养，粮食部责令中粮公司设计胚芽米机，并逐渐推广，而不用普通机械碾制，以保存"米中最滋养之部份"，以提高品质。⑦ 碾制糙米既可以增加出米量，促进人体健康，也可以实行消费节约，增强抗战力量。为了节约粮食消费，粮食部限制碾米精度，1 市石稻谷可出糙米 5 市斗，若碾成精熟白米，则减至 4 市斗 6 市升乃至 4 市斗 1 市升，"不特缺乏调制标准，紊乱市价，其于米稻损失，成分亦高"。⑧ 按照这一出米数据，每市石谷可多出米 5 市升以上，如成都平原水田 520 万市亩，每亩产谷 4 市石，共 2080

① 和成银行：《关于派员洽购和成银行化龙桥支行 1944 年 7 月份员工食米至中粮公司的函》（1944 年 7 月 13 日），重庆市档案馆藏，《和成银行股份有限公司档案》，档案号：03000001002550000140000。

② 申新第四纺织公司重庆分厂：《关于购买食用米事宜致中粮公司营业部的函》（1944 年 1 月 3 日），重庆市档案馆藏，《申新第四纺织公司重庆分厂档案》，档案号：0234-0001-00115-0000-045-000，第 45 页。

③ 《中国粮食工业公司李家沱谷米碾整工厂概况》，《粮政月刊》第 1 卷第 4 期，1943 年 11 月 16 日，第 76 页。

④ 《四川省水利局关于管理碾米限制碾白程度减少粮食消耗提案及省务会议决议》（1937 年 12 月 13 日），《抗战时期的四川——档案史料汇编》（下），第 1477 页。

⑤ 陈正谟：《米谷生产成本调查及川粮管理问题》，第 73 页。

⑥ 《中国粮食工业公司营养米（即胚芽米）说明书》，重庆市档案馆藏，《渝鑫钢铁厂股份有限公司档案》，档案号：01940002003430000089，第 119 页。

⑦ 《粮食部三十年度工作检讨报告》，第 42 页。

⑧ 《四川省战时增加粮食生产办法》（1937 年 10 月），《抗战时期的四川——档案史料汇编》（下），第 1449 页。

万市石，秋收后尚存 1000 万市石，如果限碾，可增加食米 50 万市石，"军糈民食不无补益"。①

碾米厂不收加工费，只是将副产品糠谷留下售出或加以利用。谷麦碾制后的副产品米糠中含有油脂 15%，如果设法利用，既可以增加食用油料来源，又可以减低加工费用，物尽其用。粮食部依托对此较有研究的某大学农学院农艺化学系力量，补助其费用，促其研制实用技术。对于粮食加工，粮食部在川省采取两种办法：一是与成都商民订立加工合同，由各县商民竞标加工，如有余利，归地方公益事业支出；二是 1 市石稻谷收碛米 5 市斗 2 市升，加工后的合格品交至集中地点，不另给加工工资及运费。福建、广东、贵州、西康各省纷纷仿效。②

面粉加工。抗战军兴，各大都市面粉产量均感不敷，军用面粉的筹措尤感困难，实有急谋增加产量的必要。粮食部除了计划在西安与兰州各筹建一家面粉厂外，对于中粮公司 1941 年建立的粉厂也大力支持。中粮公司建有两家面粉厂，一为李家沱面粉厂，一为合川面粉厂。为避免空袭，两厂皆不在市区，其中合川面粉厂规模较大。合川为小麦集散中心，两处临江，成品运输便利，"为建设面粉工厂及仓库最适宜地点"。厂房由本公司筹备员工王一鸣会同建筑工程师袁吉武设计。面粉厂所用机器系由英国亨利粉厂制造而向汉口五丰面粉厂购进，由汉运渝，机器费用加上缴送工矿调整处代垫运费共计 80 万元，如向国外订购，则需四五百万元。所需零件由本公司修造工厂设计承造，其余材料分别向港渝订购，开工后每日可产粉 2300 袋。"产量之巨、粉质之优，堪为后方各面粉厂之冠。"③ 该厂位于合川北门外，合川下游 5 里许仓盘石及小澜沱，仓盘石基地占地面积约 40 亩，原有仓库一所，可贮小麦 7000 余市石，价 4 万余元。代理厂长朱楚辛，1943 年 7 月开工生产，有动力及水电，全系自给，装有粉机 4 部、蒸汽发动机 2 部。为提高生

---

① 《四川省水利局关于管理碾米限制碾白程度减少粮食消耗提案及省务会议决议》（1937年 12 月 13 日），《抗战时期的四川——档案史料汇编》（下），第 1477 页。

② 《粮食部三十年度工作检讨报告》，第 42~43 页。

③ 《中国粮食工业公司筹备报告书》，《财政部档案》，档案号：0015-0001-00065-0000-169-000，第 169 页。

产，1943 年该厂加装煤气机 1 部。开工以来，其生产能力和产品品质与重庆各民营粉厂相比"并无逊色"。①

李家沱面粉厂 1942 年 4 月开工，厂主任李仲绥，采用煤气机动力，较重庆各使用电力的民营面粉厂生产成本高，设备有自造小型三袋式磨粉机 1 部，每月生产能力为 6000 袋，产品品质与其他各厂相比"并不稍逊"。且出粉率较高，每市石乙级下等小麦可出粉 2.25 袋，较普通民营面粉厂出粉 2.1 袋为高。② 李家沱面粉厂预计 4~6 月开工，为供应渝市民食，预计用本公司所购多余磨辊装配一中型制粉厂，除加工面粉外，并利用渝市其他各厂所出麸皮提炼余粉，预计每日可出面粉 250 袋。所需机器仿照美国流动型制粉机式样，由本公司机器修造工厂设计承造。该厂设于红沙溪。③

公司面粉部门以代磨粮食部陪都民食供应处军粉、统粉为主，原料由该处供给，每日生产能力最高为 1200 余袋。④ 1942 年初至 1945 年 6 月，政府交办加工小麦 159902.115 市石，制成特粉 77968 袋、统粉 276946 袋，合计 354914 袋，占同期重庆面粉店消费量 10% 左右。并且产量续有提高，1944 年产量比开办后的第一年增加 10 倍以上。所列产量中，包括一部分军粮，计有 54273 袋，在磨制军粮时，军政当局规定每市石小麦（135 市斤）出粉量为 2.25 袋，公司将其提高至 2.65 袋，即每市石小麦多出 17.78 市斤粉，且品质亦有所改进，维生素 B 含量特别多，"极适于前线军士之营养"。⑤

---

① 王伯天：《三年来之中国粮食公司》，《粮政季刊》第 2~3 期合刊，1945 年 12 月，第 31~32 页。

② 王伯天：《三年来之中国粮食公司》，《粮政季刊》第 2~3 期合刊，1945 年 12 月，第 32 页。

③ 《中国粮食工业公司筹备报告书》，《财政部档案》，档案号：0015-0001-00065-0000-169-000，第 169~170 页。李家沱面粉厂 1947 年 9 月 26 日停工，10 月 20 日改名为中国粮食工业公司重庆面粉厂。参见财政部重庆货物税局驻沙市纱厂统税办事处、财政部重庆货物税局《关于报送中国粮食工业公司面粉厂自开工日起至三十六年十一月七日止产量等的呈、指令（附表、申请书）》（1947 年 11 月 14 日），重庆市档案馆藏，《财政部重庆货物税局档案》，档案号：0274-0001-00351-0000-053-000。

④ 《中国粮食工业公司》，《工商调查通讯》第 438 号，1944 年 6 月 17 日，无页码。

⑤ 王伯天：《三年来之中国粮食公司》，《粮政季刊》第 2~3 期合刊，1945 年 12 月，第 32~33 页。

干粮加工。干粮为军队行军打仗便于携带的定型食物，粮食部 1941 年底工作计划中有筹办干粮工厂，将米麦加工后的副产品及其他杂粮混合制粉，以科学方法加工制造营养成分较多、可以充作食料的干粮制造计划。① 中粮公司干粮工厂位于南岸海棠溪，厂房租用前东兴染厂一部分，购进法国无忧式杂粮研粉机 2 部，价值共计 3 万元，其余机器由中粮公司修造厂承造。② 1942 年 3 月开工，厂长沈学源，该厂目标是为各机关合作社、社会部、空袭服务队提供军粮及平价干粮，但限于设备，军粮无法大量制造，因此各类饼干产量较大。③ 1944 年代慰劳总会制造军用干粮 3000 盒，胜利光饼 5000 市斤，并奉粮食部命令，制造军用干粮粉 10 万袋，1942~1944 年经常业务为制造并供给普通市民食用饼干、面包及各种营养品，如成人及儿童营养食品，饼干有磷脂饼干、麦麸饼干、儿童完全营养饼干、苏打饼干、奶油饼干、可可饼干、椒盐饼干、玉米饼干等，面包有黑面包、白面包、营养面包、杂粮面包、吐司面包、白糖面包等。此外，干粮工厂还生产果酱、饴糖、葡萄糖、豆精咖啡、麦片、花生酱等，以应民需。军用干粮包括 V 字饼、杂粮饼等，杂粮饼不仅便于携带，且极易消化，营养丰富。中粮公司所制干粮，"营养质料甚多"，制成后供应军民食用，"对后方民食加工制造上之贡献，颇有劳绩"。④

杂粮生产。中国粮食种类中，除了谷麦而外，杂粮种植面积亦较广泛，产量较高，因此，粮食部 1942 年计划在川北杂粮产区筹设一所杂粮加工厂，制造杂粮食品如饼干、面包等，以应军民所需。⑤ 1942 年至 1945 年 6 月，中粮公司共出产各种饼干 274607.34 市斤，各种面包 170212 磅 162862 个，自 1943 年起至 1945 年 6 月底，共销出各种饼干 224884.25 市斤及盒装饼干 223 盒，值国币 22861552.74 元。⑥

———————————

① 《粮食部三十一年度工作计划》，第 22 页。
② 《中国粮食工业公司筹备报告书》，《财政部档案》，档案号：0015-0001-00065-0000-169-000，第 170 页。
③ 《中国粮食工业公司》，《工商调查通讯》第 438 号，1944 年 6 月 17 日，无页码。
④ 《粮食部三十一年度工作计划》，第 51~52 页；王伯天：《三年来之中国粮食公司》，《粮政季刊》第 2~3 期合刊，1945 年 12 月，第 26 页。
⑤ 《粮食部三十一年度工作计划》，第 52 页。
⑥ 王伯天：《三年来之中国粮食公司》，《粮政季刊》第 2~3 期合刊，1945 年 12 月，第 34 页。

机器修造厂。机器修造工厂购进原上海迁川精华铁工厂全部工作机械，价值共计10万元。厂址位于南岸野猫溪，厂房系原精华铁工厂原有厂房一所，价值2万余元。① 其主要业务除为本公司所属各厂修配各种机件设备外，并制造各种面粉机、大小型碾米机及其他粮食加工机器，供给民营工厂以发展粮食加工事业。主要产品有碾米设备如大型、小型砻谷机，胚芽米机，大号、二号及三号等三个型号的碾米机。大号碾米机马力20匹，机重约200公斤，可用电动机、木炭机、水力机带动，每小时可碾制白米40市石。二号碾米机每小时可产米15市石。胚芽米机每小时可产米7市石。据中央社1942年10月29日报道，该公司已制造打谷机数部，应用情形良好，食米中的谷稗可大量减少。制粉设备主要为小型三辊式磨粉机及手摇式军用制粉机（磨制玉米粉及其他杂粮粉），前者每小时可出粉10袋，李家沱面粉厂即装配此型号机器，"效率颇佳"。后者体积小、便于携带，适合行军之用。还有和面机、切面机、压榨机、制糖机、麦片机及相应配件，切面机每小时可切面100市斤。② 此外还制售其他粮食加工机器，并代为设计安装及提供技术咨询。③ 1943年除修理所属米厂、粉厂机件外，制成机器总值约160万元。1944年各地民营、国营厂商订购粉机者颇多，如遂宁民本粉厂、衡阳裕记粉厂、巴东江汉公司、邛崃百福公司、西康协康水力公司、夹江自流井自兴公司等，军政部粉厂亦前来订货。④ 1944年，粮食加工制造及包装方面，中粮公司仿制甲种巨型自动连续式砻谷碾米机一套，每日至少可砻谷1000市石；制造乙种改良连续式中型砻谷碾米机4套，每套每日至少可砻谷500市石；制造丙种煤气机引擎或水力发动砻谷机50台，每台每日至少可砻谷240市石；制造丁种人力或畜力砻谷机20

---

① 《中国粮食工业公司筹备报告书》，《财政部档案》，档案号：0015-0001-00065-0000-169-000，第171页。

② 《中国粮食工业公司机械修造厂产品说明书》，重庆市档案馆藏，《中国工矿建设股份有限公司档案》，档案号：0202000100016000209000，第209~215页。

③ 王伯天：《三年来之中国粮食公司》，《粮政季刊》第2~3期合刊，1945年12月，第36页；《中国粮食工业公司机器工厂出品》，《西南实业通讯》第9卷第3期，1944年3月31日，第39页。

④ 王伯天：《三年来之中国粮食公司》，《粮政季刊》第2~3期合刊，1945年12月，第36页。

台，每台每日至少可砻谷 20 市石。此外，该公司复有设计、制造制粉卡车、小型制粉机、简易蒸汽发动机、食物热量计算尺等相关设备。①对于小型、中型面粉机器，粮食部亦要求中粮公司予以制造，并在农村地区进行推广，以改善内地农村制粉事业。据记载，修造厂员工主要来自沿海地区。②

中粮公司的营业部门则以代销陪都民食供应处平价山米及经销本公司各种产品为主，1943 年度营业总额达 18126 万元，纯利润达 562 万余元。③

中粮公司除加工米粮业务外，还接受粮食部陪都民供处委托，经售调节米及立约米，以打击黑市。据统计，自 1943 年 2 月起至 1945 年 6 月底，共销售两种米 343204.52 市石，其中 1943 年销量为 105261.92 市石，1944 年销量为 171201.5 市石，1945 年 1~6 月为 66741.1 市石。对于抑制米价上涨，"收效最宏"，对于稳定市民心理，成效亦著。④

中粮公司虽为股份制，但就其运营体制而言，却带有浓厚的战时统制经济色彩，即从原料供应、产品加工到产品分配均由政府部门主导。就原料来源而言，该公司渝市米厂、粉厂以碾制粮食部下属的陪都民供处、川储局及公司下属的粮食购储会，从重庆周边县份如涪陵、忠县、长寿、合川等地采购、拨交的原粮为主，其中又以陪都民供处为最。⑤ 如小麦供应，各船户运至重庆后，先存至货仓，公司购储会通知

① 《粮食部 1945 年度施政计划（附相关预算书）》（1944 年 8 月），《中央设计局档案》，档案号：一七一-1473，第 90~91 页；《粮食部三十四年度工作计划及意见书》（1944 年~1945 年），《行政院档案》，档案号：014-040501-0005，第 33~34 页。
② 《中国粮食工业公司机器修造厂员工名册》，《粮食部档案》，档案号：0028-0002-00001-0000-042-000，第 42~47 页。
③ 《中国粮食工业公司》，《工商调查通讯》第 438 号，1944 年 6 月 17 日，无页码。
④ 王伯天：《三年来之中国粮食公司》，《粮政季刊》第 2~3 期合刊，1945 年 12 月，第 31 页。
⑤ 中国粮食工业公司粮食购储委员会：《关于请查验放行中国粮食工业公司粮食购储委员会在合川、长寿、涪陵、万县购进之小麦致财政部川康直接税局重庆分局的函》（1943 年 6 月 26 日），重庆市档案馆藏，《财政部重庆直接税局档案》，档案号：02730001007180000058，第 188~192 页；王伯天：《三年来之中国粮食公司》，《粮政季刊》第 2~3 期合刊，第 28~29 页。

各厂派人到货仓检定小麦等级，再行登记、提运。① 购储会亦至四川各产米地区为陪都民供处采购稻谷或碛米，采购完成运渝后，中粮公司即呈请陪都民供处将代购食米拨交该公司加工、配销，而作为采购代理人，中粮公司各碾米厂有优先加工的权力，故而民食供应处即将谷米交由该公司加工。② 中粮公司加工完竣后再拨交陪都民供处，由该处进行配销。

作为国民政府粮食管理部门成立的公司，中粮公司下属粮食加工厂家除了完成本公司的加工任务外，还全力指导、监督陪都较有规模的其他粮食加工厂家的各项活动。以面粉加工为例，中粮公司或粮食部与其他粉厂"立约"，代政府加工，通过与各厂签订加工合约，重庆大型粉厂几乎均被纳入政府监管范围。如福民粉厂停车调换磨粉机、停车修理粉机、需用粉袋等各事项，均需致函公司购储会，得到批示后才能开展相关工作。③此外，中粮公司在粮食部指导下，与各粉厂签订拨麦加工合约后，亦通过公司购储会在各厂设置驻厂稽核，制定《粮食部派驻机制面粉厂稽核办事细则》《中国粮食工业公司粮食购储委员会设置各面粉厂驻厂稽核办

---

① 天城公司面粉厂、中国粮食工业公司粮食购储委员会：《关于办理天城公司面粉厂小麦提卸事宜，检送小麦提单、样本的呈、函》（1942年10月3日），《金城银行重庆分行档案》，档案号：03040001037330000001000，第1～31页。

② 四川省政府、马鹏辉、重庆市粮食商业同业公会：《关于中粮公司囤积粮食的代电、呈、报告（附数量表）》（1943年9月），《重庆市政府档案》，档案号：0053-0025-00140-0000-005-000，第5～10页。

③ 福民实业股份有限公司机制面粉厂：《关于告知福民实业股份有限公司机制面粉厂停车修理日期致中国粮食工业公司粮食购储委员会的函》（1945年6月25日），《重庆福民实业股份有限公司档案》，档案号：02720002000670000152000，第152页；福民实业股份有限公司机制面粉厂：《关于告知福民实业股份有限公司机制面粉厂机器已修理完毕致中国粮食工业公司粮食购储委员会的函》（1945年7月16日），《重庆福民实业股份有限公司档案》，档案号：02720002000670000155000，第155页；福民实业股份有限公司机制面粉厂：《关于请速拨粉袋致中国粮食工业公司粮食购储委员会的函》（1944年8月18日），《重庆福民实业股份有限公司档案》，档案号：02720002000670000040000，第40～41页；福民实业股份有限公司机制面粉厂：《关于请拨宽布致中国粮食工业公司购储委员会的函》（1944年12月29日），《重庆福民实业股份有限公司档案》，档案号：02720002000670000084000，第86～87页；福民实业股份有限公司机制面粉厂：《关于福民实业股份有限公司机制面粉厂停车调换磨粉机致中国粮食工业公司粮食购储委员会的函》（1944年8月28日），《重庆福民实业股份有限公司档案》，档案号：02720002000670000038000，第38～39页。

法》等，扩大监督范围，举凡资金、营业、管理、原料、成本，"均应切实调查，严予监督"。①《驻厂稽核办法》共计 13 条，其中第 6 条规定"驻厂稽核得随时查核粉厂仓存实物及财务账册及其有关单据"，第 10 条规定"驻厂稽核应将粉厂每日动态填具驻厂日报送核"。② 因此，中粮公司既是一个粮食加工公司，也是一个政府代理监管机构，通过设立驻厂稽核人员，大型粮食加工企业均被纳入其监管之下。

中粮公司一份没有标明时间的文件显示，制粉、干粮、机修等厂年纯收益为 4835750 元，尤以面粉厂盈利较多，达 460 余万元。③ 另外，作为新兴行业，胚芽米厂也多少能够获利，这也反映了战时粮食需求旺盛，品种需求多样。但总体而言，中粮公司人员众多，贷款利息及总办事处经销、管理费用支出庞大，只能做到收支持平。

抗战全面爆发前，中国机器工业体量均有极大增长，粮食加工业正在向机器工业缓慢过渡，但与孙中山提出的全面工业化、标准化目标相去甚远。1939 年、1940 年随着战局急转直下，全国粮价节节上涨。重庆作为战时陪都，在 1939 年 12 月后接连受到日机轰炸，空袭造成军粮民食供应出现严重问题，人民恐慌，这既与"抗战建国"目标越走越远，亦与实现三民主义尤其是民生主义背道而驰。

粮食加工作为粮政中的一个重要环节，不但影响抗战大局，亦与民生息息相关，自然引起上至政府要员下至普通黎庶的关心。蒋介石在 1941 年 6 月召开的第三次全国财政会议上讲道："目前粮食问题，不是征购多少的问题，而是应如何遵照总理遗教合理的实施粮食管制来实现利国福民的民生主义的问题。"④ 7 月 21 日，徐堪在国民党中枢联合纪念周上报告

---

① 于登斌：《战时重庆面粉产销管制之回顾与展望》，《四川经济季刊》第 1 卷第 3 期，1944 年 6 月 15 日，第 292 页。

② 中国粮食工业公司粮食购储委员会：《关于抄发中国粮食工业公司粮食购储委员会设置各面粉厂驻厂稽核办法致福民实业股份有限公司机制面粉厂的函（附办法）》（1944 年 9 月 21 日），《重庆福民实业股份有限公司档案》，档案号：02720002000670000030000，第 28～29 页。

③ 《中国粮食工业公司损益综合预计表》，《财政部档案》，档案号：0015-0001-00065-0000-187-000，第 188 页。

④ 《蒋委员长出席第三次全国财政会议及全川绥靖会议开幕典礼讲："建立国家财政经济的基础及推行粮食与土地政策的决心"》（1941 年 6 月 16 日），秦孝仪主编《中华民国重要史料初编——对日抗战时期》第 4 编《战时建设》（3），第 76 页。

的施政方针中，再次强调"民生主义就是要四万万人都有饭吃，并且要有很便宜的饭吃，要全国的个个人都有便宜饭吃，那才算是解决了民生问题"。[1] 因此，重新建立田赋征收制度、成立专门粮政管理机构、创设粮食加工部门，是国民政府标榜三民主义，实现其"抗战建国"总目标的重要举措，中粮公司的成立是践行战时工业政策、粮食政策的举措之一。

抗战全面爆发前，粮食加工企业几乎全为民营，政府并未插手此一行业。1938年10月国民政府颁行的《非常时期农矿工商管理条例》，为战时设立国营粮食加工企业进行直接经营提供了法理依据。[2] 1941年5月，立法院下属财政委员会、经济委员会联合拟具《非常时期粮食国营原则草案》，经立法院5月31日通过后，向国防会建议实施。该草案对粮食国营机构、国营办法分别提出7条、17条建议，虽然在8月5日经济会议第28次会议上，该草案未正式通过，但经济会议决议"交粮食部研究"的表态，为后来粮食国营奠定了基础。[3] 中粮公司虽然在战时后方各项工矿建设中投资并不算多，覆盖区域也较为有限，但它的设立既适应了当时社会对于粮食加工的合理要求，为陪都供应了军、公、民粮，在一定程度上纾解了民众的恐慌心理，也为战时后方工业布局更加合理奠定了基础，增强了当地的工业力量，为粮食加工业一度落后的内地省份提供了契机，亦向中国粮食加工的机械化、标准化乃至现代化迈进了一小步。

中粮公司的筹设及实际运作也反映了战时国民政府的基本经济政策，即扩大国营工商业，加强对私营工商业的控制。据1942年经济部统计处数据，后方国营厂家资本额占资本总额的69%，除湖南、陕西外，各省国营资本额远较民营资本额高，并且国营厂家规模远远大于民营厂家，尤其是重工业，这也成了战时后方工业一大特色。尽管在后方71家粉厂中

---

[1] 徐堪：《粮食部成立后之施政方针》，秦孝仪主编《抗战建国史料——粮政方面》（1），第211页。

[2] 立信会计师重庆事务所编《工商业管制法规》，立信会计图书用品社，1943，第12~17页。

[3] 《第二十八次经济会议》（1941年8月5日），《行政院经济会议、国家总动员会议会议录》第2分册，第14~22页。

仅有 12 家国营粉厂，资本只有 700 余万元，产量占总产量的 4% 左右，①
但中粮公司的出现显示出政府对于粮食加工业的参与度在逐渐提高，从以
前的完全放任转向最大限度地实际运作与管制。

　　作为国营企业，中粮公司并不是单纯的粮食加工业务部门，而具有
一定的管理者身份，对民营粮食加工企业进行监管是其职责之一。这也
说明在战时特殊背景下，国民政府通过制定统制经济政策、设立大型国
营企业及对民营企业的强烈干预乃至控制，逐渐走向国家官僚资本主
义，尽管这种干预与控制会有反作用，比如大量制粉设备闲置，或处于
停机待料状态。国民政府战时对重要行业、企业的管控，与战前的自由
政策形成了非常鲜明的对比。就像著名经济学家刘易斯所言："没有一
个国家不是在明智政府的积极刺激下取得进步……另一方面，经济生活
中也存在着这么多由政府弄出来的祸害。"② 诺思亦尖锐地指出："国家
的存在是经济增长的关键，然而国家又是人为经济衰退的根源。"③ 很显
然，国民政府在战时一度促进了后方国营粮食加工业的增长，但也导
致民营粉厂在抗战后期的衰落。然而，在保障战时粮食安全及完成
"抗战建国"的目标上，财政部重新实施田赋征收实物及粮食部筹设中
粮公司以加强对粮食加工业的管控有其合理性，这种合理性主要表现
在这些举措呼应了时代主题——增加粮食供应，争取抗日战争早日
胜利。

　　中粮公司是中央政府着力支持的企业，其发展路径亦展示出政治需要
及国家资本在企业发展中的重要作用。在粮食问题非常严重的背景下设立
的中粮公司，自始至终受到政府部门的重视，从全国粮管局倡办到实际成
立后的参与各方，既有官方行政部门粮食部，亦有当时的国家金融机构中
央信托局、中国农民银行，无一不渗透着政治需要并显示出国家资本活跃
的身影，因此，政治需要与国家资本是中粮公司自设立至抗战结束期间一

① 《经济部统计处发表民国三十一年"后方工业鸟瞰"》，秦孝仪主编《中华民国重要史
　　料初编——对日抗战时期》第 4 编《战时建设》（三），第 676~691 页。
② W. Arthur Lewis, *The Theory of Economic Growth*, London, George Allen and Urwin, 1995.
③ 道格拉斯·C. 诺思：《经济史中的结构与变迁》，陈郁、罗华平等译，三联书店上海分
　　店，1991，第 20 页。

直业务兴隆的重要因素。

　　中粮公司各方面情况，亦反映出战时民族危机下后方粮食加工业融合与发展的面相。从人员构成而言，中粮公司总办事处职员来自全国各地，但上层管理人员均来自沿海工业发达省份，四川籍或本地人士多为中下级职员或普通工人。总经理江汉罗为安徽休宁人，协理李俊夫为浙江龙泉人，协理沈国瑾系江苏武进人，总稽核闻亦有系湖北浠水人，4 名稽核均为江苏籍人士，总务科、业务科、会计科科长分别来自江苏无锡、安徽黟县和江苏常熟。① 就普通职员而言，如弹子石碾米厂职员 6 人，其中 4 人来自安徽怀宁，2 人分别来自江苏江阴与江宁。② 李子坝碾米厂 7 人中，1 人来自重庆江北县，其余来自湖北、安徽、江苏三省。③ 合川面粉厂 16 名职员中，标明籍贯的有 13 名，皆为外省籍人士，且以江浙地区为多；22 名技工中，川籍 3 人，湖南籍 1 人，江苏籍 2 人，其余均为浙江籍。④ 人员的迁移往往会带来技术的转移与融合。从技术融合的角度分析，工业技术发达省份人员在公司创办与发展过程中发挥了重要作用。这与清华大学国情普查研究所陈达、张荣群等人 1945 年 10 月在重庆、昆明等地的调查结果是完全一致的，即后方企业工人中普通工人以本地人居多，而"内地技术工人多是来自沿海一带"。⑤ 后方各类技术人才缺乏，制粉人才亦相当稀缺，"各地苦于技术管理人员之缺乏，无法添设工厂或改进业务"，而内迁粉厂及技术人员恰好充当了教练员的角色，为后方培训制粉技术人员。允利公司董事兼总经理薛明剑 1944 年 7 月初申请开办中国面

①　《中国粮食工业公司总办事处职员名册》，《粮食部档案》，档案号：0028-0002-00001-0000-001-000，第 1~2 页。
②　《中国粮食工业公司弹子石碾米厂职员名册》，《粮食部档案》，档案号：0028-0002-00001-0000-023-000，第 23 页。
③　《中国粮食工业公司李子坝碾米厂职员名册》，《粮食部档案》，档案号：0028-0002-00001-0000-002-000，第 22 页。
④　《中国粮食工业公司合川面粉工厂职员名册》，《粮食部档案》，档案号：0028-0002-00001-0000-014-000；《中国粮食工业公司合川面粉工厂职工名册》（1942 年 11 月），《粮食部档案》，档案号：0028-0002-00001-0000-048-000，第 50~51 页。
⑤　陈达：《我国抗日战争时期市镇工人生活》，中国劳动出版社，1993，第 35、195 页。

粉业技管人员训练所即为最好例证。① 这从侧面说明，中粮公司包括战时其他企业在内，随着工厂内迁、人口大范围迁移，都走上了技术融合与发展道路，对于提升内地省区工业技术水平、管理水平，树立发展理念裨益不小。正如虞和平先生所指出的，战时工业建设重心西移，西部工业化的资金传动、科技传动、市场传动、异常的空间传动及其产生的效应，对于内地省份的经济发展功不可没。②

中粮公司的创办只是国民政府经营粮食加工的尝试，此前并无经验可循，与当时实行的粮食管理政策一样，属于"新政"，粮食生产、征收、仓储、加工、运输等各环节散乱无章，人员训练与选拔都"须相当的时日，方能见功"。③ 中粮公司在探索过程中出现加工、配拨、食粮质量等问题，亦在所难免。时任军委会委员长侍从室第三处主任陈果夫在1943年8月31日的日记中记述："午餐饭米不好，又煮得不熟，随便吃下。"④ 陈虽然没有明说饭米如何不好，但加工不良或为因素之一。胡庶华、黄炎培、章士钊等21人在国民参政会第三届第二次大会上提出《请政府严厉禁止米粮夹杂稗子砂石以维持民族健康案》，亦可看出此问题的严重程度。⑤ 1944年5月17日，招商局第23次局务会议上，亦对澄平轮乘客所反映的"大菜间客饭食米太坏"的问题进行了讨论，决定"此后特舱搭客食米准用山（籼）米，以广招徕"。⑥ 尽管内政部1942年初专门成立了中央党政机关平价食粮抽查委员会，负责检查各机关购领平价食粮有无掺

---

① 重庆市教育局、薛明剑：《关于筹办中国面粉业技管人员训练所的呈、批（附招生简章）》（1944年7月10日），重庆市档案馆藏，《重庆市教育局档案》，档案号：00650001012480000179000，第142~145页；中国面粉业技管人员训练所：《关于报送本所开学日期及实验工厂章程等上重庆市教育局的呈（附董事会名册及章程）》（1944年8月30日），《重庆市教育局档案》，档案号：00650001012480000179000，第179~184页；中国面粉业技管人员训练所：《中国面粉业技管人员训练所招生简章》，《金城银行重庆分行档案》，档案号：03040001025930000325000，第325~326页。

② 虞和平主编《中国现代化历程》第2卷，江苏人民出版社，2001，第793页。

③ 张樑任：《四川粮食问题》，振华印书馆，1941，第18页。

④ 徐咏平：《陈果夫传》，正中书局，1978，第915页。

⑤ 《建设厅案呈奉令以国民参政会建议严禁米粮夹杂稗子砂石一案令仰遵照》，江西省政府秘书处编译室编印《江西省政府公报》第1302号，1944年3月10日，第35~36页。

⑥ 胡政主编《招商局与重庆：1943~1949年档案史料汇编》，第169~170页。

杂情形，并制定掺杂成分调查表请内政部填写，以谋求品质的改善，但该机关成立时并无专职调查员，经该会申请调派，内政部总务司先派张铭钧，张甚少到会，无法长期开展调查工作，遂将张调回，复派李道彰接充。李道彰"到会工作以来，极称努力，成绩甚佳"。① 但"各机关间有以食粮掺杂成份过多，甚或米质溃烂，不堪食用见告"。② 为切实改善公务机关配发公粮品质，1944 年 7 月，陪都民供处遂指定中粮公司所属的李家沱、菜园坝、化龙桥及北碚各米厂为专碾专配米厂。③

中粮公司名义上虽以公司制形式进行经营，这是战时尤其是 20 世纪40 年代初多数国营或省营企业常用的形式，贵州企业公司、广西企业公司、甘肃水利林牧公司等均属此类公司。但这些公司上至董事长下至各级管理人员，均具有官方背景，既有官僚资本长袖善舞的优点，也有官办企业无法克服的通病，如政企不分、经营不善、效率低下、裙带关系严重。正如吴景超所指出的，"国营事业，尚多采取衙门的组织，其缺点为管理

---

① 《内政部派科员李道彰、张铭钧担任中央各机关平价食粮抽查委员会专任调查员案》（1942 年 1 月~11 月），《内政部档案》，档案号：一二-338，第 2~17 页。中央党政机关平价食粮抽查委员会前身为"重庆市供给各机关学校平价食粮抽查委员会"，嗣由社会部 1941 年 9 月接收后重新筹备，9 月 28 日召开筹备会议时改为现名，1941 年 12 月11 日正式成立，由徐恩曾担任主任委员。［参见《中央平价食粮抽查委员会、财政部贸易委员会、荣誉军人生产事业管理局等机关函告成立日期、长官就职日期或办公地点有关文书》（1942 年 9 月~1945 年 2 月），《中央设计局档案》，档案号：一七一-325，第11 页］该委员会系为配合《非常时期改善公务员生活办法》第 19 条而设，由监察院秘书处、中央调查统计局、内政部、社会部、粮食部派员共同组成，下设总务、调查、统计三组，分别由社会部、中统、粮食部派员担任，如有需要可商调经济会议、经济检查队及宪警协助。设立后制定《中央党政机关公务员役与其家属请领平价食粮抽查委员会组织规程》。参见《社会部为奉令改组平价食粮抽查委员会请内政部派员出席有关会议案（附该会会议记录、规程草案）》（1940 年 9 月~1942 年 4 月），《内政部档案》，档案号：一二-335，第 4~22 页；《内政部派员为中央各机关公务员役与其家属请领平价食粮抽查委员会委员案》（1941 年 10 月~11 月），《内政部档案》，档案号：一二-337，第 2~4 页。在《非常时期改善公务员生活办法》废止后，该会也于 1942 年 10 月底撤销。参见《内政部派科员李道彰、张铭钧担任中央各机关平价食粮抽查委员会专任调查员案》（1942 年 1 月~11 月），《内政部档案》，档案号：一二-338，第 16~17 页。

② 《粮食部陪都民食供应处关于扩大收购各机关学校员工节约食米以减少浪费与倒流公函》（1943 年 4 月~1944 年 11 月），《内政部档案》，档案号：一二（6），1210，第 10~11 页。

③ 《粮食部陪都民食供应处关于指定中粮公司所属之李家沱、菜园坝、化龙桥、北碚为专碾专配公粮机关给重庆市地政局的代电》，重庆市档案馆藏，《重庆市地政局档案》，档案号：0069000100170100065000，第 75 页。

政治化，权责不分明，行动欠灵敏。结果是降低了国营事业的效率"，[1]
这导致中粮公司及其下属各加工厂的贪污腐败现象较为突出。中粮公司北
碚碾米厂主任程仲瑾、副主任杨宗祺，勾结陪都民供处工作人员，1944
年 4~6 月将加工后霉烂、不堪下咽的米谷拨给相关公教人员，经重庆实
验地方法院调查，程、杨滥用职权、勾结船户，将川江上游各地运来泼水
食米予以接收加工，间接图利，涉及面较广，民愤极大，违反粮食部颁发
的《改善陪都公粮发放办法》规定，并涉嫌违反《惩治贪污条例》而提
起公诉。[2] 粮食行业中贪腐案件多发也为社会各界诟病，作为加工企业并
负有监管职责的中粮公司负有不可推卸的责任。战时粮价高涨，各地粮食
掺水掺杂风气尤为盛行，不但损耗食粮，且妨害人民健康，助长舞弊行
径。为了提高粮食品质，粮食部要求各省参酌粮食部颁布的《粮食检验
及分级暂行规则草案》，依据各该省粮食品质及性状，制定田赋征实验收
标准，谕令农民所交粮食不要掺水、掺杂，饬令加工厂切实使用清除机清
除米粮中的谷稗等杂质。[3]

　　除了国营性质的中粮公司，各地均有规模、数量不等的粮食加工机
构，差异性较大。从性质来讲，有的为民营，有的为省营；从动力来看，
机器、畜力均有；从加工粮食种类而言，米厂、粉厂或混合加工厂均有。
湖南省米谷碾制厂多产丰，既有机器碾米厂，人力、畜力作坊亦复不少，
故加工"尚不感觉困难"。各地籼谷一直采用包商制，但包商碾制出米量
低，最高为 5 市斗 1 市升 5 合，最低为 4 市斗 6 市升 5 合，粮农亏折较
多，遂改为招商制。招商出米量高，好谷最高可提高至 5 市斗 4 市升 5
合，次谷亦可提高至 4 市斗 8 市升或 5 市斗不等，长沙河西赋谷则有提高

① 吴景超：《中国经济建设之路》，《经济建设季刊》创刊号，1942 年 7 月，第 15~16 页。
　　另据陈开国称，粮食部下属的"粮政机关和粮商，打着'代部购粮'的旗号，可以在
　　粮食市场上任意哄抬粮价，逍遥于《非常时期违反粮食管理治罪暂行条例》等粮管法
　　令之外"。参见陈开国《国民党田赋征实史话》，政协云南省昆明市委员会文史资料研
　　究委员会编《昆明文史资料选辑》第 2 辑，云南人民出版社，1982，第 87~88 页。
② 《四川高等法院第一分院关于审理傅群清、傅少金上诉叶促熙、景戒虚、李双林及重庆地方法
　　院检察官上诉程仲瑾、杨宗祺、孔叔炎、马纪五贪污案的刑事判决》（1946 年 3 月 13 日），重
　　庆市档案馆藏，《四川省高等法院重庆分院档案》，档案号：0109000200215000025000，第
　　25~26 页。
③ 《粮食部三十年度工作检讨报告》，第 42 页。

至 5 市斗 5 市升 8 合者。因此，从增加出米量而言，招商明显优于包商。① 四川各县如达县、大竹、渠县等均采用招商制，并在督粮委员主持下制定了较为完备的招商手续，上报粮食部备案。② 故此，政府亦对招商多加鼓励，减免部分费用。如原来商人承碾军米，每市石收取碾费 4 角至 7 角 5 分不等，并须给付装包、缝口及上下脚力费用；1942 年 2 月 24 日起，先将碾费取消，4 月 15 日起，装包、缝口及上下力资也一并免去，在一定程度上保护了招商利益，招商的积极性更为高涨。③ 此外，军委会第九战区购粮委员会亦设有粮食加工股，动力采用蒸汽、柴油及电力引擎，拥有精米机、清谷筛、自动风车等装置，分别在郴县、耒阳、沅陵等九地设立碾米厂及流动碾米厂，同时利用水碾、畜力与人工碾磨，以供给本战区及第七战区军米为主。④ 据粮食部 1944 年 5 月调查，四川省各县近年承办粮谷加工所得余米，依照当年米价计算，多者达数百万元，少者亦达数十万至百余万元。⑤

战时各种资源短缺，中粮公司各厂尤其是碾米厂用电亦受到相当制约，各米厂动力来源为重庆电力公司供应用电，每日用电量约为 52500 度。⑥ 但重庆电力公司容量有限，负荷过重时，规定自 1944 年 7 月 1 日起只供应有关国防的兵工厂、钢铁厂，其余工厂每日下午 6 时至 10 时 30 分一律不准用电。粮食部为解决米厂动力来源问题，专门致函电力公司，以中粮公司所属渝郊各厂承碾食米系以军粮为主，需用迫切，非加开夜班不足配合供应为由，请求继续用电，电费可以军事机关用电标准收取。⑦

---

① 《各省市粮政工作报告摘要》，第"湘 3 页"。

② 《四川达县各年度赋谷加工成率》（1942 年~1948 年），《粮食部档案》，档案号：119-040203-0148，第 16 页。

③ 《各省市粮政工作报告摘要》，第"湘 3 页"。

④ 《军事委员会第九战区购粮委员会业务纪要》，秦孝仪主编《抗战建国史料——粮政方面》（3），第 111~119 页。

⑤ 《筹补四川省短缺粮额及控制粮价简要方案》（1943 年~1944 年），《行政院档案》，档案号：014-040501-0012，第 21~22 页。

⑥ 重庆电力股份有限公司业务科：《关于计算中粮公司所属米厂每月用电数的函》（1943 年 9 月 30 日），《重庆电力股份有限公司档案》，档案号：02190002000810000017，第 34 页。

⑦ 粮食部：《关于检送中粮公司所属各米厂用电照军事机关收费致重庆电力股份有限公司的函（附地址表）》（1944 年 7 月 24 日），《重庆电力股份有限公司档案》，档案号：02190002000810000029，第 56~59 页。

重庆电力公司回复粮食部称，粮食部应向市政府提出申请，如果市政府允许，则电力公司可以供电。[1] 粮食部遂与市政府函商，只要同意用电，中粮公司各米厂可以支付每度电价 5 元，另加调整煤价费用。[2] 8 月 26 日，重庆市政府致函粮食部中粮公司各碾米厂，做出"中粮公司碾米厂并不在限制用电区域"的批示，用电事件告一段落。[3]

福建农产以米、薯等为主，食米消费量较大。福州碾米业采用电力者较多，但资本额、工人较少，每日出产亦较为有限。表 4-18 反映了 1938 年福州主要碾米厂的情况。

表 4-18　1938 年福州主要碾米厂情况

厂号	所在地	经营方式	资本额（元）	工人数（人）	动力	加工费（元）		每日平均碾粮数量（市石）
						米	谷	
新丰裕	坞尾街 71 号	合股	16000	13	石油机	0.24	0.3	40
祥丰盛	水部	合伙	2000	8	电力	0.3	0.24	40
元山	水部	合伙	4500	11	电力	0.3	0.24	40
公大	水部	合伙	5000	16	电力汽机	0.3	0.24	40
南星	水部	独资	1000	7	电力	0.3	0.24	40
振丰泰	水部	合伙	1000	7	电力	0.3	0.24	40
和生	水部	合伙	4000	14	锅炉机	0.3	0.24	50
永丰	水部	合伙	2000	9	电力	0.3	0.24	40
和盛	水部	独资	1000	7	电力	0.3	0.24	40
恒丰裕	水部	合伙	3000	12	电力	0.3	0.24	40
振发	水部	独资	6000	10	电力	0.3	0.24	40
龙顺福	水部	合伙	2000	14	电力	0.3	0.24	40
德丰厚	水部	合伙	3000	14	电力	0.3	0.24	40

---

[1] 重庆电力股份有限公司：《关于检送中粮公司所属各米厂电费与普通工厂同样待遇致粮食部的代电》（1944 年 7 月 27 日），《重庆电力股份有限公司档案》，档案号：02190002000810000030，第 60~61 页。

[2] 粮食部：《关于请勿加限制中粮公司所属各碾米厂致重庆市政府的函》（1944 年 8 月 13 日），重庆市档案馆藏（以下不再一一注明藏所），《重庆市工务局档案》，档案号：00670011000490000010，第 41~42 页。

[3] 重庆市政府：《关于告知中粮公司碾米厂并不在限制用电区域致粮食部的函》（1944 年 8 月 21 日），《重庆市工务局档案》，档案号：00670011000490000009，第 40 页。

厂号	所在地	经营方式	资本额（元）	工人数（人）	动力	加工费（元）		每日平均碾粮数量（市石）
						米	谷	
仁记和	水部	独资	4000	10	电力	0.3	0.24	40
益丰	平和路7号	合资	3000	4	电力	0.24	0.3	20
舜年	中平路4号	独资	3000	6	电力	0.24	0.3	20
大丰裕	裕民街2号	合资	12000	10	柴油机	0.24	0.3	65
泉丰裕	安德街6号	合资	10000	15	电力	0.24	0.3	70
荣丰	江一路6号	独资	3000	6	电动机	0.24	0.3	31
福春慎	坞尾街13号	独资	5000	5	电力	0.24	0.3	40
万盛德	坞尾街15号	独资	3500	5	电力	0.24	0.3	50
德顺福	南台坞尾	独资	100	4	—	—	—	—
裕和泰	坞尾街27号	合资	7500	16	电力	0.24	0.3	80
庆和协	坞尾街39号	合资	7700	18	电力	0.2	0.34	48
潘协源	坞尾街28号	合资	7800	14	电力	0.2	0.34	48
庆源	坞尾街38号	独资	3000	6	电力		0.3	30
林福隆	坞尾街42号	独资	5000	18	电力	0.24	0.3	100
黄大隆	玉环路	独资	4000	8	电力	0.2	0.34	43
大生祥	瘩港道1号	独资	2500	8	电力		0.3	75
张同源	鸭担洲	合资	5000	14	电力	0.2	0.34	40
登丰年	鸭担洲	合资	3000	3	电力		0.3	30
裕和春	江滨路58号	合资	3000	12	电力	0.2	0.34	40
宝源	江滨路15号	合资	4500	6	电力	0.24	0.3	30
震源	三保中街3号	合资	5000	8	电力	0.2	0.34	40

原表注：（1）每石折市秤160斤；（2）各厂商每百斤谷平均可折米70斤。

引者注：德顺福资本额100元，疑有误。

资料来源：福建省政府秘书处统计室编印《福州粮食运销存储概况》，1938，第48~49页。

由表4-18可知，福州碾米厂既有合资的，也有独资的，以合资者为多。从资本额与工人数来看，均规模较小，资本额为1万元及以上的仅有3家，因此每日加工数量极为有限。从动力来源来看，以电力为多，间有锅炉机与柴油机，说明福州的电力供应状况良好。

不过，在战时后方加工设备短缺、技术欠缺等条件限制下，粮食加工质量短期内仍难有大的改善。除了前文陈果夫的日记所载，王了一在1944年6月4日的一篇小文中对粮食品质问题亦大加讽刺，并举例说自己的朋友在全面抗战爆发后的两年时间内得病，经检查说是大肠里的积砂太多，开刀后才治好。情愿做一只小麻雀的王了一只能"天天祈祷，愿我的大肠抵抗力比他强，并愿全国公教人员的大肠抵抗力都比他强"。① 这些记载反映了战时粮食加工中不尽完善之处，也是粮食加工业走向现代化的必经之路。

第三节　战时四川军粮征集、仓储、运输与拨交

一　军粮需求概况

粮食是取得战争胜利的基本保障。根据现代战争需要，军队给养"务求于适当时期适当地点施行确实之给与为要，然欲求时期适当，则以利用现在物资为佳，如有不足时方由后方输送为最有利，欲求地点适当则必于资源丰富之处所及输送便利之地将保存经久之物质，先为准备，方可得随地供给之便"。② 全面抗战初期，国民政府对于粮食管理并无通盘计划，对于军粮供应，仅由各战区司令长官部设置粮食管理处，专司军粮购买及运输等事宜。经济会议秘书长贺耀组曾言及"食粮问题影响军事之事实"，即"我国兵士之同仇敌忾、勇敢作战实远在敌人之上，然兵士常因营养不足而功效减低，则亦为事实"。③ 因此，军粮供应充足与否关乎战局胜败，绝对不可轻视。

战时军粮供应不但数量多，而且种类亦较多，据第三任粮食部部长俞飞鹏统计，从 1941 年起至 1945 年止，军粮供应数量共计谷、麦、杂粮180511000 市石，④ 种类包括大米、面粉、杂粮成粮等，可以说做到了军粮充足。军粮供应既包括前方部队军粮，也包括后方屯粮，还有过境部队、接收新兵部队的补给。根据各省军粮局规定，过境部队军粮应由设有军粮仓库的地点负责补给，先由该局发给通知单，然后再通知仓库发给粮食。无仓库地点，应由军粮局预先通知粮政局，转令各县在征购军粮内划

---

① 王了一：《龙虫并雕斋琐语》，上海观察社，1949，第 109 页。
② 荆其智：《粮秣经理讲义》，军事委员会第三厅经理研究班印，时间不详，第 17 页。
③ 《全国粮食会议报告》，第 25 页。
④ 俞飞鹏：《粮政》，《国防月刊》第 6 卷第 2 期，1948 年 6 月，第 22 页。

拨，并准照所拨数额列抵军粮配额，不准额外采购，以免加重人民负担。但这项支出并未列入预算，属于临时支给。按照陕西省的做法，或发代金，或直接发给粮食。补给区域以省内部队为限，也就是说，发给粮食只限于省境，出省后即不归陕西省负责。对于此种情况，陕西省曾规定给部队发放粮证，凭证自行购粮。但部队往往无法购得粮食，因此影响亦较大，如影响行军期限、部队稳定等。还有一种是新兵的给养。这部分食粮也在军政部预算之外。① 国民政府军委会根据战局变化，划分不同战区，对军粮供应进行筹划。本节先整体梳理战时军粮需求与供应概况，然后以四川省为个案，分析战时军粮征集、仓储、运输、拨交情况。

1937 年 8 月，国民政府将南北两战场划分为 5 个战区。第一战区：包括河北及山东北部，采取纵深配备，多线设防，力图持久，适时转移主力于第二战区。第二战区：包括山西、察哈尔、绥远等省，凭依险要，力保山西华北天然堡垒。第三战区：包括江苏南部及浙江全省，集国民党军队精锐，进攻上海日军基地，阻止其登陆，以巩固首都南京，并迫使日军分散其兵力于江南不利的战场，以把握全盘有利的战局。第四战区：包括广东、福建等省。第五战区：包括江苏北部及山东南部。第四、第五战区配置最小限度兵力，警备海岸。② 1938 年 1 月，随着战局的变化，国民政府重新划分了战区：平汉路方面为第一战区，山西方面为第二战区，苏浙方面为第三战区，两广为第四战区，津浦路方面为第五战区，甘宁青为第八战区，另设武汉卫戍总司令部、福建绥靖公署、西安行营等。

为调剂粮食供求，并防止资敌起见，内政部、军政部、经济部与后方勤务部③会商拟具《各战区粮食管理办法大纲草案》《各战区粮食管理处组织规程草案》。1938 年 4 月，军委会公布《各战区粮食管理办法大纲》《各战区粮食管理处组织规程》。其中，大纲共 33 条，第 3 条规定在各战

---

① 佟寿勋：《办理陕西军粮的概况》，《陆军经理杂志》第 4 卷第 2 期，1942 年 8 月 31 日，第 72~73 页。

② 胡璞玉：《抗战建国史事研述》，台北，“国防部”史政编译局，1974，第 52 页。

③ 后方勤务部于 1945 年 2 月 1 日改组为后方勤务总司令部，隶属于军政部，由陈诚兼任总司令。参见《中央平价食粮抽查委员会、财政部贸易委员会、荣誉军人生产事业管理局等机关函告成立日期、长官就职日期或办公地点有关文书》（1942 年 9 月~1945 年 2 月），《中央设计局档案》，档案号：一七一–325，第 148 页。

区设立战时粮食管理处，隶属所在地战区司令长官部，并在其主管区域范围内选择适当地点设立分处。第 19 条规定，"战区粮食管理处得直接办理粮食之采购、加工、储藏及配销事宜。或委托仓库、合作社、商号或其他相当机关团体代办，以供军粮民食，并平衡价格。但不得以营利为目的"。第 22 条规定，"战时粮食管理处于必要时，得在粮食重要市场斟酌实际情形，妥慎规定粮食之最高或最低价格，以防止投机操纵"。① 同时，要求各战区在 4 月底前（后延至 5 月 15 日）均设立战时粮食管理处，并拟具计划后上报。② 战时粮食管理处所需经费，则由各战区与省政府分摊负担，并先在第一、第二、第三、第五战区试办。③

　　武汉会战后，再划分为以下战区。第一战区：河南、安徽两省北部，司令长官卫立煌；兵力为 13 个师 2 个旅。第二战区：山西全部、陕西东北部，司令长官阎锡山；兵力为 30 个师 17 个旅，包括中共第十八集团军3 个师。第三战区：浙江、福建全部，江苏、安徽南部，司令长官顾祝同；兵力为 22 个师 2 个旅，包括新四军在内。第四战区：广东、广西全部，司令长官蒋介石（兼）、张发奎（代）；兵力为 18 个师 2 个旅。第五战区：安徽西部、湖北北部、河南南部，司令长官李宗仁；兵力为 27 个师 1 个旅。第六战区：湖北西部，司令长官陈诚（兼任湖北省政府主席）；兵力为 17 个师。第八战区：绥远、宁夏、甘肃、青海，司令长官朱绍良；兵力为 10 个师 13 个旅。第九战区：湖北南部、江西西部、湖南全部，司令长官陈诚；兵力为 52 个师。第十战区：陕西，司令长官蒋鼎文；兵力为 10 个师 2 个旅。鲁苏战区：苏北、山东；兵力为 7 个师。冀察战区：冀、察；兵力为 6 个师。中国兵力方面，据白崇禧所记，1937年时，全国有步兵师 182 个，独立步兵旅 46 个，骑兵师 9 个，独立骑兵

① 《战区粮食管理办法》（1937 年~1940 年），《行政院档案》，014-040504-0015，第 16~64 页；《为转发各战区粮食管理办法大纲及战时粮食管理处组织规程仰知照》，《湖北省政府公报》第 361 期，1938 年 6 月 15 日，第 3~4 页；《抗日战争时期国民政府经济法规》（下），第 321~323 页。
② 《战区粮食管理办法》（1937 年~1940 年），《行政院档案》，014-040504-0015，第 16~64 页；《为转发各战区粮食管理办法大纲及战时粮食管理处组织规程仰知照》，《湖北省政府公报》第 361 期，1938 年 6 月 15 日，第 3~4 页。
③ 《战区粮食管理办法》（1937 年~1940 年），《行政院档案》，014-040504-0015，第 60~64 页。

旅 6 个，炮兵旅 4 个，独立团 24 个，其他工兵通信兵除外。1944 年，全国军队发展至 120 个军、354 个师、36 个独立旅、112 个团、15 个营。[①]

全面抗战初期，军粮供应范围仅限参战部队，因此数量不是非常大。1937 年 7 月，军需署与农本局签订协议，由农本局代购军粮。农本局总经理陈振先即与中央关系各部主持采购作战部队 200 万人一年用粮，分存各战区 3 个月粮秣、各战区后方 3 个月粮秣，另于后方各省设置总库，存备 6 个月粮秣，其中战区 3 个月粮秣由军需署委托各战区司令长官办理，战区后方屯粮及后方总库屯粮分别由各战区及各省购粮委员会购办。截至 1937 年 10 月 31 日，陈振先、何廉先后收到军需署委托采购军粮预拨资金 395 万元，两人采购拨交军粮价款共计 3696085.85 元，补扣手续费 1951.31 元，剩余 251962.84 元。此外，设立屯粮监理委员会，由内政部、军政部、后方勤务部各派高级职员参加，以后方勤务部部长为主任委员，经济部部长、农本局总经理为副主任委员，直隶于军委会，统筹并监督一切。该会暨各购粮委员会副主任委员均由农本局派员担任，屯粮周转金由中央与地方各半筹垫，不足之数则以所购军粮向四行贴放，中央部分由中、中、交、农四行借拨农本局转发各购粮委员会，1939 年购粮资金总额为 23221000 元。各战区、各省屯粮均限 1940 年 1 月底前购足，农本局购粮速度较快，据报 1939 年下半年已购军粮计食米 118000 余大包，折谷 220 余万市石，麦 57 万余市石，面粉 74 万余袋。[②]

1939 年下半年，各战区、各省购粮委员会屯储食粮情况如下。第三战区验收入仓及运输途中食米计 43307 包，谷 8141 市担又 86.5 市斤。第四战区截至 11 月中旬，共购谷 212959 市担又 81 市斤。第五战区，老河口截至 10 月 30 日，共购屯米 1624 大包，小麦 7520 市石；宜昌分会截至 11 月中旬，共购屯米 35350 大包，运输途中米 4400 小包。第八战区，宁夏截至 10 月底，已购小麦可磨粉 25 万余袋；甘肃截至 11 月底，已购屯麦 110472.94 市石。第九战区，截至 10 月底，已由该战区粮食管理处购运湘谷 1045189.77 市石，大米 23051.25 市石。第十战区，截至 11 月 15 日，购买的小麦可制粉 496274 袋。

---

① 贾廷诗、陈三井等记录，郭廷以校阅《白崇禧口述自传》（上），中国大百科全书出版社，2009，第 301 页。

② 《农本局业务概况》（1939 年），《经济部档案》，档案号：四-15914，第 17~29 页。

四川省截至 11 月 25 日，订购稻谷 813125.86 市石。广西省截至 11 月下旬，共收购稻谷 83747 市石。① 由此可见，此一时期农本局各战区在军粮供应方面发挥了重要作用。

军粮虽勉强供应，但问题亦不少。嵇祖佑在 1940 年 7 月 11 日的粮食会议上曾介绍此前四川军粮的购买情况，谓 1940 年川省政府令县长办理军粮，并规定军粮按照市价购买，但县长并未切实办理，原因之一即为领款手续麻烦，1939 年 9 月的购粮款到 12 月才领得支付通知书，其时适逢实行公库法，手续更为烦琐，直至 1940 年 2 月才拿到钱。四川曾两次购买军粮：一次是正值谷价最低，大户人家均在市场售卖，采购者比较容易购得；另一次是责成县长、专员负责采购，但专员的做法是"今天来请示，明天来请示，延迟复延迟"，错过了米价最低的时间，而无法购足，继而采取摊购办法，农户不堪其扰。但摊派仍不敷采购数量，遂指定某家保留若干数量粮食，以备采购，在此过程中，"误用封仓字样"，民怨四起。所以，国防会秘书厅在 1940 年 7 月 14 日讨论军粮与民食的管理问题及起草《各级粮食管理机构组织要领》时，多数人同意将"原有中央各机关中之购办军粮、管理民食部分（职权及人事）应一律并入管理局"，② 由即将成立的全国粮管局来负责军粮筹购。

全国粮管局时期，设有川购处，专办军粮购运事项。翁文灏按每人每月食米 40 市斤、面粉 45 市斤，测算了各战区所需军粮及后方屯粮数量，详情见表 4-19。

表 4-19　战区所需军粮及后方应备军粮（1940 年）

战区及屯粮地区	兵力	粮食种类	数量
第一战区	23 个师 6 个军，共计 40 万人	3 个月需面粉	120 万袋
晋南战区	14 个师 8 个军，共计 30 万人	3 个月需面粉	90 万袋
第三战区	43 个师 14 个军，共计 85 万人	3 个月需大米	51 万包
第四战区	52 个师 12 个军，共计 96 万人	3 个月需大米	57 万包

① 《一般资料——呈表汇集（九十）》（1939 年 12 月 31 日），《蒋中正总统文物档案》，档案号：002-080200-517-265，第 348~351 页。

② 《粮食管理机构组织办法案》（1940 年~1941 年），《行政院档案》，档案号：014-040504-0025，第 24~42 页。

续表

战区及屯粮地区	兵力	粮食种类	数量
第五战区	23 个师 15 个军，共计 62 万人	3 个月需大米	37 万包
第六战区	40 个师 15 个军，共计 63 万人	3 个月需大米	37.8 万包
第八战区	15 个师，共计 21 万人	面粉	63 万袋
第九战区	32 个师 12 个军，共计 53 万人	大米	32 万包
合计	450 万人	大米	214.8 万包
		面粉	273 万袋
四川后方总库按 100 万人 6 个月计		大米	120 万包
陕南应屯（备第五、第六战区及滇省部队之用）		大米	15 万包
陕西后方总库按 72 万人 6 个月计（备第一、第二、第五战区之用）		大米	86.4 万包
甘肃后方总库按 35 万人 6 个月计（备第八战区之用）		面粉	210 万包
贵州后方总库按 33 万人 6 个月计（备第四战区及滇省部队之用）		大米	40 万包
湖南后方总库按 96 万人 6 个月计（备第四、第五、第六、第九战区之用）		大米	117 万包
江南后方总库按 130 万人 6 个月计（备第三、第四、第九战区之用）		大米	156 万包
广西后方总库按 56 万人 6 个月计（备第四、第六战区之用）		大米	70 万包
云南后方总库按 25 万人 6 个月计（备该省部队之用）		大米	30 万包
合计		大米	634.4 万包
		面粉	210 万袋

资料来源：李学通、刘萍、翁心钧整理《翁文灏日记》（下），第 522~523 页。

表 4-19 所载军粮数量虽是翁文灏个人的测算，尚有不确之处，但从各战区前线所需军粮及后方屯粮数量来看，为数应不少，如按时足额供应现品，在粮食危机日重之时，其难度可想而知。

全国粮管局成立后，1940 年度军粮全部配拨现品，但因作战部队所在多为山岳、丘陵地带等交通不便地区，或遇有军事调动，或接近敌区，

难于押运大批粮秣，"事实上仍不免有临时发给代金就地采购补给者"，①
军粮供应难以足额及时。后方勤务部副部长端木杰对军粮供应极为不满，
其在全国粮食会议上言道："中华民国的国民是好国民，军人是好军人，
惟独军粮，至今没有得到合理的解决，常常不免发生困难。实在每年所需
军粮，不过数百万包，为数甚微，何以不能如数按月办足，可见办理粮政
的各级人员，未能切实负起责任。"因此，他提出今后军粮供应必须做到
以下两点。一是军粮筹屯方面，除经常补给外，必须预屯相当数量，以补
不时之需。购办时，应依规定手续办理，购粮机关事前应按规定价格购
买，不得擅自增加，如有特殊情形，应根据事实请求办理，事后应将所购
粮秣数量、种类、支付费用呈报核销办理机关，部队番号、实有人数、领
用米粮及代金数额核实呈报，不能推诿塞责，力戒借词敷衍。二是军粮调
节方面，必须在粮食运输、产销调查、分屯、地点设置、仓库网建立及补
给的改善等方面着力配合，方能有效解决军粮供应问题。② 宜昌失守后，
退守鄂西三斗坪、第六战区第四十一师师长丁治磐晚年曾有如下回忆：
"当时在长江以南三斗坪等地，大军云集，粮食补给不上。……日军占领
宜昌后，粮食改由四川运来。当时船少，部队多，运粮船沿长江下运时速
度很快，但回航经三峡时，要用人力拉纤，运输能量小，粮食不足；起初
官兵每人每天只能配给二十四两米，根本吃不饱，而且又臭又黄，还带壳
子，只能煮稀饭，士兵称之为'四眼饭'，意即两眼看稀饭上倒影的两
眼，难以下咽的饭。有一次杨森在家里宴客，粮食部长徐堪在座，他说：
'糙米有营养，官兵吃了身体好。'我半开玩笑地说：'米太糙，士兵拉的
屎都带壳子。后方不吃粗米，长得也很好。'意指徐堪是个胖子。"③ 曾在
陕西多地担任县长的张式纶亦曾言，胡宗南中央军在驻陕期间，所需军粮
虽由军事机关与粮政机关负责统筹，但需民间加工，收取工资。④ 可见此
处所指的军粮，是尚未加工的原粮，原粮配拨部队后，还存在加工的

① 《粮食部三十一年度工作计划纲要》，第 8 页。
② 《全国粮食会议报告》，第 27~28 页。
③ 刘凤翰、张力访问，毛金陵纪录《丁治磐先生访问纪录》，台北，中研院近代史研究
　所，1991，第 68 页。
④ 陈存恭访问，官曼莉纪录《张式纶先生访问纪录》，台北，中研院近代史研究所，1986，
　第 197 页。

问题。

　　还有一个问题是军粮与民食的关系问题。尽管有人提出"军粮与民食并重"，[①] 但更多人主张应以供给军糈为第一，调节市场、救济民食为第二，供应公教人员食米为第三，[②] 也就是对军粮供应应采取"尽先提拨"，[③] 不能有所短缺，即在各省征收征购所得粮食项下优先供应。优先供应有两重意思：一是保证粮食可以足额供应；二是自粮食部成立后，对于军粮提前拨交，以便军粮运输机关提前运达前方配给。在征粮不足地区，另行拨款委托地方政府就地购补。粮食部成立当日，徐堪在对新闻界谈及今后粮政时提出两点，其中第一点即为军糈不能有丝毫匮乏，[④] 而且"军粮之配拨，本部历年均经列为中心工作"。[⑤] 军粮供应问题是粮食部成立后首先着手解决的重要问题。

　　粮食部成立后，军粮供应范围明显扩大，所有前后方部队、军事机关、学校、医院、工厂、官兵、夫役，一律定量供给现品，且宽筹预算。1941 年度，全国军粮预算数量，计米 10073000 大包、麦 7529870 大包。实际拨交数量，计米 9629836 大包、麦 7619679 大包，占预算总数的 98%。1942 年度，军粮预算数量总体较上一年度有所增加，食米增至 12267688 大包，麦减为 7277612 大包，而实际拨发数量占预算总数的 92% 强，分别为米 11039656 大包、麦 7019843 大包。1943 年以后，军事、经济形势越发艰困，粮食调配越发不易，军粮供应政策亦有所调整：第一，全国军粮配额以 600 万人的食用量为限，军米增为每人每日 25 市两，军队可以自行加碾一次，以提高品质；第二，九成配发现品，所余一成配发代金；第三，有粮地区尽量发给现品，而无粮可征及游击地区则发给代金，就地购用。依此原则，1943 年度军粮预算数量，现品部分，计米 10428875 大包、麦 7051349 大包；代金部分，计米 659000 大包、麦

---

① 甘绩镛：《田赋改制与四川》，《四川田赋改制专刊》，第 31 页。
② 宋同福：《田赋征收实物之缘起与其意义》，《四川田赋改制专刊》，第 61 页。
③ 《民国三十年至三十一年之粮政》，秦孝仪主编《抗战建国史料——粮政方面》（1），第 48 页。
④ 《粮食部施政方针》，《湖南省银行月刊》第 1 卷第 2 期，1941 年 8 月 1 日，第 156 页。
⑤ 《粮政机构工作报告案（一）》（1942 年～1947 年），《行政院档案》，档案号：014-040501-0001，第 31 页。

1335000 大包。该年度实际拨交军粮现品计米 9338141 大包、麦 6594891 大包，占预算总额的 91.2%，较上年有所减少。①

军粮供应人数以军政部开列人数为根据，再经军粮计核委员会常务会议决议。各战区情况如下：第一战区按军政部统计，共为 50 万人，年需麦约 200 万大包，在河南征购 1475000 大包，并在田赋征实项下划拨 525000 大包，1941 年已全部配足。第二战区为 15 万人，年需麦 60 万大包，在山西征购小麦 35 万大包，并拨交征实小麦 25 万大包，已足额划拨。第三战区部队较多，有 60 万人，年需米 150 万大包，数量巨大，因此配拨起来较为困难，几经变更，最后决定由江西征购项下拨米 93 万大包，其中包含战区后方屯粮 166000 大包，再由皖南征购项下拨米 17 万大包，由浙江田赋征实项下拨米 12 万大包，福建田赋征实项下配拨米 11 万大包，浙西抢购项下拨米 4 万大包，皖南抢购项下拨米 116000 大包，苏南抢购项下拨米 10 万大包，总计拨米 1586000 大包。超出的 176000 大包作为屯粮。第四战区共有士兵 23 万人，年需米 576000 大包，司令长官张发奎电告，只需米 50 万大包，遂决定由广西征购项下拨米 54 万大包，后国民政府又新增入桂部队，复决定在广西田赋征实项下加拨食米 10 万大包，共计 64 万大包。第五战区部队人数，按军政部统计，约为 60 万人，15 万人食麦，年需麦 60 万大包；45 万人食米，年需米 1128000 大包。李宗仁报称有 65 万人，军粮需按 70 万人配拨，年需米 60 余万大包、麦 140 余万大包。经商定，在豫南征购麦 80 万大包，在鄂东、鄂北征购稻谷 100 万市石即米 225000 大包，麦 10 万大包。在皖北抢购项下拨米 20 万市石即 15 万大包，在皖北田赋征实项下拨麦 5 万大包。但鄂省政府只答应先征购谷 70 万市石，麦 30 万市石，其余部分允诺尽力代购。第六战区军政部核定人数为 40 万人，年需米 996000 大包，决定在湘省征购项下拨谷 250 万市石，折米 937500 大包，在鄂中、鄂西征购项下划拨谷 50 万市石，折米 187500 大包，又在川省田赋征实项下拨米 75 万大包，总计拨米 1875000 大包，盈余数作为屯粮。第七战区共有 17 万人，年需米 42 万大包，司令长官余汉谋报告人数为 26 万人，年需米约 66 万大包，决定在赣

---

① 《徐可亭先生文存》，第 192～193 页。

省拨米30万市石即225000万大包，又在湘省拨谷100万市石，折米375000大包，桂省拨米12万大包，总共拨米72万大包。但邻省配拨食粮恐不能按期运达，经军粮计核委员会常务会议决定，自1941年10月至1942年1月，由军政部另发代金二分之一，嗣因策应港九战事，军粮计核委员会常务会议决定在湘省加购食米10万大包，以备入粤增援部队拨用。第八战区部队人数为25万人，年需麦996000大包，决定在甘肃拨麦80万大包，在宁夏拨麦10万大包，绥远拨麦40万大包，陕西榆林附近拨麦36000大包，总计1336000大包。第九战区部队58万人，年需米1356000大包，决定在湖南征购项下拨谷350万市石，折米1312500大包，又在赣省征购项下拨米40万市石，折米30万大包，并在赣省田赋征实项下拨谷50万市石，折米375000大包，总共拨米1987500大包，盈余数作为屯粮。[①]

　　其他省区驻军军粮情况如下。陕西省驻军50万人，年需麦200万大包，经商定，先在陕省征购140万大包，其余60万大包在1942年6月前补购足额。贵州省驻军人数为23万人，年需米576000大包，决定在黔省征购项下拨谷138万市石，折米517500大包，又在黔省田赋征实项下拨谷42万市石，折米157500大包，总计拨米675000大包，其中包括贵州保安团队给养。云南省驻军人数约23万人，年需米57万大包，决定在滇省田赋征实项下拨米20万大包，征购大米40万大包，总计60万大包，本略有盈余，但因入滇部队陆续增加，呈准在滇省加购米13万大包，又

① 《粮食部三十年度工作检讨报告》，第25～28页。1941年11月，第三战区经济委员会出台的《第三战区经济委员会委托抢购战地物资办法》规定，凡属该委员会认可的贸易公司、合作组织、公司行商等，均"得受本会委托抢购指定之物资"，抢购物资包括生产及交通器材、原料品及日用必需品三种。为了奖励抢购，又出台《第三战区经济委员会奖励商人抢购统销物资办法》，规定自本战区内各沦陷区抢购物资运往后方或在后方收购过剩产品向沦陷区销售之商号、公司或个人，均可纳入奖励。向沦陷区抢购者包括外销产品、足以供应军需的物资、人民生活必需物资、生产器材及原料品、交通器材、其他经本会指定的物资。收购运往沦陷区的包括：依法准许商人经营的物资，后方过剩土产品经由本会指定呈奉行政院核准商人运销的产品。奖励包括：由本会通融其资金或介绍金融机关给贷放；由本会转请金融机关给以汇兑便利；由本会转请运输机关给凭证明书，尽先供给工具，负责抢运。参见富华贸易公司苏浙皖分公司《第三战区经委会委托抢购战地物资办法及奖励商人抢购统销物资办法卷》（1941年11月～1942年1月），浙江省档案馆藏，《富华贸易公司苏浙皖分公司档案》，档案号：L069-003-1094。

在贵州加购面粉 5 万袋，折米 1 万大包，粮食部从缅甸订购的 1 万吨大米即 10 万大包亦运济云南。四川省驻军人数，据军政部统计为 54 万人，年需米 1356000 大包，决定在川省田赋征实项下拨谷 400 万市石，折米 150 万大包，盈余数充作屯粮。西康省驻军 2 万人，年需米 48000 大包，在本省征购军米 10 万大包，因盈余非常多，盈余数屯储在西祥公路沿线，以备入滇济用。① 全面抗战时期军粮筹备及补给数量见表 4-20。

从表 4-20 可以看出，各大战区加上各省驻军，军粮需要量确实巨大，供应难度也非常大，如果不采取果断措施，听任部队自由采购，及时足额的目标很难实现，而且会扰乱粮食市场，给粮食管理增加难度，同时会给民众带来极大困扰。粮食部对此也有深刻体认，"今后断不能再事加购"。各军事机关、部队、学校、工厂也不得再在各地方自行购粮，以免刺激粮价，影响粮政。② 因此，粮食部成立后，以"控量以制价"为原则，实行田赋征实、军粮征购等，并将征集的粮食通过仓储、运输、配拨等一系列环节，源源不断地供应各战区、省区部队。

二　军粮征集

战时四川军粮征集方式主要有采购、捐献及田赋征实、征购、征借等 5 种方式，其中采购和捐献是 1941 年田赋征实前四川省政府征集军粮的常用方式。1941 年 9 月以后，四川省通过田赋征实、征购、征借获取粮食成为军粮主要来源。田赋征实方面，四川省采取"两、元并用"，由于田赋征实不足以完全解决军粮供应问题，四川省政府又采用"随赋代征"等办法进行征购。1943 年，为缓解财政紧张状况，紧缩通货，四川省改

---

① 《粮食部三十年度工作检讨报告》，第 28~29 页。
② 《粮食部三十年度工作检讨报告》，第 29 页。尽管军委会、军政部、粮食部等一再强调，不准军队直接从市场或粮户手中购粮，但 1942 年 9 月鄂省粮政局仍"以粮券发交军队，自行向粮户催讨"，该行为被制止后，该局并未严格遵守。蒋介石得知后，在 9 月 20 日电令湖北省政府主席陈诚"澈底改正"，由湖北省政府严令该省粮政局与各县县长将军粮"如数如期解交指定地点，以免各军挨户催促"。同时，蒋向各省政府主席下发手令，要求"以后各县政府与粮政局不得再以空头粮券作抵，无论为军为民，为国家为地方，务希特别注重，切实遵行为要"。参见周美华编辑《蒋中正总统档案：事略稿本》(51)，台北，"国史馆"，2011，第 232~233 页。

表4-20 全面抗战时期军粮筹备及补给数量统计

年份	筹备人数（人）	粮额			补给人数（人）	粮额		
		大米（包）	小麦（包）	面粉（袋）		大米（包）	小麦（包）	面粉（袋）
1937年	5000000	1386441	—	1500000	428650	1039431	—	918227
1938年	3000000	3595200	—	5570400	2540100	3086200	—	4670800
1939年	3000000	3184400	—	4120000	2460750	2656876	—	4024140
1940年	5000000	6645700	—	5337000	3876500	5465860	—	5125600
1941年1~9月	—	—	—	—	—	—	—	—
1941年10月~1942年9月	5000000	10790000	7400000	—	4257820	8764600	6548200	—
1942年10月~1943年9月	5500000	12286250	7665500	—	5120640	10257450	7458340	—
1943年10月~1944年9月	6000000	11600000	7952000	—	5460425	10895260	7595480	—
1944年10月~1945年9月	5520000	10645500	7617576	—	6818600	11246700	6876940	—
总计	38020000	60133491	30635076	16527400	30963485	53412377	28478960	14738767

原表注：1940年以前粮饷办多系屯粮价发。军粮筹办多系屯粮价发。自1941年粮食部成立，实施征实征购，拟定自每年10月至次年9月为一军粮年度，此项年度自1941年开始实施，即1941年10月至1942年9月至9月期间，其1941年1月至9月动用之军粮则为历年屯粮积余之数。

引者注：军粮供应年度之所以这样规定，是因为9月正好是粮食收获季节，尤其是西南后方，9月底正是秋粮收获时节。

资料来源：何应钦著《八年抗战之经过》，香港中和出版有限公司，2019，附表12，第440页。

征购为"征借"。在此期间，四川省军粮的征集方式主要是从每年征实、征购、征借项目下拨充，军粮供应基本得到保障。关于军粮捐献，本书第五章第二节有专门论述，在此只论述采购、征实、征购及征借。

1. 军粮采购

从全面抗战爆发到1941年9月田赋征实，四川省军粮征集的主要方式除了捐献就是采购，由军委会四川购粮委员会和川购处相继负责。

1938年8月1日，国民政府在重庆设立军委会四川购粮委员会（简称"川粮会"），川粮会借用农本局地址办公。1938年秋，四川粮食丰收，为防止谷贱伤农，川粮会拟具《四川新谷购储大纲》，呈送行政院会议获得通过，并得到军委会、行政院核准，川粮会成为办理购储新谷的机构。因业务涉及范围广，原有机构、人员不足以应付，川粮会进行改组，组织规模有所扩大，人员相应增加，并于1938年11月完成改组。改组后的川粮会仍借用农本局作为办公地点，通过农本局福生庄、农仓办理粮食购储业务，内设总务、军粮、转输、屯储、运销、仓库等六组及会计室。川粮会改组后，由财政部拨款160余万元，中、中、交、农四大银行提供低利贷款750万元，共计910余万元作为购谷资金，采取向粮户摊购、向粮商抽购及对县长购粮考绩等办法，采购军粮。[1] 此后，川粮会除继续筹办四川省后方总库6个月屯粮外，兼掌四川新谷屯储与购销事宜，后方总库屯粮业务直接受军委会指挥监督，购储四川新谷事宜则受中央相关各部及四川省政府合组的理事会指导监督。[2]

武汉会战以后，抗战进入相持阶段。为了更好地支援前方、稳定后方，后方勤务部部长俞飞鹏会同军政部军需署署长周俊彦拟具屯粮计划，呈送蒋介石批准，该计划预备以当时全国作战部队总数300万人为基础，购屯一年所需军粮。该项屯粮分为3个部分：战区3个月屯粮，战区后方3个月屯粮，后方总库6个月屯粮。当时，战区3个月屯粮已由军政部军需署委托各战区司令长官部购办，尚需增购战区后方3个月屯粮及后方总库6个月屯粮。

为此，国民政府召集军政、财政、军令、内政、后勤等部门高层人员，

① 《四川省志·粮食志》，第60页。
② 《军事委员会屯粮监理委员会工作报告》（1939年11月），中国第二历史档案馆编《抗战军粮档案选编》第13册，金城出版社，2020，第67页。

于 1939 年 3 月 21 日在重庆牛角沱 5 号召开了第二期抗战屯粮会议。会议决定由国库拨款 2500 万元，用于收购丰收产区粮食，既作为储备民食，更为军粮不足时的补充，该项屯粮约需米 540 万包。会议对于各地军粮购办的资金来源、采办机构、屯粮设置仓库以及屯粮监察、运输均做出规定。屯粮基金方面：在中央，由农本局向四行先借支 300 万元作为周转资金，由财政、经济、军政、内政四部担保偿还；在地方，由农本局与各省银行合资筹办，若资金不足，则由财政部饬四行贴放。采办机关方面：由农本局主办，会同各省政府、各战区粮食管理处金融机关合组委员会负责，并由各战区司令长官部及军政、财政、后勤各部协助。屯粮仓库方面：以尽量利用当地原有库房为原则，不足时酌情增设，该项工作由各省、各战区主办委员会主持，后方勤务部、各战区司令长官部、各省政府协助办理。全国屯粮地点及数量方面：由军令、军政、经济、后方勤务四部会商决定。会议还决定在中央设置军委会屯粮监理委员会，作为全国屯粮监督机关。屯粮运输方面：由内政部及各省政府令各县政府发动民众协助运输，各战区司令长官部、各省政府及后方勤务部协助运输。屯粮采办期限方面：除战区 3 个月屯粮已经由军政部购办外，战区后方 3 个月屯粮限于 1939 年 5 月底前完成，后方总库屯粮限于同年 8 月底前（秋收较迟的省份推迟到 9 月底以前）完成。国民政府把全国分成 5 个粮食产区，分别为陕甘产麦区、川省产米区、湖南产米区、江西产米区、安徽产米区。按照规定，四川省划归后方屯粮总库省份。① 随后，川粮会奉军委会命令，在四川省内指定区域购屯军粮，并制定《四川省各县购办军粮办法》，对四川省军粮采购的经办机构、督导、购办方式等做出规定，具体内容包括如下九个方面。

第一，确定军粮购办机关。川省各县购办军粮直接经办机关是川粮会之下的各县、局。应购办军粮的县份及各县应购数量，由川粮会遵照军委会屯粮计划，斟酌各县交通运输及粮食生产情形，配合军事需要来规定。

第二，督察军粮购办。川粮会在购粮县份派出督察人员，督导查核各县官绅办理购粮一切事宜，关注是否有不实或未尽事项。具体督察办法

① 《第二期抗战屯粮会议记录》（1939 年 3 月 21 日），《抗战军粮档案选编》第 9 册，第 463~467 页。

为：全川购屯军粮区域划分为 3 个区，每区设督察长 1 人、督察若干人。督察长秉承川粮会命令，经常督察巡视负责区域内各县承办人员及各督察人员的工作情形；督察秉承川粮会的命令及该区督察长的指导，分别负责督导、查核指定区域购办军粮工作，若督察人员不足，还可以在采办县份酌设若干名助理督察，作为补充。

第三，军粮购办方式。总体来讲，为防止囤积居奇，影响民食，也为避免进一步通货膨胀，购办军粮不向市场收买，而是直接向转运便利又有余粮区域的人民摊购，并公布摊购价格，使距离稍远的人民亦可酌情自由售卖。具体来看，四川省各县政府在接到川粮会命令后，立即斟酌实际情形，确定摊购区域，命令各该区域的区长、联保主任查报其负责区域能够摊购的数量及谷价，再由县府报请四川购粮委员，然后由县政府和川粮会核定所呈报的价格，并且通知较远区域和联保，征询当地人民意见，自由认售。

第四，当地粮情调查。购办军粮前，县政府需要向川粮会呈报该县粮情，包括当年产谷概况、一般品质优劣、指定摊购区域的缘由与实施办法、应选定转运便利的收谷地点、各联保当时真确谷价（呈报时需要注明米的来源以及交易日期和地点，不得随意造报）、新旧斗折合数量（新旧斗折合应经该县度量衡检定室检定的升斗为准，重量亦然）等。各县政府在呈报过程中，川粮会也会在各县派驻督察人员进行核查。各县政府应购军粮总额，按照该县购粮各联保上报的可购数量比例进行分配，并尽量设法摊足应购数量，但不得借词推诿，窒碍军食。如果当地购办军粮确有困难，则应该由当地县政府与川粮会督察人员会商，详细查明后，确定真实情况。

第五，购办军粮手续。各县购谷价格一旦核定，县政府就立即公布并按照摊购各联保数量发给订购单，交由各联保主任公开通告余粮民众进行登记认售，并且确定日期，召集该保甲长和民众认购军粮。认购后，由当地县政府按户发给订购单，作为凭证。认购数量超过全部联保应摊总额的，可以呈报县府，在与督察人员商定后，准其增购，以补其他联保不足数额。

第六，宣传动员。在采购军粮前，县政府派员会同督察人员对摊购军粮进行宣传动员。各县府应将核定价格、军粮品质及缴谷领价的时间、地点、手续等各项要求，在命令到达3日内公布，让各购粮乡镇周知，并饬令各售户先将粮食晒干、风筛纯净，准备到期交验领价。

第七，军粮购办的计量单位。采购军粮均以市石计算，并且采用新制。如果各购粮乡镇尚有沿用旧斗者，应用浅显语言将各地新旧斗数量一并布告，核定工作完毕后应即改用新制。各联保领发订购单的数额以各该联保登记人数多寡为原则，登记认购的军粮数额为1市石至200市石不等，便于小农、贫农也有认购的机会，是"有粮出粮"，全民抗战的体现。各县通过采购征集的军粮，由各县购粮保管委员会遵照规定进行验收，如果征集的军粮因质量问题而不符合规定，采购人员须负相关赔偿损失责任。第八，设置收谷所及存谷地点。各县斟酌当地情况，在该县设置各区收谷所，以便附近粮户交纳谷物。各收谷所设所长1人，由各县政府派该县购粮保管委员会委员充任，负责主持该所谷物验收及保管；设襄办1人，由所在地联保主任兼任，协助所长，同负其责；临时必须协助的人员由县府酌情加派，承所长命令分办协助事务。上述所有职务均为无给职。收谷所临时存谷地点，由县政府命令所在地联保主任在运输便利的适当地点，选择可以利用的原有仓场或者祠堂、庙宇、其他公共建筑物，呈报拨交所所长接收，布置备用。所选定的临时堆积地点需要简单修葺（如建盖屋瓦、修建门窗等）时，所需经费由县长呈请县政府，再转报川粮会酌情拨发，但仍然需要经过督察人员的审查、汇报、核办，培修军粮临时堆积地点以可避风雨、不致散乱为原则。各县购办军粮区域划定及收谷所地点选择均以运输便利为准，不以县级及联保行政区而受限制。

第九，采购军粮的上报与运输。各县在军粮购足后，由县政府将总数上报川粮会，谷、款两清的照册列榜公告，届时川粮会派员抽查。如果本县军谷需要运往别处屯储，则由川粮会命令各该县政府运输机关，给价征调民夫、车、船负责。各县购办军谷过程中，如果在保管或运输环节发生自然损耗，县政府要立即呈报川粮会核实，并迅速通知督察人员勘验。各县办理购粮事宜人员由县政府及地方公务机关人员、团体中任职人员或请地方热心人士就近充任。工作繁忙时可临时增用职员，其薪资在规定经费内支给。负责购办军粮的县份对所属各承办人员负有培训职责，或集中讲解，或个别训练，令其学习购办军粮的各项章则法令，以免发生错误。

1940年1月，依据《四川省各县购办军粮方法》第5条规定，川粮会还制定《县购粮保管委员会组织简章》。随后，各县相继设立购粮保管委员会。各县购粮保管委员会设于县政府内，其组成人员为县长、财务委员会委员长、商会会长、农会会长、士绅3~5人。以县长为主任委员，设置常务委员3人（包括县长、财务委员会委员长、由各委员中互推1人，以士绅为限）共同处理日常事务。所有委员均为无给职。县购粮保管委员会下设4个小组，其名称和职掌事项分别为：采购组，办理摊购事宜；保管组，办理屯粮保管事务；运输组，负责军粮运输事务；会计组，办理银钱出纳、核算报销及其他会计事宜。各县购粮保管委员会在购粮期间每周召开常务会议两次，讨论一切购粮事宜；在保管期间每半月召开常会一次，讨论改进事宜。无论在采购还是保管期间，遇有特殊事项时，委员会均可召开临时会议。开会时以主任为主席，其他委员为当然出席人，督察人员在县时也可列席会议。对于购办军粮在保管期间或者运输期间除因不可抗力发生意外损耗外，属于人力能防止范围内损失者，由全体委员及经办人员共同负赔偿责任；属于自然折耗（如转运翻晒等）的，每市石不得超过1市升。

1940年3月，川粮会制定《四川购粮委员会购办军粮验收办法》，①对四川省军粮购办规定甚详，具体内容如下。首先，购谷集中地点的确定。在已设采购处或农本局设有农仓的县份，由县政府与采购处或农仓主任洽商决定，报川粮会备查。在未设采购处或农仓县份，则由川粮会直接指定。集中地点如无仓库及时入仓者，其临时屯谷设备由县政府负责筹办，采购处应予以协助，可以先租用民仓，并先报容量、地点，以便核定。其次，各县各处开始集中日期、某处可集中数量、所需时间，由县政府随时通知采购处或农仓主任，再由农仓主任呈报川粮会备查。在集中期间，除由督察人员随时到场巡视外，县政府指派粮政人员及县购粮保管委员会人员、士绅在场协助。再次，稻谷集中时间与验收衡量等工作，在已设有采购处的县份，由采购处派人采办；在农本局设有农库的县份，由农

---

① 四川购粮委员会：《关于制定四川购粮委员会购办军粮验收办法致四川省第三行政区督察专员公署的代电》（1940年3月），《四川省第三区行政督察专员公署档案》，档案号：00550005002520000063000，第1页。

本局令饬仓库派人办理；在未设采购处或农仓县份，由县政府依照川粮会规定标准办理。稻谷验收如有不合标准者，依川粮会修正购办军粮办法的规定补足数量，确系不干燥、不纯净者，则必须调换。最后，对稻谷验收、转运以及保管的规定。验收标准有稻谷每市石净重 108 市斤、干燥、纯净、无病伤四项。验收后的稻谷转运入仓时，如仓库与验收所同处一县，则谷物由仓库负责运输，运输费由川粮会负责开支；如仓库在其他县份，则谷物由川粮会派员运输，但各县政府需要切实协助征用船舶、公平议定运费等事项。验收稻谷如在农本局农仓保管，应由农仓填具仓单后邮寄川粮会，由该会付给保管费。如租用民仓暂行保管，则由县政府出具收据，填明各仓收谷数量，再由川粮会付给保管费。

四川省还将军粮征购工作与各县乡镇保甲长政绩考核挂钩，《四川省二十九年度征购军粮奖惩办法》规定：各县县长凡能如期完成征购工作者，应予以记功；如期完成征购及验收两项任务者，记大功；能如期完成征购、验收及集中三项工作者，予以晋级。凡是未能完成征购工作，逾期 10 日者应予以申斥；逾期 20 日者，应记过处理；逾期 30 日者，应该依法严办。各县乡镇保甲长，办理征购成绩卓著者，应由县政府予以奖励或报由省政府预提奖励，其办理不力或意欲阻挠者，应由县政府议处或报由省政府议处。

粮户奖惩会根据认购的数量以及缴纳的期限做出相应规定。粮户在规定认售额外踊跃出售余粮，售粮 100 市石以上者，由县政府颁给奖章；500 市石以上者，由县政府呈请省政府颁给奖章；1000 市石以上者，由县政府按级呈请中央颁给奖章。其特别热心为一方倡导者，并得酌予颁发匾额以昭激励。粮户如因规避征购致延误日期者，必须勒令按照规定缴纳认售数量，并予以下列惩罚：逾期 10 日者，照原定价格减去 30% 给价；逾期 11 日至 20 日者，照原定价格减去 50% 给价；逾期 21 日者，即令无价缴纳。

1940 年 2 月 13 日，四川省政府召集各专员及川粮会主任委员召开会议，商议四川省各县屯粮事宜，并制定 6 条办法：一是价格标准，各县购办屯粮应该以省政府电到之日当地（即仓库所在地或指定集中市场）价格作为标准；二是收购标准，各县收购屯粮时采取衡器、量器并用的办法，每市石标准净重为 150 市斤，如果遇有特殊情况，一市石净重可以减少，但不得低于 110 市斤；三是所采购的稻谷品质应该与价格相符；四是军粮集中费用包含在购粮价款内，不再另外给付；五是转购公谷作为军谷时，应按照市价九五折收购；六是采购时照市价购买，对于商人屯谷应该全部购入，对于民众积谷应按照其屯量酌予抽购。四川省政府还依据实际情况，对全省各行政督察区及其所属县份应购稻谷数量做出规定，见表 4-21。

表 4-21　四川省各行政督察区及下辖各县应购稻谷数量（1940 年）

单位：市石

县(市)区	稻谷数量	县(市)区	稻谷数量	县(市)区	稻谷数量	县(市)区	稻谷数量
第一区	370000	合川	100000	涪陵	40000	蓬溪	30000
温江	40000	荣昌	20000	丰都	30000	射洪	10000
成都	30000	綦江	30000	第九区	100000	第十三区	185000
华阳	30000	铜梁	20000	万县	70000	绵阳	50000
新津	40000	第四区	120000	忠县	30000	广汉	50000
崇庆	20000	眉山	60000	第十区	155000	安县	45000
新都	120000	彭山	40000	渠县	40000	德阳	20000
郫县	40000	夹江	20000	广安	65000	金堂	20000
双流	30000	第六区	200000	邻水	30000	第十四区	244000
新繁	10000	宜宾	120000	长寿	20000	苍溪	40000
崇宁	10000	南溪	30000	第十一区	351000	江油	50000
第二区	80000	江安	30000	南充	146000	阆中	84000
内江	50000	长宁	20000	岳池	80000	昭化	20000
荣县	20000	第七区	225000	蓬安	20000	彭明	50000
简阳	10000	泸县	120000	营山	50000	第十五区	250000
第三区	280000	隆昌	10000	武胜	55000	达县	50000
永川	40000	富顺	30000	第十二区	120000	巴中	100000
巴县	10000	合江	60000	遂宁	40000	通江	80000
江津	50000	纳溪	5000	安岳	10000	南江	20000
江北	10000	第八区	70000	潼南	30000		

资料来源：四川省政府《关于制定屯粮采购办法并附购谷数量表的电报、代电》（1940 年 2 月），《四川省第三区行政督察专员公署档案》，档案号：0055005500250000018000，第 3 页。

川粮会作为购屯军粮的机构，颁行军粮采办、验收、督察、保管等相关政策，为其后各项工作开展奠定了基础。1939 年四川原定屯粮数额为 105 万大包，后改为 60 万大包，屯粮县份为绵阳、广元、涪陵（后撤销）、綦江、万县、合川、阆中等，所需资金为 360 万元，由中央和四川省各分担一半。① 到 1939 年 12 月底，四川共购屯军粮 813125.86 市石。② 可以看出，四川已经超额完成屯粮监理委员会所拟定的 1939 年度屯粮数额。然而，就全国范围来看，这一年屯粮情况并不乐观，很多地方没有完成既定屯粮计划。针对这一情况，后方勤务部做出规定，1939 年度屯粮在 1940 年 6 月底前须全部结束，并呈报屯粮监理委员会。③

1939 年度，全国总体丰收，粮食来源相对丰富，但屯粮办理情况并不理想，原因是 1939 年度开始筹办时已届秋收，资金筹措手续烦琐，待资金到位时已是冬季，粮价已然高涨，后方粮食多已被粮商囤积，前方粮食则被日军和汪伪政府抢购，再加上囤积之风笼罩全国，1939 年度屯粮计划并未达预期。因此，1940 年度续办屯粮时提早充分准备，以期在新谷新麦登场就可以积极办理。

1940 年，后方勤务部拟定《二十九年度一年屯粮计划纲要》，其主要内容是：结束 1939 年度屯粮，界定 1940 年度屯粮性质，充实屯粮监理委员会及地方购粮委员会等购粮机构，确定 1940 年度屯粮地点、数量，检讨 1939 年度屯粮成效与不足，制定 1940 年度购办屯粮价格标准，筹备屯粮资金、仓库以及处置 1939 年度剩余屯粮。具体而言，1939 年度屯粮，凡战区后方 3 个月屯粮、后方总库 6 个月屯粮，无论是否购办或动用，一律在 1940 年 6 月底结束。遵照屯粮监理委员会规定，将各处资金结算清楚，粮食清点完毕，并分别报告。1940 年屯粮依旧划分为战区 3 个月屯粮、战区后方 3 个月屯粮、后方总库 6 个月屯粮，战区后方按照 450 万人 3 个月食量计算，后方总库按照 550 万人 6 个月食量计算。

1940 年 8 月，全国粮管局设置川购处取代川粮会，负责办理军粮采购工作。该年度，国民政府拟定后方总库屯粮数量为米 362 万大包、麦 280 万大包。四川省一年屯粮原定米 120 万大包，再加上陕南屯米 15 万大包也一并在四川购运，所以原定四川省屯米量为 135 万大包，除去

---

① 《第二期抗战后方总库六个月屯粮地点、数量及资金数量表》（1939 年 8 月 6 日），《抗战军粮档案选编》第 12 册，第 488~489、496 页。

② 《军事委员会屯粮监理委员会工作报告》（1939 年 12 月），《抗战军粮档案选编》第 13 册，第 91 页。

③ 《后方勤务部拟民国二十九年度一年屯粮计划纲要》（1940 年），《抗战军粮档案选编》第 13 册，第 89 页。

1939 年度剩余的 20 万大包屯粮，尚需购办 115 万大包。但国民政府考虑到四川省屯粮购办困难，遂将原定数额减少 35 万大包，改为 80 万大包，负责购办屯粮的县份及其数量为：广元 25 万大包（除去本县额定屯粮 10 万大包外，该县还负责在川北产粮地点购办接济陕南汉中、安康、白河一线军队的 15 万大包屯粮），合川 5 万大包，万县 20 万大包，奉节 5 万大包，开县 5 万大包，黔江 2 万大包，酉阳 2 万大包，秀山 2 万大包，彭水 2 万大包，江津 4 万大包，泸县 4 万大包，綦江 4 万大包。① 截至 1940 年 11 月，四川总计购屯 30 余万市石，只有额定量 105 万市石的三分之一。②

1941 年 9 月开始，军粮供应方式转变为粮饷划分，主食公给。而 1940 年度四川省很多县份收购的军粮，不足以供应当地驻军食用至 1941 年 9 月。因此，川购处制定《四川各县驻军军粮就地购补及收付粮款购拨粮食报销办法》呈全国粮管局批准后施行，对军队购补军粮的条件、办法、种类、报销方式等做出规定。

第一，购补军粮的条件。1938 年至 1940 年各县应征购的军粮，捐献所得军粮及收购的公学积谷，如果都已拨交军队或所存余粮不敷供给当地驻军到 1941 年 9 月，而当地驻军军粮一时又无法由其他县调剂供应时，可以就地购补。应征、应购军粮尚未收缴足额的县份，仍须收清民众或政府所欠食粮来配拨驻军，不得适用该项办法购补。

第二，现存军粮不能支持各县驻军食用至 1941 年 9 月的各县，经省政府核准后可以就地按照市价采购补给。所谓市价，是指由该县县长会同县粮食管理委员会副主任委员及川购处驻该县督察员，在当天以电报告知川购处的价格为准，但同时规定电告的市价不得超过当地市价及粮食部粮情电报所列价格。

第三，采购或派售负责人为该县县长、该县粮食管理委员会副主任委员、川购处驻县督察员。

第四，补购军粮种类以大米、麦、玉米为限。小麦 1 市石折合碛米 6

---

① 《民国二十九年度一年屯粮拟定屯储地点数量表》（1940 年），《抗战军粮档案选编》第 13 册，第 442~443 页。

② 《军事委员会屯粮监理委员会第五次常务委员会议记录》（1940 年 11 月 1 日），《抗战军粮档案选编》第 13 册，第 383~384 页。

市斗5市升，玉米1市石折合碛米5市斗5市升。

第五，各县补购驻军军粮具体方式。各县补购军粮如需事先订购时，应填具三联订购单（沿用征购军谷订购单格式），一联发交粮商或粮户收执，一联由县政府存查，一联连同当日粮款校对日报表送请川购处备核。

第六，费用支付与报销办法。订购或补购军粮先付两成定金，待粮食缴清后，前项定金再在应发价款内予以扣除；各县补购军粮所需转运各项费用均已包括在价款内，不再另给运费，如本县无粮可购、须至他县采购者，经核准后运集各费如实报销。价款由川购处就所领补购军粮专款项下拨发各县，倘有县份需粮急迫，可以致电川购处，经核准后，由县政府在该县征购军粮价款内垫拨，再由川购处准还归垫。[①]

1939年度和1940年度，四川省各县市政府经办各项军粮业务，因主管机关辗转更易，各级承办机关大都粮账不清，尽管川购处制定《四川省各县市各年度征购军粮业务结束办法》，于1941年12月通令各县市限期办理完竣，但因购粮账目过于混乱，直到川购处结束工作时依旧没有清理完毕。新成立的川储局遂约集重庆区行政会议县长商议并制定《四川省各县市结束二十八、九年度征购军粮业务办法》，于1943年10月通饬各县市遵照执行。[②]《四川省各县市结束二十八、九年度征购军粮业务办法》规定：1940年度各县经办征购军粮数量准照实购数额结算，凡有欠粮县份，其确系民户积欠者，一律免于追收，由县政府将所剩粮款原价缴回结案；已经由县政府决定的缴价代购或折价缴款的售户，其所欠价款仍照县政府原规定数额追收追缴，以抵补该县代购粮食时的差价损失。对于上述应缴价款，各县政府应该在文到一个月内追收清除，逾期不缴者应由县政府予以押缴，但同时规定严禁各县政府及经办人员借机重新摊派，违者依法严办。对县政府已收存的各种余粮，不允许任何人缴价请免，同时禁止县政府将实收数量以多报少。从对实物和价款的不同态度可以看出，

---

① 四川粮食购运处：《四川各县驻军军粮就地购补及收付粮款购拨粮食报销办法》（1941年9月15日），《四川省政府粮政局档案》，档案号：民092-01-0083，第70页。

② 四川粮食储运局：《关于限期办理四川各县局1939年、1940年征购军粮业务并检送结束办法的呈、公函》（1943年10月），《四川省第三区行政督察专员公署档案》，档案号：0055000500283000078000，第3页。

《四川省各县市结束二十八、九年度征购军粮业务办法》中的原则是政府想要最大限度地集中民众手中余粮，以供应军粮。各乡镇及保甲所存的1939年度、1940年度余粮，由县政府命令各所属乡镇长，限期一次全部集中运输，交由川储局仓库接收，再将该项清理出的余粮先拨作1942年度军食迅速运出，以免霉烂。川储局未设有仓库的县份，由县政府直接拨作1942年度该县驻军军粮。如数量较大时，应由县政府专案呈报川储局拨运，逾期未予集运致使粮食发生霉变的，各级负责人员应负赔偿责任。

2. 军粮征集

为缓解战时财政紧张状况，行政院颁行《田赋改征实物暂行通则》规定，"田赋改征省份，应自即日起，尽量征收实物。各省征得的粮食，应尽先充作军粮"。① 此后，田赋征实成为筹集军粮的主要方式之一。依照行政院颁布的《战时各省田赋征收实物通则》第2条规定，"各省田赋征收实物依三十年度省县正副暂额每元折征稻谷二市斗"。② 由此计算，四川省需要征实征购的总额达2000万市石左右，而当年国民政府拟定的全国征实征购总额不过6000万市石，也就是说，四川省征实征购数量占全国的三分之一。很显然，四川省定额过高，民众难以承受，故而四川省政府官员与民众均对该项办法表示反对，后经四川省政府再三与中央交涉，四川省所征总额降至1200万市石，征收标准则依照《四川省田赋征收实物暨随赋定价购粮实施暂行办法》，实行"两、元并用""征购平摊"，对征收率的规定是，"凡征购稻谷县份按每两十一市石、每元一市石之总和以二除之，即以所得商数分别作为应征、应购之率额"，③ 如此可以使从两从元征收的县份负担平均。

1941年8月，四川省政府成立四川省田赋处，作为总管全省征实工作的机关，川省田赋处直隶于国民政府财政部，设置处长、副处长各1人，下设三科二室。各县设置县田赋处，统限于1941年9月1日成立。县处之下设置征购办事处，每3个乡镇设置1个征购办事处，每个办事处

① 《抗日战争时期国民政府财政经济战略措施研究》，第37页。
② 石体元：《四川省田赋改征实物之经过》，秦孝仪主编《抗战建国史料——田赋征实》（3），第94页。
③ 四川省政府：《四川省田赋征收实物暨随赋定价购粮实施暂行办法》，《四川田赋改制专刊》，第94~97页。

设置主任 1 名，副主任 1~2 名，由乡镇长兼任，征购办事处内部分为经征、经收两组，每组设经征或经收员 2~3 人。此外，还有欠赋征收。欠赋包括两个部分：一是截至次年 6 月底尚未缴纳的田赋，称为旧赋；一是截至次年 2 月底尚未缴纳的当年新赋。对于欠赋催征，行政院 1942 年 6 月 23 日第 571 次会议通过的《修正田赋征收实物滞纳处分办法》《欠赋催征通则》对于滞纳处分及各类欠赋人员和团体规定甚详。《欠赋催征通则》第 3、第 4 条规定，富绅大户、公共团体所欠新旧田赋，应在限期前清理完毕，如逾期仍未能完纳者，则将该户或团体负责人、经营管理人员予以传案追缴。传案后仍未缴清者，移请司法机关拍卖其欠赋财产，用以抵偿，多出者仍予发还。因拖欠所产生的滞纳金及罚款，由公共团体主管负责人赔偿。该通则第 5 条规定，行政机关逾期未缴清者，由经征机关查明欠赋数额后，函请发放经费机关在其应领经费内扣除。如果欠赋业主因外出或住址不明而无法或不便传案追缴的，由佃户代为完纳，抵纳地租。对于经征人员，该通则规定，如果明知完纳未清而谎报已清或所报与事实不符者，送司法机关依刑法问责。该通则还鼓励密报。如第 10 条规定："凡密报欠赋经查实追清者，准按实收额提给密报人员百分之十之奖金，征收机关对于密报人姓名并应严守秘密"，"前项赋如系实物，对于密报人之提奖应照官价折成法币给予之"。[1] 征购处还设置催征员、催征警以及仓夫、斗手等催征和技术人员若干。全省共设置县田赋处 136 处，乡镇征购办事处 1400 余处。至此，四川省全省范围内自上而下的田赋征收机关全部建立。[2]

1941 年度田赋征实采取经征与经收分离的办法，即田赋征收与征购由隶属于财政部的各省田赋处负责，再将所收田赋交给粮食部下辖的各省粮政局。就四川省来看，粮政局主管粮行政事务，而具体的事务由粮食部在该省下设的川储局负责。1941 年粮食部制定《四川粮食储运局接收三十年度征购粮食暂行办法》，对全省田赋由田赋机关转交川储局的相关程序做出规定。

---

① 关吉玉、刘国明、余钦悌编纂《田赋会要》，第 4 篇《田赋法令》，第 90~91 页。
② 石体元：《四川省田赋改征实物之经过》，《经济汇报》第 6 卷第 1~2 期合刊，1942 年 7 月 16 日，第 41 页。

第一，1941 年度川省田赋处征实、征购所得粮食全数交由川储局接收，接收地点由川储局选择水陆交通较为便捷地点，其数量在每县内不得超过 5 处，限于该县以内。川储局应于各县接收地点设置储运机关，各储运机关统限于 1941 年 10 月 20 日以前成立。川储局各县接收地点除自备仓库外，应尽先租借公仓及租用祠堂庙宇，必要时并得征租民房或设置临时仓库。

第二，粮食入仓与运输事宜。如果川储局所规定的接收地点设有征收办事处，且系利用该局仓库设备及人员进行验收工作，就直接由该局接收入仓，不必盘仓衡量；如果川储局在接收地点无仓库设备，则可以酌量征收办事处所属仓库以便接收。凡征收办事处不设在规定各县接收地点者，所有自征收仓库至指定接收地点运输事宜，应由征收办事处所在地县政府负责办理，运费由该局负担。

第三，拨交各县驻军军粮。各县驻军全年所需军粮，由川储局依照军粮总局商定办法，列表通知各县县政府，就各征收办事处仓库分次代为转交军粮机关接收领用，均不另附仓储、运输费用，川储局接收粮食以量器市石为标准，但拨交各县驻军食粮应遵照军委会通令，以衡制市斤为标准，衡量折合率依粮食部规定。

第四，储运机关接收粮食应出具粮食收据。川储局接收粮食应出具印有编号的粮食收据以为凭证，收据样式由川储局规定。①

1942 年度，依照《财政部三十一年度田赋征购实物实施方案》，全国征实标准提高至每元折征稻谷 4 市斗或小麦 2.8 市斗。② 由此计算，四川省额定征实将近 4000 万市石，数量特别巨大。经四川省政府与国民政府再三磋商，征额改为 900 万市石，外加一成流溢，由粮食部折价收购，所得价款归省县政府公用。1942 年度四川省实征数为 937.7 万市石，完成数为额定数的 104.19%；1943 年度四川省征实额为 900 万市石，实征数

①　粮食部：《四川粮食储运局接收三十年度征购粮食暂行办法》（1942 年），四川省档案馆藏（以下不再一一注明藏所），《四川省田赋管理处档案》，档案号：民 091-01-1989，第 1~2 页。
②　财政部：《财政部三十一年度田赋征购实物实施方案》（1942 年 9 月），《四川省田赋管理处档案》，档案号：民 091-1973-1050，第 2 页。

为 921 万市石，[1] 实征数为额定数的 102.33%。1944 年度，财政部、粮食部原定四川省田赋征实额为 1180 万市石，但四川省政府考虑到"近年来粮民除要负担田赋正供之外，还有积谷、公债、储券及其他负担，入夏以后四川东北部各县遭遇旱灾，担心民力难胜，故将征额复定为 900 万市石"，该年度实际征收数额为 900 万市石。[2]

田赋征实在保障军、公、民粮供应及支持抗战方面的作用不言而喻。总体来看，四川省征实而来的粮食主要供给军队，但就调剂民食而言，发挥的作用并不大。徐堪曾说："征收征购所得之粮食，几乎完全消耗于军公粮之支出，余额之能调剂民食之用，使社会民生获得利益者甚少。近来征粮加多而政府控制市场之力量反之薄弱，各地粮价无法使之稳定，实为一大憾事。"[3] 军粮与民食之间此消彼长的矛盾自始至终伴随着粮食部与国民政府。

3. 军粮征购

在全国财政会议结束后，田赋改征实物，以保障军、公、民粮供应与调剂尤其是首要满足军粮供应无缺。田赋征实后，虽然军粮供应不足的问题在一定程度上得到解决，但征实所得粮食除供给军队外，仍须用于配发公粮、调剂民食，加上参战人数增加，军粮配额加大，征实时有不敷。徐堪在讲到定价征购的原因时指出，以征实所得粮食供应军粮尚嫌不足。[4] 但全国财政会议未按徐堪所定施政计划，"两法兼采"，即未对粮食征购做出决议。价购食粮办法系先拟定应购总数，再按各省产量多寡统筹分配，粮价则由政府根据地区差异分别核定。因此，政府在征实之外进行征购，以补军粮不足。因此，徐堪在 6 月 25 日呈文蒋介石，提出"现在田赋改征实物案虽经财政会议通过，堪一再筹维，似应仍照原定计划，两法兼采，同时并进……所以本年度仍主张兼采定价征购办法"。[5] 粮食部在

---

① 章伯锋、庄建平主编《抗日战争》第 5 卷《国民政府与大后方经济》，第 697 页。

② 财政部：《财政部三十二年度田赋征购实物实施方案》（1943 年 8 月），《四川省田赋管理处档案》，档案号：民 091-1970-1021，第 1 页。

③ 参见张静如、卞杏英主编《国民政府统治时期中国社会之变迁》，中国人民大学出版社，1993，第 36 页。

④ 《徐可亭先生文存》，第 126 页。

⑤ 《粮政（一）》（1941 年 6 月 25 日~1946 年 8 月 17 日），《国民政府档案》，档案号：001-087000-00001-001，第 45 页。

筹备期间，即计划将今后一年所需军粮在秋收后一次准备充足，以期供应无缺。按军政部计算，全年需麦 700 万大包，米 900 万大包。① 但征得实物"极为散漫，在地域上时间上亦不能完全适应军公粮之需要"，仍决定采取定价征购办法，以与田赋征实相辅而行。因此，解决军粮供应问题是粮食部采取征购政策的初衷。② 贺国光等人认为，"政府有权征兵，即有权征粮"，"国家为战时需要，向有粮的人征募一部分，实不能谓为过分负担，而且政府募征以后，仍要偿本付息，与服兵役为国牺牲，其对国家尽义务的程度，尚远为不及"。③ 另外，控量制价亦是其初衷之一。

1941 年度，粮食征购方法有 3 种：一为随赋征购，即按田赋数额多寡等比例征购，这一方法在川、桂两省试行；二为公购余粮，即调查大户粮食余额，向其征购，这一方法在鄂、湘两省试行；三为按田亩及商人营业额派购，这一方法在陕、豫诸省试行。但试行结果显示，第一项即随赋征购方法的普遍性更高、成绩更佳，后两种因基层组织不健全，各项调查数据不准确、不全面，无法有效实施，效果殊不理想，故自 1942 年度起，一律在秋后实行随赋带征，一次征购足量，小额粮户准予免购，而大粮户则实行累进办法，以求负担平均。

粮食征购意即政府以较低价格强制购买民粮，其主要问题是以何种方式、何种价格购买。关于征购价格，"不能不比市价略低"，④ 以避免刺激粮食市场，这是价格方面的显著特点。据记载，1941 年 9 月，湖南征购军粮的主食代金，每名士兵每个月因地域略有差别，湘西地区为 8 元，其他地区为 7 元，但征购的粮食却为每市石 15 元，两者相差一倍左右。⑤ 粮款方面，如果以现款购买，则法币支出数额巨大，巨额法币流向市场则更会刺激粮价上涨，此与管理粮食、平抑粮价的初衷南辕北辙。1941 年 2 月全国粮食会议上，《发行粮食公债及粮食证券以筹粮食公营资金案》中

---

① 《粮食部三十年度工作检讨报告》，第 15 页。
② 《徐可亭先生文存》，第 185 页；《粮食部报告》（1941 年），第 4 页。
③ 《赋税（一）》（1940 年），《蒋中正总统文物档案》，档案号：002-080109-00011-003，第 19 页。
④ 《徐可亭先生文存》，第 127 页。
⑤ 《经济会议第三十三次会议》（1941 年 9 月 16 日），《行政院经济会议、国家总动员会议会议录》第 2 分册，第 138 页。

提出发行粮食库券，其要点是：第一，政府收购粮食时不必以现金支付，而以粮食库券代替；第二，粮食库券以田赋所收实物担保偿还，并加给利息；第三，粮食库券得于一定期限以后抵缴田赋；第四，以一市斗为最小单位；第五，分别省区发行；第六，券面不记名；第七，收购粮食时，或以现金为主而搭发粮食库券，如江西、广西、陕西、甘肃、宁夏等省，或以粮食库券为主而搭发现金，如四川省。①

粮食库券发行可分为两种：一种由四川省政府与粮食部委托中国农民银行、四川省银行代理发行，粮食部与上述两家银行签订代办征购粮食财务合约，依约办理；一种是由江西、湖南、广西、湖北、河南、陕西、宁夏等省委托各该省政府代理发行。粮食部制定发行会计制度，分别函告中国农民银行、四川省银行暨各省政府照办。其募集标准系按查报收租或收获数量，尽先就大粮户累进摊募，以县为募集单位，分经征、经收、发券3个手续，由县长督同财政机构及区乡保甲人员负责办理造具募集户额清册，分别核算，填制、制发募粮单位及催征、复核各项事务。再由县长与粮食机构及区乡保甲人员负责办理验收、储藏、运输、调拨各项事务。经征经收手续办理完毕后，由指定的当地金融机关或代理金融机关负责办理制发库券、稽核征收事务。此为完整的粮食库券办理流程。徐堪称，库券作用：一是可控制粮源，二是可收缩通货，三是可弥补免赋征粮的不足，四是可分摊普通民众的负担。②

征实、征购率额之比较，各省不尽相同，四川省征购的率额与征实的率额算法基本相同。四川的粮食征购总共办理了两个年度，即1941年度和1942年度。1941年，四川省政府制定《四川省乡镇征购粮食办事处规则草案》，规定：军粮征购事宜由粮食机关负责，具体经办者则是粮政机关在各县设立的粮食征购办事处，征购依照册载名额普遍征收，购粮起点规定从5分起，不满5分者免购，即小额粮户可免征购，大额粮户采用累进办法，以期总额达到征购限额。

1941年度，四川征购谷价为每市石法币100元，由政府付给民众三

---

① 关吉玉：《粮食库券与购粮问题》，《经济汇报》第6卷第1～2期合刊，1942年7月16日，第34页。

② 徐堪：《粮食问题》（1942年2月在中央训练团讲），《徐可亭先生文存》，第114页。

成法币（30 元）、七成粮食库券，载粮 7 市斗。1941 年度中央对四川的征实采取"征购平摊"办法，也就是在中央向四川下达的总征额中，一半为无偿之征实，一半为"有偿"之征购，四川省总征额为稻谷 1200 万市石，所以额定征购 600 万市石稻谷，当年实际收入 650 万市石左右，"则一年间军粮完全无缺"，而且"公粮及各大都市之民食亦相当无缺，不再向市场购买大宗粮食"。[①] 1941 年度四川田赋征实的 600 万市石稻谷，可以折合食米 225 万大包，分别拨充驻川部队及军事机关、学校、工厂军粮及第六战区部分军粮，由粮食部拨交军粮总局统筹支配。[②]

1942 年度，蒋介石在全国粮食会议上强调，"征购的数额要超过征收的数额"。[③] 粮食部拟定在川、滇、黔、康、湘、鄂、皖、赣、陕、豫、甘、青、晋、绥、粤、闽、桂等 17 个省征购谷麦 31953248 市石，截至 1943 年 2 月底，已购得谷麦 23961741 市石，其中川、闽、粤三省超额完成，湘、赣、绥三省完成九成，平均征购率为 74.99%，比上一年度下降近 20 个百分点。[④] 与上一年度不同的是，1942 年度取消了除四川省之外大多数省份采用的摊购方式，而采用四川的随赋带征方式，即每征田赋粮食一市石，附带购粮若干，"不普遍摊购，以免琐碎而平负担"，[⑤] 减少弊端，彰显公平。征购为全国普遍政策，以各省一般粮户或较大粮户为征收对象。采购系在余粮地区指定地点按照市价收买，以粮食市场尤其是重要市场为对象。征购所定价格，"比市价要低，而所占购的数额，亦有一定的比例"。[⑥]

1942 年度，四川省将粮食征购价格上调，每市石稻谷定价 150 元，与征实的折价标准基本相同。[⑦] 省政府从粮户手中购粮时，每市石稻谷发给三成法币（折合 45 元）、七成粮食库券，计载粮食 7 市斗，粮食库券

---

① 《第二十九次经济会议》（1941 年 8 月 19 日），《行政院经济会议、国家总动员会议会议录》第 2 分册，第 53 页。
② 《粮食部三十年度工作检讨报告》，1942，第 15 页。
③ 《蒋委员长主持全国粮政会议讲："对于粮政的期望与感想"》（1942 年 6 月 1 日），秦孝仪主编《中华民国重要史料初编——对日抗战时期》第 4 编《战时建设》（3），第 99 页。
④ 《中国粮政概况》，第 37 页。
⑤ 《粮食部三十一年度工作计划纲要》，第 4 页。
⑥ 徐堪：《粮食问题》（1942 年 2 月在中央训练团讲），《徐可亭先生文存》，第 114 页。
⑦ 李军、王秀清主编《历史视角中的"三农"——王毓瑚先生诞辰一百周年纪念文集》，中国农业出版社，2008，第 275 页。

不能流通。粮食库券由粮食部委托的中国农民银行及四川省银行偿还，偿还方式为：自 1942 年起，分年加息抵完粮税，利随本减，5 年抵清。征购的粮食为稻谷、小麦、玉蜀黍 3 种，但由于四川地域广阔，自然环境不一，许多县份甚至一县之内不同乡镇，所产谷物种类往往不一。所以《四川省田赋征收实物暨随赋定价购粮实施暂行办法》对小麦、玉蜀黍与水稻的折算做了规定：征购小麦、玉蜀黍县份，一律定为稻谷 1 市石等于小麦 7 市斗或玉米 8 市斗。为节省劳力、争取时间，1942 年度与上一年度相同，征实、征购同时进行。① 针对纯产杂粮以及兼收杂粮县份，《财政部四川省三十一年度田赋征购实物实施方案》还规定，应缴实物数可以折收现金，定为 1 市石稻谷 150 元，如果愿意缴纳实物者，也准予缴纳。但为征收便利起见，一县之内只允许在现金与实物之间选择其一。1943 年，征实征购政策有较大调整。一是将前两年实行的征、收分离，改为经征、经收统由田赋管理机关办理，粮食部对田赋管理机关有指挥监督权。二是县级公粮从此前的各自摊派改为随赋带征。对此，徐堪乐观地预言："过去纷扰之弊，由此可告革除。"三是征购价款酌予提高，云南最高，次为四川，江西、安徽较低。②

"征购粮食，多少带有征发性质。"③ 后方民众尤其是缺粮地区的民众对于征购的态度，"第一步希望'免'，'免'不成就希望'减'，'减'再不可能，则希望只'征'不'购'"。如四川内江系产糖区，总人口 95720 人，蔗农占全县人口的 52%，占全部农民人数的 65%，如果加上其他从事蔗糖经营及其副产品制造运销的人口，约占全县人口的 80%。据 1944 年统计，往年籼稻平均为 24 万市石，产米不丰，每年依靠外县输入白米约 40 万市石，④ 普通民众对于征购抱持能减则减、只征不购的态度。⑤

---

① 四川省政府：《四川省田赋征收实物暨随赋定价购粮实施暂行办法》，《四川田赋改制专刊》，第 94 页。
② 《徐可亭先生文存》，第 128~129 页。
③ 《对粮食报告之决议文》，秦孝仪主编《中华民国重要史料初编——对日抗战时期》第 4 编《战时建设》（2），第 1120 页。
④ 赵星洲、朱吉礼：《三十三年内江经济动态》，《四川经济季刊》第 2 卷第 2 期，1945 年 4 月 1 日，第 118 页。
⑤ 剑琴：《第一次督粮座谈会剪影》，《督导通讯》第 1 卷第 2 期，1942 年 2 月 1 日，第 10 页。

为了改善军粮供应情况，提高军粮补给效率及防止弊端，1943 年 3 月，军委会在《战区军粮巡回督察团组织办法》中规定，特设军粮巡回督察团，负责督导军粮供应补给。督察团制度适用范围是各战区及大后方各省份，在战区由战区司令长官部，川、康两省由军委会分别指派 3 位大员，同时饬令有关机关（军需局会计分处、粮秣处、粮政局、田赋处、兵站总监部）派高级人员参加。督察团的职责是督导和检查，具体内容为：拨粮机关是否按照规定如期如数拨交，有无迟交缓交；补给机关是否按照规定适时适量运交部队，发粮手续是否迅捷，有无延误；给养品质是否良好，有无掺杂砂石或霉坏；包装重量是否合乎规定，有无斤两不足及交接过程中是否发生争执；补给人数是否据实，有无虚报、冒领、克扣；军粮经理是否合法，有无浪费；军粮运费支报是否据实公报，有无浮支滥报；其他有关军粮等事项。① 巡回检查、督导对减少或防止军粮征收过程中的弊病颇有裨益。

4. 军粮征借

征购名之为"购"，大多省份给付三成现金、七成粮食库券，库券系照实物计算，按年加息，分年偿还，但"此项办法是只有三成现金是购，七成库券，既未以代金计算当然非购，不过是借粮之期票，含有两种性质，不能得一统一名词，故权以购字代表之，本年已经参会议员改定全部发给库券，不搭现金，其性质，全属借贷，故应正名为借，以符名实"。②

田赋征借是抗战后期国民政府解决粮食危机，充足供应军粮的另一个重要措施。田赋征借同征购一样，也是变相的田赋征实。征借实际上是征购的一个变种，两相比较，相同点在于从性质上来讲都是强制性的，从手段上来讲则都是一种"借"，而且两者都与田赋征实密切相关。不同点在于，从借的程度上来讲，政府从民众手中"征购"粮食，还会付给民众一部分法币，一部分类似国债的"粮食库券"，"征借"则是从民众手中取得规定数额粮食而不再付给现金，全部改为付给"粮食库券"。

① 军事委员会：《战区军粮巡回督察团组织办法》（1943 年 3 月），《四川省政府粮政局档案》，档案号：民 092-01-0238，第 1 页。
② 《四川省第四次行政会议纪录辑要》，第 91 页。

1943 年，财政部在要求各省市田赋处和粮政局（科）实施田赋征借时指出："盖三十一年征购粮食定价甚低，并拨发一部分粮食库券，而国库支付之现款已甚巨。本年（1943 年）各地粮物工价均远较上年为高，为顾及农业生产、农村经济计，征购价格不能不随同提高。但为战时财政计，不能使国库负担过分加重。筹维再四，经先商得川省政府同意改征购为征借。"① 1943 年 6 月，四川省临时参议会第二届第一次大会通过《田赋征借实物案》，决定将购粮改为借粮，全部付给粮食库券，不再搭发现金，仅还本不计利，从 1948 年起，分 5 年偿清。② 粮食征借的计算方式为：例如某甲有田 8 亩，原来以省县正附税总额为 4 元 5 角，当年折征稻谷为每元征实 4 市斗，随赋借粮当地规定为每元借 4 市斗，则该年某甲应完征实、征借稻谷共 36 市斗。③ 征借的粮食以稻谷为主，兼收小麦、青稞及玉蜀黍，稻谷 1 市石等于小麦 7 市斗或青稞、玉蜀黍 8 市斗，不折收现金。四川省各县、市（局）开征的日期为 1943 年 9 月 16 日，但收获较早或较迟的县可以提前或延期半个月。④

按照石体元的说法，实行征借"可省款券同时算给之手续，又可省购价多少之商榷，借谷认息，两无所损，同时政府可以少发行几万万元的券币，对于紧缩通货，稳定物价，裨益更属不小"。⑤ 对于四川省临时参议会将征购改为征借，有人做如下评论："对于国计民生两有裨益，实为征购史上一大进步。"⑥ 毫无疑问，这些言论的持有者是站在粮食征收的角度而言的，对广大民众来说，征借却是又一层沉重的负担。1943 年度四川省征借粮额为 700 万市石，实际收取 795 万市石。1944 年度四川省田赋征借额为 1100 万市石，实际收取 1070 万市石。然而，国民政府从粮户手中所"借"粮食却未能偿还，实质上变成了有借无还的"白条"。

① 金德群主编《中国国民党土地政策研究（1905～1949）》，海洋出版社，1991，第273 页。
② 《四川粮食工作大事记（1840～1990）》，第 43 页。
③ 匡球：《中国抗战时期税制概要》，中国财政经济出版社，1988，第 197～198 页。
④ 金德群主编《中国国民党土地政策研究（1905～1949）》，第 273 页。
⑤ 《四川省第四次行政会议纪录辑要》，第 91 页。
⑥ 《粮食部成立两周年及粮政今后之归趋》，《江西赋粮》第 1 卷第 1 期，1943 年 7 月，第31 页。

三　军粮仓储

1. 四川省粮食管理委员会时期的军粮仓储

1938 年 1 月，四川省粮食管理委员会（简称"川粮管会"）成立，四川省民政厅厅长嵇祖佑兼任主任委员，何北衡、刘航琛、王陵基等为委员，该委员会主要职责为管理米粮仓栈、市场交易、稻谷收购和代办军粮等，它是四川省首个专门的粮食管理机构。

1938 年 6 月，国民政府行政院公布《非常时期粮食调节办法》，规定各省市县政府或粮食调节机关，应于适当地点酌设粮食仓库，办理粮食收购、加工、存储及运销以调剂盈亏、平衡价格，但不得以营利为目的。9 月 20 日，经济部依照《非常时期粮食调节办法》第 20 条规定，颁行《非常时期简易农仓暂行办法》，规定"各省建设厅应派员与各县市政府洽商，筹划举办简易农仓。各县市政府应指派人员负责指导办理境内简易农仓"，"简易农仓房屋，得借用或租用乡村祠堂、庙宇或私人房屋办理之"。为解决建仓资金问题，又规定简易农仓得"商请农本局或当地金融机关贷予资金，并得以仓库所储之农产品作为借款之抵押"，"应以单营储押业务为原则"。① 为保障军粮民食供应无虞，农本局积极协助四川省政府在全省范围内推进农仓整顿和扩充，这使四川农仓建设也取得了一定成绩，截至 1939 年底，四川省共有农仓 40 座，仓房 147 间，容量 1161778 市石。②

在农本局协助下，四川省农仓建设初见成效，但仍存在诸如仓库破旧、管理不善、技术人员缺乏等问题，在一定程度上影响农仓作用的发挥。农本局 1940 年春季在成都、重庆两地召集各仓库保管员，进行短期培训，派员分赴赵家渡、成都、温江、新津、宜宾等 25 地农仓详细调查，指导病虫害防治办法，同时调查宜宾、南溪、江安、涪陵、丰都等 18 个县积谷仓库状况。

1939 年四川春旱，导致当年夏秋时节粮价日趋高涨。国民政府决定施行屯粮来解决日趋严重的粮食问题，保证军粮民食供应。同年 3 月，国

① 《抗日战争时期国民政府经济法规》（下），第 343、353 页。
② 《中华民国史档案资料汇编》第 5 辑第 2 编《财政经济》（8），第 590 页。

民政府召开第二期抗战屯粮会议，会议决定在中央设置屯粮监理委员会，统筹全国军粮屯储事宜，各战区、省区则由军委会设置购粮委员会，具体负责屯粮的购办及屯储事宜。川粮会1939年11月先后制定《县政府筹设屯粮仓库办法纲要》和《筹设屯粮仓库办法概说》，规定四川省办理屯粮仓储的选址和建设条件。第一，屯粮仓库勘建原则。屯粮仓屋勘定以"便利""安全""经济合用"为原则。第二，屯粮仓址的设定条件。设定条件分为必要条件与次要条件，必要条件是：屯粮仓库所在地必须交通便利，屯仓设定地点应方便粮食起卸搬运、进仓出仓及转运；仓库地点应较为干燥且通风良好；仓库可以设置在靠近河流但没有被淹没风险的地点；仓库应远离空袭目标且易于掩蔽。次要条件是：仓外或邻近有空场可以翻晒粮食；附近有加工篇制设备的地点；四周没有火灾患险。另外还应保持干燥、低温，防除虫害、鼠雀，注意换气。

1939年11月，川粮会依据《县政府筹设屯粮仓库办法纲要》第2款制定《县屯粮临时建仓委员会组织办法》，要求各县设置"屯粮临时建仓委员会"作为全权机构，负责该县屯粮建仓事宜。各县屯粮临时建仓委员会正式名称为"四川省某某县屯粮临时建仓委员会"，组成人员及人数为：县长、财政委员会委员长、后方勤务部驻县人员、购粮委员会驻县人员、农本局驻县设仓人员、商会、农会各1人，地方士绅2人。并以县长为主任委员，下设总务、监工、会计三组。总务组以县政府人员为组长，士绅1人为副组长；监工组以后方勤务部或农本局或川粮会驻县人员1人为组长，工会主席为副组长，负责估计工料、工期等事项；会计组以县财政委员会人员为组长，商会人员为副组长，负责预算编制及经费出纳审核等事项。

按照规定，各县屯粮临时建仓委员会需要在每星期一、星期四召开会议，公开商定有关屯粮仓库建设工料、价格及工期等事项。若主任委员认为临时有必要，还可以召开临时会议商讨相关事项。县屯粮临时建仓委员会职员一律为无给职。所需经费，在县财政收入中拨给。屯粮临时建仓委员会属于临时机构，其存在时间为各县屯粮开始至完成。

1940年1月，军政部军粮总局成立，是国民政府专管军粮筹办事宜的机构。随后，军政部制定《军政部军粮自然损耗率核销标准》，对保管损耗做出区分：凡在 3 个月以内者为短期储藏，除非正当理由经调查确实，否则不得列报损耗；时间在 3 个月以上、6 个月以内为较长期保管，损耗率为 5‰；时间在 6 个月至 1 年之间为较长期储藏，损耗率为 1%；时间在 1~2 年为长期储藏，损耗率为 2%。秋冬储藏品至次年春夏配发者，依据较长期、长期保管损耗规则规定，减少 2.5‰ 计算。军粮仓储、保管过程中的损耗应由负责人员据实呈报，不得超过规定标准。对于保管良好、能够减少损耗的工作人员，照损耗量半价发给奖励；因过失或保管不善以致损耗者，令其照价赔偿，情节严重者须依法惩办。

2 月 4 日，军粮总局颁行《军政部军粮仓库组织规程》和《军政部军粮保管规则》。《军政部军粮仓库组织规程》规定：按各地驻军多寡分设各种军粮仓库，掌管军粮钱财储藏、出纳事务。军粮仓库分为三等：甲种仓库，备储 10 个师以上 2 个月粮秣（5 万大包），库长由中校担任，官佐 13 人、士兵 51 人、职工 14 人；乙种仓库，备储 5 个师以上 2 个月粮秣（25000 大包），库长由少校担任，官佐 10 人、士兵 31 人、职工 8 人；丙种仓库，备储 2 个师以上 2 个月粮秣（1 万大包），库长由上尉担任，官佐 6 人、士兵 16 人、职工 5 人。各军粮仓库按照隶属系统冠以名称番号。各军粮仓库由军粮总局或军粮局按照军队移驻情形，随时改编移设。军粮仓库设置库长、库员、司书。库长承主管长官命令管理仓库一切事宜；库员承库长命令分担事务；司书承长官命令，担任缮写及译电任务；军粮仓库办事细则由库长拟定，呈准后施行。军粮仓库监护事宜可以与地方政府会商，由地方政府派遣团队负责。①《军政部军粮保管规则》对于军粮仓库选址、军粮交接、品质验收、仓内军粮堆积形式、军粮保存方式和原则以及定期检查、军粮仓库警戒问题都做出规定，四川省军粮保管亦适用这一规则。

第一，军粮仓库修建、保管规则。军粮仓库修建时，"旧时仓库或祠堂庙宇及其他可以利用之建筑物应尽量利用"，但应该注意防潮设备，若屋面渗漏，屋内无地板或者有地板而产生洞隙，窗户无防雀网或者有防雀网而发生脱钉、掀开、破坏情事，库内发现鼠穴，库外水流不畅或者水流

① 《军政部军粮仓库组织规程》（1940 年 2 月 4 日），《抗战军粮档案选编》第 6 册，第 132~136 页。

阻塞，均应严加注意。军粮仓库外应该有足够"空场"及适宜的交通道路。军粮仓库应具备运输工具、消防工具、清洁工具、除火捕鼠驱雀工具、包装工具等。新建军粮仓库应注意防潮、防虫、防鼠及降低库温，其要点为：土地干燥；库房外围掘一深沟并于外围多植树木；库房应东西较长，窗户北向，屋顶高，墙壁厚，装置地板并有换气设备，必要时可以掘地窖贮藏，长江流域以南不适用。库房应有伪装及迷彩设备。每一库房要将库内所有物品种类、数量、品质、制造场所、时间或商店人名及入库时间详细记入卡片，标于室内显著位置。

第二，军粮入库、出库。军粮收发必须按照法令，迅速准确，不得故意延宕。军粮仓库管理人员如发现"军粮潮湿发霉及罐头汁液渗漏不堪贮存者，稻谷米麦已有发芽者，军粮内有掺杂者，军粮内有变色变味者"中的一种或者几种情况，可以拒绝接收部分或者全部军粮，并应将情况迅速上报主管长官，核实情况是否属实。

第三，军粮堆积。库长、库员可以按照军粮性质、配发情形及仓库状况来决定军粮应该混合堆积还是个别堆积，但易于吸收湿气，发生蒸热物品不得与其他军粮堆积在一起。军粮堆积形式分立方形堆积、山形堆积、屋形堆积三种，堆积高度依据地方大小及仓库大小酌情办理，以仓内换气时空气易于流动、熏蒸时气体容易散开、干燥时空气利于干燥为原则。各堆积间应该留有空隙，尤其不可靠近墙壁或紧塞窗户。

第四，军粮保存的3个原则。一是清洁。仓库内外必须保持高度清洁，如果发现灰尘及其他不洁净物品，应该立即清除。库内包装军粮须适时倒包，散置军粮须适时扬簸，以防止霉变。二是干燥。库存军粮应该充分保持干燥，如发现潮湿，可以通过日光干燥法、火力干燥法、干燥空气干燥法进行通风，以防止潮湿进而引起霉变。三是防鼠、虫、雀。如发现有害虫微生物类，应由专人依据其种类对症下药，不可轻易处置。针对鼠害，仓库应置办捕鼠器具，畜养良猫，如果发现鼠穴，应该立即封闭，必要时应以毒饵毒杀鼠类。窗户应该加固并设置铁丝网，防止库外雀类侵入库中。

第五，军粮仓库检查。库员应该每日检查仓库一次，库长每星期检查一次，上级主管长官每月或随时派员定期与不定期检查若干次。检查库存军粮应该注意以下事项：库存物品数量是否与账簿及卡片所列数目一致，库存物品有无发热、发芽、生虫及其他变色变质损坏情事，包装有无损坏，鼠类有无潜滋，库房有无破坏，堆积是否合理，各种工作器具是否完备等。检察员检查完毕，如果存样与账簿相符，应在各项簿志末行记载"自某时起至某时止，业经查讫"字样，加盖私章戳记。

第六，军粮仓库警戒。警戒分为两种。一是安全警戒。仓库内大门、侧门应设置哨兵，必要时加兵巡逻。仓外人员非因公务或经库长许可不得进库。二是消防事务。库长应该"督促库兵勤习消防技术；库内外绝对禁止吸烟；除电灯及特别安全灯外，其他灯火不准携入库入；仓库附近禁止堆积木料、枯草及其他易于引火之物"。库长对于仓库士兵，平时应灌输防空常识，必要时可以适当演习。①

2. 建仓问题

四川省粮食管理委员会时期，虽然粮食仓储取得一些成果，但存在的问题亦不容乐观。第一，粮仓管理疏漏，粮仓破坏严重。这一方面直接导致四川省粮仓建设未能取得长足发展，另一方面使四川屯粮的购办、仓储、转运等各项工作难以顺利开展。1940年3月，嵇祖佑在上呈行政院的呈文中提出，四川"各县原有之仓已破坏无余，可利用者不过百分之一二"。② 粮仓建设的相对滞后影响了战时军粮、屯粮购办，屯粮损耗严重。第二，粮仓空间分布不合理。到1939年，四川各县共有各类仓库3577座，但分布很不平衡，如第十三区有仓库978座，第九区有605座，而第十四区仅有2座，第十六区仅有1座。粮仓分布不合理使粮食调集频繁，增加了运输的经济成本和时间成本，影响了军粮供应与调节。第三，仓储建设工作重视数量而忽视质量，仓库建设与管理

---

① 《军政部军粮保管规则》（1940年2月4日），《抗战军粮档案选编》第6册，第118～128页。此处"库入"疑为"库内"之误。据调查，李庄福生庄（福生李庄）原有农仓2座：一为天上宫，系一座庙宇；一为张家祠堂，该祠堂"建筑亦颇高大坚固，容量较大……可容谷二万石，院前亦有一空场，拟用三合土铺盖，约有八十平方丈，亦为一良好之晒场，现更在院内空处建一新仓，可容谷约万石，系代军委会构造，将来备储军粮"。参见《福生李庄调查报告》（1939年12月17日），重庆市档案馆藏，《中国农民银行重庆分行档案》，档案号：0289000100315000056000，第58页。

② 《嵇祖佑呈报四川仓储情形》（1940年3月），《四川省政府粮政局档案》，档案号：民092-489-1，第1页。

工作因陋就简，墨守成规，未有改进，导致谷物入仓未久，虫微鼠雀之损耗相应而生，每年损耗动辄以千万计，殊为惊人。① 第四，简易农仓功能以储押为主，部分农仓被一些富户长期租用，囤积居奇，哄抬粮价，农仓应有的功能没有得到发挥。四川省粮食管理局成立之后，开设培训班，训练专业人员，并对全省各县粮食生产与消费情况进行调查，以期革除积弊。

仓储作为粮政的重要一环，对于稳定粮价至关重要。因此，国民政府通过鼓励建设仓库调剂粮价。全国粮管局公布的《全国粮食管理局粮食管理纲要》，对粮食仓储亦有明文规定：第一，鼓励修建仓库以备储粮之需，规定各保、乡镇、县和省应在粮食生产区域及储运便利地方或集散市场，设置一定数量的公仓，鼓励大量储备积谷；第二，仓库发挥吞吐调剂作用，使"粮食价格，应限于某种伸缩范围以内，其低应以生产成本为准，其高应在合理利润之下。勿使初收或丰收时过于跌落，歉收或青黄不接时过于高涨。勿使有余的地方过于跌落，不足的地方过于高涨"。② 这一时期，全国粮管局希望兴建粮仓以及发挥粮仓吞吐作用来调剂粮价，使粮价不致因季节或地方因素而过高或过低。

与此同时，四川省政府也颁行了相关法规加强粮食仓储管理。1940年11月，四川省政府公布《四川省粮食管理局管理粮食仓库暂行办法》，要求"所有粮食仓库均应由仓主申请登记"，登记证由省粮食管理局印制、编号，县市粮食管理委员会填发。③ 11月，四川省政府公布《四川省各县市整理仓储暂行办法》，规定1940年前未归仓的积谷应于年内归仓，历年办理平粜及贷放积谷应分别查明，无论有何理由都不得移用积谷。四川省政府希望在全省范围内普遍设立专门粮食管理机关，加强仓储管理，并且将之前贷放出去的粮食吸纳回来，登记全省范围内粮仓，以加强政府对仓储的管控，充分发挥仓储的平抑粮价作用，抑制不法商贩利用仓库囤积居奇、哄抬物价以牟暴利。军粮仓库方面，1941年8月，军政

---

① 冯学棠、闫文学、姚康：《四川仓储概况调查》，《农报》第6卷第1~3期合刊，1941年1月31日，第38页。
② 《四联总处史料》（下），第266页。
③ 《四川粮食工作大事记（1840~1990）》，第35页。

部核准驻川军粮局在全省 16 个行政区范围内，凡全国粮管局派驻督察长办公地点，分设甲种仓库 5 所、乙种仓库 11 所。1942 年，驻川军粮局在全川范围内下设 4 个办事处，辖 1 个运输兵大队部，5 个运输兵中队部，在全川拥有甲种库房 11 所、乙种库房 14 所、丙种库房 9 所。①

总体来看，全国粮管局时期，从中央到地方，从粮食管理大政方针到仓储的具体管理，其内在思维是运用行政力量进行干预、管制，但在国家未掌握大量粮食的情况下，粮食管理收效甚微。

粮食部成立后，1941 年 10 月，川购处改为川储局，康宝志任局长，统管全省粮食征收、集中与分拨。川储局下设仓储处和运输处及其他科室，其中仓储处负责办理军粮仓储事务，并在四川各县设有仓库，按仓库接收粮食的多寡及存储情况分为特等、一等、二等、三等、四等及分仓 6 级。1942 年 10 月，为进一步完善办理四川征收征购所得粮食及配运业务，川储局颁布《四川粮食储运局各区办事处组织规程》，将全川各县划为 8 区，每区设办事处，定名为"川储局某某办事处"，各区办事处设仓储科，其具体职责是：粮食验收、存储及保管，粮食加工，粮食包装，仓库培修、管理及设备添置与修理，其他有关粮食储存的事项。② 未几又颁布《四川粮食储运局仓库组织规程》，对仓库的仓储职责做出规定：征实、征购粮食收拨及登记，仓粮保管及防除损耗，粮食加工准备与实施，粮食包装及麻袋进出管理，仓库、木船修整及租赁管理。川储局仓库分为两种：一种为聚点仓库，规定设在储备粮所在地及水陆交通便于转运的地点，称为"四川粮食储运局某某仓库"；另一种为县仓库，设置于各征实、征购粮食县份（或市或局），称为"四川粮食储运局某某县（市）（局）仓库"。四川粮政局和川储局及各区办事处的成立，统一了四川各地粮食仓储管理，有利于推进仓储建设。

租用公仓、民房。田赋征实、军粮征购是抗战时期国民政府解决军粮

---

① 《各军粮单位三十一年度月需经费表》，中国社会科学院近代史研究所、中国抗日战争史学会主编《抗日战争史料丛编》第 2 辑第 12 册，国家图书馆出版社，2015，第 76 页。

② 《四川粮食储运局各区办事处组织规程》（1942 年 10 月 27 日），《四川省政府粮政局档案》，档案号：民 092-394-1，第 1 页。

供应问题的主要手段，并且有一定成效。1941 年开始实施征实、征购以后，四川地区因仓库有限，征实、征购而来的巨量粮食无处妥善安放。同年 10 月 20 日，粮食部训令四川省粮政局，田赋征实与征购军粮尽量利用公私仓库及祠堂庙宇，以节省法币支出，缓解急需状况。四川省政府采取了两项措施：一是利用公仓、公共祠堂、庙宇或租用民房，二是大力修建田赋征实仓。1942 年，仓库仍旧不足，8 月 9 日，粮食部令四川粮政局利用公仓或租用民房。① 为防止各县征租民房时民众漫天要价的情况，四川省田赋处拟具《四川省各县（市）田粮管理处征租民仓民房租金给付办法》，对政府征租民仓民房的给价标准做出规定：各县在征租民仓民房时，依照民仓民房设备情况，采用分级方式付给租金；民房只要墙壁坚实且有地板、天花板，加装关锁装置即可储粮。民仓民房共计分为 3 级：一类仓库为第一级，其租金每月每市石至多不超过 1 角 2 分；二类仓库为第二级，其租金每月每市石至多不超过 1 角；民房均为第三级，其中又分为一类民房、二类民房两种，一类民房每月每市石不得超过 8 分，二类民房不得超过 5 分。②

由于租用的民仓民房或庙宇祠堂设备简陋，管理不便，产生了很多问题，粮食损耗巨大。由此可见，征租民仓民房或庙宇祠堂储存田赋粮仅是权宜之计，要想根本解决田赋仓储问题，修建仓库刻不容缓。

修建田赋征实仓。1941 年国民政府实施田赋征实后，四川省仓库严重不足。截至 1941 年 6 月，四川粮食机关可利用仓容约为 200 万市石，③ 而当年四川省实际征收粮食总额约为 1400 万市石，军粮的需求量为 600 万市石，两相比较，仓容严重供不应求，这样，修建田赋仓便提上议事日程。田赋征实仓库按其性质分为 3 类：一为收纳仓库，二为集中仓库，三为聚点仓库。

收纳仓库分布于各县乡镇的征收所在地，数量众多而相对较为分散，

---

① 四川粮食储运局：《三十年度四川征购粮食仓储临时处理办法》（1942 年 8 月 25 日），《四川省政府粮政局档案》，档案号：民 092-390-1，第 2 页。

② 四川粮食储运局：《三十年度四川征购粮食仓储临时处理办法》（1942 年 8 月 25 日），《四川省田赋管理处档案》，档案号：民 091-2282-1，第 2 页。

③ 张樑任：《四川省粮食管理之回顾与前瞻》，《西南实业通讯》第 4 卷第 5~6 期合刊，1941 年 12 月，第 14 页。

主要是便于容纳向人民征收、征购、征借的粮食。按照财政部规定，1942年各县设征收处 8 处，每处平均四仓，每县须有 32 座收纳仓库。到 1943年减为每县征收处 5 处，仓库数量仍旧。到 1945 年，四川地区收纳仓库共容粮 964 万市石。①

集中仓库主要分布于各县水陆交通便利地点，储存收纳仓库粮食。粮食经过初步集中后，还要经过再度集中才能运到各地重要消费点或转运站，因此集中仓库是联结收纳仓库与聚点仓库的"桥梁"。战时四川省大量的军粮征集与输送，再加上四川省广阔的地域和相对落后的交通，使大量修建或培修集中仓库成为军粮顺利集中的必备条件之一。修建集中仓库费用从 1943 年起采用中央与地方分担办法：在重要交通地点由中央筹建，以便战后也能用于一般商业经营；在内地则策动地方筹建，以便用于积谷。到抗战结束，四川省集中仓容为 445 万市石。②

聚点仓库是在重要转运站、军粮交接地点或重要消费地点所设仓库。1941 年，为修建聚点仓库，川储局颁布《聚点仓库组织规程》，规定：成都、合川、赵镇、新津、泸县、绵阳、广元、江口、万县、三汇、重庆、太和镇、南充、竹根滩、内江、宜宾等 16 个县设置聚点仓库，办理军粮、公粮，负责购粮、借粮的接收、储藏、加工和调运。聚点仓库所在县不再设置县仓库，该县所有运输配拨事宜均由聚点仓库办理。聚点仓库直属川储局，并受川储局分管区域办事处指挥监督。聚点仓库具体职能为：本县征购粮食及他县储运收屯事项；粮食屯储期间保存及去除损害事项；粮食加工准备与实施；粮食包装及进出登记；粮食拨交及领粮机关接收与收转事项；仓库车船修整与租赁事项；粮食运输规划及运输工具调配；运输合约订定及运费计核；运粮凭单填发及过道粮食登记检验；粮食收据填发及粮食进出登记。聚点仓库组织规则为：除重庆、成都两处业务特殊需要另行规定外，其余川省聚点仓库视其收拨数量多寡，分为甲、乙两等。聚点仓库在县城者，仓库主任由县长兼任，设副主任 1 人，由川储局委派，上承川储局命令，总理全仓事务。

---

① 《四川省志·粮食志》，第 161 页。

② 谭刚：《抗战时期的四川粮食储运》，硕士学位论文，四川师范大学，2002，第 27~28 页。

仓库内部分设总务、仓储、配运三股，每股设股长 1 人。其余人员设置分别为：甲等仓设主任 1 人，股长 3 人，会计 1 人，助理会计 1 人，文牍员 2 人，业务员 9 人，办事员 10 人，雇员 8 人，斗手 6 人；乙等仓设主任 1 人，股长 3 人，会计 1 人，助理会计 1 人，文牍员 2 人，业务员 8 人，办事员 6 人，雇员 5 人，斗手 4 人，工役 5 人。截至 1945 年，四川全省聚点仓容为 270 万市石。[①]

聚点仓库大规模修建一定程度上缓解了田赋征实以后带来的粮食仓储不足问题，对于征集而来的大量军粮的储存和保管发挥了不小作用，军粮从聚点仓库发给部队领用，解决了部队的粮食供应问题。

仓储中的问题。战时国民政府和四川省政府尽管在川省采取了种种仓储政策，试图加强仓储管理，保证军粮、民食供给，取得了一定成效，但仍有待进一步改善。战时四川省仓储问题集中在以下两个方面。第一，建仓手续复杂，影响建仓速度。1940 年 9 月，全国粮管局公布的《全国粮食管理局粮食管理纲要》规定，每保自设公仓，如经费不足，由乡镇协助；乡镇设仓，如经费不足，则由县协助；各县设仓，如经费不足，由省协助；各省设公仓，如经费不足，由中央协助。这种仓库建设往返手续复杂，往往影响建仓进度。[②] 第二，仓储设备简陋，粮食损耗大。四川省政府修建的许多仓库，系租用公私房屋或祠堂庙宇，设备过于简陋，仓储条件较差，粮仓损坏严重，粮食损失亦较大。中央农业实验所于 1940 年调查四川各县仓存稻谷，平均损失率达 11.83%，最严重的达 50% 以上。[③] 简陋的仓储条件和欠妥的管理方式使军粮在征集初期就损耗不小，影响了军粮仓储、调集、转运。

四　军粮运输

1. 四川省粮食管理委员会时期的军粮运输

全面抗战爆发后，繁重的军粮输送任务给本来交通就落后的四川带来更大的压力。战时四川虽然兴建了多条公路，但路况差、汽车少、运力弱

① 《四川省志·粮食志》，第 161 页。
② 《四联总处史料》（下），第 263～264 页。
③ 农林部中央农业实验所编印《几种重要积谷害虫》，1940，第 1 页。

等问题，严重限制了公路运输在四川军粮运输中的作用，四川的军粮运输方式主要采取的是水运。全面抗战前四川仅有轮船 60 多艘，载重量 2.2 万吨；木船 6000 多艘，载重量 8 万多吨。① 全面抗战爆发后，为了完成繁重的运输任务，四川省政府采用各种措施发展四川木船业，使得木船逐渐成为军粮运输的主要工具。然而，四川河流滩多水急，这也在一定程度上成为运输业发展的瓶颈。

1940 年 1 月，军政部军粮总局成立。伴随机构的调整，国民政府规定军粮应分段运输，其办法如下：从采购地点至兵站基地之间的运输，由采购军粮的粮政机构负责；从屯粮地点至兵站基地的运输，由军粮局及其所属机构办理；从兵站基地至兵站末地间的运输，由兵站机关办理；从兵站末地至部队驻在地间的运输，在一天半行程以内者由辎重部队负责，超过一天半行程者由兵站运送。② 1942 年 2 月，军粮总局依据 1941 年军政部、后方勤务部、粮食部三部分管区域的规定，制定《运输军粮临时雇用输力运费报销暂行办法》，对军粮运输分段及报销原则做出规定，具体办法为：自购粮地至军粮仓库的运输段，由粮食部负责；自军粮仓库到兵站基地的运输段，由各军粮局负责；自兵站基地至兵站末地的运输段，由兵站负责。凡各部队、机关、学校在兵站管区内所领之粮，无论基地、末地，雇用输力的临时运费均由兵站负责，以此类推。凡各部队、机关、学校所领军粮，自领粮地起运至目的地，遵照蒋介石手令在 30 里以内（往返约 1 日行程）的，由各领粮单位自行运输，运费不予报销。③ 虽然军粮总局希望逐步提高部队运输能力，使之能担负起战时运输任务，然而直到 1942 年军粮总局撤销，其拥有的分驻各战区、各省份的运输部队主要为 13 个运输兵大队、1 个板车大队、2 个手推车大队、1 个胶轮车大队，其具体分布如表 4-22 所示。

---

① 政协西南地区文史资料协作会议编《抗战时期的西南交通》，云南人民出版社，1992，第 139 页。

② 指紧邻前线的末地兵站所在地。末地兵站担负向前线作战部队直接补给的任务，包括军粮、弹械等的提运、存储、拨发，以及紧急情况下的后运、埋藏等。

③ 四川省政府：《运输军粮临时雇用输力运费报销暂行办法》（1942 年 2 月），《四川省第三区行政督察专员公署档案》，档案号：0055000500268000027100，第 2 页。

表 4-22　运输军粮部队输力情况（1942 年）

	配属地点	车辆数（辆）	马匹数（匹）	输力（公斤）
运输兵第一大队	河南			20250
运输兵第二大队	陕西			20250
运输兵第三大队	贵州			20250
运输兵第四大队	广东			20250
运输兵第五大队	湖南			20250
运输兵第六大队	四川			20250
运输兵第七大队	山西			20250
运输兵第八大队	云南			20250
运输兵第九大队	江西			20250
运输兵第十大队	鄂西			20250
运输兵第十一大队	重庆			20250
运输兵第十二大队	江西			20250
运输兵第十三大队	西康			20250
板车第一大队	贵州	160		80000
手车第一大队	广西	540		108000
手车第二大队	山西	540		108000
铁轮车第一大队	陕西	150	300	75000
总　计		1390	300	634250

资料来源：军粮总局业务统计《运输军粮部队输力表》，《抗日战争史料丛编》第 2 辑第 12 册，第 75 页。

　　尽管各兵站组建了 13 个辎重汽车团和 9 个独立汽车营，分别配置在重庆、贵阳、昆明、内江、恩施等地担任输送军粮等军需任务，但其运力对于抗战时期庞大的军粮补给数量来讲，可谓杯水车薪。[①] 所以，战时四川军粮运输任务主要由政府征调、组织民间力量协助完成。

　　为解决粮食运输难题，四川省政府和国民政府加强了运输工具管理和运价管理。一方面，加强粮食运输工具管理，主要措施是大力发展运输工具制造业。四川省主要运粮方式是水运，而水运以木船作为主要工具，木船数量多寡直接关系到运粮任务能否完成。为解决木船不足的问题，国民政府在四川采取了给船户贷款造船和设厂自造两种办法。通过上述两种方

---

①　吴达成：《军粮运输情形及今后改进之意见》，《陆军经理杂志》第 2 卷第 5 期，1941 年 11 月 30 日，第 48~50 页。

法，四川省木船数量得以增加，据 1939 年交通部汉口航政局调查，除四川省粮食管理委员会自造木船 106 艘外，尚有 12 吨级至 24 吨级木船 8480 余艘，24 吨级以上木船 2200 余艘。① 木船数量的逐步增加，初步缓解了四川军粮运输困难。

另一方面，加强粮食运输价格管理，维护粮商、船户利益。抗战全面爆发前，政府对粮食运价基本上不予过问。全面抗战爆发后，粮食运输价格管理才被提上议事日程，粮食水运价格由汉口航政局管理。1938 年 11 月，汉口航政局先后制定宜昌至重庆木船运输规则及城市间运价并公布施行，此为政府统制木船运价开端。1939 年 4 月，汉口航政局根据各河流航运状况及当时运价，制定四川省木船和轮船运价并颁布施行，规定了长江、岷江、嘉陵江、涪江、乌江、永宁河、赤水河、綦江等 10 余条主要河流的运价。四川航道上下水运输条件不同，故运价也随上水与下水而不同，同时四川省政府对每条河流规定了最高运价与最低运价，以备上下浮动。

2. 四川省粮食管理局时期的军粮运输

全国粮管局在重庆设置的川购处负责在四川省采购军粮，并与四川省船舶总队部共同组织运输军粮。1940 年全国粮管局规定："前后方需要之军粮，统由四川省粮食购运处一次收购拨交军粮机关分别配发。"② 川购处在全川每个行政区设督察长办公室，各县设督察员，监督地方粮库运送军粮。

1941 年 3 月，全国粮管局局长卢作孚代电川购处、四川省船舶总队部，要求在四川设置办事处或管理站，以帮助运送军粮。随后，四川省船舶总队部在嘉陵江、长江、涪江、渠江、岷江、乌江六大水系交通枢纽设立办事处，其具体分布如下：嘉陵江区设立南充办事处、广元办事处、合川办事处、武胜办事站、南部办事站、阆中办事站、江口办事站、蓬安办事站；长江区设立宜宾办事处、泸县办事处、南广办事站、南溪办事站、江安办事站、合江办事站、松溉办事站、江津办事站、重庆办事站；涪江区设立绵阳办事处、遂宁办事站、潼南办事站、太和办事站；渠江区设立渠县办事处、三汇办事站、富顺办事站、赵镇办事站；岷江区设立乐山办

① 谭刚：《抗战时期的四川粮食储运》，硕士学位论文，四川师范大学，2002，第 12 页。
② 《抗日战争时期国民政府经济法规》（下），第 332 页。

事处、新津办事站、成都办事站；乌江区设立涪陵办事处、龙滩办事处。各流域共计 30 个办事处（站）。① 四川省船舶总队部通过设立办事处和办事站，将粮食生产地与消费地联系起来，大大便利了军粮运输。

1940 年 9 月，四川省粮食管理局成立以后，通过增加船只数量、加强运输管理、调控运输价格等措施进一步发展水运。

首先，大量造船，提高运输能力。国民政府一方面对船户予以贷款，进行帮扶，贷款造船由交通部汉口航政局负责推行，先后在长江区重庆、宜宾、泸县等 10 个城市设置办事处，负责对船户按照每艘船造价的 80% 进行放贷，每吨价位为 70 元至 110 元，1939 年贷出 46 万元，1940 年贷出 54.9 万元，后因战时物价飞涨，成本激增，官方将预定贷款额度相应增加 30%，该项贷款年息 4 厘，船户需在 3 年内连本带利进行偿还。贷款造船在贷放的两年内成效显著，完成木船 388 艘 7398 吨。另一方面由交通部建厂自造。1941 年 1 月，交通部在重庆设立了川江造船处，自设工场招工制造。原定工款 107.8 万元，计划造船 2160 吨。因工程进展迅速，获得各方好评，任务不断增加。全国粮管局在渠江、涪江装运军粮需要大批木船，委托川江造船处，代造渠江木船 3850 吨、涪江木船 1550 吨。②

其次，加强四川船舶征集管理。国民政府于 1938 年成立军委会四川省船舶总队部，隶属于后方勤务部，由何北衡任总队长，设置 2 名副总队长，在总队长和副总队长下设三组一室，分别为管理组、征调组、总务组及技术室。四川省船舶总队部按军事化要求，将全省民船和轮船编成大队、中队、小队及分队建制，由总队部统一指挥。全省按江区和船籍共编为 13 个大队，各大队队长一般由所在地县长兼任。嘉陵江区编为 3 个大队：第一大队队部设于渠县，负责编队和管理通江、巴水、渠江等流域各船舶；第二大队队部设于合川，负责编队和管理嘉陵江干流各船舶；第三大队队部设于遂宁，负责编队和管理涪江各船舶。沱江区编为 2 个大

---

① 《四川省船舶总队部队长任职报告所属各办事处管理站设置情况征调船舶统计表及其征调纠纷案件省府指令》（1941 年），四川省档案馆藏，《四川省建设厅档案》，档案号：民 115-01-1081，第 233 页。

② 王绍荃主编《四川内河航运史（古、近代部分）》，四川人民出版社，1989，第 245 页。

队：第一大队队部设于简阳，负责编队和管理资中以上沱江段船舶；第二大队队部设于自贡，负责编队管理资中以下沱江段船舶。岷江区编为1个大队，队部设于乐山，负责编队管理岷江干流及各支流船舶。长江区编为 5 个大队：第一大队队部设于宜宾，负责编队管理泸县上游长江段船舶；第二大队队部设于泸县，负责编队管理泸县至江津段长江及赤水河船舶；第三大队队部设于重庆，负责编队管理江津至长寿段长江船舶；第四大队队部设于涪陵，负责编队管理长寿至忠县段长江及乌江船舶；第五大队队部设于万县，负责编队管理忠县以下长江及其支流船舶。此外，四川省船舶总队部还在重庆设置 1 个轮船大队部，负责编队管理航行于长江的各轮船，1 个直属特务中队部，负责编队管理航行在重庆港内所有小火轮、小汽艇及渡船等。[1] 四川省船舶总队成立后，与川购处协作运送军粮，由此增强了运粮力量，促进了四川的粮食运输。此外，1941 年 5 月 15 日，全国粮管局在四川省内各江沿线设置运输站，并通令全省各县，以后军米起运时，须将起运日期、船只名称及数量通过电报向全国粮管局报告。军米经过各运输站时，押运人员必须遵令向指定站点报到。

最后，对木船运价进行规定和调整。木船运价最初实行时，船商、船户和物资单位均能遵守。但 1939 年夏秋之后粮价飞涨，轮船、木船运输成本不断增加，于是政府适时提高水运运价。交通部 1942 年统计长江重庆至宜宾段木船每吨公里运费，1937 年 4 月为 2 分 9 厘 1 毫，1940 年 4 月涨至 7 分 8 厘 3 毫，1941 年 9 月为 2 角 1 分 8 厘。[2] 1941 年 9 月的运价是 1937 年 4 月运价的 7.5 倍，增幅甚大。尽管如此，军粮从交接地点到运济地点，其运价则较前面更低。抗战后期，物价飞快上涨，尽管木船运价也有提高，但船工实际收入下降，运输军粮往往损失甚大。

发展驿运。武汉会战后，为大力发展战时运输，集中人力物力，蒋介石指示发展驿运。1940 年 7 月 15 日至 18 日，国民政府在重庆召开全国驿运会议并做出 3 项决议：机构方面，由交通部成立驿运总管理处，主管全

---

① 《四川省船舶总队部组织系统表》（1938 年），重庆市档案馆藏，《兵工署驻渝办事处档案》，档案号：00340001005490000045，第 1 页。

② 王绍荃主编《四川内河航运史（古、近代部分）》，第 256 页。

国驿运的指导、监督事宜，各省成立驿运管理处，主管全省驿运推进工作；经费方面，驿运干线一切开支（包括驿运总管理处经费），均由国库负担，各省支线开办费用由中央酌情帮助，由各省驿运运费中提取5%作为各驿运管理处经常费用；宣传方面，依据国民党中央宣传部举办全国驿运宣传方案，由国民党各级党部召集各有关机关共同参加，时常研究改进。[1] 随后交通部遵照大会决议，于同年9月1日成立驿运总管理处，并分电各省成立驿运管理处，驿运管理处直隶于省政府，筹备线路，开办驿运。至此，废弛已久的驿运随战事需要而复兴。根据交通部驿运总管理处电令，四川省驿运管理处于1940年10月1日成立，陈筑山兼任处长，张冲霄兼任副处长。

战时四川省驿运开办事属草创，计划不周，筹备仓促，经费不足，宣传推广不足，所以民间对驿运事业不甚了解。为扭转不利局面，发展四川驿运，四川省驿运管理处首先着力制造驿运工具，与川购处订约，预付运费60万元，订购胶轮板车200辆至250辆，实际收到221辆；其次，开办驿运干部训练班，培养驿运管理人才，第一期毕业学员28名，第二期86名；最后，加强对运夫的管理，对雇用民夫实施军事编制，为防止民夫逃跑，以5人为一班，5个班为一分队，5个分队为一中队，5个中队为一大队，层层管理。[2] 四川省政府规定驿运以运粮作为中心工作，而战时军粮运输又是粮食运输中的大宗，所以战时四川省驿运最重要的任务之一就是运输军粮。据统计，四川驿运从1940年10月开办到1941年5月，在不到一年的时间里，共计运出军粮698099吨，每吨平均行驶里程228公里。由此不难看出，战时四川省驿运在军粮运输中发挥了重要作用，成为继水运之后又一重要的运输方式。[3]

川湘水陆联运。全面抗战爆发后，沿海省份相继沦陷，原先依靠海盐的省份不得不依靠内地所产的食盐。湖南省除去西北部6个县有川盐销售外，大部分地区依靠淮盐。江浙沦陷后，淮盐输入逐渐减少，武汉会战结束后，湖南食盐来源更加减少，食盐供给每况愈下。在此情况下，1939

---

[1] 钟古熙：《四川的驿运》，《四川经济季刊》第3卷第1期，1946年1月1日，第170页。

[2] 四川省驿运管理处编印《四川驿运》，1941，第5~6页。

[3] 《四川驿运》，第2~3页。

年，财政部成立川湘盐务联运处，主办川盐运济湖南业务。① 宜昌沦陷后，长江航运受阻，四川对外的主要交通更显困难。重庆作为战时陪都，既需要支援前线接济各省，又需要外来的接济。为便利向外运送军米以及外界物资输入，亟须开辟水陆联运线，以资补救。

1940 年 8 月 1 日，交通部令招商局与民生公司各出资 1 万元，在重庆组成川湘、川陕水陆联运总管理处，经营由重庆至衡阳和广元与陕西之间的水陆联运业务。1941 年 1 月 15 日，交通部决定拨款 10 万元参股，将川湘、川陕水陆联运总管理处改为交通部特许官商合办川湘、川陕水陆联运处。同年 9 月，交通部制定《交通部特许川陕、川湘水陆联运处规程》，将联运处名称改为交通部特许川陕、川湘水陆联运处，基金为法币 100 万元，由交通部驿运总管理处认缴 50 万元，招商局、民生公司各认缴 25 万元，先期缴纳半数。联运处设置理事会，设理事 9 人，由交通部派 5 人，招商局、民生公司各推举代表 2 人，设理事长 1 人，副理事长 1~2 人，由交通部在理事中指定。理事会设置秘书 1 人，专员 2~3 人，业务员 1 人，会计 1 人，办事员若干人，专员派定在经理处办事。经理处设经理 1 人，综理该处事务，副经理 2~3 人，协助经理办理相关事务，经理、副经理均由理事会遴选派充并报请交通部备案。在经理、副经理下设总务组、营业组、运输组、会计组，各组均设置组长 1 人，稽查及办事员若干人，均由经理遴选，呈请理事会派充。总务处负责处理文书、人事、出纳、保管、医药以及其他不属于各组的事项；营业组负责制定运价、规章、计划以及其他有关营业的事项；运输组负责制定路线、增加工具等相关事项；会计组负责制定预算、决算，制定相关报表。经理处设置川陕、川湘两个运输总段，必要时酌情设置分段。② 交通部复将东南联运处汽车 81 辆、川鄂驿运干线板车 300 辆及沅、酉两水和嘉陵江贷款建造的各吨级木船 220 艘，拨交联运处使用，以增强运力。后因官商合办经营困难，交通部于 1942 年 6 月 1 日将招商局与民生公司之前各 1 万元股本

---

① 王成敬：《川湘联运问题》，《四川经济季刊》第 1 卷第 3 期，1944 年 6 月 15 日，第 243~244 页。

② 《交通部特许川陕、川湘水陆联运处规程》（1941 年 9 月），《重庆市工务局档案》，档案号：00670001003890000014，第 2 页。

退还，联运处至此成为国营性质，由交通部直接领导，在重庆正式成立川湘、川陕水陆联运总管理处。交通部拨给建设专款 1500 万元，以促进川湘、川陕之间水陆联运业务的发展。① 1943 年，交通部川湘联运处与财政部盐务局商定，将财政部川湘盐务联运处撤销，其原有业务全部划归川湘联运处接管，至此，川湘之间战时联运业务由川湘联运处全部承担。1945 年 5 月，抗战胜利前夕，川湘、川陕水陆联运总管理处撤销。

川湘联运处设在湖南沅陵，以水运为主，运送军粮等物资。从重庆出发经水路至涪陵，再转入乌江水道至龚滩，再以陆路到龙潭镇，又转为水运，用木船循酉水驶至湖南沅陵，再换木船循沅江而下驶至常德，全程共 989 公里。也可从重庆经涪陵，转入乌江水道至彭水，自彭水利用川湘公路汽车至龙潭镇，再转为水运，全线 956 公里。

川湘联运处掌握的交通工具情况是：水运以木船为主，联运处自有各吨级木船 285 艘，可利用各吨级民船 1821 艘；陆运以人工背运为主，汽车为辅。龚滩至龙潭间民夫最多时达六七千人，彭水的郁山镇至龙潭间亦有民夫两三千人，两路民夫合计近万人。民夫由第九战区长官司令部组织，组成人员主要为当地农民，运输队组成后，由战区司令长官转请军政部免除兵役，被组织起来的民夫成为专业运输队员，除农忙时节可以回家外，平时概不允许另谋职业。川湘联运处自有汽车 104 辆，不敷应用时可雇用商车。在川湘联运处归交通部经营以前，川湘公路上行驶的商业汽车最多时达 150 余辆。该项汽车业务以龙潭镇为中心，龙潭镇还成立有汽车业同业公会，可见当时汽车运输较为繁盛。后川湘联运处转为国有，川湘公路上商业汽车数量逐渐下降，但因该地区靠近战区，故国民政府将上述商业汽车予以管制，将其中四五十辆调往湖南省服役，80 余辆汽车留在龙潭镇，仍由川湘联运处调度，故而川湘联运处可以使用的汽车有一百八九十辆。汽车数量虽然可观，但因车辆使用时间较久，沿途抛锚成为常态，且零件、油料经常短缺。上述情况对汽车运输军粮均影响不小。②

---

① 《抗战时期的西南交通》，第 310 页。
② 王成敬：《川湘联运问题》，《四川经济季刊》第 1 卷第 3 期，1944 年 6 月 16 日，第 245~246 页。

宜昌沦陷后，国民政府各部积存在湖南及由东南各省入川的货物多走此路，军粮是该联运线主要运输物资之一，因而该联运线成为重要军粮补给输送线。恩施每月需军米 1500 吨，在宜昌失陷后主要依靠湘米供应，1942 年度供应数额达 1 万吨。1943 年后湘米减产，恩施所需米粮改由四川彭水、黔江及贵州东北各县接济，均由川湘联运处负责组织运输。1943 年 9 月，黔桂铁路修到贵州独山，所有衡阳等地原由川湘线入川的物资，均改道走铁路至独山，再沿公路入川，故川湘线月运量降到 2000 吨以内，但川湘水陆联运线依旧是四川省与第六战区军粮运输的一条重要路线。①

3. 四川省粮政局时期的军粮运输

1941 年 9 月田赋征实政策实行，10 月川购处被川储局取代，川储局主要业务有 5 种，分别为配粮、接粮（接收各县配拨粮食）、储粮、运粮（集中与外运各县储存的粮食）、交粮（将各县储存粮食或运出粮食拨交领粮机关）。1942 年 3 月，因军粮配拨与运输关系密切，川储局下设的粮食配拨处和粮食运输处合并为配运处，以期权责统一。② 为方便四川全省粮食运输，川储局将全省划为 8 个区，分别是成都区、岷江区、渝叙区、涪江区、沱江区、嘉陵区、渠河区和渝夔区。每个区设办事处，督导四川 130 余个县粮食配运工作，③ 各办事处按粮食自然流转范围及流向设置，便于粮食的配拨和运输，每个办事处设有四科，其中配运科职责为：军公民粮分配拨交处理及登记事项；水陆运输事项；水陆运输人力及工具征雇事项；运价运约审核转报事项；运输纠纷及车船失事调查审核处理事项；运输保险事项。④ 川储局通过在全川重要粮食产地和消费地设置办事处，在全川形成了粮食运输网络，极大地便利了军粮运输。

为应付四川复杂的交通状况，川储局成立之初，依照四川水陆交通运输情形和 1941 年度粮食配拨计划，在全省范围内设置运输段和运输站，

---

① 《抗战时期的西南交通》，第 311~312 页。
② 洪瑞涛：《三年余来之四川粮食配运业务》，《粮政季刊》第 1 期，1945 年 6 月，第 63 页。
③ 《粮食部为四川粮食储运局设置成都等八区办事处训令》（1942 年 10 月 6 日），《四川省政府粮政局档案》，档案号：民 092-459-1，第 1 页。
④ 《四川粮食储运局各区办事处组织规程》（1942 年 10 月 6 日），《四川省政府粮政局档案》，档案号：民 092-459-1，第 1 页。

按河流或公路划分区域设 11 个运输段，并择其中交通便利的地点分设
130 个运输站。① 运输段分为甲、乙两个等级：凡属于长江、嘉陵江、涪
江、渠江、岷江、沱江等流域且水运便利，运输米粮数量较多且由川储局
负责运输的县份，属于甲等段，共 7 个，分别是渝叙段、渝夔段、嘉陵江
段、涪江段、渠江段、岷江段、沱江段；所有水运不便，其米粮委托驿运
管理机关或其他运输机构代办的县份所设置的运输段为乙等段，共 4 个，
分别是川东段、川西段、川南段、川北段。运输站分四等：运输米粮 50
万市石以上者为一等站，50 万市石以下、30 万市石以上者为二等站，30
万市石以下、10 万市石以上者为三等站，不足 10 万市石者为四等站或临
时站。其中一等站 10 个，二等站 5 个，三等站 14 个，四等站 101 个。运
输段段长、副段长和运输站站长、副站长均由川储局直接委派，其他办事
人员经相应段长、站长推荐后，由川储局委任。运输段应在该段内地点适
中、运量最大的运输站设置办公处，并与该运输站合并办公。人员设置方
面，运输段均设巡回查账员 1 名，由川储局会计室推荐，局长委派，巡回
查账员受段长指挥，随时巡回查核该段所属各站实物和财务的收支情况；
一等站设置会计员 1 名，亦由川储局会计室推荐，局长委任，会计员受该
站站长指挥，专司该站账务收支以及相关报表填报，如果运输站事务繁
杂，则可以由站长指定雇员 1 人协助会计工作。② 在抗战后期的四川军粮
配拨、调运过程中，川储局作为粮食运输的专门管理机构无疑具有举足轻
重的作用。

国民政府在四川省除组织铁肩队运输军粮外，自 1941 年 9 月田赋征
实实行后，对由各县征实、征购、征借的粮食，采取再度集中办法，组织
民夫从征购处运到集中点。战时四川省是全国征实的重点省份，而国民政
府各项粮食开支尤以军粮为重，所以军粮运送是四川粮食再度集中的重
点，伴随着征实、征购、征借数额不断上涨，四川省粮食再度集中的任务
也愈发繁重。

① 《粮食部四川粮食储运局运输站等级及运输米粮数量表》（1941 年），《四川省政府粮政
　局档案》，档案号：民 092-01-0083，第 84~88 页。
② 《粮食部四川粮食储运局运输段址及辖站表》，《四川省田赋管理处档案》，档案号：民
　091-01-1976，第 1 页。

所谓再度集中，是指由田赋机关征收、征购、征借而来的粮食存放于田赋机关所属的收纳仓库或各乡镇以后，运达川储局所属各储运处或聚点仓库指定的集中地点的运输过程。① 川储局早于 1941 年 12 月就为发动全省民众再度集中粮食，制定《四川省各县再度集中粮食运费暂行办法》，规定由各县政府负责全县粮食再度集中，每集中稻谷 1 市石运输 1 里，给付运费 0.20 元，食米给付运费 0.25 元（均包含回空费）。再度集中时由县政府派出押运员，途中发生损失窃坏，除不可抗力的情形外，由县政府照数赔偿。县政府可按再度集中运费总额的 5%，领报押运费。② 1942 年2 月，为全面发动仁寿等 17 个县民众运输军粮，川储局参酌《三十一年度各县办理粮食再度集中口粮折价暂行办法》将标准酌予提高，制定《四川省各县发动民力运输 1942 年度征收征购粮食暂行办法》，期于阴历年底前，利用农闲将各该县应该运出的粮食一律运至江边或公路旁，以便下一步外运。该办法规定：“征调民众应编队运输，10 名到 15 名编为一班，3 个班到 5 个班编为 1 队，3 个队到 5 个队编为 1 个大队，大队长、队长、班长分别由征调民众的乡镇保甲长兼任，并由起运地的乡镇长负全批粮食押运责任。各被征调民众如不能以人力得以兽力（牛、马、骡等）代替，但应自行看管。”每人每日应行里程与负重，由县政府会同仓库，根据路线情况和民众背负能力斟酌决定，并呈报川储局备案。各县民众运输粮食应按照所行里程及所运数量，依照下列标准计算并给予运费：在县境内，每人运输每市石每里给付运费谷 3 角、米 4.5 角；以兽力运输者，谷为 2 角、米为 3 角。运出本县境者，自运出县境交界地点为起点，每人运输粮食每市石每里给予运费，谷为 4 角、米为 6 角；以兽力代替者，谷为 2.5 角、米为 3.75 角（以上所有运费均已将回空费包含在内）。凡运用兽力运输者，除给予上项运费外，每市石每里补助喂料费 2 角。该项办法还对民众运输粮食的折耗标准做出规定：行程在 30 里至 60 里范围内者，运输粮食折耗不得超过 2‰；行程在 60 里到 180 里范围内者，折耗

---

① 《四川省各县县政府办理粮食集中运输须知》（1944 年 3 月），《四川粮食储运局档案》，档案号：03520003000500000017，第 1 页。
② 《各县县政府领发再度集中粮食运费暂行办法》，《江津县政府公报》第 56 期，1941 年12 月 11 日，第 7 页。

不得超过 3‰；行程在 180 里至 300 里范围内者，折耗不得超过 4‰。①

四川各县组织粮食再度集中期间，农民负担沉重，生活十分困苦。四川省参议会在 1942 年 8 月给省政府的议案中提到：粮食再度集中，中央规定征用民夫，并依里程给予口粮折价款，值此生活成本高昂，所发结价不足以供日用。有劳力者多为贫苦之家，一旦被征力役，举家生活困难。上年有不分远近、贫富及有无劳力之家，一体征役。富者缴代金可免役，贫苦者受累惨重，更有规定的集运口粮折价款不照实发给者。对此，川储局要求各县纠正再度集中过程中出现的弊端，后据永川、营山、巫溪、忠县等 56 个县县长呈报，当地没有发现克扣再度集中口粮折价款情事，事情不了了之。② 1944 年以后由于物价不断上涨，民夫的生活更加困难。

1943 年 5 月，为提高地方政府再度集中军粮效率，四川省政府将各县军粮集中业务与县长绩效挂钩，制定《四川省各县办理粮食再度集中考核奖惩办法》，各县经办粮食再度集中的成绩评定由四川省政府指定川储局负责办理，川储局在每年度再度集中事项结束，将各县再度集中成绩核对后，呈送四川省政府核查，核查后予以相应奖励或惩罚。

奖励方式有晋级、加俸、记大功、记功、嘉奖等 5 种，具体标准为："办理粮食再度集中尤为迅速或者所用集中费用较规定为节省而运耗又最为节省者，予以晋级或加俸之奖励。努力办理粮食再度集中使得军公民粮供应无缺者，确能遵守各项法规能认真办理粮食再度集中者，造报各项书册从无稽延错误者，予以记大功或者记功或嘉奖。"惩罚方式有免职、降级或降俸、记大过、记过、申诫 5 种，具体适用标准为："办理粮食再度集中延误期限以至于影响军公民粮，侵吞口粮折价款或瞒报粮食再度起运地至到达地之里程者，瞒报折耗，假公透支口粮折价款营私舞弊，伪造粮食再度集中单据，办理粮食再度集中疏于管理以至于使得粮食霉烂变质，以上种种予以免职或者降职降薪处罚。办理粮食再度集中损耗率超过规定标准，对于所属承办人员办理粮食再度集中营私舞弊隐瞒不报或者报而不

---

① 四川省政府：《四川省各县发动民力运输 1942 年度征收征购粮食暂行办法给北碚管理局的训令》（1942 年 2 月），《北碚管理局档案》，档案号：0081000402482000000001000，第 1~2 页。

② 李明主编《四川粮食调运》，四川大学出版社，1994，第 102 页。

实者，对于粮食再度集中不遵各项法令以至于影响粮运者，以上种种予以记大过或者记过处罚。对于本局饬办案件稽延不办者，造报各项书表错误失实者，予以申诫。"①

上述奖惩办法实施后，各县县长为尽快尽早集中军粮，采取了强制甚至暴力手段来征集劳动力或运输工具。抗战时期，由于军粮运输数额极大，军事机关运输力量相对弱小，尤其到了 1941 年征实以后，情况更是如此。在粮食运输工具不足而需求甚大的情况下，川储局下属的一些区和部分县份出现了乡镇保甲以及军队强拉运粮船夫、民夫的事件，这种情况严重伤害了民众感情，影响政府正常的粮食运输力量调集，以至于惊动了粮食部，粮食部针对此等情况，电请四川省政府饬令各乡镇保甲严禁强拉民夫，② 但强拉民夫情形仍旧时有发生。

四川省驿运开办之初，川西地区驿运工具多从民间征调，而辅以四川省驿运管理处自备工具；川东地区则因为事属初创，以四川省驿运管理处自备工具为主体。1940 年 10 月四川省驿运管理处成立后，先后开办了新渝线与奉建线两条线，新渝线主要依靠征用木船完成运输，而奉建线因沿线多山岳地带，运输以人力、兽力为主。全国粮管局为发展粮食驿运，曾委托四川省驿运管理处代造板车 230 辆。四川粮政局成立后，即将该项车辆接收并交由四川驿运干线渠万段调配，以专门用作军粮运输。③ 1941 年初，各线业务逐渐开展，由交通部驿运总管理处陆续拨到板车，分配于各线行驶。

从表 4-23 可以看到，四川驿运中的板车主要有胶轮板车、胶缘板车、实心胶条板车 3 种。3 种板车中，胶轮板车数量呈先上升后下降的变化趋势，胶缘板车则除 1943 年有所下降外基本呈增加的趋势，其数量从最初的 600 辆增加到 818 辆，除此以外，1944 年四川驿运管理处还新增了实心胶条板车 200 辆。板车数量和种类的增加提升了驿运运量。

---

① 四川省政府：《关于检发四川省各县办理粮食再度集中考核奖惩办法给北碚管理局的训令》（1943 年 5 月），《北碚管理局档案》，档案号：0081000402482000000065000，第 4 页。
② 四川省政府：《为准粮食部电请严禁估拉运粮民夫、船夫一案电仰遵由》，《四川省政府公报》第 228 期，1944 年 2 月 6 日，第 38 页。
③ 洪瑞涛：《三年余来之四川粮食配运业务》，《粮政季刊》第 1 期，1945 年 6 月，第 63~84 页。

表 4-23　1941~1944 年四川各驿运线路使用工具数量统计

单位：辆

年份	工具种类	数量	使用路线	附注
1941	胶轮板车	170	渠万线	
		51	渝广线	
	胶缘板车	600	渠万线	
1942	胶轮板车	170	渠万线，川东线	渠万线于 1942 年 6 月移交川东线
		51	渝广线，川西线	
	胶缘板车	440	渠万线，川东线	渝广线结束，工具移交川西线
		200	渝广线，川西线	
1943	胶轮板车	30	川东区	
		51	川西区	
	胶缘板车	510	川东区	
		70	川西区	
1944	胶轮板车	80	川东区	
		49	川西区	
	胶缘板车	748	川东区	
		70	川西区	
	实心胶条板车	200	川东区	

资料来源：章伯锋、庄建平主编《抗日战争》第 5 卷《国民政府与大后方经济》，第 650 页。

　　四川地区驿运路线，从其管理机构上来讲分为两类。一类由交通部举办和管理，这类驿运线直隶于交通部驿运总管理处，跨越两省以上，称为驿运干线，分别是叙昆、川黔、川陕、泸昆、川鄂等线。以上驿运干线中，川鄂线以运送军粮为主，全程 319.5 公里，1940 年 12 月开运，自万县经利川至恩施，有人力背夫 1 万多名，1941 年移交第六战区接办。重新划定战区后，第六战区所在的鄂湘川黔毗邻地区，产粮不丰，又为山地，因此军粮供应一直比较困难。其所需军粮多赖四川、湖南等省接济。从 1941 年 1 月起，第六战区每月补给的粮食和屯粮，由后方勤务部从四川运济。[1] 战时四川驿运在接济第六战区军粮过程中发挥了巨大作用，运

----

① 瞿韶华主编《中华民国农业史料·粮政史料》第 6 册，台北，"国史馆"，1992，第 49~50 页。

输的粮食数量大、运价低、损耗小，"由利川运发来军米到恩后，随即由第六兵站第三粮库提取，据该库虞库长志修谈，以所运军米无短少霉烂情事，足见沿途各站照顾周到，克尽厥职云云"。[1]

另一类为四川省办驿运路线，由四川省驿运管理处开辟、管理，称为驿运支线。1940 年开办的有奉建、新渝两条线；1941 年开办了渝广、川西、渠万三条线。各条线路分述如下：

奉建线由奉节经建始延至湖北恩施，全长 165 公里。应第六战区输送军粮、军品而设置，1940 年 10 月设立，1941 年 6 月移交战区接办。[2] 据记载，仅就军米运输，原预计每月运米 25000 小包，但因征集运夫困难，后改为每月运 15000 小包。自开运至 1941 年 5 月底，"共运军米、军品商货等七五六二三公吨，计九一八一五延吨公里"，对支持第六战区抗战意义重大。[3]

新渝线由新都沿沱江至泸县，入长江而达重庆，全长 816 公里。1940 年 10 月设立，1942 年 6 月划入川西驿运区管理范围。据四川省驿运管理处统计，新渝支线 1940 年共运粮 1884960 公斤，842405 延吨公里；1941 年共运粮 2337302 公斤，1277172 延吨公里。该线也兼运烟叶、食糖、药材等商品，但以军米运输为主。据后来川西区呈文所称，"本线所运者，全属军粮"。[4]

渝广线水陆联运线，水路由重庆沿长江至泸县，转入岷江达成都，长 770 公里；陆路由成都循公路至广元，长 357 公里；水陆共长 1127 公里。该线于 1941 年 1 月设立，1942 年 7 月划归交通部驿运总管理处设立的川陕线驿运管理分处接办，前后共计 1 年 7 个月，该线设立之初主要承运特种工程处工粮。[5]

川西线以新津为中心，分达邛崃、蒲江、崇庆、郫县、温江 5 个县，全长 263 公里。该线主要运送特种工程处工粮，1941 年 1 月设立，同年 4

① 《川鄂线承运军米据评成绩良好》，《驿运月刊》第 2 卷第 1 期，1941 年 6 月，第 63 页。
② 章伯锋、庄建平主编《抗日战争》第 5 卷《国民政府与大后方经济》，第 648 页。
③ 肖雄：《抗日战争时期四川省办驿运研究》，博士学位论文，四川大学，2007，第 143 页。
④ 肖雄：《抗日战争时期四川省办驿运研究》，博士学位论文，四川大学，2007，第 152 页。
⑤ 王璞：《四年来之四川驿运运价》，《交通建设》第 3 卷第 2 期，1945 年 2 月，第 83 页。

月撤销，各段均划入川西驿运区管理范围。

渠万线由渠县至万县，长 224 公里。1941 年 2 月成立，1942 年 6 月扩充为川东驿运总段，1943 年 1 月又改为川东驿运区。1941 年开办之初，承运川购处军米，粮食部川储局成立后又承运征实粮食。[①]

1942 年 6 月，四川省驿运由"线"发展成"面"，驿运管理处将各线合并为川东、川西两个总段。1943 年，又改为川东、川西两个驿运区。全长 3568 公里。其中川西区以运送军粮为主要业务。

1942 年 6 月合并川西各线，成立川西驿运总段。1943 年 1 月改为川西驿运区，辖线共长 2622 公里，包括下列各线：成都—灌县，长 54 公里；成都—乐山，长 162 公里；成都—广汉—什加—绵竹，长 232 公里；成都—大邑，长 55 公里；成都—彭县，长 60 公里；成都—遂宁，长 229 公里；成都—仁寿，长 94 公里；江油—绵阳—三台，长 127 公里；遂宁—璧山，长 161 公里；新都—中江—三台—南部，长 355 公里；内江—自贡—乐山，长 202 公里；威远—自贡—邓井关，长 75 公里；新都—重庆（水运线），长 816 公里。

1942 年 6 月，以渠万线为根据，扩充为川东驿运总段，1943 年 1 月改为川东驿运区，辖线共长 945 公里。包括下列各线：万县—遂宁，长 480 公里；宣汉—江北两路口线，长 435 公里；营山—蓬安，长 30 公里。[②]

抗战时期，运输军粮、各地征实粮食、特种工程工粮为四川省驿运业务的主体。川东、川西两驿运区成立后，四川省业已施行田赋征实、征购、征借，粮运也就成为四川省驿运管理处的主要工作。据统计，1940 年至 1943 年，川东、川西各线共运粮 32362 吨，折合 431494 市石。自 1942 年起，四川省驿运管理处与川储局订约承运粮食，1942 年共运出 11014 吨，折合 146853 市石，1943 年共运出 11243 吨，折合 149894 市石，两年共计运出 22257 吨，折合 296747 市石，[③] 两年时间，四川省驿运即运输粮食近 30 万市石，实属不易。

川储局成立初期，陆运工具主要为汽车，为管理汽车即设有汽车管理

---

① 王璞：《四年来之四川驿运运价》，《交通建设》第 3 卷第 2 期，1945 年 2 月，第 91 页。
② 章伯锋、庄建平主编《抗日战争》第 5 卷《国民政府与大后方经济》，第 649 页。
③ 肖雄：《抗日战争时期四川省办驿运研究》，博士学位论文，四川大学，2007，第 153 页。

所，直接管理卡车编队和调度。截至1943年底，川储局所属车队计分驻梁山、安岳、成都、广元、璧山等5个县，汽车管理所所属车辆所需油料，除少数因应急关系由汽车管理所及各车队就近自购备用再报销外，车辆经常需用的汽油，均由川储局统一筹办分发；有时为节省油料、减少运输折耗及车辆运用经济，川储局也授权其所属各区办事处，就近向指定厂家购备，然后交给车队领用，所有花销由汽车管理所审核后，转报川储局核销。汽车所需的配件材料，则概由川储局统筹购发修配。①

然而，由于车辆少、车况差等，战时川储局拥有的汽车运输能力较弱，在运输军粮过程中发挥的作用并不是很大。川储局1943年度工作报告中对当时四川省粮食陆运情况描述如下："各地粮食须由陆运者为数甚多，兼以陆运区域路面大多不良，每值天雨，汽车即难通行，且汽车油料及配件甚感缺乏，补给困难"，陆路粮食运输"利用四川粮食储运局自有车辆50余辆分段运输，但大部仍赖四川省驿运管理处及川陕驿运管理分处之板车，与之订约运输，惜陆运能力甚微，运价尤高，且多损耗，更以天候寒暖不常，长途辗转输运，水陆两方均难免不受雨露水浪之侵袭，从而发生潮湿、霉变"，陆运困难是显而易见的。②

为解决上述困难，川储局与四川驿运管理处及蜀和股份有限公司签订协议，制造板车各300辆用于粮食陆路运输，以求陆路运输畅达。由此，战时川储局的陆运工具中汽车由汽车管理所遵照各项规章加强管制，并将各车队加以编组，配置于重要地点负责粮食抢运工作，以期能与板车、木船运输相互配合；其余由四川省驿运管理处与蜀和公司代造的板车，均由该处及该公司负责管理营运，而车辆调度则由川储局主持。③

四川驿运在战时开通和发展，大大拓展了四川交通网络，为前方输送了军粮、物资，有力地保障了前方军队和陪都的物资供应，稳定了前后方局势。

水运是四川粮食运输的主要方式，在战时粮食运输中起了关键作用。然而四川地域广阔，交通不便，运输工具极为短缺，兼以年来四川物价飞涨，以及兵役关系，各江原有船只地位日形下降，船员民夫亦渐稀少。四

---

① 《粮食部四川粮食储运局三十二年度工作报告》，第22页。
② 《粮食部四川粮食储运局三十二年度工作报告》，第21~24页。
③ 《粮食部四川粮食储运局三十二年度工作报告》，第24~26页。

川粮食运输以水运为大端，而水运工具除川储局自有木船尽量利用外，其余则赖各江民船订约运输，在洪水季节尚无太大困难，每至冬末春初，江水枯落，滩礁危险，粮食运输则成为严重问题，只好在枯水期之前积极抢运，以期渡过难关。[①]

为解决运输不便的问题，川储局积极采用贷款、登记、自造3种方法增加水运工具。截至1943年底，川储局在各江控制及自有贷让木船，计长江区登记船164艘，贷让船4艘；涪江区登记船110艘，贷让船37艘；渠江区登记船374艘。合计登记船648艘，贷让船41艘，总载重量为234800余市石。贷让船只大半为木船，而各江水位因季节变化涨落不定，故大船只能行驶于涨水的丰水季节，而不能在枯水季节行驶。反之，小型船只只能在水位较低的枯水季节行驶，却无法在丰水期顺利航行。由此，川储局在1943年与交通部造船处签订合约，建造长江、涪江大小木船共125艘，载重量共115600余市石，又与蜀和公司订约建造涪、岷两江大小木船共500艘，载重量共72000余市石。[②] 经过川储局等多方努力，川江木船数量有了大幅度增加，到1944年，川储局专门用于运粮的自办船97艘，贷让船703艘，登记船372艘，总载重量441270市石（见表4-24）。

表4-24　四川运粮木船分区配备统计（截至1944年12月）

单位：艘，市石

	自办船		贷让船		登记船		合计	
	船只数量	总载重量	船只数量	总载重量	船只数量	总载重量	船只数量	总载重量
长江区	59	67480	5	2800	184	146060	248	216340
嘉陵江区	24	16800			115	50005	190	66805
岷江区			109	30050			109	30050
沱江区			238	27780			238	27780
涪江区	14	4900	69	15020	59	28700	142	48620
渠江区			282	45155	14	6520	296	51675
总计	97	89180	703	120805	372	231285	1223	441270

资料来源：洪瑞涛《三年余来之四川粮食配运业务》，《粮政季刊》第1期，1945年6月，第74页。

---

① 《粮食部四川粮食储运局三十二年度工作计划》，第21页。
② 《粮食部四川粮食储运局三十二年度工作计划》，第26页。

为进一步加强水运管理，川储局采取了多项措施。首先，1943 年 10 月 1 日，川储局成立木船运输管理所，直接管理木船编队和调度，管理川储局自有木船、贷让木船及登记运粮木船。因各江粮运繁忙，木船运输管理所于各重要聚点设立 14 支木船运输队，运输队直属木船管理所，负责粮食抢运工作，均采用编队行驶办法，每 5 艘船为 1 组，每 2 组为 1 队，每队设领队 1 人，领队负责率领船队到达指定地点，并协助驻仓船队或仓库管理船户，调度船只、照料装卸等事宜。① 其次，添置快船及游艇于沿江要冲，令船队管理人员驻船办公，以随时控制及巡查过境或停宿粮船。米船装载及提卸，各限 3 日完成，并规定川储局船只有优先装卸权，以便船只灵活转运，提高运粮效率。② 最后，设立险滩照料站、粮船照料哨于各江险滩及重要码头，登记及检查往来粮船，并将粮船动态每日上报船管所及川储局，以便川储局能随时明悉各江粮食运输实际状况。川储局为防范粮船失吉，减少粮食损失，监督并防止粮船舞弊，督促粮船行驶，随时掌握粮船动态起见，在各江沿线设立险滩照料站。各险滩照料站隶属于川储局木船管理所，由木船管理所依据水位、季节以及滩险情形的需要，指定服务地点，并受附近木船运输队监督指挥。各照料站设置管理员 1 人，办事员 1~2 人，工役 1 人。各照料站管理员秉承木船管理所主任的命令，同时受附近木船队长的监督与指挥，办理站务；各办事员秉承管理员命令，办理站内一切事务。各照料站职掌事项为：管理滩师，调查险滩；提拨过滩粮船，引导粮船顺利过滩，监督粮船行程；救援失吉粮船，对失吉粮食进行紧急处理，将失吉情形报告给附近仓库；粮船检查；对船户盗卖粮食、掺杂发水、腾空放炮以及其他一切舞弊行为予以防范制止。各照料站可以酌情配备巡逻木船 1~2 艘，沿所在河道巡逻，每艘木船上可以配备 2 名船夫。各照料站办公地址一律设在巡弋船上，以便于指挥粮船，其驻在地可以依据滩险情形和上级命令随时调动。各照料站可以依据实际情况，报请在附近照料站所在岸上设置简单棚仓以及简单设备，以为风干、整理失吉粮食之用。③

---

① 《粮食部四川粮食储运局三十二年度工作计划》，第 22 页。
② 《粮食部四川粮食储运局三十二年度工作计划》，第 26 页。
③ 四川粮食储运局：《险滩照料站组织规程》（1943 年），《四川粮食储运局档案》，档案号：03520003000520000007，第 1~3 页。

　　川储局制定《险滩照料站办事须知》，对险滩照料站的管辖、滩师管理、航行标志设置及放滩等相关事宜做出规定。首先，照料站管理。险滩照料站的设置地点可以依据季节，随时奉命变动。险滩照料站直隶于木船管理所，但以距离远近作为标准，同时受附近木船运输队监督指挥。照料站人事及经费均由木船管理所直接办理，以期迅速灵活。其次，滩师管理。需要滩师的险滩照料站应该对滩师进行甄别和登记，以便管理。滩师放滩须依照既定轮次进行，不得越次以致纷争。所有过滩船只，无论粮船还是其他公私船只，均应按照到达滩口的先后进行放滩，不得争先恐后以致秩序紊乱。放滩费用应由当地法团议价，报木船管理所后转呈川储局备案，放滩费每3个月可以调整一次。经甄别合格的滩师，进行登记并且发给滩师执照，每月对滩师放滩成绩进行登记。滩师奖惩如下：发给奖金，经登记的滩师如果放滩半年而从无失吉事情发生，应照粮船放滩费的1/20发给奖金；给予名誉奖励及名誉惩罚；停用，如果半年以内出现3次失吉事件或连续失吉达2次者，取消登记资格；拘禁，有舞弊情节者即行拘禁。险滩照料站每旬应将经放粮船及其他公船、商船填造旬报表。再次，设置险滩标志。险滩照料站应将本滩险滩绘制成简图，悬挂于办公船上，以便办公人员观察对照。险滩照料站应于险滩上下口设立水位标志，记载当日滩上水位情形，以易于过往船只瞭望。丰水季节，以竹筐装鹅卵石或插立竹竿，作为指引标志，如因实际困难偶然未能设置，则应派船夫1名上船引路。最后，放滩。粮船到达时，滩师应核查该船吃水深度是否与槽口水位匹配，如吃水过深不易放过，应进行提拨，以避免危险。险滩照料站应利用轮换滩师时间检查船只，如有特殊欠妥之处，应予纠正后再行放滩。放滩船只前后不得距离过近，以免前船失吉后，后行船只无法避让。①

　　整治河流。1941年田赋征实前，川省政府对川江进行了初步整治，在主要险滩设立了绞滩站，疏浚航道。田赋征实开始后到1942年，川江共有绞滩站16个，站员131人，滩工1083人。据绞滩委员会统计，1942年施绞轮船228次，施绞木船8606次；1943年施绞轮船172次，施绞木

---

①　四川粮食储运局：《险滩照料站办事须知》（1943年），《四川粮食储运局档案》，档案号：03520003000520000007，第1页。

船 10182 次；1944 年施绞轮船 173 次，施绞木船 9552 次；1945 年施绞轮船 199 次，施绞木船 7028 次（见表 4-25）。[①] 战时，四川省政府通过对长江、岷江、沱江、嘉陵江、乌江、涪江、渠江等河流进行整治，一定程度上排除了军粮水运障碍，方便了军粮集中、配运、拨交。

表 4-25　1938~1945 年四川施绞船只次数统计

单位：个，次

年份	站数	施绞轮船艘次	施绞木船艘次
1938	7	151	405
1939	13	513	13814
1940	16	586	15718
1941	16	377	11495
1942	13	228	8606
1943	15	172	10182
1944	15	173	9552
1945	16	199	7028

资料来源：王绍荃主编《四川内河航运史（古、近代部分）》，第 266 页。

调整水运价格。各江粮船运价以航政局所定价格作为参考，结合各江运输情况核定。内江至泸县、宜宾至重庆、泸县至重庆各段运价尚较航政局运价为低，但是，各江运输成本激增，运输价格增长，运输工具不易控制。1943 年度调整运价，按照各地粮价及工价指数，作为核定运价标准。所有水路运输费用预算照本年度配运计划所列粮食数量，长江区平均每市石每里 3 分 5 厘，涪、嘉两区每市石每里 5 分 2 厘 5 毫，岷、沱、渠三区每市石每里 1 角 5 厘，其他小河，平均每市石每里 2 角 4 分 6 厘。自 1943年 10 月 1 日起，到 1944 年 1 月底止，拨发各区运费为沿江转运站（接转贵州军粮）60 万元，军政部沅陵军粮接运处（接转第六战区军粮）50 万元，军政部川江军粮接运处（转接第六战区军粮）20 万元。[②] 由于抗战后期物价飞涨，为稳定运输市场，长江航政局不得不随时斟酌情形，调整水运价格。以长江上游运价为例，从 1939 年到 1944 年，运价共计调整 10

---

① 王绍荃主编《四川内河航运史（古、近代部分）》，第 265~266 页。

② 《粮食部四川粮食储运局三十二年度工作计划》，第 18 页。

次，以 1939 年 4 月航政局首次颁订运价基数为 100，到 1944 年 11 月 1 日，长江上游运价增长了 13758 倍，其他如岷江、沱江、嘉陵江等河流运价增长幅度均在 1 万倍至 3 万倍之间，最高的在 6 万多倍。① 运价虽然频繁增长，但依旧跟不上物价上涨速度。由于运价过低，不敷使用，这种运价管理办法遭到船民的普遍反对。

从自然情况来看，四川江河众多，川江虽有舟楫之便，但许多河流滩多水急，险滩多，落差大，运输风险很高，这种恶劣的自然环境加上一些人为因素，使四川粮食水运过程中极容易发生失吉事件，造成粮食成批损失。

针对川江粮食运输失吉问题，川储局制定的《粮食部四川粮食储运局修正粮船失吉紧急处理办法》规定："粮船失吉，领队押运员或滩险照料站或附近仓库应立即措置，以争取时间、减少损失为第一要义，督率同队船只水手积极施救"，"凡粮船失吉地点距离本局聚仓县处或仓库不满 30 里者，须于 5 小时内到达报告，超过 30 里者，每 10 里以增加 1 小时为限（夜晚九时至翌晨五时止凡八时免计行程），设有延误迟报情事，应由处理聚仓县处或仓库查报严惩"，"凡处理聚仓县处或仓库接到失吉报告后，应于 3 小时以内立即遴派干员前往勘察，其行程时间亦按 1 小时 10 里计算"。抢救下来的干、湿粮食应分别堆存，不得混淆，并会同当地乡镇保甲长或其他法团机关，负责勘察证明并会同过斗。所需费用比照原干燥米粮当地市价办理，抢救费每市石不得超过原当地市价 2%。粮船失吉统一于 5 日内处理完竣，10 日内将实际证明书连同所需费用单一并上交。标售失吉湿霉米粮价格，应比照原干燥米粮当地市价办理，每市石最低售价标准规定如下：湿粮霉变程度未达二成者，不得少于当地干燥粮食市价 70%；湿粮霉变程度未达三成者，不得少于当地干燥粮食市价 60%；湿粮霉变程度如确不堪食用者，始得以当地干燥粮食市价 40% 或 50% 为标准。超过或未达到上述各项标准的，主办人员受奖励，否则应受惩处。② 但紧急处理办法主要针对事故发生后，对防止失吉没有太大作用。

船只失吉不仅使无法挽救的军粮遭受损失，即便打捞起来的米粮，也

---

① 王绍荃主编《四川内河航运史（古、近代部分）》，第 256 页。

② 《粮食部四川粮食储运局修正粮船失吉紧急处理办法》（1941 年），《北碚管理局档案》，档案号：0081000040472500000085000，第 2~6 页。

会因事后无人处理而折耗不小。1942 年 2 月、4 月两个月内，有两艘为第六战区运输军米的船只经过云阳县时失吉，落水的军米经过打捞，抢救下来的数量分别为 54 中袋和 810 小包。第六战区兵站总监部直属第五支部嘱托云阳县政府，将霉米"召集地方机关评价售卖"，云阳县各界商讨结果为，第一次落水军米每市石 30 元，第二次落水军米则因霉坏程度过甚而无人承包。而第六战区认为军米售价过低，请县政府再次招商评价出售。此时霉坏军米存于云阳县已一年有余，其霉坏程度较前更甚，无人承买。县政府请求军方处理存县霉米，第六战区没有回应。结果是"霉米时届两年，鼠耗虫蛀，腐成灰糠，不堪存用"。① 可见，因失吉导致的食米霉变是运输中的第一次损失，其后又因售价问题造成新的损失。

大批粮船失吉的原因，一方面是水急滩险，另一方面是"腾空放炮"、盗窃粮食、伪报失吉。战时四川省军粮运输多赖水运，而在水运时，木船运输又为主要方式，军粮运输过程中发生了大量"腾空放炮"的人为失吉事件。重庆军米接运处主任祁永会在军粮经理会议第一次会议报告中讲到米船失吉原因时指出：出事木船质料不坚，系船帮串通船户以贱价购进破旧木船略加修理，交由民船联合会装用，此等木船加上数十吨军米，一遇险滩急流即容易出事；船户贪狠，企图多得运费，不顾木船本身装载量，一味超载多装，一遇险滩移动不灵，以致出事；船户为减少开支，极力减少船上挠夫配备数量，而挠夫又未经仔细挑选，老弱幼童滥竽充数者不乏其人，以致一遇险滩急流，因人力缺少而无力抵抗，失吉后亦无得力人员抢救；驾船人员缺乏下游驾船经验，临险惊慌失措，不能化险为夷；船主工具不全，船主因物价高涨，为图节省费用，工具不完备亦不购备，所以一经风浪，船即失其作用；贫穷船主一次领得许多运费，不免利欲熏心，趁船无人押运之机则沿途偷卖军米，之后再将船只凿沉者亦有之。②

总体来讲，失吉事件概括起来有六类原因：一是对船只检查不力，用破漏船只装粮；二是船长未经考核，有的滥竽充数；三是押运员失职，任

---

① 《云阳县政府快邮代电》（1942 年），《四川省政府粮政局档案》，档案号：民 092-01-0165，第 196 页。
② 《军米木船装运改善办法》（1942 年 12 月 2 日），《抗战军粮档案选编》第 19 册，第 235~236、241~242 页。

听船户在大雾、大风和洪水暴涨时航行；四是舵手粗心大意，错走航线；五是船户捣鬼；六是不可抗力因素造成的灾害。

　　粮船失吉数量增加，一方面说明战时粮食运输业务日渐繁盛，更多的船户、船只加入了运粮行列；另一方面也对如何管理粮食运输尤其是减少失吉事件提出了更高要求。针对年来日益增多的失吉事件，四川省政府出台了相应对策。在 1941 年 8 月川购处对四川第二行政区督察长办公室的命令中，可以找到当时川购处针对军米船运失吉事件的处理方法。"各县军米船运失吉，对于米粮损失、运费核计办法，殊不一致，亟应规定，其办法如下。甲，事属船只船户之过失，应严加法办，并令赔偿损失：军米或按到达地市价核算赔偿并得追回已发之运费。因船户无力赔偿或者畏罪潜逃，应由担保人完全负责。乙，事属非人力所能抵抗及非船只船户之过失，经当地保甲长书面证明，查核确实者，人免法办，米准核销。运费应按下列办法处理之：未损失米，包括抢救之干米与捞获之湿米，由原船运抵目的地按实收数量运费十足核付之；已损失米，指无法捞救致损失米量，运费仅核付其七成；损失米量三成，运费由到达地结算时扣除之；若起运时预付在七成以上，到达地扣除尾数不足者，由船户缴还；如因原船损坏不堪载运必须换船者，应按已行里程占全部行程之比例，核付其实际行程之运费。"[①] 川购处的处理办法不无积极作用，但失吉原因及情形变幻莫测，实行起来难度亦不小。

　　尽管四川省粮政、军政机关针对木船失吉制定、颁行了诸多制度、办法，但结果并不理想。水运失吉事件依旧大量发生，层出不穷。从 1942 年至 1944 年，失吉次数逐年上升。3 年木船失吉共 3127 次，损失粮食 16.9 万市石。其中 1942 年度 445 次，粮食损失 2.5 万市石；1943 年度 1235 次，粮食损失 5.9 万市石，比上年增长了 1.36 倍；1944 年度 1447 次，粮食损失 8.5 万市石，比 1943 年度增长 44%，占当年木船运粮总量 125.7 万市石的 6.8%。[②]

　　全面抗战前四川的陆路交通非常落后，"蜀道难，难于上青天"就是四川交通的真实写照。随着抗战全面爆发以及国府西迁，四川逐步成为全国政治、

---

① 《四川粮食购运处训令》（1941 年 8 月），《四川省政府粮政局档案》，档案号：民 092-01-12，第 78 页。

② 李明主编《四川粮食调运》，第 121 页。

经济、文化和军事中心，之前落后的交通状况必须得到改善。战时四川省是全国军粮供应的重要基地，国民政府每年配拨四川省的军粮数量十分巨大，想要顺利完成军粮筹办任务，运输系统的重建和发展必不可少。为全面抗战时期军粮筹办顺利完成，也为大后方经济的发展，更为坚持到底打赢抗日战争，国民政府通过各种措施建设和发展四川交通，这对于军粮运输颇有裨益，战时军粮的筹办与运输，又促进了川省交通运输业的发展。①

五　军粮拨交

粮食部成立后，以筹措军粮为首要任务。② 1941年9月，国民政府在全国推行田赋征实并将各省田赋收归中央，至此粮食来源有了保障，军粮供应范围逐渐扩大，所有前后方部队及军事机关、学校、医院、工厂、官兵夫役，一律按照供给定量发给米麦现品。军粮经过征集、仓储、运输等环节，最终要拨交给需粮机关与人员，供其食用。为保证拨交顺利，相关机构制定并逐渐完善各项拨交程序。

为顺利完成军粮在拨交机关、配发机关、领粮机关3个不同机关之间的交接，自1940年开始，军委会陆续制定《四川各县市驻军拨粮暂行办法》《三十年度四川各县市驻军军粮交接办法》《1943年度四川各县市驻军军粮交接细则》等多项规章，对军粮交接做出了详细规定，军粮交接办法随着四川粮政机关演变也历经调整。

军粮拨交程序。战时军粮通过粮食机关（拨交机关）征集、仓储、运输，然后交给配发机关（军粮机关），再由配发机关转交领粮机关（各领粮部队）领用。1941年9月10日，粮食部成立未久就召开了四川军粮交接运储办法谈话会议，粮食部部长徐堪、军政部军粮总局局长严宽、川储局局长康宝志等出席会议，会议对交接军粮种类、米谷折合率、军粮包装等一系列问题进行了讨论，并做出如下决议。一是拨交军粮的种类及米谷折合率。后方部队、机关、学校、工厂等所需军粮、屯粮以交谷为原则，除屯谷18万市石完全交谷外，就地拨交的军粮按照当地应拨之数的四分之一由

---

①　文双发：《简论抗日战争时期的四川军事交通》，《军事历史研究》2012年第3期。
②　《徐可亭先生文存》，第122页。

川储局代为加工成米且以散装拨交，并分 3 个月交足，其余四分之三由驻川军粮局自行加工。配拨第六战区及重庆驻军的军粮以交谷为原则，但应由川储局负责按月将所需军粮代为免费加工成米，每市石谷折合 5 市斗碛米，碾成的碛米均须由川储局代为包装；交谷期限自 1941 年 10 月起至 1942 年 1 月底止，数量为 600 万市石。二是军粮包装问题。拨交军粮所需麻袋应由军政部军粮总局提前两个月交给川储局，包装所需费用由军粮总局负担，按月拨计。三是运输区域的划分。沿嘉陵江（包括涪江、渠江）及长江下游（重庆以下），即酉阳、秀山、黔江、彭山各县征购粮食，除留备各县驻军军粮及公粮外，悉数拨作第六战区及重庆驻军军粮，上述四县军粮运输由军政部负责（由重庆、巴东及酉阳、秀水、黔江、彭山的运输，仍照例由后方勤务部具体负责，费用则由军粮总局负担），岷江、沱江及长江上游（重庆以上）划作运输民粮之用，由军政部随时予以协助。①

12 月 31 日，粮食部、军政部制定《川省军粮收储办法》，对四川省负责配发军粮的机关、军粮种类和包装、米谷折合率及拨交期限等事项再次做出规定。一是负责机关。1941 年度四川省军粮由各县征收、验收、拨交川储局所属各县储运机关征收，再由川储局转交军政部驻川军粮局所属各仓库接收、配发。二是军粮拨交、接收、配发期限。1941 年度新粮自当年 10 月起进行拨交、接收、配发，为更好地进行军粮补给，在川各驻军及军事机关、学校所需 10 月、11 月、12 月粮食数应按月分批拨交，拨交的军粮应全数交米，其余应该拨交的 9 个月所需的经常军粮和屯粮，自 1942 年 1 月起分 5 期拨交。三是军粮拨交种类与米谷折合率。四川省各县除拨交第六战区及重庆市驻军的军粮，全部交米外，其余每期应交经收处屯粮，可以拨交黄谷四成，所交军米均以衡器净重计量，从前斗量折斤的办法应即废止。如果拨交黄谷，则以谷 288 市斤折米 200 市斤计算拨交。四是四川省运济第六战区军粮及屯粮所需麻袋，由军粮总局提前两个月在指定地点交付川储局，由川储局将军粮麻袋包装后拨交所属各县储运机关，接运所需包装费用由军粮总局负担，按月拨给川储局。在各驻地军

---

① 《四川军粮交接运储办法谈话会记录》（1941 年 9 月 10 日），《抗战军粮档案选编》第 19 册，第 77~80 页。

粮仓库组成以前，各地征缴粮食应由所属县政府代为接收及保管，并由所在县政府原有仓库就地代为配发，但驻川军粮局办事处或指定仓库须会同县政府配发，并对县政府配发过程进行监督，在监督人员尚未派出或已派出尚未到达，当地驻军或过境接兵部队急需军粮时，暂时准许县政府按照以前军粮拨发手续办理配发事宜。①

军粮供应机关。战时四川省军粮供应从最初的征集到运输再到拨交，主要由 3 个机关负责。一是拨交机关。拨交机关实质上就是四川省粮政机关，1941 年田赋征实实施以后，具体负责的机关就是川储局及其所属各县、市仓库或委托代办征购粮食的当地机构。战时，四川省政府通过征实、征购、征借等各种手段从粮户手中征集上来的粮食，首先储存在省粮政机关在各县设立的仓库中，等待上级粮食机关和军粮机关会衔议定后，将粮食转交给配发机关。二是配发机关。配发机关为军粮总局及其所属各县市军粮办事处，或军粮仓库及受军政部委托代办军粮配发的县政府。②1940 年，重庆市及江北、巴县驻军军粮由军粮总局直接拨发，成都驻军军粮由驻川军粮局拨发，各区督察长办公处所在地及各县驻军军粮由驻川军粮局派驻办事处通知各县政府拨发。1942 年 12 月驻川军粮局撤销后，四川军粮配发机关演变为军需署粮秣司和驻川粮秣处及其所属各县市粮秣分处，或军用粮秣仓库及受军政部委托代办军粮配发的县政府。三是领粮机关。领粮机关是军粮直接补给的军事单位，具体包括各县市驻军、军事机关、学校、厂仓及过境接兵部队。

军粮配给种类。1943 年度四川省配发军队主食时，除伤病医院外，一律发给碛米，拨交机关除川西 12 个县（成都、华阳、新都、新繁、郫县、崇宁、灌县、彭县、温江、双流、崇庆、新津）以中熟米拨交外，其他各县一律以碛米拨交，但可以依据各该县粮食征实、征购情形搭发小麦、玉米等，搭发数量、种类均由川储局与驻川粮秣处会商决定后，通知

---

① 《粮食部、军政部为制定川省军粮收储办法致后方勤务部代电》（1941 年 12 月 31 日），《抗战军粮档案选编》第 14 册，第 281~283 页。
② 军事委员会：《三十年度四川各县市驻军军粮交接办法》（1941 年），四川省档案馆藏（以下不再一一注明藏所），《四川省田赋粮食管理处档案》，档案号：民 093-3423-1100，第 1 页。

所属各区、各县遵照交接。

军米供给及交接标准。每名士兵日给 22 市两，由驻川军粮局按照月拨军粮总额核实配发，如现品不足使用，则改发代金。军粮交接过程中度量衡经历了由量器到衡器的演变。1940 年 4 月修正的军粮交接手续规定，"拨给部队军粮一律以市制石、斗发给，1 石 334 合，折成 200 市斤为准"。1941 年度，军粮拨交时配发机关一律用衡器称重，而不再用量器以市石、市斗计算。经粮食部与军粮总局商定，四川省军粮（种类为黄谷）由川储局而不是由征收机关即四川省田赋处拨发，所以四川省田赋处从粮户手中征集军粮时用量器，以市石、市斗计算，四川省田赋处将军粮征集起来后，仍以量器将所接收黄谷交川储局设在各县市的储运机构，再由各储运机构负责将黄谷碾制成碛米，以衡器称重，交军粮局及其下属军粮机构接收。

军粮运交原则。川储局仓库与军用粮秣仓库如在同一乡镇，则直接交军用粮秣仓库；凡再度集中的米粮（或他县运达米粮）预定拨作军粮者，亦直接运至军用粮秣仓库会同交接；已经集中川储局仓库的稻谷，如需仓外加工以成米拨作军粮者，应饬加工篇房运至军用粮秣仓库，会同各方共同交接，但军用粮秣仓库不得向篇房接收；已集中储运仓库的食米预定拨作军粮者，如驻军和拨交机关的仓库并与军粮仓库接近（未超过 30 里）时，拨交机关可将应拨军粮就原库交付军粮仓库共同接收、保管，自行配发，若仓库附近 30 里以内并无驻军，仍应运交军用粮秣仓库。由此项规定可以看出，军粮运交以节省时间、运力为原则，同时又防止军事仓库单方面向加工碛米的篇房接收，在军粮交接手续上防止军民纠纷及其他弊端。部队机关每月需要的额定军粮，由发粮机关斟酌当地实际情形，分一次或数次发给，分数次拨给时，应由领粮人员在领粮正、副据上分别注明，领粮机关不得强求发粮机关一次发给。自 1940 年 2 月实行粮饷划分以来，军粮筹办不再由军队自行负责，这一原则在 1940~1944 年的四川军粮交接办法中都有所体现，如 1940 年 4 月军粮总局制定的《修正四川省各县市军粮暂行办法》中，禁止各部队机关从市场或民间购粮，违者准许民众提出证据，向县市政府或军粮总局提出指控，查实究办。

　　军粮拨交之前，需要进行品质检验。军粮品质以干燥、无砂石为原则，并依照《军政部军粮检验暂行规定》，拨交机关和配发机关一同验收，随时拨交。军粮如使用包装，则需要进行抽验检查，如发现异状，可全部检查过秤。拨交机关与配发机关因米变质程度有不同意见，或双方发生争执时，由拨交机关、配发机关会请当地党、政、军各机关一起检定。配发机关认为拨交米质过劣无法食用时，可以拒绝接收。交接时，配发机关认为米质尚且可以食用但无法长期保管，或仅能保存些许时日，或完全不能保存时，接粮机关可以分别程序并参照实际情形，接收全部或其中一部分，或将该次拨交食米尽先配发驻军领食，但仍以仓库距离驻军不超出30 里为限。

　　战时四川作为全国主要军粮供应省份，除供应境内驻军和大量新兵粮食外，还担负支援前线的任务，其供应范围包括第五战区、第六战区及云南、陕西等战区和省份。四川省克服重重困难，基本完成了国家每年的军粮配额。依照粮食部与军粮总局的决定，1941 年度四川省的军粮配拨数量为黄谷 600 万市石，约折军米 225 万大包，折合碛米 300 万市石（驻川军队及军事机关等 186.7 万市石，第六战区 100 万市石，陕南屯粮 4 万市石，西康屯粮 5.3 万市石，大巴山屯粮 4 万市石）。[1] 四川省依照上述规定，共征购军谷 600 万市石（实际上是在征实项目下拨充），而该年度全国谷类军粮征购总额为 642 万市石，几乎全部来自四川。四川省征实而来的军谷配拨第六战区 240 万市石，配拨后方驻军 360 万市石。[2] 负责拨交第六战区县份为涪陵、云阳、巫山、奉节、酉阳、秀山、黔江、彭水，具体拨交地点为农本局设在各县的仓库，相应接收机关为：涪陵对接后方勤务部，云阳、巫山、奉节对接第六兵站统监部，酉阳、秀山、黔江、彭水对接鄂西军粮局。[3] 四川省运济第六战区的军粮以交谷为原则，但可以由川储局按照第六战区每月所需军米数量代为碾制成

① 赵厘、郭良夫：《三十年度四川粮食储运局粮食分配计划》，《督导通讯》创刊号，1942 年 1 月 1 日，第 10 页。
② 《民国三十年度各省征购军粮数量表》（1941 年），《抗战军粮档案选编》第 8 册，第 471~473 页。
③ 《粮食部为报四川粮食储运局拨交第六战区军粮数量、地点、期限表致军委会后方勤务部代电》（1941 年 12 月 23 日），《抗战军粮档案选编》第 14 册，第 264~265 页。

碛米，加工不再另外收费，谷1市石折合碛米5市斗。① 1941年度军粮运交过程中出现的诸如运力不足、验收人员不足、水运失吉等问题，一定程度上影响了军粮拨运。

1942年度，四川实际补给部队人数包括重庆驻军180421人在内，总计为543472人，② 计划征购军粮数量为175万大包。征购所得军粮的分屯地点由军粮总局决定，具体经办机关是各县政府。③ 该年度军粮配拨实际情况为：在该年度征实项目下，分配第六战区75万大包，四川征购项下拨米4万大包作为西康军粮，分配135万大包作为驻川军队、机关军粮，④ 实际分配各县驻军军粮146万大包，具体分配数量见表4-26。

表4-26　1942年度四川省各区县驻军军粮分配情况

区别	全年驻军需粮（大包）		新配数量（市斤）	以150(160)市斤折合熟米、碛米市石数	以52(46)成率折合稻谷市石数
	原配数	新配数			
成都区	284580	284580	56916000	357834	369440
岷江区	96520	284580	18304000	122027	234666
渝叙区	297200	91520	62040000	413599	395380
涪江区	150612	23582400	23532400	153217	302340
沱江区	167840	117912	38168000	254455	489337
嘉陵江区	135832	135532	27106400	180709	317517
渠河区	89516	88516	17303200	118022	226965
渝夔区	239900	240900	48180000	312202	619695
合计	1462000	24825940	291550000	1912065	2955340

资料来源：《三十一年度四川省各区县驻军军粮重新分配数量表》，《四川省第三区行政督察专员公署档案》，档案号：0055000500268000001900000，第1页。

① 《四川军粮交接运储办法谈话会记录》（1941年9月10日），《抗战军粮档案选编》第19册，第78页。
② 《民国三十二年补给军粮现有人数分类统计表》（1943年），《抗战军粮档案选编》第17册，第418页。
③ 《民国三十一年度军粮购屯补给计划纲要及各战区省区购屯军粮计划表》（1942年），《抗战军粮档案选编》第9册，第189页。
④ 《军政部、后方勤务部民国三十年度军粮筹办补给报告书》（1942年），《抗战军粮档案选编》第9册，第169页。

　　1943 年度四川省补给人数为 653139 人，其中陆军部队 197610 人，军事机关 67005 人，军事学校 45722 人，补充机关 199092 人，卫生机关 25550 人，兵站机关 5554 人，价发单位 82260 人，价拨单位 30346 人。① 配拨军粮数额为 1153209 大包。② 根据统计，配拨第六战区 761616 大包又 7.5 公斤，而据川储局统计，"尚不止此数"，全数由川储局交由川江军粮接运处，再由川江军粮接运处转拨第六战区部队领用。③ 1944 年度，各部队补给人数计陆海军 500 万人，空军 16 万人，非正式军人而须发给军粮者及军眷、运夫 36 万人，总计 552 万人。④ 四川省承担的配拨军粮总额为 2749500 大包，其中配拨第六战区 723500 大包，西康 56000 大包，驻川军队 197 万大包。⑤

　　1944 年 8 月，四川省政府制定《四川省三十三年度粮食交拨联系补充办法（修正办法）》，该项补充办法规定：第一，全省各县（局）田赋处必须将收纳实物全部入仓，严禁虚报收数或以临时收据代缴，如监察人员发现有上述情况存在，则所有损失由该县（局）田赋处负责照数赔偿。

　　第二，各县（区）征收处接收的实物，以"晒干、风净、无砂石羁留"为合格标准，如果粮户和征收处人员就所征收的粮食品质发生纠纷，则由交接双方按照相关规定另行鉴定。如果因灾歉、土质、气候等导致所产粮食不能达到规定标准时，交接双方应会同当地乡镇民意机关当场验明并分析样品，其后专案会呈四川省田赋处及川储局，交接粮食时即以之前确定的样品为准。

　　第三，仓储问题。若各县（局）征收处的收纳仓库被借用作集中仓库，则征收处收粮时就派人与集中仓库工作人员一同将粮食验收入仓，粮

---

① 《各区军粮补给人数估计表》（1944 年 3 月），《抗战军粮档案选编》第 18 册，第 165 页。
② 《民国三十二年度全年度各粮秣处实际补给军粮数量表》（1944 年），《抗战军粮档案选编》第 18 册，第 240 页。
③ 《后方勤务部川江军粮接运处为报告民国三十二年度接收拨运第六战区川粮数量统计表事致军政部部长何应钦代电》（1944 年 11 月 28 日），《抗战军粮档案选编》第 18 册，第 188 页。
④ 《民国三十三年度各战（省）区军粮暨非正式军人与眷粮配额表》（1944 年），《抗战军粮档案选编》第 18 册，第 249 页。
⑤ 《民国三十三年度各省配拨各战区军粮数量表》（1944 年），《抗战军粮档案选编》第 18 册，第 250 页。

食一经会同验收入仓，即视为拨交完成。粮食入仓后应由征收处会同乡镇保甲相关人员妥善保管，如用围席或厂屋堆存，则应在粮堆之上踏盖灰印，如有调换、盗窃、发霉等情况发生，则保管人员应负赔偿责任。

第四，加工问题。田赋机关将粮食拨交储运机关时，应以原先所收谷米拨交。如经核准，交由地方承包加工，务求米质优良，不得将提高的加工成本作为地方或私人收益，若有阻碍再度集中或加工的人员，经当地县（局）或粮食机关呈报粮食部，以军法惩办。粮食入仓后由征收处暨仓库业务员、粮食点查人员会同加封（出仓时会同开封）。

第五，粮食再度集中。除直接拨交集中仓库的粮食外，其他各征收处收纳的粮食达到该地征额 20% 时，就须向仓库主任申报，仓库主任再向县（局）长申报，县（局）长于收到通知 3 日内，应当发动当地民夫，着手办理粮食再度集中，将征收的粮食运交集中仓库，所有运达集中仓库的粮食，应"不分昼夜，立予收清"。粮食随收随运，各县（局）应于田赋征实结束后 1 个月内将再度集中办理完竣。

第六，县（局）办理再度集中前，应填写出粮凭证，凭证上要载明再度集中的粮食数额，在收纳仓库前照数拨交。粮食运达集中仓库接收时，如发生规定以内的折耗，则由县（局）出具证明书，交由仓库呈报四川省田赋处直接核销，没有折耗则不必上报；若运输过程中的折耗超出规定，则以加工盈余补足并另案呈报，不得直接由仓库呈报四川省田赋处核销。

第七，县（局）处应依照征收处实际拨出的粮额填写出粮凭单，不得预填总数，以免出现"多出少运"的情况。在填写出粮凭单后，如县（局）仓库粮食没有及时运出，延迟期在半月以上者，在此期间收纳仓库出现盗窃、鼠耗等情况而造成粮食损耗，应由接粮机关依照所剩粮食数目，按照一定比例分担相应的赔偿责任，如粮食已经全数拨出，则由接粮机关负全部责任。粮食加工由县（局）仓库负总责，承办粮食加工的人员从仓库领取粮谷，各县（局）田赋处不得直接拨交粮谷给加工人员。①

---

① 四川省政府：《四川省三十三年度粮食交拨联系补充办法（修正办法）》（1944 年 8月），《四川省田赋管理处档案》，档案号：091-01-1989，第 70 页。

与此前各项拨交办法相比，该项补充办法更为细致全面，也可以看作对军粮拨交管理制度及工作的改善与推进。

拨交数以实在拨出者为准，不得虚报或少报，如仓库存有实物，而军方无法接收者，只能列为待交数，不能报为拨交数。时间方面，应划分清楚，不得混淆，不得以本月拨交数列入其他月份，或以本年度拨交数列入上年度计算。拨交地点以便利军方接运为原则，如果临时变动，应由军粮分局以命令或电报饬遵办理，不得延误。1943 年度军粮实拨数达配额的 90% 弱，较 1942 年度减少数百万市石，1944 年度军粮现品部分达到原定计划的 85%，较 1943 年度实拨数增加 5 万余大包。[①] 对于粮产较为丰富但交通不便的地区，如安岳、仁寿、岳池、大竹、仪陇等 17 个县，既无河流公路，旧有道路亦崎岖难行，粮食输出甚感困难，即使强行输出，也因运输成本太高，"殊不经济"，四川储运局拟具"移军驻食"办法，呈报粮食部、军政部，希望将邻近此 17 个县的补训士兵、学校、机关、普通部队分别移驻就食。[②]

作为产粮、征粮、运粮大省，战时四川省的贡献有目共睹。1944 年 6 月 17 日，蒋介石致电四川省临时参议会，提到自"抗日战争爆发以来，我川省同胞每年粮政兵役所负担之数量，均属甲于各省"，"四川同胞，不惟在我抗战史上克尽其国民之天职，无愧为贯彻胜利之基础；即在全世界反侵略战争之阵营中，亦具有卓荦光荣之贡献"。1945 年 10 月 8 日《新华日报》发表题为《感谢四川人民》的社论说：抗战期间，"四川供给的粮食，征粮、购粮、借粮总额在 8 千万石（43.2 亿公斤）以上，历年来四川贡献抗战的粮食，占全国征粮总额的 1/3"，"各种捐税、捐献，其最大的一部分也是四川人民所负担"。[③] 可见四川人民在抗战中贡献之大及付出之多。

六　军粮供应中的弊端

军粮供应工作中的弊病表现在军粮供应的各种方式、各个环节上，

---

① 粮食部编印《粮食部三十三年度工作成绩考察报告》，1945，第 1 页。
② 《粮食部四川粮食储运局三十二年度工作报告》，无页码。
③ 《四川粮食工作大事记（1840~1990）》，第 44~46 页。

就如寄生在战时军粮征集工作上的毒瘤。考察其形式，则大致有：握款不发，贪污挪用；标准不一，随意摊派；违章舞弊，转嫁粮额；强行摊派，贱价勒卖；名为自愿，实为强迫；军粮收支，不遵法度；冒斗浮收，车谷过严；管理不善，盗卖军粮；运输交接，损耗严重；官官相护，推诿塞责；等等。上述弊病无疑使原本就不易办理的军粮供应工作雪上加霜。

总体来看，经办人员运用各种手段以达到多征粮食而少出钱的目的。究其原因，有主观故意为之，有客观形势所迫。

握款不发，贪污挪用。1941年9月21日，四川粮政局在发给粮食部以及四川省主席的代电中写道："去年军谷追收……各县长、乡镇长将款握存不发给人民，于谷价上涨时勒索人民贱价缴谷最不合理，应行严究……公家发给价款，县长握若干时间始发给各乡镇，而乡镇得款实发给人民者甚少。"那么这些乡镇长将原定采购军粮的款项留存手中去做了什么呢？"查得真相，有经营商业者，有以贩运禁物者，荒谬离奇，不一而足。"上述情况导致军谷起运时，谷价已经飞涨，于是乡镇长手忙脚乱勒逼人民，而县长唯恐摊派数额不能完成，于是"惟各乡镇长马首是瞻，押追禁追无所不用其极"。加以粮政官员相互庇护，不惜违法虐民，民众由此含冤不能伸，纷纷逃散，军谷遂积欠甚巨。1941年，各县在追缴军谷的过程中处理不当，其方法为"派遣驻军宪兵会同乡镇长到乡间估劫民谷"。此等做法就连四川省粮政局都认为是"古今中外闻所未闻之弊政，种种措施不但影响军谷征购，而民怨沸腾恐有不能收拾之日"。① 款项未能及时下发导致军粮购办遭受不利影响。1944年，四川省云阳县政府承购军粮，其所用款项原定由中粮公司驻县仓库在3月10日以前发给，第一期为1000万元，余下款项陆续发给。然而县政府直到3月底，依旧没有收到购办军粮款项。与此同时，中粮公司却在云阳县内竞价收购粮食，此举导致当地粮食市场价格波动，粮价上涨。云阳县本就山多地少，土地贫瘠，当年春

---

① 《四川粮政局秘书快邮代电》（1941年9月），《四川省政府粮政局档案》，档案号：民092-01-0083，第84~86页。

旱又导致粮食减产，中粮公司的上述行为无疑更加剧了县政府购办军粮的困难。① 在战时后方物价飞涨的背景下，谷款延迟下发，一方面导致军粮购办日期推后，另一方面导致原先额定谷款不足以购买额定数量军粮，经办县份不能按照规定时间、地点、数量、质量完成军粮征集。

标准不一，随意摊派。1940 年，四川省征集军粮采取征购的方式，然而全国粮管局仅仅规定了各县应购军粮总额，在摊购标准上则没有具体指示。在这种情况下，"各县长多假手于乡镇长，妄派浮派，握存价款，任意挪用，待谷价已涨，乃强派人民缴谷，人民含冤莫诉，而军谷则愈欠愈多，至本年秋收后更不恤处理，甚至有派兵随同乡镇长往乡间估劫民间存谷者"。② 同年，四川省征购军粮 500 万市石，但从全国粮管局到四川省粮食管理局，都没有制定相对合理的标准，又因为当时四川省很多县份还没有完成土地陈报，所以载粮额（旧时田赋数额）就成为各县土地面积和粮食产量的标准，粮政人员由此漫无标准、胡乱摊派。如第十四行政区所辖的几个县共摊派 18 万市石，其中江油县仅有粮额 2700 两，却被摊派 7 万市石；彰明县摊派 6 万市石。而从当年各县征收情况来看，摊派标准是"载粮（额）8000 两不过摊派 8 万市石而已"。在这种情况下，"坝田许多民众全部收入勉能敷足摊额，而山田民众则全部尚不足额，贫苦小民却摊县粮两三斗，致有变卖田房买谷缴纳者，惨痛事实为全川所未有"。③ 1940 年，四川省政府在训令各县政府减少纠纷时，对当时军粮征购过程中混乱的现象有如下描述："各县派购军粮价格、数量，各不相同；单斗、双斗，老斗、新斗，名称沿用各殊；复有征购手续费或附带征收县地方教员津贴学米者，办法纷歧不一，滋生弊端，县府多不公布。"① 征收标准、度量衡标准、征收手续及办法各不相同的情况，既给了经办人员徇私枉法、贪污腐败的可乘之机，又导致民众缴纳军粮时不断发生纠纷，降低了军粮办理的效率。

违章舞弊，转嫁粮额。四川省合川县三庙镇秦刚于1940年8月上呈县政府，对三庙镇军粮征购过程中给价太低、标准不一等问题进行了陈述，即经办人员征购军谷"每石二十二三至二十七八元不等，较现售谷价七十余元相差几两倍到三倍。查保甲长派定谷额时其实并无任何标准，谷洋亦未能按期照付，一批未已而二三批又更迭此，加上乡镇人员趁机徇私舞弊，民何能堪？"② 秦刚描述的此类问题实际上普遍存在于当时的四川。1944年度，云阳县南溪乡派定军米数额为550市石，根据1940年派购军米先例，所派定军粮任务应由先前已经指定的该乡殷实富户承担，但县粮政科科长任励今听信所谓"审核员"罗尚文、廖汝清等人言辞，在当事人没有到场的情况下，对乡中另一些原本没有达到摊购标准的人擅自摊派，每人摊派8市石到16市石不等，而上述"审核员"这一身份却不知从何而来。③ 这种情况实际上是当地官员与士绅相互勾结，将原本摊派给富户的军粮分摊在普通民众身上，以此减少富户所承担的份额，却加重了下层人民的负担。

强行摊派，贱价勒卖。1940年11月，江津县县民王利川被保长吴一鸣等人强行要求售卖军粮50市石，并将其3处谷仓擅自封闭，其兄王焕章因恳请宽减军粮数额而遭到监禁。随后，吴一鸣等人胁迫王焕章售卖军粮50市石，但给价极低，每市石仅仅给价140元，而当时当地每市石谷价为250元。即便将单价压低，吴一鸣等人也未将谷款悉数交给王利川，仅仅付给王焕章2000元，却谎称购买军粮7000余元已经悉数交给王焕章。后来乡政府开会时，王利川等人才知道之前乡政府并没有在该保摊购

---

① 四川省政府：《关于各县按照收购粮务规定收购军粮的呈、令》（1940年10月），《四川省第三区行政督察专员公署档案》，档案号：00550005002520000140000，第1页。

② 秦刚：《关于请按市价购买军谷的签呈》（1940年8月），《四川省第三区行政督察专员公署档案》，档案号：00550005003510000056012，第1页。

③ 《为违章舞弊乱派军米无力措缴恳请鉴核由》（1944年），《四川省政府粮政局档案》，档案号：民092-01-0165，第223页。

军粮，实为"吴一鸣等人借军粮为名招摇撞骗营私舞弊"。① 四川省政府为查禁全省各地驻军自行购粮扰民而发出的代电中称："征购军米弊端百出，办军米之人领有政府之款后并不以钱购谷，肆行封仓，肆行碾米，取去后不予分文且不给收据，又不予公示于人民，以至于各乡骚然，米价陡涨，有数日不能得米者，此实为抗战以来所无之恶劣现象。"② 1943 年，黔江县奉令采购军粮，虽然政府派出粮政科科长曹子卢广泛宣传，积极动员，但效果不佳。原因是该县"本属贫瘠边远之县，又连年旱灾虫害，收谷无多，竭尽仓储之资亦无法完成额定任务"。黔江县政府在请求减免的呈文中写道："钧府……指令本县参议院对于罗平阶派定之 550 市石，其自愿捐献黄谷 100 市石，认购 200 市石，民李德安之数 350 市石，自愿捐献谷 50 市石，认购 150 市石，其余不足之数希望减免。"四川省政府的回复则是"不足之数 400 市石，另行采购"。③ 由此看出，战争加上天灾，粮食减产时常发生，但政府并未因产量减少而降低军粮派定数额，民众实际上已经不能承受这种繁重负担。抗战期间，四川省军粮征集过程中此类事情屡见不鲜，不一而足，民众为此遭受许多无端损失，从而对政府的军粮征集行为产生恐慌，由此延迟、推脱甚至抵抗军粮征集，上述情况毫无疑问给政府军粮征集带来各种困难，最终影响到军粮征集的效果。

名为自愿，实为强迫。1940 年秋，四川省开展捐献军粮运动，秀山县此次捐献军粮运动历经两任县长，共计需要捐献军粮 1262 市石 5 市斗 3 市升，代金 6343.4 元。前任县长收到军粮 175 市石 2 市斗交给梅江、中平两个军粮堆积所保管，代金 2241 元经过交通银行汇往四川省捐献军粮委员会保管，余下的征集任务交由现任县长曾仲成办理。但曾仲成在追缴民众所积欠的谷物和代金时却发现，"有捐献之户在捐献

① 四川省第三区行政专员公署：《关于核办吴一鸣、王德超等借采购军粮贪污欺诈案的呈、批示》（1941 年 1 月），《四川省第三区行政督察专员公署档案》，档案号：005500050 03510000056000，第 2~6 页。

② 四川省政府：《关于查禁川省各县驻军自行采购军粮由全国粮食管理局统筹办理致四川省第三区行政督察专员公署的代电》（1940 年 10 月），《四川省第三区行政督察专员公署档案》，档案号：00550005002590000078000，第 1 页。

③ 《黔江县政府呈》，《四川省政府粮政局档案》，档案号：民 092-02-003，第 6~11 页。

时非出于自动，现实无力缴纳"的情况，请求"万一不能如数交纳，可否照捐献军粮委员会所定办法减免"。[①] 战时处于大后方的四川省担负沉重的军粮任务，随着国民政府投入的兵力不断增加，战局不断变化，征集军粮的数额和次数不断增加，方式也多种多样，以上种种都使本就困苦的四川民众负担更为沉重。民众无法承担数额巨大、次数众多的军粮负担，不断有减免军粮的请求，但是国民政府依旧罔顾现实，军粮征收数额不减反增。1943 年 5 月，蒋接到密报，谓军委会特务团第一营士兵公开至承销米店强购食米，对此，蒋责令该团查明呈报。26日，该团营长华政年从花街子承销米店调查后得知，确有少数军人及公役前往购米，但并未指明系该营士兵，另据华所称，其"勤务冗繁，无稍片闲，除巡查官兵外，绝不许武装士兵外出"，且士兵概无眷属在渝，亦绝无购米必要，本营士兵"实未强购食米"，只是负责维持民众购米秩序。[②] 不过，这只是华的一面之词。

军粮收支，不遵法度。南川县捐献军粮本由该县捐献军粮委员会全权负责，军粮未经集中时，该会将劝募总册移交南川县政府建设科接办，建设科随即又将总册移交南川县粮食管理委员会，而南川县粮食管理委员会将这项捐献的军粮混同于 1940 年度积谷，并随后拨交给军队，南川县"各乡奉拨亦含混不清"，而上述事情又发生在前任县长任内，在前任县长因其他案件仓促离职后，对于这件事情，除南川县粮食管理委员会所编制的一份《二十九年度捐献军粮拨存表》外，并没有进行专案移交，加上当时经办人员郑端林早已离开该县，无凭可资查询，这样就使清理工作非常困难。现任县长将粮管会的拨粮存根及拨粮月报表与该县粮食管理委员会先前提供的《二十九年度捐献军粮拨存表》进行比对，发现多处不相符合的地方，再与各乡镇公所呈报的数字进行比对，发现又有出入。经过清理，发现上面造具的各类表格中所列数据不相符合的原因，是"一部分拨粮未用拨条，系临时令拨，故领粮机关无

① 《秀山县政府代电》（1942 年 12 月），《四川省社会处档案》，档案号：民 186-02-2971，第 184 页。

② 《组织法与管制（二）》（1943 年 5 月 26 日），《蒋中正总统文物档案》，档案号：002-080108-00002-010，第 61~67 页。

登记凭证可查"。① 战时四川省军队调度频繁，有驻军换防、前方部队开入省内整训、过境接兵部队等情况，军队临时过境固然是事实，但拨发军粮的县政府应该依据军粮交接办法，按照手续，将军队番号、人数、领粮数量、种类、日期等相关信息完整登记，日后在清理时方不至于含混不清。上述情况反映出相关县份基层工作的混乱，这种工作方式不仅使当时的工作效率低下，而且让后期的交接和清理工作难以顺利进行。南川县政府在结束1940年度捐献军粮工作时，按照1940年度捐献军粮结束办法规定，经该县粮食管理委员会手中拨出的军粮，理应由县粮食管理委员会出具总收据，再转送四川省1940年度捐献军粮委员会核结。然而，南川县卸任县长兼捐献军粮主任委员并不肯出具总收据，副主任委员周凤池也以"会已结束，前次未经办此事"为说辞，不肯对此负责。② 个别粮政官员不作为、相互推诿，致使清理工作搁浅，而此前捐献工作中出现的种种问题也难以清查和解决，这种现象不在少数。

冒斗浮收，车谷过严。1941年9月田赋征实后，四川省军粮从征实项下拨充。1942年2月28日，粮食部给四川省政府的训令中提到督粮委员窦大有的报告："此次征收实物，□打冒斗者除开县甚少外，其他云、万两县业经发觉"，粮食部"据各方来函亦多称冒斗收入似属通病"。之所以出现这一情况，原因有二："一为经收人深恐累赔，二则故意多收，借以余谷，遂行私卖粮票之事。"但无论哪种原因，军粮征收过程中冒斗浮收确实是普遍存在的问题，民众负担因而加重。"此次征收实物经收人员恐难以交出，故均在风车风扇之后又复衡量并用。"③再如永川县政府在发给四川省政府的代电中，请求就军粮验收时出现的"繁苛"予以纠正，代电指出："该县军米验收时，凡米质稍次者，如1938年以前的积谷经筛晒干净运去，而验收员因为民众上交的军米中有少数碎米即令重新筛晒，还须过风车，此等验收办法不但匡时费日，且于

---

① 《南川县政府呈》（1942年5月26日），《四川省社会处档案》，档案号：民186-02-2971，第92页。

② 《南川县政府呈》（1942年6月26日），《四川省社会处档案》，档案号：民186-02-2971，第130页。

③ 《粮食部训令》（1942年2月），《四川省政府粮政局档案》，档案号：民092-01-0083，第138页。

人力财力损失均大"，碛米标准"原以干净为原则，只要灰砂除尽，何须筛去碎米"，而验收人员的工作方式显然与规定不相符合，故而民众与乡镇承办人员对此多感不安。① 验收人员以如此严苛的方式验收，一般经办人员因害怕赔偿而浮收民众粮食，经历如此苛刻的征收和验收过程，民众的损耗可想而知。

管理不善，盗卖军粮。军粮仓储过程中，在新粮入仓时，通常情况下县仓内尚存有先前余谷，于是各县经办人员便以陈粮充数，"再扣以规定千分之十五折耗，如此每一千石必多剩千分之二十到三十不等"，之后这些多余的仓谷大都被经办人员乘机窃出盗卖。经严密筛选过后的稻谷加工成米，一般成率约在 5 市斗，如果是坝田所产稻谷，则成率更高。在这种情况下，谷米交接过程中如无人监督，则必定发生"互相妥协，朋比为奸"的弊病。粮食部在回复四川省政府的一份咨文中讲道，四川省南川县仓储军米 90 余市石，仅 3 个月时间损耗就超过规定标准，达 15 市石 3 市斗 8 市升，若非瞒报就是管理不善，并要求对超过部分进行赔偿。② 而此事最终因各级官员的推诿没有了下文。

运输交接，损耗严重。据粮食部统计，每供应一大包大米，需谷 3 市石，方敷拨交数额。一来因为各地征收稻谷品质不一，重量、成色颇有出入；二来仓储、运输、包装、加工、交接过程中的损失也数量惊人。③ 蒋介石曾指出，"粒米颗麦，皆我同胞血汗所积，将士给养所系，不容稍有虚糜"。④ 除了损耗，尽管有些办理军粮的负责人"常想到一粥一饭来处不易，撙节食用，妥慎保管，不使虚耗"，⑤ 但仍有办理军粮不遵照规定者，粮政机关与兵站、兵站与兵站之间各种舞弊情事亦时有发生。为

① 永川县政府：《关于查核办理集中军米进度及其困难情形的代电、指令》（1940 年 6 月），《四川省第三区行政督察专员公署档案》，档案号：0055000500311000038000，第 10 页。

② 《粮食部咨文》（1943 年），《四川省政府粮政局档案》，档案号：民 092-01-0096，第 106 页。

③ 《粮食部报告》（1942 年），第 4 页。

④ 《蒋委员长电令各省粒米颗麦不容虚糜》，《陆军经理杂志》第 3 卷第 2 期，1942 年 2 月 28 日，第 4 页。

⑤ 佟寿勋：《办理陕西军粮的概况》，《陆军经理杂志》第 4 卷第 2 期，1942 年 8 月 31 日，第 71 页。

此，军委会下发命令，有下列情弊者，严惩不贷：一是衡量大小不一致，包装除皮多少不一致，接收人员百般挑剔；二是交谷交米掺杂砂石、秕糠及水分，借图盗卖；三是收发军米时大秤入、小秤出；四是仓库人员监守自盗，盗卖军米；五是出卖部队余米。1941年1月，四川省政府在给北碚管理局的代电中也提及当时军粮交接过程中存在类似的问题。① 上述问题不同程度地存在于四川省每个经办军粮事务的县份。1941年10月，巴县县政府训令各乡镇严禁军粮承办人员徇私以及船户贿赂舞弊，对军粮运输、交接舞弊情形，有如下描述："由各县水路运送军粮及平价米至渝时，船户除不要运费外，反行贿赂承办人员争先包运……上等在船上接收民众运来之米粮，且量斗时其下不垫放大偏盖，量斗时船在水上摇动，则斗中米粮撞落斗下，不垫放大偏，则余米即可扫入船舱中；次等为在船上接收米粮而在斗下垫放大偏，理由与上同，但无余米扫入船舱内；下等为在岸上接收米粮，除□斗量时使巧外，无水荡船摇之事"。民众将米粮运到河边等候交接时，接收人员大多不能按照规定时间尽快接收，交米之人须长时间等待，无形中增加不必要之开支，在物价飞涨背景下，"依现时生活程度之高，每碗饭须一元六角，劳力□□□每顿至少须吃两碗，多等一日则每人伙食房费须十元左右……则民众缴纳农家米谷一石至少须损失一斗不等"。② 民众运输军粮本就没有运费补助，如此这般，民众除去缴纳米谷时的损耗外，还需要承担等候交接过程中的各种费用，可见军粮征集过程中劳民伤财的一面。四川省军粮一般先以谷作为标准，但在拨交战区或各县驻军时，又往往需要加工成碛米，由军谷篱制成军米，一般由政府承包给商人来完成。但时常出现完成的军米久久无人提取，导致损耗。崇庆县商人谢子臣在1942年从崇庆县总承包商王铭贤手中包篱军米60余市石，篱制完成后迭具催提，但崇庆县征购粮食监察委员会置若罔闻，致使堆存在天竺寺、关帝庙等处的军米霉烂被窃殆尽。③ 战时粮食问题本就

① 四川省政府：《关于防止军粮交接弊病的训令、代电》（1941年1月），《北碚管理局档案》，档案号：0081004024890000008000，第3页。
② 《巴县县政府训令》（1941年10月），重庆市档案馆藏，《巴县所属马王、蔡家、歇马、人和、同兴乡（镇）公所全宗汇集档案》，档案号：0059000200099 0000018，第5页。
③ 《崇庆县包商谢子臣呈》（1943年9月），《四川省政府粮政局档案》，档案号：民092-01-0096，第113页。

比较严重，若政府在军粮征收和供应的整个过程中积极配合，便能提高效率，降低损耗。

官官相护，推诿塞责。四川省盐亭县卸任县长冯胜较，勾结廖高澄、李应谷等人在经办 1940 年军粮过程中舞弊贪污，借公肥私。1941 年 7 月，上述 3 人被人告发，区署令盐亭县政府缉拿廖、李二人，但盐亭县政府则迁延至 1943 年仍无结果，后得知李应谷藏匿于石柱县，其间县民曾经将其行踪呈报于时任县长苏知沆，但苏知沆留中不发，专属秘书张淳抚则认为"李应谷、廖高澄均各远去，无从进行"，后李应谷病故于石柱县，该案最终无从稽查。① 巨大的贪污案因县长的"留中不发"而放任，有迹可查的嫌疑人因秘书的敷衍塞责而被放任直至病故，军粮经办过程中粮政腐败和官员失责可见一斑。

战时粮政工作被认为是肥缺，除了上述军粮供应中的舞弊行为外，染指军粮业务的粮政人员知法犯法、贪污勒索、中饱私囊，可以说所在多有。1938 年 5 月，第六十三师师长陈光中因扣留军饷被免职。② 1941 年 7 月，发生驻野三关第 181 收容所主任程英达超领军米复又盗卖案。③ 陈诚 1942 年 4 月 19 日在湖北省财政、粮政联合检讨会上对全体出席人员训话时指出，该省许多军事机关将民众粮食用种种方法抢购强征后，转卖给民众，再强迫民众将粮食送交军队，作为军粮。在鄂北各县，政府人员借征购军粮为名，"而遂其营私舞弊之实"。④ 11 月，四川省第六区督察长陈范可呈文粮食部粮食购运处清理委员会，称安宁桥运输站站长周素薰伙同会计胡静仪亏盗军米 26928 市石后潜逃。根据记载，周为宜宾人，曾任长宁县粮食管理委员会股长，胡静仪系长宁县人，周在任职安宁桥运输站长期间，未经呈准，擅自将胡安排为该站会计，且二人产生男女私情，订

---

① 四川省第八区行政专员公署：《为恳饬实干硬干，以肃法纪呈》（1943 年 9 月），《四川省政府粮政局档案》，档案号：民 092-01-0083，第 53～55 页。

② 军政部军法司、谷正化、张镇、陈光中等：《关于处理陈光中扣留军饷及李穆明煽动军心案的密呈、代电（附自白书）》（1938 年 6 月 7 日），重庆市档案馆藏（以下不再一一注明藏所），《军政部军法司档案》，档案号：0108000500181000008000。

③ 军政部军法司、俞飞鹏：《关于究办程英达超领及盗卖军米的函、代电》（1941 年 7 月 31 日），《军政部军法司档案》，档案号：0108000500366000027000，第 27～28 页。

④ 《陈诚言论集——民国三十一年（一）》，台北，"国史馆"藏（以下不再一一注明藏所），《陈诚副总统文物档案》，档案号：008-010301-00034-013，第 365 页。

有婚约。事发后，二人一同潜逃。因该案涉及食米数量较巨，且系军米，引起粮食部的重视，下令多方追查：一是派督察长陈范可直接负责，将周、胡二人订婚照片翻印 135 张，据以"严密查拿解究"；二是同时查明其直系亲属住址，"封产追赔"。① 从该档案所附照片来看，周穿着西装打着领带，胡着半袖旗袍，仪态端庄。② 12 月，北碚管理局、四川省第三区行政督察专员公署、四川省第三区保安司令部等再次发出训令，通令缉捕二人。③ 此案虽因资料所限，不知其所终，但内部人员伙同作奸犯科者不乏其人。1943 年 4 月，粮食部督粮委员窦大有向粮食部呈报，谓驻四川忠县军粮接运处押运员勾结船户、米商，中途盗卖军米。④ 洛阳新安一带甚至有出售军粉者，据称第九十七军驻守晋城时，曾领到军粉 400 袋，存放于洛阳东站祥聚公司货房，后该军移防，无法运输，遂将 240 袋售卖，且价格较廉，如三义协以 59 角购买 40 袋，新安中兴长以 64 角购买 7 袋。按规定，应将军粉就地移交兵站，到新驻防地时再领，此类事件"殊属有碍军誉"。⑤

　　为防止军粮筹备至拨交过程中的弊端，军政部在包括四川在内的相关省份、战区成立军粮巡回督察团，督察团设主任委员 1 人，委员 4 人，书记 1 人。四川省军粮巡回督察团成立于 1944 年 2 月，由军政部指派中将参事张修敬为主任委员，以四川省田赋管理处、川储局、军政部军需署、军政部驻川粮秣处各 1 名高级职员为委员，设书记 1 名，书

① 四川省第三区行政督察专员公署、四川省政府：《关于通缉安宁桥站长周素薰等的训令》，《四川省第三区行政督察专员公署档案》，档案号：00550020033500000050000，第 1~6 页。与此同时期，安徽省粮政局前板闸堰仓库库员方云鹄盗卖仓谷 16093 斤、麻袋 70 条，亦被通缉。参见《行政院训令通缉安徽省粮政局前板闸堰仓库库员方云鹄盗卖仓谷畏罪潜逃案》（1942 年 5 月~10 月），《内政部档案》，档案号：一二（6）-7702，第 2~4 页。

② 《关于通缉安宁桥站长周素薰等的训令》，《四川省第三区行政督察专员公署档案》，档案号：00550020033500000050000，第 5 页。

③ 北碚管理局、四川省第三区行政督察专员公署、四川省第三区保安司令部：《关于通缉逃犯周素薰、胡静仪的训令（附简明表）》，《北碚管理局档案》，档案号：00810004012630000098000，第 98~101 页。

④ 《四川忠县傅心书盗卖军米案》（1943 年），《粮食部档案》，档案号：119-040201-1086，第 5 页。

⑤ 《关于究办盗卖洛阳军粉人员致洛阳司令部的代电》（1940 年 1 月 7 日），《军政部军法司档案》，档案号：01080005003670000092000。

记的待遇与上尉同，也可临时雇用。根据《四川省军粮巡回督察团办事细则》，督察团的主要任务是向全省各地有军粮供应任务的机关提供咨询，"对某一机关之督察工作完竣时，提出书面报告或建议"，督察各项军粮纠纷，"予以适当解决"，如遇有无法解决事项，则"以公正态度"陈报军委会核定。① 但限于资料，四川省军粮巡回督察团实际发挥的作用尚无法确定。

第四节　"团、宪、队"与战时粮政

对于国民政府粮食工作来说，20 世纪 40 年代是一个非常重要而特殊的时期。从政策层面言，粮食公卖，计口授粮，征实、征购、征借，粮食捐献等"新政"陆续在各地出台并实施；从机构层面言，无论中央抑或地方政府、基层组织，公开、半公开或是秘密，各级各类机构均纷纷设立、合并、裁撤，其中重要的中央机构先后有全国粮管局和粮食部，前者标志着粮食管理政策结束自由放任时期，自此走向"相对管制"时期，② 后者既意味着全国粮管局粮食管理政策基本宣告失败，也标志着国民政府粮政有了新起点，且统制力度渐趋加强，同时表明中央政府升级机构以解决粮食问题的目的和坚定决心。省级机构先后主要有各省粮食管理委员会、粮食管理局、粮政局等，县级基层机构则先后有各县粮食管理委员会、粮政科，另外还有佐理粮食督导、仓储、运输、加工等环节的一系列机构，以上机构对推行战时粮政发挥了重要作用。

另有一类组织，虽不能与各级粮食行政机构相提并论，但在国民党党内、国民政府上层人士看来，却是推行粮政的利器、收集情报的耳目、防除弊端的帮手，这类组织就是广泛渗透于粮政基层的"团、宪、队"——青年团、重庆卫戍区总司令部宪兵队（简称"宪兵队"）及各

① 《省属粮政单位组织规程（五）》（1943 年~1948 年），《行政院档案》，档案号：014-040503-0009，第 41~42 页。

② 《赋税（一）》（1940 年 11 月），《蒋中正总统文物档案》，档案号：002-080109-00011-005，第 41~46 页。

类检查队、密查队，如粮食部陪都粮政密查队、党团粮政服务队、经济会议经检队、国家总动员会议经检队等。此类组织多因工作性质较为隐秘特殊，所制定的服务规程、奖惩办法等"与一般章则不同"，甚至不经过行政院备案，① 书、报、刊等公开资料记载较少，当事人也极少提及，大多尘封于档案资料，当时多不被外界所知，后人也知之甚少，对此类组织进行研究，既可以帮助我们从不同角度认识战时粮政，也可以丰富对此类组织本身的研究。

一　"团、宪、队"介入战时粮政

利用原有组织或成立新的秘密组织介入战时粮政，是全国粮管局设立过程中蒋介石提出并责令全国粮管局及相关机构逐渐实行的，粮食部成立后亦积极跟进，其他机构如国家总动员会议亦有相似组织。在国民政府上层人士及国民党中央机构的实际主导甚至蒋的亲自指导下，"团、宪、队"深度介入战时基层粮政，且呈现愈演愈烈趋势。

首先，介入粮政工作的是"团"——青年团。1938年7月9日，青年团在武汉成立，目的是"团结全国青年的力量，来实行三民主义"。成立初期的青年团，其主要任务有6个方面，主要可归纳为"武力建设的基本工作""教育建设的基本要务""经济建设的实施程序"3项，这3项任务与国民党1934年在新生活运动中所倡导的"管""卫""教""养"一脉相承。不过，随着抗战形势变化，青年团被赋予的职责更为广泛。1940年5月9日，青年团中央团部书记长陈诚在对国民党党政训练班第8期学员的讲话中，将今后青年团团务工作要领扩充至21个方面。② 作为青年团团长，蒋介石对青年团所应发挥作用的期望更高：一是希望通过青年团来革除国民党内官僚政客的习气，使党员有所进步；一是继续培

① 《行政院经济会议秘书处各级经济检察队工作人员服务规程》（1942年），《行政院档案》，档案号：014-070100-0033，第3页。

② 陈诚：《三民主义青年团之使命及团务概况：对中央训练团党政训练班第八期学员讲》（1940年5月9日），《陈诚副总统文物档案》，档案号：008-010102-0013-014，第113页。关于此一研究，还可参见易劳逸《毁灭的种子：战争与革命中的国民党中国（1937~1949）》，王建朗、王贤知、贾维译，江苏人民出版社，2020；黄坚立《难展的双翼：中国国民党面对学生运动的困境与决策：1927~1949年》，商务印书馆，2010。

养革命力量，并指示青年团应结合当前粮政开展工作。① 蒋是青年团介入战时粮政的实际有力支持者，其指示为青年团与战时粮政结合提供了合理依据。但青年团到底应该如何"结合"粮政，蒋并未详细阐明，这就为青年团介入粮政提供了空间。

在 1940 年 7 月初的国民党五届七中全会上，粮食问题成为会议讨论的主要问题之一，尤其是平抑物价提案较多，蒋介石、谷正纲、孔祥熙等人均有提案。② 会议通过了制定全国粮食管理政策、建立各级管理机构的提案。之后，国防最高会议秘书厅秘书长张群特别召集了 3 次小范围会议，详细商讨"机构与办法"，最终决议：第一，设置全国粮管局，统筹全国粮食的产销、储运、调节供求关系等事项，各省、县均设立相应机构；第二，军粮统筹供应，每年在收获时期将全年所需军粮一次办妥；第三，管理粮食要从市场做起，然后逐步扩展至生产地区，最后到达农村，将全部粮食动态掌握在粮食管理人员手中。③

此年所说的粮食管理人员，主要指的是即将设立的全国粮管局工作人员，但核心问题是如何才能将粮食动态掌握在管理人员手中，并且要深入国民党统治薄弱的广大农村、基层地区，以保障军粮民食供应。这对于第一次建立全国性粮食管理机构、第一次实行全国粮食管理的国民政府来说，并无经验可循；对于此前从事教育、航运工作转而管理全国粮食的卢作孚来说，也并没有多少经验可言，除了充分发挥全国粮管局的作用外，是否还有其他力量可资利用？蒋介石事先对此已有考虑。7 月 24 日，蒋在指示黄季陆的电报中，明确要求黄以国民党党员及青年团团员为骨干，密查囤户，"对于党政军各界之囤积者，更应澈查密呈"，并把这项工作置于与禁烟、兵役、"清剿"同等重要的地位。④ 军委会委员长侍从室第六组组长唐纵在当天的日记中这样记述："据报成都米价，涨至一百四十余元一石，现仍涨风未已（重庆涨至一百八十余元）。城厢内外，陆续发生抢米风潮。查

---

① 薛月顺编辑《蒋中正总统档案：事略稿本》（44），第 97~98 页。
② 秦孝仪主编《中华民国重要史料初编——对日抗战时期》第 4 编《战时建设》（3），第 193~243 页。
③ 《全国粮食会议报告》，第 19~20 页。
④ 薛月顺编辑《蒋中正总统档案：事略稿本》（44），第 97 页。

川省去岁丰收，据估计足敷全省人口五年之食。乃入夏以来，各地米价，骎骎上涨，抢米之案，层见叠出。有人多疑为共党鼓动，企图暴动，而不知军阀官僚地主资本家，故意囤积，致激民变。委座曾令省政府组织物价平准处，稳定价格。熟知评价之人，即系操纵之人，如何能制止风潮，消弭隐患？我乃将此种内幕，直接指陈，并签拟电贺秘书长从速严密调查囤户，公定价格，切实执行，不得瞻徇，以利民生。已奉准如拟。"① 假如像唐纵所言，政府要"从速严密调查囤户"，则需建立一支调查队伍，方可济事。张群主张加强对粮食同业公会的管理，并由青年团来担任经济警察的工作，才能对"半官半商"的"商人"发挥效力，并称这是一个好办法。② 可以看出，随着后方粮食问题日益严重，囤积居奇风气盛行，抢米风潮迭起，尽管全国粮管局还未正式成立，但政府已表露出强力管制态度。

全国粮管局的成立，表明国民政府试图通过成立专门的粮食管理机构来缓解乃至解决粮食危机。卢作孚上任后，一方面建章立制，统筹全国粮

① 《在蒋介石身边八年——侍从室高级幕僚唐纵日记》，第143~144页。此处"贺秘书长"即指贺耀组，时任军委会委员长侍从室主任兼行政院经济委员会秘书长。

② 《粮食管理机构组织办法案》（1940年~1941年），《行政院档案》，档案号：014-040504-0025，第30~40页；《国防最高委员会秘书厅函送"各级粮食管理机构组织纲要"等件》（1940年7月26日），朱汇森主编《中华民国农业史料·粮政史料》第1册，第262~264页。"经济警察"或"经济秘密警察"一词何时在中国出现，目前尚不清楚，1938年《东方杂志》曾介绍日本的经济警察制度，其职责为"专司监查与强制人民遵行经济统制之各项法令"。参见《监查物资动员的"经济警察官"》，《东方杂志》第35卷第13号，1938年7月1日，第26页。随后，亦有人专文介绍了日本的经济警察制度。参见育宣《日本的经济警察制度》，《中国青年》第1卷第6期，1938年12月21日，第11~12页。伪北京特别市公署警察局于1939年7月设立经济警察。参见《北京特别市公署警察局设置经济警察办法》，《市政公报》第56期，1939年7月中旬，第5页。1940年3月23日，即汪伪政府成立前一周，"苏北行政专员公署"训令苏北地区各县（市）警务（察）局内添设经济警察股。参见《苏北行政专员公署训令：令各市县、维持会添设经济警察之件》，《苏北公报》第11期，1940年5月1日，第154~157页。在战时大后方，"经济警察"一词亦屡有出现。另外，有人在1941年2月讨论物价管制问题时，建议设立经济特务机关，"用超法律的办法去对付违反法令的行为"。参见伍启元《当前的物价问题——行政院常设经济会议的成立和今后应有的物价政策》，《今日评论》第5卷第7期，1941年2月23日，第102页。1941年十一二月，蒋介石令行政院经济会议秘书处组织"经济警察队"，以检举操纵物价等违法事件。参见贺耀组《行政院经济会议秘书处经济检查工作报告》（1941年12月6日），《国民政府档案》，档案号：001-110010-00002-004，第69页。

食的产销、储运、调节供求关系，着手进行粮食调查、余粮派售、军粮征集等工作；另一方面则积极建立健全粮政组织与机构，完善各级粮政组织，目的在于尽可能解决现有粮食困难，"预作未来的根本准备，以便配合持久抗战，确立未来国家对于粮食管理的根本基础"。① 然而，短期内抽调大量人员充任基层乡镇干事、从事粮政事务，并须加以训练，无论人员还是时间均较紧张，甚至不能有效完成。对此，出身教育界、曾投身实业的卢作孚循规蹈矩，单纯依靠本局机构与人员来完成此一任务的想法是不现实的。如身负粮食调查、市场管理、粮价平准重任的行政管制处，虽可设2~4个科，但各科员额并未明确，且调查内容纯为公开的经济调查业务。② 再如第三科职掌粮食产储、运销、调查及登记事项，"工作大半限于公开调查"，并未涉及秘密调查。③ 因此，卢所能掌握的四川各地粮情仅限于各县政府所报官方数据，对于各县数据是否真实准确、有无瞒报虚报等一无所知，而这种情况却屡见不鲜，这在1941年1月初开始的调查四川各县300市石以上大粮户结果即有明证。据载，川省此次300市石以上大粮户粮额呈报，截至4月底实有80个县8340户上报，实际上报粮额总计541071市石，平均每户为64.88市石，这对于自然条件优越、田地广阔、粮产丰富的川西平原各县来说，显然过少，贺耀组也认为灌县呈报5户、双流17户"是否确实，不无疑问"，④ 如果各县虚报瞒报，则更不易得到确数。

对卢仅有公开调查而无法掌握确实粮情的结果，蒋是非常不满意的。8月15日，蒋下发手令，令全国粮管局"迅拟各项具体办法呈核"。蒋在手令中主要指出，各省政府、国民党各省党部、青年团应对各省粮食调查、登记、管理及收购切实负责，不能听任粮户隐漏不报，如有隐瞒，则

---

① 卢作孚：《全国粮食会议开幕词》，凌耀伦、熊甫编《卢作孚文集》，第525页。
② 《全国粮食管理局组织规程》（1940年7月30日），《重庆市政府档案》，档案号：0053-0002-00358-0000-042-000，第42~43页；《粮政（二）》（1940年8月16日~1941年11月18日），《国民政府档案》，档案号：001-087000-00002-008，第103~104页。
③ 《粮政（二）》（1940年8月16日~1941年11月18日），《国民政府档案》，档案号：001-087000-00002-008，第98~107页；《粮政（三）》（1940年9月6日~1946年8月5日），《国民政府档案》，档案号：001-087000-00003-001，第13页。
④ 《粮政（二）》（1940年8月16日~1941年11月18日），《国民政府档案》，档案号：001-087000-00002-008，第75页。

米谷充公且加重处罚，并鼓励密报行为、奖励密报人员。同时责令各县县长召集各乡镇负责人、地方士绅、中小学校长及各地米商，组织谷米存户调查会，设立登记处，以各种方法调查田主所收租谷数量，"使其不能隐漏"。蒋特别指示，此项工作应由国民党各省县党部与青年团"特别努力参加于调查团体工作，但不可以党与团出面也"。① 显然，蒋对粮食调查工作极为重视，再次要求国民党、青年团力量积极参与基层粮政工作，并要求参与者把此项工作作为秘密工作来看待，以确保万一出现偏差可留有回旋余地。当然，这种考虑或许也与成都抢米事件中的各方博弈有关。

9 月 8 日，全国粮管局拟订《四川省粮食调查暂行办法大纲》，对粮食调查的目的、组织、办法、日程均做了规定，此次调查自 8 月 21 日开始，至 10 月 20 日结束，对四川省粮食消费和生产区域的人口、粮食消费量、粮食输入输出地点及数量、现存陈粮数量、本年收获数量、本年粮食余额及不足数量等都详细调查。② 9 月 30 日，卢给贺耀组、侍从室第二处主任陈布雷发了一份电报，主要就购粮资金、仓储保管、粮食集中、粮食加工、计口授粮及管理机构表达了想法。从电文内容来看，卢除对川省粮食状况有一定的认识外，还列举了大量数据，也对购粮资金、粮食分配、保管加工等进行了推算，还对粮食管理的难度有了新的体认，尤其是购粮资金的筹集。③ 然而，在此大纲中，卢并未提及蒋反复强调的秘密调查事务。蒋得知后，发现自己的意图并未被领会贯彻，自不满意。10 月 21日，蒋向陈布雷下发手令，要求陈转饬全国粮管局呈报该局组织编制规章，意在检查有无秘密调查机构。如若没有，则须责令全国粮管局"设立密查组，每县必设此科，应在各乡镇保甲巡回密查"，须遴选品德才识兼具的优秀青年 10 人左右，担任密查职务。④ 采取巡回方法，意在防止

① 《省市粮食管理办法（一）》（1940 年~1948 年），《行政院档案》，档案号：014-040504-0017，第 37~45 页。
② 《省市粮食管理办法（一）》（1940 年~1948 年），《行政院档案》，档案号：014-040504-0017，第 78~79 页。
③ 《赋税（一）》（1940 年 10 月 6 日），《蒋中正总统文物档案》，档案号：002-080109-00011-004，第 31~34 页。
④ 《粮政（二）》（1940 年 8 月 16 日~1941 年 11 月 18 日），《国民政府档案》，档案号：001-087000-00002-008，第 98~107 页。

密查人员一经固定、任职日久而生弊端。

对于蒋的深意，卢未能深刻领会，在 24 日的呈文中，仅对调查科的设置做了简单规划，"拟在本局行政管制处内设置调查科"，置科长 1 人，科员及办事员若干人，这一调整虽然使调查科职掌事项更为明确，范围也更宽泛，举凡各地粮食生产数量、消费数量、运销情形、存余粮食及各省市县粮食报告的核拟、登记均为其业务范畴。① 但从此项呈文也可以看出，卢所设立的调查科只是普通部门，并不是蒋一再强调的担任"巡回密查"任务的特殊调查部门，与蒋的要求相去甚远。蒋得知后，再次强调了秘密调查的重要性。11 月 21 日，卢才醒悟，认识到"是项密查制度确属必要"，遂在第三科内特设一股，慎选人员兼办。同时，在各县粮食管理委员会第一股遴选人员担任密查职务。② 曾任青年团重庆支团干事兼书记、中央干事会候补干事、粮食部督导委员、四川储运局岷江区分局局长暨简任督察的陈开国，③ 陆军第十三师排长连附、湖北省光化县第三区署区员、军委会别动总队青年推进队员、1941 年 1 月被派充四川高县粮食管理委员会干事兼代股长的陈振华，④ 曾充任宁夏省社教委员会教导员、青年团办事员暨宁夏省粮政局办事员康文学等人，最初均是以青年团团员身份介入粮政的中坚分子。⑤ 从卢与蒋对待密查事务的理念来看，二人迥然不同，从军从政经验欠缺的卢作孚显然没有认识到密查的重要作用，也不知从何处入手，而久历党、政、军三界的蒋介石，则是着眼于借助党、政、军等各方力量从事粮政秘密调查。

---

① 《粮政（二）》（1940 年 8 月 16 日~1941 年 11 月 18 日），《国民政府档案》，档案号：001-087000-00002-008，第 108 页。11 月初，又将巡回密查人数减为 5 人左右。参见《粮政（三）》（1940 年 9 月 6 日~1946 年 8 月 5 日），《国民政府档案》，档案号：001-087000-00003-001，第 11 页。

② 《粮政（三）》（1940 年 9 月 6 日~1946 年 8 月 5 日），《国民政府档案》，档案号：001-087000-00003-001，第 13 页。

③ 陈开国：《关于陈开国参加立委选举并检送签署人名册的函、申请书（附履历表）》（1947 年 11 月 17 日），《四川省第三区行政督察专员公署档案》，档案号：00550003000630000222000，第 223 页。

④ 《全国粮管局关于四川各县粮管会委派第一股股长给省粮管局的训令及部分粮管会呈复各股股长到任情形》（1940 年~1941 年），《四川省政府粮政局档案》，档案号：民 092-01-0690。

⑤ 《省属粮政单位组织规程（二）》（1941 年~1945 年），《行政院档案》，档案号：014-040503-0006，第 165~167 页。

　　其次，介入粮政工作的是"宪"——宪兵队。粮食部成立前，四川省各县政府已向驻地宪兵请求协助粮政工作，1940年12月，蒋介石曾下达手令，要求宪兵协助四川省粮食管理，并派遣宪兵第三团及第十二团各连开赴各县。蒋明确要求，宪兵队进驻各县后，须随时汇编月度情况，呈报军委会或侍从室。侍从室一方面指示各宪兵队"举出事实或证据，续呈候核"；一方面将呈报结果汇总后函告卢作孚，责令卢"查明具报"。如事涉军政部门，则致函军政部调查处理。对于确有成绩的县份，侍从室要求全国粮管局转知四川省政府，对该宪兵队传令嘉奖。①在协助粮政工作过程中，宪兵检举粮政中放任、贪污案件百数起，如合川县华树瑜囤粮居奇案，合江县包装军米舞弊案，岳池、广安等县疏忽粮政案等，"协助粮管尚著成效"。②

　　全国粮管局时期，宪兵协助粮政虽有成效，但也不无改进余地。进驻各县的宪兵队领命而来，其任务是由当地县长指定的，如进驻璧山县的第三团宪兵队，其任务即由县长王仕悌指定，从事"澈查陈粮，及调查米商是否登记，军人有无抢购等"，③可见宪兵队本身并无独立行动的权力，而受到县长的制约。宪兵虽有检举权，却无处置权，须接受督粮人员及各县县长指示，检举的各类案件只能呈报各主管机关，仍由主管机关办理。这些案件上报后常被搁置，久不见复，甚至石沉大海，因此，宪兵队对县粮政机关颇多微词，认为是环境不良，地方机关顾虑太多，并非粮政人员与宪兵之间嫌隙、猜忌。

　　粮食部成立后，徐堪亦对宪兵协助全国粮管局从事粮食管理工作成效较为认可，"仍请中央拨派宪兵协助推行"。④征购工作开始后，宪兵司令部复派遣宪兵第三、第十一、第十二团兵力各一部，宪兵团第九团全团，综计两团兵力，分驻铜梁、永川、潼南等40余个县，工作偏重于催缴，

①　《粮政（三）》（1940年9月6日~1946年8月5日），《国民政府档案》，档案号：001-087000-00003-008，第52~53页。
②　廖砥行：《宪兵协助粮食管理之回顾与前瞻》，《督导通讯》创刊号，1942年1月1日，第13页。
③　《粮政（三）》（1940年9月6日~1946年8月5日），《国民政府档案》，档案号：001-087000-00003-008，第52~53页。
④　廖砥行：《宪兵协助粮食管理之回顾与前瞻》，《督导通讯》创刊号，1942年1月1日，第13页。

兼及余粮调查事宜。① 当时有人认为，宪兵在四川各县执行粮食管理法令时，"非常精密，绝对与驻县督粮委员及县粮政主管人员取得密切之联系，使粮食管理法令在施行时，不为人民所诟病，并使犯法者亦无枉无纵"。② 另据督粮委员与县政府报告，"宪兵服务精神至为积极，对于征购工作收效亦佳"。③ 其实，这种说法仅为一面之词，进驻各县的宪兵与县长、民众关系实则较为复杂。

随着粮政工作日益繁重，粮食部会同宪兵司令部制定《宪兵协助推行四川粮食管理或宣传调查服务规则》，对宪兵在粮政工作中的范围与要点做了更加详细的规定，其中第3条规定"宪兵以协助管理，并执行扣封、拘捕、弹压为主，宣传调查为辅"。协助管理事项包括：执行粮食管理法令，切实防止反动分子及地方恶劣势力；整理田赋征收实物及征购谷物与发行粮食库券；保护粮食储仓，运销的押运与检查，维护粮食市场秩序；催促军粮的集中与运输；因人因地进行宣传与开导；调查当地粮食产销及管理实情；其他临时指定协助事项。驻垫江特务连密查任务有6个方面：一是本县最富绅士，二是各机关法团首长简历及背景，三是囤积居奇或垄断奸商，四是在市场或拦路抢购部队、伤兵番号，五是陈粮及余粮，六是土豪、劣绅、恶霸。④ 可以看出，宪兵队的调查实际上已经突破了单纯的粮食调查，还涉及"各机关法团首长简历及背景"，"土豪、劣绅、恶霸"，并且宪兵连每10天要上交一次密查报告，将协助密查情形逐级呈报给团（营）部，团（营）部再将协助情形按月汇总，呈报宪兵司令部、粮食部备查。协助川省粮政的宪兵执行任务时，在接受粮食部部长指挥的同时，亦受四川省粮政局局长、重庆市粮政局局长、川储局局长及各区督粮特派员、督粮委员、各县县长指导。在粮食部成立后的半年时间内，截至1941年12月底，派遣协助粮政工作的宪兵共计5

---

① 《督导考核制度之建立》，《内政部档案》，档案号：一二-746，第155页；廖一平：《宪兵协助征收征购概述》，《督导通讯》第1卷第3期，1942年3月1日，第11页。据有的资料记载，"两团分驻三十四县"。参见《督导考核制度之建立》，《内政部档案》，档案号：一二-746，第155页。

② 钱丹泉：《粮勤宪兵对于粮政之贡献》，《督导通讯》第1卷第3期，1942年3月1日，第9~10页。

③ 《督导考核制度之建立》，《内政部档案》，档案号：一二-746，第155页。

④ 《粮政（三）》（1940年9月6日~1946年8月5日），《国民政府档案》，档案号：001-087000-00003-008，第87页。

个团，分驻 34 个县。尽管宪兵对于粮政法令与实际业务"初无明确了解"，亦无丰富经验可循，但司令部、粮食部要求其一面工作一面学习，[①] 粮食部将拟订妥善的《宪兵协助粮食储运办法》《监护国营粮食加工业务办法》等下发各宪兵队，作为宪兵服务粮政的行动指南。

各个宪兵队由各宪兵团按建制逐项监督考核，呈送宪兵司令部。协助粮政的宪兵，其工作成绩由粮食部派赴各县督粮委员进行考核，各项奖惩除依据宪兵司令部本身奖惩规则外，还比照督粮委员功过奖惩办法，予以奖惩。[②] 据各省督粮委员及县政府报告，"宪兵服务精神至为积极，对于征购工作，收效亦佳"。[③] 在市场管理中，"虽然各县市场中，不见有宪兵之武装形迹，而奸商均知有所警惕"。在破获的内江奸商囤积黄谷案中，宪兵协助第二民供处办理该案，办案经过"非常精密而适当"，不但平时密切注意粮商及非粮商的囤积居奇行为，事发后又能确实提供证据，"公正和平处理"。[④]

最后是各类检查队、密查队。除了团、宪系统，其他秘密组织如党团粮政服务队、经济会议经检队、国总会经检队、粮食部陪都粮政密查队、川储局密查队等，在粮食部时期也先后组建，并不同程度地介入不同粮政领域，从事密查工作。粮政密查工作开始时，仅限于建立社会关系与一般静态调查。自 1941 年 11 月起，由静态调查进入动态调查，并与中统、青年团、宪兵司令部及经济会议经检队等机关派驻各地人员秘密联系，灵活运用。在各重要地区建立密查据点，利用可靠关系，向外伸展，布成全方位粮政密查网。[⑤] 在纵横交织的立体密查网中，粮食检查尤为重要，1941

---

① 钱丹泉：《粮勤宪兵对于粮政之贡献》，《督导通讯》第 1 卷第 3 期，1942 年 3 月 1 日，第 9 页。

② 《宪兵协助推行四川粮食管理及宣传调查服务规则》，《督导通讯》第 1 卷第 2 期，1942 年 2 月 1 日，第 22 页；《行政院关于粮政之推行报告——对五届十中全会报告》（1941 年 10 月至 1942 年 8 月），秦孝仪主编《抗战建国史料——粮政方面》（1），第 460 页；《行政院工作报告补编》（1941 年 12 月），行政院秘书处撰，李强、黄萍选编《行政院工作报告：一九三四~一九四七》第 6 册，第 594 页。

③ 《粮食部三十年度工作检讨报告》，第 79 页；《行政院关于粮政之推行报告——对五届十中全会报告》（1941 年 10 月至 1942 年 8 月），秦孝仪主编《抗战建国史料——粮政方面》（1），第 459 页。

④ 钱丹泉：《粮勤宪兵对于粮政之贡献》，《督导通讯》第 1 卷第 3 期，1942 年 3 月 1 日，第 9 页。

⑤ 《督导考核制度之建立》，《内政部档案》，档案号：一二-746，第 156 页；《粮食部三十年度工作检讨报告》，第 79 页。

年12月，贺耀组拟订并呈送蒋介石的有关经济会议经检队检查办法及奖惩办法的签呈中，第一条就规定"以粮食检察为中心工作"。① 在经济会议检查组组长朱惠清所拟《行政院经济会议秘书处检察组工作大纲》中，明确检查组"工作方式分为公开及秘密二种"，"于各经济、金融、交通、产业机构及社会各阶层中吸收优秀份子，组织经济秘密检察情报网"，检查工作范围包括九大类，对易于资敌的粮食检查是重中之重。② 可见包括经济会议在内，各方对粮食问题相当重视。

党团粮政服务队（简称"服务队"）。服务队介入粮政工作甚早，由蒋介石亲自发布手令组建而成，以协助粮政宣传，调查检举粮政人员有无舞弊、渎职行为，并监督人民是否有违反粮政管理法令为主要职责，由粮食部所派视察及派驻各县督粮委员，协同当地国民党党部、青年团团部发动优秀党团员组织服务队，服务当地粮政工作。服务队依当地党团建制，分别组建党员队、团员队，在每个党员队、团员队之下，根据发动党员、团员人数及各区需要，分别设立若干分队。至1941年底，四川省已经成立服务队的有涪陵、乐山、眉山、泸县等62个县，成立的分队有1070个，已经加入的党员、团员计有24268人，活跃分子52963人，其间陆续加入者为数不少。③ 1942年上半年，成立县份、分队数量、加入人员分别增至85个县、1100个分队、261578人，人员数量增长尤其迅速。④

粮食部陪都粮政密查队（简称"陪都密查队"）。粮食部成立后，初期工作虽有起色，也得到了蒋介石的肯定，相关人员亦被蒋召见勖勉，但

---

① 《行政院经济会议秘书长贺耀组呈军事委员会委员长蒋中正为经济检查队现行检查及奖惩办法请钧核》（1941年12月17日），《国民政府档案》，档案号：001-110010-00002-006，第92页。

② 《朱惠清呈军事委员会委员长蒋中正为报告行政院经济会议秘书处检查组工作要点报告大纲及检察队组织规程》（1941年12月30日），《国民政府档案》，档案号：001-110010-00002-007，第102~103页。

③ 《粮食部三十年度工作检讨报告》，第77~78页；《督导考核制度之建立》，《内政部档案》，档案号：一二-746，第153页。

④ 《行政工作报告补编》（1941年12月），行政院秘书处撰，李强、黄萍选编《行政院工作报告：一九三四~一九四七》第6册，第593页；粮食部陪都民食供应处：《关于将指派粮政密查队队员姓名、职务报粮食部备查致重庆市粮政局的函》（1942年4月27日），《重庆市粮政局档案》，档案号：00700002001080000002，第9~11页；粮食部：《关于抄送粮食部陪都粮政密查队组织办法给重庆市粮政局的密令（附办法）》（1942年4月16日），《重庆市粮政局档案》，档案号：00700002001080000001，第4~6页。

复杂多变的粮食问题、全国粮管局的前车之鉴仍使粮食部绝不敢掉以轻心。1942年2月21日，徐堪致函重庆市政府，谓陪都民食供应处"应特组检查队，逐日密查"重庆面粉行业。① 4月16日，徐密令重庆市粮政局，由该局与民供处会同督导室一周内成立"粮食部陪都粮政密查队"，以秘密侦查陪都粮政中的营私舞弊案件。

得到徐的授意后，密查队队长费镛章②立即制定《粮食部陪都粮政密查队组织办法》。该办法明确成立密查队的目的之一是"严密调查陪都面粉配销弊端，提供处理意见，借资改善与管理"。③ 也就是说，密查队的工作区域以重庆地区为主，面粉业系其密查主要对象之一，这显示了粮食部对重庆面粉业的重视，也表明面粉业弊端不少，须借助秘密组织独立调查，以便更好地控制陪都面粉业。4月28日，密查队正式成立。密查队队员共计12人，多由粮食部下属粮食行政部门派遣，均经过国民党严格的思想灌输及严密的组织训练。设队长1人，首任队长费镛章；副队长2名，队员9名，由3个部门各选派3人充任，后来续有加派。从人事安排可以看出，粮食部一来将该队领导权掌握在自己手中，便于开展工作；二来每组中的3名队员分别来自3个部门，既有利于互相配合，掌握更多的

① 重庆市粮政局、市政府、粮食部：《关于将重庆市中西餐业等原领官价面粉改配厂价面粉的呈、令、公函》（1942年2月），《重庆市政府档案》，档案号：0053-0025-00042-0000-053-000，第53~63页。

② 重庆市警察局、郑延卓：《关于协助陪都粮政密查队工作的训令、函》（1942年4月30日），《重庆市警察局档案》，档案号：0061001503924030021300，第213~216页。据记载，费镛章1941年10月1日任职于川储局，身份为专员，1944年上半年还参加了该局考成，考语是"协助室务，任劳任怨"。参见《储运局职员三十三年度上半年考成案》（1944年），《粮食部档案》，档案号：119-010200-0428，第23页。1942年7月11日，费镛章另有任用，其队长职务由粮食部督导室第二组组长陈开国兼任。参见粮食部《关于改派陈开国代替费镛章职务给重庆市粮政局的密令》（1942年7月11日），《重庆市粮政局档案》，档案号：00700002001080000007，第26~27页。据载，中华人民共和国成立后，重庆粮食部门在镇压反革命分子活动中，费镛章是最先被镇压的人员之一。参见政协全国委员会文史资料委员会编《文史资料存稿选编》21《经济（上）》，中国文史出版社，2002，第265页。

③ 粮食部陪都民食供应处：《关于将指派粮政密查队队员姓名、职务报粮食部备查致重庆市粮政局的函》（1942年4月27日），《重庆市粮政局档案》，档案号：00700002001080000002，第9~11页；粮食部：《关于抄送粮食部陪都粮政密查队组织办法给重庆市粮政局的密令（附办法）》（1942年4月16日），《重庆市粮政局档案》，档案号：00700002001080000001，第4~6页。

信息，也有利于互相监督与牵制，以防止某一方势力过于强大。队员籍贯以重庆市外来力量为主，教育背景、学历层次较为平衡，费镛章与李天策为大学毕业，年龄较大的梁岳生是中学毕业，其余基本是在国民党军政系统接受过培训的专门人员。队员年龄为 26~46 岁，正是年富力强、勇于任事的人生阶段。①

1944 年，粮食部对于密查密报更为重视，预算调查通讯经费 288000 元，在川江各线组设粮运密查网，检举运粮人员及船夫舞弊情事；发展各省市县党团粮政服务队及通讯员，并普遍建立粮政调查网，使调查监督力量遍于全国各地，与粮政业务相配合；调查各地加工溢额实际情形，及其是否合法，以杜绝加工弊端；调查各地粮食变质原因并究其责任，予以惩处；严密考核各级粮政工作人员操守，厉行奖励；严密考核各级粮政机关对于原订计划及奉令办理、执行情况，作为奖惩标准。②

1944 年 4 月 17 日，四川省政府主席张群发布训令，成立川储局密查队，分派密查人员在各县乡镇负责密查工作，必要时密查队员可请当地军警宪及地方行政自治机关协助。③ 1945 年 1 月 6 日，粮食部提出将陪都密查队、川储局密查队及民食供应处调查人员等进行合并，编组为"粮政督察队"。④ 29 日，国防会法制专门委员会审查后认为，"粮食舞弊案甚多，

---

① 粮食部：《粮食部陪都粮政密查队工作人员姓名地区一览表》，《重庆市粮政局档案》，档案号：00700002001080000004，第 18 页；粮食部：《关于抄送粮食部陪都粮政密查队组织办法给重庆市粮政局的密令（附办法）》（1942 年 4 月 16 日），《重庆市粮政局档案》，档案号：00700002001080000001，第 6 页；粮食部督导室：《关于派邱永康、严振扬参加陪都粮政密查队工作致重庆市政府粮食管理室的函》（1943 年 12 月 29 日），《重庆市粮政局档案》，档案号：00700002001280000018，第 28~30 页。

② 《粮食部 1944 年度工作计划（附预概算及委购军粮价款表）》（1944 年 6 月），《中央设计局档案》，档案号：一七一–1471，第 132 页。

③ 《据四川粮食储运局代电为增进粮运效率杜绝流弊设置密查队制发密查证一案令仰遵照由》，《四川省政府公报》第 239 期（原第 450 期），1944 年 4 月 25 日，第 28 页。

④ 《粮政（九）》（1941 年 11 月 27 日~1945 年 7 月 30 日），《国民政府档案》，档案号：001-087000-00009-000，第 1~22 页。早在 1942 年 6 月全国粮政大会期间，安徽省粮政局即提议在各省粮政局组设粮政督察队，巡回检查大户余粮，并取缔囤积居奇，以加强管制。参见《全国粮政会议决议案》（1942 年 6 月），秦孝仪主编《抗战建国史料——粮政方面》（1），第 263 页。1942 年 9 月，西康省粮政局设立粮政督察队，共计 35 人，分为 7 队，其职责包括征购、粮政宣传、仓储调查、督促运输加工、检查大户存粮等 12 项，相当广泛。参见《西康省粮政局粮政督察队暂行办法》（经第 162 次省务会议决议通过），《西康省政府公报》第 111 期，1942 年 9 月 30 日，第 2~3 页。

犯罪情形亦为复杂，检察官员额有限，耳目难周"，如果设立督察队，可以"补助检察官侦查犯罪"，建立设立督察队。对此，国防会"准予备案"，①密查队各项工作遂由督察队接管。根据《粮政督察队组织条例》，粮政督察队在各省普遍设立，除陪都及四川省粮政督察队以外，其他各省督察队人数最多可达 100 人。督察队不只在人数上是密查队的升级，而且担负"检察官"的职责，"对于粮食收储运配及其他有关粮食犯罪嫌疑之人犯，得依法行使司法警察官及司法警察之职权"，② 也就是说，督察队较密查队更为重要复杂，权力更大，可以依据刑事诉讼法的规定，侦办粮政舞弊案件。

经济会议经检队。1940 年 7 月，国民党五届七中全会决议设立战时经济会议，但一直未能推进成立。12 月 14 日，为调剂粮食、平抑物价等，蒋认为应由行政院成立一个机构——"经济会议"，主要讨论粮价、物价问题，以制定紧急措施来应付粮物价格上涨。在蒋的一再催促下，行政院副院长孔祥熙遂于 15 日召集军政部部长何应钦及与经济事务关系密切的多个机构人员开会，此次会议标志着经济会议正式成立。③

经济会议"职责綦重"，④ 但其下级机构建制却有待健全。1941 年 1 月中下旬，经济会议进行改组，设立秘书处，秘书处分设秘书室及政务、粮食、检察等九组及专门委员会。⑤ 其中经济检查组工作亦有军事机关参加，以增强经济检查效能。⑥

6 月 12 日，军委会核准颁行《行政院经济会议秘书处所属各级经济

① 《国防最高委员会第一百五十三次常务会议纪录》（1945 年 1 月 29 日），《国防最高委员会常务会议记录》第 7 册，第 96 页。

② 《国防最高委员会秘书厅函送〈粮政督察队组织条例草案〉等件》（1945 年 3 月 28 日），侯坤宏主编《中华民国农业史料·粮政史料》第 5 册，台北，"国史馆"，1990，第 619~620 页。

③ 《经济会议第一次会议纪录》（1940 年 12 月 17 日），《行政院经济会议、国家总动员会议会议录》第 1 分册，第 1~3 页。据曾在经济会议金融组工作的钱大章回忆，"抗战期间国民政府行政院设置的经济会议，成立于 1941 年初"。参见钱大章《抗战时期的行政院经济会议》，《文史资料存稿选编》21《经济（上）》，第 40 页。

④ 《行政院经济会议印信及各员任免》（1941 年~1942 年），《行政院档案》，档案号：014-090201-0156，第 19 页。

⑤ 《行政院经济会议组织概况》，《国际劳工通讯》第 8 卷第 3 期，1941 年 3 月，第 158 页；《行政院经济会议改组》，《国际劳工通讯》第 8 卷第 2 期，1941 年 2 月，第 67 页。

⑥ 《政府加强经济机构，严厉统制物资：行政院经济会议将成立常设机关，渝平购处举办存货登记圆满结束》，《金融周报》第 11 卷第 5~6 期合刊，1941 年 2 月 5 日，第 31 页。

检察队组织规程》，9 月 12 日，行政院准予备案。该组织规程共计 10 章 41 条，对总队部、大队部、支队部、分队、队员、经费、警卫及各级经检队的职权均有明确规定。组织规程同时规定，支队与分队活动"以采取秘密方式为原则"。①

国家总动员会议经济检查队。从经济角度讲，抗战也意味着经济领域的斗争，而且随着抗战的深入，经济作战日益重要。1942 年 3 月 29 日，国民政府公布《国家总动员法》，将经济会议改组为国家总动员会议（简称"国总会"）。5 月 1 日，国总会正式成立。根据《国家总动员法》规定，国家总动员意在集中运用全国人力、物力，加强国防建设，以为抗战大局服务，因此其动员内容极其庞杂，有军事动员、人力动员、财力动员、物力动员、粮盐动员、运输动员、文化动员及一般事项与经济检查事项。12 月 7 日，国总会予以改组，下设总务、物资两处，军事、人力、财力、运输、检查、精神动员六组，经济检查工作仍为一项重要事务。② 蒋介石对国总会经济检查工作非常重视，曾对此项工作有所指示："应与管制经济、求切实辅助之道，尤应与总动员业务中之物力、财力动员相配合。"③ 改组后的国总会，仍保留经济会议秘书处主管的经济检查工作，将其改为检查组，其中职员 86 人，包括主任 1 人，简任二级；副主任 3 人，简任四级，兼任；其他职员包括秘书、专门委员、专员、科长、组员、督察室主任、督察、电台台长、机务员、报务员、办事员、书记等，另有公役 30 人。检查组下设若干检查队，包括：四川省经检总队，职员 63 人，公役 20 人；重庆经检队，

---

① 《朱惠清呈军事委员会委员长蒋中正为报告行政院经济会议秘书处检查组工作要点报告大纲及检察队组织规程》（1941 年 12 月 30 日），《国民政府档案》，档案号：001-110010-00002-007，第 106～110 页。

② 钱端升等：《民国政制史》上册，第 228 页；沈鸿烈：《国家总动员会议秘书长沈鸿烈呈军事委员会委员长蒋中正为呈报管制物价情形口头报告稿》（1943 年 9 月 7 日），《国民政府档案》，档案号：001-110010-00019-002，第 9 页；张厉生、蒋廷黻：《呈复国家总动员会议请增经常临时各费》（1943 年 1 月 13 日），《国民政府档案》，档案号：001-021000-00025-004，第 43 页；《国家总动员会议秘书长张厉生呈国民政府主席蒋中正为奉谕本会之组织业务及人事等应如何设法加强遵将修正国家总动员会议组织条例及充实业务人事调整办法呈请鉴核示遵》（1944 年 8 月 6 日），《国民政府档案》，档案号：001-040002-00003-006，第 80 页。

③ 《国家总动员会议工作报告》（1942 年 9 月 12 日～1943 年 2 月 3 日），《国民政府档案》，档案号：001-047330-00003-000，第 19 页。

职员 266 人，公役 27 人；成都经检队，职员 229 人，公役 24 人；自贡经检队，职员 123 人，公役 16 人。①

国总会经检工作涉及领域颇多，对队员的要求亦高，队员不仅须有丰富的学识、专门技能，而且在品行操守方面必须"修养有素"。队员人数众多，必须对"操守欠严，意志薄弱"的经检人员施以训练，才能"确立不移，免为外物所诱"。② 1942 年 10 月，国总会派员与中央训练团、中央训练委员会洽商，在党政训练班内附设经检人员训练班，编成两个中队约 200 人，调集分队长以上人员及新招考的学员，实施为期 3 个月的训练，第一个月与党政训练班学员合并训练，然后专门训练。1943 年 1 月，训练计划正式实施，选调高级优秀干部 114 名，编为一中队，纳入党政训练班第 26 期受训，从 6 月 1 日开始。中下级工作人员则由国总会召集讲习会，进行短期训练。各省经检工作人员，由各省政府自行设班予以培训，"期使品学增进"。③ 从国总会对经检人员的要求及实施的训练来看，其相当重视此类人员，这也与经检工作职责息息相关。

根据国总会 1943 年 5 月 5 日制定的《国家总动员经济检查队经济检查规则》，国总会经检队检查范围如下：一是违反《国家总动员法》有关经济管制事项者；二是各项经济管制法令规定管制的物资出现囤积居奇、投机垄断、操纵行为者；三是有关经济管制贪污舞弊者；四是其他经政府临时指定检查者。国总会经检队队员主要来自陪都卫戍部队，有充分权力进行违法检查，并将案件移交军法机关进行审理，甚至"案件重大者，

---

① 《行政院院长蒋中正呈国民政府为国家总动员会议所属检察组及各级经济检察队编制请鉴核备案》（1943 年 8 月 31 日），《国民政府档案》，档案号：001-012071-00305-016，第 42~50 页。另有记载，国总会员额编制为 217 人。参见《国家总动员会议秘书长张厉生呈国民政府主席蒋中正为奉谕本会议之组织业务及人事等应如何设法加强将修正国家总动员会议组织条例及充实业务人事调整办法呈请鉴核示遵》（1944 年 8 月 6 日），《国民政府档案》，档案号：001-040002-00003-006，第 81 页。

② 《国家总动员会议三十一年九月份工作报告》（1942 年 10 月 29 日），《国民政府档案》，档案号：001-047330-00003-001，第 62 页。

③ 《国家总动员会议三十二年一月份工作报告》（1943 年 3 月 9 日），《国民政府档案》，档案号：001-047330-00004-000，第 28 页；《国家总动员会议三十一年九月份工作报告》（1942 年 10 月 29 日），《国民政府档案》，档案号：001-047330-00003-001，第 62、74 页。

得将当事人或关系人带案"，① 经济检查规则虽对何谓"案件重大"并未界定，而这正是国总会经检队队员可任意弹性伸缩之处，当然也容易出现执法者知法犯法的漏洞。国总会经检队名义上由国总会设立，但其所查案件除了要向国总会报告外，还要"立即当面报告其所属部队"，也就是说，国总会经检队队员受双重管理，这或许也是出于权力制约的考虑，正如陪都粮政密查队由重庆市粮政局、粮食部陪都民食供应处、粮食部督导室共同抽调人员组成一样，既有利于互相配合，掌握更多的信息，也有利于互相监督与牵制，防止某一方势力过于强大。②

经济会议时期，经检工作计划、机构编制、经费概算预算等均由经济会议秘书处拟定，最初仅在四川省内实施，涉及重庆、成都、自贡三市。国总会成立初期，经检地域亦仅限此三市，后渐拓展至宜宾、万县二县。国总会成立后，蒋介石指令对原有计划"再作整个检讨"，彻底强化机构，"务使工作全面开展，深入民间"。为此，国总会秘书处遵照蒋的指示，在5~7月着手推进如下事项：加强中央及四川省检查机构工作；建立各省检查机构；明确业务范围与检查对象；规范检查程序；统一检查权责；促进人力、物力动员；改进管制办法及管制方式；修订检查法规；宣传相关法令及检查效果；发动民众检举不法行为；推进督导业务；甄别各级经检干部；制定奖惩制度；等等。③ 在国总会代理秘书长端木恺看来，仅在四川五市县进行经检工作"不足以完成全面布置，应由点而面，严密管制"，加上各地类似机构不健全，管制松懈，"宜择定一二重要地区"，由国总会设置直辖经检队，以为各省示范。端木恺的想法不无道理，至少国总会各直辖经检队的工作重点更为突出，能在重点地区的重要

---

① 《国家总动员经济检查队经济检查规则》，《湖南省银行经济季刊》第4期，1943年7月1日，第269页。

② 粮食部：《粮食部陪都粮政密查队工作人员姓名地区一览表》，《重庆市粮政局档案》，档案号：00700002001080000004，第18页；粮食部：《关于抄送粮食部陪都粮政密查队组织办法给重庆市粮政局的密令（附办法）》（1942年4月16日），《重庆市粮政局档案》，档案号：00700002001080000001，第6页；粮食部督导室：《关于派邱永康、严振扬参加陪都粮政密查队工作致重庆市政府粮食管理室的函》（1943年12月29日），《重庆市粮政局档案》，档案号：00700002001280000018，第28~30页。

③ 《国家总动员会议工作报告》（1942年9月12日~1943年2月3日），《国民政府档案》，档案号：001-047330-00003-000，第19~20页。

领域发挥示范带动作用。国总会遂于第 47 次常务委员会议决议如下：第
一，划分四川省为 5 个经检区，将原有重庆、成都、自贡 3 个检查队及宜
宾、万县 2 个支队，改称为第一至第五大队，检查区域相应扩大，分别负
责 5 个区域的全面经检工作；每队每月各增拨特别经费 5 万元，实支实
销，宜宾、万县从支队扩充至大队后，经费相应各增加 27653 元；第二，
在物资集散繁盛的衡阳、西安两地，由国总会分别设置直辖经检队，编为
第六、第七大队，每队每月经费包括特别费在内共计 120869 元；第三，
由军法执行总监部派遣军法官常驻各队，就地审理违法案件，军法官驻队
费用由各队承担；第四，四川省经检总队在 1944 年 1 月裁撤后，总队长、
副总队长、秘书等职务仍保留，由国总会检查组正副主任暨秘书分别兼
任。① 国总会的上述 4 项办法，意在进一步加大经济检查工作的力度与广
度，并通过裁撤四川省经检总队将权力收缩集中，反映出 1944 年经济形
势更趋恶化，必须采取更为强硬的手段予以管制。

　　1945 年 3 月 9 日，在行政院临时院务会议上，按照国防会"简化机
构，促进效率"的指示，国总会及其所属经检队裁撤，其业务交行政院
接办。② 23 日，戴笠亦认为，国总会业已裁撤，其下属经检队"亦应同
时裁撤"。③ 4 月 27 日，国民政府训令行政院，国总会人事室组织规程废
止。④ 9 月 11 日，行政院指令裁撤国总会经检队。10 月 19 日，物价管制
处暨经检队组织规程相应废止。⑤ 自此，国总会经检队退出历史舞台。

　　除了上述较具代表性的秘密组织外，四川省粮食调查委员会、义务通

---

① 《国家总动员会议秘书长沈鸿烈呈军事委员会委员长蒋中正为呈拟加强经济检察办法四
　　项》（1944 年 4 月 28 日），《国民政府档案》，档案号：001-110010-0005-005，第 63~64
　　页。派遣军法官常驻各检查队从事审判工作，以致军法官人员严重不足，国总会遂从 1943
　　年 2 月起"征用法科毕业学生"以敷应用。参见《国家总动员会议三十二年二月份工作报
　　告》（1943 年 3 月 12 日），《国民政府档案》，档案号：001-047330-00004-000，第 39 页。
② 《国家总动员会议等机关送政院决议分别裁撤》，《经济世界》第 13 期，1945 年 3 月 24
　　日，第 1 版。
③ 《戴公遗墨——组织类（第 3 卷）》（1945 年 3 月 23 日），台北，"国史馆"藏，《国防
　　部军事情报局档案》，档案号：144-010105-0003，第 3 页。
④ 《国家总动员会议人事室组织规程废止案》（1945 年 4 月 27 日），《行政院档案》，014-
　　090102-0068，第 3 页。
⑤ 《分存单：裁撤经济检查队》（1945 年 9 月 11 日），《国民政府档案》，档案号：001-
　　012071-00305-028，第 85 页；《分存单：废止物价管制处暨经济检查队组织规程》
　　（1945 年 10 月 29 日），《国民政府档案》，档案号：001-012071-00305-030，第 87 页。

讯员、粮政督导员等名目众多的组织与人员参与战时粮政，担任不同的职务，履行不同的职能。各省如发生"特殊案件"，则由粮食部派员密查。1941年征实工作开展后，粮食部尝试在四川个别县市聘请各地党团员负责人及其他热心粮政人士担任粮政通讯员，再推广至全省其他地区。[①] 至1942年上半年，四川省共聘请义务通讯员176人，分布在川省56个县。[②] 因此，粮食部成立后，借助"团、宪、队"各方力量，构建起一张立体的粮政网，粮政推行更具成效。

二　"团、宪、队"与战时粮政推行

"团、宪、队"虽因身份所限，较为隐秘，甚至不为外界所知，但其所负粮政职责包括全体粮政，范围极广，举凡生产、余粮、市场买卖、征收征购、运输分配、消费节约，均被纳入其工作范围。生产方面包括：劝导人民增加稻麦生产；利用荒地，广种杂粮；注意水利，以利灌溉；防止虫害，减少损失；芟除杂草，以防作物生长受害；改良品种，增加产量。余粮方面包括：依据耕地面积收获成数估计地主或农户应有余粮，作为征购或派售的参考；余粮应一律供政府征购，不得私自囤积或隐藏散藏；注意各地公私仓库设立的地点与囤储容量，以及实际存粮数量；各地存粮应妥谋保管，以免损失；等等。征收征购方面包括：征收征购均由业主负担，应防转嫁佃农；分派必须力求公平合理，并严防大户逃避偷漏；征购价款应照规定发给粮户，并严防经手人员克扣拖欠；粮食的集中、运输力求迅速，并注意有无怠忽延误情事；如有其他弊端应随时检举，依法惩处。市场方面包括：粮食买卖应集中在市场进行；登记各地仓栈商号、经纪行栈及加工行业等；取缔黑市竞购、居奇操纵及扰乱市场等情事；注意各市场粮食成交数量与价格；平抑粮价工作应切实执行；等等。运输方面包括：尽力掌握运输工具，力谋运输便利；力求运输经济合理，以减少耗

---

① 《督导考核制度之建立》，《内政部档案》，档案号：一二-746，第156页；《粮食部三十年度工作检讨报告》，第79页。

② 《行政院关于粮政之推行报告——对五届十中全会报告》（1941年10月至1942年8月），秦孝仪主编《抗战建国史料——粮政方面》（1），第459页；中国第二历史档案馆：《国民参政会历届大会之粮食部工作报告选编》（上），《民国档案》2021年第3期。

费；对供应市场与消费市场间的联系，应力求密切；注意集团运商有无买多卖少、早买迟报及中途抛售等弊端；取缔逃匿、偷运、阻拦、截拦等情事；必要时发动民力，补助交通工具的不足。分配方面包括：对于各都市、各县乡镇供需情形，应彻底明了、妥为分配；征购及供应的米粮必须督促相关机构切实遵行；等等。节约方面：设法减少粮食浪费；提倡食用糙米杂粮；取缔或限制以粮食酿酒制糖；等等。① 上述各领域工作约可分为 3 类：一是协助粮政宣传，二是调查检举粮政人员舞弊渎职，三是监督人民有无违反粮食管理法令。

1. 协助粮政宣传

全国粮管局成立后，粮政宣传工作在蒋介石亲自过问下全面展开。1940 年 9 月 11 日，蒋发表《为实施粮食管理告川省同胞书》，认为四川粮食短缺、粮价高涨是人为造成的，除少数豪猾商贾囤积居奇外，最大的原因在于地主、富户及一般农民期待高价，抑粮不售，导致市场粮食缺乏。他表示政府必须纠正这种藏粮害国的现象，要求加强对四川粮食的统制。② 演讲完毕后，蒋命令将之印刷成布告，用飞机分送各县，各县应"立将单张布告，分送各乡镇，广为张贴，并就地翻印张贴"，同时责令各县县长"约同县党部书记克日发动各区乡士绅、公务员、各保甲长及党员与小学教师一体照书告讲诵宣传"，③ 可见蒋对粮政宣传非常重视。全国粮管局时期，宪兵在粮食政策宣传中"更属普遍"，重庆卫戍总司令部派驻各县宪兵负有宣传政府粮食政策的使命，宪兵第十二团在合川县采用的宣传方式有 3 种：一是召集合川县城各类米商讲解粮食法规要点；二是利用全县保甲长训练时机，要求县长把粮食管理各项法规作为科目内

---

① 陈开国：《党团粮政服务队之组织及其工作》，《督导通讯》第 1 卷第 3 期，1942 年 3 月 1 日，第 2~8 页；钱丹泉：《粮勤宪兵对于粮政之贡献》，《督导通讯》第 1 卷第 3 期，1942 年 3 月 1 日，第 9~10 页。据载，从事偷运者不乏其人，1941 年 11 月，四川省三台县张正禹、李元卿等 10 人呈文粮食部，控诉平武县南坝乡名誉乡长、哥老会舵把子滕华丰无视该县"在征购期内暂行阻关办法，不论军民，禁止贩运"的规定，私自偷运食粮出县境。参见《三台驻中坝粮业同业公会呈请核办滕华丰违法运粮卷》（1941 年），《粮食部档案》，档案号：119-050205-0002，第 11~12 页。

② 《蒋委员长发表："为实施粮食管理告川省同胞书"》（1940 年 9 月 11 日），秦孝仪主编《中华民国重要史料初编——对日抗战时期》第 4 编《战时建设》（3），第 49~50 页。

③ 《粮政（五）》（1941 年 2 月 18 日~1941 年 7 月 19 日），《国民政府档案》，档案号：001-087000-00005-001，第 1 页。

容，由宪兵前往讲授；三是根据蒋介石手令内容制作标语进行张贴。[1]

1941年秋收前，粮食部督促各地继续充分供应军粮、调剂民食；秋收后，协助田赋改征实物及征购粮食，以协助中央政府掌握足量实物。11月，粮食部颁发《粮政宣传大纲令》，拟订《推行粮政宣传大纲》，并转饬各级党部、团部遵照执行。截至1941年12月底，粮食部已着手编撰粮政小丛书13种，编印《督导通讯》半月刊，已发行至第13期。[2]

粮政宣传的目的是使民众了解4个方面的内容。一是粮食对抗战的重要性；二是做到"有力出力，有钱出钱，有粮出粮"；三是囤积散藏粮食、抬高粮价为非法行为；四是厉行粮政旨在争取抗战胜利。[3] 1941年田赋征实工作极为顺利，征起率极高，因此，徐堪不无感慨地说："今征收征购工作之能如限完成，且超过预期之数额者，固由经收经征及督粮人员之努力，实亦为发动普遍宣传所致之效果。"[4] 1941年12月底，行政院在工作报告中对党团粮政服务队的工作提出表扬，"四川各县征收征购工作之能如限完成，且超过预期之数额者，宣传实与有力焉"。[5]

粮食部在1942年工作计划大纲中对发动党团宣传粮政亦有规划，制定4项宣传要旨，分4期逐步推进：一是说明施行粮食政策的意义与决心，二是激励人民加紧粮食生产、厉行节约消费，三是解释实施征收征购粮食的用意与各项办法，四是解释粮政工作中的特殊问题，消除民众误会。[6] 为使社会舆论及纳赋普通民众均能正确认识、真诚拥护，"以期迅奏事功"，1942年8月，财政部针对调整后的政策，认为上一年度的《推行粮政宣传大纲》已不适用，遂依据《三十一年度田赋征实及征购粮食

---

[1]　《粮政（三）》（1940年9月6日~1946年8月5日），《国民政府档案》，档案号：001-087000-00003-008，第76页。

[2]　《行政院工作报告补编》（1941年12月），行政院秘书处撰，李强、黄萍选编《行政院工作报告：一九三四~一九四七》第6册，第594页。

[3]　《粮食部颁发粮政宣传大纲令》，秦孝仪主编《抗战建国史料——粮政方面》（1），第382页。

[4]　《粮食部三十年度工作检讨报告》，第78页。

[5]　《行政院工作报告补编》（1941年12月），行政院秘书处撰，李强、黄萍选编《行政院工作报告：一九三四~一九四七》第6册，第593页。

[6]　《粮政（九）》（1941年11月27日~1945年7月30日），《国民政府档案》，档案号：001-087000-00009-000，第55~56页。

工作计划书草案》制定《修正田赋征收实物暨随赋带购粮食宣传大纲》，并颁发各省财政厅、田赋处、粮政局，函送各省参议会、国民党省党部、青年团支团部、教育厅，要求协助宣传。① 1942年，粮食部将党团宣传作为中心工作，在后方各省大规模开展起来，川省宣传最为普遍有力，滇、黔、粤等16个省亦遵照办理，大部分完成了本年度宣传任务，国民政府对1942年度粮食部发动的粮政宣传比较满意。② 粮食部在工作报告中亦对党团粮政服务队的宣传工作不吝赞美："党团粮政服务队之任务，以协助关于粮政之宣传调查、检举粮政人员之舞弊渎职及人民之违反粮管法令等工作为主，各队均能努力工作，尤以宣传工作成绩为佳。"③ 在1945年献粮献金运动兴起时，为了增强献粮成效，国总会在1月20日邀集国民参政会代表黄炎培、国民党中央党部代表章尹耕、青年团代表杨耀先、粮食部代表吴风清、财政部代表杨绵仲就如何推行《改善士兵待遇献粮献金办法》展开讨论，而且随后成立各机关联系会报机构，青年团也名列其中。④ 从国总会邀请的机关来看，数量并不多，仅有5家，其中就包括青年团，可见其地位是较为重要的。

粮食部对四川省各县粮政服务队予以考核，根据考核结果，成绩最优者发给奖金，计有万县、新都、合川等县的10个服务队，其中党员队5个、团员队5个，璧山县的党团员队均位列最优；成绩次优的有罗江、泸县、大竹等16个服务队，其中党员队11个、团员队4个，以及党团员队1个，大竹县的党团员队均获得次优，分别由国民党中央组织部、中统、国民党中央宣传部、青年团中央团部予以嘉勉。⑤

战时粮政宣传形式多样，"团、宪、队"均发挥了自身优势，效果较好。不过，对于粮政宣传工作，也有值得商榷的地方。如《督导通讯》

---

① 《修正田赋征收实物暨随赋带购粮食宣传大纲》（1941年~1942年），《行政院档案》，档案号：014-040201-0009，第16~27页。
② 《粮食部三十一年度工作考察》，第9页。
③ 中国第二历史档案馆：《国民参政会历届大会之粮食部工作报告选编》（上），《民国档案》2021年第3期。
④ 《献粮献金实施办法（三）》（1945年），《行政院档案》，档案号：014-040504-0035，第22页。
⑤ 《奖励川省各县党团粮政服务队协助推行粮政》，《粮政月刊》第2卷第2~4期合刊，1944年9月16日，第112页。

1942 年发表的一则名为《秕糠掺入谷内风不掉的方法》的小文章，介绍的竟是如何将秕糠加工后掺入稻谷内冒充良谷的方法，虽然假托江安县党部兼粮监会干事某君的口吻，但如果将秕糠用水煎沸晒干掺入谷内的方法奏效，岂不成了唆使民众掺杂作假的元凶。[1]

2. 调查检举粮政人员舞弊渎职

粮食部实行的征实、征购、征借政策及与之相配套的征粮、收粮、储粮、运粮、拨粮、配粮等一系列流程环节，均极易产生弊端。尽管粮食部通过审慎用人、改善待遇、明定赏罚、严密督察等项措施，[2] 以期事先防范，但各环节人员在利益驱使下作奸犯科者仍层出不穷，防不胜防。如浮派浮收者、斗手营私害公者、克扣粮款者、向粮户需索贿赂者、运储人员行为不法者等，[3] 每一环节，均可能产生各种粮政弊端，可谓层出不穷。如仓储环节，"据闻各地方仓库多有至今未设立的；其已设立的，其积谷有被经手人中饱的，有被经手人挪用而久未填偿的，也有先派款后积谷，而款被经手人中饱或买贱报贵的"。[4] 1945 年 1 月 29 日，国防会法制专门委员会主任委员王世杰当着徐堪及所有委员的面，说出"粮食舞弊案甚多"的话。[5] 这一点徐本人也无可辩驳。据徐堪记载，自粮食部成立至1946 年 3 月底，粮政违法舞弊案件中，经审讯属实依法判处死刑的有 10人，判处无期徒刑的有 25 人，28 人被判处 15 年以上有期徒刑，17 人被判处 10 年以上徒刑，112 人被判处 5 年以上徒刑，91 人被判处 1 年以上徒刑，撤职、记过等行政处分 325 人。[6] 这些统计仅为粮政弊端中的重要案件，可以肯定的是，数量更多的粮政弊端并未列入。据陈开国记载，1941 年四川各地粮政舞弊案件至少有如下数件：云阳县党部书记杨秩东

---

① 王正鸿：《督粮小经验两则》，《督导通讯》第 1 卷第 2 期，1942 年 2 月 1 日，第 14 页。
② 《财政部函送行政院有关办理国民参政会第三届第三次大会对于国家总动员会议工作报告之决议案报告书等》（1944 年 11 月），《行政院档案》，档案号：014-000301-0140，第 39 页。
③ 《密查检举粮政人员违法舞弊实施办法》（1942 年 10 月粮食部公布），《中农月刊》第 3卷第 11 期，1942 年 11 月 30 日，第 100 页。
④ 陈正谟：《米谷生产成本调查及川粮管理问题》，第 81 页。
⑤ 《国防最高委员会第一百五十三次常务会议纪录》（1945 年 1 月 29 日），《国防最高委员会常务会议纪录》第 7 册，第 96 页。
⑥ 《徐可亭先生文存》，第 203 页。

检举该县南汉镇经收员毕渠卿征粮舞弊，被判处死刑；彰明县青年团检举该县县长王文彝舞弊及督察处兼运输站站长张中涵侵吞米谷等案 3 件；万县党部陈叔文检举经收员雷仲纯征粮舞弊，被判处死刑；大竹县党团检举围棋乡乡长萧荣光办理粮政违法，被处以罚金；金堂县党团检举白果乡副乡长傅用章篡改公文案；江北县党团检举舞弊案 3 件；古蔺县党团检举太平乡乡长兼该征购办事处主任车永珍换斗舞弊案；营山县党团检举附城征购办事处叶昌藩窃谷案；犍为县党团检举粮政舞弊案 3 件；乐山县党团检举牟子卿、保长毛登丰盗谷案，镇子场联合办事处勒索补领通知费，符溪乡联合办事处征谷未过舞弊案；开县党团检举征东乡征购办事处经收员唐尚鸿办理粮政舞弊案；等等。① 这些案件均反映了粮政人员存在不少不法行径，而检举者多为党团工作人员，这也表明党团力量在基层粮政中的重要性。

常驻各县的宪兵队，检举舞弊粮政人员既包括普通粮政人员，也包括粮政的直接管理者，如县长。据宪兵第十二团驻垫江特务连排长母直锟 1940 年 12 月 5 日报告，该县县长门启昌"系学界之人"，曾任四川大学教务长、《新闻夜报》总经理，1940 年 9 月 25 日由督学转任垫江县县长，做事缺乏魄力与毅力，虽声称注重军粮催缴，1940 年十一二月谎报征购军粮的 90 万元款项已下发八成，只待集中搬运，但据宪兵队密查，实际仅发放十分之三四，另有 10 余万元在商人手中。该县县委成员多数腐化，办事效率低下，11 月 11 日成立的县粮食管理委员会，至宪兵队 12 月 5 日提交密查报告时，对于该县粮政"工作之推进尚无成绩"。② 宪兵队还反映，该县县长及委员不能勇于任事，一项提案历二三日而不能决，甚至"漠视"粮食管理。宪兵第十二团团长吴志勋 12 月初综合该团各连报告称，门县长到任后，并未遵令将蒋 9 月 11 日《为实施粮食管理告川省同胞书》单独布告分送各乡镇，广为张贴，布告人民，吴团长并反映"该县长对粮食管理极为废弛"。在 1941 年 2 月 18 日召开的经济会议上，有

---

① 陈开国：《党团粮政服务队之组织及其工作》，《督导通讯》第 1 卷第 3 期，1942 年 3 月 1 日，第 2~8 页。

② 《粮政（三）》（1940 年 9 月 6 日~1946 年 8 月 5 日），《国民政府档案》，档案号：001-087000-00003-008，第 87~91 页。

人报告门启昌除了上述怠政行为外，对蒋责令各县必须劝告民众出售存粮、捐献军粮等工作亦未办理。另据各军事学校毕业生调查处垫江小组25日密报蒋介石，密报内容与宪兵队呈报基本相同，同时补充了更多细节，所不同者是门县长尚有借禁政贪污之事。[①] 不过，"门是中统特务四大天王之一"，"有中统作靠山"，[②] 在门赴渝打点后，军委会并未对门撤职查办，只做如下结语："综核该县长对粮管要政全部实情，大致尚能遵照命令，与一般县长比较，似当非成绩最坏。""当非成绩最坏"说明有的县份甚至有过之而无不及。

除了垫江，其他各县也不同程度地存在各种问题，如武胜县县长蒋光耀除对军粮征购尚属努力外，对宪兵则是推诿不见，粮食管理业务未能逐步推进，每月供应渝市米量均有差额；合江县粮管会副主任委员吴瑜办理粮政"确无成绩，且迭被控告"，已被撤换；邻水县县长王元枢未按规定办理粮政，且统制本县粮食输出；等等。[③] 战时各省市县粮政弊端层出不穷固为事实，但若无"团、宪、队"深入基层检举监督，则粮政公平无法保证，舞弊者更是无法无天、不能绳之以法。

3. 监督人民有无违反粮食管理法令

在粮食短缺、粮价高涨、粮食危机日益严重时，社会各界对粮食的需求有增无已，不法之徒乃至普通民众铤而走险者不在少数，这也是战时粮食管理的另一个主要方面，管理机构主要借助"团、宪、队"等密查检举，甚至中统、军统人员亦深度介入其中。

协助陪都面粉管制的密查队从1942年5月2日开始工作，至6月23日，查案数量共86件，其中面粉违法案件68件（见表4-27）。[④]

---

① 《粮政（五）》（1941年2月18日~1941年7月19日），《国民政府档案》，档案号：001-087000-00005-001，第10~13页。

② 肖钟鼎：《回忆解放前两次反对垫江县长贪污受贿的斗争经过》，政协垫江县文史资料委员会编印《垫江县文史资料》第2辑，出版时间不详，第116~117页。

③ 《粮政（五）》（1941年2月18日~1941年7月19日），《国民政府档案》，档案号：001-087000-00005-000，第30~32页。

④ 重庆市粮政局、重庆市政府：《关于陈报陪都粮政密查队1942年5至6月查报案件交由该局办理情形的指令、呈》（1942年9月7日），《重庆市粮政局档案》，档案号：0070 0002001440000009，第27页；重庆市粮政局、重庆市政府：《关于报送陪都粮政密查队查报案件处理情形的呈、指令（附表）》，《重庆市政府档案》，档案号：0053-0015-00432-0000-003-000，第5~8页。

表4-27　陪都粮政密查队1942年5~6月查报案件处理一览（面粉部分）

日期	调查对象	案由	查报人	办理情形
5月4日	许兄车包子铺	该店已领有面粉准购证，且又收买黑市面粉2袋私存店中，应请查究其来源	金白村	函警察局收缴，解局充公
	鸿发切面店	该店代售温泉牌挂面，后在隔壁兼营土面，切面店拟请取缔	文江	已通知不准兼营挂面与土面切面
	合兴厂切面店	该店兼卖大饼，以为蒙混渔利之工具	汪延	警告
	山东荟社面饼店	该店私藏面粉2袋于衣橱内，经询系托友人向第二十五兵工厂购买	东门车	已将其面粉提回，售价充公一袋，一袋（官粉每袋80元）发还其领
5月5日	第六零售粉店	该店克扣会员面粉6袋走私渔利，应请粮政局予以查究	金白村	已将私售6袋面粉提供与军以查缴局充公
	刘耀芬	该刘耀芬供应处假借职权贩卖黑市面粉8袋	程文江	准供应处函复面粉8袋发还
5月6日	王泽民切面店	该店发售切面，价格不同，市民购面每斤1.8元，会员购面每斤2元	庄云	警告
	永合祥切面店	该店账目不清，未经购户加盖私章，显系舞弊走私渔利	金白村	经查实情节甚轻，姑准免议
	赵文切面店	黄树成面食店向该店以高价购买切面，而该店又伪造账簿	庄云	本案经以查处转知，属实，停配面粉
	万春面食店	该店一日之间在数处购买切面面粉，显属平利取巧	金白村	警告
5月7日	第一零售粉店	该店发售面粉账内有未经购户加盖章，且自售与军委会等机关面粉	金白村	警告
5月8日	第五零售粉店	该店一日之间克扣面粉3袋，实属不合，应予严办	金白村	本案经讯后，情节甚轻，姑准免议
5月9日	中华切面店	该店侑私舞弊，售给非会员之切面并掺来土粉	金白村	本案已查报，告诫免议
		该店私藏面粉15袋，殊属违法，应请严办	彭家盛	该案已由该店主将其面粉照厂价缴款1700元充公

续表

日期	调查对象	案由	查报人	办理情形
5月11日	发桂廷切面店	该店私藏官价面粉6袋，又有颜色不同之面粉千余斤，显系兑扣走私渔利	文樑	本案业经停配该店"官粉"，并函警察局追缴其"私粉"
	华北小食店	该店主唐涵民购买黑市面粉，应请严办	程文江	本案经卫戍部函复，姑以停配"官粉"，遗缺递补
5月12日	胡云龙切面店	该店伪造账簿，走私渔利，且抬高市价	庄云	经查证实，处以罚款
	德兴祥切面店	该店不遵规定，每日售与聚丰面食店切面15斤或10斤	金白村	警告
5月13日	天城面粉厂	该厂运给三元面粉45袋，显属黑市面粉，函请究办	东门车	本案移送卫戍部军法处法办
5月16日	三六九面食店	该店私藏黑市面粉5袋，应请究办	程文江、程文仁	本案已由市警察局将其"私粉"追缴解局
5月18日	欧阳鹏烧饼油条店	该店私藏福兴面粉2袋，应予究办	东门车	警告
5月19日	武汉经济小食店	该店并非会员，私藏洋面3袋，应请究办	程文江	函警察局追查"私粉"3袋
5月20日	陈志荣切面店	该店伪造户私章8枚，经询系军法总部司书张仁伟代购	黄卫霖	已函市警察局追查，面粉价粉款504元并得充公
	荣森切面店	该店私藏面粉1袋，克扣官粉23斤	金白村	本案经军法总监部函复免议
5月21日	王泽民切面店	该店克扣官价面粉11斤，伪造私章5枚	黄卫霖	经查其情节甚轻，姑准免议
	谢云发切面店	该店私藏私章5枚	黄卫霖	警告
5月23日	新民切面店	该店不按发售区域发售账簿记载不合	金白村	警告
	刘正江	该刘正江走私官价面粉1袋	彭家盛	面粉1袋随函移送供应处，价款充公
5月25日	复兴切面店	该店发售计有切面官价，未经购户加盖私章	金白村	警告
	海棠溪金银切面店	该镇计有切面官价双穗祥、昌记、复兴等三家会员，分配不均	金白村	本案已由本局平均规划

续表

日期	调查对象	案由	查报人	办理情形
5月26日	童茂春面食店	该店私藏"官粉"5袋，据称系第三十五兵工厂工友李会长胜处购买，应请查究	程文江、庄云	已函移交市警察局追缴，局充公
	郝天明切面店	该店私藏官价面粉4袋	东门车	警告
	华北面食店	该店私藏官价面粉2袋	彭家盛	已函市警察局追缴，局充公
	复兴园面馆	该店加入中西餐业公会领面粉1袋，加入油条业公会领面粉8袋	金白村	本案复经查报人申请后，即根据批示晓谕该店面馆
5月27日		又在第五零售官粉店购面粉10斤，制成西点高价出售	金白村	本案复经查报人申请后，即根据批示晓谕该店面馆
	第八零售售粉店	该店发售官粉购购高价	黄卫霖	警告
	王永福面食店	该店私藏复兴厂面粉1袋	金白村	函警察局追缴"私粉"1袋，解局充公
5月28日	三合丰切面店	该店发售官价面不凭证售面，应请严办	金白村	本案经复查，情节甚轻，姑准免议
6月2日	李泽霖切面店	该店5月30日应存面粉6袋，除昰日售3袋外，仅存1袋余1袋，显系克扣走私	黄卫霖	警告
	中二路一六号周以贵	周以贵私藏官价面粉5袋，应请查究	李玉田	办理中
6月3日	谢云发切面店	该店私藏官价面粉2袋，各重10斤，应请查究	黄卫霖	面粉发还并警告
	王泽民切面店	该店有樊少云，谓成安等均无证购面，显系高价私售	黄卫霖	警告
	协兴切面店	该店2日、3日账簿记有田云等购面，未加盖私章	金白村	情节甚轻，姑准免议
6月4日	张海波切面店	该店账簿载有张荣耄于5月30日、6月1日购面4~6斤，经查，本人声称从未在该店购面	黄卫霖	本案经市警局移送地方法院法办
	李祥云切面店	该店私藏官价面粉2袋，据系向第三十五兵工厂工大陆处购买未	黄卫霖	已函市警察局追缴，局充公
	刘树森切面店	该店每日切面少售15斤，且抬高市价，应请依法处理	黄卫霖	已函供应处停配官粉并将面粉提回充公

续表

日期	调查对象	案由	查报人	办理情形
6月5日	协兴源切面店	该店等每日配售各会员切面不均，请予调整，又查该店等一周未发售切面，请词修理机器	金白村	该店等一案经陪都都机器修理厂证明，姑准免议
	复胜切面店	该店伪造账簿，请依法惩处	金白村	经复查，情节甚轻，姑准免议
	炳生祥切面店	该店本月6日、7日未发售切面，应请查究	金白村	警告
	复兴切面店	该店发售三六九及乐露春切面5斤，殊属不合，请依法处理	文仁	情节甚轻，姑准免议
6月12日	天吉祥切面店	该店9日账簿内有经购户未入私章	金白村	已通知将未加盖章之面粉价54.30元解局充公
	源澜溪镇各切面店	该镇各购户无证甚多，请加以调整	黄卫霖	已通知该店等拒绝发售
	天林源切面店	该店自4月11日至6月5日每日账目均系伪造，共6000余斤	陈鼎新	本案移送卫戍部军法处依法处理
6月13日	谢云发切面店	该店不遵规定发售切面，6月8日仅切面15斤售与市民	黄卫霖	警告
	公园路13号陈涛	陈涛私藏官粉2袋，据称系向中央银行合作社购买	金白村	函市警察局将其面粉追缴解局
6月15日	周德祥切面店	该店发售切面未经购户加盖私章	金白村	警告
	鲜仲良切面店	该店发售切面未经购户加盖私章	程文江	警告
	求精木厂工人黄绍青	黄绍青私将官粉2袋售与上清寺洛阳棻社	金白村	已函市警局追缴解局充公
6月17日	德兴祥切面店	该店5月、6月计有购户双全等13户购面共97斤，未加盖私章	程文仁	办理中

续表

日期	调查对象	案由	查报人	办理情形
6月20日	魏玉成切面店	该店不用法定登记账，且抬高市价	黄卫霖	本案经查情节甚轻，姑准免议
	游顺发切面店	该店每日发售切面均以本记名义售卖，显属走私渔利	黄卫霖	办理中
	合记切面店	该店账簿内6月12～14日所发售切面均未经购户加盖私章	金白村	将走私面粉117斤折价210.6元，全部充公
	王林春面馆	该馆私藏面粉3袋，经询系托人向福民公司购买	陈鼎新	办理中
6月22日	化龙桥镇各切面店	该镇计有切面7家，配销切面甚为杂乱，应请粮政局调整	金白村	本案已由本局统筹调整
	赵周之切面店	该店发售切面不遵规定，应请纠正	黄卫霖	警告
	亿利肥皂公司代表黄子均	该公司经理胡卫中代利民公司购买"官粉"4袋，应请究办	黄卫霖	"官粉"4袋已随函送供应处，配价解局充公
6月23日	华兴切面店	该店发售切面计有曾杨氏等5户，未加盖私章	黄卫霖	警告
	银成切面店	该店发售切面计有陈湘时等户，未加盖私章	黄卫霖	本案经查明尚无弊端，姑准免议

资料来源：重庆市粮政局《为陪都粮政密查队五六月份查报案件交由本局处理情形呈报鉴备查由》，《重庆市政府档案》，档案号：0053-0015-00432-0000-003-000，第5～8页。

面粉违法案件被查对象可分为 4 类。一是切面店与面食店。重庆战时人口激增，且多来自外地，在米价居高不下的情况下，"更多改食面粉"，[①] 因而切面店数量也急速增加，1942 年初增至 294 家。[②] 在面粉短缺严重的情况下，有些切面店、面食店老板铤而走险、作奸犯科，政府确有进行规范管理的必要。二是个人。在上述统计案件中，涉及个人或以个人名义被查的有 5 人，多为私藏私售官价面粉，此类情况的出现，主要原因是平价、官价、成本价、市价悬殊。1941 年 12 月前，重庆市政府规定每袋平价面粉 80 元，而实际成本 130 余元，二者相差 50 余元或者更多。[③] 尽管民供处对普通住户采用登记制，发放购面证，[④] 但这并不能有效遏制走私之风，在利益驱动下，不法之徒违法干纪。三是面粉零售店。密查队成立前，重庆共有 9 家零售店。[⑤] 《重庆市面粉交易管理暂行办法》规定普通住户购面粉只能向零售商购买，每次不能超过 2 袋，零售商须在社会局登记合格，并将每日购买整袋的用户登记备查；面粉价格由重庆市粮食管理委员会随时核定，不得自由变动。[⑥] 此项办法重在管控面粉价，而对于原料、面粉市场等并无相应规定，致使面粉、小麦价格倒挂，原料

①　军政部庆渝公路军运管理所、全国粮食管理局：《关于请准予向复兴面粉公司购买面粉致重庆粮食管理委员会的函》（1941 年 6 月 30 日），《重庆市粮政局档案》，档案号：00700001001270000048，第 99、238~239 页。

②　重庆市粮政局、重庆市政府：《关于检送 1942 年 1 至 3 月份分配市民面粉统计表的指令、呈（附表）》（1942 年 6 月 26 日），《重庆市粮政局档案》，档案号：00700002001920 000003；重庆市粮政局、重庆市面食商业同业公会：《关于将停配官价面粉改为厂价或提高面粉价格并请恢复停粉会员面粉的呈》（1942 年 6 月 24 日），《重庆市粮政局档案》，档案号：00700002003580000028，第 85~93 页。

③　《重庆市政府关于抄发改进重庆市面粉配销办法给重庆市政府秘书处的训令（附办法）》（1941 年 11 月 27 日），《重庆市政府档案》，档案号：0053-0025-00042-0000-033-000，第 34~36 页；《重庆市政府关于抄发改进渝市面粉配销办法给社会局的训令（附办法）》（1941 年 11 月 28 日），《重庆市社会局档案》，档案号：00600002004330000003，第 27~30 页。

④　《重庆市面食商业同业公会第一组会员进售面粉登记表》（1942 年 3 月 28 日），《重庆市粮政局档案》，档案号：00700002003310000001；民供处：《关于自十二月一日起配售官价面粉的代电、训令》（1941 年 11 月 30 日），《重庆市政府档案》，档案号：0053-0025-00042-0000-037-000。

⑤　《重庆市面粉消费数量统计》（1941 年 12 月），《重庆市警察局档案》，档案号：00610015034470000064000。

⑥　《重庆市面粉交易管理暂行办法》，《重庆市社会局档案》，档案号：00600002009700000032。

购运困难，正常市场供不应求而催生黑市。① 此外，部队、机关团体、学校等私自至零售店购面粉者接连不断，甚至发生部队强买伤人事件。② 四是面粉厂。68 件案中，面粉厂仅涉及一家，即天城面粉厂，据报该厂向三义元面粉店运送面粉 45 袋，涉嫌走私，这也是所有案件中面粉数量最多的。③ 从案件查处理由来看，违规之处有 5 个方面：一是涉嫌走私，二是抬高粉价，三是私藏私售，四是伪造私章账簿，五是其他情节。从处理结果来看，除 4 件未处理完毕，其余 64 件可分为 5 类：一是面粉充公，有 19 件；二是警告，有 20 件；三是免于处罚，有 18 件；四是予以法办，仅有 3 件；五是予以惩罚性处罚，有 4 件。也就是说，在 64 件案件中，仅 3 件达到了送交司法机关议处的标准，而处以警告和"姑准免议"的有 33 件，显然属于情节较轻。④ 因此，密查队查报此类案件时标准过于苛刻。

　　尽管密查队组织办法中明确规定其成立的目的是调查陪都面粉配销弊端、提供处理意见、改善管理，没有提及要调查食米销售、配发等方面的弊端，但在实际工作中，密查队除了秘密调查面粉行业企业违法及消费者违法案件外，同期密查的食米违法案件也有 18 件，⑤ 详情如表 4-28 所列。

　　从表 4-28 可以看出，承销食米店违规经营者不乏其人，违规手法主要有走私、短发米量、手续不合规定等，监管部门均予以不同处罚，意在减少或避免此类弊端。

---

① 鲜伯良：《陪都面粉工业概况》，《川康建设》第 1 卷第 5~6 期合刊，1944 年 12 月，第 3 页；《重庆面粉工业的剖视》，《新世界》11 月号，1944 年 11 月 15 日，第 29~30 页。

② 陆军第五军驻渝办事处：《关于请发给购买面粉证明致复兴面粉公司的函》（1941 年 5 月 8 日），《重庆市粮政局档案》，档案号：00700001001270000045；四川荣誉军人管理处、重庆市粮政局：《关于请派员详查第五十六院伤兵强购面粉事宜的训令、函（附原报告）》（1942 年 2 月 27 日），《重庆市粮政局档案》，档案号：0070000200325 0000017。

③ 重庆市粮政局、粮食部陪都粮政密查队：《关于停审新桥三义元之走私面粉案的代电》（1942 年 10 月 17 日），《重庆市粮政局档案》，档案号：00700002003310000026。

④ 重庆市粮政局、重庆市政府：《关于报送陪都粮政密查队查报案件处理情形的呈、指令（附表）》，《重庆市政府档案》，档案号：0053-0015-00432-0000-003-000，第 5~8 页。

⑤ 重庆市粮政局、重庆市政府：《关于陈报陪都粮政密查队 1942 年 5 至 6 月查报案件交由该局办理情形的指令、呈》（1942 年 9 月 7 日），《重庆市粮政局档案》，档案号：00700002001440000009，第 27 页。

表 4-28　密查队 1942 年 5～6 月查报案件一览（食米部分）

日期	查报对象	案由	查报人	办理情形
5 月 4 日	观音岩合作社第一分社	该分社克扣食米 1 市石,并每日登记簿内未将购户姓名填入,显系走私渔利,应请查究	金白村	将余米 4.83 市石折价解局充公
5 月 11 日	花街子食米承销店	该店雇用刁滑斗工,每斗米额竟相差 2 市升或 2 市斤,则每日走私食米甚巨	文檩	警告
5 月 21 日	江北正街食米承销店	该店售米量与日报数量不符,且账簿未加盖私章	黄卫霖	办理中
5 月 23 日	江北水市口横街食米承销店	该店售米数量与日报数量不符	黄卫霖	办理中
	江北下街食米承销店	该店账簿对购户虚填购米数量	黄卫霖	办理中
5 月 26 日	龙门浩镇公所	该镇发放赤贫米,每市斗短发米量	文檩	已由局拟令市警局议处
5 月 27 日	海棠溪河街食米承销店	该店 13～24 日实售米量与报销数不符	黄卫霖	警告
6 月 3 日	朝天门食米承销店	该店雇用刁滑斗工,每市斗短少米量两三合至五合	庄云	已停配米并另觅商接办
6 月 9 日	江北街门口食米承销店	该店 5 月 27 日有雷自泰代购米 3 市升,30 日记为 1 市斗	黄卫霖	办理中
6 月 11 日	文华街食米承销店	该店售米与配米数量不符甚巨	文仁	警告
	和平街食米承销店	该店经理童义森兼营山米店	李玉田	警告
	干厮门食米承销店	该店使用刁滑斗工,猛括米斗,每市斗约短少米量 3 合	彭家盛	办理中

续表

日期	查报对象	案由	查报人	办理情形
6月13日	江北文昌街食米承销店	该店使用刁滑斗工，猛括米斗，每市斗短少米量约1市斤	黄卫霖	办理中
	南坪镇正街市民王礼门	该民系冷水场之大户，年收谷300余市石，上次立约时误列丙等，请剔除	文仁	已函供应处将该户凭单注销
	化龙桥东头食米承销店	该店售米子春季，且预收各购户之米款	文榢	已令知粮食公会另行招商承办，并送军法处法办
6月15日	国府街食米承销店	该店发售食米短少米量，且走私食米3市斗6市升	庄云	已将该项走私走米随函移送供应处，售价充公
6月22日	江北衙门食米店	查该店账簿有以少报多之情事，应请究办	黄卫霖	本案讯实，处罚金37.6元
6月25日	黑巷子食米店	该店不遵规定，猛括米斗	文榢	经查明，情节甚轻，免议

资料来源：重庆市粮政局《为陪都粮政密查队五六月份查报案件交由本局处理情形呈报鉴核备查由》，《重庆市政府档案》，档案号：0053-0015-00432-0000-003-000，第9页。

需要指出的是，对承销米店进行监管者，除了粮政密查队外，重庆市粮政局"外勤人员"亦会参与"平时考查"，粮政局则会"参酌对照"，对承销店予以奖惩。据重庆市粮政局局长王士燮1943年6月的调查，全市101家承销米店中，被列入劣等的有学院街米店、和平路米店、双巷子米店等12家，"办理不善，且时发生弊端"，如学院街米店"数次违法，经处罚有案"，和平路米店"一切不合规定"，故令此12家米店停业，"另选登记合格之销商接办"。① 同时，为了鼓励密查人员积极从事此项工作，对于查获食米、面粉违法案件人员，重庆市粮政局亦会下拨专款，给予罚款总额30%的奖金，这一点与粮政密查队的做法是一致的。根据重庆市粮政局1942年度应付保管款明细表统计，当年罚款总额为11802.2元，奖金总额为3540.66元；1943年度分别为7879.8元、2363.94元。从记录案件处理的"摘要"来看，1942年度有"第7米店欧阳仲文销售米粮不遵规定"（罚款200元）、"张达贵冒领赤贫米16斗价款"（罚款302.4元）、"第13集体米店李永衡销售食米舞弊"（罚款1576元）等19件，1943年度有"和记切面店抬高切面价格"（罚款500元）、"赵玉田私藏官价粉、不遵规定价格出售"（罚款885.6元）、"裕丰碾米厂承碾食米成色不良"（罚款1000元）等20件。② 密查队的职责是调查陪都面粉、食米配销弊端及提供处理意见、改善管理，从工作成效看，密查活动确实使陪都粮食市场中违法走私、黑市交易等现象有所减少，资料显示，1943年1~9月，密查队检举违法案件仅14件，③ 其后亦无明显增加。这说明密查队较好地履行了职责，在一定程度上净化了陪都粮食市场，保证粮食部制定的粮食政策能够较为顺利地贯彻执行，从这个角度而言，密查队基本达到了设立目标。

---

① 《重庆市食米承销店卷》（1943年），《粮食部档案》，档案号：119-050204-0228，第8~16页。

② 《重庆市粮政局1942、1943年度应付保管款明细表》，《重庆市粮政局档案》，档案号：00700002001440000042，第118~120页。

③ 陪都粮政密查队：《关于请回复该队应提取奖金数量致重庆市粮政局的代电》（1943年12月31日），《重庆市粮政局档案》，档案号：00700002001440000041，第113页；重庆市粮政局：《关于回复处理粮政违章案件情形及该队应提取奖金数额致粮食部陪都粮政密查队的函》（1944年1月20日），《重庆市粮政局档案》，档案号：00700002001440000042，第115页。

　　国总会经检队的成立意在"防止奸宄、检举败类"，① 其工作重心为检举民生日用品领域的不法行为。1942 年 5~7 月，渝、蓉、贡 3 个经检队经办案件 541 件，就地域言，以重庆最多，达 391 件，成都次之，为 119 件，自贡 31 件。就涉案物资类别言，以服用品及其原料花、纱、布最多，有 120 件，其次为五金、颜料、进口纸张，分别为 44 件、53 件、59 件，粮食舞弊案件为 12 件。② 1943 年度国总会中心工作为管制物价，兼及一般动员业务。1 月，各检查队检举违法案件 13 件，其中重庆队 9 件，成都队 3 件，自贡队 1 件，涉案包括布匹、棉纱、电料、燃料、五金、粮食等违反一般管制办法的物品，如自贡队查获黄谷 1550 市石；非法舞弊案件主要是重庆征购过程中的贪污渎职。2 月共计 28 件，其中重庆 15 件，成都 6 件，自贡 4 件，另有军统、李国磐、徐有康各查获 1 件；案件内容与上月相似，粮食案件上升至 3 例。③ 12 月 21 日，国总会致函财政部，称自贡市银行自本年 8 月起，向自贡市政府办理四联总处贷款 500 万元，以采购盐工食米，供给盐场需要。但该银行竟不如数贷放，仅发给 170 余万元，将所余 300 余万元擅自挪用，以致粮商乏资购运食米，影响粮价飞涨。此外，对于利息，该行仅付 2 分 2 厘，而市面为八九分，以此计算，则月可获利 20 余万元，④ 可见违法舞弊案件无处不在。1944 年 4 月，粮食部拟在合川、铜梁、江津等 10 余个县区，由经检队协助搜索大户余粮，这也属于经检队不得不接受的"临时业务"。⑤ 总体而言，国总会经检队工作成效显著，从成立至

---

① 《国家总动员会议军法执行监部组织规程》（1943 年），《行政院档案》，档案号：014-030700-0013，第 10 页。

② 《国家总动员会议工作报告》（1942 年 9 月 12 日~1943 年 2 月 3 日），《国民政府档案》，档案号：001-047330-00003-001，第 26 页。

③ 《国家总动员会议三十二年一月份工作报告》（1943 年 3 月 9 日），《国民政府档案》，档案号：001-047330-00004-001，第 13~32 页。

④ 《财政部关于核查四川自贡市银行挪用粮商贷款事宜的文书》（1943 年 12 月），中国第二历史档案馆藏（以下不再一一注明藏所），《财政部档案》，档案号：三-1407。

⑤ 《国家总动员会议第 47 次常务委员会议》，《行政院经济会议、国家总动员会议会议录》第 8 分册，第 431~432 页。

1943 年 3 月下旬，共破获囤积居奇案件 1138 件、违反限价案件 60 件。①

1945 年 1 月底，国总会第一经济检查大队督察刁乾元向国总会秘书厅报称，合川锅铁帮主席李燧然在 1944 年先后购进黄谷 1100 余市石，押存于农民银行合川黄金桥仓库；合川饼子街谦记经理庞建章购囤碛米 2000 市石，存于合川农民银行马里崖仓库；小南街合康经理刘炳仁购存小麦 800 余市石，存于农民银行租赁的安家溪成一堆栈，3 人均以每市石 4800 元售与合川县银行。据调查，该地银行经理及富绅巨贾多营此类投机生意，仅凭营业牌照及采购证等加入公会，取得合法手续证件，购得实物，复向农民银行贷款（以实物押款可得 70%），将货存于银行仓库，依此循环周转，现款 200 万元可购得 1000 万元以上实物，"利之所趋，众皆效尤"。刁提出，应举行合川区银行仓栈总检查，派员清查农民银行账目。财政部接到检举后，即致函中央银行总行，派刁赴查，派粮食部、国总会一同办理，并委托中央银行合川分行派员抽查当地银行业务。经查，合川县商业银行经理及富绅巨贾确有购囤谷米、操纵粮价情事，如江津县农民银行办事处主任朱松龄，在任江津粮食工仓（1943 年 8 月 1 日建成）主任期间，伙同会计李承桓，串通江津粮食公会主席吴绍钦、中粮公司购粮专员邵希康、粮商毛品珊等，采用化名，以公仓名义，将公仓仓位保留，为毛、吴囤积大量谷米提供掩护与方便，用仓米向银行押取现钞，辗转套购套押，即使 3 个月的储押期届满后，仍可过户续囤续押，而粮食则存仓，始终未动，并准许抬高粮价，向该行押款，以便多套取现钞。此外，朱还替毛虚开空头仓票，向银行押款，又收受毛的贿款，私收粮食进出仓打包费，每市石 2 元，总数达 10 余万元。经查，以上情节均符合事实，4 人供认不讳，自该仓建立至此次清查，毛共得 9727000 元，吴共得 5062000 元，尚未清理者，毛为 37397000 元，吴为 10726000 元，公仓当时存有稻谷 32057 市石，碛米 4569 市石，属于毛、吴二人或其化名户头所囤积者，达稻谷 21000 余市石、碛米 3590 余市石，占总数的三分之二强。此案惊动了

①《国家总动员会议秘书长沈鸿烈呈军事委员会委员长蒋中正为呈报国家总动员会议经济检查队规则及三月二十七日谈话稿》（1943 年 5 月 4 日），《国民政府档案》，档案号：001-110010-00004-003，第 50 页。

蒋介石，蒋要求在全川各县清查。经清查，发现此类案件有多起，均分别移送重庆实验法院究办。另经国总会调查，重庆附近各县粮价上涨，游资操纵投机实为主要原因，所以对于江津、涪陵、合川、泸县等地银行钱庄业务，"似亦有查稽之必要"。①

中统主要负责发动当地国民党党部与党员力量，开展搜集材料、研究设计及组织训练等工作。1945 年 6 月 15 日，中统调查后向财政部部长俞鸿钧报称，云南姚安县为滇西产米地区，素有"姚川栽一半，猪狗皆吃饭"的说法。该县米价在 3 月间每滇石仅售 2 万余元，5 月间涨至十六七万元。其原因系云南矿业银行总经理赵冠一大量收购，赵自 1944 年冬起以代民政所征购军粮名义，在市面大量收购米麦，运至昆明出售。在中统调查时，赵仍存米麦各数千滇石。②

军统对后方各省城市的粮政密查工作也一直在进行。何廉的回忆录中特别详细地记载了戴笠奉蒋命令审查农本局购销大米的情况，可以看出蒋介石依靠秘密组织对重庆粮政的管控。据何廉记述，1941 年 2 月的一天，戴笠和徐堪突然下令逮捕了农本局及福生庄部分中层人员，并隔离审查。军统指控农本局被捕人员及何本人在分配食米时徇私舞弊。后来尽管被捕人员被释放，但戴笠又按照蒋的指示在化龙桥的一所学校内审查农本局的账簿，甚至调查与何有密切关系的南开中学。③ 从 1941 年 7 月起，军统均会将每周调查情况向蒋密报。7 月 5 日，戴笠致函费同泽，针对调查不力情形，令其汇报"本周市况"，对后方各省重要城市如浙江金华、福建永安、南平，广东韶关、潮州、梅州，安徽屯溪，陕西西安、南郑等，责令各该地负责人指派专员，负责调查粮食市价及供求情形，并"每周详实电报"；沦陷区上海、南京、武汉等如电报畅通无阻，也要督饬各负责人派遣专员负责调查，每周实报一次。④

---

① 《四川省合川县李燧然及江津县农行职员囤粮案》（1945 年 2 月~1945 年 4 月），《财政部档案》，档案号：三（6）-3210，第 1~33 页。
② 《财政部关于调查云南矿业银行经理赵冠一囤粮案与云南省政府往来文书》（1945 年 6 月~8 月），《财政部档案》，档案号：三（6）-3235。1 滇石约合 2 市石。
③ 《何廉回忆录》，第 175~179 页。
④ 吴淑凤等编辑《戴笠先生与抗战史料汇编：经济作战》，台北，"国史馆"，2011，第 275~284 页。

在浙江金华 1940 年下半年实行计口授粮期间，青年团团员亦曾在金华城区计口授粮总动员指挥部与浙江省动员委员会战地服务团、省粮管处、金华县政府等十几家单位参与该项工作，团员多来自青年团浙江支团部，①"调查粮食亦为该团队人员实习战时服务事项之一"。②

三　擅爪牙之利："团、宪、队"参与战时粮政

粮食部在成立初期，其施政计划标榜政治力量与经济力量并用，"团、宪、队"及各重要省市粮政通讯员等即是其政治力量的体现。战时"团、宪、队"介入粮政的广度是空前的，几乎遍及每一个重要环节，而且非常深入。虽无经济警察之名，却实际担负经济警察之责；虽不能直接处置弊案，却搜罗了众多违法人员及无数弊案的证据，起到了震慑作用；虽无助于各项粮食政策的最初制定，却为粮政的后续完善提供了教训。此类组织与自上而下的中央—省—县级粮食行政管理部门相得益彰，非常有效地改变了管理部门员额固定而出现的人手缺乏、粮情信息来源单一、粮政弊端大量涌现等现象，填补了县以下粮政力量的空虚，是战时粮食领域不可或缺的组成部分。

国民政府通过控制自下而上的粮食来源，加强了对基层社会的控制。国民政府建立后，对基层社会的控制大多处于失位状态。全面抗战爆发后，尤其是粮食危机日益严重时，国民政府加强了对粮食的统制力度。如果说全国粮管局建立后，卢作孚积极完善各级粮食行政组织，立足于经济问题，运用经济手段解决现有粮食问题，那么蒋介石则是着眼于政治，借助军政力量或建立新的各级各类秘密组织，从事粮政宣传与秘密调查，以全国粮管局调查科为起点，在粮食领域织就了一张秘密组织的巨网，这类组织在帮助国民政府控制粮源的基础上，实现了对战时基层社会的有力控制。

然而，在"团、宪、队"大规模持续介入粮政后，其自身存在的问题也日渐暴露出来。经济会议秘书处各级经检队队员"分布于社会各阶

---

① 沈松林：《金华城区试办计口授粮的经过》，《闽政月刊》第 7 卷第 3 期，1940 年 11 月 30 日，第 71~73 页。

② 《浙江高院请解释调查食粮人员舞弊案件管辖疑义》（1941 年），台北，"国史馆"藏，《司法院档案》，档案号：015-010302-0129，第 3~13 页。

层"，尤其是生产、运输、分配、消费等部门及物资管理机构，队员来源较为复杂，容易滋生弊端。为此，经济会议秘书处"随时以命令"规定"所有检察对象与业务范围"，① 以防止某经检队长期把持某项业务或久居某地，队员与检查对象勾结而生弊端。蒋介石也深知经检队队员须被"检查"的重要性与必要性，因此，1941 年 12 月，蒋手谕经济会议秘书长贺耀组，要求贺"督饬各经济检察队须于查封货物后当日呈报秘书处，如逾十二小时，即以匿报论"，同时要求秘书处详细制定货物封存办法，通饬各队遵守，意在减少或打消经济会议经检队队员觊觎封存货物的机会与念头。②

　　"团、宪、队"成员身份虽隐秘，但都手握权力，而且除了上级组织，其他人员或组织很难对其进行有效监管。经济会议成都经检队的廖同泽在查封郫县及新都各银行囤积粮食案件中，行动时可绕过成都绥靖公署及川省政府，直接逮捕米商，并将各案要犯移解宪兵二团。③ 对于青年团，蒋介石在其成立之初是寄予厚望的，但由于团员与党员成员相叠，工作重复，二者形成竞争局面，这在四川省各县党团服务队中已有体现，并且随着团员人数急剧扩充，官僚化的现象也日渐严重，粮政工作中作奸犯科者不乏其人。1941 年 3 月 24 日，浙江高等法院审理的一件案件，即是青年团服务队队员奉命调查粮食时对粮户"籍端恫吓，诈得钱财"，"被诉到处"。但浙高院对于青年团团员的身份是否属于公务人员、究适用何项法律拿捏不准，致函司法院请求解释。此处虽未详细说明如何恫吓诈财，但被诉的事实则是确定的。④ 另有资料显示，青年团重庆青年招待所总干事张奎飞浮报请领代金人数，将代金据为己有。⑤ 因此，富有活力

---

① 贺耀组：《行政院经济会议秘书处经济检查工作报告》（1941 年 12 月 6 日），《国民政府档案》，档案号：001-110010-00002-004，第 71 页。

② 《行政院经济会议秘书长贺耀组呈军事委员会委员长蒋中正为经济检查队现行检查及奖惩办法请钧核》 （1941 年 12 月 17 日），《国民政府档案》，档案号：001-110010-00002-006，第 92 页。

③ 《组织法与管制（二）》（1942 年），《蒋中正总统文物档案》，档案号：002-080108-00002-006，第 32~33 页。

④ 《浙江高院请解释调查食粮人员舞弊案件管辖疑义》（1941 年），《司法院档案》，档案号：015-010302-0129，第 3~13 页。

⑤ 《中央党政机关平价食粮抽查委员会函送工作经过暨结束情形报告书及警察总队缴还一九四一年度溢领代金案》（1942 年 1 月~11 月），《内政部档案》，档案号：一二-332，第 4~7 页。

的青年团团员自身也是产生弊端的一个源头。

对于宪兵督粮，有的县份民众对宪兵队态度较好，如璧山民众对其"颇表同情"，并愿意为宪兵解决米粮问题尽力；邻水县"劣绅见宪兵到县，恐惧异常"，试图通过献粮以示悔意。① 有些督粮委员并不认可，如庆符兼长宁督粮委员周芳冈主张，非环境十分恶劣地区，可以不必运用宪兵，因为士绅多好面子，若用武力干涉，有时易激起反感，② 这也是驻县宪兵与所在县县长及当地民众关系微妙的体现。

尽管检查队成立时，各队员宣誓"不招摇撞骗，不营私，不舞弊"，③但事实并非如此。1943年4月21日，侍从室代电国总会，谓据报检查队"经检人员在外假名索诈"事情时有发生，"不肖之徒"假借各种名义苛扰正当商人，商民对于检查人员、手续、范围不甚明了，对于检查队队员的检查行为是否合法亦有疑问，民众甚至产生"恐怖"心理。④ 可见，经检队队员如果不加以约束与限制，则会变成病民害国、妨碍粮政推行、知法犯法的又一源头。

各类密查活动此起彼伏，取得了一定成效，但不可否认的是，密查当中亦有冤假错案或小题大做案件。重庆永记切面店老板李德顺，被人诬称所购面粉未全数制为切面。为澄清事实，李德顺于1942年3月20日报请保长刘毓松等20多人联名签署证明书，证明"每日灰面三袋均系全数做成面条，售毕无存，并无舞弊走私及伪造账户私章情事"。⑤ 5月6日，天城面粉厂需从土湾五金码头黄家茶馆向位于新桥的购户三义元面粉店运送面粉45袋。据曾华丰7月10日供称，三义元

① 《粮政（三）》（1940年9月6日~1946年8月5日），《国民政府档案》，档案号：001-087000-00003-000，第52、85页。

② 剑琴：《第一次督粮座谈会剪影》，《督导通讯》第1卷第2期，1942年2月1日，第10页。

③ 《熊主席谕警局严查不肖商人，囤积检查队宣誓就职》，《陕行汇刊》第6卷第9~10期合刊，1942年12月，第53页。

④ 《国家总动员会议秘书长沈鸿烈呈军事委员会委员长蒋中正为呈报国家总动员会议经济检查队规则及三月二十七日谈话稿》（1943年5月4日），《国民政府档案》，档案号：001-110010-00004-003，第46~50页。

⑤ 《关于证明永记切面店并无舞弊走私面粉情形上重庆市粮政局的呈》（1942年3月20日），《重庆市粮政局档案》，档案号：00700002003320000049；《关于报送陈志荣面粉走私抬高市价的呈》（1942年6月15日），《重庆市粮政局档案》，档案号：00700002003440000068。

老板李增福找了两家车行，一为代客运货的渝新板车行，经理曾华丰，一为黄家茶馆，老板冷青云，前者运送 23 袋，由曾华丰送至李增福手中，后者运送 22 袋，由李增福本人押运。据冷青云同日供称，其与李增福此前并不熟识。粮食部陪都粮政密查队队员陈鼎诚在执行公务时，发现面店帮工李邦杰有走私面粉之嫌，遂诬告李邦杰走私面粉，后经重庆卫戍总司令部查明，此案系李增福与天城面粉厂串通走私，李增福事发后潜逃。而"李邦杰确系帮工，并非店主，既未违法购买面粉及收受面粉，且无帮助和串同违法之事实"，理应停审李邦杰，并通缉李增福。① 6 月 27 日，民供处据报，5 月 27 日南区马路 136 号王永福面食店私藏复兴厂面粉一袋，显属走私黑货，应予充公，并派员将面粉提回配售市民，价款解库。但民供处提取时发现面粉系自购土粉，并非机制面粉。② 7 月 11 日，对朝天门双胜切面店店主王树成早上售粉给黄海合而晚上才盖章的情形，陈开国认定为"伪造购户账目私章"，"企图走私"。但王树成称自己并不识字，且与黄系邻居，故而早晨购粉、晚间即来补章，没想到就在补章时，恰被密查队队员王受伯查获，王受伯遂在其账簿上写下黄的私章"交尔保管"字样，因此，王树成被咬定有"伪造账目私章之嫌"而被究办。③ 9 月，密查队队员报称，两路口华北小食店负责人唐德明私购黑市面粉一案，后来查明，重庆卫戍总司令部稽查处士兵吴振声因同事张登患目疾，想吃面食，正好商得该店店主郭玉川同意，以自己的"土粉"调换该店官价面粉 31 斤，并补差价 15 元，其实唐只有两个半袋面粉，一是自己凭准购证所购而未用完的官价面粉，一为吴振声提来要求调换的"土粉"，"尚无走私牟利等情事，姑准免议"，面粉一袋发

---

① 《关于查李邦杰并非走私面粉主谋致重庆市粮政局的函》（1942 年 10 月 5 日），《重庆市粮政局档案》，档案号：00700002003310000025；《关于停审新桥三义元之走私面粉案的代电》（1942 年 10 月 17 日），《重庆市粮政局档案》，档案号：00700002003310000026；《关于检送李邦杰、曾华丰、冷青云走私面粉笔录致重庆卫戍总司令部的代电》（1942 年 7 月 29 日），《重庆市粮政局档案》，档案号：00700002003310000030。

② 粮食部陪都民食供应处：《关于告知自购之土粉并非机制面粉致重庆粮政局的函》（1942 年 6 月 27 日），《重庆市粮政局档案》，档案号：00700002003440000052，第 135~136 页。

③ 陈开国、邱永康、仇秀敷等：《关于报送朝天门双胜切面店伪造账目请究办的报告（附笔录）》（1942 年 7 月 11 日），《重庆市粮政局档案》，档案号：00700002003330000003，第 8~12 页。

还，请即派人来领。① 密查员夏永康查香国寺山米承销店舞弊案，系为假案。② 此类过激案件不在少数。

毫无疑问，粮政密查队是国民党维护其统治秩序的手段，就像国民政府初期相继设立的中统、军统等特务机关，只不过中统、军统侧重于军政事务，而"团、宪、队"则是介入经济领域尤其是粮政领域的特务组织，或许"粮政特务"的名称更为贴合。"粮政特务"在蒋介石的授意与支持下，势力日渐坐大，虽对检举粮政弊端有一定作用，但也造成了病民害国的后果，此类组织如何运作及怎样防止其权力滥用，需在制度设计中再三考量。

小　结

在粮政领域，全面抗战时期是政策变化最大的时期，从全国粮管局某些政策的初步实施及各项未及实行的设想，到粮食部部分沿袭及其他全新政策的全面推行，可以说开启了战时粮食管理的新篇章。战时粮食管理以"控量以制价"，解决粮食危机为最终目标，各项政策多围绕"量"与"价"这一根本问题来制定，涉及多个方面，包括粮食新政推行前发动的粮政宣传、粮情调查，粮食征集后的仓储、运输、加工、分配，军粮民食的统筹等，每个方面又有多个环节，参与人员数量庞大、成分复杂，有的管理政策推行较为顺利，有的颇费周章，成效或显或隐，不一而足。

"粮食管理乃近代国家应施行之一新事业。"③ 对于国民政府而言，粮食管理属于新政，带探索性，其在探索过程中出现问题是难免的。有人1944 年 6 月在昆明《中央日报》上刊文指出，"中央有粮食部，地方有粮食管理局和粮食供销处，然而对于粮食的统筹和分配，仍旧没有办法。每

---

① 重庆市粮政局：《关于发还重庆市两路口华北小食店面粉致粮食部粮政密查队、唐德明的代电、通知》（1942 年 9 月 24 日），《重庆市粮政局档案》，档案号：00700002003310000039，第 202～203 页。

② 重庆市警察局第十分局：《关于究办中粮公司山米承销店舞弊的呈》（1944 年 3 月 20 日），《重庆市警察局档案》，档案号：00610015010190300208000，第 209 页。

③ 颖：《粮食管理政策之商榷》，《江西省政府经济委员会汇刊》第 1 集《江西经济问题》，第 501 页。

一次的平价，都造成了粮食变化的三部曲。第一步是米面失踪；第二步是黑市猖獗；第三步是政府承认既成事实，根据黑市酌减，然而比原来的官价却又涨了一倍。至于挤买公米的热闹，若不是身历其境，决难想像。假使时间是值钱的，守候和挤买六七个钟头的时间，尽可以用来出卖劳力，所得的工资会超过买公米所得的利益而有余。吃饭之难，至此而极！"①此一观点虽不无偏颇，但从粮价上涨速度与幅度来看，却是不争的事实。

　　然而，战时粮食管理又是涉及地域范围极为广泛、人员极为复杂、环节极为繁多的一项工作，若想达到各方均满意，殊不可能，无论是职权较小、人力单薄的全国粮管局还是更为强势、庞大的粮食部，各级官员均只能勉力为之。1945 年 12 月底，徐堪在呈送行政院的呈文中言，"当时明知数千万石之粮食收集分配，数千百里之长途辗转运输，其艰难困苦，绝非力所能胜，只以事关抗战，不得不勉力受命。四年以还，在运输、储藏种种设备配合不足之条件下，幸赖……各省之同心协力"，军粮未尝或缺，民食咸得调剂，公教人员生活粗安。② 徐堪的一番话道出了战时粮食管理工作的酸甜苦辣，而具体的粮政推行则更是五味杂陈，其间围绕粮食展开的利益博弈、权力争夺等也异常激烈。

---

①　王了一：《龙虫并雕斋琐语》，第 109 页。

②　《粮食部成立与裁并》（1941 年 ~ 1947 年），《行政院档案》，档案号：014-060100-0039，第 18 页。

第五章
战时粮食管理及其成效分析（二）

　　战时粮食新政迭出，除了田赋"三征"以外，其他粮食政策措施也先后出台，如粮食统制与动员及粮食部对粮食行业的管控，政府发动民众捐献军粮运动，禁止粮食酿酒熬糖的节约消费等。粮食管理涉及领域众多，如对重庆机制面粉行业组织的管控，显示出粮食部从组织系统强化粮食管理的态度，也展现了粮食动员的另一个侧面。捐献军粮、节约储蓄、粮食管理被称为"三大要政"，[①] 在国民政府极力倡导下，献粮运动广泛开展，尤其是四川省，成效较为显著，并从四川扩展至其他省市，在后方掀起了声势浩大的捐献军粮运动，献粮运动也是民众"出粮救国"的意愿表达。[②] 在献粮运动期间，既有对献粮运动领导权的争夺，也有中央政府与地方省市的博弈。同时，为了节约粮食消费，战时后方多个省份禁止粮食酿酒熬糖，出台了禁酿办法，而禁酿活动又与粮食部、财政部等主管机构各自的利益息息相关，财、粮两部及地方省县政府以节粮、酿酒、征税为中心，上演了一场极力维护自己利益的大戏。云南省征借政策的出台，则是央地博弈的结果，也显示出中央政府在田赋问题上更为强硬的立场。

---

① 《省市粮食管理办法（一）》（1940年~1948年），《行政院档案》，档案号：014-040504-0017，第83页。

② 《薛岳呈报湖南省粮政及改进粮食原则》（1941年），《行政院档案》，档案号：014-040501-0019，第14页。

第一节 粮食统制与动员——以重庆机制面粉行业为中心

一 战时重庆机制面粉行业组织变迁

抗战全面爆发后，机制面粉工业主要城市相继陷落，而后方机制面粉工业却呈现出蓬勃发展的态势，无论厂数、产销量还是设备、从业人员等都达到了新的规模和水平，后方机制面粉工业在短短几年时间实现了前所未有的发展，重庆、西安等城市成为新的面粉业产销中心，尤其是重庆的机制面粉工业，新建粉厂多，全面抗战前所建各厂规模有所扩大，从业人员日众，面粉销路广阔，经营管理体现出战时特点，其行业组织亦随着政府管控政策多次变迁。

1. 短暂联合：复兴、福民、福新、岁丰四厂联合办事处

1941 年 3 月 18 日，当复兴、福民、福新、岁丰四个粉厂（简称"四厂"）的负责人鲜伯良、袁国梁等坐在一起，讨论成立重庆市四厂联合办事处（简称"四联处"）时，摆在他们面前的困难是显而易见的，而且这些困难已持续了一年时间。

1940 年夏，川省稍旱，秋收歉薄。战区扩大，国际路线及国内交通节节受阻，公私经济渐臻困难，物价上涨，囤积居奇现象严重。宜昌失守，江运阻断，供求失调，民众恐慌。日机频繁对后方尤其是重庆进行空袭，造成川省粮价骤涨，各地粮价亦随之急剧上涨。1940 年三四月间，每包面粉六七元，至 1941 年三四月间，涨至 43 元。1941 年起，原料采购更为困难，面粉公司多持观望态度。1941 年，复兴一、二两厂每日用麦量为 900~1000 市石，主要来自合川、南充、宜宾、泸州等地，1940 年购入的 148280 市石黄麦，很快磨制净尽。① 1941 年 3 月 1 日起，复兴一

---

① 《复兴面粉股份有限公司 1941 年 6 月调查报告》，重庆市档案馆藏（以下不再一一注明藏所），《交通银行重庆分行档案》，档案号：0288000100155000180000。1940 年 5 月 26~30 日翁文灏在日记中记载，日机每天轰炸重庆，26 日三批轰炸重庆，投下炸弹 624 枚，落江水中者犹不在内。27 日轰炸自上午 9 时到下午 3 时，造成大量工厂损毁。26~30 日，卫戍司令部报告，敌机 387 架，炸弹 1294 枚，伤 865 人，死 526 人。参见李学通、

厂借口机器年久失修，亟须停工修理，计划在 5 月 10 日全部修理完毕。
修理时间之所以如此长，实因"原料早已磨尽"。[①] 6 月，交通银行对重
庆面粉业状况进行调查，并分析了 3 月份四家粉厂先后停工的状况及原
因，认为症结之一便是原料来源短缺。四厂小麦存量极为有限，据 6 月
7 日报称，仅够五六日之用，这也引起了重庆市政府的不安，重庆市政
府请求全国粮管局、经济会议秘书处广泛开辟小麦来源，以维持
生产。[②]

刘萍、翁心钧整理《翁文灏日记》（下），第 480~482 页。王世杰在日记中也记述了 6
月日机轰炸重庆的情况：6 月 6 日，"敌机一百廿余架袭渝及四川其他地点，我无重大
损失"；6 月 9 日，"敌机袭渝，未及入市空，因天气不佳也"；10 日，"敌机袭渝，炸
毁上清寺、两路口及磁器口之公私房屋颇多，但伤亡尚少，敌机约有二架被击落"；11
日，"敌机一百余架袭渝。参政会在红岩嘴（城外）之办公室及予之处所，均被炸毁
（附近共落四十余弹），但尚可修治"；12 日，"敌机一百五十余架袭渝，以市区为主要
目标"；16 日，"敌机一百余架，于午间袭渝，轰炸国府路及市区，国民政府及军委会
之房屋一部分被毁。但敌机有五六架被击落"；17 日，"敌机夜袭，我无损失"；24 日，
"敌机百余架袭渝，轰炸城区内外，并散发劝和传单"；25 日，"敌机百余架袭渝……中
央训练团再度被炸，中弹数十枚"；26 日，"敌机百余架袭渝，中央宣传部再度被炸，
屋前后落五弹"；27 日，"敌机九十余架袭渝，化龙桥附近某防空洞洞口中弹，伤亡数
十人"；28 日，"敌机九十架袭渝，中宣部第三次被炸，但办公房屋仍可用，惟须修葺
瓦面及楼板"；29 日，"敌机袭渝者九十余架，中央大学等机关，续被炸"。参见《王世
杰日记》（手稿本）第 2 册，第 286~299 页。另据财政部整理田赋筹备委员会组员张鹏
凌 1941 年 6 月 6 日反映，5 日晚因日机轰炸，投下燃烧弹，"住房全烧"，警报解除时，
"衣物早已付之一炬"，计"损失行李、衣物、家俱二千五百余元"，不得不呈文整理田
赋筹备委员会主任委员关吉玉，"转请救济"。与张鹏凌有同样遭遇的还有该会成员陈
彬若、张达夫、萧炳章等，不在少数。更有甚者，萧鸿飞、杨慰生、赵既昌等 23 人从 7
月 29 日至 8 月 30 日连续三次遭到空袭，损失更为惨重。参见《本会职员空袭损失请求
救济案》（1941 年），《粮食部档案》，档案号：119-010200-0233，第 3~18 页。遭到空
袭之后，这些人都成为被救济的对象。粮食部成立初期，日机对重庆的轰炸对民食供应
也产生不小的影响，粮食部为便利市民购米，"令渝市民食供应处责成各联营米店每次
领足三日应售之米量，以应市民之需要，乃以各米店为顾虑空袭损害，仅有少数领足二
日之米量，余仍逐日领售，甚至有当日未能售完之米交还供应处者"，"空袭时间过久，
警报解除以后，店员星散，不复开门营业者，市民购米极为困难"。参见《第二十九次
经济会议》（1941 年 8 月 19 日），《行政院经济会议、国家总动员会议会议录》第 2 分
册，第 40 页。

① 重庆市粮食管理委员会：《关于请查明放行被阻麦子上全国粮食管理局、复兴面粉股份有限
公司的批、呈》（1941 年 5 月 6 日），《重庆市粮政局档案》，档案号：00700001000310000011，
第 31~32 页。

② 重庆市政府：《关于请设法开辟小麦来源致全国粮食管理局、行政院经济会议秘书处的
代电》（1941 年 6 月 7 日），《重庆市粮政局档案》，档案号：00700001000310000030，
第 104~105 页。

为了应付购小麦困难局面、渡过难关而不至于坐以待毙，四厂等商议订立盟约，成立复兴、福民、福新、岁丰四厂联合办事处，"合伙向外采购小麦"，并且规定对于"对外交涉事情，应取一致步调，不得遇事退缩，如其中一家受外界无理压迫，则其余三家应切实负责与受压迫之一家同甘苦"。① 这才有了 3 月 18 日的四厂联合会议。

四联处 1941 年 3 月 18 日成立，以遵行政府法令、平定麦价、积储面粉原料为宗旨。② 其实质是为解决原料问题，即将面粉厂所需原料的价格稳定在各厂可以接受的水平而避免继续高涨，并且要大量囤积，以使面粉厂生产得以接续，避免出现停机待料状况。但四厂负责人绕过粮食管理部门私下商议的做法却不合时宜，也为四联处的很快解体埋下了伏笔。

四厂联合很容易让人联想到全面抗战前先农、岁丰、新丰 3 家粉厂为了调和共同利益，合组三益面粉公司。"三益"者，三方得益之谓。各厂却在实际运作中为求自保而私下降低品质，非但没有改变互相倾轧的不利局面，反而形成"质低价高"的新的颓势，销路日窄，亏折愈大，三厂联营模式遂在一年后撤销。③ 但处于战事正酣、粮食危机旋涡中的四联处，其命运真的会比三益好吗？

5 月，全国粮管局与四厂订立《小麦面粉购销合约》，合约包括面粉、小麦两项主要内容。关于面粉，合约规定各面粉厂应尽快尽量增加面粉产量，自订约之日起，每日最低产量不得少于 3800 袋，每月总产量不得少于 10 万袋，各厂所产面粉交由全国粮管局统购统销，各厂不得存留或自

① 《关于福民、福新、岁丰、复兴面粉公司同甘苦的字据》，《重庆福民实业股份有限公司档案》，档案号：02720002000320000116000。

② 《关于报送组织复兴、福民、福新、岁丰四厂联合办事处文录及章程请备案上重庆市粮食管理委员会的呈（附章程）》（1941 年 3 月 17 日），《重庆市粮政局档案》，档案号：00700001000310000001，第 1～7 页；《重庆市粮食管理委员会第十三次委员会会议记录（放行重庆市粮商集团到古兰采购之食米及成立福新复兴福民岁丰四厂联合办事处等）》（1941 年 4 月 17 日），《重庆市警察局档案》，档案号：00610015039240300170000，第 34 页。

③ 鲜伯良：《我经营重庆复兴面粉厂的回忆》，《四川文史资料选辑》第 4 辑，第 98～100 页；李贵荣：《重庆海关 1922～1931 年十年调查报告》，李孝同译，政协四川省委员会、四川省省志编辑委员会编《四川文史资料选辑》第 13 辑，1964，第 211 页；龙明桥：《"面粉大王"鲜伯良》，政协重庆市市中区委员会文史资料委员会编印《重庆市中区文史资料》第 5 辑，1993，第 55 页。

行销售；面粉价格按原料成本加生产成本（即加工费用，由各厂成本平均计算，得出各厂平均成本，各厂成本与平均成本比较，不足者由政府津贴，超出者由政府扣除）及合法利润计算，再由粮管会核定（每两三个月核定一次）。关于小麦，由四厂随时在四川省内各县小麦市场分设庄号，自行购足一个月以上的使用量，但总量不得超过 5 万市石，且各厂不得单独购买；全国粮管局可以委托四联处收购小麦，但必要时可派员监督；原料除自购外，一部分可向政府贷款采购，以收购的小麦为抵押，或由政府直接采购后按照成本价拨交各厂使用。① 从这份合约可以看出，全国粮管局对于该处采取的是较为宽松的政策，从原料收购而言，尽量满足各厂用麦需求，虽有总量限制，但足够一个月之用，这在原料收购困难形势下是非常难得的。并且该处可以向全国粮管局贷款采购，基本解除了各厂无款购麦的顾虑。从面粉产销而言，鼓励增加生产，设置最低生产量，各粉厂可以提高机器利用率，以免停工待料。面粉价格也较为公平，既顾及生产成本，亦有合理利润，且按规定利润的上限执行。尽管各厂不能自行销售，但在保证利润的情况下，也省却了销售的各项成本。因此，可以认为，《小麦面粉购销合约》是一份双赢合约，全国粮管局可以按时得到大量面粉实物，以之配销面粉受户，而该处各厂也可以让停工的机器运转起来，产生合理利润。

接着，该处与全国粮管局依据《小麦面粉购销合约》第 8 款，订立《购麦贷款合约》，向全国粮管局洽商借款 500 万元，加上自筹购麦基金 200 万元（其中复兴 105 万元，福民 53 万元，福新 26 万元，岁丰 16 万元），以此 700 万元作为购麦基金，以购储生产原料。如仍不敷使用，则可以 8 厘月息透支。如果所存原料用罄，则可以根据最近几日内原料平均

---

① 《全国粮食管理局、复兴福民福新岁丰四厂联合办事处购麦贷款合约、小麦面粉购销合约》（1941 年 5 月），《重庆市社会局档案》，档案号：00600002004740000006，第 12~16 页。面粉业被统制后，粉厂利润率为 4%~6%。参见《复兴面粉股份有限公司 1941 年 6 月调查报告》，《交通银行重庆分行档案》，档案号：0288001001550000180000。这一点与食米政策一致，据载，1941 年上半年，重庆市（不包括迁建区）机关、学校及贫民配售平价米，每市石作价 60 元，而统购统销价为 232 元，差价由政府津贴。参见《经济会议第二十四次会议》（1941 年 7 月 1 日），《行政院经济会议、国家总动员会议会议录》第 1 分册，第 294~295 页。

价格决定产品价格。① 该项办法未及全面实施，国民政府内部即有重设粮政管理机关的动议，一时间传得沸沸扬扬。

在国民政府中央层面正在酝酿大的机构调整时，四联处内部也产生了矛盾。5 月初，岁丰因无麦可磨而停工，遂根据章程约定，向负有仲裁职责的重庆市粮食管理委员会反映，重庆市粮管会责令复兴、福民、福新三个粉厂贷借小麦予岁丰，令其立即开工，因"本市食米来源减少，端赖面粉为之挹注"。② 这一勒令借麦事件可能在该处内部产生了罅隙，因为其他三厂麦源亦甚为稀缺，无足够力量支援岁丰，但尚不至于使购麦同盟很快走向解体，因当初所订章程明文约定，"各厂间如因分配小麦发生争议，经理处无法解决时，得呈请全国粮管局或重庆市粮管会仲裁之"。③ 岁丰根据章程约定提出仲裁，符合四厂的约定，其他三厂借给原料帮助岁丰恢复生产也在情理当中，毕竟四联处是在原料收购困难时期为了共同利益自愿结成的同盟，任何一厂脱离出去未必能够发展得更好，也许会更坏。应该说，这种情况是可以预料得到的。而恰在此时，天厨味精厂、天城面粉厂几乎同时要求加入该处，以解决自己的原料

① 《复兴面粉股份有限公司 1941 年 6 月调查报告》，《交通银行重庆分行档案》，档案号：02880001001550000180000；《全国粮食管理局、复兴福民福新岁丰四厂联合办事处购麦贷款合约、小麦面粉购销合约》（1941 年 5 月），《重庆市社会局档案》，档案号：0060000204740000006，第 12~16 页。

② 重庆市粮食管理委员会：《关于令借给原料即开工上全国粮食管理局、复兴、福新、福民、岁丰公司的训令、呈》（1941 年 5 月 7 日），《重庆市粮政局档案》，档案号：00700001000310000016，第 40~41 页；重庆市粮食管理委员会：《关于报送重庆市面粉管理经过及现时缺乏原料情形上全国粮食管理局的呈》（1941 年 6 月 28 日），《重庆市粮政局档案》，档案号：00700001000710000068，第 245~248 页；重庆市粮食管理委员会：《关于另觅地址呈核给复兴、福新、福民、岁丰四厂联合办事处的批》（1941 年 5 月 7 日），《重庆市粮政局档案》，档案号：00700001000310000015，第 38~39 页；《复兴、福新、福民、岁丰四厂联合办事处章程草案》，《重庆福民实业股份有限公司档案》，档案号：0272000200830000109000，第 109~112 页；《关于报送组织复兴、福民、福新、岁丰四厂联合办事处文录及章程请备案上重庆市粮食管理委员会的呈（附章程）》（1941 年 3 月 17 日），《重庆市粮政局档案》，档案号：00700001000310000001，第 1~7 页。

③ 《关于报送组织复兴、福民、福新、岁丰四厂联合办事处文录及章程请备案上重庆市粮食管理委员会的呈（附章程）》（1941 年 3 月 17 日），《重庆市粮政局档案》，档案号：00700001000310000001，第 1~7 页。

供应问题。① 可以设想，如果四联处因原料分配矛盾不可调和、无麦可供分配或完全无法购到小麦，其他规模更小的粉厂忖度自己的利益后，是不会申请加入的。对于天厨与天城的加入，该处也表示欢迎。

另外，按照《复兴、福新、福民、岁丰四厂联合办事处章程草案》第 23 条规定，四联处设立的期限暂为 1941 年 3 月 10 日起至 12 月 31 日止。② 遍览该章程，有几处细节不可不注意：一是该章程名为草案而非定案，则从侧面说明四厂合组的四联处并未达成实质性、约束力更强的协议；二是暂以 3 月 10 日至 12 月 31 日为期，说明四联处亦有试探的意味。虽然 6 月中旬复兴、岁丰都发生无麦可磨、停止生产的情形，但这并非四厂之间的矛盾所致，而是麦价"似已到达最高峰"，"且均有市无麦"，6 月渝市及川省各小麦市场麦价再涨，每市石达 160 元左右。③ 即使其他粉厂如中粮公司合川面粉厂、天厨味精厂、天城面粉厂等原料亦皆所存无几，甚至"已蛀蚀"，在此青黄不接之际，购运确实困难异常。④ 四联处成立的目的是更好地购运原料，但事与愿违，原料问题非但没有圆满解决，且愈演愈烈，面粉供应也出现大的缺口。为了协助后方工矿企业解决

① 1940 年春，为了解决味精原料供应问题，吴蕴初的"天字号"工厂天厨味精厂与金城银行合资筹设天城面粉淀粉工业股份有限公司，1942 年 5 月更名为天城面粉工业股份有限公司，成为重庆第五大机制面粉厂。参见《关于天城公司更名为天城面粉工业股份有限公司致重庆市机制面粉厂联合办事处的函》（1942 年 5 月 25 日），《金城银行重庆分行档案》，档案号：03040001025800000033000，第 33~35 页。

② 《关于报送组织复兴、福民、福新、岁丰四厂联合办事处文录及章程请备案上重庆市粮食管理委员会的呈（附章程）》（1941 年 3 月 17 日），《重庆市粮政局档案》，档案号：00700001000310000001，第 1~7 页。

③ 四厂联合办事处：《关于请照市价核议面粉价格上重庆市粮食管理委员会的呈》（1941 年 4 月 22 日），《重庆市粮政局档案》，档案号：00700001000710000051，第 202~204 页；全国粮食管理局：《关于改订 1941 年 6 月中旬重庆市面粉价格致重庆市政府的函（附计算书）》（1941 年 6 月 12 日），《重庆市粮政局档案》，档案号：00700001000710000064，第 235~236 页；全国粮食管理局、重庆市粮管会：《关于核定每袋面粉价格的训令、呈》（1941 年 6 月 12 日），《重庆市粮政局档案》，档案号：00700001000710000065，第 237~239 页。

④ 天城公司面粉厂：《关于核示天城公司面粉厂加入重庆复兴、福民、福新、岁丰四厂联合办事处应具备之手续、商办汇款事宜等致钱晓升的函》（1941 年 6 月 30 日），《金城银行重庆分行档案》，档案号：03040001025710000116000，第 116~117 页；全国粮食管理局：《关于核准天厨味精制造厂股份有限公司加入重庆市复兴、福民、福新、岁丰四厂联合办事处统筹配购小麦的批》（1941 年 6 月 10 日），《金城银行重庆分行档案》，档案号：03040001025710000025000，第 25 页。

流动资金及原料供应问题，经济部提出了具体的救济工矿生活事业的办法，如提供贷款、收购滞销产品、择要定制产品等。就粮食工业企业而言，经济部提出的方案是给予福民、福新、复兴、岁丰等厂300万元贷款，用于购买原料。① 岁丰、复兴两厂先后因无麦可磨而停工，甚至发生挤购面粉情事，重庆市民食供应处请求重庆市粮食管理委员会派员前来协助处理几于失控的局面。面对此种局面，四联处亦无计可施，且重庆市机制面粉厂联合处亦正在紧锣密鼓的筹备当中，自知无力回天的鲜伯良、袁国梁等与各厂商议后，8月5日提出结束四联处，由重庆机制面粉厂联合办事处办理原料采购等事宜。重庆市粮管会乘机将其撤销。7日，重庆市民食供应处派朱南强、周亚波赴四联处会同管理面粉业务。14日，四联处正式被撤销。② 四联处从1941年3月中旬成立到8月中旬正式撤销，时间仅有5个月，如从重庆市机制面粉厂联合处成立算起，则仅有4个月，殊为短暂，出乎面粉厂负责人意料，与当时暂定的年底差距相当大。

　　四联处的出现及其所采取的做法，是当时盛行的统购统销理念在机制面粉行业中的体现。应该说，从四家粉厂的角度来看，这种做法是在抗战大背景下物资越来越匮乏、麦价益趋高涨的形势下，较为合理的自我保护措施，也有充分的实施理由。但问题的关键是，经济的统制者应该由谁来担任，是企业或企业的联合体还是国家政府职能部门？统制之后的利益群体是谁？很显然，粮食作为战略物资，关乎民生，关乎"抗战建国"大计甚至中央政府的存亡，对如此重要物资的统制只能由中央政府指派相关部门秉承国家意志来实施，最终受益者应当是国家。因此，统制经济是非常时期国家主导下的经济政策，是国家行为，任何企业与个人只能是被统制对象。退一步来看，如果中央政府任由面粉厂家自由购销，非但与统制经济理念初衷相背离，而且如果其他行业竞相仿效，则国家经济极有可能陷入条块分割乃至更为恶化、崩溃的境地。因此，国民政府欲将统制之权

---

① 《第二十八次经济会议》（1941年8月5日），《行政院经济会议、国家总动员会议会议录》第2分册，第23~33页。

② 重庆市粮食管理委员会：《关于令知复兴、福新、福民、岁丰四厂联合办事处办理结束准予备查给该处的批》（1941年8月14日），《重庆市粮政局档案》，档案号：00700 001000310000053，第227页。

操诸己手而不能假手于他人，体现国家权威与意志，维护战时国家利益，才是四联处不得不解体的深层原因。维护国家利益的具体体现则是政府加大了对面粉业的统制力度，并在统制过程中实现粮食动员，以为抗战大局服务。

1941年2月，全国粮管局在全国粮食会议中已经提出，凡经登记的粮商，应依法组织粮食业同业公会。[①] 也就是说，为了实现国民政府管理粮食的"新政"，政府粮食管理部门要从严管理粮商，将粮食从业者纳入同业公会这一机构的管理之下，当然，同业公会是受全国粮管局约束管理的。从政府角度而言，四联处的设立"无非用为对外，以此名义在统制之下可能向官厅占采办之额，如遇公私交涉，似较单独为优"。[②] 也就是说，四联处的成立是四家粉厂抱团取暖、一致对外的结果，所对之"外"，显然是政府粮食管理机关，对外之事不外在原料收购、面粉产销及面粉定价方面享有更大的自主权，而不受政府管理机关过多掣肘，各自为本厂争得更大利益。

四联处是一个完全由在渝各大粉厂自发成立、意欲独立于政府管辖范围之外的行业组织。然而，政府粮食管理机关并不想在粮食危机日益突出的情况下仍有处于"化外"的此类民间行业组织的存在，而更愿意将其置于粮食部、财政部控制下的"自己的"组织系统如同业公会等类组织管制当中。另外，根据经济部1938年上半年出台的《工业同业公会法》，"其会内各业不得单独组织工业同业公会"，[③] 擅自成立的四联处被撤销或改组实属必然。在此期间，全国粮管局采取的麦、粉购销，解决粉厂原料供应问题，政府津贴面粉价格等办法，一方面缓解了粉厂原料供应紧张的局面，一方面也为后来粮食部统制面粉业提供了思路。

四联处被撤销或曰被瓦解后，四家粉厂又暂时回到了各自收购原料的状态，但这一状态亦很快被新的面粉行业组织——重庆市机制面粉厂联合

---

① 《全国粮食会议报告》，第82页。
② 《关于撤销重庆复兴、福民、福新、岁丰四厂联合办事处，成立机制面粉同业公会等上天城公司的呈》（1941年7月3日），《金城银行重庆分行档案》，档案号：030400010257100001 59000，第159~161页。
③ 《工业同业公会法》（1938年1月13日公布），秦孝仪主编《中华民国重要史料初编——对日抗战时期》第4编《战时建设》（3），第631页。

办事处临时取代。尽管是临时取代、过渡组织，但重庆市机联处在粮食部的支持与指导下，脚步却更为坚定地迈向统制面粉业的方向。

2. 过渡组织：重庆市机制面粉厂联合办事处

四联处被撤销后，各面粉厂管理者认识到，这对粉厂而言失去了一个"与官厅接洽"的依靠，"各厂必多不便之处"，仍有另外成立组织"以资应付"的必要，甚至有人提出直接设立面粉业同业公会，[①] 但此一提议未获多数厂家负责人响应。可见各粉厂负责人对于设立同业公会并不积极或心有忌惮，也反映了其并未洞悉战时粮食危机局势下面粉行业未来的走向，进一步说，即其缺乏相当的政治意识，以致忽略政府正在逐渐收紧的粮食政策，缺乏基本的判断，只能做出单方面的举措。

四联处已不复存在，而困难局面仍未改观，内外交困的面粉厂还须维持下去，各面粉厂遂成立重庆市机制面粉厂联合办事处（简称"重庆市机联处"），以资应付。[②]

1941 年 7 月 16 日，重庆市机联处召开成立会议，出席代表有复兴公司鲜伯良、葛乔，福民公司袁国梁、刘洪源，福新公司章剑慧、厉无咎，岁丰公司杨凤伦、杨柏林，会议通过了《重庆市机制面粉厂联合办事处章程》，推举鲜伯良、袁国梁、厉无咎、杨凤伦、葛乔为理事，袁国梁为理事长，章剑慧、杨柏林、刘洪源为监事，议决办事处每月经费 6000 元，由各厂按照生产比例分摊，分别为复兴 3210 元、福民 1602 元、福新 720元、岁丰 468 元。[③] 从重庆市机联处人员构成来看，其成员还是四联处原

---

① 《关于撤销重庆复兴、福民、福新、岁丰四厂联合办事处，成立机制面粉同业公会等上天城公司的呈》（1941 年 7 月 13 日），《金城银行重庆分行档案》，档案号：03040001025710000159000，第 159~161 页。

② 复兴、福民、福新、岁丰四厂联合办事处：《关于改组成立重庆市机制面粉厂联合办事处致王守先的函》（1941 年 7 月 17 日），《金城银行重庆分行档案》，档案号：0304000102571 0000194000，第 194~195 页。

③ 《关于组织机制面粉厂联合办事处并报送章程及成立会议记录准备案的批、呈、函（附会议纪录）》（1941 年 8 月 7 日），《重庆市粮政局档案》，档案号：00700001000310000055；《重庆市机制面粉联合办事处章程》，《重庆福民实业股份有限公司档案》，档案号：02720002000320000148000，第 148~151 页；《重庆市社会局、福民实业股份有限公司机制面粉厂关于报送福民实业股份有限公司机制面粉厂联合办事处章程及成立会议记录的呈、批（附章程、会议记录）》（1941 年 8 月 7 日），《重庆市社会局档案》，档案号：00600002008270000007。

有成员，后来虽然增加了天厨、天城两厂，但此二厂与原有四厂相比，此时皆属小厂。而需要着重指出的是，重庆市机联处与四联处最大的区别是宗旨不同，前者"以改进面粉事业并谋同业福利、协助政府推行粮政为宗旨"，① 显然，这比后者"专在合伙向外采购小麦"的宗旨指向更为宏大，即以协助政府推行粮政作为该组织的终极目标，担负起了政治使命，凸显出更强的政治意义。"改进面粉事业并谋同业福利"可以看作对各粉厂的安抚，而"协助政府推行粮政"则是其真正目的所在。

重庆市机联处成立后，在粮食部指导下，对各粉厂面粉生产、销售采取了新的措施。各厂所产面粉由民食供应处逐日收存，同时粮食部制定《粮食部派驻机制面粉厂稽核办事规则》，向各地机制粉厂均派驻稽核人员，在"考查机制面粉产销情形"，指出各厂机件设备利用及存在问题以资改进的同时，意在查核、监督各厂原料购运储备、成品销售配拨、厂缴费用开支、出品成本计算等业务及会计情形。② 稽核人员还可以随时调阅各粉厂有关文卷、账簿表册及收支凭单，对驻在厂的业务、财务、会计及其他认为有改良或整理必要事项，随时对厂方提出建议，并报请粮食部核办。③ 如重庆市政府派刘震武专员驻重庆市机联处，负责面粉配销事宜。购粉者须持粮食管理委员会制发的准购证，经刘震武斟酌面粉产销情形及核定的购粉量，酌为批定袋数，填发准购通知，持此通知往指定粉厂营业部缴费，换取购面证，再赴该厂仓库取面。此一政策效果较好，对政府而言，也可以看作管制粮食较为成功的举措。

---

① 《重庆市社会局、福民实业股份有限公司机制面粉厂关于报送福民实业股份有限公司机制面粉厂联合办事处章程及成立会议记录的呈、批（附章程、会议记录）》（1941年8月7日），《重庆市社会局档案》，档案号：00600002008270000007；《关于组织机制面粉厂联合办事处并报送章程及成立会议记录准备案的批、呈、函（附会议纪录）》（1941年8月7日），《重庆市粮政局档案》，档案号：00700001000310000055。

② 《关于抄发粮食部派驻机制面粉厂稽核办事规则给重庆市粮政局的训令（附规则）》（1942年6月7日），《重庆市粮政局档案》，档案号：00700002001900000015，第57~59页；《关于寄送派驻机制面粉厂稽核办事规则给重庆市粮政局的训令（附规则）》（1942年6月15日），《重庆市粮政局档案》，档案号：00700002001910000001；《关于告知随时派员考察复兴、福民、福新等面粉厂机件设备给重庆市粮政局的训令》（1942年10月26日），《重庆市粮政局档案》，档案号：00700002001910000002。

③ 《关于抄发粮食部派驻机制面粉厂稽核办事规则的咨、训令（附规则）》（1942年6月7日），《重庆市政府档案》，档案号：0053-0025-00042-0000-064-000。

　　重庆市机联处成立的时间节点并非偶然，而是与国民政府调整粮食管理机构的时机基本吻合，这一调整即是将原来的全国粮管局裁撤，新设粮食部，"然粮管局制属草创，复以机构与职权有限"，故而对于粮价上涨未能收平抑效果，"影响人民生活颇大，不得不另谋解决方案，乃于三十年七月成立粮食部，各省设置粮政局，使职权扩大，机构健全，期军公民粮，能统筹兼顾"。① 而粮食部实行的逐日收存面粉、向粉厂派驻稽核人员、制发准购证等，明显地表现出对面粉业进行统制的积极态度与实际举措。

　　3. 最终定型：重庆市机制面粉工业同业公会

　　关于工业同业公会，早在 1938 年 1 月 13 日经济部就已制定了《工业同业公会法》，该法案对同业公会的设立、会员、职员、会议、经费等做了详细规定，且某些行业已率先设立。② 针对物价上涨不已的现实，1940 年 8 月下旬，四联总处拟定《加强各业同业公会组织统制日用品交易以安定物价建议案》及实施办法，其要点有 3 项，其中关于同业公会方面，提议政府在短期内无法设立新的基层统制机构以前，应尽可能利用各业同业公会，借助其深入社会、成立时间较久的特点，进一步强化各同业公会组织，使其成为有效力、能负责的市场机构，"赋予相当职权"，"分别统制市场交易"，最终达到平稳物价的目的，③ 意在加强各同业公会的职权，为进一步协助政府管理物价发挥更大作用。

　　就面粉行业而言，1939 年西安各粉厂已接到经济部要求成立同业公会的指令，1940 年 10 月 5 日，于乐初、李国伟、祝伯柔等成立陕西省面粉工业同业公会，定名为"第一区面粉工业同业公会"，并且不断发展壮大。④ 1941 年 2 月，全国粮管局在全国粮食会议提案中提出各粮食业应依据《工业同业公会法》筹设同业公会，该提案修正内容共有 8 项，关于

---

① 粮食部调查处编印《中国各重要城市粮食价格及指数专刊》，1945，第 2 页。

② 《工业同业公会法》（1938 年 1 月 13 日公布），秦孝仪主编《中华民国重要史料初编——对日抗战时期》第 4 编《战时建设》（3），第 630~641 页。

③ 四联总处秘书处编《四联总处文献选辑》，1948，第 240 页。

④ 《第一区面粉工业同业公会》（1942 年），陕西省档案馆藏，《陕西省社会处档案》，档案号：90-4-98；《同业公会面粉厂公会章程及会议记录等（一）》（1945 年），陕西省档案馆藏，《雍兴实业股份有限公司档案》，档案号：82-1-1060（1），第 4 页。

同业公会方面，规定"凡经登记之粮商，应依法组织粮食业同业公会；粮食业同业公会，应依照粮食管理机关之命令，办理粮食运销业务"。① 1942年2月，粮食部拟定《非常时期粮食业商人登记注册办法》，重申粮商登记。同时，粮食部会同经济部、社会部协商改进各地粮食业同业公会组织，目的在于使各地同业公会组织能够担负起领导当地粮商、协助政府执行战时粮食管制政策的责任。② 《非常时期粮食业商人登记注册办法》可以说是战时粮食业最为严厉的管理规定，碾米业、面粉业自然在其管理范围内。

重庆作为战时陪都，粮食管理重要性不言而喻，但原有重庆市粮食业同业公会组织散漫，不足以担负起指导粮商营运的重任，对此，行政院在1942年的工作报告中予以点名批评。毫无疑问，隶属于行政院、负有粮食管理全责的粮食部自然难逃干系。③ 粮食部遂依据《工业同业公会法》及其实施细则，将重庆面粉业纳入同业公会的严格监管。

1942年3月26日，经济、社会两部派员至渝市各粉厂，饬令在渝粉厂迅即组织成立面粉工业同业公会，限期具报，不得延缓。次日，重庆市机联处联络各粉厂，定于6月初召开会议，商讨成立事宜。④ 7月，在渝粉厂开始筹备成立面粉工业同业公会。作为重庆面粉业唯一的行业组织，重庆市机联处起草了《重庆市机制面粉工业同业公会章程草案》。该草案共7章50条，比以往四联处、重庆市机联处组织条文更为丰富具体，对公会宗旨、任务、会员代表、经费等做了全面详细的规定。重庆市机制面粉工业同业公会"以改良面粉工业及促进同业之互助为宗旨"，任务为会员业务的调查研究、联系合作及技术改进。⑤ 从宗旨来看，重庆面粉工业同业公会已"去政治化"，回归制粉业务本身，与《工业同业公会法》确

---

① 《全国粮食会议报告》，第82页。
② 《粮食部三十一年度工作计划》，第3~4页；《国民政府年鉴》，"中央之部"第285页。
③ 《行政院工作报告》（1943年），"粮食"第20页。
④ 重庆市机联处：《关于重庆市机制面粉厂联合办事处开会商讨机制面粉工业同业公会筹设事宜致天城公司面粉厂的函》（1942年3月26日），《金城银行重庆分行档案》，档案号：0304000102588000007000，第7~8页。
⑤ 《重庆市机制面粉工业同业公会章程草案》，《重庆福民实业股份有限公司档案》，档案号：0272000200083000115000，第115~123页。

立的"以谋工业之改良、发展及矫正同业之弊害"宗旨相一致，① 但其恰恰反映出粮食部已通过重庆市机联处完成了对各大粉厂的管控。粮食部通过一系列配套措施，将已"尽入彀中"而无所遁形的粉厂严密地管控起来。

从全国粮管局乏善可陈的措施无力应付后方日趋严重的粮食危机，到粮食部成立之初面临的军粮民食供应状况及舆论压力，进行有效的粮食管理、缓解粮食危机的重要性空前大增，如何有效统制粮食并进行广泛的粮食动员，成了摆在国民政府面前亟待解决的重大课题，也是对国民政府执政能力的一大挑战。

二　统制经济与粮食动员

统制经济理念源自西方，尤其是在第一次世界大战期间，曾一度被协约国作为战时克敌制胜的法宝。其传入中国后，中国学界、政界在全面抗战前与全面抗战初期对此有相当多的讨论。中国问题研究会指出，如果战争爆发，中央政府"必须将财政政策与一般的经济统制政策，集为一体，于必要时，实行经济的全盘统制，谋资金的集中，与物资的征发"。② 孙兆乾认为，抗战全面爆发后，中国粮食至少面临四大问题，因此，"在长期抗战中，生产的缺乏，粮食的恐慌，确是一个极度严重的问题"，进行粮食统制势在必行。③ 殷锡祺、尹以瑄等对法国、英国、美国、德国、苏俄在第一次世界大战期间的粮食生产统制、价格统制、输入统制、输出奖励、粮食节约、生产政策等各方面政策措施进行了介绍。④ 著名经济学家刘大钧参照战争时期外国政府的做法，主张政府如认为有必要时，对于一般社会产业，可以征用，实行统制，而使其成为国营产业。⑤ 这些讨论为国民政府实行统制政策奠定了理论基础，尤其是在粮食问题上，从自由到

---

① 《工业同业公会法》（1938 年 1 月 13 日公布），秦孝仪主编《中华民国重要史料初编——对日抗战时期》第 4 编《战时建设》（3），第 631 页。

② 漆琪生：《非常时期的中国财政问题》，《中国战时经济问题》，第 134 页。

③ 孙兆乾编著《战时粮食生产统制》，第 16~22 页。

④ 殷锡祺：《战时粮食动员问题》，第 15~30 页；尹以瑄：《国防与粮食问题》，第 10~25 页。

⑤ 刘大钧：《经济动员与统制经济》，商务印书馆，1939，第 15 页。

严格，从统筹到统制，国民政府上层人士的认识与政策走向经历了巨大的转变。

与此同时，国民政府上层对粮食管理重要性与必要性的认识亦逐渐深刻与清晰，并付诸实施。在五届七中全会上，蒋介石提议将经济部改为工商部，专管工商及矿业，在行政院下设立经济作战部，下设粮食管理处、贸易委员会、物资调节处、敌伪封锁处、物价委员会及各战区经济委员会等 6 个机构。在此次全会第五次会议上，经济组审查委员会提出，对于战时粮食管理，尤须设立强有力的机构，任命公正廉明的官员来主持此一粮食管理机构。①

9 月 11 日，蒋在《为实施粮食管理告川省同胞书》中，讲到世界各国在战时彻底统制的例子，但认为中国粮食产量丰富，"还用不到采取这种办法"，即使军粮也是政府统筹采办而不用强制征收。② 然而，粮食危机呈蔓延态势，主管机关却未能找到有效办法。这也与翁文灏 11 月 13 日日记所载吻合：行政院第 490 次会议，卢作孚报告管理粮食办法，但对于四川粮价暴涨（每市斗 40 余元，比上年此时涨 15 倍），并无即刻有效的方法。③ 粮食供应问题关乎"抗战建国"大计与民族存亡，日益严重的粮食危机不容久拖不决。1941 年 4 月，四川各地春旱，各县竞求自保自给，不以余粮应市，于是全国粮管局实行定价收购，民间存粮愈益分散，"阻关遏粜之风益盛，而市场粮食愈感缺乏，人心愈感不安"。④ 4 月 2 日，国民党五届八中全会通过《动员财力扩大生产实行统制经济以保障抗战

---

① 《中国国民党五届七中全会经济组审查委员会提出："对于财政经济交通报告之决议案"》（1940 年 7 月 6 日中国国民党五届七中全会第五次会议通过），秦孝仪主编《中华民国重要史料初编——对日抗战时期》第 4 编《战时建设》（3），第 217 页。

② 《蒋委员长发表："为实施粮食管理告川省同胞书"》（1940 年 9 月 11 日），秦孝仪主编《中华民国重要史料初编——对日抗战时期》第 4 编《战时建设》（3），第 51 页。

③ 李学通、刘萍、翁心钧整理《翁文灏日记》（下），第 579 页。关于全国粮管局的管理成效，何应钦曾在其将被裁撤时有如下言论："甘肃省，即因设立粮食管理局的缘故，到今天还能维持去年八月的粮价。又如四川的粮食问题，如果不是卢作孚先生和粮管局诸位同志的努力负责办理。今天尚不知是何种现象？又如二十九年的军粮，就是完全赖着卢先生一手筹措。这种功勋，是永远使我们不能忘记的，虽然目前还有许多不方便不周密的地方。这是初次办理的缘故。"参见《全国粮食会议报告》，第 22 页。

④ 《行政院工作报告——有关稳定财政及管制粮食、物价部分（1938 年～1945 年）》（对中国国民党第六次全国代表大会报告），秦孝仪主编《中华民国重要史料初编——对日抗战时期》第 4 编《战时建设》（3），第 314 页。

胜利案》，标志着国民政府正式实行统制经济。①

军粮民食供应自 1939 年下半年开始渐成问题，且进一步演成危机，并有加重趋势。抗战全面爆发后，各地军队纷纷参加抗日战争，凡参加抗战部队的军费、军粮、被服装具等均由军政部军需署统一补给配发，后方勤务部负责军粮采购。随着部队人数增加、战区扩大与迁移，军政部在适当地点分设军需局，以便就地解决军需供应问题。为办理军粮现品补给，军政部 1940 年 1 月 1 日新设军粮总局，负责统筹军粮，以"谋军食之供应"，② 但军粮供应问题频发。军政部 10 月 7 日接何鲁函称："近征购军米弊端百出，办军米之人领有政府之款后，并不以钱购谷，肆行封仓，肆行碾米，……以至各乡骚然，米价陡涨，并有数日不能得米者，此实为抗战以来所无之恶劣现象。"③ 1941 年 6 月，《大众生活》援引了某战区一位负责军粮购买事宜的军官的话说："近年粮食问题，日趋严重，竭数机关之力，对囤积之风，无法遏止。弟虽力提较澈底办法，但力竭声嘶，难被采纳。"④ "各地物价……狂澜之起，肇端于二十八年岁晚，经客年盛夏，排山倒海之势始成，献岁以还，无一地不当于基期五倍以上，成渝两地，且过十倍。渝市以食物类指数陡升，今夏零售物价总指物（数），已飞渡二十三倍之高关"。⑤ 据日本大使馆所做的调查，四川乐山食物类物品价格指数如果以 1937 年年均为 100 的话，至 1939 年底涨至 189.8，1940 年底涨至 1109.8，至 1941 年 7 月时已涨至 2817.1，涨幅达 28 倍多，上涨速度是十分惊人的。⑥ 1940 年 3 月，从不缺粮的成都甚至发生抢米事

① 《中国国民党五届八中全会主席团提："动员财力扩大生产实行统制经济以保障抗战胜利案"》（1941 年 4 月 2 日中国国民党五届八中全会第十一次会议通过），秦孝仪主编《中华民国重要史料初编——对日抗战时期》第 4 编《战时建设》（3），第 253 页。

② 严宽：《军粮总局成立二周年纪念勉所属同人书》，《陆军经理杂志》第 3 卷第 1 期，1942 年 1 月 31 日，第 21 页。

③ 全国粮食管理局：《关于查禁川省各县驻军自行采购军粮由全国粮食管理局统筹办理致四川省第三区行政督察专员公署的代电》（1940 年 10 月 21 日），《四川省第三区行政督察专员公署档案》，档案号：0055000500259000078000，第 78 页。

④ 一之：《周末笔谈：粮食部成立》，《大众生活》新 3 号，1941 年 5 月 31 日，第 50 页。

⑤ 行政院经济会议秘书处编印《半年来全国物价波动概述（民国三十年下半年）》，1941，第 2 页。

⑥ 上海日本大使馆特别调查班编印《四川省农村物价统计表》，1943，第 16~17 页。

件。1940 年 3 月 22 日，"最近云南担米涨至一百二十元，幸未出事。但福建则发生抢米风潮"。① 1940 年 8 月 9 日，王世杰在日记中也记载了物价上涨的情况："近日物价高涨，通货膨胀固为主要，财政、经济两部无扼要办法亦属无可讳言。重庆市米价，在政府尽力平抑之下，每市石（一百廿余斤）已达七十元以上。" 25 日，王世杰再次记载："物价高涨，较战前高数倍（就米价言，亦在七八倍以上），公务人员之薪给仍系战前之标准，且有折扣。"② 严重的粮食危机促使国民政府必须在粮食管理方面有所作为，包括面粉产销。

首先，粮食管理机构趋于专门化。关于设置机构对粮食进行管理，孙中山早年曾有过设想，在《地方自治开始实行法》第二款"立机关"中，即坚决主张设置"粮食管理局"，他是国民党内设立专门机构管理粮食的最早提出者。③ 但南京国民政府成立后，并未实行严格的粮食管理，而是采取自由政策，更无专门行政机构进行管理，仅有兼管机构。1936 年 9 月 15 日，国民政府仿照美国联邦农业金融局的组织结构，正式设立农本局，④ 宗旨为"调整农业产品，流通农业资金，借谋全国农村之发达"。根据其组织规程，农本局主要业务有两大类：一为农产，一为农资。前者包括农产品仓储，代政府买卖农产品，农产品运销，抵押农产品的处置，农产品改进及调整事务等。

抗战全面爆发初期，国民政府 1937 年 10 月中旬在国民党军事委员会设立农产调整委员会（简称"农整会"），意在调整战时农产运销。其购销范围最初为食粮与棉花，后扩展至纱、布。农整会职责有 9 个方面，涉及粮食业务的有合作收购湖南稻米、合作收购江西稻米、购米运川储备

---

① 《在蒋介石身边八年——侍从室高级幕僚唐纵日记》，第 123 页。
② 《王世杰日记》（手稿本）第 2 册，第 323、332 页。
③ 《国父关于粮食问题的遗教》，"编辑弁言"第 1 页。
④ 许宗仁主编《中国近代粮食经济史》，第 203 页。关于农本局成立日期，有 9 月 17 日的说法，兹根据多项档案记载，应为 9 月 15 日。参见《农本局及所属农业调整处、福生庄决算报告》（1937 年 10 月～1939 年 12 月），《经济部档案》，档案号：四-19058，第 3 页；《农本局一九三七年至一九三九年度决算报告书》，《经济部档案》，档案号：四-15909，第 28 页。

等。① 但"此项购销工作，非有专办之灵活机构，实不足以迅赴事功，委托及合营机构，俱欠灵活"，② 农本局遂萌生新建机构的想法。1938年2月1日，鉴于农整会业务与农本局业务有若干重合，军事委员会遂将农整会划归成立时间更早、业务经验更为丰富的农本局。农本局接收农整会业务后，将其改组为农业调整处，即以非常时期调整农业事务为中心工作，意在调整农产盈虚，平衡农产供需，进而稳定战时物价。1938年7月2日，农本局成立专门机构福生庄，"期以商业组织，办理调整工作，而谋购销运存各项业务之合理进行"。③ 福生庄负责农本局办理各地米谷购销，承担粮食调节任务。

然而，农本局所承办的平价粮食业务在经过两年多的运行后，弊端丛生，经过徐堪（时任财政部政务次长兼四联总处秘书长）、谷正纲（时任社会部部长）、张厉生（时任党政工作考核委员会秘书长）、戴笠（时任军委会调查统计局副局长）等人密查，不合规定之处甚多，不仅虚糜巨额平价资金，助长米价，而且致使物价腾贵，违反政府平价政策。1940年的平价购销处舞弊案（又称"平价大案"），导致农本局备受多方指责，④ 就粮食管理来说，平价大案也暴露了粮食业务多头管理的弊端，因此，成立专门的粮食管理机构被提上了日程。

全国粮管局是全国粮食行政最高机关，也是国民政府时期中央部门中

---

① 《农产调整委员会归并农本局接收有关文书》（1937年10月~1938年2月），《经济部档案》，档案号：四-8642，第22~47页；《农本局及所属农业调整处、福生庄决算报告》（1937年10月~1939年12月），《经济部档案》，档案号：四-19058，第3页。

② 《中华民国二十七年农本局业务报告》，第64页。

③ 《中华民国二十七年农本局业务报告》，第64页。福生庄初名福生公司，但因其设立并不符合《公司法》，故福生公司的名称并未被批准，1940年1月底福生庄的名称才正式确定下来。参见《农本局呈送福生庄组织章程草案及有关文书》（1938年8月~1940年1月），《经济部档案》，档案号：四-30053。

④ 陈谦平编《翁文灏与抗战档案史料汇编》下册，社会科学文献出版社，2017，第626~632页。有学者指出，平价大案是戴笠、孔祥熙、徐堪"制造"出来以打击经济部部长翁文灏的。参见张守广《宁波商帮史》，宁波出版社，2021，第290页。关于平价大案，还可以参考章元善《"借人头、平物价"的闹剧——关于经济部平价购销处的一段往事》，政协全国委员会文史资料研究委员会编《工商经济史料丛刊》第1辑，文史资料出版社，1983，第200~205页；傅亮《抗战时期的"平价大案"始末：以农本局改组为中心》，《江苏社会科学》2015年第1期。

第一个专门管理粮食的机构，"此为中国设置专管粮食机关之始"，[①] 其目的在于使粮食供求平衡，粮价平稳，合理解决粮食消费、分配，增加粮食生产，增强"抗战建国"力量。为此，全国粮管局与重庆市相关部门商议，组织成立重庆市粮食管理委员会，并设立重庆市平价米供应处，专门办理中央公教人员平价米供应。[②] 设立重庆市统购统销督导处，在给予粮商合法利润的基础上，督导粮商统购统销，但所有亏蚀由政府负担。此外，设立仓库督导室，采购部分民粮。重庆粮食来源采用集体米商供应制，即由专门的商人集体负责供应。据统计，当时的集体粮商共有 22 家，每一个粮商认定一个县份为采购食米区域，采购食米运济重庆，而且各县只准专商采购，"个人所有之米欲运达重庆，供其家人之食用亦不可能"。但据徐堪了解到的情况，全国粮管局对集体粮商每日供应重庆食米数量"并没有限定"，以致专商运到重庆的食米并未运足，也就是说专商只享有专商的权利而不负供应职责，即徐堪所说的"只享权利，不尽责任"。[③]其时渝市每日需米 3000 余市石，而集体粮商每日运销的食米最多不过1700 余市石，甚至每日仅运销数百市石或少至二三百市石，"认多缴少"，[④] 以致渝市食米常感供不应求，粮价高涨，人心不稳。

关于专商的弊端，徐堪在多个场合讲过一个绅士运粮自食而不得的例子，谓四川美丰银行某高级职员，"是个有相当地位的人"，在民国初年做过四川财政厅厅长，系江津的绅士，但家住重庆，1941 年上半年的一天，这位绅士回江津，想从家里运米到重庆，作为自家食粮。谁知米船行至朱家沱后，被人扣留不放，且被诬以偷运私粮。这位绅士于是请当地县长出面，让县长下令放行，无果。最后不得已只能将所有米粮卖给专商，才得以脱身。针对这一事件，徐堪感叹道："这样一个有地位的人，尚且

[①] 《中国粮政概况》，第 15 页。

[②] 经济部农本局、经济部平价购销处：《关于全国粮食管理局承办平价粮食业务划分账目结束的函、呈》（1941 年 1 月 24 日），重庆市档案馆藏，《经济部日用必需品管理处档案》，档案号：0022001000790000099000，第 100～109 页。

[③] 《经济会议第二十四次会议》（1941 年 7 月 1 日），《行政院经济会议、国家总动员会议会议录》第 1 册，第 324 页。

[④] 《行政院关于粮政推行之报告——对五届九中全会报告》（1941 年 1 月至 12 月），秦孝仪主编《抗战建国史料——粮政方面》（1），第 397 页；《粮食部三十年度工作检讨报告》，第 2 页。

遇到这类事情，其他可知。"① 如果徐堪所言不虚，这一事件至少说明当时重庆的粮食运输极为不畅，粮食来源阻滞，粮食商人反得操纵其间，各地竞相自保，不以余粮应市，政府不能掌握大量实物以控制市场。全国粮管局实行定价收购，民间存粮愈益分散，市场上的粮食越来越少。因此各地粮价日涨，供应时感缺乏，造成春夏两季粮食短缺的严重问题。②

全国粮管局的各项政策如派售余粮、平价配购、取缔囤积等较为温和，卢作孚认为粮食统制"大可不必"，而期望粮食困难"逐次以求解决也"。很显然，卢作孚对于粮食危机的认识非但与粮食危机本身不相称，而且其所采取的"逐次以求解决"的措施与后来粮食部的政策相比，也并未立竿见影，与国民政府解决粮食危机的决心不匹配，乃至存在抵牾之处。并且全国粮管局粮食政策以四川为中心，"所有政令，几于未出川境"，③ 而任由其他各地粮价上涨。对此局面，徐堪言："非酿成大乱不可。"④

全国粮管局在设立初期，因粮食管理政策甚不得力而受多方诟病，尽管被誉为"四川张謇""四川甘地"⑤ 的局长卢作孚兢兢业业，但其一系列做法较为温和，粮食管理政策成效不彰。刘航琛在其晚年接受中研院近代史学者访问时，也曾忆及卢本人确有甘地之心而无铁腕手段，以致未能切实有效解决当时刻不容缓的粮食问题。⑥ 在徐堪看来，这主要是因为全国粮管局的"组织和权力还太小"，随着粮食问题日趋复杂，"必须加强粮政机关的组织，扩大粮政机关的权力，增高粮政机

---

① 《经济会议第二十四次会议》（1941 年 7 月 1 日），《行政院经济会议、国家总动员会议会议录》第 1 分册，第 324 页。
② 《粮食部三十年度工作检讨报告》，第 2 页；陈开国：《抗战时期西南粮政见闻》，《昆明文史资料选辑》第 6 辑，第 21 页。
③ 《粮食部三十年度工作检讨报告》，第 86 页。
④ 张守广：《卢作孚年谱长编》（下），中国社会科学出版社，2014，第 875 页。
⑤ 俞洽成：《卢作孚先生访问记》，《长城》第 1 卷第 7 期，1934 年 4 月 1 日，第 127 页。
⑥ 沈云龙、张朋园、刘凤翰访问，张朋园、刘凤翰纪录《刘航琛先生访问纪录》，第 86 页。

关的地位"，才能完成此项艰巨的任务。① 更为强势的人物与机构亟待出现。

1941 年 5 月，国民政府上层重新考虑粮食政策，计划在行政院下设粮食部，"在初春及青黄不接时候，粮食发生恐慌，人人感受粮食缺乏的顾虑！中央为加强战时粮食管理及实现总理粮食政策计，决定全国粮食管理局改为粮食部，提高职权统一指挥监督"。② 7 月 1 日，粮食部正式宣告成立。

其次，控制小麦来源，实行拨麦加工。对于面粉行业，陪都民食供应处实行委托或曰拨麦加工方式磨制面粉。1942 年 6 月 25 日，粮食部下属陪都民食供应处与复兴、福民、福新、天城、岁丰签订委托加工合同。③ 合同规定 5 家粉厂每月总产量为 7 万包（自 1944 年 1 月减少为 5 万包④），⑤ 粉厂规模愈大，制粉任务愈重。拨麦加工自 7 月 1 日起正式实行，其做法是各粉厂原料由中粮公司粮食购备委员会供给，各厂只负加工之责，政府每交小麦 1 市石，粉厂即交面粉 2.25 包。粉厂每产 1 包面粉，可得加工费 45 元，作为维持员工薪金、伙食、修理等项费用

---

① 徐堪：《中国战时的粮政》，《经济汇报》第 6 卷第 1~2 期合刊，1942 年 7 月 16 日，第 17 页。

② 邹明初：《粮政之回顾与展望》，《督导通讯》创刊号，1942 年 1 月 1 日，第 2 页。

③ 于登斌：《战时重庆面粉产销管制之回顾与展望》，《四川经济季刊》第 1 卷第 3 期，1944 年 6 月 15 日，转引自上海社会科学院经济研究所编《荣家企业史料》下册，上海人民出版社，1980，第 208 页。

④ 《重庆市社会局、粮食部陪都民食供应处关于由田赋粮食管理处统筹计划面粉承碾加工救济办法的函、训令》（1943 年 1 月 27 日），《重庆市社会局档案》，档案号：00600006000910000013。

⑤ 这一数据主要基于 1941 年 11 月陪都民食供应处、粮食部、社会部、行政院秘书处、重庆市政府等的联合调查。根据调查结果，各公务机关月供平价面粉 15000 袋，切面业同业公会每月所请领发面粉数为 51600 袋，"为数过巨，且不合理"，行政院经济会议第 29 次会议认为应"切实核减"。参见《行政院经济会议第四十次会议议事日程》（1941 年 11 月 6 日），《国民政府档案》，档案号：001-110010-00023-002，第 18~19 页。上述两种面粉合计 66600 袋，但"事实上恐绝无此数"，意思是会超过这一数目。参见《重庆市政府关于抄发改进重庆市面粉配销办法给重庆市政府秘书处的训令（附办法）》（1941 年 11 月 27 日），《重庆市政府档案》，档案号：0053-0025-00042-0000-033-000，第 34~36 页；《重庆市政府关于抄发改进渝市面粉配销办法给社会局的训令（附办法）》（1941 年 11 月 28 日），《重庆市社会局档案》，档案号：00600002004330000003，第 27~30 页。

支出。① 拨麦制粉方式运行半年，成效尚可。1943 年 1 月，陪都民食供应处继续与复兴、福民等 5 家粉厂订立《拨麦加工制粉办法》，主要内容如下。第一，原料供应按各厂生产比例分配，在加工制粉期间，各厂不得从市场上购买小麦；小麦质量以干燥洁净为标准，如有不合格者，可申请由小麦面粉检定委员会检验。第二，拨交办法，各厂小麦每月最多分 16 次交付，由厂方负责运输；每厂制粉数量，复兴 30108 包，福民 18064 包，福新 7527 包，天城 9032 包，岁丰 5269 包。1944 年 1 月 13 日，陪都民食供应处与复兴、福民等 5 家大厂延续制粉合约，起初规定各厂每月制粉总量仍为 7 万包，其中复兴 30769 包，福民 18462 包，福新 7692 包，天城 7692 包，岁丰 5385 包。② 1 月底，粮食部将 7 万包减至 5 万包，意在"控量以制价"。

拨麦加工政策的基础是政府已经完成了控制大量小麦来源的工作，是统制经济在面粉行业的实际体现与执行。该政策实行以来，渐被各粉厂管理人员认可，较为成功，部分粉厂虽略有微词，但政府对面粉行业的统制效果却毋庸置疑。

最后，成立秘密组织，调查面粉行业不法行为。粮食部粮政密查工作肇始于 1941 年 9 月至 10 月，自 11 月起，粮政密查工作由静态调查进入动态调查。同时，粮食部与中统、青年团、宪兵司令部及经济会议经检队等机关派驻各地人员秘密联系，在各重要地区建立密查据点，利用可靠关

---

① 加工费后随物价上涨而有所调整，1943 年 7 月的档案资料显示，每月制粉量在 1 万袋以下者，每袋加工费为 250 元；1 万~2 万袋者，除去其中 1 万袋以每袋 250 元计算外，其余每袋 240 元；超过 2 万袋未满 3 万袋者，除去 2 万袋以每袋 240 元计算外，其余每袋 230 元；3 万~4 万袋者，除去 3 万袋每袋以 230 元计算外，其余每袋 220 元；超过 4 万袋者，除去 4 万袋每袋以 220 元计算外，其余每袋 210 元。参见《关于中国粮食工业公司粮食购储委员会、粮食部陪都民食供应处拨麦与福民实业股份有限公司机制面粉厂等加工面粉的合约》（1943 年 7 月 6 日），《重庆福民实业股份有限公司档案》，档案号：0272000200011000005000；《中国粮食工业公司粮食购储委员会与面粉公司签订小麦供应合同》，重庆市档案馆藏，《重庆市各工业同业公会档案》，档案号：00830001010370000100000；傅润华、汤约生主编《陪都工商年鉴》，第 5 编第 3 章第 24 页；鲜伯良《陪都面粉工业概况》，《川康建设》第 1 卷第 5~6 期合刊，1944 年 12 月，第 4 页。

② 《粮食部陪都民食供应处与复兴面粉公司、福民实业股份有限公司、天成面粉工业股份有限公司等签订加工制粉合约》（1944 年 1 月 13 日），《金城银行重庆分行档案》，档案号：03040001003510000114000。

系，向外伸展，布成密查网，以提高工作效率，更为明了各地粮政实施情形、察访粮政人员有无舞弊行为及人民有无违反粮食管理法令。1941 年下半年征实工作开展后，粮食部尝试聘请各地国民党党员、青年团团员负责人及其他热心粮政人士担任粮政通讯员，表示如效果良好，就将全面推广。① 1942 年初，粮食部将指导考核工作中的四川粮政作为中心工作展开，至 1942 年上半年，四川省密查专案 322 件。② 对重庆面粉行业的密查，粮食部部长徐堪 1942 年 2 月 21 日亦致函重庆市政府，谓陪都民食供应处"应特组检查队，逐日密查"。③ 1942 年 4 月 16 日，粮食部部长徐堪密令重庆市粮政局，由粮政局与陪都民食供应处会同粮食部督导室联合成立秘密组织"粮食部陪都粮政密查队"及通讯网，秘密侦查粮政营私舞弊案件。21 日，密查队队长费铺章连日制定《粮食部陪都粮政密查队组织办法》，该办法规定，密查队调查对象共有 7 个，可以归纳为 3 个部分：一是零售店、熟堂铺、机器切面铺、油条大饼铺、领购面粉商店等部门的面粉配制情形，即对于面粉需求、消费较为集中、数量较大的消费群体，无论是月需三五袋的切面小铺，还是数量较大的面粉商店，皆在调查范围之内；二是面粉厂配售情形，目的是从源头上把控面粉在销售过程中的不良情事，这主要是针对重庆复兴、福民、福新、天城、岁丰五大粉厂；三是面粉黑市偷运情形，即在战时百物腾贵、粮食稀缺情形下，密查粮食走私、黑市交易等不法现象。④

在战时粮食缺乏背景下成立专门组织进行查处实属必要，尤其是在官价面粉定价较低而市场售价较高的情况下，面粉变成了某些不法之徒渔利的工具，可以对意欲舞弊违法之徒起到打击、威慑作用。但是，我们通过所查案件也可以看出，将近三分之一的案件是密查队队员反应过激

---

① 《粮食部三十年度工作检讨报告》，第 79 页。

② 《行政院关于粮政之推行报告——对五届十中全会报告》（1941 年 10 月至 1942 年 8 月），秦孝仪主编《抗战建国史料——粮政方面》（1），第 460 页。

③ 重庆市粮政局、市政府、粮食部：《关于将重庆市中西餐业等原领官价面粉改配厂价面粉的呈、令、公函》（1942 年 2 月），《重庆市政府档案》，档案号：0053-0025-00042-0000-053-000，第 53~63 页。

④ 粮食部：《关于抄送粮食部陪都粮政密查队组织办法给重庆市粮政局的密令（附办法）》（1942 年 4 月 16 日），《重庆市粮政局档案》，档案号：00700002001080000001，第 4~6 页。

的结果，这与粮食部所订的奖金激励制度不无关系，亦反映出这一制度设计缺陷较大。

此外，粮食部亦采用强硬手段，从重庆面粉价格、限制小厂发展等方面进行强有力的管控，以便更好地统制重庆面粉行业。[1] 与此同时，粮食部借助上述一系列行之有效的举措，达到了面粉行业乃至粮食行业在统制中动员、动员中统制的双重目的。

三　统制中的动员与动员中的统制

1941 年 3 月至 1942 年 7 月，短短 16 个月时间内，重庆机制面粉行业组织从存在仅 4 个月的四联处，到重庆市机制面粉业联合办事处，再到重庆市机制面粉工业同业公会，经过了一个"三级跳"，最终跳入粮食部的规划圈，被纳入国民政府的统制范畴。战时重庆机制面粉行业组织的变迁，从一个侧面反映出战时粉厂、面粉行业组织的困难与无奈。民营粉厂为了克服原料收购困难，欲通过组建自我管理的行业组织，借助联合实现自治、自保乃至进一步壮大，而政府从政治需要层面进行的"宏观调控"不但使各面粉厂的设想破灭，而且被纳入统制之中而无所遁形，体现了战时统制经济的绝对主导地位。国民政府采取统制经济的同时，也达到了战时面粉业粮食动员这一至关重要的目的，因此可以说，国民政府通过管控重庆机制面粉行业组织，至少实现了双重目标，即统制中的动员与动员中的统制。

从统制经济的角度来说，国民政府借助粮食部管理重庆机制面粉行业完成了重庆乃至大后方的面粉业、粮食业统制，尽管国民政府统制粮食的行动与举措远远滞后于抗战进程，致使物价、粮价上涨过快，并招致外国顾问的批评。[2]

---

[1] 粮食部陪都民食供应处：《关于将指派粮政密查队队员姓名、职务报粮食部备查致重庆市粮政局的函》（1942 年 4 月 27 日），《重庆市粮政局档案》，档案号：00700002001080000002，第 9~11 页；粮食部：《关于抄送粮食部陪都粮政密查队组织办法给重庆市粮政局的密令（附办法）》（1942 年 4 月 16 日），《重庆市粮政局档案》，档案号：00700002001080000001，第 4~6 页。

[2] 据唐纵在 1941 年 9 月 24 日的日记中记载，"居里批评我国物价问题，谓任何国家当战事初起，即宣布统制办法。而我国战争初期，听其自然，及暴涨不已，始行统制，而奸商巨贾已大量囤积，以致法令失效，势必引起社会极度不安"。参见《在蒋介石身边八年——侍从室高级幕僚唐纵日记》，第 229 页。

全国粮管局循序渐进政策成效不彰，及其旋被裁撤，其中固然还有多种因素，但某种程度上却为粮食部实施果决的粮食统制政策提供了殷鉴，即战时粮食管理必须立竿见影，求得实效，为抗战大局服务。从另一个层面来说，粮食部的成立也显示了国民政府统制粮食的决心，即从半政府、半私营组织机构且权力有限的粮食兼管机构农本局，到"组织和权力还太小"的全国粮管局，再到"加强粮政机关的组织，扩大粮政机关的权力，增高粮政机关的地位"，才能完成此项艰巨任务的粮食部，国民政府的粮食管理机构也实现了"三级跳"，其结果则是统制思路日益明晰，政策措施越发坚强有力。① 粮食部成立后，循着政府必须掌握相当数量的粮食，对全国军队的粮食必须统筹供应，地方粮政机构亦须调整充实以集中事权的思路，将各省粮食管理局改组为粮政局，"其系统纯属于省府"，目的是与省属各厅处部门地位、权责相当，"完全由省负责"，② 强化省政府的责任。原县粮食管理委员会改为粮政科，以加强县长权力。县以下则间设乡镇粮食干事，同时财政部在乡镇设立征收处，配合田赋征实、征购等。同时，调动多种力量，建立督导委员制度、粮政密查队，各地还有党团粮政服务队、粮政通讯员等，立体全方位的粮食统制机关和人员队伍先后组建起来。

时人罗敦伟认为，国家总动员"是一时的或永久的，举国家一切人、财、物力的各个的及相互的机能，按照国防的目的，预先的或临时的统制配备"，因此，举凡政治、军事、经济（包括工业、农业、劳动、交通、财政金融、社会经济、外汇及证券）、精神等均应动员起来，才能满足现代战争的需求，以达到巩固国防的目的。③ 随着国民政府对重庆机制面粉业的成功统制与动员，更大范围、形式更为多样的粮食动员、社会动员乃至精神动员亦顺理成章开展起来。

从粮食动员角度而言，国民政府通过管理重庆机制面粉行业组织，实现了对陪都面粉行业的动员，使得原本只想通过成立行业组织以求自保的

---

① 徐堪：《中国战时的粮政》，《经济汇报》第 6 卷第 1~2 期合刊，1942 年 7 月 16 日，第 17 页；《中国粮政概况》，第 10~11 页。

② 张群：《田赋改制之意义与执行之要则》，《四川田赋改制专刊》，第 9 页。

③ 罗敦伟：《战时国家总动员》，黄埔出版社，1938。

重庆机制面粉业投身于抗战洪流，尽管这种投身并非出于自愿。重庆机制面粉行业在统制中被动员起来后，粮食部的一些措施也逐渐获得面粉公司的认可。拨麦制粉方式运行后，成效尚可，得到各粉厂管理人员认可。1943年1月，陪都民食供应处继续与复兴、福民等5家面粉厂订立《拨麦加工制粉办法》。① 1943年7月、1944年1月，双方又先后两次续订合约，基本上延续了这一做法。② 拨麦加工制粉在一定程度上解决了陪都面粉危机，缓解了军粮供应、民食调剂压力，其作用不容低估。但有些做法仍有商榷的余地。一是麦量无法确定，因此产粉量也无法保证。天城公司1944年12月即致函购储会，称所拨小麦产粉量与规定产粉量相差甚远，购储会拨给该公司12月份的3900市石小麦，该厂在20日即可磨完（该厂每月可磨粉9100袋），因此只能请求预拨。③ 这种情况并非天城公司独有，而是重庆各大粉厂普遍面临的情况。二是政府以市价购入小麦，而以官价售出面粉，小麦价高而面粉价低，且两者差价不菲，每多售一包，政府就要多贴补一包，所以政府就减少面粉产量。因此造成五厂虽有14万包的生产能力，却有一半以上的设备"拿来搁置不用"。④ 另外，政府采购、拨交小麦虽然足数，但其品质较为低劣，"致各厂成份不易出足，日积月累，其赔累实堪惊人"，薪工伙食开支陡增，而加工费增速不及物价上涨速度，各厂困难可想而知。⑤

　　重庆机制面粉行业组织变迁也反映了全国粮管局与粮食部、卢作孚与徐堪迥异的施政理念及措施，从最初各个面粉厂欲结成联盟以求自治自

---

① 《关于粮食部陪都民食供应处拨小麦给重庆复兴面粉公司、福民实业股份有限公司机制面粉厂、福新第五面粉公司等加工的合约》（1943年1月），《重庆福民实业股份有限公司档案》，档案号：0272000200100000035000。

② 中粮购储委员会：《关于粮食工业公司粮食购储委员会、粮食部陪都民食供应处拨麦与福民实业股份有限公司机制面粉厂等加工面粉的合约》（1943年7月6日），《重庆福民实业股份有限公司档案》，档案号：0272000200110000005000，第5～19页；《粮食部陪都民食供应处与复兴面粉公司、福民实业股份有限公司、天成面粉工业股份有限公司等签订加工制粉合约》（1944年1月13日），《金城银行重庆分行档案》，档案号：030400010035100000114000。

③ 天城公司面粉厂：《关于请中粮公司储购会预拨小麦的呈、函》（1944年12月9日），《金城银行重庆分行档案》，档案号：030400010260000000121000，第122页。

④ 傅润华、汤约生主编《陪都工商年鉴》，第5编第3章第24～25页。

⑤ 鲜伯良：《陪都面粉工业概况》，《川康建设》第1卷第5～6期合刊，1944年12月，第4～5页。

保，到最后被纳入政府部门严密监管，既折射出政治对经济的强烈干预及非常态下的政商、政企关系，也反映了统制经济是当时的环境和形势下所需要采取的经济模式，国民政府管制后方面粉业、粮食业，为抗战奠定了物质基础。

第二节 战时献粮运动

一 第一次献粮运动及其主导权争夺

1. 四川省献粮概况

1940 年 3 月 26 日，四川省政府颁布《四川省粮食购运处接收各市县捐献军粮办法》，[①] 这是战时各省市颁布的第一份关于捐献军粮的办法，但该办法如此前政府公布的多项粮食管理规章制度一样，并未引起足够重视。捐献军粮真正引起社会各界关注并很快发展为一场专项运动，是与蒋介石的提倡密切相关的。9 月 11 日，蒋介石发表《为实施粮食管理告川省同胞书》的讲话。在此次讲话中，蒋除了提及中央政府将对四川进行彻底的粮食管理外，还"希望存粮富户，自动捐助抗战"。蒋指出，"我们四川同胞，爱国明义，向不后人，也应该仿效前人的好榜样。因此我要在四川首先提倡捐助军粮的运动"。[②] 在蒋的大力提倡下，四川省各县很快响应，纷纷成立捐献机构及稽查队等，制定相应办法，加强献粮宣传。

成立献粮机构。根据《四川省二十九年度捐献军粮运动实施办法》，四川省及各县市增设省级及县市级 1940 年度捐献军粮委员会（简称"献委会"），负责主办并监督各区域的献粮活动。省级献委会设在国民党四川省党部内，由省党、政、军 3 个机关会衔，邀请有关机关各派代表 1 人参加，同时聘请常住省会的公正士绅 15~31 人共同组成；县市级献委会设于各县市党部内，由县市党部、县政府会衔，邀请当地公正士绅 9~29

① 《四川粮食工作大事记（1840~1990）》，第 34 页。
② 薛月顺编辑《蒋中正总统档案：事略稿本》（44），第 247 页；《赋税（一）》（1940年），《蒋中正总统文物档案》，档案号：002-080109-00011-003，第 29 页。

人组成。省及县市献委会、国民党省党部主任委员、各县市党部书记长为当然常务委员，设主席 1 人，由国民党省党部主任委员、县市党部书记长担任，其余由委员互推 4~8 人为常务委员。① 巴县人和乡民众"恭读蒋委员长为实施粮食管理告川省民众书以后，极形感奋"，9 月 28 日在县党部礼堂成立县捐献委员会，县长张遂能因公出差，特派秘书长张开坤出席，县党部书记长龚一维，其他机关代表及士绅数十人参加。②

1941 年 1 月 10 日，四川省政府会同国民党四川省执行委员会及川康绥靖主任公署正式成立省献委会，推定向傅义、廖学章、黄仲翔 3 人为常务委员，委员会下设总干事、副总干事，所有重要事项均由该会最高议事机关常务委员会会议通过后交付执行。该会成立后，因鉴于各县市办理捐献情形，就工作性质、时间先后，分为调查、统计、催收、核奖及汇献五种，次第办理。

各县市组织稽查队，其任务包括：第一，秉承县市献委会的指导，积极策动献谷；第二，指导并稽查各乡镇劝导队工作；第三，县市献委会委员在各保举行献谷时，指派 1 名队员代表献委会验收员，负责验收献谷；第四，调查献谷成绩，为捐献成绩优异的民众报请献委会核发奖励；第五，调查每项工作中办事得力的经办人员，报请献委会核发奖励；第六，检举有舞弊行径的经办人员，报请献委会核办。各县市献委会应督率乡农会干事长、乡镇长及县长，并邀请当地国民党党员、青年团团员及学校教师、学生，会同组织劝导队，并指定 1 人为队长。劝导队任务如下：第一，秉承县市献委会的指导，向民众说明献谷的意义；第二，宣传献谷的实施办法、奖励办法及其内容；第三，调查献谷成绩优异的民众，并向稽查队报告；第四，调查每项工作中办事得力的人员，向稽查队报告；第五，调查舞弊之人，向稽查队报告；第六，办理稽查队委托的其他事项。③

---

① 《献粮献金实施办法（一）》（1940 年~1945 年），《行政院档案》，档案号：014-040504-0033，第 18~22 页。

② 《江津士绅捐献军粮半月已达四千余石》（1940 年 10 月 28 日），重庆市档案馆、重庆师范大学合编《中国战时首都档案文献·战时动员》（下），重庆出版社，2014，第 651 页。

③ 《献粮献金实施办法（一）》（1940 年~1945 年），《行政院档案》，档案号：014-040504-0033，第 18~22 页。

制定献粮实施办法与奖励办法。四川省政府制定《四川省二十九年度捐献军粮运动实施办法》，共计 22 条，对献粮运动的目的、机构及其任务、献粮流程、献粮期限、献粮手续等做了规定。

依据该办法第 19 条，四川省政府制定《四川省二十九年度捐献军粮奖励办法》，以鼓励人民主动献粮。根据县市、团体、宗祠与个人不同捐献数额，分别由国民政府、四川省政府、各县市政府颁给奖励，奖励等级包括颁建纪念坊、纪念碑，颁给匾额、金银质奖章、奖状等，同时辅以明令嘉奖、传令嘉奖等。其具体规定如下：凡县市、乡镇、保或宗祠捐献粮食在 30000 市石以上或代金 100 万元以上者，呈请国民政府颁建纪念坊；10000 市石以上或代金 35 万元以上者，呈请国民政府颁建纪念碑；5000市石以上或代金 17 万元以上者，呈请国民政府颁给匾额；3000 市石以上或代金 10 万元以上者，由省政府颁建纪念碑；1000 市石以上或代金35000 元以上者，由省政府颁给匾额。凡个人捐献粮食 3000 市石以上或代金 10 万元以上者，按照人民捐资救国奖励办法，呈请国民政府颁给金质奖章，并明令嘉奖；1500~3000 市石或代金 5 万~10 万元者，呈请国民政府颁给金质奖章；300~1500 市石或代金 1 万~5 万元者，呈请国民政府颁给银质奖章；150~300 市石或代金 5000~10000 元者，呈请国民政府题颁匾额；100~150 市石或代金 3500~5000 元者，由省政府明令嘉奖，并予以砌石建碑；60~100 市石或代金 2000~3500 元者，由省政府颁给金质奖章；30~60 市石或代金 1000~2000 元者，由省政府颁给银质奖章；15~30市石或代金 500~1000 元者，由省政府题给匾额；10~15 市石或代金350~500 元者，由县市政府颁给赛金质奖章；6~10 市石或代金 200~350元者，由县市政府颁给赛银质奖章；3~6 市石或代金 100~200 元者，由县市政府题给匾额；1~3 市石或代金 35~100 元者，由县市政府颁给奖状；不满 1 市石或代金不满 35 元者，由县市政府传令嘉奖或颁给"热忱输粟"木质门牌。对于办理捐献的工作人员，"劝募得力卓有成绩者"或"办事公正迅速确实者"，分别酌给奖章或奖状。① 从上述奖励条款可以看

① 《献粮献金实施办法（一）》（1940 年~1945 年），《行政院档案》，档案号：014-040504-0033，第 24~25 页；《四川省二十九年度捐献军粮奖励办法》，《四川省政府公报》第 203~205 期合刊，1940 年 10 月，第 151~152 页。

出，此一奖励办法照顾面非常广，一来既奖励团体也奖励个人，可以调动各方面的积极性，而且县市、团体、宗祠的力量更大，捐献数额有保障的同时，可以起到表率作用；二来既顶天——献粮30000市石以上或代金100万元以上，无论粮额还是金额均委实不低，奖励荣誉自然也极高，由中央政府颁建纪念坊，其激励作用是显而易见的，也立地——捐献数额可以低到不足1市石或代金35元以下，这一数额是普通百姓可以承受的限度，尤其是1937年、1938年两年四川省大丰收，民间余粮是比较充足的。

加强献粮宣传。广泛有效的粮政宣传是做好粮政工作的一个重要前提。《四川省二十九年度捐献军粮运动实施办法》规定，各县市献委会应先期联合各界举行扩大宣传周，尽量派遣各机关原有宣传人员或青年团团员等，奔赴乡镇进行普遍深入的宣传，国民党各县市党部书记长及县市长随时邀请当地有声望的公正士绅，分赴各乡镇宣传倡导。有报刊报道涪陵献粮运动情况时称：当局积极倡导，并约同国民党党部及地方士绅分赴各乡，沿街劝献，各界民众极为感奋，纷纷主动捐献。① 安县令饬各乡镇长在最短期内劝募足额，分派粮食管理委员会副主任委员高渐逵至各乡镇宣传督导。② 重庆县发动此项劝捐工作系由前县长李大中约集机关、法团首长及地方士绅、国民党党员、青年团团员组织劝募队，分赴各乡镇劝募。③ 为了增强宣传效果，有人创作仿通俗小调《收粮捐粮》，其中唱词道："有粮大家捐，多的多多捐，万石千石反正吃不完！捐助不为难，真不难，真不难！人人尽量捐来捐，军得胜，民得安，军得胜，民得安，国家保平安！"④ 唱词通俗易懂、朗朗上口，易于传播，对于宣传献粮运动不无裨益。经过宣传，"捐献军粮是最好裨益于前方军事的行动"这一理念得到广泛传播。⑤

① 《孀妇变产献粮》，《广东妇女》（曲江）第2卷第7~8期合刊，1941年3月8日，第49页。

② 四川省参议会：《筹组宣导团、渠县、大竹、梁山等呈请清缴计划、捐献军粮、请免田赋、兵役巡查团组织规程，省州团第二期党团组毕业学员徐绍光等请派工作等令》（1940年3月~1941年8月），四川省档案馆藏（以下不再一一注明藏所），《四川省参议会档案》档案号：049-01-0162，第5~7页。

③ 四川省政府社会处：《四川部分县市府呈捐献军粮、捐款姓名、清册及呈请褒奖捐赠人与省政府指令》（1943年~1945年），《四川省社会处档案》，档案号：民186-01-1285，第13~15页。

④ 锦晖：《收粮捐粮》，《抗建通俗画刊》第7期，1940年10月10日，第24页。

⑤ 《普遍展开捐献军粮运动》，《回教论坛》第4卷第7~8期合刊，1940年10月15日，第2页。

1941 年剑阁县一名粮民说："我们吃的差点不要紧，前方军队要吃好点，把兵养得壮壮的，才好打日本。"同年，达县魏城镇收成不好，但民众纳粮仍然踊跃，在四川这样的情况非常多。① 1940 年 11 月，四川各县旅省同乡会联合办事处致电行政院，谓"本处亦当……发动各县绅耆，分负告吾人应尽之义务，以图抗战最后之成功"。②

从粮户捐献粮谷到最后收缴上交，环节不少，其主要流程为：各县市所辖各保民众献谷时，稽查队派员前往监督，当场以新制量器验收。验收后，发给五联式收据，加盖省献委会印信，第一联由保长签名盖章，交由献谷人存执；第二联由乡镇长签字盖章，交存保长办公处所；第三联由县市献委会经手人签名盖章，交存乡镇公行；第四联由省献委会签字盖章，交存县市献委会；第五联为存根，由县市、乡镇各级经手人、保长及献谷人分别签字盖章，缴交省献委会留存备查。献谷完毕后，暂由保长负责保管。如当地无公仓时，得由保长报告乡长，请其托当地士绅代为保管并借用其私仓，其中直接捐献者由省县市献委会指定各该县县政府或所属乡镇长负责保管。各保献谷归仓后，至迟于一周内造册，连同捐簿及收据存根联逐级转呈省献委会备查。各县献委会在办理献谷结束时，至迟于一周内将办理情形及各区乡镇捐献总数造册，连同各保所赍簿册呈送省献委会备查，同时列榜公布，俾众周知。至于秋收荒歉或无稻谷生产地区，由主办机关参酌实际情形，并依照当地谷价，规定比率，改收献谷代金，报省献委会，转托粮食管理机关代购谷物。③

《四川省二十九年度捐献军粮运动实施办法》规定，四川省捐献军粮运动自 1940 年 9 月开始，1941 年 3 月底截止，为期 7 个月。④ 捐献运动发起后，各地民众较为踊跃，纷纷主动献粮，綦江、巫山等县绅耆均主动

① 陈志苏、张慧昌、陈雁翚、於笙陔：《抗战时期四川的田赋征实》，政协四川省成都市委员会文史资料研究委员会编《成都文史资料选辑》第 11 辑，四川人民出版社，2015，第 113 页。

② 《省市粮食管理办法（一）》（1940 年~1948 年），《行政院档案》，档案号：014-040504-0017，第 85 页。

③ 《献粮献金实施办法（一）》（1940 年~1945 年），《行政院档案》，档案号：014-040504-0033，第 37 页。

④ 《献粮献金实施办法（一）》（1940 年~1945 年），《行政院档案》，档案号：014-040504-0033，第 37 页。

捐献。綦江绅民锡应、霍稚晴首先响应号召，各捐献军粮 500 市石，蒋特电嘉奖，其他绅民也纷纷投身捐献军粮运动：吴仲谦捐献 600 市石，罗海门、郭悲渝、李尊三、郑兴和、王菊轩、王兴顺等人各捐 100~260 市石不等。至 9 月 27 日，綦江县民众共捐 3000 市石，这种爱国热情实属可贵。① 10 月，巴县人和乡士绅合献谷粮 200 市石，以资倡导，该乡黄乡长及民教馆屈馆长自告奋勇，愿意继续劝募，其他各乡镇捐献亦极踊跃，已决定全县至少捐献谷粮 5000 市石。② 11 月，安县议决全县 18 个乡镇视土地肥瘠分别认捐 100 市石，共计募足 10000 市石。江津县截至 11 月 25 日，不过半个月，自愿捐献者计县属城守镇士绅陈韬光、陈韬辉昆仲各捐献 500 市石，白沙王正平独捐 1000 市石，卡文光捐 150 市石，王间章、唐九泉各捐100 市石，孙伯宏、周自、新坤平、王徽猷各捐献 50 市石，周坤载捐 20 市石。三乡傅显、廷作洲共捐 500 市石，黄天成捐 200 市石，王汝佳捐 100 市石，金紫乡江春榆捐 500 市石等。江津县共捐谷 4270 市石，代金 1000 元，捐献十分踊跃。③ 12 月 19 日，《中央日报》刊发一篇关于涪陵县的消息，称该县"商民黄兆泉……近献军粮五百市石，呈请县府转献前方"，涪陵县政府转请上级予以从优嘉奖。另外，涪陵县还发动"十万粮民献粮万石运动"，该县在一个多月的时间内共捐献 18200 余市石，全国粮管局特予嘉奖。④ 至 1940 年底，川省先后造册报省者达 70 余县，捐献军粮 113000 余市石、代金 13 万余元，捐献数量以涪陵最多，超过 18000 市石，捐献人数以叙永最多。个人捐献亦有数千市石、代金万元以上者。⑤ 截至 1941 年 1月 20 日，四川各县捐献军谷 14 万余市石、代金 36 万元。⑥ 1941 年上半

① 《四川綦江绅民献粮》，《湖北财政通讯》第 1 卷第 3 期，1940 年 9 月 30 日，第 5 页；段渝主编《抗战时期的四川》，巴蜀书社，2005，第 69~70 页。

② 《中国战时首都档案文献·战时动员》（下），第 651 页。

③ 四川省参议会：《筹组宣导团、渠县、大竹、梁山等呈请清缴计划、捐献军粮、请免田赋、兵役巡查团组织规程，省州团第二期党团组毕业学员徐绍光等请派工作等令》（1940 年 3 月~1941 年 8 月），《四川省参议会档案》，档案号：049-01-0162，第 5~7 页。

④ 《涪陵献粮已逾一万八千石，粮管局特予嘉许》，《中央日报》（重庆）1940 年 12 月 19日，第 2 版。

⑤ 吴承洛：《川民献粮运动展开》，《时事月报》第 24 卷第 4 期，1941 年 2 月 15 日，第 36 页。

⑥ 《行政院关于粮政之推行报告——对第二届国民参政会第一次大会报告》（1940 年 4 月至 12 月），秦孝仪主编《抗战建国史料——粮政方面》（1），第 391 页。

年，川省各地献粮运动仍在持续，如第三区 3 月份上报，该区致韩镇绅民覃静德、高树武、刘显廷、钟玉祥等 8 人共捐出军粮 40.41 市石，兴隆镇绅民郭守谦、张奎山、向毓松、勾良臣等人各捐献军粮 10 市石，兰吉原、郭凤治各捐 5 市石。5 月，涪陵县许前县长已上报军粮 21488.86 市石、代金200 元，① 就连"天旱如安岳、资中，贫瘠如剑阁、广元等县，成绩亦斐然可观"。② 表 5-1 为 1940 年四川重要行政区捐献军粮情况。

表 5-1　1940 年四川省重要行政区献粮情况

单位：市石，元

行政区	献粮数额	代金数额
第三区	33590	35500
第六区	7185	11100
第七区	10686	57100
第八区	30699	7070
第九区	稻谷 10990，玉米 165	20800

资料来源：《川省重庆区行政会议》，《地方建设》第 1 卷第 2 期，1941 年 4 月 1 日，第 121 页。

1940 年四川捐献军粮，就行政区而言，以第三区为多，达 33590 市石、代金 35500 元；就县别言，以涪陵（第八区）较多，达 18050 市石；但以人口比例言，大足县（第三区）达 6000 市石，属难能可贵。③

尽管实施办法规定捐献活动截至 1941 年 3 月底结束，但因催收不易，多次延宕，由 3 月而至 6 月，由 9 月而至 12 月，直至 1942 年始大体告一段落，另有部分市县截至 1943 年方告结束。据统计，截至 1942 年上半年，四川省共捐献黄谷 54428 市石，白米 1163 市石，杂粮 1509 市石，捐纳代金 2544775 元。④

① 四川省参议会：《筹组宣导团、渠县、大竹、梁山等呈请清缴计划、捐献军粮、请免田赋、兵役巡查团组织规程，省州团第二期党团组毕业学员徐绍光等请派工作等令》（1940 年 3 月～1941 年 8 月），《四川省参议会档案》，档案号：049-01-0162，第 11～17 页。
② 《川省民众踊跃献粮》，《伤兵之友》（重庆）第 16 期，1941 年 1 月 16 日，第 11 页。
③ 《川省重庆区行政会议》，《地方建设》第 1 卷第 2 期，1941 年 4 月 1 日，第 12 页。
④ 张彦主编《四川抗战史》，四川人民出版社，2014，第 106 页。

　　从表 5-2 可以看出，全川 130 余个县份中，献粮或捐献代金者有 98 个，参与县份的比例是非常高的，直接献粮（包括谷、米、杂粮）的县份为 67 个，有的县份捐献粮食既包括谷，也有食米或杂粮。捐献代金者 75 个，献金总额为 1619865.064 元。另外，此次捐献确为自由捐献，因此很多县份献粮献金数额有限，效果并不理想。

表 5-2　1940 年度四川省各县市册报捐献实物及代金数目统计

单位：市石，元

县市别	稻谷	白米	杂粮	代金
自贡市				219380.00
温江				21400.00
成都	1063.00			15830.00
华阳	8959.7188			567.10
新都				34212.50
灌县	6000.00			
新津	2307.35			10.00
崇庆	7395.00			
郫县	16.00	197.30		60780.00
彭县	4731.465			21470.00
新繁	2012.00			7000.00
崇宁		817.75		
资中				47085.00
资阳	1136.07			
内江				13416.90
威远				30558.50
荣县				100000.00
仁寿	1055.10			2720.00
简阳	349.80			12441.00
井研				2935.80
眉山	637.05			
蒲江	737.45			
邛崃	177.60			2820.00
彭山				2000.00
洪雅	43223.10			
夹江	1177.32			
青神				6731.50
丹棱	245.34			
名山				650.00
乐山	931.88			

县市别	稻谷	白米	杂粮	代金
屏山	554.51		115.91	2725.00
马边				2800.00
峨边				10230.00
雷波	50.90			100.00
犍为	614.80			41841.30
峨眉	812.40			
宜宾	64.00			28300.00
南溪				41409.50
庆符				25762.50
江安	1000.00			
兴文	797.50			687.50
珙县				20057.00
高县				19780.00
筇连	1015.25			
长宁	147.28			3090.50
隆昌	1023.50	71.50		16260.00
泸县	526.90			122290.28
富顺	123.00			8600.00
合江	2102.60			9652.00
纳溪	22.20			7300.00
古宋	1077.00			
古蔺	325.80			37454.00
大竹	1131.084			
渠县				14370.02
邻水	130			151.784
南充	834.60			42130.00
岳池	1161.908			5963.00
蓬安	1686.04			20597.05
营山				4807.50
南部	1259.26			
武胜	520.00			24745.00
西充	39.16			10000.00
仪陇	327.96			4285.50
安岳	44.79			65531.25
中江				35311.00
三台		6.14		12948.00
蓬溪				15930.00
乐至	794.05			
射洪				10686.00

续表

县市别	稻谷	白米	杂粮	代金
绵阳	250.415			108452.58
绵竹	1874.298			
广汉	1001.40			3330.00
安县	1413.59		20.00	1826.00
德阳	1000.00			19475.00
什邡	620.00			78500.00
金堂				15612.50
双流	185.00			1094.00
罗江	158.80			25215.00
苍溪	1863.00			2700.00
广元	1060.00		1370.00	
江油	264.00			2105.00
阆中	14.00			4429.00
昭化	14.00			
彰明	833.74		53.57	2430.00
北川				190.00
平武				3317.00
达县	480.00			18040.00
巴中				36500.00
开江	340.00			
宣汉	1405.00			1800.00
万源	237.10		3.00	
通江	20.00			
南江	147.00			1053.00
茂县				5000.00
理番				13110.00
松潘				4032.00
汶川				2600.00
靖化				1250.00
合计	113523.0788	1092.69	1562.48	1619865.064

引者注：因原表格里包括现属重庆市的部分县，本表已经做了删除。

资料来源：四川省委党史研究室编《四川省抗日战争时期人口伤亡和财产损失》，中共党史出版社，2015，第79~82页。

奖励办法实施后，各县市民众踊跃响应政府的号召，主动献粮，支援前线，政府则按照出台的办法，予以奖励。自贡"共捐献军粮代金二十一万九千三百八十元，由国民政府颁给匾额嘉奖，绅民另由国府、省府分别颁给金质奖章者二人，省府颁给银质章者一人，赛银质奖章一人，奖状者四人，热忱输粟木质门牌者一人"。① 自贡市、大足县两团体捐输得力，各题颁"慷慨捐输"匾额一方。② 江津县亦不甘落后，"自动捐献军谷者络绎不绝，半月之中，已达 4200 石以上"。③ 长寿县 1940 年共捐黄谷 3180.2 市石、代金 63250 元，"四川省政府令，曰：'整个四川成绩尚佳，为全国之冠，实为空前未有之新纪录，故决定核发奖励给各市县团体或个人。'长寿县成绩卓著，获得省政府奖励匾额一块，金章四枚，银章二枚。长寿县政府对下属乡保亦颁发给赛金章二枚，赛银章四十八枚，奖状三百三十五张，木质纪念门牌八十四块"。④ 威远县共捐军粮代金 30558.5 元，绅民刘柏江由省政府颁给银质奖章。射洪县共计捐献军粮代金 10686 元，省政府颁给金质奖章者 1 人、赛银质奖章者 5 人、奖状者 6 人、"热忱输粟"木质门牌者 7 人。中江县捐军粮代金 35311 元，省政府颁给匾额一方，由县政府颁发奖状者 76 人，颁给"热忱输粟"木质门牌者 176 人。⑤

除了县市、团体外，个人捐献也非常踊跃。对于积极捐纳的个人，各级政府依照奖励办法，分别给奖。宣汉县冉稚璜捐谷 700 市石，经四川省政府呈报中央后，由国民政府颁给银质奖章 1 枚。⑥ 与冉稚璜同时获得银质奖章的有 11 人，还有黄铁秋等 4 人各获得金质奖章。根据捐献数额规定给奖对象与给奖数额，不仅可以起到公平给奖的作用，还能够激励、鞭策人民加入捐输救国行列，踊跃捐献军粮。

此外，办事得力者，如涪陵县蒲镇长劝导有方，郭守谦、覃静德等爱国情殷，均堪嘉尚，另案呈报请奖。1942 年 8 月，四川省政府还在蓉举

① 《捐献军粮获奖的绅民》，《督导通讯》创刊号，1942 年 1 月 1 日，第 17 页。

② 四川省粮政局：《粮食部、四川省省粮政局部分县府关于捐献军粮献粮嘉奖平抑米价、粮商管理及成都市民食购粮证发放规定的密令指令公函》（1942 年~1945 年），《四川省政府粮政局档案》，档案号：民 092-01-1536，第 12~13 页。

③ 《江津士绅捐献军粮半月已达四千余石》（1940 年 10 月 28 日），《中国战时首都档案文献·战时动员》（下），第 651 页。

④ 陈奉权：《抗战时期长寿县献粮支前记略》，政协四川省长寿县委员会文史资料工作委员会编印《长寿县文史资料》第 9 辑，1995，第 69~70 页。

⑤ 《捐献军粮获奖的绅民》，《督导通讯》创刊号，1942 年 1 月 1 日，第 17~18 页。

⑥ 四川省粮政局：《粮食部、四川省省粮政局部分县府关于捐献军粮献粮嘉奖平抑米价、粮商管理及成都市民食购粮证发放规定的密令指令公函》（1942 年~1945 年），《四川省政府粮政局档案》，档案号：民 092-01-1536，第 12~13 页。

办"七七"献粮给奖典礼，如新繁县政府派该县社会科科长伍辈周代表率领同人赴省会参加，并转知应受省奖各绅士一同参加典礼。① 据统计，四川省核实受奖者，全省共计 88 个县市，其中发给团体奖计国府匾额 2 方，修建省府纪念碑 7 座，颁发省府匾额 33 方；个人奖计国府金质奖章 3 枚、国府银质奖章 11 枚，省府金质奖章 147 枚，省府银质奖章 196 枚，县府金质奖章 173 枚、县府银质奖章 1020 枚、县府奖状 7514 张、县府木质门牌 3347 块。各县市献委会负责人员中，凡办事努力、成绩优异者，复根据拟订办法，分别给予赛金质奖章、赛银质奖章及奖状 3 种，全省共计颁给赛金质奖章 4 枚、赛银质奖章 120 枚、奖状 513 张。② 兹将四川省已核奖各县市应得奖品种类及数目列为表 5-3。

表 5-3　四川省已核奖各县市颁给团体或个人奖品种类及数目一览

县市别	国府匾额	省府纪念碑	省府匾额	国府金章	国府银章	省府金章	省府银章	县府金章	县府银章	县府奖状	县府木质门牌
自贡市	1	1		1		1	1		1	1	1
1. 温江						1	3		5	2	
成都						2	1	6	9	8	
华阳		1	1					1	12	740	358
新都							3	2	21	106	49
新津			1				3	4	32	340	8
郫县			1			6	9	2	32	9	
新繁			1			5	8	4	20	45	
合计		1	4			14	27	19	131	1250	415
2. 资中			1			1	5	7	39	1	
资阳			1							266	414
内江										147	180
威远							1				
荣县		1						1	50	486	130
仁寿			1				2	1	23	139	1
井研										19	
合计		1	3			1	8	9	112	1058	725

① 四川省政府社会处：《各县府呈报捐献军粮和结报情形及劝捐工作职员、士兵旅差费收据册，夹江县民呈控侵吞公粮等案》（1942 年~1943 年），《四川省社会处档案》，档案号：民 186-02-2971，第 118 页。

② 《四川省抗日战争时期人口伤亡和财产损失》，第 91~94 页。

县市别	国府匾额	省府纪念碑	省府匾额	国府金章	国府银章	省府金章	省府银章	县府金章	县府银章	县府奖状	县府木质门牌
3. 本部分为重庆市管辖,已删除											
4. 邛崃								1	4	91	3
彭山							1				
洪雅	1						1	1	17	325	111
夹江	1							1	14	304	181
青神							1	1	1	16	22
丹棱										130	
名山									1		
合计	2						3	4	37	866	317
5. 屏山			1						9	209	33
马边									3	2	
雷波										13	37
犍为			1		4	2	2	11	53	6
峨边								2	17	118	9
合计			2		4	2	4	40	395	85
6. 宜宾						1	2		11	8	
庆符						1	5	1	9	9	
江安			1	1							
兴文							2	8	22	31	
珙县			1				1		9	117	10
筠连			1			4	2	4	11	69	2
合计			3	1		6	12	13	62	234	12
7. 隆昌			1			1	3	6	21	112	47
富顺							1		7	43	11
纳溪									8	37	
古宋			1			5		2	4	3	
合计			2			6	4	8	40	195	58
8. 本部分为重庆市管辖,已删除											
9. 本部分为重庆市管辖,已删除											
10. 大竹			1			4	4	7	3		47
渠县							3	3	1	3	
合计			1			4	7	10	4	3	0

续表

县市别	国府匾额	省府纪念碑	省府匾额	国府金章	国府银章	省府金章	省府银章	县府金章	县府银章	县府奖状	县府木质门牌
11. 岳池			1			1	1	3	33	200	12
营山									1	27	21
武胜			1			3	3	1	13	69	6
仪陇									7	214	33
合计			2			4	4	4	54	510	72
12. 安岳			1			1	5	10	27	130	35
中江			1							76	180
三台						1			1	53	128
蓬溪								1	13	51	13
乐至									15	261	110
射洪						1			5	63	7
合计			2			3	5	11	61	634	473
13. 绵竹			1			6	4	7	14	11	
广汉			1			3	5	3	25	36	
什邡			1		1	2	2	1	25	2	
金堂								1	6	7	5
梓潼							2		2	32	
罗江						5	2	2	4	10	
合计			3		1	16	15	14	76	98	5
14. 苍溪			1				2	2	9	19	
广元			1						14	251	39
江油						2	1	1	2	2	
阆中									4	37	5
彰明									2	173	313
北川											2
平武											
合计			2			2	3	3	31	482	359
15. 达县						4	3	3	11	8	
巴中			1	1							
开江						2	2	1			

续表

县市别	国府匾额	省府纪念碑	省府匾额	国府金章	国府银章	省府金章	省府银章	县府金章	县府银章	县府奖状	县府木质门牌
宣汉					2	1		1		3	
万源									8	48	9
通江									1		
合计		1	1	2	7	5	5	20	59	9	
16. 茂县									5		
理番									1	90	17
汶川									2	6	
靖化									9	14	
合计									8	105	31
总计	1	5	25	3	3	68	96	104	677	5890	2562

资料来源：《四川省已核奖各县市颁给团体或个人奖品种类及数目一览表》，《四川省抗日战争时期人口伤亡和财产损失》，第91～94页。

　　除了率先开展献粮运动的四川省，其他省市也有类似活动。1941年2月，湖南省制定《滨湖各县人民献粮给奖办法》，该办法规定，滨湖各县如南县、沣县、沅江、常德等10县人民献粮分为有价献粮与无价献粮两种：人民将存粮以政府定价卖给政府，谓之有价献粮；人民捐助军粮称为无价献粮。① 7月初，湖南省动员委员会制定《湖南各界七七抗战建国四周年纪念献粮运动实施办法》，将献粮分为无价献粮、有价献价与献代金3种，献代金主要适用于党政、军警机关团体及学校、商人。

　　对于此类献粮，湖南省政府规定，凡捐献数额在100市石以上不满500市石者，由省政府给予丙种奖状；500市石以上不满1000市石者给予乙种奖状；1000市石以上不满10000市石者给予甲种奖状；10000市石以上者给予特种奖状并颁赠匾额。献粮数量较少，如在10市石以上不满50市石者，由省政府给予爱国银章及丙等奖状；50市石以上不满100市石者，颁给爱国银章及乙等奖状；100市石以上不满500市石者，颁发爱国金章及特等奖状，并颁赠匾额；500市石以上者，授予爱国金章及特等奖状并颁赠匾额。对于团体捐助，该办法规定："一垸或一乡一保能按亩捐

① 《滨湖各县人民献粮给奖办法》，《湖南省政府公报》第1018～1019号合刊，1941年2月10日，第21～22页。

助军糈，每亩在一石以上，以团体名义捐献者，由省政府给予忠党奖状，并颁赠忠党匾额。"[1] 湖北省政府 1942 年规定，粮户如按购额献粮者，可按规定从优叙奖。[2] 贵州省政府亦有类似规定，如遵义县绅耆柏杰生、陈秉忠各捐献 300 市石，该县孔县长除代表政府接收外，并呈请省政府汇报中央，一并从优奖励。[3]

2. 献粮领导权的争夺

第一次献粮运动从 1940 年 9 月开始，至 1942 年 8 月基本落下帷幕，为时不短，前后历经全国粮管局与粮食部两个时期，全国粮管局与粮食部虽同为中央政府先后设立的专门管理粮食的机构，但二者的管理理念却有较大差异，对此次献粮运动的发展及走向也有不同影响。从此次献粮运动涉及的地域来看，主要以四川省为限，其他省市虽有行动，但毕竟参与力度较小，实过于局促，加上此次献粮系粮民主动自觉捐献，也导致总体效果未臻理想。

在此还需要指出两点。一是第一次献粮系战时首次献粮运动，各级政府准备不足，较为仓促，既没有制定具体的捐献目标，各项办法也较为滞后，反映出中央政府及主管机关的管理理念与措施尚处于摸索阶段。此次捐献从 1940 年 9 月蒋介石发表讲话，到 10 月 8 日四川省政府向行政院呈送实施办法与奖励办法，再到 11 月 21 日全国粮管局对办法提出修改意见，最后到 12 月 24 日两项办法才完成备案手续，[4] 从程序来讲似有违开展活动的正常程序，即先制定捐献及奖励办法，然后由中央—省—县各级政府自上而下地倡导，配合各项宣传，使民众知晓献粮意义与具体做法，最后在收集献粮的同时予以奖励，而且此一程序至少可以开展多轮，以达到所定目标为准。这一做法其实反映出捐献军粮运动事先并无规划，是在

---

[1] 《滨湖各县人民献粮给奖办法》，《湖南省政府公报》第 1018~1019 号合刊，1941 年 2 月 10 日，第 21~22 页。

[2] 《湖北省三十一年度公购余粮实施办法》，湖北省政府编印《湖北省抗战期中民生主义经济政策之实施》，1942，第 89 页。

[3] 《献粮助军孔县长汇报请奖》，《社教通讯》第 1 卷第 10 期，1941 年 10 月 25 日，第 9 页。

[4] 《献粮献金实施办法（一）》（1940 年~1945 年），《行政院档案》，档案号：014-040504-0033，第 32 页。

无准备的情况下仓促实施的，也透露出军粮问题的严重及新近成立的全国粮管局还未能真正解决军粮供应问题。

二是主导此次献粮运动的机构耐人寻味。正如前文所述，四川省政府虽于3月份通过了捐献军粮的办法，但并未引起各方注意，该办法形同具文，献粮运动真正兴起是在9月份蒋介石发表讲话以后，其时蒋的身份除了军委会委员长、行政院院长外，还兼理四川省政府主席，《四川省二十九年度捐献军粮运动实施办法》与《四川省二十九年度捐献军粮奖励办法》也是蒋以兼理省政府主席的身份呈送行政院的。问题是专门的粮食管理机构全国粮管局已于8月1日成立，倡导献粮运动这一与粮食管理直接相关的政策却并非出自全国粮管局之手，而是由四川省政府主导，其中原因何在？究其原因，除了蒋较为强势外，还与全国粮管局此时并未形成清晰的粮食政策及卢作孚本人温和的性格有关，因此才会出现全国粮管局仅对奖励办法提出修改意见而未主导献粮运动，这一点与徐堪主持的粮食部迥然不同。

1941年7月粮食部成立后，献粮运动仍在持续，而且从四川扩展至其他省市。该年7月初，在将要迎来七七事变发生四周年之际，湖南省动员委员会遂提出仿照其他省市，也在本省开展纪念献粮运动，以资纪念。据主持此次运动的湖南省动员委员会称，其已拟订实施办法，"函请第九战区司令长官司令部参谋处、党政分会政治部、军粮局，湖南省粮食管理局会议通过，复呈奉第九战区司令长官司令部核准施行各在案"。在收到湖南省动员委员会呈送的文件后，国防会于7月12日致函行政院，在随函附上《湖南各界七七抗战建国四周年纪念献粮运动实施办法》的同时，表达了自己的意见："兹以为期瞬届，除将该办法颁发施行外，理合检同该项实施办法一份，备文呈赍钧会察核备案，指令祗遵。"[①] 在此，"颁发施行""察核备案，指令祗遵"表明国防会的意见非常明确，即支持湖南省动员委员会开展献粮运动。行政院收到国防会的函件后，18日"交粮食部核复"。8月5日，徐堪呈文行政院秘书处，表示"粮政大计中央业

---

① 《献粮献金实施办法（一）》（1940年~1945年），《行政院档案》，档案号：014-040504-0033，第45页。

已统筹办理，关于田赋改征实物及平价征购事宜并已订有实施办法，如由
地方机关另定捐募缴献办法，似于粮政推行转涉纷歧。原案所送《湖南
各界献粮运动实施办法》用意虽善，诚恐易滋纷扰，似宜将献粮实施办
法即日结束"。很显然，徐堪是明确反对湖南省开展"捐募缴献"的。当
然，徐堪此处虽未明言，实际上也是包含其他省市的。徐堪反对的理由是
捐献军粮"转涉纷歧""易滋纷扰"，而事实却是，四川省在献粮运动期
间并未产生无法应付的分歧、纷扰，而是民众的爱国热忱被激发出来，取
得了不错的成绩，并且与之相关联的献金、献机运动也在推进中，抗战全
面爆发后的"七七献金"运动甚至成为一种仪式，爱国救国的行动惯例。
1938 年 7 月，在武汉会战期间，武汉三镇都设有献金台，民众自愿捐献，
几天内献金数额近 100 万元，蒋介石、宋美龄夫妇也捐献 19450 余元，长
沙、重庆等地亦有类似活动，而且之后每年几乎都有举办，[1] 即使"八一
三"周年纪念也有类似的活动。甚至有人认为，献金运动不仅是财力的
动员，而且是一种政治运动、群众运动，还应与反贪污的斗争和节约运动
联系起来，各党派领袖、官员、公务人员等不但要参与，还要"起模范
的作用，作民众的倡导"。[2] 其实，无论是献金、献机还是献粮，从本质
上来讲都是政治性民众运动，最终受益的是中华民族的抗战大业。但在不
同时期、不同立场的人看来，有一个问题不容回避，即应该由谁来领导、
主导这场运动，其阶段性受益者是谁？

　　从粮食部对湖南省献粮运动的态度来分析，粮食部反对的根本原因是
湖南省侵犯了粮食部对献粮运动的领导权，阶段性受益者是湖南省政府而
非粮食部及徐堪本人，也就是说，献粮运动的领导者、阶段性受益者必须
是粮食部，这也就是徐堪在呈文中所说的"此后随时发动宣传指导民众，
凡属中央粮政方策，协助推行，庶政令专一"，即地方政府只有"协助推
行"之责，而无主导之权。对于已经收到的献粮或代金，应交由湖南省

---

① 《七七纪念民众踊跃献金》，《妇女生活》第 6 卷第 6 期，1938 年 7 月 20 日，第 3 页；
　《七七纪念献金》，《中央周刊》第 1 卷第 3 期，1938 年 7 月 21 日，第 77 页；《发动
　"七七"献金》，《本行通讯》第 109 期，1945 年 7 月 15 日，第 4 页。按，此处"本行"
　系指中国农民银行。
② 追光：《纪念"八一三"与献金运动》，《抗战大学》第 1 卷第 10 期，1938 年 8 月 5 日，
　第 233 页。

粮食管理局收储，呈报备查。湖南省粮食管理局后来演变为湖南省粮政局，除受湖南省政府管辖外，还直接隶属、听命于粮食部，湖南省粮政局收储之粮，从某种意义上来讲，亦即粮食部收储之粮。

8月8日，行政院秘书处拟议："粮食部施政计划大纲，对于军粮民食规定由该部统筹办理，并经陈奉院座批准照办，所有各省粮政机构亦经予以调整，今后献粮事宜自应由该部督促各省粮政机关统筹办理，本案拟照部议，径令湖南省政府转行该动员委员会遵照。"同时知会国防会秘书厅。13日，行政院训令湖南省政府，"该省各界献粮运动实施办法，应即废止"，同时将处理结果函告国防会秘书厅。[①] 行政院13日的训令标志着湖南省的献粮运动被压制下去，也意味着粮食部将献粮运动的领导权控制在自己手中，再次印证了新的粮食管理机构粮食部拥有更大的职权，主管长官徐堪具有更为强硬的工作作风，与全国粮管局及局长卢作孚形成了鲜明的对比。

粮食部的举措及徐堪的工作作风，与蒋介石的大力支持密不可分。在全国粮管局时期，已经爆发危机的粮食问题日渐严重，而卢的做法较为温和，与蒋快速制止危机的目标不相匹配。因此在1941年5月，蒋就在重新考虑粮食机构与粮食政策，其目的是借助新的粮食管理机构来应对、化解严重的粮食危机，以收立竿见影的显著效果。在吸取了"组织和权力还太小"的全国粮管局的教训后，徐堪认识到"必须加强粮政机关的组织，扩大粮政机关的权力，增高粮政机关的地位"，[②] 才能完成粮食管理的艰巨任务。作为新设的粮食专门机构，粮食部必须借助蒋的支持来稳固并扩大自身的地位与权力，这与蒋快速制止粮食危机的目标是吻合的，蒋也由此乐于对徐堪给予坚定的支持。

二 捐献还是摊派：第二次献粮运动

1. 献粮办法的出台

1944年，全面抗战进入第7年。随着欧洲战场形势好转，国民政府也逐渐看到了亚洲战场胜利的曙光。粮食部该年的目标是非常明确的，其荦

---

① 《献粮献金实施办法（一）》（1940年~1945年），《行政院档案》，档案号：014-040504-0033，第55~59页。

② 徐堪：《中国战时的粮政》，《经济汇报》第6卷第1~2期合刊，1942年7月16日，第17页。

荦大端者有 10 个方面：第一，粮食支出采取紧缩政策，军粮力求核实，公粮严定范围，以节省消费，减少征收储运困难，减轻人民与国库负担。第二，粮食供应与调剂以限价方案为基础，以指导民营为主、官营为辅，官营部分酌拨资金，由地方政府筹划办理，减少中央调拨接济困难。第三，逐渐充实健全县级粮食机构及人事，提高效率，减少弊端。第四，战后初期，收复地区粮食必感缺乏，一方面可提请国际社会给予支持，另一方面在接近敌占区的后方储备若干食粮与种子，以备救济。第五，增加粮食生产，对国际粮食会议特别要求的技术问题进行协助与改进，下半年特别注意农田水利开发，增加单位生产量，节约部分人工及土地。第六，仓库建设采取较为长期的规划，在重要交通地点由中央负责筹划，将来能符合一般商业要求，在内地责成地方政府筹建，用于地方积谷。第七，1944 年度积谷目标为 2000 万市石，以后逐年增加，以备调剂。第八，粮食加工制造实现工业化，以中粮公司为基础，扩充提倡，使加工、制造、包装费用低廉，存储长久，便于远程运输。第九，粮食品质实现标准化，逐步推行粮食检验与分级，使其成为现代商品。第十，粮食消费合理化，扩大粮食范围，提倡畜牧事业，增加肉类及乳酪等营养品供给与消费，提高人民生活水平，增进民族健康。[①]粮食部所定目标可谓全面而系统，但逐一实现的难度也是极大的。

1944 年 8 月，蒋介石下发手令给粮食部，谓本年度征粮应发动各县大户捐献，勒令补助军队，以待募集新兵之用。蒋拟定数为 2000 万~3000 万市石，要求粮食部拟具办法呈核。粮食部接到手令后，拟具《大户献粮办法》，并配定数额为 1500 万市石，呈行政院核定。[②] 蒋的手令及粮食部《大户献粮办法》为开展第二次献粮运动拟定了目标。

9 月 6 日，国民参政会三届三次大会在重庆召开，本次会议是在"胜利在望""抗战已迈入最后五分钟"的关键时刻召开的，各方均甚为重视。会议开幕当天，蒋介石莅临训词。大会共有提案 34 件，"应该有所表现"的国民参政会参政员在会议上也提出了意见。[③] 其中关于改善部队

---

① 《粮食部报告》（1943 年），第 19~20 页。
② 《粮食部三十三年度工作成绩考察报告》，第 3 页。
③ 《国民参政会这时开会！》（1944 年 5 月重庆《大公报》社评），四川大学马列教研室编
　　《国民参政会资料》，四川人民出版社，1984，第 420 页。

官兵待遇的提案主要有：行政院提《为改善部队官兵生活筹措专款来源咨询大会意见请赞助案》，赵澍等提《迅速改善士兵生活案》，王亚明等提《改善国民官兵人马待遇应请统筹财源以免加重人民重复负担案》，韩汉藩等提《提高空军作战人员待遇案》，黄宇人等提《请财政军政两部将改善官兵待遇具体办法提交本会讨论案》等。[1] 众多参政员"郑重商讨，金以发动各地大户殷富献粮献金"，[2] 参政员一致认为，献粮献金一来较为直接有效，二来亦不致加重民众的负担。对于上述提案，大会决议，"照审查意见通过，送请政府查照办理"，并由行政院详细拟订实施办法。[3]

在国民参政会三届三次大会召开期间，蒋介石于6日出席国民政府整军会议并训话，在训话中对以下重要问题做了指示：第一，改善官兵待遇及解决副食马干，包括增加改善待遇费用、增加官佐薪给、增发官兵鞋袜等；第二，改善新兵接送征补办法及扩大师管区、军管区职权；第三，应尽快通过《修正抗战忠勇士兵报请奖励及优待办法草案》，并予以实施。[4] 蒋的此番指示与国民参政会所提各案遥相呼应，也与7月以来黄山整军预备会的精神一脉相承。[5] 11月16日，行政院核定由粮食部、财政部草拟《改善士兵待遇献粮献金办法》（简称《献粮献金办法》），并呈送国防会。12月6日，国防会第150次常务会议决议准予备案；23日，国民政府训令颁发。[6] 同时，为了取得实效，行政院核定《改善士兵待遇献粮献金宣传大纲》，选派

---

[1] 《国共两党代表报告谈判经过——会议报告和重要议案》，孟广涵主编《国民参政会纪实》下卷，第1323~1330页。

[2] 唐润明主编《中国战时首都档案文献·战时政治》，西南师范大学出版社，2017，第772页。

[3] 行政院秘书处编印《国民参政会第三届第三次大会决议案行政院办理情形报告表》，1945，第12页。

[4] 叶惠芬编辑《蒋中正总统档案：事略稿本》（58），台北，"国史馆"，2011，第293~295页。

[5] 蒋介石：《对于整军各案之训示——1944年7月27、28日出席黄山整军会议各次大会讲》，秦孝仪主编《总统蒋公思想言论总集》卷20《演讲》，第459~461页。

[6] 《国防最高委员会秘书厅函国民政府文官处为改善士兵待遇献粮献金办法业经国防最高委员会决议准予备案函请查照转陈办理》（1944年12月6日），《国民政府档案》，档案号：001-012145-00006-039，第97页；《令直辖各机关：国防最高委员会秘书厅函为关于改善士兵待遇献粮献金办法经陈奉常会议决议准予备案令仰知照由》，《国民政府公报》渝字第739号，1944年12月27日，第9页。《献粮献金办法》公布不久，行政院随即于1945年1月30日，决定删去第19条第3项，即"献粮在五十市石以上一百市石未满，或献金在十万元以上二十万元未满者，由省政府颁给奖状"。参见《令直辖各机关：为改善士兵待遇献粮献金办法第十九条第三项应予删去令仰知照由》，《国民政府公报》渝字第751号，1945年2月7日，第13页。删除原因并未明言，但也反映出新政策的制定有欠周密。

人员分区宣传。《献粮献金办法》共24条，既包括献粮，也包括献金，兹将有关献粮的重要条款罗列如下。第2条规定献粮献金的领导机关，即在省以省政府为主办机关，国民党省党部、青年团团部、临时参议会、动员委员会及国民参政会、经济建设策进会各地办事处等机关为协助机关，以上机关各派1名代表负责监察事宜；在县市以县市政府为主办机关，国民党县市党部、青年团团部、参议会、动员委员会为协助机关，并各派1名代表及县市政府聘请的公正士绅若干人，组成监察会议，负责审议监察。第3条规定，全国此次献粮目标是达到稻谷1500万市石、献金200亿元，1945年3月底前一次募足，各省及院辖市分配额由中央政府核定，各县市由省政府核定。第5条规定，"献粮以地主为对象"，但各地粮户应本着"有粮出粮"的宗旨，由县市政府依照不同标准"指名劝献"。不同标准即根据地主当年收益而定，最高者为10000市石以上，捐献其收益额的40%，最低的为100市石以上不满300市石，捐献10%，地主收益不满100市石的，不指名捐献。不捐献粮食的，"得依捐献者之志愿，折缴代金"。①　收益与捐献间比例的具体规定见表5-4。

表5-4　《改善士兵待遇献粮献金办法》规定的捐献额度统计（1944年）

收益	捐献额
粮户收益在10000市石以上者	捐献其收益额的40%
粮户收益在5000市石以上不满10000市石者	捐献其收益额的35%
粮户收益在3000市石以上不满5000市石者	捐献其收益额的30%
粮户收益在1000市石以上不满3000市石者	捐献其收益额的25%
粮户收益在500市石以上不满1000市石者	捐献其收益额的20%
粮户收益在300市石以上不满500市石者	捐献其收益额的15%
粮户收益在100市石以上不满300市石者	捐献其收益额的10%

原表说明：献粮得依捐献者之意愿折缴代金。

资料来源：《改善士兵待遇献粮献金办法》（1944年12月23日国民政府渝文字第744号训令颁发），《行政院公报》渝字第8卷第2号，1945年2月28日，第3～7页。

---

① 《国民政府训令文官处改善士兵待遇献粮献金办法业经国防最高委员会常会决议准予备案令仰知照》（1944年12月23日），《国民政府档案》，档案号：001-012145-00006-043，第104～110页；《改善士兵待遇献粮献金办法》（1944年12月23日国民政府渝文字第744号训令颁发），《行政院公报》渝字第8卷第2号，1945年2月28日，第3～7页。

从上述条款可以看出，此次献粮以年收益为 100 市石以上的地主为对象，这是国民参政会在讨论捐献办法时即首先明确了的，意在对大粮户实行累进征收，减轻普通粮户的负担，也可以快速达到 1500 万市石的献粮目标。

此次捐献与第一次捐献明显不同，其重视程度、组织领导、捐献目标、奖励办法均较第一次献粮运动有所完善。首先，中央政府对此次捐献运动极为重视，《献粮献金办法》从起草到颁布，先后经过行政院、国防会、国民政府这 3 个战时重要的决策机构层层把关、开会议决，显示出中央政府层面的重视程度极高。重视程度极高背后的原因则是"部队待遇无法提高，官兵苦痛不堪言状"，[①] 这既是 1944 年豫湘桂战役中暴露出来的弱点、缺点和错误，即如《改善士兵待遇献粮献金宣传大纲》所言，"此次豫湘桂境战斗失利，实以部队士兵生活过苦、力头衰减为主因"，[②] 也是军政部门事后的反思、总结，以及在 1945 年需要着力改善之处。1945 年元旦，也就是《献粮献金办法》正式实施的当天，蒋介石在新年献词中呼吁地主富户要认清国民的天职，深明抗战的大义，"输财输粟，踊跃自效"，[③] 也显出蒋格外重视此次运动。

1944 年，工作竞赛推行委员会为激励民众的爱国热情、提高献粮献金数量，订立《献粮献金竞赛通则》，借助竞赛方式鼓励捐献军粮。此项竞赛以县市为单位，规定"自献金献粮办法实行之日起，每三个月为一期"，[④] 竞赛项目有献粮数额竞赛、献金数额竞赛、粮款缴库竞赛、献金缴库竞赛 4 种，在每个捐献周期期末，由财政部、粮食部最终复核各县市捐献成绩，并给捐献成绩优异者颁奖，以促进献粮运动获得更佳成效。

国民政府对此次献粮的重视还表现在"宣导"方面。在行政院第 35 次事务会议上，粮食部常务次长庞松舟提出拟请中央政府选派大员分赴各地宣导，以增强献粮献金成效。此次会议决定，由国家总动员会议迅即召

---

① 叶惠芬编辑《蒋中正总统档案：事略稿本》（59），第 381 页。
② 《献粮献金实施办法（三）》（1945 年），《行政院档案》，档案号：014-040504-0035，第 26 页。
③ 叶惠芬编辑《蒋中正总统档案：事略稿本》（59），第 383 页。
④ 《工作竞赛推行委员会发动献金献粮竞赛，以县市为竞赛单位》，《工作竞赛月报》第 2 卷第 12 期，1944 年 12 月 15 日，第 58 页。

集有关机关，会商如何推行《献粮献金办法》。1月9日，行政院就此致函国总会。20日，国总会代表夏晋熊邀集国民参政会代表黄炎培、国民党中央党部代表章尹耕、青年团代表杨耀先、粮食部代表吴风清、财政部代表杨绵仲等，就如何有效推动此项工作展开讨论。经讨论决定，一是派大员分区宣导，并对宣导事宜进行考核；二是请蒋介石"诏告全国"；三是定期举行扩大宣传周。随后，粮食部、财政部会拟《中央选派委员分区办理献粮献金宣导事项实施办法草案》《改善士兵待遇献粮献金宣传大纲草案》，呈送行政院。根据宣导办法，将全国分为7个宣导区，每区选派1~3名特派员，划拨专项经费431万余元，以专责成。从财、粮两部所做预算及乘坐的交通工具，也可以看出推行献粮献金运动的急切心情："为迅赴事功起见，凡有飞机省份，得乘飞机。"① 宋子文在6月接任院长后，令财、粮两部将特派员旅费310800元以紧急命令赶快下发，以助宣导。中央政府选派得力大员专赴各地宣导，并专门划拨经费以保障宣导工作顺利进行，在在显示出对此次献粮献金运动的重视。

其次，献粮献金办法由国民政府颁发，说明此次捐献是国民政府主导的活动，而非某一省市所倡导，这是有别于第一次献粮运动的，也意味着捐献运动的领导权是统一掌握在中央政府手中的。代表中央政府行使领导权的机构有二：一是财政部，领导献金运动；二是粮食部，领导献粮运动。所以各省随后呈送行政院的实施办法或细则，涉及献金的条款，由财政部负责审议；涉及献粮的条款，由粮食部负责核复。二者职责明确，但财、粮两部均受行政院指导。同时，《献粮献金办法》统一明确了省、县市的主办机关及监察机关，因此各级机关的职责比较明晰。

再次，地方政府较为重视。12月23日，《献粮献金办法》颁发后，重庆市政府即于1945年1月初确定本市的献粮献金办法，特地组设重庆市改善士兵待遇献粮献金会议，拟定该会议组织章程及献粮献金实施细则，集中办理献粮献金事宜。组织章程规定，该会议设委员21~31人，以市长兼任主任委员，国民党市党部主任委员、市参议会议长兼副主任委

---

① 《献粮献金实施办法（三）》（1945年），《行政院档案》，档案号：014-040504-0035，第17~45页。

员，委员由市政府聘请有关机关团体主管人员或代表及该市公正士绅充任；该会议下设推行处，推行处下设秘书室、专门委员室及宣导、调查、收献、稽核、总务五科，各科室人员最多可达 70 余人。[①] 从重庆市政府的一系列做法可以看出，重庆市政府对此次献粮献金运动也相当重视。

最后，此次捐献制定了明确的数额目标。就献粮而言，目标是在 3 月底达到 1500 万市石，这一数额相当于 1944 年度粮食部征集粮食总额的四分之一，不光普通民众认为"数目之大，相当惊人"，[②] 就连粮食部也承认"为数巨大，需要迫切"。[③] 换句话说，国民政府拟通过"捐献"运动，在田赋征实、军粮征购与征借以外，再额外增加 1500 万市石的粮食实物。正如蒋介石在 1945 年元旦献词中指出的，国民政府本年的目标仍是坚持"军事第一"，要做到"一切为了前线，一切为了战斗，一切财力使用于作战"，其中即包括士兵待遇的提高，"要使前方将士得到充实的给养、迅速的补给"，[④]"充实"与"迅速"即分别指向数量与时间。

与第一次献粮运动不同的是，《献粮献金办法》规定本次各地粮户应本"有粮出粮"之旨，除自愿捐献外，县市政府还可以依照捐献标准，指名该地大户捐献。《献粮献金办法》第 9 条规定："各县市指名捐献之户，经县市审议机关审查后，由县市政府将姓名或公司行号及其献粮额、献金额分别列表公布，并以通知书分别送达捐献者，另以名册一份报省政府备查"。[⑤]

何谓"指名捐献"，似并无明确定义。重庆市政府制定的《重庆市改

① 《〈大公报〉关于重庆市献粮献金会议的报道》（1945 年 1 月 25 日），《中国战时首都档案文献·战时动员》（下），第 671 页。

② 《关于大户献粮献金》，《民意》第 1 卷第 6 期，1944 年 12 月 15 日，第 1 页。1944 年度，征实、征借及累进征借核定总额为 66290395 市石，截至 1945 年 3 月已征起50526747 市石，占 76.2%。参见《财政部长孔祥熙任内政绩交代比较表》，著者及出版者不详，1944 年 11 月 26 日，第 15~16 页；《行政院工作报告——有关稳定财政及管制粮食、物价部分（1938 年~1945 年）》（对中国国民党第六次全国代表大会报告），秦孝仪主编《中华民国重要史料初编——对日抗战时期》第 4 编《战时建设》（3），第317 页。

③ 《献粮献金实施办法（三）》（1945 年），《行政院档案》，档案号：014-040504-0035，第 24 页。

④ 叶惠芬编辑《蒋中正总统档案：事略稿本》（59），第 378~379 页。

⑤ 《经济法规辑要：改善士兵待遇献粮献金办法》，《经济汇报》第 11 卷第 3 期，1945 年 3月，第 131 页。

善士兵待遇献粮献金实施细则》第 2 条规定："献粮献金分指名捐献、自由捐献两种，指名捐献者应依本会议核定捐献额为准，不得少献；自由捐献者得由捐献人自动认献。"第 5 条规定："指名献粮献金，除娱乐类系当场派收外，其余各类由本会议印发通知单，限期向收献机构缴纳。"① 此处"指名捐献"与"自由捐献"对举，显然二者的含义是相对的，"指名"意即"指定人名""指名道姓"，即事实上的强制捐献。关于这一点，重庆市市长贺耀组在呈送行政院的呈文中也不无怨言："人民之财物献诸政府，自不应加以任何拘束，惟查本案，钧令配有定额，分有等类，则不能以普通捐献视之，其事至明，自应于劝导之中，略寓强制之意。"② 贺在 1 月 24 日接受《大公报》记者采访时，也明确公开声称："政府为彻底改善士兵生活，以期加速胜利之获得，故经慎重考虑，而决定发动献金献粮。市府对此项工作极为重视，现正周密准备，期能摊派公允。"③ 贺在公开场合明白无误地使用了"摊派"一词，显已道尽强迫捐献之意。因此，重庆市政府所制定的实施细则第 7 条对献粮献金中的指名捐献，规定了 3 项罚则：一是均应依通知单规定期限捐献，逾期 10 日者，按照原定额指名加献 10%；逾期 20 日者，由专门成立的重庆市改善士兵待遇献粮献金会议通知政府强制执行；若指名捐献者为工商业主但未能依规捐献，"予以停业处分"。④ 对于重庆市政府的此 3 项罚则，行政院秘书处虽认为"法无依据，似不可行"，"但为警戒人民观望取巧起见，对于逾期不缴者，似可酌予照原定额指名加献百分之几"。⑤ 这虽与《献粮献金办

① 《献粮献金实施办法（二）》（1945 年），《行政院档案》，档案号：014-040504-0034，第 74 页；《重庆市政府为抄送献金献粮实施细则及组织规程致临时参议会函》（1945 年 4 月 5 日），《中国战时首都档案文献·战时动员》（下），第 673～675 页。按，此处"本会议"指重庆市改善士兵待遇献粮献金会议。

② 《献粮献金实施办法（二）》（1945 年），《行政院档案》，档案号：014-040504-0034，第 68、78 页。

③ 《〈大公报〉关于重庆市献粮献金会议的报道》（1945 年 1 月 25 日），《中国战时首都档案文献·战时动员》（下），第 671 页。

④ 《献粮献金实施办法（二）》（1945 年），《行政院档案》，档案号：014-040504-0034，第 68、78 页；《重庆市政府为抄送献金献粮实施细则及组织规程致市临时参议会函》（1945 年 4 月 5 日），《中国战时首都档案文献·战时动员》（下），第 675 页。

⑤ 《重庆市政府为抄送献金献粮实施细则及组织规程致临时参议会函》（1945 年 4 月 5 日），《中国战时首都档案文献·战时动员》（下），第 673～675 页。

法》第 6 条思路一致，却相当于鼓励对逾期者予以处罚，当然更是增加了所谓"捐献"的强制性，使捐献演变为变相摊派。

1945 年 3 月 29 日，《经济新闻》刊登了一则来自西安的消息，该消息毫不掩饰地说："大户献金献粮，各县实行时，仍采摊派办法，不以收益为标准。"① 此一消息来自西安，此处所谓"各县"应指陕西省各县，如果此一消息属实，则不但坐实了陕西省此次捐献以捐献为名而行摊派之实的行为，而且其做法完全超出了《献粮献金办法》最初确定的"献粮以地主为对象"。该消息所称"不以收益为标准"，明显违背了《献粮献金办法》，以"有粮出粮"的名义将捐献对象扩大到所有粮户，而不单单是收益在 100 市石以上的地主，将捐献负担转嫁给了普通粮户。5 月，银行总管理处机关刊物《总管理处周报》"市消息"栏目的消息称，"当局为提高献金献粮效率，决定发行献金胜利奖券，总额五万万元……发行地区限于本市，并采取摊派方式……一俟行政院批准该项奖券办法，当即根据名单开始摊派"。② 尽管后来发行奖券以提高献金献粮效率的计划未获批准，但毫无疑问，重庆、陕西的捐献亦明确采取扩大化的摊派方式。

强制捐献固非鲜见，太平天国运动时期太平军在广西永安等地即有指名捐钱献粮情事。③ 这一手段在 1941 年 7 月初湖南省动员委员会制定的《湖南省各界七七抗战建国四周年纪念献粮运动实施办法》中也已有体现："献粮、献代金，均以自由捐献为原则；但对于殷商富户，将以有效办法劝导捐献。"④ 湖南省虽标榜以自由捐献为原则，但对于殷商富户采取"有效办法"予以劝导，此处虽未明言"有效办法"为何，但最有效的办法不外强制一途。

2. 中央与地方的博弈

国民政府颁布《献粮献金办法》后，要求各省市政府切实遵照办理，但各省立即群起响应者并不多。1945 年 1 月 19 日，湖北省政府制定《湖

① 澄：《大富献金献粮，仍行摊派办法》，《经济新闻》1945 年 3 月 29 日，第 3 版。
② 《当局为提高献金献粮效率，决定发行献金胜利奖券》，《总管理处周报》第 158 期，1945 年 5 月，第 5～6 页。
③ 钟文典主编《广西通史》第 2 卷，广西人民出版社，1999，第 134 页。
④ 《献粮献金实施办法（一）》（1940 年～1945 年），《行政院档案》，档案号：014-040504-0033，第 47 页。

北省改善士兵待遇献粮献金办法实施细则》《湖北省改善士兵待遇献粮献金运动宣导方案》;① 29 日，甘肃省政府将拟定的《甘肃省改善士兵待遇献粮献金办法实行细则》呈送行政院，3 月底才颁布。② 可以看出各省的行动明显较为迟缓。在《献粮献金办法》公布后，各省市纷纷呈文行政院，就捐献期限、捐献数额、捐献方式等讨价还价。1945 年 1 月，新疆呈请停办，请求缓办者有云南、宁夏二省，因军事灾歉请求核减配额或将受灾地区局部停办的有湖南、广东、湖南、甘肃四省，请求延至秋后的有贵州、江西、安徽三省，③ 请求全部停办、局部停办、核减配额、缓办的共计 10 个省。各省政府围绕第二次献粮献金运动与中央政府展开了激烈的博弈。

就捐献期限来说，《献粮献金办法》规定从 1945 年 1 月 1 日起实施，至 3 月底办理完竣。然而，各省在收到行政院的指令后，纷纷表示 3 个月的捐献期限为时实短，过于急迫，无法按期完成，纷纷要求展期，其中比较有代表性的是甘肃省。

1 月，甘肃省政府主席谷正伦致函行政院，在呈送该省实施细则的同时，提出献粮献金各分两期推行，指名捐献者在 1 个月内缴纳，分期捐献者最迟不得超过 2 个月，即 6 月底完成第一期，第二期从 7 月开始至 9 月底结束。同时，谷提出开始实施日期展缓至 3 月 1 日，其理由是"献粮献金书据格式尚未奉颁到省"，若由省政府统筹印制下发各县，在该省交通不便的情况下"极需时日"，无法立即实施。与甘肃省情况较为类似的是贵州省。贵州省政府在 4 月的呈文中称，此次捐献"发动时间较迟，似非短期内所能竣事"，拟分为 3 期，即 6 月、9 月、12 月 3 个月各完成三分之一。也就是说，按照贵州省政府的计划，贵州省要在当年年底才能完成捐献任务，比甘肃省还要晚一个季度。重庆市献粮献金会议则声称本市"献额过巨，时间更促"，各种手续又极繁复，拟组设推行处，遴选适当

---

① 《献粮献金实施办法（一）》（1940 年~1945 年），《行政院档案》，档案号：014-040504-0033，第 55~59 页。

② 《甘肃省改善士兵待遇献粮献金办法实行细则》（1945 年 3 月），《甘肃省政府法令公报》第 2 卷第 8 期，1945 年 4 月 30 日，第 11~16 页。

③ 《粮食部报告》（1945 年），第 3 页。

人员"以赴事功"，延宕至推行处成立及开始办公时，已是 3 月 16 日，也逼近行政院规定的 3 月底的时间限定。①

2 月 1 日，行政院收到甘省呈文后，循例将之交由财、粮两部核复，但财、粮两部并未立即核复。因为在《献粮献金办法》颁布后至 2 月初，财政部陆续收到"少数省政府来电，或请缓办，或请宽免，或请变更原颁办法"，财政部此处虽提到献金事宜，未明言"少数省政府"究为哪些省份，但从后来献粮献金报解情况来看，"少数省政府"为数并不少，其中既包括濒临战区的各省，亦包括陪都所在地重庆市。面对各省市申请缓办、宽免或变更办法的局面，无论财、粮两部还是行政院，均甚不满意。2 月 8 日，财政部部长俞鸿钧呈文行政院，恳请由行政院出面，"再行通电各省市政府，对于中央颁定办法及配额，务须切实遵办，及早完成，以利军需而宏战力"。行政院态度十分明确，即支持俞鸿钧的意见，并以强硬的措辞在 16 日统一拟订了一份责令各省从速办理的电文："某某某省政府某主席：密。查该省献粮献金数额，前经核定，电饬切实办理，此事关系甚大，而期限已迫，应由该省政府依照办法规定及配额，切实加紧推进，毋存观望，及请求缓免或变更原办法情事，以利抗战。"行政院要求以"最速件"发给各省，并专门单独代电重庆市市长贺耀组。② 重庆市献粮配额为 2 万市石，在各省市中最少，但完成情况并不乐观，加上其为陪都，负有表率之责，这也是行政院单独致电的用意所在。

19 日，谷正伦就期限及实施细则问题再次呈文行政院，"恳请钧院迅赐电示"。3 月 1 日，粮食部核复称，"该省收获较迟，情形与他省不同，自系实情，所请展后自本年三月一日起实施至五月底结束……均准照办"。在此答复中，不知出于何种原因，粮食部出现了三处疏漏：一是将实施的结束日期写为"五月底"，与谷在电文中请求"六月底结束"的期限并不一致；二是对第二期的问题并未做出回复，可能是在粮食部眼中，根本无所谓第二期的问题，均应在第一期全部完成；三是对甘肃省所订实

---

① 《献粮献金实施办法（二）》（1945 年），《行政院档案》，档案号：014-040504-0034，第 12、68~69 页。
② 《献粮献金实施办法（三）》（1945 年），《行政院档案》，档案号：014-040504-0035，第 76~77 页。

施细则并未详细核复，其实甘肃省的实施细则修改之处较多。3 日，行政院秘书处提出两点意见：一是期限问题，按照粮食部意见"准予照办"；二是尽管粮食部尚未对献粮部分予以核复，但因"此事急待推动"，"拟不俟粮食部复到，即行电复谷主席，准予照办，并饬知财政、粮食两部"。6 日，行政院按照既定方针，分别致电甘肃省政府及财、粮两部。就在行政院函电发出的当天，粮食部的复函亦到院。粮食部在 6 日的复文中，称甘肃省实施细则各条"大致均尚妥适"，准予实施，同时对期限问题做了明确答复，即 5 月底全部结束，不准分两期实施，将 7~9 月的第二期条文删去。不过，粮食部的意见并未获得行政院秘书处的支持，同时也遭到谷正伦的反对。17 日，秘书处签注意见，认为"原细则第十五条……谅系斟酌该省实际困难情形，酌予变通，似可照原案不予删除，拟复粮食部"，亦即允许甘肃省展期到 9 月底。27 日，"院长谕：'依议办理。'除由院电甘肃省政府遵照外，相应通知粮食部"。但粮食部仍坚持己见。4 月 28 日，谷第三次呈文行政院，表达了两层意思：一是委婉地指责行政院对甘肃省实施细则的核准"为时过晚"，而该省格于时间紧迫，细则已于 3 月底公布，仍分两期实施；二是重申该省"交通困难""邮递迟缓"的状况，如仍按粮食部规定的 5 月底结束，则"限期瞬届，事实困难"，因此申请保留第 15 条条文即第二期延至 9 月底结束。① 毋庸讳言，谷所陈核准时间过晚、交通困难各节确系事实，从 2 月 1 日行政院交由粮食部核复，直到 3 月 1 日粮食部核复完毕，时间已整整一个月，而距谷呈文已过去 40 日，效率确实较低，况且粮食部的第一次核复意见并不十分明确，导致甘肃省政府再次咨询。交通部部长俞飞鹏也认为此次献粮献金"兹事体大，限期又迫"，需要党、政、军各方全力协助。② 行政院也不得不承认"原定三月底结束，事实上已不可能"，③ 但展期至何时为宜，行政院、粮食部与各省政府之间分歧较大。

① 《献粮献金实施办法（一）》（1940 年~1945 年），《行政院档案》，档案号：014-040504-0033，第 187~206 页。

② 俞飞鹏：《令本部直辖各机关（不另行文）：转饬对于献粮献金事宜协助进行》，《交通公报》第 8 卷第 4 期，1945 年 4 月 1 日，第 24 页。

③ 《献粮献金实施办法（二）》（1945 年），《行政院档案》，档案号：014-040504-0034，第 97~98 页。

　　在甘肃省政府与行政院文书往还期间，有些省份已进入实质性捐献、收缴阶段，但成效并不尽如人意。从闽、川两省情况来看，福建 5 月份"各县具报收缴者尚属无几"，"省府迭奉中央电催"。[①] 四川省的情况也不理想。与其他省市一样，川省各县市办理献粮以县市政府为主办机关，国民党县市党部、青年团团部、参议会为协助机关，协助机关各派 1 名负责人为代表，再由县市政府加聘公正士绅 3 人，组织会议，负责审议检查。[②] 时届 5 月底，据四川省政府调查，川省"已报扫解县份仍属寥寥，并有少数县份尚未具报扫解"。[③] 成都市额定献粮 45000 市石，但成都市参议会以"本市无粮可献，函市政府转呈省政府免于献粮，以轻民累"为由，未予献粮。额定成都县献粮 29072 市石，县政府以积谷缴纳 8161市石，并收回公粮旧欠抵交 2839 市石，只完成约 11000 市石。华阳县额定献粮 71277 市石，县政府亦采取上述办法，完成献粮 32432 市石，不及配额的一半。[④] 此外，安徽、广东已分别展期至 4 月底与 6 月底，而且根据粮食部了解到的情况，其他省市亦有展缓献粮与献金的要求，可以说延期捐献成了一种普遍要求与趋势。4 月 6 日，财、粮两部会同呈文行政院，请示可否分别准予展期 1~3 个月。11 日，行政院指令财、粮两部准予照办。[⑤] 5 月 14 日，行政院秘书处综合已经延后各省的情况及甘肃省实情，签拟如下意见："各省献粮献金，原定本年三月底结束，若干省份因事实上之困难，经呈准分别展缓一至三个月，该省所请将第二期献粮仍准于七月开始，至九月底结束，似未便照准，拟饬仍应与献金同于五月底完成。如确实困难，可再展缓一个月，当否？请示。"[⑥] 也就是说，甘肃省也与已延期省市一样，获准延期，但展期最多 3 个月，即截至 6 月底。16

---

① 《令催赶办献粮献金》，《闽政简报》第 29 期，1945 年 5 月，第 9 页。

② 四川省田赋粮食管理处：《行政院省府统计处关于献粮献金要点办法、摊额收拨督办的训令咨呈及四川省田粮处办理献粮情形造具统计数目报告表》（1945 年），《四川省田赋粮食管理处档案》，档案号：093-01-0844，第 35 页。

③ 《准财政部电献粮献金应办结束事务统限本年九月底完成仰遵照由》（1945 年 9 月），《四川省政府公报》第 342 期，1945 年 10 月，第 43 页。

④ 成都市地方志编纂委员会编纂《成都市志·粮食志》，成都出版社，1995，第 16 页。

⑤ 《献粮献金实施办法（三）》（1945 年），《行政院档案》，档案号：014-040504-0035，第 78~79 页。

⑥ 《献粮献金实施办法（一）》（1940 年~1945 年），《行政院档案》，档案号：014-040504-0033，第 207 页。

日，行政院即电令谷正伦遵照办理。可以看出，行政院对期限的态度是比较明确的，而且将献粮与献金同等对待，规定未达到捐献数额目标的省份，最多展期至 6 月底前办理完竣。

然而，在展期 3 个月后，民众捐献意愿仍较低，各省市所收到的粮食实物仍未达标，除绥远省"报有收获数目外，其余各省尚未准报"。陕豫鄂区宣导大员王普涵 6 月 6 日到达西安，次日走访陕省政府主席及财政厅厅长、田粮处处长等，据陕省政府报告，该省自发动民众捐献以来，配额 180 万市石，"不足尚巨"；另一位宣导大员闻亦有 6 月中下旬在湖北恩施了解到的情况是，鄂省除三斗坪、茅坪两镇及宜都、咸丰、宜昌、巴东等县献粮成绩优良外，多数县份尚无成绩可言。有鉴于此，6 月 29 日，行政院再次像 2 月中旬一样，拟订了一份催收电文，以"速件"发给各省市，要求各省市包括重庆市在内"加紧督催，务于核定期限，如额收足，并随时将实收数分电财、粮两部"。① 尽管行政院一再急电催收，各省市政府也相继表态正在加紧劝献、各有各的举措，但或受灾害或受战事影响及其他因素制约，献粮成效委实低迷，河南省战区及受灾县份甚至在 8 月已然停止捐献。不得已，行政院第 46 次会议决定，"各省献粮限八月底结束"，再次展期 2 个月。各省（市）献粮推进情况各有不同，见表 5-5。

表 5-5　各省（市）办理献粮推进情况（1945 年）

省(市)	推进情况
四川	川省府呈院转川省参议会电请将 1941 年度后之征粮超收额及积谷欠额，移抵献粮，经照准，并令省府切实估计，尽先提充，不足之数仍向大户派募。省府已饬田赋粮食管理处将各县配额拟定饬办。近据云阳电报，已按省府核定献粮额 9071 市石，如数收清
贵州	黔省献粮已组织省献粮献金会议并聘请各机关首长，并选派高级职员，亲赴各县宣导，一面拟照规定准予折缴代金，刻正积极办理中
西康	康省已组织省献粮献金会议，依照规定加紧推动，近省府转省参议会请求，以 1944 年度各积谷移抵，粮食部已核复准照办。唯移抵不足之数，仍请向大户劝献足额，于 2 月底办竣

---

① 《献粮献金实施办法（三）》（1945 年），《行政院档案》，档案号：014-040504-0035，第 83~121 页。

续表

省（市）	推进情况
甘肃	甘省已组织省献粮献金会议，按地方财力自行拟定献粮标准，核配各县，饬县照办。折缴代金者，应按各县规定小麦限价表办理，现已饬赶办中
河南	豫省献粮已分饬完整各县赶办，并将捐献标准酌予变通，各县均成立办事处，指令专人办理，以期达足献额
广西	桂省献粮已按各县富力分配献额，令饬赶办，收数尚无报告，已催限 6 月底完成
湖北	鄂省各县献粮配额已分配饬办，现因战事关系，鄂北各县已由粮食部准予停办，其余各县准展期两月。唯鄂省军粮拮据，此项献粮已电省府收纳实物为主，以济军需
绥远	绥省于拟定捐献办法通饬各县遵办后，截至 4 月底止，已收献糜谷 44346.966 市石，余数正催收中，不日即可完成
广东	粤省已按各县财富情形妥配献额，令县赶办，近电请核减献粮额，已由院核复，仍按原额办理
福建	闽省原定献粮配额为 75 万市石，唯该省劝献办法系以粮户赋额为标准，凡收益满 10 市石以上者，即指名捐献，预计全省可得献粮 30 万市石。经院准以此数作为该省配额，刻正赶办中
浙江	浙省献粮系于 2 月下旬开始办理，各县献额已配定饬办，现正催收
安徽	皖省献粮原请缓俟 1945 年秋收办理，经粮食部电请赶办后，皖北产麦各县业已举办，皖中南各县刻亦赶办中，并准展至 6 月底完成
江西	赣省献粮前请缓至 6 月底后再办，经粮食部复请，先就完整各县举办，并展至 6 月底办竣，尚未准复
陕西	陕省献粮请以到期粮食库券本息约 60 万市石抵缴，另以委购军粮发价与市价差款移抵，其余不足之数缓至秋收后办理。粮部已电复到期库券本息可准抵缴，余数仍请向大户劝献足额，于 6 月底前完成
宁夏	宁省以上年歉收，电请缓办，经院核复，仍积极办理，尚未准复
湖南	湘省府已设立献粮献金会议，湘西并设立分会，各县共设置 76 个分会，积极推进中
青海	青省前已组织劝募委员会，县设分会，省府近督饬各县赶办
山西	晋省献粮已依照办法规定，积极推动，再督饬各县赶办中
云南	滇省办理献粮情形尚未准报到，近再电催查报中
新疆	新省因情形特殊，奉主席电令应准缓办
重庆市	渝市前已成立献粮献金推行处，从事粮户调查工作，刻正办理中。原折缴代金者，并准每谷 1 市石折缴代金 4000 元

资料来源：《献粮献金实施办法（三）》（1945 年），《行政院档案》，档案号：014-040504-0035，第 168~173 页。

从表 5-5 可以看出，为了完成献粮目标，各省（市）根据本省（市）情况，或设立专门机构，如青海省组织劝募委员会及各县分会，重庆市设立献粮献金推行处，河南省各县均成立办事处等，指令专人办理；或根据《献粮献金办法》采取变通措施，如四川省明确规定以 1944 年度征募积谷五分之二并追收 1941~1943 年田赋及积谷旧欠抵充，不足数额乃向大户派募，西康省以上一年度征募积谷移抵，陕西省以粮食库券到期本息移抵，重庆准予每市石稻谷可折缴代金 4000 元，河南以收益 50 市石为捐献起点，福建以赋额 5 元为起点，甘肃以小麦 75 市石为起点，均较原定标准为低。①

　　献粮献金被迫延期的原因，除了发动时间较为仓促外，其捐献时机的选择亦极不合时宜，即原定的 1 月至 3 月底，多数省份恰为青黄不接时期，在粮食短缺情况下很难达成目标。有的省份受战事影响，无法及时收到文件，有的省份路途较远，导致收文时间较迟。此外，第二次献粮成效不彰还包括如下因素：粮户在完成田赋征实、军粮征购及征借、捐献外，还有积谷的任务，即甘肃省政府所说的"乡镇储蓄"，此项任务须在 2 月底"征清"，时间正与献粮时间冲突，甘肃省在"田禾年仅收获一项"时还须完成献粮任务，"实属民力不逮"。谷正伦对此也不无微词，而且希望地方政府可以调低捐献标准："如于此时再办捐献，非但影响征实征借及乡镇储蓄，且捐献成绩定（应）按地方财力，将献金献粮标准，重行拟定，以尽量发动人民自行捐献为原则。"②

　　在一再展缓期限而捐献成效仍令人大跌眼镜的情况下，国民政府目标宏伟的第二次捐献运动已呈骑虎之势，尽管后来有的省份又有展缓，如陕西省"限期九月底结束"，③ 但此时的问题已不是一再展延期限的问题，而是在民众负担沉重、捐献意愿低下，甚至"拒绝缴献"，④ 以致献粮成效不明显的情况下，如何体面收场。

三　第二次献粮运动惨淡收场

　　1945 年 8 月 15 日，日本宣布投降，抗战取得胜利。23 日，距离行政

① 《粮食部报告》（1945 年），第 3~4 页。

② 《献粮献金实施办法（一）》（1940 年~1945 年），《行政院档案》，档案号：014-040504-0033，第 187~188 页。

③ 《准财政部电献粮献金应办结束事务统限本年九月底完成电仰遵照由》（1945 年 9 月），《四川省政府公报》第 342 期，1945 年 10 月，第 43 页。

④ 《重庆市改善士兵待遇献粮献金会议为继续延期献粮献金致市政府函》（1945 年 8 月 18 日），《中国战时首都档案文献·战时动员》（下），第 697 页。

院第 46 次会议决定的"各省献粮限八月底结束"越来越近，献粮献金"即将次第结束"，行政院要求各省市呈报办理情形及实收数目。9 月 10 日，财政部上报献金总额及各省市报收数额。12 日，粮食部呈文行政院，将各省市截至 8 月底办理献粮情形及收献数量一并呈送行政院。

据统计，湖南、江西、贵州、福建、西康、河南、宁夏、青海八省"献粮事务正在积极办理"，四川、甘肃、湖北、广东四省"各县之收献数量尚未全部报齐"，其余云南、广西、浙江、安徽、陕西、重庆等六省市"办理情形迭经本部查催，迄今未准见复"。[①] 也就是说，截至 8 月底，上报的 20 个省市中没有一个完成原定的献粮任务，而且有的省份的献粮中还夹杂着追收历年旧欠田赋与积谷。就某一省份各区县情况来看，献粮情况亦参差不齐。以重庆、四川为例，重庆配额仅为 20000 市石，在所有省市中是最少的，市长贺耀组也以渝市为非农业区为借口，冀望减少配额，但行政院并未核准。尽管行政院指令渝市在指名献粮标准方面可酌为变通，对逾期不缴纳者可酌予增加献额，重庆市亦成立专门机构献粮献金推行处专责其成，规定无法献粮者可折缴代金，但重庆市献粮却一直未能按期上报。[②] 川省配额 3750000 市石，在各省市中是最多的，但截至 8 月底仅实收 1298843 市石，收起率约为 35%，未及半数。川省各区县情况如下：除第一区郫县、彭县，第二区内江、威远，第五区屏山、沐川，第六区兴文、珙县，第九区云阳、忠县、城口，第十一区仪陇，第十二区乐至、盐亭，第三区梓潼、广汉，第十四区彰明、旺苍，第十五区开江、宣汉等 20 个县已照省政府核定配额，在 6 月、7 月两个月如数收献外，其他各县仅收至六七成不等，另外第四、第七、第八、第十、第十六等区各县"办理情形及收起数量尚未据报"。[③] 各省献粮配额与实收情况见表 5-6。

---

① 《献粮献金实施办法（三）》（1945 年），《行政院档案》，档案号：014-040504-0035，第 167 页。
② 《献粮献金实施办法（二）》（1945 年），《行政院档案》，档案号：014-040504-0034，第 90~109 页。
③ 《献粮献金实施办法（三）》（1945 年），《行政院档案》，档案号：014-040504-0035，第 168 页。

表 5-6　各省市办理献粮情况（截至 1945 年 8 月底）

单位：市石

省（市）	配额	实收数	省（市）	配额	实收数
四川	3750000	1298843	西康	140000	—
湖南	1800000	—	安徽	200000	—
江西	1600000	—	河南	150000	—
云南	1200000	80000	陕西	1800000	—
广西	650000	—	宁夏	40000	—
贵州	750000	—	甘肃	600000	327077
福建	300000	14611	山西	20000	—
广东	550000	40	绥远	60000	56075
湖北	300000	2100000（代金）	青海	20000	—
浙江	350000	—	重庆市	20000	—

资料来源：《献粮献金实施办法（三）》（1945 年），《行政院档案》，档案号：014-040504-0035，第 168~173 页。

　　从表 5-6 可以看出，在 20 个省市中，上报实收数的仅有 7 个省，约占三分之一，其余省市均未上报；从配额与实收数来看，20 个省市配额共计 1430 万市石，实收 1776646 市石，收起率仅为 12.4%，与足额的目标相差太远，实收数量最少的广东省仅为 40 市石，系潮安县秋湖乡按照配额所捐。①

　　9 月 17 日，行政院致电各省，再次重申"迅予结束"之意。10 月 31 日，粮食部又将 9 月份各省献粮增加数额上报行政院，计四川增加粮食 254553 市石，贵州增加粮食 333 市石、代金 62106031 元，湖北代金 900 万元，宁夏粮食 300 市石，甘肃代金 409002001 元，其余各省仍未见报。同时粮食部呈请行政院"于十月底以前结报，其未收足之数拟准免办"。②

---

①　《献粮献金实施办法（三）》（1945 年），《行政院档案》，档案号：014-040504-0035，第 170 页。

②　《献粮献金实施办法（三）》（1945 年），《行政院档案》，档案号：014-040504-0035，第 184~187 页。另各县政府田赋粮食管理处暨各区专署先后呈报，截至 1945 年 10 月 26 日，四川省共收起 2336949 市石。郫县等 27 个县尚未具报扫解，温江等 12 个县收达九成，成都等 7 个县收达八成，荣县等 14 个县收达七成，崇宁等 15 个县收达六成，华阳等 14 个县收达五成，井研等 16 个县收达四成，重庆等 8 个县收达三成，双流等 9 个县收达二成，仁寿等 11 个县收达一成，成都市等 10 个市县未报收。参见四川省田赋粮食管理处《行政院省府统计处关于献粮献金要点办法、摊额收拨督办的训令咨呈及四川省田粮处办理献粮情形造具统计数目报告表》（1945 年），《四川省田赋粮食管理处档案》，档案号：093-01-0844，第 235 页。

11月16日，行政院针对以不同方式献粮的省份，分别以"最速件"致电，核心意思是将已收粮额解库，不足额数准予免收。换句话说，献粮献金运动实际上已告结束，只待中央政府明令宣布。30日，国民政府颁发训令，废止《改善士兵待遇献粮献金办法》，以"珍重名器"，[1] 第二期献粮献金运动伴随着抗战胜利及各省市的拖沓惨淡收场。

四　两次献粮运动之比较

从第一次献粮运动发动到第二次献粮运动结束，加上中间间隔的两年，前后约5年时间，但这5年却是国民政府粮政变化最大的时期。粮食管理理念方面，国民政府从自由放任转向全面管制乃至统制，随着战局变化，这一理念进一步强化，社会各界、国民政府上层人士普遍认同，并将统制经济理念坚决贯彻至粮食领域；机构方面，经历了全国粮管局与粮食部两个中央专门管理机构，而且粮食部的职权更为强大，各项粮政举措更为强硬，各省市县粮食管理部门也相应建立健全；粮食政策方面，从粮食调查入手，逐渐扩展到田赋征收实物、征购军粮及征借，国民政府掌握粮食实物的举措先后出台；地域方面，从全国粮管局注重四川地区至粮食部推及全国；等等。此一时期可以说粮食"新政"迭出，献粮运动也可以看作战时新政之一。从战时两次献粮运动发起背景、捐献性质、中央与地方关系、取得成效、结束原因等方面来看，二者颇有值得比较之处。

从献粮背景来看，第一次献粮运动恰为粮食危机日益严重、国民政府开始对粮食采取统制政策，并专门设立中央层面的管理机构之时。1940年，全面抗战进入了第三个年头，国民政府在军事上实行持久抗战，经济上也加大了统制力度，战时体制正在逐渐形成当中。不过，抗战全面爆发初期并未显现的粮食短缺问题，随着战区扩大、交通阻滞、出海口被封锁、农产歉收、民众恐慌心理加剧等因素，却出现了意想不到的严重问

---

[1] 《国防最高委员会秘书厅函国民政府文官处为废止非常时期捐献款项承购国债及劝募捐款国债奖励条例与改善士兵待遇献粮献金办法请查照转陈办理并饬知》（1945年11月24日），《国民政府档案》，档案号：001-012145-00006-022，第62页；《卅五年六月田粮一军字第三七七八号俭代电废止前改善士兵待遇献金献粮办法通饬知照》，《广西省政府公报》第2100期，1946年7月4日，第11页。

题，乃至演成粮食危机，这促使国民政府不得不考虑从根本上改变粮食政策，即从自由放任转变为加强管理，从兼管转变为专管，以期在危机爆发初期遏制其进一步蔓延的势头。从未对粮食实行全面管理的国民政府明显缺乏经验，这一点不但受到美国顾问的批评，也使国民政府饱受粮食短缺、粮价上涨之苦，其时国民政府对粮食管理的认识仍停留在解决需求孔急的军粮供应问题上，其他粮食政策与措施在全国粮管局成立后尚处于探索当中。

第二次献粮的背景亦较为复杂。国际方面，欧洲战场盟军逐渐占据有利地位，相应的，亚洲战场也应该与之配合，以取得世界反法西斯战争胜利。但豫湘桂战役的失利使国民政府处于被动地位，不但在国际上颜面扫地，而且在国内也产生了较大负面影响，尤其是士兵待遇好坏之于战场胜负的影响，在蒋介石眼中成了关键。从 1941 年下半年实施田赋征实、军粮征购以来，粮食部辅之以其他强有力的措施，一度缓解了军粮供应问题。不过，随着连年征实、征购及 1944 年征借政策的实行，民众负担空前沉重，田赋征起率也多有下降，征购、征借的推行阻力不小，粮价上涨剧烈，军粮民食供应又出现反复，国民政府希望借助社会动员、发动民众献粮献金来缓解粮食征收压力。

从献粮性质来看，第一次献粮基本遵从自由捐献的原则，无论是《四川省二十九年度捐献军粮运动实施办法》，还是《湖南各界七七抗战建国四周年纪念献粮运动实施办法》，各地做法是未强制摊派，各省亦未实行配额，尽管湖南省为了达到捐献目标，在实施办法中提到会采取"有效办法"，但遭到湖南省政府主席薛岳的反对。在 1941 年 12 月呈送行政院副院长孔祥熙的呈文中，薛岳明确指出，不管以何种方式献粮，"或献或不献，或有价或无价，或按市价或按军粮价"，"悉听人民自由捐献，严禁摊派"，已摊派者，严令禁止。[①] 1942 年初，薛岳再次重申："人民有价献粮及无价献粮，出于人民自动之确定，及数量之多寡均须人民自由，不可丝毫用摊派方式，及强制执行，而所献之粮亦准列抵该县代

---

① 《薛岳呈报湖南省粮政及改进粮食原则》（1941 年），《行政院档案》，档案号：014-040501-0019，第 6 页。

购军粮数额。"① 因此，第一次献粮仍以自由捐献为主。而第二次捐献却带有明显的强制性，毫无疑问属于摊派性质。四川省政府在收到献粮献金办法后，约集相关厅局处长，函请有关机关指派代表，短期内组成献粮献金机构，拟定各县市献粮配额，② 将捐献任务逐一摊派至各县市，县市再摊派至各乡镇保，层层摊派。另据国民参政会指出，有些省份复有变通，采用自由捐献及普遍摊派办法，殊失大户献粮本意。各地未足粮额，仍应迅速向大户指名捐献，严禁各县普遍摊派。③ 这说明摊派已经成了一种普遍做法。从另一个角度来说，第二次献粮运动在献粮数量上远大于第一次。这也可能是吸取了第一次效果欠佳的教训，第二次献粮运动不得不对各省市实行配额的原因。

然而，就第二次献粮运动本身效果而言，远未达到国民政府预设的高远目标。按照蒋介石最初下发给粮食部的手令，蒋所拟定的献粮目标为2000万~3000万市石，这一数字显然是蒋本人急于求成的一厢情愿，而非实地调查的结果。粮食部接到手令后，拟具《大户献粮办法》，将数额调为1500万市石，亦即最终确定的献粮目标。④ 尽管国民政府"为体恤民艰及顺利推进起见，经分别灾情重轻，按照当地粮价酌准折收代金"，期限一再延长，并要求各省敦促"各县加紧赶办，如数完成"，⑤ 但截至1945年8月底，在指名捐献的8个月的时间里，产粮大省四川省实收稻谷1298843市石，至9月底共实收1553396市石，⑥ 算上小麦折谷部分与代金折谷部分，共计2212936.674市石，收献率为59%，仍与原定配额相去甚远。四川情况如此，全国完成率则更低，江西、湖南等余粮大省甚至

① 《薛岳呈报湖南省粮政及改进粮食原则》（1941年），《行政院档案》，档案号：014-040501-0019，第14页。

② 四川省财政厅：《财政部函送国库机构一览表，四川省府奉颁改善士兵待遇献粮献金办法，各县田赋征实欠收清册与省参议会提案》（1945年），四川省档案馆藏（以下不再一一注明藏所），《四川省财政厅档案》，档案号：059-04-6579，第62~63页。

③ 《对粮食报告之决议文》，秦孝仪主编《中华民国重要史料初编——对日抗战时期》第4编《战时建设》（2），第1438~1439页。

④ 《粮食部三十三年度工作成绩考察报告》，第3页。

⑤ 《四川省三十四年度献粮概况》，《四川田粮通讯》第1~2期合刊，1945年9月30日，第5页。

⑥ 《献粮献金实施办法（三）》（1945年），《行政院档案》，档案号：014-040504-0035，第155~171页。

未报捐献数额。

各省市之所以未完成配额，其原因是多方面的，除了前文提到的战事影响、收文较迟等原因外，其他因素也不容忽视。首先是灾害的影响，尤其是水旱灾害对两次献粮运动均有影响。据记载，四川"1941 年旱灾受灾县份有大足、邛崃、沐川、宜宾、南溪、庆符等 44 县"。[①] 同年《新华日报》报道："连日大雨，山洪暴发，青木关于 9 日发生水灾惨剧，冲倒房屋多栋，财产损失约 40 余万元，受灾百余户，死 5 人，伤 10 余人。"[②] 1942 年，四川受灾县更达到了 100 个，川西的理番县"久晴无雨，每日午前炎日如炙，赤土皆裂，午后大风，鸣震山谷，土石飞扬，人不能野行，室不能举火……于是本县农民辛苦耕耘全家一年生命所寄之农作秋收希望，遂为一二三月之春干、五六七月之秋旱以及干旱期中之无情大风毁灭已尽"，干旱天气自 2 月份开始，"至十二月以迄明年六月均为无粮生活时期，至于贫苦之户则目前已经断粮……此一百八十日间人民普无粮时间，哀鸿遍山野，壮者散四方（找生活），老弱塞沟壑之景象真令人不寒而凛也"，[③] 农民生活困苦可见一斑。1943 年 6 月，四川乐至县乡民呈文行政院，谓其所属地方"去冬至今，雨泽未降，小春仅收三成"，请求行政院派员"莅勘灾情"的同时，恳请"在本县征谷项下拨给五万石"，以事救济，显然再无力捐献粮谷。[④] 1944 年，四川受灾面积扩大，程度较深，34 个县轻灾，34 个县重灾，当年川省灾民达 2000 多万人。[⑤] 因此，川省政府对献粮来源进行了置换，许多粮食来源于历年田赋旧欠与积谷备荒部分。1944 年 12 月，四川省调查大户献粮，由省田粮处造送 1941～1943 年度田赋欠收数目清册。经查，全省各县田赋历年欠缴共计 3571091 市石，1944 年度各县备荒积谷共计 1270088 市石，二者合计 4841179 市石，较配额 375 万市石还多出 1091179 市石。因是之故，川省献粮献金会议决定，1941 年度、1942 年度、1943 年度民欠积谷，1941 年度、1942

① 肖鸿今：《论抗战时期四川田赋"三征"》，硕士学位论文，四川师范大学，2010。
② 杜俊华：《抗战时期的中国大后方专题研究》，人民出版社，2018，第 165 页。
③ 《中华民国史档案资料汇编》第 5 辑第 2 编《财政经济》（8），第 531～534 页。
④ 《四川省各县旱灾请减免赋粮》（1942 年～1943 年），《粮食部档案》，档案号：119-020202-0030，第 22 页。
⑤ 《四川粮食工作大事记（1840～1990）》，第 45 页。

年度各县积谷均由各县按 1 户 1 市石标准自行派募，1943 年度各县积谷亦用作捐献粮源。[1] 1945 年 1 月、4 月，各县积谷献粮稍有调整，但追收欠缴积谷作为献粮来源的做法则是一致的。[2] 如长寿县献粮数额准予实缴18000 市石，小麦折谷准许以五二成率折抵献谷，划拨 1942 年度各乡镇结存积谷 3126.08 市石，1943 年度省令收购积谷填仓稻谷 2641.51 市石，1943 年度田赋处应还粮民 1941 年已扣未发粮食库券稻谷 1000 市石，借拨 1944 年度附收优待积谷 9000 市石，以上 4 项共 15767.59 市石，不足的 2232.41 市石即在追收历年欠粮项下拨足。同时，长寿县奉令折缴小麦5000 市石，一律限 1945 年 7 月底以前集运交仓，扫数报解。[3] 1945 年度西北各省苦旱，湘西亦然，"献粮最后成果，恐难期良好"，[4] 可见灾害对献粮影响颇大。

有资料显示，财、粮两部对粮食库券折抵献额持欢迎态度。1944 年 3月，财政、粮食两部向行政院呈文，陕西佛坪县县长孔昭唐召集本县机关团体暨绅民代表，商定将该县 1941 年度屯粮 200 万大包案内应配的小麦库券 104.3 市石，折合玉米 166.88 市石，"悉数捐献国家，不再分年抵纳赋粮"。行政院认为"该县县长及各机关团体体今时艰、倡导得力，全县人民深明大义，慷慨捐输，忠爱热忱"的行为"洵堪嘉尚"，给予明令嘉奖。[5] 佛坪县县长此次献粮仅有 100 余市石，却能引起财、粮两部及行政院的极大关注，其原因在于捐献的并非真正的粮食实物，而是与粮食库券相关，换句话说，用粮食库券折抵粮额，从本质上来讲也可以减轻政府的

---

① 四川省财政厅：《财政部函送国库机构一览表，四川省府奉颁改善士兵待遇献粮献金办法，各县田赋征实欠收清册与省参议会提案》（1945 年），《四川省财政厅档案》，档案号：059-04-6579，第 60 页。

② 四川省财政厅：《财政部函送国库机构一览表，四川省府奉颁改善士兵待遇献粮献金办法，各县田赋征实欠收清册与省参议会提案》（1945 年），《四川省财政厅档案》，档案号：059-04-6579，第 59 页；四川省田赋粮食管理处：《行政院省府统计处关于献粮献金要点办法、摊额收拨督办的训令呈及四川省田粮处办理献粮情形造具统计数目报告表》（1945 年），《四川省田赋粮食管理处档案》，档案号：093-01-0844，第 36 页。

③ 四川省田赋粮食管理处：《四川第十区各县田粮处呈报献粮收拨折收小麦粮政工作报告，查办违法舞弊案，造具大户应纳献谷数目册及省府田粮处指令代电》（1945 年），《四川省田赋粮食管理处档案》，档案号：093-02-3645，第 40~42 页。

④ 《粮食部报告》（1945 年），第 4 页。

⑤ 《为陕西佛坪县县长孔昭唐召集各机关团体暨绅民代表商定捐粮献国应予嘉奖由》，《行政院公报》渝字第 7 卷第 4 号，1944 年 4 月 30 日，第 38 页。

负担。

其次，自 1941 年下半年实行田赋征实、军粮征购，尤其是 1944 年一些省份实行征借以后，民众负担越来越重。据统计，四川各县支出的粮食名目有：拨交当地军粮；拨交战区军粮；其他军粮，包括空军军粮及西康屯粮；拨交中央公粮；专案粮，包括特种公粮、康青公粮、司法田管员工食米、儿童保育院、妇女工作队及各县囚粮；省级公粮；县级公粮；拨交各民食供应处粮食；民食调剂粮；就地变卖粮食；运出粮食包括本县运往他县粮食及他县就地领取的粮食；什项支出粮食，指由粮政局核定应拨交的粮额，如库券本息、扣账、异地购缴、飞花赋粮、折收代金等。[①] 以上粮额内即有摊派者。1941 年县级公粮多由各县自行摊派，"漫无限制，民间不胜烦扰"。1942 年，一律随赋带征，严禁额外摊派，但各县地方并未严格遵守，仍多自由摊派，而且名目纷繁，[②] "事实上各县自由摊派之风，仍未彻底革除，人民颇感苛扰"。[③]

就征借政策而言，1942 年财政部与四川省政府商议，四川省改征购为征借，全部发给粮食库券，不再搭付现金，不计利息，在粮票内载明自第 5 年起，分 5 年平均摊还，抵完当年新赋。对于将征购改为征借，兴文银行重庆分行副经理杨秀峰也认为，"改购为借，则便于政府，而无损于人民"。[④] 显然，这一言论代表了公务人员的普遍看法，是出于中央政府立场的考虑，"国计"方面是"进步"了，而从粮户角度、民生立场来说，却极大地加重了民众负担。

---

① 粮食部四川粮食储运局编印《粮食部四川粮食储运局所属各分局各处仓配运粮食暂行办法》，1944，第 8~9 页。粮食部对专案粮的定义是："凡机关团体依照《改善公务员生活补助办法》不在领取公粮之列而其省粮经政府特准专案拨发或定价拨售者，统称之为专案粮。"具体而言，专案粮是不属于中央、省级、县级公粮但有某种公务性质的人员所得粮食，如国立学校学生员工、电政员工、慈善救济机关、铁路与公路员工、国营矿厂员工及教育机关、电讯机关、司法囚犯所需粮食、特种工程用粮，亦由粮政机关价拨。参见《粮食部 1945 年度施政计划（附相关预算书）》（1944 年 8 月），《中央设计局档案》，档案号：一七一–1473，第 67 页；《粮食部三十四年度工作计划及意见书》（1944 年~1945 年），《行政院档案》，档案号：014-040501-0005，第 22 页。

② 詹显哲编著《实施国家总动员法与粮食动员》，第 45~46 页。

③ 《行政院关于粮政之推行报告——对第二届国民参政会第一次大会》（1940 年 4 月至 12 月），秦孝仪主编《抗战建国史料——粮政方面》（1），第 441 页。

④ 《石天渠等陈报滇省三十一年田赋征收受奖经过及请求核减三十二年田赋征额与陆崇仁等往来函》（1943 年 6~7 月），《抗战时期的云南——档案史料汇编》（下），第 936 页。

四川省粮户的负担不止于此。1943 年度，四川省征实、征借额定原为 1600 万市石，但是，军公民粮支出较上一年度更为浩繁，支出数量较大的如陆军军粮 720 万市石、中央公粮 240 万市石、县级公粮 710 万市石、特种工粮 1073000 市石、粮食库券应还本息 155 万市石等，实际支出共计 2100 万市石，短缺数量达 500 万市石。1944 年度，国民政府将川省征实、征借额增至 2000 万市石，其中征借额为 1100 万市石，较上年增加 400 万市石。截至 1945 年 8 月下旬，川省田粮处报解 1800 余万市石，征起率达九成以上。① 增加的 400 万市石征借粮额，对于川省粮民来说，既无从收得现款，亦无利息可资补偿，损失不可谓为小。此外，四川省战后粮食库券偿还出现问题，因此，1946 年 3 月，川省民众发起组织"四川粮民借谷索债请愿团"，要求国民政府予以适当处置。②

另外，1944 年 4 月 12 日，财、粮两部鉴于本年度军粮需求更形增加，又增拨空军军粮及战区军粮等，加之盟军大量入川，亦需储备大量小麦，提出在四川实行预行借征办法，数额为 300 万市石，并拟具《四川省三十三年度田赋预行借征办法要点六项》呈送蒋介石。4 月下旬，蒋介石致电四川省政府主席张群，责令张依财、粮两部之议，在川省预行借征 1944 年度田赋，数额为 300 万市石，加上弥补短收数额，总计达 340 万市石。5 月初，张呈文行政院，拟订《四川省三十三年度田赋预行借征办法》，规定自该年 5 月起，在川省各县按照县等预行借征，此项借征可得月息 5 厘，总共可以给予 4 个月利息。根据测算，一等县预行借征数额占 1943 年度应借征总额的 26%~28%，二等县占 23%~25%，最少的三等县也占 17% 以上，③ 这对于已经缴纳了上一年度田赋、正值青黄不接的粮户来说，又多了一层负担。从献粮运动的角度来说，则无疑增加了捐献的难度。表 5-7 反映了 1941~1945 年度四川省粮食征实、征购、征借情况。

---

① 《四川省三十三年度田赋预行借征办法及各县数额表（一）》（1944 年~1946 年），《行政院档案》，档案号：014-040201-0114，第 3~23、100 页。

② 《四川省三十三年度田赋预行借征办法及各县数额表（二）》（1946 年~1947 年），《行政院档案》，档案号：014-040201-0115，第 4~6 页。

③ 《四川省三十三年度田赋预行借征办法及各县数额表（一）》（1944~1946 年），《行政院档案》，档案号：014-040201-0114，第 3—23 页。

表 5-7　1941~1945 年度四川省粮食征借统计

单位：市石

	1941 年度	1942 年度	1943 年度	1944 年度	1945 年度
预算数共计	14431334	17733679	17763044	20523616	21345639
应征额	7215667	10093744	10064613	8822080	9780207
应借额	—	—	7698431	11701536	11565432
应购额	7215667	7639935	—	—	—
实征购数共计	13821635	16579777	16024113	19412173	
已征额	6910818	9388329	9158229	9203538	
已借额	—	—	6865884	10208635	
已购额	6910817	7191448	—	—	

原表注：本省粮食征购均依稻谷计。粮食年度为每年 10 月 1 日起至翌年 9 月 30 日止。

资料来源：《1941 年至 1945 年四川省粮食征借统计表》，《抗战时期的四川——档案史料汇编》（中），第 772 页。

从表 5-7 可以看出，1941~1944 年度，四川省征实、征购、征借预算数基本上呈上升趋势，从 1941 年度的 14431334 市石至 1945 年的 21345639 市石，增加了 6914305 市石，增幅达 48%，将近增加一半。即以 1944 年度实际征得数量 19412173 市石来说，也是相当大的。尽管四川省 1922 年至 1941 年粮食年均产量达 347325000 市石，1941 年四川田赋征实占总产量的 1.73%，1942 年占 2.59%，① 而且实际完成的征借额也从 1943 年度的 6865884 市石增加至 1944 年度的 10208635 市石，对于普通粮户来说，这一数额仍非常大，负担极为沉重。

1943 年度，征借省份又有扩大，连同四川省在内，全部实行征借的省份有西康、广西、广东、陕西、甘肃、福建、浙江，部分改购为借的有云南、贵州、绥远，安徽则将全部征购所得捐献于国家，"裨益尤大"。② 不可否认的是，随着战事推进，全国粮户田赋缴纳负担越重，人民处于无粮可缴境地，粮食征收更形艰难。1945 年 6 月，兴文银行总经理、云南省田赋处副处长张培光埋怨道："本省赋粮要政办至本年，实苦无法继续，盖

① 《中国粮政概况》，第 35~36 页。
② 《国民总动员会议关于十一中全会"切实推行'加强管制物价方案'稳定战时经济案"执行情形报告书》，无页码。

一面以竭泽而渔已无能为力，而一面犹需索靡，已罗掘俱穷。虽古之僧道济复生，今世亦恐不能量沙退敌；纵使张江陵重降斯境，又从何得太仓粟可支十年。"[①] 第二次献粮运动从自愿捐献转向指名捐献，并分派至各县市，引起了民众的反感，这是第二次献粮运动无法完成配额的重要原因。

最后，战时社会动员尤其是粮食动员，是两次献粮运动能够开展起来的共同因素，也是激发民众爱国热情从而积极献粮献金的重要手段。关于粮食动员，国民政府在抗战全面爆发时已设立机构，1937 年 7 月成立的国家总动员设计委员会，决定立即对粮食、资源、交通进行统制，但未实施。1940 年 8 月 24 日，全国粮管局向行政院呈送的《全国粮食管理局粮食管理纲要草案》中，对粮食动员已有考虑。[②] 粮食部成立后，对粮食动员亦极重视，前文已有论及，此不赘述。

在中央机构与政策层面，国防会下属机构中包括总动员委员会、精神总动员会、国家总动员会议等，1942 年 3 月 29 日，国民政府颁布《国家总动员法》，根据《国家总动员法》规定，国家总动员意在集中运用全国人力、物力，加强国防建设，以为抗战大局服务，因此牵涉内容极其庞杂，荦荦大端者，有军事动员、人力动员、财力动员、物力动员、粮盐动员、运输动员、文化动员及一般事项与经济检查事项；4 月，经济会议改组为国家总动员会议；5 月 5 日实行的《国家总动员法》规定，将粮食、饲料列为国家总动员物资；6 月 22 日，颁布《国家总动员法实施纲要》，规定对国家总动员物资交易价格数量加以管制，参与机构包括经济部、粮食部、军政部、财政部、交通部、运输统制局、卫生署等，粮食由粮食部掌理。从上述机构与政策可以看出，国民政府非常重视动员，一时间各种动员纷至沓来，令民众应接不暇。及至地方政府，则借助各种节日，开展形式多样的劳军、义务劳动、捐献活动，如云南省社会处"每年元旦、端午、七七、中秋、双十等季节，照例督促各市县办理劳军"，另有文化

---

① 《刘大成为陆崇仁当选中央委员及财政部近情等与张培光往来函》（1945 年 5～7 月），《抗战时期的云南——档案史料汇编》（下），第 950 页。按，文中所提张江陵即张居正，生于湖广江陵。

② 《战时粮食管理办法》（1937 年～1940 年），《行政院档案》，档案号：014-040504-0015，第 84 页。

劳军、慰劳滇西远征军、慰劳知识青年从军等。每次劳军均有不同形式的捐献活动，1942年举办筹款劳军时，涉及县份114个，捐缴鞋袜15万双，亦可折合代金，每双按100元解缴；1943年文化劳军中，向殷商富户募得劳军捐款200余万元；1944年元旦劳军中，慰劳所需款项由抗敌后援会担负20万元、昆明市商会5万元、银行业公会5万元。义务劳动每县每年均在3000人以上，服务期限为二三十天，全省"动用人力之大，实亘古未有"，这些举措虽然"对增强抗战力量，亦有莫大裨助"，[①] 但从另一个角度来看，频繁而广泛的动员反而降低了民众的热情。粮食动员虽频度较低，而且第一次献粮运动为首次大规模动员，粮户尚能积极响应，但在"三征"及各项摊派重压下，第二次献粮运动中的粮户已不堪重负，献粮成效较低也是情理之中的。

献粮运动随着抗战胜利而落幕，国民政府对未能献粮各省县市采取免除政策，但实际上对已收献省县造成了新的不公平。

第三节　福建省禁酿问题

一　禁不禁：地方与中央的不同考量

禁止粮食酿酒是节约粮食消费的一贯做法，特别是在灾歉或战争时期，禁酿往往被各级政府强制推行。有人指出，酒作为一种嗜好品，在平时即应限制，"战时尤应禁止"，而对于用粮食酿酒，"应根本禁绝"。[②] 如何限制或禁止粮食酿酒，有人认为"限制酿酒的办法，最好是酿酒公营，卖酒公营，禁止人民私酿私卖。这种统制办法，既可任意节省酿酒粮食的糜费，又可从中开辟财源。倘欲节省公营的费用，无妨指定私人商店代营，由政府指挥监督之，而给以手续费与红利。如不公营酿酒卖酒，则寓征于禁。无论酿酒卖酒都取重税，使酒之消耗量减少，亦可达到节省粮食的糜费的目的"。[③]"对于米麦酿酒，在国难中规定一定数量，除用于医

① 《云南省社会处编汇中日战争地方抗战史实》（1947年5月26日），《抗战时期的云南——档案史料汇编》（下），第925~927页。
② 崔昌政：《川康建设问题》，国民图书出版社，1941，第104页。
③ 陈正谟：《米谷生产成本调查及川粮管理问题》，第73页。

药外，宴会酒酿，课以最高税率，求粮食消费范围紧缩。"[1] 确如当时舆论所指出的，中国人用于酿酒的粮食数量过于庞大，应该紧缩粮食消费范围。据 1937 年统计，湖南全省酿酒制糖所消耗的粮食为 13290969 市石，可供 7130945 人全年的消费，数量实堪惊人。[2]

1938 年至 1939 年，闽、粤、豫、川、浙、湘、赣、皖、鄂等 9 个省先后制定禁酿或限酿政策。[3] 而国民政府却反对各省禁酿，责令已禁省份解禁，福建省即为最初解禁省份之一。不过，随着战区扩大，粮食形势日益严峻，闽省政府再次提出禁酿。抗战胜利后，闽省又经历了弛与禁的反复。

闽省禁酿涉及多个不同利益方，中央层面牵涉粮食部、财政部、经济部等；地方层面则不仅与闽省政府、各县政府及各县酒商会、酒业公会有关，与广大酿户也息息相关。闽省从战时禁酿、解禁及再度禁酿到战后弛禁、复禁，颇具代表性。围绕这些问题展现的米、酒、税之争及背后不同利益群体间的博弈值得深入研究。

福建粮食种植、消费以米、薯等为主，据中央农业实验所 1938 年统计，食米消费量占粮食总产量的 50%，薯类占粮食总产量的 21%，民间素以糯米、番薯等酿酒。有资料记载，福建省年均 6% 的食米用于酿酒，"各种果植番薯"均可酿制。[4] 1937 年底至 1938 年初，该省调查各县酿

---

[1] 张克林：《中国生存论：中国策应远东巨变之经济政治军事的战略与战术》，第164 页。

[2] 《湖南省各县原供酿酒制糖等消耗之其他作物如折为籼米全年可供给人口约数表》，《统计月刊》第 2 卷第 2~3 期合刊，1937 年 3 月，第 186 页。

[3] 四川省府 1938 年 1 月规定高粱可酿酒，禁止以米、麦酿酒，参见《四川省府为非常时期节制消耗拟请核准暂许高粱烤酒不得再用米麦致行政院代电》（1938 年 1 月 31 日），《行政院档案》，档案号：014-040505-0023，第 16~19 页；河南省的禁酒规定，参见《河南省府拟订节用食粮办法致行政院秘书处电》（1939 年 12 月 20 日），《行政院档案》，档案号：014-040505-0025，第 1~25 页；广东省禁酿情形，参见张力《抗战时期广东省的禁酿节粮措施》，《中华民族的抗争与复兴——第一、二届海峡两岸抗日战争史学术研讨会论文集》（上），第 189~204 页。

[4] 福建省政府秘书处统计室编印《福建经济研究》（上），1940，第 3 页；《财政部福建区税务局局长汪汉滔建议变更闽省禁酿办法致行政院秘书处的呈》（1941 年 9 月 19 日），《行政院档案》，档案号：014-040505-0029，第 26 页。据调查，福建省各类酒及其酿造原料分别为：土黄酒——糯米，土红酒——糯米，土烧酒——米，地瓜酒——地瓜、红糟、番茹，白水酒——糯米，高粱酒——高粱。参见《财政年鉴三编》第八篇，第 59 页。

酒情况，除了金门"全境均属沙土，粒米不产，居民全恃地瓜为生，所有少数饮酒全恃外埠输入"，"无由填送酿酒调查表"外，[①] 其他各县均有上报。顺昌"产酒颇多，批售获利亦厚"。[②] 尤溪县出产土红酒"为数甚巨，预计全年酒商酿以营业者，约有三千埕，住户私酿家用者，约有五千埕"。[③] 全省从业人员及其眷属有100余万人，年产酒约100万市斤，[④] "比诸欧洲小国人口有过之而无不及"。[⑤] 乡民每以土酒作为婚丧嫁娶、岁时伏腊"报赛供奉之主要物品"，各类酒亦是渔民出海取暖、农佃劳作解乏之物，且可调和气血，被视同补品。[⑥] 酿酒经济收益较高，酒税是国课收入的一个主要税源。

与此相矛盾，福建又是一个缺粮省份。全面抗战爆发前，全省人口

---

① 福建省金门县政府：《关于回复并无产粮无由填送酿酒调查表给福建省政府的呈》（1937年12月29日），《福建省政府暨省政府秘书处档案》，档案号：0001-001-000542-0001，第2页。

② 《福建省政府对顺昌、南平、邵武、建瓯、崇安、建阳、水吉、政和禁止酿酒、征收罚锾办理及呈请撤销禁酿的指令、代电、批》（1942年11月16日），福建省档案馆藏（以下不再一一注明藏所），《福建省政府财政厅档案》，档案号：0022-001-000174，第3页。

③ 埕即酒瓮，福建省一埕重量为120市斤。参见《福建省政府对顺昌、南平、邵武、建瓯、崇安、建阳、水吉、政和禁止酿酒、征收罚锾办理及呈请撤销禁酿的指令、代电、批》（1942年12月17日），《福建省政府财政厅档案》，档案号：0022-001-000174，第15~23页。有的县份以坛装，如尤溪县，每坛重100斤。参见《福建省政府对尤溪、沙县、宁洋、永安、周墩、明溪、宁化、泰宁、将乐开征酒税、禁酿罚锾办理情形的代电、指令》（1942年10月8日），《福建省政府财政厅档案》，档案号：0022-001-000171，第3~9页。

④ 《福建省商会联合会关于专卖酿酒问题的呈、代电》（1942年9月25日），福建省档案馆藏（以下不再一一注明藏所），《福建省商业、工业联合会档案》，档案号：0009-001-000109，第16页；《福建省福安县酒商公会呈请暂缓施行禁酿土酒的呈》（1941年11月5日），《行政院档案》，档案号：014-040505-0029，第57页。

⑤ 《粮食节约消费办法（五）》（1938年~1942年），《行政院档案》，档案号：014-040505-0027，第14~30页。

⑥ 《请准将泉州土酿番薯酒另列一类减轻税率等情除批驳外仰知照》（1936年1月13日），《财政公报》第95期，1936年2月1日，第17页；《财政部福建区税务局局长汪汉滔建议变更闽省禁酿办法致行政院秘书处的呈》（1941年9月19日），《行政院档案》，档案号：014-040505-0029，第26~27页；《宁德县酒商业同业公会为酒商业倒悬等解准确的恳乞察核际兹胜利恩准令饬弛禁复酿以惠工商而裕国课的呈》（1945年9月14日），《行政院档案》，档案号：014-040505-0030，第23页；楼产文：《战时长汀见闻记：妇女体格强健刻苦工作，家家酿酒，小孩也能饮喝》，《香港商报》第172期，1941年11月25日，第29页。

1143 万人，年输入外粮 200 余万市担，福州、厦门等均需江西、上海等地粮食接济。据闽省政府秘书处 1940 年上半年统计，闽省年均缺米1548527 市担。① 福建省长期缺粮的状况也是该省 1938 年 1 月及之后提出限酿、禁酿的主要依据。闽省政府 1938 年 1 月提出限酿政策，并拟具《限制食粮酿酒办法》，呈送军委会。② 该办法未及广泛实施，即遭遇行政院解禁令。

　　1938 年 2 月下旬，行政院得知 9 个省已自行禁酿，或"径由县政府及各团体自动宣告禁酿"。对此，行政院院长兼财政部部长孔祥熙的态度比较明确："倘于必要时，暂禁酿酒，应根据（各省）粮食管理委员会之调查报告，先行咨询内政、财政两部，再予实行，并须查明无关主要之民食，而可供酿酒原料者，一律免禁。"对于已禁省份，行政院要求"无论禁令系普遍全省，抑仅限于局部，均应立即解禁"。国民政府军事委员会亦认为禁酿易导致商民失业，挤占战时军需。③ 3 月 8 日，行政院训令各省：如有必要暂行禁酿，应先根据各省粮食调查情况，再咨商内政、财政、经济三部后方得实行。已实行省份，应立即解禁。④

　　9 个省禁酿或限酿政策引起国民政府极大关注，主要原因有 3 个方面。一是酒税属于国税，省级政府不得干预。1935 年国、地财政收支系统法规定实行中央、省、县三级财政，明确酒税为国税，直至 1942 年实行两级制。⑤ 9 个省擅自禁酿或限酿，干涉中央权力，行政院自应强力介

① 福建省地方志编纂委员会编《福建省志·粮食志》，福建人民出版社，1993，第 14 页；巫宝三、张之毅：《福建省食粮之运销》，商务印书馆，1938，第 10 页；《福建经济研究》（上），第 3 页。
② 福建省政府等：《省市（县）食粮酿酒调查表》（1937 年 12 月~1938 年 1 月），《福建省政府暨省政府秘书处档案》，档案号：0001-001-000542，第 1~39 页。
③ 《行政院就各省应根据粮食管理委员会调查报告再饬一体审慎办理禁酿及禁种烟叶给内政部、经济部的指令》（1938 年 2 月 28 日），《行政院档案》，档案号：014-040505-0027，第 14~30 页。
④ 《行政院就各省应根据粮食管理委员会调查报告再饬一体审慎办理禁酿及禁种烟叶给内政部、经济部的指令》（1938 年 3 月 8 日），《行政院档案》，档案号：014-040505-0027，第 31~32 页；《奉令各省禁酿及禁种烟叶应根据粮管委会之调查报告办理等因令仰遵照》，《江西省政府公报》第 1021 期，1938 年 4 月 2 日，第 7~9 页。
⑤ 1941 年 6 月，财政部召开第三次全国财政会议，将全国财政收支分为国家财政与自治财政两级，国家财政包括原属国家及省与院辖市一切收入支出，自治财政以县市为单位，包括县市乡镇一切收入支出，自 1942 年起"全国一体遵行"。参见潘孓卓《我国财政收支系统之演变》，《广东省银行月刊》第 3 卷第 11~12 期合刊，1947 年 12 月 16 日，第 9 页。

入。二是在 1938 年、1939 年后方丰收之际，为避免谷贱伤农，蒋介石训令农本局大量收购囤储。① 三是财政部认为禁酿会影响酒税征收。酒税向为国库收入大宗，若失去此项税源，则损失较大。因此，财政部于 1938 年 2 月派广东财政特派员函告粤省政府，"禁酿不特有妨国课民生，且影响抗战饷源，量予弛禁"。② 征收酒税是财政部自始至终对各省酿酒业高度关注的主因。国民政府此时的普遍认识是，"值此全面抗战之际，安定民众以勿使失业为先务，筹措饷需以保持税源为要着。故非万不得已，不宜轻议禁酿"。③ 在粮食供应充足的情况下，国民政府考虑更多的是保持税源、筹措饷需、安定民生。也就是说，在米、酒、税 3 个变量中，若粮食这一基础变量总体处于相对稳定，则酒、税亦可基本保持稳定。

由此，闽省政府主席陈仪 4 月 9 日呈复行政院，谓"业经本府通令遵办"。④ 也就是说，刚开始实施禁酿的福建省此时也已解禁。

解禁不久，福建粮食供应状况开始恶化。1938 年 5 月，福建沿海各地相继沦陷，外粮数量锐减、来源断绝，赣东食米亦被限量输入，⑤ 加上交通梗阻、民众恐慌，泉州、福州等地出现米荒。为缓解粮食供应紧张局面，1939 年 9 月，闽省政府设立漳泉临时粮食调节专员，负责统筹调剂，实行凭证运输。旋因手续烦琐、效果未彰而取消，"粮食恐慌情形，有加无已"。1940 年 1 月，各方建议粮食自由流通，但实施不久即发生竞购，粮食更形缺乏。3 月 25 日，福建省指定对口供应"客米"，漳、泉各地缺粮情形仍未缓解，继受浙、粤两省粮价上涨影响，5 月粮荒愈演愈烈。6

① 《农本局一九三九年六月及一九四〇年二月份业务报告并有关文书》（1939 年 12 月 ~ 1940 年 7 月），《经济部档案》，档案号：四-12493，第 18 页。
② 《国民政府军事委员会致行政院的快邮代电》（1938 年 3 月 26 日），《行政院档案》，档案号：014-040505-0028，第 17~21 页。
③ 《国民政府军事委员会致行政院的快邮代电》（1938 年 2 月 28 日），《行政院档案》，档案号：014-040505-0027，第 29~52 页。
④ 《福建省政府就行政院令各省禁酿及禁种烟叶应咨商内、财、经三部转呈核准方得实行，其实施禁令之省应立即解除致行政院的呈》（1938 年 4 月 9 日），《行政院档案》，档案号：014-040505-0027，第 57 页。
⑤ 《粮食会议第一次会议纪录》（1940 年 7 月 11 日），《行政院档案》，档案号：014-040504-0025，第 29 页。

月 1 日，闽省政府成立粮食管理委员会，9 月改组为粮食管理处；① 成立公沽局。各项措施却因购价过低、粮源短缺而无以为继。② 全国粮管局成立后，福建粮管处于 1941 年元旦更名为粮食管理局。③ 应该说，为应对粮食危机，闽省政府多次试图通过新的手段与方式来管理粮食，但成效较差，遂又将目光转向自身较为熟悉、曾有动议的禁酿，希图通过禁酿达成节约粮食的目标。

1941 年 3 月中旬，闽省政府致电行政院，"恳准援粤省成案，绝对禁止酿酒"。④ 27 日，军委会致函行政院，谓"该省粮荒严重，禁止酿酒，更有必要"。⑤ 4 月 3 日，行政院批准闽省绝对禁酿的请求。⑥

从 1938 年 3 月强令各省解禁到 1941 年三四月准许各省禁酿，行政院的态度前后迥异。促使其转变的最重要因素，是后方粮食不再过剩而是短缺，粮价飞涨，抢粮事件频发，粮食危机日益严重，解决粮食供应问题的重要性与紧迫性远超征收酒税，福建粮食供应问题亦愈加突出，禁酿势在必行。如果说行政院、军委会等的转变是立足于抗战全局的必然结果，那么闽省政府从限制到解禁，再到"恳准绝对禁酿"，则是着眼于本省不能解决粮食缺额的现实。从中央到地方，虽然考虑问题的角度、高度有异，但共同点都是粮食能否持续充分供应，这成了决定禁酿与否最重要的标准。

二　如何禁：政策演变与寓禁于罚

1938 年初，闽省政府的禁止酿酒政策为时甚短，1941 年 3 月再次提

---

① "客米"指的是"本县有粮的人，除了自己必需的粮食外，余剩的分售缺粮的人，本县余粮分配后，再不够的粮食，到外县去购买，买来转售之米"。参见《粮食会议第一次会议纪录》（1940 年 7 月 11 日），《行政院档案》，档案号：014-040504-0025，第 20 页。

② 福建省政府：《福建省粮食管理暂行办法及福建省各县（区）公沽局组织规则（草案）》（1940 年 8 月 28 日），《福建省政府暨省政府秘书处档案》，档案号：0001-003-000642，第 38~52 页。

③ 《福建省粮食管理行政之机构》，第 3 页。

④ 《闽省米荒严重，恳准援粤省成案绝对禁止酿酒》（1941 年 3 月），《行政院档案》，档案号：014-040505-0029，第 16~17 页。

⑤ 《国民政府军事委员会政治部致行政院秘书处公函》（1941 年 3 月 27 日），《行政院档案》，档案号：014-040505-0029，第 59 页。

⑥ 《行政院暂准福建省府恳请禁止酿酒的函电》（1941 年 4 月 3 日），《行政院档案》，档案号：014-040505-0029，第 16~18 页。

出禁酿，表面上看事虽同而实则异，此时的粮食状况与三年前已完全不同，闽省政府不得不根据粮食状况制定和调整禁酿政策。在得到行政院的首肯后，1941年5月初，闽省建设厅拟订《战时福建省禁酒暂行办法》（简称《禁酒办法》），提交省政府会议通过，5月17日审查时，与会者"均表赞成"，唯一提出的不同意见是，已酿未售的存酒应如何处理。根据所拟办法，存酒限期两个月就地售出，逾期一律封存。与会人员认为两个月时间过于短促，不易执行。对此，审查会决定另行修正后讨论。① 后经修正、讨论，7月31日正式呈送行政院。8月7日，闽省政府正式公布此项办法。

　　该办法共计14条，是战时福建禁酿政策最初的蓝本，也是最能体现闽省政府禁酿初衷的文本，其要者有如下几条：第1条，"为节约粮食消耗，以足民食起见，特订定本办法"；第2条，"凡以谷类什粮或糖料，酿造各种白酒、色酒，供作饮料者，一律禁酿、禁售、禁饮、禁运"；第3条，存酒及酒曲应在该办法公布之日起20日内登记，酿具由主管机关封存，禁止续酿；第4条，存酒应在两个月内就地销售，禁止运往他县，期满后即予封存禁售；第6~8条，对违反"四禁"者，予以相应处罚。② 其严厉程度远超其他禁酿省份，③ 从1938年初的"限制"变成"四禁"，与酒相关的各项活动均在禁止行列。那么，闽省政府匆忙制定并公布施行的此项办法，各方态度如何呢？

---

① 《福建省商会联合会关于专卖酿酒问题的呈、代电》（1941年~1946年），《福建省商业、工业联合会档案》，档案号：0009-001-000109，第1~41页；《福建省政府关于战时禁酒暂行办法的训令及省财政厅关于南平、宁化、龙溪、上杭等县禁酿酒后是否征收酒消费特捐的代电、指令》（1941年5月~11月），《福建省政府财政厅档案》，档案号：0022-001-000157，第1~30页。

② 《福建省政府关于战时禁酒暂行办法的训令及省财政厅关于南平、宁化、龙溪、上杭等县禁酿酒后是否征收酒消费特捐的代电、指令》（1941年9月23日），《福建省政府财政厅档案》，档案号：0022-001-000157，第18~22页；《战时福建省禁酒暂行办法》（1941年7月31日），《行政院档案》，档案号：014-040505-0029，第23~24页；《奉令抄发战时福建省禁酒暂行办法一份希查照办理由》，《省行通讯》第6卷第31期，1941年8月20日，第345~346页。

③ 《云南省节约粮食消费办法》，《云南省政府公报》第13卷第70期，1941年9月13日，第4~5页；《内政部为云南省政府为节约消耗储备军粮民食除高粱一项照常酿酒外其他杂粮一律禁酿致行政院呈》（1942年12月4日），《行政院档案》，档案号：014-040505-0031，第25页。

该办法甫一公布，就引起相关利益方的反对。8 月 20 日，财政部福建区税务局局长汪汉滔向行政院提出，禁酿以后酒税征收恐难及额，且有趋于私酿的风险。① 汪的担心不无道理，据永安县 1941 年估计，全省每年可征酒税约 5000 万元。② 如果禁酿，势必影响酒税征收，这对于战时饷需迫切的福建省，乃至财政部来说，数额不菲，自应慎重考虑。除了税务机关，各县酒业同业公会、商会等亦纷纷表示不满。29 日，福建省商会联合会致电闽省政府，认为禁售、禁饮对调节粮食无益，影响农村社会经济，且该办法与《抗战建国纲领》精神相违背。9 月，建瓯、晋江同业公会分别于 9 月 24 日、27 日径自致电行政院、经济部，前者请求变通，将已酿之酒予以登记售卖，直至售罄为止；后者请求勿将酿造番茄酒原料甘薯、糠曲等归入禁止之列。③

可见，禁酿矛盾从各县积累、酝酿、发酵后，渐从县、省政府转移至中央部院，禁酿背后涉及的米、酒、税之争渐趋公开。尽管刚成立不久的粮食部此时并未过多插手此事，但随着事态发展，粮食部介入益深，维护粮食供应的态度越发坚定。财政部仍以征收酒税为重要目标，不失时机地支持杂粮解禁。在米、酒、税三者此消彼长态势下，各部院、闽省政府及各县府、各酿户明争暗斗。

中央各部门的态度较为微妙。9 月 10 日，行政院将汪汉滔呈文交由财政部议处，并将此事"拟催内政、财政、农林三部速复"。经济部 18 日指出，禁运、禁售、禁饮与财、内两部关系密切，应由其函复，而非由经济部表态。经济部的回复可谓避重就轻，绕过了争议最大的酿造普通酒类的问题，对该办法中无关痛痒的酒精制造轻描淡写地应付了几句，将皮球踢给了其他部门。财政部起初态度较为冷淡，除了附和经济部关于生产酒精的意见，便又将皮球踢给了经济、内政两部，称"违禁酿酒，在黔、粤等省，系由经济部核定……闽省事同

---

① 《财政部福建区税务局局长汪汉滔建议变更闽省禁酿办法致行政院秘书处的呈》（1941年 9 月 19 日），《行政院档案》，档案号：014-040505-0029，第 26~27 页。

② 《福建省商会联合会关于专卖酿酒问题的呈、代电》（1942 年 9 月 25 日），《福建省商业、工业联合会档案》，档案号：0009-001-000109，第 16 页。

③ 《粮食节约消费办法（七）》（1941 年~1943 年），《行政院档案》，档案号：014-040505-0029，第 49~59 页。

一律，似应由经济部拨案核定”，“运输、贩卖、宴饮”应由内政部查核。内政部的意见集中在《禁酒办法》中的罚款性质及其如何处理的问题上，主张将该项罚金性质划为司法收入，而不能全部由行政机关支配，并援引黔、豫相关案例，建议闽省政府与地方司法机关会商办理。①10 月 8 日，农林部亦表态，对其他三部的意见“表赞同”。14 日，行政院综合四部意见后决定：第一，酒精酿造按照《修正禁酿区内糟坊制造酒精原料使用食粮管理办法》执行；第二，《禁酒办法》对宴饮者处罚过重，恐有任意滋扰、滋生流弊之嫌，应加大查禁力度以杜绝宴饮而非强制规定；第三，罚金处理可参照贵州相关办法“援案办理”。15 日，行政院院长蒋介石指令闽省政府依议修正该办法。②同日，代理行政院秘书长蒋廷黻分别致函内、财、经、农、粮五部，将处理意见函达各部。③此处有一细节需要注意，即行政院在征求各部意见时，并未包括粮食部。这可能是因为粮食部新近成立，业务关系还未完全理顺，行政院仅在事后告知粮食部。不过，后来粮食部对此问题的介入渐深，并表达了相当强硬的态度。可见，禁酿矛盾从各县积累、酝酿、发酵后，逐渐转移至省政府、中央部门，刚成立的粮食部此时并未置喙，但随着粮食供求矛盾日益突出，粮食部介入益深，粮食供应优先的态度越发坚定。财政部仍以征收酒税为重要目标，并不失时机地支持糯米、杂粮解禁。禁酿背后涉及的米、酒、税之争渐趋公开。

闽省政府颁行《禁酒办法》后，不但省内各县反对声音渐起，而且中央层面也未力挺，行政院则认为某些条款如禁饮过于严苛，缺乏

---

① 《内政部核复战时福建省禁酒暂行办法的呈》（1941 年 10 月 6 日），《行政院档案》，档案号：014-040505-0029，第 38~39 页；《福建省政府关于福州市政处拟订处理禁酿罚锾、屠宰、筵席、娱乐税提奖办法的代电》（1944 年 3 月 3 日），《福建省政府财政厅档案》，档案号：0022-002-000260，第 1~6 页。

② 《行政院对福建省禁酒暂行办法的指令》（1941 年 10 月 15 日），《行政院档案》，档案号：014-040505-0029，第 42~48 页。

③ 《粮食节约消费办法（七）》（1941 年~1943 年），《行政院档案》，档案号：014-040505-0029，第 42~48 页。1941 年 3 月，司法院对于湖北、广东两省违禁私酿案件的处罚意见，亦请其援照《贵州省禁止酿酒熬糖办法》。参见《令司法行政部部长谢冠生、最高法院院长李芾：为令饬事，准行政院咨开，据财政部先后呈请核准湖北及广东两省政府对违禁私酿案件之处罚援照修正》，《司法公报》第 454~459 号合刊，1941 年 5 月，第 13 页。

可操作性，责令闽省政府予以修正。加上该办法在省内推行阻力较大，各县商会所提意见也不无道理，闽省政府遂召开会议，决议修正原来的办法。

闽省政府遵令修正后的办法全称《战时福建省禁止酿酒暂行办法》（简称《禁酿办法》），仍为 14 条，与《禁酒办法》相比，主要修订了 3 处：一是将"四禁"改为"一禁"，即仅保留禁酿，并明确了谷类、杂粮、糖料均为禁酿原料；二是存酒销售日期缩短为 15 天；三是规定没收酒类变价后，悉数解库。[①] 相对宽松的《禁酿办法》延续了《禁酒办法》对罚锾的处理，但仍较粗疏，这也为后来的种种弊端与利益争夺埋下了引线。

在行政院做出裁决前后，福建各县商会等仍不断致函经济部、行政院，以期获得支持。其主要诉求有二：一是存酒处理。对此，经济部务实地主张"将已酿之酒登记，售至售罄"，理由是"米既酿为酒，业已失其本性，断不能再由酒复化为米，以供民食"。行政院亦认为闽省政府所订办法"有碍酒商生计"，而比较认同经济部的意见。11 月 21 日，财政部对建瓯县同业公会提议及经济部意见亦表赞同，随后指令闽省政府"将已酿之酒登记发售，至售罄为止"。财政部认为汪氏所述"不为无见"，尤其是该部正在设计烟酒专卖政策，两者似有抵牾之处，除赞同经济部意见外，建议闽省若民食供应无虞，可将糯米及杂粮解禁。后来的事态发展表明，财政部与粮食部的分歧之一正在于糯米及杂粮是否解禁。二是糯米、甘薯等解禁问题。1941 年 9～10 月，晋江、宁化两县同业公会称闽省禁酒办法中的禁制、禁售、禁饮为"种种奇特情形"，并认为糯米酿酒并不妨碍民食，相反禁酿会导致税收减少、酿户失业，甚至"抗建前途（应）成为一种顾虑……地方治安……又成为一种顾虑"，因此恳请将糯米、甘薯酿酒弛禁或分期禁止。涵江同业公会称该县酿酒原料"纯系利

---

① 《福建省教育厅转发省政府关于禁止酿酒暂行办法的训令》（1941 年 12 月 13 日），福建省档案馆藏（以下不再——注明藏所），《福建省政府教育厅档案》，档案号：0002-007-004003，第 10～16 页；《战时福建省禁止酿酒暂行办法》（1941 年 10 月 24 日公布），《福建省政府公报》永字第 355 期（原第 1168 期），1941 年 10 月 30 日，第 4310～4311 页；《战时福建省禁止酿酒暂行办法》（1941 年 10 月 24 日），《行政院档案》，档案号：014-040505-0029，第 87～88 页。

用农村弃物之糖油甘薯与夫产量丰富之果实荔支（枝）、杨梅等”，亦无妨民食。对此，粮食部态度非常强硬，坚持糯米、甘薯等均在被禁范围，"应毋庸议"。而财政部在收到行政院转发的福安县同业公会 11 月 18 日呈请将糯米、杂粮弛禁的请求后，认为"闽省本年收成尚属丰稔，迭经本部电商闽省府将糯米及杂粮等项先予弛禁……可否由院电令该省府查明实际情形，分别弛禁，以资兼顾"。从措辞来看，糯米、杂粮弛禁仍是财政部的着眼点。这与粮食部以粮食为重的思路并无二致。可以看出，对于糯米等弛禁问题，粮食部态度仍较为坚决，即不予弛禁；财政部则出于征税考虑，对此留有余地。

1942 年，糯米、杂粮应否被禁的问题再次被提出来，2 月至 10 月上旬，沙县同业公会、福建省商联会、永安县商会等先后呈文行政院，以本年粮食丰收、米荒解除为由，请求弛禁或划定禁酿时间，甚至传闻有的商会已与闽省政府商议，将糯米及杂粮解禁。福州市商会稍后亦提出，"岁有连番之熟，各地荒象尽已消弭……电省政府商将糯米及杂粮于民食无重大关系者，予以解禁"。①对这些要求已司空见惯的行政院仍将之交由财、粮两部核复。10 月 17 日，粮食部回复："福建为缺粮省份，自应严禁以各种粮食酿酒。种植糯稻地方，决无不能改种他项粮食之理。正宜利用糯谷禁酿机会，督导农民改种籼稻及他种食粮……该会所请……似不应照准。"农林部站在粮食增产角度，认为弛禁"实属有碍食粮生产"，"不应照准"。与粮食部意见恰恰相反，11 月中上旬，财政部两次呈文行政院，请求行政院"将糯米等项杂粮，准予开酿，既不妨害民食，又可杜绝私酿，于国税亦得借以维持"。23 日，行政院裁决多家机构对杂粮、糯米是否弛禁提出意见，最后的决定是由行政院做出的，指出私酿盛行是"执行技术问题"，即查禁不力，"与节约食粮、禁止酿酒之政策无关"。27 日，行政院专门指令财政部：不得弛禁，并应设法查禁私酿。②

---

① 《福建省商会联合会关于专卖酿酒问题的呈、代电》（1941 年~1946 年），《福建省商业、工业联合会档案》，档案号：0009-001-000109，第 1~41 页。

② 《行政院给福建省福鼎县酒商业公会的批》（1942 年 11 月 27 日），《行政院档案》，档案号：014-040505-0029，第 30~136 页。

　　财政部与粮食部意见相左，除了因其一贯坚持酒税优先外，还与两件事情直接相关。一是永安县商会呈送的两组数据。第一组数据：该县每年可征收酒税 50 余万元，全省估计为 5000 万元，"倘将来税率按物价增高，当在一万万元左右"。第二组数据：该省用于酿酒的糯米数量占粮食总产量的 1%，即 20 万市担，以如此少量糯米酿酒，即使"弛禁实与粮食无妨"。① 二是闽省政府召开的一次会议。1942 年 9 月 28 日，财政部福建区税务局代电闽省财政厅厅长严家淦，提出红曲原料问题，请省政府通令古田、尤溪等县绝对自由流通，以免延误酿期。10 月 3 日，严氏致函税务局局长黄钟，准予全省每年 20 万市担糯米自由流通，由省政府及财政部福建区税务局稽查私酿。随后，闽省政府召开会议通过了这一方案。至于如何管制，则由闽省卫生处会同粮政局妥拟办法。②

　　永安县商会提供的酒税数据正合财政部之意，因此才有了财政部福建区税务局发给严家淦的电报，电报主旨与汪汉滔的呈文也是一致的。加上闽省政府亦欲从禁酿罚金中分得一杯羹，于是才有了弛禁 20 万市担糯米的会议内容。闽省各县商会与同业公会、闽省政府、财政部福建区税务局、财政部部分实现了糯米弛禁目标，可以实现"利益均沾"的目标，但粮食部所秉持的禁酿主张仍占上风，因为严重的粮食危机仍未解除。这一博弈过程并不能说明以财政部为代表的一方出于本部利益考虑而主张弛禁，客观地说，粮食、财政两部均是站在有利于抗战大局的共同立场而实施的合理举措。财政部更关心包括酒税在内的财政收入，粮食部则更关心军粮民食供需调剂，均是出于"守土有责""守土尽责"，只是侧重点不同而已。不过，行政院的态度才是最终的决定。

　　酒类属于奢侈品，各国均通过课税、专卖等方式以限制其消费。酒税作为国家税收中的一项主要收入，国民政府历来相当重视，但酿

① 《福建省商会联合会关于专卖酿酒问题的呈、代电》（1942 年 9 月 25 日），《福建省商业、工业联合会档案》，档案号：0009-001-000109，第 13~15 页；《财政部转福建区税务局各商会电请闽省府准糯米杂粮开酿给行政院的呈》（1942 年 11 月 5 日），《行政院档案》，档案号：014-040505-0029，第 129~130 页。

② 《福建省政府关于禁止酿酒暂行办法及对各县市 1945 年冬季国产酒类完税价格的训令》（1942 年 10 月 7 日），《福建省政府财政厅档案》，档案号：0022-001-000168，第 24~33 页。

酒、征税又与粮食问题密不可分，甚至是一对矛盾。为了解决此一矛盾，各级政府对于酒类管理多采取寓禁于征、寓禁于罚的政策。1932年，国民政府将洋酒、啤酒、酒精改征统税，故此后的酒税系指土酒税。1933 年 7 月，对土酒征收定额税，税率由各省按价分级规定。全面抗战爆发后，物价渐趋高涨，为充裕税源，1941 年 7 月 8 日，国民政府颁布《国产烟酒类税暂行条例》（简称《暂行条例》），并制定《国产烟酒类税稽征暂行规程》，加强战时税收管理。《暂行条例》规定，"酒类税按照产地核定完税价格，征收百分之四十"，由酿造者缴纳，一年内可以运销全国各地。从价征收意味着完税价格的确定至关重要，完税价格由财政部税务署评价委员会每 6 个月调整 1 次，酿户完税后，当地稽征机关发给完税证照，以凭核验。如运销外地，可凭载明起运地及到达地的完税证照起运，无须再领运照。对于报税、核税、运销、私酿、私售、私运等行为，均视情节轻重，依法查办。①《暂行条例》第 6 条明确规定："烟酒类税均就产地一道征收，行销国内，各地方政府一律不得重征任何税捐。"② 各省酿造酒精则应依据经济部、财政部及液体燃料管理委员会会同拟订的《修正禁酿区内糟坊制造酒精原料使用食粮管理办法》进行管理，而无须另订方案。可以看出，无论酿酒抑或征税，国民政府均有相应的管理办法，各省如果另行制定办法，则须以不违反上位法为原则。然而，不同机构、不同目的的"征"与"罚"却背道而驰，国家财政通过保障合理的"征"以收税，自治财政则借助不法之"罚"来"增收"，致使寓禁于征走向"征""罚"并举，逃避监管的私酿行为更是税务机关、地方政府着重查处的。③

　　其实，比起财政部和粮食部各自关心的税收问题和粮食问题，全国各

---

① 《国产烟酒类税暂行条例》，《税务月报》第 1 卷第 1 期，1941 年 10 月 15 日，第 33 页；匡球：《中国抗战时期税制概要》，第 138~146 页。

② 《国产烟酒类税稽征暂行规程》，《税务月报》第 1 卷第 1 期，1941 年 10 月 15 日，第 33 页。1944 年 7 月，国民政府修订颁布《国产烟酒类税条例》，第 6 条仍规定"烟酒类税均就产地一道征收，行销国内，各地方政府一律不得重征任何税捐"。参见《国产烟酒类税条例》（1944 年 7 月 22 日），《法令周报》第 2 卷第 5~7 期合刊，1944 年 8 月 26 日，第 1~3 页。

③ 对于"各省政府之命令或单行法规"，行政院如认为违法或不当时，有权撤销或修正。参见谢瀛洲《中国政府大纲》，第 135 页。

地存在的大量不易查禁的私酿行为更为致命。私酿出于数量庞大、交通不便、稽查人手有限等原因很难查禁。① 汪汉滔曾向行政院提出变更禁酿办法，即因正规酿酒业"一旦侈言禁绝，势必趋于私酿"。② 《禁酿办法》自 1941 年 10 月实行后，虽然酿户、酒商的利益被极大损害并招致后者的强烈反对，但政府禁酿以裕民食的目的似乎并未达到，并且导致私酿之风盛行，粮食消耗严重。

私酿除了会增加粮食消耗，另一个严重的后果是各级政府酒税收入大幅减少。明溪县政府曾言，"本县各乡镇私酿酒漏税不报者甚多，不特影响国课收入，且耗损粮食甚巨"。③ 对此，闽省政府亦有考量。《禁酒办法》颁行之初，闽省财政厅发文，谓烟酒消费特捐在销售存酒期间仍应征收，自禁售之日起停征。1941 年 10 月 22 日，闽省第三区东平镇酒商徐泉盛等人呈文政和县政府，谓其承办该镇酒税时间为 1940 年 5 月至 12 月，均能如期缴纳，该镇 1940 年冬所酿黄酒至 1941 年 10 月早已售罄，而县政府却要求徐将酒税缴纳至 1942 年 4 月，徐认为这与《禁酒办法》不相符合，"万难负担课税"。④ 因此，米、酒、税一时成了此消彼长、难以调和的矛盾。

寓禁于罚思想在《禁酒办法》《禁酿办法》中均有体现，较为严厉。前者第 6 条规定私酿、私运、私售以及宴饮者除须没收存酒、酿具外，还须处以罚款；第 8 条规定，私酿被举发者，处以罚锾及没收酒类，罚金及没收物变价后，应以三成解库、三成奖励举发人，其余四成以两份给缉获

---

① 《宁德县酒商业同业公会为酒商业倒悬等解恳乞察核际兹胜利恩准令饬弛禁复酿以惠工商而裕国课的呈》（1945 年 9 月 14 日），《行政院档案》，档案号：014-040505-0030，第 22 页；《广东省粮食委员会关于禁酿影响国课民生应量予弛禁给省政府的呈》（1938 年 2 月 17 日），《行政院档案》，档案号：014-040505-0027，第 51 页；《管制偷运私酿》，《福建粮政》第 1 卷第 2~3 期合刊，1942 年 12 月 25 日，第 51 页。

② 《财政部福建区税务局局长汪汉滔建议变更闽省禁酿办法致行政院秘书处的呈》（1941 年 9 月 19 日），《行政院档案》，档案号：014-040505-0029，第 27 页。

③ 《福建省政府对尤溪、沙县、宁洋、永安、周墩、明溪、宁化、泰宁、将乐开征酒税、禁酿罚锾办理情形的代电、指令》（1944 年 6 月 6 日），《福建省政府财政厅档案》，档案号：0022-001-000171，第 22~58 页。

④ 《福建省政府关于战时禁酒暂行办法的训令及省财政厅关于南平、宁化、龙溪、上杭等县禁酿酒后是否征收酒消费特捐的代电、指令》（1941 年 9 月 23 日），《福建省政府财政厅档案》，档案号：0022-001-000157，第 10~22 页。

机关、两份给处理及执行机关，如无举发人，则三成奖金并给缉获机关。① 后者以前者为蓝本，沿袭了鼓励举发、处以罚锾、奖励查获人员等做法，对于私酿者，"除没收其酒类及酿酒器具外，并处以所获酒类价值同数之罚锾"，即处罚标准从此前的"所获私酒，应存候弛禁时，方得受价分配"，转变为直接没收并处以与酒价相同的罚锾。② 与此前《禁酒办法》相比，这是寓禁于罚较大的修正之处。正因为处罚力度很大，执行起来难度也更大。

1942 年 6 月，闽省政府以《禁酿办法》执行困难为由，再次向行政院提出修正请求，将其中有关私酿罚款的条款修改为："私酿酒类价值相等罚锾，不另再处分，其自动申报者，减处三成罚锾，以示宽大"，"所科罚锾除提三成充奖外，余额悉数解入县、市、区公库，作为地方收入，借裕县财政"。行政院"经核尚属可行，拟准照办"。③ 12 月，闽省政府为奖励申报尤其是私酿未报或不符合登记规定的酒商，对于自动申报者，准减处罚锾四成。④ 闽省政府自称，"变更罚锾成数，旨在减轻私酿或匿报者之担负，加紧完成禁酿工作"。⑤ 闽省政府的此次修正主要集中在罚锾部分，这也是最为敏感与最易产生弊端之处。关于罚锾存在的问题及其处理，后文还会详述，此处不赘。

从《禁酒办法》到《禁酿办法》，其中有一项共同条款是处以罚锾。闽省在晚于《暂行条例》出台的《禁酿办法》中，既对私酿做了界定，

① 《战时福建省禁酒暂行办法》（1941 年 7 月 31 日），《行政院档案》，档案号：014-040505-0029，第 23~24 页；《奉令抄发战时福建省禁酒暂行办法一份希查照办理由》，《省行通讯》第 6 卷第 31 期，1941 年 8 月 20 日，第 345~346 页。

② 《战时福建省禁止酿酒暂行办法》（1941 年 10 月 24 日公布），《福建省政府公报》永字第 355 期（原第 1168 期），1941 年 10 月 30 日，第 4310~4311 页；《战时福建省禁止酿酒暂行办法》（1941 年 10 月 24 日），《行政院档案》，档案号：014-040505-0029，第 87~88 页。

③ 《行政院准予福建省政府修改战时福建省禁止酿酒暂行办法的训令》（1942 年 6 月 25 日），《行政院档案》，档案号：014-040505-0029，第 107~109 页。

④ 《福建省政府对福鼎、霞浦、宁德、古田、福安、寿宁禁止酿酒征收罚锾办理及呈请撤销禁酿的指令、代电》（1944 年 6 月 5 日），《福建省政府财政厅档案》，档案号：0022-001-000175，第 35~36 页；《福建省政府对顺昌、南平、邵武、建瓯、崇安、建阳、水吉、政和禁止酿酒、征收罚锾办理及呈请撤销禁酿的指令、代电、批》（1942 年 12 月 1 日），《福建省政府财政厅档案》，档案号：0022-001-000174，第 40~41 页。

⑤ 《福建省政府对顺昌、南平、邵武、建瓯、崇安、建阳、水吉、政和禁止酿酒、征收罚锾办理及呈请撤销禁酿的指令、代电、批》（1945 年 12 月 11 日），《福建省政府财政厅档案》，档案号：0022-001-000174，第 35~40 页。

也对如何处罚做了规定，导致"酿商除缴正税外，须另缴禁酿罚锾"。然而，在法律层面，各地方政府的寓禁于罚却是不法之罚，即禁酿罚锾并无法律依据，不符合《暂行条例》规定，是非法的。因此，抗战胜利后，各地对于罚金的批评声音普遍且严厉。永安县商会认为，"将已税之酒处以罚金，似此情形，实不啻叠床架屋之变相酒税"。[①] 顺昌县同业公会在1945年10月15日呈送行政院的呈文中，将之称为"双重负担"，可谓切中肯綮。福鼎县临时参议会等认为，战时"酿酒为不当，则宜严切禁止，不应课税。既予课税，则不宜罚锾，今两项政令同时并行，实系矛盾"。对此，财政部部长俞鸿钧亦承认，"其言尤为切至"。因此，抗战胜利后，福建各地对于罚金的批评之声更为严厉且广泛，永泰县同业公会在1945年10月发给行政院的电文中质疑《禁酿办法》的合法性，认为《禁酿办法》"乃闽省之单行法"，与《暂行条例》相抵牾。《禁酒办法》《禁酿办法》之所以会出台并执行有年，是因为各地酿户、酒商"深知军需万急，筹措困难，勉强输将"，[②] 虽不合法却契合战时实际需要，但抗战胜利后即应适时废止。

寓禁于罚并非在酿酒业首开先例，亦非福建省首创。在处罚过程中产生的弊端层出不穷，尤其是作为自治财政主体的县市乡镇地方各级，利益争夺空前激烈。

三　如何罚：弊端渊薮与利益争夺

全面抗战爆发前福建省酒税征收已乱象频生，据福清县商会1933年8月反映，该县在土酒税中征收一成教育附加费已有多年。[③] 1935年12月，福建印花烟酒税局曾向财政部反映，龙溪县以土酒附加二成拨充保安团经费。[④] 闽

---

① 《福建省政府对龙溪、上杭、连城县禁止酿酒、征收罚锾办法的指令、代电》（1942年~1945年），《福建省政府财政厅档案》，档案号：0022-001-000173，第1~35页；《福建省商会联合会关于专卖酿酒问题的呈、代电》（1941~1946年），《福建省商业、工业联合会档案》，档案号：0009-001-000109，第1~41页。

② 《永泰县酒业同业公会致行政院的呈》（1945年10月17日），《行政院档案》，档案号：014-040505-0030，第20~34页。

③ 《财政部训令福建印花烟酒税局：据福清县商会代电请免征土酒教育附加一案仰商承闽省府刻速停征由》（1933年8月26日），《税务公报》第2卷第2期，1933年8月，第17页。

④ 《财政部训令福建印花烟酒税局：准福建省府咨已饬龙溪县将土酒二成附加停止征收仰知照由》（1935年12月16日），《税务公报》第4卷第6期，1935年12月，第54页。

侯同业公会 1937 年 4 月因掺酿坏酒而提出免征酒税的无理要求。① 战时禁酿罚锾是非法的变相捐税，是不得已的权宜办法，但因缺乏有效监管，弊端丛生。正如该区税务局报告："闽省各县名虽禁酿，实际因各县自治经费困竭，均借禁酒罚金以为弥补，各自纷订条法，征收罚金……征收方面，各自为政，纠纷自多，流弊亦大。"② 缺乏有效监管的禁酿罚锾所产生的流弊，主要表现在 3 个方面。

弊端之一，各县将禁酿罚金视为主要收入，私定办法，大肆征敛，加重了酿户的经济负担。1942 年 10 月，尤溪县为弥补收入，提出征收酒捐。该县年产土红酒价值 200 万元，如征收罚金，则为数不菲。11 月，尤溪县政府委派余庆安、林大茂、洪钟九等 5 人承办，规定月缴 1.7 万元，全年可收 20.4 万元。而曾承办该县酒税征收事务的余庆安等人却向各乡镇大肆摊派，如城厢 6.7 万元，梅仙、梅营两镇各 8.5 万元，塔云 1.7 万元等，全县计征收 50.5 万元，虽不及坊间所传 70 余万元，却也超出定额 1.48 倍。该县虽名为委派专人征收，其实却实行的是极易滋生弊端、"早经悬为厉禁"的包税制。③ 1943 年 9 月，永安县县长马兆奎谓该县年入禁酿罚锾 80 万元，"各项支出端赖挹注"，这对于 1937 年人口不足 10 万人、烟酒税年收入仅为 8440 元的小县城来说，可谓收入不少，同时也说明该县私酿风气较炽。④ 永安、泰宁甚至分别在 1944 年 8 月、10

---

① 《财政部指令福建印花烟酒税局：据呈闽侯酒库业公会请将掺酿坏酒准予抵税或免征一节核与定章不符应毋庸议仰转饬知照由》（1937 年 4 月 30 日），《税务公报》第 5 卷第 10 期，1937 年 4 月，第 41 页。

② 《财政部为福建区税务局呈报各县政府征收禁酿罚金情形请电令闽省政府转饬制止致行政院的呈》（1943 年 1 月 9 日），《行政院档案》，档案号：014-040505-0029，第 129~130 页。

③ 《福建省政府对尤溪、沙县、宁洋、永安、周墩、明溪、宁化、泰宁、将乐开征酒税、禁酿罚锾办理情形的代电、指令》（1943 年 4 月 27 日），《福建省政府财政厅档案》，档案号：0022-001-000171，第 8~11 页；《福建省政府对顺昌、南平、邵武、建瓯、崇安、建阳、水吉、政和禁止酿酒、征收罚锾办理及呈请撤销禁酿的指令、代电、批》（1943 年 11 月 11 日），《福建省政府财政厅档案》，档案号：0022-001-000174，第 8~10 页。

④ 《福建省政府对尤溪、沙县、宁洋、永安、周墩、明溪、宁化、泰宁、将乐开征酒税、禁酿罚锾办理情形的代电、指令》（1944 年 8 月 9 日），《福建省政府财政厅档案》，档案号：0022-001-000171，第 48~51 页；省政府统计室：《永安县全县概况》，《福建县政》第 2 卷第 1 期，1937 年 1 月 15 日，第 6~11 页。

月声称，禁酿罚锾成了县款大宗收入，"各项支出端赖挹注"，"关系地方庶政"。宁化县政府提出，本县罚金收入"微渺"，致函省政府，欲提高罚金科率，视情况加处1倍以上5倍以下罚金，但被省政府以"与规定不合"为由，予以制止。① 宁德县商业公会常务理事陈有熙1945年9月14日呈送行政院的呈文中，谓该县此项罚款本年竟高达360万元，② 数额之大令人惊异。

　　1943年1月9日，财政部接到南平、连江等县11家酒商行号联名举报，举发南平县所制定的《南平县私酿酒类科处罚锾补充办法》规定酒商应先缴纳60%罚金后方准销售，而且须于新酒制成前缴纳；举报连江县私定《征求稽查员暂行办法》，以征收禁酿罚金为名，而行弥补自治经费之实。根据连江县规定，征雇的禁酿调查员须按月认定罚金底额，调查量超过认定底额一成才为合格，并列举了28个乡镇的调查底额，如荷山28斤、鳌江110斤等，超过一成则每月调查量分别为30.8斤、121斤。在举报信末尾，并附有上述办法原件。得知此一情形后，蒋介石大为恼火，称"南平、连江两县办法尤乖"，于1月下旬令闽省政府、财政部"严饬各县立予制止"，并严格遵照《禁酿办法》执行。然而，闽省政府却以"究竟各县办理禁酿有无违反前项办法，本府尚未准福建区税务局函知，或据酒商呈诉前来"为由敷衍塞责。其实，从《禁酿办法》施行到两县被举报，已18个月有余。闽省政府自然知晓各县详情，其所称不知"有无违反前项办法"，明显是为自己开脱，意在免于被斥责而已。③ 1943年6月，仙游县县长万綦刚制定的《仙游县禁止酿酒处罚暂行办法》，欲将征罚之权操诸己手，但8月初即被省政府制止。8月，继任县长卓高煊再次呈文闽省政府，报告对该办法进行了修正，请求实行，闽省政府训令将该办法"布告废止"。而

---

① 《福建省政府对尤溪、沙县、宁洋、永安、周墩、明溪、宁化、泰宁、将乐开征酒税、禁酿罚锾办理情形的代电、指令》（1942年10月~1945年12月），《福建省政府财政厅档案》，档案号：0022-001-000171，第1~78页。

② 《宁德县酒商业同业公会为酒商业倒悬等解恳乞察核际兹胜利恩准令饬弛禁复酿以惠工商而裕国课的呈》（1945年9月14日），《行政院档案》，档案号：014-040505-0030，第22页。

③ 《行政院为财政部呈报福建省各县征收禁酿罚金立予制止给财政部的训令》（1943年4月3日），《行政院档案》，档案号：014-040505-0029，第138~148页。

早在此之前，该县已对查封的酿具征收5元或8元苛杂。①

　　弊端之二，罚金的实际处罚标准混乱不堪。按照财政部规定，私酿处罚以财政部核定的酒类完税数额为标准，缉获私酿者，按核定的完税价格处以五成罚金；如系自动申报者，则按四成处罚。② 《禁酿办法》对此未做规定，仅在第7条规定了罚金的分配标准。但是，各县罚金标准不一、乱象频生。尤溪县按照酒价予以处罚，1943年5月县长吴锡章称，该县1942年底每斤酒市价5元，每坛100斤，该县自定罚镪为250元，自动申报者为200元。该县"为减轻人民负担"，限收120元。③ 此一标准显然与财政部规定不符，且大有在"减轻负担"掩盖下故意混淆完税处罚标准与酒价间的界限，以减少阻力，征敛更多罚金的企图。据吴锡章言，邻县南平亦以酒价计征，且标准高出尤溪县一倍。沙县罚镪标准为售价的15%左右，虽未超过规定标准，但也是按价征收，而非以完税额征收。④ 12月，建瓯县酒业同业公会向闽省政府反映，该县罚款擅自按照酒价征收，而非完税额。比如，该县每斤土黄酒售价4元，如按售价征收则罚金亦为4元，而若按照完税额处以罚金四成，则为1.92元，两者相差2.08元。对此，"各同业深怀疑虑"。得知情况后，闽省政府15日训令该县，禁酿罚金须按财政部要求，以完税价格为处罚标准。⑤ 沙

---

① 《福建省政府对惠安、晋江、德化、永春、仙游、莆田请税务局停征酒税及办理禁酿罚镪情形的代电、指令》（1943年8月12日），《福建省政府财政厅档案》，档案号：0022-001-000172，第20~30页。

② 《福建省政府对福鼎、霞浦、宁德、古田、福安、寿宁禁止酿酒征收罚镪办理及呈请撤销禁酿的指令、代电》（1944年6月5日），《福建省政府财政厅档案》，档案号：0022-001-000175，第35~36页；《福建省政府对省税务局、福州市政筹备处及各县禁止酿酒、罚镪、税价办理情形的代电、训令》（1943年6月13日），《福建省政府财政厅档案》，档案号：0022-001-000169，第5~10页。

③ 《福建省政府对顺昌、南平、邵武、建瓯、崇安、建阳、水吉、政和禁止酿酒、征收罚镪办理及呈请撤销禁酿的指令、代电、批》（1943年12月16日），《福建省政府财政厅档案》，档案号：0022-001-000174，第9页；《福建省政府对尤溪、沙县、宁洋、永安、周墩、明溪、宁化、泰宁、将乐开征酒税、禁酿罚镪办理情形的代电、指令》（1943年4月27日），《福建省政府财政厅档案》，档案号：0022-001-000171，第8~10页。

④ 《福建省政府对尤溪、沙县、宁洋、永安、周墩、明溪、宁化、泰宁、将乐开征酒税、禁酿罚镪办理情形的代电、指令》（1943年5月18日），《福建省政府财政厅档案》，档案号：0022-001-000171，第12~15页。

⑤ 《福建省政府对顺昌、南平、邵武、建瓯、崇安、建阳、水吉、政和禁止酿酒、征收罚镪办理及呈请撤销禁酿的指令、代电、批》（1943年12月13日），《福建省政府财政厅档案》，档案号：0022-001-000174，第78~79页。

县政府规定，非由酿户主动申报而由告密人举发破获者，予以加倍处罚，这显然不合规定。闽省政府得知后重申最多只能处以五成罚金，沙县政府加倍处罚"核有未合，仰迅查明纠正具报"。[①] 从《禁酿办法》出台到建瓯县同业公会及尤溪县的反映，其政策执行时间已届年余，征收数额亦不在少数，并且这种做法并非局部现象，而是被竞相仿效。

　　处罚标准的另一种混乱情况是异地重复征罚。1943 年 12 月初，南平县政府向省政府反映，顺昌县酒商隆茂号 4 月、5 月两次运送土黄酒 64 埕至该县，在顺昌县每埕已完纳罚金 72 元，但据南平县 6 月份以前的标准，每埕应为 300 元，两地相差 228 元；若按 12 月两地价格，则相差 312 元。南平县政府指出，顺昌酒价远低于南平，一来致使南平酒商无法与之竞争，本县酿业相率倒闭；二来酒税大受影响，预算短亏百余万元。因此，该县提出补征差额或直接征收二成罚金。省政府 12 月下旬做出指示：顺昌存酒输入南平，如已由顺昌征收罚金，酒商已办理手续，持有输入证，则南平只需核明数量进行登记，"不得重征罚锾"；如两县征收各半，则会商妥当后报省政府核复。在此，闽省政府特别强调"不得重复征收"，这与《暂行条例》第 6 条是一致的。闻知此事后，财政部 1944 年 5 月 26 日代电闽省政府并转达南平县政府，"嗣后凡遇外县输入之酒，如已取有产地经收禁酿罚锾机关所给证件，一律不得重收"，其他各县亦应遵照执行。[②] 在此，闽省政府、财政部均强调"不得重征"，这与《暂行条例》的规定是一致的。7 月 24 日，南平县政府又提出另一个问题，即顺昌县输入的酒类价格均较财政部核定完税价格为低，即与部定价格不符时，可否补征差额，以裕本县自治经费。8 月 9 日，闽省政府指令南平县

①　《福建省政府对尤溪、沙县、宁洋、永安、周墩、明溪、宁化、泰宁、将乐开征酒税、禁酿罚锾办理情形的代电、指令》（1942 年 10 月~1945 年 12 月），《福建省政府财政厅档案》，档案号：0022-001-000171，第 1~78 页。根据 1943 年 12 月该县填报的《福建省沙县县政府处理酒商酿户私酿酒类罚锾报告表》，该县提奖成数约占罚锾金额的 30%，密告人、缉获机关各占一半，但缉获后大约 4 个月才将罚金征获。参见《福建省政府对尤溪、沙县、宁洋、永安、周墩、明溪、宁化、泰宁、将乐开征酒税、禁酿罚锾办理情形的代电、指令》（1942 年 10 月~1945 年 12 月），《福建省政府财政厅档案》，档案号：0022-001-000171，第 1~78 页。

②　《福建省政府对顺昌、南平、邵武、建瓯、崇安、建阳、水吉、政和禁止酿酒、征收罚锾办理及呈请撤销禁酿的指令、代电、批》（1944 年 5 月 26 日），《福建省政府财政厅档案》，档案号：0022-001-000174，第 64~67 页。

政府，顺昌县输入南平县酒类未按财政部所定完税价格处罚，准予补征差额。① 此一事件虽因两县而起，但涉及面颇广，折射出各县对酒税、罚金的争夺非常激烈，各县的土政策往往在实际操作中更占优势。

弊端之三，提奖中的腐败，这也是各种弊端中最严重的一种。首先，提奖人员的确定比较宽泛。提奖指禁酿机关从查禁罚锾中提取部分罚金，用于奖励举报人及查获机关人员。对于提奖事宜，闽省政府的规定并不十分明确。如《禁酿办法》第 3 条规定，禁酿主管机关分别为市县政府、特种区署及福州市警察局，其他机关无权查禁，也不能提奖。② 但市县政府受奖人员的范围有失宽泛，"受奖人等分散复杂"。顺昌县被举报罚锾提奖存在严重违规，该县提奖人员包括县长、秘书、视察、会议主任、出纳、股长、会计室科员、会计员、事务员、财政科科员、城区经征处股长等，③ 既多且杂。明溪县规定"出力人员"均可提奖。④ 1945 年 12 月，邵武县亦提出，相关人员究竟应包括哪些人员？经征处主任，财政科科长，还是县长？有关人员是否指对禁酿工作负有稽核及征收、审核、解库、登账等的办事人员？随后，闽省政府指令邵武县政府，明确了主管长官系指县长，办事人员包括财政科科长、经征处主任及财政科、经征处办事人员，对于其他科室人员，照办理禁酿有关者，亦得由县长斟酌情形核发奖金。⑤ 各县提奖人员的确定随意性非常大，或仅凭县长个人喜好而定，反映出《禁酿办法》漏洞较多。

---

① 《福建省政府对顺昌、南平、邵武、建瓯、崇安、建阳、水吉、政和禁止酿酒、征收罚锾办理及呈请撤销禁酿的指令、代电、批》（1942 年 11 月~1946 年 1 月），《福建省政府财政厅档案》，档案号：0022-001-000174，第 1~104 页。

② 《福建省政府关于禁止酿酒暂行办法及对各县市 1945 年冬季国产酒类完税价格的训令》（1941 年 12 月 7 日），《福建省政府财政厅档案》，档案号：0022-001-000168，第 3 页。

③ 《福建省政府对顺昌、南平、邵武、建瓯、崇安、建阳、水吉、政和禁止酿酒、征收罚锾办理及呈请撤销禁酿的指令、代电、批》（1944 年 8 月），《福建省政府财政厅档案》，档案号：0022-001-000174，第 29~30 页。

④ 《福建省政府对尤溪、沙县、宁洋、永安、周墩、明溪、宁化、泰宁、将乐开征酒税、禁酿罚锾办理情形的代电、指令》（1942 年 10 月~1945 年 12 月），《福建省政府财政厅档案》，档案号：0022-001-000171，第 1~78 页。

⑤ 《福建省政府对顺昌、南平、邵武、建瓯、崇安、建阳、水吉、政和禁止酿酒、征收罚锾办理及呈请撤销禁酿的指令、代电、批》（1942 年 11 月~1946 年 1 月），《福建省政府财政厅档案》，档案号：0022-001-000174，第 1~104 页。

　　其次，提奖分配人员的确定较为随意，甚至罚金去向不明。闽省政府规定，提奖系就所获私酿罚镪，作为十成计算，以一成作为举发人奖金，一成为缉获机关人员奖金，余八成悉解县库。无举发人时，其一成奖金并给缉获机关人员。[①]但提奖一旦成为分配人员、分配数量随意性较大的"香饽饽"，各方势力均会垂涎三尺、染指其间。在闽省各县，顺昌县的提奖存在的问题较具代表性。1943年10月，闽省政府接到举报，谓顺昌县禁酿罚镪去向不明，闽省政府遂责令该县调查呈复。据县长罗维烈11月17日呈文，该县"此次受奖人等分散复杂，委实难于追回解库……曲准免予追回以全威信而示体恤"，这相当于不打自招。27日，省政府指令"所请免予追回，未便照准"，并责令悉数追回，解库具报，但罗迟迟未报。1944年5月10日，闽省政府再次指令该县，限电报到达后立即追回解库。此时，该县已由赵从惇掌理，赵只得函请罗尽速追回。至8月中旬，对已发放的121199.26元提奖金额实际追回67871.45元，仍有53327.81元不知去向。从提奖人员、追回金额来看，县长赵从惇36359.7元，占追回总额的53.57%；秘书吴复华12119.9元，占17.86%；视察员王鸿恪14543.88元，占21.43%；会议主任邱中煋13937元，占20.53%；其余出纳，股长，会计室科员、会计员、事务员，财政科科员、事务员，城区经征处股长等均在4000元以下。对于未追回款项，省政府指令该县"仍分别严追清缴，毋任稽延"。[②]据此可知，该县提奖中近半数罚镪不知去向，分配人员及标准纷乱不堪，县长的"得奖收入"竟达半数以上，甚至是省政府派至各县的"视察"，也成了"视而不察"的提奖人员。前文述及尤溪县所征收的50.5万元罚金，除向县税局缴纳16.5万元、解县库20.4万元外，用作提奖者达13.6万元，这项罚金除了总额较大、与规定成数不合外，其分配亦多不合规。正如陈有熙所言，该县此项罚款大多

---

① 《福建省政府对尤溪、沙县、宁洋、永安、周墩、明溪、宁化、泰宁、将乐开征酒税、禁酿罚镪办理情形的代电、指令》（1942年10月~1945年12月），《福建省政府财政厅档案》，档案号：0022-001-000171，第1~78页。

② 《福建省政府对顺昌、南平、邵武、建瓯、崇安、建阳、水吉、政和禁止酿酒、征收罚镪办理及呈请撤销禁酿的指令、代电、批》（1944年8月），《福建省政府财政厅档案》，档案号：0022-001-000174，第22~32页。

充赏政府经管人员，地方政府所得为数极微，"罚锾所入无裨公家"，① 其他各县何尝不是以提奖之名行假公济私之实？

最后，主动申报后主管机关仍随意提奖。对于这一点，《禁酿办法》开始并未明确规定，因此各县做法非常混乱。沙县政府虽规定自动申报者均由经征机关照章解库，并无提奖，但实际上并非如此。据视察员王鸿恪了解，南平、沙县、建瓯等县"均已照提"，王也认为无论被查获还是主动申报"均可提奖"，王本人也参与了顺昌县提奖。私酿者慑于处罚严厉及抱侥幸心理，"成酒之后，自动投税者，数属寥寥"，而希图厚奖、邀功请赏的查获人员自然希望均可提奖，直至1943 年 11 月顺昌县因违规大量提奖被严查后，闽省政府才做了明确规定，即自动申报者，主管机关不得提奖。②

此外，禁酿罚锾甚至成为诬陷他人的工具。1944 年 11 月，崇安县酒商王友仁呈诉该县经征处主任黄祖卓贪污渎职，称其征收罚金后未开具收据，导致黄祖卓分管的经征处第二组组长陈绍行被撤职。但此案后经查明的真实情况却是该项罚金由陈绍行负责征收，当年七八月，陈向王友仁经营的王仁奴酒店征收禁酿罚金 5000 元，向李正兴酒店征收 3000 元，当时均未照章发给税单，而是于 9 月 4 日分别补发，只是"手续不合定章"而已，而王友仁却谎称未开收据，控告黄祖卓贪污渎职，此一控告显系不实之词，抑或前有芥蒂而存心诬陷。③

瞿同祖在《中国法律与中国社会》中写道："条文的规定是一回事，法律的实施又是一回事。"④ 这句经典论述对于福建省禁酿政策同样适用。战时闽省对于"如何罚"的政策规定不详、纰漏较多，导致各县在实际

---

① 《宁德县酒商业同业公会为酒商业倒悬等解恳乞察核际兹胜利恩准令饬弛禁复酿以惠工商而裕国课的呈》（1945 年 9 月 14 日），《行政院档案》，档案号：014-040505-0030，第 7~11、22 页。

② 《福建省政府对顺昌、南平、邵武、建瓯、崇安、建阳、水吉、政和禁止酿酒、征收罚锾办理及呈请撤销禁酿的指令、代电、批》（1943 年 11 月~1944 年 5 月），《福建省政府财政厅档案》，档案号：0022-001-000174，第 19、28~30、51、62~65 页。

③ 《福建省政府对顺昌、南平、邵武、建瓯、崇安、建阳、水吉、政和禁止酿酒、征收罚锾办理及呈请撤销禁酿的指令、代电、批》（1942 年 11 月~1946 年 1 月），《福建省政府财政厅档案》，档案号：0022-001-000174，第 1~104 页。

④ 瞿同祖：《中国法律与中国社会》，中华书局，1981，"导论"第 2 页。

执行过程中随意性较大，加上监管督查力度有限，甚至出现视察人员与主管机关、查获人员沆瀣一气等情形。建瓯县临时参议会 1945 年 10 月的一份电文中道出了实情："名曰禁酿罚锾，实行公开酿酒，按乡征税，人民负担奇重，粮食未见节省。"① 也就是说，战时寓禁于罚的举措，很大程度上背离了节约粮食的本意，广受诟病。抗战胜利后，弛禁之声及废止罚锾的函电大量向行政院、闽省政府涌来。

四　废不废：战后弛禁与弛而复禁

抗战甫一胜利，福建各地要求全面弛禁的呼声此起彼伏。1945 年 9～12 月，宁德、霞浦、顺昌等县的酒业同业公会先后呈文行政院，认为战时所定禁酿政策与战后情形不符，无继续施行的必要。建瓯县临时参议会援引《禁酿办法》条款，请求弛禁或免除罚锾。② 龙溪县同业公会在文函中称："禁酿令系抗战期间为保持粮食起见，兹既和平实现，粮食无虑，凡属战时禁令亟应赐予解除……且此种禁令，他省所无，若仍存在，似恐于名不正，纵该项罚锾有关省库收入，恳乞另筹抵补。"③ 福鼎县同业公会理事长丁汉辉 10 月 25 日代电闽省政府，称战时禁酿罚锾"输纳于兹五载，现全面胜利，粮食无虞，物价日落，一切渐复往常状态"，"亟恳……明令一律弛禁，以苏商困"。④ 从以上言论可以看出，无论同业公会还是参议会，均表达了战时饱受禁酿令及禁酿罚锾之苦，皆希望借助抗战胜利的有利时机予以废止。

---

① 《福建省政府对顺昌、南平、邵武、建瓯、崇安、建阳、水吉、政和禁止酿酒、征收罚锾办理及呈请撤销禁酿的指令、代电、批》（1945 年 12 月 4 日），《福建省政府财政厅档案》，档案号：0022-001-000174，第 80 页。

② 《宁德、顺昌等县酒商业同业公会电请撤销本省战时单行禁酿罚锾致行政院呈》（1945 年 9 月 14 日、10 月 15 日），《行政院档案》，档案号：014-040505-0030，第 12～42 页；《福建省政府对顺昌、南平、邵武、建瓯、崇安、建阳、水吉、政和禁止酿酒、征收罚锾办理及呈请撤销禁酿的指令、代电、批》（1946 年 1 月），《福建省政府财政厅档案》，档案号：0022-001-000174，第 72～104 页。

③ 《福建省政府对龙溪、上杭、连城县禁止酿酒、征收罚锾办法的指令、代电》（1945 年 12 月 3 日），《福建省政府财政厅档案》，档案号：0022-001-000173，第 34～35 页。

④ 《福建省政府对福鼎、霞浦、宁德、古田、福安、寿宁禁止酿酒征收罚锾办理及呈请撤销禁酿的指令、代电》（1945 年 10 月 25 日），《福建省政府财政厅档案》，档案号：0022-001-000175，第 6～7 页。

对于战后弛禁呼声，行政院要求财政部议复。11 月，俞鸿钧认为《禁酿办法》亟宜及时废止，以纾商困。对于财政部意见，行政院较为谨慎，并未立即决定，而是于 11 月 21 日做出批示，"拟交粮食部与闽省府核复"。① 闽省政府 12 月 8 日通过回复龙溪县同业公会表明了自己的态度："撤销禁止酿酒暂行办法，已在统筹办理，在未核定公布前，酿酒罚锾，仍仰遵照前批照案报缴。"② 这说明省政府对于是否废止该项办法已在考虑当中。12 日，粮食部以闽省各县"粮价普遍上扬，若骤予弛禁，恐波动更甚，影响民生"为由，建议暂缓弛禁。就在中央各部讨论时，13 日，闽省政府议决，自 1946 年 1 月 1 日起，将《禁酿办法》废止，通令各县市政府遵照执行。③ 27 日，财政部乘机呈文行政院，请求训令闽省政府"撤销禁酿办法"。1946 年 2 月 15 日，行政院予以备案，并知照粮食部。④

闽省政府决议废止《禁酿办法》，除了各县不断施压外，还与战后改组全国财政收支系统有关。其中"收入分类表"中"省收入"项下第 3 条明确规定，"罚款……包括省公务机关因执行惩罚而收入之罚锾、没入财物"，即包括禁酒罚锾在内的各类罚款作为省政府收入合法化了。⑤ 另外，根据《禁酿办法》第 11 条规定，"本办法于本省粮食供需平衡、粮价恢复常态时，明令废止之"，⑥ 即废止的前提是粮食供需平衡、粮价恢复常态，但此时福建

---

① 《财政部就福建省宁德县酒商请弛禁复酿致行政院秘书处的公函》（1945 年 11 月 9 日），《行政院档案》，档案号：014-040505-0030，第 26~29 页。
② 《福建省政府对龙溪、上杭、连城县禁止酿酒、征收罚锾办法的指令、代电》（1945 年 12 月 3 日），《福建省政府财政厅档案》，档案号：0022-001-000173，第 33 页；《福建省政府对福鼎、霞浦、宁德、古田、福安、寿宁禁止酿酒征收罚锾办理及呈请撤销禁酿的指令、代电》（1945 年 12 月 8 日），《福建省政府财政厅档案》，档案号：0022-001-000175，第 32 页。
③ 《福建省政府就电复本省禁止酿酒暂行办法拟定自卅五年一月一日起废止致行政院的代电》（1945 年 12 月 15 日），《行政院档案》，档案号：014-040505-0030，第 43 页；《废止福建省禁止酿酒暂行办法》，《闽政导报》第 36 期，1946 年 1 月 15 日，第 10~11 页。
④ 《福建省禁止酿酒暂行办法原系战时办法应即切实废止》（1946 年 2 月 15 日），《行政院档案》，档案号：014-040505-0030，第 54~89 页。
⑤ 潘子卓：《我国财政收支系统之演变》，《广东省银行月刊》第 3 卷第 11~12 期合刊，1947 年 12 月 16 日，第 7~11 页；《附表一"收入分类表"》，《主计通讯》第 77 期，1946 年 6 月，第 8 页。
⑥ 《福建省教育厅转发省政府关于禁止酿酒暂行办法的训令》（1941 年 12 月 13 日），《福建省政府教育厅档案》，档案号：0002-007-004003，第 6 页。

的粮食供需、粮价状况如何呢？

随着抗战胜利的消息传遍全国，全国各地粮价在 9 月至 10 月上旬普遍下跌，与 1940 年以来的粮价持续激烈上涨形成鲜明对比，正如福建各县商会、同业公会所言，福建粮价亦有大幅下降。但没有想到的是，就在各县公会急起呼吁弛禁的同时或之后不久，从 10 月中旬开始，福建粮价开始反弹。在粮食部调查处调查的 10 个重要粮食市场中，载明对比数据的有 5 个，其中 10 月中旬较上旬平均粮价上涨的有 3 个：晋江每市石食米上涨 513.75 元，建阳 150 元，龙岩 210 元。之后，福建多地粮价即如脱缰野马，不可遏制，详情见表 5-8。①

从表 5-8 可以看出，在福建各县呼吁弛禁直至闽省政府最后做出废止《禁酿办法》的决定期间，除龙岩 11 月下旬米价略有下降及永安于 11 月上旬、永春于 12 月中旬短暂持平外，其余各地均呈上升趋势，武平 12 月中旬比上旬甚至上涨了 1180 元，涨幅近 40%。作为缺粮省份，福建其他县市米价也在持续上涨，并非"粮食无虑""粮食无虞"。退一步说，假设各县商会、同业公会急于弛禁是因其所处地位对各地粮情、粮价不甚明了而情有可原的话，那作为一省政府，对于粮情、粮价仍无起码研判，仅听从各县同业公会、商会一时一面之词，则匪夷所思。

福建虽非免赋省份，但在闽省政府及各县同业公会看来，开禁应是题中应有之义，开禁既可以增加酒税收入，也可以缓解酒业从业人员的困况，改善民生。因此，闽省政府在电文中提出的酒税问题，实际上是将自己置于财政部及本省各县同业公会的立场，既可得到财政部的支持，也会获得各县同业公会的拥护。

就财政部而言，其对于酒税更为敏感与重视。早在 1943 年贵州省再次申请禁酿时，财政部对于黔省所定办法的关注点即为酒税，并建议在原办法中增加一条："没收之酒，于标价出售时，须将应纳酒税数目并入标价内计算，饬得标人先向当地税务机关缴清税款，取有纳税凭证后，

---

① 《滇黔等十六省市重要粮食市场米价统计表》（1945 年 10 月中旬），《粮情旬报》第 215 期，1945 年 10 月 26 日，第 5~6 页；《滇黔等十六省市重要粮食市场米价统计表》（1945 年 11 月上旬），《粮情旬报》第 217 期，1945 年 11 月 16 日，第 5~6 页。

表 5-8　1945 年 10 月下旬至 12 月中旬福建省重要粮食市场米价统计

单位：元/市石

粮食市场	11 月上旬统计			11 月下旬统计			12 月中旬统计		
	11 月上旬平均数	10 月下旬平均数	11 月上旬平均数与 10 月下旬平均数之比较	11 月下旬平均数	11 月中旬平均数	11 月下旬平均数与中旬平均数之比较	12 月中旬平均数	12 月上旬平均数	12 月中旬平均数与上旬平均数之比较
南平	—	—	—	3090.00	2860.00	230.00	4100.00	3530.00	570.00
晋江	—	—	—	4312.50	3437.50	875.00	—	6000.00	—
龙溪	2800.00	2540.00	260.00	3180.00	3100.00	80.00	4020.00	3500.00	520.00
永安	2700.00	2700.00	0	3480.00	3120.00	360.00	4200.00	3716.00	484.00
武平	1920.00	1720.00	200.00	2740.00	2160.00	580.00	4160.00	2980.00	1180.00
福安	—	—	—	1800.00	1725.00	75.00	2280.00	1950.00	330.00
建阳	—	—	—	1912.50	1725.00	187.50	2305.00	2175.00	130
永春	2200.00	1700.00	500.00	3100.00	2245.00	650.00	4800.00	4800.00	0
龙岩	2545.00	2365.00	180.00	2967.50	3025.00	-57.50	4510.00	3575.00	935.00
长汀	2500.00	2050.00	450.00	2960.00	2555.00	405.00	3852.00	3220.00	632.00

引者注：本表为了行文需要，只引用了有关福建省数据。

资料来源：《滇黔等十六省市场米价统计表》（1945 年 11 月上旬），《粮情旬报》第 217 期，1945 年 11 月 16 日，第 5~6 页；《滇黔等十五省重要粮食市场米价统计表》（1945 年 11 月下旬），《粮情旬报》第 219 期，1945 年 12 月 6 日，第 5~7 页；《苏浙等十五省重要粮食市场米价统计表》（1945 年 12 月中旬），《粮情旬报》第 221 期，1945 年 12 月 16 日，第 5~6 页。

方准具领。"① 因此，财政部对各省酒税的征收一直高度关注。战后初期，财政部对税收工作的态度与战时一样，仍然非常重视。对于福建税收工作，1946 年 3 月下旬，在财政部福建区货物税局召开的第一届业务检讨会上，对于该区土酒的改进意见是"控制产源，把握税收"，"促进产量"，"由各分局处晓谕商民切实申报"，仍然实施"成酒即税"及分期缴纳办法，以增加酒税收入。② 而粮食部的态度则一以贯之，即坚持"以粮为纲"。战后福建省的米、酒、税之争仍未停歇。

　　转瞬即逝的粮情"好转"使得废止该项办法成为现实，其实更是战时废止的呼声与推动力不间断传导至战后的结果，这种推动力是一种合力：地方上商会、公会坚持不懈地推动，在中央层级财政部却是半推半就地首肯；既是酿户忙于制"酒"、税局急于征"税"，也与闽省政府对粮情的误判及罚锾作为省政府收入合法化有关。另外，从"米"的视角而言，也可以看作粮食部战时以"米"为中心的工作，在战后受到多方利益群体的极大挑战。不过，当内战爆发、粮食危机再次凸显时，福建省不得不复禁。

　　随着粮食问题"回光返照"并再次陷入危机，禁酿问题再次被提出。1946 年 3 月 26 日，行政院重申了各省禁酿办法应暂时继续施行，并且要求收复区因粮荒严重，未制定同类办法及节约粮食办法的省份，从速制定。4 月 14 日，粮食部呈文行政院，建议闽省恢复禁酿，一因该省近来粮价波动甚剧；二因粤、台两省粮荒严重，闽省应予接济，而非将粮食用于酿酒熬糖。5 月 17 日，善后救济总署署长蒋廷黻致函行政院，转呈安徽盱眙县民汪桂生请求禁酿、救济粮荒一文，其指向性颇为明显。在禁酿呼声再起时，行政院院长宋子文也意识到粮食问题的严重性。6 月 3 日，行政院秘书处拟议，再次实施禁酿令。5 日，行政院训令闽省政府、财政部，"该省原订有禁酒办法，前经财政部呈准废止，应由该省政府查酌目前情形，仍行实施，以裕民食"。6 日，闽省政府通过《福建省节约粮食及限制酒食消费办法》，再次将糯米、小麦、杂粮等纳入禁酿行列，也就是说，在短短的半年时间内，福建省再次恢复禁

---

① 《粮食节约消费办法（八）》（1943 年~1947 年），《行政院档案》，档案号：014-040505-0030，第 100 页。

② 《财政部福建区货物税局三十五年度第一届业务检讨会议总报告》，1946，第 26~28 页。

酿，从弛禁走向复禁。8月14日，闽省政府将该办法呈送粮食部。颇为有趣的是，从6月初至8月中旬，闽省政府并未及时将该项办法送至粮食部，这似乎反映出闽省政府对粮食部战时及战后未准弛禁之事耿耿于怀。并且，闽省政府送达粮食部的新订办法极为简略，仅有5条，而几乎同时呈送行政院的却有21条，其间微妙之处颇值得玩味。①

　　8月26日，粮食部收到行政院转来的《福建省节约粮食及限制酒食消费办法》，与此前闽省政府报送的文本互相对照后，两者的差异立刻显现，粮食部对此自不满意。加上是年闽省秋收歉薄，粮价上扬，粮食部遂以收到该办法时的粮食状况与6月初的"情形迥异"，"已不合目前需要"为由，将所订办法发还，要求闽省政府参照广东所定同类办法，重新拟订。在禁酿之外，更加"严禁以一切粮食酿酒，并禁运、禁售、禁饮"，即从"限制"恢复至最严厉的"四禁"。同时，粮食部将广东省办法细则附于文后，对闽省政府不满之意至为明显。11月15日，行政院电令闽省政府按照粮食部修改意见予以修订。② 不过，闽省政府并未立即修订。一直到1947年4月，全省禁酿办法才又重启，据粮食部部长谷正伦言，正在拟订或修正禁酿办法、节约消费办法报部者有北平、天津、青岛、重庆、广东、福建、广西等17个省市，其余各省市也在"积极实施"。③

　　福建省在修订过程中，也不无怨言。6月18日，闽省政府以颇为不满的语气呈文行政院，这种不满在电文标题《为准粮食部电强制禁酒应如何办理乞核示由》和内容中都可以看出。在300字左右的电文中，闽省政府首先指出粮食部8月与6月所发电文前后并不一致，并声称该省所订办法系根据粮食部6月电文所制定，着重于禁酿，现在粮食部又突然提出"禁售、禁运、禁饮"，"与原指示意旨不无出入"，意在指责粮食部指示不清，导致该省无从制

---

① 《福建省政府致电行政院本省已恢复禁酿》（1946年8月23日），《行政院档案》，档案号：014-040505-0030，第44~89页。其实，据福建省参议会向粮食部反映，1946年2月福建"粮食问题非常严重，粮价飞涨，每石已破8000元大关，比较任何省份为高，民多饥色，野有饿殍"。参见《粮食部三十六年二月份简明工作月报》（1947年4月7日），《行政院档案》，档案号：014-040501-0009，第64页。

② 《财政部就福建省参酌粮食部意见及该省实际情形将上次办法重拟呈核致福建省的代电》（1946年11月15日），《行政院档案》，档案号：014-040505-0030，第56~70页。

③ 谷正伦：《一年来的粮政（自三十五年三月起至三十六年四月止）》，《粮政季刊》第5~6期合刊，1947年9月，第8页。

定符合粮食部之意的粮食节约消费办法。其次，闽省政府对行政院此前核准该省 1946 年 1 月 1 日弛禁的命令，委婉地表达了不满，"兹重行施禁，与前令似有抵触"，并顺带将对广东省禁酒办法的不满反映于电文内，影射广东的办法对粮食部产生了误导作用。① 最后，闽省政府又提出酒税问题，"如必须强制禁酒，对于税收不免发生影响"。禁酒影响酒税是老问题，但此时提出的深意则是将自己与财政部置于同一立场，以期获得财政部的支持。

　　战后粮食部对于禁酿问题的看法，延续了以往以粮为本的思想。首先，粮食部重申当前粮食不足、粮价上涨仍是各省面临的主要问题，厉行节约、减少不必要的消耗以挽救粮荒仍是第一要务。其次，粮食部的节粮措施意在"适应当前严重之粮荒，及补救民食之匮乏"，并非针对某一省，更不是单独针对福建省，相反各省可根据本省实情分别拟订，"并无强制禁酒之意"。最后，粮食部请求行政院出面，要求"福建省查酌当地情形暨有关法令，拟定节约粮食消费办法"。从粮食部的措辞来看，虽然"并无强制禁酒之意"，但在粮荒严重的情形下，禁酒显然是不言而喻的，至少是要限制的，只不过作为新任部长，且在国民政府裁撤机构的背景下，俞飞鹏并未明言，而仍由行政院做出裁决。1947 年 10 月 30 日，行政院院长谕："'依议办理'，除由院代电福建省政府遵照并行知财政部外，相应通知粮食部。"② 至此，战后福建省的弛禁风波以再次禁酿而暂告一段落。

　　20 世纪 40 年代福建省酒类酿造经历了战时禁酿、解禁、再度禁酿及战后弛禁、复禁的曲折过程，在各省禁酿活动中极具代表性。从《限制食粮酿酒办法》到《禁酒办法》、《禁酿办法》，再到《福建省节约粮食及限制酒食消费办法》，各项办法除了体现节约粮食与寓禁于罚的理念外，均与粮食供应状况有直接的关系，粮食供应是否充足是禁酿与否的最关键因素。中央政府、闽省政府面对粮食危机，不得不采取禁酿措施，连带的酒、税问题接踵而至，在无法通过禁酿实现节约粮食的目标时，终不免向着征收罚金的方向迈进，尤其是 20 万市担糯米的弛禁，更表明了寓

---

① 《福建省政府为准粮食部电强制禁酒应如何办理乞核示致行政院的代电》（1947 年 6 月 18 日），《行政院档案》，档案号：014-040505-0030，第 71~72 页。

② 《行政院秘书处电复福建省政府电请禁止粮食酿酒遵照办理的公函》（1947 年 10 月 30 日），《行政院档案》，档案号：014-040505-0030，第 79~89 页。

禁于罚的意图。利益各方围绕米、酒、税的互相博弈与争夺也使得禁酿过程特别复杂，其焦点则是如何实现各自利益最大化。

战时福建禁酿问题，从表面看是禁止粮食酿酒，实际上与税收亦有相当的关系；寓禁于罚虽被迫接受，却是非法的"单行法"，是广大酿户做出巨大牺牲支持抗战的举措。其间既体现了战时闽省政府急于节约粮食、出台办法的心态，也反映了战后闽省政府迫于各方压力，废止办法的无奈；既有不同形势下同一目标政策的差别，也有相同背景下不同县份政策执行中的差异；既有地方政府与国民政府各部之间的博弈，也贯穿着地方利益群体及消费者的期盼；既有福建广大酿户在忍受战时被征且罚"双重负担"时仍能"尊重战时禁令"的深明大义，也有其战后迫不及待重启"酿造"生活的悲苦诉求。① 胥吏无情勒索催逼的场景及县府各级职员瓜分罚缓时的"心满意足"也在档案中显露无遗。

除了福建省，其他省亦有类似禁酿举措（见表 5-9）。后方各省禁止用粮食酿酒实行时间各不相同，陕西与湖北是实行较早的省份。陕西省 1938 年 1 月即已规定连年灾祲的第一、第二、第三行政区全部禁止用粮食酿酒。湖北同一时期则禁止用米麦酿酒，1941 年 7 月扩大至杂粮。浙江省酿酒所用原料颇多，但多自江苏无锡、安徽芜湖及本省温州、台州、宁波购运。无锡、芜湖沦陷后，1938 年 5 月，浙江省政府亦提出限制粮食酿酒，将此前 9 种原料中的糯米、籼米、小麦"一律限制酿酒"。酿户须将所存糯米、籼米、小麦的名称、数量、存储地点、酿造场所呈报当地行政机关，登记核准后方能酿酒。粮食不足县份则绝对禁止酿酒。安徽黟县、宁国两县，亦分别因粮产不足或供应军米，于 1938 年 6 月前禁止酿酒。内政、经济、财政三部对浙、皖两省限制而非绝对禁止酿酒的做法，表示理解与支持，"暂准照办"。1939 年 4 月，湖北第七区建始县灾情惨重，加之上一年度岁收歉薄，因此也暂时禁止用杂粮酿酒熬糖。② 甘肃省各县酿酒商人颇多，所需粮食以青稞、高粱、糜子为大宗，1941 年 7 月 22 日，甘肃省政府颁布禁止酿酒令，规定自 9 月 1

---

① 《粮食节约消费办法（八）》（1943 年~1947 年），《行政院档案》，档案号：014-040505-0030，第 22 页。

② 《粮食节约消费办法（五）》（1938 年~1942 年），《行政院档案》，档案号：014-040505-0027，第 37~90 页。

日起，除政府特许酒精厂及约定代制原料酒坊之外，其余作坊严禁用粮食酿酒，对于已经制作酒糟待酿商坊，规定在9月底以前酿制完竣，对于兰州、成县、徽县、秦安四市县因各糟坊所存混合杂粮及面块数量尚多，废弃可惜，经斟酌情形，准其展期至11月或12月为止，酿完结报，不许再酿。据估计，禁酿法令颁布后，甘肃省各县每年可节约粮食数十万石。① 绥远西部地区节粮措施除了禁止酿酒制糖，还捕杀猪狗。② 浙江除了禁止酿酒制糖饲畜及倡导民众减食细粮和添食杂粮外，还在各县提倡"二饭一粥"运动，在缺粮县份提倡"二粥一饭"运动。对于借故增加粮食捐税的富阳、兰溪、龙溪、仙居、温岭各县，严令停止征收。

表5-9 战时各省禁止粮食酿酒概况

省别	禁酿粮食种类	省别	禁酿粮食种类
四川	除高粱、青稞外，其余各种粮食一律禁酿	湖北	除高粱外各种正杂粮一律禁酿
广东	各种粮食	安徽	米、麦等主要粮食
广西	谷、米、小麦	江西	谷、米、麦类（糯米除外）
贵州	米、麦、玉米	福建	各种粮食
湖南	谷、米、麦类（高粱除外）	云南	除高粱外的其他粮食
河南	各种粮食	陕西	谷、米、麦类
甘肃	米、麦、高粱、青稞、糜、谷、玉米	山西	各种粮食
山东	谷、米、麦类		

资料来源：《中国粮政概况》，第29页。

用粮食酿酒，还有一种情形需要说明，即酿造酒精，充作液体燃料，用酒精代替汽油。这一方法"虽经实验已有一部分成功，但欲获得代用之原料，亦非易事"，并且用粮食酿造酒精存在与人争夺粮食之虞，并非如有人所说，糖与淀粉，"每年生长取用不竭"。③ 1941年2月15日，经

---

① 《甘肃定期严禁酿酒》，《申报》1941年7月22日，第4版；甘肃省政府编印《一年来之甘肃粮政》，1942，第20~21页。

② 《绥西食粮调剂办法》（1942年~1943年），《行政院档案》，档案号：014-040504-0149，第10页。

③ 杨勇超：《军需工业中之液体燃料问题》，《经理月刊》第4卷第6期，1937年6月30日，第2页；吴伯藩：《中国液体燃料之代替问题》，《学术汇刊》创刊号，1937年10月1日，第38页。

济部与液体燃料管理委员会公布了《酒精制造业管理规则》，管理区域主要为重庆市及四川省。[1] 4月4日，经济部召集财政部、液体燃料管理委员会开会，商讨相关政策，并请军政部派员列席。在此次会议上，财、经两部等共同拟订了《修正禁酿区内糟坊制造酒精原料使用食粮管理办法》，该办法共计10条，对酒精工厂设立与登记、酒精工厂与糟坊的关系、使用粮食数量等做了大致规定。6月21日，国民政府训令，该办法准予备案。7月1日，正式公布施行。[2] 粮食部成立后，认为《修正禁酿区内糟坊制造酒精原料使用食粮管理办法》"事涉粮食管理"，而其对于糟坊使用食粮情形必须明了，遂于9月提出修改意见，各糟坊有关事项除向财政、经济两部报告外，还须报告粮食部。[3] 甘肃省玉门油矿大规模开发后，对于减少制造酒精的粮食原料，也起到积极作用。[4]

第四节　中央与地方的博弈——云南征借政策的透视

一　云南省征实与征购概况

云南东连黔桂，西毗缅甸，南邻越南，北接川康，为我国西南部重要屏障，"边疆之雄区也"。[5] 省内山脉主要有乌蒙山、六诏山、横断山脉等。河流有金沙江、西江、怒江、澜沧江等，水流异常湍急，无航运灌溉便利。全省地处温带，分为旱季与雨季，3月至9月为雨季，时雨时晴，9月至次年3月为旱季，少雨多风，有"四季无春夏，一雨便成冬""半年阴雨半年风"的说法。[6] 1928～1937年年均降水量为1230.6毫米，1928年最多时达

---

① 《酒精制造业管理规则》，《中央银行月报》第10卷第8号，1941年8月，第1146页。

② 《粮食节约消费办法（五）》（1938年~1942年），《行政院档案》，档案号：014-040505-0027，第99～141页；《公布〈禁酿区内糟坊制造酒精原料使用食粮管理办法〉令》，《经济部公报》第4卷第15～16期合刊，1941年8月1日，第452页。

③ 《粮食节约消费办法（五）》（1938年~1942年），《行政院档案》，档案号：014-040505-0027，第123～128页。

④ 《国家总动员会议三十二年二月份工作报告》（1943年3月12日），《国民政府档案》，档案号：001-047330-00004-000，第41页。

⑤ 京滇公路周览筹备会云南分会编印《云南概览》，1937，"地理"第3~5页；詹念祖编《云南省一瞥》，商务印书馆，1931，第1~4页。

⑥ 赵平公编著《云南省指导》，南华印务局，1939，第6页。

1743.4 毫米，最少的 1931 年亦达 936.7 毫米，可谓雨水丰沛。[1]

云南境内山峦重叠，有"山国"之称，耕地面积据国民政府统计为 27125000 亩，占全省土地面积的 4.52%，[2] 其中水田占 45.14%，旱田占 54.86%。[3] 尽管统计数据未尽详确，但总体而言土地资源匮乏，耕作质量有待进一步改善。该省平原地区以黏土为主，壤土次之，适宜种植水稻；山坡地以砾土为主；梯田以壤土较多。[4] 但因烟瘴、寒瘠、缺水、洪水等原因，"可耕之大段荒地废弃"。[5] 云南农产主要有水稻、麦类、玉米、药材等，但粮食产量并不十分充足，米、麦"平时只够供给境内的消费，碰到荒年，收成不好，还得要向缅甸、安南等地方求助"。[6] 据国民政府统计局 1932 年调查，云南省小麦种植面积 4443000 亩，产量 616299000 斤，[7] 全面抗战前由于禁烟成效较著，"原有烟亩，多改种豆麦"，各项农产尤其是豆麦种植面积与产量均有增加，可达 2 倍。[8] 云南省全面抗战前农产品出产情况统计如表 5-10 所示。

表 5-10 1935 年云南省部分县局主要农产品出产统计

农产品	出产县局数（个）	出产数量（担）	价值（元）	产地面积（亩）
稻	108	34312376	1852868304	11782797
小麦	91	2305672	131423304	769416
大麦	91	2860129	76265289	821018
菽	92	3712419	92810475	986062
高粱	70	869291	30425185	304488
玉米	110	14770863	590834520	5639763
大豆	101	12835333	155943315	1302001

---

① 张肖梅编著《云南经济》，中国国民经济研究所，1942，第 A15 页。

② 《云南概览》，"六建设"第 6 页；行政院农村复兴委员会编《云南省农村调查》，商务印书馆，1935，第 1 页。另有资料记载云南省耕地面积为 35836352 亩。参见郭垣编著《云南省经济问题》，正中书局，1939，第 8 页；张肖梅编著《云南经济》，第 A58 页。

③ 《云南省农村调查》，第 12 页。另据中央农业实验所在云南 70 个县所做调查，稻田面积平均占耕地面积的 54.41%，其中占 70% 以上者 24 个县，占 40%~70% 者 27 个县，不到 40% 者 19 个县，"执此以推测之，全省稻田面积当在耕地面积一半以上，殆无疑义"。参见汤惠苏、杜修昌《云南省米谷运销及价格之研究》，云南省财政厅印刷局，1940，第 1 页。

④ 郭垣编著《云南省经济问题》，第 23 页。

⑤ 云南实业改进会编印《云南实业改进会讲演录》，1923，第 8~9 页。

⑥ 詹念祖编《云南省一瞥》，第 7 页。

⑦ 《云南省农村调查》，第 46 页。

⑧ 《云南概览》，"六建设"第 13 页。

续表

农产品	出产县局数（个）	出产数量（担）	价值（元）	产地面积（亩）
蚕豆	99	3969804	138943140	3115402
豌豆	102	1349484	45882456	1290518
马铃薯	101	10661913	159928695	1749520

资料来源：《云南概览》，"六建设"第10~11页。

云南粮产不丰，灾歉年份还要仰给于邻国。乔启明等对全面抗战前尤其是1932~1935年中国粮食生产供求状况调查后认为，中国27个省粮食供应不足，净缺32874401名成年男子单位的粮食，占实际人口的10.2%，即每百名成年男子单位中有10名面临粮食短缺问题，云南省缺粮人口高达4480955人。[①] 此后虽缺乏统计，但全面抗战时期大量人口内迁，云南人口有所增加，其仍是一个典型的缺粮省份。

民国初年，云南田赋名目繁多，1917年省财政厅设立整理赋税委员会，取消各项杂捐，统一为田赋、租课，以田赋为主。1931年，全省分区实行土地清丈，将各县耕地以亩为本位，重新厘定，名为"耕地税"，已清丈者按照新定亩数缴纳，未清丈者仍其旧。1938年，全省清丈大体完成，税率增长较多。以等级最高的上上则土地为例，1939年税率为新滇币6角，1940年为1.5元法币。[②] 然而，云南作为"产米数量，素不甚丰"的省份，[③] 田赋正附税总额高达1500万元。[④] 根据1941年征实标准计算，云南省1941年应折征实物为300万市石，这对于云南来说数额巨大。如果按照300万市石的赋额实行田赋征实，肯定会对滇省政府及民众造成不小的压力，能否足额完成是个大问题，不但滇省政府不愿承担如此

---

① 乔启明、蒋杰：《中国人口与食粮问题》，第65~67页。乔启明所谓边区9个省系指辽宁、吉林、黑龙江、宁夏、绥远、热河、察哈尔、青海、新疆。

② 云南省志编纂委员会办公室编《续云南通志长编》中册，云南民族出版社，1986，第508页。新滇币与法币的兑换比为2：1。

③ 《关吉玉为税务员工公粮改拨实物及挤征公粮与陆崇仁往来函》（1942年8月~1943年1月），《抗战时期的云南——档案史料汇编》（下），第931页。

④ 《续云南通志长编》中册，第730页。该书中所记数字为14867228.87元。另据陆崇仁记载，云南省耕地税额为1338万余元，此一数字系减去"应行蠲免之赋额"而得。参见陆崇仁《云南省田赋改征实物之经过》，《经济汇报》第6卷第1~2期合刊，1942年7月16日，第206页。

重任，而且中央政府也有疑问。

全国财政会议议决通过了田赋改征实物案，这自然对解决粮食问题有莫大裨助。不过，徐堪也表示了两方面担忧，并于 25 日再次呈文蒋，予以分析。徐一忧数量不足，即征实存在无法足额的潜在风险。除了川、陕两省，其他各省"折征数额均不足以应军粮民食"。二忧时间紧迫，加上赋额较重省份商请酌减，则会极大影响最短期内掌握大量米麦，"恐怕本年应征实物未必于年内即能征收足额"。[1] 因此，在五届八中全会决定田赋收归中央接管以后，蒋介石于 1941 年 4 月 8 日致电云南省政府主席龙云及广西省政府主席黄旭初，函询二人对此事及全会所订各省财政收支系统方案的态度。[2] 显然，蒋的函电用意是希望地处边远、粮食仅能自给自足的滇、桂二省，能够支持中央政府的此项重大改革，同时蒋单独致电龙、黄二人，也说明滇、桂二省在执行田赋征实政策时可能存在一定困难。对于 300 万市石的重任，龙云以云南省山多田少，粮食素感缺乏，电请改变办法，经与财政部洽商，"半数征实，半数折征国币"，即每元折征稻谷 1 市斗 2 市升，或折征法币 6 元，即 63 个县应征实物 1092260 余市石。鉴于云南情况特殊，最终确定可征收实物额度为 90 万市石。[3]

1941 年度后方 21 个省田赋征实可征数额见表 5-11。

表 5-11　1941 年度后方 21 个省田赋征实可征数额统计

单位：市石

省别	可征数额	省别	可征数额
四川	6000000	江西	1810000
西康	309166	浙江	1351000
云南	900000	江苏	300000

---

① 《粮政（一）》（1941 年 6 月 25 日～1946 年 8 月 17 日），《国民政府档案》，档案号：001-087000-00001-001，第 44～46 页。

② 叶惠芬编辑《蒋中正总统档案：事略稿本》（46），第 28 页。

③ 《云南省粮政局资料——云南省粮政局 30 年度经收稻谷收拨统计表》，《民国时期云南田赋史料》，第 300 页。据龙云 1943 年 10 月 15 日所言，折征法币部分的征率，原系每元加 9 倍征收 10 元，在龙的请求下，"奉准减为每元加五倍征收六元，仍合减去四元"。参见《云南省政府为本省 32 年度田赋征收实物暨随赋征购粮食告民众书》，《民国时期云南田赋史料》，第 413 页。

省别	可征数额	省别	可征数额
贵州	450000	安徽	1000000
陕西	2000000	福建	1600000
甘肃	1050000	广东	1000000
宁夏	317000	广西	1560000
青海	18930	河南	1560000
湖北	600000	山东	812000
湖南	2200000	山西	350000
绥远	160000	合计	25348096

原表注：除贵州省可征数额系由 1940 年度田赋正附税额计算外，其余各省皆由 1941 年度田赋正附税额计算。

资料来源：《粮食部三十年度工作检讨报告》，第 11～12 页；《粮食部一九四一年度工作检讨报告》（1941 年），《内政部档案》，档案号：一二-746。

根据表 5-11，云南省 90 万市石的征实数额占当年可征总额的 3.55%，与川、湘、陕、赣等产粮大省相比，可征粮额比较少，但与同处西南地区的黔、康二省相比并不算低。而且需要指出的是，根据《云南省 30 年度田赋征收实物实施办法》，"凡征收实物之各县，本年度田赋概系征收稻谷。按其原纳耕地税税额 29 年度每国币一元，改征稻谷一市斗二升（即公升）"，其他杂粮不征，这一标准"较通案减去八升"，是低于全国 2 市斗的标准的。①

1941 年征实政策确定后，"田赋征实成为各省秋后庶政中心"。② "边远省份如西康，缺粮省份如贵州、广东、云南，均皆遵令实施一部改征。"③ 云南共有 1 个市、112 个县（一等县 25 个、二等县 27 个、三等县 60 个）、14 个设治局、1 个设治专员、2 个督办区，根据可征收数额，确

---

① 《云南省 30 年度田赋征收实物实施办法》，《民国时期云南田赋史料》，第 284 页；《云南省省政府为本省 32 年度田赋征收实物暨随赋征购粮食告民众书》，《民国时期云南田赋史料》，第 413 页。按，文中的"斗"即云南省田赋管理处所称的"公斗"，每斗合昆明市旧升一升一合四勺。参见《民国时期云南田赋史料》，第 292 页。

② 《各省进行田赋征实情形》，《陕行汇刊》第 5 卷第 8～10 期合刊，1941 年 12 月，第 88 页。

③ 《各省田赋管理处分别成立》，《陕行汇刊》第 5 卷第 8～10 期合刊，1941 年 12 月，第 88 页。

定征实区域以稻产丰富、交通便利者为宜，征实县份包括昆明、呈贡、晋宁、昆阳等63个，全部折征法币县份有42个，另有其他督办区及设治局"征收办法，另案办理"，① 也就是说，云南省有四成地区的田赋无法征收实物，这也说明云南征实确实具有一定的特殊性，这也是蒋介石亲自致电过问的原因所在。

1941年各省田赋征实机构"颇多分歧"，四川、广东、江西、湖北等省机构名称各异，但采用经征、经收分立之制则相同。② 8月初，云南省田赋处成立，由财政厅厅长陆崇仁兼任处长，陆是龙云亲信，在滇省财政界自成体系。云南省田赋处设处长1人，综理全处事务，副处长1人，协理全处事务，主任秘书及秘书各1人，复核全处规章文稿并办理机要文电、重要事项，分设第一至第三科及会计室，科室中分股办事，每科室各设股长3人。全省分为12个督导区，每区设督导员1人，加上司书、工役，全处共97人。③ 9月1日，云南省粮食管理局奉令改组为粮政局，行政院任命云南省民政厅厅长李培天为云南省粮政局局长，杨天理、杨克成副之。④ 李培天曾任蒙藏委员会常务委员，云南省民政厅厅长、财政厅厅长，对于云南省情亦相当熟悉。云南省田赋处根据本省征实各县交通、农产状况及粮额与户口分布情形，酌设经征分处，多者有9个分处，少者不足5个分处，1941年共计428个。在折征县属，亦酌量设置，共计210个。粮政局下设经收处，1941年共有63个，即每县1个，经收分处436个，工作人员达3052人，经收分处之

---

① 《云南现代行政区域概况表》（1943年），《抗战时期的云南——档案史料汇编》（下），833页；陆崇仁：《云南省田赋改征实物之经过》，《经济汇报》第6卷第1~2期合刊，1942年7月16日，第204页；《云南省30年度田赋征收实物实施办法》，《民国时期云南田赋史料》，第286~287页。

② 《民国三十至三十一年度田赋改征实物状况》，秦孝仪主编《抗战建国史料——田赋征实》（2），第254页。

③ 陆崇仁：《云南省田赋改征实物之经过》，《经济汇报》第6卷第1~2期合刊，1942年7月16日，第203页。

④ 《令为据呈奉粮食部训令改组为省粮政局案遵于九月改组成立请鉴核备案一案准予备案仰即知照》（云南省政府指令秘内字第一一八三号），《云南省政府公报》第13卷第65期，1941年8月23日，第22页；《准粮食部咨奉行政院令为粮食行政中央业已设部主管各省粮政机构并将省粮管局即行改为粮政局一案令仰知照》（云南省政府训令秘内字第一一五七号），《云南省政府公报》第13卷第64期，1941年8月20日，第8~9页。

下增设临时分柜，计80个，粮额征齐后即行裁撤。①经收分处及工作人员数量与其他省份相比，也是超过每县不得多于5个的规定的，这是因为一来云南地域广阔，二来云南情形特殊，加设机构可以迅速完成征实目标。

为力谋人民踊跃完纳赋粮，滇省田赋处将财政部颁行宣传大纲印发2000份，连同滇省政府所颁重要法令，编成新闻稿件，分送各日报刊登；编撰征实白话文布告标语，广泛分发各县粘贴；会商国民党省党部、民政厅、教育厅，策动国民党各市县党部及各乡镇保甲长、中小学教职员与学生，扩大宣传；督导员分赴各县时，召集所属自治人员及士绅，为民众解答疑难。各县田赋处也利用多种宣传形式，广为宣传。

《云南省30年度田赋征收实物实施办法》规定，云南省开征日期为10月1日，嗣因征额未定，18日征率核定后，经省务会议决议11月1日为各县开征日期，比原定计划推迟了一个月，自稻谷登场后两个月届满时为止，即12月底截止。但云南县份分布广泛，通信不畅，全省设有电台者仅39属，加上机构初设，准备需时，能在11月内开征者甚少，大部分县份在12月才开始征收工作，征收速度与效率均较低，故皆呈准征收展至1942年2月15日。②至1942年6月底，63个县征起数为794305市石，实收数为637042市石，仅征起六成余。其中保山额定数量最多，为54332.899市石，但保山却未上报；顺宁次之，为45712.775市石，实征30318市石。③云南田赋往年仅能征起七成左右，1941年度最终征实超过九成，征收稻谷819858市石，征起率为91%。"其征收成绩之优异，为历来田赋征收国币时所未有，足征国民拥护抗战建国之忠忱。"④表5-12反映了1941年度全国各省田赋征实的实际成绩。

---

① 陆崇仁：《云南省田赋改征实物之经过》，《经济汇报》第6卷第1~2期合刊，1942年7月16日，第205页。
② 陆崇仁：《云南省田赋改征实物之经过》，《经济汇报》第6卷第1~2期合刊，1942年7月16日，第205~206页。
③ 《云南省粮政局资料——云南省粮政30年度经收稻谷收拨统计表》，《民国时期云南田赋史料》，第296~300页。
④ 《国民政府年鉴》，"中央之部"第263~264页。

表 5-12　1941 年度各省田赋征实成绩

省别	作物种类	征收额（市石）	征起数（市石）	占比（%）
广东	稻谷	1000000	1204267	120
四川	稻谷、小麦、玉米、青稞	6000000	6780929	113
湖南	稻谷	2200000	2401820	109
湖北	稻谷、玉米、小麦	600000	651274	109
贵州	稻谷、玉米、小麦	747900	798797	107
安徽	稻谷、杂粮、小麦	903184	958128	106
河南	稻谷、小麦、玉米、黄豆	1385900	1461110	105
山西	稻谷、小麦、杂粮	322581	326887	101
浙江	稻谷	1351000	1353666	100
宁夏	小麦、玉米	317000	317141	100
陕西	稻谷、小麦、粟谷、玉米	1000000	989748	99
江西	稻谷	1820000	1772769	97
绥远	小麦、杂粮	100800	91346	91
青海		71970	67055	93
云南	稻谷	900000	819858	91
福建	稻谷、甘薯	1380000	1217744	88
广西	稻谷	1571744	1359651	87
江苏	稻谷	94900	80155	84
西康	稻谷、小麦、青稞、玉米	299116	240112	80
甘肃	稻谷、青稞、豌豆、粟谷、小麦、大豆	872401	548214	63
山东*		—	18284	
合计		22938496	23458955	102

*山东省未报征收额，故未列占比。

原表注：（1）全表所列征起数，系截至 1942 年 10 月底据各省报到之数；（2）所报小麦、杂粮均已按照定率折合稻谷。

引者注：（1）贵州各县征收粮食种类，据 1944 年 1 月拟订的《修正贵州省战时田赋征收实物实施办法》，全部征收稻谷的县、设治局有 69 个县、局，搭成兼收稻谷、玉米的有 10 个县。兼收县份当中，玉米所占比例最高的县为威宁，占八成。参见《贵州省已办土地陈报县份征收田赋补充办法、整理征粮底册办法、土地陈报后业户申请复查更正补充办法》（1944 年），《行政院档案》，档案号：014-040201-0105，第 9 页。

（2）安徽省此处所谓杂粮，按照《安徽省战时田赋征收实物实施办法》规定，应为高粱。参见《安徽省战时田赋征收实物实施办法》（1941 年），《行政院档案》，档案号：014-040201-0121，第 1~20 页。

资料来源：《国民政府年鉴》，"中央之部"第 263~265 页。

从表 5-12 可以看出，田赋征实政策实施的第一年度成绩相当可观，全国总体征起率为 102%，超过了原定赋额，尽管甘肃省仅有 63%，但超额完成的有 8 个省，粤、川、湘、鄂等省溢额颇多。云南征起率超过九成，也可以说较为出色地完成了 1941 年度的田赋征实任务。

云南最终征收成绩不错，但存在较多问题。一是完成时间远远晚于原定时间，晚了近一年；二是尽管截止时间晚，但并未完成全部征实任务。不过，与其他省份相似的是，云南开征时也较为仓促，筹备未周，粮票、量器制造皆感迟滞，开征未久即奉命赶交军粮，于是随征随碾，甚至有直接征熟米的。另有一种特殊情况，云南独有一种带芒稻谷，衡量时空隙较大，所以出米率甚低，故而折耗最大。①

除了征实，还有征购。之所以在征实的同时还要征购，是因为专恃田赋征实，还不能达到全年军粮所需数量，"以之供应军粮，犹嫌不足……所以不得不兼采定价征购办法，以资补充"。②"征购粮食者，是政府有报偿的取得粮食，不过与自由购买稍有分别。即价格以及人民之出售，都稍带强制性质，不完全受市场自由买卖原则所支配。"③ 湖北省未采用征购一词，而称为"公购"。④ 征实标准的制定，系根据当地生产成本及产量情形，以旧田赋正赋及附加合计每元税额改征稻谷 2 市斗、麦 1.4 市斗，依据这一标准，1941 年度可征得实物为谷 22846000 余市石、麦 7728000 余市石，两者合计 30574000 余市石。为避免刺激粮价，征购价格比市价略低。6 月初，筹备中的粮食部即与各战区司令长官及川、康、赣、湘、桂、鄂、皖、滇、黔、晋、豫、陕、甘、宁等省政府主席往复商洽，至 8 月初征购办法初步确定，配额亦相应确定，拟征谷麦 30574771 市石，其中谷 22846134 市石、麦 7728637 市石。截至 1942 年 10 月，已征购 28854983 市石，其中谷 21587714 市石（购米折谷计算在内）、麦 7267269 市石，征购总额占原定计划的 94%。四川省实际购得数额超过定额，成绩最优，足额省份为皖、滇、陕、宁 4 个省，广东、湖南、江西、河南、甘肃 5 个省均在九成以上，未足额者有湘、鄂、粤、豫等省，但相差不

① 《各省市粮政工作报告摘要》，第"滇 1~2 页"。
② 徐堪讲《最近之粮政》，秦孝仪主编《抗战建国史料——粮政方面》（1），第 19 页。
③ 关吉玉：《粮食库券与购粮问题》，《经济汇报》第 6 卷第 1~2 期合刊，1942 年 7 月 16 日，第 33 页。
④ 《湖北省三十一年度公购余粮实施办法》，湖北省政府编印《湖北省抗战期中民生主义经济政策之实施》，1942，第 87~89 页。

多。其不足数额，则由 1941 年度各省田赋征实补充。[①]

1941 年度，云南征购军米原定为 40 万大包，其中 20 万大包由军粮局购屯，后因入滇部队增加，又加购 13 万大包，每包价格均为 160 元，包含包装费、运费、杂费等，又在田赋征实项下拨米 20 万大包，总共 73 万大包，悉数作为滇省驻军军粮。[②]

1942 年度，全国各省征粮种类均定为以谷麦为主，[③] 国民政府原定征实、征购总额为 8000 万市石，但各省因灾歉及军事关系，纷纷请求核减，国民政府经酌查情形，减至 6600 余万市石。嗣因征购额过少，不敷军公粮及调剂民食需要，并为防止敌区粮食资敌起见，决定在濒临战区省市抢购、采购谷麦 600 万余市石，征实、征购数量以谷麦 6000 万市石为度。[④] 但蒋介石指示，田赋征实部分要较上一年度增加一倍，征足 4000 万市石，征购部分以半数发行库券，半数给付现金。[⑤] 各省均于当年秋开征，截至 1943 年 2 月，已征得谷麦 28125695 市石，溢额省份有闽、川、宁、湘四省，九成以上者有苏、浙、赣、粤、绥、晋六省，八成以上者有桂、鄂、陕三省。[⑥]

1942 年度云南额定征实数、征购数原定增至 400 万市石，即征实、征购均为 200 万市石，龙云得知后"飞渝为民请命"，将征实数额核减为 150 万市石，二者计 350 万市石，这一数字不包括随赋带征县级公粮 50 万市石在内。[⑦] 云南 1942 年度征实、征购仍于 10 月初起征，但 2 个月后征起数"为数尚少"。关吉玉致函云南省财政厅厅长、粮食管理处处长陆崇宁，建议云南"逐户挤征，并实施分区缴粮及工作竞赛等办法"。尽管据陆所言，该年征实、征购定期开征后，"举凡有关催征一切有效办法，

① 《国民政府年鉴》，"中央之部"第 265 页。

② 《粮食部三十年度工作检讨报告》，第 17 页。

③ 1942 年征谷者有川、康、滇、黔、粤、桂、闽、湘、鄂、赣、皖、浙、苏，征麦者有豫、陕、甘、晋、绥、宁、青、鲁诸省。个别地区因谷麦皆不丰产而杂粮丰产，改征杂粮。

④ 《行政院工作报告》（1943 年），"粮食"第 1 页。

⑤ 《粮食部三十一年度工作计划纲要》，第 4 页。

⑥ 《中国粮政概况》，第 32 页。

⑦ 《云南省政府为本省 32 年度田赋征收实物暨随赋征购粮食告民众书》，《民国时期云南田赋史料》，第 413 页。

靡不尽量采用，悉力奔赴"，但截至 1943 年 1 月上旬，平均亦仅达六成，计 1077430 余市石。随后，陆崇仁承诺至 1 月底可完成八成以上。为了完成上述任务，陆遵照 1942 年财政部所定标准，将各县县处等级予以调整提高，以加强机构、健全组织，并且不再按照普通程序办理。这一做法历时数月，各县处也已改组完毕。在陆看来，尽管这一做法近乎擅自专权，事先亦未获行政院、财政部等允准，诚属"先斩后奏"，却是为了完成征收任务的"良非得已"之举。① 此次机构调整效果明显，截至 2 月底，据财政部统计，滇省征实、征购总额为 4036735 市石，超过定额 3 万余市石。② 其中实际征购总额为 2181126 市石，征起率为 109%。除了征实、征购外，1942 年度云南省采购食米 310000 大包，折谷 826670 市石。③

　　1942 年度，国民政府继续发行粮食库券，并搭发美金公债及甲种储蓄券，既可以减少法币现金支出，也可以推行节约储蓄。④ 法币约为三成，库券或储蓄券约七成，以减少法币现金支出。截至 1942 年底，已支付征购款项 1646693580 元，发行谷券 11380036 市石、麦券 140 万市石。如果按照各省征购价格，折合法币 1381962880 元。各省所发美金储蓄券数量不一，主要是滇、晋两省，共搭发 10875000 美元，折合法币 21750 万元，其中云南 1000 万美元，折合法币 2 亿元；山西 875000 美元，折合法币 1750 万元。搭发甲种储蓄券的省份有黔、赣、甘、绥、鄂、豫、闽、皖等，购麦部分共搭发 579591600 元，江西发行 14760 万元，河南 12600 万元，贵州 7500 万元，甘肃 7000 万元，绥远 29002000 元，安徽 1400 万元。美金储蓄券与甲种储蓄券两者合计 797091600 元，此为国库节省法币数额相当可观。此外，湖北省 1941 年购粮应发粮食库券，经湖北省政府

① 《陆崇仁请准予调整加强征实征购机构函》（1943 年 3 月 4 日），《抗战时期的云南——档案史料汇编》（下），第 934 页。

② 《关吉玉为税务员工公粮改拨实物及挤征公粮与陆崇仁往来函》（1942 年 8 月 ~1943 年 1 月），《抗战时期的云南——档案史料汇编》（下），第 930 页；《石天渠等陈报滇省三十一年田赋征收受奖经过及请求核减三十二年田赋征额与陆崇仁等往来函》（1943 年 6~7 月），《抗战时期的云南——档案史料汇编》（下），第 935~936 页。关于 1942 年度云南省征实、征购总数，财政部、粮食部与云南省有不同说法，云南省坚持已完成 403 万余市石，属溢额，而财政部记载为 370 余万市石，属缺额。

③ 《国民政府年鉴》，"中央之部"第 270~276 页；《民国三十年至三十一年之粮政》，秦孝仪主编《抗战建国史料——粮政方面》（1），第 39~45 页。

④ 《行政院工作报告》（1943 年），"粮食"第 9 页。

请求，改搭发甲种储蓄券 600 万元。①

1941 年度、1942 年度全国征实成绩较优，但有一个问题不容回避，即溢额征实是否大大增加了民众的负担。

从表 5-13 可以看出，云南省 1941 年度田赋征实量占该省 1922~1941 年粮食平均产量的 1.32%，1942 年度略有增加，占比为 2.20%，但均低于全国平均数，与各省相比也处于中等水平。

表 5-13　1941 年度、1942 年度各省田赋征实量及占 1922~1941 年各省粮食平均产量的比重

单位：市石，%

省别	1922~1941 年粮食平均产量	1941 年度田赋征实		1942 年度田赋征实	
		数量	占比	数量	占比
四川	347325000	6000000	1.73	9000000	2.59
云南	68268000	900000	1.32	1500000	2.20
贵州	47413000	747900	1.58	1400000	2.95
湖南	148913000	3200000	2.15	4400000	2.95
广西	72188000	1571744	2.18	1481480	2.05
广东	206191000	1000000	0.48	1500000	0.73
福建	90514000	1380000	1.52	1600000	1.77
浙江	111781000	1351000	1.21	1550000	1.39
江西	102905000	1820000	1.77	1938000	1.88
湖北	133583000	600000	0.45	1000000	0.75
河南	144777000	1385900	0.96	1000000	0.69
陕西	45384000	1000000	2.20	2600000	5.73
甘肃	27975000	872402	3.12	1000000	3.57
宁夏	2618000	317000	12.11	500000	19.10
青海	9163000	71970	0.79	71970	0.79
西康	—	—	—	—	—
安徽	—	—	—	—	—
山西	—	—	—	—	—
绥远	—	—	—	—	—
山东	—	—	—	—	—
江苏	—	—	—	—	—

原表注：本表十年来粮食平均产量数字系根据中央农业实验所之调查；安徽、山西、山东、江苏因系战区，西康、绥远因属边地，生产量尚不详。

资料来源：《中国粮政概况》，第 35 页。

----

① 《粮食部三十一年度工作考察》，第 2 页；《行政院工作报告》（1943 年），"粮食"第 10 页。

至 1944 年 11 月 26 日孔祥熙辞去财政部部长一职，中央政府通过征实、征购、征借、捐献等方式得到的稻麦，已超过 2 亿市石，"农民对于抗战贡献之大，于以表现"。① 关于战时田赋征实的评价，四川征实、征购、征借和捐献粮食总额达 8228 万市石，占全国总数的 38.5%。对战时此项政策，《四川省志·粮食志》有如下评语："1941 年，政府为适应战争需要，田赋改征粮食。这项政策的成功，对保证军需，调节民食，稳定市场物价，安定大后方，起了重大作用。在实施之前，当局对粮食生产、大户存粮和市场供需等情况进行了调查研究，新制度设计比较周密，在实施过程中，政策比较恰当，措施也比较有力。"② 战时粮政成效显著，对粮政人员的嘉奖自然顺理成章。

对于田赋征收成绩考核，由财政部主管，如成绩优秀，则奖给各省政府主席二等云麾章，田赋处处长奖给四等云麾章，副处长记大功 1 次，其中二等云麾章在政界尚未颁发过，地位特殊，能够获得云麾章或记功奖励，既是本省工作成绩被中央政府肯定的体现，也是各级官员以后晋升的重要筹码，因此各省政府特别希望获得相应的荣誉，并积极争取。

云南省 1942 年度征实征购的叙奖历程颇为曲折。根据 1943 年 2 月底统计数据，拟受到奖励的省份有川、湘、闽、粤、宁、浙、陕七省；安徽、绥远、河南三省主席明令嘉奖，兼任处长、副处长记大功 1 次；贵州、江西因征收成绩不理想，给予记过申斥；广西、云南则是不奖不罚。③ 尤其是川、湘二省，分别完成 1600 万市石与 1000 万市石，"政府推行粮政，督率有方，经征人员，收购储运亦竭尽心力，该两省民众复能尽纳税义务，踊跃输将，爱国忠忱，均堪嘉尚"。④ 根据财政部奖励省份名单，云南最初并未被列入叙奖行列。

1943 年 6 月，滇省政府获悉，财政部不日将呈请行政院，对上一年度征收成绩优秀省份分别予以奖励，滇省政府自认为本省征收也属超额。

① 古僧编著《孔祥熙与中国财政》，博学出版社，1979，第 341 页。
② 《四川省志·粮食志》，第 2 页。
③ 《石天渠等陈报滇省三十一年田赋征收受奖经过及请求核减三十二年田赋征额与陆崇仁等往来函》（1943 年 6~7 月），《抗战时期的云南——档案史料汇编》（下），第 935 页。
④ 湖南省田赋粮食管理秘编印《湖南田赋粮食法令辑刊》（上），1943 年 12 月，第 1 页。

截至 1943 年 2 月底，财政部表列滇省征实 204 万市石，征购 170 余万市石，合计 370 余万市石，未完成 400 万市石的任务。然而，滇省政府 3 月 4 日上报的数额为 403 万余市石，即超额完成 36735 市石，"已属逾额，自应请部从优叙奖，以彰功劳"。事不凑巧的是，滇省政府发给财政部的电报"竟遍查不获"，即无从证明是否完成乃至溢额。如果实际征收仅为 370 余万市石，则征起率为九成多，可归入不奖不罚之列。但滇省各级官员认为本省"田赋征政成绩优异"，且已"向部中声言力争，务必使本省照章受奖，以免委屈"。在滇省政府坚持下，并恳请财政部专员兼田赋管理委员会地税科科长张肩重等上下说项，财政部重新考核计算，发现确系错误。"本省寅微等电呈报数字笼统，及财政部田赋稽征处稽核科长三易其人，以致查案有误故也。"也就是说，1942 年度云南省征实任务实为溢额完成，最终云南省被"加入全国第一列叙奖"，主席获二等云麾章，田赋处处长奖给四等云麾章，副处长记大功 1 次，省县各级职员按照田赋征政奖惩办法发给奖金。[①]

完成征实征购任务，各级主管官员分别获得奖励是皆大欢喜的结果，但随之而来的是粮食部增加了下一年度的额定数量，将 1943 年度征实、征购总体目标确定为 1 亿市石，这样的话，各省征额势必会增加。1943 年度，云南征实征购数额初步增为 450 万市石，比上一年度净增 50 万市石。对此，陆崇仁认为数量过大，多方转圜，请求核减。[②] 而随着军粮民食需求增加，更为激进的征借政策出现了。

二 征借政策的推出

征购政策自 1941 年实行后，中央政府手中握有大量可支配粮食，有效地缓解了军粮不足的问题。然而，国民政府也注意到，"征购所需货币

① 《石天渠等陈报滇省三十一年田赋征收受奖经过及请求核减三十二年田赋征额与陆崇仁等往来函》（1943 年 6~7 月），《抗战时期的云南——档案史料汇编》（下），第 935~936 页。
② 《石天渠等陈报滇省三十一年田赋征收受奖经过及请求核减三十二年田赋征额与陆崇仁等往来函》（1943 年 6~7 月），《抗战时期的云南——档案史料汇编》（下），第 935~937 页；《张肩重为减免滇省三十二年征额与张培光往来函》（1943 年 6~9 月），《抗战时期的云南——档案史料汇编》（下），第 937~942 页。

供应不继"，① 也就是说，在中央政府看来，征购搭发的现金数量仍为数不小，超出了中央政府的承受范围。1942 年，征购价格仍然较低，但与 1941 年相比，"均经酌予提高"，② 主要支付方式系粮食库券或储蓄券。采购、抢购因与濒临战区敌人争取粮食，故一律以法币支付，不搭发粮食库券或其他证券，而且抢购价格亦特别提高，以达至抢购目的。据统计，截至 1943 年 3 月底，浙江各县共抢购 1942 年度派额稻谷 483472 市石，浙西抢购 93333 市石，二者合计 576805 市石，应付资金总额高达 3301 万余元。③1942 年用于征购、采购、抢购的国库支付现款约为 30 亿元。④

　　1942 年，开展采购工作的主要有皖、陕、绥、滇等省，汤恩伯集团军、驻陕军粮局榆林办事处、绥远蒙政会等共采购笃信好学谷 1473400 市石、小麦 778100 市石、糜子 50000 市石。相对于征购、抢购粮价，采购价格亦因地而异，如云南每市石谷价 300 元，安徽为 200 元，陕西为 168.75 元，每市石麦价陕西为 416.5 元，榆林办事处采购价为 252 元，汤恩伯集团军采购价为 375 元。加上采购糜子的价格为每市石 242.2 元，

---

① 《徐可亭先生文存》，第 187 页。

② 《行政院关于粮政之推行报告——对五届十中全会报告》（1941 年 10 月至 1942 年 8 月），秦孝仪主编《抗战建国史料——粮政方面》（1），第 441 页。

③ 浙江省政府：《三十一年度抢购军粮民食卷》（1942 年 12 月~1943 年 4 月），《浙江省政府档案》，档案号：L029-002-0111，第 40 页；浙江省田赋粮食管理处：《各县抢购粮食数量表》（1943 年 4 月~1948 年 8 月），浙江省档案馆藏（以下不再一一注明藏所），《浙江省田赋粮食管理处档案》，档案号：L037-000-0061，第 20 页。据档案资料记载，1942 年度办理抢购工作开始后，瑞安县计抢购稻谷 19321.386 市石；云和县 1942 年 10 月 12 日至 11 月底，奉令抢购 2000 市石，实际抢购 2200 市石；临海县 1942 年 10 月 1 日至 1943 年 9 月 30 日，额定抢购 40000 市石，实际完成 3000 余市石；龙泉县 1942 年配额抢购 4000 市石，实际完成 3250.7 市石；丽水 1942 年抢购任务为 7000 市石，实际完成 6641 市石；龙游县派额为 12000 市石，实际完成 3831 市石，而归仓数量仅为 3572.568 市石。参见浙江省田赋粮食管理处《各县抢购粮食数量表》（1943 年 4 月~1948 年 8 月），《浙江省田赋粮食管理处档案》，档案号：L037-000-0061，第 21~31 页。浙江省内抢购粮额不足，其原因之一为购价过低，1941 年 9 月第三战区司令长官部核定每包食米按 250 元给价，但经粮食部核定的仅有 160 元，两者相差 90 元。参见浙江省政府《三十一年度抢购军粮民食卷》（1942 年 12 月~1943 年 4 月），《浙江省政府档案》，档案号：L029-002-0111，第 42 页。

④ 《粮食部报告》（1943 年），第 3 页；《行政院关于粮政之推行报告——对第二届国民参政会第一次大会》（1940 年 4 月至 12 月），秦孝仪主编《抗战建国史料——粮政方面》（1），第 441 页。

共支出法币 668755000 元。① 抢购与采购是在不得已的情况下，为了防止粮食资敌及掌握粮食而采取的临时措施，因而粮价远远高于征购价格，且数量不多，而所费不少。在粮物价格持续上涨时，即使搭付三成现金，也会极大加重国库负担。有人估算后指出，征购粮食七成给付库券、三成法币，仍有 12 亿元的法币支出，对于物价仍有负面影响，故而主张今后征购粮食，应提高起购点及实行累进制，并全用粮食库券支付。②

同时，按照《民国三十年粮食库券条例》第 3 条规定，1943 年度还是 1941 年发行粮食库券到期并可抵缴五分之一赋额的年份，根据计算，1943 年粮食库券本息应在田赋征实项下扣抵谷麦约 250 万市石。此外，1943 年各类食粮支出数额更见增多。陆军军粮支出，按 600 万人计算，九成配备现品，共计谷麦 3821 万余市石，其余一成另行拨款委购。省级公粮及在其征粮项下拨补的县级公粮，共计谷麦 1053 万余市石。空军军粮、各国立学校员生食粮、各级法院监所囚粮、保育救济机关收容难民难童食粮，财政部所属税警食粮，电政员工食粮，特种建设工程工粮，运输民夫口粮等专案核定饬发者，计谷麦 457 万余市石。中央机关公粮依法造报名册核定有案者，约需谷麦 760 万市石，未经核报者尚多，全部计算的话当在 1000 万市石以上。另外、运输、仓储、加工过程中的损耗以 5% 计算的话，当有 300 万市石，各项支出共达 6881 万余市石，比现时实征数额超出 790 万市石，较定额亦超出 430 万市石，此外，后方重要都市民食供应及各缺粮地区的民食调剂所需粮食尚完全没有着落，国民政府征粮出现了入不敷出的状况。

1943 年征购的最大困难是价格问题，国民政府亟须减少因粮价上涨带来的额外的法币支出，不搭发现金的征借正好可以减少法币支出。

征借粮食政策（有的论著称为"强借农谷政策"③）的实施是为了在征集大量粮食的同时，减少国家财政法币支出，因其全部发给粮食库券，不再搭付现金，且库券不计利息，因此可以大大减少现金支出。在第

---

① 粮食部编印《粮食部三十一年度工作报告》，1943，第 2 页。
② 詹显哲编著《实施国家总动员法与粮食动员》，第 66 页。
③ 秦孝仪主编《中华民国经济发展史》第 2 册，台北，近代中国出版社，1983，第 931 页。

三次全国财政会议上，蒋在讲到粮食库券时提到了"征借"一词："我们现在无论推行粮食库券征购，或实行征收实物，明白的说，就是要征收一定数量的粮食，来调剂军粮与民粮，不过这种征收，将来仍由国家凭券偿还，这亦可以说是'征借'，可是能拿来与物币计算较量。"① 蒋此处所谓"征借"，或为后来该政策的实行埋下了伏笔。1942 年，财政部与四川省政府商议，由四川省先行将 1943 年度征购改为征借。为"示人民拥护政府之热忱"，1943 年 6 月 18 日，四川省临时参议会第二届第一次大会通过该省 1943 年度《田赋征借实物案》，决定该年度粮食征购全部改为征借，只发给粮食库券，不另搭发现金，库券没有利息。② 22 日，行政院第 619 次会议通过了该办法。对此，行政院提议给予川省政府明令嘉奖。24 日，行政院训令粮食部、财政部、川省政府，予以嘉奖。③

对于四川省临时参议会将征购改为征借的做法，是所谓能够"体谅"中央苦衷，改购为借，财政部自然认为"此种急公尚义之精神，实开数年来征购粮食之创例"，除特令嘉奖外，并分电各省政府与省参议会应将之视为楷模，以发扬中华民族推食解衣、毁家纾难的美德，坚定前方将士风餐露宿、奋勇杀敌的决心。④ 在四川省政府的示范作用下，其他省政府亦渐有跟进。

1943 年度全部实行征借的省份除四川外，还有广东、西康、广西、陕西、甘肃、福建、浙江七省，部分改购为借的有滇、黔、绥三省。安徽省政府的做法更为激进，1943 年 10 月初，安徽省农会筹备委员会、商联会、妇女会及立煌县农会等，致电国民党中央执行委员会秘书处，提出"愿将本年度征购配额悉数捐献，不须政府配发粮券，借以减轻国库将来之支出，并期有补益于战时经济"，也就是将 1943 年度全部征购直接捐献

---

① 蒋介石：《树立国家经济基础及贯澈粮食与土地政策的决心——在第三次全国财政会议席上训词》，《战时经济》第 1 卷第 6~7 期合刊，1941 年 7 月 1 日，第 36~42 页。

② 《四川粮食工作大事记（1840~1990）》，第 43 页。

③ 《嘉奖四川省参议会通过粮食征购全部发给库券不另搭发现金办法》（1943 年），《行政院档案》，档案号：014-040501-0031，第 3~6 页。

④ 《粮食部 1944 年度工作计划（附预概算及委购军粮价款表）》（1944 年 6 月），《中央设计局档案》，档案号：一七一-1471，第 100 页；《广东省随赋征购粮食自三十二年起改为征借全数发给粮食库券》（1943 年），《行政院档案》，档案号：014-040504-0245，第 13 页；《行政院工作报告》（1943 年），"粮食"第 9 页。

给国家。安徽省上述机构的做法显然受到了四川等省改购为借的刺激，"顷阅报载四川等省倡议请改征购为征借，在目前固可减少法币发行数额，然仍属增加国库负担，我全皖同胞仰体钧座'有粮出粮'之训示，本毁家纾难之精神"，愿意踊跃捐献，"责无旁贷"。① 根据财政部测算，改购为借乃至直接捐献的做法，按每年三成现金计算，可节省法币11亿元。② 但即使如此，财政部也承认人民所得甚微，国家则是支出颇巨，增发法币，影响物价，国计民生，两受其害。③

广东省1943年度征购粮额为90万市石，每市石平均价格为90元，如果三成搭发现金，则需法币2430万元。9月27日，广东省临时参议会第二届第一次大会议决，该年度广东省应效法四川省，"将本省所有征购部分，自本年度起一律改为征借，全数请发粮食库券"，以"上体国难之方殷，与战时财政之困绌"，并由参议会议长林翼中、副议长吴鼎新代表参议会在28日致电行政院。对此一提议，蒋介石欣然同意，行政院遂于10月20日通知财、粮两部，由其"迅即核复"。11月19日，财、粮两部"已核准"。25日，为了鼓励广东民众"深明大义、爱护国家"及粤省政府此一"体念时艰""节省国家财力"的举动，财、粮两部部长提出应予以明令嘉奖。12月25日，国民政府做出嘉奖决定。④

从表面看，"其他省份亦颇有仿照四川办法，自行请求改行征借之趋势"，⑤ 广东省政府、参议会也是主动提出改征购为征借的，但李汉魂10月8日发给行政院的一封电报却透露了内情，该电报内容如下：

　　重庆行政院兼院长蒋、副院长孔：密。本省本年征购粮食，经遵照钧座午佳侍秘电示意旨，改为征借，全数请发粮食库券。除电达

① 《军粮征购》（1927年11月18日~1945年2月5日），《国民政府档案》，档案号：001-087110-00001-000，第57~58页。

② 《国民总动员会议关于十一中全会"切实推行'加强管制物价方案'稳定战时经济案"执行情形报告书》，无页码。

③ 《行政院工作报告》（1943年），"粮食"第8页。

④ 《广东省府随赋征购粮食自三十二年起改为征借全数发给粮食库券》（1943年），《行政院档案》，档案号：014-040504-0245，第1~30页。

⑤ 徐堪：《我国当前粮政之概述》，《粮政月刊》第1卷第2~3期合刊，1943年7月16日，第2页。

财、粮两部，省田赋处暨饬各县遵办外，谨电报核。

职　李汉魂

酉齐让印①

从电文可知，是蒋介石授意李汉魂，让其主动提出改征购为征借的。7月9日，委员长侍从室给李发过一封电报，其核心内容是："一切有关价款之支付严限，必须更求减缩，万不可再有增加，借纾国难。最近四川省政府及省参议会对于征购粮食部份，悉数请以粮食库券为抵价，不需分文现金，此类急公尚义之精神，实开数年来征购粮食之创例，各省政府及省参议会暨各地同胞，尤应视为楷模，竞求比美。"②该电文意思很明显，各省应以川省政府为楷模，将征购全部改为征借。换句话说，蒋介石对于改购为借早在1943年开征前已定下必须改变的基调，各省不是愿不愿意改变的问题，而是能否在该年度开征前"主动"提出更改的问题。很显然，广东省政府、参议会已领会蒋的意图，"主动"征借，并获国民政府嘉奖。

领会蒋意图的，除了广东省政府，还有浙江、广西等省政府。11月初，浙江省临时参议会代电行政院，决议本年征购亦以粮食库券抵价，不发现金，12月，浙江省政府、浙江省临时参议会受到了国民政府的明令嘉奖。③ 12月，广西省临时参议会决议，本省本年征购粮食"一律以粮食库券抵偿，不发现金"。1944年1月27日，国民政府对桂省政府及参议会"体念时艰，倡导得力，全省人民，见义勇为并均踊跃遵行"的"忠爱热忱"明令褒奖。④

① 《广东省府随赋征购粮食自三十二年起改为征借全数发给粮食库券》（1943年），《行政院档案》，档案号：014-040504-0245，第30页。

② 《广东省府随赋征购粮食自三十二年起改为征借全数发给粮食库券》（1943年），《行政院档案》，档案号：014-040504-0245，第4页。

③ 《行政院长蒋中正呈国民政府请嘉奖浙江省临时参议会倡导征购粮食概发粮券》（1943年12月），《国民政府档案》，档案号：001-035131-00005-021，第31～33页；《国民政府明令嘉奖浙江省临时参议会倡导征购粮食概发粮券》（1943年12月），《国民政府档案》，档案号：001-035131-00005-022，第34页。

④ 《国民政府明令褒奖广西省三十二年度征购粮食一律以粮食库券抵偿》（1944年1月），《行政院档案》，档案号：001-035131-00005-035，第53页。

川、粤、浙、桂等省接连改购为借的做法，为其他省份做了示范，据龙云 1943 年 10 月中旬所言，川省政府"不愿再领现钞，以节国帑"的做法深得国民政府嘉许。与此同时，国民政府"嘱于本省方面，亦可仿照实行"，① 面对国民政府的"明示"，滇省政府该当如何呢？

三　央地博弈中的云南征借政策

如果说广东省改征购为征借是一出蒋介石与李汉魂表演的双簧戏，那云南省改购为借则是地方与中央之间博弈的结果。1943 年度，云南初步征实、征购数额各为 200 万市石，加上县级公粮 50 万市石，共计 450 万市石，比上一年度净增 50 万市石，农民负担较往年更重，特别是粮产不丰边地，负担奇重。据云南省民众临时自卫预备军第三支队队长张邦藩反映，在云南河口地方，1941 年度折征法币时，勉为其难达到征额九成上下。1942 年改征实物后，人民所获实物不敷缴纳，只得忍痛在附近越地购米，以补纳征额，边民逃逸、迁避者及以野菜、树根充饥者，时有所闻，"甚至近日坝洒泛属民食之茨良，新店、老卡泛属民食之野菜、树根，现均罗掘俱穷……民困如此，已到山穷水尽，其办理困难之处万言难罄"，从而请求仍折征法币。② 对于滇省政府来说，征收数量过大意味着征收难度增加，同时也意味着如果不能完成征收目标，则会影响主管官员的仕途乌纱，如果能减少征额，则是两得其便。因此，滇省政府与陆崇仁多方转圜，"其间来往文电，不下十余次"，请求中央政府核减。③ 在滇省政府主席龙云等争取下，财政部、粮食部允准征实数额减为 150 万市石，征购价格仍照上一年度给付，但将美金储蓄券改为粮食库券。在五届十一中全会上，龙云又提出减免事项，最终核定为征实、征购总额各为 200 万市石，总额为 400 万市石。可以看出，双方之间的分歧主要是征实与征购的数额问题。

征收数额确定后，如何完成上述任务，滇省政府亦有不同考量及不同

---

① 《云南省政府为本省 32 年度田赋征收实物暨随赋征购粮食告民众书》，《民国时期云南田赋史料》，第 414 页。

② 《云南河口对汛督办公署代电——请求田赋征实改为折征国币》（1943 年 7 月 12 日），《民国时期云南田赋史料》，第 369~370 页。

③ 《云南省政府为本省 32 年度田赋征收实物暨随赋征购粮食告民众书》，《民国时期云南田赋史料》，第 414 页。

对策。7~9 月，龙云、陆崇仁及粮政局局长兼昆明行营兵站总监段克昌先后赴渝，向中央政府陈述滇省状况，谓该省又遭旱灾，报灾县份已达三分之二，若征率购额不酌予降减，购价不予提高，"殊苦无法进行"，且民力亦需兼顾。① 经讨价还价，双方达成如下共识：一是征实额减为谷120 万市石；二是征购额为米 90 万市石，其中 30 万市石（折谷 70 万市石左右）以采购论，每市石给价 1400 元，总计 4.2 亿元，其余 60 万市石（折谷 140 万市石左右）改为征借，全数发给粮食库券，不发现金；三是征实、征借、采购如不足额，则动用滇省积谷，直至足额；四是滇省田赋、粮食机关人事完全照旧。10 月 16 日，孔、徐将该项办法呈送蒋介石，同时请中央政府对滇省政府改征购为征借予以嘉奖。20 日，财、粮两部呈请先由行政院电令嘉奖，再由国民政府明令嘉奖。23 日，蒋以行政院院长身份致电龙云，谓龙此举"裕国便民，深资利赖，除呈请国民政府明令嘉奖外，特电嘉慰，仍希督征足额，以竟全功"。12 月 15 日，蒋再以国民政府名义训令财政部、粮食部、云南省政府，对云南省政府"明令嘉奖，以资策勉"。②

在此过程中，尚有两事需做交代。第一件事即财、粮两部所提"滇省田赋、粮食机关人事完全照旧"，这看似轻描淡写的一句话，其实是双方妥协的结果。1943 年 3 月初，陆崇仁致函财政部田赋管理委员会主任委员关吉玉，谓已在 1942 年度征收工作开始前，将滇省粮食管理处原设人员与经费调整提高，以加强机构、健全组织。而 1942 年度征收工作完成后，各机构却苦于无法紧缩，陆遂请求"上峰逾格通融，宽予维持原案"。陆"迹近擅专"的做法虽"良非得已"，但显然与财政部机构设置规定不符，甚至会受到责罚，陆除请求关吉玉"鼎力维持"外，此次正好借赴渝机会向财政部说项，以求免责。在财政部看来，滇省一来同意改购为借，60 万市石食米可减少法币支出 8.4 亿元，节省了一大笔现金；二来改谷为米，虽与 400 万市石总额相比减少约 70 万市石，但有积谷可

---

① 《张肩重为滇省三十一年征赋列奖等事与陆崇仁往来函》（1943 年 7~8 月），《抗战时期的云南——档案史料汇编》（下），第 944 页。
② 《嘉奖云南省府三十二年改征购粮食为征借》（1943 年），《行政院档案》，档案号：014-090501-0870，第 8~15 页。

为补充，仍不失为亡羊补牢之策，亦可省却加工的烦琐与耗费。① 如此诸多利益与陆之加强机构、健全组织为目的的做法相比，财政部安得不做顺水人情？退一步讲，滇省征收组织机构的加强与健全，其目的也是提高征收率，而且健全的组织还可以继续为征收粮食所用，完成新的征收任务，财、粮两部何乐而不为？

第二件事与龙云、陆崇仁均有关。1943 年 8 月 9 日，国民参政会秘书长王世杰，参政员、经济动员策进会滇黔区办事处主任褚辅成向蒋介石密报，昆明各仓库存在囤积大宗货物情事，仅纱、布两项，即分别达棉纱 4 万大包、布匹 12 万匹，估价在 80 亿元以上。对于如此巨量囤积，褚请求蒋电令云南省主席龙云严办。然而，据坊间传闻，查封货物不但数额极巨，而且"多为陆崇仁、李培天等所有"，并且牵涉龙云二子龙绳武。蒋将之交由侍从室研究处理意见。侍从室第二处主任陈布雷 26 日拟具的意见较为微妙："去电责令严办恐已未必有效，惟褚主任既有此请，拟准电龙主席，切实究办。"从意见签署时间与措辞来看，陈布雷的态度相当谨慎。时间方面，侍从室 11 日即已得到褚的电报，并于当日将之报告行政院副院长孔祥熙，但直到 26 日陈布雷才拟具意见，显然陈对此事的复杂性已洞察，从收到报告到拟具意见，其间间隔半个月，侍从室完全有时间了解此案的大致情形，以便拟具处理意见。措辞方面，陈先提出"未必有效"，但即使如此，也应"切实究办"，这样才能对国民参政会有个交代。行政经验极其丰富、办事老练且深得蒋信任的陈布雷之所以小心翼翼，主要原因即是涉事人员非平常之辈，一方是"云南王"龙云之子，另一方是云南省财政厅厅长兼田赋处处长陆崇仁，陆是龙云亲信，深为龙所倚重，在滇省财政界自成系统，势力极大。为此，陈提出两项意见：一是按照国民参政会要求"切实查办"；二是传谕嘉许查封人员，并准予将没收货物提成给奖。9 月 1 日，国总会秘书长沈鸿烈呈文蒋介石，历数事情经过，并提出处理意见：货物既已查封，则不应在未查明前启封，而应根据《非常时期取缔日用重要物品囤积居奇办法》进行处理，以示惩戒，

---

① 《嘉奖云南省府三十二年改征购粮食为征借》（1943 年），《行政院档案》，档案号：014-090501-0870，第 6~15 页；《粮食部长徐堪为授勋及督办军粮与陆崇仁来往函》（1944 年 10~11 月），《抗战时期的云南——档案史料汇编》（下），第 946~947 页。

或由中央政府将货物核价后全部收购，以紧缩通货，调剂物资；同时令龙云暂缓启封，俟中央派员赴昆明调查后再做处理。对沈提出的处理意见，陈布雷显然不赞同。在 9 月 2 日的批示中，针对滇省政府军政联席会议已议决先由陆、李二人召集该省商会商议解决办法，陈仍坚持己见，并向蒋请示处理意见。①

蒋对此事迟迟未予表态。9 月 17 日，沈鸿烈再次将该案详情呈报至侍从室，希望转呈于蒋，但陈布雷仍将此事暂时压了下来。19 日，陈签署意见："拟暂存。俟全案结束时将办理经过呈报委座。"② 客观地说，此案涉案金额巨大，囤积物资为中央政府明令管制物资，而且国总会成立后，对物价、物资管制特别注意，此案之所以未按常理处置，显然其背后的考量或许更为深远。

除了战时云南地位十分重要外，怎样使滇省完成 1943 年度粮食征集目标，促使滇省政府将征购改为征借亦应是其原因之一。囤积弊案发生时，正值中央政府确定各省粮食征额之际。1943 年度，云南征实征购数额比上一年度净增 50 万市石，达到 450 万市石。8 月 28 日，滇省主席龙云以该省雨水不济，各县被灾，提出 4 项要求：一是核减征实数额；二是征购部分核减三成，并照市价给价；三是将原定随粮附征改为择县集中购粮；四是原定 1942 年度由康黔运滇 10 万大包军粮，1943 年度仍照原案运济。之后，龙云及陆崇仁、段克昌先后赴渝，就此事与中央政府进行商议。经讨价还价，双方就上述 4 项要求达成一致，中央政府亦对滇省政府顾全大局、改征购为征借予以嘉奖。从 1944 年 10 月陆崇仁被授予三等景星勋章及 1945 年上半年被选为中央委员来看，此一事件对陆并无实质影响。③

---

① 《国家总动员会议秘书长沈鸿烈呈军事委员会委员长蒋中正为呈报查封昆明仓库囤货案处理情形》（1943 年 8 月 11 日），《国民政府档案》，档案号：001-110010-00024-011，第 79~86 页。

② 《国家总动员会议秘书长沈鸿烈呈军事委员会委员长蒋中正为呈报查封昆明仓库囤货案处理情形》（1943 年 8 月 11 日），《国民政府档案》，档案号：001-110010-00024-011，第 79~86 页。

③ 《陆崇仁请准于调整加强征实征购机构函》（1943 年 3 月 4 日），《抗战时期的云南——档案史料汇编》（下），第 934 页；《嘉奖云南省府三十二年改征购粮食为征借》（1943 年），《行政院档案》，档案号：014-090501-0870，第 6~15 页；《粮食部长徐堪为授勋及督办军粮与陆崇仁来往函》（1944 年 10~11 月），《抗战时期的云南——档案史料汇编》（下），第 946~949 页。

龙云、陆崇仁等人均从此一事件中受益，而粮户手中的"借条"却成了"白条"。

云南部分改购为借的做法在获得国民政府赞许与嘉奖的同时，也减轻了省政府及征收机关的负担，而湖南省申请核减征额尤其是"切实减少"军粮，则采取了委婉的做法，效果也自不同。湖南1942年度征实总额按照财政部修正后的征实标准，每元折征稻谷4市斗，总计639万市石，按八折估计，可实收500万市石，这也是蒋所核定的数目。据粮食部估计，如果征收人员"能努力催征，则实收数额，更可超过"，因此，粮食部坚定维持500万市石数额的"最低限度"。但在湘省政府及省参议会看来，湘省虽号称产粮奥区，但抗战以还，农村人力财力均感困难，收获量有减无增，加上供给第六、第九两个战区军粮，粮政困乏，公教团警等生活困苦而救济乏术，民力已达无力负担境地。1942年6月24日，湘省政府采纳参议员曾毅建议，拟具《湖南省战时征购粮食实施办法草案》呈送行政院，提出按滨湖各县田地类别、产量及各县田赋附加，分等征购，即山田以不超过征一购一、湖田以不超过征一购七为准，即无论何种田亩，均征收实物1市斗，其余则需价购，从表面看征购数量虽未大幅减少，但价购时会支付更多法币；同时，湘省政府还提出增加购粮单位价格、不再就地派购军粮、积谷不再移作军粮、灾后减购或免购等要求。对于湘省政府的各种要求，粮食部断然不予答应，7月31日复以"原送战时征购粮食实施办法，核与现情不符，不能适用"。财政部则以"拖"字为先，在行政院秘书处催促下，迟至8月24日始做出答复，除对实施办法象征性地提出几条意见外，不予答应，而此时距湖南省该年开征日期已为时不远。[①]

1944年9月，蒋介石对该年度征实征借工作做了8点指示：一是自1944年度起，全国各省征实征借配额，由财政、粮食两部按照全省赋额及核定军公民粮，核实配定；二是征购一律改为征借，并随赋带借；三是征借不发券款，不计利息，就粮票内载明，自第五年起，分五年平均摊

---

① 《湖南省战时征购粮食实施办法》（1942年），《行政院档案》，档案号：014-090504-0144，第3~29页。湖南省1941年开征日期为10月1日。参见《粮食部三十年度工作检讨报告》，第14页。1942年开征日期当与此日期相差不多。

还，抵充当年新赋；四是征借应配定起点，并向大户另行累进征借，以期负担公平；五是县级公粮，一律随赋带征；六是严禁额外摊派；七是灾歉减免，须依照法定程序，勘报核定，不得笼统估计总额，也不得预请减免；八是征额核定以后，须设法完成，非特殊原因，不予变更。① 在蒋指示之后，1944 年征实、征购粮食一律改为征借或捐献。11 月，贵州省政府提出本省相关组织规程，亦将"征购"修正为"征借"。②

抗战胜利后，对于收复地区田赋征实征借，各省亦各有做法。湖北省战时因沦陷而未实行征实、征购、征借的新收复地区，"民间元气摧毁过甚"，国民政府所核定的征实 350 万市石、征借 175 万市石、带征公粮 105 万市石，在湖北省参议会看来过高，建议"将征收标准酌予减低"。为了让各级田赋承办人员了解征实征借的意义、办法，鼓励民众积极缴纳田赋，该省政府主席万耀煌 1946 年 7 月 11 日、12 日两日召集鄂东、鄂南、鄂中各县田粮处处长、科长举行座谈会，请省田粮处主管人员讲解有关法令，讨论开征前各项准备工作及开征后注意事项，编写宣传大纲。8 月 14 日，万耀煌出席改组财政收支系统会议后致电行政院，谓 1946 年该省田赋征实按照标准，赋额为 11652822 元，每元折征稻谷 3 市斗，则应征稻谷 3495846.6 市石，征借 1.5 市斗，则应征借稻谷 1747923.3 市石，两者合计 5243769.9 市石；带征省县级公粮 9 市升，带征额计 1048754 市石；积谷 5 市升。经该省政府委员会第 542 次会议讨论通过，并编具《湖北省三十五年度田赋征实征借实施方案》。但鄂省参议会驻会委员提出，该省"长期沦陷之后，田地荒芜颇多，年来水旱灾情尤重"，"民间元气摧毁过甚"，担心"将来实收之数比例甚微"。尽管国民政府免赋一年，但年来应购巨额战俘食粮，人民负担亦重，"如不酌予降低，不惟民力弗胜，抑且不易争取民众，于国于民，两无所利"。8 月 30 日，万再次致电行政院，"坚议每元征收稻谷应共为四斗九升"，即征实 2.6 市斗，征借

---

①　《蒋主席指示三十三年度征实征借方针》，《粮政月刊》第 2 卷第 2~4 期合刊，1944 年 9 月 16 日，第 126 页。

②　贵州省政府：《据思南县政府请将征购实物监察委员会之"购"字改为"借"字以符实际呈请鉴核示遵由》（1944 年 11 月 10 日），《行政院档案》，档案号：014-040503-0008，第 68 页。

1.2市斗，带征公粮8市升，积谷3市升，这一标准"尚能兼顾"国计民生。同时，万亦提出，如果征收超过300万市石，超收部分划归该省建设经费。9月6日，粮食部致函行政院，拟将该省征实额核减为300万市石，征借额减为140万市石，带征公粮减为90万市石。19日，行政院指令"准予照办"。但对于征借超收部分，"全部缴解"中央；征实超收部分，"除照规定得酌拨一部分兴办农田水利事业外，其余仍应按照中央与地方分配田赋成数之比例分拨，不得悉数列归地方"。① 总而言之，征借之风自1943年兴起后，各省政府争先恐后，其出发点则各不相同，农民征实、征借、捐献、摊派等种种负担不一而足，无形中"层累"加重。

小　结

国民政府战时粮食政策最核心的指导思想是"控量以制价"，即通过掌握大量粮食实物来调节粮价，从而根本解决粮食供需问题。② 因此，从长时段来看，田赋"三征"、粮食库券、献粮运动、禁止粮食酿酒等均是以中央政府尽可能最大量、多途径地掌握粮食实物为目的，是"控量以制价"这一理念的不同表现方式，也是这一指导思想下的制度设计与体现。战时献粮运动与福建禁止粮食酿酒的核心都是粮食问题，但其表现形式各有不同特点。献粮运动从实际效用来看，是以提高士兵待遇、取得战争胜利为出发点，意在通过广泛的全方位动员，唤起民众的爱国主义与捐献热情，既是自上而下声势浩大的社会动员，也是深入普通农户与大粮户的群众运动；既是反映基层社会对国家政权认同度的体现，也是粮食管理行政部门与基层民众的互动，其中还夹杂着中央政府与地方政府围绕粮食问题展开的博弈。从自由捐献到指名捐献的转变，既反映了民众在负担日益沉重下的无奈，也是粮食危机仍未解除时国家对基层社会控制的强化。从实际献粮效果、社会动员成效来讲，献粮运动并非一场成功的运动。

---

① 《湖北三十五年度田赋征实情形》（1946年），《行政院档案》，档案号：014-040201-0106，第1~25页。

② 《粮食部报告》（1941年），第5页；《管制民生必需粮物价格之根本办法案讨论会纪录》（1940年12月7日），《行政院档案》，档案号：014-040504-0058，第61页。

　　战时福建禁酿既是米、酒、税之间数量的此消彼长，也是县、省、国民政府相关部门行政权力及利益的维护与争夺；既有不同利益群体的各自考量，也有对同一政策的不同解读与执行；追求各自利益最大化在米、酒、税的共同变奏与交织下体现得淋漓尽致。同时，变奏主题也逐渐偏离政策主旨，节约粮食政策最终演变成了寓禁于罚，背离了制定节约粮食政策的初衷。优先保证粮食供应既是抗战取得最终胜利的物质保障，也是粮食部面对各方压力迟迟不愿解禁的根本原因。虽然我们无法得知福建省通过禁酿政策到底节约了多少粮食，但寓禁于罚显然与国民政府的指导思想和制度设计有所偏离乃至抵牾，节粮、禁酿、征税三项由不同主管部门基于不同出发点、维护不同利益而制定的政策，在一定程度上消解了彼此制度设计的预期效果，而它们又同是战争背景下的产物，这或许就是战争背景下的权宜之计所造成的制度矛盾与缺陷。

　　从征实到征购再到征借，从粮食库券搭发现金到仅发粮券而不发现金，国民政府的粮食政策越来越激进，民众负担越来越沉重。1942 年度，自征借政策在四川省开始推行后，粮食征借在全国范围推开，其他省份如广东、安徽等省出于各种考虑，也逐渐表态实行粮食征借。云南作为粮产不丰省份，在多个省份相继实施征借政策后，云南省政府在与中央政府博弈的过程中，也于 1943 年部分实施征借政策。征借政策名为各省主动，却是央地利益博弈的结果。不过，在博弈各方中，手中握有政权、拿捏地方政府"七寸"的中央政府始终是主导方。

第六章

战后都市民食配售

——以南京为中心

1946 年 5 月 5 日，国民政府还都南京后，随之而来的一个紧迫问题摆在了国民政府面前，即如何解决一百余万南京人口的粮食供应，① 以有效重建战后国民政府在收复地区的统治秩序。战时国民政府在后方摸索出了一套政治力量与经济方法并行、"控量以制价"的粮食政策及都市粮食供应措施，但面对战后复杂多变的国内外局势、一触即发的内战危机以及并未彻底好转乃至趋于恶化的粮食状况与财政状况，国民政府、粮食部、南京市政府想依靠内力、借助外力来解决南京粮食供应问题，进而稳定首都政治局面及全国局势的企图最终化为泡影。

都市民食配售是抗战胜利后，国民政府在京、沪、平、津、穗等纯粹粮食消费城市实行的一项十分重要的粮食政策。民食配售政策的出台与推行，既是美国粮食援助及国民政府上层人士争论的结果，也是国民政府稳固收复区统治秩序的需要；迟迟推行、仓皇收场的民食配售既反映了当时

---

① 南京人口数据与其他各地人口数据一样，各种记载均不一致。据首都警察厅统计，南京 1945 年 8 月人口为 65 万余人，1946 年统计时为 151632 户 756145 口。参见首都警察厅警员训练所编《南京市地理及社会概况》，首都警察厅，1946，第 23 页。据内政部统计处统计，1946 年 7 月南京人口为 808658 人。参见侯杨方《中国人口史》第 6 卷，第 160~161 页。另据上海《中央日报》报道，1946 年 7 月南京人口调查为 72 万人。参见李新总主编，韩信夫、姜克夫主编《中华民国史大事记》第 11 卷，第 8102 页。1947 年 7 月达 1084985 人，参见《表六：全国户口统计总表》，《户政导报》第 4 期，1948 年 5 月 1 日；1947 年 9 月为 1103538 人，参见《统计资料：都市人口变动》，《统计知识》第 13 期，1948 年 1 月 15 日，第 6 页；1948 年 1 月为 1113972 人，参见《全国户口（续）》，《统计月报》第 131~132 号合刊，1948 年 7~8 月，第 21 页；1948 年 2 月首都警察厅的统计为 1137430 人。

粮食问题的严重程度及依靠外粮 "救济" 的现实，① 其在推行过程中也不无值得商榷及有待改进之处。

第一节　配售政策出台的背景与艰难起步

一　民食配售政策的出台背景

配售政策在战时浙江、福建已有探索，如计口授粮、定量分配，重庆则有立约米、平价米供应，甚至在 1941 年 8 月日机空袭严重时期，粮食部对重庆民食供应也采取了多项措施，如增加联营米店数量、延长营业时间、预领供应米量、投保兵险等，② 配售对象包括普通市民及贫民，此举开创了国民政府粮食配售的先河。但随着战区扩大，粮价、物价也大肆上涨，公教人员③，尤其是依靠薪水度日的公务员及教职人员的生活水准从战前的优渥到战时逐渐走向贫困，战后则是每况愈下。④

---

① 关于战后美国救济中国的评价，亦经历了从全面否定到渐趋客观的转变，在廖盖隆《爱国运动论集》（海燕书店，1951）一书中，有一篇文章专门谈到救济的性质问题，称其 "完全不是什么对中国人民的 '友谊'，而只是侵略中国的一种恶毒而又卑劣的手段"（第 156 页）。当时国民政府及地方政府对美国配售食粮性质的认识颇不一致，中央机构中以粮食部为代表，该部在各项文件中一再声称各项配粮包括美粮 "并非救济与津贴性质"。参见《粮食部呈拟京、沪、平、津、穗五市粮食配售事项（二）》（1948 年），《行政院档案》，档案号：014-040504-0154。另据时任天津市民食调配处副处长孔令朋记载，"当年美粉虽然来自美援，但配售目的在于缓和粮荒，保证供应……所以配售的本身性质不是救济。救济是间接的，款项来自市民的购款，不是美国的恩施"。参见孔令朋《今生今世》，中国文史出版社，1998，第 181 页。而南京市民食调配委员会称美国米为 "救济米"。
② 《第二十九次经济会议》（1941 年 8 月 19 日），《行政院经济会议、国家总动员会议会议录》第 2 分册，第 41~42 页。
③ 公教人员 "系指政府及所属各机关公务员工及公立学校教职员工，其总数不得超过俸给费及工饷预算所列人数"。参见《首都民生必需品配售委员会关于民生日用必需品供应办法实施细则以及公教人员购买配售物品意见报告表、配发中央机关公教人员食米办法四项》，《首都民生日用必需品配售委员会（南京市民食调配处）档案》，档案号：10140010009（00）0001，第 2 页；《民生日用必需品供应办法实施细则通过》，《外交部周报》第 17 期，1947 年 3 月 3 日，第 3 版。
④ 参见刘仰东编著《去趟民国：1912~1949 年间的私人生活》，生活·读书·新知三联书店，2012；姜良芹《抗战时期高校教师工资制度及生活状况初探》，《南京师大学报》（社会科学版）1999 年第 3 期；严海建《抗战后期的通货膨胀与大后方知识分

战后各地对公教人员的民食供应做法各异，四川省田粮处自1946年1月30日开始，根据市场情形，随时酌量抛售"冲销米"，即平粜米。"冲销米"以无潮湿、无砂灰杂质的中熟米为准，必要时得以糙米供应。截至5月6日奉令停止，四川省田粮处共计抛售"冲销米"99214市石。[①]

还都南京后，蒋介石对京、沪地区公教人员粮食供应颇为关注，电令上海市市长吴国桢及社会部尽快将公务员生活费相关数据统计具报。[②] 据社会部部长谷正纲1946年7月统计，如果以1937年上半年南京市公务员生活费基准指数为100，那么1946年4月的总指数是其3326倍，5月增至4007倍，6月再增至5417倍，迅速攀升。[③] 表6-1反映了1946年上半年南京市公务员生活费指数变化情况。

表6-1　1946年1~6月南京市公务员生活费指数

	1937年上半年	1946年					
		1月	2月	3月	4月	5月	6月
总指数	100	170385	219224	302431	332715	400791	541842
食物	100	116863	185332	278352	290198	411596	546681
衣着	100	249083	340417	404806	442777	443958	552639
燃料	100	180889	248613	524339	571429	579894	583069
房租	100	130574	139145	149145	182002	221735	276850
杂项	100	255108	294690	388895	436507	489700	734210

资料来源：《社会部部长谷正纲呈国民政府主席蒋中正为呈报卅五年一至六月京沪物价工资及工人公务员生活指数》（1946年7月27日），《国民政府档案》，档案号：001-110010-00022-009，第78页。

子的转变——以大后方的教授学者群体为论述中心》，《重庆社会科学》2006年第8期；郑会欣《战时后方高级知识分子的生活贫困化——以几位著名教授的日记为中心》，《抗日战争研究》2018年第1期；郑会欣《抗战时期后方高级公务员的生活状况——以王子壮、陈克文日记为中心》，《近代史研究》2018年第2期；丁晓娟《从"吃饭第一"到"宁可饿死"——战后北平学人的经济生活与政治抉择（1945~1949）》，硕士学位论文，山东大学，2016；等等。

① 《解放战争时期四川大事记》，第63页。

② 《上海最近之工资为战前若干倍与物价比率如何希详报》（1946年5月23日），《国民政府档案》，档案号：001-110010-00022-007，第47页。

③ 《社会部部长谷正纲呈国民政府主席蒋中正为呈报卅五年一至六月京沪物价工资及工人公务员生活指数》（1946年7月27日），《国民政府档案》，档案号：001-110010-00022-009，第69~70页。

从表 6-1 可以看出，社会部统计的 1946 年 1~6 月南京公务员 5 种生活费指数，与全面抗战前相比均呈暴涨态势，涨幅最大的燃料类指数 6 月高达 583069，是 1937 年上半年的 5831 倍，食物类指数飞涨为 1937 年上半年的 5467 倍。难怪回迁南京的铨叙部政务次长王子壮在 5 月中旬的日记中大倒苦水："抗战八年胜利还都，生活益苦。"① 生活之苦主要表现在生活资料短缺，尤其是粮食短缺。

粮食问题的主要表现是粮源短缺，进而表现为粮价高涨，从战时到战后，粮价一直是困扰国民政府的严重问题，且愈演愈烈。从 1937 年 12 月着手平价，到 1943 年 1 月实施限价，再到 1944 年 8 月实行议价，国民政府虽不断探索粮价管控方式，但均以失败告终。抗战胜利后，国民政府粮食政策由战时统制转向战后自由运销。② 粮价虽因抗战全面胜利的利好而出现短暂回落，但很快即强力反弹。南京市 1945 年 11 月上旬中等熟米每市石均价为 5100 元，中旬为 6700 元，1946 年 1 月初为 6400 元，2 月下旬陡涨至 21500 元，4 月底再涨至 38000 元；③ 机制面粉 1937 年上半年均价为每市斤 0.09 元，1946 年 1 月涨至 150 元，上涨 1666 倍，6 月再涨至 447 元，上涨 4966 倍，④ 上涨速度之快令人瞠目。上海市 1945 年 8 月每市斗食米 5000 元，10 月 "粮价终于暴涨"，每市斗中熟米在 10 月底已达 7500 元 "高峰"，"面粉及物价亦随之狂涨"，⑤ 到旧历年关时，"不法奸

① 《王子壮日记》第 10 册，1946 年 5 月 14 日，台北，"中研院"近代史研究所，2001，第 618 页。

② 徐堪：《为粮食管制原属战时措施现在复员工作即将完成缕陈粮食业务情形拟请将现管军粮田赋等任务分别划归财政等部接管裁撤粮食部并准辞去职务》（1945 年 12 月 30 日），《行政院档案》，档案号：014-040503-0001，第 18~19 页。

③ 《表一：京沪平青四特别市米价格统计表》，《粮情旬报》第 218 期，1945 年 11 月 26 日，第 4 页；南京市政府统计处编印《两年来南京物价》，1948，第 28 页；方乃清：《六朝烟雨话南京》，《申报》1946 年 6 月 3 日，第 8 版。

④ 《社会部部长谷正纲呈国民政府主席蒋中正为呈报卅五年一至六月京沪物价工资及工人公务员生活指数》（1946 年 7 月 27 日），《国民政府档案》，档案号：001-110010-00022-009，第 76 页。

⑤ 《上海市西联益会主任庄平呈国民政府主席蒋中正为呈请转饬主管机关平抑米价》（1946 年 5 月 15 日），《国民政府档案》，档案号：001-110010-00021-008，第 83 页；《上海市平准粮价》（1945 年~1948 年），《粮食部档案》，档案号：119-050201-0001，第 5、16 页。

商混乱市面"，每市斗飞涨至 10000 元以上；① 机制面粉 1946 年 6 月每市斤骤涨至 500 元，较 1937 年上半年的 0.122 元上涨 4097 倍，② 远超公教人员及普通市民经济承受能力，甚至"已被其压至窒息将毙矣"。③ 战后公教人员生活窘迫，对政府批评之声不绝于耳。

上海也是战后较早开始对粮食实行管制的城市，中央、地方政府乃至社会团体如上海市西联益会等调动政治、经济力量等多途并进，冀以稳定粮价，粮食部也于 1946 年 2 月 20 日制定了《由沪报运米谷转口办法》5 条，规定在 8 月底前，经营转口粮商不得在上海市场采购、报运、转口等，④ 而且也取得了一定成效，如米价由每市石 7 万元跌至 46000 元，但米商私自从苏州、无锡、松江采购大量食米，运至苏州河、徐家汇一带起货，不进市场登记，以黑市转售渔利，⑤ 导致上海、杭州各地抢粮事件及米潮频发，"工潮澎湃，盗绑迭起"，⑥ 进而"危及国民生计与社会安宁，至深且巨"，⑦ 社会治安堪忧，人民怨声载道，政府平价能力备受质疑。

---

① 《上海市西联益会主任庄平呈国民政府主席蒋中正为呈请转饬主管机关平抑米价》（1946 年 5 月 15 日），《国民政府档案》，档案号：001-110010-00021-008，第 83 页。

② 《社会部部长谷正纲呈国民政府主席蒋中正为呈报卅五年一至六月京沪物价工资及工人公务员生活指数》（1946 年 7 月 27 日），《国民政府档案》，档案号：001-110010-00022-009，第 82 页。

③ 《上海市平准粮价》（1945 年～1948 年），《粮食部档案》，档案号：119-050201-0001，第 5、16 页。1946 年上半年，全国各大城市粮价上涨情形极为普遍，如据统计，成都 1 月趸售物价总指数中，食物类为 220626 倍，其中粮食为 102952；零售物价总指数中，食物类为 243726 倍，其中粮食为 138951 倍。及至 2 月，食物类总指数上升为 249082 倍，其中粮食为 168760 倍；零售物价总指数中，食物类为 275107 倍，其中粮食为 171788 倍。到了 3 月，各项指数再次攀升，趸售物价总指数中，食物类为 269031 倍，其中粮食为 182696 倍；零售物价总指数中，食物类为 299487 倍，其中粮食为 180017 倍。参见《解放战争时期四川大事记》，第 40、45、51 页。

④ 《粮食流通管制办法（一）》（1940 年～1948 年），《行政院档案》，档案号：014-040504-0021，第 90～92 页。

⑤ 《中国国民党军事调查统计局上海区特派员办事处叶秀峰呈总裁蒋中正为呈报上海市米粮问题调查报告》（1946 年 6 月 6 日），《国民政府档案》，档案号：001-110010-00021-009，第 95～96 页。

⑥ 《上海市平准粮价》（1945 年～1948 年），《粮食部档案》，档案号：119-050201-0001，第 16 页。

⑦ 《中国国民党军事调查统计局上海区特派员办事处叶秀峰呈总裁蒋中正为呈报上海市米粮问题调查报告》（1946 年 6 月 6 日），《国民政府档案》，档案号：001-110010-00021-009，第 89 页。

为控制粮价、安定各大都市公教人员生活，粮食部起初采用抛售方式，在京、沪两地试行，其办法是由各该市社会局监督，通过米店按照议价出售以应市。但此一办法无法使消费者直接受惠，也不能起到稳定粮价的作用，"乃改采部份定量定价，直接配售办法"。① 配发实物在还都后随即被提上日程，尤以国民政府主席蒋介石最为急切。

1946 年 5 月 13 日，蒋向行政院秘书长蒋梦麟下发手令，责令蒋梦麟督导各地社会团体、同业公会及民意机关等，发动监察并督促各商行实施议价，以代替政府出面平抑各地持续上涨的物价。② 同日及 17 日，蒋接连向行政院院长宋子文下发手令，转令粮食部向各大都市公教人员免费配发米、煤等生活必需品，责令行政院两周内拟具办法呈览。20 日，宋代电蒋介石，谓各都市公教人员众多，如果完全采用免费配发而非配售，一则非国库所能长期负担，二则在物资匮乏地区不易实行，也与节约初衷不符。因此，宋提出先从南京开始平价配售米、煤，俟有成效后再扩大配售实物种类与范围。③ 循此思路，粮食部 29 日草拟《首都中央公教人员食米配售办法草案》，该草案提出，"对于首都区中央政府及其附属机关公务员工暨国立学校教职员工，均拟每人每月配售食米二市斗，并以到达首都者为限，所有党务、团务机关员工，南京市政府及其附属机关员工、警察暨南京市立各学校教职员工，均拟比照办理"。④ 对于该草案，因配售对象范围广泛，且正值青黄不接、粮源不易筹措之时，行政院、国防会均较谨慎，行政院 6 月 11 日令粮食部部长徐堪"再研究"，颇有拖延意味。6 月 24 日，蒋再次要求行政院自 9 月起在各大都市实行粮食配售或公卖，

---

① 行政院新闻局编印《全国粮食概况》，1947，第 10 页。

② 《行政院秘书长蒋梦麟呈国民政府主席蒋中正为呈拟评议物价实施办法》（1946 年 5 月 13 日），《国民政府档案》，档案号：001-110010-00022-003，第 15 页。值得注意的是，蒋梦麟直到 9 月 14 日即 4 个月后才拟具了仅有 8 条内容的《评议物价实施办法大纲》，该大纲极为简略，就连文官处也在为"此件应否致复？及如何措词"为难，文官处政务局认为"所陈办法，不易有实效"。蒋介石收到该大纲阅览后，批示"此非好办法"，但蒋似乎也别无其他良法（出处相同，第 20~21 页）。

③ 《首都公教人员配售食米办法》（1946 年），《行政院档案》，档案号：014-040504-0096，第 2~6 页。

④ 《首都公教人员配售食米办法》（1946 年），《行政院档案》，档案号：014-040504-0096，第 18 页；《粮政（十三）》（1946 年 5 月 24 日~1948 年 3 月 30 日），《国民政府档案》，档案号：001-087000-00013-002，第 51 页。

根据战时经验尽早研究粮源、运输与储藏办法、粮食品质与价格标准、公卖机构、配售方法及预算等问题，令粮食部与经济部会拟方案。25日，行政院第748次会议决议"目前暂缓办理，俟十月秋收后各大城市同时举办"。26日，国防会第196次常务会议亦予以支持。①

在行政院、国防会均一致同意暂缓举办后，蒋的态度似有所转变，8月9日，蒋以各省该年均报丰收，米价日低，公教人员生活补助费拟自8月起增加，加上国防部提请该年军粮征收数量大幅增加，如再大量筹购民食，恐刺激粮价上涨，故指令配售公教人员食米一事暂缓办理，但应积极筹备。就在宋、徐等以为可以从缓时，29日，蒋再次下发手令，要求全面配售工作"必须于秋季实施，此事无论粮食丰啬与贵贱，必须由主管部积极负责"，"务必于十月起实施，勿误"。9月19日，蒋再发手令，"务望认真进行，如期开办"。迫于蒋坚决的态度及不断催促，20日，徐堪拟具一份关于公卖的提案，呈蒋过目。② 徐的提案从公卖须先立法、物色专门人才、另组审议与监察机构、公卖应以地方政府为主、专设公卖机构、及早筹划粮源、兼顾生产成本与公卖价格、维持现有粮业人员利益8个方面进行了深入分析，此外指出尚有诸多行政、技术问题牵绊，亦非能一蹴而就。③ 可以看出，从5月中旬到9月中旬，对于是否配售及配售范围如何确定，国民政府上层人士并未达成共识，蒋与宋、徐之间甚至存在不小分歧。作为配售政策的推动者，蒋希望从速、从宽，以稳定粮价、收揽人心，但其态度并不十分坚决，左右摇摆；作为粮食主管者，徐则担心粮源无确实持续保障而异常谨慎，如果贸然行事，可能会出现开场容易收场难的局面，后来事实证明，徐的谨慎是极有道理的；宋也深知配售问题

---

① 《粮政（十三）》（1946年5月24日~1948年3月30日），《国民政府档案》，档案号：001-087000-00013-002，第51页；《首都公教人员配售食米办法》（1946年），《行政院档案》，档案号：014-040504-0096，第23~27、56页。

② 《首都公教人员配售食米办法》（1946年），《行政院档案》，档案号：014-040504-0096，第59~63页；《粮政（十三）》（1946年5月24日~1948年3月30日），《国民政府档案》，档案号：001-087000-00013-002，第39~40、51页。

③ 《粮政（十三）》（1946年5月24日~1948年3月30日），《国民政府档案》，档案号：001-087000-00013-002，第44~48页。

与粮源关系极大，而且"全面配售，在我国实属创举，并无成规可循"，①尽管蒋一再催促，宋也只是提出由粮食部先行在个别城市举办，再逐步推进。宋子文深知，如若掌管粮政经验丰富的徐堪对此不甚积极，则配售政策推行起来难度不小，成效也会大打折扣，这也是宋夹在蒋、徐之间左右为难的主要原因。

屡被催促的粮食公卖、配售之所以未被贯彻执行，在徐堪看来，该项工作非朝夕可成。粮食公卖系孙中山生前所倡导，②其后国民党人论及粮食政策时，多言必称公卖，蒋介石亦将平均地权、粮食公卖奉为圭臬，多次阐述粮食公卖的内涵。1941 年 4 月底，蒋的一份手令也特别分析了粮食公卖在战时的重要意义；9 月，蒋下发手令，饬令翁文灏、吴国桢等切实限制物价、筹办公卖事宜，并责令经济会议核议具复。③粮食公卖在战时粮食供应极度困难时期已有研究，曾拟在重庆试办，但"卒以条件未备，弊多利少，未予实行"。眼下虽抗战胜利，但公卖准备工作极不充分，且粮食公卖关系至巨，应以周妥为善。蒋之所以急迫地在战时及战后推行粮食公卖，也与完成总理遗教、平均地权、实现民生主义有直接关系。然而，在宋子文、徐堪等人看来，完成总理遗教固属重要，且战时也有火柴、食盐等专卖政策的施行，但战后如何妥善地推进，应仔细斟酌、从长计议。客观地说，在徐堪分析的 8 个方面内容中，最为关键的就是如何筹划粮源。

战后中国粮食来源可分为国内、国外两种途径，但由两途能获得的粮食数量均呈直线下降趋势。国内粮源仍以田赋征实征借为大宗，但从战后情况来看，不容乐观。历经多年艰苦抗战，收复区多数县份长期被敌蹂躏，"劳力、经济两感缺乏"，即使传统出产丰富、赋税沉重地区，也面

---

① 《粮政机构工作报告案（二）》（1948 年），《行政院档案》，档案号：014-040501-0002，第 15 页。

② 《国父关于粮食问题的遗教》，"编辑弁言"第 1 页；甘乃光编辑《孙文主义讨论集》，孙文主义研究社，1925，第 122 页。

③ 《委座手令——对粮食有效之管理方法必须办到粮食公卖》（1941 年），《行政院档案》，档案号：014-040504-0069，第 15～16 页；《行政院经济会议秘书处函军事委员会侍从室为行政院经济会议核复重庆市长吴国桢订定物价及筹办公卖办理情形》（1941 年 9 月 22 日），《国民政府档案》，档案号：001-110010-00013-007，第 92 页。

临农产量锐减的困境。据徐堪 1946 年 2 月 16 日的一份报告，中国"歉收之地方，如湘省衡岳等处，目前已有以草根树皮为食之惨象"。[①] 江苏吴县临时参议会议长单东笙、副议长范公任 1946 年 5 月 6 日呈送宋子文的呈文中，对此述之颇详。[②] 单、范二人所述吴县情形不过为广大收复区的缩影，劳力缺乏，田地荒芜，其结果则是直接影响田赋征收。1946 年度，国民政府核定征收田赋总量达到空前的 10130 万市石，而实收数量估计不足 8000 万市石。根据战后财政划分原则，田赋收入中省县得七成，中央政府得三成，因此粮食部所能掌握的粮食不超过 2300 万市石，其中包括部队 450 万人的经常补给，而"反正部队及挺进军与俘虏等食粮另案办理"，[③] 收复区免征田粮各省所需军粮，亦由各省自筹。即如徐堪所言，"本年征粮中央所得实物全数拨作军粮不敷尚巨，绝无余额可充公卖粮源之用"。[④] 因此，粮食部手中所能掌握的粮源极为有限，这一点与战时迥然不同。就粮食生产与消费状况而言，1946 年稻谷、小麦、杂粮产量约为 3039447000 市担，消费量为 3128656000 市担，两者相抵后，缺额为 89209000 市担。[⑤]

蒋提出在各大都市实行配售，其所指的各大都市，虽未明言，应系以南京为首的行政院直辖市，即京、沪、渝、平、津五市，[⑥] 院辖市虽政治地位较高，经济实力、基础设施相对较优，但其软肋是人口众多，公教人

---

① 《国外购粮（一）》（1939 年~1948 年），《行政院档案》，档案号：014-040504-0061，第 86~87 页。

② 《粮食流通管制办法（一）》（1940 年~1948 年），《行政院档案》，档案号：014-040504-0021，第 41~46 页。

③ 《军粮配额及拨购（三）》（1945 年 9 月~1946 年 2 月 4 日），《国民政府档案》，档案号：001-087210-00003-001，第 5 页。

④ 《粮政（十三）》（1946 年 5 月 24 日~1948 年 3 月 30 日），《国民政府档案》，档案号：001-087000-00013-002，第 44~48 页。1946 年 7 月，上海市民胡复呈文粮食部，认为上海粮价近期之所以大涨，"各省摊购军粮实为其最大主因"，军民争食问题虽从战时至战后一直存在，但在战后豁免田赋政策实行后更加恶化。参见《上海市平准粮价》（1945 年~1948 年），《粮食部档案》，档案号：119-050201-0001，第 17 页。

⑤ 《全国粮食概况》，第 15 页。

⑥ 战前最早的 5 个院辖市依次为南京、上海、北平、青岛、天津；1939 年重庆市改为院辖市；大连、哈尔滨 1945 年设置；汉口与广州（7 月 1 日）及西安（即西安，8 月 1 日）、沈阳分别于 1947 年改隶行政院。参见《院辖市一览表（十二市）》，《市政评论》第 10 卷第 7 期，1948 年 7 月 20 日，第 17 页；《国防最高委员会第二百二十五次常务会议纪录》（1947 年 3 月 26 日），《国防最高委员会常务会议记录》第 9 册，第 193 页。

员集中，更为致命的是均为纯粹的粮食消费城市，① "本身无粮可资运用"，只能筹款购办，这也是后来配售工作开始后各市筹购粮额仅限定为总量四分之一的原因。战后粮食部从田赋项下所能掌握粮源减少的同时，各省则以各种借口限制粮食出境，粮食流通阻滞情形大量出现。1946 年 5 月，福建省政府以本省上年受灾县份达 48 个县，加上商民购运粮食出海，造成粮价剧烈波动为由，规定"凡商民购运粮食出口，事先应报由本省粮食主管机关核准，发给本府运粮证明书，方准启运，无证私运，一经缉获，即予没收。其没收之粮食，准予变价，一半提奖，一半拨充平籴，所有装运之船只，勒令停航"。对此一限制粮食出境办法，粮食部认为"自无不可"，对没收的做法提出异议，即只能依据《非常时期违反粮食管理治罪暂行条例》相关规定，酌处罚金，而不能没收；同时，粮食部提出，限制办法应在秋收后废止，以免影响粮食自由流通，导致国民政府亦无法收购粮食以调剂盈虚。②

各都市国内之粮无法满足时，须仰给外粮或外汇购粮，这对于地方财政日益困难的各都市来说，只能或依赖国库拨助，或由中央银行贷款，或如平、津等省市提出的，以出口货物换取外汇，再用外汇购粮。不过，此意虽美，但事关外汇管理问题，财政部输入临时管理委员会执行委员会"在政府尚未决定""进出口货品、外汇互相调剂之联（连）锁制度"实施，平、津等提出的换汇要求"只可暂从缓议"，③ 只能由国库拨款或由

---

① 行政院新闻局编印的资料显示，1946 年上海粮食缺额为 25854000 市石，南京为 6474000 市石，北平为 8834000 市石，天津为 9265000 市石，重庆为 6966000 市石，而上述五市 1946 年粮食产量均为零。参见《全国粮食概况》，第 14～15 页。另据上海市警察局统计，1946 年 6 月，上海市人口为 340 万，每日消耗米量为 12000 市石至 15000 市石，每月约需食米 40 万市石。参见《中国国民党军事调查统计局上海区特派员办事处叶秀峰呈总裁蒋中正为呈报上海市米粮问题调查报告》（1946 年 6 月 6 日），《国民政府档案》，档案号：001-110010-00021-009，第 89 页。

② 《粮食流通管制办法（三）》（1940 年～1948 年），《行政院档案》，档案号：014-040504-0023，第 20～41 页。

③ 《天津市粮荒救济》（1947 年～1948 年），《行政院档案》，档案号：014-040505-0016，第 5～17 页；《平、津、冀、晋、热、察、绥七省市参议会电请准以出口换取外汇购进杂粮》（1948 年），《行政院档案》，档案号：014-040504-0200，第 4～5 页。1948 年 11 月 20 日，行政院临时会议通过《进出口贸易连锁制实施纲要》，简化了外汇管理办法。参见《进出口贸易连锁制实施纲要》，《工商法规》第 1 卷第 51 号，1948 年 11 月 27 日，第 1484 页。

银行贷款。可以说，如果按照蒋介石的思路，长期广泛配售，各院辖市的粮源极成问题。

就国民政府战后可以获得的国际粮源而言，形势也异常严峻。第二次世界大战时期，各国陆续将粮食作为战略物资予以管制，粮食成了国际争夺的一种重要战略物资，参战国、中立国均围绕国外购粮有所行动。在亚太地区，澳大利亚为粮食出口国，日本亦曾觊觎澳大利亚粮食，"欲向澳包购剩余麦面以充军粮"，但澳政府"以同情我国抗战"，"以事关中国抗战，不愿售日"。抗战全面爆发后，中国进口粮食数量减少，加上 1937 年、1938 年连年丰稔，国民政府并未注意粮食短缺问题，对于外国政府提出的粮食交易，也未予充分关注。1939 年 11 月，澳大利亚政府与中国驻悉尼总领事接洽，"极愿以最优条件"出售麦面予中国。但财政、经济两部以中国农业丰收，且"麦面既非急需，内运更感困难，徒耗大量外汇，于国家无所补益"为由，于 1940 年 2 月婉拒该项事宜。[①] 宜昌会战后，中国粮食危机渐趋严重，遂有免征洋米进口税及采购计划，而且免税政策一再延期。[②] 二战结束后，粮荒成为世界性问题，尤其是曾遭战火兵燹各国，粮荒更为严重，中国亦然。

战后中国的外来粮源主要有 3 种：一是联合国善后救济署（简称"联总"）供粮，二是粮食部通过粮农组织批准进口的粮食，三是其他国家的粮食援助。为解决战后世界范围粮食问题，粮农组织成立了国际粮食紧急处理委员会，负责调剂国际粮食分配，规定各国之间不能自由购运，而要实行配额制，购粮年度为当年 7 月至次年 6 月。中国负责此项业务的统一机构为中央信托局。[③] 1945 年 12 月，粮食部与联总在重庆商定中国应得配额。1946 年 1~6 月，由联总拨米 72 万吨、小麦与面粉 75 万吨。但这一数额屡次减少，起初联总单方面将食米数量减至 209000

---

① 《国外购粮（一）》（1939 年~1948 年），《行政院档案》，档案号：014-040504-0061，第 2~10 页。

② 《国外购粮（一）》（1939 年~1948 年），《行政院档案》，档案号：014-040504-0061，第 2~10 页；《粮政（一）》（1941 年 6 月 25 日~1946 年 8 月 17 日），《国民政府档案》，档案号：001-087000-00001-001，第 23 页。

③ 《华中地区粮荒救济（二）》（1946 年~1948 年），《行政院档案》，档案号：014-040505-0014，第 131 页。

吨，国民政府外交部虽据理力争，食米仍被骤减至 67900 吨（1～3 月配额为 17000 吨，4～6 月减为 50900 吨），而小麦"无甚希望"，面粉也不能充分供给，① 甚至暹罗侨胞 3 月发动捐献、救济祖国的 5 万市石食米亦被纳入配额。② 面对此一状况，国民政府于 1946 年 3～5 月先后派员至暹罗、缅甸、越南乃至厄瓜多尔、乌拉圭等地采购，③ 但采购受限颇多，远未达到预期目标。另据英国东南亚区特别委员吉伦勋爵 6 月称，联合国粮食局东南亚区食米初步分配方案规定，东南亚区 4～6 月可得的食米数量仅为供应数量的四成，输出国只有暹罗、缅甸和法属越南，这些国家输出的食米"颇多系劣质陈米"，联总中国分署可能获得的东南亚粮食数量约计 47300 吨，包括来自暹罗的约 27300 吨、越南的约 20000 吨，④ 但其不确定性仍是非常高的。1946 年下半年，中国可能获得的配购洋米总额为 28 万吨，其中联总购运 20 万吨，中国政府只能在暹罗、越南两国采购 8 万吨，除去损耗，折实总额仅为 233436 吨，即折实率仅有 83.37%，一来配额十分有限，二来损耗不小，所得有限，各项费用包括包装材料费用还需支付英镑、美元等外汇，国库压力无形增大。⑤ 据徐堪 1946 年 3 月 26 日向宋子文呈报的数据，如果中央政府本年度可能获得的进口粮食数量仅为 15 万吨至 20 万吨，"实属杯水车薪"，这与上年度 12 月商定的 147 万吨差额巨大。用徐堪的话说："目前粮食恐慌之严重，实为历年所未有……何能解救粮荒？"⑥ 因此，及至 1947 年，国民政府请求联总给予食米配额上半年至少为 50 万吨，下半年不少于 20 万

① 《全国粮食概况》，第 5～6 页。
② 《行政院工作报告》（1946 年 2 月～1947 年 1 月），行政院秘书处撰，李强、黄萍选编《行政院工作报告：一九三四～一九四七》第 9 册，第 355～356 页；《国外购粮（一）》（1939 年～1948 年），《行政院档案》，档案号：014-040504-0061，第 82 页。
③ 《国外购粮（一）》（1939 年～1948 年），《行政院档案》，档案号：014-040504-0061，第 82 页；《粮食部三十六年度工作计划报告》（1946 年～1947 年），《行政院档案》，档案号：014-040501-0009，第 66～67 页。
④ 《行政院院长宋子文电国民政府主席蒋中正为联合国粮食局对东南亚区食米分配概况备忘录》（1946 年 6 月 13 日），《国民政府档案》，档案号：001-060100-00001-018，第 55～59 页。
⑤ 《三十六年度购储谷米、小麦计划》（1947 年～1948 年），《行政院档案》，档案号：014-040501-0008，第 53～57 页。
⑥ 《粮食部呈送我国实需粮食进口情形》（1946 年 3 月 26 日），《行政院档案》，档案号：014-040501-0017，第 4 页。

吨，但经国际粮食紧急处理委员会议定，上半年减为 24.5 万吨，下半年骤减至 3 万吨，总额减少 60.71%。① 因此，在战后国际社会粮食恐慌背景下，中国能从国外获得的粮食配额极少，而变数却很大，国际粮源的不确定性也为国民政府是否开展配售工作增添了顾虑。为了尽可能多地获得国外粮源，粮食部与联总、粮农组织、美国有关方面都有交涉，希望获得各方尤其是美国的粮食援助。

徐堪列举的种种困难既是事实，也微妙地表达了其对配售政策的态度，而这也与战时粮食部所受颇多訾议及战后国民政府机构裁撤计划不无关系。战时粮政既属"新政"，经纬万端，"征集则遍于陇亩，转输则无间水陆，劳力劳费，怨尤丛滋"，② 因此，粮食问题也极易发生弊案，据陈克文 1943 年 6 月 28 日记载："粮食部内部高级职员近发生舞弊案，案情达百余万元之巨，殊为严重。粮政之弊，至此而极矣。年来地方各级粮政机关之舞弊营私已成公开之事实，不谓中央粮政机关，亦竟有此痛心之事也。"③ 对粮食部门的各肥缺，时人亦编有歌谣予以讽刺：从政不如从良（"良"通"粮"，即当粮官），从良不如当娼（"娼"谐音"仓"，即管粮仓）……④ 这些言论固为事实，但也抹杀了徐本人及粮食部对抗战胜利的巨大贡献。而抗战甫一胜利，徐堪即提出裁撤粮食部的请求，随后国民政府的机构调整与裁撤及社会舆论，也把粮食部推向了风口浪尖。

如前所述，1945 年 12 月底，徐堪曾呈文宋子文，从公、私两个方面提出了裁撤粮食部的三点理由。经历了战时粮食管理的起伏波折及社会各界对粮政的攻讦及其个人的诋毁，此时的徐堪似已无当年拟订《粮食部施政计划大纲》时的底气及报答蒋介石对其委以重任的抱负："仰感钧座宵旰之忧劳，更念抗战建国之大业，身为革命党员，明知事属艰巨，不敢

---

① 《全国粮食概况》，第 7~8 页。

② 《粮食部成立与裁并》（1941 年 6 月 9 日~1947 年 7 月 7 日），《行政院档案》，档案号：014-040503-0001，第 18 页。

③ 陈方正编辑、校订《陈克文日记（1937~1952）》下册，1943 年 6 月 28 日，台北，"中研院"近代史研究所，2012，第 772 页。

④ 马宣伟：《国民党人徐堪》，政协四川省三台县委员会文史资料征集委员会编印《三台文史资料选辑》第 6 辑，1987，第 19 页。

过于推辞。"① 两相对照，此时的徐堪已无当年舍我其谁的雄心，只想全身而退。对于徐的裁撤建议与辞呈，宋子文十分谨慎，1 月 19 日对此签呈批示："该部事务改隶问题，应从长计议。所请辞职，应无庸议。"② 同日，行政院秘书长蒋廷黻致函徐堪，表达了宋子文的慰留之意。

粮食部裁撤风波停息不久，国民政府机构调整的计划又起。1946 年 5 月 6 日，即还都后的第二天，国民党中央常务委员会及国防会常务委员会召开联合谈话会，讨论如何调整中央机构、缩减人员，最后决定先就国民党中央党部、国民政府及五院所属机关拟具裁减意见。宋子文也表态"将首由行政院所属切实裁汰"。③ 22 日，徐堪再次具呈《粮食机构及其工作之调整意见》，重申 1945 年 12 月底自己提出的裁撤粮食部意见，并以医治牙病胃疾为由，又一次提出辞职。④ 第三届国民参政会、立法院在审议 1946 年度国家总预算时，"主张裁撤粮政机关，结束粮政工作"，此一主张竟然"深得社会同情"。⑤ 1946 年 9 月上旬，在青年团第二次全国代表大会上，部分与会代表"大声疾呼要求撤去徐堪粮食部长"。⑥ 抗战胜利后的社会舆论、民众心理丕变本不足论，但这对于一手创建粮食部、对战时粮政居功甚伟的徐堪来说，既有兔死狐悲之叹，也难免心灰意冷。徐再度请辞虽未获准，但也透露出其去意愈坚，对于配售工作或存敷衍之态，或有留待后任解决的心理。

不管宋、徐两人如何拖延及粮食部是否裁撤精简，蒋要求从速制定实行配售政策的态度越来越坚决。1946 年 8 月 11 日，恰有一批美国战时剩余物资运华，南京公教人员临时得到了极少量的配售物资，但为时极短，

---

① 《粮政（一）》（1941 年 6 月 25 日～1946 年 8 月 17 日），《国民政府档案》，档案号：001-087000-00001-001，第 8 页。

② 《粮食部成立与裁并》（1941 年 6 月 9 日～1947 年 7 月 7 日），《行政院档案》，档案号：014-040503-0001，第 17～19 页。

③ 《调整中央机构裁减人员以增加行政效率案》（1946 年～1947 年），《行政院档案》，档案号：014-000101-0129，第 46、1～11 页。

④ 《粮食部成立与裁并》（1941 年 6 月 9 日～1947 年 7 月 7 日），《行政院档案》，档案号：014-040503-0001，第 17～20 页；《粮政（一）》（1941 年 6 月 25 日～1946 年 8 月 17 日），《国民政府档案》，档案号：001-087000-00001-001，第 52～59 页。

⑤ 《粮食部成立与裁并》（1941 年 6 月 9 日～1947 年 7 月 7 日），《行政院档案》，档案号：014-040503-0001，第 29 页。

⑥ 陈开国：《回忆谷正伦任粮食部长的几点情况》，《安顺文史资料》第 3 辑，第 11 页。

25 日即告结束。① 短暂少量的配售，对百余万民众来说无异于杯水车薪，而上涨不已的物价更使民众对配售工作充满渴望与期待。

二 配售政策的艰难起步

1947 年 2 月 16 日，国防会通过《经济紧急措施方案》，依照该方案第 5 条规定，中央政府在京、沪两地各中央及地方机关、学校公教人员应按月配售食粮（米或面）、食盐、煤、食油、食糖、布匹等 6 种日用必需品，"以定价供给公教人员按月之正当需要，勿使缺乏，就京沪两地先行试办，并于市场随时出售，以安定市价"，配售所需食粮由粮食部筹办，最高经济委员会为督导机关，决定政策、指示方针、考核业务。② 19 日，国防会通过《民生日用必需品供应办法实施细则》，根据该实施细则，京、沪两市公教职员每人每月配售中熟米 8 市斗或二号面粉 2 袋，工友 4 市斗或 1 袋，不愿购领米面者，可以折发配价差额，配价均按 1947 年 1 月当地平均零售价核定，配售事务由当地地方行政机关会同物品主管机关或指定机关，分类由特约商店或委托合作机关办理；警察除已领食米者，各等官佐按上述标准配售，警士减半；工厂职工每人每月配售食米 5 市斗。③《经济紧急

---

① 《政院供应公教人员物资首批今起供应，迟到还都人员仍可领证》，《中央日报》1946 年 8 月 11 日，第 4 版。早在 1944 年 2 月，美方即已开始考虑战后如何处置战时物资问题，时任经济部部长翁文灏 5 月 19 日也向蒋提出采购美国"政府剩余战时物资"建议。11 月 15 日，美驻华大使馆经济顾问沈约翰主动与翁接洽"供给关于我国战后经济建设有关资料"事宜，次日翁又向蒋请示该项事宜，25 日，蒋同意由翁"择要供给"。这也为后来的供给奠定了基础。参见陈谦平编《翁文灏与抗战档案史料汇编》下册，第 837~841 页。

② 《府令公布经济紧急措施方案》（国民政府训令处字第 141 号），1947 年 2 月 17 日，《金融周报》第 16 卷第 9 期，1947 年 2 月 26 日，第 13~15 页；《经济紧急措施方案全文》，《现代经济文摘》第 1 年第 2 期，1947 年 3 月 1 日，第 25~27 页；《粮食部三十六年度工作计划报告》（1946 年~1947 年），《行政院档案》，档案号：014-040501-0009，第 71~72 页；《首都民生必需品配售委员会关于民生日用必需品供应办法实施细则以及公教人员购买配售物品意见报告表、配发中央机关公教人员食米办法四项》，《首都民生日用必需品配售委员会（南京市民食调配处）档案》，档案号：10140010009（00）0001，第 1 页。

③ 《国防最高委员会第二百一十九次常务会议纪录》（1947 年 2 月 19 日），《国防最高委员会常务会议记录》第 9 册，第 99 页；俞飞鹏：《中华民国三十七年度粮食部工作计划（事业部分）》（1947 年 9 月），《中央设计局档案》，档案号：一七一–4150，第 12 页；《首都民生必需品配售委员会关于民生日用必需品供应办法实施细则以及公教人员购买配售物品意见报告表、配发中央机关公教人员食米办法四项》，《首都民生日用必需品配售委员会（南京市民食调配处）档案》，档案号：10140010009（00）0001，第 2 页。

措施方案》与《民生日用必需品供应办法实施细则》为战后民食配售奠定了基础。

按照《民生日用必需品供应办法实施细则》规定，京、沪两市先行试办，南京市政府呈请设置首都民生日用必需品配售委员会，以便开展配售工作。3 月 18 日，行政院第 779 次会议决议设立配售委员会，该委员会由行政院秘书处、财政部、经济部、社会部、粮食部、资源委员会、物资供应局、南京市政府及首都警察厅 9 个机关组成，内分总务、查核、粮食、煤布、油糖盐五组，其中粮食组"掌理粮食供应与承销之配合与联系等事项"。① 该委员会拟订《南京市市民日用必需品配售计划草案》，② 粮食配售委托食米面粉商店承销。根据测算，南京月需食米 27000 市石、面粉 26000 袋，价格前者为每市石 6 万元、后者每袋 24000 元。眷属不在任所、不愿购领实物者，按照市价与配价的差额，发给现金。此次配售所需食粮均由政府采购，因此各项费用包括差价在内，均由国库负担。③ 3 月，南京选定食米承销店 54 家，面粉承销店 21 家，并规定每承销食米 1 市石，补贴各项费用 5000 元，面粉 1 袋补贴 1900 元。每市斗食米价格为 6 万元，每袋面粉为 24000 元。4 月，南京配售食米 27444 市石、面粉 25290 袋。④ 战后配售工作渐次展开。

相比于公教人员可以享受配售食粮，南京各地各行业工人如电厂机械业、起卸业、行李包件业、押车业甚至麦片业、面粉业工人以及其他机关团体人员，则"均不在配售之列"。社会部为了解决南京上述行业工人就食问题，特筹组南京工人福利社，据该社统计，每日来社内食堂就餐人员

---

① 《行政院会议议事日程（第七七九至七八○次）》（1947 年 3 月 18 日），《行政院档案》，档案号：014-000205-00006-002，第 154~156 页。
② 《首都民生必需品配售委员会关于民生日用必需品供应办法实施细则以及公教人员购买配售物品意见报告表、配发中央机关公教人员食米办法四项》，《首都民生日用必需品配售委员会（南京市民食调配处）档案》，档案号：10140010009（00）0001，第 1 页。
③ 俞飞鹏：《中华民国三十七年度粮食部工作计划（事业部分）》（1947 年 9 月），《中央设计局档案》，档案号：一七一-4150，第 12 页。
④ 《粮食部三十六年度工作计划报告》（1946 年~1947 年），《行政院档案》，档案号：014-040501-0009，第 72~82 页。

约 1800 人，月需食米 150 市石、面粉 240 袋。① 5 月，粮食部对两市配售对象范围分别有所扩大，南京市为公私立学校教职员、公立学校寄宿生、党团、慈善团体、新闻人员、囚犯、贫民，上海市在上述范围内增加职业工人、产业工人，② 这一变动引起了南京职业工人、产业工人的不满。6 月中旬，南京工人福利社向粮食部提出每月配拨平价食粮请求，但粮食部"格于规定，歉难照办"。③ 直至 1948 年 6 月，配售对象才扩至京沪两市贫民、职业工人、产业工人、学校员生工役及薪给阶层人员。工人福利社的请求虽是部分工人的呼声，无法代表南京全体产业工人的意愿，却反映出三个事实：一是在蒋介石的一再坚持下，国民政府迈出了战后民食配售工作的第一步；二是此时的配售对象范围较小，仅为中央机关及公教人员，其他社会群体未享配售实惠；三是粮源短缺仍是制约大范围配售的最主要因素，而且粮价仍不稳定。

自 1947 年 4 月开始，各地米价普遍剧烈波动，北平 1~5 月平均每市石米价为 297806 元，天津为 251968 元，④ 对公教人员影响较大。国民政府教育部在 4 月底至 5 月初提出，每市石食米市价已涨至 12000 元，国立学校公费生原来预算的每市斗 4000 元早已不敷支用，请求追加预算，并以紧急命令先行支付。⑤ 5 月，中央警官学校亦提出，该校本年本校、分校学生共计 5300 名，年列预算学生膳食费为 133560 万元，粮价上涨后已不敷支应，尽管从 2 月起已有所上调，总计追加 45897.5 万元，但在粮价续涨不已的情形下，原先追加费用仍入不敷出，遂提出从 6 月起再事追加，以 5 月底粮食测算，共需追加 164272.5 万元。⑥ 教育部及中央警官

---

① 《南京工人福利社工人食堂食粮》（1947 年 6 月），《粮食部档案》，档案号：119-040103-0196，第 3~6 页。

② 《粮食部部长俞飞鹏呈报粮政措施及各地征购困难情形并陈述请求七项事项》（1947 年 10 月 16 日），《行政院档案》，档案号：014-040501-0004，第 10 页。

③ 《南京工人福利社工人食堂食粮》（1947 年 6 月），《粮食部档案》，档案号：119-040103-0196，第 3~6 页。

④ 《行政院会议议事日程（第一四至一七次）》（1947 年 7 月 29 日），《行政院档案》，档案号：014-000205-00010-001，第 64 页。

⑤ 《行政院会议议事日程（第七八二至七八六次）》（1947 年 5 月 6 日），《行政院档案》，档案号：014-000205-00007-005，第 224 页。

⑥ 《行政院会议议事日程（第三、四、六次）》（1947 年 6 月 3 日），《行政院档案》，档案号：014-000205-00008-003，第 107 页。

学校的请求只是众多机构中较具代表性的意见，这反映出粮价上涨及由其产生的问题又形剧烈。

粮价上涨原因多端。以江淮流域产米省份安徽来说，1947年4月，安徽省政府开始实施严厉的食粮管制政策，禁止芜湖及皖北产米地区食米出省。对此，江苏省政府主席王懋功极为不满，5月24日致电行政院院长张群（1947年4月18日上任）、副院长王云五，请求行政院饬令安徽省政府，在京沪沿线各县粮商前往芜湖采购粮食时，对苏省购粮船只车辆一律放行，不得留难，或请粮食部发给本省商人"护照"。粮食部对王的请求予以支持，随即发出电报，责令皖省主席及芜湖第六区专员公署，除冀、鲁、闽、粤、津、青等地商人在芜湖大量采购食米由沪转口时一律须经粮食部核准外，其余运销京、沪及内地粮食，应自由流通。安徽省主席李品仙虽回复"遵办"，但实际效果却随着粮源日益短缺而大打折扣。1948年2月14日，王懋功再次代电张群，提出疏通皖、赣、湘等省粮源，严禁封关阻运，而效果并不理想。①

国内粮源再度告急，国外粮源重被提起。其他各大都市原拟利用美国援助30万吨粮食，加上自筹39万吨（其中20万吨向国外筹购，19万吨在国内购买）进行配售，但美援不确定性较大，国民政府外交部洽办中的仅为20万吨，而向国外筹购20万吨所需外汇甚巨，在外汇支绌及国外购粮数额受国际粮食紧急处理委员会限制之下，事实上也难以足额购得。因此，在国内、国外粮源均不易筹措的情况下，行政院提出，其他尚未实施民食配给的各大都市，"似暂可缓办，俟政府掌握之粮充裕时，再行办理"。然而，蒋介石认为，一年来物价"随时动荡不安"，公教人员生活陷于困境，系因粮食、经济两部未能贯彻政府意图，没有实行大规模配给制度，蒋并将一年来粮、经两部未能切实举办公卖配售的原因归结为"政府拖延不力，官僚主义之表现"。因此，蒋推行全面配售政策的决心益加坚定。9月17日，国民政府文官长吴鼎昌代电张群，转达了蒋责令

---

① 《粮食流通管制办法（一）》（1940年~1948年），《行政院档案》，档案号：014-040504-0021，第65~69页。

10 月在各大都市实施配售之意。①

拖延不力、官僚主义本为国民党痼疾，但能否广泛配售，其决定性因素仍是粮源是否充足。10 月 11 日，行政院代电蒋，分析了 1947 年政府可能掌握的粮食数量情况。从产量言，苏、皖、赣、鄂、湘、川 6 省较为丰稔，调查产量合计稻谷约 533025000 市石、小麦约 122773000 市石，从消费言，分别为 500119000 市石和 116774000 市石，虽然两者相抵后均有剩余，但是，此项余粮却早已被"预订"，包括 1947 年度军粮、四联总处粮食购储委员会购谷、运济京沪两市全年消费食粮，加上东北、华北、闽粤等地区纷纷赴长江流域大量采购或请求粮食部运济，因此余米无多。② 粮食部所能掌握粮食，折合食米约 400 万市石，而各方每月支出却

---

① 《粮政（十三）》（1946 年 5 月 24 日~1948 年 3 月 30 日），《国民政府档案》，档案号：001-087000-00013-002，第 54~56 页。

② 另有 1947 年两份数据可资参考。一是全国 23 个省份的稻麦产量估计分别为 933773000 市石、413228000 市石。参见《卅六年各省稻麦产量估计》，《经济部档案》，档案号：四-34660，第 2 页。二是全国 24 个省份稻谷、小麦、高粱、小米、玉米生产量与消费量统计，除了高粱、小米、玉米等杂粮略有剩余外，稻麦产量均无法满足消费量，稻谷分别为 973855000 市石、1052341000 市石，小麦为 431029000 市石、497623000 市石。参见《全国各省稻谷、小麦、高粱、小米、玉米等粮食产销统计表》，《经济部档案》，档案号：四-34660，第 1 页。战后初期，国民政府设立四联总处粮食购储委员会，由粮食部部长徐堪任主任委员，粮食部委托中国农民银行、中国银行代购粮食，以收购军粮为主。购粮资金由四联总处拨付粮食部，再由粮食部分配给中国农民银行，中国农民银行收取 3% 的手续费。收购军粮主要地点为江苏无锡、安徽芜湖两地，浙江、四川、江西亦有。据曾在粮食部工作、后为了收购粮食于 1946 年转到中国农民银行任专员、信托部副理李舜卿，以及曾任中国农民银行业务处科长、具体负责代购军粮的许文周，分别在 1977 年 11 月、1975 年 8 月回忆，中国农民银行的具体做法比较简单，即直接与粮商打交道，预付货款，由粮商和粉厂把所购粮食定时送至粮食部设在各地的仓库，然后结算。"几年来，农民银行收购军粮是很卖力的，曾几次受过蒋介石和国民政府行政院的表扬。"参见《中国农民银行受国民政府粮食部的委托代购军粮》，中国人民银行金融研究所编《中国农民银行》，中国财政经济出版社，1980，第 108~109 页。1948 年 10 月，行政院决定 10 月底撤销四联总处，依照四联理事会第 372 次会议，四联总处粮食购储委员会亦相应撤销，其业务划归粮食部接办。参见《四联购储会业务移交粮食部接管》，《银行周报》第 32 卷第 47 期，1948 年 11 月 22 日，第 40 页。根据档案记载，1946 年至 1948 年，中国农民银行代购军粮数量如下：1946 年 11 月至 1947 年 3 月底，在江苏、安徽、江西共购进糙米 678000 市石，黄谷 784000 市石；1947 年 7 月至 1948 年 4 月，在京、沪、苏北、津浦、平汉、重庆等采购小麦 3531000 市石；1947 年 9 月至 1948 年 5 月底，在江苏、安徽、江西、湖南、湖北、河南购进糙米 873000 市石，黄谷 934000 市石，杂粮 61000 市石（主要是黄豆），豆饼 148000 片；1948 年，购入面粉 4679000 袋，其中民粉 3863000 袋、军粉 473000 袋，代各省市购买面粉 343000 袋、小麦 7000 市石、糙米 104000 市石、谷 94000 市石。参见《一九四六至一九四八年度代购军粮情况》，《中国农民银行》，第 110~111 页。

需米 4061000 市石，即每月有 61000 市石缺口。如果平、津两市配售范围扩大至工人、一般市民等，再加上青岛、广州、福州、厦门、汕头等市，则每月缺口估计达 4023000 市石。因此，在各大都市同时实施配给制度，"事实上殊有困难"。① 另外，四联总处购储会 1947 年第一、第二期两期计划（第一期计划购谷 500 万市石、麦 300 万市石，第二期分别为 500 万市石、200 万市石）所能购得粮额亦存在很大不确定性，这也是行政院、粮食部、经济部迟迟未能广泛推行配售政策的主要原因。

9 月，在蒋介石的再三催促下，粮食部"遵照主席谕"与行政院决定，将平、津公教人员及公私立学校教职员、寄宿生、警察、工役等纳入低价配售范围，② 并筹划市民配售计划，但粮食部筹划粮源的压力仍是显而易见的。据俞飞鹏 10 月中旬所言，平、津两市此项配粮，月需面粉 15 万袋，其来源系粮食部委托四联总处代购，连同京、沪两市配售量，计划代购量为小麦 500 万市石、稻谷 1000 万市石。尽管俞充分认识到"此项谷麦既属供应四大都市公教民粮及调节民食之用，购储自不容缓"，但因"各地头寸不足，尚拨付不出，加以各地取款手续繁重，得款辄需时日"，仅购得小麦 290 余万市石，③ 不但远未完成订购目标，而且也与蒋在各大都市全面配售的目标相差较远。12 日，蒋再次谕令张群限期实施全面配售，并要求将购粮支出作为法币支付时的"第一优先之款"。④ 然而，随着国民党军队在战场节节失利，豫、皖等省征实征借已无法进行，四联总处购储会此前所购粮食大部支应军粮，短期在国内购储大量粮食并非易

① 《天津市政府电请准湘、鄂、皖、赣四省粮食自由运往沿海销售案》（1947 年），《行政院档案》，档案号：014-040504-0198，第 3~7 页；《平津粮荒救济》（1946 年~1948 年），《行政院档案》，档案号：014-040505-0015，第 73~78 页；《粮政（十三）》（1946 年 5 月 24 日~1948 年 3 月 30 日），《国民政府档案》，档案号：001-087000-00013-002，第 59~60 页。

② 《行政院会议议事日程（第二二至二五次）》（1947 年 10 月 7 日），《行政院档案》，档案号：014-000205-00012-003，第 137 页；《粮食部部长俞飞鹏呈报粮政措施及各地征购困难情形并陈述请求七项事项》（1947 年 10 月 16 日），《行政院档案》，档案号：014-040501-0004，第 10 页。

③ 《粮食部部长俞飞鹏呈报粮政措施及各地征购困难情形并陈述请求七项事项》（1947 年 10 月 16 日），《行政院档案》，档案号：014-040501-0004，第 10 页。

④ 《粮政（十三）》（1946 年 5 月 24 日~1948 年 3 月 30 日），《国民政府档案》，档案号：001-087000-00013-002，第 65 页。

事，只能"内外兼收"，再次寻求国外粮源。

　　国外粮源地主要有美国与东南亚诸国，其中以美粮来源最为可靠。战后美国为粮食出口大国，从 1946 年 8 月至 1947 年 5 月，美国食米输出总数为7.55 亿磅，主要输往古巴、远东及加拿大，其中输入中国 6700 万磅。① 1947年下半年，美国计划出口食粮 380 万包（每包 100 磅），② 1948 年上半年计划出口量为 4022100 包，分配给中国 1278700 包，③ 这对国民政府来说是好消息，并且美国出于远东战略考虑，将救济协定提上了日程。

　　1947 年 10 月 27 日下午 4 时，国民政府外交部政务次长、代理部务刘师舜与美国驻华大使司徒雷登在外交部二楼会客厅签订《中美救济协定》。④ 根据救济协定第 1 条，美国对中国救济援助物资总值为 3000 万美元，包括粮食、医药用品、已制成及未制成之衣料、肥料、病虫害防治药剂、燃料及种子，其中 2500 万美元指定购买粮食，⑤ 且除非另有规定，"美国政府对于依照本协定所供给之美国救济物资与服务，将不作偿付之请求，并无要求偿付之权利"。对于此一协定，《财政评论》指出，"此乃美国人民对于中国人民之福利继续注意之又一表现"。⑥ 由美国输入的粮食，中国政府"以等量之粮食"相配合，采取适当步骤，"在环境所许可之中国各大都市，应创行分配及物价管制制度，以求确保各阶层人民不问其购买力如何，均应获得自国外输入或由当地所产救济物资之公平份量"。⑦ 因此，可以说，战后都市配售政策是在美国支持及督促下出台的。

---

① 《美米十个月来运华数量共六千七百万磅》，《银行周报》第 31 卷第 32 期，1947 年 8 月11 日，第 37~38 页。一磅约合 0.9 市斤。
② 《本年下半年度美米输出配额已决定三百八十万包》，《新闻报》1947 年 7 月 19 日，第 5版；《美拨米一批供应我国》，《中央日报》1947 年 7 月 19 日，第 3 版。
③ 《救济米麦共两万吨，即可自美抵沪，政院令五大市准备配售》，《益世报》（上海）1947 年 12 月 25 日，第 1 版。
④ 《中美签订救济协定》，《外交部周报》第 45 期，1947 年 11 月 5 日，第 2 版。
⑤ 粟寄沧：《物价与配售》，《益世报》（上海）1948 年 5 月 15 日，第 2 版。
⑥ 《行政院会议议事日程（第三四至三六次）》（1947 年 12 月 16 日），《行政院档案》，档案号：014-000205-00015-001，第 31 页；本社资料室：《中美救济协定全文》，《财政评论》第 17 卷第 5 期，1947 年 11 月，第 72 页；粟寄沧：《物价与配售》，《益世报》（上海）1948 年 5 月 15 日，第 2 版。
⑦ 《行政院会议议事日程（第三四至三六次）》（1947 年 12 月 16 日），《行政院档案》，档案号：014-000205-00015-001，第 29 页；《京沪平津穗五市配售粮食计划纲要》，《粮情旬报》第 302 期，1948 年 3 月 26 日，第 8 页。

有了美国粮食的支持，10 月下旬，行政院亦决定将广州纳入配售行列，粮源除美粮外，中国政府亦自筹等量粮食，配合实施。为提高配售行政效率及便利起见，该项工作由粮食部统筹主持，各市配售工作由各市市长实际负责。11 月 11 日，行政院第 29 次院会通过决议，设立院委会，院委会制定《京沪平津穗五市配售美国救济物资办法》《行政院处理美国救济物资委员会工作纲要》。根据工作纲要，院委会职掌事项包括 4 个方面：一是编制救济物资计划，二是分配、利用救济物资，三是保管、利用出售救济物资所得资金，四是报告统计救济物资及联络美国代表。院委会可设立办事处，负责美国粮食按月供应。为便利各都市开展业务，院委会委托各市政府分别成立美国救济物资配售委员会，该委员会由各市市长兼任主任委员，院委会、粮食部、社会部、市参议会代表、地方志愿团体代表、美方代表各 1 人及其他聘派的必要人员为委员，其职责是审议与监督由美国提供的配售粮食。各市设民食调配委员会（简称"民调会"），隶属于市政府，由各市市长主持，民调会下可以设民食调配处或办事处，各地民食调配处或办事处主要职责包括：配合与联系美国政府代表团派往各地办理业务人员，办理民调会物资接收、分配、加工、储运等业务的委托、洽商、联系、考核等，民调会业务款项的收支、登记、稽核等，执行中美协定有关调查、报告、统计、情报、宣传等。此外，相关机构还包括配售粮食议价委员会（由南京市美国救济物资配售委员会主任委员沈怡、粮食部代表史济宽及院委会代表周诒春组成）、指定银行、区保发证所等，配售粮食议价委员会后来于 3 月 1 日成立，是配米价格的决策机构。①

根据《京沪平津穗五市配售粮食计划纲要》，1948 年 1 月 1 日，各方筹

---

① 《行政院会议议事日程（第三四至三六次）》（1947 年 12 月 16 日），《行政院档案》，档案号：014-000205-00015-001，第 29~33 页；《行政院会议议事日程（第四一至四四次）》（1948 年 2 月 24 日），《行政院档案》，档案号：014-000205-00017-004，第 160~162 页；《行政院处理美国救济物资委员会北平、天津、南京、广州办事处组织规程》，《北平市政府公报》第 3 卷第 10 期，1948 年 5 月 15 日，第 15~16 页；南京市美国救济物资配售委员会、南京市民食调配委员会编印《民食配售工作总报告》第 1 期（1948 年 3~7 月），《首都民生日用必需品配售委员会（南京市民食调配处）档案》，档案号：10140010152（00）0011，第 8 页。1948 年 9 月底，院委会被撤销。参见《行政院会议议事日程（第一五至一七次、一九次）》（1948 年 9 月 22 日），《行政院档案》，档案号：014-000205-00024-003，第 79 页。

备成立南京市美国救济物资配售委员会、南京市民食调配委员会（简称"南京民调会"），并拟订组织规程。南京民调会设委员 7 人，除南京市市长沈怡为当然委员外，另有院委会委员周诒春，粮食部次长关吉玉（后改派次长田雨时），社会部顾问、南京市社会局局长谢徵孚，南京市参议会议长陈裕光，地方志愿机构代表蒋梦麟、史迈士。南京民调会下设总务、财务、稽核、仓储、配售五组及会计室；设总干事 1 人，由南京市社会局局长兼任；组员 20~30 人，办事员 15~20 人，雇员 8~12 人，会计室设会计主任 1 人，会计佐理员 3 人，统计员 1 人。上列人员以从各机关调用为原则，如有需专任者，须经院委会核准，薪给在业务费中支给。① 根据 3 月 26 日南京民调会呈行政院函，南京民调会于 3 月 1 日正式成立，迁至宁海路南阴阳营地址开始办公，启用关防，但其组织、业务性质与南京市美国救济物资配售委员会大致相同，双方遂商定，以南京市美国救济物资配售委员会委员为本会委员。② 也就是说，两者虽名称不同，但业务、人员是相同的。

在各项大的政策基本确立后，1948 年 2 月 13~19 日，粮食部陆续邀请院委会，京、沪、平、津、穗五市市长，中央银行、中央信托局等相关人员分别协商粮源及配售手续。16 日，与会代表对粮源筹措及配售技术问题进行了全面讨论，制定《京沪平津穗五市民食配售通则》，17 日修正通过。24 日，行政院第 44 次会议通过《配售通则》《计划纲要》，25 日训令颁发实施。其要点有：第一，配售对象为五市具有户籍的全体市民；第二，不分性别、年龄，每人每月配售食米 1 市斗（合 15 市斤）或等量面粉；第

---

① 《粮政机构工作报告案（二）》（1948 年），《行政院档案》，档案号：014-040501-0002，第 15 页；《民食配售工作总报告》第 1 期（1948 年 3~7 月），《首都民生日用必需品配售委员会（南京市民食调配处）档案》，档案号：10140010152（00）0011，第 7 页。1948 年 5 月 1 日院委会规定："关于该市配售美国救济粮所得价款，除以百分之五支付粮食承销店手续费，以百分之五专户划存支付该会管理费及业务费外，其余百分之九十应扫数拨汇上海中央银行，存入本会上海办事处专户内。"参见行政院处理美国救济物资委员会《为配售美粮价款除百分之十作为管理业务及手续费外其余百分之九十拨汇上海中央银行存入委员会上海处专户事的代电》（1948 年 5 月 1 日），《首都民生日用必需品配售委员会（南京市民食调配处）档案》，档案号：10140010122（00）0027，第 147~148 页。

② 《粮食部呈拟京、沪、平、津、穗五市粮食配售事项（一）》（1948 年），《行政院档案》，档案号：014-040504-0153，第 52 页；《民食配售工作总报告》第 1 期（1948 年 3~7 月），《首都民生日用必需品配售委员会（南京市民食调配处）档案》，档案号：10140010152（00）0011，第 7 页。

三，各市成立配售粮食议价委员会，考察当地粮价，每月 1 日公布一次，配价以略低于市价为原则，但不得低于 5%；第四，凭证购买；第五，配售期限暂以 4 个月为试行期限，即自 3 月或 4 月开始，每个月为一期，市民只能在每月配售期间购粮；第六，配售粮源，中美各半，美国部分由院委会供给，中国部分由粮食部、各市政府各自统筹一半。①

根据粮食部及相关各市政府测算，如果在五市进行为期 4 个月的全面配售，所需粮食数量如表 6-2 所示。

表 6-2　1948 年 2 月五市配售粮食数量估计

市别	人口（人）	每月所需粮食数量	折合吨数（吨）	4 个月共需吨数（吨）
南京	1200000	1200000 市斗	9600	38400
上海	5000000	5000000 市斗	40000	140000
广州	1400000	1400000 市斗	11200	44800
北平	1700000	面粉 25500000 市斤折米 1700000 市斗	13600	54400
天津	1700000	25500000 市斤折米 1700000 市斗	13600	54400
总计	11000000	11000000 市斗	88000	332000

资料来源：《行政院会议议事日程（第四一至四四次）》（1948 年 2 月 24 日），《行政院档案》，档案号：014-000205-00017-004，第 159~160 页。

从表 6-2 可以看出，五市总人口共计 1100 万，按照配售标准，则每月需米 88000 吨，4 个月总计 332000 吨，国民政府承担一半计 166000 吨，约折合 23466666 市斗、2346667 市石，这对于田赋重新划分后只掌握三成田赋的国民政府来说，难度不小，而且军粮供应人数亦从 400 万人上升至 500 万人，军粮需求大为增加，军民争食在所难免。

---

① 《粮食部呈拟京、沪、平、津、穗五市粮食配售事项（一）》（1948 年），《行政院档案》，档案号：014-040504-0153，第 4~5、49 页；《粮政（十三）》（1946 年 5 月 24 日~1948 年 3 月 30 日），《国民政府档案》，档案号：001-087000-00013-002，第 66~71 页；《行政院会议议事日程（第四一至四四次）》（1948 年 2 月 24 日），《行政院档案》，档案号：014-000205-00017-004，第 152~164 页；《京沪平津穗五市民食配售通则》，《民食配售通讯》第 1 期，1948 年 4 月 15 日，第 5~7 页；《京沪平津穗五市配售粮食计划纲要》，《粮政旬报》第 302 期，1948 年 3 月 26 日，第 9 页；《处理美国救济物资，决定成立配售委员会》，《前线日报》1947 年 12 月 25 日，第 4 版。

在计划配售的五市当中，南京人口数量最少，分布在 13 个区，各区户数、人数、应配粮数见表 6-3。

表 6-3　1948 年南京市第一期配售发证户数、人数及应配粮数

	户数(户)	人数(人)	应配粮数(市斗)
第一区	28407	163944	163944
第二区	22199	118193	118193
第三区	11922	67532	67532
第四区	22697	107563	107563
第五区	29476	155630	155630
第六区	20798	102628	102628
第七区	17115	88949	88949
第八区	6702	30537	30537
第九区	11461	52092	52092
第十区	6056	35582	35582
第十一区	15451	68863	68863
第十二区	15479	75740	75740
第十三区	2388	15386	15386
机关公共住户	601	78512	78512
总计	210752	1161151	1161151

引者注：外侨 179 户 297 人应配粮 297 市斗未列入总计。

资料来源：南京市民食调配委员会、南京市美国救济物资配售委员会编印《南京市三月份民食配售工作总报告》（1948 年 4 月 10 日），《首都民生日用必需品配售委员会（南京市民食调配处）档案》，档案号：10140010157（00）0001，第 13 页。

表 6-3 反映出南京普通住户加上各机关公共住户数量不少，接近 120 万人，尽管每人每月只配售 1 市斗，尽管有美粮的支持，但对于余粮不足的南京市政府及豁免田赋后的粮食部来说，长期配售压力仍然较大。另外，南京市居民分布在 13 个区，地域相对广泛，需要配备数量较多的配售工作人员，而且有的居民僻处郊区，配售难度也不小。

第二节　第一、第二期配售工作

一　内外交困中的第一期配售

根据 2 月 13 日的会议记录，参加南京市配售会议的人员包括粮食部

新任部长俞飞鹏、次长关吉玉，南京市市长沈怡、社会局局长谢徵孚，4人协商结果如下：南京市配售人数核定为120万人，月需食米12万市石，粮食部、南京市政府各承担四分之一，即3万市石，南京市政府应一次购足4个月米量，即12万市石，以保障连续配售。而南京市政府手中除南京市购储会已筹购的3万市石食米外，其余9万市石须呈请行政院，由中央银行拨款，交由中国农民银行代购，并于3月底陆续购足，购足后配售即可按原计划在3月份开始。①

　　然而，事情发展并非如预想的那么顺利。首先，美国粮源未按期到位。根据《配售通则》《计划纲要》，配售粮源由美、中各负担一半，第一期先配售美米，但时间已临近3月，美米却未能按期运抵南京，"因美米至今未到，致未能即日开始"。② 实际上，第一批美米运抵南京时，已是3月10日了，这个时间是上海原计划开始配售的最晚时间。其次，配价及配售对象仍未最终确定。2月28日，粮食部呈文行政院，请示三项问题。一是3月份配售价格。按照《配售通则》规定，配价应由南京民调会下属的配售粮食议价委员会在2月底中熟米市价的基础上，可以再降低但不得低于5%，是否适当？二是除现役军人发给军粮、不再给证配售外，所有市民一律配售食米，是否可行？三是特殊群体如公教人员、技工工役、警长警士、司法人员等专案粮，此次配售工作启动后，是否仍照原办法执行？中等以上学校寄宿生、私立大中小学教职员工、新闻从业者、慈善团体、囚犯、贫民、工人原有配售办法，是否在3月份一律停办？第一个配价问题，虽在2月24日已规定按照当月底市价降低5%，但2月28日南京中等熟米的价格已在24日每市石185万元的基础上涨至240万元，③ 5天的涨幅达30%，照此趋势，三四月份的市价会更高，届时即使

---

① 《粮政（十三）》（1946年5月24日～1948年3月30日），《国民政府档案》，档案号：001-087000-00013-002，第70～71页。

② 《粮政机构工作报告案（二）》（1948年），《行政院档案》，档案号：014-040501-0002，第35页；《全面配售食米，每石二百十万，本月四日开始配售》，《中央日报》1948年3月2日，第5版。美粮最早运抵时间是1948年1月18日，运抵地点为上海，数量为19万包，重8482吨。参见《美救济粮食八千吨抵沪》，《外交部周报》第57期，1948年1月28日，第2版。

③ 《表一：中国各省重要粮食市场中等熟米价格统计表》，《粮情旬报》第302期，1948年3月26日，第4页。

仍维持 5% 的降幅，实际上很难起到抑制粮价的作用，而且还有可能引起公教人员的不满，加重配售的成本与负担。对此，粮食部建议行政院急电京、沪两市，按照原定 5% 的降幅赶快开始配售，以稳定节节攀升的粮价。行政院同意按照粮食部建议执行，并于 3 月 1 日分别致电京、沪两市政府，令其遵照办理。第二、第三两个问题则须提交预算审查委员会讨论。① 最后，米价上涨趋势益发明显。自 2 月中旬开始，各地粮价飞涨，以京、沪为例，上海白粳米 2 月 16 日每市石为 185 万元，28 日即涨至 300 万元，13 天时间涨幅超过 60%；南京中等熟米每市石 1 月均价为 1089551 元，2 月攀升至 1708947 元，涨幅为 57%。② 在粮价节节上涨之下，为了控制大都市米价及物价、安定社会，国民政府与美国洽商后，决定先行办理京、沪全面配售，并将时间提前至 3 月 4 日，③ 所需食米由粮食部"先行垫出第一期之配售美米，今日起即可分区发给配购证"。④ 配售工作的实施，既意味着蒋介石战后初期一直主张的配售政策得以落地，也可以看作在粮价飞涨、粮源紧缺的内外交困中的仓促上马。

　　3 月 5 日，南京民调会开始正式分区发放配购证（全称为"南京市民粮食配购证"）。⑤ 6 日，蒋介石批示"准予试办"。⑥ 平、津、穗三市则

---

① 《粮食部呈拟京、沪、平、津、穗五市粮食配售事项（一）》（1948 年），《行政院档案》，档案号：014-040504-0153，第 4~12 页。

② 《二月份粮价变动概述》，《粮情旬报》第 301 期，1948 年 3 月 16 日，第 1~2 页；《表一：中国各省重要粮食市场中等熟米价格统计表》，《粮情旬报》第 302 期，1948 年 3 月 26 日，第 4 页。

③ 《粮食部呈拟京、沪、平、津、穗五市粮食配售事项（一）》（1948 年），《行政院档案》，档案号：014-040504-0153，第 4~5 页；《行政院会议议事日程（第四六至四八次）》（1948 年 3 月 16 日），《行政院档案》，档案号：014-000205-00019-002，第 21 页；行政院处理美国救济物资委员会：《关于粮食部告知配售粮食上海、南京两市有一定自三月四日起先行开办请查办事的代电等相关文件》（1948 年 3 月 12 日），《首都民生日用必需品配售委员会（南京市民食调配处）档案》，档案号：10140010114（00）0002，第 17~18 页。

④ 《粮政机构工作报告案（二）》（1948 年），《行政院档案》，档案号：014-040501-0002，第 35 页；《全面配售食米，每石二百十万，本月四日开始配售》，《中央日报》1948 年 3 月 2 日，第 5 版。

⑤ 《南京市民食调配处关于民食配售工作大事记第一号》（1948 年 3 月 14 日），《首都民生日用必需品配售委员会（南京市民食调配处）档案》，档案号：10140010151（00）0001，第 1 页。

⑥ 《粮政（十三）》（1946 年 5 月 24 日~1948 年 3 月 30 日），《国民政府档案》，档案号：001-087000-00013-002，第 66~71 页。

从 4 月份全面实行。①

　　为了妥善发放配购证，南京市组织发给配购证委员会，由各警察局局长、各区区长、区民代表会主席任委员，委员会下设 81 个工作团，每团设主任 1 人，由警所所长负责，工作团下设 409 个工作小组，由保长负责，同时商请中央大学、金陵大学、金陵女子文理学院等院校社会学系调派 100 名学生，参与发证工作，加上南京社会局工作人员，发证人数达 1500 余人。② 截至 3 月 20 日，南京各区发证初步工作如期完成，至月底统计时，共发给普通住户配购证 239806 张；机关住户 601 个单位，78512 人；各国使领馆人员及外侨配购证 1000 张。③

　　3 月，配购证领发完毕，各区开始陆续售米，南京民调会根据《南京市民食配售暂行办法及实施细则》规定，委托市内经营粮食的合作社（指南京市粮食消费合作社筹备委员会所属各社）、米号等承办配售业务，3 月份约定承销米店 250 家、合作社 79 家，合计 329 家。④ 所售食米系由粮食部储运处配拨的上等中熟米，每市石配售价为 210 万元。据俞飞鹏 3 月 28 日向蒋报告，配售当日"市民对于米质咸表满意"。⑤ 不过，截至 3

---

① 《粮政机构工作报告案（二）》（1948 年），《行政院档案》，档案号：014-040501-0002，第 93 页；《俞飞鹏对国大提出粮政书面报告，军粮不足向产粮地区采购，公教人员配粮分米面两种》，《益世报》（上海）1948 年 4 月 14 日，第 3 版。

② 《积极筹办全市民食配售》，《南京市政府公报》第 4 卷第 5 期，1948 年 3 月 15 日，第 99 页；《民食配售工作总报告》第 1 期（1948 年 3~7 月），《首都民生日用必需品配售委员会（南京市民食调配处）档案》，档案号：10140010152（00）0011，第 11 页。

③ 《南京市三月份民食配售工作总报告》（1948 年 4 月 10 日），《首都民生日用必需品配售委员会（南京市民食调配处）档案》，档案号：10140010157（00）0001，第 12 页。

④ 《南京市三月份民食配售工作总报告》（1948 年 4 月 10 日），《首都民生日用必需品配售委员会（南京市民食调配处）档案》，档案号：10140010157（00）0001，第 15 页。

⑤ 《粮食部呈拟京、沪、平、津、穗五市粮食配售事项（一）》（1948 年），行政院档案，档案号：014-040504-0153，第 73、55 页；《粮政（十三）》（1947 年 11 月 22 日~1948 年 7 月 23 日），《国民政府档案》，档案号：001-087000-00013-002，第 87 页。1948 年 3 月 24 日，蒋介石领得第一号食米配购证。参见《配售简讯》，《民食配售通讯》第 1 期，1948 年 4 月 15 日，第 18 页。配粮日期原定为每月 1 日至 25 日，但从实际情况来看，略有差异，3 月从 9 至 31 日；4 月是 1 日至 29 日；5 月是 1 日至 25 日；6 月是 1 日至 25 日，30 日补配一天；7 月是 1 日至 31 日。延展原因主要为粮源及运输问题。参见《民食配售工作总报告》第 1 期（1948 年 3~7 月），《首都民生日用必需品配售委员会（南京市民食调配处）档案》，档案号：10140010152（00）0011，第 20 页。

月 31 日，粮食部、南京市社会局应拨配米均未拨足额，粮食部应拨 9 万市石食米，尚欠 1982.9 市石；社会局应拨 3 万市石，而实际只拨 11719.2市石。① 3 月份共拨出配米 110067.3 市石，最多的一天拨米 12347.1 市石，最少的一天 300 市石。对于贫户采取分期配米方式，初以按月分 4 次配售，后为简化承销商手续，改为每月 2 次，② 贫民亦可得实惠。

京、沪配售因系提前进行，3 月份的配售工作非常仓促，上海"在最初数日是发证与出米不能配合，有些地方米已送出而证尚未发给市民，有些地方有证而无米"，"不周到的地方很多"。③ 此外，各项工作办法及实施细则在发证及配售开始后才制定并通过。3 月 10 日，南京市美国救济物资配售委员会、南京民调会主任委员沈怡拟具《南京市民食配售暂行办法》《南京市民食配售暂行办法及实施细则》，④ 14 日呈送行政院，行政院 22 日转粮食部核复。4 月 10 日，粮食部谓其"尚属可行"，19 日，行政院准予备案。⑤ 暂行办法共 14 条，主要对配售对象、方式、时间、价格等做了原则性规定，具体办法则体现在《南京市民食配售暂行办法及实施细则》中。实施细则计 8 章 44 条，详细规定了配售范围、米质及时期、配售价格、配购证、承销机构及财会统计与报告等，因此两者稍有差异。如关于配售对象，暂行办法规定"凡居住南京市区以内经正式登记户籍并持有国民身份证者，均享有民食配售权利"。而实施细则规定"凡居住南京市区以内、有一定之住所、经办理户籍登记手续并持有国民

---

① 《继续实施四月份民食配售》，《南京市政府公报》第 4 卷第 7 期，1948 年 4 月 15 日，第 148 页。
② 《民食配售工作总报告》第 1 期（1948 年 3~7 月），《首都民生日用必需品配售委员会（南京市民食调配处）档案》，档案号：10140010152（00）0011，第 20 页；《粮政机构工作报告案（二）》（1948 年），《行政院档案》，档案号：014-040501-0002，第 30~31 页。
③ 《上海市三月份配米办理经过——任显群报告》，《民食配售通讯》第 1 期，1948 年 4 月 15 日，第 15~16 页。
④ 《南京市美国救济物资配售委员会、南京市民食调配委员会为检报南京市民食配售暂行办法等请核备事的代电》（1948 年 3 月 10 日），《首都民生日用必需品配售委员会（南京市民食调配处）档案》，档案号：10140010114（00）0001，第 1 页。
⑤ 《南京市民食配售暂行办法及实施细则》（1948 年），《行政院档案》，档案号：014-040504-0085，第 2~12 页；行政院处理美国救济物资委员会：《为所送民食配售暂行办法准许备案事的代电等相关文件》（1948 年 3 月 24 日），《首都民生日用必需品配售委员会（南京市民食调配处）档案》，档案号：10140010114（00）0003，第 26 页。

身份证者，不分职业、性别、年龄，均为配售对象"，"居住南京市区以内之外国人民亦享有配售之权"；以户为单位，不论大小口，每口每月凭证定期配购食米 1 市斗（净重 15 市斤），其余所需可至市场购买等。①

根据暂行办法，第一期配售所需粮食由美国提供一半，剩下一半由粮食部和各市政府筹集。② 根据配售对象所做统计，南京市每月需米 12 万市石，4 个月共需 48 万市石，其中美国救济米 24 万市石，粮食部、南京市政府各负担 12 万市石。就 3 月份米源而言，粮食部储运处已购得 9 万市石，南京市政府购拨 3 万市石，已无可虑。4 月份食米，粮食部应拨 3 万市石，南京市政府应筹 9 万市石，方可无虞。粮食部手中握有粮源，且 4 月份需要筹购数量不多，自然较易解决。而南京市政府则恰恰相反，一来无米，二来无钱，只能申请贷款购米。为此，行政院责令中央银行拨款 3000 亿元给中国农民银行，由中国农民银行代购，粮食部遂与中国农民银行接洽购粮事宜，③ 此即南京市政府战后透支购粮之始。但未几，中央银行又改由上海市民调会代购，因上海方面拟将委托中粮公司代其购备的 10 万市石食米转拨中央银行，再交南京市政府 9 万市石。此次代购共需价款 2187 亿元。然而，此次代购价款中，除去 10% 的手续费、业务费，其余 90% 由中国银行报解中央银行，半数入粮食部账户，半数入院委会账户。粮食部与院委会如不退回，则亏损将达 2000 亿元，南京市政府提

---

① 《南京市美国救济物资配售委员会、南京市民食调售委员会为检报南京市民食配售暂行办法等请核备事的代电》（1948 年 3 月 10 日），《首都民生日用必需品配售委员会（南京市民食调配处）档案》，档案号：10140010114（00）0001，第 5~9 页；《南京市民食配售暂行办法及实施细则》（1948 年），《行政院档案》，档案号：014-040504-0085，第 2~12 页。对于集体户口尤其是与军队有涉者，民调会调查、处理亦比较棘手。如有名为赵子洲的居民 1948 年 7 月 29 日报称汉中门国防部军中播音总队下属的演剧七队队员，以军人身份混骗保甲，"都是假名者多"，"每人都有假身份证数十张，以便冒领食米，而得图利转卖"，8 月上旬，南京市民调会派员实地调查，但均被拒绝，甚至警员入内，"尚被软禁"。参见《南京市民食调配委员会为国防部军中演剧七队虚报冒领配米请查照事的公函等来往文件》（1948 年 7 月 29 日），《首都民生日用必需品配售委员会（南京市民食调配处）档案》，档案号：10140010109（00）0003，第 1~6 页。

② 《南京市民食配售暂行办法及实施细则》（1948 年），《行政院档案》，档案号：014-040504-0085，第 7 页。

③ 《南京市三月份民食配售工作总报告》（1948 年 4 月 10 日），《首都民生日用必需品配售委员会（南京市民食调配处）档案》，档案号：10140010157（00）0001，第 27 页。

出院委会退回 143859523500 元，粮食部退回 74840476500 元。① 贷款购米反映了南京市政府的窘况，在配售之初尚且如此，若长期配售、人口再增加则情况可能更糟。

在 3 月份全面配售开始后，美米亦源源运来，南京民调会安排 7 处总容量为 9500 吨的仓库存放，第一批 5006 包，3 月 10 日点收后存放于交通银行第三仓库；第二批 5003 包，13 日点收后分存于 3 个仓库；第三批 5000 包，21 日接收；第四批 500 吨，31 日接收；先后在月底前运抵南京并收存于各库。② 1948 年 3 月份美米进出仓情况见表 6-4。

表 6-4　1948 年 3 月美米进出仓情况

日期	摘要	进仓		出仓			备注
		包数	斤数	石数	包数	斤数	
10 日	接收第 1 批美米（交行仓库）	5006	942843				糯米 1000 包以上，均系大包
13 日	接收第 2 批美米（交行仓库）	600	111799				大包
	接收第 2 批美米（煤炭港）	100	19000				大包
	接收第 2 批美米（市一库）	4303	812854				大包
21 日	接收第 3 批美米（煤炭港）	5000	932655				大包
31 日	接收第 4 批美米（煤炭港）	5000	937518				大包
	拨出 4 月份配米（市一库）			630	503	94500	大包
总计		20009	3756669	630	503	94500	

资料来源：《粮政机构工作报告案（二）》（1948 年），《行政院档案》，档案号：014-040501-0002，第 48~51 页；《南京市民食调配委员会、南京市美国救济物资配售委员会关于南京市一九四八年四月份民食配售工作总报告》（1948 年 5 月 1 日），《首都民生日用必需品配售委员会（南京市民食调配处）档案》，档案号：10140010157（00）0001，第 6 页。

---

① 《南京市美国救济物资配售委员会电复上海市民食调配委员会划拨中粮公司代购米九万石粮款已由粮食部拨还》（1948 年 6 月 21 日），《首都民生日用必需品配售委员会（南京市民食调配处）档案》，档案号：10030031956（00）0061，第 214~215 页；《粮食部呈拟京、沪、平、津、穗五市粮食配售事项（一）》（1948 年），《行政院档案》，档案号：014-040504-0153，第 55~57 页；《华中地区粮荒救济（二）》（1946 年~1948 年），《行政院档案》，档案号：014-040505-0014，第 183~187 页。此外还有其他费用，如设备费，1948 年 5 月支出设备费 24 亿余元。参见《南京市美国救济物资配售委员会、南京市民食调配委员会第七次工作会报》（1948 年 6 月 3 日），《首都民生日用必需品配售委员会（南京市民食调配处）档案》，档案号：10140010152（00）0001，第 47 页。

② 《粮政机构工作报告案（二）》（1948 年），《行政院档案》，档案号：014-040501-0002，第 32 页。

从表 6-4 可以看出，3 月份运华美米共 4 批，总计 3756669 市斤，虽然第一批比原计划晚了 10 多天，但数量是相当可观的。客观地说，美米运济中国，对于解决战后国民政府配售粮食问题有一定积极作用，甚至有时主导了战后配售工作的走向，后来美援停止后，配售工作也渐渐停止了。

在南京市 3 月份的配售任务完成后，南京民调会对 3 月份的配售工作总结了四项优点、三项缺点，优点包括直接发证、简化处理程序、贫户分期购米及财务会计绝对公开，缺点是发生挤购现象、"稽察失时"、"报告延期"。尤其是 3 月 31 日的挤购相当严重，当天配售数量占全月配售总量的 41%，① 从 3 月份的配售工作来看，仍有极大的改进余地。

相较于 3 月份仓促忙乱的配售工作，4 月份的配售工作根据 3 月份试办经验未雨绸缪，在 3 月下旬进行了准备与调整。一是做好美米的接收与配拨。从表 6-4 可以看出，南京民调会在做好 3 月配售工作的同时，已在 31 日拨出 4 月的配米 630 市石。4 月 1 日，第 5 批至第 20 批美米亦相继运抵南京，南京民调会在接收的同时开展配售。因 3 月配售的粮源系粮食部垫拨，所以 4 月配米全是美米。4 月美米进出仓情况见表 6-5。

二是补领、换领配购证。针对市民家庭人员增加或减少、新迁入迁出及各机关公共住户变动情况，南京市美国救济物资配售委员会、南京民调会与首都警察厅商定 5 项办法，在 4 月 1 日至 15 日办理补领或换领事宜，计普通住户增加 1806 张、8198 人，除去换领缴销原证 254 张、1408 人，实际增加 1552 张、6790 人；各机关公共住户配发 295 张、40293 人，除去换领缴销原证 11 张、419 人，实际增加 284 张、39874 人。加上 3 月份发证数量，截至 4 月中旬共计 211588 张、1207815 人，② 详情见表 6-6。

---

① 《南京市三月份民食配售工作总报告》（1948 年 4 月 10 日），《首都民生日用必需品配售委员会（南京市民食调配处）档案》，档案号：10140010157（00）0001，第 28 页。
② 《粮政机构工作报告案（二）》（1948 年），《行政院档案》，档案号：014-040501-0002，第 42~43 页。

表6-5　1948年4月美米进出仓情况

日期	摘要	进仓		石数	出仓		备注
		包数	斤数		包数	斤数	
1日	接收第5批美米（集合村）	15035	1359398				小包
2日	拨出4月份配米（市一库）			1400	1123	210000	小包
3日	接收第6批美米（集合村）	12371	1607044				5011大包 7300小包
	拨出4月份配米（市一库）			1589	1258	237000	大包
4日	拨出4月份配米（市一库）			560	444	84000	大包
5日	拨出4月份配米（市一库）			1030	824	154500	大包
6日	拨出4月份配米（交行仓库）			910	728	136500	大包
7日	拨出4月份配米（市一库）			1585	1240	237750	大包
8日	拨出4月份配米（集合村）			2340	2303	441000	大包
9日	拨出4月份配米（集合村）			2480	1978	372000	大包
10日	接收第7批美米（中行库）	5000	928734				大包
	拨出4月份配米（集合村）			3570	2570	535500	大包
11日	拨出4月份配米（集合村）			1546.5	1224	231990	大包
12日	拨出4月份配米（煤炭港）			1530	1210	229500	大包
13日	接收第8批美米（集合村）	5000	944480				大包
	拨出4月份配米（煤炭港）			2300	1854	345000	大包
14日	拨出4月份配米（煤炭港）			2020	1631	303000	大包

续表

日期	摘要	进仓		出仓			备注
		包数	斤数	石数	包数	斤数	
15 日	接收第 9 批美米（集合村）	5006	961032				大包
	拨出 4 月份配米（煤炭港）			2743	2189	411450	大包
16 日	拨出 4 月份配米（交行仓库）			1110	880	166500	大包
	拨出 4 月份配米（煤炭港）			2435	1926	365250	大包
17 日	拨出 4 月份配米（交行仓库）			1438	1147	215700	大包
	拨出 4 月份配米（交行仓库）			1510	1199	226500	大包
18 日	拨出 4 月份配米（煤炭港）			1290	988	193500	大包
	拨出 4 月份配米（交行仓库）			760	589	112500	大包
19 日	拨出 4 月份配米（中行库）			1609	1351	241350	大包
	拨出 4 月份配米（中行库）			2170	1773	325500	大包
20 日	拨出 4 月份配米（集合村）			820	602	123000	大包
	接收第 10~16 批美米（集合村）	60241	5452273				小包
	接收第 10~16 批美米（煤炭港）	18156	1647905				小包
	拨出 4 月份配米（集合村）			232	200	37800	大包
21 日	拨出 4 月份配米（集合村）			4164	6687	624600	小包
22 日	拨出 4 月份配米（集合村）			5112	8436	766800	小包
23 日	拨出 4 月份配米（集合村）			7317.2	12191	1097580	小包
	拨出 4 月份配米（集合村）			8203	13708	1230450	小包
24 日	拨出 4 月份配米（煤炭港）			1600	2638	240000	小包

续表

日期	摘要	进仓		石数	出仓		备注
		包数	斤数		包数	斤数	
25 日	接收第 17 批美米（煤炭港）	11205	1009424				小包
	拨出 4 月份配米（煤炭港）			4000	6580	600000	小包
	拨出 4 月份配米（集合村）			8113.6	13352	1217040	小包
26 日	拨出 4 月份配米（集合村）			6714	11138	1007100	小包
	拨出 4 月份配米（煤炭港）			11975	2114	179625	小包
27 日	拨出 4 月份配米（煤炭港）			583	951	88200	小包
	拨出 4 月份配米（集合村）			839.6	420	125940	小包
	接收第 18 批美米（煤炭港）	8851	803721				小包
	接收第 19 批美米（浦口）	11200	993294				小包
28 日	接收第 20 批美米（集合村）	13554	1227979				小包
	拨出 4 月份配米（集合村）			2285	3557	342750	小包
	拨出 4 月份配米（煤炭港）			2465	4279	369750	小包
29 日	拨出 4 月份配米（煤炭港）			2600	4200	396000	小包
	拨出 4 月份配米（集合村）			30	51	4500	小包
30 日	拨出 4 月份配米（中行库）			2310	1816	346500	大包

资料来源：《粮政机构工作报告案（二）》（1948 年），《行政院档案》，档案号：014—040501—0002，第 48～51 页；《南京市民食调配委员会，南京市美国救济物资配售委员会关于南京市一九四八年四月份民食配售工作总报告》（1948 年 5 月 1 日），《首都民生日用必需品配售处（南京市民食调配处）档案》，档案号：1014001 0157（00）0001，第 6～9 页。

表 6-6　1948 年 4 月中上旬南京全面配售发证张数及人数统计

单位：张，人

区别	请领新证		缴回旧证		本月新增
	张数	人数	张数	人数	人数
第一区	191	1115	53	296	819
第二区	164	1025	48	356	669
第三区	42	297	14	94	203
第四区	45	198	11	44	154
第五区	151	755	33	154	601
第六区	202	1027	17	113	914
第七区	375	605	3	9	596
第八区	无	无	无	无	无
第九区	46	212	无	无	212
第十区	268	1261	29	132	1129
第十一区	127	586	27	111	475
第十二区	86	655	13	72	583
第十三区	109	462	6	27	435
普通住户合计	1806	8198	254	1408	6790
机关公共住户合计	295	40293	11	419	39874
总计	2101	48491	265	1827	46664

资料来源：《粮政机构工作报告案（二）》（1948 年），《行政院档案》，档案号：014-040501-0002，第 43~44 页；《南京市民食调配委员会、南京市美国救济物资配售委员会关于南京市一九四八年四月份民食配售工作总报告》（1948 年 5 月 1 日），《首都民生日用必需品配售委员会（南京市民食调配处）档案》，档案号：10140010157（00）0001，第 4~5 页。

从表 6-6 可以看出，4 月申领新证人数高达 48491 人，而回收旧证人数仅 1827 人，实际净增 46664 人，说明赴南京就食者日益增加，并且这一趋势还在不断上升，这也为之后的粮食筹购及配售工作增加了难度。

4 月 28 日，南京民调会第 5 次会议决定增设统计室、卡片室，人员增加 57 人。卡片室主要工作系根据人员变动及出于防止伪冒重领目的，"依据科学方法详为整理"配购证，以便核查。据负责此项业务的卡片室主任统计，从 3 月 23 日至 5 月 31 日，收回配购证总计 225571 张，其中普通户 223813 张，公共户 969 张，外侨户 26 张，废证 763 张。① 从第一

---

① 《南京市美国救济物资配售委员会、南京市民食调配委员会第七次工作会报》（1948 年 6 月 3 日），《首都民生日用必需品配售委员会（南京市民食调配处）档案》，档案号：10140010152（00）0001，第 47 页。

期《民食配售工作总报告》来看，可以说南京民调会将这项工作做到了极致，"其对配售业务之推展，助益殊宏"。①

6月16日开始换发新证，计换发717张、65446人。② 及至7月，为了便利贫民分批逐斗购买，配购证改户为口，并取消机关公共宿舍住户配购证，所有配购证均重新制发，以防冒领、重领。③ 在办理6月份配售工作的同时，从6月11日开始，7月份的核对、造册、编号等准备工作即已展开，25日各项工作完竣，7月1日正式配售。表6-7反映了1948年3~7月配证张数及人数变动情况。

从表6-7可以看出，南京市配售工作自3月开始后，领证人员以普通户为绝对多数，且呈逐渐上升趋势，外侨数量最少，公共宿舍户以4月、5月两月最多，此后因政策调整而减少。总体而言，发证数与实际人数均稳定在21万张、120万人左右，与上海、广州、北平、天津相比，南京是最少的，但南京作为首都，其重要性却居于首位。

三是增减承销处。为减少3月底的拥挤抢购现象，便利市民购米，从4月起，南京民调会按照各区人口密度，督促粮食业同业公会及粮食消费合作社分别增设承销处，截至4月底，承销米店从250家增至273家，合作社从79家猛增至238家，两者共计增加182家，总数达到511家。④ 承销商的增加有利于扩大配售范围，提高配售效率，但也存在是否具有资质、容易发生弊端等问题，尤其是大量增加的合作社，后来成为严控的对象。

---

① 《民食配售工作总报告》第1期（1948年3~7月），《首都民生日用必需品配售委员会（南京市民食调配处）档案》，档案号：10140010152（00）0011，第8、16页。

② 《民食配售工作总报告》第1期（1948年3~7月），《首都民生日用必需品配售委员会（南京市民食调配处）档案》，档案号：10140010152（00）0011，第8~14页。

③ 南京市美国救济物资配售委员会：《为检送南京市美国救济物资配售委员会第七次联合督导工作会议记录的代电》（1948年6月1日），《首都民生日用必需品配售委员会（南京市民食调配处）档案》，档案号：10140010137（00）0008，第65页。

④ 《民食配售工作总报告》第1期（1948年3~7月），《首都民生日用必需品配售委员会（南京市民食调配处）档案》，档案号：10140010152（00）0011，第21页；《粮政机构工作报告案（二）》（1948年），《行政院档案》，档案号：014-040501-0002，第44~45页。

表6-7　1948年3～7月配证张数及人数一览

单位：张、人

月份	户别	上月份原有数		本月份请领数		本月份缴销数		本月份实有数		本月份总计数	
		证数	人数	证数	人数	证数	人数	证数	人数	证数	人数
3月	普通户	—	—	210151	1082639	—	—	210151	1082639	210817	1161151
	公共宿舍户	—	—	666	78512	—	—	666	78512		
	外侨	—	—	—	—	—	—	—	—		
4月	普通户	210151	1082639	1806	8198	254	1408	211703	1089429	212653	1207815
	公共宿舍户	666	78512	295	40293	11	419	950	118386		
	外侨	—	—	—	297	—	—	—	297		
5月	普通户	211703	1089429	2704	13420	381	1673	214026	1101176	215303	1219978
	公共宿舍户	950	118386	192	12834	44	12714	1098	118505		
	外侨	—	297	179	297	—	—	179	297		
6月	普通户	214026	1101176	3347	16621	740	3447	216633	1114350	217546	1180160
	公共宿舍户	1098	118505	717	65446	1098	118505	717	65446		
	外侨	179	297	17	67	—	—	196	364		
7月	普通户	216633	1114350	1189592	1189592	216633	1114350	1189592	1189592	1189604	1189604
	公共宿舍户	717	65446	—	—	717	65446	—	—		
	外侨	196	364	12	12	196	364	12	12		

引者注：7月份配购证系按口发放。

资料来源：《民食配售工作总报告》第1期（1948年3～7月），《首都民生日用必需品配售委员会（南京市民食调配处）档案》，档案号：1014010152 (00) 0011，第15页。

　　四是简化提米手续。南京共有 13 个区，3 月初配售工作开始后，民调会为提高效率，遂借南京市粮食业同业公会会址设立联合办事处，将配粮单位、收款银行、粮业公会及民调会仓储、配售、财务各单位集于一处，所有配米拨领、价款收缴等手续"均可于同一时间同一地点办理完毕"，手续简捷，拨米数量日增，全面配粮工作乃步入正轨，得以如期完成预定计划，这与联合办事处"助者至巨"有直接关系。①4 月，鉴于郊区粮店承销配米因运输困难、手续繁杂，每每裹足不前，影响市民购米，南京市美国救济物资配售委员会、南京市民调会自该月起，对远处郊区的汤山区承销商提米手续予以简化，规定"凡该区承销商提米，经汤山各界联谊会向本会保证后，即可先行提米，而后缴款"，所需运费由民调会承担。此一规定实施后，汤山区 4 月份配售极为顺利。

　　4 月，粮商申请并经核准的配量，承销店为 716436 市斗，合作社为 279589 市斗，合计 996025 市斗。但截至 4 月底，实际提米总计 977875 市斗，其中合作社 279589 市斗，承销商 698286 市斗。② 承销商缴回票花 690828 市斗，合作社缴回 267573 市斗，合计 958401 市斗。也就是说，该月核准的米量并未完全配售出去，而是结存 19474 市斗（合作社结余 12016 市斗，承销商结余 7458 市斗）。③

　　与 3 月份相比，4 月份新增人口 46664 人，而实际配售出的米量反而减少了 131510 斗，笔者未见到减少原因的相关资料，或许与米价上涨有关。南京民调会 4 月 1 日公布的配价较 3 月份上涨近 30%，也就是说 4 月购买 1 市斗食米要比 3 月份多支出 6 万元，三四口之家负担也不算轻，而且 5 月份的配售量增长显著。

　　5 月的配售工作从 1 日起至 25 日止，米由粮食部及市政府提供，

① 《民食配售工作总报告》第 1 期（1948 年 3~7 月），《首都民生日用必需品配售委员会（南京市民食调配处）档案》，档案号：10140010152（00）0011，第 23 页。

② 《粮政机构工作报告案（二）》（1948 年），《行政院档案》，档案号：014-040501-0002，第 45~46 页；《民食配售工作总报告》第 1 期（1948 年 3~7 月），《首都民生日用必需品配售委员会（南京市民食调配处）档案》，档案号：10140010152（00）0011，第 30 页。

③ 《粮政机构工作报告案（二）》（1948 年），《行政院档案》，档案号：014-040501-0002，第 45~46 页。

前者于 13 日一次拨清 3 万市石，后者 9 万市石，系由上海市民调会代购，包括 4 月下旬接收无锡、芜湖熟米 50684.96 市石，5 月 6 日接收 2 万市石，10 日 19315.04 市石，① 合计 12 万市石。就购米人群而言，5 月普通住户实增 11747 人，机关公共住户实增 119 人，外侨②住户增加 297 人，合计增加 12163 人。加上 4 月配证住户，配证总人数为 1219978 人。可以看出，从 3 月至 5 月，配证人数呈逐月上升趋势，"市民购买踊跃"，此时已经超出南京民调会预定的每月 12 万石食米的计划，"已感不敷"。③ 南京民调会一方面商请院委会、粮食部以后按人口实数增拨配米，另一方面从其他机构调拨，以应付当月配售，计从南京市粮食购储会拨借 500 市石，函请粮食部储运处暂借 775 市石，并移拨 3 月份结余配米 795.9 市石，"以免市民向隅"。④ 因此，5 月份实际总共配发各承销米店食米为 122070.9 市石，其中上旬 62222.2 市石，中旬 49537.32 市石，下旬 10311.38 市石，各承销店实际配售 118402.9 市石；每市石价格为 270 万元，共收价款 31968783 万元。⑤ 自 5 月份起，配售食米除了美米，国内食米数量亦有增加，据统计，1948 年 4 月陆续运送至南京的 50732.9 市石 5 月份

---

① 《南京市民食调配委员会、南京市美国救济物资配售委员会关于南京市一九四八年五月份民食配售工作总报告》（1948 年 6 月 10 日），《首都民生日用必需品配售委员会（南京市民食调配处）档案》，档案号：10140010158（00）0001，第 8 页。

② 外侨人员包括外国驻华使馆人员及其眷属，其粮食配售事宜由中国政府负担，程序是先由外交部礼宾司将相关人员名单提供给南京市民食调配处，再由该处证发放。参见《南京市民食调配委员会为核发配证一百零五张请送美国大使馆、瑞士大使馆具领的公函》（1948 年 9 月 15 日），《首都民生日用必需品配售委员会（南京市民食调配处）档案》，档案号：10140010143（00）0010，第 83~90 页；《南京市民食调配处为发美国大使馆请领配购证三十四张的公函》（1949 年 1 月 7 日），《首都民生日用必需品配售委员会（南京市民食调配处）档案》，档案号：10140010142（00）0006，第 70 页。

③ 《南京市民食调配委员会、南京市美国救济物资配售委员会关于南京市一九四八年五月份民食配售工作总报告》（1948 年 6 月 10 日），《首都民生日用必需品配售委员会（南京市民食调配处）档案》，档案号：10140010158（00）0001，第 5 页。

④ 《粮政机构工作报告案（二）》（1948 年），《行政院档案》，档案号：014-040501-0002，第 69~73 页。

⑤ 《粮政机构工作报告案（二）》（1948 年），《行政院档案》，档案号：014-040501-0002，第 69 页；《南京市民食调配委员会、南京市美国救济物资配售委员会关于南京市一九四八年五月份民食配售工作总报告》（1948 年 6 月 10 日），《首都民生日用必需品配售委员会（南京市民食调配处）档案》，档案号：10140010158（00）0001，第 3 页。

配米中，除了 31002 市石南京本地米外，还有芜湖米 3881 市石、苏锡粳米 6632 市石、汉口米 4150 市石，但外埠食米数量极为有限。[①] 同时，民调会准许各承销米店觅得殷实保证后即可先提领配米，之后再缴价款，提米手续进一步简化。

由于 4 月份承销店及合作社被检举者不在少数，南京民调会分别予以调整，5 月份计有承销店 266 家，合作社 152 家，合计 418 家，比 4 月减少 93 家（见表 6-8）。承销店或合作社减少，除"因办理承销欠善"被民调会撤销外，[②] 还有一个原因是民调会对公共机关住户采取了直接配售方式，即由各机关住户携带配证连同价款支票，直接向民调会换取提米单，然后到指定仓库提米，而不再经由承销店、合作社配售。民调会采用直接配售方式后，"各机关均甚感便利"。[③] 据统计，5 月份配售手续改善后，"一经开始，提拨即异常拥挤，至五月十日止拨出数量已达六二二二二石二斗"。[④] 总体而言，5 月份的各项配售工作"均已渐上轨道，配粮制度只在各方协助督促下，经一再商讨改进，已日臻健善"。[⑤]

在做好 5 月份各承销店配售工作的同时，南京民调会接收保管第 12 批美米、4 月份配余美米等，分存于各仓库，并派员在 28 日将各承销店 6 月份配售所需食米运送至店，以便利承销粮商。不过，这一做法也加重了南京民调会的负担，一来需要人力更多，二来"费用浩大"，5 月份的运送费占其业务费 80% 以上。[⑥]

---

① 《粮政机构工作报告案（二）》（1948 年），《行政院档案》，档案号：014-040501-0002，第 57 页。

② 《民食配售工作总报告》第 1 期（1948 年 3~7 月），《首都民生日用必需品配售委员会（南京市民食调配处）档案》，档案号：10140010152（00）0011，第 21 页。

③ 《粮政机构工作报告案（二）》（1948 年），《行政院档案》，档案号：014-040501-0002，第 71~73 页。

④ 《南京市民食调配委员会、南京市美国救济物资配售委员会关于南京市一九四八年五月份民食配售工作总报告》（1948 年 6 月 10 日），《首都民生日用必需品配售委员会（南京市民食调配处）档案》，档案号：10140010158（00）0001，第 8~9 页。

⑤ 《南京市民食调配委员会、南京市美国救济物资配售委员会关于南京市一九四八年五月份民食配售工作总报告》（1948 年 6 月 10 日），《首都民生日用必需品配售委员会（南京市民食调配处）档案》，档案号：10140010158（00）0001，第 1 页。

⑥ 《南京市民食调配委员会、南京市美国救济物资配售委员会关于南京市一九四八年五月份民食配售工作总报告》（1948 年 6 月 10 日），《首都民生日用必需品配售委员会（南京市民食调配处）档案》，档案号：10140010158（00）0001，第 1 页。

表 6-8　1948 年 3~6 月南京市承销店及分区情形

月份	承销店、社别	家数													小计	总计
		一区	二区	三区	四区	五区	六区	七区	八区	九区	十区	十一区	十二区	十三区		
3 月	粮商	42	23	14	20	41	21	24	1	11	7	24	22	—	250	329
	合作社	10	9	8	3	15	3	6	1	1	4	7	11	1	79	
4 月	粮商	44	24	16	21	44	24	25	3	12	7	30	23	—	273	511
	合作社	24	23	29	18	26	24	12	2	10	12	24	29	5	238	
5 月	粮商	42	23	14	20	41	22	24	6	12	7	24	21	10	266	418
	合作社	17	12	18	10	15	17	8	4	6	8	14	18	5	152	
6 月	粮商	62	30	18	23	53	26	35	11	22	9	40	30	16	375	375

引者注：原表包括 7 月份数据，现根据行文需要删去。

资料来源：《民食配售工作总报告》（1948 年 3~7 月），《首都民生日用必需品配售委员会（南京市民食调配处）档案》，档案号：1014001 0152 (00) 0011，第 22 页。

自 6 月份起，承销机构中凡不合规定者，再度予以调整，民调会与各机关派员实地视察后，分别予以撤销，新申请者亦进行严格审核，申请标准亦更为规范，对门面、设备、资本、工作人数等均重新规定。各承销米店提出申请后，民调会会同粮食部、美国政府中华救济工作团等组成联合视察团再予查验，查验合格者方准配售。另外，南京民调会接受美国救济工作团的请求，从 6 月份起，将合作社配米权予以取消，统由粮商配售。提米手续方面，南京民调会又有所改进，将所配美米直接自起卸点、车站或仓库送各承销米店，分别拨存，凭南京民调会通知单即可作为米店领配数额，手续更为简便，"极为各方赞许"。① 因此，6 月份承销米店为数较少。

6 月份共收到美米 100746 市石，加上 4 月份剩余美米，实际拨给承销商 129572.91 市石，实际配售 115173.1 市石，每市石配价为 49 万元。至此，原计划为期 4 个月的第一期配售工作暂告一段落。

盘点第一期民食配售，有几个问题仍需明确。第一，配售粮食数量及粮源。根据中美协定，粮源有二：一是美粮，一是政府粮。二者各负担一半。政府粮又由粮食部与南京市政府负担，详情如表 6-9 所示。

表 6-9　1948 年 3~6 月南京市配米接收情况

月份	粮源	数量	备考
3 月	政府粮，其中粮食部拨 90000 市石，市政府储粮会拨 20067.3 市石	110067.3 市石	
4 月	美米	136746.5 市石	
5 月	政府粮，其中市政府拨 90000 市石（系托上海市民调会代购），粮食部拨 30000 市石	122070.9 市石	本月因市民购买踊跃，原定配米量 12 万市石不敷配发，故向粮食部借拨 775 市石，向市储粮会借拨 500 市石，移用 3 月配售余粮 795.9 市石，计如上数

① 南京市美国救济物资配售委员会：《为告知先提米后缴款办法事的训令》（1948 年 4 月 30 日），《首都民生日用必需品配售委员会（南京市民食调配处）档案》，档案号：10140010112（00）0015，第 63~64 页；《粮政机构工作报告案（二）》（1948 年），《行政院档案》，档案号：014-040501-0002，第 47 页；《民食配售工作总报告》第 1 期（1948 年 3~7 月），《首都民生日用必需品配售委员会（南京市民食调配处）档案》，档案号：10140010152（00）0011，第 27~30 页。

续表

月份	粮源	数量	备考
6 月	美米	100746 市石	此数与需要量相差颇多，其不足之数系由 4 月剩余美米移充
总计		469630.7 市石，其中政府粮 232138.2 市石，美粮 237492.5 市石	

引者注：原表包括 7 月份数据，现根据行文需要略去。

资料来源：《民食配售工作总报告》第 1 期（1948 年 3～7 月），《首都民生日用必需品配售委员会（南京市民调配处）档案》，档案号：10140010152（00）0011，第 29～30 页。

从表 6-9 可以看出，南京第一期 3～6 月 4 个月共配售食米 469630.7 市石，平均每个月为 117408 市石，与粮食部原计划是吻合的。粮食来源中美米与政府米分别占 50.6% 与 49.4%，中美双方基本按照约定，各占一半。因此，从 3 月至 6 月，在粮源相对稳定的情况下，配售工作总体较为顺利，每月配售米量较为稳定（参见表 6-10）。

表 6-10　1948 年 3～6 月配售米量统计

单位：市斗

月份	承销机构	销售数量	实际配售米量	备注
3 月	粮商	966805	1089911	政府粮
	合作社	123106		
4 月	粮商	690828	958401	美粮
	合作社	267573		
5 月	粮商	906437	1184029	政府粮
	合作社	221371		
	民调会直接配售	56221		
6 月	粮商	1151731	1151731	美粮
总计			4384072	

引者注：原表包括 7 月份数据，现根据行文需要删去。

资料来源：《民食配售工作总报告》第 1 期（1948 年 3～7 月），《首都民生日用必需品配售委员会（南京市民调配处）档案》，档案号：10140010152（00）0011，第 28 页。

第二，购粮资金问题。第一期 4 个月的配售计划，粮食部、南京市政府需要承担 24 万市石配粮，购粮所需资金不菲。为了解决购粮资金，行政院、粮食部、南京市政府等各部门均洽商中央银行透支，[①] 尤其是既无粮又无钱的南京市政府，只能通过透支资金购粮，以完成配售任务。3 月11 日，南京民调会财务组与中国银行、交通银行、中国农民银行、中央合作金库、邮政储金汇业局南京市银行订立 40 亿元的透支合约；17 日，又向南京中央银行接洽，由上海中央银行拨款 3000 亿元，交予上海民调会代为购粮。[②] 据统计，从 3 月至 5 月，南京民调会向中国银行透支情况分别为：3 月累计 2661664650.00 元；4 月 24 日透支 4211444400.00 元，4月 30 日透支 157000 万元；5 月 10 日透支 7172 万元，5 月 25 日有 2 笔，第一笔是 26913000.00 元，第二笔为 35170950.00 元，5 月合计 133803950.00 元。另外，南京民调会还向中央合作金库透支，3~5 月数额分别为：3 月，521304972.00 元；4 月 24 日，6500000 元；5 月 25 日有 2 笔，第一笔是1808700.00 元，第二笔是 386328.00 元，合计 2195028.00 元。[③]

6 月，粮食部与中央银行再行订立 1948 年度购储面粉透支合约，总额达 10 万亿元，用作平、津 8 月份配售购粮，并希望 6 月底前能得到现款。从 6 月份开始，该款项虽"正在陆续透出"，但仍不敷应用，截至 7 月中旬，所有应付各省运费及购粮价款，均无法支应。7 月 8 日，行政院为赶办川、湘、赣外调粮及购补未足粮额等，需要以紧急支付命令方式透支 20 万亿元，详细开列各省所需运费、购粮款项，同时交代如不能全部透支，则可先行垫借 10 万亿元，并派粮食部次长田雨时赴沪面洽。[④] 面对纷至沓来的各项巨额透支款项，中央银行"已感不胜负

① 南京市美国救济物资配售委员会：《关于延长前与中国银行订立透支国币四十亿元契约展期至一九四八年六月三十日止的代电》，《首都民生日用必需品配售委员会（南京市民食调配处）档案》，档案号：10140010149（00）0033，第 156~157 页。
② 《南京市三月份民食配售工作总报告》（1948 年 4 月 10 日），《首都民生日用必需品配售委员会（南京市民食调配处）档案》，档案号：10140010157（00）0001，第 27 页。
③ 《首都民生日用必需品配售委员会银行透支总账》（1948 年），《首都民生日用必需品配售委员会（南京市民食调配处）档案》，档案号：10140010107（00）0025，第 148~153 页。
④ 《川湘赣三省军粮调拨》（1948 年），《行政院档案》，档案号：014-040504-0053，第 27 页。

荷"，遂在 12 日以资金调度困难为由，提出稍缓时日再行核定。行政院对此颇不满意，15 日代电中央银行，谓外调粮系调往东北与华北地区，"军事紧急，需粮急迫"，亟待赶运，要求中央银行"迅即设法垫拨"，并令粮食部直接与中央银行洽办，以济急需。①

7 月 13 日，南京民调会与中国银行南京分行、交通银行南京分行、中国农民银行南京分行、中央信托局南京分局、邮政储金汇业局南京分局、中央合作金库、南京市银行订立透支合约，自当日起到 8 月 12 日止，透支 300 亿元，该借款由南京市政府担保，其中中、交、农、中信、邮汇五行局及金库各摊借 15%，南京市银行 10%，月息 8 分，专供民调会用作业务费，不得移作别用。②

8 月，粮食部粮食紧急购储会与中央银行订立透支合约，从 1948 年 8 月 7 日至 1949 年 2 月 7 日透支 15 万亿元，用于采购食粮。③ 1949 年 4 月，仍请南京市政府担保，向中国银行南京分行透支 3000 万元金圆券。④

事实证明，透支购粮虽可解一时燃眉之急，却不啻饮鸩止渴。在通货膨胀无以复加时，国民政府只能幻想通过币制改革来缓解通胀压力。需要指出的是，在通过透支才能购得粮食的情况下，中国银行、中央银行、中央信托局等金融机构在配售工作中扮演着越来越重要的角色。

第三，价款回收问题。根据《行政院处理美国救济物资委员会工作纲要》对配售粮食资金保管与运用的规定，配售粮食须回收价款，回收的价款先由院委会在中国银行开设特立账户，承销店按照配量与配价如数

---

① 《关于南京市民食调配委员会与中国银行南京分行、交通银行南京分行等订立的透支合约》（1948 年 7 月 13 日），《首都民生日用必需品配售委员会（南京市民食调配处）档案》，档案号：10140010149（00）0038，第 184~186 页。

② 《关于南京市民食调配委员会与中国银行南京分行、交通银行南京分行等订立的透支合约》（1948 年 7 月 13 日），《首都民生日用必需品配售委员会（南京市民食调配处）档案》，档案号：10140010149（00）0038，第 184~186 页。

③ 《粮食部呈拟京、沪、平、津、穗五省粮食配售事项（二）》（1948 年），《行政院档案》，档案号：014-040504-0154，第 57~61 页；《川湘赣三省军粮调拨》（1948 年），《行政院档案》，档案号：014-040504-0053，第 27~36 页。

④ 南京市政府：《为南京市民食调配处向中国银行京行透支三千万元准予保证的代电》（1949 年 4 月 11 日），《首都民生日用必需品配售委员会（南京市民食调配处）档案》，档案号：10140010126（00）0007，第 36 页。

在配售次日上交，存入特立账户，专户储存，每月结清。[①] 1948 年 3 月 8 日，南京市美国救济物资配售委员会最初委托中国银行、交通银行、中国农民银行、中央合作金库、邮政储金汇业局、南京市银行 6 家金融机构代收，除南京市银行代收 10% 外，其余 5 家各代收 18%，并以中国银行为代表，负责总收总解。

从 3 月 9 日起，各承销店陆续向南京民调会缴纳售粮价款。按照核定的售价，3 月份每市斗食米价格为 21 万元，当月共实际售出 1089911 市斗，总价款为 22888131 万元，其中承销商手续费、南京民调会事业费各占总价款的 5%，均为 1144406.55 万元，向中国银行报解金额为 20599315.9 万元，报解金额即为实际收回的粮食价款，详情见表 6-11。

表 6-11　1948 年 3 月南京市民调会、美国救济物资配售委员会实售粮款清单

单位：市斗，元

日期	实售数量	总价	承销商手续费	事业费	报解金额
9 日	17961	3771810000	188590500	188590500	3394629000
10 日	3578	751380000	37569000	37569000	676242000
11 日	5874	1233540000	61677000	61677000	1110186000
13 日	4831	1014510000	50725500	50725500	913059000
15 日	11068	2324280000	116214000	116214000	2091852000
16 日	10279	2158590000	107929500	107929500	1942731000
17 日	24710	5189100000	259455000	259455000	4670190000
18 日	33531	7041510000	352075500	352075500	6337359000
19 日	44580	9361800000	468090000	468090000	8425620000
20 日	47049	9880290000	494014500	494014500	8892261000
21 日	36379	7639590000	381979500	381979500	6875631000
22 日	50668	10640280000	532014000	532014000	9576252000
23 日	47284	9929640000	496482000	496482000	8936676000
24 日	45613	9578730000	478936500	478936500	8620857000

---

① 《行政院会议议事日程（第四一至四四次）》（1948 年 2 月 24 日），《行政院档案》，档案号：014-000205-00017-004，第 163 页；《南京市民食调配委员会为告知配米缴款手续请查照事的代电》（1948 年 4 月 6 日），《首都民生日用必需品配售委员会（南京市民食调配处）档案》，档案号：10140010112（00）0003，第 5~6 页。

续表

日期	实售数量	总价	承销商手续费	事业费	报解金额
25 日	28574	6000540000	300027000	300027000	5400486000
26 日	51781	10874010000	543700500	543700500	9786609000
27 日	38191	8020110000	401005500	401005500	7218099000
28 日	57794	12136740000	606837000	606837000	10923066000
29 日	39960	8391600000	419580000	419580000	7552440000
30 日	44287	9300270000	465013500	465013500	8370243000
31 日	445919	93642990000	4682149500	4682149500	84278691000
合计	1089911	228881310000	11444065500	11444065500	205993179000

原表注：（1）每市斗单价为21万元；（2）本月拨米总计110067.3市石，除实售数108991.1市石外，剩余1076.2市石。

资料来源：《南京市三月份民食配售工作总报告》（1948年4月10日），《首都民生日用必需品配售委员会（南京市民食调配处）档案》，档案号：10140010157（00）0001，第28页。

从表6-11可以看出，配售渐次展开后，每日配售量大体呈上升趋势，回收的粮食价款亦相应上升，尤其是31日发生挤购现象，价款也大幅上涨，占当月总额的41%。3月份10余万市石的食米，价款总额达22888131万元，可见粮价上涨之快与法币贬值之速。更为可怕的是，粮价上涨势头并未停止。

4月配价上调为每市斗27万元，当月配售量有所下降，价款增长幅度较小，总额达25876827万元。4月上旬，中央信托局亦申请加入收款单位。经南京民调会邀集各收款银行商讨，同意中央信托局自14日起成为收款单位。于是，各收款银行重新划分收存比例，即除南京市银行仍为10%外，其余6家均为15%。① 截至4月底，南京民调会财务组实收粮价详细清单如表6-12所示。

---

① 《民食配售工作总报告》第1期（1948年3~7月），《首都民生日用必需品配售委员会（南京市民食调配处）档案》，档案号：10140010152（00）0011，第32页；《粮政机构工作报告案（二）》（1948年），《行政院档案》，档案号：014-040501-0002，第57页。

表6-12　1948年4月南京市实售配粮价款清单

单位：市斗，元

日期	逐日实售数量	总价	承销商手续费	本会事业费	国行收院委会户	国行收粮食部户	中行拨农行收南京市购储会户
5日	2499	674730000	33736500	33736500	303628500	303628500	
6日	3622	988740000	49437000	49437000	444933000	444933000	
7日	6674	1801980000	90099000	90099000	810891000	810891000	
8日	6002	1620540000	81027000	81027000	729243000	729243000	
9日	10600	2862000000	143100000	143100000	1287900000	1287900000	
10日	16330	4409100000	220455000	220455000	1984095000	1984095000	
12日	35743	9650610000	482530500	482530500	4342774500	4342774500	
13日	25380	6852600000	342630000	342630000	3083670000	3083670000	
14日	21214	5727780000	286389000	286389000	2577501000	2577501000	
15日	22946	6195420000	309771000	309771000	2787939000	2787939000	
16日	32330	8729100000	436455000	436455000	3928095000	3928095000	
17日	39672	10711440000	535572000	535572000	4820148000	4820148000	
19日	48375	13061250000	653062500	653062500	5877582500	5877582500	
20日	30044	8111880000	405594000	405594000	3650346000	3650346000	
21日	26579	7176330000	358816500	358816500	3229348500	3229348500	
22日	24969	6741630000	337081500	337081500	3033733500	3033733500	
23日	32189	8691030000	434551500	434551500	3910963500	3910963500	

续表

日期	逐日实售数量	总价	承销商手续费	本会事业费	国行收院委会户	国行收粮食部户	中行拨农行收南京市购储会户
24 日	48860	13192200000	659610000	659610000	5936490000	5936490000	
25 日	19497	5264190000	263209500	263209500	2368885500	2368885500	
26 日	64171	17326170000	866308500	866308500	7796776500	7796776500	
27 日	74453	20102310000	1005115500	1005115500	9046039500	9046039500	
28 日	85096	22975920000	1148796000	1148796000	10339164000	10339164000	
29 日	60996	16468920000	823446000	823446000	7411014000	7411014000	
30 日	220120	59432400000	2971620000	2971620000	26744580000	21097921500	5646658500
合计	958401	258768270000	12938413500	12938413500	116445721500	110799083000	5646658500

资料来源：《粮政机构工作报告案（二）》（1948 年），《行政院档案》，档案号：014-040501-0002，第 59 页；《南京市民食调配委员会，南京国救济物资配售委员会关于南京市一九四八年四月份民食配售工作总报告》（1948 年 5 月 1 日），《首都民生日用必需品配售处（南京市民食调配处）档案》，档案号：10140010157（00）0001，第 16 页。

从表 6-12 可以看出，4 月逐日配售粮食数量与回收价款趋势，与 3 月份较为相似，呈波动上升之势，所不同者配售食米总量有所减少，但因每市斗配价上涨至 27 万元，4 月份价款亦增加至 25876827 万元。

5 月份的配价维持了 4 月份的水平，回收价款为 31968783 万元；6 月份粮价大涨，每市斗配价高达 49 万元，回收价款总额增加至 56434819 万元。3~6 月配售价款详情见表 6-13。

从配售数量来看，从 3 月开始配售至 6 月，4 个月实际配售食米共计 438407.2 市石，与接收的 469630.7 市石相比，稍有出入。一是因为损耗；二是因为美米品质较差者拨充南京社会局，用来救济贫户；三是因为第一期的配米拨充 7 月份配用。从配价来看，4 月、5 月两个月配价比较平稳一致，6 月份每市斗的配价较 3 月份上涨 28 万元，上涨了 133%，导致粮款支出数额越来越庞大。相较于配售粮额，6 月份配粮数量与 3 月份相比增长了 5.7%，粮价增幅更大。在粮价上涨不已的情况下，配售弊端频现。

第一期民食配售计划从 3 月初开始至 6 月底结束，为时 4 个月，尽管在配售初期存在挤购、"稽察失时"、"报告延期"等情况，6 月粮价突然大涨，"但在经济政策与粮食政策两方面，业已获致极大之成果"。一方面，所有市民，不分大小口，均获得必需食粮，"不虞匮乏"；另一方面，在配售初期，3~5 月的米价虽有上涨，但相比上等熟米 1 月份 44%、2 月份 77% 的涨幅，3 月份的涨幅仅为 25%，明显低于 1 月、2 月两个月，中等熟米在 3 月份前半月每市石从 224 万元涨至 280 万元，后半月稳定在 280 万~290 万元。[1] 上海自 3 月 1 日全面配售后，受益群体为 350 万市民，市场米价至 3 日下跌 16%，[2] 一定程度上起到了遏制粮价飞涨的作用。"此次配粮，确已获致稳定粮价之功。"[3] 但这一局面能否维持下去呢？在国民党军事失利越发严重的背景下，是否会有第二、第三乃至更多期配售，以巩固经济、粮食"极大之成果"呢？

---

[1] 《南京市三月份民食配售工作总报告》（1948 年 4 月 10 日），《首都民生日用必需品配售委员会（南京市民食调配处）档案》，档案号：10140010157（00）0001，第 31 页。

[2] 《沪米价下跌，全面配售收到效果》，《大公报》（天津）1948 年 3 月 3 日，第 3 版。

[3] 《粮政机构工作报告案（二）》（1948 年），《行政院档案》，档案号：014-040501-0002，第 37 页。

表6–13　南京市民调会、南京市美国救济物资配售委员会第一期配售粮款结报（1948年）

项目		3月	4月	5月	6月	总计
实销粮额（市石）		108991.1	95840.1	118402.9	115173.1	438407.2
单价（万元）		210	270	270	490	
实售粮款（万元）		22888131	25876827	31968783	56434819	137168550
应扣手续费	4%业务费（万元）	915525.24	1035073.08	1278751.32	2257392.76	5486742.4
	1%管理费（万元）	228881.31	258768.27	319687.83	564348.19	1371685.6
	5%承销手续费（万元）	1144406.55	1293841.35	1598439.15	2821740.95	6885428
净收粮款（万元）		20599317.9	23289144.3	28771904.7	50791337.1	123451704
院委会	拨销粮额（市石）		95840.1		115173.1	211013.2
	应得粮款（万元）		23289144.3		50791337.1	74080481.4
	已收粮款（万元）	10299658.95	11644572.15	14385952.35	25395668.55	
	差（溢）解粮款（万元）	10299658.95	-11644572.15	14385952.35	-25395668.55	
粮食部	拨销粮额（市石）	90000		30000		
	应得粮款（万元）	17010000		7290000		
	已收粮款（万元）	7275006.9	11079906.3	14385952.35	25395668.55	58136534.1
	差（溢）解粮款（万元）	-9734993.1	11079906.3	7095952.35	25395668.55	33836534.1
市政府	拨销粮额（市石）	18991.1		88402.9		107394
	应销粮额（万元）	3589317.9		21481904.7		25071222.6
	已收粮款（万元）	3024652.05	564665.85			
	差（溢）解粮款（万元）	-564665.85	564665.85	-21481904.7		

原表注：粮食部共计溢收粮款33836534.1万元，应退解院委会12354629.4万元，退解民生日用必需品配售委员会21481904.7万元。

资料来源：《民食配售工作总报告》第1期（1948年3月至7月），《首都市民食配售委员会（南京市民食调配处）档案》，档案号：1014010152（00）0011，第35页。

二　第二期配售中的内外博弈

在第一期配售初期，处理美国救济物资委员会主任缪嘉铭在立法院3月13日举行的院会上回应立法委员的质询时，提到了第二期配售的问题，但当时人们的注意力主要集中在选择配售城市的公平性问题上，并未对第二期配售给予更多关注。[①] 3月底至4月初，俞飞鹏在考察南京、上海等地配售工作时，认为"京沪试办结果，可称成功"，并表露了继续配售的想法，"如能逐步实施，自不难获致良好效果"，而应避免"中途停顿"，以免"失信社会，抑且贻讥友邦"。从中央银行在第一期拨借款项、筹措粮源情况来看，中央银行行长张嘉璈4月24日也认为，"就目前情形观之，尚无若何问题"。可见，"掌握银根"的张嘉璈对继续配售、"协助粮政之推进"充满信心，在继续配售这一点上，俞、张二人的想法是一致的。及至5月中旬，五市配售工作渐上轨道，粮食部认为配售"情形良好，于安定社会秩序、稳定粮价收效甚宏"，而且为继续实施第二期配售计划奠定了良好基础，积累了一定经验。但如果实施第二期配售，面临的问题仍然不少。首先，美援从援助粮食转为提供贷款，且贷款期限最多至1949年3月底，美援借款究竟能购得多少食粮，不确定性较大，从第一期配售情况来看，美援与国民政府的配售政策关系密切，甚至左右了配售进程。其次，配售时间的长短问题。第二期拟从1948年7月至1949年3月，为期9个月。从另一个角度理解，如果美援发生变化或者停止，那配售能否坚持至来年3月尚不得而知。最后，是否扩大配售城市范围？这既是蒋介石的既定方针，也是众多缺粮城市的呼声。如果扩大配售城市范围，那哪些城市应被纳入？5月12日，俞飞鹏与张嘉璈进行了一次深入谈话，二人达成了如下共识。一是"第二期之配售势在必须继续"，以借助第一期配售效果进一步调剂民食、稳定粮物价格。二是配售城市应有所扩展，可从五市扩展至九市，"更宜增加青、闽、厦、汕四市"，即增加青岛、福州、厦门、汕头4座城市，至于为何增加此四市，二人并未说明原委。但可

---

①　洪葭管主编《中央银行史料（1928.11~1949.5）》，中国金融出版社，2005，第1205页。

以明确的是，九市人口共计 1290 万人。三是配售时间，拟"自本年七月起至三十八年三月止"，为期 9 个月。之所以确定为 1949 年 3 月，是因为与美援期限相一致，① 然而没想到的是，随着中共军队的快速南进及渡江战役取胜，美国确定的援助期限 1949 年 3 月却成为粮食部寿终正寝的时间，这可能正是历史的巧合之处。

俞、张二人提出的九市可分为两类：一类是京、沪、穗、厦、闽、汕 6 个配米城市，人口总数约 829 万，若仍按照第一期配售标准，则月需食米 82.9 万市石，约合 64200 吨，9 个月共计 577800 吨；一类是平、津、青配面粉城市，总人口约 461 万，月需面粉 6915 万市斤，约合 56000 吨，9 个月共计 504000 吨。关于粮源，二人商议 7～10 月的 256000 吨食米完全配售洋米，由美援外汇购办；之后的 5 个月，洋米、国米各半，分别需要 16 万吨左右。也就是说，9 个月所需全部食米中，将近 42 万吨需要进口。面粉购办情形与此类似。②

17 日，粮食部就俞、张商议结果呈文行政院。在呈文中，俞飞鹏特别提到尽快运用美援购办配粮的急迫性，一来此时正值青黄不接之际，国内"稻秧甫插，收获期尚有四个月"，"实在无法购办"，必须仰赖洋米；二来第一期配售工作结束在即，购办第二期尤其是 7～10 月的洋米需要动用美援外汇，而且代购需时较长，必须尽快着手。③

俞飞鹏所说的美援，其实在五市配售全面开始后的 4 月 3 日，美国总统杜鲁门签署《援华法案》，规定自即日起至 1949 年 3 月底，分期向国民政府提供援助，包括经济援助与军事援助，共计 5.7 亿美元。及至 6 月 20 日，美国参众两院协商委员会最后决定援助总金额为 4 亿美元，其中军事援助 1.25 亿美元，经济援助总金额原为 4.2 亿美元，后减为 3.38 亿美元，其中粮食 8500 万美元，但美国国会未通过，而是再次核减为

---

① 《粮食部呈拟京、沪、平、津、穗五市粮食配售事项（一）》（1948 年），《行政院档案》，档案号：014-040504-0153，第 63～64、71～93 页；《粮政（十三）》（1947 年 11 月 22 日～1948 年 7 月 23 日），《国民政府档案》，档案号：001-087000-00013-007，第 96 页。

② 《粮食部呈拟京、沪、平、津、穗五市粮食配售事项（一）》（1948 年），《行政院档案》，档案号：014-040504-0153，第 89～90 页。

③ 《粮食部呈拟京、沪、平、津、穗五市粮食配售事项（一）》（1948 年），《行政院档案》，档案号：014-040504-0153，第 89～90 页。

2.75 亿美元。① 其中 2.15 亿美元为赠予部分，贷予部分为 6000 万美元，均用于从美国购买物资，粮食仅为其中一项。赠予部分中，用于购粮、棉者分别为 7000 万美元，油料 5000 万美元，肥料 1380 万美元，工业器材 1000 万美元，美方行政费用 120 万美元。贷予部分均用于工业建设计划。② 美援分 4 期实施，首批 3650 万美元物资中，包括粮食、棉花、汽油、肥料 4 项，尽管粮食所占份额最多，但也仅有 1350 万美元，仅比棉花多 50 万美元。③ 第一期援助时间为 4~6 月，援助的购粮款可购米约 67000 吨，面粉约 9000 吨，均已运抵中国，由院委会分配于五大都市民食配售。这也是粮食部将五市第一期配售时间定为 6 月底的原因。同时，美国经济合作总署（ECA）中国分署亦分析，"全部援粮仅敷现时已实行配售各都市明年三月底止配粮需要额之百分之四十"，剩余 60% 需由国民政府自筹。④ 因此，行政院设立美援运用委员会（简称"美运会"），统筹美援运用事宜。

5 月 13 日，行政院公布《行政院美援运用委员会组织规程》。⑤ 根据该规程，美运会职责有 6 项，其中最重要的是编拟运用计划，接收、保管、分配美援物资，美援物资出售价款及资金的保管运用。粮食部呈报的第二期配售，所需粮食大部分系在美援项下拨款购办，行政院 24 日遂将之交由美运会核议，包括确定第二期配售城市。

① 《美援运用委员会（四）》（1948 年），台北，"国史馆"藏（以下不再一一注明藏所），《行政院经济建设委员会档案》，档案号：040-010000-0004，第 12~13 页；叶惠芬编辑《蒋中正总统档案：事略稿本》（74），台北，"国史馆"，2013，第 20、33 页。
② 俞鸿钧：《美援运用工作报告——行政院美援运委会副主委俞鸿钧在中央纪念周报告美援运用工作原词全文》，《浙江经济》第 5 卷第 3 期，1948 年 9 月 30 日，第 33 页。
③ 《美援使用大致决定》，《世界月刊》第 2 卷第 12 期，1948 年 6 月 1 日，第 21~22 页。
④ 《美援运用：美援经济部分运用情形，严家淦在立院报告》，《外交部周报》第 95 期，1948 年 10 月 20 日，第 3 版。
⑤ 《美援运用委员会（一）》（1948 年），《行政院经济建设委员会档案》，档案号：040-010000-0001，第 4~6 页；《行政院美援运用委员会组织规程》[1948 年 5 月 13 日行政院（卅七）六财字第 23605 号令颁]，《国民政府公报》第 3134 号，1948 年 5 月 15 日，第 4 版。有的刊在转发时，标注的公布日期是 6 月 8 日，如《资源委员会公报》（第 15 卷第 1 期，1948 年 7 月 16 日）、《台湾省政府公报》（夏字第 66 期，1948 年 6 月 17 日）、《总统府公报》（第 19 号，1948 年 6 月 10 日）等，其实这是《行政院美援运用委员会组织规程》修正后的公布时间。5 月 21 日，该组织规程颁布仅 8 天就对第 8 条做出了修正。

早在 1948 年 1 月 31 日，山东省主席王耀武即致电蒋介石、张群，请求将运华美粮划拨一部分运鲁，以济粮荒，但蒋、张以美援已商定在五市配售为由，并未同意。① 蒋、张的借口虽勉强说得通，但到底由何机构确定哪些城市在配售范围内，一直未有明确规定，就是 1948 年 2 月制定的《配售通则》亦无相关条文，导致各方质疑。第一期配售开始后，有人就对为何确定上述五市提出质疑，并提出自己的诉求。3 月 10 日，浙江省参议会得知五市配售的消息后，议长张强、副议长吕公望代电行政院，提出将杭州列入配售范围，"以示公允"。19 日，行政院回复称："此次美国济华米面为数不多，故由中美双方协定，仅在京、沪、平、津、穗五市照市价略低价格配售，再将所得价款用作其他地区救济之用。所请将杭州列入配给区域，格于协定，未便办理。特复。"② 在 3 月 13 日举行的立法院院会上，有关部会报告美援物资运用情形时，立法委员刘志平、刘不同相继对物资分配的公平性提出质询，"为何配售救济粮食只限于五大都市，需粮甚急者如青岛济南等倒反无配"。缪嘉铭答以"完全因为把握粮食不足，相信第二期配售粮食时，青岛、福州、汕头等地也可实施"。③缪的回答包含了三个信息：一是粮源确实困难，二是将会实施第二期配售，三是罗列了第二期配售中可能实施的城市。缪的第一个信息毫无疑问是确定的，但后两个信息却不知所本。如果说实施战后配售是蒋的意思，但期限究竟多久，却取决于多种因素，如美援、粮源、战场形势变化等，而绝非强烈的配售意愿。至于缪所提到的 3 个城市，或许只是随口言之，因为彼时缺粮城市越来越多，绝非仅此三市，而且城市的确定并非院委会职责，缪的说法不具有权威性。随着五市相继开始配售，此一问题暂时沉寂下去。

在俞、张二人商议第二期配售问题时，增列配售城市的问题再次浮现，二人明确建议增加青岛、福州、厦门、汕头四市，并已按照九市人口

---

① 《山东省政府电请划拨美国救济食粮运鲁配售》（1948 年），《行政院档案》，档案号：014-040504-0201，第 4~5 页。

② 《浙江省参议会请实施杭州全面粮食配给案》（1948 年），《行政院档案》，档案号：014-040504-0166，第 3~5 页。

③ 洪葭管主编《中央银行史料（1928.11~1949.5）》，第 1205 页。

数量筹划粮源。对于是否增列四市，行政院并未很快表态。行政院迟迟未做表态的原因，应是顾虑到并无相关条文赋予其此项权力，师出无名，而此一问题又极为敏感，表态不当极易引起未列入城市的反对，最好的办法是将消息透露出去，试探一下各方反应，同时修正《配售通则》，以寻求法理依据。

5月28日，合众社引述了南京的一则电文，谓五市"米配成绩圆满，政府乃决定加以扩展"，传闻配售将从五市扩大至九市。① 传闻一出，早已瞄准美援或粮食部配售政策的各省市（县），如青岛、重庆、抚顺、长春、太原、西安、汉口等纷纷呈文行政院，以本市粮荒严重为由，要求加入配售城市行列。同时，为了增加胜算，各省市又多方联络，各显神通，甚至在第二期配售开始后，各省市仍在苦苦争取，希望分得一杯羹。

5月底至6月初，福建、广东等一向缺粮省份，各自提出本省需要配售城市，如福州、厦门、汕头，山东代表提出增列烟台，② 而青岛此次则是第二次申请，而且志在必得。战后青岛军粮民食主要依赖上海及徐海地区供应，但上述各地亦先后实施粮食出省禁令，致使粮源紧张，尽管粮食部1946年6月初曾购运1000吨加拿大面粉接济青岛，但杯水车薪，亦难长久，青岛市政府于6月中旬提出疏畅粮源的请求。③ 其后，随着华北政局变化，难民大量涌入，青岛粮荒益重，国民党、国民政府驻青机关为解决粮食来源，各显神通。1947年，国民党青岛市党部计划由沪购运5000袋面粉，作为本单位员工及眷属自用面粉，因该项面粉需款较巨，无法一次购运，只能分批次购运。截至1948年2月，已分三次购运3500袋，尚余1500袋未能装运。3月中旬，该党部再派人至上海购运，然而，面粉虽已购妥，但因办理出关手续时已逾一个月而遭到上海海关拦阻，究其原

---

① 《都市粮食全面配售，第二期决照常举办》，《中华时报》1948年5月29日，第1版。6月中上旬的传闻中，增加的四市分别为青岛、汕头、汉口、福州。参见《食米配售下月扩充为九大都市，增加青汕汉闽四地，由粮食部统一调配》，《现代经济通讯》第166号，1948年6月10日，第2175页。

② 《粮食部呈拟京、沪、平、津、穗五市粮食配售事项（二）》（1948年），《行政院档案》，档案号：014-040504-0154，第10~11页；《山东省政府电请划拨美国救济食粮运鲁配售》（1948年），《行政院档案》，档案号：014-040504-0201，第4~5页。

③ 《青岛请统筹运济粮及疏畅粮源调剂民食》（1946年），《行政院档案》，档案号：014-040504-0160，第4~7页。

因，系粮食部规定"凡核准出口米面，期间以一个月为限，逾期不准运出"，国民党青岛特别市执行委员会不得已致电粮食部，请求放行。① 这一事件对粮食部而言虽不值一提，但对国民党青岛市党部来说却关系该部党员及眷属的生活乃至生存问题，更凸显了青岛粮源匮乏情形已陷入非常严重状态，请求中央政府予以配售也符合情理。在第一期配售时，青岛曾将困苦情形面陈当局，并请求加入配售行列，但"未蒙列入"。不过，当时行政院、粮食部已"允于第二期配售时列入"，这让青岛市政府看到了希望。并且在 6 月初，青岛市政府曾接到粮食部电报，请其准备派员出席配售会议。5 月底，行政院改组，翁文灏任院长，俞飞鹏调任总统府战略顾问委员会委员，粮食部部长一职由次长关吉玉继任，关本人对继续实行配售政策、增加配售城市也持支持意见。

6 月 14 日，新任粮食部部长关吉玉呈文行政院院长翁文灏，重申俞飞鹏、张嘉璈的意见，建议将"缺粮特甚"的青岛、汕头、福州、厦门四市列入第二期配售城市名单，即将五市扩至九市。但这一建议涉及城市较多，意味着需粮更多，即使如俞、张二人所估算的数量，九市配售 9 个月需粮将近 100 万吨，无论粮食来自国内抑或国外，实均不易筹集。15 日，关致函翁，除了表达继续配售的想法外，并称已与新任中央银行总裁俞鸿钧洽商粮源问题，"需粉各市及华南需米各市之粮源大体均统筹就绪"，但是，京、沪两市 7 月份米源短缺甚巨，关本人"无任焦灼"。②

粮源问题不光令粮食部头痛，也是行政院着重统筹考虑的问题。23 日，行政院第 4 次会议决议，五市继续配售，其他四市须俟与美方洽商后再行决定，并在次日训令京、沪两市政府赶快办理第二期配售相关事宜，

---

① 《青岛市党部在上海无锡等地采购面粉》（1948 年），《粮食部档案》，档案号：119-050204-0192，第 5~9 页。购运过期问题在资源委员会下属企业也曾发生。1948 年 7 月 5 日，资源委员会委员长孙越崎致函徐堪，谓该会冀北电力公司天津分公司 6 月份在沪采购面粉 2000 袋，以维持本公司员工食粮需要，但都市民食配售工作开始后即禁止自行采购，致使在平津实施配给以前所购面粉无法运出，请求粮食部发给护照，以便"转运赴津"。8 月 12 日，粮食部回复称："准照办，并限于本代电发出日起一个月内报运。"参见《资源委员会及所属机构采购粮食》（1948 年），《粮食部档案》，档案号：119-050204-0329，第 3~12 页。此外，这一插曲也反映了其时平津民食问题日趋严重，各机关均四处搜罗粮食。

② 《粮政机构工作报告案（二）》（1948 年），《行政院档案》，档案号：014-040501-0002，第 53~56 页。

如首要的粮源的筹备，京、沪两市仍应自筹四分之一，所需贷款由粮食部酌情协助办理，其余四分之三由粮食部利用美援购办洋米、洋面或由国民政府筹款在国内外洽购。两市7月份配售所需粮食，如一时无法购齐，可由粮食部设法筹垫，以后归还即可。① 同时，行政院着手修正《配售通则》，在其基础上制定《都市民食配售办法》。同日，青岛市民听说该市未被列入，仍为五市配售的消息后，"咸表惶骇"，并赴市政府请愿。之后，青岛市市长李先良6月28日呈文行政院，再次请求加入配售行列。②

30日，行政院第5次会议通过并公布《都市民食配售办法》，配售办法第1条规定，"本办法所称之都市，以经行政院指定者为限"。③ 也就是说，行政院对于第二期配售城市的确定具有最终决定权。不过，粮食极度短缺与申请城市众多之间的矛盾极难调和。

除了青岛，还有多座城市也先后提出此一要求。东北籍旅京国大代表、监察委员、立法委员及社会贤达70余人，在7月初提出将美援粮食分配于沈阳、长春两市；抚顺、长春各以参议会名义，于7月8日致电行政院，表达了陷入绝境、请求配售的愿望。④ 作为曾经的战时首都，重庆也想加入配售行列，重庆市绥靖公署主任朱绍良为了引起行政院、粮食部重视，请总统蒋介石出面，由蒋在7月15日代电翁文灏及关吉玉，代为说项。太原要求被纳入配售范围的愿望格外强烈，持续时间也最长，先是于7月11日由山西省主席阎锡山通过省政府驻京办事处提出配售请求，未果，又于8月19日由省参议会、省商联会、省总工会、省农会及市参议会、市总工会、市商会、市农会等8家机构联合提出申请。后来在6个配售城市名单确定后，仍不愿放弃，于9月4日由国民党山西省党部通过国民党中央执行委员会秘书处，复由阎锡山在9月13日亲自致电行政院，

① 《粮食部呈拟京、沪、平、津、穗五市粮食配售事项（一）》（1948年），《行政院档案》，档案号：014-040504-0153，第127~129页。
② 《各省市呈请列入都市民食配售范围案》（1948年），《行政院档案》，档案号：014-040504-0156，第4~5页。
③ 《都市民食配售办法》，《南京市政府公报》第5卷第2期，1948年7月31日，第42页。
④ 《粮食部呈拟京、沪、平、津、穗五市粮食配售事项（二）》（1948年），《行政院档案》，档案号：014-040504-0154，第10页；《各省市呈请列入都市民食配售范围案》（1948年），《行政院档案》，档案号：014-040504-0156，第11~16页。

继由太原参议会于 29 日代电行政院，最后于 10 月 19 日再由山西省参议会代表、国民党省党代表、国大代表、山西省立法委员代表、山西省监察委员代表联名代电行政院。前后达 6 次，动员的本省机构与人员在各省市中也是最多的。①

对于提出配售请求的众多市县，除了靠近粮食产区、粮源较为充足的汉口及人口较少的抚顺，粮食部未予考虑外，其他或地处沿海，缺粮严重，或被中共军队围困，无法运济配售，粮食部均有所顾及。7 月 5 日，粮食部将汕头、福州、厦门、青岛、太原、沈阳、长春、烟台八市人口数量及所需粮食种类调查数据呈报行政院。根据此项数据，八市共有食米人口 690000 人、食面人口 3637643 人。② 如果按照第一期配售标准，这意味着每月至少需食米 69000 市石、面粉 242510 市石，加上五市每月需米 720000 市石、面粉 1200000 袋，若按 9 个月计算，配售数量可谓巨大，而未提出配售要求的开封、济南等"亦应顾及"城市尚未计及。

面对各地诉求，行政院根据各省市（县）粮食状况、政局变化乃至配售要求的强烈程度，采取不同应对策略。行政院缜密分析后认为，广州已从 6 月起将配售余米接济汕头，由汕头自行举办配售，汕头粮荒有所缓解，不必纳入，如有紧急状况，可由广州分拨粮源；长春、沈阳两市运输困难，事实上无法举办配售，无须纳入；太原、烟台、福州、厦门及其他城市，除由粮食部调拨余粮省份粮食调剂外，再由美运会与美方协商，将美援配售各大都市之余米予以配拨。另外，行政院回复各市县的行文措辞亦颇值得玩味，似也反映了其态度及各市县的命运。对于青岛，行政院的措辞是"交粮食部核办"；对于长春、抚顺，仅为"交粮食部"；对于重庆、西安、杭州、汉口，则是"交粮食部核复"。对于山西省政府策动省内各机构反复请求的"千条计"，行政院、粮食部虽积极"议复"，其实早已打定了"老主意"：一方面将粮食部多次供应该省面粉数量详加罗列，以堵阎锡山所谓缺粮借口；另一方面则以美援粮食须由美运会与美国

---

① 《各省市呈请列入都市民食配售范围案》（1948 年），《行政院档案》，档案号：014-040504-0156，第 3~51 页。

② 《粮食部呈拟京、沪、平、津、穗五市粮食配售事项（二）》（1948 年），《行政院档案》，档案号：014-040504-0154，第 10~15 页。

经济合作总署中国分署洽商决定为由，予以搪塞。总之，"太原可否列入配售都市，似应由美援运用委员会与美方洽商办理"，这不啻由行政院借美方之手对太原关上了配售的大门，也表达了行政院、粮食部爱莫能助的"无奈"。①

志在必得的李先良在得知青岛"允于第二期配售时列入"但行政院6月23日的会议"并未议及"时，立即于24日致电行政院、粮食部，请求务必将青岛列入。7月2日，李先良复派青岛市社会局局长张宝山晋京，由张向行政院、粮食部陈报青岛实况，意在恳请尽快列入。8日，行政院以"须俟粮源筹妥后再行决定"给予回复。后来在美国经济合作局援华执行人莱普汉的一再坚持下，青岛最终被列为第二期配售城市。② 据李先良言，6月17日，莱普汉在青岛考察时，"表示配售食粮为救济青市要图"。③ 另据记载，莱普汉18日在参观青岛救济部门及生产部门时，面对企业提出的原料短缺、生产难以为继的问题，亦应允给予棉纱、小麦援助，④ 因此，莱普汉的作用不容小觑。至此，第二期配售城市为京、沪、穗、平、津、青六市，有的报道称配售对象从九大都市减为六大都市，⑤ 这一说法是不确切的，官方从未公布过配售九市的名单，自然也谈不上减少。在众多争取的城市中，只有青岛达成目标。

青岛能在众多城市中被列入的原因，除了前期的积极争取及美国的大力支持外，翁文灏行政院院长的身份也起了直接作用。8月25日，关吉玉呈文翁文灏，称已奉翁18日手谕，将青岛纳入第二期名单，且"已电该市于九月份起开始民食配售"。事有蹊跷的是，据行政院院长秘书室9月1日称，"查八月十八日，院座手谕系院座亲缄送关部长，

---

① 《美援运用委员会（十）》（1948年~1949年），《行政院经济建设委员会档案》，040-010000-0010，第11~12页；《各省市呈请列入都市民食配售范围案》（1948年），《行政院档案》，档案号：014-040504-0156，第3~51页。

② 《粮食部呈拟京、沪、平、津、穗五市粮食配售事项（二）》（1948年），《行政院档案》，档案号：014-040504-0154，第127~129页。

③ 《各省市呈请列入都市民食配售范围案》（1948年），《行政院档案》，档案号：014-040504-0156，第5页。

④ 刘宗伟：《案卷里的青岛》，青岛出版社，2016，第423页。

⑤ 《配售粮食对象从九大都市减为六大都市》，《现代经济通讯》第218号，1948年8月13日，第3页。

本室无存稿"。① 也就是说，此手谕并未经过正常工作程序，即先经由行政院秘书处签呈处理意见，再将意见上呈院长，院长批示后下发执行，而是翁、关之间的私人传递。

综观第二期配售城市确定过程中的激烈争夺，核心问题是粮源问题。粮源问题既表现在各省市县局部地区，也集中反映在粮食部、行政院统筹的粮食全局；既是对国内粮源的争夺，也是对美援的争夺。粮源是确定配售城市的决定性因素。从申请配售的城市分布区域来看，北方城市数量稍多，共有青岛、太原、西安、长春、沈阳、抚顺、烟台七市，意愿也更为强烈，这主要与北方战场有关；而南方区域包括杭州在内，另有汉口、福州、厦门、汕头、重庆五市，更多是传统缺粮省份与城市。从参与者的身份来看，以各省市县的主要负责人为主，同时各负责人亦动用各种社会关系与力量，上至总统蒋介石、美国经济合作局援华执行人莱普汉、行政院院长及两任粮食部部长等，下至走上街头请愿的普通市民；既有对公的业务往来，也有私人的交谊人情。

作为各种信息、诉求、矛盾的交会点及掌握决策权的行政院，自始至终对配售城市的确定都较为谨慎，在《都市民食配售办法》出台前，未轻易许诺，这既是减少矛盾、避免引火烧身的明智做法，也是出于粮源紧张的实际考量，或许也与翁文灏的性格有关。而粮食部、中央银行负责人，无论是俞飞鹏、关吉玉还是张嘉璈、俞鸿钧，均受第一期配售效果的驱动及对美援的依赖，对粮源的考虑较为乐观，从而主张将五市扩至九市，但潜在的问题如配售效果能持续多久、美援能否按时足额到位、国际粮食配额与粮价变动、国外购粮是否顺畅、各市人口是否会进一步增加、外汇购粮能否持久等，均需要评估。以筹购第二期配粮的问题为例，粮食部计划由中央银行垫拨英镑，交由中央信托局购办暹、缅食米 5 万吨，余数由各市负责筹购，同时将第二期售粮价款（包括国外、国内）作为购粮基金及建仓资金，专款专用，以彻底解决无款购粮的问题。对此问题，财政部 6 月 25 日即提出不同意见，谓国外米粮配售价款之使用，须取得

---

① 《各省市呈请列入都市民食配售范围案》（1948 年），《行政院档案》，档案号：014-040504-0156，第 33~35 页。

美国正式授权代表同意，国内部分则须由美运会、中央银行核定。① 很显然，财政部对于使用外汇及运用售粮价款购粮是不赞成的，因为据财政部部长王云五后来讲，战后初期国库有 7 亿美元外汇，但在宋子文任行政院院长一年多的时间里就用光了，可用于购粮的外汇所剩无几，财政部在不方便明确反对的情况下，只得抬出美国代表、美运会等，将之作为挡箭牌。退一步讲，即使这些潜在问题国民政府可以借助各方力量逐一解决，但战场上的争夺并非其所能独力掌控，而且从东北地区的局势来看，国民党军队已表现出败势。说到底，军事之于粮政的影响越来越显著。

六市名单确定后，各市每月计划配售数额如表 6-14 所示。

表 6-14　六大都市每月计划配售数额（1948 年）

粮食种类	面粉				米				总计
地区	北平	天津	青岛	合计	上海	南京	广州	合计	
人口（万人）	180	180	110	470	500	130	140	770	1240
配额（吨）	13000	13000	7000	33000	40000	9000	9500	58500	91500
粮食来源 中央（吨）	9750	9750	5250	24750	30000	6750	7125	43875	68625
地方（吨）	3250	3250	1750	8250	10000	3250	2375	15625	23875

原表注：（1）来源由中央筹备全部的四分之三，包括美援米在内，地方自筹四分之一；（2）9月份地方自筹一半。

资料来源：《粮食部呈拟京、沪、平、津、穗五市粮食配售事项（二）》（1948 年），《行政院档案》，档案号：014-040504-0154，第 108 页。

从表 6-14 可以看出，六市总人口为 1240 万人，较第一期增加 140万人，而且原来五市中，南京、北平、天津三市人口均各增加 10 万人，按每人每月配售食米 1 市斗或面粉 15 市斤，每月需粮共计 91500吨，9 个月共计 823500 吨。然而，这一数字只是 6 月份统计的结果，随着国民党在东北战场节节失利，大批东北籍学生及教职员工迁至北平，一方面国民政府所能控制的地域、粮食日渐缩减，另一方面需要救济的民众大幅增加，相应配粮数量亦增加，粮价也水涨船高，粮源更趋紧张。

① 《粮食部呈拟京、沪、平、津、穗五市粮食配售事项（一）》（1948 年），《行政院档案》，档案号：014-040504-0153，第 103~106、137 页。

解决配售粮源问题的机构，在地方为各市政府，在中央为粮食部。根据《都市民食配售办法》，各市仍须自筹配售粮额四分之一，① 9 月份须自筹一半，这对手中无粮、无钱的各市政府来说压力极大。就南京市政府来说，南京每月需米量已增至 13 万市石，9 个月则需自筹 117 万市石。然而，作为纯粹粮食消费城市，南京市政府只能像第一期一样，援例贷款购粮。7 月 14 日，南京市市长沈怡呈文行政院，请求仍援照第一期配售方案，准予贷款"从速采购"。此时南京中熟米已涨至每市石 2100 万元，加上运费，需贷款 3200 亿元。20 日，行政院将之交由粮食部、四联总处核办。31 日，粮食部呈复行政院，表示南京"需要急迫，拟请照案通过，以利配政"，而四联总处初以未收到相关函件为由推诿，后又以粮食部已组设粮食紧急购储会筹办配售事宜来搪塞，不愿染指这块难啃的硬骨头，仍将皮球踢给了粮食部。②

按照中美间的协定，六大都市配粮由美方承担四成，国民政府供应六成。不过，两国供应比例可根据双方粮源情况，变通处理，如某月中方购粮不能达到规定比例时，可先由美方筹拨，反之亦然。中国粮食的筹购，由粮食部下属粮食紧急购储会负责。购储会采购粮食不外两途：一为国外，一为国内。国外以美国及东南亚为主。美国方面，购储会利用美援资金购办，据美运会委员兼联络专员严家淦 10 月 12 日在立法院报告，第一期为 1948 年 4~6 月，援助金额为 3650 万美元，其中 1350 万美元为购粮款，可购米约 67000 吨、面粉约 9000 吨；第二期为 1948 年 7~9 月，援助金额为 7520 万美元，其中用于购粮者 650 万美元，可购米 22000 吨；第三期为 1948 年 10~12 月，拨用总数为 9239 万美元，用于购粮者 2000 万美元；第四期为 1949 年 1~3 月，总额为 7371 万美元，用途尚待分配。③另据美运会报告，截至 1948 年 9 月 10 日，已运到美米 67840 余长吨，尚

---

① 《都市民食配售办法》，《南京市政府公报》第 5 卷第 2 期，1948 年 7 月 31 日，第 42 页。

② 《粮食部呈拟京、沪、平、津、穗五市粮食配售事项（二）》（1948 年），《行政院档案》，档案号：014-040504-0154，第 20~21 页；《粮食紧急购储会下周起正式办公》，《益世报》（上海）1948 年 8 月 14 日，第 5 版；《粮食购储会主委内定杨绰庵》，《益世报》（上海）1948 年 8 月 16 日，第 1 版。

③ 《美援运用：美援经济部份运用情形，严家淦在立院报告》，《外交部周报》第 95 期，1948 年 10 月 20 日，第 3 版。

在途中者 9110 余长吨；已运到面粉 10730 余长吨，尚在途中者 7160 余长吨。[1] 美国所有运华米面数量占配售总量的 40%。东南亚方面，缅甸、暹罗、越南均为余粮国，但各国粮价均属不菲，据 8 月份数据，售价较低的缅米每市石约为 8 美元，暹罗、越南每市石约为 12 美元。如在黑市，则价格更高，前者黑市价格约合法币 8800 万元，较正常价格高出 10% 左右，后者达法币 13800 万元，高于正常价格 142% 左右，而且以上价格均不包括运费在内。[2] 可以看出，若运用外汇从东南亚地区大量购储食粮，所需外汇数量不在少数。这就是财政部提出异议之处。因此，国外购粮难度极大，国内购粮的可行性更大。

国内购粮途径稍多，购储会除了加强在传统余粮省份的购粮活动外，另一个洽购目标是台湾省。[3] 台湾素为产米区，有"米库"之称，[4] 1938年最高产量达 1402414 吨，后因肥料来源断绝、壮丁应征从军、水利设施

---

[1]　《行政院会议议事日程（第一三、二〇、二三至二六、四六次）》（1948 年 11 月 10 日），《行政院档案》，档案号：014-000205-00026-001，第 6~8 页。长吨是英美等国对外贸易货物运输吨位中的重量计算单位，短吨是美国国内铁路运输的重量计算单位，1 长吨折合 2240 磅，1 短吨折合 2000 磅，吨介于两者之间，1 吨折合 2204.62 磅。参见《"长吨"之意义如何？》，《台湾统计通讯》第 2 卷第 2 期，1948 年 2 月 29 日，第 19 页。1943 年 5 月，经济部规定，1 磅折合 0.45455 公斤或 1 公斤折合 2.2 磅。参见《规定磅与公斤折合率，一磅等于 0.45455 公斤，电仰知照由》，《资源委员会公报》第 4 卷第 5 期，1943 年 5 月 16 日，第 48 页。

[2]　《经济时事解释：粮食紧急购储会》，《现代经济通讯》第 218 号，1948 年 8 月 13 日，第 2 页。

[3]　《粮食紧急购储会下周起正式办公》，《益世报》（上海）1948 年 8 月 14 日，第 5 版；《粮食购储会主委内定杨绰庵》，《益世报》（上海）1948 年 8 月 16 日，第 1 版。其实，战后台湾亦遭逢米荒，粮价飞涨，据统计，台北 1946 年 1 月粮食指数为 5247.0，3 月突破 10000 点大关，达 11485.8，8 月再涨至 15781.0；及至 1947 年 6 月，粮食指数飙升至 44990.0。参见《台北市趸售物价指数》，《台湾物价统计月报》第 10 期，台湾省行政长官公署统计室，1946 年 10 月，第 1~2 页；《台北市趸售物价指数》，《台湾物价统计月报》第 18 期，台湾省行政长官公署统计室，1947 年 6 月，第 1~2 页。机制面粉价格则从 1946 年的每袋 724.96 元台币狂涨至 1947 年 12 月的 7200.00 元台币，1948 年 1 月高达 9066.67 元台币。参见《台北市趸售物价》，《台湾物价统计月报》第 25 期，1948 年 1 月，第 13 页。

[4]　李连春：《当前本省粮食政策的总说明——兼告全省粮户》，《台湾训练》第 5 卷第 10 期，1948 年 2 月 16 日，第 6 页。另据研究，"1945 年台湾岛内米谷的供给量为 500 万石左右。若不计输移入、输移出量，岛内消费仍仅以 1944 年的 660 万石为基准估计，则岛内米谷不足量将近 160 万石左右，即使以 600 万石为基准估算，岛内米谷不足量仍为 100 万石"。参见黄仁姿《战争与粮食：二战期间台湾粮食管理体制的建构（1939~1945）》，《国史馆馆刊》（台北）第 52 期，2017 年。

失修及日军撤退时炸毁等原因，① 1945年全岛米粮产量锐减为638829吨，而全年消费量为885714吨，不敷食用，缺口达246885吨，陷入粮荒境地。为了解决粮荒问题，台湾省粮食局采取了一系列管理措施，如禁止粮食出省、取缔囤积、向福建采购、疏通粮食运输、举办余粮登记、防止走私、划分粮区、提倡节约等，但此一情形并未好转。1946年2月，台湾米价飞涨，每市斤售价从1元余涨至10元左右，且不易购买，出现高雄民众结队请愿情事。② 8月，台湾省开始实行田赋征实，该年分为两期，扣除灾歉减免数及单季稻改征代金，第一期实际征收实物28372631.31公斤，第二期征收26732842.08公斤。③ 此外，实行带征县级公粮，随赋收购、大户收购粮食等措施，成效日渐凸显。

粮食部在1948年7月已有向台购米计划，20日，关吉玉呈文蒋介石，1948年军粮核定总数为424万大包，其中赣、湘、鄂、川四省占300万大包，但因湘赣水灾严重、四川运输困难及国共在湖北的激烈争夺等种种原因，一直未购足额。因此，关提出在台洽购食米20万吨，或支付价款，或以肥料、小麦、面粉交换，并要求在8月份"即行购交"。蒋介石对此十分支持，22日即急电台湾省主席魏道明，令其"切实协办为要"。8月3日，魏呈复蒋，"本年仍当遵照钧旨办理"，同时提出台湾化学肥料缺乏，希望粮食、农林两部能尽量筹划协济，意在以粮食换取急需的肥料。然而，国民政府对于化肥也无可奈何，只能等待美援的化肥到达后，再运台换粮。④ 据统计，美国供应肥料总数为10万吨，其中4万吨在中国国内出售，1万吨交由农村复兴委员会分配，5万吨由粮食紧急

---

① 《台湾一年来之粮政》，第5页。

② 《拨运肥料杂粮济台湾》（1946年），《行政院档案》，档案号：014-040504-0152-001，第3页。

③ 台湾省粮食局：《台湾光复后之粮政措施》，《台湾银行季刊》创刊号，1947年6月，第211~212页。

④ 《粮政（六）》（1941年5月3日~1948年10月18日），《国民政府档案》，档案号：001-087000-00006-000，第44~52页。战时台湾农业肥料多为由日本运入之硫酸铔及过磷酸石灰等，硫酸铔年需25万吨，过磷酸石灰10万吨，另有石灰氮2.5万吨，硫酸钾5万吨。抗战胜利后，肥料供应困难，以收购大陆豆饼、花生饼为主，同时亦向善后救济总署洽购20万吨肥料，并计划设立肥料厂。参见赵连芳《台湾之农业政策》，台湾省农业试验所农报编辑委员会编印《农报》第1卷第1期，1947年7月1日，第4页；德冈松雄《台湾之土壤肥料问题》，《农报》第1卷第2期，1947年8月1日，第6页。

购储会掌握，用于在台换购大米。①

但是，台湾所能运济的食米为数有限，难以支应各省急切需求。据魏称，1948 年台湾省运至大陆的食米多达 39700 余吨，其中包括粮食部 20900 余吨，中央银行 18800 余吨，"实已尽最大之可能"，② 言下之意是无法再次大量运济。9 月下旬，长春战事吃紧，蒋要求台湾协济长春食米 15 万包，但魏到南京面见蒋后称，15 万包只能分期运济，即 9 月运 2 万包，10 月拨 5 万包，11 月运 3 万包，其余 5 万包须等魏返台后才能确定。而关吉玉于 24 日向蒋呈文，要求魏一次运济台米 15 万包，"俾济急需"。30 日，蒋电令魏，先拨交 10 万包，剩余 5 万包在 10 月底前拨足。③ 魏道明遵从蒋之指令，分批由台运米接济大陆，但台湾所急需的肥料并未拨交，后来又商议以纱布换取食米，而纱布亦未照拨，据统计，台湾前后共运济各省食米 40 万大包。④ 1948 年 12 月，随着迁往台湾的人数不断增加，魏道明 12 月 16 日在呈复南京的电文中称，"应付省内军粮民食，已感困难，实在无余力再行提拨"。⑤ 可见，粮食部向台购米计划亦遭遇重重困难。

全面配售粮食的目的在于均衡有无、稳定粮价、戒除浪费、安定人心。⑥ 配售之初，粮价曾一度趋稳，粮食部、南京市民食配售委员会等在五六月份即认为"此次配粮，确已获致稳定粮价之功"，"政府与美方均

---

①　《行政院会议议事日程（第一三、二〇、二三至二六、四六次）》（1948 年 11 月 10 日），《行政院档案》，档案号：014-000205-00026-001，第 6 页。

②　《粮政（七）》（1941 年 5 月 30 日~1949 年 1 月 21 日），《国民政府档案》，档案号：001-087000-00007-000，第 3 页。

③　《粮政（六）》（1941 年 5 月 3 日~1948 年 10 月 18 日），《国民政府档案》，档案号：001-087000-00006-000，第 55 页。

④　《粮政（七）》（1941 年 5 月 30 日~1949 年 1 月 21 日），《国民政府档案》，档案号：001-087000-00007-000，第 22~23 页。据统计，1945 年 12 月至 1946 年 12 月，台湾共拨交军粮 172000 余大包。参见《行政院会议议事日程（第四一至四四次）》（1948 年 2 月 24 日），《行政院档案》，档案号：014-000205-00017-004，第 151 页。

⑤　《粮政（七）》（1941 年 5 月 30 日~1949 年 1 月 21 日），《国民政府档案》，档案号：001-087000-00007-000，第 22~23 页。

⑥　《粮食部呈拟京、沪、平、津、穗五市粮食配售事项（二）》（1948 年），《行政院档案》，档案号：014-040504-0154，第 76 页；《五市实施粮食配售》，《粮政旬报》第 302 期，1948 年 3 月 26 日，第 1~2 页。

感满意"。① 而事实却是，在粮食筹购日渐困难的情况下，粮价节节上涨。粮价稳定局面短如昙花一现，侍从室第五组 1948 年 7 月 9 日认为，第一期配售以来，各市粮价仍波动剧烈，行政院 14 日亦认为第一期配售"未收到预期效果"。② 根据粮食部核定的粮价，南京 5 月配售米价每市石143.5 万元、面粉每袋 71 万元，6 月分别上涨至 253 万元、97 万元。③ 7月 10 日，粮食部核定南京市本月食米每市石 446 万元、每袋面粉 174 万元，而到了 8 月 23 日，核定的价格分别为 1354 万元、493 万元，④ 8 月米价较 5 月上涨 8 倍以上，绝难用"稳定"一词来形容。显然，高涨的粮价已经严重威胁到了公职人员的生活，比如国民党中央机关公教人员食米代金标准，法币的贬值也使代金的购买力直线下降。表 6-15 反映了 1948年 5~8 月各地代金的变化情况。

表 6-15　1948 年 5~8 月各地代金标准

单位：元/市斗，%

	5 月	6 月	7 月	8 月	8 月较 5 月涨幅
广州	483000	780000	1470000	3000000	521
汉口	294000	460000	1600000	4000000	1261
重庆	167000	203000	740000	1400000	738
青岛	731000	1095000	3040000	6880000	841
西安	382000	570000	1900000	3200000	738
沈阳	2973000	5882000	16192000	36800000	1138
江苏	381000	569000	1587000	3519000	824
浙江	326000	492000	1421000	2903000	790
安徽	262000	428000	1364000	2580000	885
江西	226000	375000	803000	2182000	865
湖南	243000	395000	771000	2544000	947

① 《粮政机构工作报告案（二）》（1948 年），《行政院档案》，档案号：014-040501-0002，第 37、56 页。

② 《粮食部呈拟京、沪、平、津、穗五市粮食配售事项（二）》（1948 年），《行政院档案》，档案号：014-040504-0154，第 16~18 页。

③ 《粮食部呈拟京、沪、平、津、穗五市粮食配售事项（一）》（1948 年），《行政院档案》，档案号：014-040504-0153，第 141 页。

④ 《粮食部呈拟京、沪、平、津、穗五市粮食配售事项（二）》（1948 年），《行政院档案》，档案号：014-040504-0154，第 22、68~69 页。

续表

	5 月	6 月	7 月	8 月	8 月较 5 月涨幅
湖北	294000	460000	1051000	3365000	1045
四川	176000	222000	780000	1156000	557
云南	176000	321000	914000	1415000	704
西康	192000	429000	865000	1825000	851
贵州	92000	169000	360000	890000	867
广东	426000	727000	1778000	2824000	563
广西	269000	493000	705000	2557000	851
福建	417000	564000	1889000	2216000	431
台湾	368000	431000	792000	—	—
河南	546000	745000	1118000	6498000	1090
山东	491000	665000	8550000	5250000	969
山西	1427000	2080000	11184000	18800000	1217
宁夏	333000	759000	1100000	3700000	1011
陕西	266000	306000	1762000	3647000	1271
甘肃	423000	745000	1767000	4300000	917
河北	654000	1062000	4560000	7960000	1117
新疆	201000	411000	562000	2086000	938
察哈尔	435000	735000	2880000	5120000	1077
热河	544000	898000	3720000	6540000	1102
绥远	452000	692000	1421000	5600000	1139
青海	334000	670000	1200000	4272000	1179
东北各省	2973000	5882000	16192000	36800000	1138
北平市	647000	1058000	4320000	7680000	1087
天津市	662000	1067000	4800000	8240000	1145
南京市	京沪两区另案核定				—
上海市					

引者注："8 月较 5 月涨幅"一栏系引者所加。

资料来源:《1948 年 5 月~8 月各地区代金标准表》,《内政部档案》,档案号:一二-2630,第6~17 页。

从表6-15可以看出,在短短的 4 个月时间,各地区的代金标准逐月甚至逐日增长,涨幅最大的汉口达到 1261%,最小的福建亦超过 400%,除去 8 月份数据缺少的台湾,其他 34 个省市平均涨幅达 936%,此处还未统计粮食价格居高不下的南京与上海两市。代金标准虽屡屡提高，但其购买力却呈断崖式下降，物价飙升与法币价值南辕北辙，法币贬值使全国经济陷入困境。

为摆脱困局，国民政府 8 月 19 日颁布《国民政府财政经济处分令》，其中第 4 项"整理财政及加强管制经济办法"第 13 条规定，全国各地各种物品及劳务价格，应照 1948 年 8 月 19 日各该地各种物品货价，依兑换率折合金圆券出售，由当地主管官署严格执行。此即国民政府实行的金圆券币制改革。

经济处分令颁布后，国民政府严令各地执行。上海重新登记米店，共得存米 265700 余市石，并依限价如数售罄，但粮源却告断绝，迟迟未能补进，一来致使米价上涨 4 倍，二来米商无力继续经营，米商业同业公会纷纷要求召开会员代表大会，商讨善后办法，并呈请政府救济，粮食部以盈亏实属正常为由拒绝了其请求。① 上海米商业的亏损仅为冰山一角，无独有偶，南京市亦几乎同时提出了相似请求。京、沪两市米商业的情况，其实反映了经济处分令颁布后配售价格应如何确定的问题。

经济处分令颁布前，按照 6 月 30 日施行的《都市民食配售办法》，四市每月配价应以上个月最后 5 天平均粮价为计算依据，8 月份配售粮价则以 7 月份最后 5 天均价为计算依据。经济处分令颁布后，应以 8 月 19 日粮价为标准。此处出现了政府规定的两种合法价格标准、三种情况。一是若 7 月最后 5 天粮食均价与 8 月 19 日粮价相同，则不会产生差价；二是不相同时，则会产生差价。差价或前高后低或前低后高，若前高后低，各方均乐观其成，配价会降低，政府购米资金亦会减少，而如果前低后高，则结果相反。但问题是从 7 月底至 8 月中旬，近 20 天的时间内，粮价有增无已。以南京为例，7 月下旬中等熟米每市石为 3300 万元，8 月 18 日涨至 6000 万元，② 两者差价为 2700 万元，如以南京每月配额 12 万

① 《华中地区粮荒救济（二）》（1946~1948 年），《行政院档案》，档案号：014-040505-0014，第 110~115 页。
② 《表一：中国各重要粮食市场中等熟米价格统计表》，《粮情旬报》第 316 期，1948 年 8 月 16 日，第 4 页；《表一：中国各重要粮食市场中等熟米价格统计表》，《粮情旬报》第 318 期，1948 年 9 月 6 日，第 4 页。

市石计算，数额巨大。因此，南京市参议会 8 月 19 日提出，8 月份配价应以 7 月 1~25 日均价为标准。南京市参议会的提议固与《都市民食配售办法》规定不符，但有一定的合理性，也可以避免南京市政府支出更多的购米资金，这一提议得到了南京市政府的支持。南京市政府 21 日连同《市参议会、社会事业委员会对于配售粮食议价办法意见》一并呈送行政院，行政院将之交由粮食部核复。23 日，粮食部拟具处理意见：南京市 8 月份食米按照 7 月份平均市价的 50%核定，即食米每市石 1350 万元，面粉每袋 493 万元。同时，亦相应调低了沪、平、津三市价格，即上海由该市民调会按计口配售价格的 50%配售，平、津两市面粉每袋 882 万元。26 日，行政院准予备案。[①] 可以看出，京、沪两市经过争取，从中获得了实实在在的利益，配售价格标准明显下降，各市政府购粮资金支出均减少。但这一做法却将沉重的包袱甩给了国民政府。

从表面看，粮食部、行政院暂时解决了四市 8 月份的配粮价格问题，但遗留的问题不少。首先，配售价款大幅降低后，回收粮款亦大为减少。按照粮食部的政策设计，无论国内粮还是国外粮，本月配售民众后所收价款均主要用于下月购粮周转资金，如此循环往复，方为长久之计。而美运会却计划将"售价收入……移作扶助农工业之用，使有关各地均沾美援利益"。[②] 行政院此前在答复山西省政府时，也曾表示以尊重美运会意见为准。据院委会 11 月在行政院第 24 次会议上报告，配售政策实行以来，面粉配价约可收回成本三分之二，食米配价约为配售城市当月米价的半数，收回价款数量与市价相比十分有限。[③] 在第一期配售中，若配量无明显增长，则在第二期购粮时理论上只需补贴一半左右即可。然而，8 月份配价明显低于市价，导致市价与配售价之间的差价更大，8 月份及之后所能收回的价款也较此前更少，政府维持配售的成本却大大增加了，长此以往则会陷入死循环，直至无回收款项可用。

---

① 《粮食部呈拟京、沪、平、津、穗五市粮食配售事项（二）》（1948 年），《行政院档案》，档案号：014-040504-0154，第 63~69 页。

② 俞鸿钧：《美援运用工作报告——行政院美援运委会副主委俞鸿钧在中央纪念周报告美援运用工作原词全文》，《浙江经济》第 5 卷第 3 期，1948 年 9 月 30 日，第 33 页。

③ 《行政院会议议事日程（第一三、二〇、二三至二六、四六次）》（1948 年 11 月 10 日），《行政院档案》，档案号：014-000205-00026-001，第 6~8 页。

其次，回收粮款减少，中央政府赔累增加。从四市配价与市价之间的差价来说，数额巨大，粮食部深知此项差额颇多，"亏损甚巨，须由国库贴补"，① 并且随着军事局面变得对中共有利，国民党所能控制的区域粮价大肆上涨，配价与市价之间的差价更大，则贴补数额更多。从战时至战后初期，国民政府对粮食差价均采取贴补办法，据粮食部 1947 年 10 月估计，因粮价上涨，京、沪两市 7～12 月因差价、亏损总计达 10427652 万元，着实不小。② 另据河北、山东、山西各省反映，各该省官兵、公费生等，亦存在相同情况，山东差价达 34 亿余元，山西为 28 亿余元，河北为 50 余亿元，收容人员及囚犯所需粮食差价尚未计算在内。③ 据关吉玉 1948 年 8 月 28 日递交翁的签呈，如果六大都市 9 月份配价仍保持 8 月份标准，国库每月至少赔贴 12571666.94 元金圆券，整个第二期至少贴补 88608335.25 元金圆券，④ 详情见表 6-16。

从表 6-16 可以看出，六市从 1948 年 9 月至 1949 年 3 月的 7 个月时间内，因差价导致的预计亏损数额相当巨大，简直为天文数字。

币值改革后，六市 9 月、10 月粮食配价即按金圆券核定。9 月，南京每市石食米配价为 8.42 元金圆券，面粉每袋 3.2 元金圆券，平、津每袋面粉 4.58 元金圆券，上海则由该市民调会按市价 50% 配售。10 月，南京食米每市斗 1 元金圆券，上海 1.07 元金圆券，平、津面粉每市斤 0.14 元金圆券，穗、青两市米面各低于 8 月 19 日市价四分之一；11 月，南京核定价格为 40 元金圆券，与 9 月相比上涨了近 4 倍，但到 11 月中旬，上述定价"仍嫌过低"，皆因各地粮价上涨甚巨。⑤ 第二期配售粮价远低于市价，催生黑市，亦导致政府补贴过巨。10 月 6 日，关吉玉呈送翁文灏的

---

① 《粮食部呈拟京、沪、平、津、穗五市粮食配售事项（二）》（1948 年），《行政院档案》，档案号：014-040504-0154，第 84 页。
② 《行政院会议议事日程（第九至一二次）》（1947 年 7 月 15 日），《行政院档案》，档案号：014-000205-00009-004，第 267 页；《行政院会议议事日程（第二六至二八次）》（1947 年 10 月 28 日），《行政院档案》，档案号：014-000205-00013-002，第 174 页。
③ 《行政院会议议事日程（第一四至一七次）》（1947 年 7 月 29 日），《行政院档案》，档案号：014-000205-00010-001，第 62 页。
④ 《粮食部呈拟京、沪、平、津、穗五市粮食配售事项（二）》（1948 年），《行政院档案》，档案号：014-040504-0154，第 90～91 页。
⑤ 《粮食部呈拟京、沪、平、津、穗五市粮食配售事项（二）》（1948 年），《行政院档案》，档案号：014-040504-0154，第 104～107、154～159 页。

表6-16　京、沪、穗、平、津、青六大都市配粮价格与市价比较亏损

城市	种类	月配数量	8月配价		8月19日市价		配售价低于市价数		每月亏损数		1948年9月~1949年3月估计亏损数	
			法币（万元）	金圆券（元）	法币（万元）	金圆券（元）	法币（万元）	金圆券（元）	法币（万元）	金圆券（元）	法币（万元）	金圆券（元）
南京	熟米	1200000	300	1.00	600	2.00	300	1.00	360000000	1200000.00	2520000000	84000000.00
上海	熟米	5000000	320	1.07	620	2.07	300	1.00	1500000000	5000000.00	10500000000	35000000.00
广州	熟米	1400000	270	0.90	400	1.33	130	0.43	182000000	606666.67	1274000000	4853333.36
北平	面粉	25499980	42	0.14	68	0.23	26	0.09	662999480	2209998.27	4640996360	15469987.89
天津	面粉	27300020	42	0.14	72	0.24	30	0.10	819000600	2730002.00	5733004200	19110014.00
青岛	面粉	16500000	54	0.18	69	0.23	15	0.05	247500000	825000.00	1732500000	5775000.00
总计									3771500080	12571666.94	26400500560	88608335.25

原表注：（1）青岛市系自9月份拟配售，拟订配价为面粉每市斤54万元；（2）熟米单位为市斗，面粉单位为市斤。

资料来源：《粮食部呈拟京、沪、平、津、穗五市粮食配售事项（二）》（1948年），《行政院档案》，档案号：014-040504-0154，第92页。

一份签呈中，对上海、昆明、成都、北平、青岛等市无粮应市、黑市猖獗的原因进行了分析，认为"产区粮价高于城市，粮商无利可图，停止采购，以致来源日稀，存粮短绌"。①

根据预测，六市第二期配售亏损至巨，但实际情形绝非仅限此数，以 11 月中旬六市配售数量及时价测算，若完成 11 月份的配售工作，至少需要 3.2 亿元金圆券，这一数额远远超出 8 月底的预算。② 更为可怕的是，各市人口仍在增加，粮食价格却未见停止上涨迹象。面对如此巨额的粮食缺口及源源不断涌入城市的人口，粮食部只能求助于中央银行垫拨，或请求行政院、国防会一再追加资金。9 月 4 日，关吉玉一面向翁提出追加购粮专案资金，以弥补差价，一面于 10 月 22 日提出，10 月份之后的配额均按 9 月份数量配售，而不能随人员增多而增加，以勉力维持第二期配售。10 月 27 日，行政院在第 22 次会议上决议："由粮食部斟酌各市实际情形，分别洽商办理。"③ 从行政院决议措辞来看，在第二期配售难度加大的情况下，行政院对配售的态度也有微妙变化。

最后，通货膨胀风险骤增。战后国民政府及地方政府购粮资金多采取透支方式，如粮食部 1946 年度第一期计划购储谷米 350 万市石，共在中央银行透支 3000 亿元，虽有售粮收入做保证，但粮价不断上涨，透支资金不敷应用，仍需持续大量透支。币制改革后一个月内，在收兑金银外币、平抑物价、吸收外汇存款、增加侨汇及国库收入、控制国库支出等方

---

① 《确保粮源拟具办法两项案》（1948 年），《行政院档案》，档案号：014-040504-0081，第 3~6 页。

② 《粮食部呈拟京、沪、平、津、穗五市粮食配售事项（二）》（1948 年），《行政院档案》，档案号：014-040504-0154，第 164~166 页。

③ 《粮食部呈拟京、沪、平、津、穗五市粮食配售事项（二）》（1948 年），《行政院档案》，档案号：014-040504-0154，第 151 页。追加购粮预算，战后曾多次实行，如 1947 年 4 月 15 日，粮食部拟订该年下半年购补粮食（包括军粮、公教粮、民食）策略，除一部分向银行透支外，另需国库拨款 35760662 万元，3 月、4 月两个月各拨 800 亿元，及至 5 月，这 1600 亿元已不敷使用，粮食部提出先将余款提前拨付，以后再予追加。参见《行政院会议议事日程（第三、四、六次）》（1947 年 5 月 20 日），《行政院档案》，档案号：014-000205-00008-002，第 60 页。1948 年 3 月，行政院第 48 次会议上，粮食部提出分别追加 1946 年度、1947 年度京、沪两地警粮，1946 年度追加价款为 10833499000 元，1947 年度为 24586498500 元，两者合计 35419997500 元。参见《行政院会议议事日程（第四六至四八次）》（1948 年 3 月 23 日），《行政院档案》，档案号：014-000205-00019-003，第 123 页。

面"大体还算获得鼓励",但王云五所称的"意外的波折"及10月从上海开始的大抢购,扰乱了全盘计划,王云五也在"大转变"中辞去财政部部长一职。① 陈克文10月18日日记中记录了王云五在立法院检讨物价问题秘密会议上的一句话,"下半年四个月政府的支出已经到了六亿金元,收入只有一亿左右",② 陈克文的记载透露出政府收入已陷入严重的赤字,购粮资金只得大幅削减。10月下旬,北方各省市粮荒严重请求救济时,粮食部初拟紧急粮贷资金为3000万元金圆券,行政院11月1日审核时减为2000万元金圆券,减少三分之一,除去此前曾贷给平、津、冀三省市600万元金圆券,实际减少400万元金圆券。③ 另外,1948年下半年粮食费用概算,系按照6月初平均粮价编制,编制过程中粮价即猛涨而无法支应。粮食部11月初提出追加金圆券40376566元,后经行政院预算审查委员会第27次会议审查,减为20936568元金圆券,减少近一半。11月10日,此一预算经行政院第24次会议决议通过。④ 各地购粮资金相继削减,既反映了购粮资金日益从紧的趋势,也有防止贷款过巨而加速通胀的用意。反观国民政府的币制改革,虽在初期略有成效,但并未彻底好转。为了弥补财政赤字,原定20亿元的金圆券不断超发,"到了10月底,金圆券的流通额几乎超越了规定的最高发行限额的八倍",⑤ 通货膨胀的风险大为增加。

如果说第一期配售因其周期短、城市少、军事情况未明显恶化而较易执行,第二期的难度则大得多。一是战场败局更为明显。随着中共在

---

① 《三十六年度购储谷米、小麦计划》(1947年~1948年),《行政院档案》,档案号:014-040501-0008,第71~73页;《王云五回忆录》,九州出版社,2011,第168~204页。粮食部12月在执行1947年度第二期购储小麦计划200万市石时,每市石价格已从第一期的10万元涨至35万元,共需资金7000亿元,两期透支资金总额达1万亿元。参见《三十六年度购储谷米、小麦计划》(1947年~1948年),《行政院档案》,档案号:014-040501-0008,第101页。

② 陈方正编辑、校订《陈克文日记(1937~1952)》下册,1948年10月18日,第1158页。

③ 《北方各都市粮荒救济》(1948年),《行政院档案》,档案号:014-040505-0017,第10~11页。

④ 《行政院会议议事日程(第一三、二〇、二三至二六、四六次)》(1948年11月10日),《行政院档案》,档案号:014-000205-00026-001,第45~46页。

⑤ 张公权:《中国通货膨胀史(1937~1949年)》,杨志信摘译,文史资料出版社,1986,第58页。

东北战场上的优势日益明显，并渐扩至华北，解放区民众衣食得到保障，而国民政府控制下的北方各省市粮荒愈演愈烈，各省市请求救济的呼声更为强烈。"经济的彻底崩溃更是致命伤。法币贬值，日泻千里，城市里的工商界、乡村的农民以及靠薪金度日的公教人员均无以为生。这一根本问题不解决，则政治、军事当然就更无从谈起。"① 国民党在军事上的失利、政治上的独裁也是其经济彻底崩溃的原因之一，加重了经济问题。

1948 年 10 月 19 日，立法院召开会议，审议通过了吴延环等 111 人提出的临时紧急动议，请求行政院在 3 天内迅速决定启运大批粮食救济北平、天津、沈阳、长春、青岛、太原、保定、唐山等都市的办法。行政院将之交由粮食、社会、财政、交通四部共同商议。21 日上午，粮食部邀集各部相关人员及北方各省市在京负责代表，一致商讨通过了《救济北方各都市粮荒紧急措施》，主要措施如下。第一，就平、津、青三市 10 月份配售未运的 385000 袋面粉及 11 月份配额，分别制定日程表，按期筹运；原由各市政府每月筹购的四分之一粮源，暂由粮食部代为筹购，交通部协助抢运；放宽北运转口粮食配额及提高时效，东北地区转口粉麦垫款、空运费、配售差价等，由东北物调局张松筠局长与财政部、交通部妥商办法，从速实施。第二，拨发紧急粮贷资金 3000 万元金圆券，用于采购杂粮；发动粮商至长江流域大批采购杂粮，不予转口限制。第三，由社会部购运紧急救济粮 2000 吨，分配北方缺粮省市；由社会部拟定购粮资金，呈请行政院核拨。第四，合理调节粮价，禁止长江流域各省封锁粮食出境。行政院审核时特意嘱咐，该项办法抄送立法院时，将紧急粮贷资金减为 2000 万元金圆券，此项贷款，分配山西、河北各 350 万元金圆券，平、津两市各 400 万元金圆券，青岛 500 万元金圆券。而社会部购粮所需资金 1000 万元金圆券，行政院也饬由中央银行垫借。② 也就是说，此次为救济北方粮荒，中央银行共贷

---

① 政协广西壮族自治区委员会文史资料研究委员会编印《李宗仁回忆录》下册，1980，第 872 页。

② 《北方各都市粮荒救济》（1948 年），《行政院档案》，档案号：014-040505-0017，第 2~46 页。

借 3000 万元金圆券。

11 月初，辽沈战役胜利结束。11 月下旬至 12 月上旬，中共东北野战军主力入关，对平津形成大包围态势。在此背景下，《救济北方各都市粮荒紧急措施》无法实施，美方北运平、津两市小麦也暂停了，事实上各市第二期配售期限已无法保持一致，京、沪两市为 1948 年 7～11 月及 1949 年 1～4 月，平、津两市为 1948 年 7～11 月，青岛为 1948 年 8 月下旬至 11 月及 1949 年 1～4 月，广州照旧。配售期限长短不一的变化反映的是战局的变化，战局的变化反过来又影响到配售工作，更为重要的是，这一影响还将因战局变化而持续下去。

二是美援的不确定性增加。第二期配售中，美国将援助物资改为援助现金，原定购粮资金为 8500 万美元，但此一款项却存在变数。7 月 31 日，美运会秘书长沈熙瑞呈文行政院，谓美方已将该项购粮资金减至 7000 万美元，且须按照约定时间分三期拨发，而不能提前。第一期 4～6 月，拨款 1350 万美元，约可购米 67000 吨、粉 9000 吨，已如前所述；第二期 7～9 月，拨付 650 万美元，约可购米 22000 吨、粉 9000 吨；第三期从 10 月份开始，"数额尚未决定"，也就是说，第三期拨款亦存在较大不确定性。① 另外，根据 1948 年 7 月 3 日签署的《中华民国政府与美利坚合众国政府间关于经济援助之协定》第 1 条规定，"美利坚合众国政府得于任何时间停止或终止本条所规定之援助"，② 这表明美援的主导方自始至终是美国，国民政府须唯美国马首是瞻、亦步亦趋。严家淦 10 月上旬的报告对第二期配售的规划虽较清晰，但其不确定性极大。如配售期限方面，原定从 1948 年 7 月至 1949 年 3 月，共计 9 个月，但 1948 年 10～11 月，受限价及军运影响，除广州外的京、沪、平、津、青五市均因粮源筹措不及而延期，直至 12 月上旬才补办 11 月的配粮，因此中美双方商议，上述五市 12 月的配粮均停配，而改在

---

① 《粮食部呈拟京、沪、平、津、穗五市粮食配售事项（二）》（1948 年），《行政院档案》，档案号：014-040504-0154，第 47～48 页。

② 《美援运用委员会（四）》（1948 年），《行政院经济建设委员会档案》，档案号：040-010000-0004，第 28 页。

1949 年 4 月加配一个月。① 在粮源无法保障的情况下，延期、脱期配售成了常态。天津市民食调配处副处长孔令朋曾记述，天津市的配售工作初时亦颇顺利，后则因粮源不继而发生严重脱期现象。② 若美援中止，则国民政府无法长期负担。

三是配售人数增加，粮食总量相应增加。第二期配售人口达 1240 万人，较第一期净增 140 万人，南京人口亦续有增多，每月配额从 12 万市石增至 13 万市石，之后再增至 14 万市石，但仍不敷用。1947 年 11 月 12 日，沈怡签呈翁文灏，谓南京近来食米来源不济，自 11 日起已动用行栈存米，交由指定米店配售，每人每日限购 1 市升。然而，即便减少配额，南京存米无多，最多可支撑 10 日，终难久支。③ 其他城市亦是如此。面对粮源日益短缺，行政院不得不考虑"开源""节流"，前者是扩大粮源，后者则为提倡节约，减少配售对象。

全国经济委员会 1947 年 7 月 22 日拟订《厉行节约消费办法纲要》，29 日，行政院第 14 次临时会议进行了讨论，国民政府 8 月 15 日通过该纲要。《纲要》共 20 条，指定中央主管机构对公务机关、国营事业机关及社会大众进行监督，诸如限制不必要的宴会与招待，禁止碾制头号米面，规定筵席节约标准和价格等与节约粮食相关条款。④ 9 月 6 日国民政府再次倡导"勤俭运动"，提倡民众厉行节约。1948 年 11 月 10 日，行政院第 24 次会议讨论通过了行政院节约指导委员会制定的《粮食消费节约办法》，26 日，行政院正式公布。⑤ 与此同时，社会部拟具《饮食消费节约办法》，行政院节约指导委员会第 3 次临时会议通过，行政

---

① 《粮食紧急购储会沿革及业务概况》，《现代经济通讯》第 68 期，1949 年 4 月 3 日，第 4 页。

② 孔令朋：《今生今世》，第 177 页。

③ 《华中地区粮荒救济（二）》（1946~1948 年），《行政院档案》，档案号：014-040505-0014，第 42~43 页。

④ 《行政院会议议事日程（第一四至一七次）》（1947 年 7 月 29 日），《行政院档案》，档案号：014-000205-00010-001，第 48~50 页；《厉行节约消费办法纲要》，《北平市政府公报》第 2 卷第 20 期，1947 年 10 月 15 日，第 22 页。

⑤ 《行政院会议议事日程（第一三、二〇、二三至二六、四六次）》（1948 年 11 月 10 日），《行政院档案》，档案号：014-000205-00026-001，第 20~22 页；《粮食消费节约办法》（1948 年 11 月 26 日行政院令公布），《工商法规》第 1 年第 54 号，1948 年 12 月 8 日，第 1544~1545 页。

院 12 月 9 日予以公布。[①] 但公教人员、普通民众等在粮食一斗难求，在死亡线上挣扎的状况下，何言浪费，如何节约？

扩大粮源并非易事。据粮食紧急购储会主任杨绰庵 11 月中旬透露，第二期配售以来，面粉方面，中国实际供应 80%，美国供应 20%；食米方面，多为美国承担，其中 7 月份美国实际供应 64%，8 月份为 63%，9 月份为 50%，10 月份为 12%。12 月份美方粮食方可陆续运到，因此，11 月份配粮均须由粮食部筹购。据统计，11 月份京、沪、穗共计需米 63000 吨，平、津、青需面粉 37000 吨，合计 10 万吨，除已购得 2 万吨外，缺口为 8 万吨。[②] 因此，在粮源问题无法有效解决的情况下，行政院不得不减少配售对象。9 月 9 日，行政院指令粮食部重新研讨配售政策。粮食部粮食紧急购储会主任杨绰庵与美国经济合作总署负责人及顾问赫德会商后，双方一致认为，今后各大都市配售工作可以继续办理，但前提是应在紧缩配售对象的原则下进行。14 日、18 日，行政院经济管制委员会、行政院先后同意照此原则办理。很明显，在粮源内外交困局面下，第二期配售工作益发艰难。

第三节　配售中的弊端治理与配售工作的结束

一　配售中的弊端及治理

与战时配售工作一样，战后民食配售弊端也难以避免，粮食部及相关机构对此已有预判，而且采取了多项预防措施。在 1947 年 2 月的配售工作中，粮食部在京、沪两市成立公粮督察组，"经常派员至各承销店考

---

① 《行政院会议议事日程（第一三、二〇、二三至二六、四六次）》（1948 年 11 月 10 日），《行政院档案》，档案号：014-000205-00026-001，第 23~25 页；《饮食消费节约办法》（1948 年 12 月 9 日行政院公布），《金融周报》第 19 卷第 26 期，1948 年 12 月 29 日，第 13 页。

② 《粮食部呈拟京、沪、平、津、穗五市粮食配售事项（二）》（1948 年），《行政院档案》，档案号：014-040504-0154，第 167 页。

核"，实施后"颇著成效"。① 1948 年 3 月，第一期配售工作开始后，粮食部在南京设立公粮督察组，每组 5 人，指定 1 人为组长，负责办理品质检查、配售督导及防止弊端事项，3 月 24 日，督察组开始办公。② 为了防止粮商掺杂、保证米质，仓储组向粮食部储运处领样米 1 市石，以玻璃瓶封装后分发全市各承销商，市民购米时可资对照米质。③ 此外，南京民调会除了依靠稽核组对承销商严格管理外，还仿照战时粮食管理办法，鼓励市民检举。4 月 28 日，南京市美国救济物资配售委员会拟订《市民检举配粮舞弊奖励办法》，鼓励市民实名检举，举报者只要有确切住址，用确实证据"叙述事实经过及发生场所"，就可以举报。检举一经查实，对举报者发给奖状、核发奖金。④

不过，从第一期配售开始直至配售工作结束，除了事关重大的粮源、粮价、美援等问题，一些小问题也自始至终伴随着配售工作。

相较于战时各地数不胜数的粮政弊端，此次南京市配售的弊端有三个特点。一是弊案数量较少。从南京民调会编印的 3～7 月《民食配售工作总报告》来看，3～5 月未见有承销处奖惩的记载，这可能与配售工作刚刚开展有关。6 月受到惩处的承销商有将近 100 家，但绝大多数程度较轻，只是被处以警告，较重者则处以停配，计 24 家，其中还包括 10 起"人手不足，管理欠佳""地址狭小""设备太差"等明显不属于违法的客观情况。⑤ 二是各机构工作人员行为规范，未见违规记载，这与南京民调会的管理严格不无关系。三是弊案主要集中在市民与承销商两个群体，市民以重领、冒领者居多，承销商则是有关票花、米质及其

① 俞飞鹏：《中华民国三十七年度粮食部工作计划（事业部分）》（1947 年 9 月），《中央设计局档案》，档案号：一七一-4150，第 8～17 页。

② 《粮食部三十六年度工作计划报告》（1946～1947 年），《行政院档案》，档案号：014-040501-0009，第 77 页。

③ 《欲知配米掺杂否，店中玻瓶有米样，民调会分陈承销店对照》，《中央日报》1948 年 3 月 23 日，第 5 版。

④ 《南京市民食调配委员会为报市民送配粮舞弊奖励办法事的函》（1948 年 4 月 28 日），《首都民生日用必需品配售委员会（南京市民食调配处）档案》，档案号：10140 010108（00）0003，第 4～5 页。

⑤ 《民食配售工作总报告》第 1 期（1948 年 3～7 月），《首都民生日用必需品配售委员会（南京市民食调配处）档案》，档案号：10140010152（00）0011，第 43～46 页。

他个别案例。

市民重领、冒领。对于此次五市民食配售，"政府早具最大决心，五市人民咸抱热烈期望，国际人士亦均密切注意"。① 1948年3月22日上午，粮食部英籍顾问赫德在南京民调会总干事谢徵孚等陪同下，到南京长乐路粮食公会配米联合办事处视察配米工作，粮食部视察员余仲篪报告了各组工作进程与办理手续，② 赫德表示满意。但赫德同时指出，配售工作中的有些做法亦值得商榷。美国救济工作团实地调查发现，部分公共宿舍住户不按实际人数申报户口，甚至有一户两报或无户虚报情况，以致发生重领、冒领弊端。4月1日，首都警察厅东区警察局接第一区第三保保长李静芝报称，该保唱经楼66号居民张翅谎报户口，意图套购配购证。警察局将此一情况向南京市民食配售委员会做了通报。得到谎报户口的消息后，该会遂于4月6日派员调查。16日，调查员邬玉田、王道怀到实地调查此案。经查实，张翅所报户口中，有其人者仅张翅本人，以及方秀恒、方觉亮，另外张以方觉亮为户主所报的一户中的方秀民、方志民、方仁民、方勇民、张波鸣、张耀华、张丽华均无其人，也就是说，张先后两次谎报、多报户口。经讯问，张亦承认，自己的家庭因食米不足而不得不谎报两次，但在第二次谎报时被发现。所幸张翅第一次虽谎报，但所领的3月份配购证与家庭人数相符，所领的配购证日期为3月12日。第二次谎报日期为12日之后，其"意图套配购证，似属不虚"。但也被及时发现，未酿成严重后果。21日，邬、王请示处理办法。29日，该会认为，张的行为毫无疑问已违反《南京市民食配售暂行办法及实施细则》中的第23条，即"冒领、重领或私自涂改户籍人数以及化名，希图多领者，一经查实，除吊销其配证外，并视其情节之轻重，送请法院究办或予以其他适当之处罚"的规定，但念及张的行为出于无知，套购未遂，且系初犯，"从轻予以警告处分，以儆效尤"。同时，第三保保长李静芝及相关查案人员"办事认真"，该会

① 《粮食部呈拟京、沪、平、津、穗五市粮食配售事项（一）》（1948年），《行政院档案》，档案号：014-040504-0153，第63页。

② 《欲知配米掺杂否，店中玻瓶有米样，民调会分陈承销店对照》，《中央日报》1948年3月23日，第5版。

以之予以嘉奖。① 针对这一情况，南京民调会不得不做出改变，6 月 1 日决定，自第四个月即 6 月起，公共住户证件原证一律作废，重新换发新证。此次换发新证 717 张、65446 人，比 5 月减少 53059 人，这就意味着至少 53059 人存在虚报、冒领情况。换发新证的工作连续加班十余日方告结束，自 6 月 16 日起凭新证配售。②

承销商舞弊。承销商常用舞弊手段有 3 种。一是在票花上做手脚。根据《南京市民食配售暂行办法及实施细则》，票花分为正式票花与备用票花，正式票花是"配购证印就分期配粮票花，每月为一期，每期一票。购买时应当面将票花撕下，交与承销商，预先撕下者无效"，"分期配粮票花限于规定之当月可用，逾期作废"；备用票花指"配购证上有印就'备用'字样之分期配粮票花，系准备于必要时指定准向自由市场购粮之用，政府有其他决定时，亦得随时公告其使用方法"。③ 除了对不合规定的承销机构予以撤销外，民调会还根据视察情形，依据《南京市民食配售暂行办法及实施细则》，采取奖惩措施，如 6 月份对销售情形及设备均良好并按日缴款的元兴厂、新新厂、天生号予以嘉奖，但能够获得嘉奖的机构极少，更多的粮商被予以警告。据统计，6 月份因配米票花混贴而被警告者达 71 家，如顺泰、森源等 15 家承销处将一、二期票花涂改为三期票花，聚盛永等 54 家承销处将票花"混杂贴

① 《南京市民食调配委员会为南京市第一区第三保居民张翅两次谎报户口意图冒领配购证请查明具报事的公函等来往文件》（1948 年 4 月 1 日），《首都民生日用必需品配售委员会（南京市民食调配处）档案》，档案号：10140010108（00）0003，第 1～16 页；《南京市民食调配委员会为第一区三保居民张翅两次谎报户口意图冒领配证一案函复查照由》（1948 年 4 月 26 日），《首都民生日用必需品配售委员会（南京市民食调配处）档案》，档案号：10140010108（00）0003，第 1 页。其实，李静芝在协助分发粮食配购证工作中也"至为努力"，南京民调会亦函请南京市政府予以嘉奖，"以利配政"。参见《南京市民食调配委员会为第一区第三保保长协助分发粮食配购证至为努力、为警察所认真查核粮食配购证事宜应奖励事的函》（1948 年 4 月 26 日），《首都民生日用必需品配售委员会（南京市民食调配处）档案》，档案号：10140010108（00）0001，第 1 页。
② 《民食配售工作总报告》第 1 期（1948 年 3～7 月），《首都民生日用必需品配售委员会（南京市民食调配处）档案》，档案号：10140010152（00）0011，第 14 页；《南京市民食调配委员会规定机关公共宿舍住户凭身份证售食米案》（1948 年 1 月～5 月），《经济部档案》，档案号：四-16091，第 3 页。
③ 《南京市民食配售暂行办法及实施细则》（1948 年），《行政院档案》，档案号：014-040504-0085，第 9 页。

报"，均与规定不符，但民调会除对顺泰、森源涂改票花较多的两家承销商撤销配售资格外，其余聚盛永等各家均念其初犯，"从宽予以警告"。① 对于延迟缴交票花款的，如查获，也会根据情节轻重予以处罚。情节轻的，责令停办承销业务、从速结清，如万源米厂；② 情节较重的，会处以停配，如兴孚米号，在联合视察团 6 月 7 日、15 日、23 日视察时，查得该米号仅"遵缴花款三次"，"不无套取利息嫌疑"，26 日，该号被处以"停止配米一月"。③

二是调换食米，以次充好。违反配售规定更为严重的，则被停止配售资格一个月或完全取消资格，如第二区新和承销商，因将民调会所拨粳米调换为普通熟米且高价卖出而被调查，但该米店负责人却辩解称，其之所以如此做，是因为"市民购买拥挤，为适应环境，致先将敝店中稍差之米计十余石收证卖出"，无力购买的市民则将米证自愿价让给该店。而是否拥挤及是否出于自愿，因场景难以复原而很难判定。针对这种情况，处罚并不非常严厉。6 月 4 日，该店被念及系初犯，仅被处以撤销资格。第三区的五丰米店，"掉换配米，高价出售"，被处以停配 6 月份食米的资格，即使后来提出撤销请求，亦"未便呈准"。④

---

① 《南京市民食调配委员会为顺泰承销处涂改票花意图蒙混应予撤销资格事的通知》（1948 年 6 月 14 日），《首都民生日用必需品配售委员会（南京市民食调配处）档案》，档案号：10140010108（00）0009，第 1 页；《南京市民食调配委员会为森源承销处涂改票花意图蒙混应予撤销资格事的通知》（1948 年 6 月 14 日），《首都民生日用必需品配售委员会（南京市民食调配处）档案》，档案号：10140010108（00）0010，第 1 页；《南京市民食调配委员会为聚盛永等承销处涂改票花分别予以警告的通知（附数量表等来往文件）》（1948 年 5 月 26 日），《首都民生日用必需品配售委员会（南京市民食调配处）档案》，档案号：10140010108（00）0011，第 1 页；《南京市民食调配委员会为不法粮商业已分别处罚事的代电》（1948 年 6 月 14 日），《首都民生日用必需品配售委员会（南京市民食调配处）档案》，档案号：10140010108（00）0008，第 1 页。

② 《南京市民食调配委员会为迟缴印花款即停办承销米业务克日前来结清手续事的通知》（1948 年 6 月 26 日），《首都民生日用必需品配售委员会（南京市民食调配处）档案》，档案号：10140010108（00）0013，第 1 页。

③ 《南京市民食调配委员会为迟缴印花款停止配米一个月事的通知》（1948 年 6 月 26 日），《首都民生日用必需品配售委员会（南京市民食调配处）档案》，档案号：10140 010108（00）0012，第 1 页。

④ 《南京市民食调配委员会为撤销新和米厂承销资格事的通知及调查材料》（1948 年 6 月 2 日），《首都民生日用必需品配售委员会（南京市民食调配处）档案》，档案号：10140010108（00）0006，第 4~18 页。

三是其他舞弊行为。联合视察团 6 月份在汤山区视察时发现，汤山联谊会虽由士绅、军人、商民组成，事实上却是由军人把持，在配售过程中，均由该会转发粮商承销，从中获利 2%，粮商仅获利 3%。汤山区粮商执照不全者甚多，已领商会、公会执照者各 1 家，已领财政局营业牌照者 5 家，其他粮商均声称正在办理中，与规定不相符合。① 第五区的兴孚号 6 月份"三次不无套取利息嫌疑"，被处以 7 月份停配。第九区的永茂行，将配米转托非承销商销售，并预收票花米款达 27 市斗；第二区的顺昌号"自六月五日起，未将米款如期缴付，设备不佳，人手欠缺"，均被处以停配资格。7 月份承销店受到警告的，以"未按日缴款"者为多。②

据南京市美国救济物资配售委员会、南京民调会接到的检举材料，从 1948 年 3 月 17 日开始即有人检举，一直持续到 4 月 17 日。检举案件种类五花八门，兹举数例。3 月 18 日，《和平日报》举发中华路五丰米店、洪武路森森米厂，前者趁贫户无力一次购买，借机挟制，以低价收买配证票花，或先收票花而隔五六日才准领米；后者私订购米手续，先收款后交米，意图套利，且米中掺杂糠皮碎米。对此，五丰米店、森森米厂并不承认，称先收票花系因市民购米拥挤，秩序难以维持，为应当时市民要求而预收票花米款，隔日再行依号提米，借以安定人心，并无从中套利之意。南京市美国救济物资配售委员会、南京民调会的处理办法是："面饬妥为改善，依法配售，并令饬粮食业同业公会嗣后不许事先收取票花。"③ 其实，在后来的配售活动中，森森米厂仍多次违法舞弊，米质粗糙不堪，且缺斤少两，后经查属实，"已经先把这黑心米店的配米资格取消外，更把全案交给法律顾问去研究，准备移到法院严办"。④ 3

---

① 《联合视察团汤山区视察意见》（1948 年 6 月 12 日），《首都民生日用必需品配售委员会（南京市民食调配处）档案》，档案号：10140010150（00）0010，第 60 页。

② 《民食配售工作总报告》第 1 期（1948 年 3~7 月），《首都民生日用必需品配售委员会（南京市民食调配处）档案》，档案号：10140010152（00）0011，第 43~47 页。

③ 《粮政机构工作报告案（二）》（1948 年），《行政院档案》，档案号：014-040501-0002，第 62 页。

④ 《森森米厂配米舞弊，全案将移法院办理，可能要赔出克扣总数量，久大米厂舞弊已被处分》，《中央日报》1949 年 2 月 23 日，第 3 版。

月 2 日，该厂经理周祥星被地方法院收押。① 4 月 8 日，第三区居民代表褚宏模检举中正路正和米店承售配米有掺杂、掺水及隔日提米情事。对此，南京市美国救济物资配售委员会、南京民调会随即予以调查。关于米质问题，调查认为购米人刘宏才所购食米与样米"似觉并无区别"；隔日提米的原因，据该米号经理周汉儒称，系当日食米运到时，天已昏黑，加上停电、人群围观，未能即时出售，而刘宏才坚持必须购米。但刘所携带米款多为小额钞票，清点较为费时，所以周汉儒嘱其翌日清晨前来提米，因而发生误会。对此一检举案件，南京市美国救济物资配售委员会、南京民调会最终"面饬该号经理周汉儒妥善办理"。② 另据记载，1948 年 8 月，承销店中有金城、正大、胡聚丰等 12 家，9 月有恒丰、和成等 3 家，10 月有大生康、万源、春和等 18 家违反配售政策相关规定，或被警告，或被处以停配处罚。③ 中华门东剪子巷久大米店 1949 年 1 月共领存配米 219.9 市石，2 月上旬售出 150.4 市石，实存 69.5 市石，但市民购买时久大米店竟谎称已经卖光，显有私藏牟利企图，民调处遂将该米店处以停止配售处分。④ 1949 年 2 月的舞弊事件呈上升态势，从"南京市民食调配处各区承销店违章处分表"可知，该月共有 18 家承销店被停配一个月或完全停配，除其中一家系自请停配外，其余 17 家均属违反相关规定。⑤

美粮品质问题。米质问题关乎配售民众的切身利益，各方均比较关注。4 月份配售食米中，有市民反映配领的美米"既霉且砂，比中国土米

---

① 《未免良心太黑！森森米厂配米质量坏，米斗也只有十三斤多》，《中央日报》1949 年 2 月 22 日，第 3 版；《配米舞弊受惩，森森老板被押》，《中央日报》1949 年 3 月 3 日，第 3 版。

② 《粮政机构工作报告案（二）》（1948 年），《行政院档案》，档案号：014-040501-0002，第 63 页。

③ 《南京市民食调配委员会为送南京市民食调配处五月份至十月份处理承销违章案件各表事的代电》（1948 年 11 月 4 日），《首都民生日用必需品配售委员会（南京市民食调配处）档案》，档案号：10140010109（00）0015，第 147~151 页。

④ 《森森米厂配米舞弊，全案将移法院办理，可能要赔出克扣总数量，久大米厂舞弊已被处分》，《中央日报》1949 年 2 月 23 日，第 3 版。

⑤ 《南京市民食调配委员会为送二月份各区承销店违章处分表一份请查核事的呈（附违章处分表）》（1949 年 3 月 4 日），《首都民生日用必需品配售委员会（南京市民食调配处）档案》，档案号：10140010110（00）0011，第 57 页。

尤不如"，① 美米质量参差不齐，市面上流言四起，"控诉函件，纷至沓
来"。② 据南京市第二区第 4 承销店森森号及第 42 承销店森泰号反映，美
米有半数霉烂。③ 根据《行政院处理美国救济物资委员会工作纲要》，中
美双方应经常派员赴各地督导救济物资处理工作，米质问题亦属其工作范
畴。4 月 14 日，粮食部督导处王思诚举发唱经楼庆丰祥米号，谓其所售
美米"品质低劣，不堪食用"。但经调查，该米号配售食米系原包配米，
并未调换。后提请院委会及美国救济工作团共同检验，得出的一致结论
是："该项美米极富营养，如欲另行加工，反而失去维他命。"④ 也就是
说，美米并不存在品质问题，而是缘于中、美两国民众对米质的观念不
同，欧美等国民众喜食糙米，而国人喜食精米。食用糙米是欧美国家从营
养学角度出发提倡的一种饮食观念，这与 20 世纪 30 年代上海社会局研究
的糙米制成精米会有 30% 的营养损失的结论是一致的，只不过糙米口感
欠佳而已。⑤ 在不同观念影响下，社会各界对美国救济米反应不一，褒之
者有之，贬之者亦有之；有人欢迎，有人嗤之以鼻，也有人对"民食的
'美化'"表示担忧。⑥ 上海有人不无讽刺地撰文写道："这美国米饭吃
多吃久了，会不会头发变黄，眼珠泛碧，鼻子加高，皮肤发白？""能吃
到剩余物资的美米，也就算是'口福'。"⑦

　　粮食作为紧缺资源，配售过程中的诬告案件时有发生。尽管民调会鼓
励民众检举，并随时派员会同稽核人员密查，但诬告案件仍时有发生。5
月 19 日，第六区居民王华杰检举义成商店徐贵庭以低价收购娄子巷、金
川门、萨家湾一带平民配购证，每市斗给价 5 万~9 万元不等。后经稽核

---

① 旧燕：《星期闲话》，《建中周报》第 1 卷第 1 期，1948 年 5 月 15 日，第 10 页。
② 《粮政机构工作报告案（二）》（1948 年），《行政院档案》，档案号：014-040501-0002，
　第 61 页。
③ 《美米陆续到京，拨出美米如发现霉烂，民配会可以如数调换》，《中央日报》1948 年 4
　月 6 日，第 5 版。
④ 《粮政机构工作报告案（二）》（1948 年），《行政院档案》，档案号：014-040501-0002，
　第 63 页。
⑤ 陈正谟：《战时粮食问题的解决方法》，第 13 页。
⑥ 济民：《欢迎，美米！接收，大忙》，《大风报》1948 年 6 月 14 日；赵国瀚：《美米》，
　《新闻报》1948 年 4 月 8 日，第 10 版。
⑦ 因风阁主：《美米颂》，《铁报》1948 年 4 月 12 日，第 3 版。

组调查，其经过如下：派员前往密查居住金川门第十四保第二十五甲（甲长张学成）及挨户查询附近居民，咸谓均已次第领讫，亦从未见有人来此收购票花情事。之后，密查员又前往第十六保第十七甲（甲长蔡庆馀）娄子巷金川门北区，沿铁路一带向各居民查询，均称所领本期配购证皆先后向各承销处购讫，第六区第十四保保长童启照会同该保甲长张学成、蔡庆馀出具证明三张，并到义成商店稽查，该店主矢口否认有收购平民配粮票花情事。此一案件最终处理办法是："随时由本会稽核组、配售组切实注意。"① 这一处理结果等于宣告此一案件并非确实发生，由此可见该案件系检举人诬告。

　　战时都市民食配售意在稳定粮价，但此项工作头绪纷繁，涉及人员范围极广，诚如南京民调会所言："民食配售政策，其主要目的为'调剂民食稳定粮价'，惟此寥寥数字，欲求其由理论而变为事实，由原则而趋于具体，其过程之繁复及困难之众多，间有非始料所及者，尤非不躬历其事者所能了解。"② 民食配售事务纷繁，需要解决的问题接二连三，除了前文着重论述的粮源问题，一些技术性问题也需仔细考量。一方面，配售规章办法的制定。民食配售工作系根据1947年10月《中美救济协定》而来，然后出台《京沪平津穗五市民食配售通则》《京沪平津穗五市配售粮食计划纲要》等原则性文件，具体的组织机构、配售办法及更为细小的发证登记、承销米店管理、价款收解等工作均需约请专家设计谋划、开会研讨，据南京民调会统计，自该会成立至1948年7月底，拟定的重要法规有14种，如《南京市美国救济物资配售委员会组织规程》《南京市民食配售暂行办法》《南京市民食配售暂行办法及实施细则》《南京市民食调配委员会临时发证工作团及工作小组组织规则》等，皆"数度易稿，再三修正"，力求完善。另一方面，各项工作人员数量的确定及换证工作的开展。如配购证设计、制作完毕后的发放工作，一来时间紧

---

① 《粮政机构工作报告案（二）》（1948年），《行政院档案》，档案号：014-040501-0002，第80页；《南京市民食调配委员会为告知停配米一个月的通知等相关文件》（1948年6月2日），《首都民生日用必需品配售委员会（南京市民食调配处）档案》，档案号：10140010108，第1~2页。

② 《民食配售工作总报告》第1期（1948年3~7月），《首都民生日用必需品配售委员会（南京市民食调配处）档案》，档案号：10140010152（00）0011，第5页。

迫，从 3 月 5 日开始至 20 日结束，须保证民众应领尽领，时效性很强；二来工作量大，南京有 13 个区，人口达 120 万，尽管第一期配购证发放以户为单位，但数量仍达 21 万余张，如欲在短期内完成发证工作，其工作量之大仍可想见。为顺利完成发证工作，除本会职员外，南京民调会还发动市政府社会局职员、警政人员、区保甲长、自治人员、区民代表，中央大学、金陵大学、金陵女子文理学院等院校社会系三、四年级学生参与，总计 1500 余人。人员确定后，召开座谈会、示范演习、广事宣传，最终保证"所获结果甚为满意，既无遗漏，亦不重复"。配售开始后，配购证须根据常住人口户口变动、公共机关住户变动情况予以换发，少数机关住户不按实际人数造报名册，致使重领、冒领时有发生，此项工作均需进一步规范，工作更趋繁忙，原有人员不敷支配。4 月 28 日，南京民调会第 5 次委员会决定增加统计室、卡片室，人员增加 57 人，[①] 以应付日益复杂的配售工作。

二　配售工作的结束

金圆券改革极为短暂地稳定了财政危局，甚至翁文灏在 8 月底已乐观地认为"大致已经成功"，[②] 但这种成功却是回光返照，粮源越发紧张了。在 9 月 21 日的立法院会议上，有人在提案中提出"取消五大都市的户口米配售"，[③] 作为改善公教人员待遇的财源。此一提案既使秉持都市配售理念的蒋介石"急得不得了"，也反映出粮源已处于十分紧张的状态。10 月 5 日，粮食部也不得不考虑调整配售政策，呈送紧缩办法至行政院。紧缩办法有三项：一是京、沪、平、津四市学校教职员工、寄宿生继续配售；二是京、沪二市新闻从业人员继续配售；三是京、沪二市慈善团体及囚犯食粮自 11 月起停配。在行政院秘书处 8 日所拟说明中，对前两项办法并无异议，但认为第三项办法一来会增加司法行政部的负担，而此项负担实际仍由中央政府承担；二来慈善团体大多经费不足，停止配售后无法

---

① 《民食配售工作总报告》第 1 期（1948 年 3~7 月），《首都民生日用必需品配售委员会（南京市民食调配处）档案》，档案号：10140010152（00）0011，第 8~14 页。
② 陈方正编辑、校订《陈克文日记（1937~1952）》下册，1948 年 8 月 30 日，第 1140 页。
③ 陈方正编辑、校订《陈克文日记（1937~1952）》下册，1948 年 9 月 21 日，第 1149 页。

自行购粮，因此签呈意见为"似仍应继续配售"。13 日，行政院召开第 20 次会议，决议"慈善团体及囚犯食粮仍应继续配售，余照部议办理"。同日，粮食部对该项决议提出异议：第一，慈善团体与囚犯每月需粮 5000 市石，慈善团体以配粮为主要津贴，但粮食部并非救济机关，维持慈善团体的职责应由其主管机关而非由粮食部承担；第二，自 1946 年 1 月起，司法囚粮一律由司法行政部核拨主食费，交由各监所自行向市场采购，若继续由粮食部低价配售，则与各项规定不符。① 同时，为了保证粮源，粮食部 10 月 6 日就粮食管理在限价、议价及调查、登记、强制大户售粮外，再次重申两项意见：一是绝对不准产粮各省县禁阻或限制粮食出境；二是各省市应以调剂民食为当前首要工作，发动粮商筹集资金分赴产地采购，确保供应无缺。② 粮食部开源节流举措，既会招致诸如司法行政部、社会部的反对，也会引发地方政府的不满，实属巧妇难炊。

作为主管机关，粮食部历任部长为筹购粮食可谓殚精竭虑，使尽浑身解数，但掣肘之处更多。首先，军粮、民食难以兼顾。根据军粮必须优先筹购的原则，下月份应交军粮至少要在本月交足半数，为保证军粮足额，购粮价款及运费等均须提前拨付，因此，此类款项透支便无可避免。据粮食部 1948 年 1 月呈文行政院称，该部 1947 年 8 月曾有透支 5000 亿元资金，在湘、赣、鄂三省购储 500 万市石稻谷民食计划，但粮食部随后又有委托上述三省政府筹购 300 万包军粮计划，军粮、民食两项计划互相冲突，"为避免竞购波动起见，购粮业务无形停顿"。12 月，各省粮价波动剧烈，"购入渐稀"，截至 1948 年 1 月下旬，仅购谷 235 万市石，不及其半。③ 据粮食部 1948 年 7 月报告，截至该月下旬，各地 7 月应得军粮，"尚有尾数未能交足"。粮食部计划从川、湘、赣三省外调 8 月份军粮 65

---

① 《粮食部呈拟京、沪、平、津、穗五市粮食配售事项（二）》（1948 年），《行政院档案》，档案号：014-040504-0154，第 109~139 页。

② 《确保粮源拟具办法两项案》（1948 年），《行政院档案》，档案号：014-040504-0081，第 3~6 页。

③ 《三十六年度购储谷米、小麦计划》（1947 年~1948 年），《行政院档案》，档案号：014-040501-0008，第 45~47 页。以湘、赣两省为例，1947 年度，湘省核定外调军粮 1764686 大包，赣省 1520745 大包，数量委实不少，征借购补压力也很大。参见《川湘赣三省军粮调拨》（1948 年），《行政院档案》，档案号：014-040504-0053，第 6 页。

万大包，但截至 7 月 30 日，仅调到 194883 大包，不足三分之一。又如郑汴区月需军粮 9 万余包，均赖就地购补，虽已先期拨付购粮款项 12000 亿元，但因当地粮价高涨，所购数额至多维持至 8 月上半月，其余军粮仍需透支采购。若军粮需用款项脱节，则军粮无法及时购补。①

其次，民食采购资金包括外汇十分有限。在国内粮食告急时，国民政府甚至不惜动用大量外汇购粮，与此前形成鲜明对比。1947 年 9 月，国民政府在平津实施配售政策时，对于向国外采购面粉事宜，主张应尽量减少，以节外汇。② 1948 年 10 月 25 日，蒋向翁下发手令，要求翁尽快大量运用外汇"不惜多购粮食……若买不到食米，则只购麦子与杂粮亦可，只要相宜，不论何种粮食，均可购取，但必须急办，望速决策。其他外汇皆可节省，惟有购粮则不必顾惜为要"。③ 从"惜汇如金"到不惜动用大量外汇购粮，转变的原因并非外汇储积突然丰富，而是国内粮食采购不易，须向国际社会采购。但外汇在抗战胜利时已大量动支，而且需要进口物资种类颇多，能用于购粮者为数十分有限。

最后，粮价上涨问题仍未解决。粮价飞涨，源于粮源缺乏。战后两年，收复区因缺少人工、耕牛、农具、肥料及受战局影响，加上天时失调，1946 年华南、1947 年华北均罹春旱，1947 年夏广东、广西、湖南、苏北地区均遭水灾，当年粮食产量估计为 12100 万吨，较全面抗战前短少 300 万吨。④ 据粮食部估计，1946 年食米短缺 2944000 吨、小麦缺乏 3303000 吨，1947 年缺米 3092000 吨、小麦短缺 2950000 吨。⑤ 因此，粮价普遍呈上涨趋势，各大都市因交通运输不畅，粮价总体来说更是狂涨不已。据粮食部管制司统计，1945 年 12 月，南京米价每市石为 6281 元，上海为 6594 元，北平小麦每市石为 10800 元；1948 年 8 月中旬，南京米

① 《川湘赣三省军粮调拨》（1948 年），《行政院档案》，档案号：014-040504-0053，第 27~52 页。

② 《行政院会议议事日程（第二六至二八次）》（1947 年 10 月 21 日），《行政院档案》，档案号：014-000205-00013-001，第 11 页。

③ 《蒋介石手令（1948 年 10 月 25 日）》，李学通编《翁文灏往来函电集（1909~1949）——从地学家到民国行政院院长》，团结出版社，2020，第 170 页。此处杂粮包括黄豆、玉米、小米、高粱。

④ 《中国粮食之生产与消费》，《粮情旬报》第 327 期，1948 年 12 月 6 日，第 2 页。

⑤ 《推行粮食节约运动》，《粮情旬报》第 318 期，1948 年 9 月 6 日，第 2 页。

价已达 5510 万元，上海为 5733 万元，北平中等小麦为 6163 万元，分别上涨 8771 倍、8693 倍、5705 倍。①

从表 6-17 可以看出，在金圆券改革之初的 9 月至 10 月，各大配售城市粮价尚较稳定，及至 11 月上、中旬，粮价飙升。随着粮源日益短绌，粮价更是飞上了天，即使实行金圆券改革，也未能抑制粮价上涨。据统计，1949 年 1 月，上海市公教人员食米代金拟定每市斗 40 元金圆券，南京为 80 元金圆券，② 3 月上海公粮代金价格上涨为 1000 元金圆券，③ 比起 1948 年 8 月核定的每市石 14 元金圆券的代金标准，④ 上涨了 710 余倍，上涨速度之快令人咋舌。在粮源日益支绌、战场节节败退、财政改革日暮途穷之时，政府的配售工作不得不仓皇收场。

小　结

战后民食配售是战时配售政策的延续，战时配售虽仅在个别城市举办，政策有欠周到，效果也值得商榷，具有很强的探索性质，却为战后配售奠定了基础。与战时配售一样，战后配售是否仍受制于粮源，这既是徐堪与蒋介石在配售政策上的根本分歧，也是决定配售政策能否行稳致远的基石。"定量配给或配售是这样一种制度，它赋予每一个人在一定的时间内（一日，一周，一月，一年）以购买一定数量的物品的权利。这一制度的目的，是要使某种数量有限供不应求的物品，不依各个人购买力的多寡，乃依人民的实际需要，而作比较平均合理的分配，以免一部分有钱的人可以高价尽量购得他们所要求的数量，而另外一部分人因缺乏购买力所

---

① 《京沪等五特别市粮价涨跌率比较表》，《粮情旬报》第 222 期，1946 年 1 月 6 日，第 1 页；《表一：中国各重要粮食市场中等熟米价格统计表》（1948 年 8 月中旬）、《表二：全国各省重要粮食市场中等小麦价格统计表》（1948 年 8 月中旬），《粮情旬报》第 318 期，1948 年 9 月 6 日，第 4~6 页。

② 《粮食部代电：粮储（卅八）字第 1286 号》（1949 年 1 月 26 日），《总统府公报》第 219 号，1949 年 4 月 11 日，第 4 版。

③ 《粮食部代电：穗储（一）字第 742 号》（1949 年 3 月 19 日），《总统府公报》第 220 号，1949 年 4 月 18 日，第 4 版。

④ 《粮食部代电：粮储（卅七）字第 27744 号》（1948 年 9 月 15 日），《总统府公报》第 103 号，1948 年 9 月 17 日，第 3 版。

表6-17　1948年8月30日至11月中旬京、沪、穗、平、津、青六市中等熟米、中等小麦价格统计

单位：金圆券/市石

城市	1948年8月30日米/麦均价		1948年9月上旬米/麦均价		1948年9月中旬米/麦均价		1948年10月中旬米/麦均价		1948年11月上旬米/麦均价		1948年11月中旬米/麦均价	
	米	麦	米	麦	米	麦	米	麦	米	麦	米	麦
南京	19.40	12.00	18.34	12.00	17.00	12.00	18.50	—	—	—	346.67	151.25
上海	20.40	14.50	20.52	14.94	20.18	14.94	20.57	—	—	—	480.00	291.00
广州	24.48	—	24.48	—	24.19	—	25.28	—	129.92	—	184.00	—
北平	27.76	18.56	30.72	21.76	32.00	21.43	—	—	248.80	131.47	275.20	174.29
天津	29.86	20.78	32.10	22.57	33.60	23.20	—	—	280.00	178.83	292.00	197.20
青岛	32.00	23.20	36.48	25.67	37.28	26.10	—	—	432.00	194.30	772.00	287.10

资料来源：《表一：全国各重要粮食市场中等熟米价格统计表》（1948年8月下旬），《粮情旬报》第319期，1948年9月16日，第4～6页；《表二：全国各省重要粮食市场中等小麦价格统计表》（1948年9月上旬），《粮情旬报》第319期，1948年9月16日，第4～6页；《表一：全国各省重要粮食市场中等熟米价格统计表》（1948年9月中旬），《表二：全国各省重要粮食市场中等小麦价格统计表》（1948年9月中旬），《粮情旬报》第320期，1948年9月26日，第4～6页；《表一：全国各重要粮食市场中等熟米价格统计表》（1948年10月中旬），《表二：全国各重要粮食市场中等小麦价格统计表》（1948年10月中旬），《粮情旬报》第321期，1948年10月6日，第4～6页；《表一：全国各重要粮食市场中等熟米价格统计表》（1948年11月上旬），《表二：全国各重要粮食市场中等小麦价格统计表》（1948年11月上旬），《粮情旬报》第324期，1948年11月6日，第4～6页；《表一：全国各重要粮食市场中等熟米价格统计表》（1948年11月中旬），《粮情旬报》第326期，1948年11月26日，第4～6页；《表二：全国各省重要粮食市场中等小麦价格统计表》（1948年11月中旬），《粮情旬报》第327期，1948年12月6日，第4～6页。

得极少，甚或一无所得。"定量配售的好处是避免竞买，防止黑市交易，"实在是防止物价暴涨的有效办法"。① 但从本质上讲，战后实施的配售政策与战时浙江、福建等省市县实行的计口授粮并无二致，因此时人仍将其称为"较合理化之计口授粮制度"，或直接称为"计口授粮"。② 不管是定量配给还是计口授粮，粮源问题均是核心。

战后两期配售的事实证明，在国际粮食供应状况恶化，国民党军队在战场上严重失利，国民政府粮政处置乏力，粮食部主管官员变动频繁，粮政腐败舞弊案件频现及民众日渐厌恶不知伊于胡底的缴赋纳粮等综合因素的作用下，民食配售注定归于失败。关于这一点，正如行政院经济管制委员会所言，每名市民配售粮食不足，"并非真正之定量配给制度，自不能澈底收管制粮价、平稳粮价之效"。③ 粮价飞涨，法币日渐贬值，民众所能购得的食粮大幅减少，配售对象亦有所减少，与配售政策初衷并不一致。行政院秘书处亦言："配售食米之主要目的，在使公教人员获得较市价低廉之食米，按期供应，不受粮价波动之威胁……必须使需米者能得实惠"，但粮食部限于粮源严重短缺，只能小范围少量配售，其余所需仍须向市场购买，"粮价波动之威胁，并未完全解除"。④ 粮源短缺既是自始至终困扰国民政府的最大难题，也是配售对象诟病最多的方面。

国民政府原本希望借助被关吉玉称为"新经济政策"的金圆券改革来稳定币值，⑤ 各方期许亦颇高，在获得了极其短暂的成效后，随着中共1948年11月上旬在淮海战役中的胜利，金圆券很快步改革前法币的后尘，通货膨胀愈益严重，粮价飞涨。据陈克文记载，11月9日、10日，南京全城发生抢米风潮，参与者既有贫民、市民，也有军人，10日夜晚

---

① 粟寄沧：《物价与配售》，《益世报》（上海）1948年5月15日，第2版。
② 《全面配售食米三月一日开始》，《力报》1948年1月24日；《本市今起配米，美政府重视我配粮工作，平津四月一日全面实行》，《经济通讯》第655号，1948年3月4日，第1版。
③ 《粮食部呈拟京、沪、平、津、穗五市粮食配售事项（二）》（1948年），《行政院档案》，档案号：014-040504-0154，第128页。
④ 《首都公教人员配售食米办法》（1946年），《行政院档案》，档案号：014-040504-0096，第46~47页。
⑤ 《粮食部呈拟京、沪、平、津、穗五市粮食配售事项（二）》（1948年），《行政院档案》，档案号：014-040504-0154，第91页。

"终夜有疏落的枪声"，立法委员无心议事，悲观失望的气氛达到了极点。① 上海每百斤上等白粳米价 1949 年 1 月是 1360.00 元金圆券，2 月为 10566.67 元金圆券，3 月更是达到 44266.67 元金圆券，② 与 1 月相比上涨了 31.5 倍，上海抢米风潮此起彼伏。金圆券改革成了"几个外行的胆大妄为的行政当局，人工造成的灾难……闯下了这一场大祸"，③ 甚至成了"吸收民财"的工具，④ 金圆券改革的失败也间接导致民食配售政策走向破产。

战后配售政策也明显受外粮尤其是美粮的影响与制约。从美国提出援华方案到美粮源源运华，客观地说，占据配售粮额达半数的美粮为配售工作提供了支持，为缓解国民政府粮荒发挥了一定作用，这也是配售工作得以延续近一年的重要原因之一。而过于依靠外粮、仰人鼻息的国民政府对于这一状况并不满意但又无可奈何，正如外交部部长王世杰在 1948 年 4 月 4 日所言，援华法案虽然是"美国对华友谊之又一表现，并且是美国对中国严重局势之一种认识……此案之通过，可能给予中国人民以重大之精神鼓励……但中国政府接受此案，其心情实十分沉重"。心情之所以沉重，是因为"此案之成功或失败，吾人势将负最后之责任"。⑤ 也就是说，在王世杰看来，尽管有美国在军事、经济方面的援助，但其结果如何，依然难以逆料，中共力量的快速增长，通货膨胀的难以遏制，国民党内部的争权夺利，均影响着配售政策及其成效。

---

① 陈方正编辑、校订《陈克文日记（1937~1952）》下册，1948 年 11 月 10 日、11 日，第 1162 页。

② 中国科学院上海经济研究所、上海社会科学院经济研究所编《上海解放前后物价资料汇编（1921 年~1957 年）》，上海人民出版社，1959，第 298 页。

③ 陈方正编辑、校订《陈克文日记（1937~1952）》下册，1948 年 11 月 11 日，第 1163 页。据上海市市长吴国桢对金圆券改革回忆，"南京政府酝酿采取这一措施时，十分保密，除了极少数人接触并审议过此议案外，外界没有研讨过，所以最初我也不知道"，1948 年 8 月 19 日，吴国桢本人才从俞鸿钧、蒋经国处得知了这一消息，并"感到震惊"。参见裴斐、韦慕庭访问整理《从上海市长到"台湾省主席"（1946~1953 年）——吴国桢口述回忆》，吴修垣译，高云鹏译审，上海人民出版社，2015，第 42 页。

④ 《李宗仁回忆录》下册，第 959 页。

⑤ 叶惠芬编辑《蒋中正总统档案：事略稿本》（74），第 51~52 页。

结　语

　　粮食问题是任何国家在任何时候都必须面对与着力解决的重大问题之一，保障粮食安全可以说与保障政权稳固直接相关。1927～1949年，南京国民政府在这 22 年里约有一半时间的粮食问题是比较突出的，从 1939 年下半年粮价上涨到 1949 年政权易手，尽管经历了战时与战后两个不同时段，但粮食问题始终是国民政府未能全面有效解决的一大难题。

　　抗战全面爆发初期，粮食表现为相对过剩，以致西迁后的国民政府忽视了可能出现的供应不足的问题，未对粮食管理予以足够重视。国民政府顾问居里 1941 年 9 月 "批评我国物价问题，谓任何国家当战事初起，即宣布统制办法。而我国战争初期，听其自然，及暴涨不已，始行统制，而奸商巨贾已大量囤积，以致法令失效，势必引起社会极度不安"。[①] 居里的批评不无事后诸葛亮的嫌疑，这也说明国民政府缺乏处置战争环境下粮食问题的经验。粮食相对过剩为后来的粮食征收储备了一定的实物，但远不足以缓解来势汹汹的粮食相对短缺问题。在战区进一步扩大、粮食产区失地增多、交通运输阻滞、民众心理恐慌及自然灾害等因素的多重影响下，粮食问题从易于处置的相对过剩转变为更为棘手的供应不足，国民政府面临前所未有的粮食危机。为了解决此一危机，国民政府成立全国粮管局，但该局粮食管理成效不彰，"立竿未见显影"，未满一年即被裁撤。同时，国民政府断然成立粮食部，这是抗战背景下管理全国粮食行政的最

---

　　① 《在蒋介石身边八年——侍从室高级幕僚唐纵日记》，第 229 页。

为重要的机构，亦成为近代存续时间最久、行政级别最高的粮食专门管理机构。

粮食部成立后，借鉴全国粮管局的经验教训，分析全国粮情，借助国民党党、政、军等各方力量，通过制度改革与绩效管理，在保证军粮供应、调剂民食、控制粮价与物价、安定民生以服务抗战大局等方面起了积极作用。关于这一点，徐堪 1942 年 10 月在国民党中央训练团党政训练班上不无得意地说："年余以来，得天助人助之力，有三件显明的事实尚可告慰大家。第一，军粮公粮之供应，已能应付裕如；第二，民食问题亦可作适当之调剂；第三，年来粮价虽说仍趋上涨，但有涨有落，波动甚微。"① 这一说法说明了粮食部的管理思路是正确的，各项举措有针对性，并取得了较为明显的效果。粮食部实施的各项粮政制度是对战时经济制度的探索，其创设的各种粮政制度及实行的一系列举措基本适应了战时环境，为支持抗战提供了物质保障。战时粮食部在抗战大旗的强有力号召下，全国民众在正义之战的感召下，做到了"有力出力，有钱出钱，有粮出粮"，这是战时粮政无论在粮食动员还是实际征收中，均能取得较好成效的根本原因。

抗战时期中国的内部团结体现在多个方面，从粮食部及粮政角度而言，战时内部团结还体现在从中央到地方的组织架构及粮政推行上。粮食部成立后，短期内便将全国粮管局原有粮食系统组织架构改造成隶属于粮食部的粮政局，显示出粮食危机下粮食部的行政效率较高，同时也体现出徐堪的做事风格。

粮食组织系统的建构，既有承袭，也有创新，并为粮政推行打下了坚实的基础。尽管徐堪、庞松舟均曾言，"战时粮政侧重治标"，"粮政上之战时措施，大半为应急的"，② 但恰恰是应急的治标之策为阻止粮食危机进一步蔓延产生了作用，在很大程度上缓解了军粮民食供应问题，这一点在战时表现尤为明显。

---

① 徐堪讲《最近之粮政》，第 1 页。
② 徐堪：《我国当前粮政之概述》，《粮政月刊》第 1 卷第 2~3 期合刊，1943 年 7 月 16 日，第 2 页；庞松舟讲，谢森中记《粮食政策》，《粮政月刊》第 1 卷第 2~3 期合刊，1943 年 7 月 16 日，第 4 页。

　　抗战胜利后，粮食问题曾因利好消息出现短暂的好转，但随即再次步入危机轨道，且愈演愈烈。战后国际形势诡谲多变，国民政府面对的党、政、军、粮等局面更为复杂，随着国共两党军事较量的展开，国民党渐处下风，战后粮食部部长三易其人，战后粮食政策缺乏连续性等，粮政乏善可陈。战时发行的粮食库券无法及时兑换粮食；战后继续大事征购及经济高压政策给民众带来沉重负担；战后经济接收变成"劫搜""劫收"，以致民众怨声载道。更为重要的是，战后粮食部实际上转变成了支持内战、戕害同胞的工具，国民政府粮政失当、承诺失信、用人失察，导致国民党军事失势、政治失衡、政权失位。

参考文献

一 未刊档案

（一） 中国第二历史档案馆藏档案

《财政部档案》

《经济部档案》

《内政部档案》

《农林部档案》

《中央设计局档案》

（二） 台北"国史馆"藏档案

《陈诚副总统文物档案》

《国防部军事情报局档案》

《国民政府档案》

《蒋中正总统文物档案》

《粮食部档案》

《铨叙部档案》

《司法院档案》

《行政院档案》

《行政院经济建设委员会档案》

《资源委员会档案》

《总统府档案》

（三）其他各地所藏档案

1. 重庆市档案馆藏档案

《巴县所属马王、蔡家、歇马、人和、同兴乡（镇）公所全宗汇集档案》

《北碚管理局档案》

《兵工署第二十四工厂档案》

《兵工署第四材料总库档案》

《兵工署驻渝办事处档案》

《财政部档案》

《财政部重庆货物税局档案》

《财政部重庆直接税局档案》

《重庆电力股份有限公司档案》

《重庆福民实业股份有限公司档案》

《重庆海关档案》

《重庆市财政局档案》

《重庆市参议会档案》

《重庆市地政局档案》

《重庆市各工业同业公会档案》

《重庆市工务局档案》

《重庆市教育局档案》

《重庆市粮政局档案》

《重庆市社会局档案》

《重庆市银行商业同业公会档案》

《重庆市政府档案》

《川康平民商业银行档案》

《东川邮政管理局档案》

《国家总动员会议重庆经济检查队档案》

《和成银行股份有限公司档案》

《交通部重庆电信局档案》

《交通银行重庆分行档案》

《金城银行重庆分行档案》

《经济部日用必需品管理处档案》

《军政部军法司档案》

《粮食部档案》

《美丰商业银行档案》

《三民主义青年团重庆支团档案》

《申新第四纺织公司重庆分厂档案》

《四川粮食储运局档案》

《四川省第三区行政督察专员公署档案》

《四川省高等法院重庆分院档案》

《四明商业储蓄银行重庆分行档案》

《邮政储金汇业局重庆分局档案》

《豫丰纺织公司档案》

《中国工矿建设股份有限公司档案》

《中国农民银行重庆分行档案》

《中国银行重庆分行档案》

《中央银行档案》

2. 四川省档案馆藏档案

《四川省财政厅档案》

《四川省参议会档案》

《四川省建设厅档案》

《四川省社会处档案》

《四川省田赋管理处档案》

《四川省政府粮政局档案》

3. 福建省档案馆藏档案

《福建省商业、工业联合会档案》

《福建省田赋粮食管理处档案》

《福建省银行档案》

《福建省政府财政厅档案》

《福建省政府暨省政府秘书处档案》

《福建省政府建设厅档案》

《福建省政府教育厅档案》

《福建省政府人事室档案》

4. 浙江省档案馆藏档案

《富华贸易公司苏浙皖分公司档案》

《浙江省政府档案》

《浙江省第八区行政督察专员兼保安司令专署档案》

5. 陕西省档案馆藏档案

《陕西省社会处档案》

《雍兴实业股份有限公司档案》

6. 南京市档案馆藏档案

《首都民生日用必需品配售委员会（南京市民食调配处）档案》

二 已刊档案、资料

陈谦平编《翁文灏与抗战档案史料汇编》下册，社会科学文献出版社，2017。

重庆市档案馆、重庆师范大学合编《中国战时首都档案文献·战时动员》（下），重庆出版社，2014。

重庆市档案馆、重庆市人民银行金融研究所合编《四联总处史料》，档案出版社，1993。

重庆市档案馆编《抗日战争时期国民政府经济法规》（下），档案出版社，1992。

重庆市政协文史资料研究委员会、中共重庆市委党校、中国第二历史档案馆编《国民参政会纪实（续编）》，重庆出版社，2016。

蔡盛琦编辑《蒋中正总统档案：事略稿本》（45），台北，"国史馆"，2010。

胡政主编《招商局与重庆：1943~1949年档案史料汇编》，重庆出版社，2007。

秦孝仪主编《抗战建国史料——粮政方面》，台北，中央文物供应社，1987。

秦孝仪主编《抗战建国史料——田赋征实》，台北，中央文物供应社，1988。

　　秦孝仪主编《中华民国重要史料初编——对日抗战时期》第 4 编《战时建设》，台北，中国国民党中央委员会党史委员会，1988。

　　秦孝仪主编《中华民国重要史料初编——抗日战争时期》第 7 编《战后中国》，台北，中国国民党中央委员会党史委员会，1981。

　　秦孝仪主编《总统蒋公思想言论总集》卷 17、18、20、31，台北，中国国民党中央委员会党史委员会，1984。

　　荣孟源主编《中国国民党历次代表大会及中央全会资料》下册，光明日报出版社，1985。

　　上海社会科学院经济研究所编《荣家企业史料（1937～1949 年）》下册，上海人民出版社，1980。

　　四川大学马列教研室编《国民参政会资料》，四川人民出版社，1984。

　　四川联合大学经济研究所、中国第二历史档案馆编《中国抗日战争时期物价史料汇编》，四川大学出版社，1998。

　　四川省档案馆编《川魂——四川抗战档案史料选编》，西南交通大学出版社，2005。

　　四川省档案馆编《抗日战争时期四川省各类情况统计》，西南交通大学出版社，2005。

　　四川省档案局（馆）编《抗战时期的四川——档案史料汇编》（下），重庆出版社，2014。

　　四联总处秘书处编《四联总处重要文献汇编》，学海出版社，1970。

　　唐润明编著《重庆：中国战时首都大事记》，重庆出版社，2017。

　　唐润明主编《中国战时首都档案文献·战时政治》，西南师范大学出版社，2017。

　　唐润明主编《重庆大轰炸档案文献·轰炸经过与人员伤亡（区县部分）》（下），重庆出版社，2015。

　　唐润明主编《重庆大轰炸档案文献·财产损失（同业公会部分）》（下），重庆出版社，2013。

　　韦广雄主编《中国近代粮政史料汇编》，广西师范大学出版社，2022。

　　吴淑凤等编辑《戴笠先生与抗战史料汇编：经济作战》，台北，"国史馆",2011。

行政院秘书处撰,李强、黄萍选编《行政院工作报告:一九三四～一九四七》第6、9册,国家图书馆出版社,2013年影印版。

薛月顺编辑《蒋中正总统档案:事略稿本》(44),台北,"国史馆",2010。

叶惠芬编辑《蒋中正总统档案:事略稿本》(74),台北,"国史馆",2013。

叶惠芬编辑《蒋中正总统档案:事略稿本》(46),台北,"国史馆",2010。

叶惠芬编辑《蒋中正总统档案:事略稿本》(58、59),台北,"国史馆",2011。

叶健青编辑《蒋中正总统档案:事略稿本》(65、66),台北,"国史馆",2012。

云南省财政厅、云南省档案馆编《民国时期云南田赋史料》,云南人民出版社,2002。

云南省档案局(馆)编《抗战时期的云南——档案史料汇编》,重庆出版社,2015。

浙江省中共党史学会编印《中国国民党历次会议宣言决议案汇编》第2分册,出版时间不详。

中国第二历史档案馆编《国民党政府政治制度档案史料选编》,安徽教育出版社,1994。

中国第二历史档案馆编《抗战军粮档案选编》第6、7、8、9、12、13、14、17、18、19册,金城出版社,2020。

中国第二历史档案馆编《行政院经济会议、国家总动员会议会议录》第1、2、8、16分册,广西师范大学出版社,2004。

中国第二历史档案馆编《中华民国史档案资料汇编》第5辑第1编《政治》,江苏古籍出版社,1994。

中国第二历史档案馆编《中华民国史档案资料汇编》第5辑第2编《财政经济》,江苏古籍出版社,1997。

中国国民党中央委员会党史委员会编《国防最高委员会常务会议记

录》第 1 册，台北，近代中国出版社，1995。

中国国民党中央委员会党史委员会编《国防最高委员会常务会议记录》第 3、4、5 册，台北，近代中国出版社，1995。

中国国民党中央委员会党史委员会编《国防最高委员会常务会议记录》第 6、7、8、9 册，台北，近代中国出版社，1996。

中国人民银行金融研究所编《中国农民银行》，中国财政经济出版社，1980。

中国社会科学院近代史研究所、中国抗日战争史学会主编《抗日战争史料丛编》第 2 辑第 12 册，国家图书馆出版社，2015。

周美华编《国民政府军政组织史料——军政部》（2），台北，"国史馆"，1999。

周美华编辑《蒋中正总统档案：事略稿本》（51），台北，"国史馆"，2011。

朱汇森主编《中华民国农业史料·粮政史料》第 4 册，台北，"国史馆"，1989。

三　近代报刊

《安徽省政府公报》、《北平市政府公报》、《本行通讯》、《财政部公报》、《财政公报》、《财政日刊》、《川康建设》、《大风报》、《大公报》（桂林）、《大公报》（上海）、《大公报》（香港）、《大公报》（重庆）、《大众生活》、《党讯》、《地方建设》、《地理学报》、《东方杂志》、《督导通讯》、《法令周报》、《纺织时报》、《福建粮政》、《福建省政府公报》、《福建县政》、《福清县政府公报》、《妇女生活》、《甘肃省政府法令公报》、《甘行月刊》、《工商调查通讯》、《工商法规》、《工作竞赛月报》、《广东妇女》（曲江）、《广东省银行季刊》、《广东省银行月刊》、《广东省政府公报》、《广东田粮通讯》、《广西省政府公报》、《国防月刊》、《国际劳工通讯》、《国民政府公报》、《和平日报》、《河北省银行经济半月刊》、《河南省政府公报》、《红色中华》、《湖北财政通讯》、《湖南省银行半月刊》、《湖南省银行经济季刊》、《湖南省政府公报》、《户政导报》、《华侨先锋》、《回教论坛》、《建中周报》、《江津县政府公报》、《江苏省政府公报》、《江西地方教育》、《江西省政府公报》、《交通公报》、《交通建设》、《捷报》、《今日评论》、《金融周报》、《金融周讯》、《经济部公报》、《经济动员》、《经济汇报》、《经济建设季刊》、《经济世界》、《经济通讯》、《经济新闻》、《经理月刊》、《军政旬刊》、《抗建通俗画刊》、《抗战大学》、《考核汇刊》、《快活林》、《力报》、《立报》、《立法院公报》、《粮情旬报》、《粮政季刊》、《粮政月刊》、《陆军经理杂志》、《蒙藏旬刊》、《民报》、《民食配售通讯》、《民意》、《闽政导报》、《闽政简报》、《闽政月刊》、《南京市政府公报》、《南开统计周报》、《农报》、《农本》、《农业推广通讯》、《农业院讯》、《农业周报》、《前线日报》、《钱业月报》、《求实》、《群言》、《人报》、《人事管理汇报》、《陕西省政府公报》、《陕行汇刊》、《伤兵之友》（重庆）、《社会主义月刊》、《社教通讯》、《申报》、《生力半月刊》、《省行通讯》、《时报》、《时论月刊》、《时事观察》、《时事月报》、《世界月刊》、《市政公报》、《市政评论》、《税务公报》、《司法公报》、《四川财政季刊》、《四川经济季刊》、《四川省政府公报》、《四川田粮通讯》、《苏北公报》、《台湾省行政长官公署公报》、《台湾统计通讯》、《台湾物价统计月报》、《台湾训练》、《台湾银行季刊》、《天文台》、《田家半月报》、《田粮公报》、《铁报》、《统计副镌》、《统计月报》、《统计月刊》、《统计知识》、《推广画报》、《外交部周报》、《物调旬刊》、《西康经济季刊》、《西康省政府公报》、《西南实业通讯》、《县政旬刊》、《现代经济通讯》、《现代经济文摘》、《香港商报》、《新华日报》、《新经济》、《新世界》、《新闻报》、《新闻报京沪路外埠附刊》、《新新新闻每旬增刊》、《行政与训练》、《行政院公报》、《行总周报》、《学术汇刊》、《训练月刊》、《盐政周刊》、《夜报》、《驿运月刊》、《益世报》（上海）、《益世报》（重庆）、《银行通讯》、《银行周报》、《云南省政府公报》、《杂粮市声》、《再生》、《战时经济》、《长城》、《浙江经济》、《浙江省政府公报》、《浙江自治》（丽水版）、《征信新闻》、《中国青年》、《中华农学会通讯》、《中农经济统计》、《中农月刊》、《中西新闻》、《中央经济月刊》、《中央日报》（重庆）、《中央银行月报》、《中央周报》、《中央周刊》、《重庆市政府公报》、《主计通讯》、《资源委员会公报》、《自由天地》、《总管理处周报》、《总统府公报》

四　近代论著

财政部财政年鉴编纂处编印《财政年鉴三编》，1948。

财政部四川省田赋管理处编印《四川田赋改制专刊》，1941年11月15日。

财政部田赋管理委员会编《三年来之田赋整理与征实》，中央信托局，1943。

《财政部福建区货物税局三十五年度第一届业务检讨会议总报告》，1946。

《财政部长孔祥熙任内政绩交代比较表》，著者及出版者不详，1944。

陈文涛编《福建近代民生地理志》，远东印书局，1929。

陈友琴：《川游漫记》，正中书局，1936。

陈友三、陈思德编著《田赋征实制度》，正中书局，1946。

陈余清：《中国应付世变意见书》，出版者不详，1935。

陈正谟：《米谷生产成本调查及川粮管理问题》，中山文化教育馆，1940。

陈正谟：《战时粮食问题的解决方法》，中山文化教育馆，1937。

程方：《中国县政概论》（下），商务印书馆，1940。

重庆市政府编印《重庆市政府核定物价运价工资汇编》，1943。

重庆市政府编印《重庆要览》，1945。

崔昌政：《川康建设问题》，国民图书出版社，1941。

丁星铎：《粮食运输概况》，手稿，时间不详，藏于中国第二历史档案馆。

董时进、徐宗仁、徐征等：《抗战与消费统制》，独立出版社，1939年2月。

独立出版社编印《抗战法令》，1938。

福建省粮食管理局研究室编印《福建省粮食管理行政之机构》，1941。

福建省田赋粮食管理处编著《福建之田粮》，福建省政府秘书处，1944。

福建省政府秘书处统计室编印《福建经济研究》（上），1940。

福建省政府统计室编印《福建省统计手册》，1944。

福建省政府统计室编印《福建省统计提要》，1945。

傅润华、汤约生主编《陪都工商年鉴》，文信书局，1945。

傅润华主编《中国当代名人传》，世界文化服务社，1948。

甘乃光编辑《孙文主义讨论集》，孙文主义研究社，1925。

甘肃省政府编印《一年来之甘肃粮政》，1942。

工作竞赛推行委员会编印《工作竞赛推行委员会工作报告》（1942 年 1 月~10 月），1942。

关吉玉、刘国明、余钦悌编纂《田赋会要》第 4 篇《田赋法令》，正中书局，1943。

广东省政府秘书处编译室编印《广东粮政》，1942。

贵州省粮政局编印《贵州粮政报告》，1942。

国民出版社编印《飞跃中的西南建设》，1939。

国民经济研究所编印《四川食米调查报告》，1940。

《国民总动员会议关于十一中全会"切实推行'加强管制物价方案'稳定战时经济案"执行情形报告书》，1944。

胡璞玉：《抗战建国史事研述》，台北，"国防部"史政编译局，1974。

湖北省粮政局编印《湖北省粮政局三十年度业务报告》，1942。

湖北省政府编印《湖北省抗战期中民生主义经济政策之实施》，1942 年 7 月。

湖北省政府财政厅编印《湖北省财政粮食会议纪要》，1941。

湖南省田赋粮食管理处编印《湖南田赋粮食法令辑刊》（上），1943。

黄震：《福建省仓库害虫之初步调查报告》，福建省研究院，1941。

江西省粮食管理局编印《江西省粮食管理概况》，1941。

江西省粮政局编印《江西省粮政局提案》，1942。

《江西省农业仓库管理处筹备处工作总报告》（自 1940 年 3 月 1 日起至 1940 年 12 月止），1940。

《江西省政府经济委员会汇刊》第 1 集《江西经济问题》，1934。

蒋君章：《西南经济地理纲要》，正中书局，1943。

京滇公路周览筹备会云南分会编印《云南概览》，1937。

荆其智：《粮秣经理讲义》，军事委员会第三厅经理研究班，时间不详。

军事委员会军法执行总监部编《现行军法类编》下册，军用图书社，1940。

考试院秘书处编印《第五届中央执行委员会第九次全体会议考试院工作报告》，1941。

孔祥熙：《抗战以来的财政》，胜利出版社，1942。

李超英编著《抗战建国纲领研究·经济篇》，独立出版社，1939。

李国桢主编《陕西小麦》，陕西省农业改进所，1948。

立信会计师重庆事务所编《工商业管制法规》，立信会计图书用品社，1943。

粮食部编印《各省市粮政工作报告摘要》，1941。

粮食部编印《粮食部报告》（1941 年），1942。

粮食部编印《粮食部报告》（1942 年），1943。

粮食部编印《粮食部报告》（1943 年），1944。

粮食部编印《粮食部报告》（1945 年），1946。

粮食部编印《粮食部仓库工程管理处三十二年度工作检讨报告书》，出版时间不详。

粮食部编印《粮食部三十三年度工作成绩考察报告》，1945。

粮食部编印《粮食部三十三年度工作计划》，1943。

粮食部编印《粮食部三十一年度工作报告》，1943。

粮食部编印《粮食部三十一年度工作计划纲要》，1941。

粮食部编印《粮食部三十一年度工作考察》，1943。

粮食部编印《粮食仓储及运输损耗率计算规则》，1945。

粮食部编印《粮食储运人员奖惩办法》，1948。

粮食部编印《粮食管理法规》，1941。

粮食部调查处编印《中国各重要城市粮食价格及指数专刊》，1945。

粮食部调查处第四科编印《粮食部三十年度工作检讨报告》，1942。

粮食部四川粮食储运局编印《粮食部四川粮食储运局三十二年度工作报告》，1943。

粮食部四川粮食储运局编印《粮食部四川粮食储运局所属各分局各处仓配运粮食暂行办法》，1944。

粮食紧急购储会编印《粮食紧急购储会工作总报告》，1949。

刘大钧：《经济动员与统制经济》，商务印书馆，1939。

罗敦伟：《战时国家总动员》，黄埔出版社，1938。

吕平登编著《四川农村经济》，商务印书馆，1936。

马以愚：《嘉陵江志》，商务印书馆，1946。

马寅初：《财政学与中国财政——理论与现实》下册，商务印书馆，1948。

孟锦华编著《节约与抗战建国》，浙江省抗日自卫委员会战时教育文化事业委员会，1938。

南京市美国救济物资配售委员会、南京市民食调配委员会编印《民食配售工作总报告》第1期（1948年3月至7月），1948。

南京市政府统计处编印《两年来南京物价》，1948。

农本局研究室编印《中华民国二十八年农本局业务报告》，1940。

潘鸿声编《中国农民银行四川省农村经济调查委员会调查报告》第5号《四川主要粮食之运销》，1941。

潘鸿声编《中国农民银行四川省农村经济调查委员会四川农村经济调查报告》第1号《总报告》，中农印刷所，1941。

潘鸿声编著《成都市附近七县米谷生产与运销之调查》，四川省政府建设厅，时间不详。

钱承绪编《中国粮食问题的再检讨》，中国经济研究会，1940。

乔启明、蒋杰：《中国人口与食粮问题》，上海中华书局，1937。

全国经济委员会编印《四川考察报告书》，1935。

全国粮食管理局编印《全国粮食会议报告》，1941。

饶荣春：《粮食增产问题》，商务印书馆，1942。

森武夫：《非常时日本之国防经济》，张白衣译，正中书局，1935。

上海日本大使馆特别调查班编印《四川省农村物价统计表》，1943。

沈雷春、陈禾章编著《中国战时经济建设》，世界书局，1940。

沈寿金编辑《怎样考绩》，儿童书局，1936年初版，1940年再版。

首都警察厅警员训练所编《南京市地理及社会概况》，首都警察厅，1946。

四川省驿运管理处编印《四川驿运》，1941。

四川省政府建设厅秘书室编审股编印《四川的驿运》，1943。

四川省政府秘书处编印《四川省第四次行政会议纪录辑要》，1943。

四联总处秘书处编印《四联总处文献选辑》，1948。

宋同福：《田赋征实概论》，中央银行经济研究处，1942。

孙本文：《现代中国社会问题》第 3 册《农村问题》，商务印书馆，1947。

孙兆乾编著《战时粮食生产统制》，独立出版社，1939。

孙哲生：《孙哲生先生抗建七讲》，中山文化教育馆，1941。

台湾省行政长官公署粮食局编《台湾一年来之粮政》，台湾省行政长官公署宣传委员会，1946。

谭熙鸿主编《十年来之中国经济》，中华书局，1948。

汤惠荪、杜修昌：《云南省米谷运销及价格之研究》，云南省财政厅印刷局，1940。

王了一：《龙虫并雕斋琐语》，上海观察社，1949。

王世杰、钱端升：《比较宪法》，中国政法大学出版社，2004。

闻汝贤、闻亦博编著《中国现行粮政概论》，正中书局，1944。

巫宝三、张之毅：《福建省食粮之运销》，商务印书馆，1938。

西康省地方行政干部训练团编印《粮食管理概论》，1942。

谢瀛洲：《中国政府大纲》，韶关大光报营业部，1942。

行政院编印《国民政府年鉴》，1943。

行政院编印《行政院工作报告》（1942 年），1943。

行政院经济会议秘书处编印《半年来全国物价波动概述》（1941 年下半年），1941。

行政院秘书处编印《国民参政会第三届第三次大会决议案行政院办理情形报告表》，1945。

行政院农村复兴委员会编《云南省农村调查》，商务印书馆，1935。

行政院新闻局编印《全国粮食概况》，1947。

徐堪讲，国民党中央训练团编印《最近之粮政》，1942。

徐青甫：《粮食问题之研究》，1942。

杨蔚主编《战时物价特辑》，中央银行经济研究处，1942。

叶乐群：《全国经济统制之情况及其效果》，新中国建设学会出版科，1936。

殷锡祺：《战时粮食动员问题》，中山文化教育馆，1937。

尹以瑄：《国防与粮食问题》，正中书局，1937。

云南实业改进会编印《云南实业改进会讲演录》，1923。

詹念祖编《云南省一瞥》，商务印书馆，1931。

詹显哲编著《实施国家总动员法与粮食动员》，国民图书出版社，1943。

张克林：《中国生存论：中国策应远东巨变之经济政治军事的战略与战术》，新新印刷社，1936。

张樑任：《四川粮食问题》，振华印书馆，1941。

张沦波编著《中国的资源》，世界书局，1947。

张肖梅编著《云南经济》，中国国民经济研究所，1942。

赵平公编著《云南省指导》，南华印务局，1939。

浙江省粮食管理处编印《浙江之粮食管理》，1940。

中国国民党中央执行委员会秘书处编印《中国国民党第五届中央执行委员会第十次全体会议宣言及重要决议案》，1942。

中国国民党中央执行委员会宣传部编印《国父关于粮食问题的遗教》，1941。

中国国民党中央执行委员会训练委员会编《总裁言行》，正中书局，1947。

中国国民党中央执行委员会训练委员会编印《抗战以来中央各种会议宣言及重要决议案汇编》，1943。

中国国民党中央执行委员会训练委员会编印《中国国民党历次会议宣言及重要决议案汇编》，1941。

中国国民党中央执行委员会训练委员会编印《中国国民党政纲政策与实施概况》，1945。

中国问题研究会编《中国战时经济问题》，上海杂志无限公司，1936。

《中国粮政概况》，著者、出版者不详，1943。

《中华民国二十七年农本局业务报告》，1939。

中央农业实验所编印《几种主要积谷害虫》，1940。

中央训练团编印《县各级组织纲要》，1939。

中央训练团编印《中华民国法规辑要》第 2 册，1941。

中央训练团编印《中华民国法规辑要》补编一，1942。

周宪文：《资本主义与统制经济》，中华书局，1933。

朱元懋编著《战时物力财力》，正中书局，1940。

朱子爽编著《中国国民党粮食政策》，国民图书出版社，1944。

五　日记、文集、回忆录、年谱、志书等

陈存恭访问，官曼莉纪录《张式纶先生访问纪录》，台北，中研院近代史研究所，1986。

陈方正编辑、校订《陈克文日记（1937~1952）》下册，台北，中研院近代史研究所，2012。

《陈济棠自传稿》，中华书局，2016。

陈鹏仁主编《百年忆述——先进先贤百年诞辰口述历史合辑》（1），台北，近代中国出版社，1996。

陈夏红主编《钱端升全集》，中国政法大学出版社，2017。

成都市地方志编纂委员会编纂《成都市志·粮食志》，成都出版社，1995。

重庆市沙坪坝区政协文史资料委员会编印《沙坪坝文史资料》第 15 辑，1999。

重庆市政协文史资料研究委员会、中共重庆市委党校编《国民参政会纪实》下卷，重庆出版社，1985。

福建省地方志编纂委员会编《福建省志·粮食志》，福建人民出版社，1993。

公安部档案馆编注《在蒋介石身边八年——侍从室高级幕僚唐纵日记》，群众出版社，1991。

顾祖禹：《读史方舆纪要》，中华书局，2005。

广元市地方志编纂委员会编《广元县志》，四川辞书出版社，1994。

郭荣生编著《孔祥熙先生年谱》，山西文献出版社，1981。

《汉语大词典普及本》，汉语大词典出版社，2000。

《海桑集——熊式辉回忆录（1907～1949）》，洪朝辉编校，香港，明镜出版社，2008。

《何廉回忆录》，朱佑慈等译，中国文史出版社，2012。

河南省粮食志编纂委员会编纂《河南省粮食志·大事记》，中国商业出版社，1997。

何应钦编著《八年抗战之经过》，香港中和出版有限公司，2019。

洪葭管主编《中央银行史料（1928.11～1949.5）》，中国金融出版社，2005。

《胡汉民先生文集》第4册，武汉出版社，1991。

贾廷诗、陈三井等记录，郭廷以校阅《白崇禧口述自传》（上），中国大百科全书出版社，2008。

《蒋廷黻回忆录》，岳麓书社，2003。

《江西省人物志》编纂委员会编《江西省人物志》，方志出版社，2007。

江苏省中华民国工商税收史编写组、中国第二历史档案馆编《中华民国工商税收史料选编》第5辑，南京大学出版社，1999。

李德复、陈金安主编《湖北民俗志》，湖北人民出版社，2002。

李新总主编，韩信夫、姜克夫主编《中华民国史大事记》全12册，中华书局，2011。

李学通：《翁文灏年谱》，山东教育出版社，2005。

李学通编《翁文灏往来函电集（1909～1949）——从地学家到民国行政院院长》，团结出版社，2020。

李学通、刘萍、翁心钧整理《翁文灏日记》（下），中华书局，2014。

凌耀伦、熊甫编《卢作孚文集》，北京大学出版社，1999。

刘凤翰、张力访问，毛金陵纪录《丁治磐先生访问纪录》，台北，中研院近代史研究所，1991。

刘寿林等编《民国职官年表》，中华书局，1995。

卢国纪：《我的父亲卢作孚》，四川人民出版社，2003。

毛景娴、俞冰主编《近代粮政汇览》，线装书局，2020。

孟庆鹏编《孙中山文集》，团结出版社，2016。

裴斐、韦慕庭访问整理《从上海市长到"台湾省主席"（1946～1953年）——吴国桢口述回忆》，吴修垣译，高云鹏译审，上海人民出版社，2015。

秦孝仪主编《孙哲生先生文集》第 4 册，台北，中国国民党中央委员会党史委员会，1990。

陕西省地方志编纂委员会编《陕西省志·粮食志》，陕西旅游出版社，1995。

沈云龙、张朋园、刘凤翰访问，张朋园、刘凤翰纪录《刘航琛先生访问纪录》，九州出版社，2012。

沈醉、康泽等：《亲历者讲述·军统内幕》，中国文史出版社，2009。

顺昌县志编纂委员会编《顺昌县志》，中国统计出版社，1994。

《四川省志·粮食志》编辑室编《四川粮食工作大事记（1840～1990）》，四川科学技术出版社，1992。

四川省地方志编纂委员会编纂《四川省志·粮食志》，四川科学技术出版社，1995 年版。

四川省江安县志编纂委员会编《江安县志》，方志出版社，1998。

四川省文史研究馆、四川省人民政府参事室编《解放战争时期四川大事记》，四川人民出版社，1990。

遂宁市志编纂委员会编纂《遂宁市志》，方志出版社，2006。

四川省委党史研究室编《四川省抗日战争时期人口伤亡和财产损失》，中共党史出版社，2015。

四川省政协文史资料委员会编《四川文史资料集粹》第 6 卷，四川人民出版社，1996。

《王世杰日记》手稿本（第 2、3 册），台北，中研院近代史研究所，1990。

《王云五回忆录》，九州出版社，2011。

《王子壮日记》第 10 册，台北，中研院近代史研究所，2001。

《文史资料选辑》合订本第 41 辑（总第 121 辑），中国文史出版社，2002。

吴景平：《宋子文政治生涯编年》，福建人民出版社，1998。

《吴稚晖全集》卷 8，九州出版社，2013。

徐可亭先生文存编印委员会编印《徐可亭先生文存》，1970。

《阎锡山日记（1931~1950）》，九州出版社，2011。

云南省志编纂委员会办公室编《续云南通志长编》中册，云南民族出版社，1986。

张玉法、沈松侨访问，沈松侨纪录《董文琦先生访问纪录》，台北，中研院近代史研究所，1986。

章开沅口述，彭剑整理《章开沅口述自传》，北京师范大学出版社，2015。

张守广：《卢作孚年谱长编》，中国社会科学出版社，2014。

郑玄注，贾公彦疏《周礼注疏》，上海古籍出版社，1990。

政协垫江县文史资料委员会编印《垫江县文史资料》第 2 辑，出版时间不详。

政协广西壮族自治区委员会文史资料研究委员会编印《李宗仁回忆录》下册，1980。

政协贵州省安顺市委员会文史资料委员会编印《安顺文史资料》第 13 辑，1992。

政协贵州省安顺市委员会文史资料委员会编印《安顺文史资料》第 3 辑，1985。

政协贵州省织金县委员会文史资料研究委员会编印《织金文史资料选编》第 1 辑，1985。

政协湖北省武汉市委员会文史资料石粉委员会编印《武汉文史资料》第 9 辑，1982。

政协全国委员会文史资料委员会编《文史资料存稿选编》21《经济》（上），中国文史出版社，2002。

政协全国委员会文史资料研究委员会编《工商经济史料丛刊》第 1 辑，文史资料出版社，1983。

政协四川省长寿县委员会文史资料研究委员会编印《长寿县文史资料》第9辑，1995。

政协四川省成都市委员会文史资料研究委员会编《成都文史资料选辑》第11辑，四川人民出版社，2015。

政协四川省富顺县委员会文史资料委员会编印《富顺县文史资料选辑》第4辑，1990。

政协四川省三台县委员会文史资料征集委员会编印《三台文史资料选辑》第6辑，1987。

政协四川省委员会、四川省省志编辑委员会编印《四川文史资料选辑》第4、13辑，1964。

政协四川省新都县委员会文史资料委员会编印《新都文史》第8辑，1992。

政协云南省昆明市委员会文史资料研究委员会编《昆明文史资料选辑》第2辑，云南人民出版社，1982。

政协云南省昆明市委员会文史资料研究委员会编印《昆明文史资料选辑》第6辑，1985。

政协重庆市市中区委员会文史资料委员会编印《重庆市中区文史资料》第5辑，1993。

中国社会科学院语言研究所词典编辑室编《现代汉语词典》第5版，商务印书馆，2005。

中华年鉴社编《中华年鉴》下册，中华书局，1948。

六　研究论文

陈红民：《抗战时期国共两党动员能力之比较》，《二十一世纪》（香港）第1期，1996年。

陈坤煌：《战后粮政体制建立过程中的国家与农民组织：1945～1954》，硕士学位论文，台湾大学，2001。

陈雷、戴建兵：《统制经济与抗日战争》，《抗日战争研究》2007年第2期。

陈谦平：《抗战大后方刍议》，《西南大学学报》（社会科学版）2021

年第 6 期。

陈学祥：《抗战时期国民政府粮食管理体制探析》，硕士学位论文，湘潭大学，2009。

丁晓娟：《从"吃饭第一"到"宁可饿死"：战后北平学人的经济生活与政治抉择（1945~1949）》，硕士学位论文，山东大学，2016。

付丹丹：《战时重庆经济检察队研究（1940~1945）》，硕士学位论文，华中师范大学，2021。

傅亮：《抗战时期的"平价大案"始末：以农本局改组为中心》，《江苏社会科学》2015 年第 1 期。

黄仁姿：《战争与粮食：二战期间台湾粮食管理体制的建构（1939~1945）》，《国史馆馆刊》（台北）第 52 期，2017 年。

姜良芹：《抗战时期高校教师工资制度及生活状况初探》，《南京师大学报》（社会科学版）1999 年第 3 期。

蒋永敬：《孔祥熙与战时财政——法币政策与田赋征实》，《近代中国》第 51 期，1986 年。

孔得伟、龚莉：《民国时期浙江粮食作物的空间分布及米谷市场初探》，《农业考古》2020 年第 6 期。

李力庸：《日本帝国殖民地的战时粮食统制体制：台湾与朝鲜的比较研究（1937~1945）》，《台湾史研究》第 16 卷第 2 期，2009 年。

李力庸：《日治时期米谷自治管理政策之制订背景与实施（1936~1939）》，《史汇》2008 年第 12 期。

李力庸：《战争与粮食：太平洋战争前后台湾的米谷统制（1939~1945）》，《两岸发展史研究》第 2 期，2006 年。

刘伟彦：《战后绍兴粮食配售的演变机制（1946~1948）》，《民国档案》2018 年第 4 期。

刘熙明：《抗战时期国军在山西战场的抢粮战》，《新史学》第 25 卷第 4 期，2014 年。

刘仲麟：《也谈 1942 年田赋征实的税率与税负问题——兼与朱玉湘同志商榷》，《近代史研究》1987 年第 4 期。

潘洵：《抗战大后方研究的新进展及新趋向》，《光明日报》2020 年 8

月 13 日。

孙婉婉：《1948～1949 年天津民食调配研究》，硕士学位论文，河北大学，2021。

谭刚：《抗战时期的四川粮食储运》，硕士学位论文，四川师范大学，2002。

王奇生：《中国近代人物的地理分布》，《近代史研究》1996 年第 2 期。

魏正岳：《战后台湾粮政之研究：以李连春主持粮政时期为中心》，硕士学位论文，台湾中兴大学，2000。

文双发：《简论抗日战争时期的四川军事交通》，《军事历史研究》2012 年第 3 期。

肖鸿今：《论抗战时期四川田赋“三征”》，硕士学位论文，四川师范大学，2010。

肖雄：《抗日战争时期四川省办驿运研究》，博士学位论文，四川大学，2007。

谢庐明、李红梅：《保甲与抗战时期浙江的粮食生产与征收——以龙泉县为例》，《民国档案》2018 年第 1 期。

严海建：《抗战后期的通货膨胀与大后方知识分子的转变——以大后方的教授学者群体为论述中心》，《重庆社会科学》2006 年第 8 期。

郑会欣：《抗战时期后方高级公务员的生活状况——以王子壮、陈克文日记为中心》，《近代史研究》2018 年第 2 期。

郑会欣：《战前“统制经济”学说的讨论及其实践》，《南京大学学报》（哲学·人文科学·社会科学）2006 年第 1 期。

郑会欣：《战时后方高级知识分子的生活贫困化——以几位著名教授的日记为中心》，《抗日战争研究》2018 年第 1 期。

郑康奇：《谁来纳粮：全面抗战时期川陕地区的大粮户》，《抗日战争研究》2021 年第 2 期。

周建树：《民国粮食史研究述评》，《山西农业大学学报》（社会科学版）2013 年第 9 期。

朱玉湘：《抗日战争时期国民党政府的田赋征实与粮食征购》，《山东大学学报》1963 年第 1 期。

朱玉湘：《再谈抗战时期国统区的田赋征实问题——答刘仲麟同志》，《近代史研究》1988 年第 6 期。

七　研究著作

陈达：《我国抗日战争时期市镇工人生活》，中国劳动出版社，1993。

陈风波、丁士军：《农户行为变迁与农村经济发展：对民国以来江汉平原的研究》，中国农业出版社，2007。

沉度、应列等编《国民党高级将领传略》，华文出版社，1995。

陈红民等：《南京国民政府五院制度研究》，浙江人民出版社，2016。

陈莲芬编著《陈仪军政生涯》，浙江人民出版社，2005。

陈之迈：《中国政府》，上海人民出版社，2015。

成都市群众艺术馆编《成都掌故》，四川大学出版社，1998。

中共成都市委党史研究室编《抢米事件》，成都出版社，1991。

崔国华主编《抗日战争时期国民政府财政金融政策》，西南财经大学出版社，1995。

道格拉斯·C. 诺思：《经济史中的结构与变迁》，陈郁、罗华平等译，三联书店上海分店，1991。

杜俊华：《抗战时期中国大后方专题研究》，人民出版社，2018。

段渝主编《抗战时期的四川》，巴蜀书社，2005。

方勇：《蒋介石与战时经济研究（1931~1945）》，浙江大学出版社，2013。

傅樵：《赋税制度的人本主义审视与建构》，重庆出版社，2015。

古僧编著《孔祥熙与中国财政》，台北，博学出版社，1979。

管欧：《中国行政法总论》，蓝星打字排版有限公司，1981。

广少奎：《重振与衰变——南京国民政府教育部研究》，山东教育出版社，2008。

薛毅：《国民政府资源委员会研究》，社会科学文献出版社，2005。

郝银侠：《社会变动中的制度变迁：抗战时期国民政府粮政研究》，中国社会科学出版社，2013。

何虎生：《蒋介石传》，中国工人出版社，2015。

侯坤宏：《抗日战争时期粮食供求问题研究》，团结出版社，2015。

侯杨方：《中国人口史》第 6 卷，复旦大学出版社，2005。

胡必林、方灏编《民国高级将领列传》，解放军出版社，2006。

黄华平：《国民政府铁道部研究》，合肥工业大学出版社，2011。

金德群主编《中国国民党土地政策研究（1905～1949）》，海洋出版社，1991。

抗日战争时期国民政府财政经济战略措施研究课题组编写《抗日战争时期国民政府财政经济战略措施研究》，西南财经大学出版社，1988。

孔令朋：《今生今世》，中国文史出版社，1998。

匡球：《中国抗战时期税制概要》，中国财政经济出版社，1988。

李峰主编《苏州通史·人物卷》（下）（中华民国至中华人民共和国时期），苏州大学出版社，2019。

李军、王秀清主编《历史视角中的"三农"——王毓瑚先生诞辰一百周年纪念文集》，中国农业出版社，2008。

李明主编《四川粮食调运》，四川大学出版社，1994。

李仕根主编《四川抗战档案研究》，西南交通大学出版社，2005。

良雄：《戴笠传》，台北，传记文学出版社，1980。

廖盖隆：《爱国运动论集》，海燕书店，1951。

刘大禹：《战时国民政府行政机构改革（1937～1945）》，社会科学文献出版社，2020。

刘凤翰：《国民党军事制度史》（下），中国大百科全书出版社，2008。

刘国铭主编《中国国民党百年人物全书》，团结出版社，2005。

刘绍唐主编《民国人物小传》第 2、3、4、8、17、18 册，上海三联书店，2015、2016。

刘仰东编著《去趟民国：1912～1949 年间的私人生活》，生活·读书·新知三联书店，2012。

刘宗伟：《案卷里的青岛》，青岛出版社，2016。

鲁卫东：《民国中央官僚的群体结构与社会关系（1912～1949）》，中国社会科学出版社，2017。

马军：《国民党政权在沪粮政的演变及后果（1945 年 8 月至 1949 年 5

月）》，上海古籍出版社，2006。

马振犊、邢烨：《军统特务活动史》，金城出版社，2016。

聂资鲁：《国民党大陆失败论——对一个执政党迅速衰败的法哲学与政治哲学剖析》，贵州人民出版社，2004。

潘洵主编《抗战时期西南后方社会变迁研究》，重庆出版社，2011。

钱端升等：《民国政制史》，上海人民出版社，2008。

秦孝仪主编《中华民国经济发展史》第 2 册，台北，近代中国出版社，1983。

瞿同祖：《中国法律与中国社会》，中华书局，1981。

任新平：《民国时期粮食安全问题研究》，中国物资出版社，2011。

沈云龙：《民国史事与人物》，中国大百科全书出版社，2013。

施养成：《中国省行政制度》，上海人民出版社，2015。

谭备战：《国家与建设：南京国民政府建设委员会研究（1928 ~ 1938）》，社会科学文献出版社，2019。

谭文熙：《中国物价史》，湖北人民出版社，1994。

王成科编著《辽阳近现代人物录》，辽宁民族出版社，2010。

王笛：《袍哥：1940 年代川西乡村的暴力与秩序》，北京大学出版社，2018。

王俯民：《民国军人志》，中国广播电视出版社，1992。

王洪峻编著《抗战时期国统区的粮食价格》，四川省社会科学院出版社，1985。

王劲：《甘宁青民国人物》，兰州大学出版社，1995。

王奇生：《革命与反革命：社会文化视野下的民国政治》，社会科学文献出版社，2010。

王荣华：《危机下的融合与发展：抗战时期后方机制面粉工业研究》，商务印书馆，2019。

王绍荃主编《四川内河航运史（古、近代部分）》，四川人民出版社，1989。

王玉娟：《民国川省县长的铨选与考绩》，四川大学出版社，2013。

王玉茹：《近代中国价格结构研究》，陕西人民出版社，1997。

王云五：《谈往事》，中华书局，2015。

王增藩主编《复旦大学教授录》，复旦大学出版社，1992。

隗瀛涛主编《近代重庆城市史》，四川大学出版社，1991。

文思主编《我所知道的孔祥熙》，中国文史出版社，2003。

翁有为：《行政督察专员区公署制研究》，社会科学文献出版社，2012。

吴相湘：《第二次中日战争史》，综合月刊社，1973。

吴相湘：《民国百人传》第 4 册，台北，传记文学出版社，1979。

肖如平：《国民政府考试院研究》，社会科学文献出版社，2008。

徐建生：《民国时期经济政策的沿袭与变异（1912～1937）》，福建人民出版社，2006。

徐亚文：《程序正义论》，山东人民出版社，2004。

徐詠平：《陈果夫传》，正中书局，1978。

许宗仁主编《中国近代粮食经济史》，中国商业出版社，1996。

严如平、宗志文主编《民国人物传》第 9 卷，中华书局，1997。

杨荫溥：《民国财政史》，中国财政经济出版社，1985。

叶宁等：《抗战全面爆发前国民政府的粮食储备研究》，四川大学出版社，2014。

易劳逸：《毁灭的种子：战争与革命中的国民党中国（1937～1949）》，王建朗、王贤知、贾维译，江苏人民出版社，2020。

尹松波：《理性与正义：罗尔斯正义论管窥》，电子科技大学出版社，2014。

虞和平主编《中国现代化历程》，江苏人民出版社，2001。

张根福：《抗战时期的人口迁移——兼论对西部开发的影响》，光明日报出版社，2006。

张静如、卞杏英主编《国民政府统治时期中国社会之变迁》，中国人民大学出版社，1993。

张瑞德：《无声的要角：蒋介石的侍从室与战时中国》，台湾商务印书馆，2017。

张守广：《宁波商帮史》，宁波出版社，2021。

张宪文、张玉法主编《中华民国专题史》第 11 卷，南京大学出版社，2015。

张学继：《坦荡君子——章乃器传》，浙江人民出版社，2007。

张彦主编《四川抗战史》，四川人民出版社，2014。

章伯锋、庄建平主编《抗日战争》第5卷《国民政府与大后方经济》，四川大学出版社，1997。

西南地区文史资料协作会议编《抗战时期的西南交通》，云南人民出版社，1992。

中国抗日战争史学会、中国人民抗日战争纪念馆编《中华民族的抗争与复兴——第一、二届海峡两岸抗日战争史学术研讨会论文集》，团结出版社，2010。

中华民国历史与文化讨论集编辑委员会编印《中华民国历史与文化讨论集》第4册，1984。

中华人民共和国财政部《中国农民负担史》编辑委员会编著《中国农民负担史》第2卷，中国财政经济出版社，1994。

中研院近代史研究所编印《抗战前十年国家建设史研讨会论文集》，台北，1984。

钟文典主编《广西通史》第2卷，广西人民出版社，1999。

周开庆：《民国四川史事续集》，先锋打字排版印刷有限公司，1976。

Lewis, W. Arthur, *The Theory of Economic Growth*, London, George Allen and Urwin, 1995.

附　录

一　全国行政督察区表①

省别	区别	专员驻地	数目	所辖县治名称	备注
江苏	第一区	溧阳	6	溧阳、丹阳、金坛、镇江、宜兴、扬中	未成立
	第二区	无锡	10	无锡、武进、江阴、常熟、太仓、昆山、吴县、吴江、宝山、嘉定	
	第三区	松江	7	松江、金山、奉贤、南汇、川沙、上海、青浦	
	第四区	南通	6	南通、崇明、各东、海门、如皋、靖江	
	第五区	江都	4	江都、泰兴、仪征、高邮	未成立
	第六区	盐城	4	盐城、阜宁、兴化、东台	
	第七区	淮阴	6	淮阴、淮安、泗阳、宿迁、宝应、涟水	
	第八区	东海	4	东海、灌云、沭阳、赣县	
	第九区	铜山	7	铜山、丰县、砀山、萧县、邳县、睢宁、沛县	
	第十区	江宁	6	江宁、句容、溧水、高淳、江浦、六合	
安徽	第一区	太湖	7	太湖、潜山、岳西、桐城、怀宁、望江、宿松	
	第二区	立煌	8	立煌、六安、合肥、巢县、霍山、舒城、庐江、无为	
	第三区	滁县	8	滁县、全椒、含山、和县、嘉山、野贻、天长、来安	
	第四区	泗县	7	泗县、宿县、五河、灵璧、凤阳、定远、怀远	
	第五区	阜阳	10	阜阳、霍邱、颍上、临水、太和、亳县、涡阳、寿县、凤台、蒙城	

---

① 此表统计时间为1939年10月，此后行政督察区有所变化，详细研究成果可以参阅翁有为《行政督察专员区公署制研究》，社会科学文献出版社，2012。

省别	区别	专员驻地	数目	所辖县治名称	备注
安徽	第六区	贵池	7	贵池、青阳、铜陵、太平、石埭、东流、至德	
	第七区	宣城	9	宣城、泾县、南陵、繁昌、芜湖、当涂、郎溪、广德、宁德	
	第八区	休宁	6	休宁、祁门、黟县、歙县、绩溪、旌德	
浙江	第一区	於潜	9	长兴、安吉、余杭、孝丰、临安、於潜、昌化、新登、分水	
	第二区	德清	8	嘉兴、杭县、嘉善、桐乡、崇德、吴兴、德清、武康	
	第三区	绍兴	11	绍兴、萧山、诸暨、余姚、嵊县、上虞、新昌、富阳、海宁、海盐、平湖	
	第四区	金华	10	兰溪、东阳、金华、浦江、义乌、永康、汤溪、武义、桐庐、建德	
	第五区	衢县	8	衢县、江山、淳安、开化、常山、龙游、寿昌、遂安	
	第六区	鄞县	8	鄞县、熊溪、定海、镇海、奉化、象山、南田、宁海	
	第七区	海门	5	临海、黄岩、天台、仙居、温岭	
	第八区	永嘉	6	永嘉、平阳、瑞安、乐清、泰顺、玉环	
	第九区	丽水	10	丽水、龙泉、遂昌、青田、缙云、景宁、庆元、松阳、云和、宣平	
江西	第一区	武宁	9	武宁、南昌、新建、进贤、安义、修水、铜鼓、奉新、靖安	
	第二区	萍乡	11	萍乡、宜春、分宜、万载、新喻、上高、宜丰、高安、新淦、清江、丰城	
	第三区	吉安	11	吉安、吉水、永丰、峡江、泰和、万安、遂川、安福、永新、宁冈、莲花	
	第四区	赣县	11	赣县、大庾、崇义、上犹、南康、倍丰、龙南、虔南、定南、寻乌、安远	
	第五区	浮梁	8	浮梁、鄱阳、湖口、彭泽、都昌、乐平、婺源、德兴	
	第六区	上饶	10	上饶、玉山、广丰、铅山、弋阳、横峰、余江、万年、贵溪、余干	
	第七区	南城	11	南城、面丰、金溪、临川、宜黄、崇仁、乐安、黎川、光泽、东乡、资溪	
	第八区	宁都	7	宁都、广昌、石城、瑞金、会昌、云都、兴国	
	第九区		5	永修、九江、瑞昌、星子、德安	浔阳为游击区，故专员驻在地无定

续表

省别	区别	专员驻地	数目	所辖县治名称	备注
湖北	第一区	蒲圻	11	蒲圻、通山、武昌、大冶、汉阳、嘉鱼、咸宁、通城、崇阳、阳新、鄂城	
	第二区	黄冈	11	蕲春、浠水、黄梅、广济、罗山、英山、黄冈、麻城、黄县、礼山、黄安	
	第三区	随县	10	随县、安陆、孝感、应山、云梦、应城、汉川、京山、钟祥、天门	
	第四区	江陵	9	江陵、监利、石首、公安、枝江、松滋、荆门、沔阳、潜江	
	第五区	襄阳	7	襄阳、枣阳、宜城、谷城、光化、南漳、保康	
	第六区	宜昌	8	宜昌、远安、当阳、宜都、兴山、秭归、长阳、五峰	
	第七区	恩施	8	恩施、宜恩、建始、巴东、鹤峰、利川、咸丰、来凤	
	第八区	郧县	6	郧县、均县、郧西、房县、竹山、竹溪	
河南	第一区	郑县	11	郑县、中牟、尉氏、密县、新郑、禹县、洧川、长葛、广武、汜水、荥阳	
	第二区	商丘	7	商丘、柘城、永城、鹿邑、夏邑、虞城、宁陵	
	第三区	安阳	7	安阳、汤阴、林县、临漳、武安、涉县、淇县.	
	第四区	新乡	10	新乡、沁阳、博爱、修武、武陟、温县、济源、获嘉、孟县、辉县	
	第五区	许昌	9	许昌、临颍、襄城、鄢陵、郾城、临汝、鲁山、宝丰、郏县	
	第六区	南阳	13	南阳、方城、新野、唐河、泌河、内乡、淅川、邓县、镇平、桐柏、南召、舞阳、叶县	
	第七区	淮阳	8	淮阳、沈丘、商水、西华、鹿邑、太康、扶沟、项城	
	第八区	汝南	7	汝南、上蔡、西平、遂平、确山、正阳、新蔡	
	第九区	潢川	8	潢川、光山、固始、商城、息县、信阳、罗山、经扶	
	第十区	洛阳	9	洛阳、巩县、偃师、登封、孟津、伊川、宜阳、嵩县、伊阳	
	第十一区	陕县	7	陕县、灵宝、阌乡、卢氏、洛宁、渑池、新安	
	第十二区		8	开封、通许、陈留、兰封、民权、睢县、杞县、考城	游击区故专员驻在地无定
	第十三区		8	滑县、浚县、内黄、封丘、原武、阳武、延津、汲县	

省别	区别	专员驻地	数目	所辖县治名称	备注
河北	第一区	滦县	13	滦县、昌黎、卢龙、迁安、丰润、遵化、兴隆、玉田、宁河、抚宁、临榆、乐亭、都山设治局	
	第二区	通县	14	通县、大兴、宛平、昌平、顺义、怀柔、密云、平谷、蓟县、三河、香河、宝坻、武清、安次	
	第三区	涿县	11	涿县、良乡、房山、涞源、易县、定兴、容城、新城、固安、永清、涞水	
	第四区	河间	12	河间、献县、肃宁、任丘、雄县、霸县、新镇、文安、静海、天津、大城、青县	
	第五区	清苑	12	清苑、徐水、满城、完县、唐县、望都、定县、安国、博野、蠡县、高阳、安新	
	第六区	石家庄	14	正定、新乐、曲阳、阜平、行唐、灵寿、平山、井陉、获鹿、乐城、藁城、晋县、深泽、无极	
	第七区	邢台	16	邢台、内邱、临城、赞皇、元氏、高邑、赵县、宁晋、柏乡、隆平、尧山、巨鹿、任县、平乡、南和、沙河	
	第八区	南宫	12	南宫、冀县、深县、饶阳、安平、束鹿、新河、广宗、威乡、清阿、枣强、衡水	
	第九区	东光	14	东光、南皮、沧县、盐山、庆云、宁津、吴桥、故城、景县、阜城、交河、武邑、武强、新海设治局	
	第十区	大名	14	大名、南乐、清丰、濮阳、东明、长垣、磁县、邯郸、永年、鸡泽、曲周、肥乡、广平、成安	
福建	第一区	福州	10	长乐、闽侯、连江、罗源、福清、平潭、霞浦、宁德、福安、福鼎	
	第二区	南平	10	南平、永泰、闽清、古田、屏南、尤溪、沙县、永安、将乐、顺昌	
	第三区	建阳	8	浦城、建瓯、建阳、邵武、崇安、松溪、政和、寿宁	
	第四区	永春	10	同安、莆田、仙游、惠安、晋江、南安、安溪、金门、永春、德化	
	第五区	龙溪	9	漳浦、诏安、云霄、东山、龙溪、南清、海澄、平和、长泰	
	第六区	龙岩	7	龙岩、漳平、宁洋、大田、永定、上杭、华安	
	第七区	长汀	8	长汀、连城、宁化、明溪、清流、武平、建宁、泰宁	

续表

省别	区别	专员驻地	数目	所辖县治名称	备注
山东	第一区	济宁	10	济宁、设上、东平、嘉祥、鱼台、腾县、邹县、滋阳、曲阜、宁阳	
	第二区	菏泽	9	菏泽、定陶、曹县、城武、单县、金乡、巨野、郓城、鄄城	
	第三区	沂水	8	沂水、临沂、郯城、峄县、费县、莒县、日照、蒙阴	
	第四区	临清	10	临清、德县、高唐、夏津、恩县、馆陶、邱县、平原、武城、清平	
	第五区	惠民	6	惠民、商河、乐陵、无棣、阳信、沾化	
	第六区	聊城	12	聊城、阳谷、任平、冠县、朝城、濮县、堂邑、华县、寿张、观城、博平、花县	
	第七区	牟平	9	牟平、文登、荣城、抬远、蓬莱、黄县、栖霞、福山、海阳	
四川	第一区	温江	12	温江、成都、华阳、新都、灌县、新繁、郫县、双流、新津、崇庆、崇宁、彭县	
	第二区	资中	8	资中、资阳、内江、威远、荣县、井研、仁寿、简阳	
	第三区	永川	10	永川、巴县、江津、綦江、荣昌、大足、璧山、江北、合川、铜梁	
	第四区	眉山	10	眉山、洪雅、夹江、青神、丹棱、彭山、莆江、邛崃、大邑、名山	
	第五区	乐山	7	乐山、犍为、屏山、峨眉、马边、峨边、雷波	
	第六区	宜宾	9	宜宾、南溪、长亭、庆符、江安、兴文、珙县、高县、筠连	
	第七区	泸县	8	泸县、隆昌、富顺、合江、纳溪、古定、古蔺、叙永	
	第八区	酉阳	8	酉阳、涪陵、鄷都、南川、彭水、黔江、秀山、石柱	
	第九区	万县	8	万县、奉节、巫山、巫溪、云阳、开县、忠县、城口	
	第十区	大竹	7	大竹、渠县、广安、梁山、邻水、垫江、长寿	
	第十一区	南充	8	南充、岳池、西充、蓬安、营山、仪陇、南部、武胜	
	第十二区	遂宁	10	遂宁、潼南、安岳、乐至、中江、三台、射洪、邹盐、盐亭、蓬溪	

省别	区别	专员驻地	数目	所辖县治名称	备注
四川	第十三区	绵阳	9	绵阳、梓潼、安县、罗江、绵竹、德阳、什邡、广汉、金堂	
	第十四区	剑阁	9	剑阁、苍溪、广元、昭化、江油、彰明、北川、平武、阆中	
	第十五区	达县	7	达县、开江、巴中、宣汉、万源、通江、南江	
	第十六区	茂县	5	茂县、理番、汶川、懋功、松潘	
湖南	第一区	浏阳	10	浏阳、平江、临湘、岳阳、醴陵、湘阴、长沙、湘潭、宁湘、益阳	
	第二区	常德	11	常德、华容、南县、安乡、沅江、汉寿、澧县、临澧、石门、慈利、桃源	
	第三区	永顺	6	永顺、大庸、桑植、龙山、保靖、古丈	
	第四区	乾城	8	乾城、沅陵、永绥、凤凰、麻县、泸溪、辰溪、溆浦	
	第五区	衡阳	8	衡阳、常宁、衡山、耒阳、攸县、茶陵、安仁、灵县	
	第六区	邵阳	7	邵阳、湘乡、安化、新化、武关、新宁、城步	
	第七区	会同洪江镇	7	黔阳、绥宁、会同、芷江、靖县、通道、晃县	
	第八区	郴阳	10	郴阳、桂东、池城、紫兴、永兴、宜章、桂阳、嘉禾、临武、蓝山	
	第九区	零陵	8	零陵、祁阳、新田、宁远、江韦、道县、东安、永明	
贵州	第一区	镇远	20	镇远、施秉、黄平、岑巩、天桂、台拱、铜仁、省溪、松桃、江口、印行、石阡、思南、沿河、青溪、三穗、剑河、余庆、锦屏、玉屏	
	第二区	独山	14	独山、榕江、黎平、都匀、平舟、荔波、永从、下江、八寨、舟江、三合、都江、大塘、罗甸	
	第三区	兴仁	14	兴仁、安顺、兴义、安龙、盘县、贞丰、安南、普安、冉亭、郎岱、开岭、普定、镇宁、紫云	
	第四区	毕节	6	毕节、大定、黔西、威宁、水城、织金	
	第五区	桐梓	12	桐梓、遵义、正安、赤水、仁怀、绥阳、湄潭、婺水、凤关、婺川、石坪、德江	

续表

省别	区别	专员驻地	数目	所辖县治名称	备注
陕西	第一区	榆林	8	榆林、神木、府谷、蕞县、靖边、定边、米脂、横山	
	第二区	绥德	9	绥德、延长、延川、安寨、安定、保定、浚涧、肤施、吴堡	
	第三区	洛川	6	洛川、中部、宜君、鹿城、宜川、甘泉	
	第四区	商县	7	商县、雒南、商南、镇安、山阳、柞水、宁陕	
	第五区	安康	9	安康、洵阳、白河、平利、镇坪、岚皋、紫（紫阳）、石泉、汉阴	
	第六区	南郑	12	南郑、城固、洋县、佛坪、西乡、镇巴、褒城、留坝、略阳、宁羌、凤县、沔县	
	第七区	邠县	9	邠县、乾县、耀县、醴泉、同官、长武、永寿、栒邑、淳化	
	第八区	大荔	12	大荔、潼关、乾邑、平民、郃阳、华阳、华县、澄县、蒲城、渭南、朝城、白水	
	第九区	凤翔	10	陇县、宝鸡、开阳、岐山、麟游、扶风、郿县、武功、盩厔、凤翔	
	第十区	咸阳	9	长安、鄠县、蓝田、临潼、高陵、三原、泾阳、兴平、咸阳	
甘肃	第一区	临洮	15	临洮、皋兰、榆中、洮沙、渭源、景泰、靖远、定西、会宁、陇西、漳县、临潭、岷县、永登、康乐（设治局）	
	第二区	平谅	8	平谅、华亭、隆德、庄浪、静宁、崇信、固原、海原	
	第三区	庆阳之西岭镇	8	庆阳、泾川、灵台、环县、合水、宁县、正宁、镇原	
	第四区	天水	15	天水、甘谷、武山、礼县、西和、秦安、通渭、清水、两当、徽县、成县、武都、康县、文县、西固	
	第五区	临夏	5	临夏、永靖、宁定、和县、夏河	
	第六区	武威	8	武威、民勤、永昌、山丹、民乐、张掖、临泽、古浪	
	第七区	酒泉	7	酒泉、金塔、鼎新、高台、玉门、安西、敦煌	

续表

省别	区别	专员驻地	数目	所辖县治名称	备注
广东	第一区	南海	15	南海、番禺、东莞、顺德、中山、新会、台山、开平、恩平、宝安、赤溪、花县、从化、增城、三水	
	第二区	曲江	13	曲江、南雄、乐昌、始兴、仁化、翁源、英德、流源、连县、连山、阳山、佛关、清远	另附辖安化管理局一处
	第三区	高要	12	高要、广宁、四会、开建、封川、郁南、新兴、罗定、德庆、云浮、鹤山、高明	
	第四区	惠阳	8	惠阳、博罗、海丰、陆丰、紫金、河源、新丰、龙门	
	第五区	潮安	10	潮安、潮阳、揭阳、澄海、饶平、惠来、普宁、丰顺、南澳、汕头市	另附辖南山管理局一处
	第六区	兴宁	9	兴宁、梅县、平远、蕉岭、龙川、连平、和平、大浦、五华	
	第七区	茂名	8	茂名、电白、化县、吴川、信宜、廉江、阳江、阳春	另附梅蒙管理局一处
	第八区	合浦	7	合浦、钦县、防城、灵山、遂溪、海康、徐闻	
	第九区	琼山	16	琼山、文昌、安定、儋县、澄迈、临高、乐会、崖县、陵水、万宁、感恩、昌江、乐东、保亭、白沙、琼东	

资料来源：本会资料室《全国行政督察区之鸟瞰》，《政治建设》第1卷第4~5期合刊，1939年10月1日，第106~115页。

二　《粮食部组织法》①

（1941年7月4日国民政府公布）

第一条　粮食部掌理全国粮食行政事宜。

第二条　粮食部对于各地方最高级行政长官执行本部主管事务，有指导监督之责。

第三条　粮食部就主管事务，对于各地方最高级行政长官之命令或处

---

① 《粮食部组织法》（1941年7月4日），《重庆市政府档案》，档案号：0053-0002-00360-0000-080-000，第80~84页。

分，认为有违背法令或逾越权限者，得提经行政院会议议决后，停止或撤销之。

　　第四条　粮食部置下列各司：

　　　　一、总务司；

　　　　二、人事司；

　　　　三、军粮司；

　　　　四、民食司；

　　　　五、储运司；

　　　　六、财务司；

　　　　七、调查处。

　　第五条　粮食部经行政院会议及立法院之议决，得增置裁并各司处及其他机关。

　　第六条　总务司掌下列事务：

　　　　一、关于文件之收发、撰拟、保管事项；

　　　　二、关于部令之公布事项；

　　　　三、关于印信之典守事项；

　　　　四、关于本部经费之出纳事项；

　　　　五、关于本部出版物之编辑刊行事项；

　　　　六、关于财产物品之登记及管理事项；

　　　　七、关于本部庶务及其他不属于各司处事项。

　　第七条　人事司掌下列事项：

　　　　一、关于职员之任免、迁调、考核、奖惩事项；

　　　　二、关于职员之训练事项；

　　　　三、关于人员之福利事项；

　　　　四、关于人事之调查事项；

　　　　五、其他有关人事事项。

　　第八条　军粮司掌下列事项：

　　　　一、关于军粮供应之筹划事项；

　　　　二、关于军粮采办数量及采办区域之核定事项；

　　　　三、关于采办军粮业务之配置及督导事项；

四、关于军粮之调拨分配事项；

五、其他有关军粮事项。

第九条　民食司掌下列事项：

一、关于民食供应之筹划事项；

二、关于民食采办数量及采办区域之核定事项；

三、关于各地粮食之调节及平价事项；

四、关于粮业商行之登记与粮食市场之调整事项；

五、关于粮食节约之策划推进事项；

六、其他有关民食事项。

第十条　储运司掌下列事项：

一、关于粮食仓储运输之规划事项；

二、关于粮仓建设之计划指导事项；

三、关于仓储虫害防除及保藏方法之指导事项；

四、关于粮食运输工具及路线之配备事项；

五、关于粮食运输之调度督促事项；

六、关于粮食加工调制之规划事项；

七、关于积谷之监督管理事项；

八、其他有关粮食之储运事项。

第十一条　财务司掌下列事项：

一、关于粮食采运基金之筹划运用事项；

二、关于粮食采运基金之出纳及保管事项；

三、关于粮食采运基金之出纳计算书及财务报告之编制事项；

四、关于所属各机关款项之监查事项；

五、其他有关财务事项。

第十二条　调查处掌下列事项：

一、关于粮食产品、耕地面积之调查事项；

二关于各地粮食生产与消费之调查事项；

三、关于各地粮食储藏转运之调查事项；

四、关于各地粮价之调查事项；

五、关于视察报告之审查、整理、编纂事项；

六、其他有关粮情资料之征集编制事项；

第十三条　粮食部部长综理本部事务，监督所属职员及机关。

第十四条　粮食部政务次长、常务次长，辅助部长处理部务。

第十五条　粮食部设参事四人至八人，撰拟审核关于本部法案、命令及计划方案。

第十六条　粮食部设秘书八人至十人，分掌部务会议及长官交办事务。

第十七条　粮食部设司长六人，处长一人，分掌各司处事务。

第十八条　粮食部设科长三十二人至三十六人，科员二百人至二百四十人，承长官之命，办理各科事务。

第十九条　粮食部设督察四人至六人，视察十六人至二十人，承长官之命，督导考察本部所属各机关办理粮食采运等事务。

第二十条　粮食部设稽核十人至十四人，承长官之命，稽核各项收支、报告、书表、簿籍、凭证事务。

第二十一条　粮食部部长特任，次长、参事、司长、处长、督察及秘书四人简任，其余秘书、科长、稽核及视察荐任，科员委任。

第二十二条　粮食部设技正四人，其中二人简任，余荐任，技士八人委任，承长官之命，办理技术事务。

第二十三条　粮食部得酌用雇员。

第二十四条　粮食部设会计长一人，统计主任一人，办理岁计、会计、统计事项，受粮食部部长之指挥监督，并依国民政府主计处组织法之规定，直接对主计处负责。

会计处统计室需用佐理人员名额，由粮食部及主计处就本法所定荐任委任人员及雇员名额中，会同决定之。

第二十五条　粮食部因事务上之必要，得聘用顾问及专门人员。

第二十六条　粮食部为办理粮食之采运储销，得设置业务机构，其组织以法律定之。

第二十七条　粮食部处务规程，以部令定之。

第二十八条　本法自公布之日施行。

三　修正《粮食部组织法》条文①

（1942 年 9 月 22 日国民政府公布）

国民政府 9 月 22 日令：兹修正《粮食部组织法》第四条、第八条、第九条及第十条条文，公布之，此令。

第四条　粮食部置下列各司处：

一、总务司　二、人事司　三、管制司　四、储备司　五、分配司六、财务司　七调查处

第八条　管制司掌左列事项：

一、关于粮食管制之计划指导、监督事项。二、关于粮食管制法令之推行、宣传事项。三、关于粮食市价之调整及平定事项。四、关于粮商之登记及管理事项。五、关于粮食市场交易之管理事项。六、关于粮食节约之计划推进事项。七、其他有关粮食管制事项。

第九条　储备司掌左列事项：

一、关于征集粮食之规划事项。二、关于征粮购粮之指导考核事项。三、关于粮仓建设之计划指导事项。四、关于粮食储藏保管之指导考核事项。五、关于粮食加工之规划及折耗之审核事项。六、关于粮食品级之检验事项。七、关于积谷之监督管理事项。八、其他有关粮食储备事项。

第十条　分配司掌左列事项：

一、关于军粮之调拨事项。二、关于公粮之划拨事项。三、关于民食供应调剂之筹备事项。四、关于粮食运输之规划调度事项。五、关于粮食运输工具及路线之配备事项。六、关于粮食出纳移转之指挥考核事项。七、其他有关粮食分配事项。

---

①　重庆市政府：《关于抄发修正粮食部组织法条文给财政局的训令（附修正条文）》（1942 年 10 月 9 日），《重庆市财政局档案》，档案号：006400010039400000007000。

四　1937~1944 年法币对内购买力统计表

年份	物价指数	对内购买力	年份	物价指数	对内购买力
1937 年年均	103	0.9703	1937 年年底	110	0.9091
1938 年年均	130	0.7692	1938 年年底	155	0.6455
1939 年年均	213	0.4647	1939 年年底	300	0.3333
1940 年年均	503	0.1983	1940 年年底	787	0.1270
1941 年年均	1204	0.0850	1941 年年底	2147	0.0461
1942 年年均	4027	0.0248	1942 年年底	6216	0.0154
1943 年年均	14041	0.0071	1943 年年底	24927	0.0040
1944 年年均	48781	0.0025	1944 年年底	77348	0.0018

原表注：指数采取国民政府主计处所编全国零售物价指数。

引者注：此表系中央银行研究室张维亚编制。

资料来源：古僧编著《孔祥熙与中国财政》，台北，博学出版社，1979，第 352 页。

五　战后法币对内购买力及发行额

单位：元

年份	月份	对内购买力	购买力指数	发行额累积
1945 年	9 月	0.00289	0.289	673793162561
	12 月	0.001125	0.1125	1031931915433
1946 年	3 月	0.00039	0.039	1359284882839
	6 月	0.000268	0.0268	2116996652001
	9 月	0.000194	0.0194	2700555872353
	12 月	0.000173	0.0172	3726118368205
1947 年	3 月	0.000089	0.0089	5744089214507
	6 月	0.000333	0.0033	9935176815294
	9 月	0.000023	0.0023	10948161314240
	12 月	0.000012	0.0012	33188075810645
1948 年	3 月	0.0000339	0.000339	69682157479578
	6 月	0.0000113	0.000113	262535347640000
1949 年	（19）*	0.0000021	0.000021	604642776182020
	9 月	0.0000017	0.000017	—
	12 月	0.00000092	0.0000092	—

引者注：* 原文如此。

资料来源：陈昭桐主编《中国财政历史资料选编》第 12 辑《国民党政府时期部分》（下），中国财政经济出版社，1990，第 135 页。

后　记

从 2017 年五六月开始确定研究"国民政府粮食部"这个课题，到 2019 年 9 月课题立项，再到 2021 年 11 月底完成结项，四五年的时间虽不算长，然而突如其来的疫情及各方面的变化却不少。其间林林总总的事情在别人眼里可能无足轻重、可有可无，对自己而言却倒也值得记述。

在"危机下的融合与发展：抗战时期后方机制面粉工业研究"这项国家课题的成果（该书于 2019 年在商务印书馆出版，2021 年荣获浙江省第二十一届哲学社会科学优秀成果二等奖）日渐成熟、接近尾声时，筹划下一个课题成了当务之急，这也是自 2010 年以来边完成现有课题，边筹划新课题，扩大自己学术"根据地"的一个"双线作战"的方法，这个方法于我而言颇为有效，至少可以使我面对巨大科研压力时免于陷入无米可炊的尴尬境地。2017 年 5 月的一天，一个念头出现在脑海：是否可以将面粉扩大至粮食，从机构、制度等方面深化国民政府时期的粮食问题研究。循着这一思路去查阅相关研究成果时，发现粮食、粮政问题虽有人研究，似也不乏继续推进之处，而关于国民政府全国粮管局、粮食部这两个机构几乎无人涉及，当我再去中国国家图书馆检索有关粮食部的资料时，发现粮食部内部编印的各种报告、工作计划、法规文件等颇为丰富，似也少有人征引，真是可以大加利用。于是，我一边完善"面粉"书稿，一边利用中国国家图书馆资料、此前在重庆市档案馆查阅的相关档案及各种数据库里的报刊资料，以我在美国访学时较为集中的一段时间，"奋笔疾书"，到 2018 年底撰写了约 80 万字的粮食部研究的初稿。在此期间，对于另一个全国性粮食机构全国粮管局，我则指导研究生郑王荟同学协助研究。在"面粉"课题结项后，2019 年 3 月遂以"国民政府粮食部研究"为题，将书稿精简至 65 万字，通过社会科学文献出版社申请国家社科基金后期资助重点项目。2019 年 9 月，项目评审结果出来后，虽无缘"重点"，却有幸被转为"一般"，倒也令人欣慰。在申请课题期间，令人感动的是，我的博士同学柳德军教授应我之托，专程从太原搭乘飞机至杭州，送来了上一个项目的出版合同。其间德军与我在杭州小住畅聊，共叙同学之谊、老乡之情，至今记忆犹新。社会科学文献出版社的领导及李丽丽女士在接到我的课题申请书后，既热心又高效地帮助我完成了申请，使我得以顺利申报课题。结项时，正在休假中的丽丽女士又不厌其烦地审阅书稿、申报选题、邮寄合同。在书稿编辑校对过程中，丽丽女士和徐花编辑严谨负责、一丝不苟的态度，令人敬佩，也为本书指出了一些错误，为本书增色不少，对待一个素未谋面的人却如对待老友一般真诚热情，我内心的感激之情无以言表。

我还必须感谢给我提供了参加学术会议、查找资料机会的两位学界前辈，一位是中国社会科学院近代史研究所研究员王建朗先生，一位是抗日战争研究杂志社原主编高士华先生。2019 年 10 月，中国社会科学院近代史研究所、中国抗日战争史学会、抗日战争研究杂志社与日本早稻田大学国际关系研究所联合在东京举办"东亚战争动员的缘起、发展和影响"国际研讨会，该会原定于 9 月 5~9 日召开，但出于各方原因，改为 10 月 10~14 日，拙文有幸入选参会。10 月 10 日抵达东京后，恰闻日本百年不遇的超强台风即将登陆，根据日方对此次台风的相关情况通报，12 日台风将会过境东京，本着安全第一的原则，原定 12 日、13日两天的会议压缩至 13 日召开。乘着台风尚未到来，11 日，留学日本的姚江鸿博士陪同南京理工大学的陈钊教授与我就近游览了住所周边景点。12 日早，我则遵从会议主办方嘱咐，到附近超市备好食水，全天宅在宾馆。

在当天，我浏览台北"国史馆"网站时，发现其中的档案资料可以阅览下载，这真是令人喜出望外、喜不自禁、喜上眉梢，于是这一天我不停摸索并下载了不少关于行政院、粮食部的档案，只在中间困乏难以支撑时休息了两三个小时，休息前都定好闹钟，铃响后即起来继续下载档案，直至 13 日早上出发与同人会合。现在忆及此情此景,都会沉浸在满满的幸福之中。如果没有王建朗、高士华两位先生提供的宝贵赴日参会机会,这些资料与我也是无缘的,在此,特别感谢两位先生对后进的提携之情。

日本之行的收获是令人欣喜的,我结识了定居日本、研究民国史的段瑞聪教授、郭海燕教授,年轻有为的邹灿博士、周俊博士、姚江鸿博士及一些日本学者,体验了日本的新干线,感受了日本大学举行学术会议的风气,初次领略了日本的居酒屋文化,也意外收获了档案资料。回国后,我将其中较为集中的有关福建省禁止粮食酿酒的档案进行了整理,并多次去福建省档案馆补充档案资料,撰写了一篇关于福建省 20 世纪 40 年代禁止酿酒的文章,2020 年 3 月初抱着试一试的心态投给了《近代史研究》编辑部,没承想拙文得到编辑部垂青,有幸在 2021 年第 2 期刊载。潘晓霞研究员在拙文修改过程中助力尤多,一些我平时不太注意的细节与疏漏,潘女士都能火眼金睛一一指出,这既是对拙文的着力润色,也是对我的鞭策提高。

在开始这项研究时,学界研究成果中征引的中国第二历史档案馆藏的有关粮食部、行政院、财政部等档案,给了我极大的信心,自信也可以通过查阅上述档案资料尤其是粮食部专题档案,以打好本课题档案资料的基础。如果粮食部档案资料不虞匮乏的话,研究前景可以说一片光明。然而,粮食部专题档案并未开放。于是我转而将目光投向台北"国史馆",希望自己能够去台北查阅相关档案。但就在 2020 年初办完手续打算利用寒假去台北时,新冠疫情暴发,赴台查档的计划无限期搁浅。从日本搜集回来的档案资料,在疫情期间很快就整理完竣,先后成稿,但粮食部牵涉面极广,所需资料也极多,看着整理完的资料,似又要陷入难以为继、"山重水复疑无路"的局面。好在峰回路转、"柳暗花明又一村",经人介绍,我认识了赵枭宇博士。得赵博士之助,又搜集了大量的未刊档案,这才使得这项课题完成有日。尽管用于购买、打印资料的费用恰如头上的白发日积月累不断增加,但看着用大量未刊档案写就的书稿,心中的成就感无与伦比,也可以说是内心对学术的敬畏油然而生吧。

2020 年暑假及 2021 年寒假,我带领几名本科生、硕士生,多次到中国第二历史档案馆、南京市档案馆补充档案资料,意在搜集更多与粮食相关的其他卷宗的档案，学生们则以完成自己的毕业论文为目标。大家资料共享，各自努力，我在查档之余负责后勤保障，并提供自己所藏档案资料，七名本科生及硕士生钱锐均依据档案写出了很不错的论文。其中三名本科学生在跟随我研读档案过程中，或推免或考取了研究生，"生受其惠"，同时利用档案进行学术研究的观点逐渐被越来越多的本科生接受并践行，有的学生甚至表现出了出色的选题发掘、资料查阅与研究的能力，让人欣喜，希望他们目光高远，追求卓越，在学术之路上能越走越远。

突如其来、令人猝不及防的疫情扰乱了各种秩序，尤其疫情初期，严重打乱了查档的计划、降低了查档的效率、增加了查档的时间成本与经济成本，研究的周期似乎也被拉长了。疫情进入常态化防控之后，查档情况才有所好转。

课题获批之际，正值吾儿王嘉良升入金华一中之时。正常情况下，住校的嘉良大约每周六回家一次，周日再返校，往返均须接送。好在有另外一位家长与我合作，轮流接送三个小伙子，也免去各自不少来回奔波之苦，节约了不少时间。每次接回家时父子间大大的一个拥抱、母子间吐露心声的畅聊，让人倍感家庭的温馨。一家三口的共同话题、爱好也不少，从高中校园生活、班级趣事到 NBA 球星，一起去打羽毛球、阅读《读者》、品尝美食、了解时政等。送回学校时，我会习惯性地给三个小伙子加油，鼓励他们继续努力，嘉良则会下意识地拍拍我的肩膀，我也能感受到他传递的信任与力量。假期有时会陪着他去看看电影，买四十六七码的鞋子，真是感受到了后生已在不知不觉中成长与成熟。伴随着岁月的无情流逝、父母的逐渐老迈、科研压力的持续存在，我们的焦虑似也在潜滋暗长。吾妻丽颖在承担了大量家务活的同时，不得不时常与失眠做斗争，我对她的"话疗"虽不无阶段性效果，但她更多地只能凭借药物与运动来调节。每思及此，不由得慨然长叹：作为具有思想意识与主观能动性、身体构造如此精密之人类，原来何其脆弱。整个人类尚且如此，何况微如草芥之个人！个人的渺小与无能为力，就像无法决定本书的书名一样，令人沮丧。

本课题在研究期间，得到国家社科基金后期资助项目（项目号：19FZSB004）、2017 年度教育部人文社会科学重点研究基地重大项目"中国经济抗战研究（1931～1945）"（项目号：17JJD770009）的资助，浙江师范大学中国语言文学一级学科也给予了经费资助，特表谢意！特别感谢国家社科基金后期资助项目匿名评审专家提出的中肯的修改意见，这些宝贵意见对我后期完善本书写作帮助极大。在本书修改过程中，浙江师范大学副校长张根福教授，浙江大学求是特聘教授、蒋介石与近现代中国研究中心主任陈红民教授，北京师范大学历史学院副院长、《史学史研究》副主编李帆教授，河南大学特聘教授、《史学月刊》常务副主编翁有为教授，中国第二历史档案馆《民国档案》主编杨斌研究馆员，浙江师范大学人文学院院长葛永海教授、书记吴洪涛副教授、副书记莫世亮副教授、副院长宋清秀教授以及龚国庆教授等，多次关心书稿进展，远在美国亚利桑那大学的 David A. Pietz 教授也十分关心我的研究，在拙著即将出版之际，谨向各位专家、学者、前辈、同人表示衷心谢忱！定稿后，幸蒙南京大学中华民国史研究中心名誉主任张宪文教授惠赐序文，张老身为学界泰斗却平易近人，热心提携后辈，此情令人终生难忘，也让我想起 2011 年 9 月拜访张老时的情景。书中个别章节先后在《近代史研究》《中国经济史研究》《史学月刊》《抗日战争研究》《民国档案》等专业刊物发表，在此对曾经编校过拙文的潘晓霞、王小嘉、翁有为、徐志民、杨斌等编辑老师表示感谢，各位老师严谨细致的态度与专业的学术水平为拙文增色不少。此外，我的研究生于智超承担了四川军粮部分撰写，邵将、吴竟非常细心地核对了大量文献、引文，梅宇越也核对了部分文献，亦表感谢！

在最初设计时，我计划对粮食部经费、人员升迁、战后军粮等问题也一并进行研究，但限于资料尤其是档案资料，这部分内容只写了初稿，尚无法形成完整体系，因此这些内容最终未能全部完成，只能留待资料充足时再予补充完善。

从跨入史学之门至今，时近三十载，自愧尚未登堂入室。因新冠疫情影响，资料、时间所限，行政事务繁多，学识、学养不足，本书难免存在舛误及需要进一步完善之处，敬请方家批评指正。文责完全由作者自负。

2023 年 3 月于金华